# 揚州年鉴

YANGZHOU YEARBOOK

2015

扬州市地方志编纂委员会 编

广 陵 书 社

图书在版编目（C I P）数据

扬州年鉴. 2015 / 扬州市地方志编纂委员会编. --
扬州 : 广陵书社, 2015.11
ISBN 978-7-5554-0438-5

Ⅰ. ①扬… Ⅱ. ①扬… Ⅲ. ①扬州市—2015—年鉴
Ⅳ. ①Z525.33

中国版本图书馆CIP数据核字(2015)第257513号

扬州年鉴（2015）

编　　者　扬州市地方志编纂委员会
装帧设计　葛玉峰　杨　鉴
责任编辑　胡　珍
出版发行　广陵书社
地址：扬州市维扬路349号
邮编：225009
网址：http://www.yzglpub.com
电子邮箱：yzglss@163.com
印　　刷　南京凯德印刷有限公司
开　　本　889mm×1194mm　1/16
印　　张　34.25
字　　数　1100千字
版　　次　2015年11月第1版第1次印刷
标准书号　ISBN 978-7-5554-0438-5
定　　价　300.00元

## 城市荣誉

中国历史文化名城
全国双拥模范城
全国社会治安综合治理先进单位
中国优秀旅游城市
国家环境保护模范城市
国家园林城市
中国人居环境奖
全国节水型城市
国家级生态示范区
联合国人居奖
国家卫生城市
全国科技进步先进市
中国数字化创新管理奖
中国和谐管理城市
全国实施畅通工程模范管理城市
全国无偿献血先进市
全国创建学习型家庭示范城市
城市管理人民满意城市
全国法制宣传教育先进城市
国家森林城市
全国文明城市
全国诗词之市
全国生态市

## 2014年地区生产总值构成

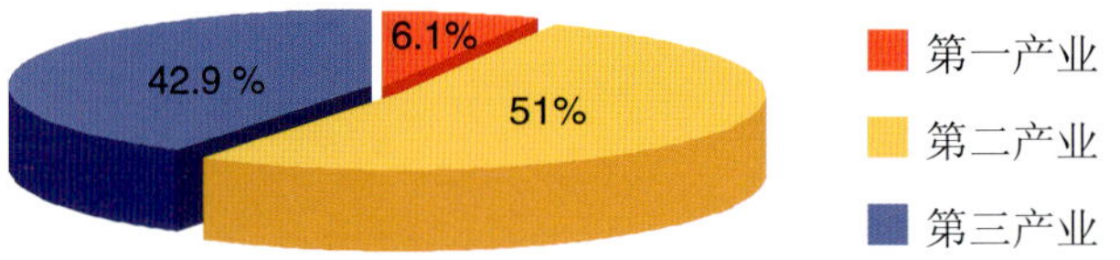


## 地区生产总值

单位：亿元

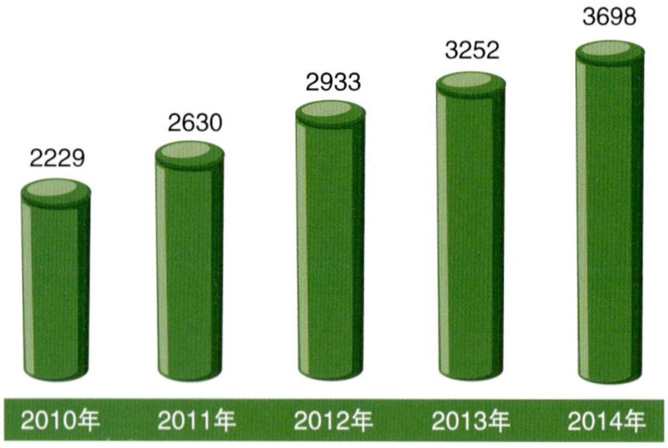


## 人均地区生产总值

单位：元

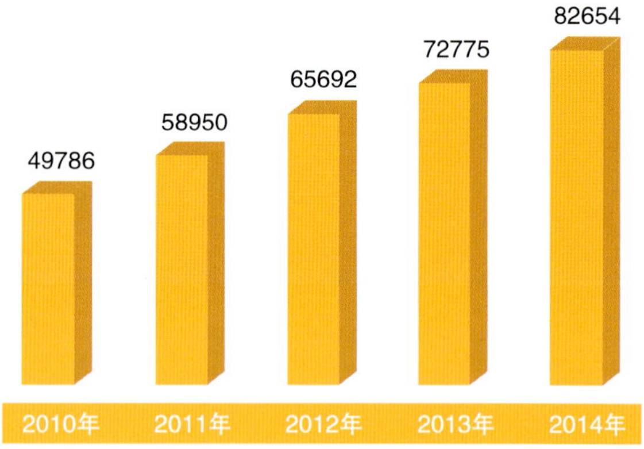


## 规模以上工业总产值

单位：亿元

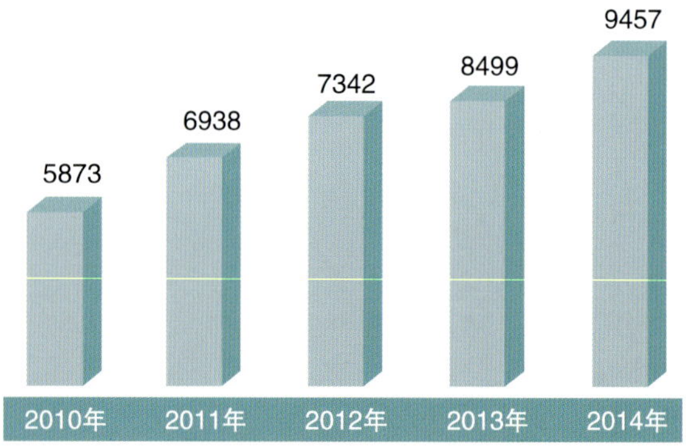


## 全社会固定资产投资总额

单位：亿元

## 财政收入

单位：亿元

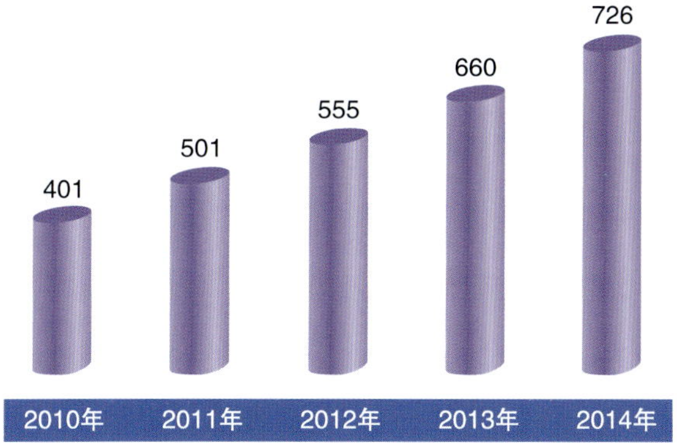


## 出口总额

单位：亿美元

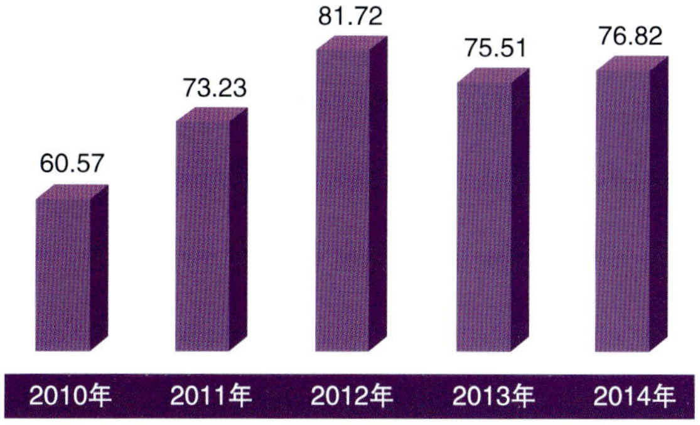


## 社会消费品零售总额

单位：亿元

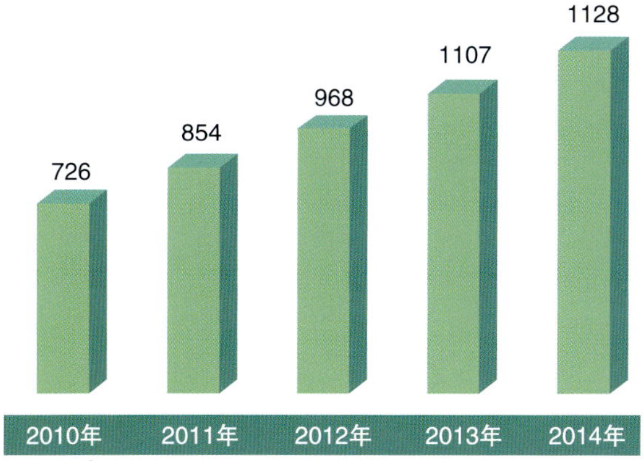


## 城镇居民人均可支配收入与农村居民人均纯收入

单位：元

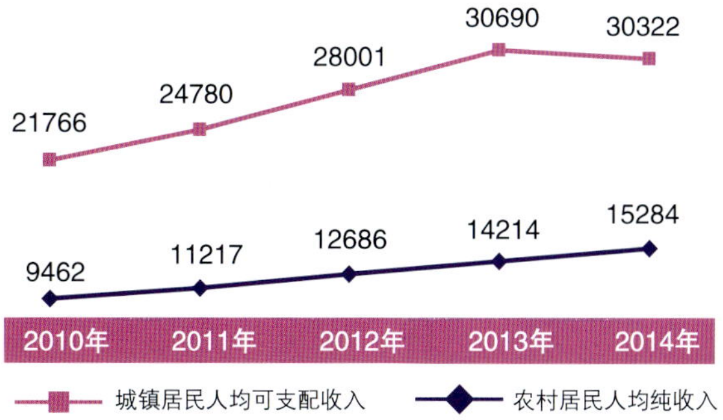


注：2014年起为一体化调查新口径数据

## 2014年扬州的一天

地区生产总值
101313万元

公共财政预算收入
8087万元

城乡居民储蓄余额
58003万元

粮食产量
8605吨

出口总额
2105万美元

社会消费品零售额
30907万元

5月8日，市委书记谢正义率团赴河南兰考参观焦裕禄同志纪念馆

2月13日，扬州市委召开全市党的群众路线教育实践活动动员大会

3月3日，市委书记谢正义，市委常委、常务副市长丁纯，市委常委、宣传部长卢桂平走进扬州日报“党报在线”

党员“统一活动日”期间，广陵经济开发区大众村党总支开展关爱老人志愿服务活动

6月29日，扬州市举行“三公开三报告”电视直播活动

4月18日，在2014中国扬州“烟花三月”国际经贸旅游节开幕式上，市委书记谢正义为城市贵宾颁发荣誉证书

4月18日，2014中国扬州“烟花三月”国际经贸旅游节开幕式暨重大项目签约开工仪式在瘦西湖万花园举行

4月18日，观众在中国扬州科技合作展示洽谈会上参观“六足章鱼机器人”

4月18日，在2014中国扬州"烟花三月"国际经贸旅游节开幕式上，市长朱民阳为城市贵宾颁发荣誉证书

4月21日，第八届扬州软件和信息服务外包大会暨移动互联网产业发展论坛在京杭会议中心开幕

4月17日，第九届中国玉石雕精品博览会在扬州工艺品交易中心开幕。图为参展作品

古城扬州“文化游”爆棚。图为2014中国扬州“烟花三月”国际经贸旅游节期间，东关街上游客如织

4月18日，京杭大运河“扬州—邵伯—高邮”水上旅游专线试运营。图为豪华游船“运河名城1号”行驶在大运河上

2014中国扬州“烟花三月”国际经贸旅游节期间，千套“手绘新扬州”明信片分赠海内外嘉宾

4月22日，2014中国扬州·两岸素食文化暨绿色生活名品博览会在扬州鉴真图书馆举办

9月26日，2014中国扬州世界运河名城博览会在扬州京杭之心开幕

9月26日，世界遗产顾问、大运河项目报告人米歇尔·科特和文化部副部长、国家文物局局长励小捷为瘦西湖世界遗产标志牌揭牌

9月26日，国外嘉宾参观考察生态科技新城"七河八岛"

9月25日，大型原创歌剧《运之河》在扬州大剧院上演

9月26日，民间社会组织开展“爱运河 庆运博”系列活动

9月27日，中外嘉宾考察个园、瘦西湖等大运河遗产点

4月19日，省委书记罗志军在江苏金方圆数控机床有限公司调研考察

12月23日，扬州市首次举办“百企问政”多媒体联动直播活动

3月15日，省长李学勇在仪征刘集镇调研考察

9月10日，第七届中国地市新闻网联盟年会暨地方新媒体发展年度高峰论坛在扬州开幕

4月21-22日，“东北亚名人会”第九次会议在扬州举行

9月2-4日，第14届世界历史城市联盟大会在扬州召开

6月11-12日，2014世界绿色设计论坛扬州峰会暨世界绿色设计博览会在扬州举办。图为绿色设计国际大奖颁奖现场

9月26日，扬州市举行生态科技新城国际专家咨询恳谈会

5月12日，2014国际城市管理协会（ICMA）国际区域峰会在扬州举行

10月25-28日，第15届中国工艺美术大师作品暨国际艺术精品博览会在扬州举行。图为寿山石创作的满汉全席

5月30日，中海工业（江苏）有限公司建造的1万标准箱集装箱船首制船正式下水

12月23日，波司登世贸广场开业

6月24日，江苏亚威股份公司和德国徕斯公司举行机器人合资合作项目签约仪式

12月28日，江淮汽车扬州新基地正式落成投产。图为新基地生产车间

4月16日，省教育厅和扬州市政府正式签署共建教育名城合作协议

12月30日，市委书记谢正义向扬州籍院士尤政教授颁发扬州市产业技术研究院院长聘书

12月30日，扬州市产业技术研究院正式成立

7月1日，由扬州市人民政府与扬州大学共建的省级大学科技园正式开园

3月20日，扬州市政府与南京大学签署全面合作协议

5月26日，清华大学扬州智能装备科技园正式开园，扬州智能装备研究院同步揭牌成立

4月2日，2014国际诗人瘦西湖虹桥修禊活动在扬州举办

4月23日，扬州市第三座自助图书馆，也是第一座开通自助办卡功能的24小时自助图书馆在文昌广场安放。图为市民在排队借阅图书

3月31日，扬州市公共自行车租赁服务开始试运行。图为市民骑行公共自行车宣传绿色出行

4月18日，原大原色原样《四库全书》（文津阁本）影印本在扬州天宁寺万佛楼展出。图为工作人员在摆放《四库全书》

10月22日，扬州市举行纪念京剧大师梅兰芳诞辰120周年京剧演唱会

5月17–18日，扬州市第六届“琼花奖”舞蹈比赛在扬州文化艺术学校举行。图为扬州市花园小学舞蹈队在表演原创舞蹈《扬州炒饭》

6月22日，中国大运河项目成功入选世界文化遗产名录。图为市民自发庆祝申遗成功

7月16日，扬州市首届“芍药奖”曲艺大赛在市文化馆举行颁奖典礼。图为颁奖现场表演

4月20日，2014中国扬州鉴真国际半程马拉松赛暨全国半程马拉松锦标赛开赛

1月8日，宁启铁路复线扬州段轨道率先贯通。图为正在测试铁轨的轨道车

12月28日，连淮扬镇铁路正式开工建设。图为扬州段开工现场

9月19日，扬州瘦西湖隧道建成通车。图为车辆在隧道内行驶

11月18日，上跨宁启铁路立交桥合龙，文昌路西延先导段全线贯通

9月28日，新淮江公路建成通车

瘦西湖二十四景之一的双峰云栈

4月19日，宋夹城体育休闲公园正式建成开放

西区新城

京杭之心夜景

生态扬州

春满小秦淮河

夏日翠竹

秋到史公祠

雪中朝霞

俯瞰瓜洲古运河入江口

本专题图片由王卓、张孔生、李斯尔等供稿

## 扬州市地方志编纂委员会

| | | | | | |
|---|---|---|---|---|---|
| 主任委员 | 朱民阳 | | | | |
| 副主任委员 | 陈　扬 | 董玉海 | 李忠盛 | 宗金林 | |
| 委　　员 | (以姓氏笔画为序) | | | | |
| | 马顺圣 | 马　俊 | 王庆山 | 王逍霄 | 尤在晶 |
| | 方桂林 | 朱柏兴 | 朱道宏 | 汤卫华 | 汤天波 |
| | 李广春 | 杨正福 | 杨　蓉 | 沙志芳 | 张长金 |
| | 张　彤 | 张　强 | 陈博文 | 陈　曦 | 范天恩 |
| | 周春光 | 柏桂林 | 夏顺义 | 徐建松 | 徐晓明 |
| | 陶伯龙 | 龚振志 | 潘学元 | | |

## 扬州年鉴编辑部

| | | | | | |
|---|---|---|---|---|---|
| 主　　编 | 陈　扬 | 李忠盛 | | | |
| 副 主 编 | 沙志芳 | 汤天波 | 宗金林 | 姚　震(常务) | |
| 主　　任 | 徐国磊 | | | | |
| 编　　辑 | (以姓氏笔画为序) | | | | |
| | 王妮姗 | 李全权 | 陈永华 | 侍　琴 | 姚　震 |
| | 贾丽琴 | 徐国磊 | 戴淑敏 | | |

# 编　辑　说　明

1.《扬州年鉴》是由中共扬州市委、扬州市人民政府主持编纂的地方综合性年鉴。1991年出版首卷，本卷为第25卷。

2.《扬州年鉴》(2015)以马克思列宁主义、毛泽东思想、邓小平理论和“三个代表”重要思想为指导，坚持科学发展观，实事求是地、较为全面翔实地记述了2014年扬州市政治、经济、文化、社会等各方面的基本情况、主要内容及发生的各种大事、要事、新事和有影响的事，反映了全市人民在改革开放、经济建设以及社会发展中取得的新成就、新进展、新经验。

3.《扬州年鉴》采用分类编辑法，以“类目”为单元，下设“栏目”和“条目”，个别栏目下设“分目”。类目标题标于各类目起始处和书眉；栏目、分目标题分别以3号、5号彩色字随文标出；条目为记述实体，标题前标注彩色符号“■”。《扬州年鉴》(2015)共分39个类目，设229个栏目、43个分目，收录2040个条目和资料。

4.《扬州年鉴》卷首有中文详细目录和英文要目，卷末有索引。全书所有资料可通过目录、书眉、索引等检索渠道查阅。

5.《扬州年鉴》刊用的文稿，由市各部门、各县(市、区)及驻扬单位提供，有关数据、资料均经各部门领导审阅、核实。书中“扬州市”“全市”指全扬州市，“市区”指广陵区、邗江区、江都区范围，“城区”指广陵区、邗江区范围，特殊情况另行括注。《大事纪要》中“△”表示“同日”。表格中“#”表示“其中主要部分”。全书主要综合性统计资料由市统计局提供。全书所用统计数据，由于统计的来源、口径、方式、方法和时间的不同，可能存在一定差异，使用时请以市统计局提供的统计资料数据为准；凡市统计局未作统计的，以供稿单位提供的数据为准。统计数据均使用法定计量单位。为保持文献原貌、遵从行业习惯，《特载》《附录》所刊文献的文字、数据、计量单位均未作变动，《体育》中运动项目有关内容仍使用“公斤”“公里”作为计量单位。

6.《扬州年鉴》所登载的照片或文字稿件若署名遗漏或有误，请摄影者或撰稿人与编辑部联系，以便发放稿酬。

7.《扬州年鉴》的编纂出版，得到了全市各级领导和各有关部门、单位、各县(市、区)及社会各界的关心、帮助和支持，在此一并致谢。

# 目　录

## 特　载



## 专　记



## 概　貌

## 大事纪要



## 中共扬州市委员会

## 政协扬州市委员会



## 民主党派 工商联 人民团体

## 政 法

## 军　事



## 开发园区

## 农业与农村经济

# 工　业

## 建筑业

### 建筑施工安装



### 工程建设管理



### 勘察设计管理



## 交通 物流

### 综述



### 交通基础设施建设



### 公路运输



### 铁路运输



### 航空运输



### 水运与港口



### 公共交通



### 交通运输管理

## 信息化与软件服务业



## 商贸服务业

## 金融业

## 财政 税务

## 经济管理与监督

## 水利



## 科学技术 社会科学

## 教育

## 文　化

# 卫　生

## 体　育

### 综述



### 群众体育



### 竞技体育



## 人力资源

### 人才工作



### 人事管理



### 劳动就业

## 人民生活



## 社会保障

## 社会事务管理

# 区县市



# 人　　物

## 附　录

# Main Contents

# 特载

Tezai

编 辑 姚 震

## 铸城市新魂 做时代新人

——2015年1月8日在政协扬州市七届四次会议上的讲话(摘要)

市委书记 谢正义

一年来,全市上下认真学习贯彻习近平总书记系列重要讲话精神,全面贯彻落实党的十八大、十八届三中、四中全会精神和省委、省政府的重大决策部署,紧盯"54321"目标任务,集中力量干大事,也干成了几件大事。围绕"再上几个大项目、进一步打牢扬州科学发展的根基",一批重大项目的建成、投产既有效稳定了经济发展的基本面,又着力推动了经济结构的优化。2014年全市人均GDP可望达到省均,GDP增幅、一般公共财政预算收入增幅和国税全口径收入增幅均位居全省前列。围绕"再修几条大通道,进一步拉开城市建设发展的大框架",举全市之力推进连淮扬镇铁路扬州段率先开工建设,我们梦寐以求的高铁梦终于实现;瘦西湖隧道建成通车,文昌路西延、新万福路加快推进,"一核多组团"的现代化大扬州呼之欲出。围绕"再建几项大工程,进一步展现名城扬州新形象",政府主导的30项重大城建项目全面启动实施,创建"国家生态文明建设示范区"和牵头中国大运河申遗工作均已告捷,市第六次党代会确定的"三创一申"目标提前完成。围绕"再破解几个大难题,进一步完善现代城市治理体系",跨江融合发展综合改革试点工作全面推进,168项改革任务全部落实,深化行政审批制度改革、优化调整涉水管理职能等5项重点改革案例顺利实施。围绕"再办几件大实事,进一步提升服务对象的幸福感和满意度",第13个民生"1号文件"确定的180项民生工程全面完成,区域供水、"八老"改造、"不淹不涝"城市建设、市区三区社会保险和民政福利"同城同步同标"等一批重大民生实事基本完成。

2014年12月13日—14日,习近平总书记在江苏视察并发表重要讲话,对江苏工作明确提出了"努力建设经济强、百姓富、环境美、社会文明程度高的新江苏"的总要求和"五个迈上新台阶"的重点任务。12月22日—24日,省委召开十二届九次全会,作出了"迈上新台阶、建设新江苏"的重大决策。刚刚召开的市委六届八次全会,认真学习贯彻总书记重要讲话精神,全面贯彻落实省委决策部署,对深入推进跨江融合发展和名城建设、全面推动扬州各项事业发展迈上新台阶作出系统安排,并把今年确定为"产业项目升级年"、"生态文明建设突破年"、"城建项目决胜年"、"城市管理强化年"和"市民素质提升年"。现在,大政方针已定,行动路径已明,特别是一批既关乎扬州当下、更关乎城市未来的既定产业项目、城建工程正在加快推进。我们必须坚持稳中求进、行稳致远,咬定目标不放松,一一当当往前走。

2015年1月8日,市委书记谢正义在市政协七届四次会议上讲话

王 卓/摄

2015年的扬州恰逢建城2500周年,这是城市的盛典,更是市民的节日。我们已经部署并正在次第开展一系列活动,欢欢喜喜庆城庆。回望扬州2500年,一个时代又一个时代的扬州人用自己的智慧、心血和汗水,谱写了气势磅礴、绚丽多彩的历史篇章,创造了辉煌灿烂、令人骄傲的文明成果,也为扬州这座城市赢得了无数赞誉。站在2500周年城庆新的起点,面对世人期待、社会期盼,强化硬件打造、展示名城建设新形象固然重要,但更为重要的是狠抓软件提升、展示扬州市民新风貌,让世人能够感悟得到驱动这座城市历史上生生不息、现如今生机勃勃的文化底蕴和精神力量。这就要求我们,传承弘扬优秀传统文化,与时俱进赋予现代理念和时代内涵,以社会主义核心价值观为引领,铸时代新魂、做时代新人。

要传承勤奋勤勉的城市精神，做务实踏实的扬州人。“传家无别法，非耕即读；裕后有良图，惟俭与勤”，个园里的这副对联生动诠释了扬州人勤劳务实的精神品格。“三把刀”本是最生活化的服务业，凭借扬州师傅的勤劳双手，将其做出了品牌、做成了文化、做向了世界；扬州“千年第一隧”瘦西湖隧道，有赖广大建设者的辛勤劳动，终于在我们这一代人手中建成通车。实践反复证明，天上掉不下来馅饼，“人勤才能地灵”。城市兴盛，市民才能富足；市民有为，城市才会有位。我们要通过开展“我为城市做什么、我为他人做什么、我为社会做什么”的全民大讨论，引导全市上下革除清谈品评之弊，摒弃安逸享乐之习，树立劳动最光荣、劳动最崇高、劳动最伟大、劳动最美丽、劳动最有发言权的思想观念，踏踏实实，勤奋勤勉，不虚不空，一个项目一个项目地去建设，一件实事一件实事地去兴办，一项改革一项改革地去突破，干一样、盯一样、成一样，一张蓝图绘到底、一年接着一年干，汇集起依靠勤劳双手创造幸福、依靠艰苦奋斗建设名城的强大正能量。

要传承开拓进取的城市精神，做创新创业的扬州人。没有先民在巍巍蜀冈上“举锸如云”的开创之举，就不会有运河的波通万里、扬州的富甲天下；没有扬州八怪的拒绝平庸、勇于创新，就难以开启康乾以来中国绘画的一代风气之先。革故鼎新、创新求变，勇于开拓、敢为人先，正是扬州鲜明的城市特质。我们要充分汲取前人的智慧和勇气，不等不靠、积极有为、大胆作为，勇于直面全球化、市场化、信息化的发展浪潮，敢于在激烈的市场竞争中“试水”，善于推动产业发展向技术前沿、产业链高端攀升，着力营造崇尚创新、鼓励进取、敢闯敢试的良好风尚，让创新创造的血液在全社会充分涌流，让敬业精业的精神在群众中深入人心。

要传承包容通融的城市精神，做开明开放的扬州人。开放则兴、封闭则衰，扬州城市的繁华史就是一部开放史。作为海上丝绸之路和陆上丝绸之路的交汇点，唐代的扬州有一万多名外国商人自由出入、自主交易，清代的扬州更是跻身拥有50万居民的十大世界级大都会之列。开放包容、兼收并蓄的城市精神，成为扬州最为宝贵的城市基因。当前，连淮扬镇铁路已经开工建设，扬州正在加快融入当今主流交通方式的主干线，形成水路、高速公路、高速铁路三大国家级交通干线的十字交汇点，成为承南启北、连接东西的枢纽城市。我们要以此为契机，把扬州放到世界同类型名城的坐标系中去定位，进一步开阔眼界、开阔思路、开阔胸襟，学会用外国人能听懂的语言讲述扬州故事，用现代化的治理方式管理运营城市，用国际通行规则和标准为外来投资创业者、旅游旅行者提供服务，进一步提升经济国际化和城市国际化水平，让“宜居宜游宜创”的城市品牌得到越来越多中外来宾的认同和赞许。

要传承崇文尚德的城市精神，做文明文雅的扬州人。扬州是一座文教昌盛、人文荟萃的历史文化名城，从名传千古的“文章太守”到英才辈出的扬中院士，从“堂前无字画，不是旧人家”到“成才未可忘忧国，有福方能坐读书”，从尚儒好德的盐商大贾到谈诗教曲的寻常百姓，从新中国“双百人物”到新时期的“扬州好人”，无不体现出扬州这座城市尊崇文化、重视教育的优秀传统。我们要更加注重发挥文化潜移默化的引领力量，通过精心修复和更新“两古一湖”城市“母体”，打造蜀冈文化高地，建设一批扬州先贤文化主题广场，同时坚持落细落小落实，从有序行车、有序候车、有序停车做起，引导市民养成文明习惯；通过建设“书香扬州”，倡导全民阅读、终身阅读，让城市更加“文起来”；通过规划建设一批城市标准化体育休闲公园和乡镇多功能文体广场，让城市更加“动起来”；通过举办群众喜闻乐见的城庆活动，开展形式多样的志愿服务，让城市更加“乐起来”，让每个扬州人做人规规矩矩、做事实实在在，在家和和气气、待人客客气气，让文明文静文雅成为扬州人最鲜明的气质。

“大厦之成，非一木之材也；大海之阔，非一流之归也。”2015年必将是扬州城市发展史上具有里程碑意义的一年。我们肩负的使命光荣、责任重大、任务艰巨，迫切需要全市上下进一步凝聚共识、提振精神、合力拼搏、贡献力量。要全市上下的智慧和力量凝聚到市委、市政府的决策部署上来，凝聚到办好2500周年城庆的各项工作任务上来，为“迈上新台阶、建设新江苏”，为开创跨江融合发展和名城建设新局面、谱写好中国梦的扬州篇章而努力奋斗！

# 政府工作报告(摘要)

——2015年1月9日在扬州市
第七届人民代表大会第四次会议上

市长　朱民阳

## 2014年工作回顾

2014年，全年实现地区生产总值3625亿元，增长11%。公共财政预算收入295.19亿元，增长13.9%，增幅列全省第二；其中税收收入242.22亿元，增长13.9%。城镇常住居民人均可支配收入30380元，增长10%；农村常住居民人均可支配收入15255元，增长11%。“54321”重点工作当年任务圆满完成。节能减排实现省定目标。

**1.深化改革取得新突破**

抢抓政策机遇，全力推进跨江融合发展综合改革试点。实施跨江融合发展行动计划。深化与上海、苏南对接工作，全市开发园区与上海14家园区签署合作协议，落户亿元以上项目16个；18家苏南企业参与海峡两岸(扬州)农业合作试验区建设。《宁镇扬同城化发展规划》获省批准。完成宁扬城际轨道交通前期工作。争取省对宝应、高邮专项扶持政策，获得资金2亿元。

突出简政放权，加快实施行政体制改革。清理并公布行政审批事项、行政权力、部门专项资金、行政事业性收费4项清单。改革食品药品管理体制，整合部门职责，执法重心下移。推进中介机构与行政机关、事业单位脱钩。对行业协会、商会等5类社会组织实行直接登记，试行注册资金认缴制备案登记。所有县(市、区)对外贸易经营者备案登记实现就地办理。

围绕激发活力，不断深化经济体制、社会领域改革。推进国有资产监管全覆盖，完成市级行政事业单位所属国有企业清理整合工作。完成市属国有企业混合所有制改革项目41个。实行工商登记“先照后证”和放宽市场主体住所登记条件等多项举措。新增私营企业1.9万户、个体工商户3.9万户、民营企业注册资本金553亿元。完善事权与财权相匹配的市区财政管理体制，出台市区财政和生态补偿转移支付办法。完成事业单位分类改革。整合优化职教资源，成立职教集团。深化医药卫生体制改革，所有县级公立医院同步实施医药价格综合改革。初步建成市县乡三级农村产权交易平台。实现县乡村社会管理服务中心、五大专业调解组织和个人调解工作室“三个全覆盖”。

2015年1月9日，市长朱民阳在市七届人大四次会议上作政府工作报告
王　卓/摄

**2.经济发展实现新提升**

以重大项目为支撑，切实增加有效投入。全年完成固定资产投资2380亿元，增长19%。新开工重大工业项目51个。上海大众新增10万辆整车、尤妮佳二期、江淮10万辆皮卡等一批重大项目开工、投产。2012年以来竣工的44个重大工业项目实现开票销售、税收分别占全市工业的18%和19%。继续推进“122”技改工程，全年技改投入增长22%。新竣工重大服务业项目30个，新开工41个。

以提质增效为目标，大力推进产业结构优化。规上工业增加值增长12%，全部工业开票销售、入库税收分别增长10%、12%。汽车、机械、化工、船舶、新能源新光源等五大千亿产业产值增幅全年均保持11%以上。建筑业实现产值2760亿元，增长12%。获鲁班奖1项。高邮获“中国建筑之乡”称号，邗建集团获房屋建筑工程施工总承包特级资质。服务业增加值占GDP比重提高1.5个百分点，达42.5%。旅游业实现总收入560亿元，增长17.7%。邗江瓜洲创成省级旅游度假区。软件和信息服务业完成业务收入420亿元，增长50%。新引进京东等5家全国百强电商企业。沿江港口完成货物吞吐量8500万吨、集装箱55万标箱。粮食产量实现“十一连增”。新建高标准农田24.26万亩。新增设施农(渔)业16.7万亩。新增规模经营15万亩。创成国家级示范合作社16个、省级示范家庭农场10个。县级以上农业龙头企业销售增长15.6%。

以挖潜升级为重点，进一步扩大内外需市场。全年社会消费品零售总额1240亿元，增长12.8%。落实国家各类促进消费政策，推动汽车等大宗消费增长；住宿业、餐饮业零售额分别增长12%、12.5%。电子商务交易额230亿元，增长40%。房地产完成投资340亿元，商品房成交425万平方米。举办“烟花三月”国际经贸旅游节、世界运河名城博览会等活动，承办东北亚名人会、世界绿色设计论坛等10场国际会议。全年注册外资实际到账15亿美元，新增世界500强投资项目8个。完成外经营业额6.1亿美元。进出口总额100亿美元，其中出口76亿美元。

**3.创新转型迈出新步伐**

强化企业服务，优化发展环境。实施服务企业的2号文件及8个配套措施，51个事项实行容缺受理和模拟审批。实行工商执照、组织机构代码证、税务登记证“三证合一”登记制度。金融机构新增贷款390亿元，增长16.7%；企业直接融资163.4亿元，增长118%。通过设立科技型中小企业贷款风险补偿资金池、小微企业信贷引导资金池、政府应急专项资金池等举措，为企业发放各类贷款65亿元。实施“双百企业创新发展助推计划”，18家企业新列入省科技企业上市培育计划。成立北京产交所、上海联交所扬州工作站，为企业搭建资产、资本、技术交易平台。8家企业在“新三板”挂牌。顺利完成第三次经济普查。

加快资源集聚，致力科技创新。成立以服务中小企业为宗旨、市场为导向、应用技术研发为重点的扬州产业技术研究院。“科教合作新长征”计划深入推进，签订校企产学研合作协议496项，新引进高校院所或知名企业研发中心、创新中心54家。清华扬州智能装备科技园、东大科技园、扬大科技园开园运行。新开工科技产业综合体22个，累计建成231万平方米、在孵企业521家。省级以上企业研发机构突破400家。创省级以上品牌79个、新产品638个。获全国“质量魅力城市”称号。牧羊集团获准筹建国际标准化组织饲料机械技术委员会。制(修)定国家或行业技术标准17项，专利授权1万件。市开发区获批国家级知识产权集群管理试点。全市新增高新技术企业92家，总数达524家。高新技术产业产值突破4000亿元，占规上工业总产值比重43.5%。引进高层次领军人才160名、专业技术人才1435名，引进培养企业高层次人才1516名。

加强生态倒逼，推动绿色发展、集约发展。创成国家生态文明建设示范区。入围全国首批新能源示范市。出台《大气污染防治行动计划实施细则》。政府投入3亿元，淘汰小型燃煤锅炉162台(套)、淘汰报废老旧汽车18880辆，购置新能源公交车355辆，全部完成省下达的年度任务。开展建筑扬尘和烧烤油烟专项整治。实行工业集中区分类认定管理并启动生态工业园创建。加快发展节能环保产业。实施节能技术改造项目120项、循环经济项目20项，实现节能20万吨标煤。全市造林4.4万亩，市区新增绿地102.5万平方米。邗江、广陵创成省年度“国土资源节约集约模范区”。

**4.城乡面貌呈现新变化**

坚持交通先行，继续加大重大基础设施建设力度。连淮扬镇铁路扬州段率先开工，宁启铁路复线及电气化改造扬州段基本建成。宿扬高速公路、环邵伯湖大道开工建设，S203扬州段、S125仪征段建成通车，文昌路西延全线贯通。当年建成和在建干线公路总里程288公里、总投资23.6亿元，创历史新高。西部交通客运枢纽主体完工。高邮运东船闸、江都芒稻船闸扩建工程加快实施。淮河入江水道整治主体工程基本完成。完成古运河等中小河流整治。仪征套闸除险加固等工程完工。

提升功能品质，不断增强中心城市首位度。100个重大城庆项目已建成38项，其中政府主导的30个项目全部达序时。瘦西湖隧道建成通车，新万福路、邗江路南延、金湾路有序推进。“双峰云栈”、大明寺西花园、鉴真广场等建成开放。实施8条城市劣V类河道整治，改造完成城市积水点18处。完成苏北医院、跃进桥、老北门桥等中环疏解节点道路改造工程。第一水厂提标扩建完工。建成清源污水处理厂二期。铺设污水管网30公里。赵庄垃圾填埋场增容和建筑垃圾综合利用处理场投入使用。推进“一流电网”建设，覆盖面积1491平方公里。推进“三拆三整治”，拆破拆烂拆违80万平方米。主城区数字化城管覆盖范围扩大到130平方公里。

建设美好镇村，加快推进城乡一体化。9个乡镇入选全国重点镇，10个村创成新农村建设“优美乡村”。全市城镇化率61%。农村河道疏浚整治完成年度计划的116%，并全面实施河长制管护。更新改造区域供水支管网623.2公里。重点考核断面水质达到或优于Ⅲ类水质标准。新改建农村公路223公里、桥梁186座，镇村公交覆盖率65%。仪征、江都被评为省村级“四有一责”建设先进县(市、区)。76%的低收入农户实现脱贫。完成400个村土地承包经营权确权登记颁证工作。争取农业开发资金2.21亿元。粮食、农机、农业科研、供销、气象在“三农”工作中发挥重要作用。

**5.社会建设取得新成效**

聚焦民生幸福，大力实施社会保障和实事工程。新增城镇就业7.2万人、转移农村劳动力1.86万人，期末城镇登记失业率2.08%。城乡基本养老保险、基本医疗保险参保率均达98%。全面实施城镇居民大病保险制度，推进全市社会保险“一卡通”。连续10年提高全市企业退休人员基本养老金水平，人均每月已达到1955元。市区城乡低保标准统一提高至每月535元。设立市级急难家庭救助基金2000万元、困境儿童就学专项救助基金600万元。安置残疾人就业1581名，对791名残疾学生及贫困残疾人子女实施教育帮扶。新辟、优化公交线路21条，实行公交持IC卡1小时内免费换乘。邗江路公交专用道建成并试运行。市区公交分担率22.6%，比上年提高2个百分点。建成主城区公共自行车租赁系统，设立租赁服务点310个，投放车辆1万辆。整治“城中村” 15块、老小区60万平方米，公房解危4.5万平方米。新增住房公积金缴纳人数7.8万人。新改建农贸市场15个。新建蔬菜生产基地2000亩，新增鲜奶4000余吨，新设农产品产地准出检测监控点20个。认定“三品”农产品120个。城乡居家养老服务覆盖率分别达100%、80%。

注重共建共享，协调发展各项社会事业。大运河申遗取得成功，扬州10个遗产点和6段河道列入《世界遗产名录》。完成天宁寺文化核心区一期工程。新增3项国家级非物质文化遗产名录。首次承办中国工艺美术精品展和“中国电视演员形象榜”揭榜仪式。扬州曲艺赴京集中展演。扬剧《衣冠风流》获省“五个一工程”奖。组织文化惠民演出241场。集教学、研究、传承、展示等为一体的戏曲园开工建设。宝应、高邮、仪征、江都通过全国义务教育发展基本均衡县(市、区)国家级督导评估。新改建公办幼儿园6所。高考普通类本二上线率58.4%，比上年提高5个百分点。扬州技师学院被评为全国技能人才培养突出贡献单位。新农合筹资标准提高到人均400元，最高报销限额提高到18万元。在全省率先开展农村居民大病保险工作。实施“单独两孩”新政。市财政安排3400万元兑现2009年至2013年持独生子女证退休企业职工一次性奖励。宋夹城体育休闲公园全面建成开放。完成十八届省运会目标任务。扬州马拉松三度蝉联国际田联金标赛事。科普、档案方志、台湾事务、侨务、外事和工会、青年、妇女、儿童、老龄、慈善、红十字等事业取得新进步。

强化社会治理，保障社会稳定。出台关于减轻社区负担、提升服务群众效能的六项规定，进一步厘清社区依法履职和协助工作事项。发放流动人口居住证4.5万张。7个社区矫正管理教育服务中心投入运行。我市被表彰为“六五”普法中期全国先进城市。强化涉稳评估和立体防控，社会治安持续稳定。全面完成青奥安保等重大任务。出台并实施古城消防安全管理办法。推进应急平台建设。建成并联网运行市、县隐患排查治理信息系统。组织开展危险化学品、建筑施工、特种设备等重点行业专项整治，实施“六打六治”打非治违专项行动，生产经营性事故数和死亡数分别下降4.14%、7.3%。出台军民融合发展意见并获得南京军区肯定。宝应“二妹子”民兵班扩编建连。民族、宗教、民防、地震、仲裁等工作取得新进展。

**6.政府自身建设得到新加强**

深入开展党的群众路线教育实践活动，切实改进工作作风。高标准严要求抓好学习教育、听取意见，查摆问题、开展批评，整改落实、建章立制等工作，着力解决关系群众切身利益的问题。制定出台加强依法科学民主决策、深化政务公开等10项制度。扎实推进拆迁安置房超期安置、区划调整中“同城同步同标”、行政审批“中梗阻”等突出问题整改措施的落实。开展减轻基层负担等专项整治行动。以市政府名义制发的文件和会议分别下降18%和17%，“三公”经费压减16.1%。

打造阳光政府，深入推进政务公开。全面推进行政权力网上公开透明运行，在运行平台上共办理行政权力事项1980多万件。“净地出让、摇号主持、现场直播、全程跟踪”的土地出让机制获省推广。“中国扬州”门户网站群服务范围拓展到15类主题218项事项。加强政府信息公开工作，及时公开“三公”经费信息和环境保护、安全生产、食品药品安全等公共监管信息。依法依规做好依申请公开工作。常态化、制度化做好政府新闻发布工作，全年召开新闻发布会178场。12345政府服务热线和“寄语市长”回复率96%、满意率88%以上。

坚持依法行政，努力提升政府效能。自觉接受市人大及其常委会的法律监督、工作监督和市政协的民主监督，广泛听取各民主党派、工商联、无党派人士和社会各界意见。全年办理市人大代表议案、建议323件，政协提案432件，其中市长领办建议、提案13件。办理行政复议案件250件。制定市政府规范性文件9件。规范和完善重大行政决策程序。制定《“三直接”新十大环节操作规范》。组织开展“百企问政”和“三公开三报告”电视直播活动。对41个单体投资亿元以上国资项目驻点督查。

同时，我们清醒地看到经济社会发展中还存在一些矛盾和问题，主要是：稳增长调结构促转型需要付出艰苦努力；内需不旺和经济外向度不高并存；区域协调发展与城乡统筹发展仍有大量工作要做；民生改善和公共服务水平与百姓期盼还有差距；生态文明建设与可持续发展的要求不相适应；法治政府和政府作风建设、反腐倡廉任务依然艰巨。对此，我们必须高度重视，并采取切实措施认真加以解决。

## 2015年工作安排

2015年政府工作总体要求是：全面贯彻落实党的十八大、十八届三中、四中全会、中央经济工作会议精神和习近平总书记系列重要讲话精神，按照省委十二届八次、九次全会和市委六届八次全会的决策部署，主动把握和积极适应新常态，坚持“稳中求进、进字当先，创新驱动、转型升级”工作总基调，全面深化改革，全面推进依法治市，着力深化产业结构调整，着力强化生态文明建设，着力提升城市建设和管理水平，着力保障和改善民生，着力筑牢风险防控底线，努力保持经济社会平稳健康发展，加快建设古代文化与现代文明交相辉映的名城。

2015年全市经济社会发展的主要预期目标为：地区生产总值增长10%，公共财政预算收入增长10%，社会消费品零售总额增长12%，固定资产投资增长17%，全社会研发投入占地区生产总值比重2.5%左右，居民消费价格指数低于全省平均水平，城镇、农村居民人均可支配收入均增长10%，城镇登记失业率控制在3%以内，节能减排完成省下达任务。

**重点抓好以下八个方面工作：**

**1.坚持项目支撑和创新引领，加快推动产业结构优化升级**

围绕提升经济发展质量和效益，落实市委“产业项目升级年”的要求，全力推动增长动力转换和经济结构再平衡。

促进重大项目提质增效。紧盯跨国公司、央企和知名民企，主攻基地型、科技型、区域总部型项目和重大技改项目，加快实现沿江100亿、沿河50亿投资项目第二轮全覆盖。全面实施重大项目质效评估。围绕项目技术水平、装备和研发投入、资源能源消耗和环境影响、产出效益和社会贡献等重点优化项目落地。全年新开工10亿元或1亿美元重大工业项目50个、重大服务业项目40个，基本产业和“双高”项目占比均达60%以上。

全力推进科技创新战略。深化国家创新型城市建设。强化科技同经济对接。新增国家高新技术企业60家，高新技术产业产值占规上工业总产值比重44%以上。新设科技金融专营机构3家、创投基金5支。强化创新成果同产业对接。全面提升产业技术研究院的带动作用。建立区域技术交易市场，举办“中国(扬州)重大科技成果展示洽谈会”。开发具有自主知识产权的高新技术产品500项以上。科技综合体入驻企业700家，使用率达70%。强化创新项目同现实生产力对接。实施“科技产业合作远征计划”，深化与扬大等高校在科技、人才等方面的对接合作，企业与高校院所签订合作协议400项，新建省级以上“三站三中心”30家。继续推动知识产权质押融资试点，新增知识产权贯标企业30家。强化创新人才培养引进同经济社会发展需求相对接。落实“6＋1”人才引进和培育政策，用好用活各类人才，新引进高层次领军人才100名、产业发展急需专业技术人才1000名。

推动制造业向高端攀升。加快汽车核心技术和配套件集聚与提升，推动新能源汽车关键技术研发及产业化应用。实施50家机械装备企业向机器人产业转型等“五个五”工程，加快信息技术在智能装备制造中的集成和应用，大力发展工业机器人产业。促进船舶产业存量优化提升，培育高技术特种船舶和海洋工程装备制造业。推进海峡两岸(扬州)绿色石化产业合作区建设。引导新能源新光源骨干企业优化产品结构。大力发展食品工业，强化龙头企业引进与培育，加快品牌打造和市场开拓，推进食品工业园发展生产研发、工业旅游、冷链物流等新型业态。规上工业增加值、入库税收分别增长11%、9%。

促进服务业创新突破。出台互联网产业发展三年行动计划。加快基于互联网产业的软件自主研发企业以及企业线上销售平台建设，业务收入增长50%。强化现代金融业发展模式创新，新引进股份制银行1～2家，支持现代金融集团、扬州农商行发展。坚持“城市即旅游”，强化市县联动、项目带动，引进1～2个重大旅游项目，推进7个重点旅游度假区建设，旅游业增加值占GDP比重7.5%左右。推动文化产业与科技、创意、金融、旅游、体育等融合发展，着力打造工艺坊等文化产业集聚区，培育一批文化科技企业，在文化载体、产品、市场上有新突破。注重医养结合，吸引各类资本投入，大力发展健康养老产业。通过引导刚性需求、发展高性价比住房、促进租售市场建设等措施，全力保持房地产市场平稳健康发展。加快现代物流业发展，推动空港新城及航空物流、扬州港“亿吨大港、百万标箱”建设。服务业增加值占GDP比重43%以上。

**2.继续深化改革和扩大开放，激活发展内生动力**

正确处理政府有形之手与市场无形之手关系，用好内外两个市场、两种资源，着力打造转型发展新引擎。

继续深化重点领域改革。扎实抓好已实施的重点改革事项落地见效。完成旅游和文博资源管理利用体制改革。坚持以“管资本”为重点加强国资监管，探索推进国有资产证券化，建立健全现代企业制度和国有资本经营预算制度。大力推动与政府相关的行业中介、社团组织、经营实体市场化改革。推进公共资源交易中心实体化运作。按照“同级同权同责”原则，构建好新型市区财政关系。尊重基层首创，及时发现总结各地创新实践。高度重视、积极防范政府性债务、金融、房地产等领域的潜在风险，牢牢守住不发生区域性系统性风险的底线。

着力优化投资消费结构。加大对高端装备制造、生产性服务业、节能环保以及农田水利的投入，完成全社会固定资产投资2600亿元以上。进一步提升批零住餐等传统消费，以模式创新做大冶春、谢馥春等老字号。明确新建商业综合体的特色定位。稳定住房、汽车等大宗消费，扩大文化、旅游、信息、健身养生等新兴消费。加快电商平台建设，大力推进线上消费，探索020新型商业模式，全年电子商务交易额300亿元。启动创建国家电子商务示范城市。积极畅通商品流通环节，打造更加安全、舒适、便捷的消费环境。

努力提高经济国际化水平。围绕企业、城市、人才“三个国际化”，提高参与国际经济合作、竞争的能力。坚持“引进来”与“走出去”并举，继续实施“530”计划，大力推进产业链和企业招商，新落户世界500强投资项目5个以上，注册外资实际到账15亿美元。推动一批重点外经企业入围省本土型跨国企业培育名录，外经营业额增长15%。提升电子口岸和通关“三个一”建设水平，外贸出口80亿美元。实现扬泰机场一类口岸开放运营并尽快开通国际航班。积极承办重要国际性会议会展和商务活动。主动参与“一带一路”和长江经济带建设。

**3.做优做强市场主体和功能载体，切实增强发展后劲**

把稳企业、稳实体作为稳增长的基础，特别是服务好小微企业，扎实抓好发展难题破解，努力培植经济新增长点。

持续增强企业核心竞争力。继续制定实施服务企业的2号文件。强化“人才、科技、资本”联动，加大对企业科技研发人员引进和培育力度，实现企业研发经费占主营业务收入比重、企业研发人员比重“双提升”。深入推进“千企技改”和百家重点企业技改提升“532”工程。实施科技企业培育“168”工程、创新型企业家培育“青蓝计划”。强化企业“标准、品牌、专利”工作，制(修)定国家、行业和地方标准18项以上，创成省级以上品牌45件，争取授权专利1万件。争创“全国质量强市示范城市”。推进小微企业公共服务平台建设，充分发挥现有中小企业专项资金的引导作用，积极引导创业投资基金、天使基金、种子基金投资小微企业，鼓励中小企业“专、精、特、新”发展，打造一批行业“小巨人”。

充分释放民营经济发展活力。持续推进工商登记制度改革，扩大“先照后证”项目范围，建立统一的市场监管体制。发展混合所有制经济，营造鼓励民资发展的政策环境，推进政府主导的项目向民资开放。积极推动宜创城市建设，切实降低门槛、强化保障，鼓励和吸引更多创业者在扬州就业、置业、创业。全年新发展私营企业1.8万户、个体工商户3万户，新增民营企业注册资本金实际到资550亿元、开工亿元以上项目120个。

推动园区转型升级、创新发展。把市经济开发区打造成转型升级、创新发展的先导区和示范区，切实提高贡献份额。加快推动扬州高新区争创国家级高新区、江都经济开发区争创国家级开发区，生态科技新城和高邮湖西新区争创省级高新区。各省级以上开发区与上海、苏南园区开展有集群效应、集聚成果的实质性合作，分别承接过亿元转移项目3个以上。推动中外合作园区建设，把广陵“中德液压产业园”、市开发区“中瑞(典)生态产业园”办成国内外有影响的园区。

**4.加快农业现代化，推进新型城镇化和城乡一体化**

把“三农”工作放到更加突出的位置，坚定不移加快农业发展方式转变，在城乡互补、工农互惠的道路上迈出新步伐。

大力发展现代农业。加快构建农业一二三产融合发展体系，切实提高农业技术装备和设施化水平。实施粮食高产增效工程。加快粮食现代物流体系建设。持续推进6个50亿元连片特色农业产业基地建设，新增高标准农田15万亩、设施农业8万亩、设施渔业4万亩。放大驻扬农业科研院校技术优势，推动园艺、畜禽等特色产业发展。规划建设扬州现代农业科技园。把产业链、价值链等现代产业组织方式引入农业，推动农副产品深加工，扶持农业龙头企业做大做强。加快农产品直销合作社、平价店、直通车等流通载体建设。农产品加工业总产值增长20%。加强农产品安全监测，地产农产品质量抽检合格率98%以上。

深化农村改革。300个村完成农村土地承包经营权确权登记颁证。规范有序推进土地流转，新增土地集中型农业适度规模经营10万亩。探索土地入股、托管等多种方式，大力培植新型农业经营主体，新增20个市级示范家庭农场，重点培育100个示范合作社。推进供销社综合改革。完善农村产权交易市场体系建设。深化农村集体资产股份合作制改革，培育规范运作、制度完善、与农民结成利益连接体的村经济合作社(社区股份合作社)40个。稳步推进农村金融改革，加快开展“三权”抵押贷款。提升农业保险服务水平，主要种植业参保面90%以上。

优化城镇乡村建设。坚持“三规合一”“四化同步”，编制新型城镇化及城乡一体化规划。分类推进卫星镇、特色镇、一般镇建设，每个县(市、区)集中力量规划建设1-2个10万人以上规模的现代新城镇。鼓励和吸引社会资本投入城镇化建设。高度重视农村生态环境的治理和保护，深化美丽乡村建设，创成“优美乡村”10个，完成60个村环境连片整治。新增改建农村卫生户厕4万座。新改建农村公路185公里，改造农村危桥85座，镇村公交开通率达72%。推动城市公共服务向镇村延伸。有序推进农村转移人口市民化，力争城镇化率提高1个百分点。

做大做强县域经济。进一步落实好省支持宝应、高邮的专项政策。推进仪征宁扬城际轨道项目开工以及后山区的生态保护和有序开发。加快环邵伯湖大道、S352江都段、S331宝应段、S333高邮段、界首运河大桥等重点基础设施建设。强化产业特色发展、集群发展，加快实现县(市)争创省级高新区(科技园)全覆盖。提升工业集中区生态化、集约化、特色化发展水平。已认定的工业集中区开票销售增幅比上年提高6个百分点，其中特色产业园占比35%、生态工业集中区占比20%。新建各类公共服务平台10家。沿江、沿河地区80%的村集体经营性收入分别达到50万元、40万元。严格控制并着力化解镇村债务。

**5.切实加强环境保护，全面提升生态文明建设水平**

全力推进"生态文明建设突破年"各项工作，加快国家级生态文明建设试点示范市和水生态文明建设示范市创建，让生态成为市民的永续福利，生态文明建设走在全省前列。

加大"治水""治气"力度。城区主干河道活水和全市域农村河道疏浚实现全覆盖，并强化河长制管理。完成扬州闸、黄金坝闸、平山堂泵站等建设及市区8条劣Ⅴ类河道综合整治。加快推进主城区污水管网"四统一"，新铺设管网28.7公里。六圩污水处理厂三期厂区建成。严格落实省大气污染防治十项行动。淘汰替换小型燃煤锅炉209台，提标改造火电、水泥等行业企业44家。完成黄标车淘汰任务。严格强化渣土运输管控。古城区、瘦西湖景区核心区和居民小区内全面取缔露天烧烤。出台秸秆收贮和利用的扶持政策，秸秆综合利用率92%以上。PM2.5年平均浓度在2013年基础上下降7%。

推动生产生活方式绿色转型。实施重点减排工程110项，完成二电厂1号、3号燃煤机组超低排放改造。加快推进扬农化工、联环药业、威亨热电、裕华织造等企业转型搬迁。确保完成"十二五"期间单位GDP能耗下降17%目标。进一步提升环保科技产业园发展水平。化工园区严格"四至"范围，提高准入门槛，争创省级生态工业园区。落实节约集约利用土地二十条措施，盘活闲置、低效利用土地8000亩。开展绿色建筑行动，全市城镇新建建筑全面执行省绿色建筑设计标准。鼓励和扶持建筑企业晋升资质、质量创优，全年建筑业产值增长12%。完善绿色交通体系，新增新能源汽车800辆。

加强生态涵养。实施新一轮"绿杨城郭新扬州"三年行动计划。规划建设纵贯扬州南北的江淮生态大走廊，扎实做好南水北调水源地、沿江沿运河等区域的环境保护以及城郊结合部的环境整治，加快建设廖家沟中央生态公园、三湾城市生态公园和县(市、区)10平方公里生态中心。恢复湿地4000亩。严格落实市人大常委会决议，加快"七河八岛"区域沿河船厂砂石场搬迁。继续提升"五路一环一河"绿化品质。市区新增城市绿地100万平方米，全市新增立体绿化11万平方米。实施村庄绿化、农田防护林、高速公路出入口提升等五大林业重点工程，新建省级绿化示范村40个，全市新增成片林2万亩。严控农业面源污染。

完善政策体系。按照《扬州市生态文明建设规划》，制定生态文明建设三年行动计划。引导社会资本参与生态建设。市财政专项用于生态建设投入10亿元以上。研究出台鼓励绿色出行、低碳消费、循环利用等办法。建立系统的绿色发展水平评估体系。实施生态红线区域生态补偿政策。探索排污权有偿使用和交易机制。加大生态指标考核权重，树立鲜明的绿色发展导向。严格执行新《环保法》，提高环保执法刚性要求。

**6.围绕建城2500周年，进一步提升城市品质和文化影响力**

按照市委"城建项目决胜年"、"城市管理强化年"和"市民素质提升年"部署，推动城市硬件设施和软实力双提升、人与城市共发展。

加快重大基础设施建设。宁启铁路复线电气化改造扬州段全线建成，全面启动连淮扬镇高铁枢纽站及其综合体规划建设。加快推进宿扬高速公路建设和京沪高速公路扩容及南延过江前期工作，进一步完善"一环七射"高速公路网。加快构建城市骨干路网体系，新万福路、沙湾路南延、S353扬州西段等建成通车，加快推进邗江路南延、金湾路、开发路东延等道路建设。建成投运500千伏扬州北输变电工程。

全力提升城市建设和管理水平。突出建管用一体，继续推动100项城庆重大项目建设，着力把政府主导的30项城建项目打造成精品和示范。围绕"宜居、宜业、宜创"，突出生态、低碳、集约，进一步提升生态科技新城和广陵新城建设发展水平。全面建成城庆广场、市民中心等功能性设施和交通银行金融服务中心、环球金融城等产业综合体。规划实施蜀冈中西峰自然生态修复、历史风貌恢复工程，加快蜀冈-瘦西湖景区环境提升。切实改善古城居民生活条件。坚持专项整治与长效治理相结合，集中开展流动摊点、乱行乱停等十项整治行动，完成省城市环境综合整治三年行动目标任务。县(市、区)全面建成数字化城管。加大环卫基础设施投入，建成餐厨垃圾处理场、生活垃圾焚烧发电二期工程，改建垃圾中转站3座。加强城市道路堵点改造，提升交通通畅性。

进一步彰显名城文化魅力。放大大运河世界遗产效应，规划建设大运河文化展示园、阮元广场等一批主题文化广场，加快实施隋炀帝墓考古遗址公园等重点工程。突出现有文博场馆管理和利用，提升文化博览城建设水平。完成全国第一次移动文物普查。采取更加有力措施集聚非物质文化专门人才。编纂出版《扬州文库》等地域文化丛书。推进"书香城市"建设。实施城庆精品创作等工程。设立扬州市文学艺术奖。继续办好"烟花三月"国际经贸旅游节、鉴真国际半程马拉松赛、世界运河名城博览会等品牌活动和国际性会议，举办建城2500周年系列城庆活动。加强社会主义核心价值观教育，大力选树、学习宣传当代"扬州好人"和先进模范。

**7.突出稳定性、连续性和累积性，继续推进民生幸福工程**

坚持守住底线、突出重点、完善制度，像抓经济建设一样抓民生工作，加快推动民生工作再上新台阶。

千方百计增加居民收入。以劳动者素质提升带动收入提高，实现更加充分、更高质量就业。城乡劳动者职业技能培训2.25万人、创业培训4000人，新增高技能人才1.42万人。全年新增城镇就业5万人、农村劳动力转移1.4万人。扬州籍高校毕业生就业推荐率和有就业意愿的困难家庭毕业生就业率均达100%。新建创业孵化基地10个。多措并举提高居民工资性、经营性、资产性、保障性收入。探索古城保护与市民创业增收相结合的新路径。实现建档低收入农户人均纯收入5000元的脱贫目标。

稳步提高社会保障水平。城乡基本养老保险、城镇基本医疗、工伤、生育保险参保分别新增3万人、2万人、2万人和3万人。新农合参合率稳定在97%以上，政策范围内住院补偿比达75%。完善大病保险制度和医疗救助保障机制，深化医保支付方式改革。继续推进市区社保“同城同步同标”，市区新农合实现“五个统一”。进一步完善安全有效、方便廉价的公共卫生和基本医疗服务体系。坚持社区卫生服务与居家养老相结合，提升已建居家养老服务中心(站)利用率和服务水平。完善困境儿童助学帮扶体系。实行城乡低保、农村五保供养标准自然增长机制。进一步做好残疾人保障和服务工作。

扎实做好重点民生工作。完善多层次住房供应体系。市区实施公有住房解危4.5万平方米，新建(筹集)公租房1400套，完成征收(拆迁)超腾仓期未安置住房任务。完成老小区综合整治55万平方米，整治“城中村” 15个。推进物业服务标准化、物业监管信息化，老旧小区新增基本物业服务68万平方米。新改建农贸市场10个。改造博物馆路等8个积水点。新辟、优化调整公交线路16条，公交分担率达26%。加密公共自行车租赁点97个。建设荷花池等停车场。继续推进“1161”菜篮子工程和“115”鲜奶工程。

加快发展社会事业。推进教育公平与内涵建设。新(改)建公办幼儿园6所，新创省义务教育现代化学校60所，热点高中70%招生名额面向区域内初中学校分配。建成市特殊教育学校新校区。启动市级公立医院综合改革。加快推进分级诊疗制度。推广苏北医院优质医疗资源与基层医疗单位结对的做法，逐步缓解大医院人满为患状况。启动实施农村区域医疗卫生中心建设。孕前优生健康检查覆盖率90%以上。举办市第十二届运动会，申办省第十九届运动会并规划建设全市域公共体育设施。实施三年农村健身设施提档升级工程，推进标准化体育休闲公园县(市、区)、功能区全覆盖。

**8.进一步改善和创新社会治理，保持社会和谐稳定**

积极适应百姓的新要求、新期待，全面提升社会治理科学化水平，为建设“人民满意、社会公认”的法治名城奠定基础。

夯实基层基础工作。继续深化城乡和谐社区建设。按照“两清单、一协议、双评估”要求，全面推进“政社互动”。建成社区综合信息管理服务平台。以政府购买服务为主要方式，提高公共服务的覆盖面和质量水平。全面开展社会组织等级评估。完善社会工作人才队伍培养、使用和激励机制。全面实施社会诚信体系建设，完善扬州社会信用信息综合征信系统，增强企业信用体系追溯效能。

维护群众合法权益。完善群众诉求表达和权益维护机制，整合拓宽民意表达渠道，引导和支持群众理性表达诉求、依法维护权益。

完善法律援助制度，建成覆盖城乡的公共法律服务体系。推进普遍建立法律顾问制度和公职律师工作。实施诉访分离，建立律师参与涉法涉诉信访化解新机制。着力解决突出信访问题，包案负责逐一化解信访积案，落实涉法涉诉信访依法终结制度。加强医患纠纷、道路交通事故等重点领域专业性人民调解组织建设，推动人民调解与司法调解、行政调解、仲裁对接联动，努力将矛盾化解在萌芽状态。

保持社会和谐稳定。继续实施“六五”普法规划。加强社会治安综合治理，完善社会治安防控体系，加强基层政法队伍建设和保障投入，提升平安扬州建设水平。完善市级社区矫正指挥中心功能。落实安全生产责任制，重大事故隐患挂牌督办和按期整改率100%，事故起数和死亡人数继续保持“双下降”。强化食品药品安全源头监管、风险防控和专项整治。推进食品药品安全电子监管工作。健全应急管理机制，提高突发公共事件的预警和处置能力。加强防灾减灾体系建设，提高气象、地震等灾害防御能力。进一步加强国防动员和后备力量建设，促进军民融合深度发展，争创全国双拥模范城“七连冠”。

全面推进法治政府建设。贯彻落实十八届四中全会精神，强化法治思维、运用法治方式推动改革发展稳定各项工作，加快建设职能科学、权责法定、执法严明、公开公正、廉洁高效、守法诚信的法治政府。全面依法履职，切实增强政府工作公信力和执行力；突出公开透明，不断强化对行政权力的制约和监督；.强化依法行政，加快健全依法决策机制和执法体制；坚持勤政廉政，努力提高行政效能和服务水平。

# 专记

Zhuanji

编　辑　戴淑敏

## 党的群众路线教育实践活动

**■概述**　扬州市党的群众路线教育实践活动(简称教育实践活动)于2014年2月启动,到10月底基本结束。市委围绕"为民、务实、清廉"主题,以"聚焦反对'四风'(形式主义、官僚主义、享乐主义、奢靡之风)、解决突出问题"为主线,按照"照镜子、正衣冠、洗洗澡、治治病"的总要求,组织全市155个县处级以上领导班子、1246名县处级以上领导干部、1.38万个基层党组织、27万名党员高起点、高标准、高质量开展教育实践活动,加强各级领导班子和干部队伍能力作风建设,解决"四风"方面突出问题,推动扬州改革发展,实现提高思想认识、改进作风、密切党群干群关系、树立为民务实清廉形象、夯实基层基础的目标任务。

在学习教育、听取意见环节,全市各级党组织组织党员干部学习习近平总书记系列重要讲话和规定书目,全面把握马克思主义群众观点和党的群众路线。市委编印、下发《扬州市先辈先进人物事迹选编》,市委常委会开展学习焦裕禄精神践行"三严三实"(严以修身、严以用权、严以律己,谋事要实、创业要实、做人要实)活动;6个县(市、区)和60多个市直部门主要领导分别开展讲党课活动;全市各级党委(党组)中心组集中学习4000多次,党员干部参学率100%。全市各级党组织和党员坚持问题导向,聚焦"四风"问题,排查作风之弊、行为之垢。市委主要领导通过"12345"政府服务热线、《扬州日报》(扬州网)"党报在线"征求意见。全市征集意见、建议1.1万条。

在查摆问题、开展批评环节,各地、各单位找准找实"四风"问题,自我对照,自我检查,梳理出"四风"方面突出问题。各级领导班子、党员领导干部广泛深入开展谈话交心活动。其中,市委书记"一对一"约谈下一级"一把手"38人,集体约谈137人;县(市、区)委书记"一对一"约谈下一级"一把手"189人,集体约谈573人。所有党员领导干部撰写对照检查材料。各地、各单位召开领导班子专题民主生活会和党员专题组织生活会,开展批评和自我批评。

在整改落实、建章立制环节,各地、各单位针对群众反映最强烈、最突出的问题,边学边改、立行立改,推进中央21项、省委18项、市委14项专项整治工作。全年全市压缩"三公"经费〔因公出国(境)经费、公务车购置及运行费、公务招待费〕8570.57万元;为基层兴办实事项目1200多个,帮助群众解决实际问题4500多个;废止制度128个,修订、完善制度744个,新制定制度644个。各类会议数量下降56.6%,发文数量下降25.7%,达标创建评比数量下降74.3%,行政审批事项数量下降44%,各类领导小组和议事协调机构数量下降29%,绩效考评"一票否决"事项数量下降27%。　　(杨　俊)

**■党的群众路线教育实践活动动员大会**　2月13日,扬州市委召开全市党的群众路线教育实践活动动员大会,学习、贯彻中央和省委精神,动员部署全市党的群众路线教育实践活动。省委常委、省政法委书记李小敏出席会议并讲话,省委督导组组长、省信访局党组书记王庆元对扬州市开展教育实践活动提出要求。市委书记、市委党的群众路线教育实践活动领导小组组长谢正义主持会议并作动员部署。省委督导组全体成员,市委、市人大、市政府、市政协全体领导,市中级人民法院院长、市检察院检察长,正市级老领导和近5年退出领导岗位的副市级老领导,市人大、市政府、市政协秘书长,各县(市、区)党政主要负责人、纪委书记、组织部长、宣传部长,扬州经济技术开发区、扬州化学工业园区、生态科技新城、蜀冈-瘦西湖风景名胜区、空港新城党政主要负责人,市委各部委办、市各委办局(公司)、市各人民团体党政主要负责人,驻扬州各单位主要负责人,市各民主党派主要负责人和无党派人士代表,党的十八大代表和省第十二次党代会代表,部分基层人大、党代会代表和政协委员以及党员、群众代表,市委督导组全体成员等参加大会。　　(杨　俊)

**■市委常委会承诺反对"四风"、加强作风建设**　3月17日,市委书记谢正义主持召开第81次市委常委会,围绕"我是谁、为了谁、依靠谁"开展集中学习讨论,研究《中共扬州市委常委会关于坚决反对"四风"、加强作风建设的承诺》。3月21日,市委常委会在《扬州日报》《扬州晚报》等主要媒体公开“坚决反对‘四风’ 加强作风建设承诺”：常态化联系服务群众，每年到“三下三联三交”（下到一个村、联系一个合作经济组织、交一个农民朋友，下到一个工厂企业、联系一个班组、交一个工人朋友，下到一个社区、联系一个社团、交一个社区主任朋友）联系点开展驻点调研不少于3天，每两个月到市信访局接待群众来访不少于1天，市委、市政府主要负责人每半年走进“12345”政府服务热线、《扬州日报》“党报在线”各1次；树立正确政绩观，重实干、重实际，不提新口号、不搞新创建、不开辟城建新战场，不打折扣地兑现已经确定的各项民生政策；带头改进学风、文风、会风；严格按规定简化活动新闻报道，关心支持新闻媒体按有关规定和新闻规律组织采访报道，不该报道的一律不报道；带头弘扬艰苦奋斗、勤俭节约之风，不出入私人会所，不接受公款宴请，不参加高消费娱乐健身活动，不参加各类剪彩庆典活动，不以公务名义变相旅游，不大操大办婚丧喜庆事宜；严格执行领导干部工作和生活待遇有关规定，不私用公车，不配专职秘书，不超标准占用办公用房，平时工作就餐与机关干部一起在机关食堂刷卡用餐。（杨　俊）

**■市委常委会教育实践活动专题民主生活会**　6月14—15日，市委常委会召开教育实践活动专题民主生活会，按照中央和省委要求，检查遵守党的政治纪律、贯彻中央八项规定精神情况，查找市委常委班子和班子成员“四风”方面突出问题，剖析深层次原因，明确整改方向和具体措施。省委常委、政法委书记李小敏全程参加会议。市委书记谢正义主持会议，市领导洪锦华、陈卫庆列席会议。谢正义代表市委常委班子对照检查并作自我剖析，朱民阳、丁纯、张跃进、张爱军、袁秋年、卢桂平、陈扬、姚苏华、许建树等市委常委逐一对照检查并接受班子其他成员批评；常委之间开展相互批评，提出110条批评意见。（杨　俊）

**■市人大常委会党组教育实践活动专题民主生活会**　6月17日，市人大常委会党组召开专题民主生活会。市委书记，市人大常委会主任、党组书记谢正义主持会议。省委督导组组长王庆元等出席会议。市人大常委会副主任、党组副书记陈卫庆代表市人大常委会党组班子对照检查，谢正义、陈卫庆、纪春明、王玉新、王敏、林正玉先后作个人对照检查，并接受班子其他成员批评。（杨　俊）

**■市政府党组教育实践活动专题民主生活会**　6月16日，市政府党组召开教育实践活动专题民主生活会。市长朱民阳主持会议。省委督导组组长王庆元出席会议并点评。副市长董玉海列席会议。朱民阳代表市政府党组对照检查，开展批评和自我批评；市政府党组成员丁纯、闻道才、孔令俊、张宝娟、丁一、祁小夏、何金发逐一对照检查，开展批评和自我批评，查摆“四风”方面突出问题。各位党组成员针对查摆出来的问题，剖析问题产生的思想根源，明确整改方向和具体措施。（杨　俊）

6月14—15日，市委常委会召开教育实践活动专题民主生活会
王　卓/摄

**■市政协党组教育实践活动专题民主生活会**　6月18日，市政协党组召开教育实践活动专题民主生活会。市政协主席洪锦华主持会议并开展自我批评，省委督导组组长王庆元等出席会议。市政协党组成员杨明荣、王少鹏、刘在銮、倪士俊、殷圣元、仲生依次开展批评与自我批评。市政协副主席王克胜、王静成、朱妍列席会议。（杨　俊）

**■党的群众路线教育实践活动总结大会**　10月14日，市委召开全市党的群众路线教育实践活动总结大会。省委督导组组长王庆元出席会议并讲话。市委书记、市委党的群众路线教育实践活动领导小组组长谢正义总结全市教育实践活动情况，要求学习贯彻习近平总书记重要讲话精神，充分运用教育实践活动成功经验，探索从严管党治党有效途径，推动全市党的建设取得新成效。谢正义强调，要克服松劲思想、过关心理，推进后续整改、建章立制工作，把作风建设引向深入；要坚持从严管党治党，提升党的建设科学化水平，从严落实治党责任，从严管理干部，把从严治党纳入制度化轨道，严肃党内政治生活，发挥好人民群众监督作用。市委常委、组织部长、市委党的群众路线教育实践活动领导小组副组长张爱军主持会议。省委督导组全体成员，市委委员、候补委员，市委、市人大、市政府、市政协领导，扬州军分区司令员，市中级人民法院院长、市检察院检察长，市纪委副书记，市各民主党派、市工商联主要负责人和无党派人士代表，市人大、市政府、市政协秘书长，各

县(市、区)党政主要负责人、组织部长,扬州经济技术开发区、扬州化学工业园区、生态科技新城、蜀冈-瘦西湖风景名胜区党政主要负责人和分管负责人,市委各部委办、市各委办局(公司)党组(党委)、市各人民团体党组主要负责人,市委党的群众教育实践活动领导小组及其办公室成员,市委督导组全体成员等参加大会。 (杨 俊)

## "烟花三月"国际经贸旅游节

■**概述** 4月18日至5月18日,扬州市举办2014中国·扬州"烟花三月"国际经贸旅游节(简称"烟花三月"节)。节庆期间,举办主体活动、经贸活动、国际会议、文体旅游活动等4个板块活动25项,有8220名中外嘉宾到扬州参加活动。此外,举行环邵伯湖大道(运河北路北延)、金湾路先导段开工仪式,扬州市职业教育集团揭牌仪式暨职业教育成果展示和校企合作集中签约仪式,江苏省教育厅与扬州市政府共建教育名城合作协议签约仪式,东北亚名人会、APEC(亚太经济合作组织)电信工作组第49次会议等活动。"烟花三月"节期间,签约协议利用外资和港澳

**2014中国·扬州"烟花三月"国际经贸旅游节主要活动一览表**

表2-1

| 活动类别 | 活动名称 | 活动时间 | 活动地点 |
|---|---|---|---|
| 主体活动 | 开幕式 | 4月18日 | 万花园餐英别墅 |
| | 扬州市产业推介暨重大项目集中签约、开工、投产仪式 | 4月18日 | 各县(市、区)分会场 |
| 经贸活动 | 现代服务业推介会 | 4月18日 | 扬州迎宾馆万芳园 |
| | 中国扬州科技创新合作展示洽谈会 | 4月18—20日 | 扬州国际展览中心 |
| | 广发银行扬州分行开业仪式 | 4月18日 | 扬州迎宾馆万芳园 |
| | 国际精品度假酒店(扬州)峰会 | 4月17日 | 街南书屋 |
| | 2014中国扬州软件和信息服务外包大会暨移动互联网产业发展论坛 | 4月21日 | 京杭会议中心 |
| | 深圳企业家扬州行 | 4月19日 | 扬州华美达酒店 |
| | 健康服务业推介暨中德合作扬州医康养产业示范项目签约仪式 | 4月19日 | 扬州会议中心 |
| | 商务咨询服务集聚区揭牌暨项目入驻仪式 | 5月10日 | 双桥商务会所 |
| | 汽车综合服务功能区推介暨汽车产业研讨会 | 5月16日 | 汇金玄武酒店 |
| | "亿吨大港"暨现代物流采购峰会 | 4月17日 | 江都经济开发区中信泰富码头 |
| | 第九届中国玉石雕精品博览会 | 4月17—20日 | 工艺坊 |
| | 2014国际(扬州)健康产业发展论坛 | 4月28日 | 扬州经济技术开发区外商公共服务中心 |
| | 中国·江都机械产业专家咨询暨招商推介会 | 5月15日 | 江都区会议中心 |
| | 海峡两岸(扬州)农业合作试验区推介签约暨名优农产品展销会 | 4月17日 | 江都区阿波罗花木市场 |
| 国际会议 | 第五次中欧信息技术、电信和信息化对话会议 | 4月28—30日 | 香格里拉酒店 |
| | 国际城市管理协会(ICMA)2014国际区域峰会 | 5月12—14日 | 街南书屋 |
| | 2014年世界绿色设计论坛扬州峰会暨世界绿色设计博览会 | 6月11—12日 | 京杭会议中心 |
| 文体旅游活动 | 2014中国扬州鉴真国际半程马拉松赛暨2014全国半程马拉松锦标赛 | 4月20日 | 在广陵新城起跑 |
| | 2014中国·扬州两岸素食文化暨绿色生活名品博览会 | 4月22—26日 | 鉴真图书馆外广场 |
| | 第七届中国扬州万花会 | 4月8日至5月8日 | 瘦西湖万花园 |
| | 首届中国电视演员形象榜揭榜仪式 | 4月18日 | 瘦西湖万花园 |
| | 扬州非物质文化遗产活动月开幕式 | 4月16日 | 市文化馆 |
| | 第十届"扬州市民日" | 5月2日 | 城区各社区广场 |

(肖玉康)

台资2000万美元以上新项目74个，协议利用外资和港澳台资26.74亿美元，其中协议利用外资和港澳台资3000万美元以上项目42个、5000万美元以上项目18个。落实注册外资和港澳台资1000万美元以上新开工、投产项目45个，注册外资和港澳台资15.73亿美元。其中，注册外资和港澳台资2000万美元以上新开工、投产项目33个，注册外资和港澳台资5000万美元以上新开工、投产项目14个。签约协议注册资本1亿元以上民资项目32个，协议注册资本57.75亿元，其中协议注册资本3亿元以上项目5个。落实民资总投入1亿元以上开工项目76个，总投入420.75亿元，注册资本84.48亿元，其中总投入10亿元以上项目23个。通过举办“烟花三月”节，扬州市城市品牌、城市形象及城市影响力提升。（肖玉康）

**■“烟花三月”节开幕式** 4月18日上午，“烟花三月”节开幕式在瘦西湖万花园餐英别墅举行。市委常委、常务副市长丁纯主持开幕式，市委书记、市人大常委会主任谢正义致辞，市长朱民阳以“携手合作，共创未来”为主题作产业推介。市政协主席洪锦华等市四套班子全体领导及海内外嘉宾1600多人出席开幕式。开幕式上，谢正义、朱民阳向王坚等11名扬州市“城市贵宾”颁发证书，举行重大项目集中签约、开工、投产仪式，16个外资和港澳台资项目、16个民资项目现场集中签约。各县(市、区)、功能区同时举行重大项目集中开工、投产仪式。当天，全市集中开工、投产注册外资和港澳台资1000万美元以上项目35个，注册外资和港澳台资11.6亿美元，其中注册外资和港澳台资2000万美元以上项目25个；集中开工、投产协议注册资本1亿元以上民资项目28个，总投资260.7亿元，注册资本42.5亿元。

（肖玉康）

**■第九届东北亚名人会** 4月21—23日，第九届东北亚名人会在扬州举行。东北亚名人会是由新华社与韩国中央日报社、日本经济新闻社联合发起、组织的中国、日本、韩国知名人士论坛，其宗旨是探讨如何顺应东北亚地区合作大环境，加强中、日、韩三国间政治、经济和文化交流，增进相互了解和信任，促进地区共同发展和繁荣。此次会议主题为“开创东北亚新愿景”。与会代表讨论通过《东北亚名人会共同倡议》，提出尽早达成三国自贸协定、重启中日韩高级别会议、共同承担地区和平重责、建设“东亚命运共同体”等多项倡议。中国前副总理曾培炎、韩国前总理李洪九、日本前首相福田康夫，河南省省长谢伏瞻、中国人民银行前行长戴相龙、中国前驻日本大使陈健、原对外贸易经济合作部副部长龙永图等三国政、商、学界重要人物140多人参加会议。（肖玉康）

**■国际城市管理协会(ICMA)2014国际区域峰会** 5月12—14日，ICMA 2014国际区域峰会在扬州市东关街街南书屋国学馆召开。此次会议以“绿色城镇化：机遇与挑战”为主题，讨论城镇化与经济、环境之间关系，分享中外城市治理经验。国际城市管理协会主席、执行主任、多名理事、国际委员会全体委员和国际附属机构负责人、部分美国会员等120人及国家发展和改革委员会城市和小城镇改革发展中心主任李铁、新华社音视频部主任陆小华、国家节能中心副主任杨博等国内嘉宾参加会议。市委常委、常务副市长丁纯主持开幕式。国际城市管理协会主席、加拿大埃德蒙顿市市政官西蒙·法布拉泽，中国政法大学校长黄进，市委书记谢正义在开幕式上致辞。住房保障和城乡建设部城乡规划司司长孙安军作主旨演讲。开幕式上，扬州市政府与国际城市管理协会签署友好合作备忘录。根据备忘录，国际城市管理协会将把扬州作为在中国的重要合作伙伴和培训基地，利用多种途径宣传推介扬州；扬州市政府支持国际城市管理协会在扬州举办专业的、国际化的学术研讨交流活动。市长朱民阳在主题论坛上作扬州城市发展专题介绍。会议期间，与会人员结合扬州打造宜居、宜游、宜创城市品质需要，考察扬州古城保护、低碳社区建设、生态科技新城规划情况，围绕主题研讨、对接。仪征市、邗江区公道镇、江都区邵伯镇、生态科技新城杭集镇分别与美国小城镇签署缔结绿色伙伴协议，发挥国际城市管理协会在推动扬州市小城镇对外合作、借鉴国外先进理念、提高城镇治理水平、扩大扬州市国际知名度等方面的促进作用。

（肖玉康）

**■2014中国·扬州两岸素食文化暨绿色生活名品博览会** 4月22—26日，由扬州市政府主办，市旅游局、蜀冈-瘦西湖风景名胜区管委会、鉴真图书馆承办的2014中国·扬州两岸素食文化暨绿色生活名品博览会(简称素博会)在鉴真图书馆举行。此次素博会设置展位259个，展出海峡两岸知名素食、特色小吃和绿色生活名品以及日本、南非等国家绿色产品，体现“天然、健康、绿色”理念。素博会累计接待市民和游客30多万人次，成交额900万元。（肖玉康）

**■国际精品度假酒店(扬州)峰会** 4月17日，“拥抱高端自由行浪潮”国际精品度假酒店(扬州)峰会在扬州市东关街长乐客栈召开。国际精品度假酒店及旅游行业嘉宾120人参加峰会，讨论精品度假酒店概念、高端自由行度假趋势及发展举措。中国旅游饭店业协会会长张润钢、国际设计酒店联盟首席运营官阿隆·施沃里(Aron Schwalie)等发表演讲，市长朱民阳介绍扬州市旅游业发展情况，副市长董玉海、祁小夏出席峰会。近年，扬州市结合城市特色和旅游禀赋，开发建设街南书屋、小盘谷、永乐客栈、隐居逸扬等特色精品酒店。根据峰会发布的《中国精品度假酒店消费者评价报告》，扬州精品度假酒店综合满意度指数排名第24位，其中餐饮满意度指数排名首位。峰会期间，集中展示精品度假酒店形象和特色酒店用品、品鉴淮扬美食，穿插展示剪纸、刺绣等扬州地方文化元素，彰显地域特征与文化气质。

（肖玉康）

■**第九届中国玉石雕精品博览会** 4月17—20日，第九届中国玉石雕精品博览会在工艺坊举行。此次博览会设200个展位，全国16个省(直辖市、自治区)和香港特别行政区以及新西兰、加拿大180多家商户参展，接待参观者3万人次，现场销售4000多万元。博览会期间，举办2014“百花玉缘杯”中国玉石雕精品奖评比，全国16个省(直辖市、自治区)781件作品参评，评出获奖作品477件，其中金奖作品92件、银奖作品107件、铜奖作品135件、优秀作品奖作品143件。扬州市187件作品参评，获125个奖项，其中金奖26个、银奖29个、铜奖30个、优秀作品奖40个。（肖玉康）

■**服务业招商** “烟花三月”节期间，扬州市突出现代服务业主题，将“招大、引强、做优”作为组织服务业招商引资主攻方向，市委、市政府主办，市服务业办公室会同有关县(市)区、功能区、部门分别承办“亿吨大港”暨现代物流采购峰会、现代服务业专场推介会、健康服务业推介暨中德合作扬州医康养产业示范项目签约仪式、商务咨询服务集聚区揭牌暨项目入驻仪式、汽车综合服务功能区推介暨汽车产业研讨会等5场专题招商推介活动，邀请境内外31家世界500强企业、上市公司、行业领军企业客商570多人参加活动。天津滨海世盛商贸集团、雨润集团、中信泰富、浙江商会等30多家企业与扬州市相关地区现场签约项目35个(含框架性协议3个)，计划总投资178.95亿元。（肖玉康）

■**民生和城建项目建设** 扬州市以“烟花三月”节为时间节点，推动民生项目和城市基础设施项目建设。4月18日前，双峰云栈、鉴真广场、宋夹城体育休闲公园建成开放，充实瘦西湖风景区内涵，为游客和市民提供旅游休闲场所；瘦西湖隧道扬子江路出口道路贯通，跃进桥下穿通道建成通车，环邵伯湖大道(运河北路北延)、金湾路先导段、邗江路南延开工，改善城市交通条件。（肖玉康）

## 世界运河名城博览会

■**概述** 9月25—27日，2014中国·扬州世界运河名城博览会(简称运博会)在扬州京杭会议中心举行。国外16个著名运河流域城市代表、国内35个大运河沿线城市市长(代表)、国际机构代表、国内外专家学者、国内外文化遗产保护方面专家学者等近300人参会，另有130多名驻华使节、华侨社团领袖参加运博会开幕式。此次运博会主题是“大运河成为世界文化遗产后的保护与利用”，举办主题论坛、运河城市清廉高效政府建设研讨会等活动。运博会期间，大运河遗产保护管理办公室揭牌，古邗沟、个园、天宁寺行宫(含重宁寺)、东关古渡、盐宗庙、盐商宅第汪鲁门等10个遗产点、6段河道分别举行大运河扬州段遗产点标志牌揭幕活动。（肖玉康）

■**运博会开幕式** 9月26日上午，运博会开幕式在扬州京杭会议中心举行。运博会全体参会代表及部分国家驻华使节、华侨社团领袖等400多人参加开幕式。市长朱民阳主持开幕式。国家文物局局长励小捷、内河航道国际组织主席大卫·白灵杰、中国太平洋经济合作全国委员会会长唐国强、扬州市委书记谢正义先后致辞。开幕式上，《大运河遗产保护管理城市联盟章程》获通过，大运河遗产保护管理办公室揭牌；与会领导、嘉宾观看大运河申报世界文化遗产历程回顾短片以及大运河世界文化遗产点标志牌揭幕活动视频。（杨　恽）

■**运博会主题论坛** 9月26日上午，运博会举行主题论坛，与会嘉宾围绕“大运河成为世界文化遗产后的保护与利用”主题开展交流和探讨。世界遗产顾问、大运河项目报告人米歇尔·科特，市长朱民阳，中国文化遗产研究院院长刘曙光，北京市政府党组成员夏占义，加拿大公园管理局执行主任达琳·厄普顿先后演讲。副市长丁纯主持论坛。朱民阳在“促进大运河遗产的科学保护和可持续利用”主题演讲中表示，扬州将继续并更积极地承担好大运河保护利用责任担当，提出打造3条运河“走廊”(文化走廊、生态走廊、经济走廊)倡议。（杨　恽）

■**运河城市清廉高效政府建设研讨会** 9月26日下午，运河城市清廉高效政府建设研讨会在扬州京杭会议中心举行。出席运博会的部分国内外运河城市政府代表、专家学者，以及河北省沧州市、邯郸市、邢台市，河南省新乡市、焦作市、商丘市，安徽省淮北市，浙江省湖州市，江苏省徐州市、宿迁市、镇江市、常州市、苏州市、扬州市等14个国内运河城市纪委、监察局代表参加研讨，围绕运河文化，探讨、交流建设清廉高效政府的新理念、新观点，分享各国、各地建设清廉高效政府的经验和做法。香港廉政公署前内地联络总主任周兴业作交流发言。省纪委常委、监察厅副厅长白云萍，扬州市副市长丁纯致辞。扬州市纪委书记张跃进主持研讨会。刚果共和国驻华大使丹尼尔·奥瓦萨、瓦努阿图驻华大使塞拉·莫利萨、比利时政务部长雅克·加布里尔、日本南萨摩市教育部长出口定昭、国际地方政府环境行动理事会东亚秘

9月26日，大运河遗产保护管理办公室揭牌

王　卓/摄

书处高级项目主管拉胡尔·瓦斯瓦尼等国外嘉宾应邀出席研讨会。

（杨　恽）

## 大运河入选世界文化遗产

**■概述**　2014年6月22日，在卡塔尔首都多哈举行的第38届世界遗产大会上，中国大运河获准列入世界文化遗产名录。世界遗产委员会认为，大运河是世界上最长的、最古老的人工水道，也是工业革命前规模最大、范围最广的土木工程项目，促进了中国南北物资的交流和领土的统一管辖，反映出中国人民高超的智慧、决心和勇气，以及东方文明在水利技术和管理能力方面的杰出成就。大运河具有河道距离长、流域范围广、修建年代久远、遗产类型丰富、利用功能多样、保存现状复杂等特点，现存与大运河相关遗存总数超过1100处。申报世界文化遗产（简称申遗）的大运河遗产分布在全国2个直辖市、6个省的25个地级市，包括河道遗产27段（总长1011千米）、相关遗产点58处。扬州市有6段河道、10处历史遗存列入世界文化遗产，在大运河沿线31个遗产区中遗产点数量最多、河道遗产长度最长。

扬州市作为大运河保护与申遗联盟牵头城市，为大运河保护和申遗成功发挥了重要作用。2004年，扬州与北京通州区首次提出大运河联合申遗构想，取得17座运河沿线城市共识。2007年9月，大运河联合申报世界文化遗产办公室在扬州揭牌，扬州成为大运河保护与申遗城市联盟牵头城市。2008年起，扬州市协助国家文物局承办大运河保护和申遗年度工作会议，组织志愿者活动，并代表国家文物局到运河沿线城市检查、督促大运河保护与申遗工作，推进各地环境整治、遗产保护进程；在运河价值研究、档案资料收集等基础工作，大运河环境整治，运河遗产本体修缮、保护规划编制、遗产监测预警平台建设等方面做了大量工作。2009年，扬州市率先颁布、实施《大运河（扬州段）遗产保护规划》，为各地运河遗产保护规划提供范本；2011年，率先建设大运河扬州段遗产监测预警平台，运用数字技术、视频实时监控等手段，监测影响运河遗产价值的各项指标；2012年10月，率先实施《扬州市大运河遗产保护办法》；2013年，完成大运河遗产监测预警通用平台研发，并将其复制到大运河沿线31个遗产区，统一接口、指标体系，向大运河遗产监测预警总平台上报监测数据，实现大运河遗产全线监测预警。2014年，扬州市一批大运河遗产保护工程通过竣工验收，先后承办第14届世界历史城市联盟大会、大运河遗产保护管理工作会议。4月12—13日，大运河联合申报世界文化遗产办公室在北京召开2014年大运河保护与申遗宣传工作座谈会。（杨家华）

**■大运河申遗大事记**　2004年7月，时任国家文物局局长单霁翔在苏州参加第28届世界遗产委员会会议时首次透露：中国大运河拟申报世界文化遗产。2006年6月，在郑孝燮、罗哲文、朱炳仁等3名专家联名呼吁以及58名全国政协委员联合提交“大运河保护与申遗”提案推动下，京杭大运河被国务院列入第六批全国重点文物保护单位；同年12月，大运河被列入国家文物局《中国世界文化遗产预备名单》，大运河申报世界文化遗产工作启动。2007年9月26日，在首届中国·扬州世界运河名城博览会暨运河名城市长论坛开幕式上，国家文物局宣布扬州为中国大运河申报世界文化遗产牵头城市。2008年3月，大运河保护与申遗工作会议在扬州召开，35座运河沿线城市结成大运河保护与申遗城市联盟。此后，每年春季在扬州召开大运河保护与申遗工作会议。2009年4月，国家13个部委、大运河沿线8个省（直辖市）组成大运河保护与申遗省部际会商小组，建立跨地区、跨部门协商机制，指挥、协调大运河申遗工作。2009年9月，扬州在大运河沿线各城市中率先公布、实施《大运河（扬州段）遗产保护规划》。2012年3月，扬州市代表大运河保护与申遗城市联盟发出倡议，共同制定、签署、遵守大运河遗产保护联合协定。同年9月26日，在中国·扬州世界运河名城博览会暨世界运河大会上，大运河沿线35座城市代表共同签署《大运河保护与申遗城市联盟关于保护大运河遗产的联合协定》。至2012年底，大运河全段各省、市均编制、实施运河遗产保护规划。2013年9月16—26日，联合国教科文组织世界遗产委员会咨询机构国际古迹遗址理事会（ICOMOS）委派2名专家到中国大运河遗产区现场评估考察。2014年6月22日，中国大运河通过第38届联合国教科文组织世界遗产委员会会议审议，被列入世界遗产名录。

（杨家华）

**■扬州6项大运河遗产保护和环境整治工程通过竣工验收**　1月8—9日，江苏省文物局组织专家组对列入国家文物局大运河本体保护和环境整治工程项目的高邮明清运河故道保护整治与展示工程、邵伯明清运河故道及其周边大运河遗产保护与展示工程、扬州盐业历史遗迹保护展示工程、宝应刘堡减水闸保护与展示工程以及列入江苏省大运河沿线重点文物保护抢救工程项目的宝应县射阳湖古邗沟保护整治工程、广陵区茱萸湾古闸保护工程进行验收。专家组通过实地查勘、审阅相关材料、听取项目实施方汇报、与工程承建方和监理方座谈，同意6个项目通过验收，并建议邵伯明清运河故道及其周边大运河遗产保护与展示工程、扬州盐业历史遗迹保护展示工程中的汪鲁门盐商住宅修缮展示项目申报优秀工程奖。（杨家华）

**■《诗画大运河》首发**　1月13日，由扬州市文史专家策划、编辑，广陵书社出版的《诗画大运河》首发。《诗画大运河》诗画征集、文稿编辑工作历时近一年，以国家文物局公布的大运河沿线8个省（直辖市）35座城市排列为序，以历代吟咏运河的诗画为纽带，逐一撰述运河城市历史、人文。全书收录近百位作者161首诗词，主要出自《诗经》《先秦汉魏南北朝诗》《全唐诗》《全宋词》等诗文集。每座城市以《概述》为开篇，简述城市历史、大运河保护与申遗工作情况及申遗点，并对诗词中的冷僻字句作注释。（杨家华）

**■江都区推进淮扬运河主线环境整治** 5月15日，江都区在邵伯镇召开淮扬运河主线江都段环境整治现场推进会，同时成立大运河遗产邵伯监测管理分中心。大运河淮扬主线在江都区境内全长16千米。2013年起，江都区投入300万元启动大运河环境整治工程，获国家专项补助资金1050万元。2014年，该区将大运河环境整治重点由明清运河故道转移至淮扬运河主线，拆除、迁移、整治北部淮扬运河主线沿线违章建筑、闲船、砂石码头等，筹备南部邵伯古堤修缮工程。大运河遗产邵伯监测管理分中心整合邵伯镇政府、航道站、船闸、水上派出所等8家单位行政力量，组建监测管理队伍，召开联席会议，实现资源共享，集中力量解决遗产保护、航道安全等难题，统一协调指挥大运河遗产保护工作。（杨家华）

**■第14届世界历史城市联盟大会在扬州召开** 9月2—4日，第14届世界历史城市联盟大会在扬州召开。日本、奥地利、澳大利亚、韩国、土耳其、美国、埃及等16个国家和地区29个城市代表参加会议，围绕"历史城市：传承古代文化，建设现代文明"主题，共享历史城市保护与发展经验。9月2日晚，扬州市委书记谢正义会见出席大会的29个城市代表团团长，并就推进与世界历史城市之间交流合作达成共识。（杨家华）

**■大运河遗产保护管理工作会议在扬州召开** 9月26日下午，国家文物局在扬州召开大运河遗产保护管理工作会议。会议回顾大运河申遗历程，总结大运河申遗工作经验，部署贯彻落实第38届世界遗产委员会会议决议，提升大运河遗产保护管理水平。文化部副部长、国家文物局局长励小捷作主旨讲话，号召运河沿线各省和城市攻坚克难，坚持"整体保护、政府主导、保护利用统筹、监测执法结合、惠及民生"五大保护原则，履行对国际社会承诺，开拓大运河遗产保护管理新局面，为大运河永续传承作贡献。扬州市市长朱民阳致辞，大运河沿线8个省（直辖市）文物局负责人作交流发言。国家文物局副局长童明康主持会议并作总结讲话。大运河沿线35个城市的政府领导、大运河世界遗产地管理机构和相关专业机构负责人出席会议。（杨家华）

**■大运河遗产保护管理办公室举行国际专家座谈会** 9月27日下午，大运河遗产保护管理办公室邀请世界遗产顾问米歇尔·科特、加拿大里多运河遗产点观光旅游协会执行主任安·玛丽·福赫希亚、内河航道国际组织主席大卫·白灵杰、内河航道国际组织秘书长大卫·麦多高、加拿大公园管理局执行主任达琳·厄普顿、比利时瓦隆区航道与运输理事会理事长伊冯·罗亚厄兹等6名专家座谈，学习、借鉴世界各国运河及文化遗产保护经验。座谈会上，6名专家介绍相关世界遗产保护管理和利用成功实践和失败教训案例，希望中国大运河为世界超巨型文化遗产保护树立典范。扬州市广陵区、邗江区文物部门负责人和扬州名城有限责任公司负责人参加座谈，并与专家互动交流。（杨家华）

**■大运河扬州段世界遗产标志牌揭牌** 9月26日上午，扬州市举行大运河遗产点——瘦西湖世界遗产标志牌揭牌仪式。文化部副部长、国家文物局局长励小捷，世界遗产顾问、大运河项目报告人米歇尔·科特共同为世界遗产标志牌揭牌。国家文物局副局长童明康，中国文化遗产研究院院长刘曙光，内河航道国际组织主席大卫·白灵杰，江苏省文化厅副厅长龚良，江苏省文物局局长刘谨胜和扬州市四套班子领导等出席揭牌仪式。9月25日，大运河扬州段刘堡减水闸、高邮明清运河故道、江都邵伯明清运河故道、古邗沟、天宁寺行宫、个园、汪鲁门、盐宗庙、卢氏盐商住宅、扬州古运河、瓜洲运河等11处大运河遗产点举行世界遗产标志牌揭牌仪式。（杨家华）

**■中国大运河保护与申遗成果图片展** 9月25—27日，由大运河联合申遗办公室主办的中国大运河保护与申遗成果图片展在京杭会议中心展出。展览分前言、梦圆多哈、价值研究、保护工程、档案管理、监测预警、遗产管理、遗产利用、专家咨询、政府重视、志愿服务、运河风光等12个专题，设展板26块，展出图片150幅，并附中英文文字概述或说明，内容涵盖大运河沿线城市运河遗产，再现中国大运河保护与申遗8年历程。12月14—31日，扬州市大运河保护志愿者总队秘书处和运河文化传播支队开展"中国大运河保护与申遗成果图片展"进基层巡回展活动，先后到扬州生活科技学校、邗建集团安装公司、江苏省邮政公司扬州分公司和邗江区检察院巡回展览。（杨家华）

**■新华社采访团到扬州市"重访大运河"** 11月12—14日，新华社"重访大运河"采访团到扬州报道大运河扬州段遗产，宣传大运河历史价值、保护理念、保护成果以及大运河保护在改善民生、促进经济社会发展中的作用。"重访大运河"采访活动10月26日在北京通州区大运河森林公园启动，计划用1个月时间，寻访大运河沿线8个省（直辖市）20个城市，以全媒体融合报道方式，展示大运河魅力。在扬州期间，采访团探访瘦西湖、个园、天宁寺行宫、卢氏盐商住宅、盐宗庙、古邗沟故道、邵伯明清大运河故道、高邮明清大运河故道、盂城驿等扬州运河遗产。（杨家华）

## 跨江融合发展

**■概述** 2013年12月17日，省委、省政府《关于推进扬州跨江融合发展综合改革试点的意见》（以下简称"意见"）下发后，扬州市委、市政府分别召开常委（扩大）会议、常务会议，传达、学习省委、省政府意见，研究贯彻工作思路和具体举措。12月25日，市委召开六届六次全会，审议、通过《中共扬州市委关于全面深化改革推进跨江融合发展的意见》，提出以跨江融合发展综合改革试点为总抓手、总平台，争做全省全面深化改革先行区、跨江融合发展示范区的总目标，明确到2016年和2020年两个时间节点的工作任务，将2014年定为“改革全面深化年”，重点推进三大重点(在加快构建跨江融合发展体制机制上寻求突破，在加快推进城市治理体系和治理能力现代化上寻求突破，在加快推进新型城镇化和城乡发展一体化上寻求突破)、7个方面改革(行政体制改革、城市治理体制改革、市场经济体制改革、社会治理体制改革、城镇化和城乡一体化改革、资源要素市场改革、社会事业领域改革)。

2014年，扬州市委成立全面深化改革推进跨江融合发展领导小组，下设经济体制改革、推进跨江融合发展综合改革、政治体制改革、文化体制改革、社会体制改革、生态文明体制改革和党的建设制度改革等7个专项改革小组。制定《贯彻落实〈中共江苏省委、江苏省人民政府关于推进扬州跨江融合发展综合改革试点的意见〉工作任务分解表》《2014年扬州市跨江融合发展行动计划》，明确7个领域18个方面改革内容、69项改革任务，将重点工作纳入市委、市政府重点工作绩效考核，建立督查制度。全市规划、交通基础设施建设、产业发展、公共服务合作、生态文明建设、区域合作机制创新等方面跨江融合发展成效显现。（赵　明）

■**《宁镇扬同城化发展规划》发布**　8月22日，省政府发布《宁镇扬同城化发展规划》，宁镇扬一体发展进入实质性操作层面。该规划是江苏省颁布实施的第一个以同城化(指相邻城市通过相应的制度安排和协同合作，逐步突破城际要素流动障碍，实现基础设施、产业、公共服务、居民生活等经济、社会各方面高度融合发展的过程)为主题的区域性规划，明确推进南京、镇江、扬州三市同城化发展的指导思想、主要目标、基本原则，提出基础设施、产业布局、创新体系、公共服务、城乡统筹、生态环境、改革开放等7个方面重点任务，整体谋划区域协调发展路径。规划提出构建基础设施互联互通、产业发展合作共赢、公共服务共建共享、跨界区域协调建设的同城化格局，目标是：到2020年，宁镇扬同城化格局全面形成，基本建成具有较强活力和竞争力的国际性大都市，宁镇扬三市城镇化率75%以上，人均地区生产总值17万元左右，宁镇扬主枢纽站间半小时通达、主城区间1小时通达，城乡基本养老、医疗保险及失业保险覆盖率98%，城市空气质量优于二级标准的天数比例大于90%。按照规划，扬州市将建设长江三角洲核心区北翼重要的先进制造业基地和现代服务业高地；发挥历史文化优势，打造具有国际影响的、古代文化与现代文明交相辉映的名城；挖掘城市中心生态湿地资源，在江广融合地带建设生态科技新城，打造新型城镇化先导区；把握跨江融合发展综合改革试点契机，建设承继江南发展势能、辐射江北腹地的长三角核心区北翼中心城市。（杨　俭）

■**交通基础设施建设**　2014年，连淮扬镇铁路项目工程可行性研究报告获国家发展和改革委员会批复，扬州先行开工段(夹江向南10.3千米)12月28日开工建设；宁启铁路复线电气化改造工程扬州段基本建成，扬州站和江都站站台改造工程完工。203省道、125省道仪征段建成通车，新增一级公路163千米；文昌路西延418省道、353省道仪征段，462省道等干线公路超序时推进；宿扬高速公路征地拆迁等前期工作加快，仪征段房屋拆迁基本完成，陈集互通、友谊河大桥等节点工程开工。国省干线公路建设项目数、开工里程、通车里程、投入资金均创历史新高。沿江港口万吨级泊位新增2个、新开工3个，运东船闸、芒稻船闸等京杭运河支线船闸扩容改造工程进展顺利。推进项目前期工作。江广高速公路扩容项目工程可行性研究报告获国家发展和改革委员会批复，初步设计通过交通运输部审查，开展施工图设计；京沪高速公路扩容项目完成工程可行性研究报告编制，南延工程预可行性研究报告通过省发展和改革委员会、省交通运输厅联合审查；611省道、352省道江都段，331省道宝应段和333省道高邮东段等项目前期工作取得突破性进展。（赵　明）

■**产业合作**　项目合作。举办2014扬州(上海)民资招商活动，扬州市与苏南地区签约意向协议项目27个，计划总投资152亿元。项目合作规模、层次提高。江苏苏美达集团公司(南京)宝应汽车铝合金车轮、轮毂及配件项目，中国核工业第五建设有限公司(上海)管道预制项目，上海宝钢集团江都惰性气体项目，南京联创国际软件园等基本产业重大项目落户扬州；五环龙电动车有限公司与中国科学院上海分院合作开发纯电动小型垃圾清运车；金陵船舶有限责任公司租赁江苏苏豪船舶重工有限公司场地实施分段制造；扬州协鑫光伏科技有限公司从常州公司搬迁12台切片机，并新添7台，企业产能扩大200兆瓦。扬州市与苏南城市联合推出AAAAA级旅游景区联票，开发2条以扬州为主要节点的“新华东线”。引进江苏雨润集团等11家苏南农业企业进入海峡两岸(扬州)农业合作试验区，总投资13.86亿元。

园区合作。全市开发园区与上海相关园区开展合作共建，签订战略合作框架协议15个，累计在手、在谈项目14个，签约项目14个，落地项目10个。推进园区共建，张江(扬州)国际医学园启动规划建设，宝应经济开发区与上海市莘庄工业园、扬州高新技术产业开发区与上海市闸北区高新股份有限公司、仪征经济开发区与上海优乐加城市工业园、江都经济开发区与上海青浦出口加工区签订战略合作框架协议。扬州市9家省级以上开发园区均与上海相关园区签订战略合作框架协议。

科教资源合作共享。清华大学扬州智能装备科技园、东南大学科技园、扬州大学大学科技园揭牌开园。

扬州企业与上海、苏南高校院所签订科教合作项目151个，新建校企联盟41个，帮助企业解决技术难题98个。（赵 明）

**■公共服务合作** 拓展医疗卫生合作。南京、镇江、扬州三地初步建立联合应对突发公共卫生事件工作机制和用血协调机制。扬州经济技术开发区、苏北人民医院与中国普仁集团合作建设普仁(扬州)国际医院；市中医院与省中医院、南京中医药大学签约建设"战略合作医院"、中医肿瘤临床研究基地，加入南京都市圈中医院合作发展联合体。合力举办体育赛事。邀请南京、镇江等城市跑友及马拉松团队到扬州参加鉴真国际半程马拉松赛，与苏州、镇江共同申办中国大运河龙舟赛暨运河龙舟文化节。深化公共文化合作。扬州市图书馆与国家图书馆、上海图书馆、南京图书馆签订联合编目合作协议，共享书目数据；扬州市加入长三角公共图书馆讲座联盟，与江苏、浙江18个公共图书馆签订《长三角公共图书馆讲座资源共建共享协议》。（赵 明）

**■生态文明建设** 保障大气环境质量。制定《扬州市大气污染防治行动计划实施细则》《扬州市保障青奥会环境质量临时管控方案》《关于采取切实有效措施确保改善环境空气质量的实施意见》《扬州市大气重污染预警与应急预案》，签订《宁镇扬区域空气污染联防联控合作协议》。实施重点流域水污染防治工程。至2014年底，累计完成淮河流域水污染防治项目16个、长江流域水污染防治项目6个、通榆河流域水污染防治项目19个、高邮北澄子河三垛西大桥断面达标项目13个。（赵 明）

**■区域合作机制创新** 2014年，市国土管理、商务、质量技术监督、体育等部门与苏南城市对口部门签订友好合作协议；扬州市与上海嘉定区、仪征市与南京六合区和栖霞区、江都区与常熟市签订框架性合作协议；省工商行政管理局与扬州市政府签订《跨江融合战略合作协议》，省知识产权局与扬州市政府就合作创建实施知识产权战略示范市达成厅市会商协议。（赵 明）

**■土地政策** 2014年，扬州市实施"万顷良田建设工程"和城乡建设用地增减挂钩。在用地计划指标未下达情况下，向省国土资源厅预借挂钩计划40公顷，保证项目建设。全年获批独立选址用地计划587.67公顷，比上年增长42%。扬州市被列为"零散基本农田整合归并"试点，广陵区被列为"多规合一"试点，高邮市送桥镇、仪征市月塘镇被列为"同一乡镇范围内村庄建设用地布局调整"试点；江都区推进"工矿废弃地复垦利用"试点。（赵 明）

**■金融要素创新** 2014年，广陵区与上海黄浦区共建金融产业园，市政府金融工作办公室与上海股权托管交易中心、上海联合产权交易所对接，就发展扬州互联网金融、场外市场挂牌交易，推进扬州企业通过上海联合产权交易所进行资本运作达成合作意向。上海股权托管交易中心与邗江区政府在扬州高新技术产业开发区共建企业上市孵化基地。市政府金融工作办公室与东吴证券股份有限公司达成资本运作合作意向。（赵 明）

**■人才要素支撑** 全市举办5场人才对接活动，邀请上海、苏南地区专家610人次到扬州访问。加快引进高层次人才。1人入选第10批国家海外高层次人才引进计划；5个科技类团队入选江苏省高层次创新创业人才引进计划(简称省"双创计划")团队，29人入选省"双创计划"人才；57人入选省博士集聚计划。（赵 明）

**■生态科技新城建设** 市生态科技新城位于江(都)广(陵)融合区，规划面积81平方千米。1月24日，扬州市生态科技新城党工委、管委会挂牌。2014年，生态科技新城实现地区生产总值109.05亿元，按可比价计算，比上年增长10.5%；公共财政预算收入2.2亿元，其中税收收入2.1亿元，分别增长38.4%、40.4%。全年新开工重大项目8个，凤凰岛景区创成省级生态旅游示范区。落实"七河八岛"(位于生态科技新城，由7条河流以及由其分割而成的8个岛屿组成。"七河"分别为壁虎河、新河、凤凰河、太平河、金湾河、高水河、芒稻河，"八岛"分别为聚凤岛、芒稻岛、金湾岛、自在岛、凤羽岛、山河岛、壁虎岛、幸福岛)地区"四控一禁"(严格控制廊道宽度、建筑高度、开发强度、污染排放，严格禁止违法建设)管控措施，加强生态保护。全年完成拆迁35.7万平方米，搬迁沿河船厂、砂石场21家，关闭落后产能企业73家，完成自在岛出入口环境整治、万福片区城中村改造，建成"生态之窗"体育休闲公园、266.67公顷成片林等项目，启动廖家沟城市中央公园、金湾路等重大基础性项目建设。创新新城发展模式。启动编制"1+6+11"(1个区域规划、6个城市规划和城市设计、11项专题研究)立体式综合规划；推行拆迁货币化安置，货币化安置率99%以上；开发工业地产，拓展小微企业发展空间；推进"七河八岛"区域落后产能淘汰和土地收储；以"品牌嫁接、借力借势"方式低成本引进苏北医院、梅岭中小学等优质资源，开展合作办学、办医。（赵洪波 滕 菲）

## 对口支援

**■概述** 2014年，扬州市对口支援新疆新源县、西藏拉萨市、青海贵南县、陕西汉中市和湖北秭归县。全年投入对口支援资金1.52亿元，完成援建项目15个。至2014年底，全市累计投入对口支援资金9.76亿元(含援川资金)，建成援建项目204个。（刘 军）

**■对口支援新疆新源县** 扬州市对口支援新疆新源县工作始于2011年。2014年，扬州市开始实施新一轮援疆工作第二阶段计划，派出援建干部8人、专业技术人员13人，编制新一轮援疆工作规划，明确三年援疆工作总体规划和任务。全年投入援疆资金1.12亿元，实施项目10个。截至年底，工业园区基础设施、富民安居工程、援疆干部人才周转房等3个项目建成，新源县创业就业培训服务中心(计划投入援疆资金8000万元)、新源县青少年文化活动中心及双语幼儿园(计划投入援疆资金5000万元)等2个重点“交钥匙”工程主体封顶，其余5个项目均完成年度计划。扬州市在新源县组织开展“国际旅游形象大使大赛”“长三角知名旅行商伊犁行”“扬州企业家新源行”等产业推介和招商引资活动10多次，全年在新源县签约项目7个、开工项目2个，累计投资25.82亿元。扬州市、新源县两地开展“园区结对、景区结对、部门结对、乡镇结对、学校结对、医院结对”共建活动。2014年，扬州市有3个园区、1个景区、15个部门、15个乡镇(场)、19所学校、4所医院与新源县相关单位签订结对共建协议，扬州、新源两地分别有101人、179人到对方结对单位开展互访交流活动20多次。其中，新源县选派1批招商干部到扬州挂职锻炼、驻点招商，选派3批骨干医生到扬州进修提升、交流研讨，选派6批优秀教师到扬州跟班学习、参观交流，组织1批少数民族干部和妇女干部到江苏省参加考察培训，组织3批旅游管理人才到江苏、浙江、上海参加定期培训和考察互动。10月，扬州市委书记谢正义率市人大、市政府、市政协一行30多人到新源县考察。扬州市全年为新源县民生和社会稳定事业捐资704万元、捐物75万元，为新源县27所寄宿制学校完善提升项目捐资1000多万元。至2014年底，扬州市援建新疆新源县工作累计完成投资5.59亿元。 (刘　军)

10月10日，市委书记谢正义率队到新疆新源县考察　　王　卓/摄

**■对口支援西藏拉萨市**　扬州市对口支援西藏工作始于1995年。2014年，扬州市投入援藏资金1620万元，用于拉萨市、曲水县市政和产业发展项目(由江苏省多个城市共同建设)。选派7名教师及扬州中学副校长唐炜分别到拉萨江苏实验中学任教1.5年、任职3年。扬州农牧技术援建干部推动苏藏青稞育种合作，开展青稞、小麦新品种选育及提纯复壮、引种筛选工作；采取举办育种理论知识讲座、田间育种实践及操作规范展示、考察、参观、交流等形式，就地培训农牧民近1000人次；组织2批拉萨市科研人员到扬州市跟班培训，提升拉萨市科研人员育种科研能力。至2014年底，扬州市援建西藏拉萨市工作累计完成投资7260万元。

(刘　军)

**■对口支援青海贵南县**　扬州市对口支援青海贵南县工作始于2010年。2014年，扬州市开始新一轮援建工作。争取省对口援建项目资金1000万元；实施援建项目7个，总投资2134万元，其中贵南县三江源新农村新牧区建设项目投资950万元、贵南县塔秀乡寄宿学校教学楼项目投资554万元、村级卫生室建设项目投资350万元。争取国务院扶贫开发领导小组办公室资金80万元，为贵南学校提供厨房设备；联系上海医疗专家，筹措资金，帮助救治贵南县贫困牧民家庭残疾儿童。开展招商引资活动，助力贵南县产业发展。落实投资商到贵南县建设青稞方便面原料基地；引进成都大型集团公司到海南州和贵南县考察牦牛品种改良、规模化饲养、屠宰加工、生物制药、冷链物流等生物科技产业项目，签订合作备忘录。扬州援建干部全年争取各类资金206万元，吴建志被青海省委组织部评为“优秀援青干部”。至2014年底，扬州市援建青海贵南县工作累计完成投资4672.3万元。(刘　军)

**■对口支援陕西汉中市**　扬州市对口支援陕西汉中市工作始于1996年。2014年，扬州市投入援建资金150万元，完成对口支援项目5个。其中，市直投资90万元，建成汉中市西乡县沙河镇枣园村铁索桥项目、汉中市西乡县桑园镇初级中学食堂项目、汉中市城固县博望镇杜家漕村道路项目；江都区投资30万元，建成汉中市佛坪县袁家庄镇社区服务站等项目；仪征市投资30万元，建成汉中市镇巴县杨家河镇移民大桥项目。至2014年底，扬州市对口支援陕西汉中市工作累计完成投资2847.5万元。 (刘　军)

**■对口支援湖北秭归县**　扬州市对口支援湖北秭归县工作始于1994年。2014年，扬州市投入97万元在秭归县实施江苏工业园中小企业孵化器项目。该项目由江苏省多个城市联合建设，2012年启动，项目建设期3年。此外，广陵区向秭归县偏远革命老区泄滩乡捐资建设乡级卫生院项目，组织20多名扬州企业家结对帮扶泄滩乡贫困中小学生50多人。至2014年底，扬州市对口支援湖北秭归县工作累计完成投资967万元。

(刘　军)

# 概貌

Gaimao

编 辑 戴淑敏

## 地理

**■位置面积** 扬州市地处江苏省中部,位于长江北岸、江淮平原南端。现辖区域在北纬32度15分至33度25分、东经119度01分至119度54分之间。东部与盐城市、泰州市毗邻;南部濒临长江,与镇江市隔江相望;西南部与南京市相连;西部与安徽省滁州市交界;西北部与淮安市接壤。扬州城区位于长江与京杭大运河交汇处,北纬32度24分、东经119度26分。全市东西最大距离85千米,南北最大距离125千米,总面积6591.21平方千米,其中市区面积2305.68平方千米(其中建成区面积135.6平方千米)、县(市)面积4285.53平方千米(其中建成区面积95.2平方千米)。陆地面积4856.2平方千米,占73.7%;水域面积1735.0平方千米,占26.3%。

**■地形地貌** 扬州市境内地形西高东低,以仪征市境内丘陵山区为最高,从西向东呈扇形逐渐倾斜,高邮市、宝应县与泰州兴化市交界一带最低,为浅水湖荡地区。境内最高峰为仪征市大铜山,海拔149.5米;最低点位于高邮市、宝应县与泰州兴化市交界一带,平均海拔2米。

扬州市区北部和仪征市北部为丘陵,京杭大运河以东、通扬运河以北为里下河地区,沿江和沿湖一带为平原。

境内有大铜山、小铜山、捺山等,主要湖泊有白马湖、宝应湖、高邮湖、邵伯湖等。境内有长江岸线80.5千米,沿岸有仪征、江都、邗江、广陵等一市三区;京杭大运河纵穿腹地,由北向南沟通白马湖、宝应湖、高邮湖、邵伯湖,汇入长江,全长143.3千米。除长江和京杭大运河以外,主要河流还有东西向的宝射河、大潼河、北澄子河、通扬运河、新通扬运河。

**■气候** 扬州市属于亚热带季风性湿润气候向温带季风气候的过渡区。气候主要特点是四季分明,日照充足,雨量丰沛,盛行风向随季节有明显变化。春季多为东南风;夏季多为从海洋吹来的湿热的东南到东风,以东南风居多;秋季多为东北风;冬季盛行干冷的偏北风,以东北风和西北风居多。冬季偏长,4个多月;夏季次之,约3个月;春秋季较短,各2个多月。

1.气温

2014年,全市各气象观测站测得各地平均气温分别为扬州16.1摄氏度、宝应15.9摄氏度、高邮16.2摄氏度、江都15.7摄氏度、仪征15.7摄氏度。与常年平均气温相比,江都、仪征持平,其余偏高0.4~0.9摄氏度;其中扬州偏高0.4摄氏度,列1953年以来的第13位(历史年平均气温最高为16.9摄氏度,2007年)。各月平均气温与常年同期相比,偏高的月份有1月、3月、4月、5月和10月,基本持平的月份有2月、6月、7月、9月和11月,偏低的月份有8月和12月。全市极端最高气温37.0摄氏度(7月22日扬州、7月30日仪征、8月5日扬州),极端最低气温零下7.7摄氏度(1月22日仪征),35摄氏度及以上高温日数8天(宝应)~12天(扬州、仪征)。初霜期11月17日,比常年早10天(常年为11月7日);终霜期3月21日,比常年早10天(常年为3月31日)。

2.降水

全市各气象观测站测得各地年降水量分别为扬州1186毫米、宝应1169毫米、高邮1106毫米,江都1136毫米、仪征1070毫米。与常年降水量相比,除仪征接近常年外,其余偏多一至二成。降水量较常年偏少的月份有1月、10月和12月,偏多的月份有2月、4月、8月、9月和11月,区域分布不均、有多有少的月份有3月、5月和7月,基本接近常年的月份有6月。

3.日照

全市各气象观测站测得各地年日照时数分别为扬州1837小时、宝应1939小时、高邮2017小时、江都1440小时、仪征1675小时。与常年日照时数相比,各地均偏少一至四成。各月日照时数比常年偏少的月份有2月、6月、7月、8月、9月、10月和11月,偏多的月份有1月、5月和12月,接近常年的月份有3月和4月。

4.气象灾害

2014年,全年灾害性天气有暴雨、大雾、霾、高温、雷电、强对流(雷雨大风、龙卷)、台风、低温连阴雨、寒潮、雨雪冰冻等。全市407人受灾,其中3人死亡、12人受伤;房屋受损286间,农作物受灾面积27公顷,直接经济损失1005万元。

■**资源** 土地资源。全市土地总面积6591.21平方千米，其中耕地面积3303.99平方千米、园地面积42.97平方千米、林地面积24.85平方千米、草地面积7.66平方千米、城镇村及工矿用地面积1031.61平方千米、交通运输用地面积279.25平方千米、水域及水利设施用地面积1832.21平方千米、其他土地面积68.66平方千米。水资源。境内有乡镇(大沟)级以上主要河流1111条，总长6060千米。其中，淮河入江水道干支流水系河流379条1582千米、里下河水系河流506条3345千米、长江水系河流226条1133千米，县级以上河流198条2916千米、乡镇级主要河流913条3144千米。矿产资源。境内已发现矿产资源15种，其中已探明储量的矿产资源12种。石油、天然气储量居全省前列，邗江、江都、高邮一带有丰富的石油、天然气资源，邵伯湖滨地区和里下河洼地素有“水乡油田”美誉。砖瓦黏土、石英砂、玄武岩、砾(卵)石、矿泉水、地热等矿产资源较丰富。仪征、邗江丘陵山区有黄沙储量2亿～3亿吨、石料储量1.2亿吨、卵石储量约3亿吨。全市玄武岩远景储量2.5亿吨。城区北部及仪征、高邮等地矿泉水资源丰富，品质优良，符合国家饮用天然矿泉水标准。地热资源分布广、温度高、水质好，可采储量3万立方米/天。水产资源。全市水面广阔，资源丰富，江河湖荡中盛产鱼、虾、蟹、蚌、龟、鳖、珍珠、荷藕、芦苇等。

## 行政区划

扬州市现辖3个区、1个县、2个县级市。

1950年1月，扬州专区与划出如皋县、海安县给南通专区，划出东台县、台北县(今大丰市)给盐城专区以后的泰州专区合并，设立泰州专区，辖扬州市、泰州市、兴化县、高

**2014年扬州市行政区划和土地面积表**

表3-1

| 地 区 | 镇(个) | 乡(个) | 街道(个) | 居民委员会(个) | 村民委员会(个) | 土地面积(平方千米) | 建成区面积 |
|---|---|---|---|---|---|---|---|
| **总 计** | **62** | **5** | **15** | **362** | **1006** | **6591.21** | **232.1** |
| 市 区 | 28 | 4 | 13 | 207 | 462 | 2305.68 | 135.6 |
| 广陵区 | 6 | 1 | 4 | 54 | 83 | 334.86 | |
| 邗江区 | 9 | 3 | 9 | 88 | 116 | 552.68 | |
| 江都区 | 13 | | | 65 | 263 | 1329.90 | 34.0 |
| 宝应县 | 14 | | | 59 | 223 | 1461.55 | 30.8 |
| 仪征市 | 10 | | | 44 | 146 | 902.19 | 39.0 |
| 高邮市 | 10 | 1 | 2 | 52 | 175 | 1921.78 | 25.4 |

注：扬州经济技术开发区代管邗江区2个镇、2个街道和仪征市1个镇，有25个居民委员会、28个村委会，面积133.29平方千米

**2014年扬州市乡镇、街道一览表**

表3-2

| 地 区 | 乡 镇、街 道 名 称 |
|---|---|
| 广陵区 | 东关街道 汶河街道 曲江街道 文峰街道 湾头镇 李典镇 杭集镇 泰安镇 沙头镇 头桥镇 汤汪乡 |
| 邗江区 | 邗上街道 蒋王街道 汊河街道 新盛街道 梅岭街道 瘦西湖街道 甘泉街道 扬子津街道 文汇街道 瓜洲镇 公道镇 槐泗镇 方巷镇 杨寿镇 杨庙镇 西湖镇 施桥镇 八里镇 平山乡 城北乡 双桥乡 |
| 江都区 | 仙女镇 邵伯镇 大桥镇 丁伙镇 小纪镇 樊川镇 真武镇 丁沟镇 宜陵镇 郭村镇 浦头镇 武坚镇 吴桥镇 |
| 宝应县 | 安宜镇 氾水镇 山阳镇 曹甸镇 鲁垛镇 西安丰镇 望直港镇 小官庄镇 夏集镇 射阳湖镇 广洋湖镇 柳堡镇 黄塍镇 泾河镇 |
| 仪征市 | 真州镇 青山镇 新城镇 新集镇 大仪镇 陈集镇 马集镇 刘集镇 月塘镇 朴席镇 |
| 高邮市 | 高邮街道 马棚街道 三垛镇 界首镇 临泽镇 送桥镇 车逻镇 卸甲镇 汤庄镇 龙虬镇 甘垛镇 周山镇 菱塘回族乡 |

注：邗江区扬子津街道、文汇街道、施桥镇、八里镇和仪征市朴席镇由扬州经济技术开发区代管

邮县、宝应县、靖江县、泰兴县、江都县、泰县、仪征县、六合县等2个市、9个县。1953年1月，泰州专区改称扬州专区，专署由泰州市迁驻扬州市，原属皖北人民行政公署领导的江浦县和原苏北人民行政公署直辖的扬州市划归扬州专区领导。1956年2月，六合县、仪征县、江浦县划归镇江专区，原属镇江专区的扬中县划归扬州专区。1956年3月，江都县析为江都县、邗江县。1956年12月，扬中县划归镇江专区，六合县、仪征县、江浦县划回扬州专区。1958年7月，六合县、江浦县划归南京市。1958年11月，邗江县并入扬州市。1960年4月，宝应县、高邮县析湖西地区为金湖县。1962年6月，六合县、江浦县划归扬州专区。1963年3月，复置新邗江县。1966年3月，仪征县、六合县、江浦县、金湖县划给新设立的六合地区。1971年3月，六合地区撤销，仪征县、六合县划回扬州专区。5月，扬州专区改称扬州地区。1975年，六合县划归南京市，扬州地区辖2个市、9个县。

1983年3月，江苏省改革地市体制，调整行政区划，扬州地区行政公署撤销，原属扬州地区的泰州市和江都、邗江、泰县、高邮、靖江、宝应、泰兴、兴化、仪征等9个县划归扬州市管辖；扬州市改由省管辖，设广陵区和郊区。1986年4月，仪征县撤县设市；1987年12月，兴化县撤县设市；1991年4月，高邮县撤县设市；1992年9月，泰兴县撤县设市；1993年8月，靖江县撤县设市；1994年4月，江都县撤县设市；1994年7月，泰县撤县设立姜堰市。撤县设市中，行政区划均未改变。

1996年8月，经国务院批准，撤销县级泰州市，设立地级泰州市，原由扬州市代管的泰兴、姜堰、靖江、兴化等4个县级市划归泰州市管辖。扬州市设广陵区、郊区，辖宝应县、邗江县，代管仪征市、高邮市、江都市等3个县级市。2000年12月，邗江县撤销县级建制，改设扬州市邗江区。扬州市设广陵区、郊区（2002年更名为维扬区）、邗江区等3个区，辖宝应县，代管仪征市、高邮市、江都市等3个县级市。

2011年11月，经国务院批准，扬州市调整部分行政区划。撤销县级江都市，设立扬州市江都区，以原江都市行政区域为江都区行政区域；将邗江区李典、头桥、沙头、杭集、泰安等5个镇并入广陵区；撤销扬州市维扬区，将维扬区行政区域并入邗江区。扬州市设广陵、邗江、江都等3个区，辖宝应县，代管仪征、高邮等2个县级市。

大运河扬州段　　张孔生/摄

2014年，扬州市有62个镇、5个乡、15个街道。

## 史略

扬州有近2500年有文字可考的历史。

大约距今7000～5000年前，淮夷人就在扬州一带劳动生息，并有了水稻栽种。

春秋时期，今扬州市区西北部一带称邗。公元前486年，吴灭邗，筑邗城，开邗沟，连接长江、淮河。越灭吴，地属越；楚灭越，地归楚。公元前319年，楚在邗城旧址上建城，名广陵。秦统一六国后，设广陵县，属九江郡。

汉代，今扬州称广陵、江都，长期是诸侯王的封地。吴王刘濞"即山铸钱、煮海为盐"，开盐河（通扬运河前身），促进了经济的发展。为改善和巩固民族关系，公元前105年，汉武帝将江都王刘建的女儿刘细君嫁到乌孙国，比王昭君和亲匈奴还早80多年。东汉末年，张婴率领的农民起义军在广陵一带转战10多年后，被广陵太守张纲劝降。但不久，许多曾参与起义的农民又响应并参加了黄巾起义。

三国时期，魏吴之间战争不断，广陵为江淮一带的军事重地。

南北朝时期，广陵屡经战乱，数次变为"芜城"，但由于劳动人民数百年的辛勤开发，经济地位在恢复中不断提高。山东青州、兖州一带的移民南迁广陵一带，促进了扬州的经济发展。北周改广陵为吴州。

589年，隋灭陈，建立统一的隋政权，改吴州为扬州，置总管府。至此，完成历史上的扬州和今天的扬州在名称、区划、地理位置上的基本统一。隋炀帝时，开大运河连接黄河、淮河、长江，扬州成为水运枢纽。大运河不仅便利交通、灌溉，而且对促进黄河、淮河、长江三大流域经济、文化的发展和交流起到重要作用，奠定了唐代扬州空前繁荣的基础。隋炀帝大业初年改州为郡，扬州随之改为江都郡。605－616年，隋炀帝三下江都。618年，隋炀帝被部将宇文化及所杀，葬于扬州城西北曹庄。619年，李子通率农民起义军攻克江都，称皇帝，国号吴。620年，扬州为唐军占，名称屡有更改；626年，复称扬州，治所在今扬州。

唐代扬州农业、商业和手工业相当发达，出现了大量的工场和手工作坊，不仅富甲江淮，而且是中国东南第一大都会，时有"扬一益二"之称（益州为成都古称）。扬州是南北粮草、盐、钱、铁的运输中心和海内外交通的重要港口，曾为都督府、大都督府、淮南道采访使和淮南节度使治所，领淮南、江北诸州。在以长安为中心的水陆交通网中，扬州始终起着枢纽作用。唐代扬州和大食（阿拉伯）交往频繁，侨居扬州的大食人数以千计。侨居扬州的客商主要来自波斯、大食、新罗、日本等国。日本遣唐使到扬州和高僧鉴真东渡日本促进了中日两国的政治、经济、科学和文化交流。扬州人李善在吸收前人成果的基础上，重新注释《文选》，旁征博引，为后人保存了大量重要文献资料；其子李邕能诗善文，工书法，尤擅行书，是继虞世南、褚遂良之后的大书法家。张若虚为“吴中四杰”之一，《春江花月夜》有“以孤篇压全唐”之誉。684年，徐敬业、骆宾王在扬州起兵反对武则天政权。

唐末五代，军阀混战，扬州遭到严重破坏。887年，杨行密开始入主扬州。919年，其子杨渭(隆演)就吴国王位，改元武义。920年，杨渭卒，弟杨溥即吴王位；927年，杨溥即皇帝位，改元贞元，史称“杨吴”。937年，徐知诰迫杨溥禅位，自即帝位，国号为唐，史称“南唐”。957年，后周取南唐江都府，复称扬州。

960年，北宋建立。农业、手工业迅速发展，商业进一步繁荣，扬州再度成为中国东南部的经济、文化中心，与都城开封相差无几。每年商业税收约8万贯，居全国第三位。1127年，宋高宗赵构迫于金人进逼，在迁都过程中以扬州为“行在”一年，促进了扬州的繁荣。100多年间，扬州一直是抗金、抗元的战场。韩世忠、刘琦、岳飞等南宋名将在这一地区进行了艰苦的斗争。1275—1276年，李庭芝、姜才率军队和扬州人民一起与元军展开不屈的斗争，不幸殉难，扬州城仅剩数千人。战争使经济和社会遭到严重破坏，但在局势相对稳定的时期，扬州的经济又不断恢复发展。文化方面，欧阳修、苏轼、秦观、姜夔、王令等在扬州留下大量传世名作。

元、明两代，扬州经济发展加快。到扬州经商、传教、从政、定居的外籍人日渐增多，其中仍以波斯人和阿拉伯人为最。元代，运河扬州段经几次整治，基本形成了今天的走向，恢复了一度中断的漕运，扬州又迅速繁华起来。明代，商品经济的发展孕育了资本主义生产关系的萌芽。扬州的商业主要是两淮盐业专卖和南北货贸易，盐税收入几乎与粮赋相等。商业扩大到旧城以外。手工业作坊生产的漆器、玉器、铜器、竹木器具和刺绣品、化妆品都达到相当高的水平。为防止倭寇再次入侵，1556年，扬州建“新城”。文化方面，出现了睢景臣等一批著名杂剧、小说作家。明朝灭亡后，为阻止清兵南进，南明督师史可法在扬州率军坚守孤城，宁死不降，表现出坚贞不屈的民族气节。城陷后，清军屠城十日，死者数以万计。

清代，康熙帝和乾隆帝多次“巡幸”，使扬州出现空前繁华，城市人口超过50万人，成为当时中国八大城市之一，也是18世纪末、19世纪初世界十大城市之一。当时的扬州，居交通要冲，富盐渔之利，盐税与清政府的财政收入关系极大。各地商人纷纷在扬州建起会馆，各有营业范围和地方特色。同时兴起的还有会票——信用汇兑。一些盐商广结文士，爱好藏书，捐资修建府学、县学，恢复名胜古迹，兴建园林，对扬州的文化发展有一定贡献。其间，出现了以金农、汪士慎、黄慎、李鱓、郑燮、李方膺、高翔、罗聘等“扬州八怪”为代表的扬州画派，以任大椿、汪中、焦循、阮元和王念孙、王引之父子为代表的扬州学派。扬州戏剧历史悠久，至清代大盛。1790年，为庆祝乾隆帝80寿辰，以宝应高朗亭为班主的三庆班进京演出，与其他剧种一起，对京剧的形成和发展产生重要影响。扬州的雕版印刷和评话、清曲、扬剧、木偶剧以及棋艺、琴艺等均在清代达到较高水平，形成自己的特色，奠定了扬州成为当时中国文化中心的基础。

19世纪中叶以后，由于运河山东段淤塞，漕粮改经海上运输，淮盐改由铁路转运，加上其他方面的原因，扬州在经济上逐渐衰落。第一次鸦片战争期间，扬州府属的瓜洲、仪征等地军民奋起抵抗英军侵略。太平天国农民起义军先后3次在扬州一带与清兵激战。在孙中山领导的民主主义革命中，扬州人熊成基在安徽以陆军炮营队官的身份，于1908年11月组织、领导了著名的安庆新军起义，开始武装夺取政权的尝试。1911年11月，扬州人孙天生在扬州发动武装起义，史称“扬州光复”。

1912年，“中华民国”废扬州府，置江都县。1922年，扬州境内第一条公路建成。1925年，中国共产党开始在扬州一带组织、领导人民进行新民主主义革命。1931年，扬州洪水泛滥，长江和运河沿线决口60多处，死于水灾、饥饿和疫病者数十万。1937年10月，中共中央长江局派员在扬州建立中共扬州特别支部，与扬州各界人士一同开展抗日救亡运动；12月，侵华日军占据扬州，以陈文为首的扬州抗日义勇团在扬州北乡展开抗日斗争。1939年初，新四军贯彻中共中央东进北上的方针，着手创建苏中抗日根据地。1940年7月，陈毅、粟裕率新四军主力北渡长江、挺进苏中，在江都建立新四军江北指挥部。在抗日战争和解放战争中，扬州人民在中国共产党领导下，进行了艰苦卓绝的斗争，为新民主主义革命的胜利，尤其为淮海战役和渡江战役的胜利作出了重要贡献。

辛亥革命以后，扬州文化艺术领域名家辈出，比较有影响的有朱自清、刘师培、李涵秋、贡少芹、张丹斧、陈含光、潘月樵和革命作家李进、李俊民、韩北屏、许幸之、江树峰等。朱自清是对中国文学很有影响的人物。李涵秋创作的33部小说中，以反映扬州里巷风俗轶闻的《广陵潮》最为著名。

1948年底至1949年4月，扬州各县相继解放。1949年1月25日，今扬州市区解放，设置扬州市；以仙女庙镇为治所，另建江都县。

## 人口 民族 语言

**■人口** 根据公安部门统计，扬州市2014年末户籍总人口461.34万人，比上年末增加1.49万人，增长0.32%。其中，男性230.80万人，占总人口的50.03%；女性230.53万人，占总人口的49.97%。男女性别比100.12。人口密度699人/平方千米。年末全市常住人口447.79万人，常住人口城镇化率61.2%，比上年提高1.22个百分点。市区户籍总人口231.84万人，增长0.42%。全年登记出生人口4.10万人、死亡人口3.06万人，全市人口自然增长率2.26‰。

■**民族** 根据第六次人口普查结果，扬州市有46个民族。汉族人口最多，占人口总数的99.60%。少数民族人口1.78万人，占0.40%；其中回族人口最多，约1.07万人，占少数民族人口总数的60.28%。

超过100人的少数民族有回族、苗族、彝族、土家族、满族、壮族、侗族、蒙古族、布依族、维吾尔族、朝鲜族、黎族、哈尼族，其他如景颇族、京族、纳西族、高山族、毛南族、俄罗斯族、裕固族、基诺族、柯尔克孜族、塔塔尔族、赫哲族、鄂伦春族人数相对较少。

少数民族人口分布较广泛，但又相对集中。回族主要分布在高邮、广陵、江都、邗江；在高邮，回族又相对集中在菱塘一带。菱塘回族乡是江苏省唯一的少数民族乡。土家族分布在江都、仪征、高邮和邗江一带。满族分布在仪征、邗江、江都一带。侗族主要分布在仪征。仪征市月塘镇龙山村、大仪镇河北村为民族村。

■**语言** 扬州市的语言是以"扬州话"为代表的江淮官话。扬州市城区、仪征、宝应、高邮(除东部与兴化交界的边缘地区外)和江都红旗河、野田河以西地区属江淮官话的洪巢片；江都红旗河、野田河以东地区，高邮东部与兴化交界的边缘地区属江淮官话的泰如片。

宝应中港渔业村是中原官话方言岛。

# 风景名胜

## 瘦西湖风景区

■**概述** 瘦西湖风景区为国家重点风景名胜区、全国文明风景旅游区、国家文化旅游示范区、国家AAAAA级旅游景区。自隋唐起，景区沿湖陆续建园，至清代乾隆时期，已是"两岸花柳全依水，一路楼台直到山"，湖上园林之景融南方之秀、北方之雄于一体，以风韵独具而蜚声海内外。景区内窈窕曲折的一湖碧水串以卷石洞天、西园曲水、长堤春柳、荷蒲熏风、四桥烟雨、徐园、月观、小金山、钓鱼台、水云胜概、五亭桥、白塔晴云以及二十四桥景区、万花园景区等名园胜迹，俨然一幅次第展开的国画长卷。

■**长堤春柳** 长堤春柳起于虹桥西岸，向北止于徐园，为清乾隆年间盐商黄为蒲构筑。后渐渐荒废，至咸丰、同治年间，堤柳已不复存。1915年建徐园时，恢复旧观。此景南北长650米，沿堤遍植杨柳，每至春日，柳絮随风飞舞，迷离如烟；垂柳间植有桃树，桃花开时，与杨柳相互映衬，更显清纯飘逸，艳丽多姿。长堤中段建有方亭，枕于湖上，游人于此小憩，宛如走入画图。

■**徐园** 徐园原为清初韩园桃花坞故址，1915年改为徐宝山祠堂，故名徐园，为市级文物保护单位。园门南迎长堤春柳。园内有一方荷池，缘池缀以山石，环植桃柳。池东有青石平桥。池北有"听鹂馆"三楹，取杜甫诗句"两个黄鹂鸣翠柳，一行白鹭上青天"之意。馆前平台上置南朝萧梁时代镇水铁镬两只；馆东南为四角攒尖式碑亭；馆西有"青草池塘吟榭"，取谢灵运语"池塘生春草"之意。榭后廊复接七折曲廊，西通疏峰馆；榭之西南隅有精舍三间，为冶春后社旧址。

■**小金山** 小金山原名长春岭，清乾隆年间盐商程志铨出资挖湖堆土而成，四面环水，形如青螺。岭上多梅，岭东门额题"梅岭春深"。山上有风亭，山中有观音殿，山下有琴室、棋室、月观、木樨书屋、关帝庙、湖上草堂、玉佛洞诸景。

■**莲花桥** 乾隆二十二年(1757)，巡盐御史高恒开莲花埂新河抵平山堂，同时在河上建桥，以便南北通行。因桥在莲性寺北，桥上五亭聚如金莲，故名莲花桥，俗称五亭桥，为全国重点文物保护单位。五亭桥形态独特，仿自北京北海金鳌玉蝀桥和五龙亭，但又创造性地将五亭聚合，再将桥亭合二为一。桥长65米、宽7米，梯形桥身用青石叠成。五亭之中，中间一亭三层飞檐，略高；四角四亭单檐，稍低。五亭之间有廊檐相接，上覆金黄色琉璃瓦，空花脊，24个檐角似盛开的金莲花花瓣。桥身下支四翼，共有正、侧拱洞15个。据《扬州画舫录》记载："月满时，每洞各衔一月，金色滉漾。"五亭桥结构严谨，多有创意，被茅以升誉为"中国古代交通桥与观赏桥结合的典范"、中国"最具艺术美的桥"。

■**白塔** 白塔位于五亭桥南侧莲性寺内，于清乾隆年间建造，仿北京万寿山喇嘛塔形式，为全国重点文物保护单位。白塔为砖石结构，实测高度28.32米。塔分三层。下层为方形台基，四周以白石为栏，台上砖石塔座为须弥座，八角四面，每面三龛，龛内置砖雕十二生肖；中层塔身为圆形龛室，形如古瓶，瓶腹南向辟莲瓣形龛，内供白衣大士像；上层为"刹"，呈圆锥形，有13级，刹顶置六角形宝盖，角端悬风铃，上托黄铜葫芦顶。

■**熙春台** 熙春台位于瘦西湖水向北转折处，又名春台祝寿(传说清乾隆帝在此为母亲祝寿)，1986年按原貌复建。主楼坐西朝东，上下两层，面阔五楹，前有抱厦，四面有廊，飞檐翘角。熙春台两翼附属建筑呈"八"字形，南翼为湖石假山和复道，假山置小亭；北翼以曲廊与十字阁相接。十字阁碧瓦朱柱，四面为廊。台前偏北处有汉白玉诗碑一座，镌毛泽东手书杜牧诗《寄扬州韩绰判官》。

■**二十四桥** 二十四桥位于熙春台北侧，桥形似玉带，因杜牧诗句"二十四桥明月夜，玉人何处教吹箫"而得名。二十四桥从西向东由落帆栈道、拱桥和曲桥组成。落帆栈道高跨湖汊，由黄石假山、竹牌、铁链构成。拱桥单孔，长24米、宽2.4米、高5米，两端桥坡台阶各24级，两侧围以汉白玉栏杆24根，栏板上雕云月图案。拱桥东接四曲平桥，桥堍置一方亭，名吹箫亭。如临月夜，桥洞拱形与水中半圆之影相合，恰成为一轮圆月，观之似霓虹卧波，令人赏心悦目。

**■万花园** 据清康熙朝《扬州府志》记载："万花园，宋端平三年(1236)制使赵葵即堡城统制衙为之。"现今的万花园总占地44.2公顷，一期工程、二期工程分别于2007年、2009年建成开放，依托瘦西湖历史文化背景，以花文化为主题，以古典历史名园为线索，先后恢复和新建"锦泉花屿""醉月飞琼"等景点，并结合地块内诸多历史遗迹，将唐代城门、城墙，宋代亭台，清代"石壁流淙""锦泉花屿"以及扬派盆景有机糅合，拓深瘦西湖历史，展现扬州历代文化内涵和风格。

## 住宅园林

**■何园** 何园又名寄啸山庄，位于市区古运河北岸徐凝门街，占地1.4公顷，建筑面积7000多平方米，为全国重点文物保护单位、国家AAAA级旅游景区。清同治元年(1862)始建。清光绪九年(1883)，归隐扬州的湖北汉黄德道道员何芷舠购吴氏片石山房(又名双槐园)旧址扩建。园主取陶渊明"倚南窗以寄傲""登东皋以舒啸"之意境，题园名为"寄啸山庄"。何园是一座大型住宅园林，由东西花园、住宅楼群、片石山房组成，尤以复道行空、回廊曲折著称，有"晚清第一园"之誉。园居院落融中西建筑艺术于一体，前进楠木大厅气势雄伟，后两进两层洋楼工艺精细考究。片石山房为大画家石涛和尚所拟构，占地不广，却丘壑宛然，被称为"江南园林中的孤例"。

**■个园** 个园位于市区盐阜东路10号，占地2.4公顷，建筑面积4700平方米，为全国重点文物保护单位、中国四大名园之一、国家AAAA级旅游景区。个园由两淮盐商商总黄至筠于清嘉庆二十三年(1818)在明代寿芝园旧址重建。园主生性爱竹，园名取自清代诗人袁枚名句"月映竹成千个字"。中部花园园景以竹石为主，以分峰用石为特色。最负盛名的是四季假山：春山笋石参差，修篁弄影；夏山湖石中空外奇，深潭清冽；秋山黄石丹枫，峻峭依云；冬山宣石似积雪未消。北部为品种竹观赏区；南部为园主人住宅，三纵三进，均对外开放。

**■吴道台宅第** 吴道台宅第位于市区泰州路45号，系清代吴引孙在浙江宁绍台道道员任上，出资聘请浙江匠师在扬州营建的大型私宅，为全国重点文物保护单位。宅第建成于清光绪三十年(1904)，分九路，有房屋百余间(俗称九十九间半)。宅东原有芜园和祠堂，均早毁。现存三路建筑保存良好。宅第建筑分东、中、西三轴线，规模宏大，结构精巧，雕工精致，以浙江建造法则为基础，糅合扬州传统建筑风格。东轴线从南到北为大门厅、洋楼、观音堂、亭、金鱼池、测海楼，中轴线从南到北为仪门、轿厅、爱日轩、前厨房、后厨房，西轴线从南到北为对厅、滋德堂、中进住宅、后进住宅。其中测海楼为吴家藏书楼，仿宁波天一阁，两层五楹，藏书之富名冠一时。

**■卢氏盐商住宅** 卢氏盐商住宅位于市区泰州路康山街22号，宅主为商界巨富卢绍绪，始建于清光绪二十年(1894)，是扬州现存规模最大的盐商住宅建筑，也是反映扬州盐文化的重要遗迹，被誉为"盐商第一楼"，为全国重点文物保护单位。卢宅原有建筑九进200多间，曾遭火毁。2006年经修复后对外开放，门楼、住宅楼、意园、藏书楼等为原有建筑。卢宅建筑门楣砖雕精美异常，淮海厅、兰馨厅、涵碧厅、怡情楼厅堂阔大，天井两侧分布小型花园，后院意园内盔顶六角亭、石船舫、水池等相映成趣。

**■小盘谷** 小盘谷位于市区丁家湾大树巷42号，占地0.57公顷，为全国重点文物保护单位。清光绪三十年(1904)，两江总督周馥购得徐氏旧园重修而成。西部为平房住宅区，正中为一大厅，东部为花园。园内假山峰危路险，苍岩探水，溪谷幽深，石径盘旋，与楼、堂、桥、阁、亭、廊共纳于方寸之地，组合得体，疏密有致，故得名"小盘谷"。

小盘谷一角　　李斯尔/摄

**■汪氏小苑** 汪氏小苑位于市区地官第14号，为全国重点文物保护单位，是扬州保存最为完整的清末民初大型盐商住宅之一。小苑占地0.3公顷，建筑面积1680平方米，遗存老屋97间。汪氏小苑中纵、西纵房屋为盐商汪竹铭在清朝末年所购，东纵房屋由汪家4个儿子在民国初年扩建。小苑建筑组群布局规整，住宅庭院比例均衡，采光充足，纵横互联相通，内外分合自如，体现扬州大宅门传统格局。庭园玲珑精巧，厅前屋后辟"可栖樨""小苑春深""迎曦"小苑。装修雕琢精湛，木雕、砖雕、石雕技法多样，门楣、石额、匾额、楹联皆出自名家之手。

**■二分明月楼** 二分明月楼位于市区广陵路263号，占地0.11公顷，建筑面积660平方米，为市级文物保护单位。清道光年间，员氏依唐代徐凝"天下三分明月夜，二分无赖是扬州"诗意建园；光绪年间转归盐商贾颂平。园北部主楼为长楼，翘角飞檐，设敞廊、美人靠，可登高观月；东部有黄石山，依山势筑夕照阁3间；西南角置迎月楼3间，月上东山时可在阁中迎月；园中间有扇面亭、伴月廊、月亮桥等园林小品。

## 寺院道观

**■大明寺** 大明寺位于蜀冈中峰，曾有西寺、栖灵寺、法净寺之称，始建于南朝·宋大明年间(457—464),为淮左著名古刹、全国第一批重点开放寺庙、全国重点文物保护单位、国家AAAA级旅游景区。因历史久远,原寺已废圮,现寺为清同治年间重建。大明寺占地33公顷,依山而建,由寺庙古迹、文章奥区、仙人旧馆、西苑芳圃、鉴真纪念堂、藏经楼、卧佛殿、栖灵塔、钟楼、鼓楼组成,是集宗教建筑、文物古迹和园林风光于一体的游览胜地。其中卧佛殿、栖灵塔、钟楼、鼓楼为1988年后所建。

■**天宁寺** 天宁寺位于市区丰乐下街,占地1.19公顷,建筑面积5000多平方米,为清代扬州八大名刹之首,省级文物保护单位。始建于东晋,相传为谢安别墅,后舍宅为寺。北宋政和二年(1112),宋徽宗赐额“天宁禅寺”。南宋绍兴十三年(1143),名报恩光孝寺。元末,寺毁。明洪武十五年(1382)重建,仍称天宁禅寺。清咸丰年间毁于兵火,同治、光绪年间重建。清康熙帝南巡时驻跸于此,乾隆帝南巡时于此建行宫。清康熙四十四年(1705),两淮巡盐御史曹寅在寺内设“扬州诗局”,主持刊刻《全唐诗》等书。清乾隆年间编撰完成的《四库全书》藏于寺内文汇阁。天宁寺现存建筑有山门殿、天王殿、大雄宝殿、华严阁和东、西廊房、配殿等。

■**重宁寺** 重宁寺位于市区长征路15号,占地1.18公顷,建筑面积3000多平方米,为清代扬州八大名刹之一,全国重点文物保护单位。始建于清乾隆四十九年(1784),寺本“平冈秋望”故址,御赐额“万寿重宁寺”。清咸丰年间毁于兵火,同治年间重建,光绪年间再建。东侧园林已毁。现存天王殿、大殿、文昌阁、僧房等。大殿歇山重檐顶,面阔五间,殿内以铁力木作柱,天花藻井彩绘完好,并存有清乾隆帝亲题匾额及其撰写的《万寿重宁寺碑》。

■**高旻寺** 高旻寺位于邗江区三汊河西岸,为清代扬州八大名刹之一。始建于隋代。清顺治八年(1651),漕运总督吴惟华在三汊河建七级浮屠,名“天中塔”,顺治十一年建成;又依塔建梵宇三进,称“塔庙”。其后,寺院西侧又建行宫,规模数倍于寺。清康熙帝第五、第六次南巡和乾隆帝6次南巡,均驻跸于高旻寺行宫。清代中叶的高旻寺建筑完美、规模宏大、名僧辈出,为鼎盛时期。清咸丰年间毁于兵火,同治、光绪年间稍复旧观。民国年间,高旻寺与镇江金山寺、常州天宁寺、宁波天童寺并称中国佛教禅宗四大丛林。1983年,高旻寺被确定为全国汉族地区重点开放寺院。此后,相继建成大雄宝殿、禅堂、天中宝塔、法堂、上客堂、斋堂、讲经堂、放生池、水阁凉亭、水晶宫、来果和尚纪念堂等。

千年古刹高旻寺　　程　曦/摄

■**观音山禅寺** 观音山禅寺位于市区蜀冈东峰,依山而建,占地1.1公顷,建筑面积3115平方米,为市级文物保护单位。元至元年间,僧申律建寺。明洪武十二年(1379),僧惠整重建。明洪武年间名功德山,明末清初改称观音山或观音禅寺。清咸丰年间毁,同治年间修复,光绪年间毁后又修复。寺坐北朝南,有山门殿、韦驮殿、大殿、藏经楼、两厢廊房等。寺西有紫竹林及小庭园;东有鉴楼,相传为隋“迷楼”故址。

■**仙鹤寺** 仙鹤寺位于市区南门街111号,又名清白流芳大寺,为中国东南沿海伊斯兰教四大清真寺之一、全国模范清真寺、省级文物保护单位。相传为伊斯兰教创始人穆罕默德第十六世裔孙普哈丁于南宋咸淳年间募款创建。因全寺布局如鹤形,故名仙鹤寺。明洪武二十三年(1390),哈三重建。明嘉靖二年(1523),商人马道同与寺住持哈铭重修。门前抱鼓石为明代遗存。寺内有礼拜殿、望月亭、诚信堂、水房等建筑及宋、明时期所植银杏、柏树。望月亭、诚信堂(楠木厅)均为明代建筑。礼拜殿系清乾隆年间重建,殿阔五楹,分前后两部分,前殿带卷棚廊,后殿即窑殿所在。

■**蕃釐观(琼花观)** 蕃釐观,俗称琼花观,位于市区文昌中路360号,为市级文物保护单位。前身为后土祠(又称后土庙),汉元延二年(前11)建,祀土神。唐中和二年(882),淮南节度使高骈重建,供奉主管大地万物生长的女神后土夫人。北宋政和年间始称“蕃釐观”。北宋至道二年(996),王禹偁为扬州太守,观内有奇花盛开,俗谓琼花。宋人欧阳修任郡守时,在大殿之西北琼花树旁筑“无双亭”。蕃釐观经历代重修、整修,曾有石牌坊、三清殿、弥罗宝阁、文昌祠、深仁祠、竹轩花亭、芍药厅等建筑。后观内建筑屡遭破坏,蕃釐观古迹荡然无存。1993年起,扬州市先后在旧址上修复蕃釐观、无双亭和琼花台,移建三清殿,建琼花园。

## 陵园

■**汉陵苑** 汉陵苑位于市区平山堂东路98号,又名汉广陵王墓博物馆,系由高邮天山搬迁复原而成，占地2.7公顷，为省级文物保护单位、国家AAA级旅游景区。汉陵苑主要展示西汉第一代广陵王刘胥及其王后的木椁墓。两座墓同属于帝胄级“黄肠题凑”式木椁墓，规模宏大，结构严谨，是中国罕见的大型汉代墓葬遗存，有2000多年的历史。苑内地形起伏，建筑古朴雄浑，林木葱郁，绿草如茵，是融文物与园林为一体的汉文化展示中心。

■**普哈丁园** 普哈丁园位于市区文昌中路167号，古运河东岸、解放桥东南，俗称巴巴窑，又称回回堂，为全国重点文物保护单位。始建于南宋德祐元年(1275)，明清时多次重修，新中国建立后亦多次修缮。普哈丁园由清真寺、墓区、园林三部分组成，占地1.5公顷，建筑面积800平方米。大门西向，临古运河，拱形门上嵌“西域先贤普哈丁之墓”石额一方。清真寺坐西朝东，面阔五楹，殿内抱厦后沿设窑窝。墓区门额题“天方矩矱”，意为阿拉伯楷模人物。园内有清光绪三十四年(1908)《先贤历史记略》碑。相传普哈丁为伊斯兰教创始人穆罕默德十六世裔孙，南宋咸淳年间在扬州传教，并建仙鹤寺。园内陆续葬有宋、明、清代其他西域先贤、虔诚教徒等。

## 其他景区

■**茱萸湾风景区** 茱萸湾风景区位于市区东北湾头镇，面积约50公顷，1982年始建，为国家AAAA级旅游景区。茱萸湾风景区三面环水，是一座融自然风光、人文景观、植物和动物观赏、现代游乐为一体的半岛型生态动植物园，景区内建有华东地区一流的动物散养观赏区。环岛建有8千米的运河风光带，有季节特征明显的植物林带及各类花卉观赏园。

■**凤凰岛生态旅游区** 扬州凤凰岛生态旅游区位于扬州城区东北泰安镇，邵伯湖南端与京杭大运河相接的湖口处，是首批国家级农业旅游示范点和省级森林公园。138平方千米的邵伯湖水面上，漂浮着8个柳叶般的岛屿。这里江、河、湖相连，水天相望，岛上草深林密、杂花生树；水边芦花飞扬，禽鸟相逐，是江淮平原上自然生态环境保持最为完好的平原-湖泊类型湿地景观。

■**竹西公园** 竹西公园位于城北黄金坝桥东北角，取唐朝诗人杜牧《题扬州禅智寺》“谁知竹西路，歌吹是扬州”诗意命名，占地8.67公顷，其中水面约占60%，为江苏省二级园林绿化企业。公园分园前区、娱乐活动区、山湖区、庭园区和生产区等5个区域，建有竹西精舍、仿古六角双檐竹西亭、流芳桥、留芳亭等。

■**荷花池公园** 荷花池公园位于市区荷花池路，占地11.37公顷，其中水面约占一半。公园原名南池、砚池，因池中广植荷花，故名荷花池。园内曾有明清名园影园、九峰园及“砚池染翰”等名胜古迹。清嘉庆朝后园渐圮，咸丰年间废而不存。扬州市1981年始建“南部水上公园”，即荷花池公园，1997年10月建成开放，分九峰园景区、影园遗址区和娱乐服务区。2003年10月，荷花池公园成为全面敞开式免费公园。

# 市花 市树 市歌

■**琼花** 1985年7月18日，扬州市第一届人民代表大会常务委员会第十六次会议决定，扬州市市花为琼花。

琼花属忍冬科荚蒾属，是一种落叶或半常绿灌木，高可达数米。

琼花的枝条多呈灰黑色，幼枝、芽、叶柄均有灰白色或黄白色的垢屑状星状毛。叶对生，卵形、椭圆形或卵状长圆形，长5～11厘米，边缘有细齿，表面疏生星状柔毛，背面密生星状柔毛。每年4月中下旬开花，5月上中旬终花。花为大型聚伞花序，由大型不孕花和两性小花两部分构成。大型不孕花多为8朵，分布于花序周围，也偶有7朵、9朵、10朵甚或更多者。花冠直径约3.2～4.5厘米，最大可达7厘米，每朵5瓣，初开芽绿色，渐转黄白色，盛开全白色；花序中间簇生的数十朵乃至近百朵两性小花朵花冠轮状，白色，直径仅7～10毫米，亦分5瓣，有雄蕊5枚(黄色)、雌蕊1枚，子房下位。两性小花有奇香。大型不孕花比两性小花早开7天左右，凋落亦比两性小花早。如遇秋季气温回升或暖冬天气，可二度开花。琼花果实由两性小花受粉后形成，初时青绿，继而米黄，再转暗红，最后紫黑，百果成簇，每粒长约10～12毫米，宽约7～8.8毫米，呈扁平、椭圆形。

琼花性强健，喜光、喜肥，较耐阴寒，不耐水渍，不耐干旱。用播种、嫁接、扦插和压条等方法均能繁殖。

■**芍药** 2005年1月5日，扬州市第五届人民代表大会常务委员会第十二次会议决定，增补芍药为扬州市市花。

芍药为毛茛科芍药属多年生宿根草本植物。有肉质的粗大主根，茎丛生，茎和叶梗有紫红和绿色两种。叶互生，二回三出复叶，小叶三裂，呈尖椭圆形。花蕾单生于分枝顶端，立夏前后开花。花大而艳丽，有单瓣或重瓣，花型多样，花色或红、或白、或紫、或黄，很多品种都能散发芳香。

芍药喜温和、较干燥的气候，喜肥、耐寒、耐旱、耐阴，宜植于土层深厚、排水良好、疏松肥沃的沙质土壤。

芍药又称“将离”，古代男女交往中会赠送芍药，以表达结情之约或惜别之情。芍药的别名还有没骨花、余容、犁食、婪尾春、黑牵夷等。芍药根可入药，味微苦，有镇痛等功效。

芍药在中国有3000多年的栽培史。历史上，扬州的芍药闻名遐迩，一度与洛阳牡丹齐名，早有“扬州芍药甲天下”之誉。据记载，扬州芍药栽培始于隋唐，盛于宋代，衰于元明，复兴于清代。宋时，蜀冈禅智寺、龙兴寺等寺院都大量栽培，朱氏南北两圃植芍药五六万丛，盛极一时。

■**银杏** 1985年7月18日，扬州市第一届人民代表大会常务委员会第十六次会议决定，扬州市市树为银杏、柳树。

银杏，裸子植物门、松柏纲、银杏目、银杏科、银杏属，落叶乔木，叶扇形，雌雄异株，为距今1.5亿年左右的侏罗纪孑遗植物，国内栽培颇多，是珍贵果树和绿化观赏树种。繁殖用实生和分蘖。果实杏形，因附有白粉而得名。又因果色、叶形和结果迟而被称为白果、鸭脚和公孙树。树龄极长，可千年以上。

银杏全身是宝。其果仁富含淀粉、脂肪、蛋白质、维生素、糖、纤维素和矿物质，是健身营养补品；又可入药，性平、味苦，有小毒，功能敛肺定喘，主治痰哮喘咳、遗精带下、尿频等症。叶可提取有效成分制药，用于治疗心血管系统疾病。果皮可提取栲胶。木质轻软细密，不易变形，是建筑、雕刻、制作家具和工艺品的上等木料。银杏在扬州各县（市、区）均有种植。

**■柳树** 柳树，杨柳科柳属植物，落叶乔木或灌木。叶多狭长，雌雄异株。春天开花，其种子包裹在柳絮中，随风飘扬，遇土即活，繁殖极易，常用桩、枝扦插。枝条柔韧，自然下垂，随风飘舞，婀娜多姿，为历代文人墨客吟咏绘画的题材。

**■《茉莉花》** 2003年3月21日，扬州市第五届人民代表大会常务委员会第一次会议决定，扬州市市歌为扬州民歌《茉莉花》。

扬州是民歌《茉莉花》最早的主传唱地区之一，已有数百年历史。歌词是：好一朵茉莉花，好一朵茉莉花，满园花草香也香不过它；我有心采一朵戴，看花的人儿要将我骂。好一朵茉莉花，好一朵茉莉花，茉莉花开雪也白不过它；我有心采一朵戴，又怕旁人笑话。好一朵茉莉花，好一朵茉莉花，满园花开比也比不过它；我有心采一朵戴，又怕来年不发芽。

## 国民经济与社会发展

**■概述** 2014年，扬州市实现地区生产总值3697.91亿元（当年价），按可比价计算，增长11.0%。其中，第一产业增加值227.36亿元，增长3.6%；第二产业增加值1885.75亿元，增长11.0%；第三产业增加值1584.80亿元，增长12.0%。人均地区生产总值82654元。全市实现公共财政预算收入295.2亿元，增长13.9%；税收收入242.2亿元，增长13.9%，占公共财政预算收入的82.1%。城镇常住居民人均可支配收入30322元，增长9.5%；农村常住居民人均可支配收入15284元，增长11.0%。储蓄存款余额2117.09亿元，增长9.6%；人均储蓄存款47279元，比上年增加4064元。新增城镇就业7.08万人，转移农村劳动力5.31万人，期末城镇登记失业率2.08%。 （杨　桐）

**■第一产业** 农林牧渔业实现总产值431.98亿元，增长6.9%。粮食总产量314.10万吨，增长0.6%，实现“十一连增”。全年生猪出栏137.22万头，家禽出栏4334.11万只，分别增长0.9%、-2.2%。推进农业产业化，新建高标准农田1.62万公顷，新增设施农渔业1.11万公顷、农业园区面积0.69万公顷，推进6个产值50亿元连片特色产业基地建设，农业综合机械化作业率82.2%。新型农业经营主体发展迅速。新增规模经营面积1万公顷。创成国家级示范合作社16个、省级示范家庭农场10个。县级以上农业龙头企业销售额增长15.6%。 （杨　桐）

**■第二产业** 全市2681家规模以上工业企业实现总产值9457.2亿元，增长11.5%。汽车及零部件、机械装备、船舶及配套件、石油化工、新能源和新光源等5个千亿级产业实现产值6951.6亿元，增长11.2%。其中，汽车及零部件产业产值1135.8亿元，增长19.4%；机械装备产业产值3054.1亿元，增长12.1%；新能源和新光源产业产值695.4亿元，增长19.2%；石油化工产业产值1595.5亿元，增长7.3%；船舶及配套件产业产值520.2亿元，下降5.4%。新兴产业实现产值2808.5亿元，增长14.2%，占规模以上工业总产值的29.7%。全市工业实现开票销售4196.5亿元，增长10.4%；工业入库税收186.8亿元，增长10.5%；工业用电量147.9亿千瓦时，增长6.3%。 （杨　桐）

**■第三产业** 服务业实现增加值1584.80亿元，增长12.0%，高于地区生产总值增幅1.0个百分点，占地区生产总值比重提高1.9个百分点。全市新增规模以上服务业企业429家，989家规模以上服务业企业实现营业收入395.36亿元。全市实现社会消费品零售总额1128.10亿元，增长12.1%。其中，批发业零售额149.60亿元，增长10.8%；零售业零售额867.06亿元，增长15.3%；住宿业零售额13.05亿元，增长15.9%；餐饮业零售额98.40亿元，增长18.8%。新业态发展加快，电子商务交易额230亿元，增长40%。软件服务业、文化消费、信息、休闲等消费热点发展加快，汽车、黄金类以及健康类等选择性消费扩大。物流、软件与信息、现代金融、商务、文化创意与研发设计等生产性服务业实现增加值728亿元，占服务业增加值的45.9%。旅游业总收入560.3亿元，增长17.7%。旅游业增加值占地区生产总值的7%，成为全市经济重要支柱之一。软件与信息服务业业务收入增长50%。金融业增加值占地区生产总值的5.0%。全市人民币存款余额4296.75亿元，其中储蓄存款余额2117.09亿元，分别增长11.3%、9.6%；人民币贷款余额2732.42亿元，增长16.7%。全市完成货运量1.16亿吨、客运量4804万人次，分别增长10.1%、1.0%；港口完成货物吞吐量1.21亿吨、集装箱吞吐量56.2万标箱，分别增长21.3%、8.6%。进出口总额100.1亿美元，其中出口76.82亿美元，分别增长5.3%、1.7%。化工、钢管、光伏等重要出口商品具有较强竞争优势。 （杨　桐）

**■固定资产投资** 全市完成固定资产投资2416.66亿元，比上年增长19.3%。第一产业投资15.15亿元，增长1.2%。第二产业投资1330.68

亿元，增长15.0%；其中工业技改投入增长27.5%，占工业投资的59.4%，比上年同期提高7个百分点。第三产业投资1070.83亿元，增长25.0%，高于全市投资增幅5.7个百分点；其中房地产业投资360.4亿元，增长14.1%。民间投资增长21%，占全市投资总额的71%。（杨 桐）

**■重大项目建设** 全年新开工10亿元或1亿美元以上重大工业项目50个、重大服务业项目40个，新落户世界500强企业项目8个。江淮汽车集团有限公司10万辆皮卡及SUV(运动型多用途汽车)项目、日本尤妮佳二期项目建成投产，上海大众汽车有限公司仪征分公司新增10万辆整车项目和30万台发动机项目、101万平方米的扬州现代服务业集聚区Y-MSD项目开工建设，总投资50亿元的中航工业园、总投资50亿元的海底电缆项目签约。推进企业资产重组和资本合作，扬州科进船业有限公司与广州广船国际股份有限公司合作、江苏亚威机床股份有限公司与德国库卡机器人集团合作等61个项目相继实施，涉及资产、资本总额150多亿元。（杨 桐）

**■科技创新** 建设创新型城市。推进“科教合作新长征”行动计划，签订校企产学研合作协议496项，新引进高校院所或知名企业研发中心、创新中心54个。全市累计有国家级、省级工程技术研究中心181个，省级公共技术服务平台16个，国家级、省级高技术研究重点实验室3家，省级产业研究院1家。清华大学扬州智能装备科技园、东南大学国家大学科技园(扬州)、扬州大学大学科技园揭牌开园。全市新开工建设科技产业综合体8个，引进省级科技创新团队5个、省“企业博士集聚计划”人才85人。培育企业自主创新能力，新增省级以上研发机构62家，牧羊集团创成国家级企业技术中心。全年申请专利2.27万件，其中发明专利4907件；获专利授权1.18万件，其中发明专利467件。加快高新技术产业发展，新增高新技术企业92家，高新技术产业完成产值4268亿元，占规模以上工业总产值的45.1%，比上年提高1个百分点。全年新增国家级重点新产品9个、省级高新技术产品954个。（杨 桐）

**■深化改革** 推进跨江融合发展。全市开发园区与上海14家园区签订合作协议，落户1亿元以上项目16个；18家苏南企业参与海峡两岸(扬州)农业合作试验区建设。《宁镇扬同城化发展规划》获省批准。完成宁扬城际轨道交通前期工作。

加快行政体制改革。清理并公布行政审批事项、行政权力、部门专项资金、行政事业性收费4项清单。改革食品药品管理体制，整合部门职责，下移执法重心。推进中介机构与行政机关、事业单位脱钩。对行业协会、商会等5类社会组织实行直接登记，试行注册资金认缴制备案登记。所有县(市、区)对外贸易经营者备案登记实现就地办理。

深化经济体制、社会领域改革。推进国有资产监管全覆盖，完成市级行政事业单位所属国有企业清理整合。完成市属国有企业混合所有制改革项目41个。实行工商登记“先照后证”，放宽市场主体住所登记条件。民营经济发展迅速，新增私营企业2.03万家、个体工商户4.46万户，新增私营企业注册资本513.11亿元。（杨 桐）

**■社会保障** 2014年末，全市城乡居民基本养老保险、基本医疗保险参保率均达98%，企业职工基本养老保险、城镇职工基本医疗保险、失业保险、工伤保险参保人数分别达132.92万人、116.2万人、62.81万人、73.32万人。新型农村合作医疗保障水平提升，人均筹资标准400元，参合率99.8%。实施城镇居民大病保险制度，推进全市社会保险“一卡通”。全市企业退休人员基本养老金提高至月人均1955元。市区城乡低保标准统一提高至每月535元。全市保障城乡居民最低生活保障对象7.44万人，提供临时救助1.63万人次，提供城乡医疗救助34.60万人次。全市新增住房公积金缴纳人数7.89万人。市区新建、筹集公共租赁住房2036套(间)，发放经济适用房货币化补贴606户、租赁补贴417户。城乡居家养老服务覆盖率分别达100%、80%。（杨 桐）

**■社会事业** 2014年，全市新(改、扩)建公办幼儿园6所，创成省优质幼儿园8所、省义务教育现代化学校77所。成立职业教育集团，建成7个省级以上示范性实训基地。全市有幼儿园283所、小学208所、普通中学168所、普通高校7所，有在园幼儿9.61万人、小学在校生21.88万人、普通中学在校生18.42万人、普通高校在校生7.53万人。全市高考本二以上达线率58.4%。

大运河入选世界文化遗产，扬州10个遗产点和6段河道被列入《世界遗产名录》。新增3项国家级非物质文化遗产。扬剧《衣冠风流》获省“五个一工程”奖。

全市新建省示范社区卫生服务中心(乡镇卫生院)7个，社区卫生服务中心(乡镇卫生院)标准化率100%。年末有各类卫生机构1782个、病床1.98万张，其中医院、卫生院病床1.74万张，有卫生技术人员2.33万人。

城市社区“10分钟健身圈”基本建成。在第18届省运动会上，获金牌82.78枚，列全省第八。中国扬州鉴真国际半程马拉松赛第三次获评国际田径联事会金标赛事。（杨 桐）

**■城乡建设** 瘦西湖隧道建成通车。推进“不淹不涝”工程，整治市区积水点18个。180项民生幸福工程全面完成。建成污水处理厂2座，铺设污水管网43.9千米，污水集中处理率87%。疏浚县乡河道238条、村庄河塘6129条(面)，改造小型灌排泵站220座。更新改造区域供水支管网623.2千米。新(改)建农村公路223千米、桥梁186座。9个乡镇入选全国重点镇。开通公交旅游专线，镇村公交覆盖率65.6%；建成公共自行车租赁系统租赁点310个，投放公共自行车1万辆。（杨 桐）

■**生态文明建设** 编制生态文明建设规划(2014—2020),出台生态红线区域保护规划。扬州市获批国家生态文明建设示范区,获批建设生态文明建设先行示范区。扬州和江都、邗江、宝应、高邮创成国家生态市、县(区)。全年新增成片造林面积0.19万公顷、城市绿地102.5万平方米,完成"绿杨城郭新扬州"建设任务。推进生态中心建设,新增绿化造林373.33公顷,恢复保护湿地80公顷。加强水生态文明试点城市建设,集中式饮用水水源地水质达标率100%,重点考核断面水质达到或优于Ⅲ类水质标准。改善能源结构,扬州市入围国家首批新能源示范市。实施节能技术改造项目120个、减排项目116个,实现节能20万吨标煤。

(杨 桐)

■**扬州城市综合经济竞争力居全国第44位** 5月9日,中国社会科学院发布城市竞争力蓝皮书《中国城市竞争力报告(2014)》。在全国294座城市中,扬州城市综合经济竞争力居第44位(综合增量竞争力居第50位,综合效率竞争力居第42位),可持续竞争力居第29位,宜居城市竞争力居第28位,宜商城市竞争力居第70位。在可持续竞争力排名6个分项指标中,扬州有4项排名进入前50。其中,生态城市竞争力列第六位,全域城市竞争力(指城乡一体化融合发展)列第32位,信息城市竞争力列第38位,知识城市竞争力列第45位,和谐城市竞争力列第185位。另据中小城市经济发展委员会等10月17日发布的《中小城市绿皮书:中国中小城市发展报告(2014)》,扬州5个市(区)进入百强。其中,高邮市、仪征市进入"2014中国中小城市百强县市",分列第68、第72位;邗江区、江都区、广陵区进入"2014中国市辖区综合实力百强",分列第29、第40、第59位。

(杨 桐)

## 2014年扬州市国民经济和社会发展统计公报

2014年,扬州认真落实省委"八项工程"和省政府"十项举措"的部署,积极应对复杂的国内外宏观经济环境和下行压力,全力以赴稳增长、促改革、调结构、惠民生,全市经济呈现稳中有进的发展态势。

一、综合

初步核算,全市实现地区生产总值3697.89亿元,可比价增长11%。人均GDP 82654元,超省均780元。产业结构不断优化。其中,第一产业增加值227.36亿元,增长3.6%;第二产业增加值1885.75亿元,增长11%;第三产业增加值1584.80亿元,增长12%。三次产业结构由上年的6.9∶52.1∶41.0调整为6.1∶51.0∶42.9。

年末全市有各类法人单位62401家,产业活动单位7942家。全市新登记企业21222户,增长30.4%;新增注册资本767.96亿元,增长40.5%。新登记民营企业20313户,新增注册资本513.11亿元,分别增长31%、55.2%。新登记个体工商户44592户,增长45.1%。

全市新增城镇就业70756人,新增转移农村劳动力53126人,期末城镇登记失业率2.08%。城镇失业人员再就业49394人,就业困难人员再就业7384人。

市场物价基本稳定,市区居民消费品价格指数为102.1。其中,消费品价格上涨1.9%,服务项目价格上涨2.5%。构成CPI的八大类指数分别是:食品类102.0、居住类103.0、医疗保健和个人用品类102.9、烟酒及用品类98.7、衣着类103.3、家庭设备用品及维修服务类103.2、交通和通信类100.0、娱乐教育文化用品及服务类101.4。商品零售价格总指数为101.5。

二、农业

粮食生产连续十一年实现丰收,全年粮食总产314.1万吨,比上年增产1.9万吨,增长0.6%。生猪出栏137.22万头,较上年增加1.22万头,增长0.9%。家禽出栏4334万只,较上年减少95万只,下降2.2%。年末生猪存栏73.87万头,较上年减少0.35万头,下降0.5%。家禽存栏1491.41万只,较上年减少63万只,下降4%。肉类总产量18.44万吨,与上年基本持平。全市实现农林牧渔业总产值432.3亿元,增长6.9%。

全市水产养殖面积117万亩,比上年扩大1万亩。特种水产养殖面积104万亩,扩大2万亩。实现水产品产量39.6万吨,同比增加0.2万吨。渔业专业合作组织发展到311家,增加33家。

全市种植面积在100亩以上的家庭农场1703个,其中列入市级名录的家庭农场有277个,经营面积6.5万亩,列入省名录合作社985个。全市各级农业龙头企业达361家,其中国家级4家、省级39家、市级142家、县级176家。全市超万亩农业产业园区(基地)17个,超千亩园区(基地)406个,市级以上农(渔)业园区39家,其中省级8家、市级31家。全市农业园区总面积达152.8万亩,园区化率达35.8%。

三、工业和建筑业

全市2681家规模以上工业完成总产值9457.17亿元,增长11.5%,增加值增长12%。产值过亿元的工业企业1444家,比上年增加88家,占全部规上企业的53.9%。亿元企业完成产值8839.7亿元,占全市规模以上工业的93.5%。其中完成产值100亿元以上的企业6家,50亿~100亿元的19家,30亿~50亿元的17家,10亿~30亿元的118家,5亿~10亿元的204家,1亿~5亿元的1080家。

新兴产业完成产值2808.5亿元,增长14.2%。"三新"产业完成产值1145.1亿元,占全市的12.1%,增长15.5%。其中,71家新材料企业完成产值449.6亿元,增长10.2%;76家新光源企业完成产值396.2亿元,增长11.7%;43家新能源企业完成产值299.2亿元,增长30.8%。

五大千亿级产业累计完成产值6951.6亿元,增长11.2%。其中,汽车产业1135.8亿元,增长19.4%;机械装备产业3054.1亿元,增长12.1%;新能源和新光源产业695.4亿元,增长19.2%;石化产业1595.5亿元,增长7.3%;船舶产业520.2亿元,下降5.4%。

规模以上工业企业实现主营业务收入9083.47亿元,增长11.1%;实现利税1066.57亿元，增长12.7%；利润616.95亿元，增长14.7%。

全社会用电量204.36亿千瓦时，增长3.5%。第一产业用电量3.66亿千瓦时，增长38.4%；第二产业用电量150.41亿千瓦时，增长6.6%，其中工业用电量147.88亿千瓦时，增长6.3%；第三产业用电量22.26亿千瓦时，下降4.2%；城乡居民生活用电量28.03亿千瓦时，下降7.6%。

全市实现建筑业总产值2944.3亿元，增长12.1%；建筑业增加值251.78亿元，增长7%。房屋建筑施工面积24684.6万平方米，增长16.4%；竣工产值2382.1亿元，增长12.2%；竣工面积9332.7万平方米，增长7.6%。

四、固定资产投资

全市完成固定资产投资2416.66亿元，增长19.3%。其中，建设项目投资2056.22亿元，增长20.3%；房地产开发投资360.44亿元，增长14.1%。从产业来看，第一产业投资15.15亿元，增长1.2%；第二产业投资1330.68亿元，增长15.0%；第三产业投资1070.83亿元，增长25.0%。一、二、三产业投资占投资的比重为0.63：55.06：44.31。

全市房地产开发投资360.44亿元，增长14.1%。其中，住宅投资287亿元，增长17.7%；商业营业用房投资38.3亿元，下降4.3%；办公楼投资11亿元，增长10%。商品房施工面积2625.39万平方米，增长18%。其中，新开工面积804.71万平方米，下降13.9%；商品房竣工面积606.39万平方米，增长2.5%；商品房销售面积635.1万平方米，下降9.2%。

全市确定的重大项目424个，完成投资1365.9亿元，占全市投资比重56.5%。其中，工业项目153个，完成投资639.4亿元；服务业项目129个，完成投资495.3亿元。

连淮扬镇铁路扬州段率先开工，宁启铁路复线及电气化改造扬州段基本建成。宿扬高速公路、环邵伯湖大道开工建设，S203扬州段、S125仪征段建成通车，文昌路西延全线贯通。当年建成和在建干线公路总里程288公里、总投资23.6亿元，创历史新高。西部交通客运枢纽主体完工。高邮运东船闸、江都芒稻船闸扩建工程加快实施。淮河入江水道整治主体工程基本完成。完成古运河等中小河流整治。仪征套闸除险加固等工程完工。

五、邮电通信和交通运输

全市邮政通信业务收入50.43亿元，增长5.3%。其中，通信业务收入44.88亿元，增长5.0%；邮政业务收入5.55亿元，增长7.4%。年末电话用户613.62万户，下降3.2%，其中移动电话用户477.67万户，增长1.2%。互联网宽带接入用户102.15万户，增长14.3%。

全市货运总量和货运周转量分别完成1.16亿吨和306.27亿吨公里，分别增长10.1%、9.8%。客运量和旅客周转量完成4804万人和36.4亿人公里，分别增长1%、0.7%。全年港口货物吞吐量12138万吨，增长21.3%；集装箱吞吐量56.2万标箱，增长8.6%。

年末全市公路里程10525.44公里，新增110.84公里。年末高速公路里程311.82公里。

年末全市机动车拥有量83.63万辆，私人汽车拥有量41.97万辆，其中私人轿车29.67万辆。

六、国内贸易

全市社会消费品零售总额1128.1亿元，增长12.1%。其中，批发业149.60亿元，增长10.8%；零售业867.06亿元，增长15.3%；住宿业13.05亿元，增长15.9%；餐饮业98.4亿元，增长18.8%。城镇消费品零售额1046.16亿元，增长12.0%；乡村消费品零售额81.94亿元，增长13.3%。

限额以上批发和零售企业中，粮油、食品、饮料、烟酒类零售额38.59亿元，下降0.5%；服装、鞋帽、针纺织品类零售额34.71亿元，增长6.1%；日用品类零售额9.89亿元，下降1.1%；化妆品类零售额5.82亿元，增长14.9%；金银珠宝类零售额14.65亿元，下降3%；家用电器和音像器材类零售额31.55亿元，下降3%；汽车类零售额132.29亿元，下降8.2%。

七、财政金融

全市财政总收入468.46亿元，增长11.9%。公共财政预算收入295.19亿元，增长13.9%。其中，税收收入242.22亿元，增长13.9%。主体税种中，增值税、营业税、企业所得税、个人所得税合计完成160.06亿元，增长18%。其中，增值税39.82亿元，增长13%；营业税84.7亿元，增长20.5%；企业所得税25.3亿元，增长14.7%；个人所得税10.24亿元，下降16.7%。社保基金收入47.87亿元，下降37.1%。

全市公共财政预算支出374.67亿元，增长17.3%。其中，一般公共服务支出50.96亿元，增长20%；教育支出67.63亿元，增长18.7%；科学技术支出9.81亿元，下降6.2%；社会保障和就业支出28.5亿元，增长15.4%；医疗卫生支出25.05亿元，增长6.6%；节能环保支出6.9亿元，下降5.5%。

年末人民币存款余额4296.75亿元，增长11.3%。其中，储蓄存款余额2117.09亿元，比年初增加186.07亿元，增长9.6%。人民币贷款余额2732.42亿元，比年初增加390.57亿元，增长16.7%，其中，短期贷款余额1314.22亿元，比年初增加83.67亿元；中长期贷款余额1288.44亿元，比年初增加261.61亿元。个人消费贷款556.25亿元，比年初增加61.37亿元。

全市各类保险机构实现保费收入96.67亿元，增长10%。其中，财产险保费收入27.47亿元，增长14.9%；人身险保费收入69.2亿元，增长8.2%。保险赔款总支出17.11亿元，增长8.4%。其中，财产险支出14.34亿元，增长8%；人身险支出2.76亿元，增长10.4%。

全市证券公司营业部累计开户35.18万户，增加0.59万户。证券交易额6167.05亿元，增加2385.44亿元。其中，股票交易额4516.46亿元，增加1657.79亿元，占交易额的73.24%；基金交易完成额91.8亿元，增加2.93亿元，占交易额的1.49%。

八、对外经济和旅游业

全市实际利用外资到账15.02亿美元，新批项目101个，协议外资19.85亿美元。全市完成外经营业额6.35亿美元，增长20%；新签合同额

进出口贸易方式

表3-3 单位:万美元

| 贸易方式 | 出口额 | 同比增幅(%) | 进口额 | 同比增幅(%) |
|---|---|---|---|---|
| **合　计** | **768186** | **1.8** | **233049** | **19.1** |
| 一般贸易 | 554380 | 9.6 | 124506 | 15.4 |
| 加工贸易 | 196068 | -15.3 | 88548 | 31.5 |
| 来料加工装配贸易 | 10344 | -46.5 | 19061 | 56.4 |
| 进料加工贸易 | 185724 | -12.5 | 69487 | 26.0 |
| 其他贸易 | 17918 | 1.3 | 20750 | 2.0 |

3.96亿美元,增长15%;期末在外人数7405人,下降14%;新批境外投资项目29个,中方协议投资额2.9亿美元,增长84%。

全市进出口总额100.12亿美元,增长5.3%,其中,出口76.82亿美元,增长1.7%;进口23.30亿美元,增长19.1%。从贸易结构看,一般贸易出口55.44亿美元,增长9.6%;加工贸易出口19.61亿美元,下降15.3%。主要出口贸易伙伴中,欧盟出口16.95亿美元,增长6.9%;美国出口16.07亿美元,增长8.1%;香港出口5.76亿美元,增长4.1%;拉丁美洲出口6.36亿美元,增长0.5%。

全市旅游总收入560.3亿元,增长17.7%。全年接待入境过夜游客53539人次,增长12%。旅游外汇收入4919.06万美元,增长12.6%。主要封闭式景区接待游客811.82万人次,增长29.2%。全市拥有国家A级景区36家,其中5A级1家、4A级7家、3A级14家。省星级乡村旅游区(点)27家,其中四星级10家。共有星级饭店63家,其中五星级4家、四星级12家。星级饭店客房出租率67.48%,同比提高2.03个百分点。旅行社126家,其中出境游组团社4家。

九、科学技术和教育

"科教合作新长征"计划深入推进,签订校企产学研合作协议496项,新引进高校院所或知名企业研发中心、创新中心54家。全年新增国家级重点新产品8个,省级高新技术产品954个。全市共有国家、省级工程技术研究中心181家,省级公共技术服务平台16家,国家、省级高技术研究重点实验室3家,省级产业研究院1家。全年专利申请量22709件,其中发明专利4907件;专利授权量11843件,其中发明专利467件。全年获批高新技术企业92家,高新技术产业产值4268亿元,占规上工业总产值的比重45.1%。引进高层次领军人才160名、专业技术人才1435名,引进培养企业高层次人才1516名。入选省创新团队5个和省"双创计划"、"博士计划"人才85名。

新(改扩)建公办园6所,创成省优质园8所,80所学校创成省义务教育现代化学校。全市共有幼儿园283所,小学208所,普通中学168所,普通高校7所。在园幼儿96092人,小学在校生人数218829人,普通中学在校生人数184175人,普通高校在校生人数75289人。全市幼儿园毛入学率为98.7%,义务教育入学率和高中阶段教育毛入学率达100%,全市高考本二以上达线率为58.4%。

十、文化、卫生和体育

大运河申遗取得成功,扬州10个遗产点和6段河道列入《世界遗产名录》。新增3项国家级非物质文化遗产名录。扬剧《衣冠风流》获省"五个一工程"奖。组织文化惠民演出241场。年末全市共有文化馆、群众艺术馆7个,公共图书馆7个。共有广播电台6座,中短波广播发射台和转播台13座,广播综合人口覆盖率和电视综合人口覆盖率均达100%,有线电视用户124.24万户。生产故事影剧片1部。

新建省示范社区卫生服务中心(乡镇卫生院)7个,全市社区卫生服务中心(乡镇卫生院)标准化率达到100%。新农合保障水平持续提升,全市新农合人均筹资达400元,参保率达99.8%。年末共有各类卫生机构1782个,其中医院、卫生院136个。各类卫生机构拥有病床19765张,其中医院、卫生院病床17475张。共有卫生技术人员25559人,其中执业(助理)医师9491人,注册护士9382人。

全面完成城市社区"10分钟健身圈"建设。完成十八届省运会目标任务,金牌、总分均列全省第八名。扬州马拉松三度蝉联国际田联金标赛事。

十一、城乡建设和生态环境

9个乡镇入选全国重点镇,10个村创成新农村建设"优美乡村"。新建成污水处理厂2座,污水集中处理率已达87%以上,铺设污水管网43.9公里。疏浚县乡河道238条,村庄河塘6129条(面),改造小型灌排泵站220座。更新改造区域供水支管网623.2公里。重点考核断面水质达到或优于Ⅲ类水质标准。新改建农村公路223公里、桥梁186座。镇村公交覆盖率达65.6%,开通公交旅游专线,新购339辆新能源公交车;公共自行车租赁系统建成310个租赁点,投放公共自行车1万辆。

创成国家生态文明建设示范区。入围全国首批新能源示范市。出台《大气污染防治行动计划实施细则》。政府投入3亿元,淘汰小型燃煤锅炉162台(套)、淘汰报废老旧汽车18880辆,购置新能源公交车355辆,全部完成省下达的年度任务。实施节能技术改造项目120项、循环经济项目20项,实现节能20万吨标煤。新增成片造林面积2.9万亩、城市绿地102.5万平方米,顺利完成"绿杨城郭新扬州"建设任务。邗江、广陵创成省年度"国土资源节约集约模范区"。单位GDP能耗下降、PM2.5平均浓度下降、主要污染物减排完成省定目标。

十二、人口、人民生活和社会保障

年末全市户籍总人口461.34万人,比上年末增加14919人,增长0.32%。全市登记出生人口4.10万人,出生率8.91‰;死亡人口3.06万人,死亡率6.65‰。人口自然增长率为2.26‰。市区户籍总人口为231.84万人,增长0.42%。年末全市常住人口447.79万人，常住人口城镇化率为61.2%，比上年提高1.22个百分点。

全体居民人均可支配收入24157元，增长9.8%。其中，城镇常住居民人均可支配收入30322元，增长9.5%；农村常住居民人均可支配收入15284元，增长11%。全体居民人均生活消费支出15485元，增长8.6%。其中，城镇常住居民人均生活消费支出18417元，增长7.6%；农村常住居民人均生活消费支出11266元，增长11.1%。

城乡基本养老保险、基本医疗保险参保率均达98%，年末企业职工基本养老保险、城镇职工基本医疗保险、失业保险参保人数分别达103.64万人、116.2万人和62.81万人。年末城乡居民基本养老保险参保人数98.77万人，基础养老金发放率达100%。年末城镇基本医疗保险参保人数为197.11万人。全面实施城镇居民大病保险制度，推进全市社会保险"一卡通"。连续10年提高全市企业退休人员基本养老金水平，人均每月已达到1955元。

社会福利事业不断提升，城乡居民最低生活保障对象74424人，累计资金支出17288.54万元；临时救助16289户，支出864万元；城乡医疗救助346031人次，累计支出6078.24万元。市区城乡低保标准统一提高至每月535元。

市区新建和筹集公共租赁住房2036套(间)。发放经济适用房货币化补贴571户，租赁补贴417户。

注：1.本公报数为初步统计数，人均GDP按常住人口计算；

2.公报中地区生产总值、各产业增加值绝对数按当年价格计算，增长速度按可比价格计算。

## 精神文明建设

■**概述** 扬州市精神文明建设工作以思想道德建设为主线，突出中国特色社会主义和中国梦宣传教育、培育和践行社会主义核心价值观、诚信建设制度化、志愿服务制度化、提升公民旅游文明素质、勤俭节约宣传教育、未成年人思想道德建设等7个方面中心任务。扬州市通过全国文明城市复评。市精神文明建设指导委员会办公室(简称市文明办)开展"讲文明树新风"公益广告宣传，将文明礼仪知识汇编成有奖问答题，通过信函形式寄送到市区25万多户家庭。启动诚信建设工作，制定《扬州市诚信"红黑榜"发布制度(试行)》，推选"诚信之星""诚信标兵"，评选出61家"诚信经营示范店"。新华社以《扬州发布诚信红黑榜，好人受益坏人受制》为题报道扬州市诚信建设情况，中央宣传部《信息专报》刊发扬州市经验做法。开展"八礼四仪进校园"活动，召开"八礼四仪"(仪表之礼、餐饮之礼、言谈之礼、待人之礼、行走之礼、观赏之礼、游览之礼、仪式之礼，入学仪式、成长仪式、青春仪式、成人仪式)听证会，编发《八礼四仪三字经》。落实未成年人校外活动阵地标准化工作流程，全市爱国主义教育基地和公益性文化设施免费接纳未成年人参观学习。开展"邻里守望"志愿服务活动，选树文昌花园社区、康乐社区等先进典型，评选出20个社区志愿服务示范点、80个社区志愿服务示范项目。组织城区107家文明单位和机关单位与107个社区结对。扬州文明网影响力提升，全年有116条信息被中国文明网采用，其中头条9条、要闻87条、深度评论20条。 (潘　莉)

■**社会主义核心价值体系建设** 推荐、宣传扬州好人。全年有4人入选中国好人榜，累计有36名扬州好人入选中国好人榜；全年有17人入选江苏好人榜，累计有48名扬州好人入选江苏好人榜。中国文明网以《扬州"四位一体"宣传机制，让好人传播扎根基层社区》为题，介绍学习宣传扬州好人工作经验。市文明办印发《关于春节期间慰问道德模范、扬州好人的通知》，发动各级文明办及好人所在单位走访慰问道德模范和身边好人。推动全市各级各类道德讲堂规范化建设。全年举办市道德讲堂总堂活动17场，近2000人次参加活动。推进文明餐桌行动，印发文明餐桌宣传画8000份，制作餐桌提示牌10万张。5—10月，以直接面向社会、服务群众的"窗口"行业基层单位为重点，组织开展2014年度文明优质服务百日竞赛活动，2个品牌入选全省第四批优质服务品牌。5月2日，组织开展第十届"幸福扬州·扬州市民日"系列活动，举办扬州非物质文化遗产展示、广场综艺文化活动、社区文化活动、新市民免费游园、"百寿宴"等活动。实施文明旅游行动，扬州市精神文明建设指导委员会(简称市文明委)制定实施方案和实施意见，组织报社、广播电视等媒体宣传文明旅游，提升公民文明出行素质。推动农村精神文明建设工作创新发展，组织开展农村精神文明建设工作创新案例征集活动。高邮市报送的"搭建'好人事迹村村行'大戏台"、江都区报送的"寻访好家风，培育农村生活新风尚"分获全省农村精神文明建设工作创新案例二等奖、三等奖。 (潘　莉)

■**"晒家风"系列活动** 市文明委印发《关于在全市家庭开展"晒家风"活动的实施意见》，推进社会主义核心价值观融入人们生产生活和精神世界。在城乡居民家庭开展家风(家规、家训)征集、展示、装饰上墙、宣传栏发布等活动，挖掘传统家风积极因素，倡导"夫妻和睦、尊老爱幼、科学教子、勤俭节约、邻里互助"良好风尚。组织召开家风建设座谈会，邀请扬州好人、名人名家、教育专家、老干部、社区群众座谈讨论。举行"扬州家风故事"征文评奖活动，征集稿件1000多篇，出版优秀征文汇编6000册，赠送给社区、学校、机关、企事业单位。市文明办、市文学艺术界联合会开展"百名书法家送万家家风作品"活动，邀请知名书法家书写家风书法作品，赠予征文活动获奖者。"幸福扬州·扬州市民日"期间，市区开展"晒家风"活动，在全市各群众广场集中展示家风、家训。

(潘　莉)

■**扬州好人进万家文艺巡演活动** 3月起，市文明办组织开展"群众演、演群众，扬州好人进万家”文艺巡演活动。活动历经节目创作、组织初选、基层巡演、汇演评比4个阶段。各县(市、区)招募文化志愿者，组建文艺巡演队，从近年评选出的身边好人、道德模范中遴选出故事性强、感染力大、知名度高的好人原型，结合地方特色和群众喜好，组织文化干部、文化志愿者撰写节目脚本，创作戏曲、舞蹈、快板、小品、情景剧、扬州评话等各类文艺作品200多件，并从中筛选出优秀作品76件。市文明办组织专家评选出获奖作品12件，并于5月20日在江都区举办“扬州好人进万家”文艺巡演启动仪式。9月3日，在扬州大剧院举行优秀节目汇演评奖，评出一等奖1个、二等奖3个、三等奖6个、优秀奖6个、活动组织奖3个。9月18日，在扬州大剧院举办优秀节目汇报演出。活动期间，各县(市、区)组织“扬州好人进万家”节目到社区、村镇、企业、学校、军营巡演240多场。（潘　莉）

■**文明创建**　市创建全国文明城市指挥部办公室部署全国文明城市创建复评迎查准备工作，将复评资料台账上传至“江苏文明城市在线”。市创建全国文明城市指挥部、扬州市调查队组织多次模拟测评，向各有关区及单位下发整改通知书。11月19—20日，省文明办受中央文明办委托，对扬州建设全国文明城市工作情况进行实地考察和问卷调查。扬州市通过复评，继续保留“全国文明城市”称号。市文明办推荐扬州市公安局等393家单位预申报2013-2015年度江苏省文明单位，组织申报2013-2014年度扬州市文明行业、文明单位、文明村、文明镇、文明社区。组织部分文明单位(行业)分别与城区100多个社区结对，开展百场科教、文体、法律、卫生“四进社区”活动，以培育和践行社会主义核心价值观、推进诚信建设制度化、志愿服务制度化、提升公民文明旅游素质为重点，进社区开展道德讲堂宣讲、学雷锋志愿服务、“道德守礼”提示和公益广告宣传、文明餐桌行动、网络文明传播等活动。1人获第二届江苏省“十大诚信标兵”称号，1人获第二届江苏省“十大医德标兵”称号。（潘　莉）

■**未成年人思想道德建设**　培育和践行社会主义核心价值观，开展“我的中国梦”主题教育。组织“爱学习、爱劳动、爱祖国”活动，面向中小学生开展“我的家风”主题征文评选、“童心向党”歌咏活动和优秀童谣征集传唱、第十届少儿书信书画大赛、中小学入学仪式、青春仪式、“七彩的夏日”未成年人暑期系列活动、留守儿童夏令营、“学习雷锋，做一个有道德的人”、“中华经典诵读”等主题教育活动，开展心理健康宣讲活动。推进“八礼四仪”教育，市教育局、市文明办围绕生活习惯、学习习惯、文明习惯，提炼出“学生18个基础好习惯养成要点”，确定26所“扬州市小学生好习惯养成教育实验学校”。举办全市未成年人文明礼仪风采大赛。组织参加全省文明礼仪风采大赛，扬州市获优秀组织奖。组织清明节“网上祭英烈”活动，全市80多万人次中小学生参与网上签名寄语。清明节、端午节、中秋节期间，市文明办分别组织拍摄“我们的节日——中华长歌行”清明、端午和中秋电视主题片，在扬州电视台播出，并链接到中国文明网和扬州文明网首页，弘扬中华传统文化。（潘　莉）

■**志愿服务**　市委办公室、市政府办公室印发《扬州市推进志愿服务制度化实施办法》，市文明办制定《扬州市志愿者礼遇办法》。组织社区开展“邻里守望”志愿服务活动，围绕培育邻里情、落实邻里帮、促进邻里乐、抓好邻里颂，集中开展社区家政、心理疏导、医疗保健、法律援助、健身指导、科普宣传、应急救护培训和便民利民等各类志愿服务活动。市文明办、市志愿者协会开通扬州志愿者网综合网络平台系统，设置志愿者注册管理、志愿服务组织登记管理、志愿服务活动项目化、志愿服务记录与评价、信息发布、网上培训、风采展示等栏目。市文明办、共青团扬州市委、市民政局推出扬州志愿者电磁卡，投资20多万元，在城区各社区安装志愿服务记录POS机，开发手机志愿服务APP(第三方应用程序)，实现志愿者自主注册登记、自动识别和服务时间自动记录、积分，推进志愿服务制度化。举办第四届“志愿者文化节”，志愿者自说、自唱、自演，展示风采，宣扬典型，弘扬志愿精神，传播志愿文化。截至年末，全市注册志愿者29.23万人，占城镇人口的10.9%。（潘　莉）

# 组织机构及负责人

## 中国共产党扬州市委员会

书　记　谢正义
副书记　朱民阳
　　　　张爱军(12月26日任)
常　委　丁　纯　张跃进　袁秋年
　　　　卢桂平　陈　扬　姚苏华
　　　　许建树
秘书长　陈　扬(兼)
副秘书长　王　敏(女，兼)
　　　　沙志芳
　　　　韩　劬(兼，12月16日免)
　　　　肖卫东(12月31日免)
　　　　黄为民(兼)　苏爱根
　　　　许德奎　韦　峰(兼)
　　　　王玉军(12月16日任)

### 市委工作机构、直属单位

**市委办公室**
主　任　沙志芳(兼)
副主任　殷元松(正处级)　李刘杰
**市委研究室**
主　任　肖卫东(兼，12月31日免)
副主任　徐永泰　徐宏宇
***市委保密委员会办公室**
主　任　高海巍
**市委组织部**(挂“市委新经济社会组织工作委员会”牌子)
部　长　张爱军(兼)
常务副部长　张长金(女)
副部长　臧　民(兼)　徐　龙
部务委员　徐志刚
**市委新经济社会组织工作委员会**
书　记　徐　龙(兼，12月16日任)

**市委宣传部**(挂"市精神文明建设指导委员会办公室"牌子)
部　长　卢桂平(兼)
常务副部长　丁　毅(3月28日免)
　　李广春(12月16日任)
副部长　叶冠军　陈征宇(正处级)
　　夏洪春　季培均(兼)
　　李继业(兼)
　　李广春(12月16日止)
　　张贵联(12月16日任)

**市精神文明建设指导委员会办公室**
主　任　李广春(兼,12月16日免)
　　张贵联(兼,12月16日任)
副主任　强学民　卫　军
　　徐歌平(12月16日免)

**市委统一战线工作部**
部　长　仲　生
常务副部长　李明安(3月28日免)
副部长　赵振东(兼)　许　明(兼)
　　吴庆春

**市委政法委员会**(挂"市依法治市领导小组办公室""市社会管理综合治理委员会办公室"牌子)
书　记　袁秋年(兼)
常务副书记　陈博文
副书记　沈兴华(正处级)
　　徐　闽(1月8日任)
政治部主任　周　宏(女,12月16日免)

**市依法治市领导小组办公室**
主　任　袁秋年(兼)
副主任　沈兴华(兼,正处级)
　　葛鸿翔

**市社会管理综合治理委员会办公室**
主　任　陈博文(兼)
副主任　兰建华
　　徐　闽(1月8日免)

**市委农村工作办公室**
主　任　黄为民
副主任　朱伯萍(女,12月16日免)
　　陈家根　陈晓明

**市委台湾工作办公室**
主　任　马　宁(女)
副主任　蒋清桃(12月16日免)
　　蔡　平　崇玉强

**市委市级机关工作委员会**
书　记　高　云
副书记　郑晓雨(12月16日免)
　　田　伟　周步祥
纪工委书记　郑晓雨(兼,12月16日免)

**市机构编制委员会办公室**
主　任　徐益民(12月16日免)
　　韩　劬(12月16日任)
副主任　房学明　焦立群(女)

**市委老干部局**
局　长　徐　萌(女)
副局长　万家祥(3月28日免)
　　沈兆琼　翁广琪　章士江

**市信访局**
局　长　韩　劬(12月16日免)
　　苏爱根(12月16日任)
副局长　陆　明　刘　钢　佟家农
督查专员　尹晓斌　冯雪明
　　蒋立新(12月16日任)

**市档案馆**(挂"市档案局""市地方志办公室"牌子)
馆　长　宗金林
副馆长　万一芹(女,3月28日免)
　　柏桂林　马　俊　朱道宏

**市委党史办公室**
主　任　王振宗
副主任　单杰华　黄文明　冯雅勤

**市委讲师团**
团　长　夏洪春(兼)
副团长　丁新伯

**市委党校**
党委书记　陈长新
常务副校长　陈长新
副校长　贾同跃　李存灵
纪委书记　刘久德

**扬州报业传媒集团(扬州日报社)**
党委书记　陈征宇(12月16日免)
　　李继业(12月16日任)
党委副书记　王岚峰(兼)
　　陈剑峰(正处级)
纪委书记　陈剑峰(兼,正处级)
董事长　陈征宇(兼,12月16日免)
　　李继业(兼,12月16日任)
总经理　杨世春
副总经理　史康宁(兼)
　　徐　扬(1月8日任,试用期1年)
社　长　陈征宇(兼,12月16日免)
　　李继业(兼,12月16日任)
副社长　王岚峰(兼)
　　史康宁(12月16日免)
总编辑　王岚峰
副总编辑　周保秋(女)
　　张志虹(女)
　　李　峰(1月8日任,试用期1年)

***扬州晚报社**
总编辑　袁文生(1月8日任)

***扬州时报社**
总编辑　袁文生(1月8日免)

***接待办公室**
主　任　韦　峰

## 扬州市人大常委会

主　任　谢正义
副主任　陈卫庆(正市级)　孙永如
　　纪春明　王玉新
　　王　敏(女)
秘书长　林正玉(副市级)
副秘书长　刘星驰
　　丁建民(女,正处级)
　　何广陵(正处级)
　　阚成法

### 市人大常委会办公室、研究室、各工作委员会

**办公室**
主　任　刘星驰(兼)
副主任　沈宏跃　毕　刚　罗庆玖

***信访办**
主　任　朱正明(11月3日免)
　　朱荣驹(12月16日任)

**研究室**
主　任　唐文波
副主任　殷　荣(女)

**内务司法工作委员会**
主　任　朱宏翔
副主任　朱正明(11月28日任)
　　张媛媛(女)

**财政经济工作委员会**
主　任　单启宁
副主任　顾元周

**农村工作委员会**
主　任　张安龙
副主任　王　平　张静江

**教育科学文化卫生工作委员会**
主　任　孙建成
副主任　江晓昀(女)

**环境资源城乡建设工作委员会**
主　任　杨学华
副主任　周　蕾(女)

**人事代表工作委员会**
主　任　孙玉培
副主任　许金荣　平大春

**民宗侨台外工作委员会**
主　任　陈志宏
副主任　郑国华

## 扬州市人民政府

市　长　朱民阳
副市长　丁　纯　闻道才　董玉海
　　孔令俊　张宝娟(女)
　　丁　一
　　祁小夏(女,挂职,9月30日免)
秘书长　何金发
副秘书长　王东升(兼,正处级,4月29日免)
　　吴顺文(正处级)
　　汤天波(兼)
　　吴振邦(兼,4月15日免)
　　康盛君(正处级)
　　仲衍书　王逍霄
　　许林灿
　　王玉军(12月16日免)
　　郭宇峰(挂职,10月30日任)
　　叶　华(挂职,10月30日任)

### 市政府工作机构

**市政府办公室**(挂"市政府研究室""市政府金融工作办公室"牌子)
主　任　汤天波
副主任　宋振邦(兼)　雍有瑜
　　李红卫　徐　静(女)
　　黄振宇
　　王春华(挂职,10月30日任)
**市政府研究室**
主　任　张新钢
副主任　吴　军
**市政府金融工作办公室**
主　任　邵　卫
副主任　许立宏
**市发展和改革委员会**(挂"市经济协作办公室""市服务业办公室"牌子)
主　任　范天恩
副主任　蒋　珊(1月20日免)
　　周　冰(女,8月25日免)
　　郭志咸　程兆君(女)
　　黄俊华　韩长金
纪检组长　居　勇

**市经济协作办公室**
副主任　卞　吉
**市服务业办公室**
主　任　范天恩(兼)
副主任　孙景亮
**市经济和信息化委员会**(挂"市中小企业局"牌子)
主　任　尤在晶
副主任　董兆芝　杨福喜
　　林建明(10月30日免)
　　赵宽安　陈江伟
纪检组长　陈　军
**市中小企业局**
副局长　张云翔　郭万山
**市教育局**(挂"中共扬州市委教育工作委员会"牌子)
局　长　夏正祥
党委书记　余如进
党委副书记　夏正祥(兼)
副局长　穆光曙　周应华
　　匡成兰(女)　赵浩岭
纪委书记　蒋仲林
**市科学技术局**(挂"市知识产权局""市地震局"牌子)
局　长　杨　蓉(女)
副局长　徐　健(兼)　陈　星
　　赵松林
纪检组长　魏德余
**市知识产权局**
副局长　何业栋
**市地震局**
局　长　徐　健
副局长　李凤如　方开宏
**市公安局**
局　长　王少鹏(兼)
党委副书记　李后生(兼)
　　常和平(12月31日免)
副局长　李后生
　　常和平(12月31日免)
　　翁国彦(正处级)
　　张晓泓(1月8日明确正处级)
　　姜扬生(1月8日明确正处级)
　　刘　毅
　　陆　永(挂职,5月6日任)
纪委书记　秦雨花(1月8日明确正处级)
政治部主任　基国平(1月8日明确正处级)

**市监察局**(与市纪律检查委员会合署办公)
局　长　张　勤(女,兼,5月29日免)
副局长　蔡　蕾(女,兼)
　　李　琪(女,兼)　李　锋
**市民政局**
局　长　张　俐(女)
党委书记　吴效安
党委副书记　张　俐(女,兼)
副局长　陈国祥　王振祥　陈晓星
　　毕顺元
纪委书记　张志安
***市老龄工作委员会办公室**
主　任　翟江淮
**市司法局**
局　长　阚肖虹
副局长　丁玉祥　王桂才(正处级)
　　郭鹏驰
纪检组长　徐建新
**市财政局**
局　长　张　彤
副局长　高　阜　罗庆寿
　　郭　佳(女)
纪检组长　张　洁(女)
**市人力资源和社会保障局**
局　长　臧　民
党委书记　周晓华(3月28日免)
　　臧　民(9月30日任)
党委副书记　臧　民(兼,9月30日止)
副局长　周晓华(兼,4月15日免)
　　曹荣辉　吴　芳(女)
　　颜　军　孙玉金　李晓钟
纪委书记　刘玉鑫
**市国土资源局**
局　长　徐洪喜
副局长　汪庆湖　严　寒　叶卫东
　　周国清　伏年久
纪检组长　夷　彬
土地储备中心主任　陶加宏
**市规划局**
局　长　刘　流(女)
党组书记　戴前良(12月16日免)
　　刘　流(女,12月16日任)
党组副书记　刘　流(女,兼,12月16日止)
副局长　戴前良(兼,12月16日免)
　　姚爱国　裴东伟

李建芳(女)
纪检组长　吴海波
总规划师　刘雨平
**市城乡建设局**(挂“市建筑工程局”“市古城保护办公室”牌子)
局　长　杨正福
党委书记　刘晓明(3月28日免)
　　杨正福(9月30日任)
党委副书记　杨正福(兼,9月30日止)
副局长　徐惟涛　顾文鸣　耿　良
　　苏文奇
纪委书记　肖　波
**市建筑工程局**
局　长　杨正福(兼)
副局长　成自勇
**市古城保护办公室**
主　任　徐惟涛(兼)
副主任　顾文鸣(兼)
　　叶善祥(4月29日免)
　　薛炳宽　刘　泓(女)
**市城市管理局**(挂“市城市管理行政执法局”“市数字化城管监督办公室”牌子)
局　长　侯承海
副局长　王应福(正处级)
　　朱从安　汤　勇　郭家驯
　　夏顺义
纪委书记　陈锡宽
**市数字化城管监督办公室**
主　任　侯承海(兼)
副主任　王应福(兼,正处级)
　　王德伟
**市住房保障和房产管理局**
局　长　余　珽
党组书记　陆苏华
副局长　杨　云(兼)　徐志文
　　王　恺　刘忠华
　　孙　蔚(女)
纪检组长　虞克宁
**市交通运输局**
局　长　王　骏
党委书记　王　骏(9月30日任)
党委副书记　王　骏(兼,9月30日止)
副局长　江国勤　晏　明　徐　斌
　　张宏亮(兼)
　　孙庆谷(挂职,10月30日任)
纪委书记　马长辉
**市水利局**
局　长　李春国
党组书记　华阳明(3月28日免)
　　李春国(9月30日任)
党组副书记　李春国(兼,9月30日止)
副局长　俞长健　凌国栋　闫　伟
纪检组长　徐卫宏
**市农业委员会**(挂“市农业资源开发局”“市农业机械管理局”“市林业局”牌子)
主　任　朱柏兴
副主任　周学金(兼)
　　肖鸣祥(兼,12月16日免)
　　徐煜峰　吴永宏
　　严巧玲(女)　吉　琳(女)
纪检组长　桑育林
**市林业局**
局　长　朱柏兴(兼)
副局长　丁翠柏
**市农业资源开发局**
局　长　周学金
副局长　顾加旺　吴　华(女)
**市农业机械管理局**
局　长　肖鸣祥(12月16日免)
　　张安龙(12月16日任)
副局长　殷立松　潘绪海
**市商务局**(挂“市口岸办公室”牌子)
局　长　周春光
副局长　万　军　何　炜　陈　清
　　陈　建
　　张　霞(女,挂职,10月30日任)
纪委书记　车国华(女)
**市口岸办公室**
主　任　万秀华(女)
副主任　张德云
**市文化广电新闻出版局**(挂“市版权局”牌子)
局　长　季培均
党委书记　颜志林
党委副书记　季培均(兼)
副局长　颜志林(兼)　仲玉龙
　　周启云　张亚华　李政成
纪委书记　徐朝平
**市版权局**
局　长　季培均(兼)
**市文物局**
局　长　冬　冰
副局长　徐国兵
纪检组长　刘德广
**市申报世界文化遗产办公室**
主　任　冬　冰(兼)
副主任　刘马根(兼)　姜师立
**市卫生局**
局　长　杨　军
党委书记　潘　惠(1月8日免)
党委副书记　杨　军(兼)　王　林
副局长　刘歆农(兼)　尹　亮
　　王　骏　赵国祥
纪委书记　刘　咏
**市体育局**
局　长　华德荣
党组书记　刘　洁(女)
副局长　刘　洁(女,兼)　刘家荣
　　周　烈
纪检组长　黄　波
**市人口和计划生育委员会**
主　任　刘焕琴(女)
副主任　陈军波(4月29日免)
　　尤传利(兼)　陈　雷
　　胡彩云(女)
纪检组长　吕所宝
**市审计局**
局　长　吴焱新
副局长　蔡先建　袁竹青
　　李福祥(4月29日免)
　　李永高
纪检组长　彭如桂
总审计师　周春山
**市统计局**
局　长　潘学元
副局长　陈凤桂　刘网华　刘加祥
纪检组长　郭　庆
**市安全生产监督管理局**
局　长　熊佳芝
副局长　戚安宝　周　炜　胡顺斌
纪检组长　史美章
**市食品药品监督管理局**
局　长　平志明
副局长　谈法华　王海峰　陆志林
纪检组长　王　睿
**市环境保护局**
局　长　金秋芬(女,7月30日免)
党组书记　金秋芬(女,1月8日免)
　　金春林(1月8日任)
党组副书记　金秋芬(女,兼,1月8日任,7月15日免)
副局长　王和清　吴延龙　滕远东
　　陈修道　姚江潮

金春林(1月20日任)
纪检组长 李盛钦
**市旅游局**
局 长 王志海
副局长 王明宏 陈玲春(女)
毛卫东
纪检组长 姜秀志
**市粮食局**
局 长 姜开圣
党委副书记 周 军
副局长 沈荣训 马建荣 刘桂松
纪委书记 周 军(兼)
**市物价局**
局 长 潘建民
副局长 沈洪林 管兴余 管宏喜
纪检组长 张正华
**市民族宗教事务局**
局 长 许 明
副局长 郑 阳 朱建明
**市民防局**(挂“市人民防空办公室”牌子)
局 长 马 群
副局长 殷 杰 朱 元 侯载铭
纪检组长 滕泽宏
**市人民防空办公室**
主 任 马 群(兼)
**市政府外事办公室**(挂“市政府港澳事务办公室”牌子)
主 任 邓 清(女)
副主任 蒋旭东 王玉琴(女)
纪检组长 潘晓成
**市政府港澳事务办公室**
主 任 邓 清(女,兼)
**市政府侨务办公室**
主 任 朱路跃
副主任 王绍云 李越平
**市政府法制办公室**
主 任 刘 柏
副主任 厉海涛 高玉波
**市政府国有资产监督管理委员会**
主 任 朱 林
党委副书记 陈贵江
副主任 徐佩宏
孔庆友(4月29日免)
沈家宽
纪委书记 陈贵江(兼)
**市机关事务管理局**
局 长 葛社清
副局长 肖庆安(12月31日免)
陈仁茂 张 林
纪委书记 王 明
**市园林管理局**
局 长 赵御龙
党委书记 顾爱华(女)
党委副书记 赵御龙(兼)
副局长 顾爱华(女,兼) 唐红军
张家来 陆士坤
纪委书记 周玉清

## 市政府派出机构

**市行政办事服务中心**
主 任 陈小浩
党组书记 汤天波
党组副书记 陈小浩
副主任 倪旭平 曹文明 郭有亮
**扬州经济技术开发区管理委员会**
工委书记 丁 一(兼,12月26日任)
工委副书记 季允丰(兼)
李忠盛(正处级)
顾承斌(正处级,12月16日免)
主 任 季允丰
副主任 李忠盛(兼,正处级)
施益香(女,正处级)
张连生(正处级) 臧灿甲
王荣山
纪工委书记 顾承斌(兼,正处级,12月16日免)
政法委书记 谢百川
组织人事部部长 陈国祥
**扬州化学工业园区管理委员会**
工委书记 程 希(兼)
工委副书记 张震宇(兼)
王庆山(兼)
主 任 王庆山
副主任 仲 玲(女,兼)
匡 坚(4月29日免)
吴 汛(女) 张宏康
唐 虎 陆永进(女)
纪工委书记 刘尚玉
**扬州市生态科技新城管理委员会**
工委书记 勾风诚
主 任 陶伯龙
副书记 陶伯龙(兼) 夏正东
副主任 夏正东(兼) 印德明
张小辉
钱建忠(12月16日任,试用期1年)
纪工委书记 颜 非
**扬州市蜀冈-瘦西湖风景名胜区管理委员会**
工委书记 张福堂
工委副书记 汤卫华(兼)
徐长金(12月16日免)
陈克祥(12月16日免)
主 任 汤卫华
副主任 徐长金(兼) 刘马根
林宝荣 黄建灿 周长军
纪工委书记 郭 坚

## 市直属单位

**市供销合作总社**
主 任 王正年
副主任 卢爱生 徐兆书 陈正清
纪委书记 曹 妍(女)
**扬州仲裁委员会秘书处**
秘书长 纪晓东
副秘书长 胡士博 朱毅锴
**扬州广电传媒集团(扬州广电总台)**
党委书记 李继业(12月16日免)
陈韵强(12月31日任)
党委副书记 陈韵强(兼,12月31日止)
吴黎宁
肖卫东(兼,12月31日任)
纪委书记 赵浩嵩(9月30日免)
张晓斌(12月16日任)
董事长 李继业(兼,12月16日免)
陈韵强(兼,12月31日任)
总经理 陆建华
副总经理 周晓晓(女)
高华彬(1月8日任,试用期1年)
台 长 陈韵强(12月31日免)
肖卫东(12月31日任)
副台长 陆建华(兼) 周明涛
经 农(1月8日任,试用期1年)
王 永(1月8日任,试用期1年)
总编辑 陈韵强(兼)
副总编辑 孙建昶(12月16日任,试用期1年)
***市住房公积金管理中心**
主 任 杨 云
党支部书记 王正凡

**江苏里下河地区农业科学研究所**

所　长　马谈斌(10月30日免)
　　　　肖鸣祥(12月16日任)

党委书记　陈秀兰(女)

党委副书记　马谈斌(兼,9月30日免)
　　　　戴正元
　　　　肖鸣祥(兼,12月16日任)

副所长　陈秀兰(女,兼)　苏建坤
　　　　周如美　李爱宏　吴宏亚

纪委书记　戴正元(兼)

**江苏省工人扬州疗养院**

院　长　樊秉强

副院长　葛礼敏(女)
　　　　王淦宝(3月28日免)

## 政协扬州市委员会

主　席　洪锦华

副主席　杨明荣　王克胜　程吉林
　　　　王静成　王少鹏　刘在銮
　　　　倪士俊　朱　妍(女)

秘书长　殷圣元

副秘书长　董　雷(正处级)
　　　　李晓向　徐晓明
　　　　苏迎春(正处级)
　　　　沈红云(女,兼,8月29日免)
　　　　徐　跃(兼)
　　　　刘　文(女,兼)

### 市政协办公室、研究室、各专门委员会

**办公室**

主　任　徐晓明(兼)

副主任　聂永明　吴　军(女)
　　　　吴道根

**研究室**

主　任　李晓向(兼)

副主任　伏兴中(12月29日任)

**提案委员会**

主　任　陈云观

副主任　贾　平(女,12月29日任)
　　　　王振祥(兼)　李　锋(兼)
　　　　汤天波(兼,12月29日任)

**经济科技委员会**

主　任　张曙升

副主任　胡康金(正处级,1月13日免)
　　　　刘晓明(兼)　潘建民(兼)
　　　　周学金(兼)　王华平(兼)
　　　　钱中声(兼)

**城乡建设委员会**(人口资源环境委员会)

主　任　王建台

副主任　吴有新(12月29日任)
　　　　吴效安(兼)　刘雨平(兼)
　　　　汪庆湖(兼)　姚江潮(兼)

**教育文化卫生体育委员会**

主　任　王鸣芳(女)

副主任　陈　莘　余如进(兼)
　　　　李继业(兼)　华德荣(兼)
　　　　杨　军(兼)

**社会和法制委员会**

主　任　杨　哲

副主任　曹卫国
　　　　周晓华(兼,8月29日免)
　　　　浦志强(兼,正处级)
　　　　陈博文(兼)　陈锡朝(兼)

**文史和学习委员会**

主　任　王虎华

副主任　冬　冰(兼)
　　　　陈征宇(兼,正处级)
　　　　贾同跃(兼)　王永平(兼)

**港澳台侨委员会**(外事委员会)

主　任　于　进

副主任　王志年　朱路跃(兼)
　　　　邓　清(女,兼)
　　　　杨为民(女,兼)

## 中共扬州市纪律检查委员会

书　记　张跃进(兼)

常务副书记　刘世奇

副书记　范　耘

常　委　蔡　蕾(女)　高玉庆
　　　　李　琪(女)　徐　飞
　　　　赵志宏

**市委巡视工作联络组办公室**

主　任　蔡　蕾(女,兼)

副主任　罗瑞勤

## 民主党派　工商联

**中国国民党革命委员会扬州市委员会**

主任委员　王静成(兼)

副主任委员　陈　惠　丁卫社(兼)
　　　　刘晓明(兼)
　　　　关　兵(女,兼)

**中国民主同盟扬州市委员会**

主任委员　程吉林(兼)

副主任委员　仲子午　王永平(兼)
　　　　葛晓群(女,兼)
　　　　常国庆(兼)
　　　　徐卯林(兼)

**中国民主建国会扬州市委员会**

主任委员　王克胜(兼)

副主任委员　徐　跃　徐家昌(兼)
　　　　黄建灿(兼)
　　　　程兆君(女,兼)

**中国民主促进会扬州市委员会**

主任委员　董玉海(兼)

副主任委员　沈红云(女,1月8日免)
　　　　殷士学(兼)
　　　　余　珽(兼)
　　　　张一军(兼)

**中国农工民主党扬州市委员会**

主任委员　朱　妍(女,兼)

副主任委员　颜安明(女)
　　　　李政成(兼)
　　　　张新江(兼)
　　　　陈志华(兼)

**中国致公党扬州市委员会**

主任委员　高　瑛(女,正厅级)

副主任委员　王兰海(女)
　　　　张仁田(兼)
　　　　曾祥华(女,兼)
　　　　徐　晟(兼)

**九三学社扬州市委员会**

主任委员　孙怀昌(兼)

副主任委员　刘　文(女)
　　　　余海鹏(兼)
　　　　钟思瑛(女,兼)
　　　　田志明(兼)

**扬州市工商业联合会**

主　席　孙永如(兼)

党组书记　赵振东

副主席　赵振东(兼)　吴　钧
　　　　戴凌云(女)
　　　　朱　彤(女,兼)
　　　　陆金龙(兼)
　　　　王　璘(女,兼)
　　　　吴义彪(兼)　包广林(兼)
　　　　卢之云(兼)　董洪齐(兼)
　　　　江　强(兼)
　　　　梁　勤(女,兼)

## 人民团体

**扬州市总工会**

主　席　张爱军(兼)

党组书记　张立坤(4月24日免)
　　　　李明安(4月24日任)
副主席　李明安(兼,4月29日当选)
　　　　张立坤(兼,4月29日止)
　　　　陈锡朝(正处级)　朱　明
　　　　洪慧娟(女)　陈维权
纪检组长　陈锡朝(兼,正处级)

**中国共产主义青年团扬州市委员会**

书　记　佘俊臣
副书记　徐明玥(女)　张跃春
　　　　袁慧中(女)

**扬州市妇女联合会**

主　席　杨　敏(女)
副主席　陈　静(女)　乔国银(女)
　　　　王雅静(女)

**扬州市文学艺术界联合会**

主　席　刘　俊
党组书记　叶冠军(兼)
副主席　陈家庆　李政成(兼)
　　　　张美林(兼)　陈韵强(兼)
　　　　周永平(兼)　周启云(兼)

**扬州市科学技术协会**

主　席　王华平
副主席　陈宏云　葛明顺　王德平
　　　　丁爱军(兼)　王大新(兼)
　　　　王国宏(兼)　孙　岩(兼)
　　　　程顺和(兼)　周骥平(兼)

**扬州市哲学社会科学界联合会**

主　席　徐向明
副主席　张　雷　刘　斌(兼)
　　　　肖卫东(兼)　陈长新(兼)
　　　　周新国(兼)　贾同跃(兼)
　　　　高　阜(兼)　李　浩(兼)

**扬州市归国华侨联合会**

主　席　杨为民(女)
副主席　周　军　高志刚(兼)
　　　　王修文(兼)　魏全林(兼)

**扬州市残疾人联合会**

理事长　张　跃
副理事长　龚　智　陈　林

**中国国际贸易促进委员会扬州市支会**

会　长　周春光(兼)
副会长　杜　滨

***红十字会**

会　长　董玉海(兼)
副会长　陈　煜(副处级)

## 法院 检察院

**扬州市中级人民法院**

院　长　蒋惠琴(女)
党组副书记　任国凡(兼)
常务副院长　任国凡
副院长　王继荣　李风光　姚宏斌
　　　　刘　俊(挂职,5月29日免)
纪检组长　吴　健
政治部主任　张一民(1月8日免)
　　　　　　张　澎(12月16日任)
审判委员会专职委员　谢应松
　　　　　　　　　　沈　红(女,12月16日任)

**扬州经济技术开发区人民法院**

院　长　张一民(3月27日任)
党组书记　王继荣(兼,1月8日任)
党组副书记　张一民(兼,1月8日任)
副院长　刘　俊(3月27日任)

**扬州市人民检察院**

检察长　闵正兵
党组副书记　宋祥林(兼)
常务副检察长　宋祥林
副检察长　浦志强(正处级)
　　　　　张开峰(正处级,1月3日免)
　　　　　钱俊海
纪检组长　张延浩
政治部主任　王晓尧(12月16日任)
检察委员会专职委员　王晓尧(12月16日免)

**扬州经济技术开发区人民检察院**

检察长　宋祥林(兼,3月27日任)
党组副书记　田庆生(1月8日任)
副检察长　田庆生(兼,3月27日任)
　　　　　刘大军(3月27日任)
　　　　　朱桂明(3月27日任)

## 武装部队

**中国人民解放军扬州军分区**

第一书记　谢正义
司令员　王　宁
政　委　许建树
参谋长　魏　文(2月28日免)
　　　　徐建松(2月28日任)
政治部主任　杜新江(8月18日免)
　　　　　　魏瑞明(8月18日任)
后勤部部长　缪　新

**中国人民解放军江苏陆军预备役高射炮兵第二师**

第一政委　李小敏
师　长　陈　华
政　委　李江苏
参谋长　刘党胜
政治部主任　陈佩民
后勤部部长　刘　旭
装备部部长　徐乐东

**中国人民武装警察部队扬州市支队**

第一政委　王少鹏(兼)
支队长　陈　源(1月9日免)
　　　　万　勇(1月9日任)
政　委　陈汉忠
副支队长　张　虎(1月9日免)
　　　　　韩恩臣(1月9日任)
副政委　陈延俊
参谋长　王青海(1月9日免)
　　　　晏　龙(1月9日任)
政治处主任　张　勇
后勤处处长　赵　犁(1月9日免)
　　　　　　朱佩龙(1月9日任)

**中国人民解放军武装警察部队扬州消防支队**

支队长　陈立新
政　委　李瑞东
副支队长　程东升　马剑群
副政委　魏善年(4月30日免)
　　　　董仲元(7月25日任)

**中华人民共和国扬州边防检查站**

站　长　乔广庆(4月16日免)
　　　　叶林军(4月16日任)
政　委　邱建年
副站长　曹华军(4月16日免)
　　　　章道昆
　　　　庄　志(4月16日任)
副政委　王礼科
参谋长　王　健
政治处主任　董其富(4月16日免)
　　　　　　章海华(4月16日任)
后勤处处长　王　舜(4月16日免)
　　　　　　韦　勇(4月16日任)

## 高等院校

**扬州大学**

党委书记　夏锦文
校　长　焦新安
党委副书记　焦新安(兼)
　　　　　　刘延庆(正校级)
　　　　　　芮鸿岩(4月25日免)
　　　　　　叶柏森(兼,12月28日任)
副校长　刘祖汉
　　　　芮鸿岩(兼,4月25日免)
　　　　陈　耀(女)
　　　　黄建晔(4月25日任)

胡效亚　叶柏森　陈永平
陈国宏
洪　涛(12月28日任,试用期1年)
纪委书记　刘延庆(兼)

**市职业大学**

党委书记　周　胜
校　长　吴春笃
党委副书记　吴春笃　林道立
许金如　丁　瑇
副校长　林道立(兼)　许金如(兼)
王如平　陈亚鸿　刘　宏
许晓宁
纪委书记　刘建伟

**原江苏省扬州环境资源技术学院**

院　长　吴春笃(兼)

**市广播电视大学**

校　长　吴春笃(兼)

**扬州教育学院**

院　长　吴春笃(兼)

**江苏省扬州技师学院**

党委书记　徐祥华
院　长　张颖超
党委副书记　张颖超(兼)　黄华明
副院长　陈康林　王思源
林　峻(女)
纪委书记　黄华明(兼)

## 驻扬州机关单位

**扬州工商行政管理局**

局　长　唐齐鲁
党组副书记　陈荣进(正处级)
副局长　陈荣进(兼,正处级)
胡春风　朱　彤(女)
苏　明　刘观清
纪检组长　谈嘉山

**扬州质量技术监督局**

局　长　沈宝玲(女)
党组副书记　包荣誉(兼,正处级,2月18日免)
副局长　包荣誉(正处级,2月18日免)
彭金山　朱　桥　杜建武
刘如林(2月18日任)
纪检组长　杜志贵

**扬州市国家税务局**

局　长　殷天成(7月25日免)
杨　洁(女,7月25日任)
党组副书记　祝树人
副局长　祝树人(兼)　何　敏(女)
孔燕云(女)　曹筱三
总会计师　张汉东
总经济师　方　林
纪检组长　侯昭华
扬州经济开发区国税局局长　蔡年青
扬州市国税局稽查局局长　陈国华

**扬州地方税务局**

局　长　徐祖跃
党组副书记　尹家朋(正处级)
副局长　尹家朋(兼,正处级)
李　璐(女)
柏兆邦(6月27日任)
纪检组长　柏兆邦(6月27日免)
徐　斌(6月27日任)
总经济师　李玉群
扬州市地税局稽查局局长　唐　洪
扬州市地税局四分局局长　何春明

**扬州出入境检验检疫局**

局　长　施　军(副厅级)
副局长　徐汉清　陈　洁(女)
葛荣晖
纪检组长　王旭东
轻工产品与儿童用品检测中心主任　陈　明

**扬州气象局**

局　长　秦铭荣
副局长　王　令
纪检组长　朱学宝(10月9日免)
仲维建(10月9日任)

**扬州海关**

关　长　王守军(11月13日免)
李存勇(11月13日任)
副关长　林　俊(11月13日免)
徐旭辉(兼,11月13日任)
韦　兵　卜艳姝(女)
杨　志
南京海关驻扬州海关纪检监察特派员　蒋　敏(女,11月13日免)
姜　铭(11月13日任)
缉私分局局长　林　俊(兼,11月13日免)
徐旭辉(11月13日任)
缉私分局政委　王　炜
缉私分局副局长　耿　栋

**扬州海事局**

局　长　周建华(1月16日任)
党组副书记　蒋永龙
副局长　茆德胜　汤惠良　王　泉
纪检组长　蒋永龙(兼)

**中国人民银行扬州市中心支行**

行　长　张　强(9月24日免)
戴又有(9月24日任)
副行长　顾　强(6月8日免)
崔　萌(6月8日任)
曹广海(8月21日任)
叶小玲(女)
张秋冬(3月23日免)
蔡定洪(3月23日任)
工会主任　沙益群
纪委书记　华明远

**扬州银监分局**

局　长　张宗政
副局长　刘　旸　曹　阳
纪委书记　杨　光

**国家统计局扬州调查队**

党组书记　刘春来
队　长　刘春来(兼)
副队长　薛爱群　游立华
纪检组长　黄祥凤

**省高宝邵伯湖渔管会**

主　任　陈日明
副主任　景晓滨　索维国
专职纪检员　蔡云海

## 区县市

### 广陵区

**中共广陵区委**

书　记　陈锴竑
副书记　陈　曦　赵长松
常　委　刘春晓　居益芬(女)
周鸿钧　徐德林　顾克荣
张佑根(4月30日任)
何剑锋(挂职,4月30日任)
徐长金(12月16日任)
张建军(4月30日免)
张贵联(12月16日免)
陈荣华(12月31日免)

**广陵区人大常委会**

主　任　陈锴竑
副主任　夏祥生(正处级)　薛高辉
张祥生　张　华　李成志

**广陵区人民政府**

区　长　陈　曦
副区长　张贵联　胡明寿　王　峰
郭长明　王　涛(女)
孟亚东(援疆)
张　骏(省科技镇长团,10月23日任)

鲜　斌(挂职,6月27日任)
叶　华(省科技镇长团,10月23日免)

**政协广陵区委员会**
主　席　张　建
副主席　刘新伟　丁卫社　胡明寿　阚永明

## 邗江区

**中共邗江区委**
书　记　张耀武
副书记　龚振志　陈佳宏　苏满满　陈德宏(正处级)
常　委　刁顺勤　祁胜媚(女)　朱发奎　陈　洁　孟德和　王公锋(4月30日任)　木沙江·吾休尔(挂职,4月30日任)　苏启大(挂职,6月12日任)　朱跃龙(12月16日任)　徐　明(12月16日任)　李厚林(12月16日免)　张晓斌(4月30日免)

**邗江区人大常委会**
主　任　尹宏宝
副主任　徐圣龙　徐金才　严功林　曹占田　刘玉祥

**邗江区人民政府**
区　长　龚振志
副区长　苏满满　朱跃龙　范梅青(女)　李春阳　洪　扬(女)　丁明哲　王长仪　李　滨(省科技镇长团)

**政协邗江区委员会**
主　席　赵华定(6月9日撤销职务)
副主席　许宏楼　李德居　冯筱白(女)　徐　晟　王亚民　吴心明

## 江都区

**中共江都区委**
书　记　蒋爱祥
副书记　马顺圣　张永庭(正处级)
常　委　钱　峰　李　杰　曾庆玲(女)　蒋孝文　余通海　田醒民　顾　民　夏增忠　于　越　曾万仲(挂职,4月30日任)　储胜金(挂职,4月30日任)

**江都区人大常委会**
主　任　李涛庆
副主任　姜际芳(女)　谢秀生　孙逸山　叶　跃

**江都区人民政府**
区　长　马顺圣
副区长　钱　峰　李　杰　曾万仲(挂职,5月28日任)　彭苏宁　孙　明　李桂山　刘卫国　姜　熔　徐晓明(省科技镇长团,11月28日任)　顾　俊(省科技镇长团,11月28日免)

**政协江都区委员会**
主　席　许　煜
副主席　袁中飞　孙　明　王勤宏　王广顺　徐春元(8月18日撤销职务)

## 宝应县

**中共宝应县委**
书　记　王炳松
副书记　王庭国　周玉宝(正处级)
常　委　陈金荣　王友芳(女)　朱宋华　翟士高　伏开新　顾长荣　张　伟

**宝应县人大常委会**
主　任　王炳松
副主任　杨善慧　夏征宇　李长春　黄才堂

**宝应县人民政府**
县　长　王庭国
副县长　张　伟　杨洪国　杨步云　张　利　夏忠平　顾锡芳(女)　吴建志(援青)　邵红宁(女,省科技镇长团)

**政协宝应县委员会**
主　席　秦有芳
副主席　吴晓荻　徐建林　王松年　金　陵

## 仪征市

**中共仪征市委**
书　记　程　希
副书记　张震宇　王庆山　赵　明(12月16日免)
常　委　仲　玲(女)　蒋元峰(正处级,援疆)　刘春华　王长田　张　伟　韩荣明(4月30日任)　杨　斌　李　林　刘希泽(挂职)　夏学永(4月30日免)

**仪征市人大常委会**
主　任　刘本义
副主任　纪　明　骆　翔　顾学云　吴惠芬(女)

**仪征市人民政府**
市　长　张震宇
副市长　仲　玲(女)　崔学锋　王根云　赵建芳(女)　李正涛　丁雪海　孙松平(省科技镇长团)　热合木·艾木拉(挂职,5月23日任)

**政协仪征市委员会**
主　席　周农生
副主席　韩兰芬(女)　王雪峰　郭道林　陆永进(女)

## 高邮市

**中共高邮市委**
书　记　韩　方
副书记　方桂林　张秋红(女,12月16日任)　金春林(1月8日免)
常　委　朱　勇　徐永宝　汤学仁　孙建年　付有根　徐　健

**高邮市人大常委会**
主　任　韩　方
副主任　郭海平　薛晓寒　葛桂秋　孙明如

**高邮市人民政府**
市　长　方桂林
副市长　徐永宝　钱富强　高长明　朱莉莉(女)　杨文喜　潘建奇(1月22日任)　赵　平(省科技镇长团,11月28日任)　蒋乃华(省科技镇长团,11月28日免)

**政协高邮市委员会**
主　席　倪文才
副主席　李春青　肖伯群　王　薇(女)　张贵龙　张拥军

注:前面标有"*"的为副处级建制单位

# 大事纪要

*Dashi Jiyao*

编 辑 姚 震

## 1月

1日 扬州市举行元旦万人健身长跑暨植树活动。

△ 扬州市启动第三次全国经济普查工作。

2日 民政部副部长宫蒲光到扬州考察广陵区琼花观社区。

△ 首届十佳“扬州市工艺美术行业之星”评选和扬州工艺美术精品认定结果揭晓。8个工艺门类的10人获“扬州市工艺美术十佳行业之星”称号，113件作品被认定为扬州工艺美术精品。

3日 2014年扬州市暨江都区文化科技卫生“三下乡”集中服务活动在江都区樊川镇举行。

△ 扬州市“12355青春热线”及维权平台正式开通。

6日 市政府召开第五届扬州市工艺美术大师命名表彰大会，53人被授予“扬州市工艺美术大师”称号。

8日 国家能源局公布国家首批新能源示范城市名单，扬州成为国家首批新能源示范城市。

11—14日 政协扬州市第七届委员会第三次会议召开。

12日 市委、市政府举行2014年新春团拜暨城市荣誉表彰会，“十大功臣”“十大扬州好人”受到表彰。

12—15日 市七届人民代表大会第三次会议召开。

14日 省委副书记石泰峰到扬州调研冬春“三农”工作，实地了解新一轮低收入农户帮扶、冬春农田建设以及农业生产情况。

14—15日 中共扬州军分区第十三次代表大会召开。

15日 市政府与深圳“东方富海”“国龙联盟”签订战略合作协议，共同设立富海国龙影视投资基金。

16日 扬州市在北京举办2014“名城扬州携手德国名企”合作恳谈会。

△ 省委常委、组织部长杨新力到扬州市仪征、广陵等地走访慰问孤寡老人和困难群众。

17日 市委书记谢正义、市长朱民阳率队在北京拜访中国瑞宝国际合作有限公司、中国航空工业集团等中央企业。

18日 扬州市在宝应烈士陵园举行张志成追思会。张志成是宝应县泾河镇泾河村农民，2013年10月29日为救落水农妇而牺牲。

19日 2013年度扬州十大新闻人物评选揭晓，尤政、王远龙、朱启杰等10人当选。

23日 扬州市与南京联创科技集团股份有限公司签署协议，共同建设智慧城市。

△ 扬州市首家创业板上市公司扬州扬杰电子科技有限公司在深圳证券交易所上市交易。

24日 市委、市政府召开动员会，启动2014年重大城建项目决战暨“三拆三整治”第三战役。

△ 扬州生态科技新城揭牌。

△ 扬州市在广陵区文昌社区召开“邻里守望温暖新春”主题志愿服务活动推进会。

25日 市委召开全市领导干部警示教育大会。

28日 市委、市政府印发《关于进一步保障和改善基本民生的意见》。

30日 市委、市政府举行扬州籍成功人士合作恳谈会。

## 2月

7日 市委、市政府召开全市作风建设大会。

10日 市长朱民阳等在扬州全国人大代表就南水北调东线水源地生态补偿议题开展调研。

12日 市委、市政府召开全市农村工作会议。

△ 市纪委召开六届四次全会。

△ 2013年度全省科学技术奖励大会在南京召开，扬州市获一等奖

1月23日，扬杰电子科技有限公司在深圳证券交易所上市 开发区/供稿

4项、二等奖3项、三等奖9项。

△ 市教育局首次发布《全市中小学生资助工作意见》。

13日 市委召开全市党的群众路线教育实践活动动员大会。

△ 宝应县柳堡“二妹子”民兵班正式扩编为民兵连。

14日 市委、市政府召开民生工作推进大会。

△ 市委、市政府在潍柴亚星公司召开服务企业发展工作大会。

△ 2014年江苏省重大项目名单公布，扬州市10个项目入选。

17日 扬州市举行2014年首个重大项目集中开工活动，全市共有13个重大项目开工。

18日 扬州经济技术开发区与上海张江高科集团签约，在扬州建设国际医学园区。

19日 江都区大桥镇被住房和城乡建设部、国家文物局等公布为第六批中国历史文化名镇。

19—20日 市长朱民阳率队赴上海、绍兴、苏州，考察学习三地在水环境治理方面的成功经验。

19—26日 市政协主席洪锦华率团访问德国和克罗地亚。

24日 全市科学技术奖励大会召开。高产优质多抗小麦扬麦16等81个项目获2013年度市科学技术奖。

27日 扬州市在深圳举行2014“名城扬州携手世界名企(深圳)合作恳谈会”。

△ 省文化厅公布《第四批江苏省非物质文化遗产代表性传承人名单》，扬州23人入选。

28日 扬州剪纸首个传承基地在邗江区杨庙小学挂牌。

## 3月

1日 市委召开常委会，决定成立市委全面深化改革推进跨江融合发展领导小组。

2日 扬州市暨邗江区志愿服务进社区集中行动启动，全市共推出20个社区志愿服务示范点、80个社区志愿服务示范项目。

3日 市长朱民阳在北京拜访中关村，参观中关村国家自主创新示范区展示中心。

△ 江苏省暨扬州市第15次全国“爱耳日”活动在扬州举行。

5日 扬州市首家“志愿者学校”在广陵区委党校挂牌成立。

6日 全国人大代表、市长朱民阳接受《人民日报》记者专访，并参加人民网“微聚中国——百城市长共述中国梦”访谈。

8日 首届中国O2O商业模式峰会在扬州经济技术开发区举行。

12日 扬州大洋造船有限公司在南通如皋举行生产基地揭牌和CROWN63散货船开工仪式。

15日 扬州市召开领导干部大会，传达贯彻全国人大、全国政协“两会”精神。

△ 扬州市召开民营经济发展大会。

△ 省长李学勇到扬州调研推进新型城镇化和城乡一体化工作。

18日 全市组织工作会议召开。

△ 市委书记谢正义赴联系点宝应县督导党的群众路线教育实践活动。

△ 南京市扬州商会成立。

△ 邗江公安分局“环保办公室”挂牌成立，全市首位“环保警察”上岗。

19日 市长朱民阳赴联系点高邮市督导党的群众路线教育实践活动。

20日 市委书记谢正义率各县(市、区)、功能区和市有关部门负责人赴南京拜访南京大学、东南大学和南京航空航天大学，并与各高校签署校地全面合作、校企科技合作协议。

22日 诺贝尔文学奖得主莫言在扬州讲坛作演讲。

24日 省委副书记、省委党的群众路线教育实践活动领导小组副组长石泰峰到扬州，专题调研第二批群众路线教育实践活动开展情况，并在江都区丁伙镇主持召开苏中片教育实践活动座谈会。

26—27日 市七届人大常委会召开第十二次会议，通过《扬州市人民代表大会常务委员会关于在人民代表大会闭会期间组织市人大代表活动的办法》《关于同意调整蜀冈西峰生态公园部分永久性绿地的决议》。

27日 市长朱民阳会见匈牙利驻上海总领事帕尔·施密特。

28日 市委常委集体赴生态科技新城调研。

31日 市四套班子领导集中视察“烟花三月”经贸旅游节活动景区、旅游专线和配套设施建设，以及部分城建项目推进情况。

△ 中共中央统战部副部长、全国工商联党组书记全哲洙率调研组到扬州调研中小微企业技术创新工作。

△ 江苏伯克生物医药股份有限公司在上海股权托管交易中心挂牌，成为扬州市首家在上海股权托管交易中心E版挂牌的中小企业。

△ 扬州公共自行车租赁服务开始试运行。

## 4月

3日 扬州市在革命烈士陵园举行祭扫活动。

△ 市委在江上青烈士史料陈列馆召开缅怀革命先烈座谈会。

△ 市政府在北京举办2014央企农业招商恳谈会，并与中国农业发展集团公司签订框架协议。

6日 市委书记谢正义会见到扬州访问的摩洛哥驻中国大使贾法尔·阿尔热·哈姆基一行。

7日 扬州军分区干休一所正军职离休干部老红军刘应启在扬州病逝，享年104岁。

9日 扬州曹庄隋唐墓(隋炀帝墓)入选“2013年度全国十大考古新发现”。

11日 扬州市在深圳举行“对接资本·创业成长”主题招商推介会。

13—16日 由海峡两岸关系协会书画交流分会主办的“两岸知名书画家江南古镇采风行”活动在扬州启动。

15日 由中国照明电器协会主办、扬州郭集灯具城协办的第十届中国道路照明论坛在高邮市举行。

15—17日 省人大常委会常务副主任张卫国一行到扬州调研经济

社会发展情况及人大工作。

16日 扬州市职业教育集团揭牌成立。

△ 扬州开放大学成立。

17日 市长朱民阳一行赴深圳考察。

△ 扬州市与天津泰达集团签署扬州现代服务业集聚区项目协议，项目总投资90亿元。

△ 扬州市举行海峡两岸(扬州)农业合作试验区推介签约活动。

17—20日 第九届中国玉石雕精品博览会在扬州工艺品交易中心举办。

18日 扬州市举行2014中国扬州“烟花三月”国际经贸旅游节开幕式暨重大项目签约仪式。

△ 扬州市举行现代服务业推介会。

△ 广发银行股份有限公司扬州分行开业。

18—20日 中国扬州科技创新合作展示洽谈会在扬州国展中心举办。

19日 省委书记罗志军到扬州调研。

△ 扬州宋夹城体育休闲公园正式建成开放。

△ 扬州市举行健康服务业推介暨中德合作扬州医康养产业示范项目签约仪式。

20日 市长朱民阳会见到扬州访问的刚果共和国外交合作部秘书马米纳、刚果共和国驻中国大使奥瓦萨等客人。

△ 2014扬州鉴真国际半程马拉松赛暨全国半程马拉松赛在扬州举行。

21日 市政协召开七届十六次主席会议，就加强职业教育，为经济社会发展提供人才保障与市政府协商讨论。

△ 第八届扬州软件和信息服务外包大会举行。

21—26日 亚太经济合作组织(APEC)第49次电信工作组会议在扬州举行。

22日 “东北亚名人会”在扬州举行。

23—26日 省委常委、政法委书记李小敏到扬州调研指导群众路线教育实践活动，并结合开展“三解三促”活动。

26日 第三届“朱自清散文奖”颁奖仪式在扬州举行。

28日 市委、市政府召开庆“五一”暨劳动模范表彰大会。

29日 市人大常委会组织部分委员视察市重大交通基础设施建设情况。

30日 市委常委集体赴邗江区调研。

## 5月

4日 市委书记谢正义、市长朱民阳会见到扬州考察的上汽集团董事长胡茂元。

5日 市委、市政府召开全市软件和信息服务业发展推进大会。

5—11日 市政协举行2014年度政协委员联系群众“界别活动周”活动。

4月19日，省委书记罗志军到扬州调研扬力集团 王 卓/摄

6日 市委、市政府召开新闻发布会，向社会公布涉企部门职责、行政权力、收费项目、服务事项等“四个清单”，通报服务企业问题办理情况。

6—20日 “唯美扬州——乌克兰艺术大师画扬州作品展”在市美术馆举办。

8—9日 市委书记谢正义率团赴河南省开封市专题考察旅游产业。

9日 省人大常委会副主任赵鹏率执法检查组到扬州开展《中华人民共和国未成年人保护法》执法检查。

△ 2013年度中国城市竞争力蓝皮书在北京发布。在全国两岸四地294座城市中，扬州城市综合竞争力居第44位；宜居城市竞争力列第28位；宜商城市竞争力列第70位；可持续竞争力居全国第29位，其中生态城市竞争力居全国第6位。

10日 市委召开全市党的群众路线教育实践活动推进会。

△ 扬州商务咨询服务集聚区揭牌。

11日 南京都市圈第二届党政领导联席会议在安徽芜湖举行，市委书记谢正义、市长朱民阳出席。

12日 第五届“江苏职工读书月”活动在扬州启动。

12—14日 2014国际城市管理协会(ICMA)国际区域峰会在扬州举行。

13日 市政府召开工业重大项目、外资项目推进会。

△ 市人大常委会组织部分常委会委员视察城市道路交通管理工作情况。

14日 市长朱民阳会见德国通快公司法务总监、中国项目组组长彼得·伯克曼一行。

△ 国际城市管理协会“绿色城镇化：机遇与挑战”主题峰会小城镇签约仪式在扬州举行。仪征市与美国奥斯汀市签订合作协议，杭集镇和公道镇分别与美国的格林维尔镇及密尔沃基市签约，缔结为“中美绿色合作伙伴”。

15日 市长朱民阳率队赴上海市松江区考察。

16日 市长朱民阳率队考察中国(上海)自由贸易试验区。

△ 扬州市在上海举行“名城扬州电子商务商机说明会”。

△ 市人大常委会召开主任会议，听取市政府关于全市农业产业化工作和“菜篮子”工程建设情况的汇报。

17日　肯尼亚中国友好协会代表团一行19人访问扬州。

19日　省委常委、政法委书记李小敏赴联系点高邮市调研指导。

△　扬州市首家综合性司法鉴定所——扬州大学司法鉴定所挂牌成立。

20日　市委书记谢正义会见到扬州考察的扬州援疆对口支援单位、新疆伊犁哈萨克自治州新源县党政代表团一行。

21日　市委书记谢正义会见到扬州考察的中国驻蒙古国大使王小龙。

22日　市委召开市级领导班子作风建设情况通报会。

△　市长朱民阳会见到扬州访问的中国驻哈萨克斯坦大使乐玉成。

△　市人大常委会组织部分常委会委员察看蜀冈-瘦西湖风景名胜区规划建设情况。

23日　西门子电机(中国)有限公司在扬州(仪征)汽车工业园举行新基地投产仪式。

25日　扬州市盐城商会举行成立大会。

26日　由扬州市和清华大学合作建设的清华大学扬州智能装备科技园及扬州智能装备研究院揭牌成立。

△　市人大常委会组织部分委员察看第四批永久性保护绿地情况。

△　扬州市举行2012—2013年度扬州市"诚信经营示范店"命名授牌仪式，苏宁电器等61家单位获命名。

27日　宝应县公安局民警孙以福获"全国模范军队转业干部"称号。

28日　市委书记谢正义会见到扬州考察的中国海运集团董事长、党委书记许立荣一行。

29日　中国船舶工业集团公司董事长、党组书记胡问鸣率队到扬州考察。

△　市政协召开第十七次主席会议，就"建立健全社会管理服务平台"与市政府协商。

△　扬州市第八次哲学社会科学优秀成果颁奖大会召开，159项成果获奖。

## 6月

3日　扬州市与省工商局签署共同推进扬州跨江融合发展合作协议。

6日　市委召开全市领导干部会议，传达学习省委《关于落实党风廉政建设主体责任、纪委监督责任的意见(试行)》。

△　"苏北人民医院东院"在江都洪泉医院揭牌。

△　市木偶研究所选送的大型木偶剧《胡桃夹子》获首届中国南充国际木偶艺术周最高奖项最佳剧目奖。

10日　国务院粮食安全调研组一行到扬州调研。

11日　省委副书记石泰峰率省有关部门负责人赴高邮市实地考察夏收夏种和夏粮收购工作。

11—13日　2014世界绿色设计论坛扬州峰会暨世界绿色设计博览会在扬州举行。

13日　民政部副部长顾朝曦到扬州调研社会组织建设和养老工作。

14日　中国文化遗产日·扬州市迎青奥非遗体验活动在虹桥坊商业街区举行。

14—15日　市委常委班子召开党的群众路线教育实践活动专题民主生活会。

△　由中国中日关系史学会与日本日中关系学会共同举办的"中日关系危机管控"国际研讨会在扬州召开。

16日　省长李学勇在扬州会见到江苏访问的刚果共和国总统萨苏一行。

18日　江苏科技创新创业学院在扬州揭牌成立。

19日　市委书记谢正义会见到扬州考察的微软公司全球高级副总裁、全球公共事业部总裁劳拉·伊普森一行。

19—20日　市委书记谢正义召开专题会议，研究解决基层群众反映强烈的重点问题。

20日　2014中国扬州(上海)民资招商恳谈会举行，总投资129.8亿元的23个项目现场签约。

20—21日　全国人大常委会副委员长吉炳轩到扬州，考察推进城乡发展一体化和新型城镇化建设工作。

21—22日　中央政法委副秘书长、中央综治办主任陈训秋在扬州调研综治和平安创建工作。

22日　中国大运河在第38届世界遗产大会上获准列入世界遗产名录。

△　纪念阮元诞辰250周年学术研讨会在扬州召开。

24日　扬州党政代表团到上海，走访慰问海军某部官兵。

25日　扬州经济技术开发区与上海松江经济技术开发区签署战略合作框架协议。

木偶剧《胡桃夹子》在南充国际木偶艺术节演出剧照　文广新局/供稿

25—26日　省委常委、政法委书记李小敏全程参加并指导高邮市委常委班子党的群众路线教育实践活动专题民主生活会。

26日　国务院南水北调工程办公室副主任于幼军到高邮调研南水北调水质监测工作。

## 7月

1日　由扬州市政府与扬州大学合作共建的“扬州大学大学科技园”正式开园，并举行入园企业签约仪式。

3日　纪念江树峰诞辰100周年诗文学术座谈会在扬州召开。

4日　国家粮食局局长任正晓率专题调研组到扬州考察牧羊集团。

11日　市政府与省知识产权局签署关于合作创建实施知识产权战略示范市的协议。

△　市政协主席洪锦华会见以德国劳恩堡市市长安德列斯·提德为首的德国医疗专家代表团。

15日　总投资13亿元的税友软件南方产业基地在扬州投入运营。

17日　市长朱民阳会见意大利驻上海总领事裴思泛一行。

18日　市政府与省电信公司签约合作共建中国扬州云计算中心。

21日　住房和城乡建设部、国家发展和改革委员会等公布全国重点镇名单，扬州市江都区小纪镇、邵伯镇，宝应县氾水镇、曹甸镇，仪征市大仪镇、月塘镇，高邮市三垛镇、临泽镇、菱塘回族乡9个乡镇入选。

21—22日　市委、市政府组织重大项目建设暨民生幸福工程观摩活动。

23日　市委召开六届七次全体会议，总结上半年工作，明确下半年要求。

28—30日　市七届人大常委会召开第十四次会议，通过关于批准扬州市2013年市级财政决算的决议。

31日　市委书记谢正义赴省军区走访慰问。

## 8月

1—3日　上汽集团董事长、党委书记陈虹率公司高层到扬州考察。市委书记谢正义会见陈虹一行，并陪同考察。

2日　市政协召开七届十八次主席会议，就“提升我市开放型经济发展水平”与市政府协商。

3日　市委书记谢正义、市长朱民阳等分别检查安全生产工作。

8日　省军区副司令员鞠华率省政府征兵工作检查组到扬州，检查调研夏秋季征兵工作。

12日　省委第五巡视组巡视扬州市工作动员会召开。

12—13日　省政协主席张连珍率部分委员和提案承办单位负责人，以“推进农村社会建设”为专题，到扬州江都区进行现场督办。

14日　应邀到南京出席第二届夏季青奥会开幕式的黑山共和国总统菲利普·武亚诺维奇专程访问扬州。

17日　扬州河南商会成立。

18日　扬州市举行“8·18”重大项目集中开工活动，12个重大项目开工，计划总投资约132.7亿元。

△　瓦努阿图共和国总理乔·纳图曼在中国驻瓦努阿图大使谢波华陪同下访问扬州。扬州市与瓦努阿图雷纳克签署建立友好城市关系备忘录。

20日　全市首个基层党组织和党员“统一活动日”。

25日　四川省宜宾市委书记王铭晖率党政代表团到扬州，专题考察园区建设、产业转型以及招商引资等工作。

△　中俄投资基金、永泰红磡基金与扬州市签约，在扬州设立总规模50亿元的中俄投资基金子资金，主要投向中国和俄罗斯的优质养老健康产业和旅游地产项目。

26日　市政协召开七届十九次主席会议，就“整治市区河道，改善扬州宜居环境”议题与市政府协商讨论。

29日　克罗地亚议长约西普·莱科率团到扬州访问。

△　市政协召开七届九次常委会议，就“打造‘宜创’环境，建设创业型城市”议题开展专题视察并与市政府进行协商。

## 9月

1日　“全国安全用药月”扬州市启动仪式举行。

2—4日　第14届世界历史城市联盟大会在扬州召开。来自16个国家和地区29个城市的代表围绕“传承古代文化、建设现代文明”进行交流和讨论，会议通过《第14届世界历史城市联盟大会扬州宣言》。

4日　扬州市与澳大利亚巴瑞特市签署科技合作协议。

5日　市人大常委会组织在扬州的省人大代表专题调研现代服务业。

10日　扬州市召开庆祝第30个教师节暨教育现代化建设推进大会。

10—13日　第七届中国地市新闻网联盟年会暨地方新媒体发展年度高层论坛在扬州举行。

12日　市委召开加强村级党组织书记队伍建设推进会。

15日　市人大常委会举行主任会议，听取市政府关于转变政府职能、深化行政审批制度改革和政府机构改革工作情况的汇报。

17日　省委常委、政法委书记李小敏在南京听取扬州市委和高邮市委教育实践活动情况汇报。

△　扬州市与上海联合产权交易所签署战略合作协议，首批15家扬州企业的26个项目在上海联合产权交易所挂牌。

19日　市委召开2014年县处级党政主要负责人廉洁从政情况汇报会。

△　市长朱民阳会见以韩国群山市副市长李成寿为团长的群山市代表团一行。

△　瘦西湖隧道正式通车。

23日　市政协召开七届二十次主席会议，就“提升文化博览城建设品质”议题与市政府协商。

25日　由省委宣传部、省文化厅、省演艺集团联合出品的大型原创歌剧《运之河》在扬州大剧院上演。

△　“江苏省华侨华人文化交流基地”在扬州双博馆揭牌。

25—26日　扬州古运河、天宁寺、个园、瘦西湖等世界遗产标志揭牌。

26日　2014中国扬州世界运河名城博览会在“京杭之心”开幕。

△　2014中国扬州世界运河名城博览会举行主题论坛，围绕“大运河成为世界文化遗产后的保护与利用”主题进行交流探讨。

△　扬州市开通2500周年城庆官方网站，官方微博、微信同步上线。

28日　203省道(新淮江公路)正式通车。该公路是扬州建设的里程最长、投资额最大的单体干线公路项目。

28—30日　市七届人大常委会举行第十五次会议，就市区财政管理体制调整方案、“七河八岛”区域生态环境保护决议贯彻实施情况和生态科技新城规划编制情况、市政府机构改革方案进行联组审议。

29日　市政协召开七届十次常委会议，就“加强预防和化解社会矛盾工作”与市政府协商。

30日　扬州市在烈士陵园举行公祭活动，缅怀革命先烈。

△　连淮扬镇铁路工程可行性研究报告获国家发改委批复。

## 10月

9—10日　市委书记谢正义率扬州市党政代表团赴扬州援疆对口支援单位——新疆伊犁州新源县考察对接援疆工作。

11日　扬州市召开学雷锋活动示范点、岗位学雷锋标兵表彰会。江都区公安局巡特警大队等10家单位被命名为扬州市学雷锋活动示范点，王寿芬等10人被命名为扬州市岗位学雷锋标兵。

12—17日　副市长孔令俊率相关部门负责人赴台湾开展经贸考察活动。

13日　中国少年先锋队扬州市第五次代表大会在扬州召开。

14日　市委召开全市党的群众路线教育实践活动总结大会。

△　以全国政协常委、经济委员会副主任彭小枫为组长的全国政协经济委员会调研组一行到扬州，就“加快转变政府职能，增强政府公信力”进行专题调研。

15日　市长朱民阳会见以韩国庆州市崔氏中央宗亲会会长崔炎为团长的“中韩友好交流活动日”韩国代表团一行。

17日　安徽省淮北市委书记肖超英率党政代表团到扬州，考察产业转型、古城保护、文明城市创建等工作。

21日　扬州市召开民生幸福工程推进大会。

22日　“2014央企扬州行”推介会举行。北京产权交易所驻上海办事处扬州工作站揭牌。

24日　2014中美青年领导者论坛第12次会议在扬州举行，市委书记谢正义出席论坛并发表演讲。

△　市政府举行2014扬州“对接资本、创业成长”专题推介会。

24—25日　海峡两岸关系协会会长陈德铭一行到扬州参观考察部分台资企业运行情况。

25—26日　海峡交流基金会董事长林中森一行到扬州访问。

25—28日　第15届中国工艺美术大师作品暨国际艺术精品博览会、2014江苏省工艺美术精品博览会在扬州举行。

27日　安徽省马鞍山市委副书记訾金雷率党政代表团到扬州，专题考察交流文明城市创建的相关做法和经验。

28日　市人大常委会举行主任会议，听取市区“清水活水”和重大城建基础设施建设项目推进情况的汇报。

△　市政协召开七届二十一次主席会议，就“迎城庆推进文化作品创作工程”议题进行协商讨论。

△　扬州市社区矫正管理教育服务中心揭牌并投入使用。

29日　市人大常委会组织部分委员和市人大代表，视察全市农业综合开发工作。

△　市政协主席会议成员和部分委员视察全市工业重大项目建设和质量效益情况。

## 11月

3日　由公安部、中央电视台共同举办的第五届“我最喜爱的人民警察”颁奖典礼在湖北举行，宝应县公安局氾水派出所民警李树干获第五届“我最喜爱的人民警察”特别奖，并被授予“全国公安系统二级英模”称号。

4—5日　南通市政协主席王德忠率驻南通省政协委员到扬州考察调研。

5日　市委书记谢正义主持召开连淮扬镇铁路扬州段建设推进会。

6日　亚洲相互协作与信任措施高官委员会会议在扬州召开。外交部副部长程国平出席开幕式并致辞。

8日　市人大代表与选民“统一见面日”。

△　扬州市政府与故宫博物院就进一步加强文化遗产保护工作签署合作框架协议。

8—9日　扬州市考察团参加陕西第21届中国杨凌农业高新科技成果博览会。

10日　市委召开领导干部大会，传达省委全会精神，并就贯彻落实作出部署。

11日　国务院公布第四批国家级非物质文化遗产代表性项目名录，扬州园林营造技术入选；扬州刺绣、扬州传统修脚术入选国家级非物质文化遗产代表性项目扩展名录。

12日　省委书记罗志军在扬州调研，要求进一步巩固扩大党的群众路线教育实践活动成果，全力落实中央巡视反馈意见整改措施，持之以恒改进作风，确保实现全年经济社会发展目标任务。

13日　市政协以“推进宜居、宜游、宜创城市建设”为主题举办2014年扬州政协论坛。

13—14日　市委书记谢正义、市长朱民阳分别会见到扬州考察的京东集团首席执行官刘强东一行。

14—15日　省人大常委会副主任许仲梓率队到扬州专题调研教育工作。

17日　省委第五巡视组组长顾星代表巡视组向扬州市领导班子反馈巡视情况。

18日　扬州市举行中共十八届四中全会和省委十二届八次全会精神宣讲报告会，省委宣讲团成员、扬州大学党委书记夏锦文教授作专题辅导报告。

△ 副省长张雷到扬州检查仪征输油站鲁宁管线安全情况。

19日 “运河守护——2014”江苏省苏北运河危化品运输船舶泄漏处置实战演习在扬州市江都区邵伯船闸水域举行，这是全省首次在京杭运河通航水域开展实战演习。

△ 俄罗斯莫斯科州杜马代表团一行5人到扬州访问。

20日 省督查组到扬州检查大气污染防治工作。

20—21日 省人大常委会常务副主任、党组副书记蒋宏坤一行到扬州专题视察水利重点工程建设情况。

21日 扬州市举行仪式庆祝与日本唐津市结为友好城市30周年。

21—22日 省委常委、常务副省长李云峰到扬州专题调研经济工作。

26—27日 市人大常委会举行第十六次会议，通过关于批准扬州市市级2014年地方政府债券安排及预算调整方案的决议，通过《扬州市人民代表大会常务委员会讨论决定重大事项的规定》。

30日 中国铁塔股份有限公司扬州市分公司揭牌成立。

## 12月

1日 第八届“宁镇扬同城化论坛”在扬州举行。

2日 国务院南水北调办公室副主任于幼军一行到扬州调研南水北调东线取水口血防工作。

△ 市政协召开七届二十二次主席会议，就“构建新型农业经营体系”议题进行项目视察、协商讨论。

3日 省长李学勇赴高邮、宝应等地就苏中、苏北接合地区发展进行专题调研。

4日 扬州市启动“弘扬宪法精神，建设法治扬州”为主题的“12·4”国家宪法日暨法治宣传月活动。

5日 扬州市第一家律师事务所社区工作室在广陵区曲江街道挂牌成立。

9日 副省长张雷到扬州督查建筑工程规范管理工作。

10日 省委常委、秘书长、省委党风廉政建设第七检查考核组组长樊金龙带队到扬州检查考核市级党政领导班子党风廉政建设责任制落实情况。

12月3日，省长李学勇在宝应调研　　王　卓/摄

△ 市政府召开职能转变和机构改革动员大会。

11日 市四套班子赴江广融合区集体调研。

12日 市人大常委会组织部分委员专题视察扬州市科技创新体系建设。

15日 泰州市委书记蓝绍敏、市长陆志鹏率党政代表团到扬州考察重大项目建设、产业转型升级等工作。

△ 市政府召开新闻发布会公开行政审批目录清单。

16日 以“创新体制改革，推进苏中城镇化发展”为主题的江苏省哲学社会科学界第八届学术大会苏中片分会在扬州召开。

18日 市长朱民阳赴上海考察华东师范大学科技园。

19日 市长朱民阳在上海拜访闵行区和嘉定区。

20—21日 市委、市政府组织重大项目建设暨民生幸福工程观摩活动。

22日 扬州市青年联合会第四届委员会第一次全体会议暨扬州市学生联合会第四次代表大会召开。

23日 2014中国扬州“科技创新·产业合作”拜访活动在杭州举行，扬州市与浙江大学签署全面合作协议和7个项目合作协议。

△ 市人大常委会专题视察民生工作。

△ 扬州市首次启动“百企问政”活动，以电视、网络直播的形式聚焦服务企业的“2号文件”落实情况。

24日 韩国忠清南道议会代表团一行13人到扬州访问。

25—26日 中共扬州市委六届八次全体会议在扬州召开，全会审议通过《中国共产党扬州市第六届委员会第八次全体会议决议》《中共扬州市委关于贯彻落实党的十八届四中全会精神全面推进改革依法治市加快建设法治扬州的实施意见》。

26日 扬州市获“年度质量魅力城市”称号。

28日 连淮扬镇铁路扬州段开工建设。

△ 位于江都区的江淮汽车扬州新基地——江淮10万辆皮卡及SUV项目正式建成批量投产。

29日 2014年度长江扬州段渔业资源冬季增殖放流暨打击电捕鱼收缴器械销毁活动在润扬森林公园“永久放流点”举行。

30日 扬州市产业技术研究院正式成立。

△ 纪念扬州市社科联成立30周年暨第六届全市社科学术年会召开。

31日 迎城庆跨年群众联欢活动在文昌阁广场举行。

# 中共扬州市委员会

*Zhonggong Yangzhoushi Weiyuanhui*

编 辑 姚 震

## 重要会议

**■市委六届七次全会** 7月23日，中共扬州市委召开六届七次全会。全会贯彻中共十八大、十八届三中全会和习近平总书记系列重要讲话精神，落实省委十二届七次全会决策部署，总结上半年工作，明确下半年工作要求，动员全市上下以跨江融合发展综合改革试点为总抓手，以迎接扬州建城2500周年为动力，全面深化改革，加快建设名城，奋力谱写好中国梦的扬州篇章。市委书记谢正义代表市委常委会作报告，市委副书记、市长朱民阳作关于经济工作专题讲话。会议讨论通过《中国共产党扬州市第六届委员会第七次全体会议决议》。

（苏 鹏）

**■市委六届八次全会** 12月25—26日，中共扬州市委召开六届八次全会。市委书记谢正义代表市委常委会就认真学习领会习近平总书记在江苏视察时的重要讲话精神、全面贯彻落实中央和省委的部署要求、推动扬州各项事业发展迈上新台阶作工作报告。市委副书记、市长朱民阳传达中央经济工作会议和省委十二届九次全会精神，并就做好2015年经济工作作专题部署。全会审议通过《中国共产党扬州市第六届委员会第八次全体会议决议》《中共扬州市委关于贯彻落实党的十八届四中全会精神全面推进依法治市加快建设法治扬州的实施意见》。市委常委会和市纪委常委会向全会书面报告2014年的工作。

全会期间，市委组织开展领导干部集体谈心谈话活动，召开市级党政领导班子和领导干部述职述廉报告会，对2014年度干部选拔任用工作开展“一报告两评议”。（苏 鹏）

## 重要决策

**■保障和改善基本民生** 1月26日，市委、市政府印发《关于进一步保障和改善基本民生的意见》，提出40条意见：(1)促进劳动者高质量就业。(2)强化就业引导和评价。(3)加大就业帮扶。(4)积极鼓励创业。(5)努力增加居民财产性收入。(6)开展低收入农户帮扶。(7)完善市区公交规划。(8)优化市区公交体系。(9)大力发展镇村公交。(10)推进市区公交换乘系统建设。(11)完成市区主干河道活水全覆盖。(12)实现农村河道疏浚两年全覆盖。(13)提高饮用水水质。(14)完善城市污水处理系统。(15)扩大基本养老保障覆盖面。(16)完善养老服务设施建设。(17)加大困难老人帮扶力度。(18)做好老年人精神关爱。(19)完善困境儿童就学帮扶体系。(20)提高困难学生补助标准。(21)推进教育优质均衡发展。(22)优化市区文体功能设施布局。(23)加大公共文体服务供给。(24)完善全民健身体育场所。(25)积极推进社保市区统筹。(26)继续统一市区社会救助标准。(27)大力实施“八老改造”。(28)继续实施“1161”工程。(29)积极推进“115”鲜奶工程。(30)加大食品药品安全监测。(31)改善农村生产生活环境。(32)优化市区公共厕所布局。(33)提升市域绿化水平。(34)推进大气污染综合治理。(35)保障弱势群体基本生活。(36)不断完善医疗保障体系。(37)提高住房保障水平。(38)提高公共卫生服务水平。(39)积极消除稳定隐患。(40)着力提升社区服务水平。（苏 鹏）

**■服务企业发展** 1月26日，市委、市政府印发《关于着力提升服务水平净化企业发展环境的意见》，提出30条意见：(1)集中公开行政权力和服务事项清单。(2)建立企业负责人约见地方领导制度。(3)编发《扬州企业手机报》。(4)开通企业投诉热线。(5)规范行政事业性规费。(6)

12月25—26日，中共扬州市委召开六届八次全会

日 报/供稿

减缓部分社保基金收缴。(7)开放中介服务市场。(8)规范社团管理和收费。(9)保障企业"安静生产"。(10)控制对重点企业的参观考察。(11)推行"首违不罚"和"容期整改"制。(12)规范行政处罚自由裁量基准和备案制度。(13)加大企业人才招引和培养力度。(14)加快人才公寓建设。(15)实行人才所得税地方留成奖补个人在扬购房。(16)加强对企业家的培训和宣传。2014年,全市组织开展2次重点企业负责人培训。(17)增加信贷投放总量。(18)切实解决企业融资抵押难问题。(19)加强中小企业信贷扶持。(20)鼓励企业直接融资。(21)切实解决融资贵问题。(22)实行项目审批"一表受理"制。(23)试行重大项目容缺受理、模拟审批、形式审查制。(24)建立重大项目审批代办、领办制。(25)实行重大项目预约办理和限时办结制。(26)落实优惠政策。(27)对民间资本实行"非禁即入"。(28)加大对上争政策、争项目、争资金力度。(29)加强组织领导。(30)加强工作推进。 (苏 鹏)

**■做好"三农"工作** 2月10日,市委、市政府印发《关于围绕农民增收进一步做好"三农"工作的意见》,明确12项具体工作措施:(1)加快推进农地适度规模经营。(2)积极培育发展家庭农场。(3)着力提升合作社运行质态。(4)推进农业园区和农产品加工集中区特色发展。(5)扶持农业龙头企业做大做强。(6)推进农业品牌化标准化建设。(7)着力增强村集体带动增收能力。(8)帮扶低收入农户更快增收。(9)进一步发挥农业保险的保障作用。(10)扎实推进农村生态文明建设。(11)创新多元投入机制。(12)提高农民增收工作的组织化程度。 (苏 鹏)

**■党员干部联系群众** 7月26日,市委印发《关于完善党员干部直接联系群众制度的实施意见》,提出30条实施意见:(1)领导干部到基层调查研究时间每年不少于1个月,其中市委常委、副市长不少于2个月,并安排3~5天驻点调研,其他领导干部驻点调研不少于3天。(2)领导干部到基层调研,要明确主题、带着问题调研,每年形成1~2篇有质量的调研报告。(3)县处级及以上领导干部均建立基层联系点。(4)市、县两级党员领导干部每人挂钩联系1个软弱涣散党组织,市、县机关以部门为单位挂钩联系1个软弱涣散党组织。(5)乡镇(街道)领导班子成员每年结对联系2户以上困难群众,每年走访每个联系户不少于4次。(6)选派机关后备干部到信访部门担任信访督导员,选派年轻后备干部到农村、社区任职。(7)机关干部到基层实践锻炼,原则上与原单位工作脱钩,做到工作和吃住在基层,锻炼时间一般为1~2年。(8)各级党政领导班子成员要定期接待群众来访。(9)党员领导干部接访可采用定点接访、重点约访、专题接访、带案下访、上门回访等形式联系信访群众。(10)党员领导干部接访要逐件形成接访事项纪要,明确办理措施、责任单位和解决时限,做好督办落实和答复工作。(11)乡镇、街道以及农村、社区基层干部要采取分片、包干等方式,普遍走访辖区群众,及时收集社情民意、协调利益纠纷、化解各类矛盾。(12)县处级及以上领导干部每年与所分管部门及基层联系点党组织干部群众谈心活动不少于2次。(13)谈心谈话活动可采取个别谈话、集体座谈、随机交流等多种形式进行。(14)充分利用现代信息技术手段,加强"市(县)委书记信箱""寄语市(县)长""党报在线""市(县)长热线""12345政府服务热线""政风行风热线"以及"市民论谈"等民意表达平台建设,广泛征求意见。(15)常态化听取老同志、老领导的意见、建议。(16)充分发挥党代会代表、党员人大代表、政协委员联系群众的作用,持续开展人大代表与选民统一见面日、政协委员界别活动周活动,加强同各民主党派、工商联和无党派人士的联系,听取和反映各行业、各界别、各阶层群众的意见、建议。(17)建立健全公示、听证咨询、民意调查、社会舆情分析等制度,定期收集汇总、分析研判群众意见。(18)建立处理群众意见的登记、交办、督办、答复、评估、归档等制度,加强意见、建议办理情况的督促检查,及时处理群众意见、建议及合理诉求。(19)以加强基层服务型党组织建设为抓手,组织基层党组织书记和党员,开展承诺践诺活动。(20)深化机关事业单位以及服务岗位党员的承诺践诺工作。(21)组织基层党组织和党员承诺践诺、服务群众。(22)落实和完善党的代表大会代表任期制,建立健全各级党委委员联系代表、代表联系党员、党员联系群众的"党群联系链"。(23)扎实推进党代表工作室建设,在全市乡镇(街道)和村(社区)全部建立党代表工作室。(24)合理设置党代表工作小组,定期组织开展调查研究、工作视察、建言献策等活动。(25)探索开展党代表提案制度,畅通代表反映民意诉求渠道。(26)明确每月20日为全市基层党组织和党员统一活动日。(27)基层党组织要选准选好活动主题,提高党组织活动的质量和效果。(28)建立开展"统一活动日"的情况记录、党员活动考勤等制度。建立督查考评机制,由基层党委对所属党组织开展"统一活动日"进行经常性地督促检查。(29)组织市、县机关部门在职在岗党员到社区党组织报到,根据自身特长和能力认领至少1个社区服务项目和岗位,每年参加社区党组织开展的各类公益活动、志愿服务活动和主题实践活动2次以上,每年提出1条以上促进社区建设的可行性建议,接受社区党组织管理和社区居民监督。(30)机关党员干部到社区报到,要加强政策法规宣传,带头和带动群众遵规守纪、依法办事,经常听取群众意见,及时反映群众诉求。

(苏 鹏)

**■节约集约用地** 8月22日,市委、市政府印发《关于扎实推进节约集约用地的二十条措施》:(1)科学划定城市发展用地边界。(2)以规划管控统筹配置土地资源。(3)以生态保护和遗产保护为先建设老城区。(4)按"产城融合"方式建设新区。(5)稳妥推进农村土地综合整治。(6)改进土地指标分配使用方式。(7)推行重大项目建设节地评价。(8)实行土地差别化供应。(9)推进高标准厂房建设。(10)加强土地立体开发。(11)试行工业用地弹性出让。(12)积极稳妥推进土地征收制度改革。(13)优化土地资源市场化配置方式。(14)从严落实耕地保护责任。(15)开展节约、集约用地先进地区创建活动。(16)大力推进节约、集约用地创新试点。(17)营造全社会节约、集约用地良好氛围。(18)严肃查处违法违规用地行为。(19)建立节约、集约用地共同责任机制。(20)强化节约、集约用地绩效考核。（苏　鹏）

## 宣传工作

**■理论学习与研究**　2014年，全市理论学习与研究工作以学习宣传习近平总书记系列重要讲话为重点，围绕加快推进跨江融合发展和名城建设主题，深入学习，认真研究。开展中国梦、习近平系列重要讲话、中共十八届三中全会、十八届四中全会精神和社会主义核心价值观宣讲教育活动，编印《习近平总书记重要讲话汇编》《扬州市先辈先进人物事迹选编》，举行各类报告会、学习辅导会750多场次，辅导党员干部10万人次。印发《关于认真组织学习〈习近平总书记系列重要讲话读本〉的意见》《市委中心组党的十八届三中全会精神和习近平系列重要讲话精神专题学习计划》《2014年度市委中心组学习报告会计划》《2014年度县级党委(党组)中心组学习计划》，编印市委中心组每月学习参考和重点理论文章导读，组织市委中心组集中学习19次，其中举行学习报告会10场。市委讲师团、江都"知行"志愿者宣讲团获评"全省理论宣讲先进集体"，扬州广电总台《电视道德讲堂》栏目获评"江苏优秀讲坛"。组织开展全市学习型党组织创建示范工作检查，20家单位被表彰为全市学习型党组织创建示范工作先进单位。举办扬州经济社会发展专家咨询会，组织"省民生建设重点热点问题专家座谈会"。编写《社会主义核心价值观学习50题》。市委宣传部组织编写的《社会主义核心价值体系建设的理论与实践》一书获省第13届优秀社科成果三等奖。通俗理论读物《透视中国梦》被列入全省"当代中国马克思主义大众化丛书"出版。《扬州蓝皮书》在2013年全国249种皮书中的综合排名为第61名。

（丁新伯　戴生斌）

**■新闻宣传**　2014年，全市新闻宣传工作围绕学习宣传贯彻中央、省、市重要会议精神及第二批群众路线教育实践活动要求，围绕市委、市政府"54321"工作重点及经贸旅游节、鉴真国际半程马拉松赛、世界运河博览会等活动，从项目招引、服务业和科技创新、旅游业发展、国际化办节、节俭办节、生态文明等方面，组织集中宣传。全年组织对上发稿1300篇(条)。继续打造《市民论谈》品牌栏目，制作11期《市民论谈》。广播作品《村级卫生室之问》获第24届中国新闻奖广播系列二等奖。电视专题片《扬州个园》获第46届休斯敦国际电影电视节雷米奖。策划推出扬州电视台《阳光时空》《百企问政》栏目。成立市互联网信息工作领导小组办公室，建立网络发言人工作制度。上报《舆情日报》300多期，编报网络《舆情日报》300多期、《舆情专报》13期。在新浪、西祠、天涯等相关网站、论坛处理负面舆情50多起，向各县(市、区)、有关部门(单位)口头或书面通报网上舆情300多次。《扬州发布》累计发布信息8000多条。扬州市获新华网等联合评选的"城市网络形象排行榜十佳城市奖"。（丁新伯　戴生斌）

**■文化建设**　2014年，全市文化艺术工作重点推进文化体制、机制创新，完善公共文化服务体系，繁荣文化艺术创作表演，推进文化产业转型升级，规范文化市场有序运行。组织扬州市2014年新年音乐会、音乐厅"市民开放日"、"周周看扬剧"等文艺活动100多项近1000场次。举办百场公益演出209场，开展"幸福扬州"送文化进社区活动32场，市音乐厅举办市民开放日免费音乐会10场。市图书馆建成"实体、流动、自助、网络图书馆"四位一体的图书服务网络，服务读者7.8万人次。举办社区广场舞蹈辅导员交流培训班11期，举办市第六届"红舞献祖国"广场舞蹈比赛、市第八届少儿艺术节、第二届中国江苏文化艺术节扬州分会场文艺演出等活动。面向全社会征集城庆主题宣传口号，收到投稿1700多条。举办首届"非遗"工艺博览会、中国文化遗产日·扬州市迎青奥"非遗"体验活动、2014中国瓜洲音乐节和第三届"朱自清散文奖"颁奖典礼。《四库全书》(文津阁本)原大原色原样复制成功，扬州2500年城庆的献礼书"扬州史话"丛书(共十册)出版发行。扬州报业传媒集团被中国报业协会评为"中国报业户外媒体20强"；广陵古籍刻印社获批文化部"第二批国家级'非遗'生产性保护示范基地"；广陵书社获"全国优秀古籍图书奖"一等奖。《同唱中国梦·共舞扬州情》广场演出获省文化艺术节广场演出展示奖第一名。扬剧《衣冠风流》、"木偶皮影制作人才培养"分别入选国家艺术基金2014年度舞台艺术创作资助项目(大型舞台剧和作品类)、人才培养资助项目；木偶剧《咏梅》《女驸马》获第五届"金狮奖"——木偶皮影中青年技艺大赛金奖。木偶剧《胡桃夹子》获首届中国南充国际木偶艺术周最高奖——最佳剧目奖。电视纪录片《隋炀帝墓——争论与真相》、戏剧《衣冠风流》、广播剧《一个人的诚信考场》、歌曲《运河之歌》、图书《难忘初心——星云与扬州》等5部作品获省"五个一工程"奖。隋炀帝墓考古入选2013年度全国十大考古新发现。"江苏省首支文化创意企业集合票据发行"、"瘦西湖文化演艺休闲区"、"无限扬州+"移动平台广电联盟综合体等12个项目分别获国家、省文化产业引导资金扶持。

（丁新伯　戴生斌）

**■宣传队伍建设**　实施宣传文化系统高层次人才选报和培养工程。2014年，1人入选省"双创"(创新、创业)人才，10人入选扬州英才计划，争取各类人才项目资助资金20多万元。连续3年举办复旦大学高层次培训班，组织全市优秀文化人才50人参加培训；首次组织全市600多名宣传文化系统干部集中学习活动，专题听取“牢牢掌握意识形态工作的领导权管理权话语权”辅导报告。建立宣传文化系统人才数据库，定期更新文化人才信息。举办全市宣传文化系统科级干部复旦大学培训班，组织各类人才参加清华大学、北京大学高级研修班及省委党校相关业务培训。举办理论骨干培训班、新闻发言人培训班、政工干部培训班、基层宣传委员培训班、党员冬训培训班等，提升宣传文化系统干部整体素质。

（丁新伯　戴生斌）

## 组织工作

**■领导班子和干部队伍建设**　2014年，全市共调整配备县处级干部182人次，其中提拔82人次、交流50人次。组织各地各部门系统学习新出台的《党政领导干部选拔任用工作条例》和加强干部选拔任用工作监督、竞争性选拔干部、地方党政干部考核、规范领导干部企业兼职（任职）、严禁超职数配备干部等文件精神，举办专题学习班13次，召开党委（党组）中心组专题学习会621次，市县联动培训干部1.7万多人次。开展专项整改，做好中央和省委巡视组反馈问题的整改落实工作。“裸官”专项治理1人，清理党政领导干部在企业兼（任）职，消化退（离）休领导干部在社团兼职438人次。开展干部“三龄二历一身份”（年龄、工龄、党龄，学历、工作经历，干部身份）核实工作。加强干部日常监督管理，组织1125名市管领导干部报告个人有关事项并抽查核实。健全“三员一网”（由督导员、监督员、联络员构成干部监督网）干部监督体系。建成干部选拔任用工作全程纪实系统。完成11名领导干部的任中和离任联审工作。有序开展参照公务员法管理事业单位人员登记工作，配合开展全市机关事业单位干部到龄退休、接转工资关系、“吃空饷”、“在编不在岗”、“超编进人”等重点问题检查工作。规范实施公务员（选调生）考录、事业单位工作人员招聘工作。新派援疆、援藏、援青干部31人，组织60名对口支援地区干部到扬州培训，接受31名干部到扬州挂职锻炼。加强年轻干部、后备干部培养，实施“五个一批”培养锻炼计划，选派300多名市、县机关年轻干部到经济薄弱村、重大项目、信访维稳等一线实践锻炼，多层次、多渠道提高实际工作能力。实施县（市、区）党政正职考核工作，强化对市委、市政府重点工作完成情况考核，加大对转型发展、科技创新、民生改善和生态建设等方面的考核比重。（杨　俊）

**■干部教育培训**　印发《2014—2017年扬州市干部教育培训工作实施意见》，市级层面培训4680人次，市县联动培训1.8万人次，推进干部理论武装、党性教育、能力培训和知识更新。围绕深入学习贯彻习近平总书记系列重要讲话精神，用好市委党校主阵地，先后举办3期县处级领导干部专题轮训班，920名市管干部、市属国有企业负责人和乡镇（街道）党组织书记参训。围绕改革创新、融合发展、社会治理、群众工作等内容，举办全市第16期中青年干部培训班，组织45名新任职的县处级领导干部集中脱产培训，在扬州市委党校举办县处级干部进修班和“跨江融合发展”“社会建设与治理”等专题班6个，选调相关领域干部赴清华大学、复旦大学、同济大学参加交通运输现代化、优秀文化人才、世界遗产保护等专题培训。加强学风管理，严格执行全程跟踪评估、全程考察干部、全程建立档案的“三个全程”制度，加大对干部参加培训的考核力度，做好领导干部教育培训学时登记考核，首批给16家干部教育培训现场教学基地授牌，进一步整合教育培训资源，干部培训质态更加优化。

（杨　俊）

**■人才工作**　加大人才政策的宣传力度，修订《〈扬州市区引进高层次人才住房保障办法〉实施细则》，优化人才住房保障申报流程，兑现首批住房保障资助资金，发放900多份高层次人才医疗保健服务证，3名人才所在企业在“新三板”挂牌。探索人才项目绩效考核，首次实行2013年度“绿扬金凤计划”资助资金“拨改投”试点，制定《扬州市“绿扬金凤计划”创业创新领军人才项目绩效评估暂行办法》。组织17名人才申报第11批国家“千人计划”；5个科技类团队入选省“双创团队”，数量列省辖市第一；29人入选省“双创人才”，列全省第五；57人入选省“博士计划”，列全省第二；1人入选省“高技能人才”；共向上争取省级财政无偿资助资金4505万元，均实现新突破。高层次人才创业新增销售68.9亿元，纳税5.6亿元，获授权发明专利119个。提升政、产、学、研合作层次，第六批科技镇长团推动校企双方对接项目322个，合同金额5.01亿元，协助引进高层次人才326人。加强本土人才培育，遴选第二期100名“扬州英才”，制定专项资金管理办法。先后在复旦大学、清华大学举办2期企业创新管理高级研修班，选派重点企业负责人和省级科技企业家、“333工程”培养对象等100多人参训。发挥人才专项资金导向作用，全年市县两级安排人才专项资金7900多万元。组织开展“十三五”规划人才强市课题研究，完善市高层次人才服务中心功能，建成科技产业综合体165万平方米，建成省级以上“三站三中心”（博士后科研工作站、院士工作站、研究生工作站，工程技术研究中心、企业技术中心、工程研究中心）534家。（杨　俊）

**■基层组织建设**　着力构建党员干部常态联系服务群众机制，市委印发《关于完善党员干部直接联系群众制度的实施意见》，开展党组织和党员“统一活动日”活动，推动机关在职党员到社区报到，全年服务群众近10万人次。探索建立党员“一方隶属、多方管理服务”体系，明确市委组织部与地方党（工）委双重管理的30家非公经济党组织和社会组织党组织。严格党员发展和管理工作，

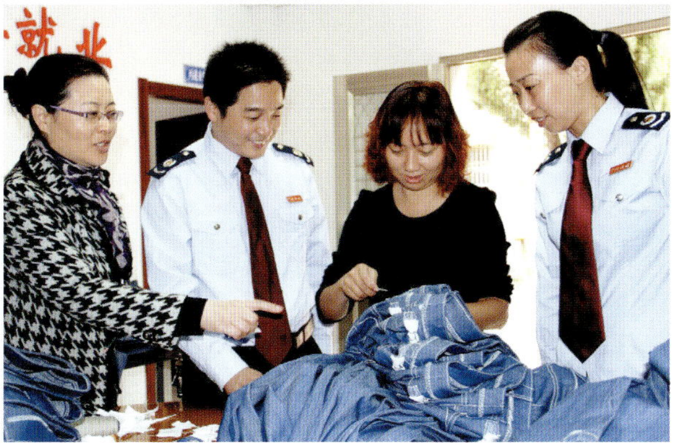

党员"统一活动日"期间，仪征市地方税务局三分局的党员税官到结对帮扶的新村社区服装加工厂服务

王　卓、梅德鸿、周晓明/摄

提升党员发展质量和管理水平。加强村级组织带头人队伍建设，市委组织部印发《关于进一步加强全市村党组织书记队伍建设的意见》，推动人财物和政策向基层倾斜，省委党建工作领导小组简报刊登推广，省委组织部领导批示肯定。继续加强农民集中居住区、农民专业合作社等领域党建工作。选派166名市、县机关年轻干部挂职担任经济薄弱村"第一书记"。组织换届后新当选的村(社区)班子成员轮训，选派80名村党组织书记和大学生村官赴台湾学习现代农业。在中央确定的软弱涣散基层党组织标准基础上，细化界定"扬州标准"，排查出117个软弱涣散村(社区)党组织，完成阶段整顿任务。创新开展"两新"组织(新经济组织、新社会组织)"党组织形象展示年"活动，补强"两新"党建短板。选派60名非公企业党务工作者参加全省非公企业党建工作实务培训，提高党建工作能力。提升党建工作信息化水平，实施"远程教育入户"工程，全年新建基层站点500个，实现全市所有社区、市县双重管理非公企业远程教育全覆盖，先进站点由24.5%提升到40%以上。推出瘦西湖船娘班党支部、李树干、顾晨葵、黄婷等一批省级先进典型。　（杨　俊）

## 纪检监察

**■概述**　2014年，全市各级纪检监察机关开展党的群众路线教育实践活动，以"聚焦主业年""作风提升年""制度规范年"为抓手，落实"两个责任"(党风廉政建设党委主体责任、纪委监督责任)，持之以恒改进作风，着力深化源头治腐工作，深入推进"三转"(转职能、转方式、转作风)，加大办案力度，强化纪检监察队伍建设，全市党风廉政建设和反腐败工作取得新的进展和成效。市纪委、市监察局获评2014年度市级机关工作目标绩效先进单位，制度廉洁性评估工作获市委、市政府工作创新奖。　（张　翅）

**■推进"两个责任"落实**　市纪委协助市委第一时间研究制定《关于落实党风廉政建设党委主体责任、纪委监督责任的实施意见(试行)》，明晰责任主体，创新建立纪委约谈、"会议商定、全程留痕"等落实机制。建立市委、市政府领导班子成员党风廉政建设"主体责任"清单制，对党风廉政建设责任制检查考核中提出的57条整改意见、建议，进行跟踪落实。协助开展第五次县处级党政主要负责人向市委全委会汇报廉洁从政情况活动。扬州市委全委会集体"问廉"县处级党政正职的监督制度，被吸纳到省委落实"两个责任"的"意见"中。加强"两个责任"的宣传，在市、县两级主要媒体开设党委、纪委主要负责人谈"两个责任"专栏，讲认识、明态度、亮措施，营造落实"两个责任"良好氛围。　（张　翅）

**■作风建设**　把落实中央八项规定、省委十项规定、市委二十条实施意见精神作为经常性工作，健全完善党委、政府和纪委联动督查机制，全年市、县两级共组织各类明查暗访350多次。及时受理群众信访举报、相关部门移送以及媒体反映的问题线索，严查违纪违规行为，对典型案件点名通报曝光、公开问责。全市共查处违反八项规定精神问题77件，给予党政纪处分47人；23次公开通报曝光87件典型案例。开展"会所中的歪风"、党员干部违规吃喝等问题专项整治，督促4家文保单位整改违规出租经营行为，专项检查公款送节礼年货、公务用车违规使用、公款旅游等问题。市级行政事业单位因公出国(境)、公务接待、公车购置与运行费用分别比上年下降11.8%、16.8%、15.9%。　（张　翅）

**■提升行政效能**　推进"三减一提"(减章、减时、减负，提升行政效能)行政效能提升工作，查处违规收费等典型问题7件，问责7人。制定出台《保障企业"安静生产"实施办法》《扬州市服务企业问责办法》，依托"12345"政府服务热线，开通企业投诉热线，24小时接受企业投诉。组织市文广新局、市交通产业集团等7家单位，开展"三公开三报告"电视直播活动。此项活动历时三年，分9场共组织27个部门走进电视直播间，实现民生部门全覆盖。　（张　翅）

**■重大项目督查**　在重大项目监督领域积极探索、创新方式，优化派驻组织，将4个派驻督查组整合为1个派驻督查组，坚持问题导向，通过全面督查与专题督查相结合的方式方法，加强重大项目驻点督查，对41个单体投资1亿元以上项目督查172次，发现问题28个，约谈负责人7人，促进重大项目建设廉洁高效推进。　（张　翅）

**■查办案件**　坚持有案必查、有案查好，加强反腐败工作组织协调，建立健全问题及时发现、案件有效查办工作机制。强化对基层办案工作领导与指导，建立纪检监察室分区分片联系制度。落实查办案件线索处置向同级党委报告的同时必须向上级纪委报告的规定，在全省率先出台《县(市、区)纪委线索处置和查办案件情况报告暂行办法》。全市纪检监察机关共新立案件784件，上升16.5%。其中

县处级12人，上升120%；乡科级75件，上升23%；给予党政纪处分769人；办理“两规”（在规定时间、规定地点就案件所涉及的问题作出说明）案件21件；移送司法机关40人，挽回经济损失4835.3万元。各地、各部门还及时查办189件发生在群众身边、损害群众切身利益的案件。深化信访举报工作“六导法”（强化对基层单位的政策辅导、业务指导、重点督导，强化对群众的法规引导、思想开导、心理疏导），开展“寻访”工作。践行“五查环扣、案结事了”（严密线索排查、精准初步核查、全面案件调查、严把关口审查、严格案管督查）办案模式，创新实行“三方联审”（市纪委审理室、市直审理人才库、所在单位成员），严明监督执纪工作纪律，确保审查安全，提高办案质量。坚持抓早抓小、防微杜渐，对12名县处级、84名乡科级领导干部进行提醒、诫勉谈话。（张　翅）

**■权力监督**　2014年，在上年“三直接”（直接面向群众服务、直接分配财政资金、直接接触工程建设）十大环节操作规范的基础上，市委、市政府印发《“三直接”新十大环节操作规范》，20个环节操作规范的刚性执行有效地规范权力行使。其中，“净地出让、摇号主持、现场直播、全程跟踪”的土地阳光出让新模式，得到省委、省政府和省纪委的肯定，并在全省推广。对2013年“三直接”十大环节操作规范执行过程中发生的违规行为进行查处，问责47人。以“六民”（民意监督、民风监督、民利监督、民生监督、民权监督、民主监督）为引领，深化农村“大监督”机制建设，推进农村党风廉政建设深入开展。（张　翅）

**■反腐倡廉制度建设**　落实中共中央建立健全惩防体系2013—2017年工作规划和省委实施办法，市委出台实施意见，市纪委抓好任务分解和推进落实，市、县两级新建权力监督、惩治腐败等重点制度63项。开展制度廉洁性评估工作，全市共对451件文件进行“廉评”，废止25件，修改完善162件。出台《关于实施“一案双查”的暂行办法》，对群众反映问题较多的部门主要领导和办案工作不力的纪委负责人进行约谈。（张　翅）

**■廉政文化建设**　2014年，市纪委联合市委组织部、市委宣传部在全市党员干部中开展“廉能量”主题活动，集中宣传15名扬州市党员干部身边的“廉能量之星”；通过向全国公开征集的方式，收集焦裕禄、杨善洲等21个全国勤廉典型的事迹资料，编辑并由中国方正出版社出版《中华廉能量》一书，汇聚和放大“廉能量”效应。“12·9”国际反腐败日，制作《“狱中八条”警示录》专题片，组织党员领导干部收看。承办“运河城市清廉高效政府建设”国际研讨会。（张　翅）

## 统战工作

**■巩固共同思想政治基础**　组织统一战线成员学习贯彻中共十八届三中全会、四中全会精神和习近平总书记系列重要讲话精神。举办全市统一战线坚持和发展中国特色社会主义宣讲会、交流会。会同市工商联召开全市非公有制经济代表人士理想信念教育实践活动报告会、推进会、座谈会，江都区非公经济人士沈昌圣被表彰为全国第四届“优秀中国特色社会主义事业建设者”。开展“最美同心人”主题宣传活动，在全市统一战线推出21名“最美同心人”。“最美同心人”主题宣传获全市宣传思想文化工作创新奖。（茅建刚）

**■服务经济社会发展**　建立统一战线重点调研课题汇报制度，组织市各民主党派、工商联围绕全市经济社会发展重大问题，深入开展调研，提出一批有价值有分量的意见和建议，4条建议被市委主要领导批示。召开全市统一战线重点调研课题汇报会，推动调研成果转化落实。开展统一战线“同心同行·服务社会聚合力”系列活动，送科技、送文艺、送医疗到基层和社区。会同市工商联组织召开政策解读会、恳谈会，推动市委2号文件等惠企文件在非公有制企业落实。开展民族团结进步和政策法规宣传月活动，高邮市菱塘回族乡被国务院表彰为“全国民族团结进步模范集体”。推动结对帮扶少数民族乡村项目落实，向上争取帮扶项目15个，投入资金1185万元。（茅建刚）

**■党外代表人士队伍建设**　做好省委督查组对扬州市贯彻落实中共中央16号文件和省委3号文件精神情况的督查。市委统战部联合市委督查室、市委组织部专项督查各县（市、区）加强党外代表人士队伍建设情况。召开全市党外代表人士队伍建设推进会，组织县（市、区）委统战部分管负责人外出学习取经。举办扬州市党外中青年干部培训班。组织推荐民主党派市委领导班子后备人选。创新开展党外干部“导师制”培养，获省委统战部工作创新奖。举办扬州市首期宗教界代表人士培训班，抓好宗教界代表人士队伍建设。（茅建刚）

## 机关党建

**■学习型党组织建设**　组织机关党员干部学习中共十八大、十八届三中全会、四中全会和习近平总书记系列重要讲话精神以及市委六届七次全会精神，以“理想与情怀，责任与担当”“强化法治理念，自觉依法行政”为主题，加强对机关中层骨干的教育培训。全年分层次举办4类8期培训班，培训党员干部1036人。印发《2014年市级机关学习型党组织建设行动计划》，指导推荐2个基层党组织创成市级示范点（市财政局）、“省级学习型党组织、学习型领导班子示范点单位”（市经信委）。在学习型党组织示范点市物价局和市财政局建立“法治示范角”，以点带面推动法治宣传教育。在市房管局、市检察院等部门试点领导干部、普通党员上“微党课”制度，以身边人教育身边人的新颖形式，提升教育实效。申报案例入选市委宣传部“2014年马克思主义大众化工作优秀创新案例”。（戚建忠）

■**基层党组织建设** 专项督查17个市级机关部门党组(党委)贯彻落实《中国共产党党和国家机关基层组织工作条例》和市委实施意见情况，组织其他71个机关部门开展自查，督查情况专题汇报市委并通报。研究制定并与市委组织部联合印发《市级机关党建基础工作规范化实施意见》，对市、县机关就建立党建责任制、严格党内生活、搭建党建平台、彰显党组织作用等方面，细化工作指导，强化制度刚性。规范组织设置，全年新建党组织20个，指导推动按期换届76个。指导发展党员84人。严格党内生活，以党员“统一活动日”为载体，推进基层党组织认真落实“三会一课”、民主生活会、组织生活、民主评议党员等制度，强化党内制度约束。组织400多个党组织、4300多名在职党员到153个社区报到，力所能及为民办事。联合市委组织部集中培训240名机关党组织负责人和党务干部及县(市、区)机关工委书记，提升基层党务干部能力素质。明确机关党组织班子候选人任职条件，选优配强机关基层党组织班子。 (戚建忠)

■**机关作风建设** 围绕服务项目、服务企业、服务群众，推进机关部门转作风、提效能、办实事。采取实地查访、召开现场会、年终考核等3项举措，深化“群众满意的窗口服务单位”和“群众满意的示范岗位”创建活动，提升执法监管部门、窗口单位的服务效能和质量。联合市经信委进园区，走访15家规模企业，召开3场座谈会，发放100多份问卷调查表，将发现的27个问题及时反馈给相关的21个部门，督促其认真制定整改措施，并跟踪整改情况。走进11个承担重大项目的部门调研，深入14个民生实事项目一线查访，促进责任部门之间相互协调配合。组织开展市级机关工作目标绩效综合考评，对市级机关117个部门、单位组织开展社会评议、第三方群众满意度测评和网络评议，考评结果作为市委年度综合考评先进单位和表扬单位评选依据，发挥考评对推进机关作风建设的导向、激励、监督和评价作用。 (戚建忠)

■**党风廉政建设** 开展反腐倡廉“电教月”活动，机关7800人次的党员干部受到警示和教育。开展“清廉人物”征文活动，从80多篇征文中遴选26篇汇编成专辑，下发机关各党组织学习宣传；联合市纪委举办“12·9”廉政书画作品展，从116幅作品中遴选表彰42幅，并在扬州廉政文化展示馆展出，组织市级机关所有部门领导班子成员及机关干部代表600多人参观。依纪依法查处2件党员干部违纪案件。 (戚建忠)

■**机关创建活动** 举办2场“道德讲堂”，推动市级机关文明单位和百人以上单位全部建立“道德讲堂”，开展“我推荐、我评议身边好人”活动。组织开展结对扶老、创建全国文明城市“集中行动月”、“迎青奥，促和谐”、“三关爱”、阳光安养中心助残行动、青年希望工程圆梦行动等主题志愿服务活动；组织开展结对帮扶和党内关爱活动，慰问市级机关特重病伤残党员干部60人，机关处级以上领导干部慰问贫困群众230多人；推动各基层工会落实互助互济保障机制，全年61个单位5800多人参加互助互济，197人次受益。基层群团组织以“工人先锋号”“青年文明号”创建活动为载体，开展技术培训、技能比赛、岗位成才活动，涌现出一批创新创优的先进集体和个人。 (戚建忠)

## 老干部工作

■**概述** 2014年，全市共有离休干部1750人。其中，第二次国内革命战争时期参加革命的1人，抗日战争时期参加革命的398人，解放战争时期参加革命的1351人；享受副省级医疗待遇的2人、厅局级(含副厅局级)待遇的89人、厅局级医疗乘车待遇的114人、副司局级医疗待遇的228人、县处级(含副县处级)待遇的536人；80岁及以上1747人。年内全市离休干部去世185人。 (唐小月)

■**落实政治待遇** 春节前，市委办公室、市委组织部、市委老干部局等部门联合部署春节期间老干部工作。谢正义、朱民阳等市领导走访慰问地市级老领导和在医院治疗的老干部，全市各地、各部门走访慰问全体离休干部和部分退休干部。3月8日，市委书记谢正义主持召开座谈会，专题征求部分老领导对市委常委会的意见和建议。3月起，市委老干部局开展“走进家门、倾听心声”活动，全年共走访市直离休干部800多人。4月，全市老干部部门组织离退休干部开展“喜看十八大以来扬州新变化”主题活动，内容包括征文、书画展览、座谈讨论、情况通报、参观考察等。4月22—23日，市委老干部局组织市直离退休干部500多人参观扬州瘦西湖隧道、平山堂西花园、鉴真广场、宋夹城体育休闲公园、城市规划展览馆等重大项目建设及经济社会发展成果。4月23日，市委老干部局与市委党史办、扬州军分区政治部、市新四军研究会联合召开纪念扬州全境解放65周年座谈会。6月27日，市委老干部局举办学习先进先辈，践行“三严三实”——张万林先进事迹报告会，全市老干部部门负责人、老干部工作专兼职干部、离退休干部党支部书记、老干部代表近200人参加会议。8月，市委老干部局组织离退休干部参观纪念周恩来诞辰116周年展览、“张爱萍在方巷”纪念馆。10月15日，市委老干部工作领导小组召开会议，研究解决提高改制企业离休干部服务管理经费标准，设立老干部特殊困难帮扶基金等方面问题。10月27日，市委、市政府组织市四套班子老领导参观考察部分重点城建项目、重大产业项目建设，市委书记谢正义向老领导通报市情。11月18日，市委老干部局举办全市老干部工作者暨市直老干部党支部书记学习十八届四中全会精神培训班，市直部门老干部党支部书记及各县(市、区)老干部工作者近90人参加培训。11月26日，全国离退休干部“双先”(先进集体和先进个人)表彰大会在北京召开，扬州市离休干部殷翠红获大会表彰。12月26日，市长朱民阳主持召开老干部座谈会，就《政府工作报告》(征求意见稿)征求市四套班子老领导的意见和建议。全市采取多种形式学习贯彻中共十八大、十八届三中全会、四中全会精神和习近平总书记系列重要讲话精神，邀请有关专家定期举办老干部学习辅导讲座10多期。市委老干部局全年编发4期6000多册老干部学习资料，征订《银潮》1800本，指导老干部学习。（唐小月）

**■落实生活待遇** 市委老干部局年内召开4次市直部门老干部工作专兼职人员会议，召开4次驻扬单位老干部工作联席会议。年内共走访老干部800多人次。组织开展“助老读党报，学老跟党走”活动，读报小组利用节假日，到老干部家庭、老干部活动室和社区等活动场所，全年为老干部开展读党报党刊活动。建立“金秋家园”助老服务驿站，为老同志提供健康咨询、心理咨询、法律援助等服务300人次。5月，市委老干部局在广陵区宝塔社区、江都区玉带社区、石油山庄等社区组织开展“服务居民、快乐自己”社区行活动，以社区离退休干部、居民为服务对象，开展送文化、送健康、送服务活动。10月，市委老干部局组织市级机关离休干部和副处级以上退休干部700多人参加健康体检。年内，高邮市水部楼社区、广陵区琼花观社区、江都区玉带社区3个社区被评为江苏省服务离退休干部工作精品社区。

（唐小月）

**■开展文体活动** 1月，市老干部艺术团合唱队应邀参加在扬州大剧院举办的2014年扬州春节联欢晚会节目录制；市委老干部局、市老干部书画研究会、市老年书画家协会联合主办《扬正气·颂清廉》老干部书画作品展；市委老干部局、市老干部书画研究会、市老干部诗词协会共同举办“共圆中国梦 马年送春联”活动；市老干部书画研究会、市老年书画家协会与市文联在市文联美术馆、汉陵苑联合举办迎春书画展；市委老干部局、市诗词协会、扬州晚报社在曜阳国际老年公寓共同举办2014迎新春音乐会。4月，市老干部门球队参加曜阳公寓首届门球友谊赛；举行2014年扬州市老干部门球交流活动；市老干部活动中心古筝队组织队员为“烟花三月”国际经贸旅游节献曲。5月，市老干部书画研究会参加蜀冈-瘦西湖风景名胜区党工委和市文联在竹西文化广场举办的“百名书法家送万家家风”活动；市委老干部局举办“八段锦”“十二法”健身气功培训班；市委老干部局、市教育局、市关工委在翠岗中学联合举办“五月放歌”民乐进校园活动；市老干部书画研究会在扬州汉陵苑展厅承办“漕河墨韵”书画展；市老干部舞蹈队在扬州市第六届“琼花杯”舞蹈大赛中获金奖；市老干部桥牌队获2014华东二省一市老干部桥牌邀请赛亚军；市老干部集邮协会举办老少同乐集邮活动；市老干部京剧协会副会长朱正东获文化部中国民族文化促进会颁发的中国京剧票友贡献奖。6月，市委老干部局、市文明办、市文联、蜀冈-瘦西湖风景名胜区管委会等单位联合举办“竹西雅集”2014瘦西湖端午诗会；市老干部书画研究会在汉陵苑举办“迎7·1书画展”；市委老干部局和双桥街道党工委联合举办庆“七一”老干部走进文苑社区联欢会；由市委老干部局、市文联、市园林局、市老龄委主办，茱萸湾风景区等单位承办的“扬州市文艺家创作园——画家村、小画家村”授牌仪式暨“百米画卷迎七一·扬州茱萸湾风景区儿童书画创作”活动在茱萸湾聆弈馆举行。7月，市老干部书画研究会、市老年书画家协会举办“仲夏墨韵”大型笔会；市委老干部局、市老干部书画研究会到武警扬州支队驻地开展“八一”慰问活动。9月，“喜看新变化、共筑中国梦”——庆祝新中国成立65周年苏中片区老干部书画摄影作品联展在宝应举办，展出老干部书画摄影作品180件；第六届长江流域十省市老年书画联展在市美术馆举行，共展出长江流域十省市老年书画作品360幅；市老干部艺术团合唱队参加由东方惠乐主办的“过中秋、迎国庆、度重阳”文艺联欢活动；市老干部艺术团参加“同唱中国梦”国庆专场音乐会。10月，市老干部艺术团参加第二届中国江苏文化艺术节扬州分会场演出；市老干部古筝队举行建队20周年汇报演出；市老干部艺术团参加扬州市“超级合唱团”比赛；市委老干部局举办2014年扬州市老干部中国象棋交流活动。11月，市老干部古筝队送文艺进扬州社会福利院。（唐小月）

**■发挥老干部作用** 组织全市老干部开展“我为改革添能量，我为发展献计策”主题活动，收到合理化建议30多条。组织开展送中华诗词、送书画、送文艺、送讲座、送健康，进社区、进校园、进乡村、进企业、进军营“五送五进”系列活动。全市全年举办各类文体活动100多场，服务群众10多万人次。5月29日，由市委老干部局、市文联、高邮湖西新区管委会联合主办，市老干部书画研究会、中国银行扬州分行营业部、扬州当代书画院协办的湖西新区少儿书画辅导基地在高邮市送桥镇天山实验小学揭牌，现场同时举行学习用品捐赠仪式。《银潮》《中国老年报》《扬州日报》《情况交流》等报刊专题刊登离休干部张万林的先进事迹。在全市组织开展离退休干部“双先”评选活动，涌

离退休老干部现场向皮市街社区居民传授书画技艺

庄文斌、乔家明/摄

现出邗江区关心下一代工委顾问郑正等一批先进离退休党员干部。

（唐小月）

## 党史工作

**■概述** 2014年，市委党史办公室（简称市委党史办）围绕党史征编、研究和宣传教育工作，征编图片资料20多幅、文字资料23万字，出版党史书籍1本，举办宣传教育活动10多次，赠送党史书籍500多册。

（冯雅勤　杨志军）

**■党史资料征编** 制定下发党史“三卷本”编写工作方案，明确编写任务和编写要求，修订完善已有的纲目初稿，有针对性地开展资料征编工作，加强对新民主主义革命时期、社会主义革命和建设时期党史资料的查缺补漏，采访部分当年战斗在扬州的老一辈革命家的后代，赴省内外多地征集到一批珍贵文献与图片。完成《江苏解放纪实》扬州部分文稿及资料的整理上报，向省委党史工办提供1.5万字综述、7篇回忆文章及20多幅珍贵照片，定名《难忘的历史瞬间》，由中共党史出版社出版发行。完成省下达的《抗战人物实录》《党史人物分卷》等书稿组稿、校改任务。《英烈传》经修改完善，已成稿。赴中央、省、市档案馆征集高邮战役相关文献资料，完成书稿初稿编撰，暂定名《高邮邵伯战役》，共收录各类文献资料及研究文章60多篇，约20万字。

（冯雅勤　杨志军）

**■党史资政研究** 2014年，市委党史办组织撰写《中国特色社会主义经济理论在江苏的实践之路》《论任弼时的学习观》《扬州地区贯彻党的农村土地政策的八个重要阶段》等理论文章，参加省纪念邓小平诞辰110周年理论研讨会、全省党史界纪念中华人民共和国成立65周年学术研讨会、江树峰诞辰100周年纪念座谈会、全国纪念任弼时诞辰110周年学术研讨会等。为市委党的群众路线教育实践活动领导小组办公室选编的《扬州市先辈先进人物事迹选编》提供稿件10篇，在《扬州日报》《扬州晚报》开设《“缅怀先辈　学习先进”践行群众路线》专栏。根据人民来信及市委书记谢正义批示，就苏中革命历史纪念馆扩建问题，先后多次组织党史专家及工作人员赴宝应县西安丰镇调研，向市委作汇报并提出建议，为市委决策提供参考。

（冯雅勤　杨志军）

**■党史宣传教育** 先后召开纪念扬州全境解放65周年座谈会、“坚持改革创新，实现强国梦想”——纪念邓小平诞辰110周年理论研讨会、新四军一师暨苏中党政机关进驻宝应70周年座谈研讨会、中国人民抗日战争胜利纪念日报告会等纪念活动，在《扬州日报》《扬州晚报》等媒体上开辟专栏刊发相关专题文章、纪念文章，产生较大影响。7月1日，举行纪念中国共产党成立93周年党史学习日赠书活动，现场赠书400多本，吸引上百名过往市民和扬州大学师生的热情参与，现场回收问卷调查20多份。12月，为呼应首个国家公祭日活动，配合新闻单位介绍万福闸惨案、天宁寺惨案等；与广陵区、湾头镇等联合举办万福闸惨案公祭活动。调整曹起溍故居开放接待时间，让市民和游客在周末和节假日也能进入场馆参观学习，教育基地作用得到进一步发挥。　（冯雅勤　杨志军）

## 党校工作

**■教学工作** 办好主体班次。举办全市市管县处级领导干部学习贯彻习近平总书记系列重要讲话精神集中轮训班，分3期对全市市管县处级领导干部进行轮训。举办社会建设与治理专题培训班、新型城镇化与农业现代化专题培训班、文化建设与现代服务业专题培训班、法治扬州建设专题培训班和县处级干部进修班等8个春秋季主体班和扬州市第16期中青年干部培训班。开拓各类班次。完成中央党校西藏班、省委党校第8期县处级中青年干部培训班和第14期省管干部进修班到扬州现场教学工作。先后举办2014年度扬州市团干部培训班、宣州区第12期优秀中青年干部培训班、湖北秭归县中青年干部培训班和新疆新源县村级干部、少数民族妇女干部培训班等班次。全年共举办各类班次19个，培训学员1776人。开展理论宣传。多人走进扬州电视台、扬州电台，宣传党的群众路线、党的十八届四中全会和市委六届八次全会精神，在《扬州日报》《扬州晚报》发表理论文章6篇；5名教师参加市党的群众路线教育实践活动和十八届四中全会精神宣讲团，深入党政机关、企事业单位和乡镇街道开展宣讲活动。加强课程建设。举办2014年度全市党校系统中青年教师专题课教学竞赛，19名教师参加竞赛，其中8个专题课分获一、二、三等奖。

（钱存林）

**■科研工作** 围绕市委、市政府中心工作强化调研组织力度。确立“扬州推进融合发展研究”“扬州实施文化强市战略研究”“扬州推进生态文明建设研究”“扬州推进民生建设研究”4个校级重点调研课题。建立调研组织。以“1名课题牵头人、1至2名科研骨干、2至3名年轻教师”的人员配置模式成立重点课题调研小组，科学组织调研力量。加大推进力度。成立由常务副校长任组长的科研工作推进小组，制定《科研工作推进小组章程》，加强对调研工作的全程指导和督查。完善考核措施。重新修订出台《党校科研工作考核办法》，坚持以成果为导向，加大对科研成果特别是决策咨询类成果的资助奖励力度。推进科研协作。市委党校承办党校系统第二届宁镇扬同城化发展战略研讨会，共收到论文39篇，评选出优秀论文8篇。全年专兼职教师共发表各类文章46篇，出版著作8本。1项成果获市政府二等奖，5项成果获市政府决策咨询奖。市委党校教师申报的“扬州跨江融合发展战略研究”被省哲学社会科学规划领导小组批准立项。22篇成果参加省、市讨论会。

（钱存林）

# 扬州市人民代表大会及其常委会

Yangzhoushi Renmin Daibiao Dahui Jiqi Changweihui

编 辑 姚 震

## 综述

**■概况** 2014年，扬州市人民代表大会常务委员会(简称市人大常委会)举行6次常委会会议、10次主任会议，听取和审议"一府两院"(市政府，市中级人民法院、市人民检察院)24项工作报告，作出9项决议、决定，开展2次专题询问，检查1部法律实施情况，任免市级国家机关工作人员62人次。结合常委会议题，举办企业国有资产法、行政许可法等5部法律法规讲座。围绕全市中心工作和常委会重要议题，开展31项调查研究和7次专题视察。全年共受理来信159件，接待来访375人次。全年接待来自克罗地亚、俄罗斯、韩国等国家的议会代表团200多人次。

组织新闻媒体报道推进区域供水决议实施情况、代表与选民"统一见面日"等活动，通过"扬州人大"网站、"扬州网"等平台直播常委会会议，坚持与扬州广播电视总台联合制作《TV议案365》栏目、公民旁听常委会会议等做法，办好《扬州人大》和《扬州日报》人大专版，扩大人大工作影响力。通过举办书画摄影展、开展征文活动等多种形式，宣传人民代表大会制度的光辉历程。市地方人大工作研究会围绕"清水活水"工程建设、旅游业市县联动等开展调研，以"代表联系选民"为主题组织交流研讨。 (罗庆久 刘 刚)

**■监督工作** 推动深化改革。市人大常委会听取行政审批制度和机构改革工作汇报，要求尽快建立行政审批事项目录清单、行政权力清单、投资审批负面清单、专项资金管理清单和行政事业性收费目录清单，继续推行"三集中、三到位"，加快网上审批系统和基层综合服务平台建设。市政府公布行政审批目录等4个清单，取消和调整一批行政审批事项。重视国有资产监管工作，督促出台国资国企综合改革管理意见，优化整合国有资产，实现国资国企监管全覆盖，推进建立现代企业制度。听取市区财政管理体制调整方案汇报，要求建立市、区两级财力与事权责任相匹配的新型财政关系，促进提高市级统筹调控能力，增强基层发展活力。

推动转型升级。调研上半年经济工作，视察科技创新体系和重大交通基础设施建设，要求优化市区产业布局，促进产业集聚集约，加快工业化和信息化深度融合，积极利用信息技术改造传统产业，发挥科技在推动转型升级中的引擎作用，提升企业自主创新能力。审议旅游业发展专项工作报告，要求秉持城市即旅游理念，创新工作机制，深度整合资源，加强市县联动，推动多元投入，加快转型升级步伐。关注农业产业结构调整，听取农业产业化和农村合作经济组织规范运行工作汇报，要求加大地理标志农产品保护力度，培育重点企业，扶持知名品牌，形成一批竞争力强的产业集群。视察农业综合开发项目区高标准农田和基层水利服务体系建设，促进改善农业基础设施条件，提高农业生产效益。

加强全口径预决算监督。听取2013年市级财政决算、市级预算执行和其他财政收支情况的审计工作报告等，批准市级2014年地方政府债券安排及预算调整方案，要求认真执行修改后的预算法，提高预算编制的科学性和精准性，2015年全面实现非税收入收支脱钩，新增财力更多向民生重点领域和基层倾斜。督查14个民生类专项资金使用绩效，督促建立科学的绩效评价体系，把有限的民生资金用在刀刃上。委托审计部门专项审计市园林局等5个政府部门预算执行和科技创新、旅游业2个专项资金，要求结合行政管理体制改革和政府职能转变，从制度层面抓好审计发现问题的整改。

推进司法为民。重视法院"执行难"问题，组织人大代表视察法院执行工作，抽查35件执行卷宗，随访40名程序终结案件当事人，分析"执行难"症结所在，要求牢固树立执行贯穿司法程序始终的理念，完善联动机制，强化执行力度，维护当事人合法权益。市中级人民法院认真落实常委会审议意见，加大曝光失信被执行人力度，依法惩处拒不执行判决裁定行为，规范执行款物管理，执行质效得到进一步提升。关注社区矫正工作，强调坚持刚柔相济原则，提升矫正工作实效，建好社区矫正管理教育服务中心，引导社区服刑人员尽快改过自新。 (罗庆久 刘 刚)

**■讨论决定重大事项** 围绕"七河八岛"区域生态环境保护决议目标和生态科技新城规划，市人大常委会多次组织实地视察和专题调研，督促政府尽快制定实施方案，建立生态补偿机制，加快船厂、砂石场搬迁，抓好水环境保护和生态环境修复。对此，市政府出台市区生态补偿转移支付办法，更好保护该区域生态环境。作出同意确定第四批城市永久性保护绿地的决议，同意调整蜀冈西峰生态公园部分绿地的决议，要求市政府增强前瞻意识，从规划层面减少调整和变更行为。听取申遗工作汇报，视察重大城建基础设施建设和市区"清水活水"工程，对小秦淮河整治、大东门区域规划和综合整治方案提出建议。审议农村河道长效管护工作，要求强化农村工业污染、生活污染和农业面源污染防治，发挥已建污水处理设施作用，优化管护机制，改善农村生态环境。（罗庆久　刘　刚）

**■执法检查**　市人大常委会与省人大常委会联动开展老年人权益保障法和省条例执法检查，先后察看养老服务中心、社区日间照料中心，开展问卷调查。针对养老保障不完善、医疗保障不健全、居家养老探索不足、机构养老举措不力等问题，要求政府进一步完善全市老龄事业发展规划，强化政府"保基本、兜底线"职能，引导社会资本进入养老市场，提升养老服务业发展水平。市政府根据审议意见，出台鼓励民间资本参与健康养老服务项目建设和运营的政策措施。以教师法颁布实施20周年为节点，听取市政府专项工作报告，针对师资结构不合理、培训任用机制不健全等问题，要求依法规范教师队伍管理，有效提升师源质态，合理配置教育资源，促进教育优质均衡发展。配合全国、省人大常委会开展航道法草案、省大气污染防治条例草案等立法调研。对《扬州市征地补偿和被征地农民社会保障办法》等8件规范性文件开展备案审查，促进依法行政，维护法制统一。（罗庆久　刘　刚）

**■关注民生**　市人大常委会持续督查区域供水实施工作，并对审议意见落实情况组织"回头看"。针对水源地保护存在漏洞、支管网改造滞后、运营管理不够规范等问题，督促加大截污控污力度，制定实施支管网改造计划，加强供水企业经营管理，稳步提升区域供水可持续运行水平。听取"菜篮子"工程建设情况汇报，要求稳定农产品生产基地，解决好销售"最后一公里"问题。督查2014年度政府为民办实事项目，促进全面兑现民生一号文件承诺，统筹安排好新一年民生实事项目。调研房屋征收(拆迁)安置工作，要求市政府加大对超腾仓期未安置和"两证"（国有土地使用证、房屋所有权证）未发放问题解决力度，大力推动货币化安置，全面提升建设品质，切实保障群众权益。（罗庆久　刘　刚）

**■开展专题询问**　市人大常委会抓住事关人民群众身体健康的热点问题，询问基层卫生服务体系建设情况。组织常委会委员和市人大代表暗访基层卫生机构，有针对性地开展问卷调查。就基本药物保障、分级诊疗实施、医疗队伍建设等问题，专题询问市政府相关职能部门，促进社区卫生服务中心实现全覆盖，政府所办基层医疗机构实行药品零差率销售。市人大常委会第十六次会议首次就本届以来常委会审议意见落实情况开展专题询问，调研城乡低保保障、科技创新载体建设等5项具体审议意见落实情况，督促完善落实审议意见的工作办法。市政府及相关职能部门对照审议意见，问前认真总结办理情况，问中坦诚务实回应问题，问后扎实有力抓好整改，一些突出问题得以有效解决。（罗庆久　刘　刚）

**■组织代表活动**　市人大常委会修订完善《关于在人民代表大会闭会期间组织市人大代表活动的办法》，制定出台《关于加强市人大常委会同代表联系、代表同人民群众联系的意见》，将"百名代表参与常委会审议""主任接待代表日""代表参加工作评议""人大网坛"等创新做法制度化。开展第十个"统一见面日"活动，411名市人大代表通过个别走访、集中座谈等方式，联系选民1317人，收集的1158件意见、建议均得以反映和交办。运用信息化手段，建立集代表履职管理、议案建议办理系统于一体的市人大代表履职服务平台。制定《关于组织省人大代表报告履职情况的试行方案》和《关于组织市人大代表向原选举单位报告履职情况的试行办法》，探索建立监督约束机制。组织113名市人大代表向原选举单位报告履职情况，首次听取扬州市选举的4名省人大代表履职报告，并进行测评。截至年底，已有超过三分之二的县、乡两级人大代表向原选区选民述职。组织代表474人次参与市人大常委会5次审议，收集意见、建议1020条，并将共性意见吸纳转化为决议、决定和审议意见内容。举办5期"人大网坛"，征集意见建议237条，形成内参供常委会组成人员参阅。（罗庆久　刘　刚）

**■督办代表建议**　市人大常委会确定32件代表议案、建议作为督办重点，并选择6件代表性、操作性较强的议案、建议，由分管市长牵头领办。通过听取承办部门情况汇报、召开重点建议督查会、组织代表实地视察、网络公开议案、建议办理进度和结果等方式，督促重点议案、建议办理，"推进公共自行车租赁体系建设""加快软件和信息服务业人才引进和培养"等一批议案、建议得到解决落实。对代表初次答复为"不满意"的、列为"正在解决"和"计划解决"的三类代表议案、建议，加强分析研究和跟踪督办，推动落实到位。市七届人大三次会议和闭会期间提出的329件议案、建议全部办结，解决率72%，其中32件重点督办议案、建议解决率81.3%，6件市长领办议案、建议全部解决。评选33件优秀议案、建议并予以表彰。（罗庆久　刘　刚）

## 重要会议

**■七届人大三次会议**　扬州市第七届人民代表大会第三次会议于1月12—15日在扬州举行。426名市七届人大代表中，414人出席会议。会议听取和审议市长朱民阳代表市政府所作《扬州市人民政府工作报告》，审议市发展和改革委员会主任范天恩受市政府委托提交的《关于扬州市2013年国民经济和社会发展计划执行情况与2014年计划草案的报告》、市财政局局长张彤受市政府委托提交的《关于扬州市2013年财政预算执行情况和2014年财政预算草案的报告》，听取和审议市人大常委会副主任陈卫庆受市人大常委会委托所作《扬州市人民代表大会常务委员会工作报告》、市中级人民法院院长蒋惠琴所作《扬州市中级人民法院工作报告》、市人民检察院检察长闵正兵所作《扬州市人民检察院工作报告》；通过《关于扬州市人民政府工作报告的决议》等6个决议。会议收到议案108件，全部转为建议、批评和意见办理；收到代表提出的建议、批评和意见194件，全部交有关部门和组织研究处理、答复。

（罗庆久　刘　刚）

**■七届人大常委会会议**　市七届人大常委会第十一次会议于1月3日上午在扬州举行。会议通过市人大常委会工作报告、市人大常委会2014年度工作要点和议题安排计划、关于个别代表的代表资格的报告、市七届人大三次会议主席团和秘书长建议名单、市七届人大三次会议国民经济社会发展计划和财政预算审查委员会建议名单、关于表彰市人大代表活动先进小组的决定、关于接受佘义和辞去江苏省第十二届人民代表大会代表职务的请求的决定。会议表决通过有关人事免职事项。

市七届人大常委会第十二次会议于3月26日下午至27日在扬州举行。会议听取和审议副市长丁一代表市政府所作关于全市农村河道长效管护工作情况的汇报，审议市政府关于调整蜀冈西峰生态公园永久性绿地部分地块用途的议案，表决通过《关于调整蜀冈西峰生态公园部分永久性绿地的决议》。会议听取市人大常委会人事代表工委主任孙玉培受市人大常委会主任会议委托所作关于《扬州市人民代表大会常务委员会关于在人民代表大会闭会期间组织市人大代表活动的办法（修订草案）》修改情况的说明，审议通过《扬州市人民代表大会常务委员会关于在人民代表大会闭会期间组织市人大代表活动的办法》。会议听取被提请任命人员的拟任职发言，表决通过有关人事任免事项，并向被任命人员颁发任命书。会前，举办旅游法辅导讲座。

市七届人大常委会第十三次会议于5月27日下午至29日上午在扬州举行。会议听取和审议副市长丁纯代表市政府所作关于国有资产管理、全市旅游业发展情况的汇报，听取和审议副市长闻道才代表市政府所作关于扬州市贯彻落实《中华人民共和国教师法》情况的汇报、《市政府关于进一步完善城市永久性绿地保护制度并确定第四批永久性保护绿地的议案》的说明，听取和审议市中级人民法院院长蒋惠琴所作关于全市法院执行工作情况的报告。会议表决通过《关于同意确定第四批永久性保护绿地的决议》。会议听取被提请任命人员的拟任职发言，表决通过有关人事任免事项，并向被任命人员颁发任命书。会前，举办企业国有资产法辅导讲座。

市七届人大常委会第十四次会议于7月28日下午至30日上午在扬州举行。会议听取和审议副市长丁纯代表市政府所作关于上半年国民经济社会发展计划执行情况汇报，听取和审议副市长张宝娟代表市政府所作关于扬州市2013年社会保险基金运行情况的汇报，听取和审议市财政局局长张彤受市政府委托所作关于扬州市2013年市级财政决算（草案）的报告、2013年扬州市本级非税收入收支管理、2014年上半年扬州市财政预算执行情况的汇报，听取和审议市审计局局长吴焱新受市政府委托所作关于扬州市2013年市级预算执行和其他财政收支情况的审计工作报告。表决通过《关于批准扬州市2013年市级财政决算的决议》《关于追认常委会主任会议许可对市人大代表李玉江采取强制措施的决定》。会议表决通过关于个别代表的代表资格的报告、有关人事免职事项。

市七届人大常委会第十五次会议于9月28日下午至30日上午在扬州举行。会议听取和审议副市长丁纯代表市政府所作关于市区财政管理体制调整方案、扬州市人民政府机构改革方案的汇报，听取和审议副市长闻道才代表市政府所作关于“七河八岛”区域（由京杭大运河、壁虎河、新河、凤凰河、太平河、金湾河、高水河等7条河流以及由其分割而成的聚凤岛、芒稻岛、金湾岛、自在岛、凤羽岛、山河岛、壁虎岛、新河岛等8个岛组成的区域）生态环境保护决议贯彻实施、生态科技新城规划编制情况的汇报。会议听取和审议市人大常委会内务司法工委主任朱宏翔受市人大常委会主任会议委托所作关于检查老年人权益保障法和江苏省老年人权益保障条例贯彻实施情况的报告。会议表决通过关于个别代表的代表资格的报告、有关人事免职事项。会前，举办老年人权益保障法和江苏省老年人权益保障条例辅导讲座。

市七届人大常委会第十六次会议于11月26日下午至28日在扬州举行。会议听取和审议副市长丁纯代表市政府所作关于2014年度民生类政府专项预算绩效情况的汇报以及市七届人大三次会议代表建议、批评和意见办理情况的汇报，听取和审议副市长孔令俊代表市政府所作关于扬州市友好城市工作开展情况的汇报，听取和审议市财政局局长张彤受市政府委托所作关于扬州市市级2014年地方政府债券安排及预算调整方案（草案）的报告、关于2014年全市财政预算预计执行和2015年财政预算初步安排情况的汇报。会议听取市人大常委会研究室主任唐文波受市人大常委会主任会议委托所作关于《扬州市人民代表大会常务委员会讨论决定重大事项的规定（修订草案）》的说明，听取关于召开市七届人大四次会议有关事项的说明。会议表决通过《扬州市人民代表大会常务委员会讨论决定重大事项的规定》、关于批准扬州市市级2014年地方政府债券安排及预算调整方案的决议、关于许可对市人大代表周庆余采取强制措施的决定、关于召开扬州市第七届人民代表大会第四次会议的决定、市七届人大四次会议建议议程和列席人员范围。会议听取被提请任命人员的拟任职发言，表决通过有关人事任免事项，并向被任命人员颁发任命书。会议期间，对市政府落实市人大常委会审议意见书情况举行专题询问。会前，举办行政许可法辅导讲座。（罗庆久　刘　刚）

## 重点议案

**■加快推进城区河道清水活水工程进程**　市七届人大三次会议上，冯正初等10名代表提出《关于加快推进城区河道清水活水工程进程的议案》。主要内容：(1)科学规划，理顺水系，合力做好城区河流水环境污染综合治理工作。(2)推进源头治理，借鉴外地排污权有偿使用和交易办法，推进污染减排任务的落实，开展排污口排查行动，充分发挥污水处理厂作用。(3)加快建成地下管网GIS管理信息系统(地理信息系统)，实现信息资源共享和动态更新，并研究出台市区污水管网规划建设管理的规范性文件，提升城区地下管网建设管理水平。(4)建立相对完善的生态补偿机制，探索新型城市河流水环境保护方式。(5)建立水环境污染治理资金、舆论监督和执法监督、水流补偿等措施，保障城市河流水环境污染治理与生态维护。（罗庆久　刘　刚）

**■全力推进城市公共自行车租赁系统建设**　市七届人大三次会议上，杨学华等10名代表提出《关于全力推进城市公共自行车租赁系统建设的议案》。主要内容：(1)明确启动建设与营运管理主体，引进或组建专业性运营公司，建立城市公共自行车租赁管理系统，实行统一管理。(2)合理布设租赁站点和数量，单独配置锁车器和读卡器，通过办理借车卡提供公共自行车租赁服务，各个站点之间互通互联，方便使用和归还。(3)加强运行维护管理。可通过车身广告及日常使用收益作为维护基金，定期对全市公共自行车清洁与检查，确保行车安全。同时要加强对车辆失窃后便民机制的研究处置。（罗庆久　刘　刚）

**■加快软件和信息服务业人才引进和培养**　市七届人大三次会议上，颜安明等10名代表提出《关于加快软件和信息服务业人才引进和培养的议案》。主要内容：(1)制定高端人才引进目录和实施计划，市直各有关部门要加强对本系统、本行业引才目录编制的指导，建设专业人才数据库。充分利用海内外各方资源，主动寻找、搜索、锁定海内外现代软件和信息服务业高端人才，注重探索和创新引才的有效形式，加大引才和奖励力度。(2)整合资源，创新抓手，健全软件人才培养体系、服务体系和创新体系。(3)采取有效措施，创造良好人际环境、法治环境和社会环境，建立健全重实绩、重贡献，向优秀人才和关键岗位倾斜的薪酬机制。

（罗庆久　刘　刚）

**■加强青少年法制教育**　市七届人大三次会议上，华蓉等10名代表提出《关于加强青少年法制教育的议案》。主要内容：(1)推动青少年法制教育工作专业化发展。加强对法制副校长、法制辅导员的培训，培养适合青少年特点的法制聘用人才。加强中小学法制课程建设，评选优秀法制课件并推广交流，制作展播青少年法制宣传公益短片。(2)加强财政投入和社会资源整合利用，建设市级青少年法制教育基地，为青少年法制宣传教育和开展实践提供必要的活动场所。(3)培养一支专业化、职业化、本土化的青少年事务社会工作者队伍，作为社区青少年法制教育的重要力量。(4)健全青少年法制教育工作网络，真正做到人员、活动、阵地、效果落实。（罗庆久　刘　刚）

**■整治沿湖生态保护区域内船厂等各类企业**　市七届人大三次会议上，卢根喜等10名代表提出《关于整治沿湖生态保护区域内船厂等各类企业的议案》。主要内容：市政府及相关部门牵头，对邵伯湖沿湖租赁到期和终止土地租赁协议的砂石场、小船厂、混凝土站等各类企业，采取有效措施进行控制和整治，保护好沿湖及“七河八岛”区域生态环境，同时避免拆迁成本高、社会矛盾多的问题。

（罗庆久　刘　刚）

**■加快民营经济发展**　市七届人大三次会议上，单启宁等10名代表提出《关于加快民营经济发展的议案》。主要内容：(1)放宽市场准入条件和放开竞争性行业，大力发展混合所有制，逐步消除民间投资体制障碍和政策制约，建立民间资本投资推荐项目库。推进公司注册资本登记制度改革和工商注册制度便利化，降低准入门槛。(2)以简政放权为着力点推进政府职能转变，实行“负面清单”，深化并联审批，提高审批效率。简化执法程序，统一执法标准，规范执法行为，严格限制和减少部门的自由裁量权。(3)进一步营造民营经济发展的公平政策环境，尽快制定出台支持民营经济发展、改革政策意见，建立完善考核机制。(4)树立宣传先进典型，营造创业创新氛围，完善创业政策，增加创业引导资金规模，健全创业服务体系，搭建创业培训平台，更大力度推进全民创业。(5)着力培育民营大企业大集团。支持有条件的民营企业主动对接行业龙头企业、上市企业和外商投资企业等，实行强强联合。建立重点企业数据库，实行“一企一策”重点培育支持。(6)加大企业家及各类人才教育培训力度，壮大职业经理人队伍，提高企业家经营管理水平。推动民营企业完善法人治理结构。（罗庆久　刘　刚）

**■规范、统一市区道路交通设施及标志、标线**　市七届人大三次会议上，朱宏翔等10名代表提出《关于规范、统一市区道路交通设施及标志、标线的议案》。主要内容：(1)由市政府分管市长牵头，财政、公安、建设等部门联合行动，对现有不规范的标志、标线和交通设施全面摸底，排出资金需求总盘子，列出改版升级序时进度，统筹规划、分步实施，到建城2500周年之际，全面更新改版到位。同时，建立交通管理设施建设和维护资金逐年增长机制。(2)针对市区交通信号灯由市、区分级负责带来的设计、式样、规格不统一等问题，市政府要进一步明晰事权划分，在既有建设主体不变的情况下，明确一个主管部门，负责市区交通信号灯安装设置的扎口把关和日常维护，确保信号灯等交通设施统一规范、清晰醒目、连续一致。 （罗庆久 刘 刚）

**■将农产品质量安全监管平台向产地延伸** 市七届人大三次会议上，阚成法等10名代表提出《关于将农产品质量安全监管平台向产地延伸的议案》。主要内容：(1)将市农产品质量安全监管平台向产地延伸，切实解决农产品产地监管薄弱、信息不畅通、传播不及时、公开度不够等问题。(2)力争用2～3年的时间，将乡镇农产品质量安全产地准出检测室和产地环境资料全部联网监控，做到日常监管工作、检测数据实时上传，实现市、县、乡三级监管信息化、智能化，提升扬州市农产品质量安全监管能力和水平。 （罗庆久 刘 刚）

**■探索、推进扬州市农村土地改革** 市七届人大三次会议上，刘星驰等10名代表提出《关于积极探索、稳妥推进我市农村土地改革的议案》。主要内容：(1)做好基础工作。以镇村为单位，统计农村集体土地，调查农民宅基地占有和使用情况，在此基础上确权颁证，为下一步制定政策、推进改革打好基础。(2)认真研究政策。在正确理解、深入研究中央政策精神前提下，从扬州市农村实际出发，着手研究“承包地占有、使用、收益、流转”“承包经营权抵押、担保、入股”“住房财产权抵押”等改革的具体实施意见和办法，指导基层实践。(3)积极探索试点。扬州市可就一两项改革措施、选择一两个地方试点，如农村宅基地和集体建设用地使用权地籍测量和权属调查、承包经营权入股农民经济合作社、住房财产权抵押担保与银行政策的衔接等，都可以通过试点进行探索，发现问题，纠正偏差，总结经验，逐步在面上推开。

（罗庆久 刘 刚）

**■做好扬州市物流工作** 市七届人大三次会议上，陈志宏等10名代表提出《关于做好我市物流工作的议案》。主要内容：(1)深刻领会全国物流规划制定的指导思想和发展思路，从更高层面理清扬州市物流业发展思路。(2)认真分析扬州市物流业在规划、建设、运营、管理以及政策方面的问题，拿出切实可行的解决办法。(3)高起点制定扬州市物流业发展规划，明确扬州市进入二级物流城市的时间表。(4)保证一支高素质的管理队伍，加强对物流工作的领导和研究。 （罗庆久 刘 刚）

**■加快推进“菜篮子”工程蔬菜基地建设** 市七届人大三次会议上，周荣祥等10名代表提出《关于加快推进“菜篮子”工程蔬菜基地建设的议案》。主要内容：(1)按照城镇人口人均不少于三厘地的要求，规划一个万亩蔬菜生产基地，做到一次规划，分步实施、逐年建设，长期保护。(2)改善生产基地的基础设施条件，整合高效设施农业项目资源，加大支持引导力度，提升设施装备水平。(3)强化新技术推广应用。按照技术菜单化、生产模块化、全程标准化的要求，开展高效创建活动，推出一批设施蔬菜新品种、设施生产新技术、设施发展新模式、设施技术新组合。(4)强化基地生产源头治理、蔬菜生产产中监管和蔬菜产品终端控制。(5)加强蔬菜产销对接。市政府要为基地所生产的农副产品打开绿色通道(包括城区绿色通道)，出台相关优惠政策，建设专业农产品批发市场，使蔬菜及其他农副产品能够顺利推行订单农业、农超对接、专卖直销，最终从田间地头顺利到达市场。 （罗庆久 刘 刚）

**■推进依法行政，建设法治政府** 市七届人大三次会议上，凌红妹等10名代表提出《关于推进依法行政，建设法治政府的议案》。主要内容：(1)进一步完善行政决策机制。完善重大行政决策听取意见和听证制度，建立重大行政决策合法性审查制度、集体决定制度、实施评估制度和责任追究制度。(2)切实提高依法行政能力。领导干部要带头学法、尊法、守法、用法，有效提高运用法治思维、法治方式、法治习惯、法治手段去解决经济发展中突出矛盾和问题的能力。提高基层执法能力，切实解决多头执法、多层执法和不执法、乱执法问题。改进和创新执法方式，推行执法流程网上管理，提高执法效率和规范化水平。(3)强力转变行政管理职能，强化公共服务职能，加快推进政府信息公开，提高政府工作透明度，保障群众知情权、参与权和监督权。(4)不断优化法治环境。打造良好法治环境促进经济加快发展，营造学法尊法守法的良好社会氛围，努力推进法治社会建设，进一步精减行政审批事项，严肃查处行政不作为、乱作为、慢作为和“吃拿卡要”等违规违纪行为。(5)切实加强法制机构和队伍建设。

（罗庆久 刘 刚）

**■重视新平整耕地地力建设** 市七届人大三次会议上，赵元明等10名代表提出《关于重视新平整耕地地力建设的议案》。主要内容：(1)在土地出让金中用于农业土地开发的资金、新增建设用地土地有偿使用费、农业综合开发资金和耕地开垦费以及其他相关资金中，明确一定比例用于耕地地力建设和保护，并作为专项资金主要用于地力普查、地力监测、培肥措施补助等。(2)加强新平整土地过程中资金使用监管力度。各级财政部门应加大对万顷良田、土地复垦、土地增减挂钩、农民集中区建设等项目在土地平整过程中质量关、达标关的监管。剥离各类新平整土地使用资金中原来属于后续耕地地力建设的部分，作为专项资金单列预算，并责成各级耕地质量管理站制定详细使用方案，报批后专款专用，同时接受社会和各级财政部门的跟踪监管与审计。(3)各级农业耕地质量管理站要切实开展对新平整耕地的地力普查，分类提出有针对性的地力培肥措施。(4)加强国土、农开、农业等部门之间的协调，及时交流土地平整相关项目的信息，实现土地平整方案与地力建设方案同时编制，土地建设措施无缝对接。 （罗庆久 刘 刚）

# 扬州市人民政府

Yangzhoushi Renmin Zhengfu

编 辑 姚 震

## 重要会议

**■市政府全体会议** 12月31日，市政府召开全体（扩大）会议，讨论《政府工作报告》（征求意见稿），部署2015年重点工作。市长朱民阳在讲话中要求各部门认真贯彻落实习近平总书记对江苏发展提出的最新要求——建设“经济强，百姓富，环境美，社会文明程度高”的新江苏。以民生的需求倒逼经济转型发展；以环境的保护和生态文明的建设彰显扬州城市的特色；切实提高政府抓经济工作的法治化水平。副市长董玉海、孔令俊、张宝娟、丁一，市政府秘书长何金发等出席会议。（顾友红）

**■市政府常务会议** 3月17日，市政府召开第21次政府常务会议。主要议题：(1)关于贯彻省政府廉政工作会议精神；(2)关于进一步支持民营经济发展的意见；(3)关于当前国土资源政策新变化情况；(4)关于扬州市城乡居民社会养老保险实施办法；(5)关于进一步加强市级行政事业单位国有资产管理的意见；(6)关于2013年度市长质量奖评审工作情况；(7)关于启动实施居住证制度工作情况。

4月29日，市政府召开第22次政府常务会议。主要议题：(1)关于“三直接”（直接面向群众进行服务、直接分配财政资金、直接接触工程建设）新十大环节操作规范；(2)关于服务企业“四个清单”（部门职责、行政权力、收费项目、服务事项清单）清理情况和企业服务网建设情况；(3)关于瘦西湖隧道冠名权慈善拍卖；(4)关于南京青奥会“扬州之旅”推广工作方案；(5)关于国资公司2014年度业绩考核方案；(6)关于软件企业专项奖励政策；(7)关于扬州市大气污染防治行动计划实施细则；(8)关于扬州市区新建住区教育设施配套实施意见；(9)关于扬州市高层次人才购房专项奖励实施办法；(10)关于扬州市市级政府投资项目审计监督办法；(11)关于扬州市征地补偿和被征地农民社会补偿办法及调整征地补偿标准。

7月4日，市政府召开第23次政府常务会议。主要议题：(1)关于市政府党组群众路线教育实践活动梳理的问题整改分工；(2)关于节约集约用地促进“双提升”（节地水平和产出效益的提升）的20条措施；(3)关于加快推进建筑产业化发展的指导意见；(4)关于扬州市建筑业发展突出贡献奖评选实施细则；(5)关于扬州市绿色建筑行动实施方案；(6)关于推进公共停车场规划建设的实施意见；(7)关于扬州市区公共租赁住房社会化收储管理的实施意见；(8)关于放宽企业住所（经营场所）登记的实施意见；(9)关于2014年城乡低保提标及加强低保准入退出机制；(10)关于2014年度县（市、区）经济社会发展综合考评办法。

7月31日，市政府召开第24次政府常务会议。主要议题：(1)关于市区公交优先两年行动计划；(2)关于扬州市大气重污染预警与应急预案（修编稿）；(3)关于市区清水活水工程三年整治行动方案；(4)关于第三批市级“非遗”项目名录；(5)关于“扬州市最佳雇主企业”评选办法；(6)关于推进涉企中介机构改革和发展的意见；(7)关于对接《省有关部门和单位2014年度支持苏中发展的重点任务》工作情况；(8)关于新能源汽车推广应用实施方案；(9)关于扬州市地下文物保护办法；(10)关于加大对蜀冈-瘦西湖景区政策扶持的意见。

8月28日，市政府召开第25次政府常务会议。主要议题：(1)关于进一步加强依法科学民主决策的意见；(2)关于深化政务公开的实施意见；(3)关于贯彻《江苏省安全生产“党政同责、一岗双责”暂行规定》的建议和当前安全生产形势及工作任务的情况；(4)关于全国土地出让金和耕地保护专项审计的情况；(5)关于推进政府职能转变深化行政审批制度改革的实施意见；(6)关于扬州市政府职能转变和机构改革方案；(7)关于推进教育现代化建设的实施意见；(8)关于促进外贸稳定增长的实施意见和鼓励企业“走出去”的意见；(9)关于扬州市历史文化名城保护规划；(10)关于2013年度市本级非税收入征管情况审计调查结果的报告。

9月29日，市政府召开第26次政府常务会议。主要议题：(1)关于加快社会信用体系建设的工作意见；(2)关于市工业集中区分类认定情况的汇报；(3)关于支持扬州高新技术产业开发区加快发展的意见；(4)关于切实减轻社区负担提升服务群众效能的六项规定；(5)关于普遍建立法律顾问制度的实施意见;(6)关于扬州市城市施工扬尘排污费管理试行办法;(7)关于预算法修正情况的汇报;(8)关于三湾片区环境综合整治项目洽谈合作的情况汇报;(9)关于撤销冯文祥等人市劳动模范荣誉称号的情况汇报;(10)关于扬州市保安服务监督管理办法。

10月29日,市政府召开第27次政府常务会议。主要议题:(1)关于落实市人大常委会上半年国民经济社会发展计划执行情况和全口径财政预算决算情况审议意见的情况;(2)关于调整非民用天然气销售价格;(3)关于市政府各部门行政审批事项清理情况和扬州市行政审批事项目录清单管理办法;(4)关于扬州市建设工程安全生产监督管理办法;(5)关于扬州职业大学置换瘦西湖校区化解债务的方案;(6)关于采取切实有效措施确保改善环境空气质量的实施意见;(7)关于扬州市生态文明建设规划(2014—2020);(8)关于扬州市建筑垃圾(工程渣土)处置实施办法;(9)关于扬州市老旧机动车淘汰报废财政补助办法;(10)关于扬州市扬州古城消防安全管理办法及扬州市扬州古城消防安全保护实施方案;(11)关于扬州市港口管理办法。

11月21日,市政府召开第28次政府常务会议。主要议题:(1)关于2015年市本级财政预算安排;(2)关于扬州市区经济适用住房上市交易管理办法;(3)关于进一步做好扬州文化博览城建设管理和利用工作的意见、扬州市文博场所运行利用评估管理办法、扬州市文博场所建设管理利用扶持基金管理办法和扬州市文博志愿服务管理办法。

12月16日,市政府召开第29次政府常务会议。主要议题:(1)学习国家安监总局致全国各企业负责人公开信;(2)关于鼓励民间资本参与扬州市健康与养老服务项目建设和运营的政策措施;(3)关于支持扬州环保科技产业园发展的意见;(4)关于扬州市行政事业性收费和政府性基金项目清单的汇报;(5)关于扬州市职工生育保险实施办法;(6)关于市政府各部门行政权力清理审核工作的情况汇报;(7)关于推动参与式行政程序建设的实施意见;(8)关于调整市、区两级城管执法体制的方案;(9)扬州市区生态补偿转移支付办法、市区财政转移支付办法、政府部门专项资金管理清单。

12月30日,市政府召开第30次政府常务会议。主要议题:(1)讨论《政府工作报告》(征求意见稿);(2)关于进一步提高民生幸福保障水平提升民生幸福层次的意见;(3)关于进一步优化企业发展环境的意见;(4)关于近期大气污染防治工作情况;(5)关于第12届市运会和申办第19届省运会的情况;(6)关于第六届扬州市工艺美术大师评选情况;(7)关于提高市级劳动模范待遇标准的意见。 (朱亚平)

## 综合政务

**■党政目标管理** 2014年,共确定1486项任务为年度重点工作考评目标。各责任单位分解细化目标任务,明确序时进度,抓好落实。市委、市政府每月对各项目标完成情况跟踪督查,确保目标顺利推进。年底,市委、市政府目标考评小组现场抽查各单位的目标完成情况,并检查每项任务完成情况,全年1486项政府年度考评目标任务完成率97.7%。

(沈 洋)

**■政务督查** 2014年,政务督查工作围绕全市工作中心,紧盯全年目标任务,紧盯市委、市政府决策部署,紧盯经济社会发展重大问题,紧盯社会关注热点和民生幸福难点,综合运用目标督查、决策督查、批示督查、专项督查等手段,抓目标进度、政策落地、工作推进,推动全年目标的完成和市委、市政府各项决策的落实。对群众反映的热点、难点、焦点问题,通过抓关键部门关键人,明确目标任务和时间节点。全年共下达督查通知单37期,编发督查专报17期、领导批示与反馈29期,年初市委、市政府确定的“54321”重点工作全部完成。 (沈 洋)

**■建议提案办理** 2014年,共办理人大代表建议323件,代表对办理结果满意或基本满意率100%。其中,所提建议解决采纳的235件,占72.8%;计划解决的51件,占15.7%;因受条件限制或其他原因,留作参考的37件,占11.5%。办理政协委员提案432件,提案人对办理态度和办理结果满意和基本满意率均为100%。其中,反映问题已经解决或基本解决的202件,占46.8%,正在解决或列入计划逐步解决的217件,占50.2%;因受条件限制或其他原因,难以解决或留作参考的13件,占3%。 (沈 洋)

**■政务信息** 2014年,市政府办公室编发《政务动态》96期、《信息专报》263期、《要情参阅》25期、《领导参考》30期,市政府领导批示112条。向上级政府报送信息1950多条;被国务院办公厅采用32条,比上年增长38%;被省政府办公厅采用263条,比上年增长1.9%。获国务院领导批示9次,获省政府领导批示2次。

(陈 健)

**■政府信息公开** 2014年,市政府突出抓好行政权力运行、财政资金使用、公共资源配置、公共服务、公共监管等重点领域的信息公开。通过“中国扬州”门户网站、新闻发布会、市政府公报、公共查阅点,以及政府微博、微信等渠道,全市共主动公开政府信息28万多条,其中市政府和市直部门公开各类文件信息2379条,公开规范性文件74件、市政府常务会议纪要10期、市政府人事任免信息25条。此外,市编办、市法制办、市财政局、市国土局、市建设局、市房管局、市食品药品监督局、市工商局、市环保局等牵头部门分别在各自网站上重点公开上述领域事项,公开市本级“三公”经费〔政府部门人员因公出国(境)经费、公务车购置及运行费、公务招待费〕预算安排情况,预算总额1.34亿元,比上年决算数下降11%;公开2013年度市级财政预算执行和其他财政收支情况的审计结果;全面公开城镇保障性安居工程建设项目信息、保障性住房分配和退出信息、公租房配租政策及实施情况；及时公开空气和水环境信息，实时发布空气质量指数(AQI)值，全文公开建设项目环境影响报告书、环境影响评价批复等信息。同时，制作“扬州市2014年度政府信息公开工作报告单”和“扬州市2014年度政府信息公开要点工作进展情况”专题网页，全面公开扬州市2014年度政府信息公开工作开展情况。市政务服务中心档案局窗口为市政府信息公开公共查阅点，截至2014年，该窗口已汇集79个市级党政机关主动公开政府信息3.68万条，其中文件级条目3.55万条，全部实现电子化查询。2014年，有226人次前来查阅资料，查阅文件及资料1934件。规范开展依申请公开答复受理。2014年，全市各级政府及其部门共受理公民、法人和其他组织申请政府信息公开218件，主要涉及征地拆迁、项目立项、环境保护等方面，其中市政府办公室受理政府信息公开申请30件，均按时答复、办理完结。2014年，市本级因政府信息公开引发行政复议2件，均被省政府法制办确认维持市政府行政行为。市本级因政府信息公开引发行政诉讼4件，其中1件原告撤诉；2件经市中级人民法院审理，维持市政府行政行为，依法判决驳回原告诉讼请求；1件经江苏省高级人民法院审理，维持市政府行政行为，依法判决驳回原告诉讼请求。加强政策发布解读。2014年，通过“中国扬州”门户网站信息公开政策解读栏目和《扬州日报》、《扬州晚报》、《扬州时报》、扬州电视台等主流媒体，及时对市区民政医疗救助、2014年小学招生、2014年市直初中招生、2014年度市区公共租赁住房保障实施细则、扬州市农村居民大病保险工作实施办法、扬州市区引进高层次人才住房保障办法、财政扶持中小企业金融政策等涉及医疗、教育、住房、企业发展等群众关心的事项进行政策解读。对涉及民生的重大事项主动征求社会意见，先后对《关于进一步保障和改善基本民生的意见》《关于着力提升服务水平净化企业发展环境的意见》，以及公园景点年卡价格、卫生教育收费标准、部分城际客运票价、市区部分公交路线票价、公共自行车租赁收费标准、部分药品饮片零售价格调整、市区住宅小区车位租金价格、市区解危安置房销售价格、市区物业服务收费标准、市区出租汽车客运价格等55个事项公开征求意见或公示；对全市政务公开和政务服务、公共文化建设、老年人权益、市区公交线路等工作开展情况进行满意度测评和问卷调查。 （褚剑衡）

5月5日，扬州银监分局负责人参加扬州电台“行风热线”节目 扬州银监分局/供稿

■**政府新闻发布** 2014年，市政府先后召开2013年度《扬州蓝皮书》、中国扬州“烟花三月”国际经贸旅游节、中国扬州世界运河名城博览会、扬州鉴真国际半程马拉松赛、扬州市公开涉企服务清单和服务企业问题办理情况、公开扬州市政府各部门行政审批目录清单、扬州建城2500周年城庆等14场新闻发布会。其中12月15日，市政府召开公开扬州市政府各部门行政审批目录清单新闻发布会，市长朱民阳、常务副市长丁纯参加，并与媒体和群众代表互动交流。各地、各部门也积极开展新闻发布活动，仪征市每月定期召开新闻通报会，并向市民开放；蜀冈-瘦西湖景区围绕遗产点的保护和利用，主动开展新闻发布；围绕市政府常务会议讨论的“扬州市城乡居民社会养老保险实施办法”“2014年城乡低保提标及加强低保准入退出机制”“市区清水活水工程三年整治行动”和“新能源汽车推广应用”等内容，相关部门均主动召开新闻发布会，发布内容在“中国扬州”门户网站政府新闻发布栏目公开。全年全市共举办新闻发布会、媒体通气会178场，40多个市级机关主要负责人参加各部门组织的新闻发布会。 （褚剑衡）

■**“12345”政府服务热线** 2014年，扬州市“12345”政府服务热线接听群众来电13万多个，在线接通率超过97%，综合答复率99.9%，群众满意率90%以上。全年接听企业诉求37件，全部办结，企业均表示满意。继续开展“12345·政风行风热线”现场接听活动，在每周一、三、五上午10:00～11:00，安排近期群众反映诉求事项较多或重大政策出台涉及相关事项部门，现场接听群众诉求并对接听活动进行直播。要求能当场解决办理的当场解决办理，不能当场办理的也应给群众一个明确的时间表。2014年，共开展136次接听活动。结合现场接听活动，邀请市内主流媒体，每周报道现场接听情况。同时，与《扬州晚报》和扬州电视台新闻频道合作设立专版专栏，选择群众反映的热点问题，定期刊播“12345”热线回复办理情况。市委、市政府将“12345”政府服务热线办理情况纳入市级机关年度工作目标任务考核，凡通过“12345”政府服务热线反映相关单位作风建设中存在严重问题并经查实的，每件扣0.1分，对“12345”政府服务热线办理不力(含逾期答复、敷衍塞责、推诿扯皮等)的，每件扣0.05分。同时，注重加强对重大事项的督查。凡发现重大事项及时向领导汇报，并按照领导批示的精神，及时交办到相关部门和单位，进行跟踪督查。2014年，先后解决农民工工资拖欠、部分地区答复办理敷衍推诿、市区“毒豆芽”问题等35批次热点难点问题。 （褚剑衡）

■**"寄语市长"网络问政平台** 2014年,"中国扬州"门户网站"寄语市长"网上问政平台收到市民诉求2.28万条,回复2.28万条,回复率99.9%。所有留言答复情况均对外公开,接受网民监督。与扬州电视台生活频道合作,选择群众反映的热点问题,进行跟踪报道。对重大事项、突发性群体事件和群众关心的热点难点问题,及时向市领导汇报,并进行跟踪督查。定期编发简报供领导参阅,每季度分析汇总并通报"12345"政府服务热线和"寄语市长"答复办理情况,纳入市级机关年度工作目标任务考核。 (褚剑衡)

■**行政权力网上公开透明运行** 2014年,市本级11类6723项行政权力全部进入市本级权力库,各县(市、区)的权力全部进入各县(市、区)权力库。法制部门围绕政府职能转变,及时公开政府权力目录清单,更新维护权力库,确保行政权力库信息准确稳定。清理公开涉企行政权力目录清单,共确认扬州市涉企行政权力4776项,将一年以上未行使的3029项行政权力实行挂起(暂停使用)处理,向社会公布在用涉企行政权力1747项;清理公开行政审批目录清单,确认市政府部门共有行政审批314项,其中在用239项,暂停使用75项;清理公开所有行政权力目录清单,全年共审核确认市政府各部门应有行政权力6723项,同时对一年以上未行使的4709项行政权力实行挂起处理。规范涉企执法行为,推行"安静生产日",在法制监督平台中设置"执法检查备案"功能和"涉企重大处罚备案"功能,市直部门全年共报备一般执法检查683次,大规模执法检查37次,涉企重大行政处罚276次。全市行政权力网上公开运行系统平台全年共受理办件1987.89万件,办结1987.84万件,并全部上报至省平台,确保每件权力事项都能够在网上高效阳光运行。 (黄玉国 陈传庚)

■**"中国扬州"门户网站群建设** 2014年,对"中国扬州"主站进行全新改版,更加突出简约,注重规范;参照中国软件评测中心的指标体系,对已有15项重点主题服务优化升级,使服务信息更加贴近民众的实际需求。全年网站群共更新维护动态信息7.99万条,信息公开目录信息2194条,制作专题19个,意见征集24条,"寄语市长"共发布2.28万条,回复2.28万条,回复率99.9%。全年共向省政府网站报送各类信息1054条,采用350条;策划制作各类专题19个,被采用16个;发布(含部门合作共建)调查和征集主题24个,被采用13个;公开政策解读信息5篇,被采用2篇;向省政府网站报送原创信息12条,被采用12条。通过保障南京青奥会、北京APEC会议等重大活动期间的网站安全,摸索出一整套安全保障机制,包括日常监控机制、人工检查机制、工具检测机制、问题反馈与处理机制、应急处置机制等,使网站群的安全保障更加制度化、规范化。2014年,网站群未发生任何信息安全事件,并且在由中国软件评测中心组织的全国政府网站绩效评估中被列为较为安全的网站。 (黄玉国 陈传庚)

## 应急管理

■**应急值守建设** 加强值班工作保障,配齐值班设备,落实值班补助,优化值班环境;完善值班工作制度,规范突发事件信息报送办法,细化紧急情况处理流程,做到各项工作有登记、有报告、有落实、有反馈;加强值班人员在政策法规、值班制度、信息处理、应急平台使用等方面的学习培训,提高值班人员的综合素质;整合市委办公室、市政府办公室、市政府应急管理办公室(简称市应急办)应急值守力量,实行"3合1"值班模式,严格节假日、敏感节点领导带班制度,强化应急备勤力量,确保突发事件处置及时高效。2014年,市总值班室共接报突发公共事件和预警信息1200多条,呈送市领导《值班快报》14期,上报省政府《值班信息专报》23期,处理省领导批示《值班专报》12期。 (夏翰生)

■**预案体系建设** 2014年,市应急办完成《扬州市突发事件总体应急预案》的修订稿,组织对《扬州市地震灾害应急预案》《扬州市大气重污染预警与应急预案》《扬州市供水应急预案》《扬州市处置大面积停电事故应急预案》等专项应急预案修订完善,协助有关部门编制《扬州市大气污染卫生应急预案》《扬州市护路联防工作应急预案》《扬州城市车用燃气有限公司应急救援预案》《扬州市处置民用航空器飞行事故应急救援预案》等应急预案。9月12日和18日,组织开展高邮市地震应急综合演练和市化工园区危险化学品突发事件应急预案演练。 (夏翰生)

■**队伍和避难场所建设** 推进应急志愿者队伍建设,依托扬州市保安服务总公司,建成一支具有一定规模和素质的应急志愿者救援队伍。按照"规划先行"的要求,推进中心城区应急避难场所布点规划工作,广陵新城人防综合工程Ⅰ类应急避难场所(面积4.2万平方米,可容纳2.1万人)建设进展有序。 (夏翰生)

■**应急指挥中心建设** 编制《扬州市应急指挥中心功能完善项目建设方案》,推进视频调度系统、平台互联互通、移动应急指挥平台以及应急通信网络4个功能建设项目。完成市卫生局应急平台与市应急平台的互联互通;深化"江苏省应急平台综合应用系统"的建设应用工作,编制《扬州市应急平台综合应用系统建设方案》,重点推动平台与县(市、区)、部门的互联互通,建立应急信息网上报送、视频点名、会议报名、值班表网络传报等工作机制。 (夏翰生)

■**应急管理宣传教育培训** 市应急办深化"应急知识进社区"活动,结合"5·12防灾减灾日""11·9消防日""党员统一活动日"等活动,组织相关部门和单位分别在翠岗花园社区、连福社区、康乐社区、徐凝门街社区,开展形式多样的应急知识宣传;组织扬州教育学院附属中学师生在市中小学生素质教育基地,开展应急疏散演练及应急知识宣传教育；协调扬州电信公司、移动公司、联通公司，向社会公众发送100多万条应急知识公益宣传短信；针对高层建筑及人员密集场所在防震、防火、防雷电、燃气安全、防范恐怖袭击等方面应急常识的需求，组织有关部门和单位编写《高层建筑及人员密集场所应急常识》读本。市教育局、市民防局通过中小学晨会班会、开发“安全教育课件”、印发《中小学生民防知识安全读本》等形式开展应急知识宣传。5月下旬，组织各县（市、区）政府办公室（应急办）主任、市应急委成员单位职能处（室）负责人，在南京信息工程大学公共管理学院举办为期2天的突发事件应急管理专题培训班。9月4—5日，在邗江区会议中心举办第一期社区工作人员应急知识技能专题培训班。（夏翰生）

■**应急预警体系建设** 2014年，全市突发事件预警信息发布平台建成，突发事件预测预警能力大幅提升。市应急办依托市总值班室，规范突发事件信息管理。由总值班室统一扎口管理全市突发事件信息，出台《扬州市突发事件信息报送工作规范（试行）》，确保应急信息报送的时效性、准确性。开展应急信息考评，制定《扬州市应急信息工作考核办法（试行）》，对各地、各部门信息报送情况每月通报，年底开展考核评比，提高全市突发事件信息报送水平。推动应急信息总结研判常态化，每周编发应急情况通报，每月编发突发事件情况分析，每季度编发突发事件趋势评估报告，每年编印2期《应急管理参考资料》，并围绕敏感时期、突变气候、突出问题等方面，组织相关部门开展主动性、针对性研判，辅助领导决策。（夏翰生）

## 机构编制管理

■**概述** 2014年，市机构编制委员会办公室（简称市编办）推进行政审批制度改革，取消和调整行政审批事项196项。制定《扬州市人民政府职能转变和机构改革方案》，推进地方政府职能转变和机构改革。拓展经济发达镇行政管理体制改革试点成果，分5批承接省、市、区下放行政权力920项。强化机构编制管理，建立动态调整核查系统，完成3000多家机关事业单位机构和人员编制核查工作，完善10万多名行政、事业编制基础台账，审核比对8万多名机关、事业单位人员信息。完成事业单位年检工作，市直396家事业单位年度检验网上申报率、参检率、年检合格率均为100%。开展部分事业单位年度报告书公开试点工作，公开50家事业单位2013年度工作完成情况报告。继续推进事业单位分类改革，将扬州市渔政监督支队、扬州市动物卫生监督所、扬州市事业单位登记管理局认定为承担行政职能事业单位。（黎小生）

■**政府机构改革** 12月6日，市政府印发《扬州市人民政府职能转变和机构改革方案》。12月10日，召开政府职能转变和机构改革动员大会。机构改革后，市政府设工作部门40个。整合不动产登记职责到市国土资源局，建立不动产登记局。市级机关事务管理局更名为市机关事务管理局。市机构编制委员会（简称市编委）印发《关于县（市、区）政府职能转变和机构改革有关事项的通知》，实施县（市、区）政府职能转变和机构改革。（黎小生）

■**工商质监食品药品管理体制改革** 实施工商质监食品药品管理体制改革，将江苏省扬州工商行政管理局、江苏省扬州质量技术监督局更名为扬州市工商行政管理局、扬州市质量技术监督局，为市政府工作部门。12月20日，市政府办公室印发《扬州市食品药品监督管理局主要职责、内设机构和人员编制规定》，重新组建市食品药品监督管理局，将卫生、工商、质监涉及食品监管职责、机构、编制划入市食药监局。做好市直开发区（功能区）市场监管局组建工作，12月22日，市编委印发《关于组建功能区市场监督管理局及城区工商质监部门行政编制划转的通知》，在市经济技术开发区、蜀冈-瘦西湖风景名胜区、生态科技新城实行“3合1”管理模式，分别整合区域内原有工商、质监机构，组建市场监督管理局，挂“食品药品监督管理局”牌子，为各管委会内设机构。实施县（市、区）市场监督管理体制改革，整合县（市、区）工商、质监、食药监职责和卫生局承担的食品安全监管职责，组建县（市、区）市场监督管理局，挂“食品药品监督管理局”牌子。在原有乡镇工商所基础上组建市场监督管理分局，挂“食品药品监督管理分局”牌子，为县（市、区）市场监督管理局派出机构。县（市、区）市场监督管理局下设市场综合执法大队，承担综合执法任务。（黎小生）

■**城市涉水管理职能调整和优化配置** 市编办牵头实施城市涉水管理职能调整工作，2014年12月，市委办公室、市政府办公室印发《关于市城市涉水管理职能调整工作的实施意见》。整合市城乡建设局和市水利局节水职能，实行市区河道及城市防洪归口管理，由市水利局统一负责。市水利局机关增设城市水利处。整合市城市防洪工程管理处、市润扬河工程管理处和从市城乡建设局划转的涵闸河道管理处及便益门、通运、安墩、黄金坝管理所，组建市城市河道管理处，隶属于市水利局，下辖市城市防洪工程管理处、润扬河工程管理处、涵闸河道管理处。将原在扬州市涵闸河道管理处挂牌的扬州市排水管理处单设，更名为扬州市给排水管理处，挂“扬州市城市地下管网管理处”牌子，由市城乡建设局管理。（黎小生）

■**机构编制责任审核** 2014年，按照市“三责联审”（由组织部门、编制部门、审计部门联合对党政领导干部“用人责任审查、编制责任审核、经济责任审计”）工作领导小组办公室工作计划，完成市级机关工委、市台办、市地震局、市城管局、市农委、市农机局、市外办、扬州中学、里下河农科所、市教育投资集团、市建工控股公司11家单位“三责联审”工作，

涉及联审对象11人(离任审核4人、任中审核7人)。（黎小生）

■**事业单位登记年检** 2014年,完成市直396家事业单位法人年检工作,网上申报率、年检率、年检合格率均为100%。新登记事业单位法人24家,变更登记207家,注销登记8家,证书补领1家。推进政务信息公开和年度报告书公开试点工作,公开50家事业单位的年度报告书。

（黎小生）

## 信访工作

■**概述** 2014年,市、县(市、区)两级信访部门共受理来信来访2.38万件次,比上年下降10.0%。其中,受理来信5712件,上升38.8%;接待来访3380批1.81万人次,分别下降16.1%和19.0%;集体上访650批1.34万人次,分别下降15.1%和20.6%。市信访局受理来信来访1.02万件次,比上年上升13.7%。其中,受理来信2457件,上升42.8%;到市上访1041批7725人次,批次下降7.1%,人次上升6.8%。到市集访193批次5891人,分别上升1%和7%。群众到省上访343批1067人次,批次上升2.4%,人次下降22.1%;到省集访27批521人次,分别下降30.8%和39.1%。进京上访300批382人次,分别上升42.9%和8.6%。

（娄广定）

■**矛盾纠纷排查化解** 2014年,市信访工作联席会议办公室6次开展矛盾纠纷排查化解活动,交办突出信访问题655件。6月,市委、市政府在全市开展矛盾纠纷排查化解专项行动,先后4次召开会议部署安排、督促推进,市分管领导和市信访局多次督查指导。通过努力,有效化解一批涉及面广、影响大的信访突出问题。党的群众路线教育实践活动中,国家、省、市交办的信访积案34件,化解31件,停诉息访率91.2%。

（娄广定）

■**健全信访工作运行机制** 2014年,在市、县两级实行联合接访,推动信访问题就地处理。加快推动信访信息化建设,年底前“阳光信访”综合服务系统建成。5月起,国家信访局开展引导信访人依法逐级走访工作,对未按程序逐级走访而越级上访的不予受理,扬州市认真贯彻落实,引导群众在基层和当地反映诉求,促进信访问题及时就地处理。按照中央和省委、市委关于依法处理涉法、涉诉信访问题的部署要求,推进“诉访分离”工作,把涉法、涉诉信访事项导入司法程序处理,支持政法机关做好教育疏导和矛盾化解等工作。

（娄广定）

## 外事

■**外事接待** 2014年,扬州市共接待相关到访团组120批近2000人次。重要宾客有:刚果共和国总统萨苏、黑山总统菲利普·武亚诺维奇、瓦努阿图共和国总理乔·纳图曼、克罗地亚议长莱科、肯尼亚参议长埃奎·埃苏罗等5名在任外国领导人和日本前首相福田康夫、韩国前总理李洪九、多米尼加前总统梅西亚等3名前任首脑;摩洛哥驻华大使贾法尔·阿尔热·哈基姆、丹麦驻华大使馆公使衔参赞罗蔓蕊、意大利驻沪总领事裴思泛、比利时驻上海总领事馆经济及商务领事马汉、国际奥委会主席夫人克劳迪娅·巴赫、日本前厚生劳动大臣细川律夫等。（杨 乐）

■**招商引资** 2014年,市政府外事办公室(简称市外办)筹划组织2014“名城扬州携手德国名企”合作恳谈会;举办“走进非洲”刚果共和国总统萨苏会见扬州民营企业家

**2014年扬州市出访团组一览表**

表7-1

| 序号 | 出访时间 | 团　名 | 人数 | 团　长 | 出访国家 | 出访任务 |
|---|---|---|---|---|---|---|
| 1 | 1月19—26日 | 扬州市友好经济代表团 | 6 | 张宝娟 | 澳大利亚、缅甸 | 拜访友城,共商友好合作事宜,洽谈交流,切实推进项目合作 |
| 2 | 2月17—24日 | 扬州市友好代表团 | 5 | 袁秋年 | 意大利、西班牙 | 深化友好城市关系,加强经贸交流与合作等 |
| 3 | 2月19—26日 | 扬州市友好代表团 | 6 | 洪锦华 | 德国、克罗地亚 | 拜访友城,考察交流 |
| 4 | 6月8—15日 | 扬州市友好代表团 | 6 | 祁小夏 | 日本、韩国 | 拜访友城,考察交流 |
| 5 | 6月22—29日 | 扬州市友好代表团 | 6 | 纪春明 | 土耳其、哈萨克斯坦 | 开展议会交流 |
| 6 | 6月19—26日 | 扬州市政府代表团 | 6 | 朱民阳 | 卡塔尔、法国 | 大运河申遗活动。参加世界遗产大会 |
| 7 | 7月26日至8月2日 | 扬州市友好交流代表团 |  | 卢桂平 | 美国、加拿大 | 友好考察访问 |
| 8 | 10月7—14日 | 扬州市友好代表团 | 5 | 丁　纯 | 英国、克罗地亚 | 友好经贸交流 |
| 9 | 11月5—12日 | 扬州市友好代表团 | 6 | 董玉海 | 法国、西班牙 | 参加第四届中法地方政府合作高层论坛 |
| 10 | 12月18—25日 | 扬州市人大友好代表团 | 5 | 王　敏 | 俄罗斯、意大利 | 友好交流访问 |

**2014年到扬州访问团组一览表**

表7-2

| 序号 | 时　间 | 国　别 | 代表团名称 | 团长姓名/职务 | 人数 | 主要活动 |
|---|---|---|---|---|---|---|
| 1 | 1月9日 | 丹麦 | 丹麦驻华大使馆代表团 | 罗蔓蕊/公使衔参赞 | 2 | 调研投资环境 |
| 2 | 1月19—20日 | 日本 | 日本环保再生产业考察团 | 杉浦敏夫/丰田化学工业株式会社社长 | 5 | 产业考察 |
| 3 | 3月6日 | 日本 | 日本国际协力中心代表团 | 中野则之/中国室室长 | 5 | 交流访问 |
| 4 | 5月17—18日 | 肯尼亚 | 肯尼亚中国友好协会代表团 | 埃苏罗/参议长 | 19 | 友好访问 |
| 5 | 6月15—17日 | 刚果(布) | 刚果(布)总统代表团 | 萨苏/总统 | 90 | 友好访问 |
| 6 | 6月18—19日 | 荷兰 | 布雷达市政府代表团 | 范德维尔登/市长 | 5 | 友好访问 |
| 7 | 7月23—25日 | 多米尼加 | 多米尼加代表团 | 梅西亚/前总统 | 5 | 友好访问 |
| 8 | 8月14日 | 黑山 | 黑山总统代表团 | 菲利普·武亚诺维奇/总统 | 8 | 友好访问 |
| 9 | 8月18—19日 | 瓦努阿图 | 瓦努阿图总理代表团 | 乔·纳图曼/总理 | 27 | 友好访问 |
| 10 | 8月28—29日 | 克罗地亚 | 克罗地亚议长代表团 | 莱科/议长 | 25 | 友好访问 |
| 11 | 9月18—19日 | 韩国 | 群山市代表团 | 李成寿/副市长 | 8 | 友好访问 |
| 12 | 9月25—27日 | 加拿大 | 内河航道国际代表团 | 大卫·白灵杰/主席 | 2 | 参加运博会 |
| 13 | 11月17—18日 | 法国 | 奥尔良市代表团 | 丹尼尔·库克曼/市长顾问 | 2 | 友好访问 |
| 14 | 11月19日 | 俄罗斯 | 莫斯科州杜马代表团 | 康斯坦丁·谢利米索夫/副主席 | 5 | 友好访问 |
| 15 | 12月24日 | 韩国 | 忠清南道议会代表团 | 金奇泳/议长 | 15 | 访问交流 |

交流活动;克罗地亚议长约西普·莱科访问扬州期间,组织APEC商务旅行卡协会会员参加座谈会;服务西门子电机(中国)有限公司在仪征汽车工业园的二期工厂开业;推动德国通快公司与扬州市就金方圆合作项目交流;服务江苏亚威股份公司和德国徕斯公司机器人合资合作项目签约;服务中俄投资基金、永泰红磡基金与扬州市正式签约,在扬州设立总规模50亿元的中俄投资基金子基金。

（杨　乐）

**■国际会议**　2014年,APEC框架下的亚太经济合作组织(APEC)电信工作组第49次会议、第九届东北亚名人会、中日关系危机管控国际研讨会、中国—澳大利亚能力建设培训班、第14届世界历史城市联盟大会、亚信特别工作组和高官委员会会议、中美青年领导者论坛等双边、多边国际会议在扬州召开。第九届东北亚名人会首次发布共同倡议,呼吁中日韩致力于建设一个利益共享、责任共担的东北亚命运共同体,推进各领域的信息共享和互利合作。第14届世界历史城市联盟大会上发布《扬州宣言》。全年扬州市平均每月承办或协办1场国际会议,参会嘉宾近2000人次。

（杨　乐）

**■对外宣传**　配合全市"烟花三月"国际经贸旅游节、中国扬州运河名城博览会、扬州中韩友谊日、扬州与日本厚木结好30周年、第九届东北亚名人会、APEC电信工作组第49次会议、中日关系的危机管控研讨会、第14届世界历史城市联盟会议、中美青年领导者论坛、亚信特别工作组和高官委员会会议等重大活动,市外办邀请组织新华社、中新社、中央电视台、《中国日报》、《环球时报》、日本经济新闻社上海支局、英国BBC、日本《读卖新闻》中国总局等媒体宣传报道扬州,提升扬州的国际知名度。

（杨　乐）

**■涉外管理**　2014年,市外办共办理因公出国(境)团组出访273批649人次,来华邀请564批826人次,办理因私签证1105批2178人次,因私签证受理国别超过20个国家。为企业家办理APEC商务旅行卡,2014年新办卡130张,累计办卡558人次。市外办获评江苏省APEC商务旅行卡申办工作先进单位。

（杨　乐）

## 侨务

**■概述**　2014年,全市侨务工作社会化整合资源,发挥侨务领导小组作用,加强组织领导。落实涉侨部门的法定职责,形成侨务工作齐抓共管的局面。加大对《扬州市华侨归侨侨眷权益保护办法》的宣传。出台《关于贯彻落实扬州市华侨归侨侨眷权益保护办法的意见》。组织人员深入侨资企业解读市委、市政府二号文件,把贯彻二号文件与落实《扬州市华侨归侨侨眷权益保护办法》有机结合起来;同时专题视察华侨华人、归侨侨眷的相关权益保护情况。全市组织开展《华侨归侨侨眷权益保护办法》系列宣传活动,共设立侨法宣传角6个,举办侨法宣传26场次。

项目化运作各大活动。做好"烟花三月"节的活动组织,活动期间市侨办共接待8批次50多名客人。6月27—29日,海外高层次人才江苏行7名博士到江都和苏北医院考察。9月19—20日,第17期海外华侨华人专业人士回国创业研习班暨2014“相聚长三角”活动在扬州举行。

全面开展优质化服务。通过华商会信息平台，为华商企业服务。4月15日，市侨办与华商会联合举办政策对接会，邀请市经信委负责人为近百家侨港资企业和全市部分侨务干部解读市委、市政府《关于着力提升服务水平净化企业发展环境的意见》。6月30日，举办银企对接会。邀请市人行负责人向企业家解读金融政策，并请5家商业银行与市华商会签订协议，做好银企的服务与沟通工作，为企业解决融资难的问题。11月6日，举办建立科企平台仪式暨政策解读会，邀请市科技局相关负责人解读《关于科技扶持及相关政策》，同时现场解答侨港资企业提出的问题。12月28日，通过劳企平台的对接，帮助侨港资企业解决用工难的问题。通过华文教育基地平台，为华裔青少年服务。7月，承办2014年海外华裔及台湾地区青少年“中国寻根之旅”夏令营（扬州营）活动，共有200名青少年参加。通过卫生资源平台，为社区侨界服务。9月3—4日，市侨办、市卫生局联合开展“侨爱工程——送温暖医疗队”活动。安排在扬归侨进行一年一度的健康体检。各地侨办摸底调查当地侨界空巢老人基本情况，并招募志愿者组成关爱侨界空巢老人阳光小分队。通过华商慈善基金平台，为贫困学生服务。发放2014年隆星奖助学金及吴飞奖助学金。宝应县侨办与美国新欣教育基金联系，争取柳堡镇卢村小学获赠56台电脑与9万元捐款。各地侨办开展“百侨助百村”活动，年内共促成项目18个，投入侨资301.8万元。接受华侨华人（含港澳同胞）捐赠的各类款物折合人民币406.75万元。

2014年，全市侨务部门共为侨商、侨企排忧解难25件；受理经济纠纷11件，结案11件；全年扶持180名贫困归侨侨眷，发放救济补助资金15万元。广陵区东关街道琼花观社区被国侨办评为2014年“全国侨务工作明星社区”，宝应县安宜镇南园社区被国侨办授予2014年“侨法宣传角”称号，仪征市鼓楼社区获2014年度“江苏省社区侨务工作示范单位”称号。（王爱萍）

**■“最扬州——五月企业家风云榜”评选** 2014年，市侨办协同扬州报业传媒集团、市总工会、市儒商研究会等单位联合开展“最扬州——五月企业家风云榜”评选活动。完美（中国）有限公司董事长古润金、江苏波司登制衣有限公司总经理何其新、扬州五丰冷食有限公司常务副总经理蒋小国、江苏红山体育健身度假村有限公司董事长李俊邦、扬州盛德工艺品有限公司董事长梁加兴、扬州蓝宝石食品有限公司董事长梁军、海信容声（扬州）冰箱有限公司总经理刘景杭、江苏伯克生物医药有限公司董事长王飞、锦通食品集团总裁尤天杰、扬州通利冷藏集装箱有限公司总经理赵有善获“十大侨港资企业家”称号。6月28日举行颁奖仪式。（王爱萍）

**■2014年海外华裔及台湾地区青少年“中国寻根之旅”夏令营（扬州营）活动** 7月12—18日，市侨办承办2014年海外华裔及台湾地区青少年“中国寻根之旅”夏令营（扬州营）活动。夏令营以“相聚扬州，寻根中国”为主题，来自美国、法国、爱尔兰等国家海外华裔及中国台湾地区12～18周岁青少年和领队200人在扬州考察、学习、交流。夏令营活动安排具有扬州特色、本土性、可看性的内容，在扬州众多文化资源中挑选出具有文化寓意的传统礼仪、饮食文化、中华武术、音乐讲座、国学启蒙、书法入门、扬州剪纸等课程。营员们游览扬州双博馆、个园、何园、瘦西湖、大明寺、汉陵苑、东关街、工艺坊、古运河等景点和文化遗产。在游览和参观过程中，体验具有扬州人文特色和本土文化特质的雕版印刷、造纸技术等项目，感受扬州的悠久历史和文化积淀。（王爱萍）

**■2014年度“隆星教育发展基金”奖助学金发放** 7月31日下午，2014年度扬州“隆星教育发展基金”奖学金、助学金发放仪式在扬州教育学院附属中学举行。全市各学校的83名品学兼优的学生，共获各类奖、助学金19.1万元。“扬州隆星教育发展基金”是由香港隆星航业有限公司程余斋、辛德俊于1992年10月捐资设立，并交由市侨办代为管理。该基金主要用于奖励高中学科竞赛获得一等奖的学生，职教技能大赛在国赛和省赛中获得金牌的学生，成绩优秀但家庭经济较为困难的学生。（王爱萍）

**■“侨爱工程——送温暖医疗队”活动** 9月3日，由市侨办、市卫生局联合开展的“侨爱工程——送温暖医疗队”活动在邗江区双桥街道卜桥社区举行启动仪式。启动仪式后，医疗队专家现场开展义诊、体检等服务，并向群众发放《扬州市华侨归侨侨眷保护办法》。9月4日，医疗队赴宝应县南园社区为归侨和侨眷进行相关医疗服务。义诊期间，宝应县侨办还适时开展侨法咨询和侨法宣传。义诊活动中，共接诊侨界人士80多人次，社区群众500人次，发放健康知识手册和侨法宣传资料共600多份。（王爱萍）

## 港澳事务

**■概述** 2014年，市政府港澳事务办公室（简称市港澳办）强化与外交部驻港澳特派员公署、香港特区政府驻沪办事处和香港贸发局驻南京代表处的联络，推动扬州与两地深入交往。先后接待外交部驻澳门特派员公署副特派员冯铁率哈萨克斯坦、俄罗斯等八国驻港澳总领事及夫人一行，香港中华总商会常务会董、长三角委员会主席刘铁成一行等重要来宾。牵头市发改委、市旅游局、市农委、市商务局、扬州生态科技新城等单位、功能区，赴香港参加“江苏旅游（香港）推介会”和赴澳门开展第四届“江苏—澳门·葡语国家工商峰会”扬州专场推介会。强化对在扬州港澳企业的调研。与扬州宏运车业、利星行机械公司、锦通（扬州）食品公司、港扬食品有限公司、香港德辉国际（集团）扬州德辉置业有限公司联系，了

**2014年扬州市赴港澳团组一览表**

表7-3

| 序号 | 团名 | 人数 | 团长职务 | 出访地区 | 出访任务 | 出访时间 |
|---|---|---|---|---|---|---|
| 1 | 扬州市经济代表团 | 15 | 孔令俊(副市长) | 香港、澳门 | 扬州服务业推介 | 10月20—25日 |

（杨　乐）

**2014年到扬州访问港澳团组一览表**

表7-4

| 序号 | 时　间 | 地区 | 到访者 | 团长 | 人数 | 到访目的 |
|---|---|---|---|---|---|---|
| 1 | 3月13日 | 澳门 | 澳门江苏商会考察团 | 李有峰(秘书长) | 2 | 考察 |
| 2 | 4月9—10日 | 澳门 | 俄罗斯等八国驻港澳总领事代表团 | 冯铁(外交部驻澳门特派员公署副特派员) | 22 | 考察 |
| 3 | 5月1日 | 澳门 | 外交部驻澳门特区特派员公署代表 | 尹巨明(研究室主任) | 1 | 考察 |
| 4 | 8月1日 | 香港 | 香港德辉国际(集团)扬州德辉置业有限公司考察团 | 董振模(总经理) | 2 | 考察 |
| 5 | 9月5—6日 | 香港 | 香港中华总商会代表团 | 刘铁成(香港中华总商会常务会董、长三角委员会主席) | 17 | 考察 |
| 6 | 11月23日 | 澳门 | 澳门华浦投资管理集团有限公司代表团 | 陈云斐(澳门华浦投资管理集团有限公司董事长) | 2 | 考察 |

（杨　乐）

解企业现状。组织香港德辉国际(集团)扬州分公司、锦通(扬州)食品公司负责人赴南京参加《江苏省保护和促进香港澳门同胞投资条例》颁布施行座谈会，让与会企业详细了解条例精神，并扩大条例在扬州港澳投资企业中的影响。（杨　乐）

## 涉台事务

**■概述**　对台经济。强化园区以及县(市、区)小分队招商、点对点招商、专项招商，组织多批团组赴台，拜访一批新老客商，洽谈一批新项目，挖掘出一批涉及材料分析、医疗保健、水果种植、食品加工、温泉酒店、日用品、文化创意等产业的新项目信息。2014年，全市新批台资项目23个，其中1000万美元以上项目11个，总投资6.55亿美元，实际到资2.5亿美元。邀请接待海外台商参访团、台北华商妇女企管协会、南台湾理事长联合会参访团等多批台商到扬州考察洽谈。全年共接待台湾到扬州经贸团组19批119人次。“烟花三月”节期间，两岸美食交流协会在扬州东关街举办“阿里山美食展”。走访、调查、收集整理台企基础性资料，摸清全市台企的基本状况。主动拜访、搜集招商项目信息，及时动态核实更新对台招商项目信息库。

对台交流联络。2014年，全市共接待台湾到扬州交流团组10批374人次，探亲19批241人次。办理各类赴台交流团组14批148人次。接待海协会会长陈德铭、海基会董事长林中森到扬州参访和海协会原会长陈云林、原副会长李炳才携两岸知名书画家到扬州参加“两岸知名书画家江南采风行”活动。台湾“金兰会”、国民党党代表、台湾扬州同乡会回乡参访团先后到扬州。市台办与市委组织部共同组织村党组织书记和大学生村官两批93人赴台开展现代农业知识培训。市木偶美食交流团赴台湾参加在佛光山佛陀纪念馆举办的蔬食博览会，开展木偶集锦表演和扬州美食展示交流。在扬州双博馆设立扬州市首个对台文化交流基地。

服务台商台企。2014年，全市共受理台商台企投诉案件31件，办结28件，结案率90.32%；台胞台属来信来访答复率100%。拖延近8年的江都万安燃气公司特许经营权纠纷投诉案、台商吴耿贤车祸案、台企砂石车车祸案、吉的堡教育集团办学案等一批投诉纠纷最终得到妥善解决。10月下旬，正式建立扬州市涉台商事案件调解工作机制。11月中旬，市台办与市司法局共同成立扬州市台商法律顾问团，法律顾问团律师成员12人。成立台湾同胞投资权益保障协调委员会，12月上旬召开第一次全体成员会议。在台胞子女就学、医疗就诊、证件签注、驾照年审等方面打通绿色通道，提供便捷服务。

对台信息宣传。2014年，全市共接待台湾媒体13家15人次；在省级以上涉台网站、刊物与杂志发表文章160多篇，其中中央级4篇；发放《扬州台情》12期、《台情》专报8期。接待“台资企业自主品牌巡礼”两岸主流媒体联合采访团专程到扬州进行综合采访。在省台办“江苏与台湾”官网设立《扬州讲坛》专栏，扩大《扬州讲坛》的辐射面和影响力。

（骆礼国）

**■林中森到扬州参访**　10月25—26日，海峡交流基金会董事长林中森一行到扬州参访。林中森对台资企业在扬州的成长给予充分肯定，希望台企进一步加快转型升级、做大做强，为推动两岸经济发展、城市建设贡献更

大的力量。在扬州期间，林中森考察建设中的扬州台商会馆。（骆礼国）

■**“两岸知名书画家江南古镇采风行”活动在扬州启动** 4月13—16日，由海峡两岸关系协会书画交流分会主办的“两岸知名书画家江南古镇采风行”活动在扬州启动。海协会原会长、海协会书画交流分会理事长陈云林，海协会原副会长、海协会书画交流分会副理事长李炳才携两岸知名书画家参加活动。市委书记谢正义、市长朱民阳分别会见参加活动的两岸嘉宾。在扬州期间，两岸书画艺术家们到大明寺、鉴真图书馆、瘦西湖、个园及“双东”历史街区等名胜采风，考察扬州工艺美术馆和扬州书局，观看扬州工艺美术大师们的现场表演，进行沟通交流。（孙金海）

■**扬州经贸代表团赴台湾考察招商** 10月12—17日，副市长孔令俊率市台办、广陵区、开发区、化工园区、蜀冈-瘦西湖风景区、生态科技新城等相关人员赴台湾开展经贸考察活动。在台湾期间，考察团一行重点参访有投资意向的台资企业和在扬州落户的重点台资企业，推进重点项目加快投资进程，推动企业增资扩股，累计推进永丰余集团、远东集团等重点公司项目6个，洽谈招商引资项目25个，总投资7.85亿美元。考察团深入考察台湾科学园区科技孵化器——矽导科技研发中心的经营及管理模式，对接闳康科技材料分析项目以及推动晶元光电在扬州市投资的璨扬光电二期项目，并推动扬州市相关功能园区与高科技园区形成定向合作。考察团一行还有选择地考察台湾温泉酒店、民宿、文创等服务业项目，推动扬州与台湾现代服务业的合作。（徐泗旺）

■**海外台商团到扬州参访考察** 6月28日，台湾中华侨联总会理事长简汉生率海外台商团一行18人到扬州参访考察。副市长孔令俊向客人介绍扬州市经济社会发展状况以及扬州市台资集聚发展情况。考察团一行深入考察扬州经济技术开发区，参观扬州智谷，参访台资企业——扬州京华城和鉴真图书馆。参观扬州双博馆、瘦西湖、大明寺等景点。（赵晓艳）

■**施明豪一行到扬州考察** 7月30日下午，南台湾理事长联合会总召集人施明豪一行到扬州考察。副市长张宝娟向客人简要介绍扬州市经济社会发展情况，希望南台湾理事长联合会能进一步促进扬州与台湾的经贸合作和文化交流。在扬州期间，施明豪一行考察扬州生态科技新城和城市规划展览馆，并举行扬州—台湾产业对接座谈会。会上，台湾海洋生物博物馆前馆长方力行、南台湾理事长联合会副秘书长周和男、台北市青年联合会理事长何溢诚、南台湾理事长联合会教育委员会副主任张恒瑞等分别与扬州生态科技新城、市教育局、市卫生局、市规划局、团市委、市工商联、市农委、市贸促会等多家单位相关负责人深入探讨，谋划扬州与台湾在生态文创产业、医疗健保、教育、青年交流、企业交流等多个领域的交流合作。（孙金海）

■**市台胞投资权益保障协调委员会成立** 10月27日，市台湾同胞投资权益保障协调委员会成立。协调委员会由涉台的29个部门组成，办公室设在市台办。协调委员会将协调解决全市台湾同胞投资权益保障的重大问题，为台商提供更好的经营环境，保障在扬台商台企的合法权益。12月8日，召开全市台胞投资权益保障协调委员会第一次会议。（俞 震）

■**市台商法律顾问团成立** 11月18日，市台商法律顾问团成立。台商法律顾问团具体工作由市台办、市司法局负责，顾问团其他组成人员实行聘用制，台商法律顾问团律师共12人。台商法律顾问团将以台商、台资企业为服务对象，通过开展专题法律宣讲、提供法律咨询、担任企业法律顾问、接受诉讼仲裁代理、提供法律援助服务等多种形式，及时帮助企业化解经营风险，为全市台企构筑风险防范墙。（俞 震）

■**扬州木偶美食交流团赴台湾展演** 11月7—16日，应佛光山人间基金会的邀请，扬州木偶剧团演出队和扬州冶春餐饮公司的厨师共18人，赴台湾佛光山佛陀纪念馆参加蔬食博览会的展演(示)活动。在佛陀纪念馆“礼敬大厅”的一楼扬州美食展区，每天的14时提供由扬州厨师制作的功夫点心松仁银丝卷、南瓜饼等扬州传统美食，扬州厨师还现场表演“文思豆腐”刀工。二楼是扬州木偶的表演区域，扬州木偶剧团演出队带去《武松打虎》《长绸舞》等12个有故事情节或特色的木偶集锦节目。（古 刚）

■**台湾扬州同乡会组团回乡参访** 5月10—14日，以理事长李增邦为团长的台湾扬州同乡会28人回乡参访。参访团成员中有1949年到台湾时年仅6岁的扬州籍第二代乡亲，也有80后在台湾出生的第四代乡亲。有夫妻同行的，也有祖孙三代同行的。有从事公教工作的，有从事金融、餐饮工作的，也有从军几十年的。同乡会每两年组织一次回乡参访活动，从未间断。在扬州期间，参访团分别与扬州市台属联谊会、扬州市台资企业协会进行交流；参观江都水利枢纽、扬州泰州机场、扬州双博馆、扬州“双东”历史街区、江都盆景园和台资企业永丰余造纸(扬州)有限公司、川奇光电科技扬州有限公司、京华城中城等；游览瘦西湖、个园及古运河等。参加在扬州双博馆举行的扬州市对台文化交流基地的揭牌仪式。（古 刚）

## 政府法制

■**推进依法行政** 1月21日，市政府召开全面推进依法行政工作领导小组暨2014年依法行政工作会议，总结2013年依法行政与政府法制工作，表彰先进单位与先进个人，部署2014年工作。市政府印发《关于2014年度推进依法行政工作的意见》。4月3—4日，市政府法制办公室(简称市政府法制办)举办市直部门行政执法人员通用法律知识培训班，颁发2014版行政执法证，38个部门525人参加培训，并连续第四年实行执法人员法律知识网上闭卷考试。7月，召开全市政府法制工作座谈会，开展依法行政工作中期督查，总结交流上半年工作，部署下半年工作任务。9月，联合市委组织部在中国政法大学举办领导干部法治思维与综合素质提升专题培训班，市直部门法制工作分管领导及县(市、区)法制办主任共41人参加培训。11月，对6个县(市、区)法治政府建设工作开展调研，形成基层政府法制工作情况调研报告。12月，对6个县(市、区)政府、5个功能区管委会和市直49个执法部门开展年度依法行政考核。（徐晓明）

**■推进行政调解** 3月30日，市政府法制办印发《关于做好2014年度行政调解工作的意见》，对年度行政调解工作作出具体部署。6月30日，市政府法制办召开全市行政调解案例分析交流会议，交流、总结全市行政调解工作。全年各级各类行政调解机构受理案件9485件，其中消费矛盾纠纷、劳资纠纷、社会治安管理纠纷、医患纠纷、交通事故损坏赔偿、违法建设纠纷占案件总数的91%；结案8754件，结案率92.3%。

（徐晓明）

**■规范涉企执法** 3月，市政府法制办制定出台《关于推行“首违不罚”和“容期整改”制的实施意见》《扬州市行政处罚自由裁量权行使规则》，规定“首违不罚”和“容期整改”的范围，规范涉企行政处罚自由裁量基准。5月，形成行政权力、收费项目、部门职责、服务事项等四类清单并对外公布，共确认45个部门涉企职责，确认涉企服务事项55项，向社会公布常用涉企行政权力1747项。牵头建设扬州企业服务网，5月30日正式开通上线运行。全面公开行政处罚决定书，所有重大行政处罚决定书在扬州企业服务网全文公开，全年公开258份。8月，组织专家审查市直部门报备的114份重大行政处罚案卷，对3个部门下发《行政执法监督建议书》。全年，共收到各县(市、区)和市直部门报备一般执法检查8391件、大规模执法检查433件。（徐晓明）

**■推进简政放权** 全年分三次取消和调整涉及扬州市行政审批事项，取消行政审批事项43项，调整行政审批事项153项。统一规范江都、邗江、广陵三区行政权力，5月，在三区部署开展行政权力事项梳理工作，经审核，最终确认区政府应有行政权力6268项，区政府部门行使涉及市政府部门行政权力258项。推进扩大经济技术开发区经济管理权限；赴南通、盐城、镇江等3家省内国家级经济技术开发区调研，制定扩大扬州市开发区经济管理权限方案。

（徐晓明）

**■权力清理审核** 全面清理并制定市级行政审批事项目录清单、行政权力事项目录清单。9月，部署在市级部门开展行政审批事项清理工作，最终审核确认市政府各部门共有行政许可314项(其中在用239项)。10月，部署在市级部门开展行政权力事项清理工作，最终审核确认市政府各部门应有行政权力6713项(其中常用2091项)。11月11日，市政府常务会议审议通过《市政府各部门行政审批事项目录清单》及《扬州市行政审批事项目录清单管理办法》。12月15日，市政府召开新闻发布会，对外公布行政审批目录清单。12月16日，市政府常务会议审议通过《扬州市政府各部门应有行政权力目录清单》《扬州市政府各部门常用行政权力目录清单》。12月31日，市政府印发行政权力目录清单并对外公布。

（徐晓明）

**■规范性文件管理** 2014年，市政府法制办审核出台市政府规范性文件9件，审核各类政策文件65件。11月，新增扬州市扬大康源乳业有限公司、江苏双兔食品股份有限公司等15家企业作为市政府“立法民情联系点”，扩大政府规范性文件制定工作中的公众参与度，规范性文件草案均征求“立法民情联系点”意见。市政府法制办全年收到各县(市、区)和市直部门审核报备规范性文件65件。开展市政府规范性文件后评估工作，全年组织16个市直部门评估规范性文件50件，拟保留25件，修改21件，废止4件。11月，组织10个市直部门召开后评估工作交流会，对市政府出台的涉及重大民生事项的6件文件重点评估，继续适用5件，拟依据上位法修改1件。（徐晓明）

**■行政复议规范化建设** 4月，市政府法制办印发《关于报送全市行政复议工作联络员的通知》，建立行政复议工作联络员机制。6月5日，印发《〈扬州市人民政府法制办公室行政复议案件集体讨论制度〉的通知》。8月，就开展行政复议委员会运行机制、审理模式及行政复议统一受理平台、网上受理等情况，赴常州、苏州、张家港等地学习考察，形成《关于行政复议委员会运行机制及案件统一受理平台工作情况的调研报告》。9月，正式运行行政复议网上受理平台，并与相关媒体对接，开展宣传工作。9月19日，市政府办公室印发《关于明确市政府行政应诉工作责任主体的通知》，明确相关单位的应诉工作责任。12月11日，组织召开全市行政复议、行政应诉工作会议，解读中共十八届四中全会决定主要精神和新行政诉讼法对复议应诉工作影响，发放全市行政复议应诉资格证。11月，参加全省行政复议案卷集中评查活动，获省行政复议案卷评查二等奖。12月，参加全省行政复议典型案例评析会，获省第五届行政复议典型案例评析二等奖。2014年，全市各级各类行政复议机构收到行政复议申请250件，受理225件，比上年增加28件。其中，市政府法制办收到向市政府提出的行政复议申请86件，受理75件，比上年增加20件。

（徐晓明）

## 政务服务

**■概述** 2014年8月，经省机构编制委员会办公室(简称省编办)批准，扬州市机构编制委员会(简称市编委会)发文,将市行政办事服务中心更名为市政务服务管理办公室,挂“市政务服务中心”和“市公共资源交易中心”牌子,为市政府派出机构,正处级建制。

2014年,全市政务服务系统共办理各类事项443.9万件,其中各县(市、区)政务服务中心办理74.7万件、各市级分中心办理356.7万件。市政务服务中心办理12.5万件,人均办理833件,日均办理500件,按时办结率100%,服务对象随机测评满意率99.9%。（胡继林）

**■行政审批制度改革** 2014年9月11日,市委、市政府印发《关于推进政府职能转变深化行政审批制度改革的实施意见》,建立以“5张清单(行政审批事项目录清单、政府行政权力清单、政府部门专项资金管理清单、行政事业性收费目录清单和投资审批‘负面清单’)、1个平台(政务服务建设平台)和8项相关改革举措(强化事中事后监管、推进监管执法体制改革、推进工商登记制度改革、促进社会组织健康发展、推行政府购买服务制度、全面推行政府绩效管理制度、健全责任追究机制、深化地方政府机构改革)”为主要内容的简政放权、转变职能基本架构。推进5张清单制定工作,公布各部门行政审批事项目录清单239项、市政府权力清单2091项、部门专项资金管理清单59项、行政事业性收费目录清单143项。分三批取消和调整市级行政审批事项196项,不再保留市级非行政许可审批事项。完善政务服务体系建设,建立市政务服务管理办公室,挂“市政务服务中心”牌子,48个部门全部在市政务服务中心设立服务窗口。9月29日,省编办批复同意整合组建副处级“扬州市公共资源交易中心”,由市政务服务管理办公室管理。（黎小生）

**■服务创新** 对项目审批实施网格管理、开辟绿色通道,全年共主动、跟踪服务重大项目364次,开展绿色通道服务200多次。重组项目并联审批流程,项目行政审批平均时限缩短为77个工作日,提速20%;实施重大项目容缺受理和模拟审批,共对51个事项实施容缺受理和模拟审批,审批效率明显提升;建立建设工程竣工验收“一窗受理、内部流转、联合验收、限时办结”机制,竣工验收时限明显缩短;对审批部门和中介服务机构实施捆绑考核,行政审批中介服务时限有效压缩;实施工商注册登记“三证一体”(工商营业执照、组织机构代码证、税务登记证“三证合一”),工商注册登记时限缩短为4个工作日,提速60%。（胡继林）

**■服务标准化** 全面建成国内首个市、县两级国家级行政服务标准化试点,制定实施各类标准700多个,并以95.5分通过国家标准化委员会验收;全面实施行政服务统一登记工作,对事项办理过程全程监控,市本级共通过统一登记平台办理5万件;全面推行预约服务和限时办结制度,共实施预约服务2100次,市本级500多次,没有超期件。（胡继林）

## 机关事务管理

**■机关服务保障** 2014年,经市政府批准,扬州市市级机关事务管理局更名为扬州市机关事务管理局(简称市机关事务局)。机关会务服务全年较好地完成市“两会”、“烟花三月”国际经贸旅游节、运博会等重要会务和活动的后勤保障工作,会务服务532场次。市委、市政府车队全年安全行车120万千米,完成日常用车保障工作。机关生活餐饮服务不断改进菜肴品种和供应方式,并实施餐厅的更新改造,提升服务环境,全年餐饮服务突破48万人次。投资1200万元建设机关西大院立体停车库及附属工程,提供车位261个。按期完成机关公有住房5500平方米危房解危任务,多方筹资、有序推进机关住宅老小区整修和环境改造。加快推进机关后勤蔬菜基地建设,全面完成东大院整修、西大院供水改造、空调机组更新等专项改造,实施机关第三幼儿园校安工程建设。重新核发机关服务卡、车辆出入证,兴建快递e站等。机关三所幼儿园按照“简朴、节俭、温馨、人文”的原则,开展丰富多彩的系列园庆活动。机关门诊部全年门诊量超过18万人次,被评为“扬州市文明服务示范窗口”。机关物业管理中心完成全国文明城市复评、机关干部和离退休老干部、老领导住宅水电维修等相关工作任务。统筹调剂市台办、市政府法制办、市文物局等单位办公用房。（王继荣）

**■机关事务管理专项工作** 开展党政机关办公用房清理工作,先后3次召开县(市、区)和有关部门的工作推进会,4次督查有关市级机关部门、各县(市、区)办公用房清理整改工作开展情况,2次组织“回头看”,及时发现存在的问题并提出整改要求。根据国家颁发的党政机关办公用房建设新标准和文件要求,明确市属国有企业负责人办公用房面积标准,对各级领导干部办公用房面积和房号登记备案,对清理出的办公用房建档建账,推动党政机关办公用房管理规范化。做好公务用车管理制度改革准备工作,统计全市党政机关及参照公务员法管理事业单位人员、车辆、费用及司勤人员情况,全面掌握全市涉及公务用车方面的相关信息资料。做好车改前公务用车的使用管理,暂停一般公务用车购置的初审,强化应急用车的统筹协调,严格执行节假日和非工作期间公车回单位停放制度。（王继荣）

**■节约型机关建设** 起草制定《扬州市市级机关办公用房管理办法》和《扬州市党政机关资源节约管理办法》,优化资源配置,降低行政成本。完善公共机构名录库,全市2000多家公共机构全部纳入管理范围。完成2013年度公共机构能源资源消费数据统计,开展节能信息和能耗数据核查、会审。开展节能宣传教育培训活动,营造良好的公共机构节能氛围。推动扬州市住房公积金管理中心等9家单位创成2014年江苏省公共机构节能示范单位,扬州市体育运动学校等12家单位创成市级公共机构节能示范单位。（王继荣）

# 政协扬州市委员会

Zhengxie Yangzhoushi Weiyuanhui

编 辑 姚 震

## 综述

**■概况** 2014年，中国人民政治协商会议江苏省扬州市委员会(简称市政协)围绕全市经济、政治、文化、社会、生态建设重要工作，认真履行职能，召开常委会议4次，主席会议8次，各类专题协商会、情况通报会65次，开展视察督查重大项目建设活动27次，向市委、市政府及有关部门递交相关调研报告42份、视察意见建议26份、社情民意38件。围绕“打造宜创环境，建设创业型城市”“创新有效预防和化解社会矛盾调解机制，促进社会治理能力提升”“构建新型农业经营体系，提升农业规模经营水平”“提高我市开放型经济发展水平”“做大做强扬州特色文化产业”“整治城市河道，改善宜居环境”“加强职业教育，服务经济社会发展”“提升文化博览城建设品质”“迎城庆推进文化作品创作工程”“建立健全基层综合服务管理平台，提升社会化服务水平”十大课题开展调研视察、协商讨论、建言献策。通过政协例会、行风评议、明察暗访、专题视察、工作咨询等形式，组织政协委员对市委全会工作报告、政府工作报告提出的目标任务和市委、市政府2014年“1号文件”贯彻落实情况开展视察督查活动。先后组织委员对法院、检察院、公安、城建、规划、国土、城管、交通、房管、环保、文化、教育、卫生、园林、科技、旅游、水利等工作开展专题调研视察。重点围绕重大产业项目提升、重大城建项目决战、改革全面深化和民生工程，分别组织委员对扬州市跨江融合发展、外向型经济发展、旅游工作、民营文化产业发展、瘦西湖隧道工程、环邵伯湖大道建设、大气污染防治、新万福大桥建设、文昌商圈周边交通、家庭服务业、大运河水上旅游、新型小城镇建设、体育民生工作、健康养老服务业、“八老改造工作”、自来水、燃气、污水处理等情况进行调研协商，提出建议。举办2014年度“政协论坛”，新设立市政协季度座谈协商会。重启民主评议工作，制定出台《政协扬州市委员会民主评议工作办法》(试行)，先后对市旅游局、市科技局工作开展评议，共形成8份专题评议报告，对打造“宜游”和“宜创”环境提出意见和建议。整理报送《政协内参》《社情民意》38期，为党政领导了解社情、掌握民意提供信息，推动一批热点、难点问题解决。进一步推进提案工作创新，推行提案征集的目录引导、培训督导和交前指导，编发《提案选题参考目录》；形成完整的“书记批办、市长领办、主席督办、政协指办”的重点提案交、督办机制；在全省率先制定出台《提案办理协商试行办法》；修订完善《提案办理工作评比评议办法》。市政协七届三次会议召开后，收到委员提案473件，立案455件，其中书记批办提案3件、市长领办提案7件、主席督办提案5件、政协指办提案10件、“回头看”提案6件。截至12月底，所有立案的提案全部办复。提案者对办理方式、态度、进度、结果满意和基本满意率98%。 (徐晓明 许 勇)

**■界别活动周** 5月5—11日，市政协举办2014年度政协委员联系群众“界别活动周”活动。市、县(市、区)两级政协2000多名委员紧扣“‘宜居’城市建设”主题，围绕社会文明度、经济富裕度、环境优美度、资源承载度、生活便宜度、公共安全度等标准，深入基层倾听民声、汇聚民智。市政协27个委员小组累计开展各类活动38项，收集意见、建议520条，对收集建议、意见分类整理社情民意50条交有关部门办理并跟踪答复。 (徐晓明 许 勇)

**■民主评议** 2014年，市政协重启民主评议工作，制定出台《政协扬州市委员会民主评议工作办法》(试行)。4月和9月组织委员、民主党派成员分别对市旅游局、市科技局工作开展评议，共形成8份专题评议报告，对打造“宜游”和“宜创”环境提出意见和建议。评议活动注重突出评议部门履职情况，查找部门在落实市委、市政府决策部署、政策文件和能力作风、服务水平方面的不足，通过整改落实，推动和促进被评部门进一步转变作风，改进工作，同时在民主评议的内容形式、方法步骤、组织领导和保障措施等方面，进行有益探索。 (徐晓明 许 勇)

**■加强与委员联系** 继续坚持主席、副主席联系委员制度及专委会分工联系界别和委员小组制度，制定《邀请市政协委员列席市政协常委会议、主席会议的规定》，修订完善《扬州市政协委员履职管理规定》，经市委同意成立市政协委员联络工作委员会，做好委员履职的教育培训、联络服务、考核奖惩等工作。全年开展主席联系委员活动6次，举办名家讲座3期、委员企业沙龙4次、科技委员活动日5次、学习报告会和辅导会12次，协助联系界别委员小组开展各类活动150多次。组织委员参加各项专题调研、常委会议、主席会议、政协论坛、视察督查等活动。4月和9月分别组织委员参加民主评议市旅游局和市科技局活动，5月组织开展政协委员联系群众"界别活动周"活动，11月组织委员参加"扬州政协论坛"，12月就2015年市政协调研课题通过座谈会等多种形式征求各界别委员意见。选派委员担任特约监督员、行风评议员，参与扬州市行风监督、机关能力作风建设、"三公开三报告"（公开事项，公开过程，公开结果；向组织报告，向人大代表和政协委员报告，向服务对象报告）电视直播、"四位一体"（运用广播、电视、报纸、网络热线平台）政风行风评议等活动。邀请委员参加市政协党的群众路线教育实践活动。通过扬州电视台《TV提案365》、《扬州日报·政协之声》专栏、政协网站、《扬州政协》会刊发表委员对全市经济社会发展的建议、提案，宣传委员参政议政的成果和工作成绩。（徐晓明 许 勇）

## 重要会议

**■政协七届三次会议** 1月11—14日，市政协召开七届三次会议。市委书记谢正义到会并作题为《集中力量再干几件大事》的讲话。市政协主席洪锦华作市七届政协常委会工作报告，市政协副主席刘在銮作市七届政协常委会关于提案工作情况的报告。会议举行大会发言和大组协商。增补于进、汤天波、杜新江为市政协常委，免去李鸾鸣、张勤、林道立市政协常委职务。会议期间，委员们分组讨论谢正义讲话，审议政协常委会2个报告；列席市人大七届三次会议，听取和讨论政府工作报告及法院、检察院工作报告。会议通过市政协七届三次会议决议。（徐晓明 许 勇）

**■政协常委会议** 1月13—14日，市政协分段召开七届八次常委会议。会议听取市政协七届三次会议小组讨论情况汇报，协商人事安排和选举事项，讨论、通过七届三次会议决议（草案）和2014年市政协工作要点。

8月29日，市政协召开七届九次常委会议。会议就"打造'宜创'环境，建设创业型城市"与市政府专题协商。听取并讨论副市长张宝娟所作相关情况通报以及市政协经济科技委员会代表专题调研组所作发言，通过有关人事任免事项。

9月29日，市政协召开七届十次常委会议，就"加强预防和化解社会矛盾工作"与市政府专题协商。听取并讨论副市长张宝娟所作提案办理情况的通报、议题相关情况通报以及市政协社会和法制委员会代表专题调研组所作发言。

12月29日，市政协召开七届十一次常委会议，听取并讨论《政府工作报告（征求意见稿）》，协商通过召开市政协七届四次会议的决定和有关事项，讨论并原则通过市政协常委会工作报告和提案工作情况的报告；协商通过委员变动和人事事项；表彰七届三次会议以来的优秀委员提案；市政协各专委会向常委会书面报告市政协七届三次会议以来工作情况。会议协商决定，2015年1月8—11日举行市政协七届四次会议。

（徐晓明 许 勇）

**■政协主席会议** 4月21日，市政协召开七届十六次主席会议，就"加强我市职业教育，为经济社会发展提供人才保障"议题与市政府协商，听取并讨论副市长董玉海所作相关情况通报以及市政协教育文化卫生体育委员会代表专题调研组所作发言。协商通过《民主评议工作试行办法》和《邀请市政协委员列席市政协常委会议、主席会议的规定》。

5月29日，市政协召开七届十七次主席会议，就"建立健全社会管理服务平台"与市政府协商，听取并讨论副市长张宝娟所作相关情况通报以及市政协社会和法制委员会代表专题调研组所作发言。

8月2日，市政协召开七届十八次主席会议，就"提升我市开放型经济发展水平"与市政府协商，听取并讨论副市长孔令俊所作相关情况通报以及市政协港澳台侨（外事）委员会代表专题调研组所作发言。协商通过《关于加强和改进调查研究工作的意见》和《关于加强和改进视察工作的意见》。

8月26日，市政协召开七届十九次主席会议，就"整治市区河道，改善扬州宜居环境"与市政府协商，听取并讨论副市长闻道才所作相关情况通报以及市政协城乡建设（人口资源环境）委员会代表专题调研组所作发言。

9月23日，市政协召开七届二十次主席会议，就"提升文化博览城品质"议题与市政府协商，听取并讨论副市长董玉海所作相关情况通报以及市政协文史和学习委员会代表专题调研组所作发言。

10月28日，市政协召开七届二十一次主席会议，就"迎城庆推进文化作品创作工程"议题与市政府协商，听取并讨论副市长董玉海所作相关情况通报以及市政协教育文化卫生体育委员会代表专题调研组所作发言。

12月2日，市政协召开七届二十二次主席会议，就"构建新型农业经营体系"议题与市政府协商，听取并讨论副市长丁一所作相关情况通报以及市政协经济科技委员会代表专题调研组所作发言。

12月23日，市政协召开七届二十三次主席会议，就召开市政协七届四次会议的有关事项进行协商，会议听取市政协第七届委员会常务委员会工作报告（征求意见稿）、提案工作情况的报告（征求意见稿）起草情况说明，讨论会议议程、日程等事项。讨论评选市政协七届三次会议优秀提案事宜。（徐晓明 许 勇）

## 重点提案

**■加强大气污染防治** 在市政协七届三次全会上，市政协城乡建设委员会提交《加强我市大气污染防治的建议》提案。提案建议:(1)进一步加强城市扬尘污染防治;(2)进一步加强机动车尾气污染防治;(3)进一步加强工业企业废气污染防治;(4)进一步加强对三产服务业油烟污染的防治;(5)进一步加强农作物秸秆禁烧与综合利用。该提案由市委书记批办,市环保局主办,市经信委、市交通运输局、市农委、市公安局、市城乡建设局、市城管局协办。办理情况:制定实施《扬州市大气污染防治行动计划实施细则》;大力整治燃煤锅炉;开展扬尘专项整治;加强机动车尾气治理;强化工业废气治理;开展餐饮油烟整治;加强农作物秸秆禁烧和综合利用;强化科技支撑;加强环保宣教教育,建立"向公众报告环保工作制度",建立环保监督员队伍。

(徐晓明　许　勇)

**■跨江融合发展 加强互动合作**　在市政协七届三次全会上,民建扬州市委员会提交《跨江融合发展,加强互动合作》提案。提案建议:(1)深化认识,准确把握跨江融合发展、加强互动合作的重要性;(2)把握关键,分别做好与上海、南京、镇江、苏南其他城市的互动;(3)拓展经济腹地,加强与淮安、盐城、宿迁、天长的交流与合作。该提案由市委书记批办,市长领办,市政府办公室主办,市旅游局、市人力资源和社会保障局、市发改委、市经信委、市商务局、市交通运输局、市科技局、市民政局协办。办理情况:认真汲取提案意见建议,纳入市委、市政府年度重点工作,印发《贯彻落实〈中共江苏省委、江苏省人民政府关于推进扬州跨江融合发展综合改革试点的意见〉工作任务分解表》和《2014年扬州市跨江融合发展行动计划》;把握重点关键,分类推进与不同城市的跨江融合互动合作;加强对跨江融合发展的组织领导,成立全面深化改革推进跨江融合发展领导小组,开展深度合作。

(徐晓明　许　勇)

**■加大研究隋文化力度 厚植城市文化底蕴**　在市政协七届三次全会上,九三学社扬州市委员会提交《加大研究隋文化力度 厚植城市文化底蕴》提案。提案建议:(1)以隋炀帝为主线,多维度、系统化研讨隋炀帝的贡献;(2)以隋炀帝与夫人萧后最后的埋葬之地为圆心,打造扬州文化旅游新高地;(3)加强对隋炀帝诗文研究,丰厚扬州文化的历史底蕴;(4)研究隋炀帝与大运河的关系,为中国大运河申遗彰显新特色;(5)研究隋炀帝与扬州宗教文化,构建隋炀帝、鉴真大和尚、星云法师的历史宗教经线。该提案由市委书记批办,市文物局承办。办理情况:加强隋炀帝墓考古发掘和规划保护;加强隋炀帝墓出土文物临时展示工作;加强隋炀帝及隋文化研究工作;加大隋炀帝墓的宣传工作力度。

(徐晓明　许　勇)

**■促进人水和谐 打造生态扬州**　在市政协七届三次全会上,民进扬州市委员会提交《促进人水和谐 打造生态扬州》提案。提案建议:(1)源头洁水,有效控制面源污染;(2)生态活水,畅通城市水文血脉;(3)科学治水,完善河道排水泄洪功能;(4)长效管水,推进建管、治管同步发展;(5)亲水养水,展现扬州水生态的精致美。该提案由市长领办,市城乡建设局主办,市水利局、市住房保障和房产管理局、市环保局、市城控公司协办。办理情况:组织编制《城市"清水活水"综合整治方案》并根据方案实施。控源截污,分年度按计划实施劣V类水体河道的控源截污工程;水系沟通,有计划、分步骤实施城市河道水系沟通工程;加强规划、理顺体制;加强长效管理;景观提升。

(徐晓明　许　勇)

**■壮大扬州市建筑业的新思维**　在市政协七届三次全会上,于金涛提交《扬改革之旗,夯发展之基——壮大我市建筑业的新思维》提案。提案建议:政府必须下大力气整顿和健全建筑产业相关法治环境,妥善解决拖欠工程款、完善招投标管理和加强建筑业税收征管。该提案由市长领办,市城乡建设局承办。办理情况:进一步加大清理拖欠工程款力度;进一步规范招投标管理,规范预选承包商制度,尽快开展价格因素、技术因素、信用因素(三合一)评标工作;进一步提高税收服务水平。整顿和规范建筑市场秩序,提高全行业的诚信和自律意识,努力构建公开、透明、有序的建筑市场新秩序。

(徐晓明　许　勇)

**■保护扬州普哈丁园 整治提升内外环境**　在市政协七届三次全会上,薛清、杨明荣、许明、陈云观、李克云、薛守东提交《关于保护扬州普哈丁园、加强整治提升内外环境的建议》提案。提案建议:扬州普哈丁园保护修缮、整治提升环境是一项特殊性的工程,市文物部门、财政部门要重点支持,还需争取国家、省文物部门和财政部门、申遗部门、发改部门对该项目的配套扶持资金,以利于保护文物、支持申遗,打造普哈丁品牌,促进中阿友好事业发展。该提案由市长领办,市文物局主办,市民宗局协办。办理情况:加强监督管理,督促产权单位及时做好相关工作;加强指导,编制报批普哈丁墓园修缮方案;争取立项,积极申请文物保护经费扶持。

(徐晓明　许　勇)

**■加快推进本土民企国际化**　在市政协七届三次全会上,市工商联提交《关于加快推进本土民企国际化的几点建议》提案。提案建议:(1)加强宣传,提升认识;(2)完善政策,保障有力;(3)积极作为,服务到位;(4)把根留住,惠及扬州。该提案由市长领办,市商务局主办,市工商局协办。办理情况:着力培育民营外贸龙头企业;深度推进本土产品出口品牌建设;重点提升民营企业融资服务水平;强化对民营企业政策扶持的针对性。

(徐晓明　许　勇)

**■促进扬州市家庭服务业发展**　在市政协七届三次全会上,徐明玥提交《关于进一步促进我市家庭服务业发展的建议》提案。提案建议:(1)进一步理顺家庭服务业管理机制;(2)积极倡导正面的舆论导向和社会观念;(3)进一步推动行业规范和标准的制定与落实;(4)加大家庭服务业龙头企业的培育力度;(5)进一步完善家庭服务业培训体系;(6)推进家庭服务业职业教育发展。该提案由市长领办,市人社局承办。办理情况:加强政策扶持,完善扬州市家庭服务业的服务管理体系,继续加强市家庭服务业行业协会建设;围绕诚信体系、技能培训、标准制定、品牌建设四个重点加强宣传和扶持;制定《家庭服务业管理规定》;通过引导资金、配套服务等措施支持品牌企业兼并连锁,整合资源,建立家庭服务集团,进一步扩大品牌效应和辐射作用,推动龙头企业开拓思路,探索家庭服务业网络化与电子商务化的新模式;以家政服务员、养老护理员和病患陪护员等为重点,分类别分等级细化家庭服务业培训工作;加强和相关院校合作,建设好"知识、技能、能力、人格四位一体"的家庭服务业人才培养体系。

(徐晓明 许 勇)

**■推进扬州市家庭农场的培育和发展** 在市政协七届三次全会上,民进扬州市委员会提交《关于大力推进扬州市家庭农场的培育和发展的建议》提案。提案建议:(1)强化政府推动扶持,为家庭农场发展提供强有力的政策支撑;(2)完善土地流转制度,为家庭农场发展提供强有力的土地支撑;(3)加强职业农民培育,为家庭农场发展提供强有力的人力支撑;(4)健全双层经营体制,为家庭农场发展提供强有力的服务支撑。该提案由市长领办,市农工办主办,市农委、市国土局协办。办理情况:落实已明确的扶持政策,为家庭农场发展创造有利条件;建立农业风险防范机制;强化社会化服务,为家庭农场提供专业服务支撑;提高农场经营者素质,为家庭农场发展提供人才保障;开展示范创建活动,发挥典型带动作用;强化财政扶持,加大金融、用地支持力度。 (徐晓明 许 勇)

**■加强环保科技产业园建设** 市政协七届三次全会上,农工民主党扬州市委员会提交《加强环保科技产业园建设的几点建议》提案。提案建议:(1)提升静脉产业发展地位;(2)强化产业布局规划;(3)加快园区扩容升级;(4)加大园区基础建设;(5)加强政策扶持力度。该提案由市政协主席督办,市经信委主办,市编办、市财政局、市规划局、市城管局、市国土局、市环保局协办。办理情况:完善产业发展规划,加强废弃物入园集中处理,加强项目招引;延续市级扶持政策,优先申报国家和省奖励扶持政策,扶持建设园区特色品牌,促进设立静脉产业发展专项扶持资金;加大静脉产业宣传力度,明确将环保科技产业园列入市级战略型新兴产业序列;园区总体规划和控制性详规正在制定,土地利用规划为环保产业园以后发展预留充分的空间;强化园区自身环保工作,防止二次污染,同时强化园区路网等配套设施建设。

(徐晓明 许 勇)

**■推进城镇化建设** 市政协七届三次全会上,民革扬州市委员会提交《关于稳步推进我市城镇化建设的建议》提案。提案建议:(1)科学规划城镇化建设蓝图,注入生态文明理念;(2)提升产业层次,增强城镇化的经济基础;(3)创新用地机制,破解城镇化建设用地难题;(4)深化城镇化配套政策,重视城镇化进程中社会协调发展;(5)先行试点,扩大辐射影响力,逐步推进城镇化建设;(6)把握"人的城镇化"核心理念,谨防城镇化演变成"房地产化"。该提案由市政协主席督办,市发改委主办,市城乡建设局、市规划局、市国土局、市环保局协办。办理情况:坚持规划引领;坚持新型工业化、农业现代化、信息化、城镇化(四化)同步;坚持试点先行;依靠改革创新;坚持以人为本。 (徐晓明 许 勇)

**■加快打造瓜洲旅游新品牌** 市政协七届三次全会上,民建扬州市委员会提交《关于加快打造瓜洲旅游新品牌的建议》提案。提案建议:(1)高规格建立领导体制;(2)大力度给予政策扶持;(3)高效率优化发展环境。该提案由市政协主席督办,邗江区政府主办,市旅游局协办。办理情况:市政府明确将瓜洲旅游度假区列为全市重点打造的7个度假区之一并拟定扶持发展的个性化意见;市、区共同建设游客服务中心,争取各级扶持资金,举办瓜洲音乐节等节庆活动,宣传推介瓜洲旅游;争取市委、市政府落实瓜洲重点中心镇相关政策,力争市委、市政府对瓜洲度假区实行土地封闭运行或局部封闭运行政策,推动瓜洲度假区融资与开发,优先提供旅游发展用地。 (徐晓明 许 勇)

**■加快推进扬州科技馆建设** 市政协七届三次全会上,市政协无党派人士界别组、科协界别组提交《关于合力加快推进扬州科技馆建设的建议》提案。提案建议:(1)加强组织保障;(2)加强经费保障;(3)加强管理保障。该提案由市政协主席督办,广陵区政府主办,市科协、市财政局协办。办理情况:广陵新城管委会成立专门领导班子负责督促、协调、推进项目进度,成立扬州美科置业有限公司负责工程的土建、外立面装饰、公区装修、管网等建设;广陵新城积极自筹资金,力保工程建设费用能够及时到位;多次与入驻单位会商,通报工程进度和总体施工进度计划安排,对接好相关工作。

(徐晓明 许 勇)

**■发展规模农业要解决几个突出问题** 市政协七届三次全会上,市政协经济科技委员会提交《发展规模农业要解决几个突出问题》提案。提案建议:(1)解决"跟风投资、无序发展"的问题;(2)解决"单打独斗、抱团不够"的问题;(3)解决"重生产、轻产业链培育"的问题;(4)解决"注重品质、轻视品牌"的问题。该提案由市政协主席督办,市农委主办,市农工办协办。办理情况:狠抓规划,调整结构促有序发展;多措并举,抱团发展开拓市场;升级加工流通,延长产业链促增值;推进品牌战略,加强质量安全监管,确保"舌尖"上的安全;强化政策扶持,促进规模农业健康发展。 (徐晓明 许 勇)

# 民主党派 工商联 人民团体

Minzhudangpai Gongshanglian Renmintuanti

编 辑 王妮姗

## 民主党派 工商联

**■民革** 参政议政。2014年，在第十二届全国人民代表大会第二次会议上，中国国民党革命委员会扬州市委员会(简称市民革)主委王静成领衔提出《关于在全国推行“家庭暴力告诫书”制度的建议》。该建议由国务院法制办公室、国务院妇女儿童工作委员办公室、最高人民法院分别办理。在市政协七届三次会议上，市民革提交集体提案9件，其中《关于稳步推进我市城镇化建设的建议》被确定为主席督办重点提案。市民革被评为民革江苏省提案工作先进集体，获全省民革信息工作二等奖。开展“三宜三业”(围绕“宜居、宜游、宜创”城市定位，推动“就业、创业、置业”有机融合)调研。在2014年扬州政协论坛上，市民革党员分别就推进“宜创”“宜居”“宜游”城市建设作发言。参加市政协“界别周活动”，围绕“宜居城市建设”课题，到广陵区李典镇实地调研和服务，召开民情恳谈会。中共扬州市委书记谢正义对市民革《抓住高铁快车机遇 助推扬州跨江融合快速发展》调研报告和《建议党委、政府进一步加强隧道安全工作，尽快建立隧道交通救助体制》《关于解决扬州老城区5条道路周边居民停车难的建议》2件信息作出批示。

民主监督。参加中共扬州市委、市人大、市政府、市政协民主协商会议、情况通报会20多场次，先后就扬州重大人事安排、政府工作报告、基本产业升级转型、“三宜三业”城市建设、跨江融合发展等领域或议题作交流发言。参加对市旅游局和市科技局的民主评议活动。

组织建设。2014年，完成市民革市直支部、城建旅游支部、广陵支部换届工作。全年发展新党员25人，平均年龄38岁。至年底，市民革有基层总支3个、支部18个，有党员479人。探索落实导师制，为年轻党外后备干部搭建成长平台，先后举办参政议政暨宣传信息骨干培训班2次、新党员培训班1次，培训150人次。各总支、支部开展结对共建活动，广陵支部与民革江苏省直企业二支部、维扬支部与民革江苏省地勘支部、邗江支部与市社会救助站结成友好共建团体，仪征总支与仪化浦西(迎江)居委会共建和谐社区工作站，广陵支部组织党员与安徽省岳西县司空村结对共建。

宣传教育。2014年，市民革在《扬州日报》刊载报道稿件5篇，其中《扬州民革服务基层零距离》《扬州民革走进社区宣讲依法治国》被《新华日报》采用。配合民革省委采集黄埔老人魏愉同音像素材，收集文稿3万多字、史料照片数十张。联合春江花园社区举办法治宣传讲座。组织各基层支部主委、骨干党员40多人参观民革中央爱国主义教育基地——民革先贤王昆仑故居。参加民革江苏省委举办的“薪火相传——坚持和发展中国特色社会主义”演讲比赛并获三等奖。

社会服务。2014年，市民革组织各类专家到春江社区、皇宫社区和仪征市刘集镇开展集中社会服务活动，服务群众300多人次。帮扶、慰问春江社区、皇宫社区、仪化社区及社会企业困难群众30多人、捐款捐物2万多元。市民革被市红十字会表彰为扬州市雅安地震抗震救灾先进集体。

（姜 斌）

**■民盟** 参政议政。2014年，中国民主同盟扬州市委员会(简称市民盟)在市政协七届三次会议上提交集体提案12件。其中，《加快企业研发中心、校企联盟、产业联盟建设，促进科技成果开发与转化》被列为大会发言材料，《借鉴“种业硅谷”经验，加快现代农业发展》《多策并举提高城乡居民收入》被列为大会书面交流材料。全年完成调研报告8篇，其中省级调研报告3篇，《关于组织开发基于GIS和大数据的智慧型统计监测预警系统的建议》被确定为市委统战部重点调研课题。12篇论文被收入第五届江苏教育发展论坛论文汇编集——《论教育公平》，其中7篇被江苏凤凰教育出版社《论教育综合改革》一书收录。向省民盟“城镇化论坛”提交论文《新型城镇化中的城、乡和城乡一体化》，向省民盟“生态文明论坛”提交论文《农村土地空气污染的控制与处理》《农村生活垃圾污染现状及治理对策》。市政协“界别活动周”期间，在广陵区沙头镇专题调研现代农业和汽车零配件产业2个课题。市民盟被评为省民盟参政议政工作先进单位。

组织建设。推选“身边人 身边事”、“最美同心人”典型人物。发动研究学习梁漱溟、费孝通、陶行知等民盟先贤和前辈系列活动。组织各类新盟员、骨干盟员培训。推进“活力基层组织”建设，完成扬州大学第六支部、扬州大学第七支部和金融信息支部换届工作，成立江都区支部、广陵区支部、扬梵科技专家服务中心和扬州民盟艺术团，邗江区总支被民盟中央表彰为先进基层组织。全年发展盟员38人，平均年龄37.7岁，其中33人具有本科及以上学历(博士研究生2人、硕士研究生6人)，23人具有高级职称。截至2014年底，市民盟有支部25个、盟员662人。

信息宣传。2014年，市民盟向有关单位报送社情民意和统战信息198篇。其中，《兄弟科技内幕案二审“从宽”，“缓刑潮”恐放纵内幕交易犯罪》被全国政协录用，《关于下半年经济形势的研判和建议》等3篇被中共中央统战部录用，12篇被民盟中央录用，23篇被省委统战部录用，78篇被省民盟录用。在各类媒体刊登宣传稿件205篇。其中，《民盟扬州市委助推“新生儿参保”》等2篇文章刊登在《人民政协报》，《江苏民盟“新联会”会议在扬州召开》被《新华日报》录用，《民盟扬州市委长效开展“让爱艺路同行”社会服务活动》等3篇文章被民盟中央网站采用，《大手牵小手 圆梦献爱心》等15篇文章被《江苏民盟》采用。编发《扬州盟讯》2期。市民盟被民盟中央评为思想宣传工作先进集体，被省民盟评为社情民意信息工作先进集体一等奖。仲子午被民盟中央表彰为社情民意信息工作先进个人。

社会服务。市民盟组织教育工作专委会名教师到梅岭中学京华城校区、红桥高级中学、邵伯中学送教；在常府社区为初三学生家长提供考生心理和营养指导、复习迎考知识讲座及择校咨询；为江都区育才高中学生举办复习迎考专科知识讲座；在杨寿学校开展“手拉手”助学活动，为学校募集文化用品及图书980本，利用“民盟音乐教室”和“民盟书法教室”为学生义务开展音乐和书法教学；向邗江区西湖中学患病学生捐款5500元。市民盟社会服务志愿者专家团为汶河街道提供教育、医疗卫生、法律、文艺等服务项目，在文昌花园社区举办“让爱艺路同行”文艺演出，义务为新疆阿图什市设计人才公寓和戈壁产业科技示范园。

(秦　敏)

**■民建**　参政议政。2014年，中国民主建国会扬州市委员会(简称市民建)向市七届人大三次会议、市政协七届三次会议提出建议、议案、提案95件，其中代表议案建议21件、集体提案13件、委员提案61件。《扬州智慧旅游建设的思考与建议》被列为市政协大会发言材料，《跨江融合发展 加强互动合作》《加快转变发展方式 推进经济转型发展》《扬改革之旗 夯发展之基——关于壮大我市建筑业的新思维》被列为市政协大会书面发言材料，《关于加快推进城区河道清水活水工程进程的议案》被推选为市人大1号议案，《关于加快打造瓜洲旅游新品牌的建议》被列为市政协主席督办提案。《跨江融合发展 加强互动合作》被评为市政协2014年度优秀提案、市长领办提案。市政府召开跨江融合发展提案办理见面会，听取市民建对跨江融合发展提案答复工作的意见和建议。市民建全年编发《民建信息》195期。《改善和创新促进民营企业转型提升的金融服务》《规范商检电子申报费用》《推进主任检察官办案责任制的意见建议》《建立电梯应急救援监控体系的建议》等社情民意信息被全国政协、民建中央、中共江苏省委统战部和中共扬州市委采用。《关于瘦西湖景区主出入口建设的几点想法》得到中共扬州市委书记谢正义批示。市民建获民建江苏省委参政议政工作先进单位三等奖。

协商监督。市民建参加中共扬州市委、市人大、市政府、市政协召开的民主协商会、情况通报会、市政协常委会、市政协主席会以及相关视察活动，参与全市重大决策和重要人事安排协商，提出意见和建议。开展调查研究。在市政协主席会、常委会上，围绕“加强职业教育，服务社会经济发展”“着力提升行政服务水平，打造我市‘宜创’环境”等议题作专题发言。其中市民建主委王克胜提出的《弘扬扬州运河文化 打造扬州“运河之旅”》建议得到中共扬州市委书记谢正义批示。在全市统一战线重点调研课题汇报会上，民建调研组作“扬州市电子商务产业发展”专题发言。在2014年度扬州政协论坛上，民建政协委员根据“宜居、宜游、宜创城市建设”主题，提出发展旅游产业、建设高端人才队伍。2014年，市民建以党派名义提出意见和建议102条。完成对市旅游局工作民主评议，形成评议报告3份。市政协“界别活动周”期间，民建政协委员小组到基层社区、乡镇、企业调研走访，收集社情民意16条，形成《促进0～3周岁婴幼儿早教工作的建议》专题报告。召开杨庄河治理现场座谈会，推动解决群众反映的河道污染问题。市民建36名会员受聘担任行风监督员、特邀党风监督员、社会监督员、特邀纪检监察员等。

组织建设。2014年，市民建开展“双建双争”(参政议政、建言献策，立足本职、建功立业，争创先进支部、争当优秀会员)竞赛活动，财税四支部(商业)、建设一支部(建筑安装)、统战一支部(政协、民建机关)、文化二支部(艺术)、科教四支部(科技)、江都区基层委员会、高邮市支部等7个基层组织被表彰为2013年度市民建先进基层组织，张万基、蔡剑等33人被表彰为2013年度市民建优秀会员。4月2日，在民建江苏省级组织成立60周年纪念座谈会上，仪征市总支、文化总支、建设四支部、邗江区一支部被表彰为先进基层组织，伏兴中、龚莉莉、杨龙、宋巍、于金涛、方晓伟、徐桂森、徐红、钱小鸣被表彰为优秀会员。7月，市民建参加民建中央全国市级组织建设研讨会，并作交流发言。市民建全年发展新会员72人，平均年龄37.53岁。截至年底，全市有民建会员942人，平均年龄44.38岁。其中，58.2%的会员具有本科及以上学历，468人具有中级及以上职称。会员中有各级人大代表17人、政协委员102人。

宣传教育。2014年，市民建在各类新闻媒体刊发稿件421篇次。其中，在“人民”网刊发1篇，在《人民政协报》刊发3篇，在其他省级以上新闻媒体刊发稿件63篇次。《做文化惠民的先行者——民建扬州市委推进文化服务社会小记》被民建江苏省委评为2014年度新闻宣传优秀作品。市民建被民建江苏省委评为新闻宣传工作先进单位三等奖，被中共扬州市委统战部评为宣传工作三等奖。编辑《扬州民建会讯》4期。扬州民建网站全年用稿量154篇。市民建理论研究委员会围绕民建江苏省委重点课题，收集理论研究论文12篇，其中《拓展优势领域，助力改革发展》获民建全国2014年重点理论研究课题优秀成果二等奖。召开民建会员事迹报告会，举办“忆传统、爱民建”征文活动。组织参观民建中央爱国爱会教育基地——黄炎培职业教育展览馆、民间抗日战争博物馆。引导各基层组织组织会员学习民建会章、会史，研读《中国民主建国会简史》《中国民主建国会概述》等论著。

社会服务。2014年，市民建开展“扬州民建讲堂——房产法律连万家”活动，每季度到社区开展房产法律咨询，与《扬州晚报》联合开设房产法律知识专栏。以民建扬州市委艺术团为载体，开展送文艺进社区、进乡镇演出、展示等活动近10次，吸引观众3万多人。开展“思源工程——生育关怀行动”，全年发放慰问款、慰问物品及项目帮扶资金价值约6万元，慰问、帮扶计划生育困难家庭60户次。春节前，市民建安排专项资金慰问原工商业者及其遗孀。配合民建江苏省委搜集整理企业家会员资料200多份，制作民建会员企业信息登记表，建立企业家会员电子档案，实行动态更新管理。先后组织企业家会员参加民建东部十省市对口帮扶黔西项目考察活动、第16届中国风险投资论坛、2014中国(宁夏)非公有制经济发展论坛。 (周 岚)

■**民进** 参政议政。2014年，中国民主促进会扬州市委会(简称市民进)在市政协七届三次会议上提交提案34件，其中集体提案6件。《促进人水和谐，打造生态扬州》被列为大会发言材料，《关于大力推进扬州市家庭农场的培育和发展的建议》被列为市政协重点提案。开展“大运河文化产业带”专题调研，形成《建设“大运河文化产业带”，巩固大运河申遗成果》调研报告。

组织建设。4月12日，扬州民进基础教育教师发展研究会成立。6月30日，民进扬州市江都区支部委员会成立。2014年，市民进发展新会员44人，平均年龄37.3岁，90%以上新会员具有中高级职称。至年底，市民进有支部32个；有会员539人，平均年龄53.1岁。在民进中央、民进江苏省委开展的2013—2014年度创先争优活动中，民进扬州中学支部、民进扬州仪征市文化支部被评为民进全国组织建设先进基层组织，余耀、陈玉霞被评为民进全国组织建设先进个人，民进扬州市委被评为民进江苏省组织建设先进地方组织，民进扬州市邗江区支部、民进扬州大学总支、民进扬州文化支部、民进扬州市法律支部等被评为民进江苏省组织建设先进基层组织，王嘉川、周裕国、钱存龙被评为民进江苏省组织建设先进个人。

社会服务。2014年，市民进开展“爱心1＋1”社会服务品牌活动，联合爱心企业家会员徐明峰、朱俊、徐梅、江强、孙勇、赵顺祥、王君等到仪征后山区、扬州阳光安养中心等地送温暖、献爱心。联合扬州市中小民营企业促进会开展“放飞宏志 圆梦未来”活动，奖励“宏志班”优秀学生2万多元，开展2014宏志学子社会实践活动。联合爱心企业家到高邮市菱塘回族乡慰问困难群众。组织教育专家会员到宿迁市泗洪县雪枫学校开展“阳光助学”活动。市民进被民进江苏省委评为“同心·阳光助学行动”贡献突出单位。 (余宏明)

■**农工党** 参政议政。2014年，中国农工民主党扬州市委员会(简称市农工党)向市政协七届三次会议提交集体提案8件。其中，《加强环保科技产业园建设的几点建议》《关于进一步加强全市教育督导工作的几点建议》被列为市政协大会发言材料，《加强环保科技产业园建设的几点建议》被列为重点提案，由市政协主席督办。完成农工党江苏省委立项课题5个。《灾害危机中群众自救互救与政府应急体系联动的探讨》被中共扬州市委统战部列为年度重点调研课题。市农工党组织调研组先后调研高邮市基层中医药事业发展情况、里运河经济发展情况，到镇江句容调研高效生态农业，到邗江区公道镇、江阴市新桥镇和重庆市铜梁县调研新型城镇化建设，到山东省济宁市、浙江省杭州市调研大运河保护及利用，形成调研报告《关于推进新型城镇化建设的建议》《后申遗时代大运河遗产保护与利用的建议》。市农工党在2014年度扬州政协论坛上作“扬州水环境保护”专题发言。

组织建设。9月23日，市农工党经济总支部委员会成立。全年发展新党员43人，平均年龄40.9岁，其中39人具有中高级职称。截至12月31日，市农工党有支部42个、党员696人。

信息宣传和理论研究。2014年，市农工党向有关部门报送社情民意和统战信息309条，被省级以上(含省级)部门采用69条；向有关媒体报送宣传稿件近500篇，被各级媒体采用140篇，其中国家级媒体采用35篇。在农工党中央举办的理论研究评比中，仪征市基层委员会赵建芳《浅谈当前中国农工民主党党内监督机制建设》、扬州大学总支部蔡之国《民主党派党内监督的概念内涵及实现途径》获一等奖，仪征市基层委员会李剑中《农工党基层组织党内监督的实践、思考及困惑——以农工党仪征市基层委员会为例》被评为三等奖。《民主党派提升提案质量的路径探究》在扬州市第九次哲学社会科学优秀成果评奖中获三等奖。市农工党被农工党江苏省委评为社情民意信息工作一等奖、统战宣传工作一等奖，被中共扬州市委统战部评为社情民意信息工作二等奖、统战宣传工作一等奖。

社会服务。2014年，市农工党开展“健康快车”特色品牌活动。在广陵区、邗江区、江都区、仪征市、高邮市开展全科医生培训。组织医疗专家到邗江区医疗专家工作站开展大型义诊、讲座培训、教学查房，培训基层医务人员70多人，服务群众300多人。市政协“界别活动周”期间，市农工党医疗专家到高邮市老干部局开展大型义诊、咨询和养生讲座。5月25日，联合市环保局等7家单位开展“公众看环保”暨“6·5”世界环境日宣传教育活动。第26届“国际科学与和平周”期间，围绕“和平 发展 环保 健康”主题，组织农工党医疗专家到邗江区公道镇中心卫生院为当地村民提供医疗服务。“世界糖尿病日”期间，组织农工党糖尿病专家到天顺花园社区为中老年重点人群免费检测血糖、血压、血常规，发放宣传资料200多份。基层组织活动丰富。农工党苏北人民医院基层委员会长期在广陵区湾头镇开展“牵手村官送健康”活动。市第一人民医院基层委员会4个支部每月安排党员到共建社区个园社区、美琪社区、联谊社区和槐泗社区义诊。仪征市基层委员会与真州镇大市社区结对共建“同心社区”。江都支部为福利院老人义诊。经济支部定期帮扶文峰街道连福社区困难家庭。扬剧研究所支部送文艺到沙头敬老院。中医药支部、疾控支部、供电支部分别关注老年公寓30名老人、结核病患者和供电系统一线职工健康情况。（张　俊）

**■致公党**　参政议政。2014年，中国致公党扬州市委员会（简称市致公党）创新课题申报方式，将市委命题与支部自主申报相结合，确定市委命题调研课题18项、支部自主申报课题17项。建立参政议政“智库”，成立社会保障及公共服务、农业水利、工业经济科技、旅游及文化等4个参政议政专业组。各专业组牵头开展城市河道治理、产学研协同创新、虚拟养老院、秸秆综合利用等课题调研并完成调研报告。全年有31人次担任各级人大代表和政协委员，提交提案、议案、建议42篇次。其中，《完善协商民主制度 凝聚建设现代化合力》《丘陵山村的“植树”发展模式探索》《统筹城乡土地资源 促进城乡一体化发展》被致公党中央采用，《关于进一步推进家庭农场建设的建议》《关于我省早期归侨工作的几点建议》被列为省政协提案。在市委统战部“同心同行·献计出力建名城”优秀调研成果评比中，《关于加快扬州海外高层次人才创业环境建设的建议》获二等奖，《部分驻外机构服务欠缺》《加强非物质文化遗产的传承与利用，推动我市文化大发展大繁荣》获三等奖。在市政协七届三次会议上，市委副主委徐晟作题为《提高服务意识和水平，促进企业加快“走出去”》的大会发言。

组织建设。市致公党各基层组织紧扣“基层组织发展年”主题，开展形式多样、内容丰富的活动，打造支部工作品牌，扬州大学四支部、广陵区支部、邗江区支部和综合一支部获支部工作创新奖。全年发展成员19人，平均年龄42岁。截至2014年底，全市有致公党成员217人，平均年龄53岁。杜予州被致公党中央评为致公党优秀党员。

宣传工作。2014年，市致公党组织学习中国特色社会主义理论学习，开展“中国梦 致公情”主题征文活动，在扬州致公网站开设学习实践活动专栏。开展“寻找最美同心人”活动。加强信息工作，制定、实施考核办法。全年报送社情民意信息128篇，比上年增长3倍多，其中43篇被省级以上（含省级）部门采用。信息工作位列全省第一，有5人被致公党省委表彰为信息工作先进个人。《抗日史馆应客观反映国民党抗战成就》被中共中央统战部、致公党中央采用，《保持鉴真广场佛教特色》得到中共扬州市委书记谢正义批示。报送宣传稿件106篇，被《人民政协报》《团结报》《中国致公》《江苏致公》《新华日报》《挚友》等省级以上媒体报道。

海外联谊。市致公党配合致公党省委开展第五届“引凤工程”活动，牵线海外博士与扬州市用人单位对接，先后有7名海外高层次人才落户扬州。关注扬州海归人才发展状况，开展扬州市海归人才沙龙活动，召集扬州市海归创业人才交流创业心得体会，听取并向有关部门反映海归人才对扬州市海归人才服务方面的意见、建议，维护海归人才权益。加强五侨（市人大民族宗教侨务外事委员会、市政协港澳台侨委员会、市侨务办公室、中国致公党扬州市委员会、市归国华侨联合会）联动，协助党委、政府传播和推动公共外交，促进扬州与世界各国在经贸、科技、旅游、文化等方面的交流与合作，为美国安生教育基金与邗江区政府教育合作项目牵线搭桥。

社会服务。2014年，市致公党开展阳光关爱、科技帮扶、民生改善、帮医助教等社会服务活动。启动“致爱工程”品牌，参与致公党省委对口帮扶贵州省毕节市活动。组织医疗专家为江苏油田职工义诊。联合市消费者协会为家电厂商举办新消费者权益保护法讲座。到高邮市龙虬镇开展劳动力转移培训咨询、遗址保护开发咨询活动。（朱许婷）

**■九三学社**　参政议政。2014年，九三学社扬州市委员会（简称市九三学社）在扬州市政协七届三次会议上提交集体提案4件，其中《加大研究隋文化力度 厚植城市文化底蕴》得到中共扬州市委书记谢正义批示。市九三学社各级政协委员、人大代表共向各级政协、人大会议提交集体或个人提案、议案65件。参与专题调研，有3项调研课题中标九三学社江苏省委课题，4篇论文入选江苏九三论坛。《我市农业科技创新现状调研及完善对策建议》入选中共扬州市委统战部年度重点调研课题，并参加全市统一战线重点调研课题汇报会。征集社情民意，《党外人士学习习近平总书记关于文化自信论述的认识和建议》《联合防御 飞秒响应 共筑人民群众安全堡垒》2条信息被中共江苏省委统战部录用，《寻回国企青工的积极性和创造力》等10多条信息被九三学社江苏省委录用，40多条信息被中共扬州市委统战部、市政协录用。参加市政协“界别活动周”活动。5月，市九三学社界别政协委员到江苏省家禽科学研究所开展“绿色畜牧养殖业”专项调研。专项民主评议市科技局机关作风建设情况。

思想理论建设。2014年，市九三学社有15篇文章被《人民政协报》、“人民政协”网、《扬州政协》等媒体录用，《现代化视角下的九三社史人物研究》被社中央第五届理论研究与社史研究工作研讨会录用。4月，组织新社员参观九三学社江苏省委思想教育基地——王选事迹陈列馆。

组织建设。9月，市九三学社机关支社高邮小组成立。2014年，市九三学社发展新社员23人，平均年龄40岁，其中18人具有中高级以上职称。截至2014年底，市九三学社有基层委员会2个、支社13个、小组2个；有社员472人，平均年龄56.9岁，其中446人具有中高级以上职称。黎寿丰被社中央组织部评为先进组工干部。扬州大学基层委员会、江都区基层委员会、广陵区支社、宝应县支社被社省委评为2014年度先进集体，朱雪梅等9人被九三学社江苏省委评为2014年度先进个人。

社会服务。2014年，市九三学社开展“科技支农专家行”活动。3月，组织社内农业专家到宝应县西安丰镇，与当地大学生村干部及农业科技人员交流；6月，广陵区支社组织农业专家到广陵区沙头镇人民滩村开展果蔬种植技术培训。开展“百名专家进乡村行动”活动，组织社内专家多次到生态科技新城泰安镇、江都区小纪镇、仪征市新集镇专家工作站开展技术帮扶。（徐振宇）

**■工商联** 参政议政。在市政协七届三次会议上，扬州市工商业联合会（简称市工商联）作题为《优化民企公平发展环境 打造创新创业城市》的大会发言，组织工商联界别政协委员向大会提交集体提案1件、个人提案15件。5月，市工商联组织工商联界别政协委员围绕“宜居城市建设”开展“界别活动周”活动，就如何打造宜居扬州提出意见、建议。

服务经济。2014年，市工商联组织100多家商会和会员企业参加澳大利亚投资环境及相关政策推介会、意大利IBPO贸易投资对接会、中国东西部合作与投资贸易洽谈会、“转型升级·香港博览”、仪征马集镇投资考察等经贸洽谈活动。开展新三板新规知识解读、中小企业集合债发行试点、中小企业融资规划研讨会等活动，帮助民营企业实现融资。联合工商银行、光大银行等金融机构走访民营企业，召开座谈会，建立网上融资平台，探索银企、银商合作新途径。组织会员企业对接“SES德国专家项目”，利用国外实用型人才解决本地企业科技人才短缺问题；通过推广企务公开、开展工资集体协商、推荐申报中华全国工商业联合会科学技术奖和科技创新创业人才等活动，引导企业打造和谐企业文化，构建和谐企业，吸引人才。引导各类经济实体参与合作，帮助民营企业扬州金秋新型建筑材料有限公司与国有企业江苏华建建设股份有限公司开展合作对接，协调金泉网与民营企业扬州众孚传动科技有限公司开展资本合作，引导中小企业到金荣·扬州科技园集聚发展。发展商会经济，为商会资源参与扬州老城区和生态科技新城建设牵线搭桥。建立交流机制，定期邀请市相关部门为民营企业答疑解难。

组织建设。2014年，市工商联新组建制冷设备安装维修协会，扬州市民营经济研究会，扬州市河南商会、盐城商会、高邮商会，天津市扬州商会，南京市扬州商会，广东省扬州商会等直属商会8个，新增私营企业会员600多个。截至2014年底，全市有各类商会组织197个、其中行业商会78个、异地商会34个、基层商会79个（乡镇商会67个、街道商会7个、开发区商会5个）、其他商会（商圈）6个；有工商联会员15472个，其中企业会员10550个、团体会员237个，企业会员和团体会员占会员总数的69.72%。2014年，全市有2家企业入围2014中国民营企业500强，亚威机床获全国工商联科学技术三等奖，5家企业被表彰为江苏省优秀民营企业；扬州泰德涂装设备有限公司董事长沈昌圣被表彰为第四届全国优秀中国特色社会主义事业建设者，3名企业家分别被表彰为省优秀民营企业家和优秀民营女企业家；邗江区工商联被评为全省工商联系统县（市、区）工商联先进集体，2人被评为省工商联系统先进工作者。

宣传培训。市工商联把握非公企业特点和生产经营实际，组织全市近万名民营企业家开展理想信念教育实践活动。2014年，市工商联《扬商》杂志由季刊改为双月刊，新设《商会》专刊，宣传商会会员企业。8月，开通微信公众服务号“扬州市总商会”，设置“商会要闻”“政策解读”等栏目。先后组织会员企业参加龙永图《当前经济和政策形势下民营企业发展方向》讲座、郎咸平《论道中国经济迷局》讲座、民营企业家复旦培训班等专题活动10多场，培训企业家和高管2000多人次，提升企业家管理水平和转型发展能力。

光彩事业。1月，市光彩事业促进会完成换届，产生第三届理事会，审议并通过新的《扬州市光彩事业促进会章程》《扬州光彩事业促进会资金筹措方案》《扬州光彩事业促进会捐赠资金管理办法》。2014年，市直属商会和企业在捐资助学、帮扶特困、支援灾区等光彩事业中捐款捐物计977万元。其中，通过市光彩事业促进会向云南鲁甸地震灾区捐款捐物的有：江苏牧羊集团有限公司10.8万元，扬州扬杰电子科技股份有限公司5.88万元、衣服880件，扬州九鼎香餐饮管理有限公司3万元。各商会、常（执）委企业开展回报社会的捐赠活动，主要有建安商会371.6万元、上海商会150万元、海西促进会（扬州海峡西岸经济合作促进会）126.21万元、房地产商会105万元、姜堰商会55.45万元、兴化商会41万元、江都商会33.7万元、天长商会26万元、浙江（温州）商会20万元、宝应商会12.1万元等。（管 娟）

# 人民团体

## 扬州市总工会

**■工会组织建设** 2014年，全市新组建基层工会2451家（其中独立基层工会631家），累计建会3.27万家（其中独立基层工会1.17万家）；新发展会员12万人，累计发展会员142.76万人。另外，新组建外商投资企业工会42家，累计建会1020家。非公企业数据库工会组建率、职工入会率均超95%。市总工会制定《关于加强县以下行业工会建设的暂行办法》，规范行业性、区域性基层工会联合会和联合基层工会工作机制。开展"双争"（争创职工信赖的"职工之家"，争当职工信赖的"娘家人"）活动，评选表彰"活力基层工会" 197家，联合表彰"最温暖——十大最具人文关怀企业家"，推动企业支持"职工之家" 建设。夯实工会基础性工作，严格工会经费收缴和使用管理，完善审计监督，实现工会资产保值增值。 （高云吉 晶）

**■职工竞赛比武** 市总工会组织开展瘦西湖隧道、环球金融城、运东船闸扩容等15个城庆2500周年重点工程、重大项目劳动竞赛。连续第11年开展大练兵、大比武技能竞赛，市级举办17个工种竞赛，县(市、区)总工会和市直产业工会举办技能竞赛201场次，全市6.77万人参加技能比武，1.41万人晋升职业资格等级。推进职工技术创新，评选、表彰扬州市十大"首席员工" 和百佳合理化建议。全市职工提出合理化建议9.38万条，推出技术革新5175项、发明创造2651项，总结推广先进操作法870多项。江苏快乐木业集团刘小兵《定向刨花板箱板的制造》获评省职工十大科技创新成果，江苏江都建设集团有限公司赵林《混凝土筒仓顶钢结构低空模块化组装整体滑模提升施工方法》获评省职工十大先进操作法。 （高云吉 晶）

**■班组建设** 市总工会实施"十百千激发班组活力行动计划"〔全年举办10场次班组长培训班，表彰100个市"工人先锋号" 先进班组，培养1000个"六型班组"（"学习型、创新型、环保型、效益型、和谐型、安康型" 班组）〕。组织班组长培训班12场次，表彰省工人先锋号24个、全国工人先锋号3个，创成"六型班组" 先进典型2799个。在全市组织开展班组长下基层培训活动，到县(市、区)、产业集中区开展综合性班组长培训，同时根据企业需求开展个性化菜单式培训，培训内容涵盖班组日常管理知识以及国外班组管理先进理念和做法。举办全国十大最美职工田明同志事迹报告会暨班组长培训班，在全市开展"学田明、当能手、争奉献" 活动。 （高云吉 晶）

**■劳模工作** 市总工会召开庆五一暨劳动模范表彰大会，全市有1人获全国五一劳动奖状、4人获全国五一劳动奖章，6人获省五一劳动奖状、10人获省五一劳动奖章、2人获省五一劳动荣誉奖章；表彰扬州市劳模102人。推进劳模创新工作室示范基地建设，全市有田明、郭祝山等一批劳模创新工作室。市总工会网站"劳模事迹展览馆" 上线。开展劳模精神"四进"（进校园、进机关、进企业、进社区）活动，举办劳模大讲堂2期，营造"学赶劳模、创新创造" 氛围。做好劳模"四金"（春节慰问金、生活困难补助金、特殊困难帮扶金、荣誉津贴）发放工作，走访慰问劳模，召开劳模新春座谈会。帮助市直124名劳模参加市总工会住院医疗保险，组织劳模参加市政府主办的元旦健身长跑、"百寿宴" 等活动，组织95名劳模参加免费健康体检，安排145名劳模外出疗(休)养。 （高云吉 晶）

**■维护职工权益** 市总工会开展工资集体协商春、冬季"要约行动"，推行《扬州市企业工资集体协商工作标准》。推广职工代表竞选制度，指导全市107家企业实现职代会换届改选，全市有1.2万家企事业单位建立职代会制度，建制率93.1%，命名表彰31家扬州市首批职代会制度规范化建设示范单位。开展"五一劳动法律宣传服务月" 活动。向672家企业发放各类光盘、资料2.75万盘(册)；组织广场咨询活动62场，接受咨询6497人次；组织劳动法律知识培训48场，3670人次受训；纠正企业违法用工行为28次，发放劳动法律监督意见书、建议书188份。组织参加"安康杯" 竞赛活动，获评"安康杯" 全国竞赛优胜单位4个、全国优胜班组2个，省优胜单位6个、省优秀组织单位2个。开展夏季"安康" 三送（送清凉、送安全、送法律）活动，全市各级工会筹集慰问金2540万元，走访企业和工地2650家(个)，慰问农民工5.87万人次，为农民工提供健康体检6.25万人次。 （高云吉 晶）

**■发展职工文化** 举办扬州市第三届职工书画展。开展"企业道德讲堂"、"晒家风"、"职工大舞台"、"百场电影送映"、职工读书成果展、职工读书征文等文化活动。全市新建职工书屋106个(其中全国示范书屋4个、省示范书屋6个)。新建企业道德讲堂101个。组织义工教授到企业举办培训班89场，1.25万人次职工参训。职工网上大学有视频节目166

11月28日，扬州市职代会制度规范化建设经验交流会召开

总工会/供稿

期，全年点击量307.22万人次。义工教授读书辅导团被中共江苏省委宣传部等授予“江苏省十佳全民阅读推广社团”称号。市总工会组织参加江苏省第18届运动会职工部13项比赛，获大赛组委会优秀组织奖，被市政府授予特别贡献奖。全年刊出《扬州日报·职工之家》专版24期，在新华社《工人日报》《江苏工人报》等媒体刊发稿件500多篇。开展文明职工标兵评选活动，1人被评为省十佳文明职工，2人被评为省文明职工，13人被评为市文明职工标兵。

（高云吉晶）

**■帮扶困难职工** 2014年元旦、春节期间，市总工会筹集送温暖资金1727.6万元，慰问困难职工（含农民工）2.02万户。“金秋助学”活动发放助学款1359.9万元，资助困难职工子女9889人。新发展职工医疗互助会会员1.69万人。市总工会向市直186户持证特困职工发放年度补助59.52万元，每户补助标准比上年增加400元。市直困难职工慈善基金接受基层捐赠38.76万元，向310名职工发放大病临时救助款75.3万元。为下岗失业人员和农民工提供免费技能培训5628人次，为困难职工、零就业家庭、农民工等举办专场劳务洽谈会74场，帮助5917人实现就业、再就业。开展职业女性健康关爱普查行动，为女职工免费妇科体检3万人次。

（高云吉晶）

**■工运研究与信息工作** 2014年，市总工会召开市工运研究会常务理事会，表彰工运理论调研成果，评出一等奖10篇、二等奖15篇、三等奖25篇、优秀调研成果奖7篇。全年编发《扬州工会工作动态》30期，被省总工会录用30篇。《扬州工运》刊出6期，总发行132期。

（高云吉晶）

## 共青团扬州市委员会

**■概述** 2014年，共青团扬州市委员会（简称团市委）建设服务型团组织，实施“十大行动计划”（青年企业家领航计划、青年创业者启航计划、“农村青年致富带头人”培育工程、青年志愿者“一十百千万”计划、青年文明号“三亮三比三争”创新创效工程、“保护母亲河·青春绿色行”2014生态环保行动、青春导航计划、青年社会组织凝聚计划、重点青少年群体成长护航工程、基层团组织活力提升行动），提升团组织中心贡献度、社会认可度和青年满意度。全年新发展团员1.78万人，流入团员8355人，流出团员9993人；1306名团员加入中国共产党，7546名团员申请入党。至2014年末，全市共有各级团组织8810个，其中基层团委510个、基层团工委53个、团总支512个、团支部7735个，有团员24.72万人。 （殷一鸣）

3月16日，“保护母亲河·青春绿色行”活动启动

张孔生/摄

**■基层团组织建设** 团市委实施“基层团组织活力提升行动”，推进基层团组织星级化评定工作，分别下发指导意见，突出网格化、品牌化和信息化。推进“一团一品”创建，确定各直属团组织品牌化项目49个，协助基层团组织选树工作品牌。上海大众汽车有限公司仪征分公司团委、扬州广播电视传媒集团团委品牌化项目入选全国基层团建创新典型案例100例。开展“扬州青年现状及需求”大样本调研，发放问卷近3000份，形成《关于扬州青年现状及需求的调查和分析》调研报告。推进市级机关团组织与乡镇（街道）团组织结对共建，市级机关团干部全年到乡镇走访基层团干部、创业青年、留守儿童、困难青少年群体等231人次，发放连心卡2000多张，建立微信朋友群260个，落实共建项目52个。 （殷一鸣）

**■促进青年创业就业** 扬州市青年商会实施青年企业家领航计划，举办青年商会大讲堂4期。联合江苏银行股份有限公司扬州分行推出青年商会系列金融产品。开展会长企业互访互诊和“走进县（市、区）”之“宝应行”活动。10多名青年企业家经推荐入选扬州英才培育计划。实施青年创业者启航计划，选树扬州市十佳青年创业之星，举办“我的青春创业故事”分享会。每月定期举办创业沙龙，全年邀请28名青年企业家分享创业经历，970人次参与活动。成立扬州青年创业者俱乐部，征集初次创业青年1091人，推动青年企业家与创业青年结对。举办青年创业培训30多场，新建青年创业见习基地193个。启动“农村青年致富带头人”培育工程，成立扬州市农村青年创业学院，鼓励、支持大学生村干部和青年返乡创业，评选、表彰首届扬州市（十佳）农村青年致富带头人，评定农村青年信用示范户6811个。金玉荣、万作知、赵云海被评为江苏省农村青年致富带头人，其中金玉荣获江苏省农村青年致富带头人标兵称号。举办第三届大学生职场精英赛，组织青年商会会员企业到高校举办专场招聘会，提供就业、见习岗位4726个，为扬州学校和扬州籍大学生提供暑期见习岗位107个。 （殷一鸣）

**■青少年创新活动** 团市委实施青年文明号“三亮三比三争”（亮身份、亮职责、亮承诺，比技能、比服务、比效能，争当岗位能手、争做行业标杆、争创服务品牌）创新创效工程，开展“友善服务·助力发展”行动，评选首届扬州市十佳青年文明号。实施“保护母亲河·青春绿色行”2014

生态环保行动，建立“青年林”10个，有5万人次青少年参与活动。开展“绿色一平方”“绿色梦工场”生态环保市集和青少年生态环保创意大赛等活动。举办“志青春·行扬州”青年公益徒步活动，吸引2100多名海内外人士参与。开展全省大学生“寻美扬州”活动。实施“青年社会组织凝聚计划”，深化“汇青行动”，实现对青年社会组织再组织化覆盖。建立“扬州青年荟”专家顾问团，引导青年社团承接政府社会管理和公共服务功能。“手心向下·以和为尚”传统文化助苗计划获江苏省青少年公益项目创投大赛一等奖。市青年联合会、市学生联合会完成换届。扬州市金融青年联合会成立。团市委承办第14届世界城市历史联盟大会青年论坛，组织青年代表团访问日本厚木市。（殷一鸣）

**■青少年思想引导** 实施“青春导航计划”，引导青少年培育和践行社会主义核心价值观，建立新媒体工作矩阵，开展新媒体话题活动。选树青年优秀典型，印斯佳获全国青年岗位能手标兵称号，唐朝文获省青年五四奖章。举行“奋斗的青春最美丽”等先进事迹分享会10多场次。开展“陪伴你的一本书”线上分享和线下交流活动。召开市第五次少先队代表大会。承办全国中学少先队辅导员培训班。全国首家中学少先队辅导员培训基地落户扬州。（殷一鸣）

**■关爱重点青少年群体** 实施重点青少年群体成长护航工程，召开全市重点青少年群体工作推进会。加强“12355”青少年综合服务台建设，举办青春热线栏目40期，其中户外集中活动19期，招募青少年事务专家72人、志愿者200人，接听电话1500多个，处理个案125件。“12355”青少年综合服务台项目获2014年度全省共青团工作创新创优成果一等奖。深化“希望工程”，全年发放助学金、慰问品238万元，受益学生6233人次。规范“希望村塾”援建标准及日常管理，新建“希望村塾”33个，成立“希望工程”快乐体育园1个，开展志愿服务和专题讲课829场。7月13日，中央电视台《经济半小时》栏目专题报道扬州“希望村塾”建设情况。（殷一鸣）

**■青少年志愿服务** 团市委实施青年志愿者“一十百千万”〔一个志愿服务中心阵地、十个志愿服务品牌、百个志愿服务站(点)、千支志愿服务队伍、万名青年志愿者骨干〕计划，成立青年志愿者行动指导中心，召开青年志愿者协会第四次会员代表大会，拍摄专题宣传片，发行专属市民卡，改版“扬州青年荟”手机软件，探索志愿服务信息化管理模式。启动“邻里守望·青暖社区”志愿服务行动，128支志愿服务团队与74个社区志愿服务项目结对，1万多人次定期参加志愿服务。成立扬州青年旅游志愿者队伍。推进“小雨滴”红领巾志愿者工作试点。（殷一鸣）

## 扬州市妇女联合会

**■概述** 扬州市妇女联合会(简称市妇联)组织开展“十型百佳千户”特色家庭创建、寻找“最美家庭”、“中国梦 巾帼情 志愿行”等宣传教育活动，采取创建留守流动妇女创业就业示范基地等措施，促进妇女创业就业。发挥性别平等咨询评估委员会作用，完善主席信访接待制度，组织开展“农村妇女土地权益”专题研讨、“拒绝家庭暴力，共建和谐家庭”主题宣传、“幸福家庭直通车——法律和健康知识普及巡回宣传”系列活动，维护妇女合法权益。实施妇女儿童发展规划，落实妇女儿童发展“八件实事”(妇女宫颈癌、乳腺癌查治救助，单亲特困母亲帮扶，妇女儿童活动阵地建设，女职工劳动保护示范企业促进，女大学生创业就业援助，农村妇女土地权益保障，妇女参与决策和管理，留守流动儿童安全)。组织开展“亲子大讲堂”农村(社区)百场巡讲、“庆六一大爱飞扬·快乐成长”、“献爱心·助春雷”集中行动月等活动，关爱儿童健康成长。加强妇女基层组织建设，发展女性社会组织，强化妇女儿童阵地建设，创成市级以上妇女儿童之家152个。市妇联被全国妇联授予全国2013—2014年度“母亲邮包”公益项目优秀实施奖。（薛芳洁）

**■实施妇女儿童事业发展规划** 市妇联督查各地及有关部门按时序实施妇女儿童事业发展规划情况。组织扬州市妇女儿童工作委员会成员单位定期走进电台对妇女儿童事业发展规划内容进行宣传解读，扬州市通过省级妇女发展规划和儿童发展规划中期评估，165项指标达标率89.8%。推动“八件实事”落实。单亲特困母亲继续享受低保待遇上浮20%～30%的优惠政策。农村妇女“两癌”(乳腺癌、宫颈癌)筛查由试点区扩大至所有县(市)，全市10.23万名农村妇女参加“两癌”项目内免费筛查，省政府投入经费1425万元，8.46万名农村妇女参加项目外筛查。为133名患“两癌”贫困妇女建立档案，向上争取贫困妇女“两癌”救助金36万元，募集社会力量帮扶贫困患“两癌”妇女48人12.1万元。提升乡镇妇女儿童活动中心建成率，宝应县、高邮市实现全覆盖，获省财政以奖代补72万元。协助2245家女职工25人以上的企业签订女职工保护专项集体合同，56.2万名女职工受惠。承办省“受人口流动影响的儿童”项目现场会。举办第二届“蓝丝带”关爱女性健康活动，为20名基层一线特困女性提供每人8000元爱心医疗卡。募集736个“母亲邮包”，合计14.72万元。市妇联被全国妇联授予全国2013-2014年度“母亲邮包”公益项目优秀实施奖。（薛芳洁）

**■促进妇女创业就业** 全市妇联系统开展留守流动妇女创业就业示范基地创建活动。促进留守流动妇女灵活就业、增收致富，探索妇联干部领办、合作联办等5种建设模式，建成市、县、乡三级来料加工基地10多个。其中，12个市级争创基地带动就业妇女近3000人，发放工资1200多万元；10个基地被市妇联命名为留守流动妇女创业就业示范基地。妇女创业就业示范基地项目被列为全省

3月7日，四望亭社区组织下岗、失业女性和非公企业职工参加插花、家政、扎花灯技能培训

王　卓、刘宝珠/摄

妇联系统实践区项目，获市财政奖补资金60万元。利用妇女创业小额担保贴息贷款扶持妇女创业，全年发放小额贷款8383万元，扶持575名妇女、33家企业实现创业就业，贷款回收率99%以上。市、县两级妇联联合人力资源和社会保障等部门，举办女性人才专场招聘会9场，提供就业岗位1.09万个，近2300名妇女实现就业。举办家庭服务、月嫂等各类技能培训班21期，培训妇女1050人。“绿杨好阿姨”家政运行质态提升。农家乐基地、巾帼科技创新基地等10个基地受全国妇联、省妇联表彰，获奖补资金41万元，争取省妇女劳动力转移培训专项资金45万元。以“岗位建功、岗位成才”为主题，推进巾帼文明岗创建工作，组织创建业务培训、交流和演讲，加强回访督查，评选表彰市级巾帼文明岗100个、巾帼建功标兵40人。以女企业家协会为平台，采取创建表彰、交流分享、新品展示、参观互动等形式，培树科技兴企、绿色环保典型，引导创业女性转型发展。　（薛芳洁）

**■维护妇女合法权益**　市妇联组织“农村妇女土地权益”问题专题研讨。发挥性别平等咨询评估委员会作用，重点参与土地征用、养老保障、生育保险等规范性文件咨询与评估。完善主席信访接待制度，开辟信访接待室，全年接待、办理来信来访615件，信访结案率99.5%、满意率95%以上。面向农民工开展“拒绝家庭暴力，共建和谐家庭”主题宣传，联合扬州电视台，点评多起典型家庭暴力案件。开展婚姻家庭纠纷个人调解工作调研，组织调解知识和技能专题培训。新建婚姻家庭纠纷个人调解工作室37个(累计121个)，121个个人调解工作室吸收志愿者278人，参与调解涉及妇女权益纠纷1000多件，调解成功率95%以上。全市各级家庭暴力投诉站受理涉及家庭暴力报警580多起，发出家庭暴力告诫书5份，避免32个家庭因家庭矛盾导致破裂，及时制止因家庭暴力可能引发的刑事案件3件。开展“幸福家庭直通车——法律和健康知识普及巡回宣传”系列活动，成立幸福家庭导师志愿团，到农村(社区)开展巡讲和咨询辅导。成立扬州市幸福家庭维护中心，建立专家轮值、个案会诊等工作制度。利用“三八”妇女节、“国际家庭日”、“反家庭暴力日”等，通过电台宣传孝老爱亲、文明和谐的婚恋家庭观。　（薛芳洁）

**■关爱儿童健康成长**　市妇联开展“亲子大讲堂”农村(社区)百场巡讲活动，成立专家志愿巡讲团，安排35个家教课题，组织19名志愿者到81个农村、社区完成讲座104场，20多万名家长受益。组织家庭教育比赛征文活动，收到征文246篇，评选出一、二、三等奖作品21篇。以“绿化扬州、守护地球”为主题，组织亲子植树活动。与市民政局、市财政局联合印发《困境儿童助学基金管理暂行管理办法》，补充完善困境儿童档案，筛选、推荐符合救助条件的困难儿童1051人，发放助学金210.2万元。实施上海大众汽车有限公司仪征分公司“宝贝安行”公益项目，发放儿童安全座椅280套。联合市精神文明建设指导委员会办公室、市教育局建立“蒲公英关爱行动”网站，实现帮扶工作在线申请、更新和结对。组织“大爱飞扬　快乐成长”“‘献爱心·助春蕾’集中行动月”等活动。扬州市翔宇妇女儿童基金会全年筹集爱心款186.5万元，发放助学款113.8万元，1222名困境儿童受益。2014年，成立爱乐联盟、“邮缘”爱心团队等一批关爱儿童成长的社会组织。

（薛芳洁）

**■加强妇女思想道德建设**　2014年，市妇联组织开展“十型百佳千户”特色家庭创建活动，表彰扬州市“十佳好媳妇”“十佳好婆婆”“十佳好女婿”等优秀家庭角色。组织寻找“最美家庭”活动，推出各级“最美家庭”868户，建立城乡社区“妇女之家”“最美家庭”光荣榜1041个，举办“最美家庭”故事会290次，晒出家庭照片1772幅，宝应县莫学春、万绘2个家庭获江苏省“最美家庭”称号。联合扬州广电总台策划开展“扬州最美家庭”第一季“最美好邻居”和第二季“最美妈妈”评选。开展“中国梦　巾帼情　志愿行”活动，组织各界妇女参与社会帮教和防艾滋病、防邪教、禁毒等活动，连续第8年组织专家志愿者开展送法律知识、送心理卫生知识、送健康知识进高墙活动，组织巾帼志愿者参与禁毒骑行宣传活动，定期组织健康、心理卫生知识进社区、进乡村活动。联合江苏云智传媒有限公司共同打造“掌上妇联”。联合《扬州时报》创办《扬州女性》。培树36个全国、省“三八”红旗集体和个人，授予身患骨癌坚守乡村小学14年的教师顾晨葵扬州市“三八”红旗手称号。　（薛芳洁）

**■妇联组织建设**　加强妇联组织网络、网格双网建设，推广“妇代会+女性社会组织+志愿者”新型组织网络体系，评选表彰优秀妇委会。以扬州市女性社会组织指导服务中心为依托，组织社工项目专题培训。推荐女性社团参与省、市公益创投大赛并中标3个项目。推动女性社团参与社会组织评估工作，市翔宇妇女儿童基金会被省民政厅评为AAA等级。全

年命名9家“扬州市最受欢迎的儿童快乐家园”，以奖代补每家价值5000元的儿童爱心书柜。全市创成省、市级示范“妇女儿童之家”152个，其中省级102个。组织开展“百团‘四送’进百家”活动(以“送科技、送教育、送文化、送服务”为主要内容，通过各女性社会组织为“妇女儿童之家”举办有针对性的培训讲座、科技支持、结对帮扶、信息发布，组织法治宣讲、维权服务和心理咨询，举办公益演出，开展社区女性社会组织交流对接、业务指导等形式的活动，为妇女儿童做好事、办实事、解难事)，一村一品、一“家”一品的建设格局基本形成。组织开展妇联系统“多读书、读好书”系列活动，“微党课”形式受到省机关工委肯定。举办中青年女干部培训班和妇联系统工作研修班。 (薛芳洁)

## 扬州市科学技术协会

**■概述** 2014年，扬州市科学技术协会(简称市科协)先后举办“院士专家扬州行”“科技咖啡馆校园行”等活动，实施海外智力为国服务行动计划(简称海智计划)、兴农富民工程，举办2014扬州科技论坛、2014上海(扬州)国际医学发展论坛等学术交流活动，开展“讲理想、比贡献，奋力实现中国梦”评选表彰活动。加强企业院士工作站、科技信息平台建设，全年征集科技工作者建议36条。其中，向中国科协选送31条，全部被录用；向市委主要领导报送5条。编印《扬州科协》4期，完成《扬州科协志》校对工作并付印。提升学会能力。成立省级科技服务站7个，其中江苏省仪器仪表学会与江苏罗思韦尔电气有限公司科技服务站结对成立省级科技服务站。扬州市老科技工作者协会与扬州维克斯生物科技有限公司结对成立市级科技服务站。2014年，扬农化工集团顾志强等6人被评为江苏省优秀科技工作者，程顺和被评为全国优秀科技工作者。市科协获评2013年度江苏省科协目标责任制考核先进单位、江苏省科技工作者状况调查站点优秀区域责任部门、2014年江苏省全国科普日活动优秀组织单位。江苏金陵特种涂料有限公司总经理卞直兵被批准为第五届江苏省青年科学家年会执委。市工科学(协)会42名会员被批准为省工程师学会首批会员，其中2人为学会理事。

(李佳坤)

**■“院士专家扬州行”活动** 2014年，市科协连续第七年举办“院士专家扬州行”活动，邀请江苏省人民医院王学浩、大连理工大学蹇锡高、中国科学院生态环境研究中心王如松等72名院士和专家到江苏金陵特种涂料有限公司等20多家企业开展项目洽谈、技术咨询、科技报告会等活动，签约科技合作项目12个。

(李佳坤)

**■企业院士工作站建设** 2014年，市科协新建九力绳缆有限公司等市级企业院士工作站9个。累计建成市级企业院士工作站52个、省级企业院士工作站14个。扬州奥泰光电生物技术有限公司引进白俄罗斯国家科学院院士、戈梅利国立大学校长罗加乔夫•阿力山大，建成市级企业院士工作站，该项目获市奖扶资金20万元。推荐江苏荣能集团股份有限公司和江苏罗思韦尔电气有限公司申报国家示范院士工作站。对2011年建立的13个市级企业院士工作站开展项目成果和经济效益综合评估。

(李佳坤)

**■海智计划活动** 2014年，市科协利用中国科协和省科协海智计划平台，引进海外智力，服务扬州经济发展。9月16日，组织潍柴(扬州)亚星汽车集团、九龙汽车制造有限公司、江苏华富储能新技术股份有限公司等整车制造和电池生产企业技术代表10多人参加由省科协海外智力为国服务行动计划办公室主办的欧美电动汽车核心技术视频洽谈会，就电动车整车、电池、管理系统和逆变器等核心技术，与芬兰赫尔辛基城市应用科学大学、坦佩雷理工大学、芬兰Elcat商用电动车公司等欧美科研机构和企业实时互动交流。9月26日，举办海峡两岸(扬州)休闲农业研讨暨项目合作洽谈会。台湾神农科技发展协会理事长廖树宏等19名台湾客商、蒋王都市农业观光园等10家扬州休闲农业企业负责人参加洽谈，达成合作项目3个。廖树宏应邀在扬州大学作题为《认识“新三农”——新农民、新农业、新农村》的报告。11月26日，举办2014海外专家扬州行暨项目洽谈会，汇丰嘉润医院投资管理(中国)有限公司董事长张建利等11名海外专家参加，现场签约机械装备、生物医药、软件服务、新能源等领域技术合作和人才引进项目9个。海智计划扬州工作基地和各工作站全年组织技术项目引进洽谈活动6次，引进海外人才33人，落地项目11个。宝应县海智计划工作站被列为省级海智计划基地。市科协加强海外人才和项目基础信息库建设，做好海智基地季度数据上报和年度考核工作。海外科技人才库新入库人才数据30人，累计272人；海外科技社团库有海外科技社团26个，其中签约社团13个；海外科技项目库搜集海智项目110个。 (李佳坤)

**■科技论坛** 11月13日，市科协联合市经济和信息化委员会举办“工业强基、制造强市”——2014扬州科技论坛主论坛活动。中国工程院院士、清华大学教授尤政，中国机械科学研究总院原副院长、研究员级高级工程师屈贤明应邀出席。主论坛分主题报告会和座谈会两部分。尤政和屈贤明分别以“制造强国与工业强基发展战略研究”“发展智能制造，实现扬州产业升级”为主题作报告。座谈会以扬州市机械装备产业转型发展方向，基础材料、基础工艺、基础零部件及关键技术发展路径，企业技术进步过程中的困惑和矛盾化解为主要内容，江苏扬力集团有限公司、扬州锻压机床股份有限公司等20家机械装备制造业重点企业负责人，扬州大学、扬州市职业大学等高校专家、教授40多人参会。年内，电子学会、地质学会、电工技术学会、医学会等举办科技论坛分论坛活动10多场。

(李佳坤)

■**学术研究与交流** 2014年，市科协组织2011—2013年度扬州市自然科学优秀学术论文评选表彰工作，收到论文924篇，评出一等奖31篇、二等奖60篇、三等奖124篇、优秀奖505篇。开展软科学研究。围绕深化改革推动扬州经济转型升级、世界名城建设、科技体制改革与创新规律研究等10个方面，立项软科学研究课题85个。课题经验收后，评出一等奖3个、二等奖6个、三等奖12个、优秀奖40个。8月22—24日，市科协、市计算机学会参与协办全国第25届计算机技术与应用(CACIS·2014)学术会议。10月13日，市科协、扬州大学化学化工学院承办第五届江苏省青年科学家年会扬州分会场活动，邀请中国科学院院士李永舫作题为《聚合物太阳能电池光伏材料和器件》的报告。 (李佳坤)

■**"科技咖啡馆"走进扬州大学** 4月17日，由扬州大学农学院承办的"科技咖啡馆校园行"(科技咖啡馆是由江苏省科协与英国驻沪总领事馆文化教育处联合主办的国际交流品牌活动，始于2007年。科技咖啡馆是国内外科技专家在宽松自由的学术氛围中与社会公众平等交流、活泼互动的高端科普平台，既普及科学知识，又活跃科学氛围)活动在扬州大学文汇路校区举行。活动邀请美国密西西比州立大学博士汤斌、南京农业大学教授周应恒就"现代农业发展与循环经济"作主题交流。省科协国际副部长王安宁、扬州大学农学院师生代表近100人参加活动。(李佳坤)

■**2014上海(扬州)国际医学园发展论坛** 4月28日。由扬州市政府主办，扬州经济技术开发区、市科协、上海(扬州)国际医学园区、江苏省苏北人民医院等单位联合承办的2014上海(扬州)国际医学园发展论坛开幕。中国工程院院士、江苏省人民医院肝脏移植中心主任王学浩作题为《中国肝脏移植现状与挑战》的学术报告。扬州经济技术开发区、上海(扬州)国际医学园分别作健康产业发展战略交流和园区介绍。美国加州大学、中国科学院上海药物研究所、日本国际养老医疗协会等高校和科研院所专家以及拜耳、辉瑞、联合利华、完美等国内外生物医药、营养保健企业和医学产业代表200多人参加活动，会商集"医学制造产业、医疗服务、医学教育、金融支撑"于一体的扬州健康医学产业园区建设思路。 (李佳坤)

■**兴农富民工程** 2014年，市科协组织80名科技专家参与兴农富民工程，对接行政村50个，对接项目87个，培训农业实用技术3万人次，带动农户5000多户，编印兴农富民工程简报6期。 (李佳坤)

■**科技辅导员培训** 3月10—14日，在宝应县、高邮市等5个县(市、区)举办2014年扬州市青少年科技辅导员培训班，全市200多所中小学、职业学校、幼儿园的青少年科技辅导员400多人参加培训。4月21日—25日，组织全市部分骨干科技辅导员到东南大学参加青少年科技活动项目专题培训。10月17—18日，市青少年科技辅导协会、市教育局教学研究室举办市青少年机器人大赛辅导员培训班。 (李佳坤)

■**科技信息平台建设** 5月20日，市科协召开企业科技信息服务工作会议，组织县(市、区)科协项目负责人参加科技信息库系统安装、注册和使用培训。以无外资背景企业为服务对象，开展科技专利信息资源的推送和服务，为50多家企业注册安装相关科技信息平台，为43家企业提供科技专刊信息资源推送服务，收集30家企业应用反馈表。江苏扬农化工集团有限公司等5家企业通过专利数据信息运用再创新，申请专利10件，获批准专利9件，其中发明专利4件、实用新型专利4件、外观专利1件。 (李佳坤)

## 扬州市归国华侨联合会

■**概述** 2014年，扬州市归国华侨联合会(简称市侨联)学习贯彻中共中央《关于加强和改进新形势下侨联工作的意见》。组织开展"走基层、访侨情、听意见"调研活动，走访侨资企业、在扬创业海外高层次人才，召开座谈会，征求侨界群众意见建议。协调高邮市委、扬州市委机构编制办公室，解决高邮侨联组织建设问题。全年成立示范社区"侨之家"6个。

服务经济发展。开展"强化服务，共谋发展"主题活动，到上海拜访市侨联海外顾问、美国高通创锐公司全球副总裁朱景尧，TEL集团中国区东电电子(上海)有限公司销售副总经理丁辉文。会同扬州经济技术开发区到广东深圳开展招商推介活动，拜会深圳荣兴集团、乾高网络公司、问我时代科技公司等侨资企业，邀请其到扬州考察投资。开展"侨商扬州行"活动，对接各级开发园区，先后接待侨商、华侨团体及海外客商200多人。促成汇丰嘉润医院投资管理(中国)有限公司落户扬州经济技术开发区，引进哈佛医学院博士人才。召开扬州侨界经济文化交流促进会会长会议和理事会会议，举办海外高层次人才联谊沙龙。联合市人才工作办公室、市科协，举办2014海外专家扬州行暨项目洽谈会。

拓展海外联络。承办"亲情中华——2014海外侨领寻根之旅江苏(扬州)行"活动。举办"海外华文媒体看扬州"论坛。组团出访美国、加拿大，与当地华侨社团开展文化交流，在美国、加拿大分别建立市侨联海外联络站。市侨联联合扬州晚报社连续第3年开展"月是故乡明·亲情中华·最忆扬州"海外华侨社团负责人连线采访活动。协助扬州博物馆获批为江苏省华侨华人文化交流基地。协调扬州籍瑞典华人盲女吴晶回乡举办2014中欧长笛与钢琴励志演讲音乐会。协办乌克兰画家画扬州活动。全年接待华侨华人、专家学者400多人次。

参与社会建设。开展"聚侨力·共圆中国梦"主题宣传教育活动、"侨界看扬州——重大项目行"活动、"侨界一家亲"迎新春游园游艺活动、"侨界品月 思亲话中秋"活动、"关爱侨界空巢老人·共建共享幸福扬州"主题实践活动，组建侨界合唱团，编排“绚梦千秋”服饰表演节目。与市老龄委联合印发《关于在全市开展“侨联万家·侨界空巢老人关爱行动”的通知》，首批建立115名侨界空巢老人信息资料库，征集志愿者71人，实施“寸草心”项目，开展“五个一”（每月电话问候一次，每季度上门探望一次，每半年办一件实事，每年组织一次集体活动，每逢重大节庆日上门探视一次）关爱服务。组织扬州侨界经济文化交流促进会会员向琼花观社区“侨之家”赠送大米400千克、油100千克。成立侨亲互助组织。开展“情暖侨心”活动，走访慰问困难、患病归侨60多人。组织侨界政协委员开展“关注老归侨·走进侨之家”主题活动，推进解决老归侨医疗、养老等民生问题。成立扬州市维护侨益法律顾问委员会，协调解决股权转让等涉侨纠纷50多件。（胡学垠）

**■“关注老归侨 走进侨之家”主题活动** 5月8日，市政协侨台联界别政协委员围绕市政协2014年界别周活动“宜居城市建设”主题，开展“关注老归侨 走进侨之家”主题活动，组织侨台联界别政协委员到社区访问老归侨家庭，视察老归侨医疗绿色通道，听取侨界群众意见，商议服务举措，解决老归侨关注的民生问题。市政协副主席倪士俊以及市卫生局、市民政局、致公党扬州市委有关人员参加活动。（胡学垠）

**■市文化交流团出访美国、加拿大** 7月26日至8月2日，市委常委、宣传部部长卢桂平率市文化交流团到美国、加拿大开展文化交流。其间，市侨联副主席周军代表市侨联分别与美国江苏经贸文化联合会、加拿大中国工商业协会签订友好合作协议，设立扬州市侨联海外联络站。市文化交流团先后拜访纽约华人总商会、肯特扬州姐妹市委员会，交流有关农业和餐饮项目合作事宜。（胡学垠）

**■“侨界看扬州——重大项目行”活动** 9月1日，市侨联开展“侨界看扬州——重大项目行”活动，市区部分归侨、侨眷和在扬州的海外华侨华人近40人参加活动。侨界群众参观上海大众汽车有限公司仪征分公司和扬州完美日用品有限公司生产线，并在扬州完美日用品有限公司会议室参加“侨界品月 思亲话中秋”座谈会。（胡学垠）

**■2014海外侨领寻根之旅江苏（扬州）行** 9月25—26日，30多个国家和地区近130名海外华侨领袖到扬州参加“亲情中华——2014海外侨领寻根之旅江苏（扬州）行”活动。9月25日，扬州市委常委、市委宣传部部长卢桂平出席活动并致欢迎辞，省侨联副主席宫琳和卢桂平共同为扬州博物馆“江苏省华侨华人文化交流基地”揭牌。活动期间，华侨领袖们参观扬州博物馆、扬州中国雕版印刷博物馆、瘦西湖风景区和扬州工艺美术馆，出席2014中国扬州世界运河名城博览会开幕式暨主题论坛，观看大型史诗歌剧《运之河》。（胡学垠）

**■“海外华文媒体看扬州”活动** 9月26日，市侨联与扬州晚报社共同举办“海外华文媒体看扬州”活动。《世界华人周刊》、华人网络电视台、北美宏星卫视、《德国华商报》、欧洲“新侨网”、意大利《世界中国杂志社》、澳大利亚华商传媒集团、日本《中文导报》、香港《大公报》、香港见闻中国社、《香港商报》等11家海外华文媒体代表参加中国扬州世界运河名城博览会开幕式和“海外华文媒体看扬州”论坛，与扬州媒体人沟通交流，为推动世界名城建设献计出力。（胡学垠）

**■“侨之家”建设** 10月22日，市侨联召开基层组织建设暨社区“侨之家”建设现场推进会，并举行侨界空巢老人关爱行动启动仪式。全市各级侨联负责人、相关社区负责人、侨界空巢老人代表、侨界志愿者代表近40人参加会议。与会人员到邗江区卜桥社区“侨之家”和广陵区琼花观社区“侨之家”观摩交流，市侨联向社区“侨之家”赠送电脑和激光打印机。10月底，市侨联组织侨联干部到上海、北京参观学习侨联组织建设和社区“侨之家”建设经验，分别与上海杨浦区、徐汇区侨联，北京海淀区、朝阳区侨联缔结友好合作关系。2014年，全市成立示范社区“侨之家”6个。（胡学垠）

**■联谊交流** 1月6日，市侨联接待加拿大华人社团联席会共同主席、加拿大中国工商业协会会长朱德修，商讨市侨联组团到加拿大开展文化交流事宜。1月19日，市侨联开展“强化服务，共谋发展”主题活动，到上海拜访市侨联海外顾问、美国高通创锐公司全球副总裁兼以太网事业部总经理朱景尧，TEL集团中国区东电电子（上海）有限公司销售副总经理丁辉文和SEMI中国区LED项目经理戚发鑫，向他们介绍扬州经济社会发展情况，邀请他们到扬州考察并投资兴业。2月19日，市侨联、市卫生局接待汇丰嘉润医院投资管理（中国）有限公司总裁张建利，商谈在扬州投资建设康复医疗基地事宜。4月17日，市侨联到仪征超微集团走访市侨联海外顾问、扬州侨界经济文化交流促进会常务副会长、美国加州苏浙同乡会常务副会长、仪征超微集团董事长王富国，沟通企业发展现状与问题。其间，市侨联还与美国慈善家、美籍华人李长科进行交流，邀请他参加侨联活动，为侨界慈善事业做贡献。4月23—25日，市侨联接待马来西亚三江公会会长缪进新、完美（中国）有限公司总裁胡瑞连一行14人。缪进新一行参观2014中国扬州两岸素食文化展，并到扬州完美日用品有限公司考察交流。4月27日，市侨联接待香港注册中医学会永久名誉会长袁绍良、香港保健协会董事周薇青、台湾中央大学认知神经科学研究所所长洪兰一行6人。市侨联主席杨为民介绍扬州相关投资环境和政策，邀请他们到扬州讲学、投资兴业。5月22日，市侨联、江都区侨联接待香港咏藜园董事长王小玲一行，沟通厨艺交流合作等事宜。8月20日，加拿大江苏同乡联谊总会会长李佳颖率南京青年奥林匹克运动会助威团一行到扬州参观考察，与市侨联就加强经济文化合作进行交流。（胡学垠）

# 政法

Zhengfa

编 辑 姚 震

## 综述

**■概况** 2014年,全市政法系统抓好平安扬州、法治扬州、政法队伍建设,推进司法体制改革,各项工作取得新的成效,为经济社会发展提供安全稳定的社会环境、公平正义的法治环境、优质高效的服务环境。扬州市公众安全感95.50%,群众对法治建设满意度93.14%。

保持社会稳定。全市政法系统依法打击各类违法犯罪活动,全市"两抢"(抢劫、抢夺)案件下降45.45%。常态开展矛盾纠纷排查化解工作,全市共排查各类矛盾纠纷1.24万件,调处化解1.23万件,调处化解率99%。全市未发生在全省、全国有影响的重大案(事)件。中共十八届四中全会、南京青年奥林匹克运动会、国家公祭日、中国扬州"烟花三月"国际经贸旅游节(简称"烟花三月"节)、第八届世界运河名城博览会等重要会议和重大活动期间,全市社会大局稳定。

推进社会治理。市委办公室、市政府办公室印发《关于进一步推进全市各级社会管理服务中心规范化建设的意见》,推进县、乡、村社会管理服务中心建设;推进医患矛盾、道路交通事故、劳资纠纷、征地拆迁、环境保护等五大专业调解组织和个人调解工作室建设。启动市级综治法治指导协调中心建设,构建综治、法治工作融合发展的综合平台。总结推广社会治理先进典型,文昌花园社区以服务促稳定、促治理、促和谐的做法被拍成专题片在深化平安中国建设会议(2014年11月3日在湖北省武汉市召开)上作专题展示;江都区小纪镇富民村富民带安民、育民促乐民的做法,被上级领导和省级以上媒体誉为"枫桥经验"在扬州的生动实践。

深化法治建设。创新"民意法治"建设,有序推进法治评议、民意法治提示报告等工作,办理市级法治实事8件。依托法治文化阵地,举办45场"迎城庆·法治行"系列广场活动。组织开展"向人民报告——法治扬州建设十周年"系列纪念活动。市依法治市办公室开展"十佳民主法治示范村(社区)"和"十佳司法案件"评选活动。

加强队伍建设。开展党的群众路线教育实践活动。出台《2014—2017年全市政法队伍人才建设规划》。开展岗位练兵、技能比武活动,举办全市基层政法干警培训班。全市涌现出李树干、吴秀、江都小纪法庭等一批新的先进典型,市委作出向李树干学习的决定。 (李 忠)

**■社会治理载体"三全一网"建设** 构建"三全一网"基层矛盾纠纷化解体系。推进县、乡、村三级社会管理服务中心(平台)建设全覆盖,全市6个县(市、区)、76个乡镇(街道)、1305个村(社区)全部建成社会管理服务中心;推进专业调解组织建设全覆盖,在县(市、区)层面全部建立征地拆迁、医患矛盾、交通事故、劳资纠纷、环境保护专业调解组织;推进个人调解室建设全覆盖,全市建成1300多个,平均每个村(社区)1个;推进城乡统筹的社区网格化建设,全市划分成7011个网格实施网格化服务管理,每个网格均配备专(兼)职网格员。"三全一网"项目获市委、市政府2014年度工作创新奖。 (徐 丹)

**■社会治理基层典型** 广陵区曲江街道文昌花园社区"一核多元,创新扁平化治理"的做法得到中央政法委副秘书长、中央综治办主任陈训秋的肯定,社区被中央综治办确定为全国综治工作联系点。江都区小纪镇富民村是矛盾化解基层典型,2月14日,省委政法委员会《江苏政法》第3期以《"枫桥经验"在扬州的生动实践——扬州市江都区小纪镇富民村矛盾化解工作调查报告》为题专刊介绍富民村矛盾化解工作;《法制日报》和《江苏法制报》分别于5月13日、14日头版头条刊载富民村做法;中央政法委《长安》杂志第6期刊载《扬州市富民村:践行"枫桥经验"实现"既富又安"》。系统总结富民村矛盾化解做法,《基层乡村矛盾化解案例解析——来自扬州市富民村的实践报告》一书2014年10月由广陵书社出版。 (窦广平)

**■"民意法治"建设** 打造"民意法治"工作品牌,以民意为引领、以问题为导向、以法治为手段,建立依靠群众、发动群众、服务群众的法治建设工作机制,通过群众法治评议、民意法治提示报告、系列广场法治活动、司法春风行动、法治实事项目、三公开三报告等载体形式,建设"人民满意、社会公认”的法治名城。省委政法委员会《江苏政法》简报2014年6月12日第26期《“民意法治”建设的探索与思考》刊发扬州市做法。制作播放《警示与启示——涉众性集访事件预防处置》专题片，编印发放《扬州法治案例解读》，培养和提升各级领导干部法治思维和能力。

（徐李华）

**■涉法涉诉信访改革** 成立涉法涉诉改革工作领导小组，市委办公室、市政府办公室印发《关于依法处理涉法涉诉信访问题的实施办法》，从工作机制、源头治理、规范秩序、组织领导等方面，部署深入推进涉法涉诉信访改革具体事项。全年，市涉法涉诉联合接访中心接待上访群众1695人次，转办涉法涉诉信访件121件。

（周克桃）

## 公安

**■概述** 2014年，全市公安机关以“深化平安建设，服务名城发展”为主题，以“改革驱动，治理增效”为主线，推进城市巡逻体制改革等深化平安建设“十七件”实事，做好重大活动保卫、反恐维稳和青奥安保等重点工作，社会治安整体防控水平明显提升，为全市经济社会发展创造平安和谐的社会环境。反恐维稳工作机制不断优化，重大涉稳事件、重大敏感舆情及时妥善处置，APEC峰会、国家公祭日等重要敏感节点平稳渡过。完成98批高等级警卫和“烟花三月”节、鉴真半程马拉松赛、运博会等123次重大活动安保任务。开展打击治理“两盗一骗”（入室盗窃、盗窃机动车、诈骗）等专项行动，全市刑事发案与上年持平，“两抢”（抢劫、抢夺）案件下降45.45%。全市23起命案全部破获，杀人、抢劫、伤害、强奸、放火、爆炸、劫持、绑架等8类严重犯罪案件破案率93.49%，“两抢”案件破案率72.62%，比上年上升10.93个百分点。全面实施警员职务晋升常态化选拔机制，激发队伍的生机活力，公安队伍能力素质和作风形象明显改善。李树干被授予全国公安系统“二级英雄模范”称号，宋国华获“全国公安机关爱民模范”称号，徐敬全获“全国五一劳动奖章”。全年共有2个集体、5名个人立一等功，6个集体、21名个人立二等功；10个集体、43名个人获得省部级以上表彰。（陈红华）

巡特警骑摩托车巡逻 庄剑翔/摄

**■打击犯罪** 市公安局建立重大刑事警情快速响应和区域联动机制，强化现场勘查、串并侦查和合成作战，提高破案打击质效。破获蜀冈-瘦西湖风景区“9·10”杀人分尸案、邗江区“10·15”抢劫案、公安部督办的“3·10”生产销售伪劣卷烟案等一批有影响的大要案件。组织开展突出治安问题区域性打击整治、打击治理“两盗一骗”、“百日侦破攻势”等专项行动，强化侦查破案、追赃挽损措施，组织防范电信网络诈骗犯罪集中宣传活动，始终保持对多发性侵财犯罪的高压态势。建成视频侦查大队，重点负责全市重大刑事案件和市区多发性侵财案件的研判、侦查工作，全市破获侵财类案件9324起。加大经济犯罪打击力度，破获经济犯罪案件212起，抓获犯罪嫌疑人551人，追赃挽损1.5亿元，挽损率97.3%。开展禁毒会战专项行动，破获毒品案件1093起，抓获涉毒违法犯罪嫌疑人1128人，缴获毒品折合海洛因4346克。开展“打击食品药品环境污染深化年”活动，全市办理食品药品环保刑事案件64起，其中公安部挂牌督办9起。 （顾晓煜）

**■城市巡逻体制重组** 重新规划市、县两级巡防体系，剥离原交巡警巡逻职能，归入原特警部门，成立巡特警支（大）队，专司巡逻处突，原交巡警支（大）队同步更名为交警支（大）队。根据行政区划、治安和交通状况等情况，市区规划“十横十纵”巡逻布局，设置一级、二级守望点207个、堵控点10个；并将市区划分为三级82个网格化巡区，确保巡防全覆盖。投入200万元将润扬长江公路大桥市际卡口转型为跨江公安检查站，仪征大仪省际卡口升级为环省公安检查站；重建或改造8个市际道路治安卡口、6个出入城警务查报站，将卡口智能监控系统全部升级为高清智能抓拍系统，提升卡口查缉堵控能力。南京青奥会期间，全市全面启动战时巡防机制，组织开展武警、特警、机关合成行动队联合编组巡逻，每日投入巡逻力量2500人次，巡逻车辆450台次，路面巡组携带枪支88支、子弹821发，全力控制路面发案。

（赵 扬）

**■青奥会安保** 全市公安机关建立战时机制、执行战时纪律，全面落实情报信息搜集研判、矛盾纠纷排查调处、重点人员动态管控、社会面整体防控等工作措施，筑牢青奥安保“护城河”防线。市公安局投入500多万元购置反恐装备，组建50人的反恐突击队，24小时处于临战状态。抽调200名警力组成青奥安保突击队，随时驰援南京。主动与铁路公安沟通对接，构建站地联勤联动应急处突机制。全面落实购售散装汽油实名制，动员1000多名公交驾驶员佩戴袖章、履行安全员职责。先后在火车站、市工商银行模拟发生砍杀、劫持人质等处置演练28次，提升应急处置能力。强化对出城和赴南京车辆检查，共检查进南京长途客车2915辆次，缴获管制刀具35把、易燃易爆物品94件，抓获命案嫌疑人2人，截获布控重点车4辆。5月起全面启动战时一级加强型巡逻模式，开、闭幕式当日，全市刑事发案比常日分别下降52.5%和62%。组织实施"利剑"系列集中清查整治等专项行动，对治安复杂部位和重点场所行业开展全面清查，发现整改安全隐患340处，抓获犯罪嫌疑人70人。推进缉枪治爆专项行动，查禁收缴枪支43把、子弹944发、管制刀具1739把。组织开展消防安全专项整治，排查6073处火灾隐患，责令"三停"（停止施工、停止使用或者停产停业）11家、查封16家单位，约谈社会单位负责人220人。（陈贵强）

"青奥"安保期间，广陵公安分局巡特警大队对文昌商圈等人员密集部位开展一级加强巡防　公安局/供稿

**■实战指挥建设**　建设市、县智能指挥调度平台，实现对街面巡逻力量、车辆、卡口、社区民警等一线力量在图展示和"点对点"指挥调度。升级改造"110"接处警系统，试运行"12110"短信报警系统和报警定位系统，建设应用智能移车处警辅助系统、网络派警系统，提升实战指挥水平。加强案例库常态化管理，重点完善反恐处突处置预案；建成部标市级应急警用装备物资仓库。开展反恐处突、"关城门"、跨区域"红蓝对抗"等实战演练22次，增强公安特警、武警等处突力量的合成作战能力。（张继东）

**■稳定风险预警评估**　把稳定风险评估作为社会治理的有效手段，市委办、市政府办印发《关于进一步加强重大决策社会稳定风险评估工作的意见》，从评估范围、评估等级、评估标准、评估时效、评估责任等方面规范稳定风险评估工作。成立由47名专家组成的重大决策社会稳定风险评估专家组，市公安局主动与市发改委对接，为生活垃圾发电项目二期工程等16个重大项目建设提供稳定风险评估指导服务。全年评估项目354个，排查化解社会矛盾391件。（栾祺俊）

**■重点部位安防建设**　突出抓好首脑机关和客运、公交、机场等要害部位的反恐防范工作，提升内部单位整体防控能力。扬州泰州机场在"平安机场建设"专项行动考核中位列华东地区同类机场第一。市公安局会同市综治办推进重点地区整治工作，在全市组织开展"零发案"小区和控案先进小区创建活动，全市有207个小区实现"零发案"。开展旧货流通市场专项整治、危险物品单位治安防范达标、快递物品源头管理、棋牌室集中整治等工作，全面消除安全隐患。（张继东）

**■社区警务**　全市23个一级派出所全部建成勤务指挥室，并建立与之配套的勤务运行机制。建设15个群众工作站，发挥其警务工作示范、群众工作研究、民警随岗培训、警民互动交流的作用，提高社区民警群众工作水平。建立以群众安全感、满意度、社区民警熟悉率和服务现实斗争成效为重点的社区民警考核奖励和重大案件、重点人员倒查问责机制，引导民警扎根社区、融入群众。仅青奥安保期间，就倒查问责工作不落实或不到位出现问题的民警、辅警24人。（肖　融）

**■信息警务**　开展"警务大数据"工程建设基础大调查活动，制定"1＋10""警务大数据"工程总体建设框架体系。建成政府部门间信息共享平台，实现38家政府部门数据资源实时流转共享至公安机关，至2014年底，已汇聚整合数据126类607万条。开展问题数据集中清理整顿行动，自主开发23类问题数据校验模型，排查整改问题数据55万多条。加强"警务大数据"基础项目建设，启动市、县两级公安数据中心建设，完善市级情报平台积分预警模型，初步建成云服务平台，建成扬州公安"易搜"系统。加强技防视频监控系统建设，新增治安摄像机2.18万台、公安自建摄像机3513台，监控平台联网摄像机达8540台；建成技防小区840个，建成率92.5%。推广"车卫士"电动车防盗技防产品，加强源头防范。（周　震）

**■执法规范化建设**　开展执法办案零过错、执法服务零投诉、执法安全零事故"三零"单位创建活动，全市参与创建的133个所、队中连续达标单位129个，达标率97%。组织开展规范使用办案区"四个一律"（一律直接带入办案区、一律进行人身检查、一律有人看管、一律同步录像）专项检查，整改问题285个。自主研发执法管理服务平台，推行网上办案单轨制，并以此为依托开展"一所四队"（派出所、刑警大队、治安大队、交警大队、经侦大队）执法质量考评，

通过强化源头管理、过程监督和奖优罚劣，有效减少基层执法办案不规范问题。市公安局会同市检察院制定《关于规范侦查监督与法制监督衔接工作的意见》等3项执法制度，借力检察机关强化法律监督。强化日常学法，组织专项法律培训，全年全市公安系统通过司法考试45人。

（吴青尚）

**■出入境管理** 2014年，共受理审批公民出国（境）证照14.56万件，比上年增长24%，其中出国6.51万件，赴港澳6.62万件，赴台1.43万件；办理境外人员签证（注）、证件2759件，常住境外人员1970人，登记临时到扬州住宿境外人员3.37万人次。查处涉外案（事）件41起，查获“三非”（非法入境、非法居留、非法就业）外国人34人，遣送3人，驱逐出境外国人1人。开展出入境数字化审批试点工作，实现“申请自助化、审批无纸化、归档电子化”。

（王增蓉）

**■人口管理** 2014年，市政府出台《扬州市流动人口居住证管理暂行办法》，实施居住证制度，颁发居住证3万多张。开展流动人口居住信息登记攻坚行动，大平台登记暂住人口46.67万人、出租房屋9.01万户。开展户口登记管理专项清理整顿，全市清理应销未销、重户口3196个，纠正户口登记项目差错6386个。完善户籍岗位准入、疑难户口会商、群众电话回访、短信提醒评价等制度，会商解决疑难户口93个，提供就近办证、绿色通道、离线采集等服务8712人次。

（方 嵩）

**■服务发展** 2014年，市公安局细化122项涉企行政处罚裁量标准，执行“首违不罚”342次、“容期整改”1359次；严格限制涉企检查，保障企业“安静生产”。开展行政权力清理工作，形成权力目录清单，规范公安行政管理行为。完善网上公安网站群和警方博客服务功能，实行网络问警、网上办事，接受群众办事申请2.8万件，提供网上服务67.5万人次，比上年分别上升1.4倍和1倍。办理“两箱一台一线”（市长信箱、局长信箱；平安民声服务台；市长热线）群众反映事项4108件，人大代表建议、政协委员提案118件全部办结，满意率100%。驻市政务服务中心公安窗口设立首席代表，提高审批效能，全年办理审批事项1.09万件。

（张继东）

**■公安安全监管** 强化城市交通精细化管理，优化公交快线运行机制，做好瘦西湖隧道交通保障工作，开展“马路会诊”活动，提高市区道路交通防堵保畅能力。推进平安畅通县市建设，实施交通安全监管综合治理工程，开展市区“黑三轮”整治、迎青奥交通秩序百日整治等整治行动，全市共查处交通违法行为250多万起。开展第二次“清剿火患”战役、重大火灾隐患集中整治等专项行动，全市消防部门共检查单位1.03万家，发现火灾隐患7388处，督促整改7068处；全市连续17年未发生有影响火灾事故。推进缉枪治爆专项行动，查禁收缴枪支430把、子弹3694发、管制刀具5154把。开展安全生产大检查，检查涉危企业260多家、烟花爆竹批发公司和零售点300多家，整改安全隐患60多处。（张继东）

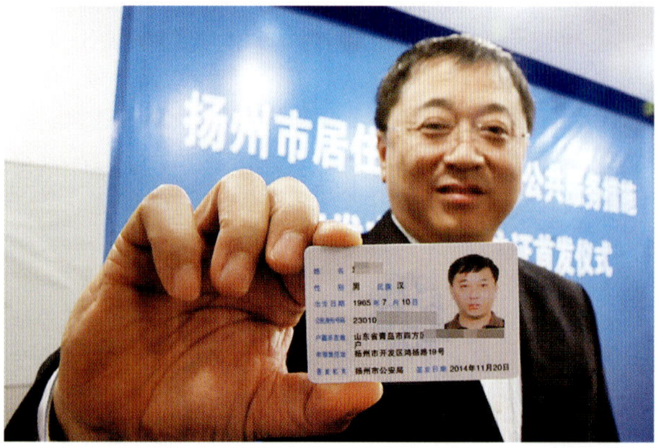


刘先生为拿到扬州市居住证的第一人 剑 翔/摄

**■侦破QQ盗号网络诈骗案件** 3月18日，油田公安分局接报一起QQ盗号网络诈骗案件，经查，发现一个专门为网络诈骗分子提供盗号服务的犯罪团伙。市公安局迅速成立由网络安全、技术侦查、刑事侦查等职能部门和油田公安分局干警组成的专案组，开展侦查。经过2个多月的侦查，行程上万公里，先后赴广西、广东、河南等地开展工作，抓获6名犯罪嫌疑人，查明该团伙盗取各类QQ号及密码17万多组，向5800多名诈骗犯罪嫌疑人提供有偿盗号服务，非法获利300多万元的犯罪事实。该案是全国打击电信网络诈骗技术支撑团伙违法犯罪首个成功经典案例，因案情复杂、影响恶劣、危害极大，被公安部列为挂牌督办案件，60多家媒体跟踪报道，并被评为“全国打击网络黑色产业链年度十大案例”。

（吉永峰）

## 检察

**■概述** 2014年，全市检察机关共查处贪污贿赂案件99件104人，渎职案件24件29人，案件数量、人数分别比上年上升9.8%、3.1%；共批准逮捕犯罪嫌疑人1349人，比上年下降20.3%；提起公诉4869人，比上年上升7.9%；共组织开展警示教育活动264批，受教育1.18万人，提供行贿犯罪档案查询2.54万次；书面监督侦查机关立案16件，监督撤案15件，纠正漏捕10人，纠正漏诉27人，纠正侦查活动违法101件；加强对刑事案件的监督，对13件刑事判决提出抗诉；提出、提请民事抗诉17件，办理民事执行监督28件；开展减刑、假释、暂予监外执行专项检察，突出对职务犯罪、金融犯罪、黑社会性质组织犯罪人员刑罚执行变更的监督，对3名不符合监外执行条件的人员建议收监执行。 （段伯欢）

**■查办贪污贿赂犯罪** 全年查办的案件案值高、影响大，所办案件中金额在10万元以上的占74%，处级干部9人，科级干部29人。查办的处级干部要案数量创历史新高，包括市环保局原局长金某某贪污、受贿案，邗江区政协原主席赵某某受贿案等。7月中旬，从一条线索入手，半月内连续立案8件8人，其中处级干部2人、科级干部5人。（段伯欢）

**■查办渎职案件** 2014年，查办处级干部1人、科级干部12人，重特大案件16件。重点查办主观恶性大的滥用职权犯罪和贪贿、渎职多罪名案件，多罪名案件占反渎案件总数的59%。查办高邮市粮食局原局长于某滥用职权、受贿案，江都区水务局原局长谭某某非法批准征用占用土地、受贿案。（段伯欢）

**■预防职务犯罪** 推行《重大工程建设项目预防职务犯罪规范操作手册》，在全市十大重点工程建设项目中开展职务犯罪同步预防。针对不同领域职务犯罪的典型特征，组织重大典型职务犯罪案例剖析会14场。深入剖析一起滥用职权案件，提出预防检察建议，推动公安机关在全市开展逾期未检验机动车专项整治行动，省公安厅推广市公安局的做法。上报预防调查报告18篇，提出预防检察建议54件。推动职务犯罪预防“进机关、进企业、进乡村、进学校、进社区、进家庭”，开展各类宣传活动77次。女检察官宣讲团针对机关单位特点打造个性化讲座，开展预防宣讲，被表彰为“扬州市优秀讲坛”。（段伯欢）

**■惩治刑事犯罪** 发挥批准逮捕、提起公诉职能作用，严厉打击故意杀人、抢劫、强奸、故意伤害等影响群众安全感的暴力犯罪，共批准逮捕此类犯罪嫌疑人174人，提起公诉383人。办理金某某故意杀人绑架、焦某某强奸等重特大案件。市检察院检察长出庭支持公诉的留美博士王某故意杀人案，获评扬州市首届“十佳司法案件”。（段伯欢）

**■化解社会矛盾** 落实宽严相济刑事司法政策，与公安机关协调配合，降低逮捕率，增加直接起诉案件比例，刑事案件直接起诉率达69.4%。对初犯、偶犯、未成年犯、老年犯、过失犯中罪行较轻的人员，依法不批准逮捕396人，不起诉129人。坚持未成年人刑事案件“少捕慎诉少监禁”，立足教育挽救，全年涉罪未成年人不捕率48.2%。化解各类涉检矛盾纠纷，共受理群众来信来访1476件，对重点信访案件发出预警443件，妥善处理一批信访多年的积案。加强对特困刑事被害人的救助工作，共救助被害人37人，发放救助金13.6万元。（段伯欢）

**■保障经济发展** 突出打击各类危害经济发展的犯罪，共批准逮捕集资诈骗、生产销售伪劣商品、非法经营等犯罪嫌疑人88人，提起公诉413人。办理诈骗数额9400万元的张某某等人集资诈骗案、公安部挂牌督办的涉案金额7.5亿元的杨某某等人非法经营案等严重经济犯罪案件。加大对知识产权的司法保护力度，起诉侵犯著作权、商业秘密等犯罪嫌疑人87人。与市中级法院会签《关于资源环境类刑事案件集中管辖的实施意见》，与市环保局会签《关于建立生态环境领域办案衔接工作机制的意见》，落实对生态文明建设的司法保障。（段伯欢）

**■普通刑事犯罪预防** 市检察院在全省检察机关率先成立普通刑事犯罪预防机构，通过类案分析、风险研判、检察建议、普法宣传等方式，专门开展普通刑事犯罪预防工作。对全市重大安全事故案件反弹态势的分析，引起市安监局的重视，检察机关配合全市安监部门开展“依法行使权力，护航安全生产”专题预防。对发生在网吧内的未成年人犯罪情况进行专项调查，建议市文广新局加强网吧监管，市文广新局已出台四项措施改进工作。运用各类媒体开展犯罪预防宣传教育，组织“毒品犯罪预防”“老年人权益保护”等专题宣传，引起社会广泛关注。与团市委合作开展“12355”青春热线系列活动，先后走进新闻直播间、中小学、看守所，开展专题法律宣传和法律咨询。（段伯欢）

**■诉讼监督** 树立求实求效监督理念，对于轻微违规行为更多采取口头监督的方式，市检察院口头监督侦查机关立案查处案件3件，批捕犯罪嫌疑人8人。提前介入引导侦查的刁某某非法携带管制刀具危害公共安全案，被公安部挂牌督办。对13件刑事判决提出抗诉，法院审结7件，其中改判2件、发回重审1件、指令再审1件。开展虚假诉讼专项监督，提出民事抗诉4件、提请省检察院抗诉3件，移送犯罪线索14件。强化对监管活动和社区矫正工作的监督，保证监管场所安全有序，促进社区矫正质效提升。制定《监所检察羁押必要性审查规范化手册》，被省检察院转发推广。（段伯欢）

## 审判

**■概述** 2014年，全市各级法院共受理案件6.69万件，审执结5.81万件，比上年分别上升6.88%和10.88%。其中，市中级法院受理案件4284件，审执结4279件，分别上升5.83%和13.05%。（黄　燕）

**■刑事审判** 2014年，全市法院审结刑事案件3724件，比上年上升5.11%。审结故意杀人、绑架等严重暴力刑事犯罪案件289件348人。王某故意杀人案等3件刑事案件被市委政法委评为全市首届“十佳司法案件”，高某贩卖毒品案被作为最高法院“6.26禁毒日”典型案例发布。审结盗窃、集资诈骗等案件1085件1438人。审结污染环境和危害食品安全刑事犯罪案件17件49人。审结连云港市原副市长吴某某滥用职权案等职务犯罪案件92件，比上年上升6.98%，判处罪犯104人，其中处级以上干部3人、科级干部32人。规范职务犯罪非监禁刑的适用，职务犯罪适用缓刑、免予刑罚处罚比例比上年下降23个百分点。（黄　燕）

**■平安扬州建设** 2014年，全市法院发挥法治引领作用，开设“法律大讲堂”，面向乡村社会、机关学校、重点企业、弱势群体开展法律宣讲，引导公众运用法治思维和法律手段解决纷争。共举办“法律大讲堂”32期。与市台办、市保险行业协会等联合出台诉调对接文件，构建人民法庭与公安派出所、司法服务所协作配合的综合服务管理平台，源头预防和化解社会矛盾。江都区小纪人民法庭20年无涉诉信访社会治理经验被中央政法委、省委政法委肯定。加大未成年人司法保护力度，开展“青春护航”行动，为140名未成年犯封存犯罪记录，组织送法进校园35场次，接受法制教育学生3.4万人。加强社区矫正衔接工作，共同做好“刑释”人员和社区矫正特殊人群的帮教管理。（黄 燕）

**■商事审判** 2014年，全市法院审结商事案件6370件，比上年下降5.28%。强化商事审判的规则治理作用，平等保护各类市场主体的合法权益，建立公平诚信的市场环境。加大金融债权司法保护力度，促进金融业持续健康发展。妥善审理扬州布厂等一批破产清算和重组案件，淘汰落后产能，盘活存量资产。应对公司法修改后的新情况新问题，规范公司治理，强化股权保护，审结相关案件129件。依法审理涉外、涉港澳台案件22件，办理涉外、涉港澳台司法协助案件28件，促进开放型经济发展。（黄 燕）

**■知识产权审判** 2014年，市中级法院审结知识产权案件285件，比上年下降11.49%。加大对创新型产业、软件信息服务业等知识产权保护力度，审结假冒“史福特”等一批侵犯扬州品牌知识产权的案件。实施知识产权审判精品战略，扬州首例涉外知识产权海关行政强制案被中国外商投资企业协会优质品牌保护委员会评为年度“知识产权保护最佳案例”。向社会公开发布知识产权审判年度工作报告和典型案例，优化知识产权保护环境。（黄 燕）

**■行政审判和国家赔偿** 2014年，全市法院审结行政案件398件，比上年上升28.39%。推行行政案件跨区域集中指定管辖，该项改革举措入选江苏省第二届“十大法治事件”。开展行政诉讼案件不立不裁专项清理行动，解决行政案件“立案难”问题，行政诉讼不立不裁信访案件数全省最低。发布行政审判工作年度报告，开展法官与行政机关挂钩联系活动，推进行政首长出庭应诉，促进行政执法水平提升。加大对被诉具体行政行为的司法审查力度，以撤销、确认违法等方式判决行政机关败诉23件，占结案总数的6.87%；以维持、驳回诉讼请求等方式判决行政机关胜诉案件146件，占结案总数的43.58%。开展国家赔偿审判工作，维护赔偿请求人的合法权利。（黄 燕）

**■民事审判** 2014年，全市法院审结民事案件3.16万件，比上年上升6.13%。实施小额诉讼程序，促进案件繁简分流，提高民事审判效率。区分案件类型，科学选择纠纷解决方式，注重通过调解化解婚姻家庭、劳动争议、交通事故、物业管理等涉民生权益纠纷，案件调解撤诉率61.3%。加大对家庭暴力行为的惩戒力度，依法维护妇女、儿童和老人合法权益。应对房地产市场变化，妥善审理房屋开发与建设工程纠纷案件。应对民间借贷等纠纷中虚假诉讼增多趋势，加大对虚假诉讼的防范和打击力度。关注“三农”（农业、农村、农民）工作，深入开展涉土地承包经营权流转问题调研，妥善审理相关涉农案件，维护农民合法权益，促进农村经济发展。（黄 燕）

**■执行工作** 2014年，全市法院执结执行案件1.51万件，比上年上升37.52%，其中执行行政机关具体行政裁决810件、仲裁裁决626件。落实市人大常委会关于执行工作的审议意见，坚持维权与维稳并重，妥善执结恒宝利（扬州）制衣有限公司等一批疑难复杂系列案件。推进执行实施权分权流程改革，区分执行启动、财产查控、财产处置和结案审查四项权能，成立专门工作小组，加大对执行权力监督制约。全面推行网上司法拍卖，所有拍卖一律通过淘宝网进行，一律实行零佣金，全年网拍成交财产金额3.9亿元。推进执行指挥中心建设，实现与公安、国土、房管、金融机构等单位“点对点”网络查控。突出执行工作强制性，依法司法拘留229人，移送公安机关追究拒不执行刑事责任6人。（黄 燕）

**■服务中心工作** 2014年，市中级法院围绕市委确定的推进跨江融合发展思路，制定《全市法院依法服务扬州跨江融合发展的十五条司法举措》。围绕重大产业项目、重大城建项目建设，主动参与“三湾公园”“新三板基金及信息产业基金”等重大项目的法律论证，审理市体育馆拆迁、瘦西湖南大门改造等一批涉重大城建项目建设案件。全面施行涉资源环境刑事、民事、行政案件“三审合一”，保障生态扬州建设。积极推进社会诚信体系建设，与公安机关、金融部门、扬州泰州机场等9部门联合签订《扬州市“构建诚信、惩戒失信”合作备忘录》，建立失信惩戒机制，对692名失信被执行人曝光，对15名“黑名单”人员采取限制离境措施。（黄 燕）

**■立案信访** 整合诉讼服务中心职能，推行诉讼引导、预约立案、风险告知等工作，提升服务质量。加快诉讼服务网建设，开通“12368”电话查询热线和立案受理短信告知系统，为当事人提供更加便捷的诉讼服务。推进“诉访分离”改革，建立远程视频接访系统，采取约期接谈、领导带案下访等形式，化解信访难题。全市涉诉进京访人数比上年下降53%，连续三年全省最少。加大巡回审判力度，巡回审判案件1.1万多件。加强司法救助工作，依法为盲聋哑人和未成年刑事被告人等指定援助律师183人，发放刑事被害人救助基金、执行救助基金44万元，为困难当事人减、缓、免诉讼费232.07万元。（黄 燕）

**■审判权运行机制改革** 开展一线法官办案饱和度调研，合理确定法官和辅助人员工作量和工作职责，为推进人员分类管理改革打好基础。探索建立“法官＋法官助理＋书记员”审判团队模式，5个基层人民法庭被省法院确定为改革试点法庭。将院长、庭长编入审判团队担任主审法官，规范院、庭长行使审判权的方式，破除审判权运行行政化弊端。全市法院院长、庭长担任主审法官办案6810件，占所办案件的10.18%。建立法官联席会议分流审判委员会案件制度，推行审判委员会委员与主审法官“双向测评”，限缩案件讨论范围，提高讨论质量，推进审判委员会工作机制良性运行。（黄　燕）

**■审判权监督制约机制**　2014年，全市法院依法接受检察机关的法律监督，审结检察机关提起的抗诉案件10件，其中改判、发回重审2件，调解、撤诉3件，维持、其他5件。加大审结监督力度，依法纠正确有错误的裁判。审结上诉案件2766件，改判和发回重审233件。强化再审监督工作，审结申诉和再审案件240件，改判和发回重审19件。加强和规范审判管理工作，修改完善审判质效考核指标区间，推行案件卷宗同步数字化工作，同步扫描和网上流转所有法律文书和当事人提交的诉讼证据材料，实现网上办案，用权留痕。（黄　燕）

**■司法公开和司法民主**　推进审判流程公开、裁判文书公开、执行信息公开三大平台建设，全市法院互联网直播庭审230件次，上网生效裁判文书1.55万份。开展“国家宪法日”“法院开放日”等集中宣传活动，邀请社区群众、企业代表、在校学生走进法院，密切与人民群众的联系。召开新闻发布会7次，及时公开全市法院重要工作和重大案件审理情况。落实人民陪审员“倍增计划”，选任人民陪审员687人，比上届增长109%，参审案件7316件，占一审普通程序案件的89.8%。依法保障律师执业权益，为律师参加诉讼活动提供便利。

（黄　燕）

**■基层基础**　2014年，组建扬州市经济开发区人民法院，并按照“打基础、促发展、保稳定”的要求开展工作。开展人民法庭工作调研，制定《关于进一步加强人民法庭工作的实施意见》。推进全市法院信息网络建设，完成网上执行局、科技法庭、网上办公办案等系统的改造升级工作，市中级法院建成数字化审判委员会系统，完成档案“五星级”达标工作，实现归档卷宗全部数字化。

（黄　燕）

**■司法能力建设**　2014年，市中级法院组织视频培训、合作培训等19期，培训3082人次。开展学习竞赛活动，营造业务竞赛氛围。开展优秀裁判文书评选活动，6份裁判文书入选全省法院优秀裁判文书。开展司法调研，市中级法院关于“司法公正的社会认同研究”项目，首次入选最高人民法院审判理论重大课题。强化先进典型引导，高邮法院法官吴磊被最高人民法院评为“全国法院办案标兵”，仪征法院法官许翠华被评选为“江苏最美法官”，全市法院有35个集体和68名个人分别受到国家级和省级表彰。（黄　燕）

**■吴某某滥用职权案**　2007—2010年，吴某某任灌南县委书记期间主持县委全面工作。2007年初，灌南县相关工作人员为完成招商引资任务联系香港商人郑某某到灌南考察、投资。其间，郑某某提出由其组织资金帮助灌南县完成外资引进考核任务后即抽回，灌南县要按照一定的比例给付奖励。吴某某明知郑某某所提方案属于虚假投资，仍同意相关部门实施虚假引进外资活动，并批准按每100万美元支付20万元人民币的标准予以奖励。2007年至2010年底，郑某某在灌南县共设立15家港资公司，除连云港俊新能源有限公司有1000万美元的真实投入外，其他均为虚假注资注册、虚假增资。截至2009年12月，灌南县政府计拨付财政资金人民币3746万元奖励给郑某某；2010年7月14日，灌南县政府又将连云港杰扬房地产开发有限公司缴付的1417.86万元土地出让金奖励给郑某某；上述奖励支出共造成国有资产损失计人民币5163.86万元。市中级法院于2014年7月7日，以滥用职权罪判处吴某某有期徒刑4年；以受贿罪判处有期徒刑10年，并处没收财产人民币25万元；决定执行有期徒刑12年，并处没收财产人民币25万元。（黄　燕）

**■王某故意杀人案**　2007年，王某在国内大学毕业后赴美国求学深造，2012年获得美国加州大学化学原理博士学位并在美国就业。在国外期间，王某因生活、工作压力，时有精神抑郁。2014年1月19日，王某回国探亲度假，因对国内环境不适应、对自身现状有失落感、恋爱交友受挫等，又导致精神抑郁，而产生自杀念头，同时为避免父母伤心，王某决定先将父母杀死后自杀。1月29日上午7时许，王某在自家厨房，乘其父王某某（男，61岁）不备，持砖块猛击其头部，致其瘫倒在地后，又用厨房内的菜刀割破其颈部。后王某手持砖块和菜刀来到自家后院，先用砖块猛击其母（女，56岁）的头部，再用菜刀割破其颈部。随后，王某跳进后院里的猪圈内，用菜刀割破自己的颈部意图自杀。神志尚清的王母即呼救，闻讯赶来的乡邻立即打电话报警，先将王父、王母送往医院抢救，随后派出所民警赶到现场将王某送至医院救治。王父经抢救无效于2月3日死亡。经法医鉴定：系头部遭受钝性外力作用致颅脑严重损伤而死亡；王母颈部创痕构成轻伤，头皮创痕构成轻微伤。市中级法院于2014年5月19日，以故意杀人罪判处王某有期徒刑10年，剥夺政治权利2年。（黄　燕）

## 司法行政

**■概述**　截至2014年，全市共有律师事务所58家，执业律师692人；公证机构7家，公证人员39人；法律援助中心7家，工作人员19人；基层法律服务所100家，执业工作者387人；司法鉴定机构7家，司法鉴定人93人；司法所86家；各类人民调解组织2091个，专兼职调解人员9914人。扬州市被表彰为“六五”普法中期全国先进城市；法治文化名城建设工作获得司法部副部长、政治部主任张彦珍批示肯定，并要求在全国推广；法治宣传管理系统、职业培训考试等工作获得省司法厅厅长柳玉祥批示肯定；江都小纪镇富民村矛盾调处经验被《法制日报》头版头条报道；市公证处连续两年被评为全省“公正司法示范点”；市司法局在市委、市政府组织的“三公开三报告”电视直播活动中，民主测评综合满意度位列所有参加单位第一名；2人分别被省委政法委、省司法厅记个人二等功。 （董昌鹏）

12月27日，法治扬州建设10周年纪念活动在扬州大剧院举行

市委政法委/供稿

**■法律服务** 2014年，扬州司法行政系统立足司法行政职能，构建覆盖城乡的公共法律服务体系。出台扬州市《关于普遍建立法律顾问制度的实施意见》，全面推进普遍建立法律顾问制度工作。全市律师共担任政府和企业法律顾问3799家，办理各类诉讼、非诉讼案件1.1万多件，实现业务收入约1.8亿元，比上年增长16.6%，连续8年保持15%以上的良好增长势头。理华、石立2家律师事务所被省文明办、省司法厅和省律师协会表彰为“2010—2012年江苏省律师行业文明单位”。全市办理各类公证事项3.3万多件，业务种类80多种，公证书发往世界100多个国家和地区使用，1件案例被评为全省十大公证案例。全市共办理司法鉴定案件8267件，收费867.24万元，无一起有效投诉。国家司法考试实现“零失误”。 （董昌鹏）

**■法治宣传** 2014年，扬州市司法行政系统发挥职能作用，以建设法治文化名城为主线，做大做强扬州普法特色品牌，探索可复制可推广的法治宣传教育“五个基本”（“基本要求、基本平台、基本方法、基本队伍、基本机制”）全覆盖工作体系，经验做法被全省推广。研究开发扬州市法治宣传教育扁平化管理系统，形成以市普法办为中心，覆盖43个市普法领导小组成员单位、126个市直机关驻扬单位、6个县（市、区）普法办、88个乡镇（街道）司法所和386个国家级和省级“民主法治示范村（社区）”的组织网络体系。市级机关各部门共同举办“迎城庆，法治行”等法治文化周末广场活动，全市88个机关、36家企业参与其中。市政府办公室印发加强公益法治宣传工作意见，建立运用市区商场户外大屏、交通电子显示屏、环境监测显示屏、治安卡点电子显示屏等户外公益平台开展公益宣传的长效机制。推进基层普法“接力棒”特色平台，共举办接力活动1735场，参与传递基层单位1324家，受惠群众120万人次。 （董昌鹏）

**■基层基础** 2014年，扬州市司法行政系统全面加强司法所组织建设、队伍建设、业务建设和保障能力建设，基层司法行政队伍规范化、实战化、信息化水平有进一步提升。开展县（市、区）司法局与乡镇（街道）共同扶持支持的司法所等典型培树工作，成功打造宝应柳堡司法所等多个基层基础建设典型，以点带面，提升司法行政基层基础建设水平。全市6个县（市、区）75家司法所（3个功能区辖区的11家司法所除外）全部实行以县（市、区）司法行政部门管理为主、乡镇（街道）党组织管理为辅的体制，实现司法所管理体制的重大转变。全市司法所政法专项编制落实率63%，比上年上升17%。专职在编人员本科以上学历占69.2%，高于省均8个百分点。打造乡、村两级公共法律服务平台。全市依托司法所挂牌乡镇（街道）公共法律服务中心79家，建成率93%。乡镇公共法律服务中心为群众提供法律咨询1.75万人次，协助调处矛盾纠纷3946件。村（社区）司法行政服务站建设运行进一步完善规范，全市1375个村（居）均配备法律顾问（含律师）。市司法局成立实体化运作的“12348”协调指挥中心，“12348”公共服务平台上线运行。在全省率先推出市级司法行政机关行政权力清单。 （董昌鹏）

**■人民调解** 2014年，全市司法行政机关推进矛盾纠纷排查调处全覆盖体系建设，维护社会稳定。市司法局联合市财政局出台《扬州市人民调解个案补贴办法》，按照办案数量和质量对办案调解员给予补贴，提升人民调解工作保障水平。深入开展县、乡、村三级基层人民调解组织规范化创建活动，规范调解委员会设立与运行，对其名称、印章、标识、徽章、工作程序、文书格式进行“六统一”。全市86个乡镇（街道）全部建立人民调解委员会并实现实体化运作，其中87.2%达到省级规范化建设标准；全市1334个村（社区）全部建立人民调解委员会，其中78.9%达到省级规范化建设标准。以县（市、区）为单位，在医疗、道路交通、劳资、婚姻家庭、消费纠纷等民生类纠纷重点热点领域全部建立专业性人民调解组织；各

地还结合实际成立涉农、经济、教育等领域的专业性调解组织。至2014年底，全市共建立市、县、乡三级30大类109个专业性人民调解组织，2014年共化解各专业领域纠纷2117件。实现矛盾纠纷网格化排查预警全覆盖。共建立各类网格1.55万个，配备纠纷信息员2.79万人。开展公调、诉调、访调、检调等对接工作，在全市99个公安派出所设立"派驻式"人民调解工作室87个，在全市21个基层法院和人民法庭全部设立"派驻式"人民调解工作室。2014年，全市各级各类人民调解组织共开展矛盾纠纷排查9997次，受理各类纠纷1.37万件，其中重大疑难复杂纠纷705件，调解成功1.35万件。

（董昌鹏）

**■社区矫正** 2014年，市委、市政府召开全市社区矫正和安置帮教工作推进会，出台《关于进一步推进全市社区矫正和安置帮教工作的意见》。全市县(市、区)社区矫正配套经费和安置帮教"必接必送"经费全面落实，人员配备稳步提升。市级和6个县(市、区)社区矫正中心全面进入实体化运作，推动"统一外部形象、统一功能布局、统一内部设置"。通过增招、调剂等方式，配齐配强县、乡两级执法队伍。市司法局联合市中级人民法院、市人民检察院和市公安局出台《关于社区矫正撤销减刑、撤销假释和决定收监执行工作的补充意见》。组织开展"百日追逃"专项行动，对已依法提请法院裁决撤缓的予以收监执行。赴福建、上海、江西等地开展追捕，抓获2名脱逃社区服刑人员。落实帮扶政策，共为38名符合条件的社区服刑人员办理低保，落实承包田464人，指导就业或就学772人。开展监地"互帮共建"工作。

（董昌鹏）

**■法律援助** 2014年，全市办理法律援助案件6763件，比上年上升22.37%，共为受援人挽回经济损失4800多万元。其中，市区4家法律援助中心共受理法律援助案件2859件，提前2个月完成市委1号文件民生幸福工作目标任务。全市7家法律援助中心创成省级示范窗口。在全市开展法律援助积案清理专项行动，共排查出积案2515件，办结2419件，办结率96.18%。

（董昌鹏）

## 仲裁

**■概述** 2014年，扬州市仲裁委员会(简称市仲裁委)共受理仲裁案件637件，涉案标的额18.56亿元，受案标的额比上年上涨57.8%。案件主要分布在商品房买卖、金融借款、建筑施工、工业品买卖以及租赁、保险、物业等行业和领域。全年办结各类案件559件，其中裁决231件、调解328件，案件调解率58%，保持较高的办案质量，实现零撤销、零不予执行的目标。扬州市经济纠纷调解中心全年接待当事人咨询百余人次，成功调解案件4件，引导进入仲裁程序7件。

（龚名之）

**■仲裁推广** 2014年，市仲裁委加强与金融系统、房地产领域的沟通联系，先后走访市经信委、扬州银监局、市工商局、市房管局等管理机关，主动推介仲裁。继续保持对重点服务单位和重点行业的服务力度，主动上门了解需求，帮助审查、修改各类合同文本，规避法律风险。对重点项目、重点部门、重点单位的走访服务次数100多次。全年在《扬州广播电视报·仲裁天地》专栏刊登案例50篇，在《扬州时报》刊登案例12篇，江苏政府法制网采用扬州仲裁信息近100篇。

（龚名之）

**■仲裁办理** 切实保障当事人的仲裁权利。针对仲裁通知书送达困难，办案秘书深入到基层直接送达，引导维权，保障当事人仲裁权利。在庭审过程中，针对部分当事人文化程度不高，有诉讼知识缺陷，双方诉讼能力明显不对等的情况，不机械适用当事人主义，简单依靠双方陈述举证断案，而是依法及时行使释明权，分配举证责任，引导当事人依法维护自身权益。改变以往年终集中抓结案的做法，狠抓均衡结案工作。每月组织梳理各部门的在手案件，对不能如期进行各种程序的案件，督促分析原因，切实加以整改；对确需延长审限的案件，需由承办人员写出书面申请，说明延期理由。同时调整工作重心，所有工作人员对在手案件不拖不等，采取集中加班、集体研究等措施，发挥集体力量，解决突出问题，在程序合法的情况下尽快结案，确保结案速度，确保案件的按期结案率。组织开展"调解前置"。针对部分金融基层案件当事人较多、较为集中且多为农民的特点，在案件受理后，集中组织下乡送达调解，在送达通知书的同时，组织进行调解，增加案件调解结案率，增强案件处理的实际效果，也极大减轻农民当事人的负担。发挥调解中心的作用，将人民调解和专业调解相结合，借助专家仲裁员及调解员的专业优势，通过调解与仲裁相结合的方式，快速、有效地解决各种民商事争议。针对重大、疑难、复杂案件不断增多的现状，2014年起，秘书处试行案件集体讨论制度，提高仲裁裁决的透明度，提升秘书处整体办案水平。主动接受司法监督。继续与市中级法院加强具体业务工作的衔接、交流，听取法院对案件审查过程中发现的问题以及法院方面对民商事仲裁审理中的法律适用、裁量尺度以及化解社会矛盾的具体措施。（龚名之）

# 军事

Junshi

编 辑 姚 震

## 扬州军分区

**■概述** 2014年，中国人民解放军江苏省扬州军分区（简称扬州军分区）加强思想政治建设。组织开展党的群众路线教育实践活动。组织“读经典、学哲学”“读好书、强素质”活动和“牢记强军目标、献身强军实践”主题教育，引导大家自觉安心尽职、爱岗敬业。开展“军队要像军队的样子”和战斗力标准大讨论，发挥组织功能，战斗堡垒和党员先锋模范作用发挥明显。健全落实奖惩激励机制，营造“靠素质立身、靠实绩进步”的鲜明导向。

推进军事斗争准备。狠抓战备建设，围绕战备任务、指挥、力量、行动和保障五个方面深化研究，高标准完成省军区战备建设试点任务；深化作战筹划，围绕省军区“五项重大军事工作”和快速反应、有效应对、正确指挥“三种能力”，修订完善方案计划；规范战备秩序，贯彻落实战备工作“六个机制”，组织作战值班人员业务培训和资格认证考核，落实敏感时段作战值班主备班制度，组织军分区、人武部机关指挥编组和战备值班分队拉动演练。常态落实首长机关训练，建立军官军事训练档案，组织业务基础和指挥谋略训练，参加省军区练官考核成绩优秀；参加省军区战役集训，组织指挥所演练。组织战法创新和重难点攻关，形成初步成果。抓实民兵实战化训练，江都区民兵应急连干部骨干参加全省“打得准”比武竞赛取得团体第二名；首次采取考、比、拉方式组织全市民兵应急连综合能力考核评估，做法被省军区转发。

国防后备力量建设。出台《关于进一步加强国防动员建设的意见》，被南京军区以《要讯》形式上报军委、总部。探索军民融合深度发展的路子，成立扬州市军民融合科技产业园。完成“苏动-2014A”演习动员保障任务。完成新兵征集任务，其间未发现一例违法违纪事件。落实新一轮后备力量调整改革任务，规范组建秩序，共同抓好整组工作落实。调整民兵支援队伍，扩编“柳堡二妹子”民兵班为连。

部队正规化建设和安全管理。树立安全发展理念，狠抓重点防范、综合治理、措施落实，部队管理正规、安全稳定。定期开展条令条例学习，专题组织防车辆事故、防暴恐袭击、防失泄密等专题教育，强化安全意识，形成自觉行为。坚持按照建制连队标准，制定公勤队正规化建设方案，完成士兵选取和退役工作。加强车辆管控，研究制定派遣使用规定和派遣程序。开展保密排查和专项整治，完成集中文印室建设，推行文件资料集中收发打印。开展以拉网式安全排查、枪支弹药和武器仓库专项整治为重点的排查整治活动4次，落实南京军区、省军区防范暴恐袭击措施。定期组织营门和武器仓库等重要目标部位的警卫人员进行应急训练演练。

后勤和装备建设。依托仪征史福特光电股份有限公司新建国家华东地区（江苏）野营照明设备动员中心，依托江都江澄环保设备工程有限公司新建江苏省洗消设备动员中心。推行财务公开阳光理财实施办法，组织“六款”清理整治，实行库存现金日月“双限额”管控；参加省军区资产报表审核和会计业务评审，接受省军区经费收支专项审计检查、财务专项审计检查、内部接待专项审计检查和财务管理综合评估检查。

（刘 云）

**■首长机关指挥训练** 围绕指挥员和指挥机关“双六条”（懂作战、通联合、精指挥、很专业、有个性、能应变，信息获取快、分析判断准、出谋划策精、组织协调细、检查指导实、研究创新强），按照机制常态化、内容实战化、能力体系化思路抓实指挥训练，厚实指挥素养。5月上旬，组织首长机关带人武部干部集中强化训练，突出以新版《作战标图规定》、识图用图和作战计算为主要内容的技能训练。6月下旬，组织首长机关带人武部主官集中强化训练，突出基本技能、组织指挥和体能训练，在省军区军事考核中成绩名列前茅，年底被省军区表彰为军事训练先进单位。

（葛守玉）

**■民兵实战化训练** 10月中旬，集中1个月时间组织江都区42名民兵应急连干部骨干强化训练，参加全省“打得准”比武竞赛，取得团体第二名、个人7个名次的成绩。12月底，采取考、比、拉相结合的方法，扬州军分区成建制组织全市6个民兵应急连综合能力考核评估，完成应知应会理论、轻武器射击、“四会”教学、3000米武装越野、搭建钢木土石组合坝、警棍盾牌操作、实施战场警戒和带战术背景紧急出动等8个课目考评，促进全市民兵应急连建设。

（葛守玉）

**■“扬防-2014”指挥所演习** 10月下旬，结合参加省军区战役集训，以整体防卫作战为课题，围绕17个重、难点问题组织首长机关带人武部干部理论辅导。在此基础上，采取自导自演、以上带下、两级联动的方法，组织首长机关带人武部“扬防-2014”指挥所演习，全过程演练强敌干预背景下军分区整体防卫作战的组织指挥。通过演习，锻炼提高实战指挥能力。（葛守玉）

**■民兵情报信息网建设** 每月与地方公安、安全等部门会商情报，联合12家单位共同签订《扬州军地情报信息支援协作协议》，定期召开联席会议，落实军地反恐情报信息研判机制。组织全市民兵情报信息站长和信息员参加省军区集训，组织侦察手段运用、装备器材操作、情报信息报送程序和方法针对性训练，全市信息领导小组、信息站、信息组和信息员的“四位一体”情报信息报知网组织健全、制度落实。（葛守玉）

**■装备管理** 4月下旬，组织民兵弹药调运至省军区装备仓库予以报废销毁；7月上旬，组织民兵轻武器调运至省军区武器仓库予以重新封存，确保扬州军分区民兵武器弹药技战术性能良好，管理质量效益得到提高。（陈 俊）

**■征兵工作** 扬州军分区围绕提高兵员质量核心，按照“三个确保”（确保完成征集任务、确保兵员质量、确保不发生任何问题）和“三伍一体”（征集入伍、服务在伍、安置退伍）的要求，广泛宣传发动，开展兵役登记和网上预征，组织体检、政审，规范征兵方法、程序，完善优抚安置政策，完成2014年征兵任务。

（周一鸣）

**■干部队伍建设** 在扬州军分区党委统一领导下，按照“五公开”要求，完成干部的任职、调整、调级和晋衔、晋级。组织团级单位主官的交接，对新任职常委进行集中谈话。做好军转干部安置工作，加强与市委组织部和市人力资源和社会保障局的沟通协调，及时掌握安置工作信息，做好推荐工作。做好干部培训工作。选送干部到南京陆军指挥学院、炮兵学院、江苏省委党校、上海军医大学等住校培训，参加省军区组织的业务集训。加强在外干部的管理，专门下发通知，对在外学习、休假探亲、住院疗养、转业待安置干部的教育管理提出具体要求。出台《关于进一步加强全市基层专职人民武装干部队伍建设的意见》。（张 杭）

**■理论学习和主题教育** 每季度利用6天时间，组织开展4个专题理论学习，开展“牢记强军目标、献身强军实践”主题教育。学习贯彻中共十八大、十八届三中全会和习近平主席系列重要讲话精神。突出团以上干部重点，开展“读经典、学哲学”和“读好书、强素质”活动，每季度举办一次“读经典学哲学、向理论进军”读书会；开展“军队要像军队的样子”和战斗力标准大讨论，推动强军目标落地生根；针对军内腐败案件、国内暴恐事件和周边安全事态，开展形势政策教育和正面舆论引导；组织开展“中国梦、强军梦、我的梦”和“弘扬改革精神、争当强军先锋”主题演讲活动，参加全省演讲比赛，扬州军分区获优秀组织奖。（景 佳）

**■安全保卫** 以总部下发的《警示性法制教育参考材料》《防间保密专项法制教育提纲》《全军警示性法制教育优质课十讲》为基本教材，组织学习教育。围绕失泄密、职务犯罪和网络涉军舆情，组织参加省军区警示性法制教育巡回图片展。与扬州市国家安全局、市公安局联系，对重点场所、人员情况排查摸底。对核心涉密岗位人员政治考核。有针对性地组织反邪教警示教育，重点学习识别和抵制“全能神”宣讲提纲。“八一”和“两会”召开期间，与地方人事、信访部门保持密切联系，及时了解驻地企业军转干部动向，协助地方部门做好企业军转干部稳定工作。（景 佳）

**■后勤战备训练基础** 扬州军分区会同市经济动员办公室挖掘辖区民营企业资源，依托仪征史福特光电股份有限公司新建国家华东地区（江苏）野营照明设备动员中心，依托江都江澄环保设备工程有限公司新建江苏省洗消设备动员中心。参加“苏动-2014A”和“扬防-2014”演习，完成各种后勤装备、物资、器材快速动员集结任务。结合民兵组织整顿，指导经济动员、交通战备专业分队完成整组任务。抓好后勤实战化训练，参加省军区在后勤学院组织的参谋骨干集训；集中1个月时间，组织军医、炊事员、驾驶员强化训练，参加省军区后勤专业兵比武竞赛，获得2个单项第二名。组织驾驶员参加省军区组织的高级职业技能鉴定考核，1名驾驶员取得高级证书。（王元顶）

**■后勤管理保障** 推行财务公开阳光理财实施办法，组织“六款”清理整治，实行库存现金日月“双限额”管控；参加省军区资产报表审核和会计业务评审，接受省军区经费收支专项审计检查、财务专项审计检查、内部接待专项审计检查和财务管理综合评估检查；组织开展军分区全国第三次经济普查、物资采购管理专项整治活动；参加省军区物资采购档案会审，所有采购项目均符合规范要求；组织车辆和驾驶员年审，加强军车和军车号牌管理，落实军车交通违法抄告制度；完成军队单位对外有偿服务许可证和民兵装备修理所组织机构代码证年审换证工作。组织军人保障卡就诊年审，落实官兵、职工及家属健康体检，参加南京军区计生干部集训，做好生育服务保障工作；协调组织驻扬部队官兵无偿献血3.63万毫升，接受南京军区对干休所卫生所达标验收检查。建立职工住房补贴账户，落实职工绩效工资基数调整政策。按照时间节点要求，完成机关退休职工移交安置工作。扬州军分区后

勤部被南京军区政治部、联勤部表彰为职工管理先进单位。（陶永森）

## 预备役师

**■概述** 2014年，江苏陆军预备役高射炮兵第二师(简称预备役师)围绕强军目标，完成以军事斗争准备为龙头的各项任务，部队全面建设取得新的发展进步。思想政治建设坚强有力，军事斗争准备纵深进击，基层基础工作扎实推进，安全管理力度持续加大，后装工作取得明显成效，党委班子和干部队伍不断加强。

（于 锋）

**■推进重点领域军民融合深度发展** 预备役师联合扬州市政府，成立军民融合深度发展领导小组，围绕“训教联动、机制共建、保障一体”3个重点融合领域，确定16项具体建设任务，并明确责任单位和完成时限；研究制定《2014年师首长机关和直属队军民融合深度发展方案措施》和《加强预备役军官队伍建设的意见》，促进军地深度融合和预备役军官队伍建设协调发展；按照“政府主导、部队提报、军地联手”的思路，建立健全需求提报对接、规划计划、检查评估等工作运行机制，确保军民融合总体目标和阶段性工作任务落到实处。（于 锋）

**■防重大暴恐袭击紧急出动演练** 4月9日，预备役师采取计划导调和随机导调相结合的方法，组织防重大暴恐袭击紧急出动演练。演练以扬州火车站遭受暴恐袭击为背景，预备役师机关现役官兵依案编成防暴分队、战斗分队和机动分队，按照信号施放、情况处置、任务分队出动的处置程序，进行实兵实装演练。通过演练检验预案、明确人员编组和“三分四定”，规范组织实施程序，提高应急处置能力。（于 锋）

**■组织靶机组野外驻训** 4月29日至5月27日，组织预备役师航模靶机组进驻射阳靶场，进行为期29天的野外驻训，完成DF-6D航模靶机基础理论学习、场内飞行、场外飞行等课目训练，完成省军区防空兵部(分)队实弹战术演习目标保障任务，保障飞行11架次。（于 锋）

**■参加省防空兵部(分)队实弹战术演习** 5月25—30日，预备役师首长机关编成省防空总群预备指挥所，指导所属5个团首长机关各带1个营指挥所和1个实兵连参加全省防空兵部(分)队实弹战术演习，完成战备等级转换、兵力机动、组织战斗、战斗实施、撤出战斗等5个阶段的实弹战术演习考核任务。（于 锋）

**■组织“红盾-2014·扬州”防空兵群网上指挥对抗演练** 11月初，预备役师团采取异地同步的方式，依托新研发的“防空兵网上指挥对抗训练系统”，组织实施“红盾-2014·扬州”防空兵群网上指挥对抗演练。演练内容按照导演部带蓝军，各团为红军的方式展开，首次实现依托网络系统仿真模拟对抗，首次实现依托裁决评估系统人机裁决评估，首次实现依托指挥软件背靠背自主性对抗，增强实战化训练水平，提升防空兵指挥对抗训练质量效益。（于 锋）

11月初，预备役师团组织实施“红盾-2014·扬州”防空兵群网上指挥对抗演练 预备役师/供稿

## 武警扬州市支队

**■概述** 2014年，武警扬州市支队党委围绕强军目标，贯彻总队党委年度工作部署要求，各项工作推进有力，各项任务完成圆满，部队建设取得新突破，连续24年实现“三无”，连续两年被总队表彰为基层建设先进支队。支队党委班子团结的做法在总队《军队基层建设纲要》培训班上授课介绍。开展第二批党的群众路线教育实践活动，承诺的“八件实事”全部兑现，违规住房清理取得突破。全年调整使用干部36人，发展党员45人，推荐提干对象1人、技术学兵34人、预提指挥士官50人，上下反映良好，班子接受总队考核满意率100%。

（丁昊斌）

**■思想政治建设** 2014年，武警扬州市支队学习贯彻中共十八届三中全会、四中全会、全军、武警部队政治工作会议和习近平主席系列重要讲话精神，开展主题教育和“强军风采”等文化活动，围绕反腐、改革、“占中”等敏感问题开展形势任务教育，组织“讲党性、守党规、严党纪”专题教育，做好“青奥”安保、临时性勤务和警卫勤务中政治工作；开展“四互四有”活动，内部关系更加和谐。全年涌现出全军“优秀共青团干部”——政治处主任张勇、武警部队十佳“四会优秀政治教员”——高邮市中队指导员贾卿、省武警总队十大“投身强军实践先进典型”——一中队中队长周家全等一批先进典型。

（丁昊斌）

**■训练执勤** 武警扬州市支队贯彻总部参谋长网上集训和总队“两个办法”现场会精神，集中开展执勤隐患“六查”，推进“三化两拓展”。多批次组织反恐集训，体能“破纪录”、“三手”、应急班、特勤排、侦察和参谋业务比武成绩优异，遂行任务能力在“卫士-14”演习中得到检验和提升，一中队、教导队军事训练一级达标和新训工作接受总队考核，双双优秀。全年出动兵力5500人次，担负押解、火车站春运、“4·18”、“6·19”等临时勤务6起，完成南京“青奥”安保和“002”“005”等高规格警卫勤务13起。（丁吴斌）

■**部队基础建设** 投入120多万元，相继完成机要通信融合、网管中心和集中文印室建设，投入150多万元，对仪征和扬州市中队场室改造，共争取440万元，对机关和高邮中队立项建设，直属大队三中队顺利搬迁，部队面貌焕然一新。贯彻总队正规化和从严治警集训精神，在勤务中队和仪征市中队2次组织正规化管理现场观摩，部队正规化更有质量。“青奥”期间，坚持“安全管理工作督导巡查”，确保部队安全稳定。支队从严治警的做法在总队作经验介绍，仪征市中队“依靠官兵建设基层”的经验做法被《武警报》头版头条连载。（丁吴斌）

■**基层建设** 以“支队学徐州、中队学成武、个人学英模”活动为抓手，狠抓“一线指挥部”帮建作用发挥，制定《围绕“四个相适应”推进支队内涵发展实施细则》，3次组织按纲建队检查考评、讲评，全年组织蹲点帮建7批92天，下连当兵4批17人次，查勤1200多次，组织4次一线办公、3次回炉问效，帮助基层解决11个老大难问题，高邮中队和勤务中队进步明显，基层建设短板持续补齐。（丁吴斌）

■**保障能力建设** 武警扬州市支队紧贴使命完善预案，3次组织专业兵集训，“一队五组”力量持续加强；2次组织“背景式”实兵拉动演练，在苏中片区后勤应急演练中受到好评；推进现代后勤建设，10多次对宝应中队和三中队营房迁建对接论证、跟踪指导，后勤战备物资库和军人保障卡办公室建设相继完成。继续加大保障经费争取力度，保障2个待搬迁中队近350万元的后期装修经费，仪征100万元现代化建设经费一次性到位，市中队、宝应中队等5个中队保障经费提升幅度均达30%以上。（丁吴斌）

## 扬州市消防支队

■**概述** 2014年，全市消防部队共接警出动4781次（含抢险救援和社会救助），出动消防员4.37万人次，消防车9124辆次，抢救保护财产价值1.5亿元，全市连续17年未发生群死群伤火灾事故。全年8个单位获评省级“青年文明号”，5个单位获评省级“文明单位”，扬州市消防支队连续16年被评为扬州市“文明单位”；15人受到省级以上表彰，161人被记功嘉奖。（陈　凯）

■**消防基础设施建设** 2014年，市政府制定下发《扬州市消防规划2014年度实施计划》，明确市政消火栓、消防站、多种形式消防队建设，消防车道改造，车辆装备器材购置任务。启动广陵特勤消防站建设，完成1个现役消防站和2个政府专职站建设；购置进口多功能高层供水车1辆、56米举高消防车1辆、大功率水罐泡沫车2辆、远程供水泵组1套；新购各类消防车8辆，增配个人防护装备和抢险救援器材1900多件（套）。全年新建消火栓494个，完好率92%。修编《扬州市城市消防规划（2014—2020）》，全市13个重点中心镇全部完成消防规划专篇修编工作。（陈　凯）

■**灭火救援能力建设** 结合辖区灾害事故特点对执勤中队训练塔实施改造，搭建实战化训练平台，推行“编成化、建制化、任务化、岗位化”四化训练，缩短操场与战场距离。开展全勤指挥部专题培训、基层指挥员集中轮训6期，组织典型火灾扑救和抢险救援战例研讨班2期。拓展职能，提升危险化学品泄漏、道路交通事故救援、地震及其次生灾害、建筑坍塌、重大安全生产事故、空难、爆炸及恐怖事件、群体性事件及群众遇险事件的救援能力。2014年，部队参与抢险救援、社会救助1845次，占出警总量的40%，抢救遇险群众1822人，挽回国家财产和群众损失近2000万元。科技强警，对已建的各类信息化应用平台、技术产品进行整合，研发CSES灭火救援作战指挥及效能评估系统，集智能导航、作战提醒及辅助决策、可视化指挥等多功能于一体，为作战调度指挥提供信息支撑。该项目获2014年度全省消防工作一级创新奖。市政府在仪征召开全市政府专职消防队建设推进会，升级改造40支乡镇保安消防队、4支政府专职队。合同制队员单兵作战能力、综合业务素质逐步提升，全市一次性可调集消防力量超过100辆消防车、1000名消防员，弥补农村、边远地区现役消防力量不足的状况。（陈　凯）

■**火灾防控** 推动政府责任落实，市、县两级政府主要负责人担任消防安全委员会主任，市政府与各县（市、区）签订工作目标责任状，将消防工作纳入政务督查和年度综合考评范畴。市委书记、市长8次批示消防工作，青奥会消防安保、重大火灾隐患集中整治等各类专项整治活动推动有力。紧盯防控重点，将扬州化工园区、广陵古城区、杭集旅游用品加工区、沿江造船业集中区等6个区域性、行业性火灾隐患点确定为防控重点，保持隐患排查整治的强劲态势。全年共检查单位1.22万家，发现火灾隐患7833处，督促整改7532处，提请各级政府挂牌督办56家重大火灾隐患单位。2014年，扬州市消防支队被公安部评为全国第二次“清剿火患”先进单位。强化古城保护，市政府出台《扬州古城消防安全管理办法》《扬州古城消防安全保护实施方案》等3个规范性文件。进一步完善古城消防基础设施，在“双东”街区市政消火栓设置点处增设42个公共消防器材箱（5盘65型水带、2支消防水枪、1支消火栓扳手）。扬州市消防支队协调相关部门、单位对东关街沿线商铺进行技防改造，升级东关街消防执勤点，建立古城专职消防员队伍。（陈　凯）

■**服务社会** 2014年，扬州市消防支队成立涉企服务领导小组、重大项目消防服务办公室，支队本级和各县

(市、区)消防大队开辟重大项目绿色通道和服务窗口，提前介入、主动服务重大工程累计26个，缩短办理期限项目55个，现场指导在建工程71个。制定出台“三项刚性纪律”等纪律性文件。开创便民服务新举措，在邗江美琪执勤点试点运行“24小时”服务岗哨，搭建日常消防宣传、消防巡查新平台。开展立体化消防宣传，在扬州电视台开辟消防专栏，协助中央电视台《焦点访谈》栏目组拍摄《假消防真推销》119专题节目，在公安部消防局和市公安机关配合下，成功打掉一个“山寨”消防队。利用消防科普宣传车深入农村、社区开展宣传。结合扬州特色，成立瘦西湖和“双东”街区消防工作站。支队选送的3个校园消防安全课程分别被评为国家级和省级示范课。（陈　凯）

## 扬州边防检查站

**■概述**　扬州边防检查站担负着扬州口岸“一港三区”(扬州港，扬州、仪征、江都港区)81.5千米长江岸线的出入境边防检查任务，辖区内共有16座码头、21个泊位、15家造船企业。2014年，扬州边防检查站共检查出入境(港)船舶1032艘次、员工1.24万人次，分别比上年增长21%和18%，办理证件8798份，开通绿色通道8次，发放边检告知单27份，累计为中信泰富、海螺水泥、中海船厂等7个码头的开放提供基建对接和勤务保障18次，为企业节约成本近300万元。（沈奕帆）

**■部队正规化建设**　2014年，扬州边防检查站推进基础信息化建设，完成营区高清视频监控系统升级改造和码头高清视频改造工作，在基层单位安装视频会议系统，为指挥中心和基层科队配备天翼对讲机，购置4G车载图传设备，研发音视频点名系统，邀请驻地信息化专家到站开展理论指导和经验交流。做好警务实战化建设，完成指挥中心改造升级，配强指挥中心队伍，规范工作流程，推进海港系统应用，建立应急指挥、勤务派遣、信息研判等工作制度，坚持“精减机关、警力前移”，组织指挥中心和业务科人员换岗轮训，形成“扁平指挥、科队联动、勤训一体”的勤务运行模式。加速推动执法规范化建设，年内全面完成执法场所改造，开展旁听庭审、模拟办案、案卷评审等活动，规范执法记录仪管理使用，加强梅沙系统和视频监控日常督导，开展执勤执法问题专项排查整改和案卷评审活动。做好队伍正规化建设，严格条令条例、“两个实施细则”等规章制度执行。通过开展“学条令、守条令”“依法文明带兵”“干部集训班”等活动，实行干部岗位由士官担任，健全督察机构设置，应用网上曝光台，推动定点分片、定期随机、定人交叉相结合的督察工作模式。（沈奕帆）

**■基础保障**　2014年，扬州边防检查站协调驻地党委、政府及有关部门，完成原扬州海事局1500多平方米的办公、生活用房接收工作，并及时跟进改扩建工作。严格把关“三项经费”管理使用，制定票据报销工作、会议费管理、公务接待管理等规定9项。与扬州燃气公司、四季园菜场签订供气优惠、菜品配选协议，科学规范经费使用。先后投入经费，完成指挥中心库室改造、执法办案场所兴建、智能门禁系统枪库建造、车辆装备及警用器械购置等办公设施设备改进。投入经费用于燃气管道铺设、浴室改造、蔬菜大棚建造等生活设施改善，官兵的办公生活条件显著提升。（沈奕帆）

**■“青奥”安保**　2014年，扬州边防检查站以青奥会边防安保工作为中心，维护口岸辖区安全稳定。加强以南京为主阵地的青奥会边防安保“护城河”工程建设，部署开展“平安口岸”创建活动，落实针对性打防管控措施，维护口岸辖区安全稳定。有针对性制定青奥边防安保工作勤务方案和处突预案，加强警力调配和实战指导，绘制《警力警务部署图》和《勤务指挥体系流程图》，组织开展防闯关、防群体性事件、防劫船等应急处突演练36次。联合海事、长航公安等单位，开展口岸限定区域专项整治、货郎船专项整治、口岸安全隐患清查等行动13次，打击非法交易、无证登轮、走私偷渡等违法犯罪活动，维护口岸良好通关秩序。协调码头企业加强协管员队伍建设，联合涉检单位建立港区维稳、卫生防疫、船舶管控、反恐处突等工作机制，形成口岸管控合力。（沈奕帆）

## 人民防空

**■民防组织指挥体系建设**　2014年，市民防局开展全市人民防空整组工作，完成专业队人员出入队调整和干部、骨干调整任命。先后组织民防机关和人防专业队训练，参加江苏省第九期国家紧急救助员培训。启动各县(市、区)民防机动指挥所建设，其中江都区建成投入使用，宝应县、高邮市、仪征市、邗江区获省民防局批准。全年组织机动指挥所本地开设训练12次，与镇江市、宿迁市、连云港市、江都区机动指挥所联动训练4次，组织56所学校、22个社区、18家机关企业数万人参加各种疏散演练活动，并组织以遭敌空袭为背景的人员疏散、指挥所开设和消除空袭后果演练，市民防消防专业队、医疗专业队、红十字志愿者及在校师生3000多人参加演练。结合全国人防军事斗争准备检验评估工作，完善《扬州市防空袭预案》，分别在部分重要经济目标单位和人防专业队，试点设立人防指挥工作室，组织完成《重要经济目标防护预案》修订，推动人民防空和防灾应急等工作的进一步融合。（李笑晖）

**■民防信息化建设**　完善民防警报和通信网络，在全市新增固定警报器5台、多媒体警报器6台，完成“10·29”防空警报试鸣。完成地面和地下指挥所光纤、与扬州军分区通信互联互通、诺达卫星通信系统、北斗卫星定位导航与时统系统、民防数字超短波、短波通信系统改造等任务。全年组织12次卫星通信和短波通信测试，12次市、县通信系统应用训练，50次市、县通信互联，视频通信系统保持100%呼叫成功和高质量应用，参加省、市、县三级联动检验性训练。根据省民防局下达的将扬州市作为全省人民防空信息系统综合集成先行试点城市要求，按照"统筹兼顾、分步实施、统一平台、资源共享、统一管理、安全保密"的原则，以指挥通信、工程管理、平战转换等人防核心业务的数据收集、管理、应用、共享为重点内容，启动扬州市民防综合业务处理系统项目建设工作，并列入省民防"一网四系统"试点项目，总投资600万元。（李笑晖）

**■人防工程防护体系建设** 严格实行人防工程建设审批统一管理，全年立项、开工、竣工结建人防工程面积均实现快速稳定增长，人防易地建设费实现按时足额征收。加强建成人防工程的质量监督和维护管理，推进早期工程治理工作，发现问题及时整改到位，全市人防工程完好率97.5%，公共人防工程均处于良好状态，全年未发生安全责任事故。常态化推进人防工程标识设置和维护工作，在工程内安装有维护管理制度、消防管理制度、消防应急预案、维护保养档案制度和平面示意图等明显标识。启动和推进县（市、区）疏散基地建设，加强对市直疏散基地的日常管理，江边疏散基地、新集防空林、杨寿疏散地域生活保障基地管理得当、状态良好。（李笑晖）

**■民防法治与宣传教育** 开展《扬州市人民防空管理办法》修订调研工作，细化人防行政处罚自由裁量权基准制度和实施细则，加大行政执法巡查力度，查处或督促整改破坏人防设备、设施和未按规定配建人防工程等违法行为。依托《中国人民防空》《江苏民防》《扬州日报》等媒体，加强民防法律法规、动态信息、知识技能的更新、推送和宣传。结合"学雷锋日""国际民防日""防灾减灾日"等时间节点，在社区、学校、企业开展"关注民防 关爱生命"文艺演出等宣传活动。在广陵区委党校、市青少年素质教育基地民防展区开展互动教学，培训各级机关干部职工200多人次，参观学生2000多人次，民防工作在全社会的覆盖面和影响力不断扩大。（李笑晖）

**■开发利用人防工程解决停车难** 结合人防战备资源普查工作，梳理掌握市区人防工程开发利用情况，特别是闲置工程状况、居民停车需求等情况。对新竣工的人防工程，督促建设单位及时开放，满足业主停车需要。对改变用途的住宅小区人防工程，责令使用单位限期整改，增加小区停车位。对因停车位价格导致开发商与业主矛盾而影响使用的人防工程，加强沟通协调、统一意见后对外开放。对设备设施损坏的闲置工程，督促管理单位重点整治，投入必要的资金改造维修后，提供居民停车。2014年全年对外开放人防工程24个15万平方米，提供停车位5389个，其中新开放闲置人防工程7个4.92万平方米，提供停车位1317个。（李笑晖）

**■民防进社区** 在城区社区实现民防工作全覆盖，建立民防进社区"回头看"工作机制，对13个街道（乡、镇）、81个社区民防工作开展调研，组织5个乡镇、14个社区工作站负责人业务培训，在8个乡镇、8个乡镇中心社区新建民防办公室（工作站），提升社区民防工作质态。（李笑晖）

## 拥政爱民

**■概述** 2014年，驻扬州部队开展"双带双扶"（组织民兵和预备役人员带头创业致富、带动共同致富，扶助贫困村和贫困户、扶助贫困小学和特困学生）活动。春节前，驻扬州部队集体到江都区郭村镇、真武镇慰问50户结对帮扶困难家庭，送去慰问金2.9万元；驻邗江预备役师公勤队官兵到丰乐社区慰问独居老人；驻仪征部队出动车辆义务为民政部门运送慰问物资，到枣林湾敬老院为老人打扫卫生、理发、测量血压；高邮市人民武装部走访慰问困难家庭、军烈属和结对帮扶村，发放慰问金（品）3万元；武警宝应中队配合公安部门参加全天候巡逻，参与春运执勤；武警江都中队官兵到车站帮助旅客搬运行李物品，维护春运秩序；武警开发区监护中队官兵慰问敬老院五保老人。全市各部队走访各级地方党政机关和社会团体260个，慰问贫困家庭240户50万元，资助100多名地方贫困学生16万元。（袁德鹏 周梅红）

**■军分区拥政爱民** 扬州军分区邀请部队专家为扬州市委中心组领导作国防形势报告，召开市委常委议军会暨人武部党委第一书记述职报告会，党管武装工作进一步规范。会同市委、市政府表彰"乡镇（街道）党管武装好书记""履行国防义务好厂长（经理）"，会同市委组织部开展"十佳专武干部""优秀民兵"评选，促进基层武装工作发展。抓好"双带双扶"，出资帮扶贫困村、慰问贫困户、资助"八一"希望小学。支持地方建设，广泛组织官兵和民兵预备役人员开展"五项工程"建设。（刘 云）

**■扬州边防检查站爱民固边战略** 2014年，扬州边检站构建"三方五联"共建模式，营造"和谐型"警地关系。主动协调江都区有关部门，完成心理行为综合训练场和图书分馆建设；协同扬州军分区开展帮扶八一希望小学活动；联合市文明办、市总工会等单位举办系列文艺演出活动。依托网上边检站、精致服务微通关等平台，开展实时交流、在线评警、网上恳谈，深化口岸联席会、警民恳谈会、社会监督员等制度，实现警民交流互动中"诉有所申、需有所应"；连续12年与施桥镇敬老院孤寡老人结成帮扶对子，连续9年慰问社区困难儿童和企业困难职工，连续17年结对帮扶陈集镇八一希望小学学生。年内，开展"认亲接力"等慰问帮扶活动20多次，帮助解决实际困难10多件；利用与大洋造船有限公司、新华中学等企事业单位的共建关系，开展"警营开放日""国防教育进校园""警地共建文艺汇演"等活动30多次。2014年，扬州边防检查站作为江苏边防总队唯一一个支队级单位，被省委、省政府、省军区表彰为江苏省双拥模范单位。（沈奕帆）

# 开发园区

Kaifa Yuanqu

编 辑 李全权

## 综述

■**概况** 扬州市有省级以上开发园区10个，其中国家级经济技术开发区1个、省级高新技术开发区1个、省级经济开发区7个、市级重点工业园1个；另有国家级出口加工区1个。2014年，全市开发园区实现公共财政预算收入112.47亿元，增长16.53%；规模以上工业增加值1343.94亿元，增长13.36%；完成固定资产投资额1069.64亿元，增长20.31%；完成自营出口60.62亿美元，增长10.2%；注册外资及港澳台资实际到账13.66亿美元，下降12.9%。 （邱永永）

■**产业发展** 出台五大千亿产业发展意见，实施“122”企业技改工程（2012年初，扬州市提出实施“122”技术改造工程，即全年滚动实施总投资1亿元以上工业技术改造项目150项以上，其中市重点技术改造示范项目20项以上、重大科技成果转化技术改造项目20项以上，加快用高新技术和先进适用技术改造提升传统产业），引导园区企业二次创业和产业扩张。2014年，全市各园区汽车及零部件产业实现产值1135.8亿元，比上年增长19.4%；机械装备产业实现产值3054.1亿元，比上年增长12.1%；石油化工产业实现产值1595.5亿元，比上年增长7.3%；新能源、新光源产业实现产值695.4亿元，比上年增长19.2%。围绕园区招大引强和主导产业“建链、补链、强链”，实施“530”（5年内新招引世界500强企业及跨国公司30家）计划。 （邱永永）

■**招商引资与项目建设** 开展2014“名城扬州携手德国名企合作恳谈会”“扬州籍成功人士合作恳谈会”“名城扬州携手世界名企（深圳）合作恳谈会”等系列招商推介活动。江铃汽车零部件、欧普鼎盛数控机床、鑫渔纺织设备等重大项目开工建设，振兴新能源光伏发电、江澄环保设备、五洲国际商业综合体等重大项目竣工投产。2014年，全市园区签约重大项目53个，开工重大项目59个，竣工重大项目22个，投产重大项目32个，注册外资及港澳台资实际到账13.65亿美元。 （邱永永）

■**对外贸易** 市商务局组织县（市、区）申报国家级、省级出口基地，鼓励园区企业开展境外商标注册、质量认证等出口品牌创建基础工作，引导龙头企业、品牌产品走向国际市场。放大扬州外贸商品展示交易平台影响力，打造专业、规范的网络营销平台和走向国际市场的快速通道，调动企业开拓国际市场积极性。发挥扶持资金、展会资源等优势，跟踪服务牧羊集团、九龙汽车公司等新上项目。2014年，全市开发园区完成自营出口60.62亿美元，增长10.2%。其中，国家级开发区完成自营出口17.96亿美元，下降1.1%；省级开发区完成自营出口39.64亿美元，增长17.7%；市级工业园完成自营出口3.02亿美元，增长9.7%。 （邱永永）

■**合作共建** 2014年，全市9家省级以上开发区均与上海相关园区签署战略合作框架协议。其中，扬州经济技术开发区与上海高新技术产业开发区、宝应经济开发区与上海莘庄工业园开展实质性共建园区建设。落实总投资1亿元以上上海项目46个，累计投资179.76亿元。其中，已注册项目18个，累计注册资金10.2亿元；签约项目17个。 （邱永永）

■**扬州出口加工区** 2014年，扬州出口加工区签约扬州顺风光电材料有限公司、江山新能源投资（扬州）有限公司、扬州云计算中心、华旭太阳能设备有限公司、凯立投资有限公司、科航电子有限公司等项目6个，外资及港澳台资实际到账3.38亿美元。完成进出口总额14.2亿美元，增长15%；其中一线进出口额6.2亿美元，增长14.5%。在江苏省12个出口加工区中排名第四位。

至2014年底，扬州出口加工区累计完成注册项目41个，投资总额14.90亿美元，注册资本9.22亿美元。建设标准厂房17.8万平方米、职工公寓1.4万平方米、保税仓库2100平方米；累计完成进出口总额67.5亿美元，完成实际进出境总额26.15亿美元；外资及港澳台资累计到账7.95亿美元。 （邱永永）

## 扬州经济技术开发区

■**概述** 2014年，扬州经济技术开发区（简称扬州开发区）实现地区生产总值735.93亿元，比上年增长

4.8%；规模工业增加值545.74亿元，增长4.81%；全社会固定资产投资499.73亿元，增长4.14%；财政收入118.86亿元，增长4.9%；公共财政预算收入55.97亿元，增长5%。（邱永永）

**■招商引资与项目建设** 2014年，扬州开发区开工工业重大项目9个，竣工投产工业、服务业项目14个。全年累计实现注册外资及港澳台实示到账5.22亿美元，增长13%；完成自营出口总额17.96亿美元，下降1.1%。（邱永永）

**■科技创新** 2014年，西安交大科技园集聚多家孵化企业入驻扬州开发区，智谷科技综合体在建。扬州开发区获批国家级战略性新兴产业知识产权集群管理试点单位。亚普汽车部件有限公司获批国家企业技术中心，园区大中型工业企业实现研发机构建设全覆盖。中科半导体有限公司等4家单位获国家科技进步奖。至年末，扬州经济技术开发区有国家级光电产品检测重点实验室、南大光电研究院等公共平台，中国科学院半导体研究所、西安交大扬州工业技术研究院、晶澳太阳能研发中心、省半导体照明工程技术研究中心、扬州—扬大半导体照明与太阳能光伏应用工程技术研究中心等国家级、省级企业研发中心、工程技术中心。（邱永永）

**■基础设施建设** 2014年，扬州开发区推进临港新城和“二城”核心区开发建设，智谷科技综合体、宝龙金轮城市广场、雅居乐凯悦五星级酒店等重点城建项目建设有序实施，临港孵化基地3.8万平方米标准厂房、日本产业园2.5万平方米邻里中心竣工交付。新增城市绿化面积23万平方米，实施道路改造5.28千米，完成童套河、二桥河综合整治，开工建设施桥、八里片区污水管网。完成大运河申遗（开发区段）环境整治工程，建成社区文化活动广场17个，启动建设扬子生态体育公园。优化公共卫生服务，引进普仁国际医院，实施八里、施桥卫生院整体搬迁改造工程。开工建设振兴花园小学。（邱永永）

**■晶澳（扬州）太阳能科技有限公司入选首批省重点企业研发机构** 3月，省推进企业研发机构建设工作联席会议办公室确认第一批江苏省重点企业研发机构名单，晶澳（扬州）太阳能科技有限公司入选。晶澳（扬州）太阳能科技有限公司拥有以国际半导体物理和器件专家单伟博士为首的研发团队433人，年投入研发经费逾1亿元，拥有核心专利11件，企业自主创新能力强，生产的单晶硅太阳能电池光电转化效率19.5%，多晶硅太阳能电池光电转化效率17.9%，均处于世界领先水平。（胡　岩）

**■永丰余工纸（扬州）投资有限公司成为扬州市首家跨国公司地区总部** 3月10日，江苏省商务厅发布江苏省第二批跨国公司地区总部和功能性机构认定结果，永丰余工纸（扬州）投资有限公司入选，成为扬州第一家获认定跨国公司地区总部。跨国公司地区总部是高端外资及高端服务业的重要组成部分，是产业链延伸、功能链拓展、价值链提升的关键节点，是信息、技术、人才、管理、市场等资源要素的集聚体和辐射源，是提升利用外资发展水平的工作重点。根据省政府办公厅《关于鼓励跨国公司在我省设立地区总部和功能性机构意见的通知》，永丰余工纸（扬州）投资有限公司可以在开办、用房、经营等多方面申请享受相关便利化措施、资金补助等优惠。（杨　志）

临港产业孵化基地　　日　报/供稿

**■全市首家融资租赁公司成立** 参见第184页。

**■骆驼集团股份有限公司收购扬州阿波罗蓄电池有限公司** 4月12日，骆驼集团股份有限公司（简称骆驼集团）与扬州阿波罗蓄电池有限公司（简称扬州阿波罗公司）股东澳大利亚东方科技投资有限公司和INDEVENO INDUSTRIAL SUPPLY PTY LTD签订《股权转让协议》，斥资3亿元收购澳大利亚东方科技投资有限公司和INDEVENO INDUSTRIAL SUPPLY PTY LTD合计持有的扬州阿波罗公司100%的股权。骆驼集团是国内规模最大的蓄电池生产企业之一，其产品涵盖汽车蓄电池、船舶蓄电池、工程机械蓄电池、混合动力蓄电池、新能源电池等，主要为一汽大众、一汽奥迪、上海大众、上海通用、奇瑞汽车等汽车厂商配套；“骆驼”商标是中国驰名商标。骆驼集团收购扬州阿波罗公司后，计划在扬州新建骆驼集团华东区研发中心，同时对扬州阿波罗公司现有技术进行改造升级，扩建400万千伏安混合动力车用蓄电池项目，实现产品升级换代，满足汽车产业发展需求。（杨　志）

## 扬州高新技术产业开发区

**■概述** 2014年，扬州高新技术产业开发区（简称扬州高新区）数控装备制造产业完成销售收入157亿元，占规模以上工业销售收入的72.6%；生物技术产业实现入库税收4.1亿元，占规模以上工业入库税收的38.1%。园区有销售收入1亿元以上工业企业24家，其中牧羊集团销售收入近70亿元、扬力集团销售收入逾40亿元；有税收1000万元以上企业23家，其中完美日用品有限公司

税收3.5亿元、扬力集团税收1.36亿元。（邱永永）

■**招商引资与项目建设** 2014年，扬州高新区强化招商选资，签约德国通快二期、香港普凌、麦格特柴油发动机、台湾帝视、吉利安通、扬农总部等项目12个。完美二期、恒佳机器人、高力二期等5个项目开工建设并通过市级重大项目认定，高力二期项目部分建筑封顶。全年累计实现注册外资及港澳台资实际到账1.78亿美元，下降25.2%；完成自营出口总额3.96亿美元，增长12.8%。（邱永永）

■**科技创新** 2014年，扬州高新区内扬州捷迈锻压机械有限公司等9家企业获批国家火炬计划项目，扬州精湛光电仪器有限公司等4家企业获批省产学研联合创新资金项目，扬州锻压机床股份有限公司获批省院士工作站，迈安德集团有限公司获批省博士后创新实践基地，国药集团扬州威克生物工程有限公司等2家企业获批省研究生工作站，江苏汇成光电有限公司等5家企业获批市工程技术研究中心。新增国家高新技术企业1家、国家重点高新技术企业2家、省高新技术后备企业4家，申请专利810件，获批国家重点新产品3个、省级以上高新技术产品50个。扬州大学大学科技园、清华大学扬州智能装备科技园开园及扬州智能装备研究院成立；引进海外高层次人才引进计划（简称“千人计划”）专家6人，获批省高层次创新创业人才引进计划团队1个、省高层次创新创业人才引进计划人才6人、省企业博士集聚计划人才3人，累计获扶持资金695万元。（邱永永）

■**基础设施建设** 2014年，扬州高新区扬子津路（甘八线—纵一路）建成通车，兴农东路、健康二路开工建设，牧羊路改造工程启动。新328国道A1标段绿化工程建成，银河新苑、胡庄小区和完美路、开发西路亮化工程建成。完成重点工程拆迁项目9个，面积6.5万平方米。启动运西花园等项目建设，总建筑面积44.5万平方米；分配安置房332套，安置面积3.2万平方米。汉河学校、运西中学新教学楼建成投用，运西小学新教学楼开工建设，汉河幼儿园完成维修改造。新增规范化社区医疗服务中心2个，完成敬老院改造和绿化工程。（邱永永）

■**清华大学扬州智能装备科技园开园及扬州智能装备研究院成立** 5月26日，清华大学扬州智能装备科技园开园及扬州智能装备研究院揭牌。清华大学扬州智能装备科技园位于扬州高新区，由邗江区与清华大学机械工程学院合作共建，首期开发面积10公顷，远期规划开发面积66.67公顷，主要围绕机电装备、医疗仪器等领域，提供科技孵化、产业技术研发平台组建、创新创业、优质项目引进、地方产业提升、地方政府咨询等服务。扬州智能装备研究院是清华大学扬州智能装备科技园核心公共技术支撑平台，面向机电系统、新能源、光电、医疗、健康、食品安全等领域，围绕智能装备产业提升，开展相关技术研发、转化、孵化、咨询、检测、培训和服务。（杨 志）

扬州完美日用品有限公司外景　　高新区/供稿

■**恒佳自动化智能装备项目开工建设** 2月17日，扬州恒佳自动化设备有限公司自动化智能装备项目开工建设。项目总投资10亿元，占地5.33公顷，规划新建生产厂房和研发中心，项目投产后可实现产能提升10倍、利税翻3番。（杨 志）

## 扬州化学工业园区

■**概述** 2014年，扬州化学工业园区（简称扬州化工园区）实现规模以上工业产值389.3亿元，工业销售收入212.1亿元，入库税收3.88亿元。完成自营出口总额2.49亿美元，下降15.9%。

新一轮《扬州化学工业园区产业发展规划》通过省发改委组织的专家评审会。（邱永永）

■**招商引资** 2014年，扬州化工园区组织参加第九届海峡两岸石化大会，举办海峡两岸（扬州）绿色石化产业合作区揭牌仪式。深圳环行物流等项目落户园区，法国道达尔安美特电子化学品及化工助剂、百思德特种聚酯和粉末涂料、化学品停车场、甲醇交割库等项目加快推进。全年累计实现注册外资及港澳台资实际到账1.4亿美元，下降7.2%。（邱永永）

■**项目建设** 2014年，扬州化工园区推进16个重点工业项目建设。总投资16.8亿元的奥克化学环氧乙烷项目、总投资1亿美元的通达工业气体项目竣工投产；总投资1.98亿美元的远东联环氧乙烷/乙二醇项目在建；总投资10.28亿元的中石化仪征原油商业储备基地项目罐体工程

蓬勃发展的扬州化学工业园区　　化工园区/供稿

开工建设;总投资1亿美元的恒基达鑫二期项目罐体部分全部安装完毕;总投资10亿元的建新石化C4综合利用项目完成审批、备案;总投资108亿元的生命人寿MTO项目进入报批程序。（邱永永）

**■科技创新**　2014年,扬州化工园区高新技术创新创业中心投入运行。推动江苏擎宇化工科技有限公司与南京林业大学合作共建南林大擎宇化工研究院。全年新增国家高新技术企业1家、省级高新技术产品6个、省级研发机构3个,促成产学研签约项目16个,推动奥克化学扬州有限公司与中国科学院过程工程研究所、扬州天启化学股份有限公司与苏州大学合作实施产学研重大项目2个。全年实现高新技术产业产值198.7亿元,占规模以上工业产值的51%。（邱永永）

**■基础设施建设**　2014年,扬州化工园区推进搬迁安置,完成搬迁217户、回迁安置住房1068套。胥浦家园三期14栋小高层建筑主体封顶,其中10栋通过竣工验收;古泪家苑完成试桩,住宅楼和人防桩基工程开工建设。投资440万元,实施中央大道、华电路等亮化工程,亮化长度12千米,方便区内群众和企业职工出行。总投资3800万元的古胥浦河景观带、胥浦河大桥、子胥路工程在建。（邱永永）

**■安全环保**　扬州化工园区推进生态工业园区创建。制定《生态工业园区建设规划》,实施生态红线区域保护方案,召开生态工业园区创建推进大会,启动生态工业体系建设、资源利用与集成、区域环境风险防控、生态文化建设等工程。提升安全环保监管水平。建立企业年终环境保护工作报告制度,开展重点企业安全环保回顾性评估,试行安全隐患审计制度,推进园区大气污染防治行动,组织区内企业开展"消防大比武"活动和危化品突发事件应急预案演练。（邱永永）

**■全省首届安全生产执法实战演练竞赛在扬州化工园区举行**　6月26—27日,全省首届安全生产执法实战演练竞赛在扬州化工园区举行,13个市65名执法人员参赛。实战演练竞赛分法律法规知识竞赛及现场实战演练2个科目,竞赛题目贴近实战。其中,现场实战演练要求在江苏瑞祥化工有限公司预先设定的4个区域内检查隐患,并制作执法文书。活动结束后,省安全生产监督管理局表彰全省安全生产执法实战演练标兵和先进个人;扬州化工园区获优秀组织奖。（杨　志）

**■奥克化学环氧乙烷项目竣工投产**　12月12日,奥克化学扬州有限公司环氧乙烷项目竣工试生产。该项目总投资16.8亿元,注册资本8亿元,主要建设年产20万吨环氧乙烷及30万吨环氧衍生精细化工新材料装置及配套工程。其中,用于生产20万吨环氧乙烷的反应器是国内行业单套最大的反应器,重约1300吨,除主产品环氧乙烷外,每年还可产生近30万吨低碳环氧衍生精细化工新材料。项目投产后,可实现年产值37亿元,并带动环氧乙烷下游产品链式集聚发展。（杨　志）

# 广陵经济开发区

**■概述**　2014年,广陵经济开发区(简称广陵开发区)完成工业总产值238.58亿元,比上年增长17.7%;工业销售收入65.63亿元,增长12%;工业入库税收4.14亿元,增长11%。（邱永永）

**■招商引资与项目建设**　2014年,广陵开发区引进项目15个,其中外资及港澳台资项目6个、民资项目9个;原有企业31个项目增资扩股,其中外资及港澳台资增资项目10个、民资增资项目21个。全年实际利用外资及港澳台资1.3亿美元,下降30.2%。完成自营出口总额11.42亿美元,增长6.6%。园区液压装备产业形成完整产业链,整车生产项目取得突破。

与江苏省驻欧洲经贸代表处建立合作关系,成立驻欧办公室。与德国机械及制造商协会(VDMA)合作成立中德梅泰尔工业园,聘请德国液压界专家担任顾问。推进欧洲液压产业招商,引进德国施拉姆电磁铁项目、德国本德尔电磁阀项目、德国通友自动化项目,补全园区液压产业链。（邱永永）

**■科技创新**　2014年,广陵开发区完成高新技术产业产值58亿元,占规模以上工业总产值的47.1%;规模以上企业完成研发投入2.55亿元;申报国家高新技术企业4家、省级高新技术产品35个。

组织园区企业参加中国扬州科技合作展示洽谈会。推动江苏长江重工科技有限公司等企业与高校院所合作。海普康(扬州)自动化有限公司、江苏长江重工科技有限公司、中冶京诚(扬州)冶金科技产业有限公司等企业签订产学研合作协议。

至2014年底,园区累计申请专利510件,获专利授权265件;其中,申请发明专利155件,获发明专利授权4件。新申报注册商标50件,“鑫渔机械”申报江苏省著名商标。

江苏扬州广陵液压装备科技产业园获批省级科技产业园,江苏扬州广陵汽车零部件及公共服务平台入选国家火炬计划项目。新增入园孵化科技型企业8家。至年底,科技综合体建成标准厂房21万平方米并投入使用。(邱永永)

**■基础设施建设** 2014年,广陵开发区内建筑面积44.2万平方米、套数3950套的运河人家三期项目、翠月苑2个农民拆迁安置小区交付使用。高桥社区卫生服务站建成并投入使用,建筑面积200平方米,设有全科诊疗室、治疗室、换药室、观察室、药房和处置室。汶河小学东区校开工建设,体育健身休闲公园建成。

实施江六高速绿化提升工程、京杭南路道路绿化工程、大众港道路及风光带绿化工程、运河人家周边绿化工程、滨河路道路绿化工程,绿化面积10万平方米。滨河路延伸道路工程(嘉苑路北侧—扬霍路)竣工,全长404.432米,按城市次干路标准设计,道路横断面宽18米。東桥路工程(南辅道—韩庄路)竣工,全长420米,路幅25米。沙湾路工程(江六高速—迎春河)竣工,全长938米,路幅54米。(邱永永)

**■人才引进** 2014年,广陵开发区引进国家“千人计划”人才1人(普瑞姆公司金盛烨),引进市级以上资助的创业创新领军人才4人、市级以上资助的优秀博士人才4人。(邱永永)

**■安全生产** 2014年,广陵开发区修订《安监站安全生产执法检查及隐患排查整改制度》《安全生产应急值守工作制度》等规章制度。全年组织安全生产监管人员培训3次,累计培训270人次。组织安全生产大检查以及专项整治8次,发现安全隐患1086个,整改率100%。至年底,规模以上企业和危化品生产、储存和经营单位全部通过安全生产标准化三级达标验收;60%的规模以下企业通过小微企业安全生产标准化达标验收。(邱永永)

**■扬州卡力诺专用车有限公司特种车辆项目开工建设** 2月17日,总投资10亿元的扬州卡力诺专用车有限公司特种车辆项目开工建设。该项目主要从事环卫车辆、高端物流(冷链物流及液化天然气运输)专用车辆、液压系统部件等产品生产,分两期建设。一期液压系统项目占地13.33公顷,计划投资10亿元,年产4万套液压系统,年产值15亿元;二期特种车辆项目占地18公顷,计划投资10亿元,10月开工建设,年产4500台环卫及高端物流装备等特种车辆,年产值20亿元。(杨志)

10月25日,雅歌辉托斯扬州工厂举行开幕典礼
广陵开发区/供稿

**■雅歌辉托斯液压系统(扬州)有限公司投产** 10月25日,广陵开发区中德工业园内雅歌辉托斯液压系统(扬州)有限公司投产。雅歌辉托斯液压系统(扬州)有限公司是雅歌辉托斯集团在中国唯一生产和研发基地,主要为中国工程、农用机械领域客户提供液压阀、液压元件和系统。项目投产后可实现年产值1亿欧元。(杨志)

## 维扬经济开发区

**■概述** 2014年,维扬经济开发区(简称维扬开发区)实现规模工业产值156.5亿元,比上年增长20.1%;规模以上工业增加值91.3亿元,增长15.5%;规模以上工业开票销售144.9亿元,增长8.9%;公共财政预算收入8.5亿元,增长18.1%;限额以上法人销售72亿元,增长15%;全部税收7.57亿元,增长16%。(邱永永)

**■招商引资** 2014年,维扬开发区引进三元特种材料、华格幕墙、方广食品、金港汽车等4个十亿元重大项目,引进奥尼德等4个亿元项目;新发展个体工商户139家、私营企业134家,完成个人转企业30家;实现外资及港澳台资实际到账1.04亿美元,增长47.9%,完成自营出口4.77亿美元,增长22.4%。(邱永永)

**■项目建设** 2014年,维扬开发区推进8个十亿元以上市重大项目建设。其中,工业项目4个,江扬电子线缆项目通过新竣工认定;扬杰科技二期、艾迪生物、华格幕墙等3个项目通过新开工认定。服务业项目4个,甘泉生态科技园、税友软件等2个项目通过新投运认定;新纪元广场、奔驰物流等2个项目通过新开工认定。新增亿元以上开工项目4个、亿元以上工业技改项目1个。(邱永永)

**■科技与人才** 2014年,维扬开发区新增国家高新技术企业3家、省工程技术研究中心2个;1人获评国家万人计划,2人获评省“双创”人才,1人获评省博士集聚计划;艾迪生物获评省“双创计划”团队;扬杰科技在创业板成功上市,扬开电力在“新三板”(全国性的非上市股份有限公司股权交易平台,主要针对的是中小

微型企业）正式挂牌；省级硫资源利用装备检验检测基地奠基启动，生态科技园3000平方米“三创”（创新、创业、创意）载体初步建成。（邱永永）

**■基础设施建设** 2014年，维扬开发区启动实施环湖西路一期、内环东路一期、宝能地产地块区间道路、纵二路延伸段以及汽车城二期地块区间路等5条道路（总长约2710米）建设；完成平山路翻建工程，于11月6日正式通车；完成甘泉片区香姚排涝河提升、贯通工程；完成管委会办公大楼平移工程；完成朱塘路积水点整治等重点工程。完成包括拆迁扫尾在内的75户农户拆迁任务，全年共交地90公顷；安置房建设稳步推进，12万平方米的西湖景园二期全部封顶，10万平方米的甘泉新苑二期工程项目完成前期勘探设计等工作。（邱永永）

## 江都经济开发区

**■概述** 2014年，江都经济开发区（简称江都开发区）完成地区生产总值316亿元，规模以上工业销售收入250亿元，规模以上工业入库税收8.28亿元。软件信息、电子商务等产业加速集聚。京东电商扬州产业园项目签约。软件园新落户汇健科技有限公司等企业9家，累计入驻企业35家，有软件从业人员700人。港口物流园累计建成万吨级以上泊位13个，江都港全年货物吞吐量逾4500万吨。（邱永永）

**■招商引资** 2014年，江都开发区完成自营出口6.70亿美元，增长8.3%。累计实现注册外资及港澳台资实际到账1.5亿美元。其中扬州泰富港务有限公司7000万美元、扬州福盛废钢铁回收有限公司512.9美元、扬州田治科技有限公司50万美元、扬州红树玻璃制品有限公司11.9万美元。新增个体工商户503户、私营企业387家。新开工1亿元以上招商项目8个，其中10亿元以上招商项目4个。（邱永永）

**■项目建设** 2014年，江都开发区新开工中天管桩、中信泰富提铁降杂、文化艺术中心、方正总部大厦等10亿元以上项目5个，5亿元项目1个，威智登扫雪机、中航鼎衡二期、长青农化仓储基地、诚德技改、海螺大包装、卡明模具二期、卓茂砂轮等1亿元项目7个。中天管桩、华江祥瑞、江之都、中信泰富提铁降杂、雷凡管业、万达隆汽车配件等项目建成投运。中远3、4、5号泊位与五星级酒店等项目在建。（邱永永）

**■基础设施建设** 江都开发区汉科污水厂提标改造工程建成投运，铺设污水管网5千米；结合中天管桩、标准化厂房等项目需求，架设供电线路8千米；北华路、准园路、光明路等园区骨干路网在建；窦桥泵站建成投运；光明花苑二期24万平方米工程、公租房5万平方米工程建成交付。

启动“园中园”建设，优化产业布局，完成规划编制。中小企业园民房拆迁基本完成，2条支路启动建设，高档家居面料、电力金具、服装生产、人防工程设备等项目落户园区；科技产业园民房拆迁完成，恒隆研发楼等项目启动建设；港口物流园木材生产加工中心规划设计和工程建设陆续启动。

江都港　　　　江都开发区/供稿

实施疏港大道、消防站、大三路、大宜路、美钢管业、窦桥泵站新开河、北华路西延等项目拆迁以及迎山、三江营、乔梓、前进、中闸等村提前拆迁，拆迁民房700户。全年分配光明花苑安置房1123套13.08万平方米，安置居民877户。（邱永永）

**■广船国际并购重组科进船业** 10月31日，广州广船国际股份有限公司（简称广船国际）与扬州科进船业有限公司（简称科进船业）签订《广州广船国际股份有限公司向扬州科进船业有限公司非公开发行股份购买资产协议》，发行股份购买其持有的相关造船资产，作价9.68亿元。广船国际收购重组科进船业后，重新注册新公司广船国际扬州有限公司。

科进船业2004年5月成立，经过历次增资和股权变更，注册资本由1000万元增至2.02亿元。科进船业主要从事5万吨级及以下成品油船、化学品船、液化气船、海上石油工程船等船舶建造和成品油、化学品远洋运输业务，主要设施有5万吨级船台5座、17万吨级船台2座、30万吨级船坞1座（在建）、舾装码头8座、500吨门式起重机2台，年造船能力100万载重吨。（杨　志）

**■长青股份可转换公司债券在深交所挂牌上市** 7月9日，江苏长青农化股份有限公司可转换公司债券在深圳证券交易所（简称深交所）挂牌上市。江苏长青农化股份有限公司可转换公司债券面值100元，按面值发行，共计发行631.76万张，募集资金6.32亿元，扣除相关发行费用后，募集资金净额6.16亿元。募集资金主要用于年产3000吨S-异丙甲草胺原药项目等7个项目建设。（杨　志）

## 宝应经济开发区

**■概述** 2014年，宝应经济开发区（简称宝应开发区）完成地区生产总值154.63亿元，比上年增长18.4%；工业总产值493.76亿元，增长14.7%；销售收入404.91亿元，比上

年增长15.9%;财政收入3.5亿元,增长33.2%。与上海莘庄工业园合作共建,并引进项目2个。 (邱永永)

■**招商引资** 2014年,宝应开发区制定《招商引资考核管理办法》《招商局客商接待管理规定》。分别在宜兴市和温州市举行推介会。与上海市闵行区签订南北共建合作协议。全年累计实现注册外资及港澳台资实际到账0.31亿美元。完成自营出口5.31亿美元,增长61.2%。全年邀请客商园区考察30多次,签约项目8个,总投资19.08亿元和3亿欧元。 (邱永永)

■**项目建设** 2014年,宝应开发区新开工10亿元项目3个,分别是投资10亿元的宝创线缆、投资10亿元的盛时科达和投资10亿元的广纮新能源项目;新开工1亿元以上项目2个,分别是投资2亿元的玛卡保健品项目和投资1亿元的宝顺隆新能源技改项目。竣工项目3个,分别是投资3亿元的江苏兴发新能源材料项目、投资1亿元的宝胜科技创新股份有限公司项目、投资8亿元的江苏利德尔塑化科技项目。至年末,有10亿元以上在建项目5个,其中年产12万吨的兴发铝业项目部分车间投运。 (邱永永)

■**科技创新与人才引进** 2014年,宝应开发区新增"三站三中心"(依托企业设立的博士后科研工作站、院士工作站、研究生工作站、工程技术研究中心、企业技术中心、工程研究中心)6个、国家高新技术企业2家、省两化(工业化、信息化)融合试点企业1家、省信用管理贯标企业2家。申报高新技术产品14个,获批8个;申请专利240件,其中发明专利35件。有1家企业申报国家中小企业创新基金,2家企业申报省工业科技支撑项目,1家企业产品申报江苏省名牌产品,16家企业申报省民营科技型企业。引进高层次人才30人,其中柔性引进16人。新增省企业博士集聚计划人才2人、市绿扬金凤计划创业类人才1人。江苏爱利多印机科技有限公司、江苏拓胜生物科技有限公司、江苏宝源高新电工有限公司、江苏菲达宝开电气有限公司等7家企业分别与东华大学、中国药科大学、南昌大学、北京化工大学、扬州大学、南京航空航天大学等10所高校开展产学研合作,投入科研经费1000万元。 (邱永永)

■**基础设施建设** 宝应开发区实施康源桥、工农路东延、东湾路南延、曙光桥南北接线及城市河南环境提升等工程33项,竣工28项,总投资5339.55万元。投资1700万元的金源路东延工程及部分亮化、雨污水工程基本完工。全年实施绿化工程4万平方米,投资500万元。金湾农民安置小区交付,安置居民约700户。科技创业园29栋标准化厂房全部建成;园区综合楼和绿化工程等总投资2000万元的三期工程启动实施;总投资1.5亿元的宝应县第二污水处理厂土建工程全部完成,设备安装基本完成,铺设外部管网16千米。 (邱永永)

■**江苏盛时科达实业有限公司江铃汽车零部件项目开工建设** 参见第125页。

## 仪征经济开发区

■**概述** 2014年,仪征经济开发区(简称仪征开发区)实现工业总产值647亿元,其中规模以上工业完成产值563.61亿元,分别比上年增长26.2%、23.3%;规模以上工业实现销售收入485.9亿元,增长37.3%;完成工业技改投入21.2亿元,增长26.6%;实现财政收入45.77亿元、公共财政收入预算12.4亿元,分别增长54.3%、42.1%。

主导产业支撑发展能力增强,船舶、汽车及零部件、高新三大产业全年实现完成工业产值618亿元,占全区工业总量的95.6%,其中规模以上船舶企业完成产值100.5亿元、高新企业完成产值30.3亿元、汽车及零部件企业完成产值445亿元。 (邱永永)

■**招商引资与项目建设** 仪征开发区与上海普陀桃浦工业园、浦东康桥工业区、优乐加城市工业园结对,开展上海专题招商活动6批次。全年实际利用外资及港澳台资0.88亿美元,自营出口2.72亿美元;完成注册项目58个,其中1亿元以上项目16个、10亿元以上项目3个;引进总部型引税项目10个。国泰消防、中能管桩、绿地码头等10亿元级项目签约落户、开工建设;西门子电机、GKN粉末冶金、大众联合扩建、大众呼叫中心等项目投产。 (邱永永)

■**科技创新** 仪征开发区全年新增国家级高新技术企业9家、省高新技术产品37个;新认定省级以上研发机构5家。累计申请专利650件,其中发明专利130件;获专利授权300件。达成产学研合作项目18个。引进创新创业领军人才8人,柔性引进教授博士人才30人,1人获批列入国家海外高层次人才引进计划、5人获批列入省高层次创新创业人才引进计划。立项各级各类项目20个,稻源、智坤等项目获国家级创新基金支持。 (邱永永)

■**基础设施建设** 仪征开发区完成临江产业规划、十二圩集镇控制性详规编制,完成科教产业园规划论证。开工建设20项基础配套设施工程。整车项目二期发动机厂区在建;沙河新苑安置小区四期投入使用,优化一至三期配套功能;闽泰大道完成绿化、亮化改造提升工程;三益变电站、四回线及12千米农网改造等电力设施工程投入使用;大众广场、沙河新苑五期、保障房二期、滨江大道等工程在建。完成沙河新苑四期450多户居民回迁安置工作。 (邱永永)

■**江苏广沃新能源仪征有限公司10兆峰瓦分布式光伏发电项目** 9月19日,总投资9982万元的江苏广沃新能源仪征有限公司10兆峰瓦分布式光伏发电项目在仪征市汽车工业园明岐铝轮毂仪征有限公司(简称明岐轮毂)开工建设。该项目由明岐轮毂联合江苏广沃新能源有限公司实施，利用明岐轮毂8.3万平方米厂房屋面，安装4万块多晶硅光伏组件，建设装机容量10兆峰瓦的分布式光伏电站项目。（杨　志）

## 高邮经济开发区

**■概述**　2014年，高邮经济开发区(简称高邮开发区)完成地区生产总值336.98亿元，比上年增长13.4%；工业总产值1162.45亿元，增长26.8%；工业增加值245.85亿元，增长15.4%；规模以上工业增加值228.45亿元，增长16.6%；业务总收入1415.35亿元，增长22.6%；财政收入44.95亿元，增长16.7%；税收收入31.93亿元，增长13.1%；固定资产投资171.15亿元，增长8.7%。调整产业结构，发展特色产业，电池园集聚项目13个，创成省高性能电池产业基地；强化主导产业支撑作用，纺织服装、电子电气、冶金机械、生物医药四大主导产业产值占全部工业总产值的70%以上。（邱永永）

**■招商引资**　2014年，高邮开发区围绕储能电池及配套产业、食品健康产业、生态旅游文化产业等开展专项招商。全年签约项目32个，其中有清水潭旅游度假区文化产业园、上海瑞华、国信燃气热电联产、青德啤酒及江丰环保柴油机尾气处理系统等10亿元以上项目7个，邻里中心、玻纤隔板、建光电池材料、安源天然气门站及HCNG汽车等1亿元以上项目5个，清禹医药、大晟日用品等科技创业项目15个。全年累计实现注册外资及港澳台资实际到账0.23亿美元，完成自营出口2.27亿美元。（邱永永）

**■项目建设**　2014年，高邮开发区新开工项目13个，其中10亿元以上项目5个(能一电池项目、金快乐电池项目、双龙电池项目、清水潭度假区项目、佐仕添加剂项目)、1亿元以上项目7个；5000万元以上项目1个；竣工项目14个，其中10亿元以上项目5个(海德森电池项目、华富电池项目、艾诺斯电池项目、戴卡轮毂项目和佐仕添加剂项目)、1亿元以上项目6个。（邱永永）

**■科技创新**　2014年，高邮开发区实施产学研合作项目13个。申请专利370件，获专利授权180件。申报高新技术产品19个，新增高新技术企业2家。3家企业获扬州市科学技术奖。4名博士申报省企业博士聚集计划，6名高层次人才申报省高层次创新创业人才引进计划，2家企业申报省高层次创新创业人才引进计划团队。高邮市诚信物流有限公司、扬州和益电动工具有限公司等企业申报江苏省“两化融合”示范试点企业，7家企业获批扬州市“专精特新”企业。（邱永永）

**■基础设施建设**　2014年，高邮开发区安置小区五期扩建工程、七期工程竣工交付，八期工程开工建设。新建道路6条5200米，实施桥梁工程1项，铺设污水管网4400米；完成城区环境整治5处，查处违法建设2620平方米，拆迁居民房屋288户；新增绿化面积100万平方米。尚程国际家居入驻商户300户。诚信物流中心主体楼建成封顶。港口物流业堆场等基础设施开工建设。加州超市主体建筑建成。清水潭度假区新增绿化面积70公顷，建设东入口游客接待中心、停车场和服务中心，普照湖竣工并通过验收，各项指标基本符合省级生态旅游示范区标准。（邱永永）

高邮经济开发区安置小区　　高邮开发区/供稿

## 杭集工业园

**■概述**　2014年，杭集工业园实现研发投入2.5亿元，占地区生产总值的2.4%。专利授权量比上年增长14.3%。实现规模以上工业产值320亿元，高新技术产业产值64.5亿元，高新技术产业产值增幅超过60%。（沈　伟）

**■招商引资与项目建设**　2014年，杭集工业园完成自营出口3.02亿美元，增长9.7%。完成服务业固定资产投资3亿元，新签约服务业项目1个，完成限额以上企业申报2个，重点服务业企业申报6个，3家企业完成省级电子商务统计平台申报，新增纳税过1千万元的企业1家。旅游日化产品电子商务平台建设，线上电商200家。江苏可洁牙刷公司高档牙刷项目技改投入超1亿元；谢馥春古典化妆品项目工程主体基本完工，美晨集团GMP净化车间投产运行，新华笔刷、万子扬气体、科乐特等项目开工建设。引进江苏素问化妆品有限公司、扬州大自然生物质有限公司、扬州奥康日化有限公司，推动传统洗漱用品产业高端化。（沈　伟）

**■科技创新**　2014年“中国酒店日用品之都”顺利通过中国轻工业联合会复审并予以冠名，中国日用杂品工业协会—牙刷分会和江苏省酒店日用品行业协会正式成立。（沈　伟）

**■中国扬州(杭集)国际酒店用品交易会**　6月18—20日，2014第二届中国扬州(杭集)国际酒店用品交易会举行。来自全国各地80余家连锁酒店集团及2000余家酒店餐饮单位参会，产品涵盖洗漱、清洁、纺织、加工等各个方面，专业观众到场人数超3万人次，现场成交额500万元，意向成交额近2亿元。（沈　伟）

# 农业与农村经济

Nongye Yu Nongcun Jingji

编 辑 侍 琴

## 综述

■**概况** 2014年，全市实现农林牧渔业总产值431.98亿元，比上年增长6.94%。其中，种植业产值201.81亿元，增长7.10%；林业产值10.13亿元，增长8.00%，牧业产值73.42亿元，增长4.20%；渔业产值125.10亿元，增长7.92%；农林牧渔服务业产值21.53亿元，增长9.12%。全市农村常住居民人均可支配收入15284元，高于全省平均水平326元；增长11.0%，高于全省平均增幅0.4个百分点，居全省第六。村级"四有一责"(有持续稳定的集体收入、有功能齐全的活动阵地、有先进适用的信息网络、有群众拥护的"三强"带头人，强化村党组织领导责任)建设保持全省领先。沿河地区80%的村集体经营性收入逾30万元，沿江地区40%的村集体经营性收入逾40万元。全市新创"优美乡村"10个、"百强村"30个。加强农村经营管理。51个乡镇456个村共10.4万公顷承包地开展确权登记颁证工作，有419个村完成基础工作。新增土地集中型适度规模经营面积1万公顷；适度规模经营总面积22.11万公顷，占耕地总面积78.8%。新型农业经营主体加快发展。发展面积6.67公顷以上家庭农场1703个，创成省级示范家庭农场10个、市级示范家庭农场20个。985个合作社列入省政府优先扶持农民专业合作社名录库。累计建成农产品销售专业合作联社66个。高效设施农业保险取得突破。承保小麦17.2万公顷、水稻15.93万公顷，实现保费总收入2.64亿元，其中高效设施农业保险保费收入1.26亿元。新增池塘养鱼、罗氏沼虾、苗木、有机水稻产量保险等险种4个。集体资产股份合作制改革基本实现全覆盖。全市量化集体经营性净资产18.36亿元，入社成员259万人；18%的村(居)民委员会实现向成员分红，分红金额1.5亿元。规范农民负担监管和一事一议筹资筹劳。全年安排村级公益事业一事一议财政奖补项目423个，总投入1.39亿元，其中财政奖补资金8415万元。连续第六年实现省及省级以上涉农负担零信访。全市76%的建档立卡低收入农户实现人均年收入5000元脱贫目标。

（袁强华）

■**农村土地承包经营管理** 按照入户调查、实地测绘、内业处理、公示审核、登记发证、建档归库程序，开展农村土地承包经营权确权登记颁证工作。高邮市、江都区整体推进确权登记工作，其他县(市、区)各有1～2个乡镇开展确权登记。全市有51个乡镇456个村41.5万户农户共10.4万公顷承包地开展确权登记颁证工作；至年底，有419个村完成基础工作。

以土地集中型为主要形式，以合作社和家庭农场为主要经营主体，以本集体经济组织成员为主要对象，推进适度规模经营发展。全年新增土地集中型适度规模经营面积1万公顷。至年底，全市适度规模经营总面积22.11万公顷，占耕地总面积的78.8%，其中土地集中型、农民合作型和统一服务型规模经营面积分别为4.77万公顷、9.67万公顷和7.67万公顷。以土地股份合作社为特点的"江都模式"被省农业委员会列为农业适度规模经营4种模式之一。

（周爱军 陈庭伟 毛 飞）

■**家庭农场建设** 落实家庭农场发展扶持政策，制定《扬州市新型农业经营主体培育专项资金管理办法》，在全省率先建立家庭农场名录管理制度，培训示范家庭农场从业人员代表100人。至年底，全市发展6.67公顷以上规模家庭农场1703个，经营面积4.08万公顷；建立家庭农场名录277个，经营面积0.43万公顷。

（周爱军 陈庭伟 毛 飞）

■**农民专业合作社建设** 全市新增国家级示范合作社16个，总数19个。新组建农民专业合作联社11个，总数66个；有成员社469个，开设门店21家。新增工商登记农民专业合作社167个，入社农户2万户；新增土地股份专业合作社42个，入股面积0.21万公顷；累计有农民专业合作社3945个，入股经营面积8.26万公顷，入社农户84.5万户，占全市农户总数的90%。申报省级"五好"(服务成员好、经营效益好、利益分配好、民主管理好、示范带动好)示范社扶持发展项目64个，争取扶持资金1220万元；市级财政扶持项目31个，支出扶持资金267.5万元。18个农民专业合作社参加在南京举办的第八届省合作社农产品展销会。

（周爱军 陈庭伟 毛 飞）

■**农业保险** 全市承保小麦17.2万公顷、水稻15.93万公顷，承保率90%以上。全年农业保险实现保费收入2.64亿元，其中高效设施农业保险保费收入1.26亿元，占保费收入的47.7%。开发池塘养鱼、罗氏沼虾、苗木、有机水稻产量保险等新险种4个，开出有机水稻产量保险“全省第一单”。全年支付理赔款1.45亿元，32.3万户农户受益。（印 笋）

■**农民负担监管** 2014年，扬州市农民预算卡内负担7673.33万元，比上年减少512.4万元，人均负担25元。一事一议筹资预算4721.23万元，低于上年水平，低于省定人均20元的标准。一事一议筹劳预算587.62万个工日，每个劳力平均负担3.8个工日，低于省定最高8个工日的标准；以资代劳工日301.09万个。创新建立农民负担监督员制度，聘请农民负担监管员7人。（孙步山）

■**村级公益事业一事一议财政奖补** 全年安排村级公益事业一事一议财政奖补项目423个，总投入1.39亿元，向上争取财政奖补资金8415万元。举办奖补项目专管员培训班。确定服务新型农业经营主体试点项目12个，在4个村实施整村推进试点。（孙步山）

■**低收入农户帮扶** 印发《关于进一步深化低收入农户帮扶工作的通知》。公示2013年已脱贫农户名单，明确帮扶责任人跟踪联系，防止返贫。将新增低收入农户605户1409人纳入帮扶范围，有劳动力的安排就业岗位，丧失劳动能力的统一纳入农村居民最低生活保障或农村五保（保吃、保穿、保住、保医、保葬）供养，并逐年提高保障标准。2014年，全市76%的建档立卡低收入农户实现人均纯收入5000元的脱贫目标。（张长山）

■**农村集体产权制度改革** 扬州市在全省率先建成市、县、乡三级农村产权交易市场体系。市政府办公室等印发《关于加快推进农村产权交易市场建设的意见》等5个规范性文件，对农村产权市场实行“五统一”（统一交易规则，统一交易鉴证，统一服务标准，统一交易监管，统一交易软件）管理，有序组织农村土地承包经营权、集体资产处置、租赁、发包等进场交易，探索新型农业经营主体信用评定体系，评估土地承包经营权流转收益，推进农村土地承包经营权、农村居民房地产权和林权等“三权”抵押融资。全市全年农村产权市场实现交易额3.96亿元，溢价5400万元，农村“三权”抵押贷款余额逾1亿元。集体资产股份合作制改革实现全覆盖。全市量化集体经营性净资产18.36亿元，入社成员259万人；18%的村（居）民委员会向成员分红，分红金额1.5亿元。

（吴兆明 刘乃祥 蔡琳娜）

■**农村集体财务规范化管理** 全面实施“村账乡镇代理”，建立、完善财务管理制度，执行财务审批程序，落实民主理财和财务公开，加强农村财务审计。培训乡村财会人员逾2000人次。95%的乡镇（涉农街道）、村（居）民委员会达到财务规范管理标准，财务公开、民主理财合规率95%以上，50%的村开展财务审计，村级债务比上年下降5%。

（吴兆明 刘乃祥 蔡琳娜）

■**农村集体“三资”管理** 建立“村有处理终端、乡（镇）有信息平台、县（市、区）有数据中心”的“三资”（农村集体资金、资产、资源）信息化网络监管系统，基本实现县、乡、村三级联通，逾300个行政村配置触摸屏。开展农村集体资产清理核查，建立完善“三资”管理台账，试行公开招投标制度，强化集体资产资源承包（租赁）合同管理。2014年，全市农村集体资产85.77亿元，比上年增长13.1%；实现集体经营性收入16.35亿元，比上年增长11.4%。江都区被农业部评为全国农村集体“三资”管理示范县。（吴兆明 刘乃祥 蔡琳娜）

高邮市八桥现代农业产业园花木基地 张孔生/摄

■**农业重大项目建设** 2014年，全市6个农业特色产业基地实现产值353.94亿元。农业重大项目新开工28个，竣工投产38个；农产品加工类重大项目新开工6个，平均单体投资规模5亿元。36个在建项目平均单体投资规模2.1亿元。（陈 霞）

■**农业产业化发展** 全市369家县级以上农业龙头企业完成销售收入逾500亿元，比上年增长8%；利润22亿元，增长22%；出口2亿美元，增长19%；带动农户135万户，增长8%。

（张菊芳）

■**农业园区建设** 全市有超万亩农业产业基地（园区）17个，超千亩基地（园区）406个。新增农业园区面积6946.67公顷，总面积10.19万公顷，园区化率35.8%，规模效应和集聚效应凸显。江都区现代农业示范区被评为国家现代农业示范区，建设水平监测评价体系通过农业部审查。宝应县推进“235”十大农业园区（宝应湖、射阳湖2个有机农业园区，水仙、广洋湖、山阳3个现代渔业园区，南郊、北郊、曹甸、望直港、柳堡5个设施农业园区）建设，新增农业园区48个。扬州创日畜牧科技有限公司创成国家级畜禽标准化养殖示范场。全

市新增市级农业产业园区16个，对8个省级现代农业产业园开展网络动态监测。（孙建勇）

■**休闲观光农业** 全市有休闲农业园区或乡村旅游示范点211个，带动农户8.2万户；全年接待游客480万人次，实现收入13.01亿元。“看尽满园红芍药”的仪征芍药与“渔舟唱晚满舱归”的宝应湖渔作2个景观入选农业部“中国美丽田园”，仪征江扬生态园获评2014长三角休闲农业与乡村旅游博览会推荐休闲农业(农家乐)景点，高邮市菱塘回族乡菱塘村、仪征月塘镇尹山村获评“江苏最美乡村”。（陈　霞）

■**农村资源循环利用** 2014年，全市完成规模养殖场畜禽粪便沼气治理工程项目15个、农业可再生资源循环利用项目20个，秸秆综合利用率92%。（戴　敌）

## 种植业

■**概述** 2014年，全市开展粮油万亩高产增效创建活动，推广高产优质新品种，推广机插秧等轻简稻作技术，推行测土配方施肥和植保社会化服务。全市农作物总播种面积51.09万公顷。粮食生产实现“十一连增”。全市粮食播种面积42.23万公顷，其中小麦播种面积18.74万公顷、水稻播种面积20.88万公顷；粮食总产量314.1万吨，其中小麦产量112.59万吨、水稻产量191.25万吨；小麦单产6008千克/公顷，水稻单产9163千克/公顷。棉花播种面积0.17万公顷，总产量2482吨，单产1477千克/公顷。油料播种面积2.71万公顷，总产量7.39万吨，单产2726千克/公顷；其中油菜播种面积2.50万公顷，产量6.90万吨，单产2762千克/公顷。蔬菜(含菜用瓜)播种面积5.10万公顷，总产量197.42万吨，产值70.15亿元，均比上年略有增长。采用蔬菜直通车进社区、蔬菜平价直销店、蔬菜配送等销售形式，减少流通环节，降低流通费用。市区有“扬州惠生活”“宏信龙生活馆”“门口街”“汇银乐虎网”等蔬菜电子商务平台4个。扬州市农产品质量安全可追溯系统建成投用。全市新增“三品”(无公害农产品、绿色食品、有机农产品)基地291.67公顷。

（袁秋勇　王曙光　陈志明）

■**惠农补贴** 2014年，全市投入各项粮食补贴资金4.85亿元，其中粮食直补资金6328万元、农资综合补贴资金3.41亿元、良种补贴资金8025万元。各项补贴资金均按时通过一卡通兑付到农户手中。补贴资金兑付率100%，惠及农户74.47万户，232.35万人。（袁秋勇　王曙光）

■**粮食高产创建** 2014年，全市承担农业部、江苏省粮油万亩高产增效创建示范片(简称示范片)88个，比上年增加2个，其中水稻示范片55个、小麦示范片28个、油菜示范片4个、大豆示范片1个。示范片增产效果显著。经省专家实产验收，高邮市三垛镇攻关田小麦每公顷产量10398千克，在淮南小麦产区排名第一。

（袁秋勇　王曙光）

高邮市界首镇示范方万亩麦苗长势喜人。图为一架小型航模飞机正在喷洒农药　　程建平/摄

■**菜篮子工程建设** 2014年，江都吴桥、高邮、仪征永久性蔬菜生产基地获省“菜篮子”工程蔬菜基地项目支持，获省级财政补贴1500万元；市级“菜篮子”工程项目广陵沙头和江都小纪、吴桥园区获市级财政补贴1000万元。沙头、小纪、吴桥3个镇新建蔬菜生产基地133.33公顷，配套建设道路、农桥、排灌等基础设施和大棚、喷滴灌、遮阳网等生产设施。（陈志明　袁　霖）

## 林业

■**概述** 2014年，全市完成造林2950.6公顷，其中成片造林1940.6公顷。新建果树、花木等高效林业面积934公顷。全市有茶园2263.46公顷，茶叶年产量756.99吨；有果园4486.32公顷，水果年产量6.72万吨。至2014年底，全市森林覆盖率21.0%，林木覆盖率23.3%。

（米方秋）

■**生态中心建设** 按照在生态、运动、休闲、旅游、科普中任选两项或多项功能叠加的模式，规划建设生态中心。2014年，扬州市规划建设生态中心9个，分别是宝应湖生态中心、高邮清水潭生态中心、仪征枣林湾生态中心、江都仙城生态中心、邗江蜀冈生态中心、广陵夹江生态中心、生态科技新城“七河八岛”生态中心、瘦西湖生态中心和三湾生态中心。规划面积近2万公顷。（米方秋）

■**自然湿地保护** 2014年，全市新增自然湿地保护面积0.62万公顷；受保护湿地面积3.48万公顷，占当年省核准自然湿地面积的42.39%。新建仪征胥浦河湿地保护小区1个。补充、完善高宝邵伯湖湿地保护区保护规划。（郝奇林）

■**城市森林生态系统国家定位观测研究站通过现场考察** 8月11—12日，扬州城市森林生态系统国家定位观测研究站通过由国家林业局组织的现场考察。扬州城市森林生态系统国家定位观测研究站位于江淮平原丘陵落叶常绿阔叶林及马尾松林区，主站址设在扬州市区东北部茱萸湾风景区内，辅站分别位于蜀冈-瘦西

湖风景名胜区、古运河风光带、润扬湿地公园内；植被类型以地带性次生林和人工景观林为主，主要分布树种有杨树、枫杨、朴树、柳树、构树、香樟、水杉等。（黄 健）

## 畜牧业

**■概述** 2014年，全年生猪出栏135.72万头，比上年减少5%；家禽饲养量5609.52万只，比上年减少11万只。家禽养殖效益较好，每只蛋鸡赢利40～60元。牛羊生产发展提速，全市奶牛存栏4900头，比上年增加近1000头；饲养山羊18.07万只，比上年增长4.2%。（段宝法）

**■畜禽规模化养殖** 2014年，全市有大中型生猪规模养殖场203家，生猪规模养殖比重80.9%；规模出栏比重57.7%，比上年增长5.6%；场均出栏生猪2200头，比上年增加近200头。有大中型蛋禽规模养殖场429家，蛋禽规模养殖比重80.9%，存栏比重76.2%，场均存栏蛋禽1.13万只，比上年增加近500只。有大中型肉禽规模养殖场99家，肉禽规模养殖比重81.1%，出栏比重60.0%，场均出栏肉禽7.19万只，比上年增加1万只。奶牛规模养殖比重100%。高邮市建成病死畜禽无害化处理中心，设有收集点3个。（段宝法）

**■“115”鲜奶工程** 2014年，市委、市政府继续实施“115”鲜奶工程(全市奶牛养殖量1万头，城市主要消费人群每天饮用1瓶奶，年生产加工鲜奶5万吨)。全年新增鲜奶供应4219吨。江都区郭村四庄奶牛场新建奶牛舍2400平方米。推广使用奶牛性控精液2000多颗，新增后备母牛1099头。新增鲜奶直销点10个。全市学生饮用奶日推广量18万份。（段宝法）

**■活禽市场“四查一落实”行动** 1月，全市开展禽类交易市场“四查一落实”大检查行动，查防疫消毒休市制度是否建立，查消毒药品器械和人员是否落实，查检疫证和销售台账是否清楚，查场内外活禽非法交易是否取缔，落实市场主管部门禽类交易市场监管责任。全市出动执法人员1245人次，检查活禽交易市场3个、农贸市场189个，取缔活禽流动摊点40个，发放宣传资料860份，下发整改通知单56份，发放消毒药品9.84吨，完成畜禽交易市场消毒面积138.8万平方米。城区46个活禽交易市场建立定期消毒、轮流休市制度。全市下拨消毒药5吨，用于规模禽场、禽类交易市场、畜禽运输检查消毒站等重点场所消毒，清除活禽市场防疫死角和隐患，阻断病毒传播渠道。（段宝法）

**■生猪屠宰治理** 开展生猪屠宰专项治理行动，重点检查生猪屠宰场凭证凭标进场、“瘦肉精”自检及抽检、无害化处理、同步检疫检验落实情况，有无屠宰注水、注胶等违法行为，检疫人员实施检疫、印章使用及动物产品检疫合格证明出具等情况；同时，对肥猪交易市场、生鲜肉冷库逐一排查。全市检查各类场所56个次，出动执法人员773人次，清查屠宰场20个，检查面100%，检查生猪1.64万头；检查肥猪交易市场4个，检查面100%，检查生猪2044头；检查生鲜肉冷库43个，检查面100%，检查生猪产品70.5吨。至年底，全市有生猪定点屠宰企业20家，其中8家取得屠宰许可证。（段宝法）

**■小反刍兽疫疫情控制** 上半年，高邮、仪征、江都、宝应等地从山东、徐州引进的山羊先后发生小反刍兽疫疫情8起。这是全市首次发生输入性新疫情。疫情发生后，各地扑杀山羊1012只并进行无害化处置，同时开展消毒灭源、紧急免疫、溯源排查，未造成疫情扩散和流行。各级财政按每只山羊240元标准向相关农户发放扑杀补助。（段宝法）

## 渔业

**■综述** 2014年，全市水产养殖面积7.80万公顷，比上年增加660公顷。其中，池塘面积5.07万公顷，比上年扩大600公顷；湖泊面积1.51万公顷。特种水产养殖面积6.93万公顷，比上年增加2000公顷。新增高效渔业面积0.61万公顷、设施渔业面积0.34万公顷。新增省级“菜篮子”水产品生产基地2个、农业部健康养殖示范场4个。全市水产品总产量39.6万吨，比上年增加1%。（李荣福）

**■渔业结构调整** 全市特种水产养殖继续保持稳步增长。罗氏沼虾养殖面积1.15万公顷，比上年增加133.33公顷。其中，高邮市罗氏沼虾养殖面积0.93万公顷；放养罗氏沼虾虾苗121亿尾，比上年增加12亿尾。河蟹养殖面积3.63万公顷，比上年增加1133公顷。（李荣福）

**■高宝邵伯湖渔业** 2014年，高宝邵伯湖区完成渔业总产量1.67万吨(不含水生植物和贝类)，比上年增长5.95%。其中，养殖产量9071吨，比上年增长12.65%；捕捞产量7658吨，与上年基本持平。湖区渔业实现总产值2.86亿元，比上年增长26.63%。其中，养殖产值1.85亿元，增长36.02%；捕捞产值1.01亿元，增长12.42%。渔民人均渔业纯收入10929元，增长11.26%。建成增殖渔业产业化试验区2100公顷、休闲渔

夕阳下的宝应湖 程建平／摄

业试验区233.33公顷。封湖禁渔秩序良好，封湖期查处案件63起，比上年减少26.7%。（眭洁如）

**■渔业经济效益提升** 2014年，全市水产品价格全面上扬，比上年上涨5.65%；其中，罗氏沼虾价格全面上扬，鳜鱼、黄颡鱼、河蟹价格保持稳定，常规鱼价格稳中有降。常规鱼连片养殖池塘平均每公顷纯效益3.75万～5.25万元，最高逾7.5万元；罗氏沼虾养殖池塘平均每公顷纯效益6万～9万元，最高逾18万元；河蟹养殖池塘平均每公顷纯效益4.5万～6万元，最高逾10.5万元；甲鱼养殖池塘平均每公顷效益6万～7.5万元，最高逾15万元。总体经济效益比上年提升。

2014年，全市渔业实现总产值164.5亿元，比上年增长6.8%；实现增加值69.16亿元。农民来自渔业的人均纯收入780元，比上年增加30元。（李荣福）

## 农业综合开发

**■概述** 2014年，全市完成国家和省级农业开发项目总投资3.68亿元，比上年增长13.93%；其中，争取财政无偿资金2.48亿元，比上年增加1777万元，增长7.36%。在全省10个产业化试点项目中，扬州市争取到2个，获财政资金2100万元。

全年争取国家和省级农业开发土地治理项目资金1.81亿元，其中财政资金1.63亿元，建成高标准农田7900公顷。全市农业开发项目区新建泵站287座、衬砌渠道366.12千米、涵闸2550座、机耕桥171座、田间道路265千米，配套建设田间小沟建筑物1.38万座，植树55万株。通过各类工程建设，项目区新增灌溉面积1433公顷，改善灌溉面积6067公顷，新增有效耕地面积逾200公顷，新增粮食产量1.28万吨、油料产量356吨，新增种植业总产值逾3300万元，项目区农民增收逾3500万元。全市争取国家农业开发产业化经营项目和省级丘陵山区项目47个，项目总投资1.87亿元，其中财政投资8535万元，比上年增长41.2%；扶持农业产业化龙头企业25家、农民专业合作组织22个。争取省产业化试点项目2个，江苏戚伍水产发展股份有限公司、扬州万达羽绒制品股份有限公司分别获财政资金1300万元、800万元。（冯龙庆）

**■国家农业综合开发项目** 2014年，全市争取国家农业开发项目总投资3.11亿元，比上年增加8819.72万元，增长39.57%；其中财政资金2.18亿元，比上年增加3194万元，增长17.15%。国家农业开发土地治理项目主要包括：高标准农田建设项目17个，总投资1.65亿元（其中财政资金1.5亿元），治理面积7700公顷；新型农业经营主体试点项目3个，总投资429万元（其中财政资金390万元），治理面积200公顷。全年在项目区新建田间水泥路（或砂石路）205.31千米，建设衬砌渠道298.5千米，建设农桥165座，新建或拆建排灌站256座，培训农民1.73万人次，建设农田林网520公顷。

争取国家农业开发产业化经营项目32个，其中财政补贴项目28个、贷款贴息项目4个；项目总投资1.42亿元，其中财政投资6416万元；扶持16家农业产业化龙头企业和16个农民专业合作组织。28个财政补贴项目共投入财政资金6060万元，包括高邮市年产3500吨罗氏沼虾深加工改扩建及罗氏沼虾出口养殖示范基地改建项目、500头奶牛养殖基地扩建项目、5.5万羽蛋鸡养殖基地改扩建项目、年新增6000头自繁养殖商品猪基地扩建项目、1650万枚鸭蛋及70万只鸭肉制品深加工扩建项目、年产4000头优质商品猪养殖基地扩建项目，邗江区新增200吨羽绒加工扩建及6万只扬州鹅养殖基地新建项目、年出栏1.5万头种猪和2.5万头商品猪养殖基地扩建项目、200吨果品储藏保鲜新建项目，江都区3000吨瓶装蜂蜜加工生产线改扩建项目、1.5万只四季鹅种鹅繁育基地改扩建项目、750吨蜂蜜保鲜冷藏新建项目、400吨蔬果储藏保鲜新建项目，广陵区新增3000吨腐乳加工扩建项目、新增年产600吨双孢蘑菇生产基地扩建项目、500吨葡萄储藏保鲜新建项目、新增40公顷水生蔬菜基地扩建项目，宝应县新增3000吨调味藕加工改扩建项目、年产1万吨有机稻米加工改扩建项目、新增6万吨大米加工改扩建项目、6000吨速冻蔬菜加工改扩建项目、10万只蛋鸡规模养殖基地改扩建项目、7.33公顷设施鲜食葡萄种植基地改扩建项目、13.33公顷设施果品种植基地扩建项目、40公顷优质淡水鱼养殖基地改建项目、10公顷优质油桃种植基地改扩建项目、1万头生猪养殖基地扩建项目，仪征市年出栏1万头生猪养殖基地改扩建项目。（冯龙庆）

**■省级丘陵山区农业综合开发项目** 2014年，全市实施省级丘陵山区农业综合开发项目14个，建设面积1000公顷，总投资4215.8万元，其中财政投资1963万元（省级财政资金1510万元、市县财政配套资金453万元），重点扶持丘陵山区经济林果、花卉苗木、种草养禽和观光农业等产业发展。仪征是丘陵山区项目重点县，共实施玉安蔬菜苗木基地、福临花卉苗木基地、佳德田蔬菜林果基地、恒丰观光苗木基地、迎凤观光苗木基地、润盘观光林茶基地、紫馨果树苗木基地等7个项目。高邮市实施送桥肖祠生态观光农业园、菱塘种草养鹅基地、送桥尚霏生态观光农业园、送桥张公渡生态观光农业园、菱塘生态观光农业园等5个项目。邗江区实施志祥花卉苗木基地、甘泉老山花卉苗木基地等2个项目。

通过项目实施，项目区新建排灌站7座、机耕桥3座、中沟涵洞11座、节制闸1座，铺设防渗渠道32.43千米，埋设管道3.27千米，架设输变电线路5.42千米，配套建设田间建筑物272座；新建喷、滴灌设施面积17.33公顷，搭建钢架大棚29.57公顷、连栋大棚2.67公顷；新增果园面积3.33公顷、花卉苗木种植面积278公顷、牧草种植面积83.33公顷。（杜　平）

■**省级高沙土项目**　全市省级高沙土农业综合开发项目总投资1045.1万元，其中财政资金910万元、群众自筹135.1万元。项目区涉及江都区郭村镇、吴桥镇和广陵区李典镇，治理高沙土面积733.33公顷。项目区全年新建排灌站20座、机耕桥3座、中沟涵洞8座，铺设防渗渠道15.03千米，铺筑水泥路7.67千米、砂石路0.76千米，配套建设田间建筑物189座，开挖、疏浚渠道20.39千米，造林26.67公顷。项目区新增灌溉面积106.67公顷，改善灌溉面积640公顷；新增除涝面积133.33公顷，改善除涝面积600公顷；年节约水量65.1万立方米。　（杜　平）

## 农业机械化

■**概述**　2014年，全市农机总动力252.3万千瓦，比上年增长2.7%。全市有55千瓦以上大拖拉机5346台、联合收割机7153台、水稻插秧机1.28万标准台。农业综合机械化水平82.2%，主要农作物耕种收综合机械化水平87.1%。　（马　勇）

■**农机购置补贴**　全市使用省级以上购机补贴资金7891万元，购置各类农业机械1.23万台(套)，其中联合收割机386台、秸秆还田机1655台、植保机械1735台、旋耕机601台。全市新增烘干机212台，高邮市、江都区烘干机新增数占全市新增总数的70%。　（马　勇）

■**水稻种植机械化**　全市推广插秧机1580标准台，其中步进式332标准台、乘坐式416台(折合1248标准台)。水稻机插面积14.83万公顷。　（马　勇）

■**秸秆机械化全量还田**　全市争取省秸秆还田补助资金8538万元。新增大拖拉机1347台，比上年增长124.5%；其中，62千瓦以上大拖拉机1166台，占新增大拖拉机的86.6%。开展秸秆机械化全量还田作业质量巡回检查。全市夏季麦秸秆机械化全量还田面积15.94万公顷，还田率83.6%；秋季稻秸秆机械化全量还田面积10.92万公顷，还田率52.5%。　（马　勇）

■**农机新技术新机具推广**　推广稻秸秆还田集成机条播技术。小麦机条播面积4.23万公顷。建成机条播集成技术示范乡镇10个。开展犁翻还田试点示范，全市犁翻面积3666.67公顷。在仪征市大仪镇、高邮市车逻镇建成稻秸秆犁翻还田集成机条播示范点2个。宝应县建成蔬菜市级高效农业机械化示范园，江都区建成禽业市级高效农业机械化示范园。　（马　勇）

■**农机服务产业化**　全市新增农机合作社33个，总数506个。其中，有374个农机合作社开展“五统一”(统一栽植、统一植保、统一耕作、统一收割、统一运输)服务，稻麦两季服务总面积21.15万公顷。仪征市新集镇壮禾农机合作社服务农户3600户，单季服务面积逾666.67公顷。　（马　勇）

■**农机跨区作业**　农机跨区作业由传统的机收向机耕、机播、机插秧等综合作业拓展。全年累计跨区机收72.17万公顷、机耕7.51万公顷、机插秧1.04万公顷，作业总收入6.4亿元。　（马　勇）

■**农机安全生产**　全市新发拖拉机牌证2294套，完成1.78万台拖拉机年检，1424人申领拖拉机驾驶证；新发联合收割机牌证1096套，完成5835台联合收割机年检，359人申领联合收割机驾驶证。拖拉机、联合收割机综合“三率”(挂牌率、年检率和驾驶员持证率)分别为98%、92%，分别提高3%、2%。邗江区创成国家级“平安农机”示范县。　（马　勇）

■**农机人才队伍建设**　全市举办各类农机培训班205期，培训各类农机从业人员1.8万人次；举办各类农机技能鉴定班55期，农机职业技能鉴定合格3724人次。市农机职工学校被农业部评为全国农机职业技能培训和鉴定示范基地；在全省农机获证奖补绩效评价工作中获得99分，位列全省第一。宝应县农机学校祈旭获全省农机教学观摩竞赛第一名。　（马　勇）

农机部门在宝应县曹甸镇举办新型职业农民培训班　　马　勇/摄

# 工业

Gongye

编 辑 李全权

## 综述

**■概况** 2014年，全市规模以上工业实现现价产值9457.17亿元，比上年增长11.5%；实现主营业务收入9083.47亿元，增长11.1%；完成利税1066.57亿元，增长12.7%；实现利润616.95亿元，增长14.7%。全年完成工业用电量147.9亿千瓦时，比上年增长6.3%。五大千亿级产业累计完成产值6951.6亿元，增长11.2%。其中，汽车产业完成产值1135.8亿元，增长19.4%；机械装备产业完成产值3054.1亿元，增长12.1%；新能源和新光源产业完成产值695.4亿元，增长19.2%；石化产业完成产值1595.5亿元，增长7.3%；船舶产业完成产值520.2亿元，下降5.4%。新兴产业完成产值2808.5亿元，增长14.2%；其中"三新"（新能源、新光源、新材料）产业完成产值1145.1亿元，增长15.5%。

重点工业企业贡献明显。全市有产值超过1亿元的工业企业1444家，比上年增加88家，占全市规模以上企业的53.9%；完成产值8839.7亿元，占全市规模以上工业的93.5%。其中，产值100亿元以上企业6家、50亿～100亿元企业19家、30亿～50亿元企业17家、10亿～30亿元企业118家、5亿～10亿元企业204家、1亿～5亿元企业1080家。工业百强企业合计完成销售收入1956.2亿元，比上年增长10.9%；实现入库税收84.3亿元，增长16.1%。

全年新开工重大工业项目51个、新竣工重大工业项目21个。全市2012—2014年竣工的44个工业重大项目2014年实现销售收入747.5亿元，占全市工业的17.8%。完成工业投资1331亿元，比上年增长15%；其中，完成技改投入790亿元，增长27.5%。150项重点技改项目全年完成投资535亿元。全年组织实施节能技术改造项目133个、循环经济项目25个。工业集中区强化功能整合。全市66个工业集中区整合为56个（其中重点发展14个、优化发展24个）。开展重点集中区对接上海活动，签约项目6个。市区企业加快退城进园。青岛啤酒（扬州）有限公司、扬州亚星客车股份有限公司、扬州亚星商用车有限公司新厂区建成投运，扬农化工股份有限公司完成新厂区试生产，扬农化工集团有限公司完成搬迁项目2个、战略性停产项目2个，通裕集团完成新厂区一期交地和老厂区土地收储工作。 （杨 志）

**■工业投资** 2014年，全市完成工业投资1331亿元，比上年增长15%；完成工业技改投入790亿元，比上年增长27.5%；完成购进设备抵扣增值税额15.78亿元，比上年增长4.42%。

累计实施工业重大项目149个，其中上年结转项目98个、新开工项目51个。项目计划总投资1860.9亿元，累计完成投资1057.6亿元；其中，51个新开工项目计划总投资517.5亿元，完成投资134.6亿元。新签约工业重大项目45个，比上年增加1个；集中开工的25个工业重大项目中，有21个通过开工认定，认定率84%。

全年实施的149个工业重大项目中，122个项目属于五大产业项目，占81.9%，计划总投资1507.3亿元，累计完成投资887.2亿元。其中，汽车及零部件产业项目23个、机械装备产业项目68个，占累计实施项目的65%，计划总投资1043.3亿元，累计完成投资633.4亿元。各开发园区布局实施重大项目117个，实现集中布局、集聚发展。在建项目中，高新技术产业化项目、高新技术改造传统产业项目占62.4%。

加快推进"122"技术改造工程（全年滚动实施总投资1亿元以上工业技术改造项目150个以上，其中市重点技术改造示范项目20个以上、重大科技成果转化技术改造项目20个以上）。150个重点技改项目累计完成投资535亿元，其中当年完成投资212.6亿元。150项重点技改项目中，118个属于五大产业项目，其中汽车及零部件产业项目24个、机械装备产业项目54个。分类型看，增量式、提升式、节能环保式项目分别为67个、65个和13个。 （杨 志）

**■节能降耗** 实施万家企业节能目标考核，全市61家企业全年累计实现节能25.93万吨标准煤。8家企业完成能源管理体系建设。全年组织实施节能技术改造项目133个，实现节能15万吨标准煤。累计实施循环经济项目25个，71家企业开展资源综合利用审核，99家企业开展清洁生产审核。

向全市120家重点用能企业推介永磁涡流柔性传动节能技术、锅炉富氧燃烧技术、高效环保全自动贯流锅炉等节能技术。实施电机能效提升计划，全年淘汰落后低效电机总功率3.5万千瓦，推广高效节能电机总功率2万千瓦。推广财政补贴节能灯16万只。

组织企业成功申报省级以上节能项目26个，争取资金2241万元。加大节能财政投入，市级财政节能专项资金规模增加到1000万元，累计支持节能和循环经济项目42个，带动企业投入1.8亿元，实现节能3万吨标准煤。开展节能专项执法行动，对161家用能单位进行节能监督检查，指导和督促企业科学合理用能。

强化对火电、钢铁、化工等高耗能行业的用能管理。对86家企业采取阶段性停产管控措施，对65家企业采取停运部分生产线、压缩产能等管控措施。通过调控减少用能16.4万吨标准煤。

加快淘汰铅酸蓄电池、电镀、铸造、纺织、光伏等高污染、高耗能行业落后产能，对钢铁、水泥、电解铝、平板玻璃、船舶等产能严重过剩行业项目不予审批、核准、备案。排查违规在建项目，对建成项目进行摸底调查和规范清理。落实和推进承担省以上化解过剩产能和淘汰落后产能任务的项目11个，并通过专家组验收。全年淘汰铅酸蓄电池产能20万千伏安时、纱锭产能1.1万吨、铸造产能4.5万吨、镀锌产能0.9万吨、太阳能电池产能25兆瓦，化解船舶行业过剩产能60万载重吨。 （杨 志）

**■科技创新与质量管理** 建立省级企业技术中心培育库。获批省级企业技术中心32家，牧羊集团获批国家级企业技术中心。至年末，全市有省级企业技术中心140家、国家级企业技术中心5家。推进企业技术创新。138个项目入选省重点技术创新项目计划，121项(个)新技术、新产品入选省重点推广应用目录。亚普汽车部件股份有限公司(简称亚普公司)成为全市首家入选2014年国家技术创新示范企业名录的工业企业。召开2014年扬州市质量管理小组成果交流会，评选市级质量管理优秀企业12家、质量管理卓越领导者6人、质量管理优秀推进者9人。扬农化工集团有限公司被工业和信息化部认定为工业品牌培育示范企业，华富能源有限公司、扬杰电子科技股份有限公司被认定为工业品牌培育试点企业。4个省重点领域质量攻关项目全部通过鉴定验收。 （杨 志）

**■工业集中区** 2014年，全市工业集中区完成基础设施投入21亿元，建成污水管网59.6千米、道路42千米；新建标准厂房63万平方米，其中4层以上高标准厂房24万平方米；有各类公共服务平台106个。新认定市级重点工业集中区14个、优化发展型工业集中区24个，新认定的工业集中区全年完成销售收入996.9亿元、税收42.9亿元。高邮湖西新区获批江苏省绿色照明特色产业集群。至年末，全市有省特色产业集群(集聚区)11个，总数列全省第四。新增市级特色产业园10个、市级生态工业园6个。至年末，全市工业集中区有在建10亿元以上重大项目12个、在建5000万元以上项目130个，总投资340亿元。 （杨 志）

3月28日，扬州石化ARGG催化裂化装置第一再生器系统“锅底”被吊离基座 潘月斌/摄

**■中小工业企业** 2014年，全市中小工业企业实现销售收入2972.7亿元、税收125.9亿元、用电量97.4亿千瓦时，分别占全市工业总量的70.8%、67.4%、65.9%，分别比上年增长12.5%、6%、9.3%。规模以上中小企业实现主营业务收入5960.6亿元、利润418.4亿元，均比上年增长12%。小微工业企业实现销售收入2166亿元、税收90.6亿元，分别占全市工业总量的51.6%和48.5%，分别比上年增长14.8%和8.5%。

新光源产业规模以上中小企业完成销售收入60.9亿元、税收1.7亿元，分别比上年增长22.8%、17.3%；新能源产业规模以上中小企业完成销售收入42.8亿元、税收6682万元，分别增长32.7%、33.3%；汽车及零部件产业规模以上中小企业完成销售收入224.4亿元、税收9.9亿元，分别增长18.6%、29.2%；冶金产业规模以上中小企业完成销售收入145.1亿元、税收2.5亿元，分别增长15.3%、37.8%；石化产业规模以上中小企业完成销售收入252.4亿元、税收8.3亿元，分别增长-1.5%、7.2%；机械产业规模以上中小企业完成销售收入480.9亿元、税收19.9亿元，分别下降0.8%、12.4%。 （杨 志）

**■中小企业服务管理** 加快实施“专精特新”（专业化、精细化、特色化、新颖化)中小企业培育计划,促进中小企业技术创新、管理创新、商业模式创新。全年新增省级科技小巨人企业4家、省级五星级数字企业5家、省级“专精特新”产品5个、省级中小企业公共技术示范平台1个。认定市级“专精特新”企业206家,其中示范企业20家。全市589家“专精特新”企业销售收入、税收分别增长17.6%、14.3%,分别高出全市中小企业平均增幅5.1和8.3个百分点;其中,示范企业销售收入、税收分别增长21.3%和18.5%,分别高出全市中小企业平均增幅8.8和12.5个百分点。 (杨 志)

**■煤炭工业** 2014年,扬州市煤炭系统企业生产煤炭73.51万吨,比上年增长19.65%;其中,市属煤矿生产煤炭39.78万吨,比上年增长47.28%。实现营业收入3.12亿元,比上年下降2.29%;其中扬州市矿务局实现营业收入1.88亿元。实现利润总额-3142万元,其中扬州市矿务局利润总额-3587万元。至年底,王庄煤矿、拾屯煤矿、振兴煤矿、旭东煤矿分别实现连续安全生产3818天、7266天、388天、3483天,徐州、贵州煤矿变电所分别实现连续安全生产7132天和2991天。10月,振兴煤矿年产90万吨矿井技改项目通过贵州省组织的单项工程质量认证。推进水煤浆项目实施,完成沿江新能源公司组织架构设置。与山西同煤集团、扬州港务集团建立煤炭贸易合作关系。 (王美娟)

**■建材工业** 2014年,扬州市建材行业协会会员单位共完成工业总产值89亿元,实现销售收入87亿元,实现利润2.5亿元。

水泥生产。全市6家水泥企业共生产水泥468.3万吨,比上年下降4.5%;工业总产值12.26亿元,增长8.2%;利润473.62万元,比上年减少亏损2221.18万元。

商品混凝土生产。至年末,全市有混凝土企业61家(其中5家企业因拆迁停产、7家企业法人代表更迭、1家尚未取得建筑资质),有生产线120条,年生产能力4450万立方米,下降3.38%;有汽车泵221台,减少2台;有混凝土运输车1070辆,增加20辆。全市生产预拌混凝土1226.15万立方米,下降4.3%;完成产值41.5万元,下降3%;实现利润0.74亿元,下降43%。

建材钢结构生产。全市有钢结构会员单位22家,其中一级资质企业6家、二级资质企业11家、三级资质企业5家。全年制作各类钢结构37.58万吨,安装钢结构房屋221万平方米,实现工业产值35.24亿元,实现利税1.87亿元,完成科技投入2750万元,培训各类人员1650多人次。

墙体材料生产。全市生产加气混凝土砌块88万立方米、蒸压粉煤砖69万块、各种轻质板材1500万立方米、保温砂浆1.45万吨、石膏砂浆50吨、混凝土砌块400万立方米、烧结空心砖和烧结多孔砖10.3亿块,实现利润800万元。

全年累计利用各种工业固体废物、废灰渣200万吨,节约土地、矿产资源170万立方米。 (姜淑芳)

**■扬州工业资产经营管理有限责任公司** 2014年,扬州工业资产经营管理有限责任公司(简称工业公司)实现现价产值28.6亿元,比上年下降6.8%;实现销售收入25.1亿元,下降6%;实现利税1.35亿元,增长0.2%;实现利润3312万元,增长5.1%;完成工业投入1.68元,增长5%。

项目建设。全年在建技改项目7个,扬州五亭桥缸套有限公司新厂项目二期工程、扬州晶新微电子有限公司测试中心及5吋线改造项目、亲亲万吨冷储物流有限公司冷库改造项目、江苏凤凰扬州鑫华印刷有限公司书刊生产线和新厂房建设项目建成投产。亲亲万吨有限公司冷链物流项目中的保税仓库通过海关验收。中电科技扬州宝军电子有限公司北斗导航定位产业化项目作为省科技成果扶持项目,通过省科技厅组织的中期验收。江苏凤凰扬州鑫华印刷有限公司获省文化产业扶持资金100万元。

科技创新。全年开发新产品78个,完成科技投入6000万元。获授权专利9件,其中发明专利2件;获软件著作权3件。扬州五亭桥缸套有限公司获批省级技术中心。

企业重组与退城进园。通裕集团退城进园项目开工。扬州五亭桥缸套有限公司完成老厂区西半区生产车间搬迁。江苏亲亲集团通过扬州市产权交易中心挂牌转让亲亲万吨冷储物流有限公司70%股权,履行国有产权转让交割全部程序。扬州华源有限公司、扬州布厂破产清算土地收储首付款到账,职工安置工作完成,南、北厂区机器设备完成拍卖处置,出租房全部收回。扬州中芯晶来半导体制造有限公司、测绘仪器厂、江扬集团北厂区土地经市土地储备中心验收,正式交付。

资产监管。做好资产管理,清收国有股权收益,做到应收尽收。制定专项资金管理办法,对亲亲万吨冷储物流有限公司股权转让资金进行监管。规范资产处置,扬州林洋线路器材有限公司集体股按照国有资产管理规定程序,公开挂牌转让。

(张 进)

## 机械装备产业

**■概述** 扬州机械装备产业包含数控机床、工程机械、环保设备、农业机械、自动化装备、大型关键铸锻件、加工辅具及关键零部件、专用装备等重点行业,全市形成邗江数控成型设备产业基地、江都水泥机械产业基地、广陵液压件产业基地、维扬经济开发区建设机械产业基地、江都沿江钢管产业基地等特色产业基地。扬州是国内知名的压力机之乡。2004年获批的国家火炬计划邗江数控金属板材加工设备产业基地拥有扬力集团、金方圆数控机床有限公司、扬州锻压机床集团等重点企业,初步形成产品设计、毛坯铸造、焊接、零部件加工、模具、电器、控制电缆、总装产业链,以突破数控机床制造关键技术为重点,致力于中高档数控机床模块化设计技术、高刚性部件制造技术、高速精密机床关键件制造技术、

龙川钢管海洋油气储运大口径无缝管

晚 报/供稿

数控系统匹配技术、直接驱动技术攻关。广陵液压件产业基地拥有业内知名企业海沃机械(扬州)有限公司,并有意大利玛切嘉利公司为其配套生产无缝碳钢管;江都沿江地区集聚江苏诚德钢管股份有限公司、扬州龙川钢管股份有限公司等龙头企业。

2014年,全市有13家机械装备工业企业入选"2014中国工业行业排头兵企业",占全市上榜工业企业总数的60%。扬州恒佳机械有限公司的HR130型折弯机送料机器人等9个产品入选2014年度江苏省首台(套)重大装备及关键部件认定名单。扬州诚德钢管有限公司"600℃超超临界火电机组钢管"项目获国家科技进步奖一等奖。6家企业入选工业和信息化部发布的符合《铸造行业准入条件》企业名单。江苏亚威机床股份有限公司与德国徕斯机器人集团合资成立新公司;江苏牧羊集团(简称牧羊集团)在丹麦设立欧洲研究院,在埃及和巴西开建生产基地。工业机器人产业发展良好。制定发展工业机器人三年实施意见,建立工业机器人产业联盟,举办机械装备产业与机器人企业合作对接会和扬州市首届工业机器人供需对接会。全市全年集成制造工业机器人370台(套),比上年增长40%。

2014年,扬州市机械装备产业完成工业总产值3054.1亿元,比上年增长12.1%;占全市工业总产值的32.29%,比上年下降2.14个百分点。机械装备产业各主要行业中,金属制品业完成产值333.51亿元,比上年增长6.69%;通用设备制造业完成产值419.98亿元,比上年增长26.43%;专用设备制造业完成产值541.95亿元,比上年增13.78%;仪器仪表及文化办公用机械制造业完成产值522.38亿元,比上年增长2.19%。规模以上机械装备工业企业实现销售收入709.7亿元,比上年增长0.3%,居全市各行业第一位。

(史 宜)

**■扬力集团入选中国机械工业500强** 8月6日,2014年《中国机械500强研究报告》在北京发布。中国机械500强名单采用按国际惯例设计的企业竞争力评测模型,对企业销售收入、利润总额、资产利润率、增长率等数据,结合行业差异、声望指数等因素进行综合评价。江苏扬力集团有限公司(简称扬力集团)以75.18分,入选2014年中国机械500强。

(杨 志)

**■9个产品入选江苏省首台(套)重大装备及关键部件** 6月13日,江苏省经济和信息化委员会发布2014年度江苏省首台(套)重大装备及关键部件认定名单,扬州恒佳机械有限公司的HR130型折弯机送料机器人、扬州福尔喜果蔬汁机械有限公司的FGZT10型枣及小杂果光电精分选生产线、江苏一重数控机床有限公司的SXBJ-25数控板材坡口重载切削柔性机床、江苏朝阳液压机械集团有限公司的CYXC-80型新型墙体材料全自动生产线、江苏奥新科技有限公司的CRA700沥青路面高效环保智能化就地热再生施工机组、江苏省南扬机械制造有限公司的DL32型数控冷切飞锯机、江苏扬力集团有限公司的轿车用第三代轮毂轴承单元热锻造自动化成套装备、扬州锻压机床股份有限公司的MP-3150型数控多工位全自动锻造生产线、高邮市荣清机械电子有限公司的RL型复杂循环舰船燃气轮机用间冷器等9个产品入选,获省级认定和示范奖励资金410万元。扬州工业企业产品入选数量连续两年居全省前三,累计认定产品33个,总数居全省前列。

(胡 岩)

**■江苏亚威机床股份有限公司** 2014年,江苏亚威机床股份有限公司在提升数控金属成型机床主机业务基础上,加速发展各类中高端自动化生产线,进军工业机器人领域,拓展三维激光切割系统业务,加快高端、智能、自动化转型升级。全年实现营业收入8.94亿元,比上年增长4.96%。其中,数控金属板材成型机床及自动化生产线研发、制造、加工、销售等主营业务收入比上年增长5.99%;原材料、产品配件销售及对外加工等其他业务收入比上年下降26.84%。完成净利润8463万元,增长3.48%。至年末,公司总资产17.56亿元,比年初增长7.86%。

推进成熟主机产品向高端、智能、自动化升级步伐,实现向成套自动化生产线方向发展。加大对工业机器人及自动化高端装备的投资,与德国徕斯公司合作,引进其线性机器人与水平多关节机器人技术,双方共同投资成立亚威徕斯机器人制造(江苏)有限公司,年内样机试制成功并承接订单。利用上市平台,进行三维激光切割系统业务并购整合。实施对无锡创科源激光装备股份有限公司并购项目。根据扬州市城市建设规划及基础建设等需要,完成舜天路工厂搬迁用扩建工程。研发中心项目建设有序推进。

坚持技术创新,整合利用国内外先进技术资源,与高端客户建立战略合作关系,加大数控金属板材成型机床及自动化生产线等新技术、新产品开发力度,全年研发项目总支出5592.32万元,占营业收入的6.26%。数控主机产品技术性能持续提升,国家重大科技专项攻关项目机械伺服数控转塔冲床、大型开式伺服折弯机通过验收。其中,机械伺服数控转塔冲床成果实现产业化,全年产销150台，销售额1.3亿元。数控二维激光切割机产品采用与国际先进企业合作的方式，加强激光切割工艺研究，提升激光切割机技术性能。门板加工自动化生产线通过客户验收并交付，实现国内同类自动化生产线的突破。用于汽车板材加工的数控飞摆剪切线、数控开卷落料线技术性能进一步完善优化，达到国际同类产品先进水平，其中数控飞摆剪切线获扬州市科技进步奖特等奖。与高端客户建立战略合作关系，完成EPS钢板预处理线创新研发，使卷板加工自动化生产线产品在节能环保方面实现创新飞跃。提升信息化管理水平，以云计算网络平台为信息化基础平台，承载ERP、2D、3D、PLM、CAPP、OA等应用系统。提升ERP系统应用水平，完成多项系统优化和报表开发工作。覆盖全公司管理业务的办公自动化系统(OA)正式上线。推进公司研发平台网络升级，引进世界领先的三维设计软件Cero和产品数据管理系统Windchill。 （胡　岩）

**■江苏扬力集团有限公司**　扬力集团从事冲、剪、折、激光等各类中高端金属板材设备的开发研制和生产销售，产品广泛应用于航空、汽车、家电、五金、造币等生产领域，并远销欧美、东南亚等几十个国家和地区。集团下辖扬力重机、扬力数控、扬力精机、扬力液压、扬力机床等5家全资或控股企业，形成技术综合开发、生产配套成龙、营销网络化运作、服务一体化运行的现代经济实体。建有省级工程中心，下设压力机、重型机床、精密机床、数控机床、液压设备研究所等研发机构。2014年，扬力集团完成销售收入逾40亿元，上缴税收1.36亿元。

扬力集团生产的国内首台套HFP25型2500吨热模锻压力机于2013年10月拆机交付产品用户哈尔滨轴承有限公司。作为汽车轮毂轴承全自动锻造生产线的主机，HFP25型热模锻压力机配套有步进式机械手、自动喷雾装置、自动上下料装置、中频感应加热炉、模具和模架等辅机，共同组成自动锻造生产线，用于第三代轿车轮毂轴承(内圈/外圈)全自动锻造；除了生产汽车轮毂轴承，还可用于汽车变速箱精密传动齿轮、汽车发动机内轻量化连杆和曲轴、精密差速器伞齿轮、高精度等速万向节、工程机械履带的链轨节等锻件的自动化锻造作业。3月29日，江苏省机械行业协会对HFP25型热模锻压力机进行新产品鉴定，认为该机型采用CAD/CAE虚拟设计与仿真技术，设计1500毫米超宽工作台，开发机械液压双联锁封闭高度调节机构、圆周全齿面导向离合器、齿面导向强制冷却制动器、高协调和稳定性的上下顶出机构、热模锻压力机防连车控制装置、主电机变频驱动技术、高度集中的智能控制系统等先进技术，产品稳定性好、可靠性和生产效率高，具有自主知识产权。产品技术达到国际先进、国内领先水平。产品经国家铸造锻压机械质量监督检验中心检验，所检项目均符合Q/321003JJG 31-2013《热模锻压力机》、GB 17120-2012《锻压机械安全技术条件》、GB 5226.1-2008《机械电气安全》等标准要求，同意通过新产品鉴定。7月9日，HFP2500T热模锻压力机轮毂轴承单元全自动锻造线在产品用户哈尔滨汽车轴承有限公司正式启用。

（杨　志）

**■江苏牧羊集团有限公司**　牧羊集团主要产品有饲料工程、养殖工程、油脂工程、仓储工程、钢结构工程机械等，具有提供农牧业全产业链系统解决方案的能力。9月24日，牧羊集团在2014中国国际集约化畜牧展览会现场举行新型齿轮式颗粒机全球发布会。新型颗粒机是牧羊欧洲研究院重点研发的新产品，突破传统制粒机结构，坚持智能化、安全节能化设计理念，同时实现大产能与低能耗，从全新视角定义颗粒机技术设计。11月16—17日，全国粮食科技创新大会在北京召开。大会宣布首批10个科技兴粮示范单位名单并举行授牌仪式。牧羊集团作为民营装备生产企业，凭借先后3次获评国家科技进步奖二等奖，累计申请各类专利780多件、其中发明专利58件，在推动行业科技进步方面作用明显，成为十大科技兴粮示范单位中唯一企业。11月19日，牧羊集团与四川特驱投资集团签订养殖工程战略合作协议；同时，双方确定合作建设广安德康、江安德康、刁水德康等3个养殖工程项目，签订江安特驱饲料有限公司年产12万吨成套饲料工程合同。12月24日，牧羊集团与上海比瑞吉宠物用品有限公司签订菏泽诺瑞年产15万吨宠物食品生产基地项目建设工程合同，上海比瑞吉宠物用品有限公司菏泽诺瑞基地建设项目全部交由牧羊集团总包承建。2014年，牧羊集团实现销售收入近70亿元；至年末，累计建设饲料、养殖、油脂、食品工程4500项。 （杨　志）

牧羊集团生产车间一角　程建平、刘江瑞、司新利/摄

## 汽车及零部件产业

**■概述**　扬州是科技部命名的国家火炬计划汽车及零部件产业基地。汽车及零部件产业门类齐全，集聚度较高，产业基础较好，是全市工业经济主导产业之一，产业链辐射周边如上海大众汽车有限公司、奇瑞汽车有限公司、上海通用汽车有限公司、南京汽车集团有限公司、东风悦达起亚汽车有限公司等10多家整车生产企

业。扬州市在仪征、江都、邗江等地形成汽车产业集聚区。江都区神舟汽车内饰件公司、杰信空调公司、胜赛思压铸件公司等零部件制造企业与九龙汽车制造有限公司等整车生产企业形成的江都汽车产业集群集聚效应明显。上汽大众项目投产后累计实现销售收入近300亿元，带动零部件配套企业20多家；相关企业合计实现销售收入755.4亿元，上缴税收60.1亿元，成为全市工业重要增长极。

全市有整车产品生产企业18家，其中国家《机动车辆生产企业及产品公告》内企业12家、外地汽车生产企业在扬州设立的生产基地3家、低速纯电动汽车生产企业3家。全年生产整车产品46.6万辆，销售整车产品45.5万辆，分别比上年增长21%和20%，产销总量继续保持全省第三位；其中，新能源汽车产销量均为1.3万辆，分别比上年增长156%和169%。有规模以上汽车零部件生产企业170家，产品包括燃油箱、汽车铸锻件、汽车电子电器、汽车空调、汽车散热器和水箱、汽车内饰件及附件等。零部件产业拥有潍柴动力扬州柴油机有限责任公司、仪征亚新科双环活塞环有限公司、亚普汽车部件有限公司等在国内占有较大市场份额的生产企业。其中，亚普汽车部件有限公司及其控股子公司全年在国内外销售塑料油箱530万只，是国内乘用车塑料油箱市场龙头企业。

2014年，全市汽车及零部件产业规模以上工业企业实现工业总产值1135.8亿元，比上年增长19.4%；占全市规模以上工业总量的12%，比上年提高0.95个百分点。（杨　志）

**■新能源汽车**　2014年，扬州五环龙电动车有限公司与中科院电动汽车研发中心合作，完成纯电动垃圾清运车样车试制、测试。九龙汽车制造有限公司获新能源汽车生产资质。至年末，全市有25个产品进入国家新能源汽车推介车型目录。抓住扬州市入选国家新能源汽车推广应用试点城市机遇，争取省、市专项资金扶持，统筹协调交通、供电等相关部门，推广应用新能源汽车445辆，完成省下达目标的149%。全年生产新能源汽车1.3万辆，比上年增长156%；销售新能源汽车1.3万辆，增长169%；新能源汽车产销率100%。

（杨　志）

**■仪征亚新科双环活塞环有限公司蝉联全国百家优秀汽车零部件供应商**　12月9日，第11届全国百家优秀汽车零部件供应商评选结果在重庆发布。仪征亚新科双环活塞环有限公司连续第11年获评优秀传动系统供应商。全国百家优秀汽车零部件供应商评选活动由《中国汽车报》于2003年创办，每年一届，是国内唯一针对汽车零部件供应商的评选活动，评审团由采购商、行业专家和资深媒体记者组成。（胡　岩）

**■江苏盛时科达实业有限公司江铃汽车零部件项目开工建设**　2月16日，宝应经济开发区与江苏盛时科达实业有限公司、江铃汽车股份有限公司签定投资协议。4月17日，江苏盛时科达实业有限公司江铃汽车零部件项目开工建设。该项目由江苏科达车业有限公司及江铃汽车股份有限公司共同投资，主要产品为汽车前端模块、货箱装饰杠、扰流板、行李架等汽车零部件产品。项目占地8.53公顷，规划建设总面积8万平方米，其中厂房面积7万平方米、办公及辅助用房1万平方米，计划建设周期18个月。该项目旨在搭建汽车零部件产业与主机厂配套的战略合作平台，形成与国内知名汽车主机厂配套的零部件制造基地，促进汽车零部件研发、生产、销售，设计年生产能力100万台（套）。

（杨　志）

**■上海大众汽车有限公司仪征分公司**　上海大众汽车有限公司仪征分公司位于仪征市汽车工业园内，于2012年7月建成投产，占地面积128.05公顷，建有冲压车间、车身车间、油漆车间、总装车间、技术中心、培训中心、能源中心、装车发运和零部件配送中心以及办公楼等相关配套生产辅助设施，年产能30万辆。仪征分公司是上海大众汽车有限公司首家标准化工厂，也是德国大众汽车集团在中国的首家标准化工厂。公司广泛采用大众汽车集团2010生产工艺，冲压车间建有2条国内最先进、自动化程度最高的高速冲压生产线；车身车间机器人高效运用点焊、激光焊接、单面焊、螺柱焊、涂胶、折边等加工工艺；油漆车间采用无中涂水性漆涂装工艺和电泳第四代RoDip技术；总装车间采用世界领先的拉动式物流供货模式，现场使用全程全高度自由升降式整车吊架和模块化精益生产装配模式，大幅降低设备投入、劳动强度，是节能减排、绿色环保的标准化工厂。2014年，上海大众汽车有限公司仪征分公司实现开票销售收入297.22亿元、税收28.19亿元。

（杨　志）

**■扬州亚星客车股份有限公司**　2014年，扬州亚星客车股份有限公司完成新厂区搬迁，工艺、装备达到行业先进水平。调整销售产品结构，大型客车、公路客车、海外市场销量实现较大增长。2014年，公司销售客车3822辆，比上年下降2.85%；实现销售收入12.85亿元，比上年增长20.57%；实现净利润-1.45亿元。

公司渡江南路厂区进行“退城

潍柴（扬州）亚星集团生产车间一角　　宋永根/摄

进园”搬迁，市政府按相关政策给予搬迁补偿。

公司控股子公司厦门丰泰国际新能源汽车有限公司（简称丰泰汽车）主要经营大中型客车及其零部件（含混合动力客车及纯电动客车）的研发、仓储、物流、检测、维修与出口，大中型客车车身及零部件的研发、生产与进出口，新能源动力系统及新能源控制系统的研发、生产与进出口业务，注册资本2719.83万美元。2014年，丰泰汽车销售客车320辆，比上年增长22.14%；实现销售收入1.88亿元，比上年下降3.18%；实现净利润55.29万元。至年末，丰泰汽车总资产2.27亿元、净资产1.56亿元。（杨　志）

**■江苏九龙汽车制造有限公司**　江苏九龙汽车制造有限公司主要从事10～15座豪华商务车及大中型客车研发、生产和销售，是国家高新技术企业，注册资金4.4亿元，占地40公顷，总建筑面积15万平方米，生产区域建有冲压、焊装、涂装、总装等四大车间，并装配具有国内先进水平的整车性能检测线，年标准生产能力5万辆，产品远销33个国家和地区。2014年，江苏九龙汽车制造有限公司实现销售收入7.46亿元，入库税收4947万元。

公司自主研发生产的47辆救护车交付江苏省卫生厅，正式列装江苏省公共医疗服务系统。该批次救护车根据救护车特殊需求设计宽阔的内部医疗空间；GPS车载定位系统与各地急救调度指挥系统相兼容，适应户外长期作业需求；具备良好的通行能力，适应江苏各地尤其是农村地区复杂交通状况。

公司生产的首批九龙E6纯电动车交付北京公交客运公司。九龙E6纯电动车搭载的交流永磁电机，匹配具有智能集中式管理系统的磷酸铁锂动力电池，整车续航能力200千米；每100千米使用成本仅为18元，且无发动机、变速箱等部件保养费用，实际使用成本仅为传统汽油车的六分之一；充电方便，安全快捷，同时兼容家用交流电充电、220伏特交流充电桩充电和直流快充机充电等多种充电方式，最快充电仅需2小时。

公司中标商务部对孟加拉国紧急救灾援助项目。该批次救护车车内顶部及内饰采用防水、防污染、防静电一次成型材料，配备耐酸、耐碱、防火、防滑、防静电地板和氧气瓶、分体隐藏式电动吸引器、血压表、自动上车担架、楼梯担架、脊柱夹板、软担架等设施，适应医疗救护紧急所需，运行稳定。（杨　志）

**■亚普汽车部件股份有限公司**　亚普公司是专业从事汽车油箱系统开发、制造和销售的集团化公司，总部和研发中心设在扬州。亚普公司是国家重点高新技术企业、中国最大的汽车油箱系统制造企业、中国最大的汽车塑料油箱开发和生产基地，是大众、通用、福特等著名企业A级供应商，分别在扬州、上海、重庆、长春、芜湖、武汉、烟台、成都、佛山、宁波、长沙和开封等地设有工厂15家，在印度、俄罗斯、澳大利亚、捷克设有海外工厂5家；拥有工程技术中心2个，分别位于中国和德国。公司主导产品是汽车塑料油箱总成，配套于大众、奥迪、通用、福特、雪铁龙、标致、现代、起亚等国际著名汽车企业在中国生产的乘用车。公司生产的单层、单层氟化、多层（6层）复合等塑料油箱居世界先进水平，产品符合国际上最严格的环保排放标准；拥有国际一流的油箱生产线30条、加油管生产线10条；汽车塑料油箱总成年生产能力750万只，塑料加油管年生产能力400万根，自动化程度达到国际同行业先进水平。公司研究开发中心拥有国内最先进的开发、验证手段和国内唯一汽车油箱成套检测设备，拥有冲击、燃烧、压力、氟化、跌落、渗透等各种试验手段，通过德国大众公司认证，能对单层、单层氟化、多层复合油箱进行综合性能检测。

2014年，公司商标“亚普（YAPP）及图”被国家工商总局商标局认定为中国驰名商标。1月9日，公司研发中心实验室通过江铃汽车股份有限公司评审，获得江铃供应商实验室认可证书。公司及其控股子公司全年销售塑料油箱530万只，完成销售收入40亿元。（杨　志）

**■仪征亚新科双环活塞环有限公司**　仪征亚新科双环活塞环有限公司是专业从事各类活塞环研发、生产、销售的国家高新技术企业，前身是成立于1976年的仪征活塞环厂。公司引进德国、日本技术建设车用柴油机活塞环生产线，拥有铬基陶瓷复合电镀、端面闪镀、气体氮化、PVD等自主知识产权核心技术及其生产线，产品广泛应用于各类重、中、轻型载重货车和工程机械、轿车、微型车、摩托车、船用发动机、通用汽油机等领域，活塞环年产能1.8亿片，规格4800个，国内市场占有率25%，发动机配套面超过90%。公司设有省级技术中心、博士后科研工作站、企业研究生工作站、企业院士工作站，是全国机械行业500强企业。“双环”品牌是中国驰名商标、中国名牌产品。2014年，公司入库税收4574万元，完成自营出口1153.2万美元。

2014年，公司12工位CDC自动线、铬基复合电镀活塞环自动生产线建成投产。建立玉柴精益生产专线，生产效率提升8%，生产成本下降270万元。Cummins ISG项目正式量产，上汽菲亚特红岩C9通过PPAP审核，获上汽菲亚特红岩C11与F1C产品开发权。与东风康明斯、福田康明斯、广西康明斯、重庆康明斯、西安康明斯建立全面配套合作关系。连续11年获评优秀传动系统供应商。

开发新技术、新工艺。成功开发PVD铸铁油环新产品，完成HPO油环工艺开发及运用。研发的江铃Puma2.4L、扬柴VMRA425、上汽菲亚特红岩CURSOR9、Cummins ISG、潍柴WP9欧Ⅴ、吉利β-4G13T活塞环等6个新产品被评为江苏省高新技术产品。参与修订的2项国家标准颁布实施。（胡　岩）

## 船舶及配套件产业

**■概述**　2014年，全市规模以上船舶工业企业完成销售收入134.7亿元，比上年增长2%，占全市总量的24.4%；入库税收4.4亿元，比上年下降22%；占全市总量的3.4%。造船完工量、新接订单量、手持订单量分别占全省总量的29.9%、30.9%、19.5%，分别比上年提高5.3、5.7和2个百分点。在工业和信息化部首批公告的符合《船舶行业规范条件》企业中，扬州大洋造船有限公司等4家扬州船舶工业企业入选，入选企业数列全省第二位。（杨　志）

**■4家船企入选首批符合《船舶行业规范条件》企业**　2014年，工业和信息化部开展船舶行业符合《船舶行业规范条件》企业评审。此次评审经企业申报，省级船舶工业主管部门和中央企业集团（公司）初审，中国船舶工业行业协会和中国船级社组织专家评审和复核，最终确定入选企业名单。9月28日，经中国船舶工业行业协会和中国船级社组织专家评审、核查，第一批符合《船舶行业规范条件》的企业名单发布。全国有51家船舶行业企业入选，其中江苏有15家，扬州大洋造船有限公司、舜天造船（扬州）有限公司、中航鼎衡造船有限公司、中海工业（江苏）有限公司名列其中。（杨　志）

**■中海工业（江苏）有限公司**　中海工业是中国海运集团大型船舶建造基地，生产区占地295公顷，厂房面积43万平方米，岸线长3.5千米，拥有大型船坞3座、10万吨级船台1座、2200米长舾装码头1座（泊位4个）。主要建造集装箱船、成品油船、散货船、化学品船等运输船舶和海洋平台等海工装备，主要产品有4.6万吨系列成品油船、5万～8万吨系列散货船、11万吨阿芙拉油船和大型钢质浮船坞等。年造船能力350万载重吨。

2014年，中海工业（江苏）有限公司推动产品转型升级，首制11万吨阿芙拉油船和1万标准箱集装箱船命名、交付；拓展海外市场，开始承接国外船东订单；提高产品档次，提升造船管理水平。5月23日，中海工业（江苏）有限公司承建中海油轮运输有限公司11万吨阿芙拉成品油船"桐林湾"轮在上海长兴岛命名、交付。"桐林湾"轮总长244.70米，垂线间长234.00米，型宽42.00米，型深21.60米，设计吃水12.00米，结构吃水15.30米，设计航速15.6节，是公司承建的首艘11万吨阿芙拉成品油船。6月16日，中海工业（江苏）有限公司为福建省轮船有限公司承建的10.5万载重吨散货船在中海江苏造船基地开工建造。该船型是福建省内最大型船舶，为浅吃水、节能型远洋散货船，在同航速情况下能耗比巴拿马型船舶降低15%以上。7月21日，中海工业（江苏）有限公司承建的交银金融租赁有限责任公司9400标准箱集装箱船开工建造。该船总长299.90米，型宽48.2米，型深24.80米，设计吃水12.50米，设计航速22.0节，入级德国劳氏船级社（GL），是世界上最优秀的超大型、经济型、环保型集装箱船。9月19日，中海工业（江苏）有限公司承建的首艘国外船东船舶，瑞士NAESS公司6.4万吨散货船首制船在船台下水。至年底，公司实现销售收入17.33亿元，完成入库税收4851万元。（杨　志）

**■中海工业"万箱船"建成交付**　1月16日，中海工业（江苏）有限公司承建的中海集装箱股份有限公司第二艘1万标准箱集装箱船进坞搭载。5月30日，首制1万标准箱集装箱船出坞下水，命名为"中海东海"轮。7月25日，"中海东海"轮驶离中海工业（江苏）有限公司3号舾装码头；7月27日，靠泊上海长兴岛江南长兴码头，进入试航阶段。9月4日，经过3个月舾装，完成船级社DNV-GL和CCS各项试验和检验，交付使用。11月13日，第二艘1万标准箱集装箱船在上海完成交接，"万箱船"项目完成。中海工业（江苏）有限公司成为中国第五家完成"万箱船"建造的船厂。（胡　岩）

**■中海工业建造世界最大教学实习船**　5月28日，中海工业（江苏）有限公司为集美大学建造的6.4万吨教学实习船在中国海运江苏造船基地开工建设。集美大学教学实习船集培训、科研和运输功能于一体，是公司继2012年建造当时世界最大4.8万吨远洋教学实习船"育明"轮后承接的世界最大教学实习船。（胡　岩）

**■扬州大洋造船有限公司**　扬州大洋造船有限公司（简称大洋造船）是扬州市大型远洋船舶制造企业、国家级高新技术企业，建有江苏省企业技术中心和数字化船舶工程技术中心，具有一级Ⅰ类钢质一般船舶生产企业资质，拥有以散货船和集装箱船、海洋石油平台供应船、液化石油气船为主的生产线3条，船舶产品出

10月15日，大洋造船第200艘船命名交付　日　报/供稿

口美国、法国、希腊、德国等国家。公司有10万吨级船坞1座、5万吨级船台1座、舾装码头5座、900吨龙门吊和400吨龙门吊各2座，年造船能力250万载重吨。2014年，大洋造船加快产品转型升级，开辟海洋平台供应船生产线，推出气体运输船生产线，生产高附加值的液化天然气(LNG)船、液化乙烯(LEG)船。10月，首批2艘2.75万立方米LNG船下水；11月22日，为法国船东建造的2艘海工船同时举行命名仪式。其中，SPP35海工船为大洋造船建造的首制船，是太平洋造船集团拥有完全自主知识产权的全新一代中型PSV(海洋平台供应船)，被科技部评为国家重点新产品。该船长78.55米、型宽17.2米、型深7.8米，设计吃水4.5米，最大吃水6.3米，航速14节，定员50人，载重3600吨。在美国海事权威杂志《MarineLOG》评选的2013年世界经典船舶中，SPP35海工船是当选的7型船舶中唯一由中国船厂设计的船型。2014年，大洋造船实现工业产值36.34亿元、销售收入26.95亿元。

（杨 志）

**■大洋造船通过一级Ⅰ类生产条件复审** 1月9日，江苏省经济和信息化委员会(简称省经信委)组织专家组在大洋造船召开一级Ⅰ类钢质一般船舶生产企业生产条件复审现场评价会。专家组实地查看公司生产现场的设施、设备、生产、管理等情况，听取公司情况介绍，从通用要求、管理要求、人员要求、计量检测要求、生产设施要求和生产设备要求6个方面审查复审申请资料，认定大洋造船各类生产条件均满足评价标准要求，同意通过生产条件复审评价。

（杨 志）

**■大洋造船入选江苏省重点企业研发机构** 12月24日，省推进企业研发机构建设工作联席会议办公室评选出第二批江苏省重点企业研发机构236家，大洋造船名列其中。根据相关规定，大洋造船可获得省战略性新兴产业专项资金、省新产品新技术推广应用专项资金、省级人才工作站点项目、省级各类人才计划等资金和项目的优先支持，享受优先推荐申报国家级企业研发机构等政策支持。

（杨 志）

**■江苏金陵船舶有限责任公司** 金陵船舶是中国外运长航集团船舶重工南京金陵船厂(简称长航重工金陵船厂)投资建设的56万吨级以上大中型船舶建造基地，占地面积90公顷，占用长江岸线1452米，具有国家一级Ⅰ类钢质一般船舶生产资质，主营产品为56万吨级以上巴拿马型和阿芙拉型油船、散货船等。公司有10万吨级、20万吨级干船坞各1座，可同时停靠多艘万吨轮的舾装码头2座，500吨门座式起重机4台，1250吨油压机1台，四喷六涂、四喷四涂标准化环保型喷沙涂装车间各1座，420米×36米船体车间8跨和数控机械手肋骨冷弯机、纵骨焊接机、全数字化精细旋转坡口等离子切割机等现代化生产设备，形成完整的船舶和分段建造体系，能建造20万吨以下各类船舶，年造船能力120万载重吨。2014年，金陵船舶完成销售收入19.54亿元。

4月29日，为德国船东建造的首艘5000标准箱集装箱船在张家港市命名交船。该船总长255.4米，型宽37.3米，型深19.6米，主机最大持续功率2.71万千瓦，服务航速21.7节，无限航区，主要用于装载集装箱及危险品等，载重量5.75万吨。该船入德国劳氏船级社，挂德国旗，是适应低能耗、亲环保时代要求的现代化集装箱船。7月31日，由长航重工金陵船厂为挪威船东建造的首艘6700辆汽车滚装船出坞。这是国内自主开发设计、由内河船厂建造的最大汽车滚装船。该船采用先进的节能环保装置，满足绿色环保要求，总长199.9米，型宽32.26米，共有甲板13层，一次可装载小型汽车6700辆。8月26日，为德国奥登道夫公司建造的首艘38330吨散杂货船命名交船。该船总长179.99米，型宽30米，型深15米，货舱容量4.85万立方米，是一种敞口型散杂货船。10月10日，由长航重工金陵船厂为英国船东建造的首艘814万吨散货船出坞。该船总长229米，型宽32.26米，型深20.05米，航速14.3节，按英国LR船级社入级标准建造。（杨 志）

## 石油化工产业

**■概述** 石油化工产业是扬州市重要支柱产业，产品主要有天然原油、基础化工原料、有机化工产品、无机化工产品、聚酯切片、化学纤维、化学农药及仿生物学农药、涂料、助剂、橡胶制品、日用化工、化工新材料等，以氯碱、苯为基础原料的氯苯系列、硝基氯苯系列及其衍生产品市场竞争力较强，二氯苯系列产品产量居世界前列。产业内上下游企业完备，产业链完整。本土化工企业江苏金茂化工医药集团有限公司(简称金茂化工集团)是由扬州市政府国有资产监督管理委员会(简称市国资委)出资设立的国有独资公司，下辖江苏扬农化工集团有限公司(简称扬农集团)、江苏联环药业集团有限公司(简称联环药业集团)、扬州谢馥春化妆品有限公司(简称谢馥春公司)、江苏瑞筑置业有限公司等企业和医药流通企业国药控股扬州有限公司(简称国药控股扬州公司)，其中含江苏扬农化工股份有限公司(简称扬农股份公司)、江苏联环药业股份有限公司(简称联环药业股份公司)等2家境内上市公司。金茂化工集团是国内规模最大的新型仿生农药拟除虫菊酯类产品生产企业，代表国内菊酯工业化生产的最高水平，其卫生用菊酯市场占有率逾70%，聚酯聚合物、高沸点芳烃溶剂油、丙二醇醚、高纯度均四甲苯等产品在国内外市场均有较高市场占有率。省部属企业中国石化集团江苏石油勘探局和中国石油化工股份有限公司江苏油田分公司是以油气勘探开发为主，石油工程技术服务、石油炼制和盐卤盐硝开发生产综合发展的大型国有企业，2014年实现经营收入104.24亿元；中国石化仪征化纤股份有限公司和中国石化集团资产经营管理有限公司仪征分公司位于仪征市，主要从事聚酯、涤纶纤维和精对苯二甲酸等化工原料产品生产及销售，2014年实现经营收入161.1亿元。

2014年，扬州市石油化工产业完成工业总产值1595.5亿元，比上年增长7.3%；产值占全市规模以上工业总产值的16.87%，比上年下降1.07个百分点。石油化工产业各主要行业中，石油和天然气开采业完成产值72.35亿元，比上年下降5.24%；石油加工、炼焦及核燃料加工业产值35.14亿元，比上年增长3.29%；化学原料及化学药品制造业产值1091.90亿元，增长5.79%；医药制造业产值115.29亿元，增长17.62%；化学纤维制造业产值59.72亿元，增长20.55%；橡胶和塑料制品业产值145.91亿元，增长1.59%。受宏观经济增速放缓和原油价格持续下跌等因素影响，石油化工产业产品整体价格持续走低，规模以上工业企业完成销售收入491.5亿元，比上年下降3.2%；同时，国际油价下跌带来成本快速下降，价差持续扩大，企业盈利状况有较大改善，规模以上工业企业完成税收11.5亿元，比上年增长10.8%。 （史 宜）

## 江苏金茂化工医药集团有限公司

**■概述** 2014年，金茂化工集团工业方面实现产值104.3亿元，比上年增长6.9%；实现营业收入108.2亿元，增长9.7%；实现利税10.3亿元，增长32.6%；实现利润7.6亿元，增长40.6%。工贸合计实现营业收入138.8亿元，增长8.8%。其中，扬农集团销售收入突破80亿元、利润突破6亿元；扬农股份公司如东一期工程建设完成；联环药业集团现价产值、销售收入均突破20亿元；国药控股扬州公司营业收入突破30亿元；谢馥春公司销售收入近5000万元，利税近3000万元。 （戴华侨）

**■营销管理** 提升经营理念。扬农集团做好畅销产品生产组织和扩能改造，发挥重点产品比较优势；扬农股份公司深化与国内规模客户战略合作，卫生杀虫药销售比重逐步上升到70%以上；联环药业集团加强销售队伍建设，强化临床推广队伍专业知识和销售技巧的培训，爱普列特销量比上年增长17.6%，依巴斯汀销量增长36.6%；国药控股扬州公司将市内纯销部拆分为2个市内销售部，根据各自客户特点采取相应策略，市内市场占有率突破50%；谢馥春公司坚持连锁经营和电子商务双轮驱动，连锁销售额比上年增长27.2%，电子商务销售额首次突破1000万元。

拓展国际市场。集团全年完成出口交货值33.6亿元。扬农股份公司开发新兴市场，在日本市场取得较大突破，销售额比上年增长125%；联环药业集团强化与国外客户的联系、沟通，根据市场变化调整产品价格，出口交货值比上年增长22.7%。

（戴华侨）

**■成本管理** 扬农集团每周开展产品成本分析，根据盈亏情况控制生产负荷。扬农股份公司抓好提质降耗，全年因消耗下降节约成本2015万元。联环药业集团突出内部经济责任制考核，地塞米松磷酸钠、醋酸地塞米松等产品生产成本大幅下降。国药控股扬州公司将中西药分公司仓库并入公司物流中心，实现物流运行一体化，节约经营费用。谢馥春公司合理调配生产组合，推出定额计件和月度绩效考核双轨并行管理模式，车间劳动生产率提高50%以上。

（戴华侨）

**■资产管理** 推进联环药业股份公司上市再融资工作，计划募集资金3.17亿元，用于新区项目建设。加快推进谢馥春公司改革改制，形成《谢馥春公司深化改革实施方案》，报市国资委审核批准。做好江苏瑞筑置业有限公司减资工作，注册资本变更为5100万元，其中金茂化工集团占51%、扬州福源化工科技有限公司占49%。做好群发化工有限公司破产清算相关后续事宜，按照市中级人民法院裁决完成破产财产第二次分配。

（戴华侨）

**■科技创新** 扬农集团、扬农股份公司、江苏扬农锦湖化工有限公司、联环药业股份公司通过江苏省高新技术企业重新认定。扬农集团获评中国石油和化工行业技术创新示范企业，甲基吡啶、二氯苯获评江苏省高新技术产品，全年申报专利10件、获专利授权7件。扬农股份公司获江苏省企业技术创新奖和中国农药技术创新一等奖，入选国家火炬计划重点高新技术企业，全年申报专利17件、获专利授权13件；绿色农药品种清洁生产技术的研发及产业化项目入选省重大科技成果转化项目，获省财政拨款700万元、贷款贴息500万元。联环药业集团完成依巴斯汀新工艺注册申报，走通醋酸乌利司他合成路线。扬州制药有限公司成功申报扬州市企业技术中心。 （戴华侨）

**■项目建设** 集团全年完成技改投入约8亿元。扬农集团完成二氯苯工艺优化、DMP新工艺改造、脱硫脱硝工艺改造、啶虫脒等项目。扬农股份公司优嘉公司项目一期工程全部建成，进入调试阶段，完成总投资6.14亿元；仪征厂区新建副产氢气回收装置、焦磷酸钠精制装置、锅炉脱硫脱硝装置。联环药业集团在扬州高新技术产业园投资3.03亿元新建原料药精烘包生产线及固体制剂生产线，签订一期项目用地出让协议，完成项目环评；南京生命科技园研发中心项目内部装修完成，具备入驻条件。谢馥春公司杭集工业园项目3月18日奠基，5月15日开工；至年末，土建工程通过竣工预验收，进入设备安装和5号车间GMP（药品生产质量管理规范）改造阶段。 （戴华侨）

**■质量管理** 扬农集团主持修订工业用环氧氯丙烷国家标准，组织50人参加全面质量管理知识培训并全部通过国家质检总局理论考试，氯碱分厂二氯丙醇工段QC（质量管理）小组获评全国优秀QC小组。扬农股份公司“墨菊”商标创成中国驰名商标，上报氯氟氰菊酯原药等3个产品行业标准。联环药业集团5个原料药品种通过新版GMP论证，全年修订质量标准、操作规程等文件607份。谢馥春公司突出名牌宣传，先后参加江苏卫视《中华老字号——留住你的乡恋·扬州篇》和深圳卫视《年代秀——经典国货》等节目拍摄。

（戴华侨）

**■安全生产** 学习贯彻新版安全生产法，强化安全生产主体责任。强化安全生产制度建设，全年制定安全生产应急预案18个，组织各种演练59次，参演人数逾3000人次。强化集团安全生产日常管理，定期召开安全生产例会，布置工作要求，交流安全生产管理经验；邀请专家举行安全知识讲座。开展“安全生产月”、安全生产检查整改专项行动等活动。推进安全生产标准化管理。扬农集团推进杜邦安全管理模式，扬农股份公司被认定为三级安全标准化企业，江苏优士化学有限公司被认定为二级安全标准化企业。（戴华侨）

**■节能减排** 加强清洁生产。扬农集团关停三氯杀螨醇生产线，完成清洁生产项目6个，减排废水1.59万吨、废石棉8吨，减少COD（化学需氧量）产生量660吨；联环药业集团被江苏省环保厅评为“蓝色企业”，完成污水处理站兼氧池大修。

强化节能管理。扬农集团万元产值能耗比上年降低4.51%，循环水重复利用率94.05%；扬农股份公司开展能源管理体系建设，全年推广高效节能电机50台（套）。（戴华侨）

**■退城进园** 推进重点企业退城进园。扬农集团完成所有搬迁项目可行性报告，完成啶虫脒项目搬迁，修订、完善转型升级方案；扬农股份公司与如东县政府签订后续供地和项目建设协议；联环药业股份公司与扬州高新技术产业园签订退城进园项目用地协议书。（戴华侨）

**■江苏扬农化工集团有限公司** 2014年，扬农集团实现销售收入78.7亿元、利润6.15亿元。完成多个重要农药、化工中间体技术升级改造，1，2，4-三氯苯、间二氯苯扩能项目投产；完成二氯苯新工艺改造；完成农药新品种、特种化学品及其应用技术等研究课题。优嘉植保项目、啶虫脒项目建设有序推进。优化生产资源调配，推进节能减排。持续优化吡虫啉、环氧氯丙烷等装置运行，提升产品循环经济水平。优化供应商结构，加强市场运作，降低主要原料采购成本。利用部分化工品市场回暖机遇，扩大销量、推涨价格；拓展农药海外高端市场。完成中化扬农循环经济产业园规划，推进宝塔湾厂区土地收储；参与格林艾普重整项目，拓展发展空间；完善生产厂区现有基地配套设施。杜邦安全项目向深度拓展。完善绩效管理机制，实施绩效薪酬体系改革。完善管理制度，构建工程管理体系。（戴华侨）

**■江苏扬农化工股份有限公司** 2014年，扬农股份公司完成销售收入27.8亿元、利润5.5亿元。如东优嘉公司一期项目建成投产。深化与规模客户战略合作，规模客户销售比重逾70%。开拓新兴市场，印度合作工厂建成投产。“墨菊”商标创成中国驰名商标，墨菊品牌被认定为江苏省重点培育和发展的国际知名品牌，墨菊系列产品获评江苏省名牌产品。全年申请专利17件，获专利授权13件。通过高新技术企业重新认定，获批国家火炬计划重点高新技术企业，获江苏省企业技术创新奖、中国农药技术创新奖一等奖。投入安全整改资金1030万元，升级改造氨系统。在国内首批通过草甘膦环保核查，通过中国农业工业协会HSE（健康、安全与环境）管理规范认证审核。

（戴华侨）

**■江苏联环药业集团有限公司** 2014年，联环药业集团实现现价产值20.06亿元、销售收入20.41亿元、利润1.04亿元，上缴税收1.13亿元。制剂销售保持上升势头，爱普列特、依巴斯汀片销售量分别比上年增长17.6%、36.6%。原料药销售总体稳中有升，醋酸地塞米松、盐酸土霉素销售量分别比上年增长50.6%、102.5%。南京研发中心完成内部装修、相关仪器设备添置，具备入驻条件。完成苯磺贝他斯汀原料及片、依巴斯汀新工艺申报注册。加大硬件投入，完成氢化可的松精烘包、片剂A楼生产线GMP改造等项目，满足新版GMP要求；抓好软件整改，修订质量标准、操作规程等文件607份。加快项目行政审批，落实一期项目土地。

（戴华侨）

## 江苏油田

**■概述** 江苏油田为中国石化集团江苏石油勘探局（简称江苏石油勘探局）和中国石油化工股份有限公司

**2013—2014年江苏油田主要生产建设指标一览表**

表14-1

| 指标名称 | 单位 | 2014年 | 2013年 |
|---|---|---|---|
| 原油产量 | 万吨 | 171.00 | 171.2 |
| 天然气产量 | 亿立方米 | 0.52 | 0.51 |
| 新增原油生产能力 | 万吨 | 23.00 | 24.54 |
| 新增探明石油地质储量 | 万吨 | 247.02 | 228 |
| 新增动用石油地质储量 | 万吨 | 209.64 | 515 |
| 二维地震 | 千米 | 1279.72 | 5852.09 |
| 三维地震 | 平方千米 | 1011.19 | 794.5 |
| 完井 | 口 | 363 | 389 |
| 探井 | 口 | 73 | 79 |
| 开发井 | 口 | 290 | 310 |
| 钻井进尺 | 万米 | 94.09 | 101.56 |

注：新增探明石油地质储量按中国石化集团新的储量管理办法和储量计算细则统计，为经济可动用储量

（黄俊良）

江苏油田分公司(简称江苏油田分公司)的统称,是以油气勘探开发为主,石油工程技术服务、石油炼制和盐卤盐硝开发生产综合发展的大型国有企业。油田工作区域主要分布在江苏、安徽、广东三省7个地级市,油田机关及主要科研机构设在扬州市。

2014年,江苏油田新增探明可动用储量247.02万吨、控制储量830.38万吨、预测储量2188.20万吨;全年生产原油171万吨、天然气5238万立方米;实现收入104.24亿元,其中江苏油田分公司收入87.62亿元、江苏油田勘探局收入16.62亿元;实现利税总额33.26亿元,其中利润7.25亿元。至2014年底,江苏油田总资产168.12亿元,其中固定资产净值138.49亿元。江苏油田分公司有油气勘查开采项目区块36个,总面积5.51万平方千米。其中,探矿权项目区块16个,面积5.39万平方千米;采矿权项目区块20个,面积0.12万平方千米。累计探明油气田36个248.79平方千米,探明天然气地质储量92.93亿立方米、石油地质储量2.82亿吨,累计生产原油4144.82万吨。 (黄俊良)

**■油气勘探** 隐蔽油气藏勘探取得成果。2014年,江苏油田黄X161井试获高产油流,肖X14井发现大套含油层系。隐蔽油气藏成为储量贡献主力军,新增控制储量276万吨、预测储量1293万吨。高邮内斜坡勘探取得突破。花X33井在阜一段首次获得工业油流。金湖凹陷滚动勘探有新发现。石X14井解释各类油层11层37米,盛3井钻遇阜二段火山岩含油储集层8层68.1米。推进外围新区评价勘探。迈陈凹陷高精度三维地震攻关取得成效,火成岩区资料品质明显改善;福建举岚盆地地震采集项目完成;江西弋阳盆地600千米二维地震采集项目开工。 (黄俊良)

**■油田开发** 巩固老区稳产基础。强化以注水为中心的综合调整,加大多向注水、改向注水、细分注水力度,全年投转注水井88口。老井自然递减率、综合递减分别为14.27%、7.16%,综合含水80.53%。推进产能建设项目。真联、公道、乔田项目完工,新建产能17.6万吨;徐闻探区评建工作进展顺利,徐闻6-2井在涠二段捕获新的含油层系,徐闻新区累计产油3390吨。工艺技术应用效果显著。侧钻井应用实现跨越式发展,投产侧钻井39口,增油1.08万吨;压裂技术实现突破性发展,实施分层压裂63口井126层,单层压裂费用降低50%;移动注水规模应用向纵深推进,13个零散区块实施注水井18口,新增注水储量110万吨。 (黄俊良)

**■多元开发** 炼油化工实现利润5630万元,每吨油利润业绩保持中国石化集团炼油板块第一。非烃类开发方面,生产合格卤水491.7万立方米,实现销售收入1.17亿元;生产元明粉25.4万吨,实现销售收入9028万元;精制卤水项目投产。矿业开发实现劳务收入5.92亿元。天然气运销、成品油运输和管道配送业务发展平稳,外部市场业务占比逾50%。 (黄俊良)

**■安全生产与环境保护** 推进HSE体系建设,修订完善事故责任追究、安全帮扶管理、安全专项资金管理等制度,加强各级应急预案编制、培训和演练工作。采取"四不两直"(不发通知、不打招呼、不听汇报、不陪同接待,直奔基层、直插现场)方式开展安全检查,推进油气管道和罐区隐患整治,强化直接作业环节监管,全年排查各类隐患2640个,落实隐患治理资金8407万元、安全技术措施经费2007万元。加强职业健康工作,检测职业危害岗位434个。推进"碧水蓝天"专项行动和"能效倍增"计划,实施环境风险防控动态管理,能源管理体系建设通过江苏省验收。 (黄俊良)

**■科技创新** 真武油田改善水驱提高采收率研究成效显著,3年增加可采储量45万吨,提高采收率2.2%。在12个断块应用深度调剖技术,累计增油3.5万吨。在47口井实施油水过渡带提高采收率技术,恢复动用储量210万吨。徐闻重大专项取得突破,应用分层压裂和举升工艺技术,新增预测储量1071万吨。国家级北斗卫星示范应用项目进展顺利,完成软件开发80%工作量。推广应用勘探开发一体化业务协同平台(EDIBC)。GIS(地理信息系统)应用研究项目通过验收,生产视频监控及油井生产自动化数据集成建设初见成效,油气开采综合分析与设计软件上线运行。2014年,江苏油田获国家科技进步奖二等奖1个;申请国家专利100件,获专利授权74件。 (黄俊良)

6月27日,江苏油田试采二厂采油九队首次采用的智能机采系统上线试运行

王继东/摄

## 仪化公司

**■概述** 中国石化仪征化纤股份有限公司(简称仪化股份公司)和中国石化集团资产经营管理有限公司仪征分公司(简称仪征资产分公司)统称仪化公司,位于江苏省仪征市,占地10平方千米。2014年,仪化股份公司进行重大资产重组,年底设立中石化仪征化纤有限责任公司,成为中国石化股份公司全资子公司。

仪化股份公司主要生产聚酯和涤纶纤维,并配套生产聚酯主要原料精对苯二甲酸(PTA)。2014年底,仪化股份公司有PTA生产装置2套,年产能100万吨;有聚酯生产线16条,聚酯聚合年产能218万吨;有瓶级切片生产线5条,年产能45.5万吨;有涤纶短纤维生产线34条,年产能79.3万吨;有超高分子量聚乙烯纤维干法纺丝装置2套,年产能1300吨;有对位芳纶试验装置1套,年产能100吨;有1,4-丁二醇(BDO)装置1套,年产能10万吨。

仪征资产分公司下属3个生产单位和社区管理中心。PBT生产中心主要生产工程塑料(PBT),有装置2套,年产能9.1万吨。仪化东丽聚酯薄膜有限公司为仪征资产分公司和日本东丽株式会社合资企业,主要生产聚酯薄膜,年产能4.41万吨。仪化博纳织物有限公司为仪征资产分公司与英国博纳国际控股有限公司合资企业,年产聚丙烯织物7300万平方米。

2014年,仪化公司生产PTA产品101.51万吨、涤纶产品232.14万吨。仪化股份公司完成产值114.49亿元,实现营业收入154.87亿元;仪征资产分公司完成产值5.98亿元,实现营业收入6.23亿元。

1月,仪征资产分公司代表中国石化资产公司组织实施海南盛之业高新技术有限公司关闭清算工作;4月,海南盛之业高新技术有限公司解散;6月,公司166名职工分流安置工作完成。

4月,仪化公司关停长丝直接纺生产线8条、间接纺生产线6条、加弹机40台,安置职工1141人,全面退出长丝业务。

2月27日,仪化公司年产40万吨聚酯专用料项目获中国石化2013年度优质工程奖。4月25日,仪化公司短纤和聚酯实验室通过中国合格评定国家认可委员会认证,挂牌"国家认可实验室"。5月15日,仪化公司获可口可乐供应商社会责任优秀实践奖。7月24日,仪化公司聚酯产品BG80在上海化工品交易市场成交首笔订单,成交量44吨,标志着仪化公司利用电子商务创新营销模式进入正式运作阶段。8月14日,仪化公司能源管理体系通过英标管理体系认证有限公司注册认证。9月,由仪化公司承担的国家标准委员会纤维级聚酯切片标准样品复制项目通过国家标准样品技术委员会专家评审。

(于 岚)

**2013—2014年仪化公司主要产品产量一览表**

表14-2 单位:万吨

| 产品名称 | 2014年 | 2013年 |
|---|---|---|
| 涤纶产品产量 | 232.14 | 254.00 |
| 聚酯切片 | 116.66 | 118.43 |
| 瓶级切片 | 37.98 | 54.87 |
| 涤纶短纤维 | 75.09 | 70.73 |
| 中空纤维 | 7.34 | 7.12 |
| 涤纶长丝 | 1.39 | 6.59 |
| 加弹丝 | 1.02 | 3.38 |
| PTA | 101.51 | 105.82 |
| PBT树脂 | 5.69 | 5.94 |
| 四氢呋喃 | 0.52 | 0.56 |

注:表中数据含海南盛之业公司,不含仪化东丽公司 (于 岚)

**■仪化股份公司完成重大资产重组** 5月28日,仪化股份公司发布《重大事项停牌公告》,仪征化纤A股(600871)、H股(01033)分别在上海证券交易所、香港联合交易所有限公司停牌。6月12日,发布《重大资产重组停牌公告》。9月12日,仪化股份公司七届董事会第十七次会议审议通过有关重大资产重组的议案。9月15日,仪征化纤A股、H股复牌。11月7日,中国石化股份公司(简称中国石化)决定,仪化股份公司以全部资产和负债出资设立中石化仪征化纤有限责任公司。11月11日,召开2014年第一次临时股东大会、2014年第一次A股类别股东大会和2014年第一次H股类别股东大会,审议通过重大资产重组议案。10月17日、12月18日,分别收到国务院国有资产监督管理委员会和中国证券监督管理委员会的批复。12月23日,发布《关于重大资产重组的相关资产交割完成的公告》,重大资产重组完成。

(于 岚)

**■安全生产** 2014年,仪化公司修订总体应急预案和13个专项应急预案,治理安全生产违法、违规行为,开展管线、罐区、危化品等专项排查和月度主题隐患排查,深化HSE管理信息系统应用,促进问题闭环管理。投入5200多万元实施隐患治理项目41个。开展质量目标化改进,推进标准化巡检、标准化维保和标准化检修,打破国外技术垄断,延长设备运行周期。2014年,仪化公司无上报中国石化集团的安全、环保、质量事故,无中国石化集团级非计划停工;公司级非计划停车比上年下降75%,生产波动下降63%,临时检修下降12%,设备故障次数下降55%。通过省安全生产标准化二级企业审核,被评为中国石化安全生产和环保先进单位。 (于 岚)

■**节能减排** 2014年，仪化公司细化管理措施，制定危险废物减量考核指标，开展治污成本核算。开展物料落地综合整治，每周通报各单位污染物排放控制情况，跟踪监控，从严考核。开展"碧水蓝天"环保专项治理，完成锅炉脱硝除尘改造、青山污泥堆场规范化整治、污水异味处理二期治理和青山灰场、危险废物库改造等项目，增强环境风险管控能力。通过能源管理体系认证，试行合同能源管理，推进"能效倍增"计划。实施精制浆料预热、聚酯酯化余热利用、循环水系统优化运行、淘汰高耗能电机设备及压空替代等项目，降低能耗。完成污水处理A2/O工艺技术改造，大幅提高总磷去除率。优化污水调配，提高中水水质和用量。公司全年排废量下降13.61%，节水196万吨，万元产值综合能耗比上年下降8.7%。获评国家首批"中国能效之星"五星级单位、中国石化节能先进单位。 （于 岚）

■**科技创新** 2014年，仪化公司推进开放式创新，加强与高等院校、行业协会的技术合作，充实科技力量，打造创新团队，提高内部协作集成攻关能力，推进创新难题攻关。加大科研投入，建设合成纤维加工应用中心(FTC)及江苏省高性能纤维重点试验室，完善创新硬件设施。加强科技创新激励，发放研究人员课题津贴；评选科技进步奖63个，发放奖励120万元。开展系统性专利申请保护，全年申请专利26件。调整产品结构，从单纯追求差别化率向追求高附加值产品的效益贡献转变，新产品开发项目进展顺利。2014年，成功开发环保型聚酯切片、酷白缝纫线、怡珍绒等新产品20个，销量7000吨；加大膜级母粒、细旦高纤等14个具有效益潜力产品的推广力度，销量6.8万吨。全年差别化产品累计增效4.3亿元，其中高附加值产品增效2.76亿元。 （于 岚）

■**市场经营** 2014年，仪化公司完善营销机制，优化产销衔接，把握采购节奏，实现降本保供。建立紧密高效的产销研用工作机制。仪化股份公司全年实现产销率100.14%。各层级人员走访客户596家次。充实营销力量，实施以业绩为导向的销售激励政策。应对聚酯市场变化，利用PIMS生产信息管理系统优化排产。全年限产效益较差的切片、瓶片12万吨，多产效益较好的短纤、中空产品5.6万吨。应对原料市场全年价格单边下行态势，主原料量价关系实现负相关。创新采购模式，引进进口乙二醇、二甲苯原料融资商，降低采购成本逾500万元。规范招标采购和框架协议采购，增加框架协议采购品种。组织清理三年以上库存物资和账外物资，辅料和备件库存规模下降35%。加大废旧物资收集处置力度，实现处置收益逾1500万元。加强煤炭运损率和质量的源头控制，节约采购成本970万元。 （于 岚）

■**挖潜增效** 2014年，仪化公司开展全员成本目标管理和挖潜增效工作，加强班组成本核算，从严预算管理，加大成本费用控制，吨产品加工费用比中国石化集团下达的指标低82元。加强现场精细管理，完善计量关口表计，产品正偏差率由0.6‰降至0.3‰，二甲苯和乙二醇损耗分别为0.9‰和1.2‰(国家标准2.2‰)，煤炭损耗率实现由负变正，计量管理实现效益逾1600万元。拓展融资渠道，推广电子商业汇票业务和承兑背书，节约资金3000万元。全年12项重点降本增效措施合计完成增效1.5亿元。 （于 岚）

■**"仪纶"超仿棉纤维实现工业化生产** 2014年，仪化公司为超仿棉纤维申请CAS编号(化学物质登录号)，中文名"仪纶"。6月，年产6万吨"仪纶"生产装置改造项目一次投产成功，并通过国家鉴定。仪化公司成立"仪纶"产品推广小组，与全产业链各环节重点企业组建战略联盟，创新营销模式，从服装面料等产业链终端用户向上游逆向推广，参加2014年中国国际纺织纱线(秋冬)展览会等展会活动。2014年，销售"仪纶"产品227吨，在针织、机织、革基布等多个领域成功试用，实现在工装领域的批量应用，制成的警用服装和中国石化夏季工作服舒适性良好，获得试穿者广泛认可。 （于 岚）

■**母粒型膜级聚酯切片通过中国石化验收** 4月，由仪化公司承担的母粒型膜级聚酯切片FG611产品开发项目通过中国石化集团鉴定验收。专家组认为，该项成果整体技术达到国际先进水平，形成具有自主知识产权的成套工艺技术，申请国家发明专利4件，获得授权专利1件；膜用母粒FG611产品质量稳定，后加工性能良好，可降低聚酯膜雾度，提高光泽度，适用于加工高亮膜、转移膜等高附加值膜新产品；产品质量获得用户认可，出口日本用于生产高档双向拉伸聚酯膜产品。 （于 岚）

■**自主开发国内最薄聚酯薄膜产品** 2014年，仪化东丽聚酯薄膜有限公司组成技术团队，制定试验方案，经反复调试与实验，分析数据、调整参数，解决成膜性和卷收撕裂等难题，开发出1.7微米薄膜产品，填补国内该项生产技术空白。仪化东丽公司3号线主要生产电容膜、热转移膜，产品厚度1.7～6.5微米。 （于 岚）

■**锅炉脱硝除尘改造完成** 9月26日，仪化公司1号锅炉脱硝除尘改造通过168小时考核，锅炉脱硝除尘改造全部完成。仪化公司锅炉脱硝除尘改造总投资1.8亿元，于2013年6月动工。通过改造，仪化公司1号锅炉烟尘和氮氧化物排放标准达到设计值，各项参数均符合最新国家标准，每年可减少烟尘排放4212吨、减排二氧化硫9072吨。 （于 岚）

## 新兴产业

■**概述** 2014年，新兴产业在新能源产业恢复性增长的带动下，实现较快增长。至年末，全市新兴产业有规模以上企业484家，其中新能源和新光源产业规模以上企业119家。新兴产业规模以上企业全年实现产值2808.5亿元，比上年增长14.2%，占规模以上工业总产值的29.7%。“三新”产业完成产值1145.1亿元，增长15.5%。其中，71家新材料企业完成产值449.6亿元，增长10.2%；76家新光源企业完成产值396.2亿元，增长11.7%；43家新能源企业完成产值299.2亿元，增长30.8%。智能电网产业实现产值1114.2亿元，增长12.9%。新兴产业全年完成出口交货值396.1亿元，比上年增长14.5%。

新光源产业保持相对较快增长。全市有MOCVD(金属有机化合物化学气相淀积)设备148台，占全国的11.5%，形成集聚优势；LED(发光二级管)外延芯片年产350万片，完成产值11.48亿元，占全国产值的8.3%。扬州乾照光电有限公司维持满产，扬州中科半导体照明有限公司、史福特光电股份有限公司销售收入实现60%以上增幅，扬州国宇电子有限公司、扬州强凌电子有限公司、川奇光电科技(扬州)有限公司等配套企业销售收入增幅均在16%以上。

新能源产业在行业整体回暖和国家支持光伏发电等系列利好政策刺激下实现复苏。晶澳(扬州)太阳能科技有限公司、扬州协鑫光伏科技有限公司等重点骨干企业订单充足，产值和销售收入均实现较大幅度增长。晶澳(扬州)太阳能科技有限公司销售收入、税收分别比上年增长50.6%、290.6%，占全市产业总量50%以上；扬州协鑫光伏科技有限公司硅片月产能比上年末提升近一倍，销售收入、税收分别比上年增长30.7%、419.5%。

新材料产业平稳增长。江苏扬农锦湖化工有限公司、大连化工(江苏)有限公司等企业开工率良好，在手订单充足；奥克化学精细化工新材料、远东联环氧乙烷等重大项目在建。

受国家电网建设和改造影响，智能电网产业稳步增长。宝胜集团、扬州新概念电气有限公司等企业全年保持平稳增长，经营效益良好。国电南自(扬州)智能电网产业园、中环能(扬州)科技园等项目建设加快推进，产业发展质态提升。 （杨 志）

**■宝胜科技创新股份有限公司** 2014年，宝胜科技创新股份有限公司实现营业收入121.62亿元，比上年增长24.01%；实现利润1.29亿元，比上年增长29.51%。

开拓电网、轨道交通、能源等主体市场。全年公司与20家国内省级电力公司建立业务关系；中标新加坡电力公司项目，合同金额3.9亿元。加大自主营销力度，强化军工、通信、能源、汽车、机车、海工等高端装备线缆市场开拓。12月，获标壁、小尺寸壁厚、薄壁、单芯、多芯机车车辆电缆CRCC(中铁检验认证中心)认证证书。K3类核级电缆和海洋石油平台电缆形成订单，取得特种电缆市场突破。在中国航空工业集团公司的帮助下，举办宝胜产品推介会，与一批军工单位进行军品电缆合作，与中航金城集团、中航地产公司等企业进行工程电缆合作，拓展中航系统内部配套市场。

宝胜电缆科技城生产车间一角　　董 辉/摄

技术创新。公司开发的15个新产品全部通过省级鉴定，其中2个产品达到国际先进水平并填补国内空白。自主研发的“铁路贯通地线”等9个新产品被认定为省级高新技术产品。全年获专利授权10件。

品牌建设。8月，中国出入境检验检疫协会公布2014年中国质量诚信企业名单，宝胜科技创新股份有限公司再度入选中国质量诚信企业；10月31日，江苏省高新技术企业认定管理工作协调小组发布第三批高新技术企业名单，宝胜科技创新股份有限公司通过高新技术企业资格复审，继续享受企业所得税按15%税率计征的优惠政策。 （胡 岩）

**■鸿达兴业股份有限公司** 2014年，鸿达兴业股份有限公司强化内部管理，保障生产系统高效运行，控制采购成本和生产成本实现降本增效。公司实现营业收入33.2亿元，比上年增长37.39%，年产聚氯乙烯(PVC)31万吨、烧碱23.85万吨、纯碱7.61万吨、电石53.26万吨、PVC制品3.25万吨、电石渣水泥熟料37.53万吨、环保脱硫剂8.43万吨、土壤调理剂0.25万吨。子公司乌海化工有限公司30万吨PVC/烧碱项目保持高负荷生产；主营产品聚氯乙烯、烧碱、PVC片板材等产销量稳定增长。发展新产品业务，完善公司产业链。子公司乌海化工有限公司、中谷矿业有限责任公司电石项目投产，所产电石除乌海化工有限公司自用外，实现对外销售。乌海化工有限公司实现电石全部自给，氯碱产品生产成本有效降低；电石渣水泥项目投产，水泥熟料对外销售。

加大技改和研发投入。通过科技研发、产学研合作、引进新工艺新技术等途径增强竞争力。盐酸深度解析、含汞废水处理、电石渣浆回收乙炔气、电石灰回用、废水综合回用等技术改造项目投入运行。开发新产品，完善产业链。西部环保有限公司利用电石废渣生产环保脱硫剂，形成批量销售；利用电石废渣试制成功土壤调理剂。江苏金材科技有限公司开发塑料建筑模板、塑料装饰装潢材料、景观材料等塑料制品新业务。至年末，公司拥有"VCM合成副产盐酸深度解析研发项目"等科技成果5项、"氯碱系统中制备清净乙炔气所用清净液的设备及其方法"等发明专利2件、"一种易检修维护的VCM混合器"等实用新型专利7件，有1件实用新型专利、2件发明专利被国家知识产权局受理。（胡　岩）

**■扬杰电子科技股份有限公司** 扬杰电子科技股份有限公司主营分立器件芯片、功率二极管及整流桥等半导体分立器件产品的研发、制造与销售。2014年，公司实现营业收入6.48亿元，比上年增长22.22%；利润1.32亿元，增长9.35%。

加强营销网络建设。巩固和开拓飞利浦公司、松下照明公司、台达公司等国内外知名客户，提升公司知名度和影响力；设立台湾办事处，拓展台湾及国际市场，扩大公司服务辐射范围。实施品牌发展战略，通过行业展会、网络营销等渠道宣传公司品牌和产品。7月，公司完成新网站及互联网电子商务平台建设，形成线上线下共同营销格局。

加大研发投入，开发新技术、新产品。公司引进的台湾技术团队成功研制出DFN/QFN产品。7月，公司投资设立扬州杰盈汽车芯片有限公司，使芯片产品应用领域由消费类电子产品扩展到车用半导体。与西安电子科技大学院士郝跃签订全面合作协议，开展对第三代半导体的研究和产业化布局。

2014年，公司新增国家专利25件，其中发明专利6件；至年末，公司有国家专利122件，其中发明专利18件。全年有7项产品被认定为江苏省高新技术产品。承担的电动汽车、变频器等高端通用MPS-FRD芯片与模块封装项目被列入2014年度省级战略性新兴产业发展专项资金项目计划，获专项资金1000万元。控股子公司扬州杰利半导体有限公司通过高新技术企业复审认定，可继续享受税收优惠政策。（胡　岩）

**■晶澳(扬州)太阳能科技有限公司** 晶澳(扬州)太阳能科技有限公司位于扬州经济技术开发区，总投资5亿美元，注册资本2.3亿美元，主要从事单晶硅棒、硅片、高效太阳能电池及组件的加工、制造和销售，主导产品销往欧洲、北美、日本等地区与国家。公司建有晶澳全球高效电池研发中心，具有先进的高效率晶硅电池研发平台和世界一流的测试仪器和测试手段。2014年，公司晶硅电池效率比上年大幅提升，在全球率先实现多晶电池量产效率大于18%，生产线年产能突破1.8吉峰瓦，成为全球最大晶体硅电池单体生产基地。公司全年产出1.8吉峰瓦，比上年增长70%；实现销售收入50亿元，比上年增长60%；完成利税逾2亿元，实现扭亏为盈。（胡　岩）

## 电力工业

**■概述** 2014年，全市19家发电企业有发电机组43台，总装机容量456.41万千瓦，全年发电量215.43亿千瓦时，比上年下降11.58%。其中，3家统调电厂有发电机组13台，总装机容量318.3万千瓦，年发电量160.48亿千瓦时，比上年下降12.83%；6家地方公用热电厂有发电机组13台，总装机容量95万千瓦，年发电量28.23亿千瓦时，比上年下降16.77%；6家企业自备热电厂有发电机组14台，总装机容量35.91万千瓦，年发电量24.66亿千瓦时，比上年增长1.99%；其他4家电厂有发电机组3台，总装机容量7.2万千瓦，年发电量2.06亿千瓦时，比上年增长42.07%。

2014年，扬州市全社会用电量204.36亿千瓦时，比上年增长3.5%。第一产业用电量3.66亿千瓦时，增长38.4%。第二产业用电量150.41亿千瓦时，增长6.6%；其中，工业用电147.88亿千瓦时，增长6.3%。第三产业用电量22.26亿千瓦时，下降4.2%。城乡居民生活用电量28.03亿千瓦时，下降7.6%。全市机械装备、汽车船舶、信息服务业等产业用电量明显增加，其中上海大众仪征分公司用电量1.68亿千瓦时，比上年增长25.97%。分行业看，增幅最大的是交通运输设备制造业，增量1.55亿千瓦时，增长12.94%；信息传输、计算机服务和软件业用电量增长10.2%，首次进入全市分行业用电量增幅前三位。全年工业用电增幅分别低于工业销售收入和入库税收增幅3.7、4.2个百分点，增幅差距比上年分别扩大3.6、3.1个百分点，反映全市工业单位能耗明显降低。（杨　志）

**■江苏华电扬州发电有限公司** 2014年，江苏华电扬州发电有限公司(简称扬电公司)有330兆瓦燃煤发电供热机组2台，总装机容量66万千瓦；完成发电量27.04亿千瓦时；供电煤耗315.37克/千瓦时，比上年减少2.3克/千瓦时；厂用电率5.12%，比上年下降0.08个百分点；燃油耗用量55吨，比上年减少9吨，发电燃油单耗2.03吨/亿千瓦时；实现销售收入15.01亿元；实现连续安全生产5636天。公司6号机组获全国火电300兆瓦级能效对标及竞赛优胜机组二等奖，获评2014年度华电集团燃煤发电标杆机组。（蒋　幸）

**■扬电公司400兆瓦F级燃机扩建项目获核准** 2014年，扬电公司推进400兆瓦F级燃机扩建项目核准工作。11月7日，与中石油西气东输销售分公司签订供气合同，工程选址、气源、接入系统、取水、环境保护、节能、社会稳定风险评估、资金来源等相关项目支撑性文件均通过评审，具备核准要求。12月17日，江苏省发展和改革委员会核准扬电公司400兆瓦F级燃机扩建项目。（蒋　幸）

**■扬州第二发电有限责任公司** 2014年，扬州第二发电有限责任公司完成发电量133.42亿千瓦时，实现销售收入49.2亿元、利润12.85亿元,上缴税收7亿元。至年末,公司累计连续安全生产5169天,年内实现3个百日安全无事故周期。3号机组获评全国可靠性A级机组(600兆瓦级),4号机组获评全省火电企业能效对标活动“标杆机组”,公司获“中国能效之星”四星级用能单位称号。

构建内部控制体系,编制完成《内部控制手册》并试运行,增强公司风险防控能力。实施员工薪酬体系改革,激发员工积极性。创新经营管理。扩大大用户直供电市场,签订5.28亿千瓦时大用户直供电合同;优化购煤结构,把握市场规律,全年实现采购标煤价沿江同质可比最低。开展科技创新活动,1个QC攻关项目获全国表彰,7个QC攻关项目获省级表彰。

深化节能减排。3月,3号机组完成脱硝改造。至此,公司4台机组脱硝改造全部完成并投入运行。加大节能技改力度,实施3号机组低压缸汽封等改造项目,机组每千瓦时供电煤耗下降3克标准煤。在全省率先启动大容量机组超低排放可靠性研究,落实国家及江苏省《燃煤发电机组节能减排升级与改造行动计划(2014—2020年)》,4台机组全部被列入省首批示范工程,其中1号机组改造项目12月开始实施。

公司三期2×1000兆瓦超超临界机组扩建项目取得进展。9月,完成等煤量替代指标收购;10月,通过江苏省火电项目优选,作为备选项目上报国家能源局。仪征、高邮燃机项目进展顺利,核准前各类支撑性文件齐备。 (吴　雷)

**2014年扬州市电力生产企业情况表**

表14-3

| 类别 | 企业名称 | 装机容量(万千瓦) | 发电机组数量(台) | 发电量(亿千瓦时) | 发电量增幅(%) |
|---|---|---|---|---|---|
| 统调电厂 | 江苏华电扬州发电有限公司 | 66 | 2 | 27.04 | -17.11 |
| | 扬州第二发电有限责任公司 | 252 | 4 | 133.42 | -11.92 |
| | 江苏省江都水利枢纽工程 | 0.3 | 7 | 0.017 | 466.67 |
| 公用热电厂 | 江苏华电仪征热电有限公司 | 76.2 | 3 | 18.13 | -21.95 |
| | 扬州威亨热电有限公司 | 5.2 | 3 | 1.54 | 4.76 |
| | 仪征联众热电有限公司 | 5 | 2 | 2.51 | -18.24 |
| | 扬州港口污泥发电有限公司 | 5 | 2 | 4.54 | -4.22 |
| | 宝应协鑫生物质发电有限公司 | 3 | 2 | 1.51 | 7.09 |
| | 扬州新热发电有限公司 | 0.6 | 1 | — | — |
| 自备热电厂 | 仪征化纤股份有限公司 | 24 | 4 | 13.77 | -7.65 |
| | 扬州石油化工有限责任公司 | 0.3 | 1 | 0.00 | — |
| | 江苏瑞祥化工有限公司 | 4.8 | 2 | 4.49 | -0.22 |
| | 江苏扬农化工集团有限公司 | 3 | 5 | 2.32 | 1.31 |
| | 永丰余造纸(扬州)有限公司 | 3.66 | 1 | 4.03 | 66.53 |
| | 扬州联合安邦化工有限公司 | 0.15 | 1 | 0.05 | — |
| 其他电厂 | 扬州泰达环保有限公司 | 1.8 | 2 | 1.39 | 3.73 |
| | 高邮市林源科技开发有限公司 | 0.4 | 1 | 0.01 | -50.00 |
| | 高邮振发新能源科技有限公司 | 2 | 0 | 0.25 | 525.00 |
| | 江苏兴能可再生能源有限公司 | 3 | 0 | 0.41 | 720.00 |

(电力处)

# 建筑业

Jianzhuye

编　辑　李全权

## 建筑施工安装

**■概述**　2014年，全市建筑业实现施工总产值2760亿元，比上年增长12%；完成增加值620亿元，增长13%。建筑业企业在扬州缴税39.1亿元，占全市地税收入的17.5%，比上年增长25%，高于全市税收增幅11个百分点；其中市外企业回扬州缴税12.3亿元，比上年增长30%。

江苏邗建集团有限公司晋升特级资质，37家企业晋升一级资质，115家企业晋升二级资质。至年末，全市1542家建筑企业中，有特级资质企业4家、一级资质企业137家、二级资质企业375家，二级及以上资质企业完成产值2430亿元。全市有产值10亿元以上建筑企业49家，完成产值1870亿元，其中产值50亿～100亿元建筑企业3家、产值100亿～200亿元建筑企业4家、产值200亿元以上建筑企业2家。

全市建筑业常年从业人员约65万人，其中扬州本地工人22.3万人；从业人员年均报酬5.4万元，农民从建筑业获取的报酬占全市农民纯收入的33%。至年末，全市有一、二级建造师1.52万人，小型项目管理师4525人；拥有各类技术人员8万人，其中中、高级职称技术人员2.5万人；另有各类安全员、质检员等逾5万人。

全市建筑企业在外承建29层以上超高层建筑1020幢，比上年增长19%；市外建筑业产值突破2000亿元。至年末，全市建筑业有产值100亿元以上外部市场5个，比上年增加2个，分别是山东市场(113亿元)和湖北市场(110亿元)；北京、上海、广东、陕西和南京等传统市场增长稳健，完成产值逾630亿元；安徽、青海等新兴市场发展较快，产值增幅分别为53%、36%。

全年获各类国家级奖项20个(项)，其中中国建筑工程鲁班奖(简称“鲁班奖”)1个、国家优质工程3项，其他各类国家专业奖项16个；新增省优工程逾200项、省级工法37项。江苏扬安集团有限公司118米多功能电梯试验塔竣工启用，被中国建筑学会认定为全国给水排水技术研发中心试验基地；安宜建设集团有限公司建成省级企业技术中心。至年末，全市建筑业企业有院士工作站3个、研究生工作站5个、省级企业技术中心9个。江苏华建建设股份有限公司等3家企业入选中国建筑业竞争力百强企业，13家企业入选省建筑业百强企业，江苏邗建集团有限公司、江苏弘盛建设工程集团有限公司蝉联全国民企500强，江苏江都建设集团有限公司获评全国施工质量管理先进单位。　(王　健　卞海波)

**■江苏省华建建设股份有限公司**　2014年，江苏省华建建设股份有限公司(简称江苏华建)完成建筑业总产值265.75亿元。

市场开拓。承接的深圳鸿荣源项目建筑面积42万平方米，总造价16.8亿元，是公司进入深圳市场以来承接的最大单体项目；海南三亚妇幼保健院整体搬迁项目是公司在海南承建的最大工程；泰州兴业国际大厦建筑高度233.9米；惠州星月天地建筑高度252米，总造价7亿元，是在惠州承建的最高项目；采用BT(建设—移交)模式投资30亿元建设四川广安官盛新区市政基础设施和幸福家园项目。

品牌建设。承建的深圳迈科龙大厦获评2013-2014年度国家优质工程，承建的深圳百仕达大厦和海南和风·江岸9号、10号住宅楼及地

深圳迈科龙大厦获评2013-2014年度国家优质工程　　华　建/供稿

江都建设集团承建的西安经发新北居工程
江都建设集团/供稿

下附属车库工程获评全国用户满意建筑工程。获评省优质(结构)工程10项，获全国QC(质量管理)小组奖8个、省级QC小组奖14个。获评省级新技术应用示范工程4项、省级工法16项。新增实用新型专利19件，申报发明专利2件。1项工程通过全国绿色施工示范工程验收。新增省级安全文明工地19个、市级安全文明工地15个。2014年，江苏华建先后获评全国优秀施工企业、全国建筑业先进企业，在全国建筑业竞争力百强企业中列第26位，在中国承包商80强评比中列第27位，继续位列江苏省建筑业综合实力百强企业前5名。

多元产业。江苏华建地产有限公司联合江苏邗建集团有限公司、生态科技新城管委会拍得扬州职大A地块，开发科技综合体项目，该项目被列为2014年市政府30项重点城建项目之一；联合江苏扬建集团有限公司、江苏正裕建筑安装工程有限公司、江苏中程建筑有限公司，在扬州拍得892地块。江苏华建建筑设计院全年承接合同额4500万元。扬州市华建建设检测中心有限公司在扬州市区检测市场份额超过20%。江苏华建工程项目管理咨询有限公司整合资源，拓展业务，补齐华建产业链。华建农村小额贷款有限公司获得省金融办AAA评级。江苏华建联盟投资管理有限公司净资产收益率12%，发行基金3只。

联盟合作。2014年，江苏华建品牌发展与协作联盟新增成员单位3家、发展观察员单位3家。至年末，累计有成员单位24家、观察员单位8家。成员单位凭借品牌优势和产业链优势发展壮大，实现优势叠加、特长互补。

(余 涛 翟法宝)

**■江苏江都建设集团有限公司** 2014年，江苏江都建设集团有限公司(简称江都建设集团)实现总产值306亿元，其中施工产值280亿元。在中国建筑业竞争力百强企业评比中，排名从上年的第22位上升至第19位。首次被住房和城乡建设部评为全国工程质量管理优秀企业，在20家获评企业中列第七位。

2014年，江都建设集团形成西安、北京、上海、南京、天津等5个产值30亿元以上规模市场，其中西安公司施工产值40.2亿元。以5亿元以上、10亿元以上规模项目为重点开拓市场，制定指标下达到各区域公司。浙江公司开拓福建市场，承接的福建平潭综合实验区岚城安置小区工程建筑面积54万平方米，造价逾12亿元，成为公司在国内承接的规模最大项目。上海公司在山东兖州承建44万平方米的锦绣城小区工程，造价逾8亿元；承建的上海长宁区虹桥临空24号地块改造工程建筑面积14万平方米，造价10亿元。北京公司承接的丰台区旧村改造项目建筑面积16.27万平方米，造价5.1亿元。扬州公司承接的扬州东方国际大酒店项目塔楼工程建筑面积16万平方米，造价5.72亿元。

全年获批省级工法2项、省级新示范应用工程2项，获国家级发明专利1件、实用新型专利2件，获评全国优秀项目管理成果8项。被中国施工企业管理协会评为全国科技创新先进企业。

(徐怀华)

**■江苏邗建集团有限公司** 2014年，江苏邗建集团有限公司(简称邗建集团)完成总产值138亿元，实现利税8.7亿元，新签合同额135亿元，外经产值逾20亿元，新成立广州、青岛分公司，云南、贵州、安徽、湖北等市场份额持续扩大。

多元化经营。启动建筑工业化部署，节能保温一体板、玻璃幕墙以及门窗等装饰配套产品投入生产；房地产项目从快速规模扩张向有序、高效开发转变；市政、装潢、水利等高附加值产业发展迅速；新成立万发建材科技集团，发展建材产业；试点现代农业，万源农庄建成投产。

扬州尚锦汇商业广场酒店工程获评全国建筑工程装饰奖、中国安装之星工程
邗 建/供稿

信息化管理。集团信息化建设入选全国十五家推荐案例，集团综合集成信息管理系统获评2014年住建部信息化科技示范项目。邗建集团成为全国首家通过自主开发信息化晋升总承包特级资质的建筑企业。

品牌建设。全年创国家优质工程6项、省优质工程7项，创成国家AAA级文明工地1个、省级文明工地7个。集团承建的宿迁软件园呼叫中心工程获国家优质工程奖、中国安装之星奖、全国建筑工程装饰奖，承建的万宇城项目获中国安装之星奖、全国建筑工程装饰奖，承建的蕴博大厦工程获评国家AAA级文明工地。甲级资质设计院投入运营，集团成为扬州市唯一拥有甲级设计院的建筑企业。

科技创新。新增实用新型专利6件，国家级工法1项、省级工法8项，国家级QC成果1项、省级QC成果7项，省级新技术应用示范工程8项。集团博士后基地1名博士被确定为市“绿杨金凤计划”优秀博士人才，4名职工获评全国工程建设优秀项目经理。 （居建军）

**■江苏扬建集团有限公司** 2014年，江苏扬建集团有限公司（简称扬建集团）实现总产值104亿元，比上年增长48.6%；实现利润1.24亿元，比上年增长53%；全年获“鲁班奖”1个、全国建筑工程装饰奖2个；被中国施工企业管理协会评为2013年度全国优秀施工企业。

多元经营。扬州市环境保护有限公司智能化安装、环保工程专业晋升为一级资质；扬州新扬建工程建设有限公司晋升为总承包二级资质；江苏华发装饰有限公司晋升为乙级资质，智能化安装专业晋升为二级资质。华发幕墙基地正式投产。集团研发大楼进入基础施工阶段。

重点工程建设。承建扬州国际展览中心三期工程、扬州科技馆等扬州市重点项目。其中，承建7.5万平方米扬州西部交通客运枢纽工程，基本完成室内装饰、安装；承建31.2万平方米江广智慧城工程，其中A、C地块13万平方米建筑封顶；承建的扬州万福大桥为市区首座双层大桥。泰州金融中心18.7万平方米地下室工程封顶，推动上部工程中标。珠海工程处承建28万平方米重庆佳程广场5号楼、6号楼，主体建筑封顶。海南工程处承建海口恒大文化旅游城项目，完成13万平方米主体施工。

扬州文化艺术中心工程获评2014年度“鲁班奖”

扬 建/供稿

质量管理。扬建集团承建的扬州文化艺术中心工程获“鲁班奖”，扬州国际展览中心二期工程获中国安装工程优质奖，扬州市城建置业有限公司大学南路综合楼工程装饰工程和装饰设计分获全国建筑工程装饰奖；扬州文化艺术中心、扬州国际展览中心二期工程、扬州泰州机场、723所科技产业楼、国药控股江苏有限公司医药危险品仓库和虎豹郡王府11～13号楼及C、D、E地库等6项工程获“扬子杯”；北京工程处获河北省建筑工程安济杯奖1个。

安全生产。全年新增省级安全文明工地7个、市级安全文明工地16个。江广智慧城A、C地块项目在省建筑安全专项整治督查中获通报表扬；江广智慧城F地块、泰州金融中心地下室项目在省施工扬尘整治双百日行动专项考核中获表彰。

科技进步。全年新增发明专利1件、实用新型专利4件；获全国装饰行业科技创新成果奖1个，新增省级工法2项；有4项工程获评全国建筑装饰行业科技示范工程，16项工程获评江苏省新技术应用示范工程。广陵新城人防综合工程项目部QC小组获国家级QC成果一等奖。泰州数据园二期工程通过全国绿色施工示范工程中期验收。有3个科研项目结题，均达国内领先水平。 （蒋贵涛）

## 工程建设管理

**■招投标管理** 2014年，《扬州市国有投资项目“三合一”综合评标办法（试行）》《关于明确招标投标管理工作中有关事项的通知》等文件制定实施，招投标工作更加公开透明。招投标综合监管5.0系统全面使用，电子化招投标系统相关模块升级逐步完成，县（市、区）建筑施工电子化招投标比例84%，符合条件的政府投资工程项目远程异地评标比例100%。2014年，全市完成进场交易项目1685个标段，合同价631亿元，通过招标节约投资6.9亿元，节约率4.5%。 （王双芹 卞海波）

**■施工许可与竣工验收备案** 2014年，扬州市城乡建设局规范施工许可和竣工验收备案发证条件和工作程序，严格执行部门联合查勘制度，按照行政审批承诺时限，严把工程入口关和出口关。全市发放施工许可证864份，建筑面积1852万平方米；完成竣工验收备案731项，备案面积983万平方米。 （王双芹 卞海波）

**■施工图审查** 2014年，施工图审查机构引进骨干人才，充实技术力量，健全技术管理和质量保证体系。开展审查质量考核，降低审查收费，压缩审图时限。增设服务窗口，实现审图质量和服务质量双提升。全市完成施工图纸审查1025项，查出违反强制性条文的问题1945个，一审通过率96.1%。 （王双芹 卞海波）

**■工程质量管理** 2014年，市城乡建设局利用工程质量监督管理系统，提升质量监管水平和效率。开展住宅工程质量通病防治和重大项目、民生项目监管，以项目过程监督为纵线，原材料信息监管为横线，交叉管理，实现工程质量监管全覆盖。全年监督巡查市区在建项目1341批次，监督抽测单位工程1031批次，发出工程质量整改通知书477份、工程质量监督告知书174份、停工通知书24份，发出申请行政处罚建议书39份。

（王双芹　卞海波）

■**工程安全监管**　2014年，市城乡建设局加强建筑施工安全管理，规范机械设备管理，加强危险性较大工程监管，市区建筑安全生产形势平稳。全年组织日常安全监督巡查1306批次，发出建设工程施工安全隐患整改通知书182份、局部停工整改通知书146份。立案查处违规项目28个，约谈存在重大隐患项目责任人6人。推进建筑施工扬尘治理，扬州市获评江苏省建筑扬尘集中整治先进城市。

（王双芹　卞海波）

■**工程监理**　2014年，新设立监理企业2家，有2家监理企业晋升资质等级。至年末，全市有甲级监理企业18家、乙级监理企业6家、丙级监理企业11家。全年新增国家注册监理工程师68人、省注册监理工程师105人，有297人通过省监理员考核。开展监理项目飞行检查活动，规范现场监理行为。全年完成监理收入2.65亿元。（王双芹　卞海波）

■**工程造价管理**　2014年，工程造价管理部门全面推行国有投资项目造价全过程监管，强化对设计、招投标、施工、竣工等环节的造价控制，规范竣工结算行为，缩短结算时限。全年审核招标控制价384项，办理竣工结算审核93项。

（王双芹　卞海波）

■**工程检测管理**　2014年，加大对检测机构监管力度，开展检测机构飞行检查和专项检查，将动态监管与信用监管相结合，对各类抽查、检查和能力验证中发现的违规情况记入信用评价系统，规范检测机构市场行为和现场检测行为，打造检测市场诚实守信新环境。　（王双芹　卞海波）

## 勘察设计管理

■**勘察设计**　2014年，全市有具备资质的勘察设计单位62家，其中各类甲级资质单位27家、乙级资质单位26家、丙级资质单位9家，涉及工程勘察、建筑、市政、水利、水运、电力、通信、石油、化工、化纤、轻纺等11个行业资质以及建筑装饰、建筑幕墙、环境工程、轻钢结构、照明工程、风景园林等6个专项资质；从业人员1689人，其中注册执业人员450人。全年完成产值3.5亿元。

（汪　美）

■**工程勘察设计管理**　优按照《扬州市房屋建筑工程勘察设计质量专项治理工作方案》要求，开展房屋建筑工程勘察设计质量专项治理工作。开展全市土工试验室专项检查及市区工程勘察现场检查，核查土工实验室12家，勘察项目20个。

启用江苏省勘察设计信息管理

**2014年扬州市勘察设计甲级资质单位一览表**

表15-1

| 单　位　名　称 | 资　质　情　况 |
|---|---|
| 江苏中核华纬工程设计研究有限公司 | 甲级化工石化医药 |
| 江苏石油勘探局勘察设计研究院 | 甲级石油天然气 |
| 江苏省水利勘测设计研究院有限公司 | 甲级水利 |
| 扬州市建筑设计研究院有限公司 | 甲级建筑工程<br>甲级市政道路工程 |
| 江苏工程勘测研究院有限公司 | 甲级工程勘察综合类 |
| 扬州大学工程设计研究院 | 甲级建筑工程 |
| 扬州勘测设计院有限公司 | 甲级工程勘察岩土工程 |
| 江苏时代建筑设计有限公司 | 甲级建筑工程<br>甲级岩土工程 |
| 扬州城市规划设计研究院有限责任公司 | 甲级建筑工程 |
| 江苏华建建设股份有限公司 | 甲级建筑工程 |
| 江苏江都建设工程有限公司 | 甲级建筑工程 |
| 江苏扬建集团有限公司 | 甲级建筑工程 |
| 江苏弘盛集团有限公司 | 甲级建筑工程 |
| 江苏江建集团有限公司 | 甲级建筑工程 |
| 江苏中珩建筑设计院有限公司 | 甲级建筑工程 |
| 扬州日模邗沟装饰工程有限公司 | 甲级建筑装饰<br>甲级建筑幕墙 |
| 江苏裕祥装饰工程有限公司 | 甲级建筑装饰 |
| 扬州华发装饰装潢配套公司 | 甲级建筑装饰 |
| 扬州新盛建筑装饰有限公司 | 甲级建筑装饰 |
| 扬州艾特装饰工程有限公司 | 甲级建筑装饰 |
| 江苏华宇装饰工程有限公司 | 甲级建筑装饰 |
| 扬州森忆装饰工程有限公司 | 甲级建筑装饰 |
| 江苏建筑设计院有限公司 | 甲级建筑工程 |
| 神州交通工程集团有限公司 | 甲级照明工程 |
| 龙腾照明集团有限公司 | 甲级照明工程 |
| 扬州市开元岩土工程检测有限公司 | 甲级工程勘察岩土工程 |
| 扬州牧羊集团有限公司 | 甲级轻钢结构工程 |

（汪　美）

系统，对勘察设计单位市场行为实施动态监管。加强对在扬州承接勘察设计业务的省外勘察设计单位管理。实行工程建设项目合同备案，全年备案合同逾900份。（汪　美）

**■优秀勘察设计项目评选**　6月，扬州市举行优秀勘察设计项目评选活动，共评出获奖项目25个。其中，优秀工程设计项目一等奖3个、二等奖6个、三等奖10个，优秀工程勘察项目二等奖2个、三等奖4个。

（汪　美）

**■建筑节能与建设科技**　7月26日，《扬州市绿色建筑行动实施方案》发布实施。2014年，市级建筑能耗监测中心建成，30个数据点分项计量装置安装到位，相关数据实时上传，其中市级建筑能耗监测中心和26个数据点通过省住房和城乡建设厅验收。市政府2号综合楼A座能耗分类分项计量装置安装等6个项目成为省级建筑节能建管体系优秀示范项目。扬州华鼎星城及江都区帝景蓝湾项目获江苏省省级建筑节能专项引导资金345万元。

市城乡建设局全年初审169家企业235种建筑节能材料和产品，向146家企业209个产品发放备案证书。

2014年，全市新增绿色建筑标识项目56万平方米，其中三星级绿色建筑近50万平方米。开展公共建筑能耗监测及新建建筑能效测评，22个项目完成能效测评。至年末，扬州市可再生能源建筑应用城市示范项目建设工作完成示范项目折算面积513万平方米，示范项目竣工验收工作基本完成。（汪　美）

**扬州市2014年优秀勘察设计项目评选获奖项目一览表**

表15-2

| 奖项及等级 | | 项目名称 | 获奖单位 |
|---|---|---|---|
| 优秀工程设计项目 | 一等奖 | 施桥花木场茶吧 | 扬州大学工程设计研究院 |
| | | 瘦西湖餐英别墅景点提升工程 | 扬州市建筑设计研究院有限公司 |
| | | 瘦西湖旅游休闲文化广场建筑及景观设计 | 江苏时代建筑设计有限公司<br>扬州市建筑设计研究院有限公司 |
| | 二等奖 | 江苏省工人扬州疗养院迁建项目 | 江苏扬建集团有限公司 |
| | | 大学南路污水提升泵站 | 扬州市城市规划设计研究院有限公司 |
| | | 牧羊工业园办公及后勤中心 | 扬州大学工程设计研究院 |
| | | 高邮市盂城驿景区扩容项目及周边道路工程 | 扬州市建筑设计研究院有限公司 |
| | | 万马滨河城商业二期 | 江苏中珩建筑设计研究院有限公司 |
| | | 江都软件园惠普研发中心 | 扬州市建筑设计研究院有限公司 |
| | 三等奖 | 扬州市邗江区国防指挥中心 | 江苏扬建集团有限公司 |
| | | 扬州天下花园(住宅小区) | 扬州市建筑设计研究院有限公司 |
| | | 南方产业基地项目一期工程 | 扬州市建筑设计研究院有限公司 |
| | | 和昌·运河东郡公馆 | 扬州市建筑设计研究院有限公司 |
| | | 国展中心二期滨水绿化工程 | 扬州市建筑设计研究院有限公司 |
| | | 仪征市红旗河桥工程 | 扬州市建筑设计研究院有限公司 |
| | | 菱塘乡污水泵站 | 扬州市建筑设计研究院有限公司 |
| | | 沭阳汇峰大饭店(梦溪酒店) | 扬州大学工程设计研究院 |
| | | 仪征市实验小学 | 江苏时代建筑设计有限公司 |
| | | 扬州三和四美酱菜有限公司新厂区 | 江苏中珩建筑设计研究院有限公司 |
| 优秀工程勘察项目 | 二等奖 | 扬州文昌东路东延工程 | 江苏省工程勘测研究院有限公司 |
| | | 七浦塘拓浚整治工程航摄数字化测绘 | 江苏省工程勘测研究院有限公司 |
| | 三等奖 | 江都双汇国际大酒店及地下车库 | 扬州市勘测设计研究院 |
| | | 扬州·公园一号B区 | 扬州市江都区规划建筑设计院有限公司 |
| | | 江都市紫郡居住小区一期工程 | 江苏时代建筑设计有限公司 |
| | | 高邮市张庄小区 | 高邮市建筑设计院 |

（汪　美）

# 交通 物流

# Jiaotong Wuliu

编 辑 陈永华

## 综述

**■概况** 2014年，全市交通基础设施建设完成投资65.8亿元(不含扬州泰州机场建设投资)。其中，高速公路建设完成投资3亿元，国家、省干线公路建设完成投资23.6亿元，农村公路及桥梁建设完成投资3.98亿元，航道、船闸建设完成投资2.1亿元，港口建设完成投资14.9亿元，宁启铁路复线电气化改造工程扬州段完成投资10亿元，汽车客货运站场建设完成投资2.3亿元。连淮扬镇铁路扬州段开工建设，宿扬高速公路、611省道(沿湖大道)开工建设；125省道仪征段，203省道宝应段、高邮段、江都段建成通车。公路、铁路、水路分别完成客运量4792万人次、130万人次、12.3万人次，分别完成货运量6504万吨、6万吨、5092万吨；港口完成货物吞吐量1.21亿吨；扬州泰州机场完成旅客吞吐量70.6万人次、货邮吞吐量4792.5吨。市区城市公共交通行业全年完成客运量2.05亿人次。

全市邮政企业和规模以上快递服务企业业务收入(不包括邮政储蓄银行直接营业收入)累计完成12.45亿元，业务总量累计完成15.12亿元。全市规模以上快递服务企业完成业务量5068.98万件，完成业务收入6.39亿元。全市邮政行业完成函件业务量2507.44万件，包裹业务量15.74万件，订销报纸业务量7602.88万份，订销杂志业务量486.78万份，汇兑业务48.89万笔。有邮政网点184个，邮政网点总面积2.08万平方米；有投递网点111个，其中城市网点9个、农村网点102个；有快递营运品牌27个、快递企业53家、营业网点550个。

全市社会物流总额1.10万亿元，社会物流总费用562.54亿元，物流业实现增加值231.48亿元，比上年增长11.84%。全市下发市级服务业物流引导资金500万元，扶持物流信息化、标准化、品牌化及物流基础设施项目12个。物流项目新签约1亿元以上项目10个，计划总投资90亿元。

加强交通行业管理，促进交通运输业发展。推进客运班线公司化经营改造，全市市、县际客运班线公司化经营率86%。强化交通基础设施养护管理，保障路航设施产权完整，清除路航非标物，增设交通安全设施，保持路航通行环境良好。保障辖区内河水上交通安全畅通，未发生死亡3人以上重特大水上交通事故和船舶污染水域事件，京杭运河扬州段等干线航道未发生航道堵塞4小时以上责任事件。完成汛期、枯水期及恶劣天气条件下公路、水路运输保障任务，畅通电煤、鲜活农副产品等重要物资运输“绿色通道”，保障中国扬州“烟花三月”国际经贸旅游节、世界运河名城博览会、“南京青年奥林匹克运动会”等重大活动期间交通运输安全和行业稳定。

(王 东 朱雅博 杨 邮)

**■扬州港港政监督站更名扬州市港政执法支队** 2014年，经扬州市机构编制委员会办公室批准，扬州港港政监督站更名为扬州市港政执法支队，为扬州市交通运输局下属事业单位，自收自支性质，正科级建制。该支队主要职能为监督指导全市港口行政执法工作，检查、查处港口建设、经营、安全生产、设施保安和环境保护等方面违法违规行为。

(王 东 朱雅博)

**■扬州市交通产业集团有限责任公司** 2014年，市交通产业集团有限责任公司(简称市交通产业集团)实现营业收入10.96亿元，比上年增长4.60%；实现净利润1000万元，比上年增长20.19%；净资产收益率2.22%，年末国有净资产13.93亿元。全年融资16.39亿元，完成投资7.7亿元；完成港口货物吞吐量3180万吨、集装箱吞吐量55万标箱、道路客运量674万人次。市公共交通集团通过交通运输部交通安全委员会认定，成为安全标准化一级达标企业；江苏扬州汽车运输集团公司(简称扬汽集团)先后被中国交通企业管理协会、交通行业优秀企业管理成果评审委员会评为“全国交通运输信息管理示范物流企业”“2014年度全国交通行业质量管理小组活动先进企业”，被中国企业文化促进会评为“践行社会主义核心价值观企业文化模范单位”，被中国质量协会、全国用户委员会评选为“全国实施用户满意工程先进单位(标杆服务类)”；江苏扬州港务集团有限公司(简称扬港集团)被中国交通运输协会评为“2014年度全国先进物流企业”。

**2014年扬州市公路里程年底到达数一览表**

表16-1　　　　　　　　　　　　　　　　　　　　　　　　单位:千米

| 项　目 | 总　计 | 等　级　公　路 | | | | | | | | | 等外公路 |
|---|---|---|---|---|---|---|---|---|---|---|---|
| | | 合　计 | 高速公路 | | | | 一级公路 | 二级公路 | 三级公路 | 四级公路 | |
| | | | 小计 | 四车道 | 六车道 | 八车道及以上 | | | | | |
| **年底到达数** | **10525.44** | **9269.83** | **317.82** | **219.12** | **88.42** | **10.28** | **411.55** | **1289.01** | **919.79** | **6331.68** | **1255.60** |
| 国道 | **293.11** | 293.11 | 253.86 | 180.36 | 63.22 | 10.28 | 39.25 | 0 | 0 | 0 | 0 |
| #国家高速公路 | **206.96** | 206.96 | 206.96 | 133.46 | 63.22 | 10.28 | 0 | 0 | 0 | 0 | 0 |
| 省道 | **649.07** | 649.07 | 59.45 | 34.25 | 25.20 | 0 | 247.35 | 342.26 | 0 | 0 | 0 |
| 县道 | **1332.18** | 1317.75 | 4.51 | 4.51 | 0 | 0 | 87.28 | 654.68 | 379.49 | 191.79 | 14.44 |
| 乡道 | **3601.66** | 3539.05 | 0 | 0 | 0 | 0 | 32.48 | 137.77 | 440.96 | 2927.84 | 62.61 |
| 村道 | **4649.42** | 3470.86 | 0 | 0 | 0 | 0 | 5.19 | 154.29 | 99.35 | 3212.04 | 1178.56 |

（丁　鼎）

**2014年扬州市公路桥梁、渡口年底到达数一览表**

表16-2

| 项　目 | 桥　　梁 | | | | | | | | | | | | 渡　口 | |
|---|---|---|---|---|---|---|---|---|---|---|---|---|---|---|
| | 总　计 | | 互通式立交桥 | | 按　跨　径　分 | | | | | | | | 总计 | 机动渡口 |
| | | | | | 特大桥 | | 大桥 | | 中桥 | | 小桥 | | | |
| | 数量（座） | 长度（延米） | 数量（座） | 长度（延米） | 数量（座） | 长度（延米） | 数量（座） | 长度（延米） | 数量（座） | 长度（延米） | 数量（座） | 长度（延米） | 数量（处） | 数量（处） |
| **年底到达数** | **4758** | **188945** | **17** | **6604** | **15** | **28998** | **221** | **53737** | **1034** | **47365** | **3488** | **58847** | **22** | **1** |
| 国道 | **230** | **38449** | 9 | 2370 | 9 | 14017 | 48 | 16191 | 119 | 6885 | 54 | 1356 | **0** | 0 |
| #国家高速公路 | **179** | **32908** | 3 | 664 | 9 | 14017 | 38 | 12200 | 100 | 5676 | 32 | 1016 | **0** | 0 |
| 省道 | **263** | **39744** | 7 | 4108 | 5 | 13920 | 53 | 17227 | 110 | 6112 | 95 | 2486 | **0** | 0 |
| 县道 | **485** | **24552** | 0 | 0 | 1 | 1061 | 44 | 9296 | 190 | 8854 | 250 | 5341 | **3** | 0 |
| 乡道 | **1862** | **43963** | 1 | 126 | 0 | 0 | 52 | 6051 | 340 | 14234 | 1470 | 23678 | **10** | 1 |
| 村道 | **1918** | **42237** | 0 | 0 | 0 | 0 | 24 | 4972 | 275 | 11280 | 1619 | 25985 | **9** | 0 |

（丁　鼎）

推进重点工程项目建设。西部交通客运枢纽主体工程建成，客运枢纽主体建筑与火车站连接通道完成方案设计。扬州港3号泊位改扩建项目取得航道和海事部门批复，省交通运输厅召开工程岸线利用合理性评估会，交通运输部同意项目岸线使用申请。江都港区3号泊位及后方堆场工程竣工并投入试运营，4号、5号泊位水工完工。

2014年．市交通产业集团完成扬州市重大交通基础设施项目市本级资本金出资1.72亿元，其中为连淮扬镇铁路扬州先导段开工筹措资金5000万元；完成市政府下达的西部交通客运枢纽、新能源公交车更新、公共自行车租赁系统、邗江路公交专用道等公益性建设项目投资5.92亿元。至2014年底，市交通产业集团代表市政府累计为交通基础设施项目出资4.44亿元。

推动国资国企改革。扬港集团以扬州港万吨级浮码头改造项目为平台开展招商合作，与市矿务局、大同煤炭集团煤炭经营有限公司、山煤国际能源集团股份有限公司等达成新能源综合物流园项目框架协议。扬汽集团与成城众奥集团共同出资成立德成中奥汽车服务有限公司，开展高档轿车维修保养业务。市交通产业集团与扬州报业传媒集团合资组建扬州交通传媒有限公司，进入传媒文化产业。

盘活线路资源，加大公司化改造力度。扬汽集团先后上线运行临泉、涡阳、颍上3条省际班线和江宁市际班线，恢复扬州—句容闲置班线，复线加密杭州、绍兴班次，改变如皋、海安、盐城、灌云、菱塘5条班线经营形式；将行程800千米以上及需要凌晨2时至5时运行的班线作为注入资源，组建江苏长运交通运输扬州有限公司，参与全省长途客运统一接驳运输、节点运输大循环。

（龚宇峰　杜玺琼）

■**公共自行车租赁工程**　工程投资总额8700万元，引入政府与社会资本合作(PPP)模式通过公开招标,确定专业经营机构作为承建、经营和管理方。3月9日开工,3月31日一期工程投入试运营,9月26日二期工程全面竣工。建成公共自行车站点314个、租赁桩1.20万个、售卡点16个及配套后台监控数据中心1个,投放公共自行车1万辆,覆盖范围东至广陵产业园,南至汉河街道,西至新盛街道,北至荷叶路。截至2014年底,办理“绿杨骑行卡”4.7万张,日均借还车次2.7万人次。

(龚宇峰　杜玺琼)

**■持卡60分钟免费换乘工程**　11月26日起,凡持有扬州本地市民卡、“绿杨骑行卡”的乘客均可享受市区78条公交线路、1300多辆公交车辆60分钟内免费换乘,扬州市成为江苏省首个推行公交免费换乘的城市。免费换乘政策实施以来,至年底,扬州市公交日均增加客流量1.15万人次,每天有3万人次受惠。

(龚宇峰　杜玺琼)

**■旅游公交专线(观光巴士)工程**　工程总投入1900万元,4月17日开通,采用20辆旅游公交车和10辆观光车方式运营。其中,观光巴士是扬州市首条精品公交旅游线路,8.7千米线路串联起包括大明寺、瘦西湖、个园、东关古渡、1912街区、何园等15个主要旅游景点,车内循环播放扬州旅游宣传片,介绍扬州旅游景点、旅游产品和历史文化,全程实行一票制(票价5元),游客持当日车票可不限次乘坐。(龚宇峰　杜玺琼)

**■邗江路公交专用道工程**　新建的邗江路公交专用道从司徒庙路至江阳路,长6.3千米,项目投资2643万元,于11月21日开工建设,12月31日建成投入试运营。线路运营采用常规公交,设置双向公交专用车道,改造6对公交站台和11个交叉口,增设出租车港湾停靠站2对,建设“长廊式”公交站台,两块站牌集中设置在站棚中间,便于乘客查询。

(龚宇峰　杜玺琼)

**■公交线网优化提升工程**　2014年,优化中心城区复线严重的公交线路,加速车辆周转,缩短班次间隔,提高营运服务效率,减轻文昌路交通拥堵和公交车接龙现象,缩短主干线间隔时间,填补公交服务盲区,方便市民换乘。全年市区新辟优化调整公交线路17条。推进校车公交化,市区92所义务教育学校按公交站点500米半径覆盖的要求计算,有88所中小学开通公交线路,占学校总数的95.7%。先后为扬州中学教育集团树人学校、扬州梅苑双语学校、扬州大学附属中学东部分校、北京新东方外国语学校、邗江区友谊幼儿园等开通校区公交专线。(龚宇峰　杜玺琼)

## 交通基础设施建设

**■干线公路建设**　全年完成国家、省干线公路建设投资23.6亿元,建成通车里程83千米,工程质量优良率100%。203省道扬州段、125省道仪征段全线建成通车。文昌路西延工程418省道段实现主体贯通。353省道仪征段实现路基贯通。462省道沙湾路南延工程主体工程结束。

(丁　鼎)

观光巴士　　张孔生/摄

**■农村公路建设**　全年完成农村公路提档升级投资3.2亿元,新(改)建农村公路223千米、桥梁186座,项目验收合格率100%;完成撤渡建桥项目投资1.46亿元,京杭运河宝应氾水大桥建成,高邮张公渡大桥桥梁主体部分完工。(丁　鼎)

**■文昌路西延工程**　文昌路西延工程东起启扬高速扬州西互通,向西跨越宁启铁路至仪征中北部地区,终于仪征六合界,工程全长约33.8千米,由418省道段和353省道段组成。418省道段全长3.8千米,按城市主干道、双向六车道标准建设,设计行车时速80千米。353省道仪征段全长约30千米。其中125省道以东段按一级公路、双向四车道标准建设,设计行车时速100千米;125省道以西段按一级公路标准规划,按二级公路、双向两车道标准建设,设计行车时速60千米。2014年,工程完成投资7.6亿元,累计完成投资9.55亿元,418省道段主体贯通,353省道仪征段全线路基贯通。(丁　鼎)

**■203省道扬州段工程**　2014年,203省道扬州段完成投资5.02亿元,累计完成投资43.7亿元,9月28日建成通车。工程全长约119千米,北起宝应县泾河镇,南至江都区滨江新城,按一级公路、双向四车道标准新建,设计行车时速100千米,局部城镇段设计行车时速80千米,全线设宝射河桥等7座桥梁。(丁　鼎)

**■125省道仪征段工程**　2014年,125省道仪征段改(扩)建工程完成投资1.33亿元,累计完成投资13.5亿元,9月28日建成通车。工程全长43.7千米,南起仪征滨江路,北至仪征高邮界,采用一级公路标准建设,设计行车时速80千米,全线设新城西、仪征北2处互通、仪扬河桥等4座桥梁。(丁　鼎)

**■611省道(沿湖大道)工程**　2014年,611省道(沿湖大道)完成投资6亿元,工程全长35.1千米,北起高邮市送桥镇郭集镇区东北侧333省道,南至运河北路与江平东路交叉口,其中向阳河特大桥跨越向阳河河口,桥梁总长1.2千米。工程计划总投资

611省道(沿湖大道)高邮先导段施工现场
高 邮/供稿

19.3亿元。4月，高邮先导段和邗江运河路北延先导段开工建设。12月26日，向阳河特大桥开工建设。
(丁 鼎)

**■宁启铁路复线电气化改造工程** 2014年，宁启铁路复线电气化改造工程扬州段完成投资10亿元，累计完成投资39.61亿元。全年完成扬州段主体工程和江都站改造工程，实施仪征站站改工程，完成铺轨和电气化改造81千米，完成93%路基工程量、90%桥梁工程量，主跨贯通；建成公铁立交桥4座。 (徐 燕)

**■连淮扬镇铁路工程** 9月30日，连淮扬镇铁路项目工程可行性研究报告获国家发展和改革委员会批复，概算总投资464.62亿元，计划工期4.5年，铁路等级为客运专线，设计行车时速250千米，全线设11个站点，其中扬州市境内设宝应、界首、高邮和扬州南等4个站点。12月28日，连淮扬镇铁路先行开工段(长江夹江以南12.45千米高架桥，其中扬州市广陵段10.3千米、镇江市丹徒段2.15千米)开工建设，连淮扬镇铁路起自连云港董集站，经淮安市、扬州市，采用公铁合建桥梁由五峰山桥位跨越长江，接沪宁城际铁路镇江丹徒站，正线全长305.2千米。
(朱雅博)

**■港口建设** 2014年，全市完成港口建设投资14.9亿元。扬州港区2号泊位结构加固改造工程通过省交通运输厅竣工验收；仪征港区液体化工码头二期工程建成，新增万吨级泊位2个、港口通过能力385万吨；江都港区鼎衡舾装码头开工建设。
(王宏雷)

**■高邮运东船闸扩容工程** 2月8日，高邮运东船闸扩容工程开工建设，全年完成投资1.05亿元。船闸扩容工程设计口门宽23米、闸室长230米、槛上水深4米，通过最大船舶等级1000吨级。全年完成船闸主体底板浇筑、4段闸室输水廊道浇筑、公路桥灌注桩88根、下游锚地26段底板及20段墙身浇筑。 (陈三保)

**■芒稻船闸扩容改造工程** 11月1日，芒稻船闸扩容改造工程开工建设。工程按Ⅲ级船闸标准建设，船闸口门宽180米、闸室长23米、槛上水深4米，设计年通过能力4720万吨。全年完成投资1.02亿元，完成55户房屋拆迁签约、驻地建设和上下游围堰填筑等。 (陈三保)

**■公交场站建设** 2014年，主城区建成广陵新城公交首末站、施桥公交停车场和瘦西湖公交首末站，新增公交场站面积1.6万平方米；江都区建成大桥镇公交首末站主体部分，推进火车站公交停车场拆迁。截至2014年底，市区建成公交场站23座，总面积14.57万平方米，车辆进场率80%。 (陈 虹)

## 公路运输

**■公路客运** 2014年，全市完成营业性公路客运量4792万人次、旅客周转量36.39亿人千米。全市有道路旅客运输经营业户21户，有营运客车1633辆(不含城市公交、出租车)、客位6.33万个。全市开通客运班线448条，其中省际班线132条、市际班线179条、县际班线43条、县内班线94条，客运班线覆盖全省13个市及全国16个省(自治区、直辖市)。
(宋维同)

**■镇村公交** 2014年，扬州市新增8个乡镇开通镇村公交，分别是宝应广洋湖镇、黄塍镇、望直港镇、泾河镇，仪征新城镇、马集镇，江都大桥镇、宜陵镇。截至2014年底，全市42个乡镇开通镇村公交，有镇村公交线路100条，投放客车109辆，以乡镇为单位镇村公交覆盖率68%，全年更新城乡客运一体化车辆52辆。
(王建统)

**■公路货运** 2014年，全市完成营业性公路货运量6504万吨、货物周转量113.34亿吨千米，分别增长9.8%、10.1%。全市有专业道路货运企业493家，其中道路化学危险品货物运输企业51家。有载货汽车4.59万辆，总吨位29.19万吨，分别

**2014年扬州市营业性运输车辆情况表**

表16-3

| 地 区 | 公路客运 | | 公路货运 | |
|---|---|---|---|---|
| | 客车数(辆) | 客位数(个) | 货车数(辆) | 吨位数(吨) |
| **合 计** | **1633** | **63311** | **45917** | **291896** |
| 市 区 | 865 | 40166 | 31377 | 193624 |
| 宝应县 | 290 | 9210 | 3784 | 24884 |
| 仪征市 | 156 | 4451 | 4730 | 37659 |
| 高邮市 | 322 | 9484 | 6026 | 35729 |

注：公路客车数、客位数不含城市公交、客运出租车 (扬运管)

**2014年扬州市公路营业性运输量一览表**

表16-4

| 地　区 | 公路客运 | | 公路货运 | |
|---|---|---|---|---|
| | 客运量（万人次） | 旅客周转量（万人千米） | 货运量（万吨） | 货物周转量（万吨千米） |
| **合　计** | **4792** | **363891** | **6504** | **1133440** |
| 市　区 | 3040 | 230861 | 4315 | 751847 |
| 宝应县 | 697 | 52936 | 554 | 96625 |
| 仪征市 | 337 | 25583 | 839 | 146231 |
| 高邮市 | 718 | 54511 | 796 | 138737 |

（扬运管）

增长4.21%、6.85%。其中，厢式货车6588辆，总吨位2.67万吨；集装箱式挂车254辆，总吨位7902吨；危险货物运输车辆1380辆，增长18%。（宋维同）

**■社区物流**　2014年，扬州主城区新增社区物流服务门店10家(改建7家、新建3家)，其中1家创新试行直供点模式门店，提供代售车票、充值等增值服务。扬州市交通、公安、商务部门联合出台《扬州市城市配送管理办法》，组建专业城市配送车队，配备货车55辆，配套支持社区物流发展。（宋维同）

**■农民工返乡直通车**　2014年春运期间，市交通运输部门开展“农民工平安返乡活动”，开通农民工返乡直通车，为个人或企业提供返乡汽车票预订和送票服务；开辟农民工返乡“绿色通道”，提供“门到门”包车运输服务等。春运期间，上门为农民工提供团体订票3000人次，送车上门5辆次，发送农民工包车25辆次。

（王建统）

## 铁路运输

**■铁路客运**　2014年，宁启铁路扬州站发送旅客130万人次，到站旅客135万人次，实现客运收入2.5亿元。（扬　铁）

**■铁路货运**　2014年，宁启铁路扬州站发送货物6万吨，装车1053辆；到站货物22.7万吨，卸车3845辆。实现货运收入3283万元。发车货物主要为钢材等大件产品，到站货物品种趋向多元化。（扬　铁）

## 航空运输

**■概述**　扬州泰州机场是由扬州、泰州两市按8：2比例投资合建的民用机场，2012年5月8日通航，由苏中江都机场投资建设有限责任公司负责建设和运营管理。2014年夏秋季，扬州泰州机场运营航线有长沙、三亚、重庆、北京、广州、沈阳、昆明、西安、大连、武汉、哈尔滨、成都、银川、厦门、深圳、郑州等16条。10月26日，机场取消大连、长沙、武汉、银川、郑州航线，增开天津、海口、贵阳航线。全年安全保障各类飞行2.30万架次，其中保障运输飞行6690架次；完成旅客吞吐量70.6万人次，平均客座率76.5%；完成货邮吞吐量4792.5吨。全年收入5012.5万元，上缴税金104.88万元。

4月8日，扬州泰州机场通过北京校验中心仪表着陆系统定期飞行校验。6月16日，扬州泰州机场完成中国南方航空公司6111航班刚果(布)总统萨苏专机保障任务。10月17日，扬州泰州机场接受民航江苏监管局“平安机场建设”专项行动检查组考核检查。考核结果扬州泰州机场以98分、等级A的成绩列华东地区同类机场首位。（鞠宏晨）

**扬州泰州机场2014年夏秋季航班一览表**

表16-5

| 航　　线 | 航空公司名称 | 航　班 |
|---|---|---|
| 扬州泰州机场—北京首都国际机场 | 中国国际航空公司 | 每日一班 |
| 扬州泰州机场—深圳宝安国际机场 | 深圳航空公司 | 每日一班 |
| 扬州泰州机场—西安咸阳国际机场 | 深圳航空公司 | 每日一班 |
| 扬州泰州机场—广州白云国际机场 | 中国南方航空公司 | 每日一班 |
| 扬州泰州机场—厦门高崎国际机场 | 深圳航空公司 | 每日一班 |
| 三亚凤凰国际机场—扬州泰州机场—哈尔滨太平国际机场 | 海南航空公司 | 每周一、三、五、日各一班 |
| 扬州泰州机场—成都双流国际机场 | 四川航空公司 | 每周三、五、日、各一班 |
| 扬州泰州机场—沈阳桃仙国际机场 | 深圳航空公司 | 每日一班 |
| 长沙黄花机场—扬州泰州机场—大连周水子机场 | 中国南方航空公司 | 每周二、四、六各一班 |
| 重庆江北国际机场—扬州泰州机场 | 中国国际航空公司 | 每周一、三、五、日各一班 |
| 扬州泰州机场—郑州新郑国际机场—银川河东国际机场 | 中国南方航空公司 | 每日一班 |
| 扬州泰州机场—武汉天河国际机场—昆明长水国际机场 | 昆明航空公司 | 每日一班 |

（鞠宏晨）

扬州泰州机场2014/2015年冬春季航班一览表

表16-6

| 航　　线 | 航空公司名称 | 航　班 |
| --- | --- | --- |
| 扬州泰州机场—北京首都国际机场 | 中国国际航空公司 | 每日一班 |
| 扬州泰州机场—深圳宝安国际机场 | 深圳航空公司 | 每日一班 |
| 扬州泰州机场—西安咸阳国际机场 | 深圳航空公司 | 每日一班 |
| 扬州泰州机场—广州白云国际机场 | 中国南方航空公司 | 每日一班 |
| 扬州泰州机场—厦门高崎国际机场 | 深圳航空公司 | 每日一班 |
| 三亚凤凰国际机场—扬州泰州机场—哈尔滨太平国际机场 | 海南航空公司 | 每周一、三、五、日各一班 |
| 扬州泰州机场—成都双流国际机场 | 四川航空公司 | 每周三、五、日各一班 |
| 扬州泰州机场—沈阳桃仙国际机场 | 深圳航空公司 | 每日一班 |
| 重庆江北国际机场—扬州泰州机场 | 中国国际航空公司 | 每周三、五、日各一班 |
| 重庆江北国际机场—扬州泰州机场 | 昆明航空公司 | 每周二、四、六各一班 |
| 天津滨海国际机场—扬州泰州机场—海口美兰国际机场 | 天津航空公司 | 每周一、三、五、日各一班 |
| 扬州泰州机场—贵阳龙洞堡国际机场—昆明长水国际机场 | 昆明航空公司 | 每周一、三、五、日各一班 |

（鞠宏晨）

**■新兵航空运输**　9月12日，扬州泰州机场保障60名来自连云港、泰州入伍新兵飞往昆明。机场开设新兵值机专用柜台，启用安全检查专用通道，安排专用登机口和停机位，指派专人办理新兵航空运输事项，完成首次新兵航空运输任务。　（鞠宏晨）

**■处置“炸弹”事件应急演练**　11月20日，扬州泰州机场举行2014年处置“炸弹”事件应急演练。扬州市特警支队、扬州市反恐支队、扬州市消防支队、扬州泰州机场公安分局等180人，特种车辆20多辆参加应急演练。演练加强机场各部门沟通协作能力，提高应急救援综合水平。

（鞠宏晨）

**■重庆航线开通**　3月30日，扬州泰州机场开通重庆江北国际机场—扬州泰州机场航线。该航线由中国国际航空公司B738机型执飞，每周一、三、五、日各一班。　（杨　通）

**■郑州、银川航线开通**　3月30日，扬州泰州机场开通扬州泰州机场—郑州新郑国际机场—银川河东国际机场航线。该航线由中国南方航空公司B738机型执飞，每日一班。

（杨　通）

**■天津、海口航线开通**　10月26日，扬州泰州机场开通天津滨海国际机场—扬州泰州机场—海口美兰国际机场航线。该航线由天津航空公司E190机型执飞，实行串飞经停，每周一、三、五、日各一班。　（杨　通）

**■贵阳航线开通**　10月26日，扬州泰州机场原扬州—武汉—昆明航班不经停武汉，首次经停贵阳，贵阳航线开通。该航线由昆明航空公司B737机型执飞，实行串飞经停，从扬州泰州机场起飞，经停贵阳龙洞堡国际机场后到达昆明长水国际机场，每周一、三、五、日各一班。　（杨　通）

## 水运与港口

**■水路运输**　2014年，全市有水路客运经营业户2家，有客运船舶15艘、客位1100个，完成营业性水路客运量12.3万人次、旅客周转量72.2万人千米。全市有水路货运经营业户89家，有货运船舶3082艘，总载重吨位506.4万吨，分别比上年增长-0.9%、13.9%。其中，油船135艘、液货危险品船451艘。沿海运输船舶40艘，总载重吨位12万吨。全市完成营业性水路货运量5092万吨、货物周转量192.92亿吨千米。

（宋维同）

**■港口营运**　全市港口完成货物吞吐量1.21亿吨（含南京港六公司、仪化码头货物吞吐量1074万吨），比上年增长21.3%。其中，沿江港口完成货物吞吐量8940万吨〔其中完成外贸吞吐量710万吨（含南京港六公司、仪化码头货物吞吐量74万吨），增长48.3%〕；内河港口完成货物吞吐量3198万吨，增长11.8%。完成集

2014年扬州市长江港口情况表

表16-7

| 泊位长度（米） | 泊位个数（个） | 年总通过能力（万吨） | 年专项通过能力 | | | | |
| --- | --- | --- | --- | --- | --- | --- | --- |
| | | | 货物（万吨） | | | 集装箱（万标箱） | 旅客（万人次） |
| | | | 矿石 | 煤炭 | 液体化工材料 | | |
| 11437 | 83 | 8730 | 100 | 760 | 2870 | 40 | 10 |

（扬　港）

**2014年扬州市营业性运输船舶情况表**

表16-8

| 地 区 | 水路客运 | | 水路货运 | |
|---|---|---|---|---|
| | 船舶数(艘) | 客位数(个) | 船舶数(艘) | 载重吨位数(吨) |
| **合 计** | **15** | **1100** | **3082** | **5064019** |
| 市 区 | 15 | 1100 | 958 | 960772 |
| 宝应县 | 0 | 0 | 1021 | 732908 |
| 仪征市 | 0 | 0 | 532 | 3156034 |
| 高邮市 | 0 | 0 | 571 | 214305 |

（扬运管）

**2014年扬州市全社会水路分货类运输量一览表**

表16-9

| 项 目 | 货运量(万吨) | 货物周转量(万吨千米) |
|---|---|---|
| **合 计** | **5092** | **1929213** |
| 煤炭及制品 | 860 | 352424 |
| 石油、天然气及制品 | 3259 | 1212182 |
| #原油 | 3105 | 1155100 |
| 矿物性建筑材料 | 815 | 308010 |
| 粮食 | 16 | 6252 |
| 机械、设备、电器 | 23 | 8302 |
| 其他 | 119 | 42043 |

（扬运管）

装箱吞吐量56.2万标箱(含南京港六公司、仪化码头货物吞吐量1.05万标箱)，增长8.64%。 （张 艳）

## 公共交通

**■概述** 2014年底，市区有公交企业2家、公交从业人员2748人；有公交车1654辆、公交线路143条(其中镇村公交线路49条)、公交站台3257座，分别增长17.5%、2.87%、1.33%；公交线路总长2095.4千米，增长1.88%；万人拥有公交车标台数主城区15.09标台、江都区3.83标台；公共交通出行分担率主城区22.6%、江都区3.9%。市区有出租汽车经营企业27家，有出租汽车运营车辆2465辆、从业人员4960人。主城区现有三轮车管理企业1家，人力观光三轮车240辆、从业人员240人。市区城市公共交通行业全年完成客运量2.05亿人次，增长1.48%。

（刘 云）

**■公交优先发展** 2014年，市区新购公交车辆371辆，新辟公交线路4条，分别为81路线(鉴真图书馆—红星美凯龙)、82路线(西湖镇政府—杉湾花园公交首末站)、旅游观光线(大明寺—何园)、江都区16路线(纬三路—江都汽车客运站)，调整公交线路20条。广陵区和邗江区新(改)建扬菱路、兴城路、长春路、万福路、四望亭路、平山堂路等路段和泰安镇、李典镇、头桥镇等地仿古式公交站棚74座，增长45.1%。 （陈 虹）

**■绿色低碳公交** 2014年，市区投入2.31亿元，购置314辆新能源混合动力空调公交车和25辆液化天然气(LNG)空调公交车。先后投放至市区6路、8路、20路等18条公交线路运营。截至年底，市区清洁能源公交车占比63.88%，新能源公交车占比20.46%。仪征市投放11辆新能源公交车，开通首条新能源公交示范线。

（刘 云）

**■公交惠民服务** 8月，市区市民卡实现宁镇扬城市公交IC(集成电路)卡互联互通，通过交通运输部首批全国市民卡互联互通密钥体系认证。11月26日，主城区实行持公交IC卡60分钟内免费换乘政策，江都区、高邮市、宝应县县级公交先后推出IC卡刷卡优惠服务。 （刘 云）

## 交通运输管理

**■公路安全保障** 扬州市公路管理处(简称市公路处)完成331省道、332省道、243省道共计104千米安保工程项目；归并203省道中分带平交道口，创建公路交通安全生命保障工程示范路5条。332省道和243省道创成市级“平安公路”示范点。市交通、公安部门联合开展辖区穿越集镇段公路通行秩序综合整治，年内对八里镇、头桥镇、仙女镇、大桥镇、车逻镇、青山镇、大仪镇、杨寿镇和夏集镇等9个重点公路集镇段进行交通秩序整治，其中大仪镇和夏集镇获江苏省道路交通安全工作联席会议表彰。全年未发生公路交通安全生产重特大事故。 （丁 鼎）

**■干线公路养护** 市公路处全年完成4个干线养护大中修工程、2座干线桥梁危桥改造工程、21个干线桥梁支座专项维修工程，总投资7355万元。全年干线公路水毁修复率100%。全市国家、省干线公路平均公路技术状况指数(MQI)值87，路面完好程度指数(PCI)值86%，路面平整度指数(RQI)值90%。全市234座干线桥梁保持“零危桥”，一、二类桥梁占97.8%。干线小修保养日常考核在省公路局季度考评中位居前列。提升养护机械化水平，一级公路和二级公路机械清扫率分别达100%和40%以上，小修作业机械化率分别达90%和60%以上。建成19个交通量观测站，实时传输率85%以上。328国道扬州段通过交通运输部路况和路域环境专项检测检查，检测路段指标达“双优”〔路面破损指数(PCI)值达90及以上和路面平整度指数(RQI)值达90及以上〕。推进新、老省道移交

接养，累计接养336省道、264省道、414省道共计105千米，移交336省道部分路段16.6千米。（丁 鼎）

**■农村公路养护** 全市县道MQI值88.9、优良率84.5%，乡、村道好路率分别为79.86%、80.99%。建成省级乡村公路管养及安保工程示范乡镇1个、省级规范达标乡镇8个。完成23条88.73千米县道大中修，建成省级县道文明样板路24千米、县道安保工程项目145.2千米。（丁 鼎）

**■公路路政管理** 市公路处全年办理路政许可60多件；查处路政执法案件3140件，结案率100%。清除障碍物5429立方米、违法摊点1573个、非公路标志2156块；查处超限车辆2823辆，卸载2.53万吨。实施超限运输违法信息抄告制度和关联处罚机制，开展联合治理超限超载行动12次，扬州籍违法超限车辆信息抄告率100%。244省道仪征收费站卡口联动治超系统运行良好。328国道十五里墩收费站卡口联动治超系统完成设备改造和系统升级。（丁 鼎）

**■公路客运市场管理** 全市完成38条市际线路、47辆班车公司化改造，全市县、市际公司化改造率86%；更新市际班车35辆，市际以上客运车辆中、高级客车占比96%。扬汽运输集团公司、江都公路运输公司、宝应汽车运输总公司整合22条长途班线、30辆班车组建江苏长运交通运输扬州有限公司。完成年度道路客运行业质量信誉考核，评定AAA级道路运输企业8家、AA级道路运输客运企业3家、AAA级汽车客运站6个。（宋维同）

**■公路货运市场管理** 扬州市运输管理处（简称市运管处）推动扬州城北物流园、宏信龙物流园、江苏宝胜物流园、扬州三笑物流园、高邮诚信应急物流园和江苏超达物流园等重点物流基地建设。2014年，扬州新增国家AAAA级物流企业2家（江苏超达物流有限公司、扬州三笑物流有限公司）。完善农村物流示范点布局规划，新增省级农村物流示范点2个。全市累计建成农村交通物流基地14个（其中省级农村物流示范点6个）。推动“江苏快货”品牌建设，新增“江苏快货”品牌线路4条，累计建成73条。（李超华）

**■汽车维修市场管理** 全市有各类机动车维修企业833家，其中汽车一类维修企业79家（含危险品车辆维修企业6家）、汽车二类维修企业233家、汽车三类维修企业475家、汽车快修企业26家、摩托车维修企业20家；完成经营产值8.5亿元，增长6.25%；完成维修工作量153.57万辆次，增长1.32%。全市有汽车综合性能检测站5家，完成机动车维修检测15.14万辆次，其中二级维护竣工检测7.75万辆次、技术等级评定检测8971辆次、二级维护竣工及技术等级评定检测4.77万车次、其他检测1.72万辆次。新建江苏“车大夫”扬城工作站，组织“车大夫”专家进社区服务4次，提供现场咨询服务40次、电话咨询服务105次。（宋维同）

**■驾培市场管理** 2014年，全市有机动车驾驶员培训学校（简称驾校）58家（市区36家、仪征7家、高邮8家、宝应7家），增长5.5%，其中综合类一级驾校4家、综合类二级驾校19家、专项类三级驾校35家。有在册初驾教练员2345人、教学车辆1803辆。有驾驶模拟器296台，实现培训数据智能化管理。全年培训驾驶人员14.7万人次，其中从业资格培训7.8万人次。开展“先培后付”（先培训、后缴费）驾驶学习试点，培树省A级信誉等级驾校6家、省AA级信誉等级驾校2家、市级诚信驾校6家、省级明星教练员5人。（惠云超）

**■航闸养护改造** 扬州市航道管理处（简称市航道处）全年完成航闸养护投资7175万元。实施航道养护改善工程项目7个、船闸保障中心厂房建设项目1个、航道日常维护项目13个、船闸中修项目7个，工程质量优良率100%；完成盐宝线射阳湖镇段护岸及疏浚工程、宝应城区段护岸工程，仪扬河仪征新城镇镇区段护岸工程等。船闸养护管理资料实现标准化管理。完成干、支线航道扫床2663.34千米。省级干线航道通航保证率98%，支线航道通航保证率90%，船闸通航保证率99%，航标正常率100%。（陈三保）

**■内河航政管理** 市航道处航政艇全年巡航1.87万小时7.2万千米。处理航道行政案件5件、行政处罚案件108件（其中一般处罚案件94件、简易处罚案件14件）。全年收取航道赔（补）偿费427万元。行政许可与通航有关的设施20处，其中五级以上航道设施7处。清除码头1座、吊机1座、暗桩17根、沉物1处3吨。维护航标29座，航标正常率达省定标准。未发生行政诉讼案件及行政复议撤销案件。（陈三保）

**■船舶建造技术监督** 扬州市地方海事局（简称市地方海事局）全年完成船舶建造检验708艘118.3万总吨，总吨位上升27%；完成船舶营运检验3278艘362.3万总吨，分别上升6.3%、58.5%。加强对造船企业的培训和技术指导，鼓励船厂加大技术投入、使用节能环保材料，为建造大吨位和特种船舶提供技术支持；建立船舶建造信息共享平台，规范新船下水、试航行为。（许正路）

**■危险品船舶运输安全管理** 市地方海事局组织开展危险品运输企业专项检查、季度检查、年度检查和重大节假日检查活动，检查面100%。市运管处开展长江干线船型标准化工作，全年拆解老旧船舶96艘。（李超华）

**■内河水上交通安全管理** 全年未发生重特大水上交通事故，未发生干线航道责任堵航和船舶污染水域事故。市地方海事局水上搜救热线“12395”接处警123件，救助船员99人，挽回经济损失470万元，人命搜救成功率99%。开展“三项整治”（船舶超载、船队超长、船舶标志不规范）、水上危化品运输安全专项整治、内河渡运安全专项整治、航道综合整治、内河船舶参与海上运输整治、“打非治违”(打击非法违法生产经营活动行为)等活动,检查船舶9.09万艘次,查处违规船舶2040艘次,其中标志不规范船舶1463艘次、超载船舶564艘次、超长拖带船舶13艘次。完成“亚洲相互协作与信任措施会议”“南京青年奥林匹克运动会”“国家公祭日”等重大活动水上安保工作。“南京青年奥林匹克运动会”期间,投入专职安保人员3427人次,办理入宁船舶签证1962艘次、船舶专项安检642艘次,纠正缺陷1184项。全年撤销渡口8处。 (许正路)

■**港口安全管理** 市港口管理局组织港口安全检查23次,开展危险货物码头企业防雷防静电安全设施专项整治,整改安全隐患40项,排查整改港口压力管道安全隐患13项。组织港口危险货物作业从业人员上岗培训,推进港口企业安全生产标准化和港口设施保安工作;完成水源地环境安全隐患专项检查。 (张 艳)

■**内河船舶污染防治** 市地方海事局加强内河船舶污染防治,禁止中等及以上毒性危险品运输船舶驶入京杭运河扬州段,对辖区内水上危险品运输进行联动监管;加强危险化学品运输船舶监管和船舶生活污水处理装置检查,保障南水北调东线源头水质。 (许正路)

■**江苏省苏北运河危化品运输船舶泄漏处置专项演习** 11月19日,江苏省交通运输厅与扬州市政府联合举办“运河守护-2014”江苏省苏北运河危化品运输船舶泄漏处置专项演习。演习预设1艘重载危化品船舶与黄砂船在苏北运河邵伯船闸上游水域发生强烈碰撞,致甲苯泄漏且爆炸起火。扬州市政府启动危化品运输船突发事件Ⅱ级应急预案,组织海事、环保、危防、医疗等部门,实施灭火防爆、堵漏、清污和人命救助,提升南水北调东线源头防船舶污染等水质保障能力。 (许正路)

■**内河航道防堵保通** 3月,市交通运输局组织市航道管理处、市地方海事局、宝应县交通运输局,联合设立京杭运河干支线“联防联治联保”工作小组,保障水上“绿色通道”安全畅通。京杭运河扬州段盐宝线、盐邵线联防联治联保机制实施后,保障3473万吨电煤、成品油等重要物资安全通过。 (许正路)

■**船舶进出港** 2014年,扬州海事局辖区进出港货运船舶5.99万艘次,比上年增长11.44%。其中,海船6616艘次、内河货运船5.33万艘次,分别增长-0.35%、12.92%;中国籍船舶5.93万艘次、外国籍船舶615艘次,分别增长11.47%、6.59%;国内航行船舶5.92万艘次、国际航行船舶(含中国籍外贸船舶和外国籍船舶)699艘次,分别增长11.28%、11.66%。全年辖区进出港船舶货运量7153.80万吨,增长16.80%;进出港船舶集装箱运输量44.02万标箱,增长5.88%。全年进出港渡运船舶17.29万艘次,渡运旅客624.90万人次。 (陈菊琴)

■**船舶登记** 2014年,扬州海事局登记在册船舶130艘(其中海船114艘、内河船16艘),下降9.7%。全年受理船舶抵押登记13艘。协助法院执行案件8件。办理登记船舶转港手续10艘,全部为泰州籍船舶。泰州籍船舶累计转往泰州232艘,剩余41艘。全年办理各类船舶登记576艘次,其中新建船舶识别号授号102艘次、船名申请102艘次、船舶所有权登记13艘次、船舶国籍登记130艘次(其中临时国籍登记108艘次)、船舶抵押权登记13艘次、光船租赁登记7艘次、船舶注销登记45艘次、船舶最低安全配员登记102艘次、船舶变更登记62艘次。全年核发船舶信息IC卡18张。 (陈菊琴)

■**船舶试航与监督检查** 扬州海事局开展船舶检验质量现场监督检查、船舶建造重要日期确认、船舶吨位丈量复核、外国驻华验船公司或代表机构检验行为监督管理。全年完成225艘船舶检验质量监督检查,其中沿海船舶22艘、内河船舶199艘、新建海船4艘,新建海船检查率100%;发现船舶检验质量重大缺陷13艘次、外国驻华验船公司或代表机构违规检验行为4次。确认59艘次船舶建造重要日期,丈量、复核30艘次船舶吨位。全年办理船舶下水(出坞)报备144件,下降51.3%;办理船舶试航报备113件,下降73.8%。辖区水域未发生由于新造船舶下水、试航引发的水上交通事故。 (陈菊琴)

■**船舶安全检查** 扬州海事局开展江苏籍海船专项检查,客、汽渡船专项检查,国内沿海航行散装化学品船专项检查,国内航行海船消防安全专项检查,履行在港船舶海事监管职能。全年实施海船安全检查113艘次,检查单船89艘次,海船单船检查覆盖率10.31%;实施内河船安全检查1016艘次,检查单船773艘次,内河船单船检查覆盖率9.50%;实施PSC(港口国监督)检查30艘次,检查单船21艘次,PSC单船检查覆盖率8.4%。 (陈菊琴)

■**海事行政处罚** 2014年,扬州海事局办理行政处罚案件508艘次512件。其中,海船案件13件、内河船舶案件490件、船舶所有人或经营人案件5件、船员案件2件、其他案件2件;未按规定航路航行401件、未办理签证24件、未按规定配员2件、超载案件20件,分别占行政处罚案件总数的78.3%、4.69%、0.39%和3.91%。 (陈菊琴)

■**船舶载运危险货物管理** 2014年,扬州海事局推进船舶载运危险货物、防污染作业申请电子申报;推行液货船选船机制,辖区内液货码头单位对到港液货船选船检查率86%。全年审批船舶载运危险货物(不含固体散装货物)申请2167艘次。其中,内贸危险品申请1396艘次,下降20.4%;外贸危险品申请771艘次,增长312.3%。辖区危险品吞吐量177万吨,其中内贸危险品吞吐量138.3万吨、外贸危险品吞吐量

38.7万吨，分别增长12.7%、0.5%、95.4%。全年备案污染物接收单位12家、供油单位21家，分别增长20%、5%。（陈菊琴）

■**水上巡航与搜救** 2014年，扬州海事局海巡艇巡航4966艘次，出动巡航执法人员6689人次，巡航9385小时，巡航里程7.98万海里，分别增长-11.3%、-9.0%、0.4%、-8.8%。开展"科学搜救年"活动，制定实施《扬州海事局2014年度海巡艇水上应急救助训练计划》，提升水上搜救应急反应能力。发布《扬州市水上人命救助奖励实施细则(暂行)》，鼓励社会力量参与水上搜救。全年接到辖区内水上突发事件报警43件，下降15.6%；组织、协调搜救行动43次，增长13.1%；出动救助船艇76艘次(含社会船艇15艘次)，成功救助遇险船舶61艘、遇险人员413人，人命救助成功率99.5%。（陈菊琴）

■**水上交通安全专项整治与隐患治理** 扬州海事局实施《长江江苏段船舶定线制(2013)》规定。组织开展"安全生产月"、长江水上交通安全专项整治、内河船舶参与海上运输专项治理、水路运输危险化学品专项整治、"治理船舶贪边航行百日会战"等活动，完成重要时段水上交通安全监管和应急值守。深化联动合作。与镇江海事局签署《关于建立海事联动执法工作机制的合作协议》，共同推进水上安全监管和应急反应能力建设；与南京、镇江海事局签订《宁镇扬海事青奥会水上安全联动合作备忘录》；与长江航运公安局镇江分局签订战略合作协议，共同维护通航秩序和治安秩序。（陈菊琴）

## 现代物流业

■**概述** 2014年，全市社会物流总额1.10万亿元，比上年增长11.27%。其中，工业品物流总额的0.86万亿元，增长9.14%，占社会物流总额的78.71%；进口货物物流总额144.30亿元，增长19.06%，占社会物流总额的1.31%；农产品物流总额198.72亿元，增长6.93%，占社会物流总额的1.81%；外省市商品购进额0.16万亿元，增长17.50%，占社会物流总额的14.47%；再生资源、商品批发和单位与居民物品物流总额405.54亿元，增长39.83%，占社会物流总额的3.69%。全市社会物流总费用562.54亿元，增长10.82%，占地区生产总值的15.21%，比上年下降0.4个百分点。其中，运输费用311.51亿元，增长9.93%，占社会物流总费用的55.38%；保管费用196.01亿元，增长12.77%，占社会物流总费用的34.84%；管理费用55.02亿元，增长9.09%，占社会物流总费用的9.78%。全市物流业实现增加值231.48亿元，按可比价计算，比上年增长11.84%，占地区生产总值的6.26%。

全市全年完成交通基础设施建设投资65.8亿元，增长20%；完成交通服务业增加值91.6亿元，增长9.9%；完成公路水路运输总周转量314亿吨千米，增长12%；完成港口货物吞吐量1.21亿吨、集装箱吞吐量56.2万标箱，分别增长21.3%、8.64%；完成航空客运吞吐量70.6万人次、货邮吞吐量4792.5吨，分别增长14%、46%；全市邮政业务收入5.55亿元，增长7.4%。

高速铁路建设。连淮扬镇铁路扬州段12月28日开工；宁启铁路复线及电气化改造扬州段基本建成，完成铺轨和电气化改造81千米、扬州站和江都站站台改造工程。

公路建设。全年建成和在建的干线公路288千米。203省道、125省道仪征段全线建成通车，文昌路西延418省道段路面水稳基层完成、353省道段路基贯通，462省道建设加快推进，611省道(沿湖大道)先导段和向阳河大桥开工建设。全市新增一级公路163千米，国、省干线公路一级公路占比由42%提升到75%。宿扬高速公路工程基本完成房屋拆迁，陈集互通、友谊河大桥等节点工程开工建设。

水运工程建设。建成仪征港区液体化工码头二期工程2个万吨级泊位，开工建设江都港区鼎衡舾装码头2个万吨级泊位；推进京杭运河支线船闸扩容改造，运东船闸开展主体施工，芒稻船闸完成房屋征拆和上下游围堰施工。

推进重点工程项目建设。西部交通客运枢纽主体工程建成，推进配套停车场、保养厂、加油加气站地块拆迁。完成西部交通客运枢纽主体建筑与火车站间连接通道方案设计。扬州港3号泊位改扩建项目取得航道和海事部门批复，省交通运输厅召开工程岸线利用合理性评估会，交通运输部同意项目岸线使用申请。江都港区3号泊位及后方堆场工程全部竣工投入试运营，4号、5号泊位水工部分全部完工。

优化道路水路运力结构。截至2014年底，全市有道路运输货运经营业户3.6万户，比上年同期增长6%，其中道路化学危险品货物运输业企业51家。营运货车总数4.59万辆29.19万载重吨，分别增长4.21%和6.85%。其中，厢式货车和专用运输车辆1.80万辆，占营运货车总数39.3%；新增LNG(液化天然气)车辆39辆。全市有水路货运经营业户89家。其中，船舶吨位规模10万吨以上国内沿海运输企业2家，与上年持平；5万吨以上的内河水运企业21家，增长40%。有货船3082艘506.4万吨，船舶数和吨位分别增长-0.9%和13.9%。其中，标准船型船舶1020艘，占33.1%；专用运输船舶452艘，占14.7%。

争取和下发服务业引导资金。截至2014年底，江苏超达汽车零部件仓储物流项目争取经贸领域中央投资300万元，扬州澳洋IT/TFT金属材料物流项目等3个项目争取省级服务业发展引导资金720万元；江苏宝应湖粮食物流中心有限公司3万吨粮食储备仓(刁夷库)等4个项目被纳入2014—2015年粮食仓储设施初选库；扬州长江石化物流中心等4个物流园区申报首批省级示范物流园区。2014年，全市下发市级服务业物流引导资金500万元，扶持物流信息化、标准化、品牌化及物流基础设施项目12个。

2014年，全市物流项目新签约

1亿元以上项目10个，计划总投资90亿元。新开工项目5个，计划总投资46亿元。10个省、市级物流集聚区完成固定资产投资87.30亿元，增长57.46%；营业收入513.96亿元，增长21.22%；上缴税收7.51亿元，增长5.02%；集聚企业2230家，增长5.94%；吸纳就业1.74万人，增长9.10%。 （杨 发）

**■甩挂运输** 扬州运输管理部门创新运输组织方式，提高运输效率，降低物流成本，推动甩挂运输发展。至2014年底，省级甩挂运输试点企业3家、市级甩挂运输试点企业4家。2014年全市甩挂运输试点企业有牵引车262辆、甩挂车450辆，其中新增牵引车30辆、甩挂车44辆；试点企业完成甩挂运输货运量300万吨、周转量12.5亿吨千米，分别占企业货运量、周转量的36%、42%。扬州三笑物流有限公司在全国设立的甩挂点增至7个，新购置甩挂车16辆，甩挂运输车有174辆，获省交通运输厅补贴资金64万元；扬州市港务集团有限公司有甩挂装卸点2个、甩挂运输车72辆；扬州市天成国际集装箱货运有限公司有甩挂装卸点2个、甩挂运输车33辆；高邮诚信物流有限公司有甩挂装卸点3个、甩挂运输车50辆。2014年，全部累计完成甩挂运输量12.5亿吨千米。 （杨 发）

**■快货品牌建设** 市运管处完成现有“江苏快货”品牌线路复核。扬州市港务集团有限公司获“江苏快货”车辆购置补贴资金76万元，扬州三笑物流有限公司获“江苏快货”车辆购置补贴资金36万元。新增“江苏快货”品牌线路4条，全市有“江苏快货”品牌企业1家、“江苏快货”品牌线路73条。 （杨 发）

**■品牌物流** 截至2014年底，全市有物流企业3160家，其中规模以上物流企业217家，占7%。全市围绕冷链、汽车、快递、化工物流等专业物流，培育和引进物流企业。全市有快递企业53家，运营企业有EMS、顺丰、圆通、申通、中通等27个品牌；有围绕仪征上汽大众项目从事汽车物流的企业40家，其中在扬州注册企业20家；有冷链物流企业8家，其中重庆万吨冷储物流联合江苏亲亲冷冻食品交易市场建设仓储容量20万～30万吨农产品加工及冷链物流配送基地；有方顺粮油、益江粮油等粮油仓储物流企业，石化物流有中化扬州、恒基达鑫、国华仓储等石化仓储物流企业。 （杨 发）

**■物流标准化和信息化建设** 2014年，仪征上汽赛克物流有限公司“汽车整车物流服务标准化试点”、扬州申通快递有限公司“扬州申通快递服务业标准化试点”、高邮诚信物流“应急物流服务规范”等3个项目申报省级服务业标准化试点。烟草物流、快递、汽车物流等3个领域推动绿色烟草物流、快递服务规范和整车物流服务规范，开展物流企业标准化建设。扬州市加强物流信息公共服务平台项目建设，先后建成扬州现代物流网、扬州快递网等物流公共信息平台，推动扬州公铁水物流网、中国冷链物流网及以北斗卫星定位系统为基础的物流车辆监控系统平台建设，规划建设“商品汽车物流网”和扬州公共物流信息平台。 （杨 发）

**■物流企业评级** 全年新增国家级物流企业9家。截至2014年底，全市有国家级物流企业26家，其中国家AAAAA级1家、国家AAAA级7家、国家AAA级16家、国家AA级2家。 （杨 发）

**■物流园区建设** 全市推进现代物流基地和专业物流节点中心建设。农副产品冷链物流基地亚联农副产品批发市场建成集网上洽谈交易、网上竞价交易、物流配送服务等功能于一体的农产品电子商务公共服务平台。扬州万吨食品加工冷链物流项目、亲亲万吨冷储物流项目等2个6万吨冷链物流项目启动建设。苏中空港物流园产业战略规划完成编制。普洛斯物流园(一期)建成投产，招引德邦、联邦等第三方物流企业入驻。长江石化物流中心加快中石化原油商业储备基地建设，完成奥克低温乙烯储罐、通达气体低温乙烯储罐、恒基达鑫二期储罐主体工程施工。国药控股医药物流中心建成医药冷链管理体系平台，构建中心冷链管理体系。仪征汽车物流园推进赛克、派奥、沪通等物流项目建设。高邮诚信物流应急动员中心扩建工程开工，建成冷链物流公共交易信息平台“中国冷链物流网”项目。宝应湖粮食物流中心“数字粮库”项目投入运营。 （杨 发）

**■腾讯电商物流中心落户扬州** 2014年，腾讯电商旗下易迅网物流有限公司获得跨省经营许可证，腾讯电商物流中心落户扬州。扬州成为腾讯电商集呼叫中心、财务结算中心、供应商管理中心、自有品牌管理中心于一体的业务中心。 （杨 发）

## 邮政

**■概述** 2014年，全市邮政企业和规模以上快递服务企业业务收入(不包括邮政储蓄银行直接营业收入)累计完成12.45亿元，比上年增长19.71%；业务总量累计完成15.12亿元，增长23.03%。

全市规模以上快递服务企业

快递工作人员分拣、打包、投递商品　刘江瑞/摄

**2014年扬州市邮政行业发展情况表**

表16-10

| 指标名称 | 单位 | 数量 | 比上年增长(%) |
|---|---|---|---|
| 邮政行业业务收入 | 亿元 | 12.45 | 19.71 |
| #快递业务收入 | 亿元 | 6.39 | 32.32 |
| 邮政行业业务总量 | 亿元 | 15.12 | 23.03 |
| #函件 | 万件 | 2507.44 | -58.58 |
| 包裹 | 万件 | 15.74 | -17.63 |
| 快递 | 万件 | 5068.98 | 46.07 |
| 订销报纸业务量 | 万份 | 7602.88 | 2.04 |
| 订销杂志业务量 | 万份 | 486.78 | -10.54 |
| 汇兑业务 | 万笔 | 48.49 | -24.63 |

（杨　邮）

**2014年扬州市规模以上快递企业发展情况表**

表16-11

| 指标名称 | 单位 | 数量 | 比上年增长(%) | 占比(%) |
|---|---|---|---|---|
| 快递业务量 | 万件 | 5068.98 | 46.07 | 100.00 |
| 同城 | 万件 | 601.70 | 88.03 | 11.87 |
| 异地 | 万件 | 4421.61 | 42.06 | 87.23 |
| 外国及港澳台地区 | 万件 | 45.68 | 20.93 | 0.90 |
| 快递业务收入 | 亿元 | 6.39 | 32.32 | 100.00 |
| 同城 | 亿元 | 0.45 | 58.84 | 7.02 |
| 异地 | 亿元 | 4.68 | 24.37 | 73.25 |
| 外国及港澳台地区 | 亿元 | 0.76 | 4.58 | 11.95 |
| 其他 | 亿元 | 0.50 | 251.66 | 7.77 |

（杨　邮）

完成业务量5068.98万件，增长46.07%，占全省比重3.4%；完成业务收入6.39亿元，增长32.32%，占全省比重3.2%。其中，同城快递业务量601.70万件、业务收入0.45亿元，分别增长88.03%、58.84%；异地快递业务量4421.61万件、业务收入4.68亿元，分别增长42.06%、24.37%；外国及港澳台地区快递业务量45.68万件、业务收入0.76亿元，分别增长20.93%、4.58%。

全市邮政行业完成函件业务量2507.44万件，下降58.58%；完成包裹业务量15.74万件，下降17.63%；完成订销报纸业务量7602.88万份，增长2.04%；完成订销杂志业务量486.78万份，下降10.54%；完成汇兑业务48.89万笔，下降24.63%。

全市有邮政网点182个。邮政网点总面积2.08万平方米，其中城市邮政局(所)面积7099.7平方米、农村邮政局(所)面积1.37万平方米；有投递网点111个，其中城市网点9个、农村网点102个。城市邮政局(所)网点平均服务半径1.5～2千米，农村邮政局、所平均服务半径3千米；城市投递网点平均投递半径3.54千米，农村投递网点平均投递半径3.85千米。全市住宅楼房总户数53.1万户，其中43万户安装信报箱，安装率80.97%；有邮政信筒388个。主城区邮政局(所)每周营业7天，每天营业8小时，每天投递2次；农村地区邮政局(所)每周营业6天，每天营业6～7小时，每天投递1次。

全市有快递营运品牌27个、快递企业53家、营业网点550个，比上年分别增加8个、18家、245个。

1月22日，易迅物流有限公司成为扬州市首家全国性经营的快递企业。4月，市邮政管理局、市民政局联合印发《关于推进全市邮政便民服务进社区工作的实施方案》，启动邮政便民服务进社区。7月，下发《扬州市快递门店规范化建设指导意见(试行)》，启动全市快递门店规范化建设，建成"达标快递门店" 2个、"示范快递门店" 6个。8月，杉湾花园社区和蒋王社区邮站试点运行；10月，建成村邮站269个，争取省级奖补资金70多万元。试点社区、村邮站提供平常信件代收代寄、普通邮票和信封代销售等邮政普遍服务和水、电、燃气、通信缴费等公共事业费用缴纳服务。（张惠亮）

■**江苏省邮政公司扬州分公司**　2014年，扬州市实现邮政业务收入5.55亿元(含代理金融专业实现收入3.84亿元)，比上年增长7.4%。函件专业实现收入6539万元。开发扬州市第十届少儿书信书画大赛、"六五"普法宣传、应急入户宣传、《市民手册》入户宣传、《文明城市创建宣传手册》入户宣传、《食品安全进万家》宣传、《大运河成功申遗》宣传、《扬州园林》宣传等项目。电子商务专业实现收入3241万元。建立"警邮共建文明交通服务窗口"，落实"苏邮惠民"渠道分等分级管理，经营"粮优优"微信平台，运作"惠民优选"项目，打造多元化电商平台；开展"福至新春" "粽情端午" "月满中秋" "醉美扬州" "车险团购" "短信业务PK赛"等专项活动。集邮专业实现收入1905万元。开发《高骧纵姿》邮册、《福禄寿喜——乾道嘉》钱币册、《丰硕香语》邮册，针对大学生市场推出"来自星星的我"主题星座集藏封，联合扬州市教育局组织全市青少年学生参加"鸿雁传书"书信文化活动，与北京银河昊星文化收藏有限公司合作举行集邮产品品鉴会及巡展活动。发行专业实现收入3257万元。开展书香邮政——"我是小小报童"儿童职业角色体验活动，在市区5家幼儿园举办"知心姐姐"公益讲座，邀请《意林》杂志社特聘讲师索明丹

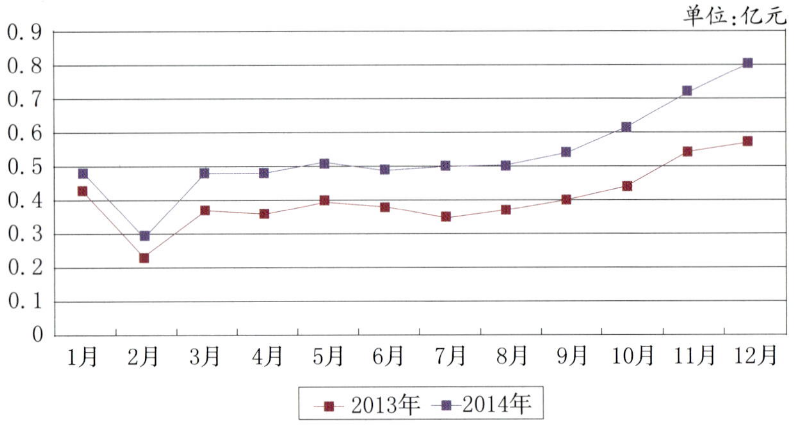


图 16-1 **2014年扬州市快递业务收入分月图**

（杨 邮）

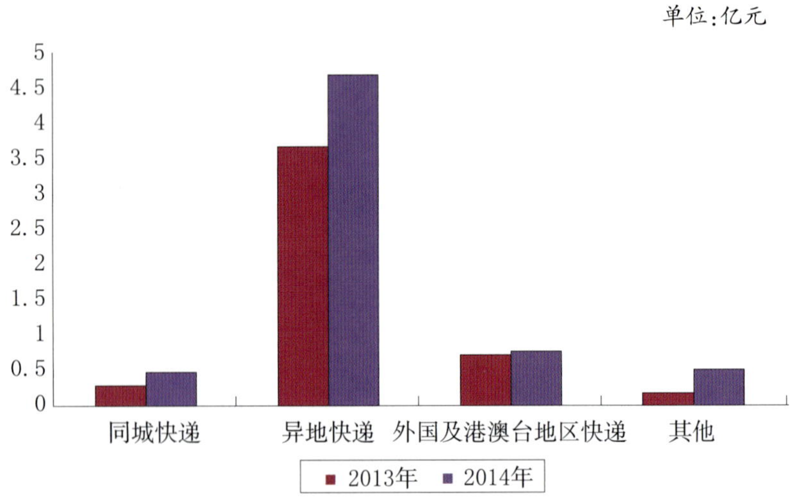


图 16-2 **2014年扬州市分专业快递业务收入比较图**

（杨 邮）

举办“梦想于心，励志于行”公益讲座，策划“烟花三月”国际经贸旅游节宣传专刊、“三八”妇女节文化礼盒等项目。

推进营业、投递平台建设。开展“邮政服务进社区”活动，建成269个邮政便民服务站(村邮站)。完成15个邮政营业网点装修改造，建成扬州首家咖啡主题邮局和大学生校园主题邮局。增设西湖、湾头2个投递站；机动车段道投递量占41.2%，全年投递邮件1.4亿件；商务投递部配备手持终端12台，实现电商小包等邮件信息实时反馈。优化邮运网路和生产流程，推进本地网改革，实现全区邮件分拣大集中；成立邮件处理中心，推行大班组作业制。投递员王一成入选“中国好人榜”。（唐 秋）

**■“警邮共建文明交通服务窗口”建设** 江苏省邮政公司扬州分公司联合扬州市交通警察支队推进“警邮共建文明交通服务窗口”项目，全年建设“一站式”车务服务便民窗口8个，代收违章罚款，代办机动车驾驶证损毁换证、机动车驾驶证补证、机动车驾驶人联系信息变更、机动车驾驶人提交《身体条件证明》、机动车所有人辖区内变更联系方式、本市机动车委托外地核发检验合格标志等6类车管业务，并通过快递将车管部门制作好的证照投递上门。（唐 秋）

**■快递服务中心建设** 2014年，扬州市邮政管理局构建以快递服务中心为节点的快递服务网络，破解快件投递“最后一公里”难题。3月1日，阳光美第、奥都花城、栖月苑等3家快递服务中心成立运营。5月28日，快递服务中心举行集中签约仪式，17家快递服务中心集中签约、成立运营。至2014年底，全市有快递服务中心22家，服务区域13平方千米，服务大型住宅区23个、企事业单位11家，覆盖人口30万人；揽投快件30万多件。（张惠亮）

**■智能投递终端建设** 10月16日，江苏信息服务产业基地(扬州)“声谷快递e站”(快递人员将快件投入到“快递e站”保管箱内，系统自动发送验证码通知收件人，快件收件人凭手机号码和验证码自主取件)投入运营，投放智能快件柜2组192个格口，是扬州市首个公共场所快递便民设施；12月1日，扬州市政府“快递e站”正式投入使用，投放智能快件柜1组108个格口。2处智能投递终端日均收发快件200多件。（张惠亮）

**■咖啡主题邮局成立** 10月18日，扬州首家咖啡主题邮局——“美岸咖啡”VIP俱乐部正式运营。该主题邮局是江苏省邮政公司扬州分公司联合“美岸咖啡”共同打造的全国首家咖啡主题邮局，将邮政文化与咖啡文化结合，借助咖啡文化宣传邮政文化。（唐 秋）

**■大学生校园主题邮局成立** 11月1日，江苏省邮政公司扬州分公司在扬州大学农学院门口开办扬州首家校园主题邮局。该主题邮局针对大学生需求，设置个性化邮政产品，代销各类汽车票、火车票，代收代寄信件、包裹等。（唐 秋）

**■书香邮政——“我是小小报童”儿童职业角色体验活动** 江苏省邮政公司扬州分公司开展26场“我是小小报童”卖报活动，共有1000多名儿童参加活动。通过“我是小小报童”平台，到福利院举行2场慰问表演，邀请“知心姐姐”开展早期阅读座谈会——阅读让成长更精彩，与扬州时报社联合组织卖报等活动。

（唐 秋）

# 信息化与软件服务业

Xinxihua Yu Ruanjian Fuwuye

编　辑　李全权

## 综述

**■概况**　2014年，扬州市出台《关于进一步规范财政性资金信息化项目建设管理的通知》《关于明确纳入联合审批的财政性资金信息化项目的通知》《使用财政性资金信息化项目扎口审批分类说明》等政策文件，规范信息化项目扎口管理。举办第五次中欧信息技术、电信和信息化对话，北京中欧绿色智慧城市合作试点交流会和亚太经济合作组织(APEC)电信工作组第49次会议，智慧城市品牌效应进一步放大。2014年，全市信息化发展水平总指数82.49，连续第三次入选中国城市信息化50强、智慧城市推进工作十佳城市。

（金　信）

**■两化融合**　2014年，扬州市市、县两级联合开展“两化(工业化、信息化)融合诊断行”活动，现场服务企业50家；新认定市级两化融合示范项目10个，帮助企业向上争取各类扶持资金1230万元，比上年增长450%。全年获批工业和信息化部(简称工信部)两化融合管理体系贯标试点企业4家，新增省两化融合示范区及试验区2个、示范企业4家、试点企业55家。3家企业获省企业信息化提升项目资金支持，2家企业获省公共信息服务平台项目支持，25家企业获省电商拓市项目支持。举办江苏制造业与互联网融合创新大讲堂(扬州)暨扬州制造业互联网化高峰论坛、扬州制造业企业首席信息主管(CIO)沙龙、两化融合管理体系贯标业务培训会、企业首席信息主管(CIO)培训等活动，培训企业家300人次。扬力集团、宝胜集团、亚普汽车部件股份有限公司、仪征亚新科双环活塞环有限公司等4家企业被确定为工信部两化融合管理体系贯标试点企业，扬力集团被确定为省两化融合诊断重点企业。开展规模以上企业两化融合自评估、大中型企业电子商务应用普查、工信部区域两化融合发展水平评估等活动，促进两化融合水平提升。至年末，全市规模以上企业信息技术应用率83%，电子商务应用率53.1%，成套设备及传统产业整机产品智能化率37.2%。（金　信）

**■两化融合示范区及试验区**　11月26日，江苏省经济和信息化委员会(简称省经信委)公布2014年度江苏省信息化与工业化融合示范区及试验区名单。广陵经济开发区入选江苏省信息化与工业化融合示范区，扬州化学工业园区入选江苏省信息化与工业化融合试验区。省经信委在相关专项资金中对入选园区给予奖励。至2014年底，全市累计获批省信息化与工业化融合示范区4个、省信息化与工业化融合试验区4个、省信息化与工业化融合服务产业示范园2个，基本覆盖全市重点园区。

（杨　志）

**■信息安全**　2014年，扬州市信息安全监测平台运行平稳。全年出动工作人员18人次，完成2014年南京青年奥林匹克运动会、中国扬州“烟花三月”国际经贸旅游节、中国扬州鉴真国际半程马拉松赛等活动无线电应急保障任务。全年累计查获“伪基站”3个、作弊嫌疑人4人。扬州市信息安全工作连续第五年获省级表彰，政务云等级保护和风险评估工作被列为省信息安全试点项目。

（金　信）

**■无线电管理**　市无线电管理处完成87～108MHz(兆赫兹)频段占用度测试，清理400～420MHz频段不明信号，查处不明信号3例、干扰5起。对瘦西湖隧道开展电磁环境全程测试，重点对3个出入口、上下双层通道中段进行定点监测，为预指配频率提供参数依据。配合中星世通公司建成市政府新固定监测站更新调试。新建固定站投入监测值班工作状态，较好地恢复和完善对城区无线电信号扫描监测手段。强化业余无线电管理，举办业余无线电台操作技术能力考试、业余无线电管理法制培训班。

召开伪基站侦测系统产品技术交流会，邀请国内5家“伪基站”侦测仪生产厂商到扬州展示产品，比较侦测效果，加深对“伪基站”原理认识。查获“伪基站”3个。做好“伪基站”技术检测工作，向公安部门提供检测报告。开展整治黑调频广播行动。对辖区内调频广播实行24小时连续值班监听，发现江苏省广播电视总台未经申报在扬州开通88MHz《健康生活广播》节目，责令办理设台手续。开展整治出租车黑电台行动。向全市各出租车运营公司发出《关于进一步加强全国文明城市复评迎查期间出租车无线电台管理的通知》，查处黑出租车电台1个。依法征收频率占用费。开展校园广播管理检查，到扬州大学、扬州市职业大学等6所高等院校检查校园调频广播电台管理工作。

做好重要时间节点无线电24小时应急通信保障工作。完成防无线电作弊工作18次，查获作弊嫌疑人4人。保障重大活动无线电安全。完成中欧信息技术、电信和信息化对话国际性会议，APEC电信工作组第49次会议等会场通信、网络和应急保障工作。完成2014年南京青年奥林匹克运动会射箭射击馆无线电安保任务，累计检测设备432部，截取频谱特征图67份，现场补办无线电设备使用许可证42张，排除通信干扰1起。

市4G(第四代移动通信技术)网络建设领导小组办公室推动全市4G网络建设实施意见出台，对4G频段采取24小时不间断保护性监测。扬州网畅智城公司启动建设覆盖扬州的首个免费wi-fi(无线保真)项目，布设及改造热点5000个并陆续投入使用。 (陈　晔)

**■通信基站共建共享**　1月，《扬州市公众移动通信基础设施资源共享智能管理平台项目》入选全省信息基础设施试点项目。该项目以数据库管理方式取代文本管理方式，依托资源系统，实现对应用于公众移动通信的铁塔、基站等基础资源设施的数据管理和动态更新，以电子文件流程取代纸质文件流程，实现铁塔、基站等基础设施资源共建共享管理操作，降低人员工作负荷，保证供求信息透明公开。 (陈　晔)

**■2家单位入选省农村信息化应用示范基地**　9月9日，依据《江苏省农村信息化应用示范基地认定办法(试行)》，省经信委、省委组织部、省委农村工作办公室联合启动2014年度省农村信息化应用示范基地创建工作。经各市推荐、专家审查、现场考察和省相关部门复审，11月21日，省经信委等五部门确定15家单位为2014年度江苏省农村信息化应用示范基地。扬州市邗江区西湖镇金槐村和高邮市周山镇吴堡村入选。至年末，全市有省农村信息化应用示范基地10个。 (胡　岩)

**■中欧信息技术、电信和信息化对话会议在扬州召开**　4月29日，工信部副部长杨学山与欧盟通信网络内容和技术总司副总司长佐兰·斯坦奇奇在扬州共同主持召开第五次中欧信息技术、电信和信息化对话会议，欧盟委员会通信网络内容和技术总司、欧盟驻华代表团及欧盟标准化机构代表9人出席会议。会上，中欧双方回顾总结第四次中欧通信技术领域(ICT)对话会议纪要实施情况，针对ICT信息的政策发展、ICT管理、移动4G、固网宽带部署、移动5G(第五代移动通信技术)研究、网络安全、物联网发展、电子商务、智慧城市合作、医疗电子技术、软件服务业合作、未来工作机制、云计算等议题交换意见。 (杨　志)

**■APEC第49次电信工作组会议在扬州召开**　4月24—26日，APEC第49次电信工作组会议在扬州召开。中国、澳大利亚、日本、韩国、美国等16个国家150多名代表参加会议。工信部总工程师张峰、APEC电信工作组主席苏琳娜出席会议并讲话。APEC电信工作组成立于1990年，是APEC最早设立的专业工作组之一，旨在促进亚太地区信息通信领域贸易投资便利化和开展电信政策及技术应用的交流与合作。APEC电信工作组会议是亚太地区信息通信业最重要的年度国际会议，在亚太地区引领世界信息通信产业发展方面发挥重要作用。会议以“互联网经济”为主题，与会代表就促进亚太地区信息通信领域政策和技术交流与合作展开讨论，并就云计算、云信息发展系统、互联网经济等电信通信业热点议题交换意见。 (杨　志)

## 城市信息化

**■概述**　2014年，扬州市城市运行管理水平提升。市农产品质量安全智能监管平台、“美滋滋”食品安全公众服务平台、医疗器械“透明车间”系统等信息化项目建成上线；大运河数字管理平台助力大运河成功申遗；地理信息公共平台建成并为公安、城建、环保等多个部门多个应用系统提供基础支撑；社会综合治税共享平台累计增收14.6亿元；市区低收入家庭信息比对系统累计清退不符合条件的低保对象290户2218人；好巴士公交快线信息管理系统、城市公共自行车系统和出租汽车管理信息化系统三大工程初步构建起智能化交通管理体系；“企业服务网”累计发布动态类信息1676条，公开涉企权力1786项、涉企收费项目320个，实现对全市500家重点企业经济指标监测和全市每年100个重大项目进展跟踪；“扬州企业手机报”覆盖全市3000多家重点企业，累计推送重要涉企信息92期。 (全　信)

**■信息基础设施建设**　扬州市国民经济和社会发展第十二个五年规划实施以来，中国电信、中国移动、中国联通等三大运营商在扬州累计投资逾42亿元，推进宽带普及提速和无线扬州、三网(电信网、广播电视网、互联网)融合工程建设。至2014年末，全市互联网出口带宽590Gb(吉字节)，比上年增长47.5%。互联网用户逾440万户，其中固定互联网用户超130万户，比上年增长32%。城市宽带用户接入能力20Mbps(兆比特每秒)，农村用户接入能力12Mbps，政企用户接入能力最高达1000Mbps。移动电话用户数558万户，其中3G(第三代移动通信技术)用户数286万户，比上年增长52.9%。IPTV(交互式网络电视)用户37万户。3G网络城市覆盖率逾95%，4G网络、公共无线免费热点实现城区重点区域全覆盖。中国铁塔股份有限公司扬州市分公司挂牌成立，完成第一批10个示范站址建设。市政府云计算中心整合76家单位105个应用系统(含新增系统30个)，政务信息资源目录体系共享平台第一版上线，电子政务协同办公平台启动建设。“中国扬州”门户网站获2014中国政府网站新媒体传播力江苏省地方政府网站第三名。瘦西湖智慧景区建设示范项目、扬州城区公共无线热点覆盖工程入选2014年度省信息基础设施示范试点项目，维扬经济开发区获评省三网融合试点园（区）。（金　信）

■**智慧城市建设**　推进部门间信息资源共建共享，完成76家市直单位机房、102家市直单位网站的整合，基本建成智慧环保、数字档案馆、统计一体化、保障房监管等项目，诚信体系"三库一网"综合征信平台启动建设。推进农村信息化应用，建成四级联网的网上村委会平台，实现乡镇、村覆盖率90%以上；探索县（区）级信息化发展水平指数评估，完成相关数据发布。2014年，全市获批省信息基础设施示范试点项目2个、省促进信息消费应用试点项目2个，新增省农村信息化应用示范基地2个，连续第3次入围中国城市信息化50强、中国智慧城市推进工作十佳城市，分列第九名、第七名。（金　信）

■**民生应用基础设施建设**　至2014年末，全市有数字化校园360所、网上结对学校408所，46万学生可通过数字化校园接受教育；市区域卫生信息平台被省卫生和计划生育委员会评为三级平台，基层医疗卫生信息系统基本覆盖到社区卫生服务站和村卫生室；市级网上村委会建成上线，基本实现市、县（区、市）、乡镇、村四级联网，覆盖95%以上乡镇、村；数字图书馆建成外购数据库镜像9个、地方文献特色数据库2个，实现网络无障碍免费远程访问；"物价云"系统实现门户网、移动互联网、广播电视网同步发布民生价格信息；旅游休闲卡集电子钱包、电子门票、身份认证等功能于一体，实现"一卡在手，玩遍扬州"；"数据扬州""社区10分钟健身圈""掌上公交"等手机端应用软件为市民提供高效便捷服务。（金　信）

■**信息消费基础设施建设**　推动信息化与传统产业深度融合，鼓励企业发展电子商务。中国旅游日化产品电子商务平台、"惠生活"农产品电子商务信息服务平台等本土电商平台上线运行，金泉网B2B（企业对企业）电子商务平台销售收入逾1亿元，笛莎公主女童服饰实现90%网上销售；"惠生活"农产品电子商务信息服务平台和"无线扬州＋"移动平台光电联盟综合体入选省促进信息消费应用试点。全市银行卡发卡1918万张，消费交易额1380亿元，比上年增长19.71%；金融IC卡在社会公共服务领域全面融合应用，全年发卡338万张，增长159.73%；消费交易额逾460亿元，增长675.41%。（金　信）

中国电信扬州分公司工作人员为客户解答4G手机使用问题　　电信公司／供稿

■**扬州市社会综合治税（三期工程）暨市财税深化应用系统项目通过终验**　1月20日，扬州市社会综合治税领导小组办公室召开扬州市社会综合治税（三期工程）暨市财税深化应用系统终验评审会。专家组听取项目建设情况汇报，审阅项目验收文档，察看项目实际运行情况，一致认为项目验收文档齐全，符合验收要求，系统设计合理、功能完备、运行稳定、使用方便，同意项目通过终验。扬州市社会综合治税共享平台（三期工程）建设于2013年建成，实现市直40个部门、6个县（市、区）和扬州经济技术开发区121类交换指标项、3700多万条涉税数据共享，新增1400多万条涉税数据。该项目被评为2013年江苏省重大信息化试点工程。市税务部门通过与平台涉税数据信息比对分析，累计实现涉税信息转化为税收收入14.2亿元。（杨　志）

■**扬州市农村综合信息服务平台（市网上村委会）通过验收**　2013年底，扬州市各县（市、区）全部完成农村综合信息服务平台（网上村委会）建设，扬州市网上村委会平台项目被列为全市重点信息化项目。2014年2月，中国电信扬州分公司中标市级网上村委会平台项目。12月，市经信委召开扬州市农村综合信息服务平台（市网上村委会）项目建设验收会。验收组专家听取项目承建单位项目建设工作报告和监理单位北京朋佳科技咨询有限公司扬州分公司监理工作报告，查阅相关文档，现场登录平台检验各项功能并进行质询，一致同意通过初验。至此，市、县（区、市）、乡镇、村四级联网的网上村委会平台基本建成并实现乡镇、村覆盖率90%以上。（杨　志）

■**扬州企业服务网上线试运行**　2月14日，扬州企业服务网上线运行，域名qyfw.yangzhou.gov.cn。扬州企业服务网依托"中国扬州"门户网站群，设有政策宣传、权力公开、执法公开、规范执法、服务指南、咨询解答等板块，主要功能有：为企业信息服务、政策咨询和投诉维权提供载体，为各机关单位权力公开透明运行、发布服务企业政策、为各类涉企执法检查、处罚备案提供平台，为扬州市优化企业发展环境领导小组办公室提供基础性工作平台。（杨　志）

■**扬州市认定首批首席信息主管**　根据《关于推进首席信息主管（CIO）制度建设的通知》，全市各机关企事业单位150人申报首席信息主管。经过单位自主推荐，县（市、区）经信委、人力资源和社会保障局（简称人社局)上报，市经信委初审，专家培训，6月，市经信委、市人社局联合认定全市首批首席信息主管77人，其中机关部门首席信息主管37人、企业首席信息主管40人。首席信息主管培训和认定有助于推动机关部门公共服务能力和企业生产管理水平提升。 （杨　志）

**■市政务信息资源共享交换公共平台获评2014年度“智慧城市优秀案例”** 7月16—17日，由全国信息技术标准化技术委员会SOA(面向服务的架构)分委会主办的第二届智慧城市标准与应用研讨会暨第七届中国SOA标准化研讨会在北京召开。扬州市“基于SOA架构的政务信息资源共享交换公共平台”项目获评2014年度十佳“智慧城市优秀案例”。该项目采用面向服务的架构理念，建设1个中心(政务信息资源中心)、2个体系(政务信息资源共享交换体系、政务信息资源共享目录体系)、4个子系统(交换共享平台子系统、政务信息资源服务子系统、运行监控子系统、安全控制子系统)；实现基于SOA架构的信息资源共享交换公共平台，贯通省、市、县三级数据交换与共享渠道；实现对数据交换全过程监控与管理；实现建立分应用、分地域、分权限等多级别、多层次分权数据服务与管理体系，将政务信息资源中心数据服务推广到全市各部门和所属各区县。SOA体系架构是全市各行业及区域信息化建设中打破信息孤岛、实现业务协同，促进信息资源共享和互通，提升信息资源利用率，使信息技术设施快速支撑业务变化和发展的有效方式。 （杨　志）

**■“印象·扬州”获第二届“天地图”应用开发大赛优秀奖** 12月，由市国土资源局和省测绘工程院共同开发的“印象·扬州”文化专题系统获第二届“天地图”应用开发大赛优秀奖。此次大赛由国家基础地理信息中心、中国测绘地理信息学会、中国地理信息产业协会和中国卫星定位导航协会举办。“印象·扬州”文化专题系统以扬州文化专题信息为展示主题，通过“天地图”载体，以文字介绍、图片浏览、全景展现等方式，展现扬州古宅、扬州古巷、扬州老店、扬州名寺、扬州胜景、运河遗产、扬州文博、扬州工艺、扬州曲艺等扬州历史文化风貌，系统信息点总量逾300个，并实现定位、检索等功能。 （屠　冠）

**■扬州网** 扬州网是国家一类新闻网站。2014年，扬州网通过网站、微信、微博、云扬州、乐活扬州等新媒体集群，提升网站吸引力和社会影响力。全年发布各类新闻7万多条(含原创视频和文字稿件近2000篇)。其中，95%以上新闻被百度收录并推荐，60%以上新闻被人民网、新华网、光明网、中国江苏网等采用。发挥报网融合作用，先后制作“党的群众路线教育实践活动”“践行社会主义核心价值观”“聚焦市委六届七次全会”“2014扬州‘两会专题’”“全媒体直通全国‘两会’”“聚焦2014江苏‘两会’”“2014‘烟花三月’国际经贸旅游节”“十年申遗圆梦多哈”“瘦西湖隧道建成通车”等重大活动网络新闻专题、民生话题类专题近100个。4月，扬州网与相关单位、市民观察团、新闻爱好者合作，共建扬州网市民记者队伍，开辟市民记者平台，并在云扬州、论坛等多个平台开辟窗口，方便市民记者发稿。至年底，扬州网有市民记者近50人，发稿近600篇。扬州市网络发言人平台全年新增56个部门和功能区，累计有122家发言人单位进驻平台；累计注册网友10.5万人，发帖近1万条；平台答复率接近100%。建立涉扬州舆情日报制度，搭建舆情引导新平台。全年向市委宣传部等部门和领导报送舆情信息3000多条。扬州网与西祠胡同、天涯社区等国内著名论坛合作，纠正与引导不良舆情，为传递扬州好声音、奏响社会主旋律搭建新平台。 （汤庆彬）

**■扬州网新媒体移动客户端建设** 2014年，扬州网成立新媒体部，将移动客户端所有新闻业务逐步划归一个部门管理，重点发展云扬州等移动客户端。云扬州客户端新闻APP全年推送或发布重大新闻2万多条，装机数2万台次，成为扬州移动互联网业内主要新闻客户端。扬州网与中国电信扬州分公司等单位建成乐活扬州二期手机客户端，主推百姓生活资讯。 （汤庆彬）

## 软件和信息服务业

**■概述** 2014年，软件和信息服务业实现业务收入420亿元(其中通信传输业45亿元、软件业60亿元、信息服务业315亿元)，比上年增长50%，全行业从业人员突破3万人；累计认定软件企业275家，登记软件产品644件；7家企业被评定为江苏省规划布局内重点软件企业。至年末，全市有投资1000万元以上软件和信息服务业项目25个，总投资144.2亿元，其中总投资10亿元以上项目5个。

召开全市软件和信息服务业发展推进大会，市政府与中国电信股份

**扬州网获2014年度江苏省网络好新闻奖作品一览表**

表17-1

| 获奖作品 | 作　者 | 获奖等次 |
|---|---|---|
| 让运河再活2000年——大运河成功申遗 | 周保秋　陈惟金　王　鹏　赵　天　陈书戈　沙　迅 | 一等奖 |
| 四望亭(评论专栏) | 陈惟金　吴　静　方澹宁　王　萌　毛建国　王子明 | 三等奖 |
| 百岁老红军刘应启走完一生长征路 | 陈惟金　吴　静　孙逸洲　沙　迅　李欣柳 | 三等奖 |
| 宝应老支书七年打工还30万“冤枉债” | 陈惟金　吴　静　徐　勇　陈书戈　王　宇 | 三等奖 |

（汤庆彬）

有限公司江苏分公司合作共建“中国·扬州云计算中心”，与联创集团正式签署多领域战略合作协议。中国电子科技集团公司第二十八研究所仪征“装备试验场”项目获批立项，“北大创业训练营江苏基地”项目落户扬州。理顺软件行业协会挂靠关系。启动扬州首届软件和信息服务业“十佳软件企业”“十佳软件工程师”评选活动。完善软件企业名录库、人才资源库、专家信息库。（金　信）

**■扬州大学学生获江苏软件奖学金** 7月2日，省经信委公布2013年度江苏软件奖学金获奖人员名单。扬州大学学生包玉霞经过网上申报、院校推荐、专家评审等程序，获得软件奖学金资助。江苏软件奖学金是省经信委为奖励高等院校中品学兼优的软件专业学生，增进全国高校软件专业学生对江苏软件产业发展环境和重点软件企业的了解，吸引全国优秀软件专业毕业生到江苏创业或就业，推动江苏软件企业与国家示范性软件学院等高校合作而创设的基金，奖励标准为研究生每人8000元，本科生每人4000元。（杨　志）

**■税友软件南方基地项目投入运营** 7月15日，总投资13亿元的税友软件南方基地项目正式投入运营。该项目是扬州市将软件和信息服务业列为基本产业后，首个投入运营的软件和信息服务业重大项目。税友远程技术中心入驻一期项目软件园并初具规模。该中心承担税友集团全国500万用户70%的远程技术支持服务，业务受理范围包含个人所得税代扣代缴、网上申报、网上认证、电子发票开具、网上抄报税、出口退税等项目，日均技术支持服务量2万人次，年服务量1000万人次。（胡　岩）

**■4家企业入选省规划布局内重点软件企业** 8月26日，省经信委公布2014—2015年省规划布局内重点软件企业名单。扬州万方电子技术有限责任公司、江苏仪化信息技术有限公司、扬州新宇软件有限公司、扬州奥鼎软件有限公司等4家企业入选，其中扬州新宇软件有限公司为首次入选企业。省规划布局内重点软件企业认定实行动态管理，每两年认定1次，有效期2年。省经信委对入选企业在项目申报、推荐、企业培育等方面给予优先支持。（杨　志）

**■扬州市启动首届软件和信息服务业“双十佳”评选** 12月9日，扬州市首届软件和信息服务业“双十佳”评选活动启动。评选活动按照自愿报名、资格审查、评选评审、结果公示、颁奖表彰程序依次进行。其中，评选评审环节采用网络评选、会员投票和专家评审相结合的方式开展，每项得分加权计入综合得分，并依据综合得分高低确定推荐对象。“十佳软件企业”参选企业必须在扬州市注册3年以上，运营质态良好，取得有效“双软”（软件企业、软件产品）认定证书，并拥有1件以上自主知识产权软件产品、软件著作权证书或专利证书；“十佳软件工程师”参选人员必须在扬州市软件企业签订劳动合同并在该企业连续服务3年以上，具备全日制本科以上学历或中高级计算机技术职称。（杨　志）

税友软件南方基地工作区域　　程建平／摄

**■中国电信扬州分公司** 2014年，中国电信扬州分公司（简称扬州电信分公司）新建便民营业网点60个，累计600个；完成业务收入16亿元。至年底，有电话用户119万户、宽带用户76万户、天翼用户106万户。

推进通信基础设施建设。率先开通100M（兆）家庭宽带；城区实现光纤到户光纤全覆盖，乡镇光纤到户光纤覆盖率95%。争取上级资金3.7亿元，各类宽带接入端口数突破100万，网络质量显著提升。至年底，扬州电信分公司建成第四代移动通信LTE-FDD（长期演进技术-频分双工）室外站址1318个，其中新建站点774个；在359个室内场所引入RRU（射频拉远单元）信号源539个，有效覆盖面积451平方千米，总投资2.27亿元。

建设农村信息化平台，推进农村电子商务信息化应用。12月12日，扬州市农村综合信息服务平台通过初验评审。该平台具有新闻中心、村镇动态、涉农政策等11个一级功能点。

建设扬州中小学“三通两平台”，实现“宽带网络校校通、优质资源班班通、网络学习人人通”，建成教育资源、教育管理公共服务平台。其中，教育资源平台有苏教版教育资源2.2万条，网络学习“人人通”教育应用平台在江海职业技术学院、杨庙中学等开展试点，电子书包等集中运营管理中心在三元桥小学试点。365所中小学校实现“宽带网络校校通”。

2014年，中国电信集团首批1000个电子金融新产品“随翼卡”在扬州投入使用。“随翼卡”是基于RFID-UIM卡（无线射频识别技术与移动通信技术结合的一种手机卡）读卡原理，集成手机UIM卡芯片和天线模组制作而成，兼容市场上绝大部分手机。“随翼卡”作为NFC（近距离无线通信技术）发展的过渡产品，可支持购物、公交、加油等多种适合移动支付的场景。支付效率高，刷卡支付仅需10秒即可完成。（杨 珺）

■**中国·扬州云计算中心** 7月18日，中国电信江苏分公司与扬州市人民政府签约合作共建“中国·扬州云计算中心”。该项目位于扬州经济技术开发区，计划分三期建设规划机房容量1万个柜机、机房实用面积10万平方米。项目定位江苏省重点云计算中心和华东地区质态领先的云计算中心，构建在华东地区乃至国内有一定影响力的“云端”产业集群，为“智慧扬州”建设提供服务，为国内互联网企业提供数据储存和应用服务。（杨 珺）

■**“96520”出租车电召服务中心投入运行** 配合市交通运输局“智慧出租”项目建设，扬州电信分公司成立“96520”出租车电召服务中心，并于7月投入运行。“96520”出租车电召服务中心是市区出租汽车电召服务运营单元，实行每天24小时服务，负责接受乘客提出的电话召车服务请求，发送电召信息，完成车辆调度任务，并全程监控电召订单应答和执行情况。（杨 珺）

■**扬图电信掌上图书馆开通** 8月15日，扬州电信分公司和扬州市图书馆合作推出的扬图电信掌上图书馆开通。掌上图书馆以移动无线通信网络为支撑，以图书馆集成管理系统平台和基于元数据的信息资源整合为基础，以适应移动终端一站式信息搜索应用为核心，以云共享服务为保障，通过手机、平板电脑等手持移动终端设备，为市民提供全天候服务。（杨 珺）

■**中国移动通信集团江苏有限公司扬州分公司** 2014年，中国移动通信集团江苏有限公司扬州分公司（简称扬州移动分公司）完成运营收入逾20亿元、税收逾7000万元，公司客户规模稳定在350万户，其中4G用户逾50万户。

加强基础通信设备建设。新建LTE-TDD基站1500多个。至年底，4G基站数逾2500个，4G网络基本实现城乡覆盖。率先实现瘦西湖隧道4G信号覆盖，平均下载速率40Mbps，局部地区100Mbps以上。

投资6000万元用于宽带基础设施建设和网络提速优化。至年末，移动光宽带家庭用户逾100万户；其中，4～8M用户占45%，10M及以上用户占55%，光纤到户用户占40%。优化传输网络结构，全年新建光缆皮长1079千米，新建管道207千米，完成投资1.24亿元；推动无线智慧城市建设，提高无线局域网（WLAN）覆盖范围，建设无线局域网接入点2963个，完成投资1012万元。

投入540万元建设“蓝天卫士”项目，通过对基站周围农田进行24小时监控，解决秸秆焚烧监管问题。投入200万元建设“平安乡镇”项目，建设监控点200个，保障市民出行安全，提高城市安全指数。投入100万元建设“车卫士”项目，帮助解决摩托车、电动车失窃问题，协助公安部门抓获盗窃团伙多个。与市公交公司签订公交车合作协议，投入170万元将公交4G wi-fi覆盖范围从26路公交线路和旅游专线扩展至近800辆公交车。开展4G用户“不换号、不登记、快速换卡”服务；开展垃圾短信、骚扰电话、不良网站治理和实名制管理工作，联合市无线电管理处、公安局查获不法分子利用“伪基站”向用户发送垃圾短信案件多起。（移 动）

■**中国联合网络通信有限公司扬州市分公司** 2014年，中国联合网络通信有限公司扬州市分公司（简称扬州联通分公司）实现主营业务收入4.5亿元。3G用户累计新增27.8万户，4G用户新增1.35万户，新建合作营业厅77家。新增WCDMA（宽带码多分址）基站120个、室内覆盖系统48个，新建并开通LTE-TDD基站6个、FDD基站71个，完成合建（光纤到户宽带小区107个、商务楼宇19个。实现重大建设项目、城区、高校、机场、铁路和高速公路沿线、风景区3G信号深度覆盖和所有乡镇3G信号全覆盖，实现城区光纤到户。全年处理各类客户投诉3.2万件、客户申诉426件。推进“智慧扬州”项目建设，签约重大合作项目30个，面向食品药品监督、交通运输等政府部门和残联、幼儿园等提供公众服务，为市民生活提供便利。（屠 静）

■**扬州市民卡有限责任公司** 2014年，扬州市民卡有限责任公司实现营业收入781.11万元，比上年增长24.22%；年刷卡总额1.96亿元，比上年增长12.49%。新发行市民卡17.27万张，累计发行市民卡123.11万张，其中标准卡24.6万张、副卡98.51万张。全年组织进社区宣传服务活动12次，新增小额消费网点29个。

3月，发行绿杨骑行卡，实现租赁公共自行车应用；7月，实现市民卡在出租车上付费应用；8月，实现南京、镇江、扬州公交互联互通应用；11月，实现公交一小时免费换乘应用。与团市委合作开发志愿者积分系统，发行扬州青年志愿市民卡，在

扬州市发行青年志愿者市民卡 张孔生/摄

市民卡基础上增加服务青年志愿者事业功能，对志愿者作出的贡献进行记录和积分统计。与瘦西湖风景区签约发行景区旅游休闲卡。与市旅游局签订合作协议，明确2015年发行园林景点电子年卡。作为公交换乘试点城市，按要求申领交通运输部扬州市民卡密钥。（景惠萍）

**■中国铁塔股份有限公司扬州市分公司成立** 11月29日，中国铁塔股份有限公司扬州市分公司（简称扬州铁塔公司）举行成立仪式，成为中国铁塔股份有限公司（简称铁塔公司）江苏省设立的第五家分公司。

铁塔公司由中国移动通信集团公司、中国联合网络通信集团有限公司和中国电信集团公司共同出资成立，负责三大运营商的铁塔建设、维护和运营，可有效避免在信息基础设施方面的重复投资和资源浪费，提高共建共享水平，推动行业健康持续发展，实现城市网络资源统一规划布局。扬州铁塔公司主营铁塔建设、维护和运营，兼营基站机房、电源、空调等配套设施和室内分布系统建设、维护和运营以及基站设备维护。（杨　志）

## 江苏信息服务产业基地(扬州)

**■概述** 江苏信息服务产业基地（扬州）（简称信息产业基地）是由扬州市政府和省经信委联合共建的专业特色园区。至2014年底，信息产业基地形成呼叫中心、电子商务、软件研发、移动互联网、大数据等主导产业。入驻微软公司、交通银行、京东商城、1号店商城等各类软件与信息服务业企业近300家，其中员工1000人以上企业4家、员工500人以上企业10家、上市企业1家；有各类软件和信息服务业从业人员2万人；有国家信息消费试点区、国家级科技企业孵化器、国家科普教育基地、江苏省软件和信息服务产业园优秀园区、省级博士后创新实践基地、省级电子商务示范基地、省级三网融合示范园区等省级以上品牌30个。（肖宇轩）

**■招商引资** 2014年，信息产业基地新增注册企业123家，其中注册资本500万元以上企业17家、1000万元以上企业2家；新增世界软件企业500强1个，引进全国十强电子商务企业分支机构1个；新开设电子商务分园1个，新增面积1万平方米；实现财税收入1.02亿元，增长41%。

举办2014中国·扬州软件和信息服务外包大会暨移动互联网产业发展论坛、2014中国·扬州第六届“春晖杯”中国留学人员创新创业项目（扬州）网络视频洽谈会、江苏（2014）首届互联网金融论坛扬州峰会，参加2014年中国互联网大会、中国数字化营销与服务产业联盟成立大会、中国杭州新农业互联网高峰论坛、中国信息协会大数据分会成立大会、2014世界绿色设计论坛扬州峰会。（肖宇轩）

**■科技创新** 2014年，信息产业基地申报各级各类计划项目101个，获扶持资金1700万元。新增省级园区品牌2个、国家高新技术企业5个、省级以上高新技术产品12个、市级以上研发机构6个、产学研合作项目17个、市级以上创新创优项目4个、文化产业项目1个。组织申报省高层次创新创业人才引进计划2项、企业博士集聚计划3项，新增省“科技副总”（企业创新岗）2人，1人获评江苏省服务业专业人士特别贡献奖；申报扬州市“绿扬金凤计划”1项；获批扬州市级服务业创新团队1个、扬州市英才培育计划项目3个、广陵区广聚英才计划项目2个。累计获人才项目资金105万元。（肖宇轩）

**■扬州京东运营中心** 扬州京东运营中心前身为2011年落户园区的易迅网客服中心；2012年，成为腾讯公司电商旗下控股公司，升级为腾讯电商运营中心；2014年3月，腾讯公司宣布战略投资京东公司，易迅网作为腾讯公司电商旗下自营平台，接受京东公司成为战略股东，与京东公司开展全方位合作；5月，京东公司上市。至年末，扬州京东运营中心成为京东公司全国三大呼叫中心之一，有员工逾1000人，涉及呼叫中心、商品管理、物流管理、财务结算、业务培训等项目。（肖宇轩）

**■1号店扬州呼叫中心** 1号店扬州呼叫中心主要为1号店系统承担会员信息管理、订单处理、营销分析等工作；办公面积8000平方米，比上年增加4000平方米；有员工近700人。7月，1号店扬州呼叫中心开始纳税，从成本中心向利润中心转变。至年末，完成销售收入1.2亿元、税收近500万元。（肖宇轩）

**■江苏微软创新中心** 4月，江苏微软创新中心成立。该中心是由微软（中国）公司直接参与投资的全球性品牌项目，注册资本1000万元，办公面积1200平方米。主要基于微软云计算和信息技术，通过科技咨询、人才培养、产业孵化等方式，提升本地软件与信息服务企业自主创新能力，通过与政府、产业组织、学术及科研机构建立合作关系，为创业、研究和技术开发人员的成长与创新及技术活动提供平台。（肖宇轩）

# 商贸服务业

Shangmao Fuwuye

编　辑　李全权

## 综述

**■概况**　2014年，全市实现服务业增加值1584.8亿元，占地区生产总值的42.90%，比上年提升1.88个百分点。其中，批发和零售业实现增加值278.49亿元，增长15.55%，占全部服务业增加值的17.57%；住宿和餐饮业实现增加值60.47亿元，增长14.33%，占全部服务业增加值的3.82%。

商贸流通业总体运行平稳。实现社会消费品零售总额1128.1亿元，比上年增长12.1%；实现增加值278.5亿元，增长9.3%，分别占全市地区生产总值的7.68%、服务业增加值的17.74%。批发企业保持较好势头，48家专业市场实现交易额914.8亿元，比上年增长2.7%。其中，18家农产品批发市场销售额335亿元，增长5.6%；30家重点商品批发市场销售额579.8亿元，增长1.2%。市区10家大型批发市场全年实现批发额404亿元，增长14.3%。零售业实现社会消费品零售总额867.06亿元，增长15.3%；10家重点商贸零售企业实现销售额73.9亿元，增长15.8%。住宿餐饮业增长回暖，实现社会消费品零售总额111.45亿元，增长18.48%。其中，住宿业13.05亿元，增长15.9%；餐饮业38.4亿元，增长18.8%。　（胡　岩）

**■服务业集聚区**　广陵东关文化创意服务业集聚区成功晋升为省级服务业集聚区。引导服务业集聚区加快平台建设。加强对各类资源和要素的吸附力，为入驻企业提供多种公共服务，通过落实产业规划、加快入驻项目报批、帮助获批点供土地等举措，加快全市服务业集聚发展。开展市级服务业示范区创建和综合改革试点工作。对各地上报的市级服务业示范区创建方案和综合改革试点方案进行评审，确定市级现代服务业示范区6家，明确仪征市、邗江区、广陵新城为市级服务业综合改革试点单位。

扬州东关街青年书吧　张孔生/摄

2014年，全市有服务业集聚区38个。其中，省级服务业集聚区9个，分别是江苏信息服务业产业基地（扬州）、京华城商务集聚区、扬州港口物流园、扬州高新技术创业服务中心、邗江高新技术创业服务中心、扬州长江石化物流中心、扬州工艺美术集聚区、扬州五亭龙玩具城集聚区、广陵东关文化创意服务业集聚区；市级服务业集聚区29个。按照产业领域划分，休闲旅游产业集聚区4个、文化创意产业集聚区5个、现代物流集聚区10个、商贸服务业集聚区7个、商务服务业集聚区5个、科技服务业集聚区4个、软件信息类服务业集聚区3个。38个省、市级服务业集聚区完成固定资产投资近200亿元，比上年增长28%；实现营业收入1180亿元，增长14.5%；上缴税收36亿元，增长10%，占全市服务业税收的17.6%。　（杨　志）

**■重点商业建设项目**　2014年，全市有1亿元以上商贸流通业重点项目80个，总投资642.4亿元，全年完成投资199.56亿元。其中，10亿元以上项目40个，总投资506.9亿元，全年完成投资147.5亿元；5亿～10亿元项目14个，总投资83.9亿元，全年完成投资29.5亿元。开工建设综合体项目12个，总投资170.5亿元，全年完成投资48.2亿元；三盛综合体于12月开业，SM广场及文峰广场项目开工建设。　（杨　志）

**■“万村千乡市场工程”**　2014年，扬州市继续推进“万村千乡市场工程”，以试点企业为龙头、乡（镇）级店为骨干、村级店为基础的农村市场流通网络进一步完善。在提高连锁化率基础上，全市保留农家店近600家；以江苏宏信超市连锁股份有限公司、高邮天赐商贸有限公司、苏盐供销商贸有限公司为代表的本土企业加快在市场潜力大的空白地区布点，新增农家店逾40家。至年末，全市日用消费品和生产资料连锁农家店乡镇覆盖率保持95%以上。（杨　志）

**■电视购物专项整治**　2—6月，市商务局等部门联合在全市集中开展电视购物专项整治(以下简称专项整治)。严厉打击电视购物领域违法犯罪行为。突出重点商品监管，加大对药品、保健食品、医疗器械、化妆品、美容美体、收藏品、电子产品等关系人民群众身体健康和生命财产安全商品的监管力度。严厉打击非药品冒充药品宣传疗效，销售假冒伪劣产品的违法行为。依法查处群众反映强烈的制播虚假电视购物短片广告、制售假冒伪劣商品、商业欺诈等违法犯罪案件，曝光典型案件。严格做好电视购物广告发布企业资质审查和备案工作。加强对电视购物广告日常监测检查，查处违法责任主体。强化网络环节监管，加强对互联网经营资格、信息服务内容审查和网络电视购物广告监测监管，禁止利用互联网发布虚假违法购物广告。加强电视购物频道诚信服务建设。强化购物频道节目制播环节管理。加大宣传教育和社会监督力度。加强对诚信企业的宣传推广，提高企业守法经营意识。专项整治中，商务部门负责专项整治的组织协调，公安机关负责查处涉嫌利用电视购物实施的治安和刑事案件，工商部门负责各类电视购物广告的日常监测检查和对违法责任主体的查处，质监部门负责依法查处生产环节质量违法行为，广电部门负责对电视媒体播出电视购物短片广告行为及电视购物频道的全面管理，食品药品监管部门负责对电视购物中销售药品、保健食品、医疗器械等商品情况的日常监测和相关生产企业的监督检查，通信管理部门负责互联网站备案管理。（杨　志）

**■农贸市场提档升级**　2月26日，扬州市召开全市农贸市场提档升级工作动员大会，全市农贸市场第二轮提档升级工作启动。2013年底，市政府制定下发《关于农贸市场提档升级工作的实施意见》和《扬州市农贸市场建设和管理规范》，建立工作领导小组和联系机制，出台相关考核办法，规范全市农贸市场建设和管理工作，提升农贸市场内外环境和硬件设施，加快传统市场向现代流通业态转型升级。按照文件精神，从2014年到2016年，市区拟新建、迁建农贸市场3个，内部提升39个，关闭6个。2014年，市区迁建广陵区联合农贸市场，新建江都区华磊星辰农贸市场、明珠农贸市场。市工商局遵循建设标准化、管理规范化、实用便利化、安全可追溯等原则，对上述农贸市场进行全面整治并实现提档升级。（杨　志）

翠月嘉苑社区现代化社区农贸市场

文　斌、云　峰、夏　忠/摄

**■生猪屠宰监管**　5月8—28日，全市开展为期20天的生猪屠宰专项治理行动。全面清查生猪交易、屠宰、贮藏场所。各地对辖区内所有生猪交易市场、生猪屠宰厂、生鲜肉冷库等场所开展突击清查，重点检查生猪屠宰厂待宰生猪健康状况、生猪产品品质情况，全面检查生猪屠宰生产线管理状况，详细检查生猪屠宰现场可疑车间及可疑工具。严肃查处猪肉注水等违法行为。配合公安机关开展源头追查，在行政职责范围内对线索开展调查处理，并向公安机关提供对于追查源头有价值的情况。

12月30日，根据扬州市《关于畜禽屠宰行业监督管理职责调整等事项的通知》精神，市商务局承担的生猪屠宰监督管理职能正式移交市农业委员会。（杨　志）

**■4家企业入选省现代服务业“十百千”行动计划重点培育企业库**　2月17日，省发展和改革委员会发布省现代服务业“十百千”行动计划(“十二五”期间，围绕金融服务、现代物流、科技服务、软件和信息服务、创意设计、商贸会展、文化教育、节能和环境服务、旅游健康以及传统服务业转型升级十大重点产业领域，强化百个服务业重大项目示范带动作用，每年新增千亿元社会投资；推动百个省级现代服务业集聚区提档升级，每年新增千亿元营业收入；培育百家创新型服务业领军企业，户企年均利税达到千万元水平)重点培育企业库第二批入库企业名单。江苏方正钢铁集团有限公司、江苏省工程勘测研究院有限公司、扬州报业传媒集团有限公司、扬州庆松化工设备有限公司等4家企业入选重点培育企业库。（杨　志）

**■电子商务**　2014年，全市实现电子商务交易额230亿元，比上年增长45%，新增市级电子商务示范基地1个(五亭龙电子商务产业园)、示范企业4家、示范村7个。至年末，全市拥有省级电子商务示范企业和示范基地各1家，市级示范企业11家、示范基地2个。电子商务用户逾3万户，以制造业和批发零售业居多。全市B2B(企业对企业)电商平台主要有江苏金泉网络的金泉网、焦点科技的中国制造网、迅博科技代理的阿里巴巴诚信通、阿里巴巴扬州分公司自营的出口通和中国国际电子商务有限公司扬州分公司建设运营的中国旅游日化产品电子商务平台等。B2C(企业对消费者)电商平台主要有京东扬州分公司、笛莎公主创意文化产业有限公司、汇银乐虎网、1号店、沙头"惠生活"和宝应"U菜吧"等。其中,京东扬州分公司在设立呼叫中心的基础上,设有1500平方米的分仓和分拣中心,辐射扬州及周边地区;沙头"惠生活"和宝应"U菜吧"为本地的农副产品电商配送平台。O2O(线上至线下)电商平台由B2C平台演化而成,主要有苏宁易购扬州服务中心、宏信龙生活馆·江都商城等。

(胡 岩)

**2014年扬州市级电子商务示范企业**

江苏汇银电子商务有限公司
扬州宏创科技发展有限公司
扬州十二粉黛生物科技有限公司
扬州市百仕德礼品有限公司
江苏幻网软件科技有限公司

(杨 志)

**2014年扬州市级电子商务示范村**

邗江区西湖镇金槐村
蜀冈—瘦西湖风景名胜区平山乡荷叶村
宝应县曹甸镇周管村
蜀冈—瘦西湖风景名胜区平山乡朱塘村
宝应县西安丰镇朱郭村
邗江区蒋王街道何桥村
广陵区沙头镇小虹桥村 (杨 志)

**■拍卖业** 2014年,扬州有拍卖企业22家(新设立企业1家),其中市区(不含江都区)15家、仪征市4家、江都区2家、高邮市1家;有拍卖企业从业人员149人,其中注册拍卖师36人、有拍卖从业资格人员68人、房地产评估师22人、旧机动车评估师11人、其他专业技术人员27人。2014年,全市拍卖成交场次203场,实现成交额3.9亿元,比上年下降74%;佣金总额809.5万元,比上年下降70%。

从分类成交额看,房地产拍卖成交额2.03亿元,占成交总额的52%;机动车成交额278.36万元;机器、厂房、设备等成交额5866.13万元;无形资产成交额4094.39万元;股权、债权成交额6035万元。2月起,法院委托拍卖大部分采用网上拍卖形式,不再委托本地拍卖企业,很多拍卖企业面临生存困难。法院、政府部门和其他机构委托拍卖成交额2.39亿元,比上年减少11.59亿元。扬州拍卖企业中,成交额最高的是扬州龙川拍卖行(成交额8496.91万元)。 (杨 志)

**■典当业** 2014年,全市新增典当企业1家,新增注册资金4500万元。至年末,全市有典当企业26家、典当企业分支机构9家,总注册资金7.2亿元,其中注册资本2000万元以上企业19家、500万～1500万元企业7家;有从业人员289人。26家典当企业中,市区(不含江都区)17家、高邮市3家、仪征市2家、江都区3家、宝应县1家。9家典当企业分支机构中,本地企业分支机构7家、外地典当企业分支机构2家,其中市区7家、江都区1家、宝应县1家。2014年末,全市26家典当企业资产总额8.58亿元,典当余额6.39亿元,累计典当总额14.2亿元,上缴税金590.65万元。 (杨 志)

## 批发零售业

**■概述** 2014年,扬州市实现批发业社会消费品零售总额149.60亿元、零售业社会消费品零售总额867.06亿元,其中市区实现批发业社会消费品零售额90.59亿元、零售业社会消费品零售额60.94亿元。全市批发零售业有限额以上法人企业754家,营业面积167.36万平方米,从业人员3.53万人。其中,批发业企业407家,营业面积113.23万平方米,从业人员1.3万人;零售业企业347家,营业面积54.13万平方米,从业人员2.23万人。限额以上批发零售企业中粮油、食品、饮料、烟酒类零售额38.59亿元,下降0.5%;服装、鞋帽、针纺织品类零售额34.71亿元,增长6.1%;日用品类零售额9.89亿元,下降1.1%;化妆品类零售额5.82亿元,增长14.9%;金银珠宝类零售额14.65亿元,下降3%;家用电器和音像器材类零售额31.55亿元,下降3%。

超市业保持平稳增长,在零售业中占较大比重;百货店、购物中心销售额稳中有升;专卖店中,家电企业销售业绩加速回暖。

至年底,全市25家商务部门重点监测超市累计实现销售额35.29亿元。沃尔玛、欧尚、特易购、麦德龙、大润发等外资大型零售企业和本土大型超市在扬州加快布点,增开新店、开拓市场,大型综合超市业态进一步集聚。

百货业销售稳中有升。10家大型重点百货类企业全年零售额

**2014年扬州市重点批发市场经营情况表**

表18-1

| 市场名称 | 市场成交额(亿元) | 比上年增长(%) |
|---|---|---|
| 江苏曲江小商品市场 | 105.20 | -1.44 |
| 扬州大桥食品城有限公司 | 2.02 | 6.85 |
| 江苏联谊农副产品批发市场 | 130.06 | 15.41 |
| 江苏亚联农副产品有限公司 | 52.20 | 5.77 |
| 扬州五亭龙国际玩具礼品城 | 62.75 | 3.30 |
| 扬州白天鹅家禽蛋类批发市场 | 4.24 | 8.40 |
| 扬州市水产批发市场 | 3.96 | 3.80 |
| 扬州联谊朝苏冷冻食品批发市场 | 38.53 | 4.10 |
| 扬州市银河电子城 | 8.43 | -0.50 |
| 扬州市江阳商贸城 | 7.35 | 12.30 |

(杨 志)

78.54亿元，比上年增长3.66%。部分重点企业经营业绩下滑。扬州金鹰国际实业有限公司（简称扬州金鹰）累计实现销售收入17.79亿元，比上年下降5.01%。

购物中心保持良好的增长态势。其中，京华城全生活广场全年实现销售额22.68亿元，比上年增长18.3%，继续保持全市销售额第一的商业零售业龙头企业地位；时代广场全年实现销售额14.93亿元，比上年增长9.9%。12月24日，扬州三盛国际广场开业，全市零售业购物中心布局更趋合理，企业竞争更为激烈。

家电业市场加速回暖，全市17家商务部门重点监测（连锁）家电企业全年累计实现销售额27.79亿元，比上年增长11.05%。医药专业店业绩逐步上升，江苏大德生药房连锁有限公司实现销售1.91亿元，比上年增长18.15%。

2014年，全市59个1亿元以上商品交易市场年末已出租摊位1.99万个，全年实现商品成交额734.09亿元，其中消费品零售额193.88亿元。其中，综合市场年末已出租摊位2167个，实现商品成交额121.34亿元，其中消费品零售额61.84亿元；专业市场年末已出租摊位1.77万个，实现商品成交额612.74亿元，其中消费品零售额132.04亿元。重点批发市场销售额稳中有升，全市18家重点农产品批发市场销售额335亿元，增长5.6%；30家重点商品批发市场销售额579.8亿元，增长1.2%。市区10家大型批发市场全年实现批发额404亿元，增长14.33%。其中，联谊农副产品批发市场全年完成交易额130.06亿元，曲江商品城全年完成交易额105.2亿元，位居全市商品交易市场交易额前两位。联谊农副产品批发市场交易额首次超过曲江商品城，成为全市交易额第一的商品交易市场。 （杨　志）

**■扬州京华城全生活广场**　扬州京华城全生活广场（简称扬州京华城）位于西区新城城市商业副中心，是国家AAAA级休闲旅游景区、江苏省现代服务业集聚区，总建筑面积19万平方米、经营面积10万平方米，有从业人员2000人。2014年，扬州京华城继续坚持“一站式”消费服务体系，通过举办“激情世界杯·啤酒狂欢夜”“熊猫总动员全国巡回展”等活动，吸引顾客。4月30日至5月10日，在京华城北广场举办两岸美食名品嘉年华活动，设有摊位50个，其中美食摊位35个、名品摊位15个；展示台湾各地名优菜品、特色小吃，展览销售台湾各地特色商品和旅游产品。调整零售业态。针对一楼东北区域主营商务男装、男鞋，品牌结构及动线单一等问题，引进屈臣氏、国内知名设计师女装品牌、大型儿童游乐等业态，提升顾客的消费体验。丰富餐饮业态，引进汉堡王、必胜客、代官山、佐祐、棒约翰、喵来了等国内外知名餐饮品牌；12月，京华城50多家餐饮店同时开展5折优惠促销活动，市场反响强烈。2014年，扬州京华城全生活广场完成商品销售额22.68亿元，比上年增长18.3%，继续保持全市销售额第一的商业零售业龙头企业地位。 （杨　志）

**■扬州汇银家电（控股）有限公司**　扬州汇银家电（控股）有限公司（简称汇银家电）及其附属公司作为扬州本土家用电器和电子消费品综合零售连锁营运商及分销商，经营范围集零售、批量分销（包括向特许经营商的销售）及售后服务于一体。2014年，汇银家电实现销售收入30.93亿元，比上年增长8.6%；实现利润3.75亿元，毛利率12.1%，比上年提升1.3个百分点；经营盈利1.49亿元。通过个人计算机、移动APP（第三方应用软件）、网点内多媒体终端及其他线上至线下网络的汇银乐虎平台，公司电子商务业务得以整合及迅速发展。2014年，汇银家电电子商务销售收入1.17亿元，比上年增长94.6%。9月，公司彩票业务正式开展。全年彩票销售额5210万元，代理服务佣金收入510万元。

2014年，汇银家电采取自营店与特许经营店相结合的门店网络扩展策略，提升公司在目标市场的市场份额并巩固其在三、四级市场的领导地位。至年底，汇银家电在江苏、安徽两省的20个城市开设自营店43家、特许经营店73家，建立起116家门店的综合零售网络，其中江苏省和安徽省的店铺总数分别为99家、17家。43家自营店中，包括35家综合性店铺、5家销售高档家用电器及消费电子产品为主的百货商店店中店、3家销售品牌产品的独立品牌专卖店；自营店实现销售收入9.3亿元，占公司总销售收入的30.0%。公司将部分老旧特许经营店调整出电子商务平台，通过走精品路线和上架利润率较高的项目，提升公司盈利能力。特许经营店实现销售收入8900万元，比上年下降78.4%，占公司总销售收入的2.9%。 （胡　岩）

**■三盛国际广场开业**　12月24日，大型城市综合体三盛国际广场开业。三盛国际广场主体建筑由地上4层、地下2层组成，占地面积约4公顷，建筑面积22万平方米，有车位1000个，是集商品零售、餐饮小吃、影视娱乐等业态为一体的一站式购物中心，吸引BHG、H&M、优衣库等16个全新品牌企业入驻扬州市场。 （胡　岩）

12月24日，三盛国际广场人头攒动　剑　翔/摄

**■江苏曲江小商品市场** 江苏曲江小商品市场营业面积3.2万平方米，有从业人员2800人，主营服装、布匹、家具、小百货、文具礼品、五金水暖、电子电器、针织用品、箱包皮具、床上用品等10个大类数万种商品，是中国服务业500强企业、江苏省百强市场、扬州市十大商品市场，是苏北、苏中地区最有影响的生活百货、轻纺产品集散中心之一。2014年，市场实现成交额105.2亿元，比上年下降1.44%。（胡 岩）

**■江苏联谊农副产品批发市场** 江苏联谊农副产品批发市场是以蔬菜批发、南北货和炒货批发、家禽批发、冷冻食品批发、瓜果批发为主的专业市场，市场营业面积8.5万平方米，有从业人员1500人，辐射黑龙江、内蒙古、山东、河南、河北、海南等20多个省（市、自治区），是苏中、苏北地区最大的农副产品综合性批发市场。作为全省30家省级重点农产品批发市场之一，2014年，联谊农副产品批发市场实现成交额130.06亿元，比上年增长15.41%，首次超过曲江小商品市场，成为全市交易额第一的商品交易市场。（胡 岩）

**■扬州五亭龙国际玩具礼品城** 扬州五亭龙国际玩具礼品城（简称五亭龙玩具城）占地12公顷，营业面积18万平方米，有从业人员4100多人，是国内规模最大、辐射范围最广的综合性玩具礼品集散中心，经营品种3万多个，形成玩具设计、研发、加工、生产、销售产业链，辐射江苏、浙江、安徽、湖南、山东等省，可提供文化创意、动漫体验、电子商务、玩具博览、商品贸易、金融、信息、物流、研发、培训、办公、仓储、生活服务、大型停车场等全方位服务。2014年，五亭龙玩具城实现成交额62.75亿元，比上年增长3.3%。（胡 岩）

## 粮食购销

**■概述** 2014年，全市实现粮食购销总量52.13亿千克，其中收购量22.59亿千克、销售量29.54亿千克；市直粮食购销企业实现粮食购销总量2.66亿千克，比上年增加0.88亿千克。全市有国有粮食购销企业56家，比上年减少13家；国有粮食购销企业实现销售收入25亿元，实现利润800万元。全年未发生存粮安全责任事故。（江 敏）

**■粮食收购** 全市粮食企业落实国家粮食收购政策，按照国家小麦、稻谷最低收购价执行预案，确定收储库点108个，比上年增加10个，占国有粮食收购点的58.7%。全年入库小麦10.85亿千克，其中执行国家最低收购价小麦6.64亿千克，平均收购价格2.38元/千克；入库稻谷4.86亿千克，其中粳稻平均收购价格3.12元/千克、杂交稻平均收购价格2.78元/千克。价格因素促进农民增收3.27亿元。全市配备15台（套）粮食烘干机，日烘干能力5000吨；夏秋两季累计为农户烘干稻麦1.75亿千克，解决梅雨季节高水分粮收购问题，为农民增加收入4300万元。（江 敏）

**■调控管理** 推进放心粮油示范店建设，新认定放心粮油示范店35家。至年末，全市有放心粮油示范店及放心粮店145家，实现乡镇、街道全覆盖。落实地方储备粮扩储计划。经省政府批准，扩充粮食储备5250万千克，区域粮食安全保障能力得到提升。推进危旧仓库维修改造。50个库点3.7亿千克仓容列入省财政补助项目，总投资1.3亿元，其中改造提升危旧仓容2.7亿千克、变废弃仓容为有效仓容1亿千克。抓好储粮安全。落实安全生产和安全储粮责任制，组织开展春季、汛期、高温等时节存粮安全检查。加强产销衔接。与无锡市相关县（市、区）粮食局及企业进行产销交流，签订2亿千克的粮食产销合同。（江 敏）

**■粮食流通管理** 开展粮食收购资格核查。核查各类粮食收购主体410户，注销8户，发放责令改正通知书24份。审核确认有效许可证402份，其中国有及国有控股粮食收购主体许可证113份、非国有粮食收购主体许可证289份。开展粮食购销质量监督检查。出动行政执法人员1960人次，检查各类粮食经营主体1893户次，下达责令改正通知书58份。（江 敏）

## 供销合作

**■概述** 2014年，全市供销合作社系统实现农产品收购额99.2亿元、销售额73.3亿元，实现利润1.34亿元，年末资产总额26.53亿元、所有者权益8.48亿元。

推进供销社综合改革。高邮市成功申报全省供销社综合改革试点县，成立由市政府主要领导任组长的改革领导小组，设立改革专项资金400万元。扬州市供销合作总社（简称市供销社）全资企业扬州欣扬供销资产经营管理有限公司牵头，联合113个农民专业合作社筹建扬州市扬供农业发展专业合作联社。市供销社与江都区供销合作社、江苏宏信商贸股份有限公司（简称宏信商贸公司）共同投资，在江苏信息服务产业基地（扬州）建立全市供销合作社系统农产品电子商务平台。

提升为农服务水平。全市供销合作社系统开展大田托管和统防统治服务；与市农业委员会、市物价局联合推进农产品“直通车”进小区活动；组织参加2014年度海峡两岸农产品展销会。领办、引办农民专业合作社6个，新建农民专业合作联社3个，有28个为农服务社实现提档升级。全市供销社系统成功申报中央“新网工程”项目1个；申报省级“新网工程”项目6个，获省级扶持资金470万元。市本级落实“新网工程”项目专项资金350万元。推进放心农资下乡进村工作，全市供销社系统新增连锁经营网点60个，各类经营网点总数3885个；供应化肥19.97万吨、农药1609吨。

强化对供销社社有资产管理，重新清理核查本级所有资产，制定《关于进一步加强市供销社本级社有资产规范管理的意见》。

（陈 旭 戴井山）

■**基层组织建设创新** 4月，宝应县供销合作社投资350万元参股宝应中昊农资连锁公司，整合中昊农资连锁公司网点所在乡镇专业合作社和原基层供销社资源，成立股份制新型基层社，并依托新型基层社，开展大田托管等创新性服务，提供统一耕作、育秧、施肥、机播、机防、机收等专业化服务，共计服务农户5580户。12月，市供销社在宝应县召开基层组织建设暨为农服务现场会，推广宝应县供销合作社依托农资龙头企业开展大田托管服务的经验。

（陈 旭 戴井山）

■**农产品产销对接** 2014年，市供销社继续与市农业委员会、市物价局等单位联合推进农产品"直通车"进小区活动，组织直销活动9次，销售农产品30多万元；继续与扬州大学附属中学等市区学校合作，推进放心农产品进校区；组织21个农民专业合作社参加2014年度海峡两岸农产品展销会，现场销售农产品271.4万元，签订意向性订单2.89亿元。

7月，扬州城区供销合作社联合6个专业合作社发起成立扬州市城区农产品销售专业合作联社。

（陈 旭 戴井山）

■**农产品经纪人培训** 2014年，市农产品经纪人协会累计组织1000多人次参加省、市经纪人培训。5月29日，由市供销社、市农产品经纪人协会主办，仪征市供销合作社、仪征市供销合作经济组织联合会承办的扬州市第三期农产品经纪人中级技能培训班在仪征市举办。培训班以电子商务营销、农民专业合作社规范管理等为主要内容，同时邀请中国农业银行扬州市分行为农产品经纪人提供银企对接服务。仪征市农产品经纪人、农民专业合作社负责人、大学生村官、青年创业者等逾200人参加培训。8月，扬州宏大猕猴桃科技开发有限公司蒋宏勤获评2013年度全国百强农产品经纪人。

（陈 旭 戴井山）

■**植保服务与农资供应** 市供销社发挥农资供应主渠道作用，指导系统内农资企业做好淡储旺供工作。2014年，全市供销合作社系统供应化肥19.97万吨、农药1609吨。仪征市供销合作社在月塘镇、陈集镇分别成立仪征市盛禾植保专业合作社、仪征市绿盾植保专业合作社，创建农田病虫草害防治社会化服务平台，统防统治面积1133公顷。高邮市苏邮农资连锁有限公司组织所属连锁店开展送肥下乡服务，打造苏邮农资无假货品牌，获评2013-2014年度全国百佳（优秀）农资经销商。

（陈 旭 戴井山）

■**农产品电子商务** 市供销社资产管理公司与江都区供销合作社、宏信商贸公司共同出资成立江苏宏创科技发展有限公司，在江苏信息服务产业基地（扬州）建立全市供销合作社系统农产品电子商务平台。

宏信商贸公司"宏信龙生活馆"推出"线上订货，线下取货"订购配送服务，辐射扬州、泰州等地300多家宏信超市门店，2014年实现网上销售额3000万元。宝应县供销合作社组织农产品经纪人协会和"荷月公司电子商务中心"开展农产品网络销售。城区供销合作社创新渠道，以农产品超市专柜直销、微博直销、市民农家乐采摘直销等方式提升营销能力。扬州润泽农产品销售专业合作联社试点社区农产品电子商务，在春江花园等社区设立农产品采集点及供货区，以线上订购、线下取货与零售相结合的方式服务市民。

（陈 旭 戴井山）

## 专项经营

■**盐业经营** 2014年，全市购进盐产品7.65万吨；销售各类盐产品7.74万吨，其中食盐6.51万吨；实现销售收入1.58亿元。

全市碘盐覆盖率100%，碘盐合格率99.28%，合格碘盐食用率99.28%。全年查处盐业违法案件373件，没收盐产品70吨，罚款18.7万元。

（赵 磊）

■**卷烟营销** 2014年，全市销售卷烟17.64万箱，比上年增长0.91%；实现利税12.56亿元，增长8.83%；实现利润7.73亿元，增长10.8%。

加强卷烟市场研究。结合宏观经济放缓趋势，调整货源供应策略，调控货源投放节奏，开展消费变化跟踪与研判课题研究，把握消费趋势变化规律，为精准营销提供决策依据。

加强品牌培育。开展品牌诊断11次，涉及20多个品牌、40多个规

**2014年扬州市盐业购销存情况表**

表18-2 单位：吨

| 地 区 | 购进量 | | 销售量 | | 库存量 | |
|---|---|---|---|---|---|---|
| | 实 绩 | 比上年增减 | 实 绩 | 比上年增减 | 实 绩 | 比上年增减 |
| **合 计** | **76450** | **-503** | **77373** | **-1315** | **6774** | **-923** |
| 市 区 | 14516 | -1001 | 14791 | -207 | 1673 | -274 |
| 江都区 | 11116 | 1461 | 11378 | 1132 | 1679 | -263 |
| 宝应县 | 33401 | -322 | 33705 | -1686 | 659 | -304 |
| 仪征市 | 3538 | 52 | 3707 | 111 | 1113 | -169 |
| 高邮市 | 13879 | -693 | 13792 | -665 | 1650 | 87 |

注：市区数据不含江都区

（赵 磊）

格卷烟产品。制定品牌培育考核办法，培育二、三线品牌，实行品牌错位投放，品牌上柜率、再购率、断货率、执行率等基础指标持续改善。

加强服务创新。推行卷烟货款跨行和贷记卡结算，电子结算率99%，网上结算率72%，银行每月为客户提供免息流动资金支持7600万元。

加强物流现代化建设。加强物流定额管理，精简分拣人员4人，年节约包装塑膜、标签纸、燃油等相关费用42万元。异型烟分拣取运行效率从每小时300条提升至每小时4500条。（赵　静）

**■烟草专卖管理**　2014年，全市查处各类涉烟案件1881件，查获涉案卷烟1094件，上缴国家罚没款77.45万元，35名涉烟违法人员被司法机关拘留，11人被依法逮捕，8人被判刑。完整破获符合国标（非法生产、购进、运输、储存、销售烟草专卖品，涉案金额不少于100万元，以非法营利为目的，具有一定规模和网络化特征）网络案件4件。

打假破网。开展市场净化率达标评比活动，推广应用市场监管现场工具，强化对零售客户的分类动态监管，组织开展“冬季会战”“闪电15号”“闪电16号”等专项行动，规范卷烟市场秩序。

依法行政。建立“当月自查、双月互查、季度抽查、半年巡查”的行政案卷“四查”工作机制，对2012—2014年3928份案卷进行复查，对检查出的问题限时整改并追责。制定《烟草专卖零售许可证退出操作细则（试行）》，建立许可证有序退出良性机制。开展“证址不符”（烟草专卖许可证所注明的地址跟实际经营地址不符）等不规范经营行为专项清理工作，对排查出的699户问题户依法进行整改。（赵　静）

**■成品油销售**　2014年，全市成品油供应平稳有序，市场供需平衡，销售稳中有升。全年销售成品油106.7万吨，其中汽油43.9万吨、柴油62.8万吨；汽油消耗增加4.1万吨，柴油消耗增加2.8万吨。建立油气管网和成品油市场安全管理长效机制，拟定《扬州市油气管线及储运设施安全专项行动实施方案》，编写《扬州市成品油市场检查操作手册》，建立健全油气管网和成品油市场联合执法机制。加强安全监管、突击整治，全年排除安全隐患4处，重点排除中石化头道桥油库码头、西气东输杨庙段等安全隐患。全市油气长输管网和储油储气设施及各加油站点全年安全运营。（陆　扬）

**■中国石化销售有限公司扬州石油分公司**　中国石化销售有限公司扬州石油分公司是扬州地区最大的成品油经销企业。2014年，公司有员工1302人，总资产4.5亿元；有正常经营的加油站123座，其中加油加气站11座；有正常营业的油库2座，油库库存容量4.34万立方米，年吞吐量120万吨以上。有“易捷”便利店116个。

公司全年销售成品油60.78万吨，完成销售额55.25亿元；销售天然气1.26万吨，销售额0.72亿元；便利店销售额7280万元。全年实现利税总额1.15亿元，缴纳税金5271万元。

2014年，全长92千米的江苏苏北成品油管道工程扬州段全线贯通。苏北成品油管道工程是江苏省重点工程，沿线经南京、扬州、泰州等8市，每年可通过成品油400万吨。（朱文莹）

## 扬州“三把刀”

**■2014中国·扬州温泉养生节**　1月18日至2月18日，扬州市举办2014中国·扬州温泉养生节，借助扬州温泉、沐浴、美食等冬季特色旅游产品优势，拉动淡季旅游市场，吸引游客到扬州休闲度假。瘦西湖温泉度假村、江扬天乐湖温泉养生庄园等3家温泉度假酒店和扬州迎宾馆、西园饭店、扬州宾馆等10家特色酒店参与。活动期间，举办“旅游天使爱温泉”“游扬州、送福袋”“美食养生月”等系列活动。10家特色酒店围绕“养生”理念，推出“美食养生月”系列养生菜、养生宴，拉动冬季餐饮市场。（胡　岩）

**■西园饭店中国冷菜美食节上获奖**　4月22日，西园饭店参加第七届中国常州冷菜美食节。美食节由江苏省餐饮行业协会、常州市烹饪餐饮行业协会共同主办，汇集全国各地冷菜精英参赛作品500道。西园饭店凭借明杯鲜花螺、酒糟龙虾、葱香豇豆、紫薯拌豆腐、酒酿圣女果、生炝海螺片等6道冷菜，获评最佳养生展台特金奖。（胡　岩）

**■中国淮扬菜“非遗”传承人大师工作室**　4月20日，由扬州市烹饪协会、扬州市餐饮服务行业工会等联合牵头成立的中国淮扬菜“非遗”（非

薛泉生大师工作室　　彭　伟/摄

物质文化遗产)传承人大师工作室在西园饭店挂牌,薛泉生、周晓燕、居长龙、王镇、陈恩德等13名淮扬菜大师入驻大师工作室。大师工作室致力于发展淮扬菜工业化,同时向普通市民推广淮扬菜烹饪技艺。 (胡 岩)

**■扬州“三把刀”代表首次集体入选全国优质服务典型** 4月28日,全国商贸服务业优质服务活动总结会在北京召开。会上发布全国行业服务十大全国优质服务典型,扬州“三把刀”代表首次集体入选全国优质服务典型。其中,狮子楼大酒店总经理吴松德排名餐饮行业第二名,天姿美容美发管理有限公司总经理赵兵、业红足艺中心总经理周业红分别入选美容美发沐浴行业第四名,分别成为三大行业江苏省唯一入选典型。全国行业服务十大全国优质服务典型是由商务部指导,中国商业联合会联合8个有关行业协会、分支机构和37个地方商务主管部门联合开展的全国行业典范评选。评选范围涉及餐饮、住宿、家政、家电服务维修、人像摄影、美容美发、沐浴、洗染等8个行业,行业服务典型经过由专家评审、协会确认、网络投票等环节产生。

(胡 岩)

**■世界中餐高层论坛暨扬州“三把刀”标准发布会** 10月22日,世界中餐高层论坛暨扬州“三把刀”标准发布会在西园饭店举行。市商务局、质量技术监督局介绍国家级、市级“三把刀”行业标准和技艺规范情况,李耀云、董振祥等中餐名厨参加世界中餐高层论坛交流。2014年,扬州市商务局会同有关行业协会出台国家标准2个、市级标准3个。至2014年,扬州市制定或参与制定“三把刀”行业标准和服务规范共25个。其中,国家标准3个,分别是2008年发布的《沐浴业经营技术规范》和2014年发布的《沐浴业擦背技术要求及服务规范》《修脚服务规范》;省级地方标准1个,是2010年发布的《淮扬菜通用规范》;市级标准和技术规范21个,分别是餐饮烹饪行业出台的扬州炒饭、扬州蟹粉狮子头、拆烩鲢鱼头、扒烧整猪头、扬州盐水鹅等11个菜肴标准和红楼宴、盐商宴2个宴席标准,美容美发行业出台的扬州美发、扬州美容、扬州人像摄影等5个市级服务规范,沐浴足浴行业出台的足浴经营场所标准、沐浴场所节能节水规范等3个市级行业标准。

(胡 岩)

**■扬州“三把刀”技艺入选“非遗”** 5月,扬州市公布第三批非物质文化遗产名录和第三批非物质文化遗产传承人名单。冶春面点制作技艺、扬州盐商菜烹饪技艺、裔家牛肉制作技艺、高邮咸鸭蛋制作工艺、扬州三头宴烹制技艺、公道草炉烧饼制作技艺、曹甸小粉饺制作技艺、杨寿豆腐圆子制作技艺、仪征谷镇盐水鹅制作技艺等饮食技艺入选非物质文化遗产名录,嵇步春、肖庆和、茅建民、陈忠明、张迅列入扬州“三把刀”烹饪技传承人。 (胡 岩)

**■世界中餐名厨扬州行暨“三把刀”服务创新活动** 10月22日,世界中餐名厨扬州行暨“三把刀”服务创新活动在扬州街南书屋启动。活动由世界中餐名厨交流协会、扬州市人民政府主办,市商务局、市烹饪协会承办。美国、韩国、日本、马来西亚、新加坡等5个国家和中国香港、澳门、台湾的中餐名厨,国内餐饮企业代表等近200人参加活动。活动期间,李耀云、何德兴、吕敬来等世界顶级中餐大厨与扬州本地淮扬菜大师进行中餐菜品交流切磋和菜品、诗画交流,展示淮扬菜菜肴和点心100多道。 (胡 岩)

**■扬州师傅获全国足部按摩师大赛最高等级** 11月18—20日,2014中国南京沐浴温泉文化节暨第二届全国足部按摩师大赛在南京举办。全国沐浴温泉行业近500名从业人员参加活动,90名选手参加全国足部按摩师大赛。参赛人员要求分别考察足疗反射理论部分的笔试和实际操作。实际操作的国家标准分为4个模块,包括迎宾接待、足部和腿部制定反射区按摩、穴位按摩、考评员提问等。其中,迎宾接待包括专业英语口语能力、服务项目推荐、亚健康状况诊断;足部和腿部制定反射区按摩针对脚部指定的10个反射区进行操作按摩,腿部反射区按摩;穴位按摩包括手部6个穴位和腿部4个穴位的按摩;考评员提问主要围绕穴位和反射区的按摩答疑。扬州8名参赛选手中,有6人进入前20名、2人进入前40名;进入前20名的6名选手被人力资源和社会保障部授予足疗技师称号,该称号代表全国足疗行业最高等级。 (胡 岩)

**■扬州美食获评江苏省“当家菜”** 11月26日,2014首届江苏省“当家菜”大赛在常州开赛,全省13个地级市参赛队拿出代表江苏各地风味特色的菜肴和点心105道参赛。扬州锦春大酒店、西园饭店、明发大酒店、聚贤饭庄、舒雅酒店、冶春餐饮公司等餐饮名企各选取1个菜式参赛,包括鸭菜饭、三套鸭、炒虾蟹、砂锅野鸭、大煮干丝等淮扬传统名菜、名点。经国内知名烹饪大师评委评选,扬州西园饭店大煮干丝、明发大酒店的三套鸭等24道名菜获评江苏省“当家菜”,冶春蒸饺等13道点心获评江苏省“当家点心”。 (胡 岩)

# 对外国及港澳台地区经贸

Dui Waiguo Ji Gang-Ao-Tai Diqu Jingmao

编　辑　李全权

## 对外国及港澳台地区贸易

**■概述**　2014年，全市实现进出口总额100.1亿美元，比上年增长5.3%。其中，进口总额23.3亿美元，比上年增长19.1%；出口总额76.8亿美元，比上年增长1.8%。主要进口产品有机电产品、化学化工制品、塑料及其制品、矿物燃料与植物油料等19类，主要出口产品有机电产品、化学化工制品、纺织原料及纺织制品、钢铁制品、鞋帽等20类。按贸易方式划分，一般贸易出口总额55.4亿美元，占全市出口总额的72.2%；加工贸易出口总额19.6亿美元，占全市出口总额的25.5%。

（徐其祥　彭　艳）

**■出口商品结构**　2014年，全市化工、钢管、机动车辆与零配件等十大出口商品累计出口46.8亿美元，占全市出口总额的60.9%。其中，化学化工制品出口额10亿美元，比上年增长6.3%，占全市出口总额的13%，列全市出口商品首位；劳动密集型产品出口平稳增长，纺织、鞋帽、牙刷等产品出口额增幅3.9%～8.7%，呈现稳定态势；电子纸和液晶装置、船舶和新光源、新能源产品出口额分别下降1.81%、35.54%、2.77%。

（徐其祥　彭　艳）

**2014年扬州市主要出口商品一览表**

表19-1

| 商品类别 | 出口额（万美元） | 比上年增长（%） | 占全市出口比重（%） |
|---|---|---|---|
| **合　计** | **468167** | | **60.9** |
| 化学化工 | 99903 | 6.34 | 13.0 |
| 纺织制品 | 79639 | 8.33 | 10.4 |
| 船舶 | 46084 | -35.54 | 6.0 |
| 电子纸与液晶装置 | 43710 | -1.81 | 5.7 |
| 鞋帽 | 42792 | 8.71 | 5.6 |
| 机动车辆与零配件 | 39029 | 9.28 | 5.1 |
| 新光源、新能源 | 34998 | -2.77 | 4.6 |
| 钢管 | 34080 | 8.71 | 4.4 |
| 电动工具与机床等加工设备 | 26234 | 2.34 | 3.4 |
| 牙刷 | 21698 | 3.94 | 2.8 |

（徐其祥　彭　艳）

**2014年扬州市分地区外贸进出口完成情况一览表**

表19-2

| 地　区 | 进出口额（万美元） | 出口额 | 进口额 | 比上年增长（%） |
|---|---|---|---|---|
| 扬州经济技术开发区 | 263262 | 179626 | 83636 | 3.0 |
| 扬州化工园区 | 52182 | 24877 | 27305 | -12.5 |
| 广陵区 | 172350 | 147016 | 25334 | -8.2 |
| 邗江区 | 196150 | 164312 | 31838 | 17.7 |
| 江都区 | 147203 | 111510 | 35693 | 12.9 |
| 宝应县 | 77913 | 61042 | 16871 | 9.0 |
| 仪征市 | 50324 | 41160 | 9164 | 25.9 |
| 高邮市 | 41878 | 38643 | 3235 | 8.8 |

（徐其祥　彭　艳）

**■出口市场结构**　2014年，全市对传统主要出口市场出口额稳定增长。其中，对欧盟出口额17亿美元，比上年增长6.9%；对美国出口额16.1亿美元，比上年增长8%。新兴市场出口形势总体平稳，对非洲、日本、南亚、台湾出口额分别增长2.54%、3.77%、15.58%、49.71%。

（徐其祥　彭　艳）

■**县域出口** 2014年，扬州市8家列统单位中，扬州经济技术开发区出口总额17.96亿美元，比上年下降1.1%；广陵区出口总额14.70亿美元，比上年下降12.2%；邗江区出口总额16.43亿美元，比上年增长11.6%；江都区出口总额11.15亿美元，比上年增长0.9%；宝应县出口总额6.10亿美元，比上年增长12.5%；高邮市出口总额3.86亿美元，比上年增长7.0%；扬州化工园区出口总额2.49亿美元，比上年下降15.8%；仪征市出口总额4.11亿美元，比上年增长47.1%。

（徐其祥 彭 艳）

■**重点出口企业** 2014年，全市出口额前30强企业累计完成出口31.5亿美元，占全市出口总额的41%。全市有出口额超过1亿美元的企业13家，其中大洋造船有限公司、优士化学有限公司、川岳科技扬州有限公司等3家企业出口额超过2亿美元。

（徐其祥 彭 艳）

**2014年扬州市出口额前20名企业一览表**

表19-3

| 排序 | 企业名称 | 出口额（万美元） | 比上年增长（%） |
|---|---|---|---|
| 1 | 扬州大洋造船有限公司 | 25023 | -56.11 |
| 2 | 江苏优士化学有限公司 | 23000 | -16.90 |
| 3 | 川岳科技扬州有限公司 | 22910 | -2.66 |
| 4 | 海信容声（扬州）冰箱有限公司 | 15104 | 21.88 |
| 5 | 扬州龙川钢管有限公司 | 13257 | 15.13 |
| 6 | 扬州诚德钢管有限公司 | 13001 | 50.58 |
| 7 | 扬州骏升科技有限公司 | 12972 | 4.15 |
| 8 | 扬州润扬物流装备有限公司 | 12652 | -10.10 |
| 9 | 高露洁三笑有限公司 | 12641 | -2.53 |
| 10 | 森萨塔科技（宝应）有限公司 | 12190 | 9.09 |
| 11 | 晶澳（扬州）太阳能科技有限公司 | 12166 | 21.39 |
| 12 | 江苏扬农化工股份有限公司 | 11043 | 20.49 |
| 13 | 江苏扬农化工集团有限公司 | 10146 | 4.78 |
| 14 | 江苏长青农化股份有限公司 | 9773 | -4.03 |
| 15 | 扬州联博药业有限公司 | 9726 | 28.62 |
| 16 | 江苏金飞达电动工具有限公司 | 9399 | 8.60 |
| 17 | 江苏金陵船舶有限责任公司 | 8673 | 139.56 |
| 18 | 扬州中集通华专用车有限公司 | 8536 | 7.06 |
| 19 | 扬州飞宇国际物流有限公司 | 7661 | 203.86 |
| 20 | 扬州通利冷藏集装箱有限公司 | 7659 | -22.66 |

（徐其祥 彭 艳）

■**口岸建设** 5月16日，国家口岸管理办公室就扬州泰州机场对外开放征求海关总署、国家质量监督检验检疫总局、公安部、中国民用航空局、解放军总参谋部等五部委意见，均获回函同意扬州泰州机场对外开放。11月27日，扬州海关、扬州检验检疫局就推进通关模式，提升贸易便利化水平签署合作备忘录。12月，国家发展和改革委员会、解放军总参谋部会签结束，扬泰机场对外开放完成国务院审批前所有流程。

（徐其祥 彭 艳）

## 外资及港澳台资利用

■**概述** 2014年，扬州市新批外资及港澳台资项目101个，比上年减少90个；项目协议利用外资及港澳台资的19.86亿美元，比上年减少13.33亿美元，比上年下降40.39%。外资及港澳台资实际到账15.02亿美元，比上年下降17.82%。

全市第一产业实际利用外资及港澳台资2184万美元，比上年下降75.64%，占全市总额的1.45%；第二产业实际利用外资及港澳台资7.44亿美元，比上年下降11.56%，占全市总额的49.53%；第三产业实际利用外资及港澳台资7.36亿美元，占全市总额的49%。全市实际利用亚洲地区外资及港澳台资9.63亿美元，比上年下降36.43%；实际利用欧洲外资3811万美元，下降54.87%。全市外资及港澳台资企业全年缴纳涉外税收87亿元，比上年增长12.83%。

实施“530”（5年内招引30家以上世界500强企业和跨国公司）招商行动计划，全年新落户法国苏伊士环境集团污泥干化项目、法国彼欧公司汽车外饰件项目、德国大众汽车集团发动机项目、德国库卡机器人集团机器人项目、德国雅歌辉托斯集团液压系统项目、三一重工机械制造有限公司项目、英国特易购公司文昌特易购项目、西班牙米阿萨公司汽车零部件项目等世界500强企业及跨国公司项目8个。

（徐其祥 彭 艳）

■**外资及港澳台资项目** 2014年，全市新批外资及港澳台资1000万美元以上项目及净增资1000万美元以上项目54个，比上年减少57个；其中投资总额1亿美元以上新批及增资项目7个。全市34个1000万美元以上项目完成资金到账，比上年减少4个；实际利用外资及港澳台资8.88亿美元。 （徐其祥 彭 艳）

**2014年扬州市利用外资及港澳台资情况一览表**

表19-4

| 地 区 | 协议注册外资及港澳台资(万美元) | 比上年增长(%) | 实际利用外资及港澳台资(万美元) | 比上年增长(%) |
|---|---|---|---|---|
| 扬州经济技术开发区 | 49427 | -48.21 | 52153 | 20.88 |
| 扬州化工园区 | 20814 | -5.61 | 14013 | -7.17 |
| 广陵区 | 45515 | -18.05 | 23961 | -36.50 |
| 邗江区 | 41194 | -34.85 | 28952 | -25.84 |
| 江都区 | 22450 | -48.64 | 20740 | -8.15 |
| 宝应县 | 7646 | -10.05 | 3164 | -61.21 |
| 仪征市 | 9507 | -73.75 | 17607 | 14.14 |
| 高邮市 | 2030 | -75.95 | 2851 | -61.07 |

（徐其祥 彭 艳）

# 对外国及港澳台地区经济技术合作

■**概述** 2014年，全市完成外经营业额6.35亿美元，比上年增长20%；新签合同额3.96亿美元，比上年增长15%；新批境外投资项目29个，中方协议投资额2.9亿美元，比上年增长84%。全市新增有对外承包经营资格的企业5家，累计42家，其中对外劳务合作企业13家、对外承包工程企业31家。 （徐其祥 彭 艳）

■**外经市场** 2014年，全市对外承包工程和劳务合作项目涉及40个国家(地区)，年营业额1000万美元以上企业10家。完成外经营业额列前三位的企业是江苏江都建设集团有限公司、江苏恒远国际有限公司、江苏省华建建设股份有限公司，其中江苏江都建设集团有限公司完成营业额1.8亿美元，比上年增长53%。江苏江都建设集团有限公司、中石化江苏油建工程有限公司、江苏恒远国际有限公司等工程承包企业18个1000万美元以上在建大项目运行良好，主要分布在蒙古、新加坡、泰国、沙特、俄罗斯等国家。 （徐其祥 彭 艳）

■**境外投资龙头企业** 2014年，亚普汽车部件股份有限公司投资750万美元在德国科隆设立研发中心，成为扬州首个在发达国家设立研发中心的企业。晶澳(扬州)太阳能科技有限公司投资6000万美元在美国合资建立太阳能电池制造厂。江苏恒远国际有限公司投资1.5亿美元在坦桑尼亚建设水泥生产线，成为全市最大境外投资项目。 （徐其祥 彭 艳）

1月26日，市长朱民阳赴亚普汽车部件股份有限公司调研

亚 普/供稿

## 2014年扬州市对外国及港澳台地区经济技术合作情况一览表

表19-5

| 地　区 | 外经营业额(万美元) | 比上年增长(%) | 期末在外人数(人) | 比上年增长(%) |
| --- | --- | --- | --- | --- |
| **合　计** | **63477** | **20** | **7405** | **-14** |
| 扬州经济技术开发区 | 10971 | 16 | 2237 | 43 |
| 广陵区 | 10107 | 18 | 999 | -29 |
| 邗江区 | 10026 | 39 | 605 | -42 |
| 江都区 | 30048 | 16 | 2338 | -39 |
| 宝应县 | 1643 | 23 | 999 | 70 |
| 仪征市 | 434 | 25 | 177 | 8 |
| 高邮市 | 248 | 18 | 50 | |

（徐其祥　彭　艳）

## 2014年扬州市对外国及港澳台地区投资情况一览表

表19-6

| 地　区 | 新批项目数(个) | 比上年增长(%) | 中方协议投资额(万美元) | 比上年增长(%) |
| --- | --- | --- | --- | --- |
| **合　计** | **29** | **-3** | **29163** | **84** |
| 扬州经济技术开发区 | 3 | 0 | 7750 | 210 |
| 扬州化工园区 | 1 | 0 | 100 | 1900 |
| 广陵区 | 7 | 0 | 3307.5 | 429 |
| 邗江区 | 4 | -67 | 1823.5 | -80 |
| 江都区 | 5 | 0 | 15204 | 287 |
| 宝应县 | 5 | 400 | 563 | 1300 |
| 仪征市 | 4 | 300 | 415 | 730 |
| 高邮市 | 0 | 0 | 0 | 0 |

（徐其祥　彭　艳）

# 旅游业

Lüyouye

编 辑 陈永华

## 综述

**■概况** 2014年，扬州市围绕旅游名城建设目标，突出项目建设，加大营销力度，完善旅游服务。全市实现旅游收入560.3亿元，比上年增长17.7%；接待入境过夜游客5.35万人次，增长12.5%；旅游外汇收入4919.06万美元，增长12.6%。旅游业增加值占地区生产总值的7%。全市主要封闭式景区接待游客811.82万人次，增长29.24%；瘦西湖风景区、大明寺、个园、何园、茱萸湾风景区接待量分别增长26.4%、47.5%、32.74%、21.96%、37.32%。游客人均在扬停留时间1.98天，比上年增加0.15天；全市接待国内外过夜游客596.21万人次，增长12%；全市星级饭店客房出租率67.48%，上升2.03个百分点，高于省均出租率9个百分点，主要饭店、宾馆连续住两晚以上游客比例超30%。

游客在扬消费1000元以上人数占52.6%，上升近8个百分点；其中消费2000元以上人数占20.6%，上升近5个百分点。扬州会议中心、扬州京杭会议中心、扬州迎宾馆等7家主要会议场馆承接会议1357场，增长16.08%；接待参会人员14.77万人次，增长24.5%。至年底，全市有国家文化旅游示范区1个、国家A级旅游景区36个(其中AAAAA级1个、AAAA级7个)、全国工农业旅游示范点10个、省级生态旅游示范区1个、省三星级及以上乡村旅游示范区(点)27个(其中四星级10个)、省特色景观旅游名镇(村、乡)4个、省级自驾游基地4个，有旅行社126家(其中出境旅行社4家)、星级饭店63家(其中五星级饭店4家)。

扬州城市旅游智能导引导览项目获省首批智慧旅游优秀项目。扬州鉴真国际半程马拉松赛被国家体育总局评为2014中国体育旅游精品项目，入选2014年中国体育旅游十佳精品赛事。 (江 燕)

**■假日旅游** 2014年小长假、“黄金周”期间，扬州市强化旅游市场安全监管，坚持24小时值班制度，在高速公路、景区主要道口设立旅游志愿者服务站，增设1辆多功能旅游咨询服务车，提供旅游服务。游客对扬州旅游环境和服务满意率96.36%，其中“非常满意”率50%。春节“黄金周”期间，全市接待游客195.4万人次，其中瘦西湖风景区等8家封闭式景区接待游客32.49万人次，分别增长23.5%、27.9%；旅游收入23.6亿元，增长27.6%；市区主要星级饭店出租率72.5%。清明小长假期间，瘦西湖风景区等8家封闭式景区接待游客47.3万人次，增长44.3%；市区主要星级饭店出租率85%，其中假期前2天市区客房出租率近100%。“五一”小长假期间，瘦西湖风景区等8家封闭式景区接待游客51.8万人次，增长34.9%；市区主要星级饭店出租率超过85%。国庆“黄金周”期间，瘦西湖风景区等8家封闭式景区接待游客73.3万人次，增长10.88%；市区主要星级饭店出租率78%。 (吕 游)

**■扬州市出台商务旅游和智慧旅游专项扶持政策** 1月23日，市旅游局、市财政局印发《扬州市商务旅游发展和智慧旅游建设引导资金使用细则》，每年从旅游业发展专项资金中安排不少于500万元，用于促进商务旅游和智慧旅游重点项目建设，招引会展公司和旅行社，举办各类会议展览活动，优化商务旅游环境。对引进精品度假酒店的单位，在酒店建成营业后，一次性给予不高于30万元补贴；对引进国际知名酒店管理品牌的单位，一次性给予不高于20万元补贴；对智慧旅游建设项目给予不高于100万元补贴；对在扬州住宿两晚以上且在扬州会议消费总额不低于30万元的会议，给予主要举办单位不高于15万元补贴；对在扬州市举办8000平方米以上规模展会(不包括面向市域内的展会)，给予主要举办单位不高于50万元补贴。 (吕 游)

**■国际精品度假酒店(扬州)峰会** 参见第12页。

**■扬州城市旅游(台北)推广站揭牌** 5月13日，扬州城市旅游(台北)推广站在台湾台北市揭牌。市旅游局与台湾鼎运旅行社签署合作计划，通过推广站研发台湾赴扬州旅游产品，利用当地媒体宣传扬州旅游形象，包装推介扬州旅游线路。 (吕 游)

**■京杭大运河城市旅游推广联盟成立** 6月24日，京杭大运河城市旅游推广联盟在浙江杭州成立。成立大会

**2014年扬州市入境过夜游客人数前10名客源地情况表**

表20-1

| 序号 | 客源地 | 游客人数(人次) | 占前10名比重(%) |
|---|---|---|---|
| 1 | 中国台湾 | 8041 | 30.95 |
| 2 | 日本 | 4593 | 17.68 |
| 3 | 韩国 | 3007 | 11.58 |
| 4 | 中国香港 | 2833 | 10.91 |
| 5 | 美国 | 2696 | 10.38 |
| 6 | 德国 | 1509 | 5.81 |
| 7 | 印度 | 1006 | 3.87 |
| 8 | 法国 | 809 | 3.11 |
| 9 | 新加坡 | 773 | 2.98 |
| 10 | 英国 | 711 | 2.73 |

（吴 伟）

**2014年扬州市国内过夜游客人数前10名客源地情况表**

表20-2

| 省份 | 游客人数(万人次) | 上年同期(万人次) | 比上年增长(%) | 占总数比重(%) |
|---|---|---|---|---|
| 江苏 | 338.28 | 271.21 | 24.73 | 57.25 |
| 安徽 | 47.17 | 34.31 | 37.48 | 7.98 |
| 山东 | 25.33 | 18.74 | 35.17 | 4.29 |
| 上海 | 23.09 | 18.05 | 27.92 | 3.91 |
| 浙江 | 20.40 | 16.62 | 22.74 | 3.45 |
| 河南 | 19.33 | 14.07 | 37.38 | 3.27 |
| 湖北 | 13.62 | 9.86 | 38.13 | 2.31 |
| 河北 | 11.21 | 7.68 | 45.96 | 1.90 |
| 四川 | 10.23 | 7.58 | 34.96 | 1.73 |
| 江西 | 9.08 | 6.90 | 31.59 | 1.54 |

（吴 伟）

**2014年扬州市主要会议场馆承接本地会议情况表**

表20-3

| 会议场馆 | 会议数量(场) | 比上年增长(%) | 人数规模(人次) | 比上年增长(%) |
|---|---|---|---|---|
| **合 计** | **1079** | **14.42** | **114101** | **21.11** |
| 扬州会议中心 | 390 | 40.29 | 52569 | 36.59 |
| 扬州京杭会议中心 | 70 | 1.45 | 17080 | 19.44 |
| 扬州迎宾馆 | 206 | 19.77 | 9920 | 37.97 |
| 扬州云鹤金陵大饭店 | 66 | -28.26 | 4902 | 9.86 |
| 西园饭店 | 135 | -25.00 | 10238 | -24.48 |
| 扬州京华大酒店 | 132 | 12.82 | 16126 | 22.56 |
| 扬州华美达凯莎酒店 | 80 | 128.57 | 3266 | 6.66 |

注：本地会议数量占比79.51%，本地会议人数占比77.25%　（吴 伟）

上，扬州、北京、天津、沧州、泰安、杭州等18个城市发表《京杭大运河城市旅游推广联盟杭州共识》。京杭大运河城市旅游推广联盟旨在整合京杭大运河城市旅游资源优势，加快沿线城市区域旅游协调发展，共同推广整体旅游品牌，探讨大运河城市旅游合作方式和途径，推进城市间旅游交流与合作，策划打造世界级精品旅游线，提高中国旅游国际知名度和竞争力。未来3～5年，联盟将分阶段实施区域市场联合推广“十个一”（一个联盟、一本画册、一组旅游线路、一组运河美食、一部形象片、一组旅游节庆、一个专题网站、一本通关文牒、一组特色纪念品、一名运河形象代言人）工程。（吕 游）

**■《中国大运河申遗成功纪念明信片》面世** 7月17日，由南京睿意达人团队设计的《中国大运河申遗成功纪念明信片》面世。这是中国大运河申报世界文化遗产成功后设计出品的首套纪念明信片，采用手绘水彩风格，内容包括五亭桥、个园、何园、大明寺、东关街、天宁寺、双峰云栈、盂城驿、文昌阁、大运河等10个扬州景点和大运河遗产点。（吕 游）

## 旅游资源开发

**■概述** 提升传统观光项目，推进宋夹城体育休闲公园、虹桥坊休闲街区、双峰云栈、鉴真广场等项目建设。发展休闲度假项目，推进7个度假区（瘦西湖度假区、凤凰岛度假区、仪征枣林湾度假区、邗江瓜洲度假区、江都邵伯湖度假区、宝应湖度假区、高邮清水潭度假区）建设，完成邗江瓜洲度假区和高邮清水潭度假区规划编制。邗江瓜洲度假区“海浪谷”水上乐园开业，观音岛完成直升机停机坪、进出道路等基础设施建设，引进奇瑞汽车股份有限公司建设房车露营基地；凤凰岛度假区推进自在岛和廖家沟城市中央公园开发建设；仪征枣林湾度假区引进“青马车寨”项目，推出马术、越野车等动感体验型产品。建设民居客栈。南河下启动、实施古城民居客栈群“首发区”项目，先后建成丁家湾74号、德胜里10号、如来柱10号等民居客栈，新增民居客栈床位近1000个。瘦西湖旅游发展集团有限公司与中信泰富（香港）有限公司签订“扬州凤凰水街”项目合作协议，计划总投资20亿元。重庆新世纪游轮股份有限公司首次开通上海至扬州周末航班，上海至扬州“世纪传奇”号豪华游轮长江旅游航线开航。2014年，全市有18个项目获省旅游发展项目引导资金1000万元。（江　燕）

**■旅游景区提档升级**　2014年，宝应县射阳湖镇冲林村、高邮市马棚街道东湖村被江苏省旅游局、江苏省住房和城乡建设厅命名为2014年江苏省特色景观旅游名村。江都朴园景区、高邮盂城驿景区获评国家AAA级旅游景区。青岛啤酒（扬州）有限公司获评江苏省工业旅游示范点。扬州瓜洲旅游度假区获省政府批准设立。凤凰岛生态旅游区被江苏省旅游局、江苏省环境保护厅命名为省生态旅游示范区。（江　燕）

**■水上旅游观光巴士开通**　4月10日，扬州水上旅游观光巴士开通，设2条旅游线路。A线为瘦西湖乾隆水上游览线经典线路，从御码头出发，途经红园、瘦西湖南门、虹桥坊（东堤）、徐园（澄鲜水榭）、二十四桥（西门）、静香书屋、石壁流淙，至平山堂（鉴真广场），全程水上行船时间约50分钟。B线为瘦西湖、宋夹城水上旅游线路，从御码头出发，途经红园、瘦西湖南门、虹桥坊（东堤）、傍花村、宋夹城南城门、宋夹城西城门、宋夹城北城门、保障湖风筝广场、唐城遗址码头（观音山），至大明寺（鉴真广场），全程水上行船时间约60分钟。水上旅游观光巴士为生态画舫，船上布置扬派盆景、扬州特色小吃等。（吕　游）

**■扬州旅游休闲卡发售**　4月21日，扬州旅游休闲卡开始发售。扬州旅游休闲卡分为IC（集成电路）卡和智能旅游腕表。IC卡使用范围覆盖“吃、住、行、游、购、娱”，用户购卡、充值后在特约商户使用可享受优惠政策。智能旅游腕表除IC卡旅游消费功能外，具有景点语音讲解、移动通信、高清摄像等功能，供用户租用。（吕　游）

**2014年扬州市国家级旅游景区一览表**

表20-4

| 景区名称 | 等级 | 景区名称 | 等级 |
|---|---|---|---|
| 瘦西湖风景区 | AAAAA | 扬州陈园 | AAA |
| 大明寺 | AAAA | 扬州开元寺 | AAA |
| 个园 | AAAA | 江都朴园 | AAA |
| 何园 | AAAA | 高邮盂城驿 | AAA |
| 扬州双博馆 | AAAA | 扬州西郊森林公园 | AA |
| 京华城休闲旅游区 | AAAA | 宝应周恩来少年读书处 | AA |
| 茱萸湾风景区 | AAAA | 朱自清故居 | AA |
| “双东”历史街区 | AAAA | 隋炀帝陵景区 | AA |
| 汉陵苑 | AAA | 宝应“二妹子”模范民兵活动中心 | AA |
| 史可法纪念馆 | AAA | 扬州五亭龙国际玩具礼品城 | AA |
| 凤凰岛生态旅游区 | AAA | 江都龙川盆景艺苑 | AA |
| 吴道台宅第 | AAA | 扬州玉文化景区 | AA |
| 宝应纵棹园 | AAA | 江都仙女公园 | AA |
| 仪征博物馆 | AAA | 宝应射阳湖荷园 | AA |
| 高邮镇国寺 | AAA | 宝应革命烈士纪念馆 | AA |
| 高邮文游台 | AAA | 宝应博物馆 | AA |
| 宝应宁国寺 | AAA | 高邮菱塘古清真寺 | AA |
| 仪征红山体育公园 | AAA | 江都邵伯湖旅游区 | AA |

注：扬州双博馆即扬州博物馆、扬州中国雕版印刷博物馆　（吴　伟）

**■大运河水上旅游专线开通**　4月28日，全程45千米的“扬州—邵伯—高邮”大运河水上旅游专线开通仪式在广陵新城京杭之心举行专线执航。游艇“运河名城1号”造价700万元，核载150人。大运河水上旅游专线集中历史文化资源、自然生态景观、千年名镇风采、宗教文化体验、休闲美食度假等旅游资源，设置一日游、二日游2条线路。一日游从广陵新城京杭之心出发，途经茱萸湾、凤凰岛、邵伯船闸、邵伯码头、邵伯古镇、高邮镇国寺和盂城驿，总行程约11小时，其中船上时间约4.5小时。二日游在一日游基础上，安排高邮湖区生态观光休闲度假活动和文游台、高邮市红太阳食品有限公司等景点。（吕　游）

**■扬州景点入选“畅游江苏”经典景区和旅游线路**　5月19日，江苏省旅游局发布“畅游江苏”经典旅游景区和精品旅游线路，公布28个经典旅游景区、10条精品旅游线路推荐名单。扬州瘦西湖、何园入选“畅游江苏”经典旅游景区推荐名单，运河览胜三日游（扬州、无锡、苏州）、美味江苏休闲四日游（南京、镇江、扬州、泰州）、慢品江南祈福寻梦之旅四日游（南京、无锡、泰州、扬州）、扬子江慢生活五日游（扬州、泰州、南通、常熟、南京）、一品江南五日游（南京、扬州、无锡、苏州）、品味江苏五日游（南京、淮安、扬州、镇江）和美好江苏生态苏北六日游（南京、扬州、泰州、盐城、连云港、徐州、淮安）等7条精品旅游线路包含扬州旅游项目。（吕　游）

**■扬州旅游产品入选“最受欢迎2010奖”**　5月19日，由江苏省旅游局、上海市旅游局、浙江省旅游局、安徽省旅游局共同研发和推广的区域专项旅游产品“最受欢迎2010奖”评选结果揭晓。活动期间，经公众投

**2014年扬州市省三星级及以上乡村旅游示范区(点)一览表**

表20-5

| 景点名称 | 等　级 |
| --- | --- |
| 凤凰岛生态旅游区 | 四星级 |
| 宝应白鹿岛生态旅游区 | 四星级 |
| 扬州金泓生态园 | 四星级 |
| 江都渌洋湖生态旅游度假村 | 四星级 |
| 竹箬农业生态园 | 四星级 |
| 宝应射阳湖荷园 | 四星级 |
| 仪征翔宇茶叶生态园 | 四星级 |
| 西江生态园 | 四星级 |
| 扬州润德菲尔庄园 | 四星级 |
| 碧水蓝天度假村 | 四星级 |
| 扬州胡场人家 | 三星级 |
| 江都小纪农业生态观光园 | 三星级 |
| 江都樊川猕猴桃园 | 三星级 |
| 扬州新西缘生态农庄 | 三星级 |
| 高邮连标葡萄园 | 三星级 |
| 吴桥蔬果产业观光园 | 三星级 |
| 扬州古渡村生态园 | 三星级 |
| 仪征芍药园 | 三星级 |
| 扬州烟花三月度假村 | 三星级 |
| 高邮湖苇荡水寨 | 三星级 |
| 宝应柳堡团庄 | 三星级 |
| 扬州西湖春天 | 三星级 |
| 扬州蒋王农业观光园 | 三星级 |
| 扬州建华村 | 三星级 |
| 扬州润水湾 | 三星级 |
| 扬州溪桂园 | 三星级 |
| 宝应和悦园 | 三星级 |

（吴　伟）

票、媒体投票、业内投票，沪、苏、浙、皖专家从长江三角洲(简称长三角)城市群旅游产品——“心醉夜色”体验之旅40个示范点、20个经典酒吧中，评定出20个示范点、10个经典酒吧。扬州市“水心明月闲相照”(扬州·古运河夜游)、“古运河畔酒香浓”(扬州·老啤酒厂酒吧)分别入选示范点、经典酒吧，获区域专项旅游产品“最受欢迎2010奖”。同日，沪、苏、浙、皖三省一市旅游局携区域各城市启动第4个区域专项旅游产品——长三角城市群“岁月余味”体验之旅的共同研发和推广，确定在“一区三市”(上海市虹口区、江苏省扬州市、浙江省嘉兴市、安徽省安庆市)开展创建长三角城市群“岁月余味”体验之旅示范点和老房子餐厅“先行先试”。（吕　游）

■**扬州古运河、润扬河通过省级水利风景区专业评审**　5月23日，经省水利厅评审专家组实地调查，扬州古运河、润扬河通过省级水利风景区专业评审。古运河水利风景区指扬州闸至瓜洲闸近30千米城区水系。该水系北端通过扬州闸与京杭运河连接，南端通过瓜洲枢纽与长江连接，流域区间面积221.87平方千米，排涝面积105.53平方千米，保护人口143.35万人、耕地0.67万公顷。润扬河水利风景区规划范围2.31平方千米，连通长江、仪扬河。（吕　游）

**2014年扬州市全国工业旅游示范点**

扬州第二发电有限责任公司
扬州漆器厂
扬州玉器厂（吴　伟）

**2014年扬州市全国农业旅游示范点**

凤凰岛生态旅游区
江都现代花木产业园
兴科农业科技博览园
仪征登月湖农业旅游区
宝应白鹿岛生态旅游区
宝应射阳湖荷园
高邮临泽生态度假村（吴　伟）

**2014年扬州市国家文化旅游示范区**

瘦西湖风景区（吴　伟）

**2014年扬州市江苏省旅游度假区**

仪征枣林湾体育旅游度假区
扬州瓜洲旅游度假区（吴　伟）

**2014年扬州市江苏省工业旅游区(点)**

扬州乱针绣文化产业园
上海大众汽车仪征分公司
江苏牧羊控股有限公司
青岛啤酒(扬州)有限公司（吴　伟）

**2014年扬州市江苏省生态旅游示范区**

凤凰岛生态旅游区（吴　伟）

**2014年扬州市江苏省自驾游基地**

仪征红山体育度假村
瓜洲国际露营地
宝应白鹿岛生态旅游区
邗江区金泓生态园（吴　伟）

**2014年扬州市江苏省特色景观旅游名镇(村、乡)**

扬州市广陵区泰安镇
高邮市菱塘回族乡
宝应县射阳湖镇冲林村
高邮市马棚街道东湖村（吴　伟）

## 蜀冈-瘦西湖风景名胜区

**■概述** 蜀冈-瘦西湖风景名胜区于1988年由国务院批准设立，总规划面积12.23平方千米。2006年1月，景区党工委、管委会挂牌成立，实际管辖面积6.68平方千米。2013年1月和12月，市委、市政府对景区实施扩容。扩容后，景区代管区域总面积33.6平方千米，辖平山、城北2个乡和瘦西湖、梅岭2个街道，有24个行政村(社区)，总人口16万人。

2014年，景区完成新一轮景区总体规划修编，将景区定性为"以古城文化为基础，以历代古城遗址和瘦西湖湖上园林为特色，具有风景游赏、旅游休闲、生态体验等功能的城市风景类国家级风景名胜区"。12平方千米景区总体规划报国务院审批，20平方千米旅游度假区规划通过专家评审。瘦西湖作为大运河的一个重要分支随大运河申遗成功成为世界文化遗产。景区全年新开工重大项目5个，竣工投产重大项目2个，新签约重大项目3个，实现投资额27.5亿元。先后完成宋夹城体育休闲公园、大明寺西花园、鉴真广场、双峰云栈、板桥道情文化园、瘦西湖南门改造等景点打造、功能提升项目，花文化艺术展示馆、虹桥坊酒店及温泉休闲中心建成并投入运营。唐子城护城河疏浚、城北片区基础设施建设成型。推进15亿元旅游地产项目、10亿元万科城综合体及英迪格酒店项目建设。中信泰富(香港)有限公司、中影集团、华建集团等企业投资项目落户景区。

2014年，景区接待游客360.53万人次，比上年增长26.4%；游客人均停留时间增长50%，留宿两晚以上游客占过夜游客的30%以上；限额以上住宿餐饮业完成营业额2.9亿元，增长10%。瘦西湖风景区游客量增长26.4%，在全省AAAAA级景区中排名第1位；大明寺游客量增长47.5%，在全省AAAA级景区中排名第1位。举办万花会、虹桥修禊等节庆活动，策划、编排"乾隆下江南 畅游瘦西湖"水陆实景巡演，改版升级《春江花月夜·唯美扬州》大型实景演出。宋夹城体育休闲公园接待市民、游客150多万人次。虹桥坊全年实现营业收入1.5亿元。新增2条水上旅游观光巴士游览线，推出国内首条大运河水上旅游专线。 (姜 伟)

**■瘦西湖风景区建设** 2014年，瘦西湖风景区完成宋夹城南城门、南门桥、东门桥、室外球场、球类综合馆、乒乓球馆、棋艺连廊、环湖自行车道和步道、儿童游乐区、宋城山庄、绿化景观提升等工程建设，建成、开放宋夹城体育休闲公园。实施瘦西湖公园南大门环境提升及扬州大学东门沿线景观提升工程，改造面积7700平方米。瘦西湖公园建成智能旅游综合管理系统，被江苏省旅游局授予"江苏省智慧旅游示范基地"称号。公园4个出入口及大明寺门全部建成闸机门禁系统，新增自动售取票机和中英文电子导览仪服务，免费开放wi-fi(无线保真信号)，开辟金融IC卡"闪付"绿色通道。 (姜 伟)

鉴真广场 张孔生/摄

## 其他景区

**■个园修缮与维护** 2014年，建成个园北区东侧"孝顺竹"竹林冰片石道路1条，全长300多米。提升南门入口处景观，安装仿古木落地罩。更换丛书楼受损墙角柱，重新油漆。更换知足斋受损椽子和盖瓦，重新制作防水层。完成觅句廊查勘和加固维修。实施花局里功能环境提升二期工程暨立体绿化配套工程和旅游夜市项目，利用墙体立面进行立体绿化，运用滴灌等先进技术，引进花彩彩叶精灵常春藤、玫红木香等外地优良植物品种，打造"空中花园式"街区。提升花局里街区夜市整体灯光亮化。重大节日期间，园区花坛布置三色堇、黄金菊、矮牵牛、四季海棠、孔雀草、国庆菊等7万多盆。北大门入口、花局里街区、抱山楼前、夏山前、宜雨轩等处布置荷花400多盆。引进竹子新品种2个(浙东四季竹、黄槽早竹)。 (刘 一)

**■何园修缮与维护** 2014年，实施花园巷何园段综合改造，新设花园巷木质牌楼，铺设路面，改造商铺，增设立体花架。完成蝴蝶厅木刻保护移门安装。完成东门门楼改造、南门景观提升，新建机房、库房、电子门禁系统。完成何园完整性概念规划编制及"完善何园，修复平园"调研。"何园抢救性工程"项目经国家文物局批准立项，保护方案获省文物局批复。

(刘 一)

**■茱萸湾风景区建设** 建成茱萸专类园，打造全国最大的茱萸观赏基地。园内有茱萸类植物10个品种2000多棵，形成地形、布局、品种相互协调的特色景观。4月，茱萸专类园在中国公园协会举办的首届"中国公园最佳植物专类园区"评选活动中获"中国公园最佳植物专类园区"称号。

在草食居内打造"动物幼儿园"。园区占地0.3公顷，展出香猪、小羊、小羊驼、矮马等小动物，增设奶瓶喂鱼项目。展区周边增加休息平台及儿童游乐设施，配置香樟、广玉兰、丁香、海棠、红枫等植物。

整治景区环境，完成草食居厕所改造提升及周边绿化调整，提高植被生态效果、景观效果和观赏效果；完善金丝猴、鹤苑等展区绿化，引进地被、野花草种，增强野趣；对部分亭、廊架、围墙实行立体绿化。重大节假日期间，景区内布置草花20万盆。

扬州动物园“鹤苑”和“啸峰园”展区获评“中国动物园协会动物展示模式应用示范展区”。全年繁殖成活东北虎6只、斑马1只、棕熊2只、环尾狐猴6只，引进矮马、小羊驼、鸵鸟、鸸鹋、黑颈天鹅、疣鼻天鹅等动物。（刘 一）

■**荷花池公园修缮** 2014年，荷花池公园投入30多万元，修缮维护园内坐凳、垃圾箱、园路灯、指示标牌等配套设施，更换维修路灯20多盏，办公区和船厅进行改造出新500平方米，厕所地面更换防滑地砖100平方米，园内建筑房屋屋面维修16处。（刘 一）

■**大明寺及西花园景观提升工程** 4月15日，大明寺及西花园景观提升工程竣工。工程投入3300万元，完成西花园、鉴真纪念堂、欧阳祠及平山堂等古建筑修缮改造。（吕 游）

■**双峰云栈复建工程** 参见第245页。

## 旅游营销

■**概述** 2014年，扬州市园林管理局（简称市园林局）先后开发徐州、连云港、合肥等省内外市场，与扬州铁道疗养院签订合作协议。提升扬州古城景点旅游市场份额。与华东线15家重点旅行社开展合作，推广“园林双璧”新品牌。市旅游局拓展中远程客源市场，在济南、重庆、西安、北京、深圳和欧洲（北京国旅总社）、韩国、新加坡、中国台北、中国香港设立境内外推广站。至年底，扬州市有境内外扬州城市旅游推广站10个，推广站合作旅行社全年输送境内过夜游客2.5万人、境外过夜游客2000多人到扬州旅游休闲。发行扬州旅游休闲卡，实现“一卡在手，玩遍扬州”。

包装新项目，开发特色旅游产品。市旅游局开通青年奥林匹克“扬州之旅”直通车，开辟青年奥林匹克扬州之旅精品旅游线路，推出系列优惠政策，通过中央电视台、《人民日报》、《光明日报》、“新华”网等18家中央级媒体宣传扬州旅游。7月9日至8月9日，开展“挑刺有奖，找茬有礼”微活动，吸引近1千名网友为扬州旅游服务找茬挑刺。8月，启动“扬州年薪制旅游体验员”全球招募活动，经海选、面试、主题式旅游体验等选拔，产生2组扬州年薪制旅游体验员。10月9日，扬州市政府随江苏代表团在英国伦敦举办旅游推介活动。11月24日，2014扬州城市故事旅游宣传片首映式在京华城全生活广场喜满客影城举行。扬州市古运河旅游有限责任公司开通“扬州—邵伯—高邮”大运河水上旅游专线。国庆“黄金周”期间，市旅游局推出高邮、仪征、广陵等3条乡村旅游线路，7天发车21车次。高邮市3家主要景区国庆“黄金周”接待量同比增长20%，广陵区西江生态园接待量同比增长33%。先后组织参加南京旅游交易会、山东旅游交易会、“宁镇扬马滁”城市圈旅游产品说明会、西南旅游促销团、上海国际旅游交易会等展会，累计发放宣传资料2.4万份。

联合媒体，策划活动。市旅游局借助知名网站、社区论坛、扬州旅游官方微博微信等平台，通过游记、活动、话题讨论等形式推介扬州。扬州旅游官方微博粉丝数超150万人。市园林局组织国内双语旅游杂志《旅游休闲》到扬州采风，在其杂志、官网、微博、微信报道扬州园林情况，新媒体互动点击超过3万次，留言5000条，在第六期上刊登超过20页的“万种风情荟扬州”“园林芳步”等专题介绍；组织搜狐客户端到扬州采风，用图片、文字、微视频形式在搜狐客户端报道扬州园林，超30万搜狐客户端订阅扬州园林报道内容。

创新宣传载体。市园林局和扬州报业传媒集团组织“朱自清散文奖”获奖作家及评委到扬州园林采风，组织《当代扬州人物谱》作品座谈会暨扬州市园林局与知名作家欣

**2014年扬州市主要景区游客接待量一览表**

表20-6

| 景区名称 | 接待量（万人次） | 比上年增长（%） |
|---|---|---|
| 京华城休闲旅游区 | 953.70 | 4.57 |
| “双东”历史街区 | 578.00 | 13.22 |
| 瘦西湖风景区 | 360.53 | 26.40 |
| 个园 | 155.44 | 32.74 |
| 茱萸湾风景区 | 82.19 | 37.32 |
| 大明寺 | 81.72 | 47.50 |
| 扬州双博馆 | 80.35 | 7.87 |
| 何园 | 80.16 | 21.96 |
| 凤凰岛生态旅游区 | 38.84 | 20.10 |
| 汉陵苑 | 12.93 | 3.36 |

（吴 伟）

**2014年扬州市部分县（市、区）旅游指标情况表**

表20-7

| 县（市、区） | 旅游总人数（万人次） | 比上年增长（%） | 旅游总收入（亿元） | 比上年增长（%） |
|---|---|---|---|---|
| 江都区 | 367.67 | 12.28 | 40.51 | 13.68 |
| 宝应县 | 191.67 | 12.65 | 19.43 | 14.53 |
| 仪征市 | 209.04 | 12.73 | 21.59 | 14.46 |
| 高邮市 | 302.39 | 12.46 | 33.42 | 13.81 |

注：邗江区、广陵区未作统计

（吴 伟）

力签约仪式，举办"旅游圣经"《孤独星球》走进扬州园林暨著名旅行作家朱震新书发布会，与扬州报业传媒集团《城市风尚》杂志合作推出《手机微信中的扬州夏日园林》专刊，提升园林知誉度。

发展旅游电商。市园林系统各景区完成园林景区智能票务一体化平台建设。与"携程"网、"同程"网、"途牛"网、"驴妈妈"旅游网等国内网站合作进行电商营销。与"同程"网合作推出1元门票活动、"抛开书本去旅行"活动，与"驴妈妈"旅游网合作推出"扬州园林喜乐'惠'"等系列线上活动。（江　燕　刘　一）

**■园事活动**　瘦西湖风景区编排"乾隆下江南　畅游瘦西湖"水陆实景巡演，引进2艘豪华画舫，增设水上演出。邀请国内外诗人参加瘦西湖虹桥修禊，出版《国际诗人瘦西湖虹桥修禊典译丛书》。举办第七届中国扬州万花会。联合新疆新源县举办"运河名城扬州行　草原明珠新源游"2014新丝路国际旅游形象大使大赛。策划春季蕙兰展、夏季荷花节、秋季菊花会、冬季梅花腊梅展、"欢乐寻福游"、端午诗会、中秋诗会等活动。举办"2014全国十大媒体看扬州采风摄影活动"、微电影《情系瘦西湖》，推介、宣传瘦西湖。中央电视台《文化大百科》栏目4次报道瘦西湖。《人民日报》(海外版欧洲刊)刊登《世界级公园　瘦西湖》专栏。

宋夹城体育休闲公园联合市体育局和地方媒体，先后承办2014年全国百城千村健身气功交流展示系列活动江苏省启动仪式暨扬州市第13届全民健身体育节、第10届老年人体育节开幕式，江苏省第九届"沿江体育带"全民健身大联动活动扬州分会场，"迎世乒——乒乓文化伴我行"等省、市大型活动12项。

个园全年策划各类活动30多场次，组织各类采风活动6场。推出个园、汪氏小苑及馥园千秋粉黛组合套票。举办"同程"网1元游个园等营销活动。打造微博、微信平台。参与由中央电视台、中国联合国教科文组织全国委员会大型人文纪录片《大运河》拍摄，配合中央电视台"寻找最美"系列节目《寻找最美花园》节目组拍摄取景。与媒体及婚庆公司合作，在个园及"双东"(东关街、东圈门)举办清代盐商体验式(集体)婚礼，面向海内外征集新人，活动情况作为江苏省迎新年活动代表登上《CHINA DAILY》。举办2014国际象棋特级大师表演赛、中国古建筑摄影大赛全国影展(扬州站)、"中国运河文化"收藏精品展、扬州市第七届春兰展、扬州非物质文化遗产——扬州八刻之竹木牙刻精品展、扬州市首届碗莲展等活动。打造花局里"两岸风情"观光夜市，与省、市摄影家协会联合举办"印象花局里"摄影大赛，引进艺庐美术馆等商户，推动花局里文化创意休闲街区建设。

何园结合传统节日，推出清明插柳、情"粽"何园、中秋祭月等节庆活动。举办跨国民俗婚礼、"缤纷之夜"夜游、高考学子来何园祈福等活动。4月，举办"何家千金·善(扇)待天下客"暨第20届"丽云阁"扇文化艺术节。开发"何家千金"系列古装娃娃，打造何园宴酒，开发茶饮文化系列产品，设计牡丹扇系列产品。

准提寺古玩市场举办鉴宝、讲座、展览等活动。宜雨轩拍卖公司举办以晚清民国书画作品为主的拍卖会。

馥园"千秋粉黛"演艺剧场推出扬州地方特色节目，将扬州曲艺、舞蹈、民歌融为一体，演绎船娘、琴娘、绣娘等"扬州十二娘"故事，通过情景剧再现史可法奋勇抗金事迹等。"千秋粉黛"推出私人订制项目，提供淮扬菜和节目内容服务。与旅行社、电商合作，提高游客上座率。

茱萸湾风景区围绕"生态茱萸湾，欢乐动物园"主题开展园事活动。元旦、春节期间，举办儿童新春音乐会、"萌马驾到，马到成功"活动。2月，与市体育局合作开展2014扬州鉴真国际半程马拉松"城市跑不停"第一站——茱萸湾生态春季跑活动。4—5月，举办大黄鸭展、五大天鹅聚会、长颈鹿展、动物幼儿园等活动。儿童节开展"小记者六一在行动""揭秘孵蛋内幕""动物宝宝喂食记"等活动。暑期举办首届茱萸湾泼水节；世界杯足球赛期间，联合扬州时报社、万家福商城举办熊猫"瑛美"世界杯足球竞猜活动。国庆节、重阳节期间，举办第4届茱萸文化节。（吕　游）

**■盐商体验式婚礼**　1月1日，个园管理处举办"咱们结婚吧"爱你1314——盐商体验式(集体)婚礼活动。该活动吸引全国各地60对新人报名参与，最终13对新人入围参加体验活动。婚礼迎亲队伍穿越东关街、花局里青年街区，将个园、汪氏小苑、馥园等景点串联成线，还原当年盐商婚礼全过程，让新人们体验跨马鞍、跨大盆、三拜堂、揭盖头、敬茶等中国传统婚庆礼仪。（刘　一）

**■2014中国扬州温泉养生节启动**　1月18日至2月18日，市旅游局举办2014中国扬州温泉养生节，将温泉产品与冬季养生相结合，打造冬季旅游节庆品牌。瘦西湖温泉度假村、江扬天乐湖温泉养生庄园等3家温泉度假酒店和扬州迎宾馆、西园饭店、扬州宾馆等10家精品特色酒店参与活动。活动期间，举办"旅游天使爱温泉"、"游扬州、送福袋"、美食养生月等系列活动。市旅游部门邀请10名微博达人或网络红人作为"旅游天使"到扬州体验温泉产品。（吕　游）

**■《春江花月夜·唯美扬州》改版**　3月5日，经全新改版升级的《春江花月夜·唯美扬州》大型实景演出在瘦西湖风景区上演。改版后的《春江花月夜·唯美扬州》剧情从原先的"跨越千年的三世情缘"演变为"唐宋元明清，从古看到今"，分为六大篇章、四幕故事，分别为隋唐繁华、四相簪花、怒沉宝箱、金戈铁马，反映隋、唐、宋、明、清和当代扬州风貌和历史故事，将京杭大运河开通、隋炀帝下扬州、杜牧作诗"春风十里扬州路"、东关街热闹繁华、杜十娘怒沉百宝箱、史可法英勇抗清廷、《茉莉花》香飘四溢等扬州元素贯穿始终。整场演出运用20种特效、600盏灯

4月8日至5月8日，第七届中国扬州万花会在瘦西湖风景区万花园举行。图为中外游人徜徉万花园中 沈扬生/摄

具，增加肩上芭蕾、百米喷泉、高空全场烟花等内容，丰富瘦西湖旅游内涵。扬州市100多名专业演员参加演出。（吕 游）

■**第七届中国扬州万花会** 4月8日至5月8日，第七届中国扬州万花会在瘦西湖风景区万花园举行。此次万花会以“资源节约、环境友好”为主旨，通过园林小品、植物、花卉的搭配衔接，展示景区自然风光与人文历史。万花会期间，万花园布置花卉100多万盆、郁金香11万株、风信子和洋水仙3000株及立体花坛、地栽花卉、小品、花境等，设有桃花、海棠、琼花、丁香、郁金香、金钟花、牡丹、芍药、荷包牡丹等观赏区，策划互动情景剧《坐花载月》、“花仙子快闪”、亲子插花沙龙、文化名人与瘦西湖图片展等活动。吸引游客73.86万人。（吕 游）

■**“乾隆下江南 畅游瘦西湖”巡演** 4月17日，瘦西湖风景区投入300万元，策划、编排“乾隆下江南 畅游瘦西湖”水陆实景巡演，以歌、舞、杂剧的形式，演绎乾隆皇帝下江南的历史、故事、人物。重现盐商迎驾、皇帝与民同乐、熙春台祝寿等情景。巡演总时长50分钟，沿途经景区主要游览线，在水云胜概、熙春台等景点设专项演出。（吕 游）

■**2014中国·扬州两岸素食文化暨绿色生活名品博览会** 参见第12页。

■**“中国旅游日”扬州惠民旅游活动** 5月19日是“中国旅游日”。当天，市旅游局举办“快乐旅游 公益惠民”系列惠民旅游活动，半价推出观看大型实景演出《春江花月夜·唯美扬州》、当天过生日游客所有景点免费玩、“寻亲惠客”、微信随手拍赢iPad(苹果平板电脑)大奖等活动。各县(市、区)收费景点和市区史可法纪念馆、朱自清纪念馆、吴道台宅第、隋炀帝陵墓、润扬森林公园、竹西公园等30家景区免费开放，瘦西湖公园、大明寺、个园、何园、茱萸湾公园、唐城遗址、汉陵苑、八怪纪念馆、汪氏小苑、馥园、凤凰岛等11家景区实行门票五折优惠。（吕 游）

■**2014中国瓜洲音乐节** 5月31日至6月1日，2014中国瓜洲音乐节在瓜洲润扬森林公园举行。音乐节期间，举办美食节、啤酒节、精品房车展、创意超市、扬州特色文化产品展、游戏展等活动，2天累计接待乐迷超4万人次。（江 燕）

■**扬州首届硬派越野挑战赛** 6月15日，扬州首届硬派越野挑战赛在仪征市枣林湾青马车寨举行，合肥市、镇江市、南京市、南通市及扬州市等地300名车友和爱好者参加。通过筛选，30辆硬派越野车完成比赛，扈晓峰、龚长根、好人分获前三名。（吕 游）

■**第二届中国扬州(杭集)国际酒店用品交易会** 参见第113页。

■**瓜洲“海浪谷”水上乐园开业** 7月7日，扬州首个水上主题公园——瓜洲“海浪谷”水上乐园开业，“狂暴海啸造浪池”“尖峰时刻”“峰回路转”“漂流河”“水森林”“SPA(水疗)”“童玩乐园”“海狗之家”“东撞西碰”等9个水上项目投入运营。“海浪谷”水上乐园占地6.67公顷，日接待能力1.5万人次，瞬时接待能力9750人。（吕 游）

■**首届·中国扬州国际车马旅游文化艺术节** 8月23日至11月9日，由扬州市政府主办的车马文化主题活动——首届·中国扬州国际车马旅游文化艺术节在仪征举办。艺术节期间，举办“汽车场地越野邀请赛”（亚洲勒芒汽车运动投资基金AMIFML协办）和“2014AQHA-中国·青马车寨杯”西部马术公开赛暨国际马球表演赛等综合赛事活动，越野爱好者和马术爱好者等参加活动。“凤凰”网、“央视”网、“新华”网和江苏电视台等50多家国内外媒体进行宣传报道，传播仪征青马车寨的越野文化、汽车文化。（江 燕）

■**第六届邗江乡村旅游节** 9月26日，由邗江区委、区政府主办，邗江区旅游局、瓜洲镇政府等承办的第六届邗江乡村旅游节暨中国·瓜洲首届菊花艺术节在润扬森林公园开幕。旅游节历时1个月，分休闲度假之旅、乡村体验之旅、文化感受之旅、欢乐嘉年华之旅等4个板块，推出菊花艺术节、“金秋缤纷跑”千人酷跑活动、“古渡秋韵”首届摄影大赛、奇瑞“日月星”房车展、民俗民间艺术表演、美食嘉年华、大型亲子活动、垂钓大赛、特色农家乐等10多项旅游活动。旅游节开幕当天，承办单位在润扬森

林公园举办舞龙、舞狮、湖船花担、铃枪花鼓、鼓号等传统民俗表演。（吕 游）

**■2014中国扬州·七河八岛热气球旅游节** 10月17—19日，由扬州生态科技新城、市旅游局主办的2014中国扬州·七河八岛热气球旅游节在“七河八岛”（京杭大运河、壁虎河、新河、凤凰河、太平河、金湾河、高水河，聚凤岛、芒稻岛、金湾岛、自在岛、凤羽岛、山河岛、壁虎岛、新河岛）举行。活动由“水陆空”3个板块组成。“空中看七河八岛”板块投入10个热气球，其中系留式观光球8个、自由飞观光球2个，让游客在空中俯瞰生态科技新城，体验穿越市区自由飞观光；“水上游七河八岛”板块安排游客搭载豪华游轮领略扬州“绿肺”生态魅力；“陆上玩七河八岛”板块活动包括凤凰岛景区品鱼会、钓鱼节等系列活动。（吕 游）

**■2014中国旅游天使大赛总决赛** 10月24—26日，由中国旅游天使大赛组委会、江都区政府、市旅游局等单位主办的“古镇邵伯”2014中国旅游天使大赛总决赛在江都邵伯举行。此次大赛采用传统赛事与旅游体验相结合形式，组织参赛选手现场发微博、微信等推介扬州旅游。经过3天比赛，祝旭、石光、沈莉分获冠军、亚军、季军，同时评选出10个优秀奖、“十强佳丽”和7个单项奖。在26日举行的颁奖仪式上，旅游天使发表“中国旅游天使保护世界遗产——大运河”宣言。（吕 游）

**■“寻美扬州”旅游故事大赛** 10月28日，由市旅游局主办的“寻美扬州”旅游故事大赛决赛在街南书屋玲珑馆举行。大赛收到海内外近1000人报名参加，产生一等奖4个、二等奖8个、三等奖12个。（江 燕）

## 旅游管理

**■概述** 2014年，扬州市加强旅游公共服务。市旅游局策划全市游客服务中心建设，推进仪征枣林湾、江都仙女生态中心、高邮清水潭、宝应湖度假区等7个游客服务中心建设。全市建成50个旅游信息咨询服务点，分布在旅游景点、机场、汽车站、星级饭店等游客集中区域。完善景点指引指示系统，在高速出入口、通往景点主要干道、景区门口新增各类指示牌22块，利用公交站台、配电箱等“城市家具”发布旅游信息。市旅游局组织志愿者在高速出入口和市区客流集聚地设立旅游志愿者服务站，为游客提供旅游咨询服务，宣传、引导文明旅游。完善游客统计分析系统和导引导览系统，监控各大景点客流状况和主要道路交通情况，发布游览舒适度指数，开发景点语音讲解系统，为游客提供智能化服务。加强旅游市场监管。扬州市旅游质量监督管理所全年开展执法检查78次，出动检查人员528人次，检查企业1325家、导游员216人，处罚企业54家、处理导游员2人。加大对“黑三轮”、乱收费等重点领域联合执法力度。创新市场监管方式，实行旅游监督卡制度，联合新闻媒体拍摄暗访纪录片，试行旅游红黑榜制度。加强旅游业人才培养。市旅游局举办瑞士洛桑酒店管理学院专家讲座、旅游及文化创意产业高级研修班、全市乡村旅游培训班等活动。8名旅游业人员入选首批“扬州英才培育计划”。在2014“畅游江苏”导游大赛中，2人获“江苏省金牌导游”称号，3人获“江苏省优秀导游“称号。2014年底，全市有持IC卡导游证导游员4209人，比上年增长4.2%。其中，高级导游员36人、中级导游员196人、初级导游员3977人，普通话导游员3776人、外语导游员433人(英语408人、日语17人、朝鲜语3人、德语2人、法语3人)。（江 燕 吕 游）

### 2014年扬州市五星级饭店

扬州迎宾馆
扬州云鹤金陵大饭店
江苏汇金国际酒店
西园饭店（吴 伟）

### 2014年扬州市四星级饭店

新世纪大酒店
扬州京华大酒店
花园国际大酒店
扬州人家国际大酒店
淮左名都国际大酒店
蓝天大厦酒店
仪征黎明大酒店
仪征怡景半岛酒店
江都京江大酒店
高邮加洲阳光大酒店
高邮华侨国际大酒店
高邮皇华国际酒店（吴 伟）

### 2014年扬州市出境旅行社

扬州中国国际旅行社
扬州市中国旅行社有限责任公司
扬州中国青年旅行社有限公司
扬州市邮驿国际旅行社有限公司
（吴 伟）

### 2014年扬州市五星级旅行社

扬州中国青年旅行社有限公司
（吴 伟）

### 2014年扬州市星级饭店分布情况表

表20-8 单位：家

| 地 区 | 小 计 | 五星级饭店 | 四星级饭店 | 三星级饭店 | 二星级饭店 |
|---|---|---|---|---|---|
| **合 计** | **63** | **4** | **12** | **38** | **9** |
| 主城区 | 34 | 4 | 6 | 19 | 5 |
| 江都区 | 8 | 0 | 1 | 6 | 1 |
| 宝应县 | 6 | 0 | 0 | 4 | 2 |
| 仪征市 | 10 | 0 | 2 | 7 | 1 |
| 高邮市 | 5 | 0 | 3 | 2 | 0 |

注：1.2014年全市注销星级饭店3家，均为三星级饭店，分别为润扬大酒店、开元江隆酒店、高邮景轩皇冠酒店；
2.主城区不含江都区（吴 伟）

**2014年扬州市旅行社分布情况表**

表20-9

| 地 区 | 旅行社（家） | 旅行社星级 | | | |
| --- | --- | --- | --- | --- | --- |
| | | 五星级(家) | 四星级(家) | 三星级(家) | 二星级(家) |
| **合 计** | **126** | **1** | **4** | **11** | **2** |
| 主城区 | 92 | 1 | 3 | 6 | 2 |
| 江都区 | 13 | 0 | 0 | 2 | 0 |
| 宝应县 | 7 | 0 | 0 | 1 | 0 |
| 仪征市 | 10 | 0 | 0 | 1 | 0 |
| 高邮市 | 4 | 0 | 1 | 1 | 0 |

注:1.2014年全市新增旅行社2家,注销旅行社6家,总数减少4家;
2.2014年全市新增五星级旅行社1家(四星升五星)、四星级旅行社1家,注销三星级旅行社1家,总数不变

（吴 伟）

**2014年扬州市接待外地旅行团数量前10名旅行社一览表**

表20-10

| 旅行社名称 | 接待总量(人次) | 比上年增长(%) |
| --- | --- | --- |
| 扬州舜天国际旅行社有限公司 | 82800 | 22.14 |
| 扬州市旅游集散中心有限公司 | 58949 | 79.33 |
| 扬州龙行天下国际旅行社 | 56055 | 5.94 |
| 扬州小秦淮国际旅行社有限公司 | 53878 | -3.64 |
| 扬州市纵横旅行社有限公司 | 36535 | 26.10 |
| 扬州三人行旅行社有限公司 | 36095 | 23.09 |
| 扬州海天商务旅行社有限公司 | 26349 | -2.47 |
| 扬州瘦西湖旅行社 | 17203 | 14.75 |
| 扬州市中国旅行社有限责任公司 | 15619 | -16.92 |
| 扬州苏之旅国际旅行社有限公司 | 13510 | -58.00 |

（吴 伟）

**2014年扬州市组织旅游团数量前10名旅行社一览表**

表20-11

| 旅行社名称 | 组团总量(人次) | 比上年增长(%) |
| --- | --- | --- |
| 扬州苏之旅国际旅行社有限公司 | 70025 | -4.73 |
| 扬州中国青年旅行社有限公司 | 42324 | 1.54 |
| 仪征市黎明国际旅行社 | 26700 | 0.61 |
| 扬州市邮驿国际旅行社有限公司 | 24550 | 121.93 |
| 扬州苏宁旅行社有限公司 | 21000 | 126.29 |
| 扬州光大旅行社有限公司 | 16853 | 30.72 |
| 扬州百事通国际旅行社有限公司 | 14126 | 62.72 |
| 扬州三人行旅行社有限公司 | 11896 | — |
| 宝应宇通旅行社有限公司 | 10375 | -5.05 |
| 扬州国都北京专线旅行社 | 10090 | -13.48 |

（吴 伟）

**2014年扬州市四星级旅行社**

扬州中国国际旅行社
扬州市中国旅行社有限责任公司
扬州市邮驿国际旅行社有限公司
扬州市旅游集散中心有限公司

（吴 伟）

**■扬州市第二届明星导游评选** 2013年11月,市旅游局启动扬州市第二届明星导游评选。经各旅行社、景区初赛选拔,2014年1月9—10日,明星导游评选决赛在铁道宾馆举行,49名选手参赛。比赛设定点景点讲解、指定线路讲解和即兴讲解3个部分,考题选材广泛、题量大,考验选手业务技能、综合素质、语言能力、应变能力和参加培训情况。最终,宋月、杜菲、黄敏、禹晶晶、郭莉、杭悦、汤凯、董广晖、胡文婷、夏湄明等10人获“扬州十佳新锐导游员”称号,姚龙海、吴军、张建、徐蕾、张园、周慧、蒋芳、陆荣华、王荣、黄洪等10人获“扬州十佳明星导游员”称号。

（吕 游）

**■扬州市首届旅游讲解星级三轮车工评选** 2013年12月,市旅游局、市客运管理处启动扬州市首届旅游讲解星级三轮车工评选活动,开启全国三轮车工评星先河。评选活动分工友互评、面试考评、专家评审、社会公示、命名表彰5个环节,市区220多名三轮车工参加活动。2014年3月27日,50名三轮车工进入专家面试、考评环节,展示旅游讲解技艺和风采。最终,25人入选旅游讲解星级三轮车工。其中,杨飞、戴明根等5人被评为“四星级三轮车工”,梅仁田、周章荣等10人被评为“三星级三轮车工”,杨来林、王家林等10人被评为“二星级三轮车工”。4月23日,扬州市首届星级三轮车工授牌仪式暨游客免费体验活动在东关古渡举行,首批25辆星级“金三轮”的车主穿上印有星级标志的“黄马甲”,成为全国首批“星级三轮车工”。（吕 游）

# 金融业

Jinrongye

编 辑 李全权

## 综述

■**概况** 2014年,全市实现金融业增加值184.97亿元,比上年增长16.96%,占地区生产总值的5%,增长24.73%。全市银行业机构本外币存款余额4323.54亿元,比年初增加435.15亿元,余额同比增长11.19%;本外币贷款余额2732.42亿元,比年初增加390.56亿元,余额同比增长16.44%;余额存贷比64%,新增存贷比90%。广发银行股份有限公司扬州分行、高邮常农商村镇银行开业。至年末,全市有银行业机构34家,村镇银行实现县域全覆盖。实现保险保费收入96.67亿元。新增融资性担保业务65.65亿元。扬州扬杰电子科技股份有限公司首次向社会公开发行股票2060万股。江苏长青农化股份有限公司可转换公司债券在深圳证券交易所挂牌上市,募集资金6.32亿元。立德股份等9家企业在全国中小企业股份转让系统("新三板")挂牌。全市社会融资规模849.30亿元,比上年同期多增168.39亿元,增长24.73%。社会融资结构优化。完成直接融资163.5亿元,其中银行间市场融资92.5亿元、债券市场融资62亿元、证券市场融资9亿元。全市首家融资租赁公司江苏金投融资租赁有限公司在扬州经济技术开发区成立。新增县域银行机构5家、证券营业部4家。新增小额贷款公司10家,总数67家,实收资本总额84.31亿元,累计发放贷款188亿元,贷款余额100.72亿元。 (杨 志)

■**票据市场** 2014年末,全市人民币票据融资余额127.3亿元,比年初增加44.5亿元,同比增加35.7亿元;余额同比增长405.7%,比上年末增长393.8个百分点。2014年,全市贴现发生额871.88亿元,同比多增233.68亿元,发生额同比增长36.6%。 (李 浓)

■**证券业务** 2014年,证券市场复苏,股票交易有所回升。年末,辖内15家证券营业部共开设资金账户35.18万户,同比增加0.59万户;保证金余额26.92亿元,同比增加22亿元;当年净流入股市资金5.66亿元。全年股票交易完成额4516.46亿元,同比增加1657.79亿元。 (李 浓)

■**保险业务** 2014年,全市各保险公司保费收入平稳增加,保险赔付大幅增加。至年末,辖内24家产险公司、34家寿险公司累计完成保费收入96.7亿元,同比增加8.8亿元,同比增长10%;累计赔付金额17.1亿元,同比多增1.3亿元,赔付金额同比增长8.2%。其中,产险累计赔付14.3亿元,同比多增1亿元,赔付金额同比增长7.5%;寿险累计赔付2.7亿元,同比多增0.2亿元,赔付金额同比增长8%。 (李 浓)

■**小额贷款公司** 2014年,扬州市辖内有小额贷款公司67家,比上年增加10家,覆盖全市80%以上的乡镇;实收资本84.31亿元,累计发放贷款188亿元,年末贷款余额100.72亿元。其中,市区34家,比上年增加4家,实收资本50.49亿元,贷款余额62.53亿元;仪征市8家,比上年增加2家,实收资本9.11亿元,贷款余额10.57亿元;高邮市15家,实收资本15.91亿元,贷款余额17.30亿元;宝应县10家,比上年增加3家,实收资本8.8亿元,贷款余额10.32亿元。 (杨 志)

■**全市首家融资租赁公司成立** 9月19日,江苏金投融资租赁有限公司落户扬州经济技术开发区。该公司由香港宝力(中国)金融租赁控股有限公司、香港东聚实业有限公司、扬州市现代金融投资集团有限责任公司和扬州金桃化工设备有限公司共同投资设立,注册资本2亿元,主要从事国内外各种先进或适用的生产设备、通信设备、科研设备等设备及其附带技术的直接租赁、转租赁、回租赁、杠杆租赁、委托租赁、联合租赁等不同形式的本外币融资租赁业务,是扬州市首家融资租赁公司。融资租赁是由承租方选定所需设备后,由租赁公司(出租人)负责购置,然后交付承租人使用,承租人按租约定期交纳租金。承租方以融资租赁方式增置设备,先租后买,一次性投资少,可以较少的租金完成设备更新,提前实现扩大再生产。作为全市首家融资租赁公司,江苏金投融资租赁有限公司对优化全市金融结构,为中小企业提供新的融资渠道、缓解中小企业融资难具有重要意义。 (杨 志)

■**北京产权交易所扬州工作站成立** 10月22日,扬州市与北京产权交易所签订战略合作框架协议，并成立北京产权交易所扬州工作站。北京产权交易所是国务院国有资产监督管理委员会选定的中央企业国有产权转让服务首批试点机构，也是国内最大的综合性产权交易机构之一。北京产权交易所扬州工作站主要为扬州经济社会发展提供招商引资服务、政府融资服务、金融资产交易服务、金融创新服务、知识产权及技术创新服务、绿色发展服务、国有企业战略发展服务、中小企业发展服务以及中小企业“新三板”挂牌服务等综合服务。（杨　志）

# 银行业

**■概述**　2014年末，扬州市银行业机构本外币存款余额4323.54亿元，比年初增加435.15亿元，同比少增88.02亿元；余额同比增长11.19%，增速比上年下降4.31个百分点，高于全省平均水平1.4个百分点。从存款结构来看，人民币单位存款余额2033.58亿元，比年初增加242.0亿元，同比少增6.62亿元；余额同比增长13.5%，增速比上年下降2.6个百分点。人民币个人存款余额2165.61亿元，比年初增加186.8亿元，同比少增76.7亿元；余额同比增长9.4%，增速比上年下降6个百分点。个人存款余额中，储蓄存款余额2117.09亿元，比年初增加186.1亿元，同比少增47.4亿元；余额同比增长9.6%，增速比上年下降4.2个百分点。

2014年末，扬州市银行业机构本外币贷款余额2766.18亿元，比年初增加390.56亿元，同比多增58亿元；余额同比增长16.4%，增速比上年同期上升0.1个百分点，高于全省平均水平4.7个百分点。从贷

**2014年扬州市全金融机构人民币信贷分地区资金运用情况表**

表21-1　　单位：亿元

| 项目名称 | 全　市 | 市　区 | 宝应县 | 仪征市 | 高邮市 |
|---|---|---|---|---|---|
| **资金运用总计** | **4463.05** | **3303.05** | **342.45** | **440.12** | **377.43** |
| 一、各项贷款 | **2732.42** | 2003.26 | 229.71 | 257.85 | 241.60 |
| （一）境内贷款 | **2731.82** | 2002.68 | 229.71 | 257.85 | 241.58 |
| 1. 短期贷款 | **1314.22** | 949.87 | 107.90 | 135.47 | 120.97 |
| （1）个人贷款及透支 | **259.35** | 168.99 | 25.88 | 46.33 | 18.16 |
| 其中：个人消费贷款 | **30.77** | 23.53 | 2.30 | 3.48 | 1.46 |
| （2）单位普通贷款及透支 | **995.69** | 733.70 | 75.30 | 86.79 | 99.90 |
| 其中：经营贷款 | **995.22** | 733.33 | 75.30 | 86.69 | 99.90 |
| 固定资产贷款 | **0.33** | 0.23 | | 0.10 | |
| （3）普通并购贷款 | **0.00** | 0.00 | | | |
| （4）银团贷款 | **2.44** | 0.60 | 0.32 | 0.30 | 1.22 |
| （5）贸易融资 | **56.73** | 46.59 | 6.40 | 2.06 | 1.69 |
| （6）境外筹资转贷款 | **0.00** | 0.00 | | | |
| 2. 中长期贷款 | **1288.44** | 955.95 | 107.98 | 112.73 | 111.79 |
| （1）个人贷款 | **597.77** | 422.80 | 71.38 | 42.51 | 61.08 |
| 其中：个人消费贷款 | **525.48** | 376.95 | 63.96 | 29.61 | 54.96 |
| （2）单位普通贷款 | **665.75** | 509.44 | 36.60 | 69.44 | 50.28 |
| 其中：经营贷款 | **65.41** | 44.42 | 5.47 | 6.59 | 8.93 |
| 固定资产贷款 | **600.35** | 465.03 | 31.13 | 62.84 | 41.35 |
| （3）普通并购贷款 | **2.00** | 2.00 | | | |
| （4）银团贷款 | **22.92** | 21.70 | | 0.78 | 0.43 |
| （5）贸易融资 | **0.00** | 0.00 | | | |
| （6）境外筹资转贷款 | **0.00** | 0.00 | | | |
| 3. 融资租赁 | **0.00** | 0.00 | | | |
| 4. 票据融资 | **127.29** | 95.04 | 13.78 | 9.65 | 8.82 |
| 其中：贴现 | **127.29** | 95.04 | 13.78 | 9.65 | 8.82 |
| 5. 各项垫款 | **1.88** | 1.83 | 0.05 | | |
| （二）境外贷款 | **0.60** | 0.58 | | 0.00 | 0.02 |
| 二、有价证券 | **70.52** | 39.07 | 17.63 | 5.96 | 7.86 |

续表21-1

| 项目名称 | 全　市 | 市　区 | 宝应县 | 仪征市 | 高邮市 |
|---|---|---|---|---|---|
| 三、股权及其他投资 | **4.75** | 4.73 | 0.01 | 0.01 | 0.01 |
| 四、应收及预付款 | **30.19** | 22.05 | 2.51 | 3.24 | 2.39 |
| 其中:应收利息 | **8.81** | 6.59 | 0.78 | 0.75 | 0.69 |
| 五、同业往来(运用方) | | 0.00 | | | |
| 六、系统内资金往来(运用方) | **1349.29** | 1000.06 | 76.03 | 161.76 | 111.44 |
| 七、金银占款 | | 0.00 | | | |
| 八、外汇买卖(运用方) | **208.58** | 182.83 | 11.66 | 5.94 | 8.16 |
| 其中:结售汇 | **208.58** | 182.82 | 11.66 | 5.94 | 8.16 |
| 九、固定资产 | **42.42** | 34.38 | 2.64 | 2.52 | 2.88 |
| 十、库存现金 | **24.81** | 16.61 | 2.26 | 2.84 | 3.10 |
| 十一、投资性房地产 | **0.06** | 0.06 | | | |

(任　行)

**2014年扬州市全金融机构人民币信贷分地区资金来源情况表**

表21-2　　单位:亿元

| 项目名称 | 全　市 | 市　区 | 宝应县 | 仪征市 | 高邮市 |
|---|---|---|---|---|---|
| **资金来源总计** | **4463.05** | **3303.05** | **342.45** | **440.12** | **377.43** |
| 一、各项存款 | **4269.75** | 3071.67 | 342.32 | 461.08 | 394.68 |
| 1.单位存款 | **2033.58** | 1599.82 | 109.54 | 202.76 | 121.46 |
| 其中:活期存款 | **687.57** | 499.42 | 55.17 | 70.17 | 62.81 |
| 定期存款 | **682.97** | 536.09 | 37.60 | 75.56 | 33.72 |
| 通知存款 | **41.53** | 26.96 | 0.05 | 13.78 | 0.74 |
| 保证金存款 | **355.17** | 309.10 | 13.01 | 18.60 | 14.46 |
| 2.个人存款 | **2165.61** | 1411.48 | 229.92 | 252.33 | 271.88 |
| 其中:储蓄存款 | **2117.09** | 1371.30 | 228.51 | 248.13 | 269.15 |
| 保证金存款 | **0.26** | 0.22 | 0.01 | 0.01 | 0.02 |
| 结构性存款 | **48.26** | 39.96 | 1.39 | 4.19 | 2.71 |
| 3.财政性存款 | **20.78** | 16.14 | 1.72 | 2.39 | 0.52 |
| 4.临时性存款 | **3.72** | 3.07 | 0.25 | 0.19 | 0.21 |
| 5.委托存款 | **25.31** | 22.31 | | 3.00 | |
| 6.其他存款 | **20.74** | 18.85 | 0.90 | 0.40 | 0.60 |
| 二、金融债券 | | 0.00 | | | |
| 三、中长期借款 | | 0.00 | | | |
| 四、应付及暂收款 | **106.28** | 75.03 | 8.20 | 13.14 | 9.92 |
| 其中:应付利息 | **79.15** | 55.12 | 6.18 | 9.72 | 8.14 |
| 五、同业往来(来源方) | **38.17** | 38.13 | 0.00 | 0.04 | 0.00 |
| 六、系统内资金往来(来源方) | | 0.00 | | | |
| 七、外汇买卖(来源方) | **208.75** | 182.87 | 11.70 | 5.98 | 8.19 |
| 其中:结售汇 | **205.58** | 179.71 | 11.70 | 5.98 | 8.19 |
| 八、各项准备 | **56.36** | 42.14 | 4.80 | 4.94 | 4.48 |
| 其中:贷款损失准备金 | **55.70** | 41.82 | 4.65 | 4.87 | 4.37 |
| 九、所有者权益 | **109.79** | 62.35 | 12.74 | 18.25 | 16.45 |
| 其中:实收资本 | **25.72** | 15.65 | 3.70 | 4.57 | 1.80 |
| 十、其他 | **-326.06** | -169.14 | -37.31 | -63.31 | -56.30 |

(任　行)

款币种结构来看，人民币贷款余额2732.4亿元，比年初增加390.5亿元，同比多增55.1亿元；余额同比增长16.7%，增速与上年保持一致。外汇贷款余额5.5亿美元，余额同比下降1.1%，增速比上年下降4.2个百分点。从贷款期限结构看，短期贷款稳定增长。年末，人民币短期贷款余额1314.22亿元，比年初增加83.7亿元，同比少增80.69亿元；余额同比增长6.8%，增速比上年下降8.6个百分点。中长期贷款持续增加。年末，人民币中长期贷款余额1288.44亿元，比年初增加261.6亿元，同比多增100.4亿元；余额同比增长25.4%，增速比上年提高6.7个百分点。（李　浓）

## 银行业监督管理

**■概述**　2014年，中国银行业监督管理委员会扬州监管分局（简称扬州银监分局）在支持实体经济、风险防控、推动改革转型上开拓创新，全市银行业各项业务运行总体平稳，风险管控能力有所提高，较好支持地方经济社会发展。至年末，扬州辖内银行机构各项存款余额4281.05亿元，比年初增加420.86亿元，增长10.9%；各项贷款余额2766.43亿元，比年初增加390.82亿元，比上年同期多增58.31亿元。部分银行通过表外业务为客户提供融资便利，业务转型步伐加快，年末银行业表外业务余额1274.62亿元，比年初增加346.02亿元，增长37.22%。年末不良贷款余额30.29亿元，比年初减少2.66亿元；不良贷款率1.09%，下降0.29个百分点，低于全省平均水平0.17个百分点。盈利能力相对稳定，全年实现税后利润66.67亿元，比上年增加8.68亿元，增长14.96%。

（赵　毅）

**■服务实体经济**　2014年，扬州银监分局履行实体扶持责任。组织开展绿色信贷讲座；与市环保局、市安全生产监督管理局分别签订合作备忘录，建立环保信息和企业安全生产事故责任信息共享机制；出台支持实体经济转型发展指导意见，督促银行机构盘活信贷资金。缓解小微企业融资困境。建立服务收费联合管理机制，出台相关指导意见并组织公示情况巡查和督查；开展“小微企业融资接诉解难服务行”7次、“融资超市”活动5次，编印《扬州银行业服务企业实用手册》。至年末，辖内小微企业贷款余额1035.56亿元，增加151.02亿元，增长17.07%。完善三农（农业、农村、农民）基础服务。实施农村中小金融机构精耕计划。发展“金融便民服务到村”特约商户1445户，金融服务机具覆盖全市995个行政村，5家农商行设立农村金融服务便利点1074个。至年末，辖内12家法人银行机构涉农贷款余额306.58亿元，比年初增加45.58亿元，增长17.4%（不含贴现）。组织开展“普惠服务，关爱同行”活动，重点解决特殊消费群体普惠金融服务和窗口服务效率问题，全年为特殊消费群体客户提供上门服务643次、接送服务549次。强化代理保险业务治理。针对代理保险投诉较为集中的情况，走访乡镇基层网点，通报基层网点代理保险业务中存在的不规范问题；组织召开代理保险业务座谈会，指导市银行业协会、市保险行业协会共同出台规范代理保险业务满期给付和投诉处理工作的通知。（赵　毅）

**■风险防控**　2014年，扬州银监分局强化风险防控共识，严守风险底线。压降不良贷款。印发《关于加强不良贷款双控管理的通知》，督促银行机构从存量处置、增量控制、隐性排查入手，加强不良贷款动态监测。推进降低不良贷款专项行动，贷款诉讼案件审结14件，涉案贷款金额1.58亿元。全年处置不良贷款27.1亿元，其中核销13.5亿元。至年末，全辖不良贷款余额30.29亿元，不良率1.09%。分类化解重点风险。组织召开平台贷款管理工作座谈会，指导银行机构做好政府债务清理甄别工作。持续开展房地产市场运行趋势调研，对涉房贷款增速快、占比高的8家机构进行风险提示。指导建立防控授信风险会商工作机制；筛选10家企业启动多头融资监测试点，推动以银团贷款方式化解玛切嘉利等大额授信风险8.2亿元。指导银行机构签订2014年合规经营承诺书。建立“双线”风险防控责任制（银行机构承担风险防控主体责任、监管机构承担风险管理监督责任）。开展农村中小金融机构合规放贷活动。加强流动性风险管理。召开存款偏离度管理座谈会，定期监测分析存款偏离度，对存款冲时点的银行机构发出监管提示书，存款冲时点现象得到有效控制，除3月和6月存在小幅冲高回落外，全年存款增长总体较为平稳。

（赵　毅）

**■推动改革转型**　2014年，扬州银监分局推动辖内银行机构加快改革转型，突破制约瓶颈。强化公司治理。推动法人机构修改公司章程、议事规则，开展法人机构和中小商业银行绩效评估、高管履职评价和网点设立后评价。推动治理改革。指导法人和分支机构按序时落实理财、同业业务治理改革措施。创新改革机制。指导农村商业银行启动商务转型改革，并探索股权交易市场化运行模式，推进法人机构精品改革项目，鼓励探索科技银行运行模式，成立专业科技支行4家。2014年，全辖34家银行机构科技型中小企业贷款余额145亿元，比年初增加8亿元，增长5.9%。合理引导“两类支行”（社区支行、小微支行）布局，优化准入流程，全年成立社区支行2家、小微支行1家、普惠型支行3家，筹建“两类支行”6家。（赵　毅）

## 中国人民银行扬州市中心支行

**■执行货币政策**　2014年，中国人民银行扬州市中心支行（简称扬州中心支行）做好小微企业和涉农信贷政策导向效果评估工作。创新开展新型农业经营主体信贷政策导向效果评估。引导金融机构信贷资源向小微企业和涉农领域倾斜。加大对新型农业经营主体支持力度，全年银行业机构对2678户新型农业经营主体给予29.59亿元信贷支持。组织开展金融支持规模骨干企业双百双十工程。为全市百户规模骨干企业配备金融

11月18日，扬州市农村信用体系试验区建设工作现场会在仪征举行

杨 年/摄

智囊团15个、金融业务骨干162人；组织开展全市规模骨干工业企业和重点技改项目银企签约活动，促成百户规模骨干工业企业与14家银行达成合作协议253项、协议金额合计345.91亿元，全年完成授信319.6亿元，签约落实率92.4%。开展金融服务小微企业提速年活动，推动小微企业金融服务增量扩面。推进金融创新，推进承包土地经营权抵押贷款和农民住房财产权抵押贷款试点工作。至年末，全市承包土地经营权抵押贷款余额6500万元，比年初增加5602万元；农民住房财产权抵押贷款余额1.09亿元，比年初增加1.09亿元。推动非金融企业直接债务融资工作，优化企业融资结构。提高企业直接债务融资意识，全年组织业务培训和政策宣讲2次。全市非金融企业注册发行债务融资工具92.5亿元，比上年增长125.61%。（程秋君）

**■执行利率政策** 做好政策宣传和引导工作。向各银行业机构和社会各界宣传人民银行简并存贷款基准利率期限档次政策。加强对辖内银行业机构存贷款、房地产金融和民间借贷等利率水平的监测分析，配合人民银行南京分行做好辖内银行业机构利率数据备案考核工作，做好人民银行利率报备监测分析系统V2.0和江苏省利率及金融市场综合管理系统试运行工作。督促和指导辖内法人银行业机构完善贷款利率定价机制，推动辖内法人银行业机构利率市场化建设，并对建设情况进行定期评估。开展金融市场检查，对辖内法人金融机构在同业拆借市场和债券市场的主体资格进行跟踪检查，对其业务的规范性进行检查指导。12月，全市银行业机构人民币贷款加权平均利率7.0345%，比1月下降48.03个基点；贴现加权平均利率5.6643%，比1月下降192.44个基点；转贴现加权平均利率5.972%，比1月下降55.2个基点。（陈佳佳）

**■金融生态建设** 组织开展仪征、江都、高邮金融生态县优秀县创建申报和核查工作，仪征市获重新认定，江都区创建成功。开展仪征、江都、高邮、宝应和邗江金融生态创建动态综合评估工作。组织辖内县（市、区）2013年度金融生态乡镇创建评选，评定金融生态乡镇34个。加强与部分成员单位单边合作，在全省率先建立保险监管合作工作机制。推动扬州市中小企业局制定《扬州市中小企业主"跑路"现象防控机制》，共同防范企业债务风险。（常 龙）

**■金融机构综合管理** 完善新设机构开业管理制度，制定《扬州市新设银行业机构金融管理与服务指引》，全年审核、批准10家新设银行业机构加入人民银行金融管理与服务体系。加强综合评价运用，修订《2014年度市级银行业机构执行人民银行政策情况综合评价标准》，组织对23家银行业机构开展综合评价，对C类机构开展监管谈话，首次对A类机构正式函告上级行。全年对6家机构开展综合执法检查，反馈执法检查意见书，责成整改，并对部分机构给予行政处罚。贯彻落实重大事项报告制度，联合市保险行业协会制定《扬州市保险机构重大事项报告制度》，建立保险业风险事件统计表月度零报告制度。全年对辖内24家银行业机构进行专项检查，并按月、季度、年通报重大事项报告执行情况。（常 龙）

**■反洗钱管理** 组织金融机构监测涉恐融资，协助市国家安全局查办案件。配合协作部门开展案件协查，立案12起、破案9起。接收银行业机构报告重点可疑交易报告7份，向人民银行南京分行申请反洗钱调查7项；向公安局报案7起，其中有2起被立案。实施反洗钱监管，对仪征农村商业银行、中国中投证券江都龙城路证券营业部和太平人寿保险有限公司扬州中心支公司开展反洗钱检查，针对问题分别采取行政罚款、限期整改等措施。对市区114家金融机构开展综合评价，确定评价等级，首次以文件形式分行业通报评价结果和存在问题。扬州中心支行与扬州工商行政管理局搭建的营业执照真伪查询平台运行平稳。银行业机构查询用户从2012年的61个增加到72个，银行业机构全年通过该平台查询营业执照1.68万次，防范以伪造营业执照申请开立银行账户的风险事件3件、以已吊销营业执照申请开户的风险事件多件。（娄丽敏）

**■征信管理** 指导和督促仪征市建设农村信用体系全国试验区，与仪征市政府联合举办农村信用体系试验区建设工作现场会，鼓励农村金融机构创新土地承包权、林权、农民集体住房财产权等抵、质押贷款新模式，推动扬州市农村信用体系建设。做好非银行信息采集工作，报送

个人公积金、企事业单位公积金缴存信息、环评信息118万条。与扬州市地税部门就个人纳税申报信息和奖惩信息纳入个人征信系统签订信息采集与共享协议。开展贷款卡管理和查询服务，新发放贷款卡1835张，年审9662张。开展企业信用报告查询2518次、个人信用报告查询3.24万次。推进机构信用代码的发放和应用，发放1.28万份；反洗钱领域查询机构信用代码118份。推进互联网个人信用信息服务平台试点工作，引导社会公众使用平台查询自己的个人信用信息。受理审核5家金融机构分支机构接入征信系统申请，对7家金融机构开展现场数据核查，对江都吉银村镇银行按季度开展个人征信系统数据质量量化考评，对9家金融机构开展征信现场检查。制定《银行业机构非现场监管管理办法》，创新开展非现场监管。组织24家担保公司、191家借款企业和4家小额贷款公司参加信用评级。（樊瑾瑜）

■**会计管理** 推进会计标准化建设，编制《会计财务业务标准化手册》，统一会计管理标准和业务操作流程。通过南京分行会计基础工作规范化考评，成为江苏省内首批会计基础工作规范化一级单位。强化对县支行的财务管理，制定《中国人民银行扬州市中心支行财务会计核算管理办法（试行）》等10项制度。对货币发行费、安全防卫费、大型修缮费等3个项目开展预算绩效目标评价试点。按照绩效评价要求，初步建立预算绩效评价指标体系和评价工作机制；围绕绩效指标，加强各项业务精细化管理。通过预算绩效评价，提高预算资金使用效益，提升财务管理科学化和精细化水平。（张志臻）

■**人民币银行结算账户管理** 2014年，全辖银行业机构开立单位银行结算账户3.34万户、销户1.79万户，其中市区开户1.68万户、销户7620户。对财政存款账户实行双部门审核。6月1日起，扬州中心支行国库科对财政存款账户开立、变更和撤销业务进行初审；支付结算部门结合账户管理规定，开展上述业务终审。利用营业执照查询平台，对单位开立结算账户提供的营业执照进行真伪查询。规范银行同业结算账户的开立和使用。全面调查扬州市银行业金融机构人民币同业银行结算账户开立和使用情况，对扬州农商行进行现场检查。要求辖内各银行业机构根据《中国人民银行关于加强金融机构人民币同业银行结算账户管理的通知》规定，规范同业银行结算账户开立和使用；对已经开立的、不符合通知要求的账户及时整改到位。完成全市人民币银行结算账户年检。完成存量个人账户核实阶段性工作。督促商业银行对无法核实存款人身份为真实的存量个人人民币账户，采取中止业务等措施，防范不法分子利用无法核实账户从事违法犯罪活动。（张怀玲）

■**银行卡管理** 配合人民银行南京分行开展支付机构现场检查。现场走访扬州辖内支付机构分支机构43家商户，上报发现的虚假商户、证件过期以及套用商户类别码等问题。执行《银行卡收单业务管理办法》，督促辖内银行业机构和支付机构分支机构对照《银行卡收单业务管理办法》，开展银行卡收单业务自查，整改存在问题。全年受理并妥善处理银行卡相关业务投诉32件。关注非持牌支付机构风险。分别向人民银行南京分行和扬州市政府办公室上报辖内非持牌支付机构风险情况，根据要求采取监管措施。推广农村金融综合服务站。在银行卡助农取款服务点基础上，推广建立具有支付结算、征信管理、人民币反假等功能的农村金融综合服务站。至年末，建成农村金融综合服务站724个，惠及农村人口134万人，办理各类业务21.73万笔、金额8546.78万元。（张怀玲）

■**经理国库** 2014年，扬州市各级国库办理预算收入718.86亿元，比上年增长9.68%。其中，中央级收入151.48亿元，比上年增长7.01%；省级收入14.39亿元，下降5.2%；地方级预算收入552.99亿元，增长10.89%。地方级预算收入中，税收收入242.22亿元，比上年增长13.86%；非税收入262.90亿元，增长23.88%。办理地方预算支出828.0亿元，增长6.31%。全年累计办理预算收入退库80.93亿元；其中出口产品退库61.75亿元，增长5.37%，占退库总量的76.3%。组织发行凭证式国债4期，金额5.1亿元；储蓄国债（电子式）10期，金额8.8亿元。办理以前年度到期的国债兑付本息5659.91元。（胡志萍）

■**国库管理** 配合财政部门新设区级金库。7月1日，扬州市生态科技新城支库和扬州市蜀冈-瘦西湖风景名胜区支库设立，财政资金顺利入库。推动国库直接支付业务发展。2014年，全辖各级国库办理直接支付业务2343笔6351.29万元，涉及社会经济、工资补助、教育等三大类和生活补助、烈士子女抚恤金、城镇残疾人救济费等项目，其中直达个人账户1780笔297万元。开展国库集中收付代理银行资格认定。开展扬州市国库集中收付代理银行资格认定，认定工商银行扬州分行等15家单位国库集中收付代理银行资格，并将认定结果提供给财政部门。加强财政存款账户管理。依据《中国人民银行南京分行办公室关于加强财政存款账户核准管理有关事项的通知》，参与财政存款账户核准管理工作。2014年，办理财政存款账户审核37户，对其中36户予以核准、1户不予核准。（胡志萍）

■**货币发行** 编制2014年发行基金全年调拨计划、2014年残损券销毁计划和2015—2017年发行基金投放回笼计划；加大对商业银行存取款预约计划执行情况管理，提高商业银行存取款预约准确率。全年回收残损人民币79.8亿元，其中50元残损人民币6.6亿元。完善小面额现金供应机制。指导和推动13家银行业金融机构开设自助柜员机10元纸币供应功能，新增硬币自助服务机具3台。辖区银行业金融机构共投放20元及以下小面额现金6.1亿元，办理硬币自助服务现金31.64万元。加强制度执行管理，货币发行业务连续多年“无差错、无事故、无案件”。配合完成全省残损人民币入库代保管品和销毁工作任务。推进第二代货币发行系统试点工作。完成13家开户商业银行软件部署、商业银行交取款业务和发行库查库、日核对等业务的试运行。完成2014年“和”字书法系列纪念币发行兑换工作。全年办理发行基金出入库966.47亿元，执行发行基金调入、调出命令67批次，调入、调出发行基金出入库285.1亿元；销毁损伤券出库50.65亿元；全市累计投放发行基金338.14亿元，回笼发行基金292.58亿元，净投放45.58亿元。
（程　纯）

**■人民币流通管理**　创新建立全额清分统计核查制度。开展银行业机构现金服务达标单位评定工作。对全市银行业机构申报的284个网点柜面现金收付业务、反假货币业务、网点现金清分业务等进行现场考核和最终评定。对广发银行扬州分行、恒丰银行扬州分行现金业务进行开业指导，对邮政储蓄银行现金业务库迁址进行验收和审批；参加对光大银行扬州分行、兴业银行扬州分行综合执法检查；对邮储银行扬州市分行8家营业网点人民币流通管理执行情况进行执法检查；完成对13家办理存取款业务银行业金融机构现金整点中心建设情况现场检查；对全辖173个网点反假货币、付出现金全额清分等工作开展非现场检查，现场检查银行业机构营业网点39个。加大反假货币宣传力度。做好全市假币统计和收缴工作，全年收缴假币2.17万张（枚）199.08万元；组织对工商银行扬州分行、建设银行扬州分行40个存取款一体机开启循环功能现场验收，其中工商银行扬州分行申报的18个存取款一体机开启循环功能。开展反假货币宣传月活动、最美女柜员风采展示大赛活动，参加3.15维护消费者现金权益宣传系列活动，宣传和普及反假货币知识。全市银行业金融机构在840个行政村建立助农取款点2480个，配备点钞机1088台，其中A类点钞机256台，接收群众咨询1万多次，发放宣传资料3万多份，为村民开展券别调剂2261万元、兑换残损币1507万元，利用防伪机具帮助村民识别疑似假币1045次。
（程　纯）

**■金融电子化**　银行业机构代码证是各银行业机构接入人民银行网络、信息系统的重要凭据。9月，辖内815家银行业机构代码证打印、发放工作全部完成。做好“央行会计集中核算系统（ACS）”正式上线前各项技术准备。
（王　昆）

**■金融IC卡应用**　深化金融IC卡在公共交通行业应用。在江苏省率先实现城市出租营运车辆和支付应用，构筑“车联网”金融支付模式。在全国率先构建金融IC卡智慧旅游行业通用模式。构建金融IC卡智慧旅游应用平台，开辟旅游行业安全快捷支付渠道。在构建旅游核心景区“闪付”绿色通道的同时，推进快捷支付旅游示范商圈建设。
（王　昆）

扬州市推进金融IC卡“闪付”　　日　报/供稿

**■外汇管理**　2014年，扬州市跨境收入97.90亿美元，比上年增长1.61%；支出38.16亿美元，增长13.37%；跨境收支差额59.74亿美元，下降6.76%。经常项目收入76.32亿美元，比上年增长8.87%；支出28.07亿美元，下降14.16%。资本项目收入21.58亿美元，比上年下降17.79%；支出10.09亿美元，增长11.23%。

2014年，银行累计代客结汇75.89亿美元，比上年下降6.4%；售汇21.65亿美元，增长10.73%；结售汇顺差54.24亿美元，下降11.84%。经常项目结汇63.46亿美元，增长1.86%；售汇18.26亿美元，增长8.36%。资本项目结汇12.43亿美元，下降33.81%；售汇3.39亿美元，增长25.49%。

至年末，全市外汇存款余额8.79亿美元，比年初增加0.34亿美元，比上年多增0.54亿美元，余额比上年增长4.04%；外汇贷款余额5.52亿美元，比年初减少0.02亿美元，比上年少增0.12亿美元，余额比上年下降0.38%。

2014年，国家外汇管理局扬州市中心支局办理FDI（外商直接投资）验资询证登记13.85亿美元，比上年下降20%；年末全市外债余额13.5亿美元，比年初增加3.2亿美元，增长33%。有跨境放款业务企业4家，放款金额5亿元。

严厉打击外汇违法违规行为，开展专项检查，整顿和规范外汇市场秩序。强化非现场检查对现场的支持和引导作用，增强对重点主体、渠道和环节违规行为的针对性定位和精准打击。组织对中信银行、江苏银行的检查和对兴业银行的后续检查。2014年，查处相关企业违规贸易融资和资本金结汇等行为5件，罚款

290万元。

扬州市13家银行的55家分支机构为599家企业办理跨境人民币结算业务，办理业务的银行业机构数、企业数分别比上年增加6家、164家。与全市发生跨境人民币结算业务的境外地域扩大至90个，比上年增加18个。办理各项跨境人民币结算业务121.01亿元，比上年增长39.23%。其中，经常项下61.05亿元，比上年增长113.12%；资本项下59.97亿元，比上年增长25.54%。经常项目跨境人民币结算业务量占全部结算总量的50.45%，比上年提高13.48个百分点。（夏广军　胡章灿）

5月28日，农发行扬州市分行与邗江区政府签订战略合作协议

农发行/供稿

## 政策性银行

**■中国农业发展银行扬州市分行** 2014年末，中国农业发展银行扬州市分行各项存款日均余额26.18亿元，比年初增加1.07亿元；年末时点余额27.93亿元，比年初增加3.84亿元。各项贷款余额91.11亿元，比年初减少1.83亿元；中长期项目贷款余额51.24亿元，比年初增加1.35亿元。全年投放各项贷款64.49亿元，比上年增加0.33亿元；实现中间业务收入913万元，比上年减少96万元；实现国际业务结算量2520万美元；实现账面利润1.78亿元，调整后经营性考核利润2.17亿元。

粮棉油信贷业务。年末全行粮棉油购销储贷款余额36.23亿元，比年初增加5.27亿元。全年累计投放各类粮食收购贷款35.45亿元，比上年增加5.03亿元，其中夏季小麦托市收购贷款16亿元、秋季稻谷收购贷款5.99亿元，支持企业收购粮食22.42亿斤。全年累计投放政策性粮油贷款25.75亿元、准政策性粮油贷款9.7亿元。发放棉花收购及流转贷款1.26亿元，支持收储棉花1.98万吨。重点支持江苏通裕纺织集团有限公司等棉花产业化龙头加工企业，累计发放贷款5200万元，年末贷款余额5200万元。

新农村建设贷款业务。全年累计发放新农村建设贷款16.71亿元，支持水利、农民集中居住、农村基础设施等项目17个。至年末，新农村建设贷款余额51.04亿元，比年初增加1.93亿元，其中农村基础设施建设贷款余额4.18亿元、农业综合开发贷款余额5.35亿元、农村土地整治贷款余额11.18亿元、农民集中居住建设贷款余额19.34亿元、农村流通体系建设贷款余额2100万元、水利设施建设贷款余额8.68亿元、县域城镇建设贷款余额2.1亿元。

产业化龙头企业贷款业务。全年累计发放贷款4.4亿元，扶持22家产业化龙头企业发展，其中2014年新准入企业2家，分别是江苏亚联农副产品有限公司和扬州瘦西湖旅游发展集团有限公司。加大对实体经济支持力度，新增江苏省阿珂姆野营用品有限公司短期商流贷款2500万元。

贴现业务。全年办理银行承兑汇票贴现业务7.44亿元，比上年减少10.14亿元，为8家企业提供服务。

存款业务。全年实现各类存款日均余额26.2亿元、年末时点余额27.93亿元。银行承兑汇票保证金存款下降较快，全年累计消化上年保证金日均存款6.29亿元，年末银票保证金存款余额0.56亿元。财政性存款、企事业单位存款等基础类存款规模逐步壮大，存款结构优化，存款付息率比上年下降0.05个百分点。全年吸收同业定期存款7.84亿元，同业定期存款日均余额1.39亿元。

中间业务。全年实现中间业务收入913万元，比上年减少96万元。其中，咨询顾问类业务实现业务收入771万元；代收保费312万元，实现代理保险手续费收入68万元；人民币结算手续费收入25万元；实现国际业务结算量2520万美元，国际结算业务手续费收入及外币汇兑收益33万元。

风险管理。全年处置和化解风险贷款3笔，金额8565万元；退出企业2家，涉及贷款2990万元；全行无新增不良贷款，继续保持无逾期、无不良、无欠息。（蒋　卫　邵德东）

## 国有商业银行

**■中国工商银行股份有限公司扬州分行** 2014年，中国工商银行股份有限公司扬州分行完成拨备前利润9.67亿元，比上年增加1.81亿元；实现净利润5.74亿元，比上年增加5.39亿元；实现中间业务收入6.09亿元，比上年增加5835万元。新增本外币各项存款31.24亿元，其中对公存款18.04亿元、个人存款13.2亿元；新增各项贷款32.8亿元。不良贷款额和不良贷款率实现双降，年末不良贷款额1.73亿元、不良贷款率0.64%。

推进“自助＋理财”网点改建工作。完成10个“自助＋理财”网点改建。制定“自助＋理财”网点考核管理办法，明确网点业务范围、机具配置、人员配备及考核管理，对自助网点定期存单转存制定阶段性专项奖励办法，确定自助网点挂钩管理网点。挂钩网点对所管理的自助网点负管辖连带责任，自助网点营销业绩纳入挂钩网点考核。

在城区组建小微金融业务中心，作为面向城区拓展小微信贷市场的直属营销团队，负责“一站式”加工处理城区板块内小微客户信贷业务(含个人经营贷款)及其他金融业务，具体承担客户营销和准入、客户调查、贷款审批、提款审核、现场贷后管理等职责，提升对小微企业的专业化营销和管理水平。

改革非扁平化管理城区支行内设机构，通过整合内设机构、精简部分管理职能、统一规范岗位设置及人员编制等，提升城区支行营运效能。至年末，完成4个支行内设机构改革，通过公开竞聘产生各内设机构负责人，通过双聘双选产生内设机构人员。

加强渠道建设及网点业态优化，推进经营转型。至年末，全行有物理网点58个，其中财富管理中心10个、理财中心28个、金融便利店20个，基本形成网点业态“橄榄形”分布。2014年，在中国工商银行股份有限公司开展的营业网点五级分类评价中，全行有8个网点获评“千优营业网点”，占13.79%；有6个网点获评“千快营业网点”，占10.35%。

（卞凤银　李晓明）

**■中国农业银行股份有限公司扬州分行**　2014年末，中国农业银行股份有限公司扬州分行本外币各项存款余额511.43亿元，比年初增加25.43亿元；各项贷款余额263.49亿元，比年初增加31.42亿元，比上年多增3.39亿元。清收自营不良贷款1.75亿元，清收委托资产1203万元，核销呆账贷款1.01亿元，退出潜在风险客户贷款5630万元。本外币不良贷款余额2.6亿元，比年初减少1.24亿元；占比0.99%，比年初下降0.67个百分点。全行经济资本回报率39.14%，总资产回报率1.2%；存贷利差3.74%，净息差2.38%，比上年提升7个基点。全行实现中间业务收入3.26亿元，拨备后利润8.38亿元。

支持实体经济发展。全年获批项目贷款项目25个，金额72.1亿元，比上年增加40.3亿元；当年发放项目贷款37.28亿元，比上年增加20.38亿元。加强县域项目贷款营销，全年4家县域支行获批城镇化项目5个，贷款金额13.7亿元。

部署辖内三农金融事业部改革试点工作，建立健全三农金融事业部组织机构。至年末，县域支行各项存款、贷款分别增加19.99亿元、14.11亿元，分别增长8.57%、15.74%，分别高于全行平均水平3.34和2.2个百分点。全行小微企业贷款余额31.5亿元，比年初增加6.4亿元，增长25.38%，比上年多增6.6亿元，高于全行平均增速11.84个百分点。

发展中间业务。促成瘦西湖旅游发展集团有限公司发行中期票据5亿元，营销扬州新盛投资发展有限公司中期票据10亿元。累计销售股票型基金7.6亿元，销售贵金属176.2公斤。累计办理保付通产品5950万美元，将保付通、参融通、保付加签、内保外贷、内保内贷等跨境联动产品作为重点推广产品，取得较好成效。拓展分期商户21户，分期商户累计97户，信用卡分期付款交易额2.46亿元。拓展“E商管家”电子商务客户8户，全年交易额近1亿元。新增金穗苏通联名卡8886张，新增短信通客户22.87万户。

（吕元兆）

**■中国银行股份有限公司扬州分行**　至年末，中国银行股份有限公司扬州分行实现营业净收入13.74亿元，比上年增加6781万元，增长5.19%；实现账面拨备前利润8.77亿元，比上年增加8036万元，增长10.09%。累计清收压降不良资产4.56亿元；全行不良资产余额3.36亿元，比年初减少1.27亿元；不良资产率1.39%，比年初下降0.59个百分点。跨境人民币市场份额47.29%，比年初提升8.99%；国际结算市场份额44.04%，比年初提升0.7%。余额贷存比76.72%，比上年末提高8.22个百分点。

拓宽证券、信托、基金、保险、中银国际、资产管理公司等合作领域，帮助企业对接多层次资本市场，扩大资金来源，提升直接融资比重，降低企业融资成本。至年末，开出银行承兑汇票81.46亿元，开出国际、国内信用证21.49亿元，开出保函5.78亿元，办理投资银行业务16.9亿元，办理同业资产业务26.7亿元，办理银团贷款0.7亿元，办理委托贷款8.54亿元，办理协议融资与协议付款业务5.42亿元，办理内保外贷业务0.71亿元，表外授信累计投放量159.16亿元，比上年增加87.2亿元。

定期跟踪研究县域经济发展态势，制定具有针对性、可操作性的区域授信策略和情景分析报告，引导县支行授信业务发展方向。开展“乡村行”“园区行”等活动，推广“村村通”、涉农贷款等新产品。推动ATM机、固话POS机、“移动终端”等产品下乡，改善农村结算环境。至年末，累计向县域及农村市场投放新增贷款5.73亿元。

利用中银集团海内外一体化经营平台，发挥国际结算业务传统优势和跨境人民币结算先发优势，做好客户双向、全程服务。叙做全市首笔EPA保函(碳排放保证金保函)和跨境人民币信用证业务，利用境内外汇差、利差为企业节省财务成本。支持恒远集团、牧羊集团等本地企业拓展国际市场、参与海外并购。至年末，累计叙做海内外联动业务8.33亿元，其中海外直贷业务2.22亿元、内保外贷业务0.71亿元、人民币协议融资业务2.15亿元、本外币协议付款业务5322.77万美元。（袁　庆）

**■中国建设银行股份有限公司扬州分行**　2014年，中国建设银行股份有限公司扬州分行新增一般性存款42亿元，年末余额541亿元；新增各项贷款51亿元，比上年多增18亿元。全年处置不良贷款2.64亿元；至年末，不良贷款率0.53%，比年初下降0.46个百分点。

存款业务。抓住企业回笼资金、建筑业分配资金、财政非税资金等源头，新增财政、社保、事业单位存款21.4亿元。拓展代发工资、建筑转存、年终分配、退股分红、拆迁安置、教育培训等市场，累计吸收存款38亿元。至年末，存款市场份额提升0.7个百分点。

信贷投放。扩展融资渠道，优化配置信贷资源，服务实体经济。利用投行产品、外汇产品等综合融资手段，通过发行债券、理财入池、信托、融资租赁等方式融入资金47.5亿元，满足企业资金需求。累计投放信贷资金220亿元，比上年增加20亿元。新增银行承兑汇票7.3亿元、保函1亿元。投放新农村建设贷款10.9亿元，投放城镇化建设贷款24.8亿元；支持市千亿级以上产业，年末贷款余额22亿元；支持传统产业发展，投放制造业贷款62亿元、建筑业贷款50亿元。新增小微企业贷款4.7亿元。

中间业务。强化产品销售，拓展中间业务收入。发展投资银行、私人银行、资产管理、跨境人民币结算等新兴业务，培育新的增长点。全年实现中间业务收入5.6亿元。

优化网点布局，全年新增网点1个，搬迁网点4个，新增离行式自助银行9家、现金类自助设备64台。打造电子银行交易主渠道，提高柜面主要电子银行产品同步率，电子银行账务性交易量比51%。新一代现金管理系统完成迁移。（黄克义）

**■交通银行股份有限公司扬州分行** 2014年末，交通银行股份有限公司扬州分行人民币日均存款175.33亿元，考核口径增量10.98亿元；实现中间业务净收入1.33亿元，比上年增加1254万元；实现经营利润4.33亿元，比上年增加1589万元；全年清收存量不良资产5066万元。年末不良贷款率0.9%，实现公司不良贷款零余额。

打造交通银行“全牌照”品牌，全年发行债务融资工具3单，操作资产管理业务7单，累计实现企业直接融资36.52亿元。在交通银行股份有限公司江苏省分行辖内办理首笔企业债资金监管业务（扬州化工园区7.8亿元企业债资金监管业务）。通过整合内保外贷、出口风参、进口保付/保票通等产品，为扬农集团、邗建集团等实体经济企业融资2.16亿美元。与邗江区人民政府签订上市基地战略财务顾问业务合作协议，展开创新型财务顾问合作、产业经济发展、基础设施建设等领域全面业务合作。通过上海黄金交易所平台，为扬州工艺美术集团办理扬州市首单黄金租赁业务，融资1350万元。

推进全方位、多层次、立体式、互补型渠道定位模式。月亮园支行完成普惠型银行转换改革，顺达路、安康路2家普惠型银行网点开业。全年新建离行自助服务网点5个，新设“助农通”便民服务点3个。（孟咸珍）

## 其他商业银行

**■中信银行股份有限公司扬州分行** 至年末，中信银行股份有限公司扬州分行全辖合并人民币自营存款余额238.83亿元，比年初增加24.80亿元，增长12%，比上年少增5.81亿元；市场份额占比9.12%，比年初上升0.45个百分点。其中，对公存款时点余额189.21亿元，比年初增加22.74亿元；储蓄存款时点余额49.62亿元，比年初增加2.05亿元。一般性贷款余额165.89亿元，比年初增加18.27亿元；其中，对公贷款增加13.01亿元，个人贷款增加5.26亿元。12月末存贷比69.46%，年日均存贷比68.77%；不良资产余额9231万元，比年初增加4226万元；不良资产率0.56%，比年初上升0.22个百分点；贷款利息回收率99.12%；外汇总收支6.15亿美元，比上年同期增加0.13亿美元；资产利润率1.64%；实现中间业务收入1.49亿元，增长60.86%，比上年多增5625万元；全辖实现税前利润5.29亿元，增长16.07%，比上年同期多增7332万元，。（纪　刚）

**■招商银行股份有限公司扬州分行** 2014年，招商银行股份有限公司扬州分行实现营业净收入6.02亿元，比上年增长25.45%；经营利润4.49亿元，增长32.3%；中间业务收入1.44亿元，比上年增长51.55%。非利息收入占营业净收入的23.86%，比上年上升4.11个百分点。全折人民币自营存款余额102.28亿元，比年初增加15.23亿元，增长17.50%；人民币自营存款市场占比2.39%，比年初上升0.11个百分点。有效客群扩大。对公有效户净增435户，活跃客户占52%，户均持有产品数量5.56个。全年新增M+卡达标客户3612户、个人代发户1.17万户，新增贵宾客户2600户。经营效率提高。网均创收1亿元、创经济利润4480万元，分别比上年增长25.45%和33.57%；万元营业费用创收5.56万元。成本收入比18%，比上年下降3.80个百分点。资产质量优良。未出现系统性、区域性风险和大额风险。年末不良贷款余额2586.88万元，比年初减少3889万元；不良率0.29%，比年初下降0.49个百分点。至年末，全行下辖营业机构6家，有24小时在行式自助银行6家、离行式自助银行10家、离行式ATM机（自动柜员机）3台。（高　翔）

**■中国邮政储蓄银行股份有限公司扬州市分行** 2014年末，中国邮政储蓄银行股份有限公司扬州市分行各项存款余额126.03亿元，比年初增加17.69亿元，增长16.33%。个人储蓄存款余额79.88亿元，增加8.65亿元；其中活期余额30.04亿元，增加2.63亿元。公司业务存款年末时点余额46.15亿元，比年初增加9.04亿元；日均余额42.34亿元，比上年增加4.23亿元。全年新增贷款18.46亿元，信贷资产总规模75.18亿元，增长32.55%。完成存量不良贷款清收539万元，核销310笔金额2986万元。

传统业务。个人储蓄存款市场占有率从年初的3.56%提高到3.77%。全年实现理财类业务量32亿元，其中人民币理财日均保有量6.5亿元；实现国债销量3.08亿元。至年末，累计开立对公账户3109户，实现公司负债业务收入7331.46万元。个人商务贷款结余10.6亿元，比年初增加1.58亿元；住房贷款结余43.63亿元，比年初增加7.84亿元。

零售信贷业务收入贡献度36.37%，比年初提高2.61个百分点。

新兴业务。举办全国邮储银行系统首场贵金属展销会，全年贵金属累计代理交易量2752万元。推出个人理财POS(销售点)工具，年末累计交易金额1.47亿元。全年累计实现票据贴现收入3067.29万元；开办全额保证金银行承兑汇票自营业务，全年签发全额保证金银行承兑汇票1.62亿元，形成保证金存款6305.54万元；11月，首次办理再贴现业务1247.86万元。至年末，小企业信贷业务结余193户9.98亿元，比年初增加1.43亿元。公司信贷、供应链金融业务全年累计放款4.7亿元，其中公司信贷业务2.8亿元、供应链金融业务1.9亿元。有公司外汇业务账户25个，累计结算量561万美元。累计办理福费廷(一种无追索权融资方式)业务5.73亿元。

业务结构调整。全年经营性贷款增加额占新增贷款的19.57%；100万元以上商务贷款客户增加117户，金额1.76亿元。办理保理业务12笔，金额5648万元；结余3户，金额2000万元。全年存量集群客户近100户，存量金额4亿元。小企业信贷客户户均余额517万元，比年初增加130万元。

渠道结构建设。至年末，网点平均收入1324.46万元，比上年增加126.09万元。全年新增电子银行激活客户9.5万户，年激活率82%。电子银行交易251万笔，其中账务类35万笔、交易金额14亿元；ATM自助终端账务类交易319万笔、交易金额51亿元。全年电子渠道交易替代率67%，比年初提高5个百分点。

（皮婷婷）

**■江苏银行股份有限公司扬州分行** 2014年末，江苏银行股份有限公司扬州分行各项存款余额307.5亿元，比年初增加40.77亿元，增长14.43%；其中对公存款余额236.22亿元。各项贷款余额198.36亿元，比年初增加37.16亿元，增长23.05%。全年实现税后净利润4.33亿元。清收不良贷款2.53亿元；清降存量逾期欠息贷款户80户，金额3.84亿元，其中现金清收2.12亿元、核销3068万元、以物抵债2502万元、打包转让5523万元。

信贷结构调整。支持实体经济和绿色金融，在高邮试点“绿色产业化信贷”，开展“家庭农场”“农户贷款”“土地流转贷款”等贷款种类营销。至年末，涉农贷款余额43.36亿元，比年初增加9.68亿元；绿色信贷余额8.79亿元，增长281%。推广消费贷、卡易贷、及时贷等特色产品，年末个人贷款余额35.7亿元，增长15.76%；其中消费贷新增贷款余额4.21亿元。推进票据业务。至年末，直贴业务发生额184.35亿元，转贴业务发生额200.49亿元，累计实现票据利息净收入7568万元。

开展特色经营。组建消费金融与信用卡直销团队，累计放款341笔，实现分期金额6584.14万元，累计实现中间业务收入964.75万元。实施小微金融平台建设。对接高邮湖西、扬州青商会、扬州商城装饰城等8个平台项目，累计投放贷款1500万元。至年末，有代发工资账户686户；新增“小快灵·POS贷”95户；新增日均资产10万元以上客户5903户，同比多增1097户；理财产品销售同比多增38.93亿元；VIP(贵宾)客户同比多增817户。

业务创新转型。与扬州市政府、东方富海投资管理公司合作，运用GP/LP方式创建扬州“新三板”基金。优化手机银行和微信银行自助预约、智能排号、移动柜员终端上门服务等特色业务。推进电子银行业务。全年手机银行新增有效户2.52万户，直销银行新增有效户1.63万户。

（骆君华）

**■江苏扬州农村商业银行股份有限公司** 2014年末，江苏扬州农村商业银行股份有限公司各项存款余额184.05亿元，比年初增加21.33亿元，增长13.11%；各项贷款余额134.48亿元，比年初增加17.87亿元，增长15.33%。全年实现各项收入13.41亿元，比上年增加1.34亿元；各项支出9.6亿元，比上年增加1.17亿元；实现利润3.81亿元，比上年增加0.16亿元。累计发行圆鼎借记卡45.8万张，比年初增加6.1万张，其中有效卡35.3万张。有个人网银有效户6434户，累计发生交易15.7万笔；企业网银有效户4236户，累计发生交易金额324.7亿元。有POS特约商户(包含便民通商户)1006户，比年初增加79户，累计发生交易21.9万笔。有手机银行有效户4491户，累计发生交易金额19.8亿元。电子银行渠道柜面业务替代率54.58%。

健全支农惠农服务体系。至年末，涉农贷款余额25.69亿元，比年初增加3.52亿元。深化“阳光信贷”工程，累计建档7.3万户，授信3.71万户，授信金额45.79亿元；用信6716户，用信金额11.78亿元。加大对农业新型经营主体信贷支持。为46个家庭农场客户、78户种养殖专业大户、12家农业产业化龙头企业和一批农民专业合作社建立档案，开设新型农业主体绿色通道，对该类客户在授信金额、授信期限、贷款利率等方面给予优惠。至年末，家庭农场贷款户数15户，贷款余额552万元；农业龙头企业贷款户数8户，贷款余额3862万元。

开拓小微企业市场。至年末，小微企业贷款余额94.58亿元，占贷款总额的71%，比年初增加12.62亿元。与市财政局、市科技局联合开发面向中小科技企业的“科技贷”信贷产品。全年新增“科技贷”用户15户，发放贷款7370万元；至年末，中小科技企业贷款余额4.85亿元，比年初增加2.48亿元。

（农商行）

**■广发银行扬州分行开业** 4月15日，中国银行业监督管理委员会(简称银监会)江苏监管局批准广发银行股份有限公司扬州分行(简称广发银行扬州分行)开业。该行位于扬州市邗江中路629号，业务范围为吸收公众存款，发放贷款，办理国内外结算，办理票据承兑和贴现，代理发行、兑付政府债券，代理收付款项及代理保险业务，提供信用证服务及担保，经中国银行业监督管理机构批准并经上级行授权的其他业务。

广发银行成立于1988年9月，是国内最早组建的股份制商业银行之一。广发银行扬州分行是广发银行在江苏省内设立的第33家分支机构。开业仪式上，广发银行扬州分行与位于扬州经济技术开发区的10多家企业签订战略合作协议。至年末，广发银行扬州分行人民币存款余额17.04亿元。 （杨 志）

**■扬州市首家社区支行开业** 8月28日，扬州市首家取得银监会社区支行牌照的银行机构——光大银行星都芳庭社区支行开业。开业当天，光大银行星都芳庭社区支行受理客户130人，新开办借记卡31张，新增储蓄存款260.4万元，受理信用卡PAD发卡3户，签约网银23户，开通手机银行20户、微信银行2户。

（杨 志）

**■高邮常农商村镇银行开业** 11月10日，位于高邮市文游北路67-18号的高邮常农商村镇银行有限责任公司开业。江苏常熟农村商业银行股份有限公司(简称常熟农商银行)成立于2001年11月28日，是全国首批组建的股份制农村金融机构之一，以专注服务中小企业为特色，总部设在江苏省常熟市，在南通、扬州、宿迁、淮安、连云港、盐城等地设有异地分支机构12家、村镇银行8家，参股农村金融机构6家。高邮常农商村镇银行有限责任公司是由常熟农商银行发起设立，经银监员会批准、具有独立法人资格的新型农村金融机构。 （杨 志）

**2014年扬州市部分财产保险公司主要业务指标一览表**

表21-3

| 公司简称 | 保费收入（万元） | 比上年增长（%） | 赔付支出（万元） | 比上年增长（%） |
|---|---|---|---|---|
| 人保产险 | 133696 | 16.24 | 67562 | 10.54 |
| 平安产险 | 36155 | 24.43 | 16158 | 4.48 |
| 太保产险 | 23465 | -0.16 | 15033 | 7.75 |
| 国寿财险 | 22848 | 28.01 | 13360 | 24.09 |
| 大地产险 | 9882 | 2.38 | 6498 | 2.90 |
| 中华联合 | 6300 | 1.30 | 3240 | -16.32 |
| 紫金产险 | 5599 | 14.99 | 2395 | 29.74 |
| 阳光产险 | 3831 | 33.72 | 1891 | -1.56 |
| 太平产险 | 3549 | 15.64 | 1534 | -2.48 |
| 华泰产险 | 2839 | -11.70 | 1840 | 7.48 |

（杨 志）

**2014年扬州市部分人身保险公司主要业务指标一览表**

表21-4

| 公司简称 | 保费收入（万元） | 比上年增长（%） | 赔付支出（万元） | 比上年增长（%） |
|---|---|---|---|---|
| 中国人寿 | 302963 | 1.4 | 13302 | 9.9 |
| 华夏人寿 | 88505 | 100.1 | 60 | 62.2 |
| 太平洋人寿 | 43129 | -3.3 | 829 | -12.7 |
| 新华人寿 | 38577 | 12.4 | 636 | 0.3 |
| 平安人寿 | 30792 | -3.2 | 1625 | 7.1 |
| 太平人寿 | 27590 | 24.6 | 419 | -32.2 |
| 利安人寿 | 22910 | 116.9 | 20 | — |
| 人保寿险 | 20014 | -47.7 | 961 | -62.1 |
| 国华人寿 | 20212 | -36.2 | — | — |
| 泰康人寿 | 15712 | -17.8 | 539 | 18.2 |

（杨 志）

## 保险业

**■概述** 2014年，全市各类保险机构实现保费总收入96.67亿元，比上年净增8.77亿元，增长10.1%；其中财产保险保费收入27.47亿元、人身保险保费收入69.2亿元。全市保险业共为7332家企业、1.35万户家庭、103.14万辆车辆、515万人次提供风险保障17424.7亿元；支付各类赔款17.11亿元，增长8.4%。全市保险深度2.61%，比上年同期下降0.04个百分点，高于全省平均水平0.1个百分点；保险密度2161.4元，比上年同期增加194.4元，低于全省平均水平50.2元。 （吴小峰）

**■财产保险** 全市财产保险实现保费收入27.47亿元，比上年净增3.56亿元，增长14.9%。其中，车险保费收入20.9亿元，增长16%；企业财产保险保费收入1.27亿元，增长6%；家庭财产保险保费收入1844万元，下降14%；责任险保费收入8776万元，增长41%；保证险保费收入861万元，下降40%；工程险保费收入887万元，下降4%；健康险和意外险保费收入1.81亿元，增长39.5%；农业保险保费收入1.32亿元，增长1%。理赔案件21.56万件，支付赔款14.34亿元，赔付率52%。实现利润1.12亿元，比上年略有下降。 （吴小峰）

**■人身保险** 2014年，全市人身保险实现保费收入69.2亿元，比上年净增5.22亿元，增长8%。其中，个人保险保费收入33亿元，增长9%；团体保险保费收入2.93亿元，增长6%；银邮代理保险业务保费收入32.7亿元，增长7%。全年新单保费收入38.4亿元，增长13%。其中，个人保险新单保费6.98亿元，增长16.42%；团体保险新单保费2.69亿元，增长3.74%；银邮代理保险业

务新单保费收入28.36亿元，增长13.22%。理赔案件4.82万件，支付赔款2.76亿元。（吴小峰）

**■行业自律** 1月，江苏省保险行业协会签署新《车险自律公约》，扬州市按照全省统一标准执行，不再签订本市自律公约，《扬州市车险行业自律公约（2012版）》废止。

开展产险理赔测评。市保险行业协会对全市25家财产保险公司理赔查勘工作进行现场测评。测评从查勘及时性、坐席服务、查勘员服务、查勘配备、单证规范、知识问答等6个方面打分。要求各公司对照测评结果改进工作方式，提高理赔质量，推动车险理赔难现象的综合治理，保护保险消费者合法权益。

开展寿险自律检查。对全市36家寿险公司进行两证（保代证、展业证）检查等自律检查。两证检查主要检查公司营销人员两证持有情况、公司或公司人员扣留或保管资格证情况、离司人员注销展业证情况等；银保检查主要针对1年期以上的保单回访内容是否符合《人身保险新型产品信息披露管理办法》要求，并对客户进行二次回访。（吴小峰）

**■反保险欺诈** 2014年，扬州市发现保险欺诈案件线索833件，涉案金额3471.66万元；调查处理案件693件，减少损失2639.71万元；未处理案件140件，涉案金额831.95万元。其中，公安处理案件350件，减少损失1158.53万元；公司自行调查处理343件，减少损失1481.18万元。

（吴小峰）

**■保险纠纷调解与投诉处理** 2014年，扬州市保险行业协会制定《扬州市保险业纠纷快速处理工作管理办法》，明确工作职责、调解员选聘标准及要求、调解操作流程、经费保障、文书档案管理及监督与考核等内容。

2014年，全市保险合同纠纷案件类型以理赔纠纷为主。全年受理案件22件，涉案金额168.44万元。其中，公司主动申请调解案件15件，涉案金额126.14万元；诉调对接案件7件，涉案金额42.3万元。

2014年，扬州市保险行业协会受理各类投诉64件，比上年下降63%，其中网络投诉1件、上门投诉6件、电话投诉57件。财险公司投诉22件，投诉内容主要为单保交强险设置投保障碍、理赔时效长、车辆定损价格存在争议等。寿险公司投诉42件，投诉内容主要为销售误导、理赔时效较长、拒赔案件未明确告知、理赔金额有异议等。被投诉公司均在规定的时间内处理并反馈处理结果，办结率100%。（吴小峰）

**■中国人民财产保险股份有限公司扬州市分公司** 2014年，中国人民财产保险股份有限公司扬州市分公司实现保费收入13.37亿元，比上年增长16.24%，占48.7%的市场份额；缴纳税收7178.9万元；代收车船税6576.71万元。公司全年共为1.1万家企事业单位、45.42万辆机动车、100万户家庭提供风险保障7967.35亿元，扬州公交校车、353省道扬州西段工程、扬州鉴真国际半程马拉松赛、江都区新农合大病医疗等提供保险服务。全年处理赔案9.08万件，支付赔款6.99亿元；案件处理率101%，理赔周期提速22.43%。

联办共保政策型农业保险。全年理赔金额1.45亿元，比上年增长62%；受益农户32.3万户次，户均赔款450元。参与社会风险管理和保障体系建设。推进安全生产责任险，为479家企业提供责任保障101亿元，赔付508万元；开展医疗责任险，缓解医患纠纷，赔付949万元；推出环境污染责任险，为77家企业提供责任保障9785万元；开发科技保险，为101家科技企业提供风险保障69亿元。（花兴松 陈 弛）

**■中国人寿保险股份有限公司扬州市分公司** 2014年，中国人寿保险股份有限公司扬州市分公司实现保费收入29.5亿元。其中，长期险首年标准保费收入2.31亿元，比上年增长17.8%；长期险新单保费收入10.39亿元，比上年增长1.7%；短期险保费收入1.6亿元，比上年增长15.4%；10年期及以上保险首年期保费收入2.62亿元，比上年增长21.1%。公司保费收入占扬州人身保险市场43.8%的份额。

获江都区城镇居民大病保险经办权，中标扬州经济技术开发区农村居民大病保险项目。累计为130万大病保险客户和129万自办业务客户承担风险保额1342.8亿元；为16万名学生（含幼儿园入园儿童）承保学生住院医疗保险，保额58.8亿元；为7.3万户计划生育家庭提供意外伤害保险，保额4.9亿元；为28万名60周岁以上老年人提供意外伤害保险，保额66亿元；免费为参加中国扬州鉴真半程马拉松赛事的志愿者和部分参赛人员提供10亿元意外伤害险。全年支付各类理赔款1.3亿元，其他各类给付7.9亿元；上缴税收4212.8万元，增长21.6%。（邹 宇）

## 证券业

**■概述** 2014年，扬州市有石化油服、宝胜股份、扬农股份、联环药业、亚星股份、鸿达兴业、汇银家电、长青农化、亚威股份、扬杰科技、仁恒实业控股、金泉网等12家上市企业。其中，扬杰科技为深圳证券交易所（简称深交所）创业板新上市企业，汇银家电、仁恒实业控股在香港联交所上市，金泉网在伦敦证券交易所上市；鸿达兴业由金材股份更名而来，石化油服由仪化股份更名而来。9家境内上市公司全年累计完成营业收入1182.76亿元。

至2014年末，全市有15家证券公司在扬州开设营业部23个，共开设资金账户35.18万户，比上年增加0.59万户；保证金余额26.92亿元，比上年增加14.33亿元；当年净流入股市资金5.66亿元，比上年增加46.85亿元。全年累计完成证券交易额6167.05亿元，比上年增加2385.44亿元。其中，股票交易完成额4516.46亿元，比上年增加1657.79亿元，占交易额的73.24%；基金交易完成额91.8亿元，比上年增加2.93亿元，占交易额的1.49%。

（杨 志）

2014年扬州市部分上市公司经营业绩一览表

表21-5

| 股票简称 | 股票代码 | 营业收入（万元） | 净利润（万元） | 基本每股收益（元/股） | 每股净资产（元/股） |
|---|---|---|---|---|---|
| 石化油服 | 600871 | 9448104 | 122975 | 0.08 | 1.46 |
| 亚星客车 | 600213 | 147315 | -14494 | -0.66 | 0.21 |
| 扬农化工 | 600486 | 282049 | 45468 | 1.76 | 15.79 |
| 联环药业 | 600513 | 66869 | 4400 | 0.28 | 5.21 |
| 宝胜股份 | 600973 | 1216238 | 12867 | 0.31 | 5.01 |
| 鸿达兴业 | 002002 | 332001 | 34705 | 0.41 | 3.28 |
| 长青股份 | 002391 | 180898 | 23417 | 0.74 | 6.15 |
| 亚威股份 | 002559 | 89357 | 8463 | 0.48 | 7.28 |
| 扬杰科技 | 300373 | 64781 | 11223 | 0.69 | 4.37 |

（胡　岩）

**■扬杰科技在深交所创业板上市**　1月，经证监会核准，扬州扬杰电子科技股份有限公司首次向社会公开发行股票2060万股，其中新股1340万股、股东公开发售股份720万股。发行完成后，公司股本总数由6900万股增加至8240万股。发行采用网下向投资者询价配售和网上按市值申购向公众投资者定价发行相结合的方式，其中网下配售412万股、网上定价发行1,648万股，发行价格为每股19.50元。1月21日，公司在中国证券登记结算有限责任公司深圳分公司完成新股发行登记；1月23日，经深交所同意，公司发行的人民币普通股股票在深交所创业板上市交易，股票简称“扬杰科技”，股票代码“300373”。（胡　岩）

**■扬州立德粉末冶金股份有限公司成为扬州首家“新三板”挂牌企业**　扬州立德粉末冶金股份有限公司位于江都区宜陵镇，专业从事汽车减震器粉末冶金零件的研发和生产，是国家高新技术企业。2013年9月30日，公司启动挂牌工作。2014年1月2日递交申报材料；4月17日在全国中小企业股份转让系统（全国中小企业股份转让系统是经国务院批准、依据证券法设立的全国性证券交易机构，2012年9月注册成立，是继上海证券交易所、深圳证券交易所之后的第三家全国性证券交易场所。2012年12月30日，“新三板”正式扩容，接受全国范围内符合条件的企业挂牌申请）公开挂牌，成为扬州首家“新三板”挂牌企业。公司代码“403701”，总股本660万股，可转让股份110万股。（杨　志）

**■宝胜科技创新股份有限公司完成实际控制人变更**　2013年12月31日，国务院国有资产监督管理委员会印发《关于宝胜集团有限公司国有股权无偿划转有关问题的批复》，同意自2013年1月1日起，将江苏省人民政府持有的宝胜集团75%国有股权无偿划转给中航机电系统有限公司。2014年2月19日，证监会下发《关于核准中航机电系统有限公司公告宝胜科技创新股份有限公司收购报告书并豁免其要约收购义务的批复》，核准豁免中航机电系统有限公司因国有资产行政划转而持有宝胜科技创新股份有限公司1.47亿股股份、约占公司总股本的35.66%而应履行的要约收购义务。7月30日，宝胜集团在江苏省工商行政管理局完成国有股权无偿划转的工商变更登记手续。划转完成后，公司控股股东宝胜集团的股权结构为中航机电公司持股75%，扬州市人民政府国有资产监督管理委员会持股25%；宝胜科技创新股份有限公司实际控制人变更为中国航空工业集团公司。（胡　岩）

**■长青股份可转换公司债券在深交所挂牌上市**　参见第111页。

**■仪化股份公司完成重大资产重组**　参见第132页。

**■中国建银投资证券有限责任公司扬州证券营业部**　中国建银投资证券有限责任公司（中投证券）在扬州市区、仪征市开设3家营业部。至2014年末，中投证券扬州3家营业部共开设资金账户8.08万户，保证金余额6.09亿元，当年净流入股市资金-3.56亿元，累计实现证券交易额995.78亿元，其中股票交易额862.12亿元、基金交易额21.68亿元。（杨　志）

**■华泰证券扬州证券营业部**　华泰证券扬州证券营业部在扬州市区开设证券营业部3家，在高邮市、宝应县、仪征市各开设证券营业部1家。至2014年末，华泰证券扬州6家营业部开设资金账户12.26万户，保证金余额6.69亿元，当年净流入股市资金6.08亿元，累计实现证券交易额1939.76亿元，其中股票交易额1501.29亿元、基金交易额38.94亿元。（杨　志）

**■海通证券扬州营业部**　海通证券扬州营业部在广陵区、江都区开设证券营业部2家。至2014年末，海通证券扬州2家营业部共开设资金账户4.23万户，保证金余额4.16亿元，当年净流入股市资金4.79亿元，累计实现证券交易额789.13亿元，其中股票交易额645.53亿元、基金交易额9.35亿元。（杨 志）

**■申银万国证券股份有限公司扬州营业部** 至2014年末，申银万国证券股份有限公司扬州营业部开设资金账户3.13万户，保证金余额2.48亿元，当年净流入股市资金-2.67亿元，累计实现证券交易额710.64亿元，其中股票交易额488.89亿元、基金交易额3.48亿元。（杨 志）

**■招商证券股份有限公司扬州汶河北路证券营业部** 至2014年末，招商证券股份有限公司扬州汶河北路证券营业部开设资金账户3.29万户，保证金余额2.22亿元，当年净流入股市资金-4.22亿元，累计实现证券交易额609.05亿元，其中股票交易额368.43亿元、基金交易额1.92亿元。（杨 志）

**■中国银河证券股份有限公司扬州营业部** 至2014年末，中国银河证券股份有限公司扬州营业部开设资金账户1.53万户，保证金余额0.15亿元，当年净流入股市资金-1.80亿元，累计实现证券交易额356.74亿元，其中股票交易额193.65亿元、基金交易额7.70亿元。（杨 志）

**■新时代证券有限责任公司扬州维扬路证券营业部** 至2014年末，新时代证券有限责任公司扬州维扬路营业部开设资金账户1.03万户，保证金余额1.31亿元，当年净流入股市资金0.81亿元，累计实现证券交易额207.64亿元，其中股票交易额175.28亿元、基金交易额3.91亿元。（杨 志）

**■太平洋证券股份有限公司扬州运河西路证券营业部** 至2014年末，太平洋证券股份有限公司扬州运河西路证券营业部开设资金账户0.30万户，保证金余额0.30亿元，当年净流入股市资金-0.64亿元，累计实现证券交易额86.55亿元，其中股票交易额53.27亿元、基金交易额0.53亿元。（杨 志）

**■东吴证券股份有限公司仪征真州西路证券营业部** 至2014年末，东吴证券股份有限公司仪征真州西路证券营业部开设资金账户0.34万户，保证金余额0.20亿元，当年净流入股市资金0.37亿元，累计实现证券交易额53.08亿元，其中股票交易额42.14亿元、基金交易额0.18亿元。（杨 志）

**■国联证券股份有限公司扬州文汇西路营业部** 至2014年末，国联证券股份有限公司扬州文汇西路营业部开设资金账户0.12万户，保证金余额0.27亿元，当年净流入股市资金0.05亿元，累计实现证券交易额98.49亿元，其中股票交易额79.01亿元、基金交易额0.44亿元。（杨 志）

**■东莞证券股份有限公司扬州兴城西路证券营业部** 至2014年末，东莞证券股份有限公司扬州兴城西路证券营业部开设资金账户0.42万户，保证金余额0.64亿元，当年净流入股市资金2.84亿元，累计实现证券交易额123.28亿元，其中股票交易额32.52亿元、基金交易额0.31亿元。（杨 志）

**■东海证券股份有限公司扬州文汇西路证券营业部** 至2014年末，东海证券股份有限公司扬州证券营业部开设资金账户0.09万户，保证金余额0.17亿元，当年净流入股市资金 0.01亿元，累计实现证券交易额47.64亿元，其中股票交易额33.85亿元、基金交易额0.36亿元。（杨 志）

**■光大证券股份有限公司扬州文昌西路营业部** 至2014年末，光大证券股份有限公司扬州文昌西路营业部开设资金账户0.32万户，保证金余额0.15亿元，当年净流入股市资金3.01亿元，累计实现证券交易额103.92亿元，其中股票交易额31.51亿元、基金交易额2.63亿元。（杨 志）

**■德邦证券有限责任公司扬州文昌中路证券营业部** 德邦证券有限责任公司扬州文昌中路证券营业部于2013年底完成工商登记事宜并申领经营证券业务许可证，2014年初开业。至2014年末，德邦证券有限责任公司扬州文昌中路证券营业部开设资金账户0.04万户，当年净流入股市资金0.3亿元，累计实现证券交易额40.72亿元，其中股票交易额4.47亿元、基金交易额0.24亿元。（杨 志）

**■长城证券有限责任公司高邮文游中路证券营业部** 至2014年末，长城证券有限责任公司高邮文游中路证券营业部开设资金账户0.01万户，保证金余额2.10亿元，当年净流入股市资金0.30亿元，累计实现证券交易额4.64亿元，其中股票交易额4.50亿元、基金交易额0.14亿元。（杨 志）

# 财政 税务

Caizheng Shuiwu

编　辑　李全权

## 财政

**■概述**　2014年，全市完成财政总收入726.27亿元，增长11.9%。其中，完成公共预算收入295.19亿元，比上年增长13.9%；完成税收收入242.22亿元，增长13.9%，税占比82.1%。市区完成公共预算收入203.94亿元，增长12.2%；县域公共预算收入完成91.25亿元，增长17.7%。

全市完成财政总支出613.05亿元，比上年增加50.43亿元，增长9%。全市公共财政预算支出374.67亿元，比上年增加55.39亿元，增长17.3%；政府性基金支出190.73亿元，增长13.3%；社会保险基金支出47.65亿元，比上年减少27.41亿元，下降36.5%。（陈茜炜）

**■财政收入征管**　市财政局开展“税源培植大比武”活动，推进税源培植计划，优化企业发展环境。完善社会综合治税体系，加强财政收入动态监控。落实省委、省政府支持扬州“跨江融合”发展的相关财税政策。推进南水北调东线水源地生态保护补偿上争工作。全年上争资金增幅逾20%。（陈茜炜）

**■财政支出保障**　市财政局发挥财政政策资金引导作用，促进经济转型升级和重大项目建设。加强专项资金整合，优化资金投向和分配方式，重点支持“新产业、新人才、新城市”建设，引导促进产业结构调整和加快经济发展方式转型升级。扶持汽车制造业、软件和信息服务业、机械装备制造业等基本产业发展。支持创新驱动战略，实施“科教合作新长征”计划和“绿扬金凤”人才计划，加强项目跟踪和绩效考核，通过贴息扶持和“拨改投”方式，提高资金效益。加强城建项目资金管理，编制市本级政府性债务收支计划和城建资金支出预算，强化计划管理，保障重大项目资金需求和现金流稳定。支持城乡统筹发展。加强项目管理，制定政府投资类管理文件7个。完成扬州泰州机场工程决算审核。整合涉农专项资金，重点支持农村基础设施建设和现代高效农业发展。支持实施新一轮生态建设和城乡环境整治，启动“清水活水”工程，加快市区河道综合整治。推进建设系统建养分离，制定《扬州市市级市政设施养护维修资金管理办法(试行)》。统筹调度资金，确保政府重大项目支出需要。严格管理财政专项资金，牵头制定财政专项资金管理清单，推行“正面清单”管理制度。修订因公临时出国和短期出国培训经费管理办法，制定市级机关差旅费、培训费、会议费管理办法。厉行节约，严控行政性经费支出。（陈茜炜）

**■支持民生幸福工程**　市财政突出增收与保障，支持实施居民收入倍增计划，推进被征地农民转换参加城镇职工养老保险，市区基本实现社会保险和民政福利“同城、同步、同标”。推进医疗资源合理配置，初步建成“15分钟急救圈”。完善社区养老服务体系，制定急难家庭社会救助办法，设立困境儿童就学专项救助基金。支持下岗职工创业，出台市区小额担保贷款管理办法，推行政策性担保“五统一”(政策依据统一，担保基金运作主体统一，操作流程统一，贴息标准、费率标准统一，呆滞贷款核销程序统一)制度。推进区域供水支管网更新改造、“1161”菜篮子惠民工程(市区100万人口每人每天1斤菜，自给率60%，在沙头新建1万亩蔬菜生产基地)、“115”鲜奶工程(全市奶牛发展到1万头，城市主要消费人群1天1瓶奶，年生产加工销售鲜奶5万吨)以及保障房建设等民生项目。推进村级组织“四有一责”(有持续稳定的集体收入，有功能齐全的活动阵地，有先进适用的信息网络，有群众拥护的“三强”带头人；强化村党组织领导责任)建设，加大村级公益事业“一事一议”财政奖补力度。支持市区公交车实现一小时免费换乘。公共自行车租赁系统建成投运。完善教育和文体事业发展投入机制。支持教育管理体制改革，促进义务教育优质均衡发展，整合职教资源。支持文化设施管办分离，推行政府购买文化服务改革试点。（陈茜炜）

**■支持实体经济发展**　市财政局发挥财政资源杠杆作用，牵头制定财政资源金融化配置实施方案，通过债权引导、股权引导、财政扶持等方式，引导金融要素支持实体经济发展。发挥各类资金池引导作用，小微企业信贷引导资金池引导21家商业银行投放贷款772亿元；政府应急专项资金累计提供应急转贷资金7.78亿元，带动银行投放贷款17.28亿元；金融科技型中小企业贷款风险补偿资金池引导银行投放科技型中小企业贷款4.24亿元。通过财政奖励扶持撬动直接融资163.42亿元。引入中俄基金等国内外创投基金4只，总规模52.26亿元；跟踪运营参投基金5只，总规模9.12亿元。帮助六圩污水处理厂争取德国政府贷款折合人民币1.35亿元，指导江苏华电扬州发电有限公司和扬州市公共交通集团公司申请中国清洁发展基金1.34亿元。筹建中小企业融资会计服务示范基地，创新推出服务中小微企业融资会计服务产品。（陈茜炜）

**■财政改革创新** 市财政局调研市、区间事权与支出责任，谋划调整市、区两级财政关系。推进预算管理制度改革，构建全口径预算体系；推进财政预决算和“三公”经费〔财政拨款支出安排的出国(境)费、车辆购置及运行费、公务接待费〕公开；深化部门预算制度改革，完善定员定额标准体系；出台市区财政转移支付办法和生态补偿转移支付办法。加强政府债务管理，组织开展全市政府债务清理甄别，完善日常管理和监督机制，重点加强对一类债务的规范管理，探索建立政府债务融资机制。加强市区税收级次管理，设立生态科技新城、蜀冈-瘦西湖风景名胜区财政金库。规范集中支付行为，严把支出申请审核关，推进公务卡结算制度改革。加大政府采购预算管理力度，市级政府采购规模6.3亿元，资金节约率13.6%。推进政府购买服务采购工作，重点实施市区公共自行车租赁系统、新能源汽车等20个项目，采购金额2.8亿元，节约财政资金2000多万元。推进市级行政事业单位土地房屋产权集中管理。完善国有股权转让竞拍机制，促进国有资产保值增值。（陈茜炜）

## 国家税务

**■概述** 2014年，全市入库全口径国税收入217.3亿元，比上年增长12.55%；其中，公共财政预算收入57亿元，增长15.9%。办理各项减(免、退)税84亿元(不含免抵调库)。（杨洁 叶勇 胡正东）

**2014年扬州市国税收入分地区情况表**

表22-1

| 地区 | 国税收入(万元) | 比上年增长(%) |
|---|---|---|
| **合计** | **2172514** | **12.55** |
| 市区 | 1299229 | 5.13 |
| #广陵区 | 270442 | 2.26 |
| 扬州经济技术开发区 | 260864 | 6.48 |
| 邗江区 | 376302 | 7.16 |
| 江都区 | 327949 | 3.76 |
| 县、市 | 873285 | 25.75 |
| 宝应县 | 144671 | 0.70 |
| 高邮市 | 204354 | 11.34 |
| 仪征市 | 524260 | 42.75 |

（王俊）

**2014年扬州市国税收入分税种情况表**

表22-2

| 税种 | 国税收入(万元) | 比上年增长(%) |
|---|---|---|
| **合计** | **2172514** | **12.55** |
| 增值税 | 1416023 | 9.97 |
| 消费税 | 181754 | 27.67 |
| 企业所得税 | 459784 | 16.22 |
| 车辆购置税 | 114941 | 9.86 |

（王俊）

**■税收管理改革** 推进税收管理改革，实施纳税一体化服务，加强风险管理。市国税局制定《纳税服务任务管理办法》，取消基层分局基础管理职责，整合纳税服务任务，改实地调查为案头调查，做到无需求不打扰；制定《税收检查任务管理办法》，规定同一年度对同一纳税人最多实施一次实地检查，统一通过风险应对平台整合发布检查任务，实行实地检查前必先案头分析，确需下户须报批制度，做到无风险不检查。制定《税收职责清单》，规范税收职责权力，下户检查比上年下降79%。（秦国宝）

**■依法行政** 市国税局组织依法行政专题培训10期，启动培养法制人才45人，组织干部学法用法抽查考核。下发《政策确定性管理办法》，组建市、县两级专家委员会和专家库，统一税收政策执行口径。规范税务行政处罚自由裁量权，清理规范性文件69件。制定执法督察方案，重点开展注销清算等综合督查，发现执法问题146个，发出处理决定书7份，开展责任倒查12件次，提出管理建议11条。开展稽查大要案卷宗现场评比。（田志明 胡正东）

**■货物劳务税管理** 开展政策确定性研究，强化税收风险分析，对享受增值税税收优惠的风险户开展应对，取消10户风险户优惠资格，补征税款443万元。开展“营改增”（营业税改征增值税）企业风险分析，79户运力与销售不匹配风险企业补征税款206万元。建立商贸企业规范用票行为风险监控模型，强化商贸企业用票管理。推进二三产分离。到年末，有237户企业实现二三产分离，分离出三产企业245户，累计增加“营改增”收入8604万元，其中当年新增6792万元。全年实现“营改增”收入5.99

亿元，比上年增长44.21%。

（王 艳 陈 燕）

**■所得税征管** 市国税局强化所得税预缴，对预缴率偏低的企业及时进行预警提醒。抓好所得税汇缴，完成纳税人培训48场、中介机构培训5场、税务干部培训18场。所得税汇缴面100%，汇缴入库税款6.77亿元。围绕"项目+行业"分析体系开展风险分析，向399户企业下发应对任务。完成风险应对1416户次，补征税款3.02亿元，调减亏损1.72亿元。2014年，全市入库企业所得税83.85亿元。（陈 晖）

**■结构性减税** 全市国税系统执行增值税一般纳税人固定资产进项抵扣政策，为6998户企业办理抵扣税款15.78亿元。兑现增值税即征即退政策，办理478户福利企业退税6.49亿元、42户软件企业退税1959.51万元、39户资源综合利用企业退税1.82亿元。落实增值税免税优惠政策，办理299户蔬菜和鲜活肉蛋产品流通企业免税销售5.4亿元。落实降低小规模纳税人征收率、提高个体起征点等税收优惠8187.78万元。落实城市公交车辆免税政策，为扬州市公共交通集团公司、仪征市汇成公交客运有限公司和高邮市公交客运有限公司办理461辆公交车免税审批，免征税款3042.78万元，其中新能源汽车免征税款190.66万元。帮助4户车辆生产企业审核上报27类车型列入《设有固定装置免税车辆图册》。

（焦 云 陈 燕 陈 晖）

**■"营改增"试点** 全市国税系统贯彻国家税务总局扩大"营改增"试点要求，做好铁路、邮政业和电信业企业"营改增"扩围工作，5户邮政业、45户物流辅助服务收派服务业及32户电信业企业实施"营改增"。落实"营改增"政策，加强服务和引导，"营改增"试点企业累计减税1.94亿元，其他企业因接受"营改增"试点企业提供的应税服务增加抵扣而减税3.32亿元。（陈 燕）

**■纳税服务** 市国税局开展"便民办税春风行动"，推出公开行政审批清单、提高办税效率、全面推行首问责任制、减轻纳税人办税负担、促进诚信纳税和公开执法权力清单等便民办税措施。强化自助办税服务，设置24小时便民自助办税区5个、自助办税计算机58台、自助办税终端4台。优化升级自助办税功能，提升增值税专用发票认证速度，办税速度比上年提高20%。加强办税服务特服号管理，全年接听纳税人咨询1.18万次，接受网上在线咨询1523次，受理并办结纳税服务投诉36件。开展邮寄送达涉税文书工作，提高非接触式服务的比重；至年末，邮寄送达催报催缴、税收风险提醒等涉税文书8009份。（吴小虎 刘 惠）

**■重点税源企业服务与管理** 做好在扬州的国家税务总局定点联系企业成员单位全流程风险管理。深化大企业税务内控调研与测试工作规程培训。通过国、地税联合核查，补征增值税84.51万元、企业所得税1059.43万元，补征消费税19.25万元，加收滞纳金76.99万元。深化税源专业化管理改革，将99户重点税源企业细分为25个行业，分配至3个税源管理科室，实施风险分类监控。开展行业风险分析识别，确定风险应对对象及应对策略。大企业和国际税务管理处与属地国税机关加强对重点税源企业服务、应对的交流，降低税收流失率和征纳成本。全年组织各类应对补征增值税475.1万元、企业所得税4793.2万元，加收滞纳金45.6万元，调减留抵税2312万元。（王家俊 周 宇）

**■国际税收和反避税** 全市国税系统宣传《国际税收遵从管理规划》，走访各级政府部门及相关领导，召开遵从规划解读会5次。通过规范自我定价策略，全市关联交易申报总体完全成本加成率1.83%。通过遵从管理相关工作，查补税款逾1亿元，入库非居民所得税1.23亿元，完成自动情报20份、专项情报4份、自发情报1份。对61户关联交易企业开展职能专项调查，发现问题企业25户，补征税款288万元。开展关联交易内控测试，发现问题企业2户，补征税款583万元。逐户审核同期资料企业28户，补征企业所得税403万元。规范核定利润率管理，强化合同备案制度，加强对外支付分析，规范协定待遇审批，强化风险指标分析。

（王家俊 周 宇）

**■打击涉税违法犯罪** 市国税局开展税收专项检查，对办理出口退（免）税企业，高污染、高能耗及产能过剩企业和石化产品消费税企业开展专项检查，补征税款1979万元。检查重点税源企业14户，补征税款536.23万元，调减亏损275万元。打击发票违法犯罪活动，重点检查建筑安装、石油石化、商业批发与零售、餐饮娱乐、营利性教育培训等行业，查处违法企业102户，查处非法发票737份，补征税款1019万元，向司法机关移送案件4件。受理各类涉税举报案件171件次，其中登记检查61件次。（郑 晨 马雪梅）

## 地方税务

**■概述** 2014年，全市地税系统组织各项收入347.9亿元。其中，税收收入224.4亿元，比上年增长10.7%；征收社会保险费105.7亿元，增长8.6%；征收教育费附加及其他基金（费）17.8亿元，增长15.1%。税收收入中，属于公共财政预算收入的185.3亿元，增长13.6%。

（尹时辉）

**■税收征管** 扬州地方税务局（简称扬州地税局）建立征收、风险评估、基础、应对、稽查"五位一体"税收管理新模式。税收信息化建设投入2400万元，建成"云计算"中心、档案中心。组建"风险状况分析中心"，实施风险管理技术创新。建设税收诚信体系和失信惩戒制度，在全省率先将自然人涉税信息纳入征信系统。加强反避税工作，反避税调查案件首次通过国家税务总局立案、结案。开发"三维可视化导税系统""一

### 2014年扬州市地方税收分征收单位情况表

表22-3

| 征收单位 | 2014年实绩（万元） | 2013年实绩（万元） | 比上年增长（%） |
|---|---|---|---|
| **合　计** | **2244447** | **2027143** | **10.72** |
| 市　区 | 944566 | 901734 | 4.75 |
| 广陵局 | 53971 | 49205 | 9.69 |
| 邗江局 | 241542 | 199446 | 21.11 |
| 江都局 | 369115 | 317397 | 16.29 |
| 宝应局 | 210619 | 185043 | 13.82 |
| 仪征局(含化工园区) | 209776 | 187082 | 12.13 |
| 高邮局 | 214858 | 187236 | 14.75 |

注:表中数据市区不含邗江局、江都局　（尹时辉）

### 2014年扬州市、县级地方税收分税种收入情况表

表22-4

| 税种 | 2014年实绩（万元） | 2013年实绩（万元） | 比上年增长（%） |
|---|---|---|---|
| **合　计** | **2132006** | **1932659** | **10.31** |
| 营业税 | 846971 | 702809 | 20.51 |
| 个人所得税 | 256121 | 307430 | -16.69 |
| 土地增值税 | 279524 | 172165 | 62.36 |
| 城市维护建设税 | 165836 | 143514 | 15.55 |
| 车船使用税 | 15944 | 14141 | 12.75 |
| 房产税 | 77907 | 66466 | 17.21 |
| 资源税 | 24083 | 18410 | 30.81 |
| 城镇土地使用税 | 58417 | 57669 | 1.30 |
| 印花税 | 34524 | 32078 | 7.63 |
| 契税 | 145908 | 185880 | -21.50 |
| 耕地占用税 | 21022 | 40239 | -47.76 |
| 企业所得税 | 205749 | 191858 | 7.24 |

（尹时辉）

### 2014年扬州市社会保险费征缴情况表

表22-5

| 社会保险险　种 | 2014年征缴计划(万元) | 收入实绩(万元) | | 比上年增长(%) | 征缴率(%) |
|---|---|---|---|---|---|
| | | 2014年 | 2013年 | | |
| **合　计** | **1061040** | **1057060** | **972944** | **8.6** | **99.63** |
| 养老保险 | 684797 | 681686 | 627171 | 8.6 | 99.5 |
| 医疗保险 | 299167 | 298611 | 263430 | 13.4 | 99.8 |
| 失业保险 | 36569 | 36349 | 47633 | -24 | 99.4 |
| 工伤保险 | 24109 | 24032 | 21482 | 11.9 | 99.7 |
| 生育保险 | 16398 | 16382 | 13228 | 24 | 99.9 |

（尹时辉）

户式税收风险分析系统”等应用软件6个，提升税收管理质量和效率。

（尹时辉）

■**税种管理**　全市地税系统实施营业税、土地增值税预征申报信息比对，纠正155户未申报或未足额申报税款的房地产开发企业违法行为。推进建筑业项目和土地增值税清算，清算项目9618个，入库税款4.76亿元。组建专家团队，加强重点税源企业和高风险事项企业所得税征管。创新个人所得税自行纳税申报工作，首次将检查对象延伸到高收入人群。加强限售股转让个人所得税管理，办理限售股转让1312人次，入库税款8.6亿元。强化股权转让、政策性拆迁事项税收入库工作，统筹政府性税源。集中开展社会保险费欠费清缴工作，清理欠缴户2171户，清理欠费0.77亿元。加强房地产税收管理。

（尹时辉）

■**依法行政**　扬州地税局健全依法行政基础性制度，将53种常见税务违法行为由江苏省地税局规定的157档细化为258档，统一全系统税务行政处罚标准，压缩自由裁量空间。贯彻市委、市政府服务企业发展文件精神，执行“首违不罚”“容期整改”等规定。制定全市地税系统依法行政示范单位创建管理办法，开展依法行政创建活动，2家单位创成全省地税系统“依法行政示范单位”。在县(市、区)局设立督察内审机构，开展税收执法督察。扬州地税局打击发票违法行为，全年查处违法企业147户，稽查收入增长124.7%。

（尹时辉）

■**纳税服务**　扬州地税局开展服务企业春风行动，推出六大类18项服务举措。创新打造纳税服务三级版本，推动《县级税务机关纳税服务规范》落实的做法获国家税务总局局长王军批示。深化涉税审批改革，实行审批事项“清单式管理”。完善“电子档案系统”功能，杜绝纳税人重复报送资料行为。关注纳税人个性化涉税需求，提供差别化培训辅导逾1万人次。强化12366纳税服务热线政策宣传功效，人工坐席咨询受理数量逾5万人次，接通率90.2%，一次性解答率97%。落实小微企业免税、城镇土地使用税困难性减免等税收优惠政策，全年累计减免各项税收7.38亿元。

（尹时辉）

# 经济管理与监督

Jingji Guanli Yu Jiandu

编　辑　戴淑敏

## 经济宏观管理

■**概述**　2014年，扬州市地区生产总值增长11.0%，公共财政预算收入增长13.9%，投资、消费和出口分别增长19.3%、12.1%、1.7%，经济指标匹配性、协调性增强，经济运行好于全省平均水平。全市工业用电、工业开票销售收入分别增长6.3%、10%。重点产业支撑有力，汽车、机械、船舶、石化、新能源新光源五大产业开票销售收入占全市工业总量的70%以上。高新技术产业开票销售收入增长较快，占全市工业总量比重比上年提高1个百分点。推进“54321”重大项目建设(新开工50个重大工业项目、40个重大服务业项目，推进30项政府主导的重大城建项目，贯彻好保障民生、服务企业2个文件，每个县(市、区)建设1个10平方千米以上生态中心，宝应、高邮、仪征还要改造建设1个能够代表城市形象、具有标识意义、市民普遍认同的中心区域)，新开工农业重大项目28个、工业重大项目51个、服务业重大项目41个。经济结构持续优化，发展质量效益改善。三次产业结构6.1∶51.0∶42.9。服务业占比比上年提高1.9个百分点。投资、消费、出口协调发力，需求结构趋优。推进民生工程，发展成果惠及于民。城镇登记失业率2.08%，城乡居民收入分别增长9.5%、11.0%。

加强经济运行监测和形势研判。市发展和改革委员会(简称市发展改革委)改版升级经济运行监测系统，实现短信定时通知、行业分类汇总、个性问题收集等功能，在线监测一、二、三产企业500家，重点监测汽车、机械、旅游、房地产、新能源新光源等行业，全年发布监测报告9期。开展社会发展评估，编发全市社会发展报告。优化经济调度。破解资金难题，全市城镇基础设施、农林水利、社会事业等6个大类127个项目获省级以上专项资金9亿多元；创新融资模式，全市直接融资163.4亿元。优化企业服务，全市获省批准立项“点供地”项目20个，新增省级工程中心8个。扬州高新技术产业开发区创成省创投集聚发展示范区。扬州天富龙科技纤维有限公司入选国家资源综合利用“双百工程”(重点培育、扶持100家资源综合利用示范基地、100家资源综合利用骨干企业)。全市发展改革系统围绕转型升级、新型城镇化、生态文明建设、现代服务业发展等内容，完成调研成果150多篇。市发展改革委建立政策工具箱、政策储备库。至年底，政策工具箱收录投资管理、项目审批、产业发展等14类政策493项，政策储备库收录健康服务业、生态文明、投融资体制创新等政策建议36项。谋划“十三五”发展思路。市发展改革委创新“十三五”规划前期课题研究方式，采取市领导领衔、相关部门参与模式，完成27个前期课题，系统研究全市产业结构调整、社会事业发展、新型城镇化建设等“十三五”时期重大问题，为编制“十三五”规划奠定基础。

发展服务业、战略性新兴产业，推动产业优化升级。服务业增长较快。市发展改革委创新服务业重大项目认定标准，在原有“投入类”认定类型基础上，新增“产出类”服务业重大项目认定类型，制定服务业沿江100亿元、沿河50亿元重特大项目认定标准，实现全市百亿规模服务业重大项目“零”的突破；加强服务业招商，中国·扬州“烟花三月”国际经贸旅游节期间，组织物流、健康服务等专题服务业招商推介活动5场，在第四届江苏—澳门·葡语国家工商峰会上推介扬州服务业，取得城市形象宣传与产业宣传“双重效果”。全市服务业增加值比上年增长12.1%，高于地区生产总值增幅1.1个百分点。市级以上服务业集聚区发展水平提升，全年实现营业收入1180亿元，增长14.5%；入库税收36亿元，占服务业税收总额的17.6%。战略性新兴产业规模壮大。市发展改革委制定《扬州市2014年新兴产业发展工作意见》。全市新能源产业产值增长30%以上，新光源、新材料、智能电网、节能环保产业平稳增长。全市战略性新兴产业实现产值2810亿元，增长15.5%，占规模以上工业产值的29.6%。推进新能源示范运用，建设国家新能源示范城市。全年新增渔光互补项目7个，总装机容量228兆瓦；新增分布式光伏发电项目11个，总装机容量53兆瓦。全市光伏电站项目数量、装机容量均位居全省前列。全市清洁能源消费量占能源消费总量的10%。

深化重点领域改革。推进经济体制改革。市发展改革委完善经济体制改革部门联席会议制度，牵头督查7个重点领域56项经济体制改革任务实施情况。推进涉企中介机构改革，制定《关于推进涉企中介机构改革发展的意见》，开展首批7个行业主管部门8个重点领域涉企中介机构专项改革，对12个职能部门24件审批事项及其24项中介技术服务实行部门审批和中介服务捆绑考核；规范中介服务行为，降低服务收费，缩短服务时间。改革医药卫生体制。制定深化医药卫生体制改革主要工作计划；推进县级公立医院综合改革和医药价格综合改革，取消药品加成。实现城乡居民大病保险制度全覆盖。改革行政审批制度。在容缺预审基础上，制定重大项目立项阶段模拟审批实施细则及操作流程，推行重大项目容缺受理、模拟审批、形式审查制，优化、精简审批环节，提高行政服务效率。

推动重大项目建设，扩大有效投入。投资增长较快，拉动经济增长。投资结构改善。服务业投资增长25%，高于全市投资增幅6个百分点；民间投资增长21%，占全市投资总额的71%。年内开工省级重大项目7个，完成年度投资计划。项目监管和服务水平提升。市发展改革委制定《关于强化市级政府投资项目管理的实施意见》，修改、完善基础设施重大项目认定办法。全市基础设施重大项目新开工37个，新竣工9个。加强对中央投资项目监督管理，专项检查县(市、区)城建环保设施等项目。加强重大基础设施项目前期工作。连淮扬镇铁路获国家发展改革委批准开建，江苏华电扬州天然气发电项目获省发展改革委批准，宁扬城际轨道交通、市内轨道交通等重大基础设施项目前期工作有序推进。

开展跨江融合综合改革试点，推动区域协调发展。跨江融合发展进展顺利。江苏雨润、苏州恒燕等18家苏南企业入驻海峡两岸(扬州)农业合作试验区，苏美达汽车配件、宝钢惰性气体等重大项目落户扬州。宝应、高邮、仪征、江都、邗江5个省级开发区被列入省南北共建园区考核奖励范围。瘦西湖景区与苏南景点联合发售游园年卡。张江(扬州)国际医学园项目正式落户。推进宁(南京)镇(镇江)扬(扬州)同城化。省政府颁布实施《宁镇扬同城化发展规划》。推进新型城镇化和城乡发展一体化。市发展改革委印发年度城乡发展一体化工作意见，完善城乡发展一体化工作考评办法；组织编制新型城镇化和城乡发展一体化规划，完成第一轮征求意见工作；推进城镇化综合改革试点，推动县(市、区)选定试点镇，分步开展试点工作。

加快生态文明建设。实施“十二五”循环经济发展规划，推进9家省级以上开发区循环化改造。围绕资源循环利用、清洁生产、资源减量化和环境治理产业等4个方面，组织实施循环经济试点项目23个，总投资59.3亿元。编制《扬州市国家生态文明先行示范区建设实施方案》，扬州市入选全国首批生态文明先行示范区。推进生态中心建设。全市新增绿化造林373.33公顷，恢复保护湿地80公顷，完成各县(市、区)生态中心认定工作。控制能源煤炭消费总量。建立、完善能源消费强度和消费总量“双控机制”，确定年度能源消费总量增量目标，年增速控制在1.24%以下。全市实现国Ⅳ标准汽柴油供应全覆盖，市区加油站油气回收设施改造率100%。开展投资项目节能评估，核减标煤3700吨。 (王 峰 夏卫峰)

7月21—22日，市委、市政府组织重大项目建设暨民生幸福工程观摩活动 程建平/摄

■**经济体制改革** 市委、市政府将2015年确定为“改革全面深化年”，推进经济体制重点领域和关键环节改革。调整国有经济布局。推动国有资源和资本向重要行业和重点领域集中，市交通产业集团、市现代金融集团完成资产优化重组；发展国有企业混合所有制经济，实施混合所有制改革试点项目2个；市区高速道口整治项目、扬州万吨级浮码头改造项目、扬州新港物流有限公司股权转让等9个向民资开放的国有企业投资项目加快推进。完善现代市场体系。完善市场定价机制，开展政府定价(指导价)清理整顿，清理政府管理经营服务性收费项目及标准，取消地方自立收费项目4个，降低8个项目收费标准，全年减轻企业负担9000多万元；推进工商注册便利化改革，实施注册资本认缴登记制和“先照后证”登记制度，实行电子化登记管理；推动涉企中介机构市场化改革，全面开放中介市场，推进中介机构与行政机关脱钩，实行中介服务与行政审批效能捆绑考核，中介服务收费普遍降低20%以上，服务时间缩短30%左右；推进土地要素市场化配置改革，制定《关于加强工业用地差别化管理 促进转型发展的意见》；推进以市场化形式发行中小企业集合债和非金融企业直接债务，全年实现直接融资163.4亿元。推进财税科技体制改革。完善财政预算管理体制，制定《关于深化预算管理制度改革工作方案》；推进政府购买服务，公布首批政府购买社会组织服务目录；深化税收征管制度改革，全市“营改增”(营业税改增值税)纳税人总数9123户，比上年增长42.2%，减税3.98亿元；加大科技体制改革力度，整合市级科技专项资金，推进企业研发中心建设，9家企业规划建设重点实验室，84家企业建设各类研发机构；建设知识产权强市，印发《关于加快实施知识产权战略的实施意见》。转变

政府职能。深化行政审批制度改革，清理行政审批事项，取消39项、承接102项、合并5项，清理、审核市级行政权力314项；试行重大项目形式审查、容缺受理、模拟审批制，实行重大项目预约办理和限时办结制，全市容缺受理重大项目51个，预约服务1500多次；优化企业发展环境，制定行政处罚自由裁量权行政行使规则，实行“首违不罚”“容期整改”制度，设立企业“安静生产(让企业能够安安静静地生产，政府各职能部门至少在某一段时间内不去打扰，让企业专注于生产经营)日”；深化行政执法体制改革，在广陵区、蜀冈-瘦西湖风景名胜区推进城管综合执法试点。加快实施城镇化和城乡一体化改革。完善新型城镇化发展体制机制，启动实施居住证制度。制定《扬州市推进实施居住证制度工作方案》《扬州市流动人口居住证管理暂行办法》，制定与居住证制度相适应、相配套的9类16项公共服务措施，内容涵盖法律援助、计划生育服务、子女入学、儿童接种免疫、社会保险、职业技能培训等方面；在全省先行试点经济社会发展、城乡建设、土地利用和生态环境保护等规划“多规合一”；制定扬州市新型农业经营主体培育专项资金管理办法，新创成国家示范合作社16个、首批省级示范家庭农场10个，新组建农业专业合作联社10个；印发《关于加快推进农村产权交易市场建设的意见》，市级网上农村产权交易市场投入试运行，县级农村综合产权交易市场建成。建设开放型经济体系。推进外商投资快速审批，“清单化审核，备案化管理”改革方案初步形成；推动扬州泰州机场一类开放，建设空港保税物流中心(B型)；提升开发园区载体建设水平，扬州经济技术开发区及宝应、高邮、江都等县(市)经济开发区分别与上海、苏南等地园区达成共建协议，扬州化学工业园区与台湾石化公会合作共建低温乙烯储罐、环氧乙烷项目开工；加快海峡两岸(扬州)农业合作试验区建设，引进江苏雨润、苏州恒燕等18家苏南企业参与试验区建设，项目总投资13.86亿元。建立生态文明建设机制。启动国家生态文明建设试点示范区建设，完成《扬州市生态文明建设规划》编制；加强生态环境源头控制，完善重点生态功能区生态保护转移支付机制，研究制定生态红线区域补偿和考核办法；建立环保行政执法与刑事司法联动机制，制定《环保部门与司法衔接工作的实施细则》；建立和完善绿色发展评估考核机制，制定《扬州市生态文明建设实绩考核办法》。

（韩长金　陶小军）

**■服务业发展**　全市服务业加强重大项目、重点产业、招商引资和目标管理等重点工作，创新服务理念，提升工作效能，优化发展环境。全市实现服务业增加值1584.80亿元，比上年增长12.0%；占地区生产总值的42.9%，提高1.9个百分点；服务业实现税收204.30亿元，增长10.7%；完成固定资产投资1070.83亿元，增长25.0%，高于全社会固定资产投资增幅5.7个百分点。全市服务业新签约重大项目55个，新开工重大项目41个，新竣工投产重大项目30个；全市列统规模以上服务业法人单位865家，比上年增加429家。

（夏　坚）

**■投资运行**　2014年，全市完成固定资产投资2416.66亿元，比上年增长19.3%，增幅超过全省平均水平3.8个百分点。投资结构优化。第一产业完成投资15.15亿元，增长1.2%；第二产业完成投资1330.68亿元，增长15.0%；第三产业完成投资1070.83亿元，增长25.0%。第三产业投资对全市投资增长贡献率51.4%；剔除基础设施建设和房地产开发投资，服务业完成投资360.4亿元，比上年增长21.8%，高于全市投资增幅2.5个百分点。重大项目建设投资支撑作用明显。全市9个项目被列为省重大项目，其中7个项目开工建设，完成投资100.3亿元；全年开工市级重大项目240个，完成投资1208亿元，占全市投资总额的50.0%。重大基础设施项目建设取得突破，连淮扬镇铁路、宿扬高速公路开工建设，宁仪扬城际轨道交通预可行性研究报告编制完成，城市轨道交通建设规划初稿编制完成，启扬高速公路双沟连接线预可行性研究报告获省发展改革委批复，华电扬州天然气发电项目获省发展改革委核准。投资活力增强。县域投资和沿河地区投资拉动全市投资增长。沿河地区完成投资605.6亿元，增幅高于沿江地区1.5个百分点；县域完成投资860.2亿元，占全市投资总额的35.6%，比上年提高1个百分点。落实鼓励和引导民间投资发展政策措施，推动民间投资增长。全市完成民间投资1712.9亿元，比上年增长20.5%，高于全市投资增幅1.2个百分点。

（韩世来　许业柱）

**■能源工作**　2014年，扬州市推动节能降耗，发展新能源综合利用，全市能源结构优化，能源行业效益增长，非化石能源占比上升，可再生能源综合利用发展加快，重大能源项目取得进展。实施控制能源和煤炭消耗总量战略。2014年，市政府下发《扬州市控制能源和煤炭消耗总量工作方案》，对新增耗煤项目实施煤炭减量替代。对钢铁、水泥、造纸等高耗能、高排放企业，实施产能等量或减量替代、能耗和污染物排放总量减量替代；对各县(市、区)和各开发区新建排放二氧化硫、氮氧化物、烟粉尘、挥发性有机物项目，实行现役源2倍消减量替代政策。全市火电机组平均供电煤耗降至308克/千瓦时，扬州第二发电有限公司综合升级改造项目节约标准煤10.33万吨/年。全年淘汰燃煤锅炉152台(套)，完成落后黄标车淘汰任务。全市营业加油站油气回收设施改造全部完成。发展可再生能源，建设国家新能源示范城市。市政府制定《扬州创建国家新能源示范城市实施方案》，将新能源示范城市建设工作纳入考核体系，逐项分解落实目标任务，指导重点新能源项目建设。截至2014年底，全市累计并网光伏发电总装机容量381兆瓦。发展风力发电，高邮协合风电场一期装机容量48兆瓦风力发电项目获省能源局核准，华能仪征风电场一期工程装机容量60兆

宝应县渔光互补光伏发电项目 扬州日报/供稿

瓦风力发电项目前期工作进展顺利。开发建设新能源小区和绿色星级宾馆，综合应用太阳能集中提供热水、地源热泵冷热空调、光伏公共照明系统、利用生活垃圾和生活污水生产沼气等新能源技术。全年新建节能建筑699万平方米，节能0.84亿千瓦时，约合标准煤2.77万吨。发展清洁能源项目。《扬州市区热电联产规划》颁布实施。江苏华电扬州9F天然气-蒸汽联合循环发电项目获省发展改革委核准，扬州第二发电有限公司扩建工程项目所需煤炭等量替代指标、上大压小容量指标、环境容量指标等关键条件均满足国家最新要求。中石化江苏江北成品油管道扬州段工程完工。江苏国信高邮燃机热电联产项目、仪征联众燃机热电联产项目获省发展改革委核准。建立健全油气管网和市场安全保障机制。全市销售成品油106.7万吨，其中汽油43.9万吨、柴油62.8万吨。建立健全油气管网和成品油市场联合执法机制。全市各油气长输管网和储油储气设施及各加油站点实现安全运营无事故。 （陆　扬）

**■交流与合作** 扬州市利用长江三角洲城市经济协调会（简称长三角经济协调会）、南京区域经济协调会、南京都市圈、长江沿岸城市经济协调会等区域组织平台，推进实施《宁镇扬同城化发展规划》，推动区域经济协同发展。

长三角区域合作。以融入苏南、接轨上海为着力点，加强与长三角经济协调会各成员城市交流与合作。组织参加长三角协调会第14次市长联席会议，以“新起点、新征程、新机遇——共推长三角城市转型升级”为主题，与各成员城市联合签订《长三角城市合作（盐城）协议》，市长朱民阳在市长高峰论坛上作“以底色绘特色 以生态逼转型”专题发言。上海张江高科技园区与扬州经济技术开发区合作建设上海张江（扬州）国际医学园，江都经济开发区与青浦出口加工区签订战略合作协议，高邮、宝应、仪征等多家省级开发区与苏南国家级开发区开展合作。扬州市政府与上海交通大学、南京大学、东南大学等长三角著名高校建立全面合作关系，上海交大-仪征汽车工业园联合产业化基地、南大光电研究院、东南大学（扬州）研究院、东南大学（扬州）科技园等校地合作创新载体先后落户扬州。连淮扬镇铁路获国家发展改革委批准立项并开工建设。

南京都市圈一体化建设。组织参加南京都市圈第二届党政领导联席会议，围绕“全面深化合作，务实推进发展”主题，联合签署《南京都市圈八市共襄“青奥”备忘录》，市委书记谢正义在会上作“加快推进宁镇扬同城化先行区建设”专题发言。参加在镇江市召开的第八届南京都市圈市长联席会议，围绕“加强项目对接，务实推进都市圈一体化建设”主题，联合制定《南京都市圈重大基础设施合作项目清单》，扬州市10个重大基础设施项目被纳入南京都市圈2015年和“十三五”期间合作项目清单。

宁镇扬同城化建设。贯彻实施省政府颁布的《宁镇扬同城化发展规划》。组织开展理论研讨和学习宣传，市发展改革委与市哲学社会科学界联合会联合举办第八届宁镇扬同城化论坛，与党校系统联合举办第二届宁镇扬同城化发展战略研讨会。根据宁镇扬三市签订的《2014年度宁镇扬同城化合作项目协议》，市政府印发《2014年南京都市圈主要工作任务分解实施意见》，推进宁镇扬合作项目。市发展改革委、市规划局、仪征市城乡建设局等单位修订、完善《南京都市圈城乡空间协同规划（征求意见稿）》。宁镇扬三市政府与省通信管理局联合签署《关于推进宁镇扬通信同城化的请示》，推动省政府两次召开会议专题商议宁镇扬通信同城化工作。市发展改革委、市经济和信息化委员会召集各大通信运营商召开通信资费同城化工作协调会，推进宁镇扬通信同城化。

城市间经济交流与合作。扬州市推动省苏中发展工作领导小组下发《关于印发〈苏中合作共建园区申报办法〉的通知》《关于苏中地区组织实施合作共建园区工作的通知》等文件，明确在仪征、江都、邗江各扶持1个合作共建园区，参与苏中合作园区年度考核评价，并享受相关政策。高邮、宝应两地与苏南省级以上经济开发区开展园区合作共建。组织参加长江沿岸中心城市经济协调会第16届市长联席会议、首届“西部江苏籍优秀企业家回馈家乡行”活动、江苏省苏北发展协调小组办公室召开的苏中三市园区共建工作座谈会等。市发展改革委多次组织相关部门和县（市、区）负责人到苏南、上海等地考察，推进产业和项目合作，推动城市间融合发展。 （沈诗贵）

**■新兴产业发展** 2014年，扬州市新兴产业有规模以上企业484家，其中新能源和新光源企业119家。新兴产业规模以上企业实现总产值2808.5亿元，比上年增长14.2%，占规模以上工业总产值的29.7%。其中，新能源产业产值299.2亿元，增长30.8%；新光源产业产值396.2亿元，增长11.7%；新材料产业产值449.6亿元，增长10.2%；智能电网产业产值1114.2亿元，增长12.9%；节能环保产业产值705.7亿元，增长12.5%。新兴产业全年实现出口交货值396.1亿元，增长14.5%。太阳能光伏产业强势复苏，晶澳（扬州）

太阳能科技有限公司、扬州协鑫光伏科技有限公司等重点骨干企业订单充足，产值、销售大幅增长。新光源产业产值平稳增长，全市有MOCVD(金属有机化合物化学气相淀积)设备134台，月产外延片30万片。中科半导体照明有限公司、江苏璨扬光电有限公司生产的蓝光外延片、芯片发光效率均达到国内先进水平，扬州乾照光电有限公司红黄光外延片国内市场占有率45%以上。新材料产业平稳增长，江苏扬农锦湖化工有限公司、大连化工(江苏)有限公司等企业开工率良好，奥克化学扬州有限公司精细化工新材料、远东联石化(扬州)有限公司环氧乙烷等重大项目进展顺利。智能电网产业稳步增长，宝胜科技创新股份有限公司、扬州新概念电气有限公司等企业经营效益良好，国电南自(扬州)智能电网产业园建设加快推进，产业发展质态提升。 (高技处)

■**县(市、区)社会发展综合评价** 市发展改革委、市统计局、市社会发展评估工作领导小组办公室依据《扬州市社会发展水平综合评价方案》，收集、整理、测算人口发展、生活水平、公共服务、生态环境、社会和谐等5个领域35项指标，组织专家组评价各地社会发展水平，发布《关于2013年度扬州市县(市、区)社会发展水平评价结果的通报》。评价结果分为两个部分，一是反映各地区社会发展整体水平的社会发展水平综合指数，由高到低分别为江都区84.96、邗江区83.83、广陵区83.25、仪征市76.46、高邮市75.58、宝应县74.83；二是反映各地区社会进步水平的社会发展速度指数，由高到低分别为宝应县221.03、邗江区185.13、广陵区179.61、江都区179.55、仪征市174.96、高邮市173.9。 (胡　翔)

# 国土资源管理

■**概述** 2014年，全市土地总面积6591.21平方千米。其中，耕地3301.81平方千米(含可调整地类面积459.95平方千米)，占50.09%；水域及水利设施用地1818.73平方千米，占27.60%；城镇村及工矿用地1046.97平方千米，占15.88%。全市有矿产资源15种，其中已基本探明储量的矿产资源12种。石油、天然气储量居全省首位。建筑用玄武岩主要分布在仪征和高邮天山一带，建筑用砂及鹅卵石(雨花石)在仪征丘陵地区广泛分布。地热资源禀赋与开发条件优越，地热资源可采储量3万立方米/天，分布广、储量大、温度高、水质好。 (卞大亮)

■**耕地资源保护** 2014年，全市新增耕地1029.44万平方米。其中，174个耕地占补平衡补充耕地项目新增耕地815.31万平方米，6个市级以上投资土地整理项目新增耕地214.13万平方米。此外，全市完成城乡建设用地增减挂钩复垦项目163个，新增农用地284.09万平方米，其中耕地280.06万平方米。组织开展基本农田划定工作，落实基本农田2701.87平方千米，建设高标准基本农田23.73万平方米。 (卞大亮)

■**矿产资源开发利用** 2014年，全市有矿山企业71家(含江苏油田)，其中国土资源部发证石油企业1家、省国土资源厅发证地热矿泉水企业7家、县级国土资源部门发证砖瓦企业63家。境内全年开采原油97.2万吨，占江苏油田年开采总量的57.6%；开采黏土156.3万吨，比上年下降8.27%；开采地热水48.6万吨，比上年下降4.7%。矿业年销售收入38.72亿元，比上年下降11.3%。 (卞大亮)

■**地质灾害防治和矿山环境整治** 开展地质灾害隐患点、危险点排查和防治，加强观音山、神居山等地质灾

**2014年扬州市土地资源情况一览表**

表23-1

| 类　别 | 土地面积(平方千米) | 占比(%) |
|---|---|---|
| **合　计** | **6591.21** | **100** |
| 耕　地 | 3301.81 | 50.09 |
| 园　地 | 42.00 | 0.64 |
| 林　地 | 24.65 | 0.37 |
| 草　地 | 6.68 | 0.10 |
| 城镇村及工矿用地 | 1046.97 | 15.88 |
| 交通运输用地 | 283.47 | 4.30 |
| 水域及水利设施用地 | 1818.73 | 27.60 |
| 其他土地 | 66.89 | 1.02 |

(卞大亮)

**2014年扬州市新增耕地情况一览表**

表23-2　　单位：万平方米

| 类　别 | 小　计 | 广陵区 | 邗江区 | 江都区 | 宝应县 | 仪征市 | 高邮市 |
|---|---|---|---|---|---|---|---|
| **合　计** | **1029.44** | **7.92** | **90.22** | **73.52** | **567.91** | **52.13** | **237.75** |
| 耕地占补平衡补充耕地 | 815.31 | 7.92 | 53.96 | 53.53 | 433.04 | 29.12 | 237.75 |
| 市级以上投资土地整理新增耕地 | 214.13 | 0 | 36.26 | 19.99 | 134.87 | 23.01 | 0 |

(卞大亮)

害隐患点、危险点监测巡查和应急处置。仪征龙山特大型地质灾害治理项目通过省国土资源厅验收，高邮神居山地质灾害治理和仪征程营废弃矿山地质环境整治项目通过市级初步验收。江都、高邮地质环境调查项目分别获省国土资源厅批准立项，获补助资金130万元。市国土资源局全年办理建设用地地质灾害危险性评估备案18批次。 （卞大亮）

**■实施“中国温泉之城”发展建设规划** 8月6日，市政府批准实施《扬州“中国温泉之城”发展建设总体规划》。2014年，全市新勘探地热井5口。其中，宝应县“宝热2井”井口水温93摄氏度，日出水量1506立方米，创全省地热井出水温度新纪录；泰安“凤凰1号”地热井井口水温最高64.9摄氏度，日出水量600立方米，实现向隐居逸扬温泉酒店供水。 （卞大亮）

**■土地征收与供应** 2014年，全市获批土地征收总面积2806.96万平方米，其中农用地1850.70万平方米。其中，高邮市占38.17%，宝应县占23.24%，仪征市占19.51%，邗江区占12%，江都区占5.47%，扬州经济技术开发区占1.47%，广陵区占0.14%。全市供应土地2973.28万平方米，比上年增长5.13%。其中，出让土地1532.25万平方米，下降34.14%；划拨土地1441.03万平方米，增长187.16%。全市供应的各类用地中，商业服务业用地246.06万平方米，下降52.45%；住宅用地675.33万平方米，下降14.23%；工矿仓储用地680.40万平方米，下降44.69%；公共管理及公共服务用地79.33万平方米，下降9.58%；交通运输及其他用地1292.15万平方米，增长528.77%。 （卞大亮）

**■土地储备和“城中村”改造** 2014年末，市区(不含江都区)储备土地库存129宗670.8万平方米。市区全年完成15个“城中村”地块改造，腾让土地106.43万平方米，拆迁村(居)民1143户，拆除房屋建筑37.77万平方米。 （卞大亮）

**■土地市场** 实施经营性用地阳光出让制度。全市出让土地1532.25万平方米，合同出让金259.94亿元，分别比上年下降34.14%、27.12%。其中，招拍挂出让土地1504.78万平方米，合同出让金250.54亿元，分别下降29.39%、18.16%。市区(不含江都区)出让土地385.88万

**2014年扬州市土地供应量情况一览表**

表23-3

| 地 区 | 供地总量(万平方米) | 划拨 | 出让 | 比上年增长(%) |
|---|---|---|---|---|
| **总 计** | **2973.28** | **1441.03** | **1532.25** | **5.13** |
| 市 直 | 326.62 | 157.45 | 169.17 | -49.04 |
| 扬州经济技术开发区 | 26.00 | 0 | 26.00 | -81.62 |
| 广陵区 | 114.79 | 0 | 114.79 | 56.33 |
| 邗江区 | 75.91 | 0 | 75.91 | -57.65 |
| 江都区 | 564.24 | 163.57 | 400.67 | 8.5 |
| 宝应县 | 713.20 | 552.87 | 160.33 | 72.19 |
| 仪征市 | 304.40 | 17.91 | 286.49 | 1.46 |
| 高邮市 | 848.11 | 549.23 | 298.88 | 51.72 |

（卞大亮）

**2014年扬州市区“城中村”改造完成情况一览表**

表23-4

| 区 域 | “城中村”地块数(个) | 拆迁户数(户) | 拆除房屋建筑面积(万平方米) |
|---|---|---|---|
| **合 计** | **15** | **1143** | **37.77** |
| 广陵区 | 3 | 230 | 6.60 |
| 邗江区 | 6 | 360 | 13.57 |
| 江都区 | 1 | 16 | 0.28 |
| 扬州经济技术开发区 | 1 | 69 | 2.50 |
| 蜀冈-瘦西湖风景名胜区 | 2 | 130 | 4.03 |
| 生态科技新城 | 2 | 338 | 10.79 |

（卞大亮）

平方米，合同出让金81.53亿元，分别下降51.66%、54.71%。其中，招拍挂出让土地364.83万平方米，合同出让金72.41亿元，分别下降42.62%、44.34%。市区招拍挂出让土地中，商业、住宅等经营性房地产开发用地148.13万平方米，合同出让金67.86亿元，分别下降38.71%、44.94%。全市出让工业用地683.48万平方米，比上年下降42.51%。其中，市区（不含江都区）出让工业用地216.71万平方米，下降45.02%。市本级土地二级市场全年成交5214宗，比上年下降8.7%。（卞大亮）

**■矿业权市场** 建设矿业权有形市场，规范矿业权交易行为，全市采矿权出让实现由县级交易平台向市级统一交易平台过渡。2014年，全市出让采矿权63宗，收取采矿权价款146.63万元，比上年下降26.74%；收取地质环境治理保证金63万元。矿产资源补偿费征收入库额超过2500万元（含江苏油田），省国土资源厅、省财政厅返还扬州市市区矿产资源补偿费969万元。（卞大亮）

**■土地执法监察** 组织开展农村宅基地管理调研和土地卫片执法检查，查处、整改土地违法违规问题，建立健全土地执法监管共同责任机制，保持土地执法监管高压态势。2014年，市国土资源局立案查处土地违法案件64件，责令退还土地95.46万平方米，责令拆除建筑物占地面积1.85万平方米，没收建筑物占地面积49.8万平方米，罚款485.41万元。全年办理涉土地来信286件，比上年下降16%；接待群众来访188批次593人次，分别上升22%、-4%。

（卞大亮）

**■土地登记发证** 2014年，市区（不含江都区）办理土地发证3.89万本，比上年下降4.46%；办理土地抵押登记888宗，比上年增长10.31%。帮助全市部分中小企业解决因历史遗留用地手续不完善导致的土地证办理不到位、影响企业融资难题，完成1864宗土地发证。（卞大亮）

**■国土资源信息化** 按"三级联动、整体推进、分级实施"模式，全面开展全市国土资源"一张图"和政务办公平台、综合监管平台、公共服务平台"三大平台"建设。11月20日，扬州市国土资源"一张图"工程建设总体设计方案和数据库建设标准规范通过省国土资源厅组织的专家评审。至年底，市本级"一张图"核心数据库基本建成，涵盖基础数据、专题数据、业务管理数据等18个数据库；政务管理系统按序时完成开发建设任务。（卞大亮）

**■"数字扬州"地理空间框架建设项目通过验收** 11月21日，市国土资源局"数字扬州"地理空间框架建设项目通过由省测绘地理信息局组织的考核验收。该项目筹备工作始于2011年，2012年正式实施，建成"印象·扬州"文化专题系统、大运河（扬州段）遗产地理信息平台、城市社区"10分钟体育健身圈"电子地图、扬州环境地理信息系统、"天地图"、警用地理信息系统、地价管理系统等7个首批示范应用系统，更新全市基础测绘资料，并制定更新维护机制等8套规范。项目惠及市文化广电新闻出版局、市文物局、市体育局、市环境保护局、市公安局、市国土资源局等6个示范单位。（卞大亮）

**■扬州出台节约集约用地"二十条"** 8月22日，扬州市委、市政府制定、实施《关于扎实推进节约集约用地的二十条措施》（简称"二十条"），提出以生态和遗产保护为先建设老城区、差别化供地、工业用地弹性出让等创新举措，促进节地水平和产出效益"双提升"，至2020年，全市耕地保护数量不少于3143.93平方千米，受保护的生态用地面积占土地总面积的比例不少于20.11%。"二十条"主要内容包括：在沿江地区（市区、仪征、环邵伯湖地区）试点"三规合一"，探索形成土地利用总体规划、城乡规划与生态保护规划统一衔接、功能互补、相互协调的规划体系。落实大运河遗产保护规划，严格控制老城区建筑高度和体量，采取协商收回、收购储备、调整用途等方式，推行老城区工业"退城进园"、产业空间置换，推进旧城更新、"城中村"改造、低效用地再开发和大运河沿线环境整治工程，保护扬州历史文化遗产和古城传统建筑，保护城市特色风貌；"七河八岛"（位于生态科技新城，由7条河流以及由其分割而成的8个岛屿组成。"七河"分别为壁虎河、新河、凤凰河、太平河、金湾河、高水河、芒稻河，"八岛"分别为聚凤岛、芒稻岛、金湾岛、自在岛、凤羽岛、山河岛、壁虎岛、幸福岛）地区严格实行"四控一禁"（严格控制廊道宽度、建筑高度、开发强度、污染排放，禁止违章建设）；将邵伯湖融入主城区，扩大城市生态空间。按"产城融合"方式建设新区。在扬州经济技术开发区、江（江都）广（广陵）融合地带、扬州高新技术开发区等区域发展知识技术密集、资源消耗较少、综合效益突出的新兴产业；鼓励建设写字楼，引导新兴产业入驻，就近就地配套建设高质量就业人才设施；探索推进"小地块密路网"式商业用地出让；鼓励建设无围墙工厂、开放式工厂，节约土地资源，2014年选择不少于10家企业先行试点。改革土地指标分配方式。以县（市、区）为单位，当年新征建设用地总量比上年递减15%（独立选址项目除外），存量土地再利用比例比上年递增20%；实行土地指标"项目挂钩、多次分配"，计划指标优先保障重大项目建设，当年安排指标、经认定开工的重大项目未按要求建设的，下年度核减并收回相应土地指标；计划指标安排与各县（市、区）盘活存量土地比例、节约集约用地绩效挂钩；对用地总规模10万平方米以上重大项目和线性工程，先期保障关键工序开工周转。实行差别化供地，明确土地"优供、限供、不供"区域、产业，按年度落实到企业、项目。对市确定的基本产业、战略性新兴产业、基地型产业、现代服务业重点项目以及重点扶持的规模骨干工业企业、重大项目和"122"技改项目（全年实施总投资1亿元以上工业技术改造项目150项以上，其中市重点技术改造示范项目20项以上、重大科技成果转化技术改造项目20项以上）等，优先安排土地计划；对其他一般项目用地限制土地供应，原则上通过内部挖潜优先使用存量土地；对省、市政府明令调整的落后产能、拟撤并的园区及产业禁止目录内项目一律停止供地。优化、整合、撤并规模小、质态差、土地利用效益低、产业特色相近的园区和工业集中区，对现有工业集中区实际用地不到33.33万平方米、进驻企业不足10家的，停止供地，将发展空间整合到跨江融合地区。试行工业用地弹性出让。工业用地土地供应可采取一次性出让分期签订出让合同、分期发放土地证，或先租赁后转为出让方式进行。（屠　冠）

**■国家、省推广扬州市土地出让阳光模式**　2010年11月起，扬州市在推行“一个池子蓄水、一个龙头放水”土地收储制度基础上，实施以“净地出让、摇号主持、现场直播、全程跟踪”为主要特点的土地阳光出让新模式，将权力纳入制度笼子，保障群众利益，提高政府公信力和群众满意度，促进政府依法依规行政与发挥市场决定性作用的良性互动，经济效益、社会效益和廉政效益良好。2014年10月20—24日，全国“规范实施土地征收管理工作”专题研究班在扬州举办。在研究班案例教学中，扬州市介绍建立维权引导机制、推进阳光征地的做法和经验，开展农民集中安置小区建设现场教学。11月28日，全省建设用地全程管理工作推进会议在扬州举行，省国土资源厅组织全省各地国土部门主要负责人学习推广扬州市土地出让阳光模式。

（屠　冠）

**■第一次地理国情普查**　3月，扬州市启动第一次地理国情普查。市第一次地理国情普查领导小组办公室先后制定《扬州市第一次地理国情普查技术设计书》《扬州市第一次地理国情普查进度和质量管控办法》，实行市级层面全过程控制、作业单位自我控制、第三方督导控制以及市、县、乡国土资源部门“三级联控”。年内，地理国情普查工作按时有序推进。

（卞大亮）

**■不动产统一登记前期工作**　市国土资源局、市机构编制委员会办公室联合开展全市不动产登记机构职责、人员编制、成果资料、信息系统建设、下属事业单位和中介机构等情况调查，草拟《扬州市不动产登记职责、机构整合方案》及相关说明。11月7日，省委、省政府批复《扬州市人民政府职能转变和机构改革方案》，明确将土地登记、房屋登记、林地登记、草地登记等不动产登记职责整合到市国土资源局，并设立不动产登记局。（卞大亮）

## 国有资产监督管理

**■概述**　2014年，扬州市政府国有资产监督管理委员会（简称市国资委）履行出资人职责的14家资产经营（集团）公司实现营业收入203.74亿元，实现利润15.44亿元，年末资产总额775.61亿元，年末所有者权益总额352.19亿元。扬州市城建国有资产控股（集团）有限责任公司（简称城建控股公司）、江苏金茂化工医药集团有限公司（简称金茂化工公司）、扬州市名城建设有限公司（简称名城公司）、扬州工业资产经营管理有限责任公司、扬州市扬子江投资发展集团有限责任公司（简称扬子江集团）、扬州市现代金融投资集团有限责任公司（简称金融集团）等企业（集团）营业收入、利润实现较大幅度增长。名城公司实现营业收入1.64亿元，增长33.35%。金茂化工实现利润7.89亿元，增长27.16%。其中，江苏扬农化工集团有限公司实现利润6.51亿元，增长45.21%；江苏联环药业集团有限公司实现利润1.1亿元，增长30.53%。

11月25日，省委常委、副省长徐鸣专题调研扬州国土工作　　国土资源局/供稿

加强国资监管。市国资委与各监管企业签订经营业绩考核责任书和安全生产责任书。根据企业性质、经营状况和主业特点，将市属国企分为竞争类、功能类、公共服务类，并按照“可定义、可量化、可操作、可追究”考核原则，结合企业所处行业、资产经营水平和主营业务等特点，分别确定考核指标，实行分类考核，制定并下发《扬州市市属国有企业负责人年度经营业绩考核及薪酬管理办法》。加强国资监管制度建设。印发《关于规范企业内部集资的通知》，制定《扬州市国有企业公开招考管理人员办法（试行）》等。27家企业完成产权登记。扬子江集团、城建控股公司、金融集团等企业完成8项评估备案，资产、净资产总额分别比评估前净增长53.66%、12.46%。城建控股公司、交通产业集团等全年实现融资166.88亿元，为连淮扬镇铁路、新万福路、西部客运枢纽、江六高速、江海高速等城市建设和重大基础设施项目提供资金保障。

加强国资经营预算管理。编制2014年度国有资本经营预算，对11家监管企业下达国资收益目标任务。全年征缴入库国资收益3020万元，比上年增加220万元。

推进国有资产管理体制改革。市国资委制定《关于深化市属国有企业和国有资产管理体制改革方案》，市委、市政府成立国有企业优化整合工作领导小组及其办公室（简称市国企优化整合办公室），推进国有资产

**2014年度扬州市国资委监管一级企业主要财务指标完成情况表**

表23-5 单位:万元

| 企业名称 | 资产总额 | 所有者权益总额 | 营业收入 | 利润总额 | 净利润 |
|---|---|---|---|---|---|
| **合计** | **7756091** | **3521938** | **2037442** | **154431** | **124537** |
| 江苏金茂化工医药集团有限公司 | 1103951 | 655663 | 888244 | 78885 | 64508 |
| 扬州工艺美术集团有限公司 | 72873 | 29928 | 18516 | 415 | 328 |
| 扬州建工控股有限责任公司 | 748944 | 181793 | 703380 | 17628 | 13437 |
| 扬州市扬子江投资发展集团有限责任公司 | 479302 | 228591 | 72142 | 11330 | 10602 |
| 扬州市现代金融投资集团有限公司 | 193095 | 136328 | 2905 | 5928 | 5132 |
| 扬州市煤炭工业公司(矿务局) | 56516 | 27867 | 18807 | -3465 | -3868 |
| 扬州市城建国有资产控股(集团)有限责任公司 | 3268607 | 1392692 | 172349 | 43751 | 37022 |
| 扬州市交通产业集团有限责任公司 | 1018270 | 557836 | 108423 | -5382 | -6899 |
| 扬州教育投资集团有限公司 | 238210 | 82539 | 3961 | -234 | -234 |
| 扬州市水务投资集团有限公司 | 73816 | 36225 | 0 | -148 | -148 |
| 扬州市名城建设有限公司 | 124165 | 12124 | 16370 | 1180 | 753 |
| 扬州工业资产经营管理有限责任公司 | 93745 | 39209 | 27848 | 2521 | 1882 |
| 江苏亚星汽车集团有限公司 | 66177 | 40111 | 83 | 3218 | 3218 |
| 苏中江都机场投资建设有限责任公司 | 218420 | 101032 | 4414 | -1196 | -1196 |

(赵 蓓)

监管全覆盖。发展混合所有制经济。市属国有企业全年实现混合所有制项目41个。 (国 资)

■**国有资产监管** 2014年,市国企优化整合办公室根据《关于深化市属国有企业和国有资产管理体制改革方案》,对4个功能区、32个市级部门所属163家国有及国有控股企业资产规模、结构、股权和职工情况进行调查摸底,逐家提出清理规范及监管意见,制订《市级部门所办国有企业委托管理办法》并报市委、市政府,构建"责任有主体,行为有规范,问责有对象"的国资监管体系。

(陈晓东)

■**企业产权登记** 2014年,市国资委完成27家企业产权登记。截至年底,252家市属国资监管国有企业完成产权登记,实收资本281.59亿元,其中国有资本255.64亿元。按企业级次看,一级企业9家、二级企业72家、三级企业87家、四级及四级以下企业84家,分别占3.57%、28.57%、34.52%、33.34%。9家一级监管企业实收资本87.81亿元,其中国家资本87.17亿元、国有法人资本0.64亿元。 (王 伟)

## 工商行政管理

■**内资企业登记监督管理** 2014年,全市新登记内资企业768家,新增注册资本182.38亿元,分别比上年增长35.93%、72.30%。截至12月15日,全市内资企业总数9097家,注册资本总额1836.04亿元。内资企业数量和注册资本规模持续上升。期末实有内资企业数连续3年出现正增长,平均年净增加181家,户均注册资本年均增加296.7万元、增长21.6%。公司制内资企业占比逐步扩大。至12月15日,全市实有国有企业1097家、集体企业2312家、公司5363家、其他企业325家。公司占比从2010年的44.33%提升至58.95%,成为内资企业主要组成形式。新增注册资本列前三位的制造业、租赁和商务服务业、建筑业合计新增注册资本123.27亿元,占全年内资企业新增注册资本的67.59%。房地产业新增注册资本排名退居第四位。 (张文静)

■**私营企业登记监督管理** 2014年,全市新登记私营企业2.03万家,新增注册资本513.11亿元,分别比上年增长30.98%、55.18%。截至12月15日,全市私营企业总数7.69万家,注册资本总额3164.09亿元。从总量看,私营企业占比进一步增大。2014年,全市新登记私营企业及其新增注册资本分别占新登记企业、新增注册资本的95.72%、66.82%,分别比上年同期上升6.34个百分点、0.47个百分点。截至12月15日,全市私营企业及其注册资本分别占企业总数及其注册资本总额的87.63%、54.07%,分别比上年同期上升2.22个百分点、1.59个百分点。从行业分布看,制造业和建筑业注册资本分别净增202.59亿元、97.12亿元,合计占全年私营企业净增注册资本的52.79%;电力、热力、燃气及水生产和供应业净增注册资本11.15亿元,注册资本净增长率以131.47%位列榜首。上述3个行业全年新增私营企业18家。其中,注册资金1000万~1亿元企业5家、1亿元以上企业3家,太阳能光伏发电产业企业10家。 (张文静)

**■外资和港澳台资企业登记监督管理** 2014年，全市新登记外资和港澳台资企业141家，新增注册资本11.84亿美元，分别比上年下降32.21%、34.31%。截至12月15日，全市外资和港澳台资企业总数1757家，注册资本总额139.27亿美元。全市57家外商和港澳台商投资企业法人增加注册资本10.47亿美元，增资额比上年增长28.31%；其中外商和港澳台商增资8.47亿美元，增长16.99%。增资额列前三位的企业分别是中国石化仪征化纤股份有限公司(2.42亿美元)、江山新能源投资(扬州)有限公司(1.29亿美元)、江天新能源贸易(扬州)有限公司(1.16亿美元)。香港在扬州投资额连续7年列各地之首。2014年，新增港商投资企业数量、投资总额、注册资本和港方认缴额分别比上年下降53.49%、31.48%、27.73%和28.42%，新增日本、韩国投资企业数量、投资总额、注册资本和外方认缴额分别增长100%、395%、75%和75%，新增欧盟国家和美国投资企业数量、投资总额、注册资本和外方认缴额分别增长11.11%、73.72%、72.94%和127.27%。新增4家世界500强企业在扬州设立外商投资企业法人，比上年增加3家。5月，日本日清纺控股株式会社与德国大陆集团旗下大陆汽车投资(上海)有限公司在江都投资设立日清纺大陆精密机械(扬州)有限公司，从事电子刹车系统给油阀组开发、制造；9月，德国库卡公司控股的Reis GmbH & Co. KG Maschinenfabrik(德国徕斯机械制造公司)与江苏亚威机床股份有限公司在江都合资设立亚威徕斯机器人制造(江苏)有限公司，研发制造工业机器人；11月，西班牙MIASA INVESTMENTS, S.L(西班牙米阿萨公司)与扬州凯翔实业投资有限公司在宝应合资设立扬州米阿萨凯翔汽车零部件制造有限公司，制造变速箱拨叉、组件和相关部件以及其他传动系统组件。（张文静）

**■市场主体登记注册** 3月1日，新公司法正式实施。全市工商管理系统落实工商登记制度改革措施，注册资本由实缴制改为认缴制，推行“先照后证”(先申领营业执照，再办理有关许可证)、“四证一体”(工商营业执照、组织机构代码证、国税登记证、地税登记证实行一窗受理、一表填报、内部流转、统一发证)、工商注册全程电子化、电子营业执照。3—12月，全市新增企业类市场主体1.99万家、注册资本786.8亿元，分别比上年同期增长30.4%、40.5%。其中，新增公司制企业1.04万家、注册资本701.97亿元，分别比上年同期增长74.3%、68.6%。全市新设公司网上申报率90%以上，其中外资和港澳台资企业网上申报率95.4%，居全省前列。7月1日起，开展企业年度报告公示制度公示试点工作。截至年底，全市有17.98万家市场主体履行年报公示义务，占全市市场主体总量的79.2%。7月19日，市政府印发《关于放宽企业住所(经营场所)登记的实施意见》(简称《意见》)。截至年底，全市按照《意见》规定登记企业住所(经营场所)5065户，其中利用住宅登记的企业住所(经营场所)53户。

6月28日，市侨办联合市总工会、扬州市儒商研究会、扬州报业传媒集团评选出“十大侨港资企业家”

市侨办/供稿

扶持发展家庭农场和农民专业合作社，鼓励达到一定规模的农户注册成立家庭农场，引导多主体、多层次、多类型兴办合作社。截至12月15日，全市登记注册农民专业合作社5038个，出资总额168.88亿元，其中非货币出资122.62亿元、货币出资46.26亿元；登记家庭农场579个，其中企业105家、个体工商户474户，资金总额分别为1.38亿元、1.95亿元，经营范围主要涉及粮食、蔬菜、花木、果树种植和水产、畜禽养殖等。（张文静）

**■商标登记监督管理** 2014年，全市新申请注册商标4000多件，其中国际商标15件；新获中国驰名商标个案保护认定8件，新创成省著名商标47件，新认定市知名商标92件，全市累计有驰名商标42件、著名商标298件；创成“泾河西瓜”等地理标志商标5件。全市工商管理部门加强商标专用权保护。5—8月，开展第二届夏季青年奥林匹克运动会(简称青奥会)标志专项保护行动，先后出动执法人员1099人次，检查经营户7751家次，检查商品交易市场81个次，未发现侵犯青奥会标志权利案件。开展“双打”(打击侵犯知识产权和制售假冒伪劣商品)工作。通过华东六省一市商标保护协作网等区域商标保护协作网络，强化与外省(市)工商部门协调，加大对省、市重点保护商标的域外保护力度。8月1日起，开展“商标战略国企行”专项活动，上门走访国有企业，加强行政指导，推进实施“一企一策”，帮助国有企业发展品牌战略，对申报扬州市知名商标、江苏省著名商标和“江苏省商标战略实施示范企业”的国有企业实行申请计划单列。（张文静）

**■广告监督管理** 2014年，全市审核新增广告经营项目企业145家，办理户外广告登记570件，初审固定形式印刷品广告登记证2件。全市工商部门监测广告94.38万条次，其中电视广告52.33万条次、广播广告30.85万条次、报纸广告11.20万条次；责令整改广告372条次，其中食品和保健食品广告134条次；受理举报47件，其中食品和保健食品广告举报26件。开展广告监管专项整治活动。全年办理广告案件158件。开展电视购物广告专项整治行动，运用技术手段监测电视购物广告2.12万条次，责令改正53条，责令停止发布1条；开展非法借贷集资广告专项整治行动，集中清理报纸非法借贷和融资广告，约谈扬州日报社广告中心负责人3次，责令其整改和停止发布违法虚假借贷融资类广告35条；开展互联网广告专项整治行动，查处互联网广告违法案件24件；开展房地产广告市场专项整治行动，整改房地产广告150条，查处房地产广告违法案件34件。（张文静）

■**合同监督管理** 2014年，市工商行政管理局运用抵押登记职能服务企业发展，先后举办银企对接会4场，办理动产抵押登记326件，抵押物价值116.3亿元，担保主债权金额59.82亿元，缓解中小企业融资难题。发展“重合同守信用”企业。完成全市1418家“重合同守信用”企业年度信用复评，12家企业进入国家工商总局国家级“守合同重信用”企业认定公示名单。利用企业信用信息公示平台，开展电子商户“重合同守信用”工作。全年发展电子商户“重合同守信用”企业8家。开展银行、电信、房地产行业合同文本专项整治。全市收集各类合同文本401份，其中银行业合同文本212份、电信业合同文本86份、房地产行业合同文本103份；筛选涉嫌违法条款35条，其中银行业合同条款11条、电信业合同条款9条、房地产行业合同条款15条；开展行政约谈189次，下发行政建议书118份、责令整改通知书53份。通过专项整治，促使房地产行业备案合同115份，立案查处银行业合同案件13件（结案4件）、电信业合同案件8件（结案6件）、房地产行业合同案件45件、条款侵权竞合案件35件。加大拍卖监管。全年登记拍卖备案42件，总金额1.24亿元。仪征工商行政管理局立案查处拍卖串标案件1件，涉案金额900多万元。推进仲裁、调解对接。扬州工商行政管理局将行政调解融入司法大调解。全市8个仲裁联络处、54个仲裁联络站受理、调解合同争议53件，其中调解转仲裁的13件、调解成功制作法律文书的22件，合同争议金额850多万元。（张文静）

■**公平交易监督管理** 2014年，全市工商行政管理系统立案查处各类案件1239件，其中产品质量案件301件、商标侵权案件112件、不正当竞争案件132件、侵犯消费者权益案件18件；办结1163件，案值2825.85万元。开展行业专项整治。全年查处房地产市场案件217件，办结199件，案值1191.64万元；查处汽车消费市场案件55件，办结45件，案值66.38万元。打击传销，规范直销。推进“无传销城市”“无传销社区”创建，开展2次集中宣传活动，发放宣传资料2500多份，发布警示提示25条，接受咨询和举报34次；取缔传销窝点3个，遣散传销人员105人，查处传销案件2件，案值400万元。查处违法直销案件1件，罚没20万元。治理建筑工程、医药购销、设备采购等领域商业贿赂行为，累计查处商业贿赂案件23件。运用《商业贿赂数据与信息共建共享协议》《执法协作框架协议》等，全市工商行政管理部门接收法院和检察机关移交商业贿赂案件线索18件，接收公安机关移交烟草案件等线索6件，接收其他行政执法部门移交案件线索29件，向其他部门移交案件线索25件。规范执法行为，推行“阳光执法”。清理、制定工商部门涉企职责、行政权力、收费项目和服务事项清单，向社会公开；执行重大案件执法检查报备、“首违不罚”、“容期整改”制度，对企业、群众反映较多的收费问题，实行“先全部暂停、再清理规范”。全系统报备各类执法检查事项246件，向轻微违法主体发出责令改正通知书280多份，对150多次轻微违法行为予以首违不罚，对260多件重大处罚案件予以报备。（张文静）

■**市场监督管理** 启动新一轮农贸市场提档升级工程。协调、推动市场主办单位投入建设、改造资金近6000万元，改善市场硬件设施和环境。全年新建、迁建农贸市场3个（华磊星辰农贸市场、兴厦农贸市场、联合农贸市场），面积9820平方米；改造农贸市场12个（彩衣街农贸市场、文昌生活广场、华宁农贸市场、解放桥农贸市场、萃园人防综合市场、四季园农贸市场、双桥农贸市场、金鑫农贸市场、贵宇农贸市场、江都中心农贸市场、明珠农贸市场、瘦西湖农贸市场），改造面积2万多平方米。整治市场环境秩序。按照“市场内外同步治理，构建清洁、清爽、清净市场消费环境”要求，组织“市场环境秩序整治月”行动、经贸旅游节市场秩序整治行动、“清清物、洗洗脸、讲讲透、管管严”主题行动和全国文明城市创建市场专项整治行动等4次大规模整治活动，出动执法人员1200多人次，开展行政约谈17次，下发责令整改通知书130多份，解决出摊出店占道经营、地面积水垃圾、车辆乱停乱放、场内杂物过多、墙体台池卫生等管理难点。建设市场信用体系。开展市场和场内经营者市场信用认定工作。全年依托经济户口平台，完成全市308个市场信用认定，其中A级市场290个，占市场总数的94.16%。以市场为单位，开展“星级文明经营户”“党员示范岗”“流动红旗”等创争活动和场内经营者信用评定活动。截至2014年底，全市有283个市场开展经营者信用评定，2.10万名经营者参评，占经营者总数的90.93%。加强网络交易市场监管。制定《关于开展网络商品交易及有关服务行为监管工作的指导意见》和《网络商品交易违法行为查处暂行规则》。全市工商管理系统查处各类网络交易违法案件76件，结案68件。加强流通领域食品安全监管。开展乳及乳制品、食用油、食品添加剂以及校园周边等重点区域食品安全系列专项整治行动。（张文静）

## 价格监督管理

■**概述** 2014年，扬州市居民消费价格指数（CPI）涨幅2.1%，低于全省平均水平0.1个百分点。市政府办公室印发《关于2014年价格调控目标责任制的实施意见》,召开市场价格调控联席会议。市物价局细化各地、各部门价格调控目标和职能分工,定期开展价格形势分析,协调重要商品生产、储备、流通和供应,组织价格调控目标责任督查和总结。加强价格调节基金使用管理,引导县(市、区)运用调节基金支持平价商店经营、基层价格监督站建设、价格应急监测等。制定价格改革措施,加强市场价格监测和秩序监管。疏导价格矛盾,完善定价机制,推动资源环境和公共事业价格改革,促进资源优化配置和经济转型升级。制定水稻、麦种价格,落实夏、秋粮收购价格政策,调整旅游景点门票价格,核定城市公交、公共自行车租赁等价格。市物价局价格监测预警网络新增汽车、木材、化工品等8个监测点,全市价格监测点增至182个。做好重要主副食品和工业生产资料价格监测和分析预警,全年上报监测数据74.4万条、监测分析报告266篇。落实国家、省减负收费项目和标准,开展涉企收费整治专项行动,清理行政事业性收费和经营服务性收费。全市审验行政事业性收费许可证907本,新核发行政事业性收费许可证6本。建设价格信用体系,探索市场价格"网格化"监管机制,治理行业价格行为,规范银行、停车等收费。加强价格监督检查。针对市场价格热点、难点问题,采取市区联动、县镇联动方式,累计出动2000人次,检查全市大型商场、超市、宾馆、车站、汽车4S店、旅行社、景点、农村公路及城市客运价格,维护市场价格秩序;先后组织开展医疗卫生、商业银行、商品房销售、教育收费等专项检查,推动有关单位整改、规范收费行为。"12358"价格举报平台全年答复"寄语市长"留言290件、"市委书记信箱"来信12件,受理价格举报932件,退还消费者6.84万元,滚动答复率和办结率均为100%。9月,市物价局园区物价管理处更名为扬州市物价局园区分局。 (陆长昀)

**■资源环境价格改革** 2014年,市物价局改革民用天然气价格,实行阶梯气价政策,明确9类延伸服务收费原则和标准。落实市区非民用管道天然气第二步改革措施,上调存量气价,与增量气价并轨。制定居民阶梯式气价、水价实施计划。制定车用天然气新计量换算标准和电动汽车充电试行价格。根据煤热价格联动办法,调降热力价格。市政府印发扬尘收费管理办法。市物价局、市节水办公室制定《扬州市非居民用户超计划用水加价收费实施细则》。(陆长昀)

**■医药价格改革与监管** 2014年,市物价局审批并组织实施江都区、高邮市、宝应县10家县级公立医院医药价格改革,取消药品加成,通过调整医疗服务价格、政府补贴和自我消化方式补偿。组织7次医疗收费"巡查会诊"活动,检查医药价格,规范医疗服务收费行为。加强非营利性医疗机构药品差价率管理,适度调整中药饮片价格,贯彻低价药品清单管理政策,定期开展低价药品价格监测。

(陆长昀)

**■价格信用体系建设** 2014年,市物价局建立市场主体价格信用档案,实施分类、联动监管,发挥价格

**2014年扬州市部分商品及服务价格调整情况表**

表23-6

| 项目 | | 执行时间 | 调整前价格 | 调整后价格 | 涨幅(%) |
|---|---|---|---|---|---|
| 民用天然气销售价 | | 2月抄表 | 2.2元/立方米 | 2.42元/立方米 | 10 |
| 非民用天然气中准价 | | 11月抄表 | 3.25元/立方米 | 3.55元/立方米 | 9.2 |
| 港口污泥发电公司蒸汽中准价 | | 8月抄表 | 214元/吨 | 204元/吨 | -4.7 |
| 威亨热电公司蒸汽最高销售价格 | 工业用 | 8月抄表 | 215元/吨 | 205元/吨 | -4.7 |
| | 非工业用 | 8月抄表 | 238元/吨 | 228元/吨 | -4.2 |
| 华阳供热公司蒸汽中准价 | | 8月抄表 | 212元/吨 | 204元/吨 | -3.8 |
| 全机械化生猪屠宰加工费 | | 5月25日 | 22元/头 | 26元/头 | 18.2 |
| 扬州泰州机场包装箱收费 | 小件 | 6月16日 | 5元/个 | 10元/个 | 100 |
| | 中件 | 6月16日 | 10元/个 | 15元/个 | 50 |
| | 大件 | 6月16日 | 15元/个 | 20元/个 | 33.3 |
| 扬州泰州机场巴士票价 | | 7月4日 | 25元/人 | 30元/人 | 20 |
| 公路燃油附加费 | | 10月11日 | 0.025元/人·千米 | 0.015元/人·千米 | -40 |
| 世明双语学校学费 | 小学 | 秋学期 | 3800元/人·学期 | 5300元/人·学期 | 39.5 |
| | 初中 | 秋学期 | 4500元/人·学期 | 5800元/人·学期 | 28.9 |
| 扬州中学教育集团树人学校国际班学费 | 初中 | 秋学期 | 7500元/人·学期 | 9000元/人·学期 | 20 |
| | 高中 | 秋学期 | 15000元/人·学期 | 18000元/人·学期 | 20 |
| 职业大学瘦西湖校区学生公寓住宿费 | | 秋学期 | 700元/人·年 | 800元/人·年 | 14.3 |

(陆长昀)

信用档案激励、惩戒作用,促进市场公平、诚信。通过各类媒体发布季度《消费警示》,公布典型案例,曝光失信行为。市委宣传部、市物价局等7家单位联合表彰61家诚信经营示范店。全市创成江苏省价格诚信单位16家。 (陆长昀)

**■成本监审** 2014年,市物价局制定《扬州市幼儿保育教育定价成本监审办法》,充实成本监审专家库。先后开展中小学教育收费、热电企业煤炭成本、高层楼房二次供水建设费用、出租车营运成本等13个民生价费项目成本监审和调查项目13个,核减成本1915万元,核减率16.62%。 (陆长昀)

**■物价便民服务** 推进行政审批制度改革,清理四大类33项行政权力事项,将所有行政权力事项集中到物价便民服务大厅办理,实行"一个窗口受理""一条龙服务"。加强行政权力网上运行管理,成立电子政务办公室,专司价格信息网、物价云、物价E图、物价E通等系统维护及信息发布,提升价格公共服务水平。做好价格信息服务。巩固电视、电脑、手机"三网合一"价格信息发布机制,每日发布市区主要农贸市场和平价商店菜价;扩容"价比三家"信息平台,发布食品、药品、家电、汽车4S店、银行、宾馆酒店等民生商品和服务"价比三家"信息146期;发布春节市场、举报热点、旅游消费等"价格观察"24期,猪肉、蔬菜、鸡蛋等"全程晒价"18期。 (陆长昀)

**■规范平价商店运营** 2014年,全市有正常经营的平价商店101家。市物价局制定《平价店考核奖励实施细则》,实行考核奖励和淘汰补充机制,保证平价商店总量平衡。加强平价商店日常管理,印发《规范平价商店工作指南》,制定《平价商店价格监管服务平台建设方案》,聘请义务监督员,强化价格公示,实行每日监测、季度考核。开展"平价年货大街进社区"活动,定期组织"平价农产品直通车"进社区,推进"农超对接""农校对接"。平价商店全年销售农产品2.76万吨,销售额2.06亿元,实惠市民1814万元,帮助菜农增收78.18万元。 (陆长昀)

**■涉企收费整治专项行动** 2014年,市物价局牵头开展涉企收费整治专项行动,调查市直71个单位收费和近百家企业缴费情况,取消5个地方自立收费项目,明确7个收费项目按下限执行、13个收费项目收费标准削减20%。公布《2014年扬州市直收费单位涉企行政事业性收费和扬州市政府定价(政府指导价)涉企经营服务性收费目录》,全年减轻市直企业负担近1亿元。开展交通、工商管理、建设、公安等9个系统涉企收费专项检查。 (陆长昀)

**■涉农价费监管** 2014年,市物价局调整生猪屠宰加工费标准,制定稻种、麦种价格,贯彻放开种子价格、桑蚕茧价格、农药出厂价格政策,加强市场监测,督查粮食收购价格政策执行情况,开展农贸市场摊位费备案管理。开展涉农收费规范化乡镇创建活动,规范涉农收费程序,完善镇、村财务公示机制,表彰涉农收费规范化乡镇创建工作先进个人。在省物价局涉农乱收费排查中,扬州市未发现违规收费现象。 (陆长昀)

**■规范银行收费** 市物价局召开市区商业银行服务价格工作会议,宣讲《江苏省商业银行服务价格管理与行为规范暂行办法》。推动全市银行机构自查整改,取消不合理收费项目,降低收费标准,支持实体经济发展。全市银行机构清退违规收费2014万元。公示市区32家商业银行52项服务价格,促进落实政府指导价,加大自主收费项目优惠力度。市、县联动开展辖区内商业银行服务收费专项检查。县物价分局检查各农村商业银行、村镇银行中间业务收费情况,纠正违规收费。 (陆长昀)

**■房价监管** 2014年,市物价局落实房地产市场调控政策,从严核定解危安置房价格。改进新建普通商品住房价格备案管理,按照"以成本核算为基础,结合市场供求因素,兼顾购房者承受能力"定价原则备案,严格成本审查,及时调降成交价格偏低楼盘备案价格。房价备案时限缩短为7个工作日。全年完成房价备案76批次210万平方米,核减不合理成本9.3亿元。执行商品房明码标价规定和"一价清"制度,检查、处理违规置业公司。开展涉房收费专项清理,全年减轻房地产开发企业负担300多万元。 (陆长昀)

**■停车收费管理** 2014年,市物价局制定《市区车辆停放服务收费管理办法》,对不同性质停车场服务收费按政府定价、政府指导价和市场调节价实行差别定价,鼓励计时收费,推行限时免费,运用价格杠杆引导停车分流、快停快走,支持停车场建设。制定《市区停车场明码标价规范》,统一市区160多家停车场收费标价牌,通过价格信息网公示收费价格。规范教场、凤凰岛、瘦西湖南门等重点停车场收费行为,查处、曝光停车场违规收费问题。 (陆长昀)

**■推广明码实价** 市物价局推行明码实价,整顿商业零售市场价格行为。先后举办新闻媒体通气见面会、零售商业企业系列培训讲座、大型商贸流通企业明码实价政策提醒会、明码实价与价格信用工作推进会、"推行明码实价、倡导价格诚信"主题广场活动等,推动市区重点零售商业企业实行明码实价。开展明码实价示范店创建工作,全年新增明码实价示范店6家,累计创成24家。 (陆长昀)

**■价格争议调解** 市物价局成立价格争议调解办公室,在全省率先开发、启用"价格争议调解网上运行平台",印发《扬州市价格争议调解处理实施细则》。加强与司法系统、社区等合作,融入社会大调解体系。全年调解价格争议8件,调解成功率100%。 (陆长昀)

**■涉案财产价格鉴定** 2014年,扬州市价格认证中心受理公安、法院、检察院等部门涉案财产价格鉴定与认证业务143件，鉴定涉案财产金额370.6万元。其中，涉及刑事案件122件，鉴定金额331万元；涉及民事案件11件，鉴定金额20.9万元；涉及行政案件10件，鉴定涉案财产金额18.7万元。（陆长昀）

## 安全生产监督管理

**■概述** 2014年，扬州市安全生产监督管理局（简称市安监局）贯彻实施新修订的安全生产法，严格安全生产监管和执法监察，强化企业安全生产责任制建设，推进企业安全生产标准化达标，开展安全生产专项整治、执法监察检查。推进基层安监机构规范化建设，全市20个乡镇安监站通过省级达标验收。加强安全生产宣传教育培训，市安监局投入安全生产宣传教育经费200万元。组织开展“安全生产月”活动。全市3.44万名企业负责人、安全管理人员和特种作业人员通过安全培训、考核，其中企业负责人和安全管理人员2.05万人、特种作业人员1.38万人。全年发生各类生产经营性事故162起，死亡165人，分别比上年下降4.14%、7.3%。其中，工矿商贸企业发生事故20起，死亡23人，比上年上升5.3%。全市连续15年无重特大安全生产事故。经江苏省安全生产委员会（简称省安委会）安全生产目标管理责任考核领导小组评定，扬州市安全生产目标管理工作连续第10年被评为优秀等次。（焦同林）

**■安全生产责任体系建设** 2014年，扬州市采取“分片包干”方式，由市委常委每人挂钩一个县（市、区），指导、督查落实安全生产责任制。9月，市委、市政府印发《扬州市安全生产“党政同责、一岗双责”暂行规定》，强调各级党委、政府对安全生产工作负有领导责任，党政领导在履行岗位业务职责的同时，履行相应的安全生产工作职责；明确安全生产组织领导、机构建设、经费投入等重大事项。全市按照“一岗双责”要求，分层分级落实安全生产责任制。市长与副市长签订安全生产工作责任书，明确各自分管范围内安全生产工作职责；市政府与6个县（市、区）政府、4个功能区管委会、20家市直部门（公司）、23家驻扬州单位签订安全生产目标管理责任书，明确年度安全生产目标管理考核细则，与履责保证金挂钩考核。县（市、区）党政主要负责人政绩考核实行安全生产重大事故“一票否决”。扬州市安全生产委员会（简称市安委会）向12个负有安全监管职责的部门下达安全生产工作任务书。经考核评比，广陵区政府等51家安全生产目标管理先进单位、市公安局等12家安全生产行业监管先进单位获市安委会表彰。市安监局在全市重点行业企业推进安全生产责任保险，强化企业安全生产经济责任。全年有477家企业参加安全生产责任保险，比上年增长5.2%；3.37万人参保，增长29.5%；累计缴纳保费1187.8万元，增长38.0%；安全生产理赔金额431.1万元；许可企业续保率98.9%。（焦同林）

**■安全生产标准化** 全市新增安全生产标准化一级达标企业5家，累计10家，覆盖石化、军工、电力、交通等重点行业。34家企业申报二级安全生产标准化企业（其中4家为证书到期延期），12家企业取得证书或被列入公告名单，11家企业通过评审。新增三级安全生产标准化企业1128家（含获批延期企业）。（焦同林）

**■安全生产专项行动** 2014年，全市安全生产监管部门开展危险化学品、烟花爆竹、船舶修造、建筑、消防、道路（水上）交通等13个重点行业安全生产专项整治。6月起，市安监局连续3个月在全市17个重点行业实施安全生产专项行动，组织开展石油天然气长距离输送管道、化工企业、外包作业单位、使用液氯企业、涉氨企业、有限空间作业等专项治理。其间，市安委会组织12个专项督查组，对各地、各部门整改情况实施全过程跟踪督查和暗查暗访。苏州市昆山中荣公司“8·2”金属粉尘爆炸事故发生后，市安监局组织开展铝镁粉尘专项检查治理，对49家不符合安全生产条件的企业实行停产整改，督促相关县（市、区）安监局做好整改复查工作。至年底，46家企业按要求整改到位。组织开展化学品罐区专项整治，全市150家涉及化学品罐区企业排查、整改隐患192项。推进危险化学品生产企业安全设计诊断工作。全市108家化工企业173套装置完成安全设施设计诊断和整改。（焦同林）

**■安全隐患检查整改** 法定节假日、重点时段、重大活动期间，市委、市政府主要领导、分管领导分别带领安全生产检查组，检查全市重点行业企业、重要部位和重大危险源。市安监局加强安全监管执法检查，推进隐患排查治理体系建设。9月，扬州市市级隐患排查治理信息系统通过省级验收，实现市、县（市、区）联网。全市4.18万家生产经营单位开展安全隐患排查治理，排查出一般隐患14.04万项，整改13.82万项，整改率98.4%，投入整改资金1.56亿元。市、县（市、区）分级挂牌督办重大事故隐患22项，全部按期整改到位。全市90个重大危险源全部落实领导挂钩安全责任。市安监局强化安全生产源头管理，完成41个项目“三同时”（建设项目安全设施必须与主体工程同时设计、同时施工、同时投入生产和使用）审查。检查危险化学品企业1861家，查出隐患9779项，督促整改9645项，落实整改资金2137.3万元。组织开展“职业卫生监督执法年”活动，调查企业职业卫生基本情况，完善企业职业卫生基础数据库，推进企业职业危害申报、作业场所职业病危害因素检测工作。全年新增申报涉及职业卫生项目企业1384家，检查企业2023家。（焦同林）

**■安全生产监察执法** 2014年，市安全生产监察支队（简称安监支队）和县（市、区）安全生产监察大队检查企业2023家。新修订的安全生产法实施后，全市安全监察部门严格依法监察，对非法、违法生产企业一律停产整顿，对非法、违法生产整改不合格企业一律关闭，对非法、违法生产经营企业负责人一律按上限处罚，对触犯法律的单位和人员一律依法严格追究责任，对发生事故企业一律严肃查处。全市通过监察执法检查，查处涉及职业卫生、建设项目“三同时”、现场安全管理、危险化学品管理和建筑施工等安全生产违法违规案件53件，按期结案率100%，行政复议维持率100%。其中，现场处理案件14件，责令6家企业暂时停产停业。市安监支队全年监察市区企业133家188次，帮助企业排查各类隐患805项，向62家企业下达《责令限期整改指令书》66份，涉及整改项目272个，整改率100%。组织开展烟花爆竹、外包作业、职业卫生、安全生产设备设施和安全生产“六打六治”〔打击矿山企业无证开采、超越批准的矿区范围采矿行为，整治图纸造假、图实不符问题；打击破坏、损坏油气管道行为，整治管道周边乱建、乱挖、乱钻问题；打击危化品非法运输行为，整治无证经营、充装、运输，非法改装、认证，违法挂靠、外包，违规装载等问题；打击无资质施工行为，整治层层转包、违法分包问题；打击客车客船非法营运行为，整治无证经营、超范围经营、挂靠经营及超速、超员、疲劳驾驶和长途客车夜间违规行驶等问题；打击“三合一”“多合一”场所(住宿与生产、仓储、经营一种或一种以上使用功能违章混合设置在同一空间内的建筑)违法生产经营行为，整治违规住人、消防设施缺失损坏、安全出口疏散通道堵塞封闭等问题〕专项检查，查出各类隐患294项。组织抽查县(市、区)所属企业36家，查出各类隐患324项，牵头组织2次安全生产暗访监察活动。全年查处安全生产违法违规案件30件，其中现场处理4件、采用简易程序处理13件、采用一般程序处理13件，处罚金19.6万元。

（焦同林）

**■安全生产应急管理** 加强全市安全生产应急体系、应急平台数据库建设预案管理、应急演练、应急救援工作。扬州化学工业园区建设重大危险源监测监控信息系统，完成园区重大危险源企业信息资料录入和11家重大危险源企业视频接入。6月，园区应急平台上线运行，实现安监、环保、公安、消防四台合一，具备园区应急指挥中心、监测预警中心、信息发布中心和综合办公平台4个方面功能。9月，市安监局指导并参与组织化工园区危化品突发事件应急预案演练。11月，扬州市政府和江苏省交通运输厅联合在京杭运河扬州段举行“运河守护-2014”江苏省苏北运河危化品运输船舶泄漏处置专项演习，省内5个市级地方海事局以及环保、消防、卫生、气象、供电等部门(单位)230人参加演习，动用各类船艇26艘、应急车辆8辆以及危化品防护设备、无人机等应急资源。市安监局为演习提供专家和技术支持并全程观摩，扬州市内河搜救中心成员单位等21家单位参加演习。

（焦同林）

“运河守护—2014”演习现场　　李　玮、张丙涛/摄

**■职业安全卫生监管** 市安监局开展“职业卫生监督执法年”活动，推动企业建立职业卫生管理制度，做好职业卫生项目申报和检测、建设项目“三同时”、个人防护用品发放使用、职业健康监护档案等工作。强化用人单位职业病防治主体责任，整治重点行业领域职业危害。完成49个建设项目职业卫生“三同时”审查备案，组织对44个项目开展职业卫生安全现状评价。组织开展职业卫生现状普查。全市5056家企业申报职业卫生项目，5174家企业上报安全生产隐患排查系统信息。普查、录入职业病危害企业4193家，占应录入企业的81.0%。组织近200家企业参加职业病防治法知识竞赛，收到竞赛答题卡3.55万份。全年检查涉及职业卫生企业463家，查出问题或隐患2025项，下达执法文书796份，责令当场整改596项、限期整改1429项，罚款35.1万元，39家企业被警告，2家企业被责令停产整顿。

（焦同林）

**■安全生产专家挂钩服务企业** 4月，市安监局启动千名安全生产专家(监管监察人员)挂钩服务万家企业(单位)活动。年内，569名省、市、县三级安全生产专家和450名市、县、乡监管监察人员与1.01万家企业结对，通过召开座谈会、开展问卷调查、发放安全生产法单行本、走访服务、接受安全咨询等形式，收集整理企业提出的关于安全生产标准化、安全培训、行政许可、中介服务、行政执法、中小企业代理、安全生产责任险、职业危害、安全监管等方面意见和建议347条，指导企业建设安全文化、完善安全生产管理制度、提升企业安全管理水平。

（焦同林）

**■“安全生产月”活动** 6月16日，市安委会办公室、蜀冈-瘦西湖风景名胜区管委会联合举行全国第13个“安全生产月”活动启动仪式，市安监局等14个部门开展安全生产宣传咨询，举办安全文化漫画展，发放宣传漫画1000套。“安全生产月”期间，全市发放安全生产宣传资料30多万份，张贴安全标语1.48万条，开展安全生产咨询活动100多场次，组织安全生产法规知识讲座60多场次，发送安全生产宣传短信10万多条。

（焦同林）

## 质量技术监督

■**概述** 2014年，扬州市推进质量强市。建立以质量为核心的发展理念，征集、评选出“精致扬州、质量成就”城市质量精神，引领各行各业开展质量提升活动；完善质量目标考核机制，突出质量发展考核权重比例，提升质量工作绩效。经国家质量监督检验检疫总局(简称国家质检总局)批准，扬州市获创建“全国质量强市示范城市”资质。在“质量之光”2014年度颁奖典礼上，扬州市获全国十大“年度质量魅力城市”称号。实施名牌、技术标准两大战略。全年主导制定国家、行业标准17个，申报省级农业、工业和服务业标准化项目209个。国家级行政服务标准化试点通过验收。全市培育江苏名牌产品67个，其中新增江苏名牌产品30个、复评合格产品37个；认定市名牌产品123个。11家企业申报市长质量奖，扬州宏远电子有限公司、扬州扬杰电子科技股份有限公司获2014年度扬州市市长质量奖，海沃机械(中国)有限公司、江苏省扬州汽车运输集团公司获评2014年度推进卓越绩效管理先进单位。8家企业获AA级以上质量信用评价。推进公共技术服务体系建设。筹建省汽车零配件产品质量计量检测中心，启动建设江苏省特种设备安全监督检验研究院扬州综合检测基地。液压机械产业中小企业公共技术服务平台被确认为第五批江苏省中小企业公共技术服务示范平台；光电产业计量检测公共技术服务平台申报省外贸公共服务平台项目，获专项资金扶持。市质量技术监督局(简称市质监局)与中国船舶重工集团公司第七〇四研究所合作共建船舶及其

**2014年扬州市新增江苏名牌产品一览表**

表23-7

| 产品名称 | 企业名称 |
|---|---|
| 扬修牌阀门电动装置 | 扬州电力设备修造厂 |
| 联环牌爱普列特片 | 江苏联环药业股份有限公司 |
| Qiquan牌超细仿真微弹记忆面料 | 扬州纪元纺织有限公司 |
| 好年华牌低烟无卤电缆料 | 扬州市好年华橡塑有限公司 |
| 峰业万德牌SCR催化剂 | 江苏万德环保科技有限公司 |
| 高效节能聚酯装备技术服务化 | 扬州惠通化工技术有限公司 |
| 图形牌气缸盖 | 扬州扬子江宝云缸套有限公司 |
| 琪玲牌玉雕 | 扬州玉器厂 |
| 中剪牌扬州剪纸 | 扬州剪纸博物馆有限公司 |
| 文汇阁牌雕版印刷技艺 | 扬州广陵古籍刻印社 |
| 宝池牌200级耐电晕漆包铜扁线 | 江苏迅达电磁线有限公司 |
| 尚保罗牌纸浆泵 | 江苏尚宝罗泵业有限公司 |
| 新奇特牌高阻燃包带 | 扬州新奇特电缆材料有限公司 |
| 博士特牌复混肥料 | 扬州展鹏肥业有限公司 |
| 一重数控牌数控板材坡口重载切削柔性机床 | 江苏一重数控机床有限公司 |
| JAC牌JB1027系列多用途货车 | 扬州江淮轻型汽车有限公司 |
| JK牌电力金具 | 江苏捷凯电力器材有限公司 |
| 华阁牌散热器 | 江苏维创散热器制造有限公司 |
| 引江牌钢筋混凝土排水管芯模振动制管机 | 扬州市华光双瑞实业有限公司 |
| 金都来牌发电机组 | 江苏金都电力科技有限公司 |
| 中天科祺牌热交换器 | 江苏中天能源设备有限公司 |
| 天龙腾跃牌闸门 | 扬州市天龙环保设备有限公司 |
| 克林牌羽毛球拍 | 江都区克林体育用品厂 |
| 金鑫牌充气高压开关设备用铝合金外壳-断路器壳体 | 江苏金鑫电器有限公司 |
| 江扬牌钢筒螺旋卷焊机 | 江苏江扬建材机械有限公司 |
| 丰源电器牌船用10A ～125A插头插座和连接器 | 仪征市丰源船舶电器有限公司 |
| 精兆牌聚丙烯编织材料 | 仪征市金达织物有限公司 |
| 禾源牌无纺针刺过滤材料 | 仪征金泰化纤无纺布有限公司 |
| 华翅牌高效散热管 | 仪征市永辉散热管制造有限公司 |
| 扬迪牌道路照明灯具 | 江苏迪生建设集团有限公司 |

（濮长美）

配套件标准信息平台，与武汉大学合作研究“扬州市经济增长质量考核指标体系”，与江苏科技大学合作完成《汽车零配件产业发展质量分析与研究报告》，与扬州大学合作完成《名牌建设对扬州市经济发展贡献影响研究》。加强特种设备、食品、重点消费品安全监管，维护市场经济秩序和群众利益。全年出动执法人员4560人次，检查生产销售单位1540家，立案360件，其中大要案65件；移送公安机关案件36件，移送案件货值2.4亿元。全年未发生区域性、系统性、行业性质量安全问题。全市质量技术监督部门落实市政府职能转变和机构改革方案，推进行政管理体制

调整、食品监管职能调整和县级市场监管机构整合、市区执法队伍整合、市县检验检测机构整合。（张　华）

■**技术标准战略**　2014年，全市主导制定国家标准5个、行业标准12个，获批省级标准化示范试点项目10个，新增采用国际标准产品169个，24家企业被列为"标准化良好行为企业"创建试点单位。国家级行政服务标准化试点工作通过验收，全市政务服务标准化、规范化水平提升。江苏牧羊集团申办国际标准化组织饲料机械技术委员会(筹)成功，成为江苏省第四个国际标准化技术委员会，也是江苏省首个原创组建的国际标准化技术委员会。（茆法勇）

■**管理体系认证**　2014年，全市139家企业通过质量管理体系认证，95家企业通过环境管理体系认证。全市质量技术监督部门对107家管理体系获证企业开展网格式检查，检查认证活动现场评审组205个。（朱跃平）

■**计量监管**　2014年，全市质量技术监督部门免费检定200个集贸市场1.05万台电子计价秤、1074家医疗卫生机构5305台医用计量器具。市质监局指导企业建立和完善计量检测体系，16家企业通过计量保证确认，160家企业通过计量合格确认，3家企业通过测量管理体系认证。完成20家重点用能单位能源计量审查。（王　飞）

■**食品安全监管**　2014年，市质监局开展烤鱼片、明胶、大桶水、肉制品、白酒等专项检查活动16项，受理和处理投诉、举报220件，查处食品违法案件23件。全年发放食品生产许可证260张，其中新发证88张、换证146张、变更26张。全市生产加工环节452个批次食品接受省级监督抽查，合格率98.45%。（梁　奇）

■**特种设备安全监管**　2014年，全市质量技术监督部门开展特种设备安全隐患排查治理，发现一般隐患1222条、严重隐患174条，严重隐患整改率100%。试点建立特种设备安全监察、执法、检验"三位一体"工作模式和隐患整改闭环工作机制，提高监管效率。推行特种设备使用单位安全标准化达标工作，8651家使用单位达标，占辖区内使用单位总数的87.93%。开展长输管道(油气管道、危险化学品运输管道、城市燃气管道)、涉氨特种设备专项整治。落实电梯安全监管措施，市质监局草拟《扬州市电梯管理办法》，开展电梯应急救援平台建设前期调研。组织开展电梯维修保养单位星级评定工作，评定二、三、四星级企业32家。（姚　清）

# 食品药品监督管理

■**食品药品监管体制改革**　2014年12月，市政府办公室印发《扬州市食品药品监督管理局主要职责、内设机构和人员编制规定》，市编制委员会印发《关于调整完善食品药品管理体制行政机构编制划转的通知》，整合质量技术监督、工商行政管理、卫生和食品药品监督管理4个部门食品药品监管职能、监管队伍和检验资源，新组建扬州市食品药品监督管理局(简称市食品药品监管局)。12月，市编制委员会印发《关于组建功能区市场监督管理局及城区工商质监部门行政编制划转的通知》，明确6个县(市、区)全部实行工商行政管理、质量技术监督、食品药品监督管理"三合一"模式，成立市场监督管理局，并按乡镇或区域设立派出机构，均加挂食品药品监督管理局牌子；各功能区参照县(市、区)做法；乡镇(街道)、社区(村)两级分别设置食品药品监督助理和安全监管协管员。至年底，市级工商行政管理、质量技术监督与食品药品监管部门职能划转到位，县、乡两级启动食品药品监管体制改革。（洪　昊　杨国屏）

■**食品安全综合监督**　2014年，市食品药品监管局牵头开展食品重点品种、重点区域、农村食品市场"四打击四规范"〔严厉打击无证无照行为，规范食品生产经营者主体资格；严厉打击销售、使用无合法来源食品和原料违法行为，规范食品生产经营者采购活动；严厉打击生产经营侵权仿冒和"五无"(无生产厂家、无生产日期、无保质期、无食品生产许可、无食品标签)食品违法行为，规范食品包装标签标识管理；严厉打击生产经营"两超一非"(超范围、超限量使用食品添加剂，食品中非法添加非食用物质)等行为，规范食品生产经营过程〕、学校食堂及校园周边食品安全大检查、打击"非法添加"和"非法宣传"等集中整治行动。全市检查食品生产经营单位1.3万户次，取缔无照经营户130户，捣毁制假窝点6个，查处违法案件1100多件。全年累计抽检食品6400多批次，综合合格率94.2%；其中重点品种风险监测抽检1000批次，合格率97.5%。开展"老字号老品牌、新人物新故事"主题活动，评选出"诚信做食品药品"单位14家、个人6人。仪征市试点建立学校和敬老院"透明厨房"，实行实时视频监管。邗江区试点开发应用"美滋滋"公共服务平台，方便公众参与餐饮安全监管。
（洪　昊　杨国屏）

■**保健食品和化妆品监督管理**　2014年，全市有保健食品生产企业3家，其中市区2家、高邮市1家；有化妆品生产企业72家，其中市区68家、高邮市4家。市食品药品监管局开展保健食品和化妆品生产安全风险大检查、化妆品集中交易市场整治，抽检220多批次，合格率96.8%，督促整改企业30多家次，查处减肥类、辅助降血糖类、辅助降血压类、缓解疲劳类、美容美发类问题产品8批次。完善保健食品、化妆品生产质量管理体系，3家保健食品企业试行质量受权人制度，66家化妆品企业完成395个产品网上备案。评定扬州市2014年度保健食品和化妆品生产诚信等级企业6家、守信等级企业23家、警示等级企业28家、失信等级企业3家，认定保健食品化妆品诚信经营示范店25家。（洪　昊　杨国屏）

■**药品生产监督管理**　全市有制药企业20家、药用包装材料生产企业

16家、医院制剂室8个。市食品药品监督局建立、实施新版《药品生产质量管理规范》(简称GMP)行政告知书制度,全市药品生产企业75%的无菌制剂产品通过GMP认证。全市口服制剂、注射剂、中药制剂、原料药及其委托加工企业、接受境外委托加工企业检查覆盖率100%,基本药物飞行检查覆盖率及电子赋码率100%。开展易制毒化学品、特殊药品制剂及"瘦肉精"制剂专项检查,未发生流弊事件。监测药品不良反应报告3100份,其中新的、严重的不良反应报告占31.8%。监测药物滥用报告120多份。加强电子监管,药品生产企业全部加入国家药品电子监管网。市食品药品监管局制定《扬州市药品生产企业质量安全信用等级评定和管理办法》。 (洪 昊 杨国屏)

**■药品流通和使用监督管理** 全市食品药品监督系统办理药品经营零售许可621件,新开办药品零售企业136家(含连锁企业5家),注销药品零售企业223家。推进药品经营企业实施新版《药品经营质量管理规范》(简称GSP),11家批发企业、1家零售连锁企业、288家单体药店通过GSP认证。加强互联网药品信息服务和交易服务专项检查,监督检查率100%,责令33家网站整改,关停违法网站1家。评定2014年度全市1067家药店信用等级,其中A级722家、B级302家、C级37家、D级6家,并分别以"大笑脸""小笑脸""平脸""哭脸"脸谱形式在药店店堂内公示。制定《促进药品现代物流与药品零售连锁发展工作方案》,8家连锁企业实现远程审方。完成第二届夏季青年奥林匹克运动会期间特殊药品安全巡查、创建全国文明城市期间药店巡查,责令整改483家次。加强基层医疗机构药品使用质量监管,责令整改385家次。 (洪 昊 杨国屏)

**■医疗器械生产经营监督管理** 2014年,市食品药品监管局推进实施《医疗器械生产质量管理规范》,81家无菌企业全部通过验收。全年新颁一类医疗器械注册证107张,新开办医疗器械批发企业45家、零售企业57家。在82家无菌医疗器械企业建立"透明车间",通过洁净区安装的温湿度和压差传感器、红外移动侦测摄像头,实现远程实时监控。完善"一次性使用吸痰管"产品质量标准和质量控制措施。加强医疗器械不良事件监测,累计注册用户2242家,上报可疑不良事件2500多件。评定2013-2014年度扬州市医疗器械生产企业诚信企业48家、守信企业55家、警示企业22家。

(洪 昊 杨国屏)

**■药品安全专项整治** 2014年,市食品药品监管系统开展医疗器械"五整治"(整治虚假注册申报、违规生产、非法经营、夸大宣传、使用无证产品)专项行动,集中排查无菌类产品、理疗仪、隐形眼镜等高风险品种,责令整改198家,立案67件,其中下某非法生产销售医疗器械案被列为全国医疗器械"五整治"专项行动10件重大典型案件之一。组织实施药品"打假保安全"、"打假保名牌"、打击利用互联网销售假药等专项行动,查办违法案件260件,取缔

**2014年扬州市药品及药用包装材料生产企业情况表**

表23-8

| 地 区 | 制药企业(家) | | | | 药用包装材料生产企业(家) | 医院制剂室(个) |
|---|---|---|---|---|---|---|
| | 小计 | 药品生产企业 | 医用氧气生产企业 | 药用辅料生产企业 | | |
| **合 计** | **20** | **15** | **4** | **1** | **16** | **8** |
| 市 区 | 14 | 10 | 4 | 0 | 9 | 4 |
| 宝应县 | 1 | 1 | 0 | 0 | 2 | 2 |
| 仪征市 | 0 | 0 | 0 | 0 | 3 | 0 |
| 高邮市 | 5 | 4 | 0 | 1 | 2 | 2 |

(乔 虹)

**2014年扬州市药品和医疗器械经营企业情况表**

表23-9 单位:家

| 地 区 | 药品经营企业 | | | | | 医疗器械经营企业 | | |
|---|---|---|---|---|---|---|---|---|
| | 小计 | 批发企业 | 零售企业 | 连锁总店 | 单体门店 | 小计 | 批发企业 | 零售企业 |
| **合 计** | **1342** | **13** | **1056** | **10** | **263** | **827** | **245** | **582** |
| 市 区 | 761 | 10 | 587 | 7 | 157 | 655 | 198 | 457 |
| 宝应县 | 181 | 1 | 155 | 1 | 24 | 39 | 15 | 24 |
| 仪征市 | 158 | 1 | 122 | 1 | 34 | 104 | 27 | 77 |
| 高邮市 | 242 | 1 | 192 | 1 | 48 | 29 | 5 | 24 |

(尹成雷 周 进)

**2014年扬州市医疗器械生产企业情况表**

表23-10 单位:家

| 地 区 | 小计 | 一类企业 | 二类企业 | 三类企业 |
|---|---|---|---|---|
| **合 计** | **145** | **31** | **82** | **32** |
| 市 区 | 130 | 27 | 73 | 30 |
| 宝应县 | 6 | 2 | 3 | 1 |
| 仪征市 | 4 | 2 | 2 | 0 |
| 高邮市 | 5 | 0 | 4 | 1 |

(周 进)

**2014年扬州市药品市场专项整治情况一览表**

表23-11

| 项　　目 | 单位 | 合　计 | 市　区 | 宝应县 | 仪征市 | 高邮市 |
|---|---|---|---|---|---|---|
| 出动执法人员数量 | 人次 | **9300** | 5545 | 925 | 1760 | 1070 |
| 检查单位数量 | 家 | **3507** | 2141 | 395 | 578 | 393 |
| 查处案件数量 | 件 | **260** | 128 | 37 | 52 | 43 |
| 查处案件案值 | 万元 | **174.13** | 88.87 | 7.97 | 7.39 | 69.9 |
| 没收物品货值 | 万元 | **31.16** | 20.30 | 2.29 | 5.91 | 2.66 |
| 没收违法所得 | 万元 | **372.89** | 269.62 | 39.03 | 42.97 | 21.27 |
| 取缔无证经营单位数量 | 家 | **14** | 14 | 0 | 0 | 0 |
| 捣毁制假窝点数量 | 个 | **7** | 4 | 3 | 0 | 0 |
| 移送司法部门案件数量 | 件 | **30** | 22 | 5 | 2 | 1 |
| 移送其他部门案件数量 | 件 | **13** | 7 | 1 | 3 | 2 |

（周国凤）

无证经营单位14户，捣毁制假窝点7个，监测、处理违法广告3900多条，破获“7·12”制售有毒有害保健食品案、“12·6”降糖灵胶囊假药案等大案要案。移送公安部门涉嫌犯罪案件30件，其中6件被列为公安部督办案件、4件被列为国家食品药品监管总局督办案件，61人被采取刑事强制措施，33人被追究刑事责任。制定《行政处罚自由裁量量化标准》，量化278项处罚权力处罚尺度，明确10种从轻处罚、4种减轻或不予处罚的情形。（洪　昊　杨国屏）

■**执业药师管理**　2014年，全市2211人报考执业药师，增长56%，410人通过考试。市食品药品监管局办理执业（从业）药师注册、变更561人次，增长194%。组织执业药师、从业药师参加年度继续教育。全市有640人参加网络培训，690人参加面授，总参培率90%。173人取得药学（药品）专业技术职称资格，其中4人取得高级职称资格、3人取得中级职称资格。（洪　昊　杨国屏）

# 审计

■**概述**　2014年，全市审计机关完成审计项目369个，查处主要问题资金172.16亿元，其中违规资金6244万元、损失浪费资金2180万元、管理不规范资金171.32亿元，核减投资额11.68亿元；促进整改、落实有关问题资金1008万元；提出审计建议，被采纳116条；移送处理事项9件，移送处理6人。10人通过国际注册信息系统审计师（CISA）考试，3人通过高级审计师考试或评审。赴南通全国政府性债务审计组获审计署集体嘉奖。（沈燕兵）

■**财政金融审计**　2014年，市审计局实施以市级财政预算执行和地税征管情况审计为基础的5个大类17个审计项目，首次开展市本级非税收入征管情况专项审计调查，丰富同级财政审计内容；重点审查部门“三公”经费〔因公出国（境）经费、公务车购置及运行费、公务招待费〕预算执行情况，披露超预算支出情况。审计反映的问题推动市政府制定《关于进一步加强市级行政事业单位国有资产管理的意见》等制度，推动市粮食局等单位梳理、排查和整改问题；审计建议促成市财政局制定《市级非税收入管理环节操作规范实施细则》等制度。（沈燕兵）

■**经济责任审计**　2014年，全市审计机关对67名党政主要领导干部和国有企业领导人履行经济责任情况实施审计。市审计局对16名党政主要领导干部和国有企业领导人进行经济责任审计；联合市委组织部、市机构编制委员会办公室（简称市编办），对8名领导干部进行“三责联审”（党政领导干部选人用人责任审查、机构编制责任审核、任期经济责任审计）；实现扬州高校领导干部经济责任审计全覆盖。市审计局、市委组织部、市编办建立“通报质询、整改督查、综合运用、统筹协调”机制，将联审结果作为干部任选考评、机构编制调整、年度预算编制依据，将经济责任审计结果作为市级机关年度目标考核依据之一，提高“三责联审”结果运用成效。加大审计整改督查力度，召开全市开发园区专项“三责联审”结果通报会议，提出整改意见和要求；会后现场督查整改情况，促进落实整改措施。（沈燕兵）

■**专项资金审计**　2014年，市审计局完成专项资金审计项目3个。开展旅游业专项资金审计调查，重点审计旅游财政专项资金安排、拨付、使用、管理情况以及部分重点旅游项目实施情况等；开展科技创新专项资金使用管理情况审计，重点审计科技创新专项资金专款专用、有效使用情况以及对科技创新的驱动成效等，揭示专项资金预算安排及资金拨付、使用、管理等方面8个问题，促进专项资金规范使用和管理；连续第六年开展全市住房公积金归集、贷款和使用情况联网审计，促进落实住房公积金政策。（沈燕兵）

■**专项审计和审计调查**　2014年，市审计局完成专项审计和审计调查项目3个。按照审计署统一部署，全市抽调审计业务骨干90多人，实施盐城市本级及其部分县(市、区)土地出让金及耕地保护情况专项审计；跟踪审计扬州市2013年度城镇保障性安居工程，揭示专项资金未按规定用途使用等问题，促进保障房专项资金规范使用；完成审计署交办的世界银行贷款/英国政府赠款中国农村卫生发展项目(江苏)审计以及世界银行贷款淮河流域重点平原洼地治理工程项目2013年度财务收支和项目执行情况审计。 (沈燕兵)

**■政府投资项目审计** 2014年，全市审计机关完成政府投资审计项目154个，审计投资额65.02亿元，核减投资额(工程款)11.68亿元。市审计局跟踪审计头桥水厂扩建工程、对口支援新疆资金和项目等，对古运河东片区水系沟通工程、润扬河水利工程等14个项目实施工程结(决)算审计，核减工程款2800多万元；实施政府投资经费审核项目5个，审计总金额9.35亿元，核减投资概算和经费5568.34万元。 (沈燕兵)

**■行政事业审计** 2014年，市审计局完成行政事业审计项目12个。审计市安监局、市旅游局、市园林管理局、市政府侨务办公室、市政府法制办公室、市政府外事办公室、市粮食局、市农业机械管理局2013年度部门预算执行情况，并对有关部门所属二、三级预算单位进行延伸审计，促进市级部门、单位加强自身及其所属单位预算管理；审计市农业委员会、扬州中学、苏北人民医院、市环境保护局财政收支情况，促进完善公共财政体系，维护财政秩序。 (沈燕兵)

**■企业审计** 2014年，市审计局完成企业审计项目4个。审计扬州教育投资集团有限公司、扬州宙辉教育置业有限公司、扬州教育置业有限公司、江苏省华建建设股份有限公司等4家企业2011-2013年度财务收支情况，揭示企业经营效益不佳、财务管理不规范等问题，促进企业提高管理水平、决策能力和企业竞争力。 (沈燕兵)

# 统计

**■概述** 2014年，市统计局加强“八项工程”(转型升级、科技创新、农业现代化、文化建设、民生幸福、社会管理创新、生态文明建设、党建工作创新)、全面建成小康社会、党政正职考核等监测，在省内率先开展生态环境类指标统计。与扬州大学商学院联合成立扬州统计学术研究院，加强统计数据开发应用理论研究，提高统计分析研究成果参考价值。全年有15篇统计分析得到市委、市政府领导批示，有861条各类信息、统计分析被国家、省统计局网站采用。提升统计服务水平，推出数据战略合作联盟、全市经济运行跟踪监测预警、主流媒体解读统计数据、统计代理等4项新举措，形成调研成果30多篇；发布“数据扬州”手机客户端，以图形、图表形式向公众提供扬州经济发展统计资料；《扬州统计》内部期刊发放范围扩大到200多家重点工业和服务业企业；健全联网直报平台、统计专网、调查交互平台“三位一体”服务体系，探索建立与企业互惠合作机制，为企业提供宏观经济信息、行业运行信息。宣传《江苏省统计条例》，开展条例宣讲活动。完善数据质量管理机制，形成《扬州市加强统计数据质量建设三年行动计划》，加强数据生产、采集、汇总、发布和使用等5个基础环节统计质量管理。建成市、县、乡、企业四级共享的全市服务业十大重点产业数据处理平台，1506家样本企业参与试填试报。开展投资统计改革试点，制定《扬州市固定资产投资统计制度方法改革方案》《扬州市固定资产投资统计制度方法改革试填试报工作实施方案》，在各县(市、区)选取部分项目单位开展试填试报。推进统计代理工作，规范管理、扶持发展民间统计调查机构，组建统计代理机构6家。清理涉企报表，减轻基层企业负担。加强信息化建设，制定《扬州市统计信息化建设三年行动计划》，提出建设经济社会发展数据中心，打造统计数据采集平台、统计数据发布平台，建立基础数据库、综合数据库、专题数据库目标。7月，召开全市统计信息化工作会议，启动实施统计信息一体化项目，部署信息化建设“1236”工程〔建设1个数据中心(全市经济社会发展数据中心)，打造2个平台(统计数据采集平台、统计数据发布平台)，建立3个数据库(统计基础数据库、统计综合数据库、统计专题数据库)，构建6个体系(信息网络基础体系、办公自动化系统体系、网络信息安全管理体系、视频会议系统体系、经济地理信息系统体系、经济运行监测体系)〕。 (蔡　磊)

**■基层统计基础建设** 建成规范统一、覆盖全市的基层统计机构。全市92个乡镇统计站全部挂牌。加强县、乡、部门、企业统计机构规范化建设。全市县、乡统计机构全部通过省级规范化达标验收，其中5家县级统计机构、27家乡镇统计机构创成省级示范单位；扬州经济技术开发区统计局、维扬经济开发区统计局创成省级以上开发区统计规范化建设示范单位；4823家联网直报企业通过省级统计规范化达标验收；8项基层创新单项成果得到省统计局推广。开展全市“一套表”联网直报中违法违规和不规范报送行为专项整治自查自纠，遏制、消除冒名报送和指令报送行为。推行统计执法检查电子化操作。高邮市统计局在全省率先尝试开展电子执法。 (蔡　磊)

**■生态环境统计监测** 2014年，市统计局结合环境综合统计报表制度，收集、整理环保、城建、交通等部门环境统计数据，在全省率先开展水环境、大气环境、固体废物等近百个生态环境类指标统计，编印《2013年度扬州市生态环境简明统计资料》，开展“十三五”规划资源环境发展目标和指标体系研究，服务全市生态环境建设。 (蔡　磊)

**■数据战略合作联盟构建** 2014年，市统计局与全市100多家“四上”重点企业(规模以上工业企业、限额以上批发零售住宿餐饮企业、资质内建筑业和房地产企业、规模以上服务业企业)签订数据战略合作联盟框架协议,建立重点企业调查制度,定期开展统计调查和监测分析,适时取得企业生产经营数据,为分析市场变动情况、企业运行情况提供第一手数据支撑,变事后监测为事前预警。

(蔡　磊)

**■第三次全国经济普查**　2014年1月1日至3月31日,扬州市组织5000多名普查指导员、普查员以及近万名统计系统工作人员,开展第三次全国经济普查入户登记。通过普查,查清全市各类单位基本情况,二、三产业发展规模及布局,产业组织、产业结构现状和主要生产要素构成,服务业、战略性新兴产业、文化产业和小微企业及个体经营户发展状况;更新国民经济各行业基本单位名录库和基础信息数据库;完成普查区电子地图绘制。根据普查结果,2013年末,全市有从事第二产业和第三产业活动的法人单位54430个,比2008年末(2008年是第二次全国经济普查年份)增加18736个,增长52.5%;有产业活动单位61630个,比2008年末增加20621个,增长50.3%;有证照个体经营户134624户,比2008年末增加24770户,增长22.5%。开发应用普查资料,编印《扬州市第三次全国经济普查简编资料》,招标立项重点研究课题39项。

(蔡　磊)

## 出入境检验检疫

**■概述**　2014年,扬州出入境检验检疫局检验检疫出入境货物3.37万批,货值19.71亿美元。其中,出境货物2.91万批,货值8.75亿美元,分别比上年下降53.8%、60.0%;入境货物4547批,货值10.97亿美元,分别增长20.5%、34.4%。在扬州口岸检出多批进口煤炭不合格。其中1批量澳大利亚煤炭全水分超标,短缺重量货物货值60万美元。首次检出菲律宾铜精矿氟含量超标。完成出入境人员健康体检9784人次,查验出入境船舶493艘次,检疫出入境集装箱9.45万标箱,截获有害生物346种4570种次,其中检疫性有害生物38种818种次。推进质量强市示范市建设,发布2013年和2014年上半年扬州进出境检验检疫质量状况白皮书,完成各类进出口商品质量分析报告40多篇。扬州进出口玩具检验所通过香港实验所认可计划(HOKLAS)复评审及扩项评审。保障消费品安全,以玩具产品为试点,探索构建以风险管理为核心的业务运转模式。保障国门安全,加强口岸核心能力建设,完善口岸传染病防控体系,实施“数字动植检”品牌战略,启动医学媒介监测、外来有害生物监测等项目。落实贸易便利化措施。推进扬州泰州机场一类口岸对外开放和扬州地区长江港口开放,扬州港4号泊位、扬州第二发电有限公司一期煤码头通过一类开放口岸省级验收。帮扶企业用足优惠政策,落实降低收费政策。全年免收检验检疫费482万元;签发原产地证2.9万份,为扬州出口企业争取关税减免0.89亿美元。创新监管模式,实现企业申报和检务监管全过程电子化,加快通关放行速度。制定14条服务措施,服务地方重大工程和重大技改项目。促成扬州港红酒进口量增长80%以上。扬州出入境检验检疫局获江苏检验检疫系统“文明单位标兵”称号。

(顾婉瑜)

**■“三个一”口岸业务改革**　3月初,扬州出入境检验检疫局开发区办事处启动“一次申报、一次检验查验、一次放行”的“三个一”口岸业务改革,制定推进口岸业务改革工作方案,以扬州港为试点,打破原有业务科室部门分工,整合检验检疫、港口鉴定等业务资源,实现业务流转“纵向直通”、一次办结。开发区办事处全年完成入境船舶及其货物检验27批、集装箱检验127批、产地检验9批。

(顾婉瑜)

**■新增3个省级出口农产品示范基地**　扬州出入境检验检疫局推进辖区内出口农产品质量安全示范区建设,提升出口农产品质量安全水平。5月4日,经江苏省农业委员会、江苏出入境检验检疫局和江苏省海洋与渔业局批准,江苏得宝食品有限公司射阳湖镇廖徐村莲藕产品出口示范基地、扬州市金绿维食品有限公司宝应县射阳湖镇钱沟村莲藕产品出口示范基地和扬州高宝邵伯湖渔业增殖养殖试验场高邮湖大闸蟹出口示范基地成为江苏省第六批出口农产品示范基地。全市累计建成出口农产品省级示范区1个、省级示范基地9个,合计1721公顷。

(顾婉瑜)

**■宝应县创成国家级出口食品农产品质量安全示范区**　年初,扬州出入境检验检疫局与宝应县政府签订创建国家级出口食品农产品质量安全示范区合作备忘录,增强宝应传统特色出口产业优势,推动宝应出口食品和有机食品产业可持续发展。扬州出入境检验检疫局帮助宝应县政府建立出口食品农产品质量安全公共管理体系、质量安全标准化体系、农业化学投入品添加剂控制体系、质量安全追溯管理体系、预警通报与应急体系、企业质量安全诚信体系,推动落实示范区建设措施。9月,宝应县通过国家质检总局现场考核。11月20日,国家质检总局发布公告,确认宝应县为“国家级出口食品农产品质量安全示范区”。

(顾婉瑜)

**■首次截获17种有害生物**　2014年,扬州出入境检验检疫局加强口岸疫情监管,在检疫查验产自巴布亚新几内亚、所罗门、缅甸、澳大利亚、马来西亚等地进口木材时,截获有害生物299种3785种次,种类数比上年增长24.6%,其中17种被中国检验检疫科学研究院确认为全国口岸首次截获有害生物。

(顾婉瑜)

**■埃博拉出血热疫情防控**　扬州出入境检验检疫局加强口岸疫情防控,成立埃博拉出血热疫情防控工作领导小组,制定预案,落实部门和人员责任,组织口岸一线及保健中心卫生检疫业务人员参加防控知识培训。加强口岸埃博拉病毒检疫查验,对载有疫情发生地人员的入境船舶实施登轮检疫,对计划前往疫情发生地及来自疫情发生地的重点人群开展防病宣传和指导，做好卫生检疫和疾病监测工作。开展疫情防控应急演练，提高疫情防控实战能力。扬州口岸未发现埃博拉出血热疫情。（顾婉瑜）

## 海关监管

■**概述** 2014年，扬州海关加快监管改革，提高通关效率，服务地方经济发展。全年监管进出口货物709.38万吨，比上年增长39.5%；监管货物总值324.14亿元，下降8.1%；监管进出口集装箱12.07万标箱，增长13.8%；监管进出境船舶1034艘次，增长4.1%；监管2.00万人次进出境人员行李物品，增长2.6%；征收关税和进口环节税23.00亿元，下降8.3%。办理减免税收手续454笔，增长10.2%；审批设备金额3.04亿元，下降46.5%；减免关税和进口环节税4794.17万元，下降26.8%。办理加工贸易合同备案1182份，备案总金额79.99亿元，分别增长3.0%、58.6%。扬州海关缉私分局立案侦查走私犯罪案件6件，案值9220万元，其中4件被列为海关总署缉私局一级挂牌督办案件。其中，侦办特大固体废物案件2件，查获走私固体废物2.8万吨；侦办棉花走私大案1件，查获走私棉花4100多吨，案值8000多万元，涉税2937.22万元。行政案件立案91件，案值2.5亿元，涉税1222.82万元。实施长江经济带区域通关一体化改革，优化进出口物流和企业资源配置，企业物流成本降低30%，通关效率提高50%。（尹红燕）

■**海关监管改革** 参与海关总署、南京海关重大改革项目，推进口岸管理部门实现"信息互换、监管互认、执法互助"，推动大通关建设。加快长江经济带区域一体化通关建设，复制推广上海自贸区监管创新制度，推进通关作业无纸化全覆盖。启动海关与检验检疫局合作，优化海关通关作业流程，提升贸易便利化水平。创新监管模式，试行"一点接单、多点验放"业务整合方案，整合监管资源，加快通关速度，提升开放型经济发展软实力。（尹红燕）

■**服务进出口企业** 2014年，扬州海关为造船企业减免风险担保金4.5亿元；采取"一船一议"码头交船方式，帮助企业节约成本约6000万元。清理海关进出口监管理货收费项目，帮助进出口企业节约成本300万元。制定、实施关领导挂钩联系区县制度，与区县建立关地联系配合机制。开展关务服务专员活动，选派业务骨干与100家进出口重点企业建立"一对一"服务联络机制，提供业务指导和政策宣传。制定《扬州海关支持外贸稳定增长十五项措施》。开通扬州海关公众微信服务平台"扬关E路阳光"，推送消息180多条。开办"企业家沙龙"，举办"12360通关伴你行"等大型政策宣讲活动近20场次。（尹红燕）

扬州海关工作人员查验运抵口岸的货物信息　　海　关/供稿

■**关检合作"三个一"改革启动** 11月27日，扬州海关与扬州出入境检验检疫局签署关检合作备忘录，启动关检合作"三个一"改革，整合、优化关检通关作业流程，将进出口企业分别到海关、检验检疫部门办理的报关、报检手续和环节调整为"一次申报、一次查验、一次放行"。"一次申报"即企业可一次性录入关检申报数据，同时完成报关和报检；"一次查验"即关检双方查验同一批货物时，实行"一次到场、一次开箱、共同作业"，依照各自职责同步进行查验作业；"一次放行"即关检对于运抵口岸的货物分别发出核放信息，企业凭核放信息办理货物提离手续。关检合作"三个一"改革实施后，企业向海关和出入境检验检疫部门申报的项目录入项由169项减至92项，下降45.6%，录入效率提高30%以上，企业平均申报时间、货物查验时间缩短三分之一以上。（尹红燕）

■**企业信用等级认定** 12月，扬州海关根据《中华人民共和国海关企业信用管理暂行办法》和海关总署规定要求，核实企业违法违规状况，完成5家适用C类管理、3家适用D类管理企业信用重新认定工作，其中3家C类企业、1家D类企业作为一般信用企业报南京海关审批。（韩　管）

■**首例海关监管行政处罚简易程序案件办结** 1月26日，扬州海关在监管中发现扬州暻泰车材实业有限公司进口货物申报重量不符。由于该公司违规情节轻微，且能配合海关查明重量误差原因，1月27日，扬州海关依照《南京海关办理行政处罚简易程序案件规程》，首次启用简易程序处理该案，当场作出行政处罚决定并执行完毕，避免因案件移交造成资源浪费，便利企业生产经营。（韩　管）

# 城乡建设与管理

Chengxiang Jianshe Yu Guanli

编　辑　王妮珊

## 综述

**■概况**　2014年，扬州市区完成城市基础设施投资80.1亿元，全市完成村镇建设投资65.72亿元。

城市基础设施建设。瘦西湖隧道建成通车，连(云港)淮(安)扬(州)镇(江)铁路扬州段开工。双峰云栈、宋夹城体育休闲公园、鉴真广场建成开放。新万福路老路改造段、江都路跨古运河大桥、五台山大桥建成投入使用，邗江南路、文昌路西延、金湾路、运河北路北延、环邵伯湖大道开工建设。苏北医院道路交通节点和跃进桥道路交通节点改造、老北门桥改造、府西巷翻建工程建成通车。

城市功能性设施建设。完成六圩污水处理厂三期工程土建部分和清源污水处理厂二期扩建工程。完成第一水厂提标扩建工程和第五水厂扩建工程土建部分，第一水厂出厂水达到直饮水标准。推进一流配电网示范项目建设，完成文汇东路、淮海路、国庆路、甘泉路西段、府西巷等老城区城市道路杆线下地工程。

古城保护利用。按照古城保护规划，深化"双东"(东关街、东圈门)历史街区整治，建成吴道台展示馆及广场景观提升工程。实施华氏园、武当行宫、阮元廉政文化等展示馆布展工程7个。东关历史文化旅游区完成软件提升工作，启动AAAAA级景区创建工作。鼓励老城区居民参与古城保护，对按传统风貌要求改造住房的居民提供资金与技术支持，修缮传统民居30户。

民生城建工程。按照"清水活水、不淹不涝"城市建设行动计划，启动城市"清水活水"综合整治三年行动，开工建设黄金坝闸和平山堂站(闸)，整治新城河及四望亭河、幸福河、引潮河、童套河等支河，完成邗沟河和漕河生态清淤工程。市、区两级重点实施18个积水点整治工程，提升城市防洪排涝能力。优化城乡供水跨区域联网联供布局，全市改造供水支管网694千米。全年改造街巷路灯800盏，维修路面3.6万平方米，疏浚排水管道200千米，清疏检查井3000座。

建设领域节能减排。推进绿色建筑行动。市政府印发《扬州市绿色建筑行动实施方案》，明确所有新建建筑执行建筑节能强制性标准，全市保障性住房、政府投资项目、省级示范区项目以及大型公共建筑等4类新建项目执行绿色建筑标准。2014年，全市新增绿色建筑标识项目56万平方米，其中三星级绿色建筑近50万平方米。扬州市墙体材料改革与建筑节能管理办公室制定《扬州市2014年"禁黏"乡镇试点工作实施方案》，市政府办公室印发《关于在城区禁止生产和使用黏土类墙体材料的通知》，"禁黏"城区创建工作通过省级验收。推进建筑节能材料和产品备案工作，全年审查备案125家企业的建筑节能材料和产品218个，有705万平方米节能建筑通过竣工验收，累计节约标煤2.95万吨。实行"月度排查、重点抽查、问题督查"动态监管机制，落实施工现场预拌混凝土及砂浆强制使用、场内道路硬化、裸露土地绿化覆盖、建筑垃圾控制、进出车辆冲洗设置等扬尘防控措施，市区建筑工地扬尘整治达标率95%。扬州市被评为省建筑扬尘集中整治先进城市。

推进美好城乡建设行动。江都区小纪镇、邵伯镇，宝应县氾水镇、曹甸镇，仪征市大仪镇、月塘镇，高邮市三垛镇、临泽镇、菱塘回族乡等9个镇入选全国重点镇名录。仪征市月塘镇、宝应县氾水镇入选江苏省综合规划建设示范镇。宝应县望直港镇牌楼村等8个村入选江苏省2014年度美丽乡村建设示范村。推进农村危房改造，1302户农村危房纳入改造计划，全年完成796户危房改造。

(卞海波)

**■扬州老城区地下管线普查**　市区地下管线普查和信息系统建设由市城乡建设局组织实施。在全市域地下管线探测前，市城乡建设局确定5平方千米老城区作为探测试验区，完成综合管线探测546.32千米，探查管线点4.46万个。6月4日，《扬州市城市地下管线探测技术规程》《扬州市地下管线探测技术设计书》和试验区普查成果通过扬州市区地下管线普查与信息化建设工作领导小组专家组评审和验收。(杨　诚)

**■城建监察**　2014年，扬州市城建监察支队创新执法模式，健全完善工作机制，规范建筑市场秩序；立案查处违法违规案件202件，下达处罚决定174份；受理各类举报112件，办复率100%。全过程跟踪监察市区所有在建工程，开展拉网式检查5次、建筑工程全面检查7次、墙改联合执法3次。全年检查市政项目32个，开展燃气安全检查6次，检查燃气经营企业、个体燃气经营户以及燃气器具经营企业48家，下发责令改正通知书45份。实施建筑工地扬尘整治情况专项检查，检查建设项目224个，立案查处违规单位64家。执行"首违不罚""容期整改"制度，全年下达"首违不罚"单14份、"容期整改"单30份。（万晓辉）

**■国际城市管理协会(ICMA)2014国际区域峰会** 参见第12页。

## 城市规划

**■规划编制** 2014年，省政府发布《宁镇扬同城化发展规划》。市规划局开展跨江融合和城乡统筹发展规划研究，完成《扬州沿江地区城市空间格局规划研究》《以项目合作带动扬州跨江融合发展》等规划研究，重点谋划沿江地区交通网络、城际轨道交通系统和快速公路网络的对接与完善以及重要基础设施的整合。编制完成《东部枢纽布局规划及集疏运交通规划研究》。根据省政府办公厅关于加快优化镇村布局规划的指导意见，组织编制《扬州城市规划区镇村布局规划》，研究镇村布局规划原则，合理确定镇村规模和位置，指导扬州中心城区外围镇区及农民集中居住区规划建设，内容包括规划区内综合交通、镇区发展规模、农民集中居住、生态环境控制、公共服务设施以及基础设施等，推进城乡统筹发展。强化城市交通专项规划编制与研究，完成《扬州城市综合交通规划》《城市道路典型断面、公交港湾及平交口设计导则研究》《城市交通年度发展报告》《扬州市干线公路穿越城市结点规划研究》等，统筹考虑中心城区道路交通、交通设施、综合枢纽、公共交通、慢行交通、城市轨道交通等内容，理顺市区综合交通体系，构建完善便捷交通网络。完成《生态停车场规划研究》《扬州文昌路(邗江路—运河路段)近期交通改善对策研究》《紫藤路交通疏解暨小贩中心规划研究》《扬州历史之旅暨自行车租赁设想研究》《扬州东部综合交通枢纽周边集疏运规划》等交通专项研究，改善交通循环。推动城市品貌、建筑品质整体提升，编制完成《历史文化名城保护规划》《湾子街历史文化街区保护规划》《扬州古运河风光带全线贯通研究》《瘦西湖核心景区视觉分析》《扬州历史城区及周边区域高度控制规划》《扬州老城区古巷游线路研究》，深化城市特色空间、公共开放空间、慢行交通、环城滨水慢道等规划研究，并将规划刚性控制要求落实到法定控制性详细规划(简称控规)层面。编制完成《扬州市蓝线系统规划》《扬州市绿线系统规划》《扬州市新能源汽车加气、充电设施建设规划》《扬州市建筑垃圾(工程渣土)处置实施办法》，推进《扬州市黑线(高压走廊)专项规划》编制工作。

推进控规全覆盖工作，提升中心城区部分控规单元，重点组织或配合各区政府(管委会)开展生态科技新城、江都区舜天路两侧、古运河三湾地区、瘦西湖路两侧、蜀冈-瘦西湖风景名胜区等区域城市设计及控规编制工作。推动江都区控规全覆盖，指导、支持中心城区外围乡镇控规编制工作。（朱静涛）

**■《宁镇扬同城化发展规划》发布** 参见第16页。

**■规划管理** 服务重大项目和民生工程。优化重大项目建设会办制度，市规划局全年召开重大项目会办会20多次，做好重点城建项目前期选址论证和重大工业项目"点供"地(对重点项目给予保证指标的单独性保障性供地)规划服务工作。根据《主城区旧城及城中村改造实施计划》，制定2014年实施改造计划，确定41个城中村地块改造范围，并编制城中村改造地块初步设计条件。推动全市环卫设施、农贸市场、医疗卫生等公共服务设施和市政基础设施建设，做好扬大实验农牧场搬迁、中心城区5处公交场站等重大项目规划选址和服务工作。

按照"规划要管住、设计要放活"和属地管理原则，完善分层分类管理制度，规范审批流程，建立规划系统内部管理体制。制定"容缺受理""模拟审批"等实施细则，实行重大项目及民生设施项目行政许可事项"容缺受理"。全年对新万福路、西部科技综合体等10多个重大项目及拆迁安置房、城市基础设施等民生设施项目实行"容缺受理"。

全年发放选址意见书109份，总用地面积699.0公顷；办理用地规划许可证302份，总用地面积1190.7公顷，其中商品房用地面积262.3公顷、拆迁安置房用地面积87.0公顷、工业用地面积380.2公顷、其他项目用地面积461.2公顷；办理工程规划许可证2067份，总建筑面积1311.5万平方米，其中商品房建筑面积647.2万平方米、拆迁安置房建筑面积173.8万平方米、工业建筑面积210.0万平方米、其他项目建筑面积280.5万平方米。全年下达38宗地块(含出让和划拨地块)规划设计条件，总用地面积236.9公顷。（朱静涛）

**■规划督查** 市规划局全年实施规划验线148次，发现7项工程现状与规划有出入，责令重新放线；组织竣工核实178次。完成建设工程规划许可证副本换正本738份，建筑面积176.9万平方米。查处批后违规行为，全年发出责令改正通知书25份、停工(核查)通知书3份、限期拆除通知书7份；处理行政处罚案件32件，收缴罚没款597.89万元；移交违法建设案件10件，组织规划技术论证31次，移送强制拆除案件2件。全年开展日常规划巡查20次，与市城管部门开展联合巡查11次，发现违法建设行为79件。做好卫星遥感监测工作。完成2013年第2期卫星图斑排查、处理工作，发现变化图斑65处，其中12处未办理相关规划手续；完成2014年第1期卫星图斑排查、处理工作，发现变化图斑107处，其中31处未办理相关规划手续。将未办理相关规划手续的项目移交市城管部门查处，执行"首违不罚""容期整改”制度。全年发出“首违不罚”单14份、“容期整改”单30份。实施扬州市城乡规划信用管理制度，制作城乡规划信用信息登记表、处理审批表、公布通知单、约谈(调查)通知书等，建立诚信管理档案。约谈违规建设项目建设单位和规划设计单位，对其城乡规划信用作扣分处理，并在网站公布处理结果。编印《勘察设计单位手册》。对2013－2014年市规划委员会审查通过的68个建设工程项目实行全过程监管，明确第一责任监管人，编印《建设项目批后管理记录簿》。落实建设项目竣工规划核实办理流程。市政府召开建设项目规划批后管理联席会议3次，明确7个批后违规项目处理意见。 (朱静涛)

**■城市品貌与建筑品质提升专题研究** 2014年，扬州市规划部门重点组织编制《扬州市区城市设计导则》《扬州市建筑设计导则》。《扬州市区城市设计导则》在开展扬州建筑特色研究、视线控制研究、建筑退线、贴线研究等专题研究基础上，对城市空间管理要素提出控制要求和引导措施。从空间形态角度出发，将城市分为历史风貌区、自然景观风貌区、现代风貌核心区和一般性地区，历史风貌区主要管控建筑体量、高度、风格、色彩、屋面形式等，自然景观风貌区主要管控公共空间、视廊控制、滨水区等，现代风貌核心区主要管控建筑体量、形态、高宽比、材质及建筑与道路的关系等；从建筑和街道的关系出发，根据不同街道和建筑功能特点，提出不同的管控要求和引导意见，形成视觉协调、环境宜人的空间格局。《扬州市建筑设计导则》从城市空间形态与建筑单体两方面提出控制要求。城市空间形态层面，主要控制建筑群形态，从建筑高度、建筑界面、建筑公共空间、建筑风格等方面编制详细分导则，展现建筑群和谐统一的视觉效果；建筑单体层面，主要精细控制建筑单体形态，从建筑顶部、建筑底部、建筑中段、建筑色彩与材质、高层建筑玻璃幕墙、建筑附属设施和景观与公共环境等方面编制详细分导则，要求单体建筑根据建筑职能展现属性特点，避免奇形怪状、媚俗建筑。

(朱静涛)

**■生态科技新城综合规划编制** 2014年，生态科技新城学习借鉴深圳前海新区模式，按照“系统思维、综合规划”理念，委托深圳城市规划设计研究院牵头统筹11家国内外一流设计单位，通过全球招标、国际竞赛，进行系统谋划生态科技新城“1＋6＋11”综合规划，开创扬州市“立体式规划”模式先河。“1”即1个“区域规划”；“6”即核心区、杭集镇、泰安镇3个控制性规划和3个城市设计；“11”为11项专题研究，包括综合交通、市政管网、防洪排涝、环境保护、水系统、低碳生态、产业发展、旅游发展、智慧城市、新型城镇化与城乡统筹、杭集和泰安城市更新。

(赵洪波　滕　菲)

# 城建重点工程

**■生态科技新城建设** 参见第17页。

**■空港新城建设** 2014年，空港新城规划修编工作基本完成，编制5类10项规划。其中，发展战略规划、核心区城市设计、综合交通和给排水专项规划获市政府批复，产业规划、电力规划、防洪治涝规划通过专家评审，核心区控制性规划、综合管线专项规划、物流园概念性规划完成初稿。空港新城规划面积77平方千米(含机场规划26平方千米)，北起丁沟镇界—233省道，南至启扬高速公路，东起江都区麾村镇片区以东，西至三阳河—丁沟镇区。空港新城重点打造空港新城核心区，规划面积约8平方千米，分东区、中区、西区。东区为航空关联产业区，主要布局空港物流、电子信息、通用航空运营服务、航空制造等产业；中区为城市功能配套区，包含学校、医院、城市综合体、商业配套、行政办公等；西区为温泉休闲度假区，集温泉度假、文化娱乐、酒店餐饮与风情小镇于一体。产业规划初步定位为空港物流、通用航空、电子信息、高端商贸服务等。空港物流业发展航空物流、保税物流、冷链物流、电商物流及仓储等；通用航空产业建设飞行培训、飞机维护维修、航空俱乐部、航空体验馆等通航运营服务体系(FBO)，适时发展通航整机组装、飞机零部件制造、航空新材料等产业；电子信息产业重点打造物流信息化服务、地理信息服务、航电协同创新三大平台；高端商贸服务业发展温泉旅游度假、体验式主题公园、超大规模购物中心等业态。空港新城工委、管委会加快基础设施配套，启动20千米骨干路网、20万平方米腾飞花园安置区、10万平方米标准化厂房、3万吨污水处理厂等工程建设，完成项目开工前期准备工作。启动核心区民房拆迁和企业搬迁工程，完成民房拆迁500多户。建立空港新城与丁沟镇“区镇合一”运行体制，推行企业化绩效考核管理，组建江苏融汇建设集团。 (徐苏勇)

**■廖家沟城市中央公园项目开工** 8月18日，广陵区廖家沟城市中央公园项目开工。该项目是2014年市政府重大城建项目之一，由广陵区、生态科技新城和市园林局共同建设，计划总投资16亿元，项目规划建设范围南至沪陕高速、北至新万福路、东至廖家沟东侧、西至廖家沟西侧，总面积10.7平方千米。 (杨　诚)

**■瘦西湖隧道建成通车** 瘦西湖隧道2011年8月开工，2014年9月19日建成通车，是扬州城建史上单体投资最大工程，也是国内盾构直径最大的单孔双层隧道。瘦西湖隧道工程全长约4.4千米，其中，主体盾构段1275米，设计道路宽度主线8米，匝道6.5米，匝道与主线交叉段标准段宽度13.75米，设计为单管双层双向四车道，采用14.93米超大直径泥水平衡盾构机施工，总投资24.46亿元。工程由扬州市城乡建设局组织实施，中国铁建十四局集团中标承建，主要建设内容包括主线隧道和匝道，新建机动车道7.55万平方米、非机动车道3.33万平方米、人行道1.64万平方米，铺设雨水管道3672

米、污水管道2299米，建设风塔2座、管理用房1座、10千伏配电所1座。该工程先后攻克“全断面硬塑黏土地层盾构施工”等世界级难题，成功申请并获得发明专利1项、实用新型专利3项，成功列入“2013全国第三批建筑业绿色施工示范工程”，获得全国建设工程质量管理小组二等奖，“中国铁建杯”优质工程、江苏省安全文明建筑工地、扬州市优质结构工程、扬州市安全文明建筑工地。

（樊　荣）

**■道路建设**　五台山大桥改造。位于万福东路，横跨古运河。长255米、宽38.5米。2014年2月开工建设，2014年9月19日通车。概算投资1424万元，为既有桥梁拓宽改造，向北拓宽7.9米。改造后，桥面扩展为双向六车道。

江都路北延跨古运河大桥新建。南起古运河南岸，北至竹西路，长312米、宽40米。2013年3月开工建设，2014年1月26日竣工。概算投资3994.23万元，主要建设机动车道0.66万平方米、非机动车道0.28万平方米、人行道0.17万平方米、机动车和非机动车分隔带0.12万平方米。

（樊　荣）

**■积水点改造**　文汇路积水点改造。西起新城河，东至扬子江路。3月10日开工建设，7月12日竣工。主要建设内容包括翻建雨水管道，增设合流管道的溢流井，新建钢筋混凝土管道1245米、球墨铸铁管道160米，翻建沥青混凝土路面3.58万平方米。

扬子江路积水点改造。东起平山堂路，西至杨柳青路。1月6日开工建设，3月31日竣工。主要建设内容包括新建东、西两侧雨水管道926米，新增排水边沟243米，翻建沥青混凝土路面1.35万平方米。

（樊　荣）

**■“七河八岛”环境整治**　2014年，生态科技新城实施“七河八岛”（位于生态科技新城，由7条河流以及由其分割而成的8个岛屿组成。“七河”分别为壁虎河、新河、凤凰河、太平河、金湾河、高水河、芒稻河，“八岛”分别为聚凤岛、芒稻岛、金湾岛、自在岛、凤羽岛、山河岛、壁虎岛、幸福岛）区域环境综合整治，按照“生态优先”原则，治理环境、拆除违法建设。全年完成违法建设拆除和环境整治40万平方米，叫停一切低价租地、破坏岸线等行为；开展集中整治活动，取缔各类废旧市场200多个，消除“白色污染”，解决万福片区积存40多年的脏、乱、差问题；重塑滨水空间，完成21家船厂、砂石场搬迁任务，展现“七河八岛”区域“天蓝水碧、岸清树绿”美景。

（赵洪波　滕　菲）

**■“七河八岛”控污治水工程启动**　2014年，生态科技新城启动“七河八岛”控污治水工程。提升防洪能力，加固杭集镇九圩堤防，开工建设三星引排泵站和杭集、戴庄、三八河泵站；治理水环境，禁止在水源地保护区开展养殖捕捞活动，禁止在饮用水水源地保护区设排污口，禁止企业不达标排污；控制污染排放，防治农业面源污染，启动淘汰落后产能；编制市政管网规划，建立“七河八岛”区域污水管网体系。

（赵洪波　滕　菲）

**2014年扬州市区积水点整治工程情况一览表**

表24-1

| 所辖区 | 工程名称 | 所辖区 | 工程名称 |
| --- | --- | --- | --- |
| 市　直 | 文汇路 | 邗江区 | 平山路与宁启铁路交叉口 |
| 市　直 | 扬子江路 | 邗江区 | 邗江北路 |
| 广陵区 | 渡江南路 | 邗江区 | 安平路 |
| 广陵区 | 开发路 | 邗江区 | 龙川小学门口 |
| 广陵区 | 开发路与九龙路交叉口 | 江都区 | 人民路 |
| 广陵区 | 开发路与联谊路交叉口 | 江都区 | 长春路 |
| 广陵区 | 文昌路与观潮路交叉口 | 蜀冈-瘦西湖风景名胜区 | 平山堂东路 |
| 广陵区 | 江都南路 | 蜀冈-瘦西湖风景名胜区 | 上方寺路 |
| 广陵区 | 京杭环湖路 | 蜀冈-瘦西湖风景名胜区 | 高桥路 |

（樊　荣）

**■自在岛生态样本建设**　生态科技新城将自在岛作为先行区和示范区，整体策划、建设以“慢道、慢城、慢生活”为主题的最佳生态体验区，为“七河八岛”保护性开发建立样本、积累经验。2014年，依托凤凰河、横河“两河三岸”生态资源，建成17万平方米生态绿地示范区、园林艺术实践区和“生态之窗”体育休闲公园；整合、提升万福闸“跑鱼河”生态资源，启动建设以鱼类洄游自然现象为主题的跑鱼河主题公园；启动建设266.67公顷花茶果苗经济林；启动建设儿童游乐场、跑马场、小南圩花海等旅游项目。（赵洪波　滕　菲）

**■万福闸片区城中村改造**　万福闸片区位于生态科技新城泰安镇二桥村。2014年，万福闸片区城中村改造完成拆迁农户374户、工业企业34家，拆迁占地面积87.8公顷、建筑面积21.56万平方米；清理、拆除废旧船只53条、毛竹市场12个、废旧品市场197个、汽车拆解市场69个，提升自在岛出入口环境。

（赵洪波　滕　菲）

**■西区新城建设**　2014年，生态科技新城推进扬州西区新城国展中心三期及配套商业、商务中心二期、科技综合体、体育公园体育场及训练场、翠岗广场等重大项目建设；完成产业大厦，泰和佳园安置区一期、二期、邻里中心及幼儿园，拓展区核心景观带及茶园路、双墩路、果园路等基础设施重点工程建设。

（赵洪波　滕　菲）

**■“生态之窗”体育休闲公园建成**　“生态之窗”体育休闲公园位于自在岛中部“两河三岸”地区，总占地面

"生态之窗"一角　　张孔生/摄

积16.6公顷，2014年4月建成。该项目分为"两河三岸"生态景观区(4.6公顷)、生态绿地建设示范区和风景园林艺术实践区(12公顷)两部分，建成1000米健身慢跑步道系统、2个标准篮球场、1个篮球训练场、30组固定式体育器材、儿童游乐场、老年健身场以及生态长廊等配套设施。（赵洪波　滕　菲）

## 市政公用事业

**■邗沟河、漕河生态清淤工程**　该工程4月10日开工，9月24日竣工。工程采用生态清淤河道治污技术，完成清淤4.5万立方米，改善河道水质，提升河道排蓄洪能力，该工程被住房和城乡建设部评为2014年科技示范工程项目。（袁晓丽）

**■城市照明管理**　2014年，扬州市城市照明管理处维修站点74次，更换主板29块、电源5台，改移照明控制箱3处、照明灯具灯杆18次，亮灯率98%以上，设施完好率95%以上。至年末，市区照明灯总数21.07万盏(其中功能照明灯6.17万盏、亮化灯14.9万盏)、路灯专用变压器178台、照明控制箱788只、路灯"三遥"(遥控、遥信、遥测)监控终端551只、亮化"三遥"监控终端153只、电房15座，总功率1.92万千瓦(其中功能照明灯功率1.14万千瓦、亮化灯功率7838千瓦)。（陈有文　卞海波）

**■排水管理**　市区全年核发排水许可证47份、征收自备水源用户污水处理费85万元，审查图纸25套，提出专项整改意见50多条。加大对污水厂监管力度，完成对全市城镇污水处理厂绩效考核。加强对市区河道水质及重点污染源监控。（袁晓丽）

**■城市供水**　2014年，扬州市区(不含江都区部分乡镇)完成售水量1.73亿吨，比上年增长4.22%。扬州自来水有限责任公司铺设供水干管98千米，新发展用户4.04万户；管网水质综合合格率100%，管网水压综合合格率100%。第一水厂提标扩建工程建成，增加生物接触池、臭氧接触池和活性炭滤池处理3道深度水处理工艺，深度处理后水质达直饮水标准。市区供水能力80万吨/日，其中深度处理能力35万吨/日。头桥水厂扩建工程开工，至年底完成主体工程。廖家沟水源地取水口迁建工程基本建成，降低城市饮用水水源地环境风险。提高水质检测能力，新增原水检测项目5个，原水检测参数总计107项；添置TOC(总有机碳)测定仪、颗粒计数器、离子色谱仪，提高深度处理工艺检测能力。加强原水水质检测，增加长江水源苯、二甲苯、氯苯、二氯苯等特征污染因子检测频率，对万福原水厂和迁建取水口上下游原水藻类实行每日采样检测，做到不合格原水不进厂。加强管网水质检测，定期检测市区及各乡镇296个水质监测点，在大仪增压站增设补氯装置，确保天山、秦栏沿线管网水质。乡镇供水公司尝试片区管理，成立北洲、北山片区安装维修服务中心，将乡镇供水服务热线并入扬州城建公用企业"96169"服务热线，形成乡镇供水公司负责营业服务、安装维修中心负责安装维修的管理格局。提高供水服务质量，增设鸿福、文昌供水服务大厅，更新媒体查询系统，增设代收费业务窗口，推行叫号服务。拓宽缴费渠道，开通"扬州自来水"微信平台、"e路阳光"电子银行网上缴水费渠道。小李服务队全年为民服务1800多次。客服中心全年接听用户咨询电话5.84万个，下达任务单1.38万份，到场及时率98.6%，完工及时率98.9%，用户满意率99.7%。（吕　毅）

**■供电**　2014年底，扬州供电公司有基层供电所64家、营业客户225.2万户。全市有35千伏～500千伏变电站161座，变电总容量1835.65万千伏安；有35千伏及以上输电线路357条4557.6千米；有10千伏和20千伏配电变压器3.12万座，总容量905.23万千伏安，配电线路总长度1.61万千米。2014年，扬州市全社会用电量204.36亿千瓦时，比上年增长3.54%。其中，工业用电量147.89亿千瓦时，增长6.3%；城乡居民用电量28.03亿千瓦时，降低7.61%。全市节约电量1.95亿千瓦时。全市最高用电负荷349.13万千瓦，创历史新高。全年受理报装申请11.75万户，申请容量255.98万千伏安；完成业务扩充11.63万户，新增容量258.97万千伏安。"95598"客服电话接通兑现率100%，客户满意率100%。支持城市供电线路迁改，推进新城河路供电杆线下地工程，完成金湾路、沙湾路等市政重点工程供电线路迁改。开展设备标准化整治和老旧设备改造，完成老城区线路架空22条，整治电房33座，安装设备美化栅栏204个。开展供电服务提质行动，推行"一站式服务"，完善供电服务督导体系，投诉量比上年下降75.1%。继续实施

供电公司施工人员正在组装500千伏扬州北输变电工程铁塔 华 鹏、玮 玮/摄

“五项提升”(用电早接入、停电早知道、电压更稳定、抢修更及时、缴费更方便)行动，实现居民业务扩充“1＋1”服务(对办理新装、增容用电业务的零散居民客户，采取优先服务措施，1个工作日内完成办理用电申请并答复供电方案，次日完成业务收费、合同签订和装表接电工作)城乡全覆盖。扩展缴费渠道，推广“全民付”服务。推进乡镇安全用电强基固本工程，全年建成新农村电气化镇9个、新农村电气化村238个。完成重大活动保电任务67次。确保新能源可靠并网消纳，完成分布式电源入网47户。助推电动汽车发展，建成市区充电桩80个，建成京沪高速龙奔充电站投运。

电网建设。完成淮南—南京—上海1000千伏特高压电网工程扬州段房屋拆迁任务，组立首基铁塔。推进500千伏扬州北输变电工程。推进各级电网建设和城乡配电网换代升级。2014年，全市完成电网建设投资26亿元，其中主网建设投资近13亿元，建成投运220千伏肖山变电站和110千伏石塔变电站等输变电工程9项，完成市、县(市、区)1491平方千米城乡配电网换代升级建设任务，新增、改造配电台区847个，配网故障率比上年降低33.47%，故障报修率比上年降低22.13%。 (尤中华)

**■燃气供应与管理** 2014年，市政府印发《扬州市城镇燃气专项规划(2013—2020)》，明确乡镇天然气、汽车加气、船用加气发展目标。市区(不含江都区)新增天然气居民用户3.72万户、商业用户176户、工业用户10户，新增使用天然气出租车55辆、公交车18辆、私家车526辆；累计有天然气居民用户26.34万户、商业用户963户、工业用户39户，有使用天然气的出租车2842辆、公交车480辆、私家车1338辆。6月27日，扬州实现向镇江新民洲居民供应天然气。启动“川气东送”扬州接收门站和配套高压管线、液化石油气混空站搬迁工程。市区新建燃气高压管线12.49千米、中压管线50.53千米、低压管线215.97千米，完成老旧管线改造14.7千米，新增天然气调压设施78台，完成天然气管线地面标识设置。市区(不含江都区)全年供应天然气1.33亿立方米。居民用气价格采用阶梯价格，50立方米以内(含50立方米)价格为每立方米2.42元，超过50立方米价格为每立方米2.9元；商业、工业用气价格调整为每立方米4.08元，汽车用压缩天然气(CNG)价格调整为每立方米4.4元；15千克瓶装液化石油气最高售价120元/瓶，最低售价90元/瓶。市政府办公室印发《关于进一步加强城镇燃气安全管理工作的通知》，明确相关部门燃气安全管理工作职责。市燃气管理办公室新发放燃气经营许可证4份、燃烧器具安装维修资质证书3份，完成全市47家燃气经营单位许可证年检工作，年检率100%。开展新增燃气燃烧器具安装维修人员岗位培训，培训91人。开展扬州中燃公司2012—2013年度管道燃气特许经营中期评估，全面检查评估管道燃气设施规划与建设、安全管理与应急机制、服务与质量管理、经营与企业管理等6个大类93个项目，规范管道燃气特许经营行为。通过招标方式，委托专业安全评价中介机构对市区(不含江都区)燃气输配系统工程(包括高压管道29.2千米、中压管道332.89千米、低压管道1219.16千米、门站1座、调压设施437台)进行安全评价，排查梳理管道燃气安全隐患并提出解决方案。每季度组织开展燃气安全大检查、重大活动期间燃气安全专项检查，排查出隐患和问题170个，督促整改到位。开展液化气事故应急抢修队伍培训，在生态科技新城泰安镇液化气站组织液化气储罐根部阀泄漏注水处置实战演练。推进燃气用户设施安全检查和宣传，完成入户安检14万多户，发现和消除户内设施安全隐患3万多个。

(余 伟)

**2014年扬州市电网规模一览表**

表24-2

| 电压等级 | 变电站、配电变压器(台) | 主变容量(万千伏安) | 线路条数(条) | 线路长度(千米) |
|---|---|---|---|---|
| 500千伏 | 2 | 325 | 11 | 574.99 |
| 220千伏 | 25 | 702 | 72 | 1374.13 |
| 110千伏 | 84 | 708.6 | 159 | 1599.52 |
| 35千伏 | 50 | 100.05 | 115 | 1008.96 |
| 10千伏<br>20千伏 | 31245 | 905.23 | 1384 | 16102.22 |

(尤中华)

**■扬州天然气首供镇江** 镇江新民洲位于长江北岸，与扬州市广陵区头桥镇、沙头镇接壤，由于地理位置独特，水电气很难从镇江城区供给。为解决新民洲居民生活困难，扬州中燃公司加快天然气管网建设，实现向新民洲输气，并给予新民洲居民“同城待遇”，即与扬州市民同网、同价格、同服务、同保供。6月27日，扬州、镇江两市在镇江新民洲举行天然气开通仪式，首批新民苑小区668户居民用上扬州天然气。（杨　俭）

## 绿化

**■概述**　2014年，扬州市组织开展3次万人义务植树活动，建设“生态中心、生态廊道、生态家园、生态产业”四大工程，推进造林绿化和生态文明建设。2014年，全市城镇新增绿地面积283万平方米，其中公共绿地面积89.6万平方米。市区新增绿地面积135万平方米，其中公园绿地面积11.6万平方米。农村完成绿化造林2933.33公顷，其中成片造林1933.33公顷、四旁植树350万株。新建省级绿化示范村100个，其中省级森林生态示范村8个。2014年末，扬州市建成区绿化覆盖面积5914万平方米，绿化覆盖率43.61%；绿地面积5596万平方米，绿地率41.2%；城市人均公园绿地面积17.55平方米。市政府公布市区第四批永久性保护绿地4块22.7万平方米。市区永久性保护绿地增加至31块，总面积294.23万平方米，占市区公园绿地面积的15%。市园林管理局组织开展第九批市级园林式单位（居住区）评选工作，评选市级园林式居住区14个、园林式单位10个。市园林管理局组织廖家沟水区（中央公园）景观概念性规划设计招标，荷兰尼塔设计集团设计方案中标。推进中央公园规划方案深化设计，增加8个纪念林方案，形成专项规划。

（吴建华　刘　一）

**■城市绿化**　2014年，市区新增城市绿地面积135万平方米，其中水晶湖景观工程绿地面积2万平方米、水晶广场景观工程绿地面积1.2万平方米、新城西区香茗湖景观绿化工程绿地面积20万平方米、宋夹城体育休闲公园景观绿化工程绿地面积5.33万平方米、双峰云栈景观绿化工程绿地面积2万平方米、市气象局周边绿化提升工程绿地面积5.33万平方米、“两河三岸”绿化提升工程绿地面积15万平方米、新328国道连接线A1标段绿化工程绿地面积5.5万平方米、司徒庙路道路绿化工程绿地面积2.6万平方米、328国道新建绿化工程绿地面积15.56万平方米、临江路新建绿化工程绿地面积2.4万平方米、鼎兴东路绿化提升改造工程绿地面积1万平方米、东风河路绿化工程绿地面积1万平方米、顺达广场景观绿化工程绿地面积1万平方米、古运河（华扬路—吴州路）风光带景观工程绿地面积6万平方米、尤妮佳生活用品（江苏）有限公司周边配套绿化工程绿地面积1.5万平方米、运河南路工程绿地面积1万平方米、华扬大桥及桥接线绿化工程绿地面积1.22万平方米、文昌东路工程绿化工程绿地面积11.1万平方米、新长春路绿化工程绿地面积2万平方米、生态中心（花茶果苗经济林）绿地面积20万平方米、阳光花都景观绿化工程绿地面积2.1万平方米、君悦首府二期景观绿化工程绿地面积1.23万平方米、瘦西湖酒店（迎宾馆三期）景观绿化工程绿地面积2.13万平方米。（刘　一）

**■第四批城市永久性保护绿地确定**　5月29日，市七届人大常委会第十三次会议表决通过关于同意确定第四批城市永久性保护绿地的决议，启扬高速瘦西湖出入口绿地、蝶湖公园、聚凤岛、江都区政府南侧生态园等4块22.7万平方米绿地成为市区第四批永久性保护绿地。启扬高速瘦西湖出入口绿地东至瘦西湖路，西至扬菱路垃圾场，南至启扬高速，北至扬菱路，总面积1.1万平方米，绿地内植物多样，乔、灌、草灵活组合，“四季有景，三季有花”。蝶湖公园位于帝景蓝湾花园南侧，总面积5.8万平方米（其中水面2.89万平方米），建有观景平台、云帆及诗韵广场、石竹广场等景点，是城市南区开放性休闲公园。聚凤岛位于泰安镇凤凰岛风景区，总面积11.5万平方米，是一座具有原生态韵味的湿地小岛。江都区政府南侧生态园位于江都区政府南侧，东至龙川北路，西至运河路，南至仙女路，北至江淮路，总面积4.3万平方米，是集休闲、游览、健身等功能于一体的城市生态公园。（杨　俭）

全民植树　　王　卓/摄

**■蜀冈西峰部分永久性保护绿地调整**　蜀冈西峰是扬州市确定的首批城市永久性保护绿地。因建设平山堂泵站及配套工程，需占用蜀冈西峰绿地2234平方米，其中实际占用846平方米、临时占用1388平方米。为保持永久性绿地动态平衡，扬州市计划用江苏省农业科学研究所实验田西北角地块作为补偿，补偿面积940平方米；对工程建设临时占用的1388平方米绿地，采取生态补偿措施，随工程竣工同步恢复为永久性保护绿地。3月27日，市七届人大常委会第十二次会议同意对蜀冈西峰部分永久性保护绿地进行调整。

（杨　俭）

**■义务植树**　市绿化委员会办公室宣传“网络植树、护绿，手机短信植树”等义务植树尽责新形式，制定《迎城庆，全民绿化行动计划总体工作方案》，组织在宋夹城、生态科技新城、环保产业园开展万人义务植树活动。1—3月，市区有10多万人次参加义务植树，植树50多万株。各县

(市、区)分别开展多层次义务植树活动。将义务植树与绿化建设工程、新农村建设、纪念林建设、社区环境绿化相结合。市绿化委员会办公室、市园林管理局、市纪委等部门在仪征芍药园建设廉政文化园,建设义务植树基地6.67公顷;市绿化委员会办公室、市妇女联合会在城郊建立巾帼创业义务植树基地。交通、共青团、水利等部门建设"青春林""青年志愿者林""水保林""大学生村官林""友谊林""清风林""扬马冠军林""扬州好人林"等纪念林20多个。全市新建义务植树基地10处,设立市级义务植树基地标志牌8个。全市有200多万人次通过植树、认建(养)绿地、认养(保护)古树、清理绿地、绿化宣传等形式参加义务植树,植树600万株以上,义务植树尽责率86%,植树面积1000多公顷。(吴建华)

**■古树名木保护** 扬州市有古树名木648株,分属35科51属58种,其中市区有古树名木438株。2014年,市绿化委员会办公室、市林业局、市园林管理局落实《扬州市古树名木和古树后续资源保护管理办法》,加强古树名木保护,组织专人定期调查市区古树名木438株。其中,36株一级古树名木每季度普查一次,371株二级古树名木每半年普查一次,31株三级名木每年普查一次,对其生长状况、立地条件拍照记录、整理存档。召开扬州市区古树名木保护暨城市绿化养护管理工作专家研讨会。组织对石塔寺、仙鹤寺、文津园和盐阜路等路段银杏现场会诊。

(吴建华 刘一)

**■第九批市级园林式单位(居住区)评选** 2014年,市园林管理局开展第九批园林式单位(居住区)评选工作,经各县(市、区)城市园林绿化行政主管部门推荐、申报和专家组现场考核,评选出市级园林式居住区14个、园林式单位10个。(刘一)

**■园艺获奖** 2014年,邗江区汉河镇荷花基地培植盆栽荷花4000多缸、碗莲700多缸,合同销售荷花2340缸,实现荷花合同销售款近50万元。在第28届全国荷花展中,参展作品获碗莲栽培技术一等奖1个、二等奖3个。(刘一)

## 村镇建设

**■概述** 2014年,全市完成村镇建设投资65.72亿元,其中住宅建设投资48.41亿元、基础设施建设投资15.28亿元。全年竣工住宅建筑面积243.89万平方米、公共建筑面积29.56万平方米、生产性建筑面积131.75万平方米,有0.92万村镇住户迁入新居,全年新增村镇供水管道218.27千米,自来水供应覆盖323.14万人;新增村镇道路366.13千米234.73万平方米;新增排水管道276.65千米。至年末,全市小城镇绿地覆盖面积3939.75万平方米,人均公园绿地面积5.92平方米;小城镇有路灯6.48万盏、桥梁1021座。(睢春广 张云景)

**■新型城镇化建设** 2014年,加快重点中心镇建设,完成全市11个重点中心镇总体规划修编和完善工作。江都区小纪镇、邵伯镇,宝应县氾水镇、曹甸镇,仪征市大仪镇、月塘镇和高邮市三垛镇、临泽镇、菱塘回族乡等9个乡镇入选全国重点镇名录。仪征市月塘镇、宝应县氾水镇入选首批江苏省综合规划建设示范镇。宝应县氾水镇入选苏南苏中地区综合规划建设示范镇规划设计镇,仪征市月塘镇入选苏南苏中地区综合规划建设示范镇项目实施镇。广陵区湾头镇,邗江区公道镇,仪征市月塘镇,宝应县曹甸镇、氾水镇,江都区邵伯镇、小纪镇和高邮市送桥镇申报国家新型城镇化试点。

(睢春广 张云景)

**■村庄环境长效管护** 2014年,全市累计投入长效管护经费1.5亿元,聘用保洁人员1万多人,巩固和扩大村庄环境整治成果,保障长效管护工作规范化、制度化和常态化。扬州市村庄人居环境改善项目获江苏省人居环境范例奖。(睢春广 张云景)

**■美丽乡村建设** 2012年度村庄建设与环境整治试点项目(包括高邮市4个村、仪征市4个村)、2013年度村庄规划建设示范项目(包括宝应县2个村、高邮市2个村、仪征市1个村、邗江区1个村)通过市级检查验收和省级抽查验收。宝应县望直港镇牌楼村、高邮市甘垛镇沙贯村、仪征市刘集镇利民村等8个村入选省2014年度美丽乡村建设示范村,累计争取省级补助资金2360万元。江都区大桥镇入选第六批中国历史文化名镇。宝应县射阳湖镇冲林村、高邮市马棚街道东湖村被评为2014年江苏省特色景观旅游名村。(睢春广 张云景)

**■农村危房改造** 宝应县、高邮市、仪征市、江都区、邗江区、广陵区开展2014年农村危房改造工作,全市实施农村危房改造1302户,完成796户危房改造,争取中央和省补助资金1418万元。宝应县、高邮市享受苏北地区危房改造补贴政策,解决部分经济最贫困、住房最危险群众住房安全问题。各县(市、区)城乡建设部门开展农村危房现状情况调查和人居环境信息调查采集工作。

(睢春广 张云景)

**■渔民上岸安居工程** 2014年,市城乡建设局联合市农业委员会和江苏省高宝邵伯湖渔业管理委员会,启动渔民上岸安居工程。邗江区、高邮市、宝应县850户渔民上岸安居,累计争取中央和省补助资金2550万元。(睢春广 张云景)

**■扬州市小城镇与美国小城镇结成友好城镇** 5月14日,国际城市管理协会"绿色城镇化:机遇与挑战"主题峰会小城镇签约仪式在扬州举行,仪征市与美国德克萨斯州奥斯汀市签订合作协议,生态科技新城杭集镇、邗江区公道镇分别与美国威斯康星州格林维尔镇、密尔沃基市签约,缔结为"中美绿色合作伙伴",这是扬州市乡镇首次与国际乡镇缔结友好关系。仪征市、杭集镇、公道镇政府将聘请美国相关市、镇专家担任城镇管理与发展技术顾问,寻求技术和项目支持。美国威斯康星州格林维尔镇和密尔沃基市将支持杭集镇、公道镇在小城镇建设与管理过程中贯彻绿色发展理念，运用先进节能技术，发展清洁能源，综合利用资源，保护生态环境；双方将在解决城市化相关的环境问题上分享经验。（杨　诚）

房交会上市民咨询房产信息　　刘江瑞/摄

# 房地产开发

**■概述**　2014年，扬州市商品住宅月度成交呈现V型探底反转走势。全市完成房地产开发投资360.44亿元，销售商品房428.32万平方米。2014年12月，扬州市新建住宅、新建商品住宅、二手住宅价格指数分别比上年同期降低4.8%、4.9%、2.2%。扬州市住房保障和房产管理局（简称市房管局）开展优秀房地产企业评选活动，4家企业入选江苏省房地产开发综合实力50强企业。推广绿色科技及成品房建设，组织企业考察新兴房地产业态和绿色房地产项目建设，加快行业转型升级。（方　观）

**■房地产开发建设**　2014年末，全市有房地产开发企业568家，其中一级资质企业4家、二级资质企业54家、暂定二级资质企业294家、三级资质企业25家、暂定三级资质企业155家、四级资质企业9家、暂定四级资质企业27家。全市完成房地产开发投资360.44亿元，比上年增长11.56%；其中商品住宅投资286.99亿元，增长17.68%。市区完成房地产开发投资247.61亿元，增长3.27%；其中商品住宅投资194.22亿元，增长12.89%。全市房地产开发新开工面积804.71万平方米，下降13.94%；其中商品住宅新开工面积653.1万平方米，下降14.79%。市区房地产新开工面积463.49万平方米，下降14.44%；其中商品住宅新开工面积360.32万平方米，下降14.13%。（方　观）

**■房地产市场供应**　2014年，全市批准商品房预售面积523.04万平方米，比上年下降23.55%；其中商品住宅预售面积431.83万平方米，下降25%。市区批准商品房预售面积287.76万平方米，下降27.98%；其中商品住宅预售面积232.24万平方米，下降30.77%。2014年末，全市商品房可售面积831.44万平方米，比上年同期增长8.24%；其中商品住宅可售面积592.21万平方米，增长10.09%。市区商品房可售面积460.27万平方米，下降40.08%；其中商品住宅可售面积302.98万平方米，下降43.68%。市区（不含江都区）二手房成交面积140.64万平方米，下降14.22%；其中二手住宅成交面积100.44万平方米，下降7.29%。（方　观）

**2014年扬州市区销售面积前10名房地产项目一览表**

表24-3

| 排名 | 项目名称 | 开　发　企　业 | 销售面积（平方米） |
|---|---|---|---|
| 1 | 景瑞旺府 | 扬州景瑞置业有限公司 | 66154.73 |
| 2 | 恒大帝景 | 扬州宏利泰房地产开发有限公司 | 51793.85 |
| 3 | 万科金域华府 | 扬州新里程置业有限公司 | 48756.94 |
| 4 | 东方运河名城 | 扬州亚太置业有限公司 | 43482.88 |
| 5 | 中海玺园 | 中海宏洋地产（扬州）有限公司 | 41943.95 |
| 6 | 四季金辉 | 扬州金辉置业有限公司 | 38518.56 |
| 7 | 三盛国际广场 | 扬州三盛房地产开发有限公司 | 35560.87 |
| 8 | 万豪西花苑 | 江苏万豪房地产开发有限公司 | 35285.16 |
| 9 | 席家花园 | 扬州市鑫诚置业有限公司 | 34644.14 |
| 10 | 晟地润园 | 扬州市银峰房地产开发有限公司 | 32907.10 |

（方　观）

**■房地产市场成交** 2014年，全市商品房合同成交面积428.32万平方米，比上年下降17.86%；其中商品住宅合同成交面积357.94万平方米，下降20.91%。市区商品房合同成交面积236.68万平方米，下降22.71%；其中商品住宅合同成交面积196.68万平方米，下降24.04%。（方 观）

## 房产管理

**■概述** 2014年，市房管局发挥行业主管部门作用，履行房产测绘、权属登记、住房贷款担保、物业管理、征收拆迁等职能。拓宽房地产市场，组织春秋两季房交会、对外宣传推介会等。强化商品房预售资金监管，保障资金安全。严格执行收费标准，加强行业监管，引导企业转型升级。推出服务房地产企业举措10项，推动解决房产典型遗留问题15条，白蚁防治工作获国家级科技创新表彰。（方 观）

**■房产测绘管理** 全年完成测绘业务1002笔1329.5万平方米。开展二手房课税评估、拆迁补偿评估、抵押融资评估、工程测量业务，完成各类评估业务901笔。（方 观）

**■房屋权属登记管理** 2014年，市房产交易服务大厅全年接待12万人次，办理各类登记业务6.6万笔、房产查询业务3.5万笔，发放各类权证9.8万份；提供绿色通道上门服务80次，办结率100%，群众满意率100%。设立专办窗口，做好事业单位国有资产登记工作。全年办理企业房屋初始登记150多笔、抵押登记160多笔，解决企业历史遗留房产问题。（方 观）

**■住房贷款担保服务** 市住房贷款担保服务中心取消强制性担保收费，调整住房公积金贷款衔接工作，简化办理手续，加强公积金贷款风险控制。全年办理公积金住房贷款担保业务18.79亿元、二手房交易资金托管4719笔24.69亿元。（方 观）

**■物业管理** 市房管局修订《扬州市物业管理办法》。开展物业管理创优活动。全市新增市级物业管理优秀项目17个，15个市级优秀项目通过复验。推进物业管理信息化建设，打造"智慧物业"，推广小区快递服务代收发管理模式，解决快递服务"最后一公里"难题。

坚持市场化物业服务和基本物业服务并进，扩大物业服务覆盖面。市区新增市场化物业服务面积108.7万平方米、基本物业服务面积105.8万平方米，住宅物业管理覆盖率88%。全市新增物业管理一级资质企业3家、二级资质企业5家。至2014年末，全市有物业服务企业332家（市区220家、宝应22家、高邮24家、仪征26家、外来企业40家），从业人员3万多人；本地企业中，一级企业7家、二级企业23家、三级（含暂定）262家。（方 观）

**■房屋征收拆迁管理** 市政府印发《扬州市市区集体土地上住宅房屋拆迁货币化补偿实施办法（试行）》，推行集体土地上住宅房屋拆迁货币化补偿，鼓励从实物安置为主向货币化安置为主转变。市区全年房屋拆迁货币化补偿安置率36.51%，其中集体土地上房屋拆迁货币化安置率32.73%。市区全年核发国有土地上房屋征收决定7个，发布拆迁公告22个。配合棚户区改造工作，建设棚户区旧房改造安置5439套，完成省住房和城乡建设厅下达的棚户区改造年度目标任务。（方 观）

**■公有住房管理** 开展公房查勘与监管。结合直管公房回收房处置经验，制定回收房处置实施方案和细则。启动40平方米以下直管公房回收房处置工作，完成9处房源承租权竞拍，建筑面积191.67平方米。开展南河下片区16处公房民居客栈改造、运营工作。（方 观）

**■老小区综合整治** 市房管局推进零散老小区综合整治，解决居民居住和出行问题。市区全年整治老小区55个59.6万平方米，其中广陵区21.6万平方米、邗江区20.45万平方米、江都区17.55万平方米，惠及6074户1.9万人。（方 观）

**■公有住房解危** 市政府成立扬州市区公有住房解危工作领导小组。市房管局制定《市区2014年度公有住房解危实施细则》，按照"原地修缮为主、异地搬迁为辅"模式推进公房解危。2014年，市区完成公房解危4.6万平方米，其中直管公房3.5万平方米、自管公房1.1万平方米。（方 观）

**■房屋安全管理** 2014年，市房屋安全鉴定中心开展老楼危楼安全排查工作，并为县（市、区）房屋安全鉴定机构提供技术支持。全年检查房屋253幢63.2万平方米，完成房屋安全鉴定项目298个24.2万平方米。扬州市白蚁防治中心开展白蚁防治质量跟踪调查。制定幼儿园、餐饮服务行业等特殊行业低毒环保消毒杀菌作业方案、行道树等公共设施夜间作业方案。开展市区古树名木白蚁防控体系监测，保护古城树木资源。全年受理白蚁防治696万平方米。（方 观）

**■房产信息化管理** 市房地产信息中心联合市物业管理中心实施"数字物业"工程。4月8日，扬州物业网上线运行，为市区11家物业企业、86个项目提供服务。开发快递服务管理信息系统、手机APP（第三方应用程序）。市区全年有25个小区开通快递服务中心，收发件38万多件。应对不动产登记要求，探索开发房地产市场交易信息新平台，推动实现线上虚拟服务与线下实体服务协调运作。（方 观）

## 城市管理

**■概述** 2014年，市城管局突出"环境优先、民生为本"主题，创新城市管理理念，加强市容环境综合整治和执法管理，推进体制机制改革，完成"拆违、拆破、拆烂"和整治"脏、乱、差"（简称"三拆三整治"）、城市环境综合整治、市区渣土管理、民生工程建设等工作任务，全年查纠各类市容案件1.5万件，办结数字化城管案件15.02万件，完成户外广告、户外标志设置、临时占用道路许可、建筑垃圾核准等行政审批190件。

（李 成）

■**城市环境综合整治** 2014年，扬州市以创建江苏省优秀管理城市、江苏省城市管理示范路和示范社区为契机，开展"三拆三整治""三有三清"等专项整治行动，推进城市环境综合整治。至年底，全市12类526项（含市区303个项目）城市环境综合整治任务全部完成，整治城郊接合部7片、"城中村"10个、棚户区17个、老旧小区52个、背街小巷40条、城市河道18条、低洼易淹易涝片区28片、建设工地34个、农贸市场8个，规范建设经营疏导点3个，规范改造公共停车设施19处，规范设置户外广告67处。提前完成2015年156项整治任务，完成率占三年整治任务的86%。文昌西路、汶河南路和江都龙川南路3条道路创建成江苏省城市管理示范路，文昌花园社区、翠岗花园社区、春江社区、个园社区、琼花观社区和江都李坝社区等6个社区创建成江苏省城市管理示范社区，提前实现数字化城管系统全覆盖。

（李 成）

■**"三拆三整治"任务完成** 2014年，市城管局实施"三拆三整治"行动第三、第四战役，拆除违法建设1109处41.1万平方米，拆破拆烂384处，取缔马路市场69处，完成38个路段配电柜、控制箱、空调外机位美化，整治校园及住宅小区环境173处，整治露天油烟烧烤摊点166处，整治广告店招、显示屏、灯光亮化588处，整治施工工地245个，改造外立面18处，配置垃圾容器4692个，新建、改造公厕104座，推进大型公共场所内部厕所对外开放。为期2年的"三拆三整治"活动任务全面完成。（李 成）

1月24日，市委、市政府召开"三拆三整治"第三战役动员会

王 卓/摄

■**城管体制机制改革** 2014年，扬州市在古城区和风景区开展城市管理综合执法试点，广陵区"双东"（东关街、东圈门）街区实行企业、政府部门"1＋1"模式，文昌商圈实行城管、公安和街道、党员义工（志愿者）"2＋2"模式，蜀冈-瘦西湖风景名胜区实行城管、公安、交警、工商、街道办"五位一体"模式，破解占道经营、商业噪音、流浪乞讨、违章停车、"黑三轮"违法营运等影响城市环境、秩序的突出问题。同时，探索市、区二级城管执法体制改革，赋予广陵区、邗江区政府城市管理执法主体资格，推动属地政府依法行政。

（李 成）

■**市区渣土管理** 10月起，围绕渣土产生、运输、处置三个关键环节，按照"三管一重一评比"（管渣土起点、终点、运行线路，管出土点、堆放点，管施工方、运输企业；重罚违规者；强化考核评比）管控要求，扬州市委、市政府连续出台《扬州市建筑垃圾（工程渣土）处置实施办法》《关于加强市区渣土管理工作意见》《扬州市市区渣土管理督查考核办法》，组建渣土监管平台，对市区23个建设工地、6个渣土堆放场安装监控探头，对653辆渣土运输车辆安装全球定位系统（GPS），实行24小时监管。市城管局印发大气重污染应急工作实施方案，围绕道路扬尘污染治理、露天油烟烧烤污染治理、渣土运输车抛洒滴漏治理等3项大气污染防治任务，根据大气重污染程度提出处置措施。市城管局以文昌路、汶河路为界，分4个区域开展不间断巡查，发现和移送处置超载、抛洒滴漏、偷倒乱倒等案件61件。同时，加大监督考核和联合执法力度，发动市民参与监督，提升渣土管理工作成效。

（李 成）

■**城市垃圾集中处理设施建设** 2014年，市城管局推进实施城市垃圾集中处理建设项目。其中，生活垃圾焚烧发电厂二期项目总投资2.8亿元，日处理能力610吨；建筑垃圾综合利用处理场项目12月建成，总投资1.24亿元，年处理能力200万立方米；餐厨废弃物处理厂一期项目总投资1.3亿元，日处理能力100吨；赵庄垃圾填埋场增容项目4月建成，总投资1580万元。（李 成）

# 历史文化名城保护

Lishi Wenhua Mingcheng Baohu

编　辑　戴淑敏

## 古城保护与利用

**■概述**　2014年，扬州市以"保护古城、利用古城、发展古城"为目标，做好古城保护和利用工作。实施"双东"（东关街、东圈门）历史街区改造提升和古城民宅布展提升工程。完成徐凝门路道路改造、杆线下地、沿街房屋立面整治、街景美化亮化工程。完成吴氏宅第读书广场景观提升工程。鼓励老城区居民参与古城保护，向按传统风貌要求改造住房的居民提供资金与技术支持，修缮古城传统民居30户。仁丰里历史文化街区保护规划通过专家论证。完成古城低碳展示馆布展，通过实物、模型和21块展板，展示太阳能光伏、地源热泵、新风系统、能源管理等低碳节能技术。11月，市政府办公室印发《扬州市扬州古城消防安全管理办法》；12月，市政府印发《扬州市扬州古城消防安全保护实施方案》，公布19处扬州市第二批历史建筑名单。

（谢文刚　付元宁）

扬州市第二批历史建筑一览表

表25-1

| 类　别 | 历史建筑名称 |
|---|---|
| 民居建筑 | 耿家巷22号朱氏住宅 |
| | 新华东巷11号吴氏民居 |
| | 东关街167-7号民居 |
| | 文化里23号民居 |
| | 耿家巷36号支姓住宅 |
| | 湾子街155号民居 |
| | 南河下28号工人新村 |
| 商业建筑 | 得胜桥富春茶社 |
| | 古旗亭三星浴室 |
| | 广陵路小觉林素菜馆 |
| | 三义阁寄园 |
| | 扬州大麒麟阁茶食店 |
| 宗教建筑 | 九巷10号朗氏家庵 |
| 会馆建筑 | 漆货巷酱业会馆 |
| 文教卫生建筑 | 郭坚忍办学处 |
| | 私立扬州平民中学旧址 |
| | 育英巷3号小人堂 |
| 产业建筑 | 江苏省立原蚕种制造所育种室旧址大楼 |
| 构筑物及其他 | 龙头关遗址 |

（杨　铭）

**■仁丰里历史文化街区保护规划通过专家论证**　2月21日，扬州仁丰里历史文化街区保护规划通过专家论证。仁丰里历史文化街区保护规划范围占地面积12.07公顷，东至小秦淮河，西至迎春巷、史巷，北至旧城七巷，南至甘泉路，近期规划至2015年，远期规划至2020年。规划突出对历史文化遗存的保护利用，重点保护历史文化街区街巷整体鱼骨状格局特色以及仁丰里、毓贤街、旧城三巷等传统街巷空间格局、肌理与环境风貌，保护小秦淮河一带明清古城遗址、地形地貌特征及河埠设施，保护省级文物保护单位阮家祠堂和市级文物保护单位旌忠寺、陈六舟故居，保护民居院落等传统风貌建筑及古井、古树名木等历史环境要素和历史文化街区范围内非物质文化遗产等；主要发展定位为具有适宜人居环境和浓郁地方特色的传统居住区，基本功能以居住为主、文化旅游为辅，兼具商业、服务等配套功能。（杨　铭）

**■名城研究**　2014年，扬州市历史文化名城研究院编辑出版《扬州古城100个细节》《扬州当代建筑1949～1982》《扬州与世界名城比较研究》《中国历史文化名城——襄樊》《千年第一隧——扬州瘦西湖隧道》《文化东关》。《扬州历史文化名城保护模式创新探索》被省社会科学院列入重点研究课题成果，参加中国城市学年会钱学森城市学金奖暨西湖城市学金奖评选大会交流。
（谢文刚　付元宁）

■**江都大桥镇入选中国历史文化名镇**　2月19日，住房保障和城乡建设部、国家文物局公布第六批中国历史文化名镇（村）名单，扬州市江都区大桥镇入选中国历史文化名镇。大桥镇历史悠久，汉代即有人文记载。大桥古名白沙，宋淳熙二年（1175）建有大桥镇，1912年建有大桥市，1931年撤市设镇。明代平江伯陈瑄开白塔（獭）河，沟通漕运，大桥得“天下之水都汇于此”便利，渐成货物中转集散地，商贸兴起促进古镇繁华。隋唐年间，一批波斯胡商沿丝绸之路到达大桥安家落户。宋代中叶，岳家军与金军在大桥镇大战。大桥镇名人辈出，有清康熙年间诗人顾图河、“中国雷达之父”束星北等。　（杨　铭）

■**古城民宅布展提升工程**　2月9日，古城民宅布展提升工程开工。至4月18日，东关街358号潘玉良展示馆、街南书屋看山楼1楼、华氏园、李长乐故居、逸圃、武当行宫等展馆布展提升工程全部完成，总投资630万元。　（谢文刚　付元宁）

■**吴道台展示馆及广场景观提升工程**　该项目由市名城建设有限公司承建，2月7日开工，主要实施院士博物馆布展和读书广场景观绿化提升，总投资1550万元。4月完工并对外开放。　（付元宁）

■**“双东”历史街区改造提升工程**　2014年，扬州市调整“双东”片区商业业态，建成皮五书场、八号公馆等10个旅游休闲体验场所。完成东关街步行街改造，建成8处交通岗亭，增设人机控制桩。完善服务功能设施。以东关美食广场为试点，在东关街沿线设立7个直饮水点、3个自来水服务点；建成东门城楼、谢馥春志愿者服务点；在东门城楼南侧建成东关邮局；实现东关街wi-fi（无线保真）信号全覆盖。（谢文刚　付元宁）

## 文化遗产保护

■**概述**　2014年，扬州市完善不可移动文物保护工作。市文物局联合市规划局初步划定8个国家级文物保护单位、18个省级文物保护单位保护范围和建设控制地带，建立第七批国家级文物保护单位“四有”（有保护范围，有标志说明，有记录档案，有专门机构或指定专人负责管理）工作档案。围绕大运河遗产保护与管理、扬州城国家考古遗址公园和隋炀帝墓考古遗址公园建设、不可移动文物修复、文物科技保护等重点工作，全年向国家、省文物局争取项目32个，获国家、省文物保护专项经费2.47亿元，比上年增长1.71倍。仪征庙山汉墓保护规划编制、淮扬运河主线（高邮段）保护与展示工程等项目进入国家文物局文物保护项目库。规范文物修缮审批程序，实施重点文物修缮工程。4项全国重点文物保护单位修缮方案报国家文物局审批，5项省级文物保护单位修缮工程方案通过省文物局审批。市文物局论证、批准《甘泉县衙署门厅修缮方案》等6项市级文物保护单位修缮方案。完成省级文物保护单位华中雪枫大学旧址、天宁寺华严阁、徐氏盐商住宅修缮工程，实施焦循墓环境整治、萃园路礼拜堂修缮等6项市级文保单位修缮工程。开展大遗址保护工作。市文物局配合蜀冈-瘦西湖风景名胜区管委会完成唐子城·宋堡城护城河水系疏浚工程，扬州城国家考古遗址公园轮廓线初步形成。巩固第三次全国不可移动文物普查成果。各县（市）区核查普查登记点保存状况，查清全市2171处普查登记点保存情况，公布一批不可移动文物名录。完成第一次全国可移动文物普查。完成16家文物保护工程建设单位资质年检和申报。宣传文化遗产。大运河申报世界文化遗产（简称申遗）成功后，《大运河保护与申遗》简报更名为《大运河保护与管理》，“大运河申遗”网更名为“大运河遗产”网。市文物局编印《扬州申遗大事记》《大运河申遗成功备忘录》《大运河申遗成功纪念邮册》。加强非物质文化遗产（简称“非遗”）传承保护。新增3个国家级、44个市级“非遗”项目，全市国家级“非遗”项目增至19个；新增省级“非遗”代表性传承人23人、市级“非遗”项目代表性传承人67人。邗江区以琴筝项目被文化部命名为2014-2016年度“中国民间文化艺术之乡”。广陵古籍刻印社被文化部列为第二批国家级非遗生产性保护示范基地；扬州大学被列为首批江苏省非物质文化遗产研究基地，主要研究方向为传统饮食文化、传统技艺。
（张　静　刘文献　郑　妮）

■**地上文物管理和保护**　2014年，市文物局会同市规划部门划定第七批全国重点文物保护单位保护范围

吴道台宅第广场　洪晓程/摄

和建设控制地带，并报省政府审定、公布。完成第七批全国重点文物保护单位“四有”工作档案整理。个园、何园、高邮当铺、龙虬庄遗址、庙山汉墓等5处全国重点文物保护单位保护规划获国家文物局批准立项；《贾氏盐商住宅修缮方案》《普哈丁墓园修缮工程设计方案》《个园觅句廊修缮补充方案》《何园抢修工程补充设计方案》等4项全国重点文物保护单位修缮方案报国家文物局审批，《天宁寺华严阁屋面抢救工程设计方案》《华中雪枫大学旧址修缮方案》《宝应刘氏五之堂修缮工程设计方案》《董恂读书处修缮工程设计方案》等5项省级文物保护单位修缮工程方案获省文物局批准。市文物局审查、批准浸会医院旧址、焦循墓、翠园路礼拜堂、甘泉县衙署门厅、砂锅井张氏住宅、浦头侍卫府等6项市级文物保护单位维修方案。天宁寺华严阁抢修工程、华中雪枫大学旧址修缮工程竣工并通过省文物局验收。（张　静）

**■隋炀帝墓考古遗址公园建设**　4月，隋炀帝墓考古发掘获评2013年度“全国十大考古新发现”，被国家文物局誉为“国内考古的范例”。2014年，市文物局规范开展隋炀帝墓一号墓、二号墓、三号墓考古发掘、文物清理工作，做好重要出土文物保护，对冠饰、漆棺等珍贵文物开展实验室考古和科技修复。委托南京博物院编制出土文物保护方案，科学保护隋炀帝墓本体。隋炀帝墓保护规划完成编制并通过市级评审。组织开展隋炀帝墓展示利用概念性设计方案竞赛，评选产生最优设计方案。隋炀帝墓考古遗址公园建设基础工作准备就绪。（郭　果）

**■文物保护行政执法**　市政府颁布实施《扬州市地下文物保护办法》。市文物局与国土、规划、房管等部门联合印发《扬州市区地下文物埋藏区土地出让前考古调查勘探发掘有关规定》。《扬州市大运河遗产保护办法》修订工作进入部门协调阶段。市文物局清理文物保护行政权力事项，确认行政许可事项8项、行政处罚事项23项、行政奖励事项1项、行政确认事项3项。（张　静）

**■第一次全国可移动文物普查**　扬州市是全省唯一参加第一次全国可移动文物普查试点的地级市。普查工作2013年5月启动，普查范围包括1949年（含）以前各时代珍贵艺术品、工艺美术品、重要文献资料以及具有历史、艺术、科学价值的手稿和图书资料等。2014年，扬州市组织全市国有单位文物调查，组织专家开展文物认定，推动各普查单位采集、上报文物信息。12月，普查工作全部完成，除扬州大学外，全市42家文物收藏单位和7家图书、档案系统单位申报收藏文物351948件，其中文物系统内各单位收藏文物37206件（套）196759件；经认定，文物系统外国有单位收藏文物155189件，其中154329件为档案、图书系列文物。至12月，全市除档案、图书系统外的42家国有文物收藏单位全部完成普查信息采集登录，上传38024件（套）200135件文物信息。（陈晶晶）

**■“中国文化遗产日”系列活动**　6月14日是“中国文化遗产日”。6月13日，扬州市庆祝第九个“中国文化遗产日”系列活动在天宁寺启动。此次系列活动由市文化博览城建设领导小组办公室、市文物局、市旅游局、市博物馆协会、扬州报业传媒集团联合举办，主题为“让文化遗产活起来”。启动仪式上，举行“龙行大运——运河申遗”全球征文大赛颁奖仪式，首批市民乘坐“文博直通车”参加扬州首条文博旅游线路体验活动。此外，举办第一次全国可移动文物普查图片展、扬州文化博览城建设宣传展、第七批全国文物保护单位图片展等展览宣传活动11项。（杨　铭）

6月14日，剪纸艺人在第九个“中国文化遗产日”系列活动上展示自己的作品　庄文斌／摄

**■文物保护工程建设单位资质管理**　2014年，市文物局组织完成全市文物保护工程建设单位资质年检。全市16家企业参加年检和资质申报，年检通过率100%。扬州市祥成古建筑设计有限公司获文物保护工程勘察设计乙级资质，扬州市天翼园林景观绿化工程有限公司晋升文物保护工程施工二级资质，扬州市建苑工程监理有限责任公司获文物保护工程监理丙级资质。（张　静）

## 非物质文化遗产传承保护

**■概述**　2014年，扬州园林营造技艺、扬州刺绣、扬州传统修脚术等3个项目入选第四批国家级“非遗”代表性项目，22个项目申报第四批省级“非遗”代表性项目，23人入选第四批省级“非遗”项目代表性传承人。评审、公布第三批市级“非遗”代表作项目44个、代表性传承人67人。扬州非物质文化遗产基地（戏曲园）项目开工建设。扬州市文化广电新闻出版局（简称市文广新局）召开中国扬州首届国际木偶艺术研讨会，拓展扬州木偶发展思路和视野；完成100集扬州评话《皮五辣子》杨明坤版录像；出版扬州弹词名篇《玉蜻蜓》、文艺理论研究重点资助项目成果《杖头木偶制作技艺与传承研究》。开展“非遗”保护宣传。市文化馆组织“非遗”项目、传承人参加国家、省、市级各类展示活动，举办“非遗”专题讲座6期，组织开展“扬州市非物质文化遗产活动月”系列活动60项，收集、整理、出版《美在人间永

不朽—扬州剪纸》《扬州毛笔》《熊崇荣艺术剪纸》《张秀芳剪纸艺术》《石庆鹏制笔艺术六讲》《张慕莉剪纸艺术》等6部国家级“非遗”项目及相关传承人专著，举办4期古琴讲座和琴人雅集活动。（刘文献　郑　妮）

**■3个项目入选国家级“非遗”代表性项目名录**　11月11日，国务院公布第四批国家级非物质文化遗产代表性项目名录，扬州市3个项目入选。其中，传统造园技艺（扬州园林营造技艺）入选传统技艺代表性项目名录，苏绣（扬州刺绣）入选传统美术代表性项目扩展项目名录，中医诊疗法（扬州传统修脚术）入选传统医药代表性项目扩展项目名录。至此，扬州市国家级“非遗”项目增至19个，其中3项被联合国教科文组织评为“人类非物质文化遗产代表作”。

（刘文献　郑　妮）

**■23人入选省“非遗”项目代表性传承人**　2月27日，第四批江苏省非物质文化遗产代表性传承人名单公布，扬州市有15个项目23名传承人入选。至此，扬州市累计有省级及以上“非遗”代表性传承人82人。

（刘文献　郑　妮）

**■第三批市级“非遗”代表作名录公布**　8月25日，扬州市公布第三批市级非物质文化遗产代表作名录。第三批市级非物质文化遗产代表作共44个项目，其中新入选项目31个、扩展项目13个。新入选项目包括民间文学类5项，传统体育、游艺与竞技类1项，传统美术类5项，传统技艺类10项，传统医药类4项，民俗类6项；扩展项目包括传统音乐类2项，传统舞蹈类1项，传统戏剧类1项，传统体育、游艺与竞技类1项，传统技艺类6项，民俗类2项。

（刘文献　郑　妮）

**■第三批市级“非遗”项目代表性传承人名单公布**　6月14日，扬州市公布第三批市级非物质文化遗产项目代表性传承人名单，67人入选，其中传统音乐类5人、传统舞蹈类1人、传统戏剧类11人、曲艺类3人、传统体育与竞技类1人、传统美术类17人、传统手工技艺类22人、民俗类7人。（刘文献　郑　妮）

**扬州市第四批江苏省非物质文化遗产代表性传承人一览表**

表25-2

| 姓　名 | 性别 | 出生年份 | 传承项目名称 | 单位或住址 |
|---|---|---|---|---|
| 曹　华 | 男 | 1964 | 古琴艺术（广陵琴派） | 扬州市徐凝门大街2号楼B401室 |
| 戴荣华 | 男 | 1966 | 杖头木偶戏 | 扬州市木偶研究所 |
| 徐桂清 | 女 | 1949 | 扬州弹词 | 扬州市曲艺团 |
| 包　伟 | 女 | 1969 | 扬州弹词 | 扬州市曲艺团 |
| 厉智娟 | 女 | 1947 | 扬州清曲 | 扬州市四季园夏荷苑9栋103 |
| 熊崇荣 | 男 | 1944 | 扬州剪纸 | 扬州剪纸博物馆有限公司 |
| 翁　文 | 女 | 1945 | 扬州剪纸 | 扬州剪纸博物馆有限公司 |
| 高志明 | 男 | 1957 | 扬州竹刻 | 扬州八刻艺术研究会 |
| 沈建元 | 男 | 1956 | 扬州玉雕 | 扬州玉器厂 |
| 时庆梅 | 女 | 1970 | 扬州玉雕 | 扬州玉器厂 |
| 汪德海 | 男 | 1962 | 扬州玉雕 | 扬州金鹰玉器珠宝有限公司 |
| 吴伟华 | 男 | 1962 | 扬州木雕 | 扬州漆器厂 |
| 傅　燕 | 女 | 1959 | 扬州刺绣 | 扬州刺绣研究所 |
| 李江民 | 男 | 1955 | 雕版印刷技艺 | 扬州市玉器街84号 |
| 沈树华 | 男 | 1956 | 雕版印刷技艺 | 扬州中国雕版印刷博物馆 |
| 卜继宗 | 男 | 1952 | 扬州装裱技艺 | 扬州博物馆 |
| 刘　新 | 男 | 1964 | 谢馥春“香粉油”制作技艺 | 扬州市东关街243号 |
| 崔海龙 | 男 | 1953 | 富春茶点制作技艺 | 扬州市国庆路得胜桥35号 |
| 周晓燕 | 男 | 1964 | 扬州三把刀·烹饪技艺 | 扬州市扬大旅游烹饪学院 |
| 居长龙 | 男 | 1940 | 扬州三把刀·烹饪技艺 | 扬州市居氏料理研究室 |
| 孙　浩 | 男 | 1928 | “臣”字门儿科中医术 | 仪征市中医院 |
| 陆松林 | 男 | 1946 | 扬州三把刀·修脚技艺 | 扬州市沐浴协会三把刀培训中心 |
| 赵　兵 | 男 | 1966 | 扬州三把刀·理发技艺 | 扬州市天姿美发美容管理有限公司 |

（闻　华）

扬州市第三批市级非物质文化遗产代表作一览表

表25-3

| 序号 | 编号 | 项目类别 | 项目名称 | 申报地区(单位) |
|---|---|---|---|---|
| 141 | YZI-32 | 民间文学 | 常遇春传说 | 邗江区公道镇文化站 |
| 142 | YZI-33 | 民间文学 | 吉高的故事 | 宝应县文化馆 |
| 143 | YZI-34 | 民间文学 | 乾隆与宝应故事 | 宝应县安宜镇文体站 |
| 144 | YZI-35 | 民间文学 | 宝应泰山殿传说 | 宝应县安宜镇文体站 |
| 145 | YZI-36 | 民间文学 | 沈公山的故事 | 宝应县曹甸镇文体站 |
| 146 | YZⅥ-2 | 传统体育、游艺与竞技 | 十五巧板益智拼图 | 邗江区邗上街道文体中心 |
| 147 | YZⅦ-17 | 传统美术 | 竹编(邵氏竹编)<br>竹编(曹甸竹品扎制技艺)<br>竹编(广陵红桥竹编) | 邗江区邵德广竹器店<br>宝应县曹甸镇曹南社区股份合作社<br>广陵区文化馆 |
| 148 | YZⅦ-18 | 传统美术 | 草编(广洋湖草编) | 宝应县广洋湖镇严桥村经济合作社 |
| 149 | YZⅦ-19 | 传统美术 | 糖塑(扬州吹糖人) | 广陵区文化馆 |
| 150 | YZⅧ-42 | 传统技艺 | 扬州雀笼制作技艺 | 扬州文物商店 |
| 151 | YZⅧ-43 | 传统技艺 | 家具制作技艺(扬州明清家具制作技艺) | 广陵区古艺堂家具行 |
| 152 | YZⅧ-44 | 传统技艺 | 扬州精细木作 | 扬州市邗江安兰木器工艺厂 |
| 153 | YZⅧ-45 | 传统技艺 | 圆木作(杨寿箍桶技艺) | 邗江区杨寿镇文体中心 |
| 154 | YZⅧ-46 | 传统技艺 | 扬州织补技艺 | 广陵区文化馆 |
| 155 | YZⅧ-47 | 传统技艺 | 扬州铜器制作技艺 | 广陵区文化馆 |
| 156 | YZⅧ-48 | 传统技艺 | 冶春面点制作技艺 | 扬州冶春餐饮股份有限公司 |
| 157 | YZⅧ-49 | 传统技艺 | 扬州盐商菜烹饪技艺 | 扬州市长乐客栈酒店有限公司<br>扬州市康山园经营管理有限公司 |
| 158 | YZⅧ-51 | 传统技艺 | 裔家牛肉制作技艺 | 邗江区方巷镇文体中心 |
| 159 | YZⅧ-52 | 传统技艺 | 高邮咸鸭蛋制作工艺 | 高邮市高邮鸭集团 |
| 160 | YZⅨ-8 | 传统医药 | “春”字门内科中医术 | 扬州市中医院 |
| 161 | YZⅨ-9 | 传统医药 | “谦”字门儿科中医术 | 扬州市中医院 |
| 162 | YZⅨ-10 | 传统医药 | 针灸(朱氏针法) | 扬州市中医院 |
| 163 | YZⅨ-11 | 传统医药 | 陆(张)氏眼科诊疗法 | 扬州市江都中医院 |
| 164 | YZⅩ-15 | 民俗 | 中秋节(扬州中秋拜月) | 扬州市民间文艺家协会 |
| 165 | YZⅩ-16 | 民俗 | 清明节(船村印子祭祀习俗) | 杭集镇双隆村经济合作社 |
| 166 | YZⅩ-17 | 民俗 | 仪征沐浴习俗 | 仪征市香水泉浴室 |
| 167 | YZⅩ-18 | 民俗 | 车桅灯习俗 | 杭集镇双隆村经济合作社<br>邗江区公道镇文体站 |
| 168 | YZⅩ-19 | 民俗 | 沿湖渔民习俗 | 邗江区方巷镇文化体育中心 |
| 169 | YZⅩ-20 | 民俗 | 吴桥社火 | 江都区吴桥镇文化体育站 |

(闻　华)

扬州市第三批市级非物质文化遗产代表作扩展项目一览表

表25-4

| 序号 | 编号 | 项目类别 | 项目名称 | 申报地区(单位) |
|---|---|---|---|---|
| 23 | YZⅡ-5 | 传统音乐 | 扬州民歌(邗江民歌) | 邗江区文化中心 |
| 118 | YZⅡ-10 | 传统音乐 | 打坐堂(包氏锣鼓) | 开发区八里文化福利服务中心 |
| 34 | YZⅢ-7 | 传统舞蹈 | 莲湘(西安丰莲湘舞) | 宝应县西安丰镇文体站 |

续表25-4

| 序号 | 编　号 | 项目类别 | 项目名称 | 申报地区(单位) |
|---|---|---|---|---|
| 36 | YZⅣ-1 | 传统戏剧 | 扬剧 | 邗江区文化中心 |
| 43 | YZⅥ-1 | 传统体育、游艺与竞技 | 高跷(新城踩高跷) | 仪征市新城镇文化体育中心 |
| 65 | YZⅧ-8 | 传统技艺 | 淮扬菜制作技艺(扬州三头宴烹制技艺) | 扬州市狮子楼大酒店 |
| 75 | YZⅧ-18 | 传统技艺 | 豆腐制品制作技艺(杨寿豆腐圆子制作技艺) | 邗江区杨寿镇文体中心 |
| 76 | YZⅧ-19 | 传统技艺 | 盐水鹅制作技艺(仪征岔镇盐水鹅制作技艺) | 仪征市马集镇岔镇三六老鹅店 |
| 78 | YZⅧ-21 | 传统技艺 | 扬州面点小吃制作技艺(公道草炉烧饼制作技艺) | 邗江区公道镇文化站 |
| | | | 扬州面点小吃制作技艺(曹甸小粉饺制作技艺) | 宝应县曹甸镇满生小吃部 |
| 85 | YZⅧ-28 | 传统技艺 | 扬州铁具锻制技艺 | 广陵区振华铁器商店 |
| 97 | YZⅩ-7 | 民俗 | 庙会(西安丰普济庵都天庙会) | 宝应县西安丰镇文体站 |
| | | | 庙会(柳堡福田庵庙会) | 宝应县柳堡镇文体站 |

注:扩展项目名录序号、编号均为第一批市级“非遗”代表作名录序号、编号　　(闻　华)

**第三批扬州市非物质文化遗产项目代表性传承人一览表**

表25-5

| 姓　名 | 性别 | 出生年份 | 传承项目名称 | 工作单位或住址 |
|---|---|---|---|---|
| 戴保根 | 男 | 1946 | 传统音乐(邵伯锣鼓小牌子) | 江都区邵伯镇文化体育站 |
| 刘广荣 | 男 | 1952 | 传统音乐(邵伯锣鼓小牌子) | 江都区邵伯镇文化体育站 |
| 许金英 | 女 | 1939 | 传统音乐(邵伯秧号子) | 江都区邵伯镇文化体育站 |
| 沈秀庭 | 男 | 1933 | 传统音乐(宝应民歌) | 宝应县望直港镇马垛村小社组 |
| 郭士芳 | 女 | 1952 | 传统音乐〔扬州民歌(大仪劳动号子)〕 | 仪征市大仪镇路南村贾庄组 |
| 梁　鸽 | 男 | 1955 | 传统舞蹈(西安丰龙舞) | 宝应县西安丰镇集丰村 |
| 王瑞如 | 女 | 1963 | 传统戏剧(扬剧) | 扬州市扬剧研究所 |
| 王　海 | 男 | 1969 | 传统戏剧(扬剧) | 扬州市扬剧研究所 |
| 赵紫君 | 女 | 1968 | 传统戏剧(扬剧) | 扬州市扬剧研究所 |
| 祝荣娟 | 女 | 1964 | 传统戏剧(扬剧) | 邗江区文化馆 |
| 郝建红 | 女 | 1966 | 传统戏剧(扬剧) | 江都扬剧艺术发展中心 |
| 匡九龙 | 男 | 1958 | 传统戏剧(扬州杖头木偶) | 扬州市木偶研究所制作中心 |
| 王　芸 | 女 | 1959 | 传统戏剧(扬州杖头木偶) | 扬州市木偶研究所演出团 |
| 骆　燕 | 女 | 1977 | 传统戏剧(扬州杖头木偶) | 扬州市木偶研究所演出团 |
| 梁苏荣 | 女 | 1977 | 传统戏剧(扬州杖头木偶) | 扬州市木偶研究所演出团 |
| 戴艳霞 | 女 | 1936 | 传统戏剧(淮剧) | 宝应县城区朱家巷79—11 |
| 金　辉 | 男 | 1932 | 传统戏剧(淮剧) | 宝应县城区朱家巷79—11 |
| 姜庆玲 | 女 | 1968 | 曲艺(扬州评话) | 扬州市曲艺研究所 |
| 黄　敏 | 女 | 1958 | 曲艺(扬州清曲) | 扬州工艺美术公司 |
| 朱美兰 | 女 | 1960 | 曲艺(扬州清曲) | 扬州市杨庄街坊102栋201室 |
| 韦忠清 | 男 | 1968 | 传统体育与竞技(临泽高跷) | 高邮市临泽镇建设路18号 |
| 孙黎明 | 男 | 1959 | 传统美术(扬州剪纸) | 江苏华发装饰有限公司 |

续表25-5

| 姓　名 | 性别 | 出生年份 | 传承项目名称 | 工作单位或住址 |
|---|---|---|---|---|
| 顾　铭 | 男 | 1970 | 传统美术(扬州玉雕) | 扬州云石斋玉文化有限公司 |
| 顾　锋 | 男 | 1964 | 传统美术(扬州玉雕) | 扬州宝玉丰玉器厂 |
| 王春晨 | 女 | 1977 | 传统美术(扬州玉雕) | 扬州玉器厂 |
| 杨　光 | 男 | 1970 | 传统美术(扬州玉雕) | 扬州阳光玉器加工厂 |
| 刘月川 | 男 | 1960 | 传统美术(扬州玉雕) | 扬州品珍堂玉器商行 |
| 董永梅 | 女 | 1971 | 传统美术(扬州玉雕) | 扬州市枫梅轩玉器行 |
| 陈　骏 | 男 | 1974 | 传统美术(扬州玉雕) | 扬州玉器厂 |
| 张文斌 | 男 | 1964 | 传统美术(扬州玉雕) | 扬州文雨轩玉器行 |
| 杨春屏 | 女 | 1972 | 传统美术(扬州刺绣) | 扬州刺绣研究所 |
| 王　萍 | 女 | 1968 | 传统美术(扬州刺绣) | 吴晓平刺绣工作室 |
| 孙家琴 | 女 | 1959 | 传统美术(扬州刺绣) | 扬州刺绣联盟成员 |
| 陆俊俭 | 女 | 1954 | 传统美术(扬州刺绣) | 扬州刺绣联盟成员 |
| 蒋长林 | 男 | 1960 | 传统美术(扬派盆景技艺) | 扬州市瘦西湖风景区管理处 |
| 万　朋 | 男 | 1973 | 传统美术(扬派盆景技艺) | 扬州市瘦西湖风景区管理处 |
| 朱登民 | 男 | 1965 | 传统美术(江都漆画) | 江都区工艺美术家协会 |
| 金桂清 | 男 | 1959 | 传统美术(江都漆画) | 江都区工艺美术家协会 |
| 孙春宝 | 男 | 1957 | 传统手工技艺〔扬州园林营造技艺(建筑)〕 | 扬州古典园林建设有限公司 |
| 王振宝 | 男 | 1963 | 传统手工技艺(雕版印刷技艺) | 扬州广陵古籍刻印社 |
| 张楠祥 | 男 | 1963 | 传统手工技艺(雕版印刷技艺) | 扬州广陵古籍刻印社 |
| 张　宽 | 男 | 1946 | 传统手工技艺(漆器髹饰技艺) | 扬州润祥漆器厂 |
| 董亚梅 | 女 | 1971 | 传统手工技艺(漆器髹饰技艺) | 扬州漆器厂 |
| 姚　梅 | 女 | 1972 | 传统手工技艺(漆器髹饰技艺) | 扬州漆器厂 |
| 蔡玉宏 | 男 | 1960 | 传统手工技艺(漆器髹饰技艺) | 扬州漆器厂 |
| 曹启彦 | 男 | 1959 | 传统手工技艺(漆器髹饰技艺) | 扬州漆器厂 |
| 安　卫 | 男 | 1965 | 传统手工技艺(漆器髹饰技艺) | 扬州敦煌漆器厂 |
| 王庆勇 | 男 | 1978 | 传统手工技艺(扬州木雕) | 扬州漆器厂 |
| 高秀松 | 男 | 1960 | 传统手工技艺(富春茶点制作技艺) | 富春茶社 |
| 张福香 | 女 | 1968 | 传统手工技艺(富春茶点制作技艺) | 来鹤台富春酒楼 |
| 吕兆红 | 女 | 1963 | 传统手工技艺(谢馥春香粉油制作技艺) | 扬州谢馥春化妆品有限公司 |
| 胡华兵 | 男 | 1965 | 传统手工技艺(安丰卜页) | 宝应县西安丰镇集丰村石头巷 |
| 卢廷彦 | 男 | 1930 | 传统手工技艺(宝应卢记烧饼制作技艺) | 宝应县安宜镇铁桥居委会 |
| 梁永清 | 男 | 1975 | 传统手工技艺(德和酱油制作技艺) | 江苏康旺食品有限公司 |
| 朱　刚 | 男 | 1978 | 传统手工技艺(氾水素鸡制作技艺) | 宝应县氾水镇五一南路 |
| 曹国培 | 男 | 1964 | 传统手工技艺(金银细工制作技艺) | 江都区工艺美术家协会 |
| 余其春 | 男 | 1949 | 传统手工技艺(扬州毛笔制作技艺) | 江都区春风制笔厂 |
| 梁尚荣 | 男 | 1954 | 传统手工技艺(扬州毛笔制作技艺) | 扬州市金荣制笔厂 |
| 石玉花 | 女 | 1974 | 传统手工技艺(扬州毛笔制作技艺) | 江都区国画笔厂 |
| 周怀明 | 男 | 1946 | 传统手工技艺(扬州毛笔制作技艺) | 扬州琼花湖笔厂 |
| 嵇步春 | 男 | 1958 | 民俗(扬州三把刀·烹饪技艺) | 扬州生活科技学校 |
| 肖庆和 | 男 | 1963 | 民俗(扬州三把刀·烹饪技艺) | 苏州吴宫泛太平洋酒店 |

续表25-5

| 姓　名 | 性别 | 出生年份 | 传承项目名称 | 工作单位或住址 |
|---|---|---|---|---|
| 茅建民 | 男 | 1958 | 民俗(扬州三把刀·烹饪技艺) | 江苏省扬州商务高等职业学校 |
| 陈忠明 | 男 | 1957 | 民俗(扬州三把刀·烹饪技艺) | 扬州大学旅游烹饪学院 |
| 张　迅 | 男 | 1968 | 民俗(扬州三把刀·烹饪技艺) | 冶春餐饮股份有限公司 |
| 周　平 | 男 | 1959 | 民俗(扬州三把刀·理发技艺) | 紫罗兰美发厅 |
| 徐长飞 | 男 | 1965 | 民俗(扬州三把刀·理发技艺) | 市机关生活服务中心 |

(刘文献　郑　妮)

**■扬州戏曲园项目开工**　12月28日,扬州非物质文化遗产基地(戏曲园)项目开工。扬州戏曲园占地3.5公顷,建筑面积7.3万平方米,其中地上5.8万平方米、地下1.5万平方米,总投资3.4亿元。该项目以扬州文化艺术学校改扩建工程为主体,规划建设校园区、展演展示区、"非遗"传承中心区等3个功能区域,整合扬剧、扬州木偶、扬州评话、扬州清曲、扬州弹词等国家级戏曲曲艺"非遗"项目,汇集教学、培训、研究、展示、排练、录制、传承等功能,是集"非遗"传承、艺术展演和休闲旅游于一体的文化集聚区。(刘文献　郑　妮)

**■非物质文化遗产活动月**　4月16日,以"弘扬民族文化,延续中华文脉"为主题的"扬州非物质文化遗产活动月"在市文化馆群艺广场启动。此次活动由市文广新局、扬州报业传媒集团、扬州广电传媒集团主办,各县(市、区)文广新局、各"非遗"项目保护单位等承办,历时2个月,采取"主会场+分会场"模式,展现162个市级及以上"非遗"项目、237个县级"非遗"项目。主会场活动由市直文化单位负责,组织扬城民俗文艺大会串、首届非物质文化遗产工艺博览会、"非遗精粹耀名城"专场演出、全国第九个"文化遗产日"专场活动等系列活动26场;分会场活动由各县(市、区)文广新局负责,组织"非遗"保护成果展示、"非遗"大讲堂等系列活动31场。　(刘文献　郑　妮)

**■"与非遗零距离"系列活动**　2014年,扬州博物馆举办9期"与非遗零距离"系列活动,先后邀请"非遗"项目技艺传承人现场表演扬州评话、扬州剪纸、扬州通草花制作、扬州传统灯彩制作、扬州刺绣、扬州雕版印刷、扬州金银器制作、扬州古琴、扬州弹词等,让观众欣赏传统艺术,了解传统工艺制作流程和发展情况。

(孙　伟)

## 文化博览城建设

**■概述**　2014年,扬州市推进文化博览城项目建设,市政府印发《关于进一步做好扬州文化博览城建设管理和利用工作的意见》《扬州市文博场所建设管理利用扶持基金管理办法》《扬州文博志愿服务管理办法》《扬州市文博场所运行利用评估管理办法》等文件。双峰云栈、潘玉良纪念馆、鉴真广场、《四库全书》陈列馆和甘泉陈园等5个项目建成,2500周年城庆广场、扬州市科技馆、扬州市农业科技博览馆、"双宁"(天宁寺、重宁寺)文化核心区、渔文化博览园等5个项目建设取得进展,隋炀帝墓考古遗址公园、"中国共产党在扬州"展览、扬州国际友城展览馆、苏北人民医院院史陈列馆等项目启动。扬州市博物馆、扬州中国雕版印刷博物馆、扬派盆景博物馆、佛教文化博物馆等23家主要文博场馆全年举办活动157项,接待游客416.2万人次,比上年增加80万人次。"扬州文博直通车"系列活动启动,推出6条文博旅游线路。市文物局与市文化博览城建设领导小组办公室、市教育局、扬州晚报社等联合组织、策划"博物馆之夏"夏令营活动,220多名学生参加活动。扬州工艺美术馆、扬州玉器博物馆分别举办2014工艺美术获奖精品展、2014旅游商品交易会。开展文博学术研究。全年举办"隋炀帝与扬州""雕版印刷国际学术研讨会""大雅芸台——阮元研究国际学术研讨会"等专题学术会议3场,编辑出版《世界的扬州·文化遗产丛书》第二辑和《江淮文化论丛》第三辑,邀请知名专家学者举办专题学术讲座10场次。　(陈晶晶)

**■博物馆**　2014年末,全市有注册登记的各类博物馆16家,其中隶属文物部门管理的博物馆13家;有国家一级博物馆1家、三级博物馆3家。全市博物馆馆藏珍贵文物2312件(套),其中一级文物68件(套)、二级文物428件(套)、三级文物1816件(套)。2014年,扬州博物馆文博体验中心工程、汉广陵王墓博物馆游客服务中心及王后墓基本陈列改造提升工程竣工并对外开放,扬州八怪书画作品陈列、《四库全书》陈列馆完成布展并对外开放。市直各博物馆、纪念馆举办"流星王朝的遗辉·隋炀帝墓出土文物特展""紫禁城·扬州·大运河——故宫博物院、扬州博物馆馆藏文物精品展""花鸟怡情——常熟博物馆藏花鸟册页展""新四军与老百姓——群众路线教育实践活动专项文物展"等展览63个,输出"丰腴之美——唐代仕女生活展"等展览16个,策划举办"博物馆里过大年""与非遗零距离"等社教活动46次、专题讲座6期、义务鉴定活动11场,举办东亚雕版印刷国际学术研讨会、纪念阮元诞辰250周年系列活动之"大雅芸台——阮元研究国际学术研讨会"。扬州博物馆"镜华流光——扬州博物馆藏汉唐铜镜展”入选2014年全省馆藏文物巡回展。扬州博物馆参加在厦门举办的2014博物馆及相关产品与技术博览会及博物馆文创产品评选活动，获博物馆宣传推介优秀奖。唐城遗址博物馆组织开展志愿者“走进唐城、走进西门”征文比赛。加强文博场馆安全管理，实施扬州汉广陵王墓博物馆、扬州唐城遗址博物馆、江都区博物馆安防提升工程，组织编制天宁寺消防工程方案。（陈晶晶）

**■文博场所分类管理** 11月21日，市政府常务会议审议通过《关于进一步做好扬州文化博览城建设管理和利用工作的意见》。该意见将全市文博场所分为非物质文化遗产类、历史和现代人文类、古宅遗址类、民族宗教文化类、民间收藏展示类等5种类型，实施分类管理、特色发展，建立文博场所运行管理新机制。要求非物质文化遗产类文博场所实行展销结合、产业化运作，由经营主体负责建设、管理和运营，政府给予优惠条件和政策扶持；历史和现代人文类文博场所坚持政府主导，创新管理机制，坚持公益性为主定位，强化社会教育功能和文化渗透功能；古宅遗址类文博场所坚持“以保护为前提，以文化价值优先，以服务公众为目的，尊重科学精神，遵守社会公德”原则，加强保护利用，探寻平衡发展；民族宗教文化类文博场所加强交流，实现自我优化提升；民间收藏展示类文博场所规范管理，吸引社会力量参与运作。（杨　铭）

**■“国际博物馆日”活动** 5月18日是“国际博物馆日”，主题为“博物馆藏品架起沟通的桥梁”。2014年，扬州市庆祝“国际博物馆日”活动从4月延续至7月，先后举办“流星王朝的遗辉·隋炀帝墓出土文物特展”、“文物收藏与鉴赏”专题讲座、专家免费鉴宝等活动15项。5月18日，扬州博物馆举办“镜华流光——扬州博物馆藏汉唐铜镜展”“佛缘妙相——熊崇荣佛像剪纸艺术展”等展览和剪纸表演、免费鉴宝等活动；市文化博览城建设领导小组办公室等单位启动“扬州文博直通车”系列活动；市文物局采取宣传展示、发放宣传资料、接受咨询等方式，宣传第一次全国可移动文物普查、文物保护法、扬州文化博览城建设成果等。（陈晶晶）

**■“扬州文博直通车”系列活动** 5月18日，扬州文化博览城建设领导小组办公室、市文物局、市旅游局、市博物馆协会、扬州晚报社启动“扬州文博直通车”系列活动，开展票选心目中的文博场馆、“我与文博场馆的故事”征文、我为文博场馆献一计、文博场馆免费游等活动。其中文博场馆免费游活动安排“古巷风情”“名人履痕”“遗址寻踪”等6条线路，涵盖汉广陵王墓博物馆、唐城遗址博物馆、史可法纪念馆、扬州院士博物馆、扬州玉器博物馆、汪氏小苑、熊成基故居等20多个文博场馆，推动各文博场馆开放利用。“文博场馆免费游”活动至9月结束，共举办7次，近300名市民参与活动。（陈晶晶）

**■“博物馆之夏”夏令营** 7—8月，扬州文化博览城建设领导小组办公室、市教育局、市文物局、江海职业技术学院、扬州晚报社和扬州博物馆协会策划、组织2014年“博物馆之夏”夏令营活动，让青少年接受优秀历史文化熏陶，发挥文博资源作用。江海职业技术学院及扬州大学、扬州大学附属中学、梅岭中学、育才小学西区校、美琪小学220名营员参与活动，先后听取“隋炀帝的功过是非”“史可法的爱国情怀”“朱自清散文赏析”等6场报告会，参观扬州博物馆、中国淮扬菜博物馆、扬州院士博物馆、《四库全书》陈列馆等15个文博场馆，探访东关街古街巷、隋炀帝墓考古现场、观音山迷楼遗址和槐泗隋炀帝陵等。活动结束前，主办方收到参与夏令营活动的师生征文113篇、摄影作品65幅；评出征文一等奖10个、二等奖20个、三等奖37个，优秀摄影作品奖16个；编印优秀征文选编《记住扬州的乡愁》。（陈晶晶）

**■隋炀帝墓出土文物特展** 4月16日，“流星王朝的遗辉·隋炀帝墓出土文物特展”在扬州博物馆开幕。此次展览由扬州市文物局主办，扬州市文物考古研究所、扬州博物馆承办，首次公开展出“2013年度全国十大考古新发现”之一——隋炀帝墓出土的代表性文物135件(套)，有青铜器、玉器、陶瓷器等，器型丰富，种类齐全，包括鎏金铜铺首、十三环蹀躞金玉带、铜编钟、编磬、玉璋等器物，其中部分器物为墓主人身份佐证。展厅分隋炀帝墓、萧后墓两部分，展品以隋炀帝及萧后墓甬道、耳室、主墓室顺序为主线，以材质、种类为辅线，采用复原展示方式展出，同时陈列隋炀帝和萧后墓结构模型，便于观众了解墓葬规模和形制。展览为期3个月，接待参观者27万人次。（陈晶晶）

**■故宫博物院、扬州博物馆馆藏文物精品展** 7月26日，“紫禁城·扬州·大运河——故宫博物院、扬州博物馆馆藏文物精品展”在扬州博物馆开幕。此次展览为期3个月，展出故宫博物院、扬州博物馆、扬州唐城遗址博物馆、扬州文物商店和邗江文物管理委员会文物精品120件(套)，其中故宫博物院藏品70件，展品种类丰富、器型多样，有玉器、漆器、书画、陶瓷器、杂项等。此次展览是故宫文物首次大规模在扬州展出。（孙　伟）

**■天宁寺万佛楼展出复制《四库全书》** 4月18日，由商务印书馆出版、扬州国书文化传播有限公司承制的首套原大、原色、原样《四库全书》(文津阁本)在天宁寺万佛楼陈列馆展出。《四库全书》是清乾隆年间编纂的中国历史上规模最大的丛书，分经、史、子、集四部，汇集清朝上溯至先秦的历代文化典籍。《四库全书》(文津阁本)共6144函3.6万册，分别陈列在128个楠木书架。该书复制工作采用传统工艺与现代技术相结合方式，从数码拍摄、数据修正、试制、正式生产到完工，历时10多年。（孙　伟）

纪念阮元诞辰250周年文物联展展厅外景
陶 敏/摄

**■纪念阮元诞辰250周年文物联展** 11月8日，扬州博物馆“大雅芸台——纪念阮元诞辰250周年文物联展”开幕。展览分“名儒贤相溢芳名——阮元·生平简介”“翰墨砚石成一体——阮元·艺术成就”“通世卓学显文达——阮元·学术成就”3个部分，展出与阮元相关文物近90件（套），包括大尺幅书法作品、信札、扇面、砚台、石屏等，展期2个月。展品除扬州博物馆馆藏阮元书画真迹外，分别藏于扬州市图书馆、浙江省博物馆、广东省博物馆、湖北省博物馆、云南省博物馆、山东省博物馆、常州市博物馆、佛山市博物馆、昆明市博物馆、江都区博物馆。 （孙 伟）

**■扬州15件（组）文物精品参加“中国·海上丝绸之路文物精品图片展”** 12月15日，“中国·海上丝绸之路文物精品图片展”在纽约联合国总部开幕。此次展览精选200件精品文物制作成图板，分瓷器、丝绸、陶器、金银器、香料、青铜器、古钱币、玻璃器和古代装饰品等专题，展示繁荣的“海上丝绸之路”中国商贸以及中国传统文化在促进各国经济与文化交流中的重要作用，展期5天。扬州博物馆藏唐绿釉龙纹葵口盘、唐青釉褐斑堆贴人物纹执壶、唐青花花卉纹葵口盘、唐西亚绿釉陶壶、唐海马葡萄纹铜镜、唐球形镂空串宝金耳坠、唐打马球铜镜等15件（组）文物精品以及出土于扬州的南京博物院馆藏广陵王玺在图片展第二部分“港埠渐隆 海路绵延”中展出。 （杨 铭）

**■扬州院士博物馆对外开放** 扬州院士博物馆位于全国重点文物保护单位吴道台宅第内。测海楼一楼是陈列馆主要展示区，重点陈列从扬州走出去和在扬州工作的73名中国科学院、中国工程院院士名录、介绍以及相关文字、雕塑、图片和实物等，其中在扬州工作的院士3人，分别是江苏里下河地区农科所研究员、中国工程院院士程顺和，扬州大学兽医学院教授、第十一届全国政协委员、中国工程院院士刘秀梵，中国聚酯工业主要开拓者、仪征化纤教授级高级工程师、中国工程院院士蒋士成。测海楼两侧走廊墙上展示院士题词。陈列馆专设“吴门四杰展”板块，集中展示从吴道台宅第走出的吴氏四兄弟（中国科学院院士、核物理学家吴征铠，中国科学院院士、植物分类学家吴征镒，剧作家吴征铸，医学生物学家吴征鉴）工作笔记、代表证、信件、手稿等，并在测海楼小花园设置少年“吴门四杰”读书雕像。陈列馆布展工作2月启动，4月19日对外开放。 （陈晶晶）

**■朱自清故居提升工程竣工** 朱自清故居提升工程包括整体环境及陈展内容提升。2013年3月启动，11月动工建设；2014年1月17日举行竣工仪式，重新对外开放。经过改造，陈列内容突出扬州元素，单设板块展示朱自清有关扬州的散文；新增朱自清经典名篇节录、朱自清家世简表、朱自清生平编年表等内容。为丰富陈展内容，纪念馆先后派员到北京、温州、绍兴、南京、连云港等地走访专家学者，征集相关史料和资料，其中包括朱自清嫡孙朱小涛提供的大量史料。 （冯永革）

**■汉广陵王墓博物馆陈展提升工程** 1月，汉广陵王墓博物馆临展厅建成，全年承接各类展览9个。9月，汉广陵王墓博物馆完成王后墓陈展提升，调整展览内容，补充“黄肠题凑”式墓葬介绍，改造照明系统，方便游客参观。12月，汉广陵王墓展厅提升改造工程启动。 （孙 伟）

**■双峰云栈复建工程** 双峰云栈是瘦西湖二十四景之一。双峰云栈复建工程2013年启动，按照清代李斗《扬州画舫录》记载复建，2014年4月建成开放，再现“飞琼溅雪，汹涌澎湃”意境。双峰云栈位于蜀冈东峰和中峰之间，景区占地面积3.57公顷，利用两侧山石峭壁以及南北地势高差设计瀑布跌水景观，利用瀑布表现“飞琼溅雪”水景，利用太湖石表现“叠石如停云”，利用雾化水汽表现“山林中云烟缥缈”景象。 （陈晶晶）

**■扬州八怪书画研究会成立** 8月18日，扬州八怪书画研究会在扬州成立。扬州八怪纪念馆馆长刘方明任会长，王苏平、黄俶成、安玉民等画家、学者任副会长。研究会旨在深化扬州八怪艺术研究，提升扬州八怪文化宣传，弘扬扬州八怪创新精神；联合海内外理论权威和学界新锐，打造多层次、高水平学术研究与艺术交流平台，挖掘、丰富扬州八怪文化内涵。 （孙 伟）

**■扬州博物馆启动“师带徒”活动** 2月24日，扬州博物馆举行“师带徒”活动启动仪式。此项活动采取“老师有补贴，师徒有课题、有研究、有成果”合作方式，聘请5名扬州文史、雕版印刷、文物鉴定、陈列展览等方面导师，“一对一”培养馆内青年业务骨干，充实文博事业后备力量。 （孙 伟）

**■刘渝向扬州博物馆捐赠鉴真坐像** 刘渝生于1940年，1965年毕业于广州美院雕塑专业，先后在扬州玉器厂、扬州工艺美术研究所等单位工作，1987年调广东佛山大学任教。在扬州期间，刘渝曾创作史公祠史可法像等作品，并参与设计和塑造鉴真纪念堂部分建筑构件。1980年4月，刘渝曾趁鉴真大师干漆夹纻像回国“探亲”巡展之机，按原作临摹复制鉴真坐像，并详细记录鉴真坐像的比例尺寸、内部结构、色彩技法等方面数据及造型特点。该坐像被保存在鉴真纪念堂。2013年12月起，刘渝筹备再次创作鉴真雕像，历经10个月创作完成，并于2014年10月20日将其创作的鉴真雕像捐赠给扬州博物馆。（杨　铭）

**■扬州市与故宫博物院签订合作协议**　11月8日，扬州市政府与故宫博物院就加强文化遗产保护签订合作框架协议。故宫博物院院长单霁翔、市长朱民阳代表双方签署协议并致辞，副市长丁一参加活动。根据协议，故宫博物院将在文物展览交流、文物保护科技创新、文博专业人员培养、非物质文化遗产保护传承、文化创意产业合作、故宫学院平台利用、传统文化教育传播合作等方面与扬州开展合作。签约仪式后，单霁翔作“展望2020年——把壮美的紫禁城完整地交给下一个600年”专题讲座。（杨　铭）

**■意大利驻沪总领事考察马可·波罗纪念馆**　7月17日，意大利新任驻沪总领事裴思泛参观马可·波罗纪念馆，并向纪念馆捐赠一幅羊皮卷复印件。该羊皮卷为1366年意大利威尼斯法庭判决书，判决书上列举马可·波罗从中国带回意大利并留给其家族物品清单。（孙　伟）

马可·波罗纪念馆　张孔生/摄

**■阮元研究国际学术研讨会**　11月14—16日，由扬州文化研究会、扬州博物馆、邗江区公道镇政府、扬州学派研究会、扬州市博物馆协会等单位联合举办的“大雅芸台——阮元研究国际学术研讨会”在扬州博物馆举行，美国、法国、日本等国家和中国台湾、香港以及北京、浙江、广东、湖北、山东、福建、江苏等地高校学者，山东省博物馆、昆明市博物馆和扬州市代表近60人参加研讨会。此次研讨会是首次国际性阮元研究研讨会，收到学术论文36篇，其中有多篇未公开发表的最新研究成果。会议期间，与会人员听取主题报告，围绕“阮元金石、书画研究”“阮元生平研究”“阮元著述研究”“阮元学术思想研究”“阮元其他相关问题研究”等议题发表研究成果，开展交流、评议。（孙　伟）

**■“隋炀帝与扬州”国际学术研讨会**　10月22—23日，“隋炀帝与扬州”国际学术研讨会在扬州举行，国内外考古专家、学者、历史学家40多人参会。中国社会科学院考古研究所所长、中国考古学会会长王巍，中国唐史学会副会长、河北省社会科学院副院长孙继民，南京博物院副院长王奇志，副市长董玉海等出席会议。市文物局局长冬冰主持会议。此次研讨会由中国考古学会、中国唐史学会、扬州市政府共同主办，北京大学古代史研究中心、扬州大学社会发展学院、扬州市文物局联合承办，重点研讨“隋炀帝与扬州”“隋炀帝与大运河”“隋炀帝与隋朝”3个方面内容。（杨　铭）

**■文博知识大赛**　8月，由市文化博览城建设领导小组、广陵区委、广陵区政府主办的“情系运河·走进广陵”2014年扬州市文博知识大赛启动。大赛组织者编印22万字的《“情系运河·走进广陵”2014年扬州文化博览城建设知识大赛参考资料》免费赠送读者，并在《扬州日报》、《扬州晚报》、“扬州文化遗产”网、“中国·广陵”网等刊登试题，内容涉及广陵概述、古城风韵、景点、名店、文博场馆、非物质文化遗产、书院、学校、当代名人、广陵诗歌等。大赛分个人赛、团体赛。个人赛收到有效答题卡1224张，5人获优秀奖，50人获幸运奖；团体赛有24支队伍参赛，其中4支队伍参加9月举行的决赛，广陵新城代表队获一等奖，广陵区审计局代表队获二等奖，商贸物流园和汶河街道代表队分获三等奖。（陈晶晶）

## 考古

**■概述**　2014年，扬州唐城考古工作队配合扬州城国家考古遗址公园建设，开展扬州城遗址重要节点考古发掘，主要围绕3个学术目的展开，分别为宋宝祐城壕桥和水门遗址的发掘、扬州楚汉六朝广陵城的发掘、扬州市蜀冈早期城址的探寻发掘，发掘面积6850平方米，清理出南宋水关遗迹、战国水涵洞遗迹和楚汉广陵城、隋唐扬州城城墙基础、城门遗迹等。市文物局先后两次组织专家论证会，对扬州蜀冈古代城址北城墙西段、东部城门遗址考古发掘成果进行论证。扬州市文物考古研究所配合城市重大项目建设，开展抢救性考古调查、勘探和发掘。全年考古勘探面积206万平方米；在扬州唐罗城遗址范围内配合基本建设进行考古发掘，发掘面积2700平方米，出土文物206件(套)；在扬州近郊配合基本建设考古发掘古墓葬797座，出土文物2300多件(套)。（王小迎　刘　刚）

**■宋宝祐城壕桥和水门遗址发掘**　2014年，扬州唐城考古工作队完成扬州城国家考古遗址公园宋宝祐城壕桥和水门遗址发掘。发掘工作分3个部分。第一部分，宋宝祐城西门外挡水坝、城壕、瓮城城墙、瓮城城壕发掘。在“西华门”外现代道路过城壕处布设探沟发掘，清理出宋元时期挡水坝遗迹，出土唐至明代砖瓦、陶（瓷）器、钱币、漆（木）器等遗物。发掘结果表明，扬州蜀冈古代城址西城壕在正对西城门处向东收窄；南宋晚期在宝祐城西城门外城壕中修建挡水坝，元明时期有过修缮。在宋宝祐城西门外瓮城墙和瓮城城壕发掘，确认西门外瓮城与主城墙不相连，且发现流向东南的瓮城城壕；在瓮城城墙找到两期夯土。第二部分，宋宝祐城东门及城壕发掘。在“东华门”外现代道路过城壕处以北位置布方发掘，于宋宝祐城东门外城壕内发现有与木桥遗迹相关的木桩和桩洞，呈“〗〖”形状，时代不晚于南宋；在其西北处找到宝祐城东墙东西边，总宽35米，夯土厚1.5～2.3米。第三部分，蜀冈古代城址北门及城壕发掘。在平山乡丁魏村李庄组以西布设探沟发掘，在现代水沟范围内寻找古代城壕遗迹。发掘结果表明，古代城壕在现代水沟东侧，且基本为南北方向流淌，与现代水沟东北—西南向流淌方向不同。

（王小迎）

■**楚汉六朝广陵城发掘**　2014年，扬州唐城考古工作队完成扬州城国家考古遗址公园楚汉六朝广陵城发掘。发掘工作分2个部分。第一部分，北墙及中段斜向墙体的确认。在堡城村李庄组以东、以北和凌家组以南等位置布方发掘，清理出蜀冈古代城址北墙中段呈西南—东北方向的斜向墙体，证实早期斜墙的存在。第二部分，广陵城东墙探寻发掘。在堡城村李庄组以东、以北位置布方发掘，找到1条道路遗迹，为综合解释其北部对应位置是否有门址提供线索；对勘探出的夯土遗存（编号为ER8）进行发掘，揭露出打破生土的遗迹1层。

（王小迎）

■**蜀冈早期城址探寻发掘**　2014年，扬州唐城考古工作队完成扬州城国家考古遗址公园蜀冈早期城址探寻发掘。在堡城村方庄以北、西河湾以东布方发掘，清理出不晚于汉代的木构水涵洞、不早于汉代至晚唐杨吴时期的陆城门东边壁和水窦、南宋时期水关和陆城门迹象以及相关夯土遗存，出土战国时期铁刀和陶器残片、汉剪轮“半两”铜钱、汉至唐代砖瓦以及陶（瓷）片等遗物。扬州蜀冈古代城址北城墙西段东部城门遗址中的战国时期水涵洞遗存结构极为考究、保存较为完好，是首次发现的战国楚广陵城相关遗址，完善了主要历史时期水位线数据。该城门遗址是扬州蜀冈古代城址中年代序列最为完整的重要实证，印证相关地方志文献记载，再现扬州蜀冈古代城址从战国至南宋近1700年的城建历史。该门址构造体现出雨水较多的南方地区因地制宜的筑城技术，是研究中国古代建筑技术的重要资料。

（王小迎）

■**隋炀帝墓周边考古发掘**　2014年，扬州市文物考古研究所根据国家文物局批复的考古工作计划，重点开展隋炀帝墓周边考古勘探发掘。考古发掘工作始于2014年10月2日，至2015年1月10日初步结束，发掘面积800平方米，发现墓葬10座，发掘墓葬7座，其中汉代墓葬1座、唐代墓葬1座、晚唐五代墓葬3座、清代墓葬2座。3号墓（编号2013YCM3）规模较大，南北长12.60米，由墓道、甬道、耳室、前室、棺床（后室）5个部分组成。墓葬清理结果表明，该墓葬至少在宋代已被盗掘，现代建筑对墓葬造成扰乱破坏，仅出土少量残存文物及标本。从墓葬规模、用砖及出土遗物初步分析，3号墓与隋炀帝墓2号墓时代大体相当，是唐代初期砖室墓。3号墓与隋炀帝墓、萧后墓的关系以及墓主身份尚无定论。通过发掘，对隋炀帝墓周边地层堆积及墓葬埋葬情况有进一步了解，对2013年隋炀帝墓周边勘探结论进行验证，取得重要考古成果。

（薛炳宏）

■**隋炀帝墓出土文物保护**　2014年，扬州市文物考古研究所重点开展隋炀帝墓2号墓出土冠饰及棺椁、尸骸保护清理。鎏金冠饰是2号墓内出土的重要文物，是证明2号墓为萧后墓葬的重要物证之一。4月，扬州市文物考古研究所将其整体提取至陕西省文物保护研究院实验室，由文保专家杨军昌带领课题组清理修复。前期工作先对冠饰进行X光扫描拍片，对与冠饰粘连的鎏金铜钗进行部分剥离，取得初步成果。6月，2号墓棺椁及尸骸被整体提取到中国社会科学院考古研究所文保中心实验室开展实验室考古。

（薛炳宏）

■**市区文物考古发掘**　2014年，扬州市文物考古研究所配合城市基本建设开展考古发掘，在湖畔御景园、罗城北墙西段护城河、华懋购物中心、黄金坝闸扩建工程、扬子江北路东侧财政局地块、大学北路中集413地块建设工地发掘2500多平方米，揭露出丰富的遗迹现象。其中，在大学北路中集413地块揭露出唐宋房址5座，唐代道路1条，唐、宋时期灰坑130多座，唐、宋水井2座，元代瓮棺葬1座，明、清土坑墓葬2座，出土大量唐宋至明清时期陶瓷标本、建筑构件等珍贵文物；在唐罗城北城墙西段护城河清理出唐代罗城北墙护城河道一段，东西走向，宽22.3米。

（刘　刚）

■**古墓葬抢救性发掘**　2014年，扬州市文物考古研究所配合扬州城市基本建设以及城市化建设，在城北乡、西湖镇、杨庙乡等地工地发掘出汉、六朝、隋、唐、宋、元、明、清古墓葬797座，出土较完整文物2300多件（套）。其中，在边城·香榭里8号工地抢救性考古，发掘出汉、东晋、唐、五代、宋、元时期各类古墓葬71座，出土陶瓷器、金银器、玉器、铜器、漆木器等具有重要历史、文化价值的珍贵文物595件（套）；在四季金辉工地抢救性考古，发掘出汉、唐、五代、宋等时期各类古墓葬100多座，出土陶瓷器、金银器、玉器、铜器、漆木器等具有重要历史、文化价值的珍贵文物约800件（套）。考古发掘出的古墓葬和古文物为探讨不同时代、地区和社会阶层埋葬习俗及其所属时代社会生活状况提供重要实物资料，对研究扬州地区历史遗存、文化形态、社会习俗、生产生活方式具有重要的科学、历史、艺术价值。

（刘　刚）

# 环境保护

Huanjing Baohu

编 辑 陈永华

## 综述

■**概况** 2014年，扬州市出台《大气污染防治行动计划实施细则》。政府投入3亿元，拆除、淘汰燃煤锅炉210台(套)、淘汰高污染机动车2.02万辆，购置新能源公交车343辆。实施节能技术改造项目120个、循环经济项目20个，实现节能20万吨标煤。创成新农村建设"优美乡村" 10个。重点考核断面水质达到或优于Ⅲ类水质标准。新增成片造林面积0.19万公顷、城市绿地102.5万平方米，完成"绿杨城郭新扬州"年度建设任务。扬州市区(不含江都区)环境空气质量指数小于100的天数246天，全市地表水62个市控以上断面水质达标率61.2%、集中式饮用水水源地水质达标率100%，全市声环境质量总体较好，生态环境状况良好。扬州市创成国家生态文明建设示范区，入围全国首批新能源示范市。扬州市、宝应县、高邮市、邗江区、江都区被环境保护部(简称环保部)命名为"国家生态市、县(区)"。实现细颗粒物($PM_{2.5}$)年均浓度实际下降6.57%。推进重点流域水污染防治工程，四项主要污染物总量减排达到"十二五"序时目标。"典型城市环境噪声污染仲裁监测体系研究"获省级环保科研课题立项，"扬州雾霾治理与区域经济结构升级"等15项课题获市级环保科研课题立项;《土壤可交换酸度测定(氯化钡提取—滴定法)》成果获扬州市科学技术奖三等奖。2014年，扬州市环境保护局(简称市环保局)增设大气污染防治处，扬州市环境监察支队增设机动车排气监管中心。 (徐仕明 杨 境)

■**生态文明建设** 2014年，扬州市政府成立扬州市生态文明建设领导小组，印发《扬州市生态文明建设领导小组及成员单位职责》《扬州市生态文明建设考核管理办法》，将生态文明建设纳入市政府年度目标综合考核。《扬州市生态文明建设规划》完成修编，9月19日通过环保部评审。严守生态红线，制定出台《扬州市生态红线区域保护监管考核办法》《扬州市区域生态补偿转移支付办法》。5月16日，扬州市、宝应县、高邮市、邗江区、江都区被环保部命名为"国家生态市、县(区)"。2013年度生态文明建设工程通过省级考核，综合考评得分列全省第5名。(徐仕明)

■**建设项目环保管理** 市环保局制定、实施《大气污染防治行动计划实施细则》，加强建设项目烟粉尘、挥发性有机物准入审核，规范涉及重金属污染物排放建设项目环境管理，落实规划环境影响评价与建设项目环境影响评价联动机制，实行粉尘、挥发性有机物、重金属等污染物总量核批前置。全年依法批复环境影响评价文件72件，依法否决、劝阻污染严重或选址不当项目10多个。制定《扬州市环保局关于服务企业发展的实施办法》，试行重大项目容缺受理、模拟审批、形式审查制，推进连淮扬镇铁路、611省道等重大项目通过环境影响评价审批。制定《扬州市环保局涉企环保中介机构改革方案》《扬州市环境影响评价机构星级评定规程》，促进环保中介机构提升服务质量。加强环境监理，要求化工、医药、电池、危险废物处置等行业建设项目实行全过程环境监理，全年实施环境监理项目7个。(徐仕明)

■**循环经济建设** 实施省级以上经济开发区、工业园区循环化改造，广陵经济开发区、高邮经济开发区分别通过省级生态工业园区考核验收和技术评估，维扬经济开发区《国家级生态工业园区建设规划》通过环

秸秆回收 日 报/供稿

保部、商务部和科技部组织的专家评审。实施工业集中区生态化改造，扬州市环保科技产业园等6个工业集中区通过市级生态工业园区认定。全年30企业通过ISO 14001环境管理体系认证，104家企业通过清洁生产审核。推广利用秸秆资源。至2014年底，累计建设各类秸秆综合利用项目205个，秸秆综合利用率90%以上，实现市域秸秆禁烧全覆盖。

（孙　江）

**■环境监管体系建设**　环境地理信息系统通过专家初验评审，涵盖11个功能模块、52个环境专题应用、5个环境专题模型，共享应用江苏省环境保护厅（简称省环保厅）“1831”（建设1个全省共享的生态环境监控平台，建设集成饮用水水源地、流域水环境、大气环境、重点污染源、机动车尾气、辐射环境、危险废物、应急风险源8个子监控系统，组建省、市、县3级生态环境监控中心，1套数据管理）工程和扬州市政府基础地理空间数据，实现环保管理数据、污染源监管、环境质量监测、水气模拟预测模型的地理信息应用。扩展监测监控网络。建成三江营水源地、南水北调东线源头工程沿线、渌洋湖等生态红线管控区域视频监控系统。建成扬州市体育局、扬州市工业职业技术学院大气自动监测站。新增瓜洲水源地、万福闸水源地自动监测站水质生物毒性在线检测项目。新建中国石化仪征化纤股份有限公司11个放射源视频监控和计量监控点位以及江苏润扬重工有限公司放射源计量监控点位。

（徐仕明）

**■环境保护执法监管**　开展2014年整治违法排污企业保障群众健康环保专项行动，集中治理突出环境问题22个，限期整改一般环境问题200多个，关闭非法企业（作坊）8家，停产整治企业3家。开展大气污染防治专项检查，整改大气污染环境问题217个，立案查处大气污染环境违法案件9件，取缔电镀、塑料粒子加工等非法小作坊14家，完成江苏优士化学有限公司等5家重点企业废气治理任务。开展“两月一专题”专项检查行动，完成市区洗浴行业燃煤锅炉、工业堆场扬尘和建筑施工噪声等专项检查。

加强污染源和建设项目“三同时”（环境保护设施与主体工程同时设计、同时施工、同时投产使用）日常监管。市环境监察支队全年出动2500人次，现场检查企业850家次，其中夜间检查70家次，下达监察意见、整改通知、后督察意见57份，督促企业污染治理设施正常运转、污染物达标排放和建设项目“三同时”落实到位。加强重点时期市区环境巡查监管，制定巡查行动方案，组织不间断巡查。夏收、秋收期间，组织开展农作物秸秆禁烧巡查行动。

（朱健荣）

**■环境宣传教育**　推进环保信息公开。市环保局全年就环境保护工作、环境质量状况等内容举办“向公众报告”活动3场，召开新闻发布会（通气会）8场，聘请公众环保监督员35人。开展“环保知识进社区”宣传教育活动，举办社区主任培训班3期，覆盖城区社区204个。全年在扬州电视台播出《“爱家园”随手拍》节目200期，开展“公众看环保”活动5次，在《中国环境报》《新华日报》等省级以上新闻媒体推介扬州环保工作经验和做法10多次。开通环保政务微博，培育环保公益组织，组织开展“世界环境日”“地球1小时”“无车日”等环保公益活动。组织申报省级绿色学校6所、省级绿色社区9个。

（徐仕明）

**■环境信访调处**　加强信访形势分析研判，健全领导接听接访制度，完善阳光办案、领导包案、带案下访、通报预警、积案攻坚等办案机制，开展环保局局长大接访活动，开展及时就地解决环境信访突出问题专项行动。制定《扬州市公众环保监督员管理办法》，聘请公众环保监督员35人，参与和加强环保社会监督。全年市环境信访举报中心受理环境信访投诉6227件，信访处理率、回复率均达100%。

（朱健荣）

**■环境应急管理**　开展环境风险源排查，根据省、市领导关于“5·15”新通扬运河水质异味事件批示精神，先后组织4次全面排查活动，消除环境安全隐患。整治环境风险企业，督促指导52家企业落实环境安全达标建设措施。重视环境应急预案演练和环境应急值守，全年先后接报、处置突发环境事件20件，未造成较大环境影响。

（朱健荣）

**■污染物排放及处理状况**　1.废气。2014年，全市工业废气排放总量1483.5亿立方米，比上年增加1.9%。全市二氧化硫排放总量4.74万吨，其中工业二氧化硫排放总量4.44万吨、生活二氧化硫排放总量3088.6吨；氮氧化物年排放总量7.06万吨，其中工业氮氧化物排放总量5.19万吨、生活氮氧化物排放总量582.4吨。

机动车排放的污染物呈增长趋势。2014年，全市机动车保有量107.1万辆，其中汽车保有量50万辆。全市机动车排放污染物一氧化碳、碳氢化合物、氮氧化物和颗粒物排放总量分别达8.6万吨、1.01万吨、1.83万吨、0.15万吨。

2.废水。2014年，全市工业废水排放总量8790万吨，比上年减少9.9%。其中直接排入环境的废水量6395.3万吨，排入污水处理厂的废水量2394.7万吨；工业废水处理量5605.5万吨，占全市工业废水总量63.8%。全市城镇居民生活用水总量2.12亿吨，生活污水排放总量1.89亿吨。

2014年，全市化学需氧量排放总量5.48万吨，其中工业化学需氧量排放量1.26万吨、生活化学需氧量排放量3.03万吨；氨氮排放总量7312吨，其中工业氨氮排放量976.3吨、生活氨氮排放量4446.9吨。

3.固体废物。2014年，全市工业固体废物产生量315.6万吨，综合利用量292.6万吨，处置量23.3万吨。全市工业危险废物产生量11.1万吨，综合利用量0.3万吨，处置量1.2万吨。

（杨　境）

蓝天白云映衬下的东关古渡　　沈扬生/摄

**■《宝应湖生物多样性年度调查报告》公布**　5月22日，市环保局首次公布《宝应湖生物多样性年度调查报告》。该报告以2012年9月至2013年8月期间调查资料为样本。报告显示，宝应湖地区有藻类植物74(属)种、维管植物256种(含亚种、变种和变形)、浮游桡足类和枝角类动物35种、大型底栖无脊椎动物28种、鱼类42种、鸟类近70种，其中外来入侵生物25种(包括23种维管植物、2种动物)。　（杨　境）

**■环境地理信息系统项目通过初评**　2012年，扬州市启动环境地理信息系统项目建设，在扬州现有地理信息地图基础上，标注各大重点排污企业，完善环境空间数据库，实现污染源监管、环境质量监测、固体废物与辐射管理、机动车检测、建设项目环境影响评价的GIS(地理信息系统)应用，建成水气模拟预测模型，便于环保管理人员以图形化、可视化方式掌握、分析各类环境信息资源，为污染源监管、环境质量监管分析、环境应急指挥等提供技术支撑。2014年10月19日，由市环保局环境监控中心研究开发的环境地理信息系统项目，通过省环保厅环境监控中心初验评审。　（杨　境）

**■建筑工地扬尘治理**　2014年，扬州市开展建筑工地扬尘整治"双百日"行动，加大对建筑工地施工围挡、主干道硬化、洗轮槽设置、车辆冲洗、建筑垃圾清运等环节的监督检查、整改力度。对建筑施工扬尘污染行为，依法实施行政处罚；对屡教不改的，实行约谈告诫，对企业、项目负责人实施不良行为扣分；对情节严重的，给予"黄牌""红牌"警告，限制招投标，在评先评优方面实行扬尘污染一票否决。全年排查项目390个，12个施工单位工地因扬尘不达标，被取消省、市文明工地评选资格。经整治，城区建筑工地围挡率99%以上，施工道路硬化率98%以上，规模以上工地车辆冲洗率97%以上，市区建筑工地扬尘整治达标率95%以上。　（杨　境）

**■扬州四大湖入围湖泊生态环境保护总体规划**　9月，环保部、国家发展和改革委员会、财政部联合印发《水质较好湖泊生态环境保护总体规划(2013—2020年)》，对365个水质较好湖泊进行保护。扬州境内白马湖、高邮湖、邵伯湖、宝应湖进入"水面面积50平方千米以上，具有饮用水水源功能或重要生态功能的水质较好湖泊"类别。其中，白马湖水质现状为Ⅲ类，2015年水质目标为Ⅲ类；高邮湖水质现状为Ⅲ类，2015年水质目标为Ⅱ类；邵伯湖水质现状为Ⅲ类，2015年水质目标为Ⅱ类；宝应湖水质现状为Ⅲ类，2015年水质目标为Ⅲ类。　（杨　境）

## 环境质量

**■空气环境质量**　2014年，扬州市区环境空气有效监测天数339天，达标天数共222天，达标比例为65.5%；江都区有效监测天数365天，达标天数238天，达标比例为65.2%；仪征市有效监测天数364天，达标天数250天，达标比例为68.7%；高邮市有效监测天数351天，达标天数211天，达标比例为60.1%；宝应县有效监测天数362天，达标天数228天，达标比例为63.0%。

全市微生物含量为较清洁水平。其中，城东财政所监测点位、邗江监测站监测点位、双博馆监测点位、第四医院监测点位为较清洁水平，污染程度比上年加重；扬州环境监测中心站监测点位为轻微污染，污染程度与上年持平。植物叶片中氟含量为清洁水平。其中，市监测中心站监测点

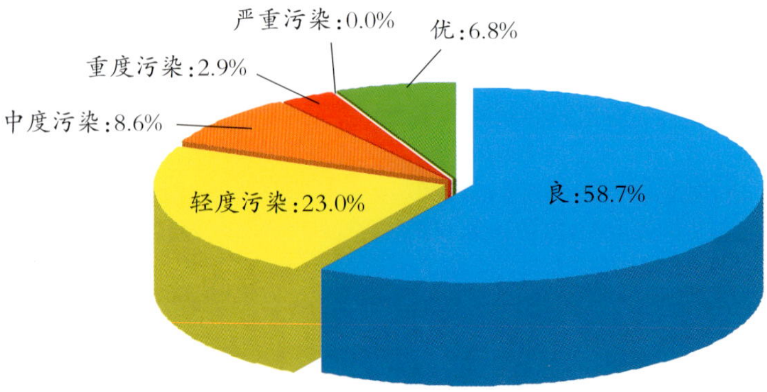


图26-1　**2014年扬州市区空气质量级别分布天数百分比图**

（杨　境）

位、第四医院监测点位、邗江监测站监测点位为清洁水平，城东财政所监测点位为轻度污染。硫含量为清洁水平，第四医院监测点位、城东财政所监测点位、市监测中心站监测点位、邗江监测站监测点位硫含量污染级别均达清洁水平。

扬州市区降水pH(酸碱度)均值5.38;2014年年酸雨发生频率16.8%，酸雨pH均值4.63。仪征市酸雨发生频率21.1%，江都区、高邮市、宝应县未监测到酸雨。市区、仪征市和宝应县酸雨污染比上年有所缓解，酸雨发生频率比上年有所下降。

（王亚林）

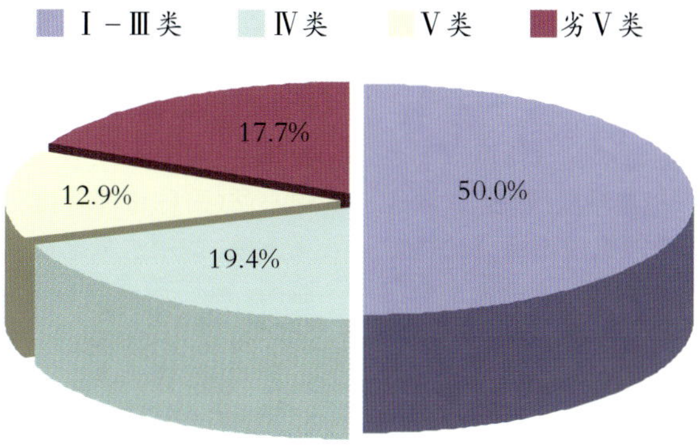


图 26-2 **2014年扬州市控以上监测断面水质类别比例图**

（杨　境）

**■水环境质量** 饮用水水源地水质。2014年，全市16家集中式生活饮用水水源地水质良好，均达地表水Ⅲ类标准。与上年同期相比，水质状况较为稳定。集中式饮用水地表水源地重金属、微量有机物、生物毒素等特定项目指标均符合《地表水环境质量标准》(GB 3838—2002)相应限值，全部达标。市区3个饮用水水源地生物监测结果，底栖动物均未检出寡毛类个体，水质清洁。

地表水水质。2014年，扬州市地表水总体水质为轻度污染。62个市控以上水质断面中，达标断面38个，达标率61.2%。其中，5个国控断面中，达标断面3个，达标率60%;36个省控断面中，达标断面26个，达标率72.2%。地表水污染属综合型有机污染，主要污染指标为化学需氧量、氨氮和总磷等。长江干流扬州段水质总体良好，与上年同期相比，水质保持稳定。六圩口东断面水质为地表水Ⅳ类，其他5个断面水质均符合地表水Ⅲ类标准。淮河流域9个水质考核断面、南水北调扬州段2个水质考核断面达标率100%。京杭运河扬州段水质优，与上年同期相比，水质保持稳定;邗江运河大桥断面水质为地表水Ⅴ类，其他10个断面水质均符合地表水Ⅲ类标准。古运河水质为重度污染，与上年同期相比，总体水质有所恶化。7个市控以上监测断面中，解放桥南断面、龙头关西断面水质为地表水Ⅴ类，其他断面水质均劣于地表水Ⅴ类标准，其中中药厂南断面水质污染最严重。市区44条城市内河水质总体较差，年平均达标率18.2%，54个断面水质年平均达标率18.5%。引潮河、西银沟、吕桥河水体污染较严重。高邮湖水质为地表水Ⅳ类，轻度污染，营养状态为轻度富营养，主要污染物为总磷。瘦西湖水质为地表水Ⅴ类，中度污染，营养状态为轻度富营养，主要污染物为总磷。邵伯湖水质为地表水Ⅴ类，中度污染，营养状态为轻度富营养，主要污染物为总磷。

地下水水质。扬州市10眼地下水监测水井中，水质良好井6眼、水质较差井4眼。与上年同期相比，水质良好井增加1眼。（王亚林）

**■声环境质量** 2014年，仪征市区域环境昼间噪声平均等效声级48.0分贝，声环境质量一级(好)，昼间噪声符合《声环境质量标准》(GB 3096—2008)0类声环境质量标准;高邮市区域环境昼间噪声平均等效声级49.0分贝，声环境质量一级(好)，昼间噪声符合《声环境质量标准》(GB 3096—2008)0类声环境质量标准;宝应县区域环境昼间噪声平均等效声级54.5分贝，声环境质量二级(较好)，昼间噪声符合《声环境质量标准》(GB 3096—2008)1类声环境质量标准;江都区区域环境昼间噪声平均等效声级47.9分贝，声环境质量一级(好)，昼间噪声符合《声环境质量标准》(GB 3096—2008)0类声环境质量标准;扬州市区区域环境昼间噪声平均等效声级54.6分贝，声环境质量二级(较好)，昼间噪声符合《声环境质量标准》(GB 3096—2008)1类声环境质量标准。

仪征市昼间交通噪声平均等效声级65.0分贝，平均车流量1312辆/小时;高邮市昼间交通噪声平均等效声级67.0分贝，平均车流量1390辆/小时;宝应县昼间交通噪声平均等效声级65.2分贝，平均车流量1489辆/小时;江都区昼间交通噪声平均等效声级63.5分贝，平均车流量1488辆/小时;扬州市区昼间交通噪声平均等效声级66.2分贝，平均车流量2686辆/小时，均符合《声环境质量标准》(GB 3096—2008)4类声环境质量标准。

2014年，扬州市区1～4类功能区各年度昼、夜间平均等效声级分别低于相应的标准值，符合《声环境质量标准》(GB 3096—2008)要求。

（王亚林）

**■农村试点村环境质量** 2014年，扬州市以县域为基本单元，选择高邮市、宝应县各3个行政村开展农村环境质量试点监测。在县域层面，开展地表水监测;在村庄层面，开展空气质量、饮用水水源地水质和土壤环境质量监测，参加“以奖促治”农村环境综合整治项目的村庄加测生活污水处理设施出水水质监测。监测结果表明:各村庄二氧化硫、二氧化氮、可吸入颗粒物24小时平均值均符合《环境空气质量标准》(GB 3095—2012)二级标准。各饮用水水源地水质均符合《地表水环境质量标准》

(GB 3838—2002)Ⅲ类水质标准。所有点位土壤质量符合《土壤环境质量标准》(GB 15618—1995)二级标准。除宝应县鲁垛镇贾林村饮用水水源地土壤外,其他集中式饮用水水源地保护区内布设的点位土壤质量均符合一级标准。高邮市河流湖库水质均符合Ⅲ类水质标准,宝应县河流湖库水质均符合Ⅳ类水质标准。

(王亚林)

**■电磁与辐射环境质量** 2014年,扬州市重点流域地表水中核素浓度在江苏省天然本底水平范围内,饮用水中放射性监测因子浓度满足《生活饮用水卫生标准》(GB 5749—2006)限值。环境γ辐射吸收剂量率监测结果、空气中氡浓度监测值、土壤中主要放射性核素含量均在江苏省天然本底水平范围内。全市电磁辐射环境质量测点监测结果均小于《电磁辐射防护规定》(GB 8702—1988)中公众成员导出限值。全市电磁辐射环境均处于优良水平。 (王亚林)

**■生态环境质量** 扬州市2013年度生态环境状况良好,植被覆盖度较高,生物多样性丰富度较好,年度生态环境状况指数73.23,较上年度上升0.74。扬州市市区及各县(市、区)各评价指标略有涨落,变化幅度较小,全市生态环境状况指数总体保持稳定增长。 (王亚林)

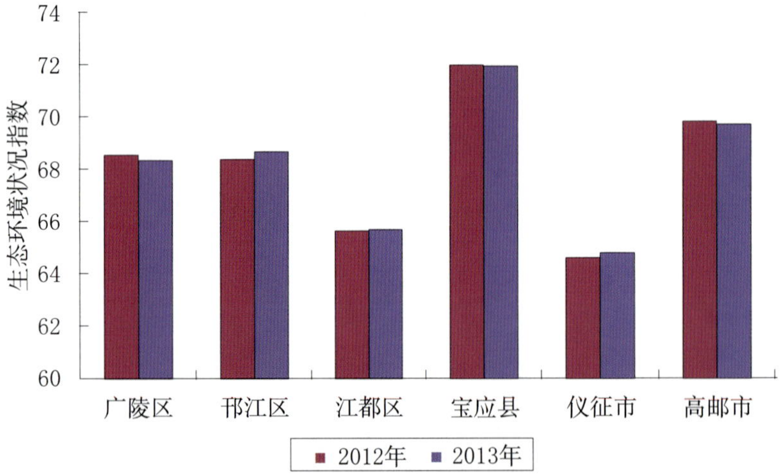


图 26-3 扬州市生态环境状况指数年际变化示意图

(杨 境)

## 环境监测

**■概述** 2014年,扬州市环境监测中心站(简称市环境监测站)完成重点流域、饮用水水源地、地表水例行监测,国控重点源监督监测及标样比对监测,污染物减排及环境管理监督监测,涉铅涉重企业废水、废气监测、重金属重点区域环境质量监测,功能区声环境质量监测,生物例行监测。全年向上传输各类监测数据12.8万个(不含自动监测数据)。完善扬州市环境空气指数(AQI)发布系统平台,每天向公众发布细颗粒物等空气环境质量监测数据,增加空气等级预报。 (曹 倩)

**■环境监测科研** 4月23日,欧盟对市环境监测站承担的“改进中国试点城市的空气质量信息系统以及信息发布和宣传工具,改善公众了解环境信息和环境治理信息的途径”Air INFORM项目〔Air INFORM项目属于由欧盟资助的中欧环境治理项目(EGP)子项目,项目周期为2012年11月1日至2014年10月31日,项目主导方是比利时法兰德斯环境技术研究院〕进行中期评估,认为符合中标文件要求。市环境监测站“OPAQ空气质量预报系统”通过专家评审,纳入扬州市环保局网站实时发布。

开展重点实验室天空地一体化环境监测预警体系建设,邀请环保部卫星环境应用中心、中国科学院、省环境监测中心专家研讨、座谈无人机搭载微型高光谱成像仪技术平台建设和水体叶绿素低空遥感监测技术等。环保部卫星环境应用中心与市环境监测站联合在南水北调东西工程源头区开展无人机多机型搭载多载荷飞行试验,利用高光谱成像和红外探测对该区域生态环境和部分污染源排放情况进行监测。

市环境监测站科研成果《土壤可交换酸度测定(氯化钡提取—滴定法)》获扬州市科学技术奖三等奖;作为主要参与单位,与环保部环境监测总站合作完成标准课题“固定污染源废气甲烷、总烃、非甲烷总烃的测定气相色谱法”研究,上报标准征求意见稿、标准编制说明、方法验证报告;开展市环保局科研课题“高效液相色谱法快速检测地表水中丁基黄原酸”“扬州市高宝邵三湖重金属及挥发性有机物污染状况调查与评价”研究。 (曹 倩)

**■环境监测能力建设** 2014年,市环境监测站建设重污染天气监测预警系统,培养空气质量预测预报人才。市环保局与扬州气象部门联系会商,建成大气重污染预报平台,向公众发布大气重污染预报,向省环境监测中心上报数据。在扬州市体育局和扬州市工业职业技术学院建成2座大气自动监测站,加大细颗粒物监测力度。3月20日,完成全市空气自动监测站臭氧量值校正,实现臭氧溯源,保证在线监测数据准确、可靠。市环境监测站在瓜洲水源地、万福闸水源地自动监测站增设水质生物毒性在线检测仪。 (曹 倩)

## 污染防治

**■污染物减排** 全年实施重点减排项目116个,完成化学需氧量、氨氮、二氧化硫、氮氧化物削减量1617.88吨、196.18吨、2849.14吨、1.25万吨,均达年度及“十二五”减排目标序时进度。江苏国信扬州发电有限责任公司完成3号机组脱硝改造工程,通过省环保厅、省经济和信息化委员会、省物价局等部门联合组织的脱硝系统竣工核查。永丰余造纸(扬州)有限公司1号和2号机组、扬州港口污泥发电有限公司3台锅炉、仪征化纤热电中心6台锅炉脱硝工程建成投运。仪征联众热电完成1号锅炉环保达标排放综合治理工程。江苏天雨清源污水处理厂二期工程、扬州汉科污水处理厂扩建工程、宝应县第二污水处理厂建成。市环保局完善减排“三大体系”(科学的污染减排指标体系、准确的减排监测体系、严格的减排考核体系)建设，实行督查、通报、预警制，加强对重点减排项目监督监测和数据审核，督促治污设施和在线监控设备正常运转。（徐仕明）

■**水污染防治** 重点流域水污染防治。落实国家《淮河流域水污染防治规划(2011—2015)》《长江中下游流域水污染防治规划》，推进在建项目建设。至2014年底，全市列入国家淮河流域水污染防治规划35项治污工程中，全年完成12项；列入国家长江中下游流域水污染防治规划12项治污工程中，全年完成3项。列入国家长江中下游流域水污染防治规划考核断面的长江三江营断面水质现状评价Ⅲ类，列入国家淮河流域水污染防治规划考核断面的新通扬运河江都西闸断面、胜利桥断面和北澄子河三垛西大桥断面水质现状评价均为Ⅲ类。

饮用水水源地污染防治。市环保局完成全市集中式饮用水水源地环境状况评估和整改。6月，廖家沟取水口向南迁建工程开工。市环保局对集中式水源地每月开展66个项目常规监测，全年开展1次109个项目全分析。监测结果显示，全市集中式饮用水水源地水质达标率100%。

城市河流整治。实施“清水活水”工程，市政府印发《扬州市城市“清水活水”综合整治三年行动方案》，通过水系沟通、河道清淤、控源截污、生态修复、景观提升等措施，整治市区七里河、沙施河、新城河、引潮河、四望亭河、念泗河、幸福河、童套河等8条黑臭河道。至年底，四望亭河、幸福河、童套河河道整治基本完成。

地下水污染防治。扬州市成立地下水基础环境状况调查评估工作领导小组及技术小组，针对赵庄垃圾填埋场、东方红升扬州石油发展有限公司、扬州化学工业园区等3个重点调查源，编制《扬州市地下水调查监测方案》和《扬州市重点污染场地地下水调查评估工作方案》。10月，完成19口监测井打井，形成《扬州市重点区域地下水监测井竣工验收报告》；12月，完成采样，编制《扬州市重点区域地下水调查评估报告》。（孙 华）

■**重金属污染防治** 2014年，市环境保护委员会印发《扬州市重金属污染综合防治“十二五”规划2014年度实施方案》，关停扬州市长运汽车油箱制造有限公司、扬州邗江建新鞋料厂、扬州邗江公道镇正兴镀锌厂、扬州邗江镀锌拉丝制钉厂、仪征市龙山灯头电器制造有限公司等5家涉重金属污染企业。对82家涉重金属污染企业开展全面调查，完成重金属污染源调查评估报告。启动电镀、汞污染源企业专项整治，排查、督促58家电镀企业、8家涉汞污染企业制定整治方案。完成宝应县坤林服装辅料有限公司等9家涉重企业清洁生产验收。（孙 华）

■**大气污染防治** 实施《扬州市大气污染防治行动计划实施细则》，开展“共保蓝天”专项行动，细颗粒物年均浓度实际下降6.57%。全年拆除、淘汰燃煤锅炉210台(套)，淘汰高污染机动车2.02万辆，立案查处企业违规施工案件65件，更换市区209个露天烧烤摊点无烟设备，推进电力、水泥、化工等重点行业完成29项废气提标改造和挥发性有机物治理工程，37家工业企业落实物料堆场扬尘防治“十条标准”，强化秋季秸秆禁烧工作。完成南京青年奥林匹克运动会和国家公祭日期间环境质量保障任务。（孙 华）

■**固体废物和辐射环境监管** 开展危险废物专项检查，重点核查企业危险废物贮存量、转移审批手续、处理处置去向、转移联单填报规范性、转移运输车辆合规性。危险废物经营单位检查率100%，国家级、省级、市级重点源监管产废企业检查率分别达100%、50%以上、30%以上。推进重点危险废物焚烧设施扩建、废酸碱综合利用、水处理污泥干化焚烧、化工原料桶和油漆桶清洗危险废物综合利用等项目建设，提高全市危险废物利用处置能力。加大辐射现场监督检查力度，严格辐射项目审批、验收，推进放射源在线监控网络建设，清查和收贮闲置、废弃放射源，全市未发生辐射环境安全事故。（徐仕明）

■**农村环境连片整治** 开展新一轮农村环境连片整治，各县(市、区)完成《2013—2017年覆盖拉网式农村环境综合整治工作规划》和《2013—2014年度覆盖拉网式农村环境综合整治工作实施方案》编制，均通过省环保厅组织评审。（徐仕明）

# 水利
Shuili

编　辑　陈永华

## 综述

■**概况**　2014年，扬州市水利系统直接完成水利建设投资16亿元，向上争取5.3亿元。开展水生态文明城市试点建设，全面深化水利改革，规范建设管理行为。做好全市防汛抗旱工作，强化南水北调源头保护。履行水行政管理职能，实施河道管理“河长制”。加强水功能区管理，依法履行监察职能，深化河湖执法，规范长江采砂管理秩序。

市水利局全年办理行政许可审批22件。扬州市政府办公室印发《关于实行最严格水资源管理制度考核事项的通知》《扬州市实行最严格水资源管理制度考核工作实施方案》，编制完成《扬州市水生态文明建设总体规划(2014—2030)》《扬州市水资源保护规划》《扬州市入河排污口整治规划》《扬州市水资源调查评价》《扬州市水功能区区划》等。落实水资源管理制度，建设节水型社会，推动水生态文明城市建设。

启动城市“清水活水”三年行动计划。全市10个村创成新农村建设“优美乡村”。新建成污水处理厂2座，污水集中处理率达87%以上，铺设污水管网43.9千米。疏浚县乡河道238条，村庄河塘6129条(面)，完成土方4106万立方米，改造小型灌排泵站220座。更新改造区域供水支管网623.2千米。重点考核断面水质达到或优于Ⅲ类水质标准。市水利局获“江苏省建筑扬尘集中整治先进单位”称号。　　(隋　丽)

■**水利规划**　市、县两级水利现代化规划体系建成，完成年度测评。完成“十三五”水利规划思路研究，推进市、县两级“十三五”水利发展专项规划编制。苏中沿江地区水利治理规划形成初稿。治涝规划完成经济社会基础资料上报、涝区涝片划分、治涝标准确定、涝片治涝水文计算等。《扬州市城市防洪规划(2011—2020)》通过省水利厅初审和水利部淮河流域委员会审查；宝应县、高邮市城市防洪规划形成送审稿，仪征市城市防洪规划成稿。编制、印发扬州主城区水系连通规划方案。开展七河八岛(京杭大运河、壁虎河、新河、凤凰河、太平河、金湾河、高水河，聚凤岛、芒稻岛、金湾岛、自在岛、凤羽岛、山河岛、壁虎岛、新河岛)生态区水环境治理与保护规划。落实水工程规划同意书制度。市水利局指导工业(产业)园区开展广陵新城等7个片区城市水系规划编制；配合市规划局编制城市水系蓝线规划，修编城市水系规划。推进城市水系规划与城市控制性规划衔接，规范水工程规划同意书制度受理、申请、审批程序，加强实施监管。全年完成市区范围内水工程规划同意书(涉水建设项目规划许可)和片区水系规划审核20件。签署行业内水工程规划同意书3件。

加强水利规划前期工作。射阳河整治工程初步设计获批准。里下河洼地工程可行性研究报告形成初稿。扬州、镇江两市推进镇扬河段三期可行性研究。启动南水北调完善工程可行性研究。配合省水利厅开展长江江堤能力提升前期工作，开展全市江堤现能力调查。古运河外排站项目建议书获省发展和改革委员会批复。中小河流治理工程仪征泗源沟二期初步设计上报省水利厅。古运河束窄段、江都区红旗河(反修河—波庄河段)整治工程可行性研究报告通过省级技术评审，获省水利厅批复。宝应县向阳河上段整治工程完成初步设计，获省发展和改革委员会批复实施。江都堰口河、广陵迎春河、汤汪骨干河道治理等工程通过省级“竞争立项”。市水利局完成江都豆桥港、唐子城护城河整治等工程技术审查和初步设计批复。　　(规划处)

河道疏浚后的唐子城护城河初露芳容　司新利/摄

■**水利工程建设管理** 推进工程建设管理体制改革。金湾河疏浚工程成为扬州市首个实行“代建制”水利工程项目。中小型民生水利工程实行集中监理制。高邮市3个农田水利项目实行一次招标、集中监理。集中组建项目法人。各县(市、区)中小河流治理工程、农村水利工程及市级中小河流治理工程均集中设立建设处。

规范工程招投标。全市水利项目全部进入扬州市公共资源交易中心水利分中心。市公共资源交易中心水利分中心全年完成52个项目89个标段招标,项目总投资7.74亿元。全市有9个项目30个标段,通过省水利招投标交易平台完成招投标,投资3.38亿元。市水利局配合省水利厅实现水利工程电子招投标及远程评标,扬州远程评标点有20个项目实现远程评标。

规范工程验收。2014年,市水利局在水利工程竣工验收前新增技术预验收环节,提高验收质量。全年完成6个项目竣工验收、4个项目阶段验收,全年组织实施12个项目施工图设计审查。

加强水利工程参建单位和人员诚信体系建设。2014年,44个项目91个标段参与市级诚信体系考核,实现对从业单位履约情况进行动态管理,并将省、市两级履约考核结果运用于市级项目招投标。

开展项目稽察审计。市水利局全年印发稽查意见13份,提出质量、安全等方面整改建议、意见151条。2014年,淮河入江水道整治工程邵伯湖切滩工程、高邮横泾河整治工程接受水利部稽察。广陵水利血防、仪征套闸等工程接受省水利厅稽察。

开展扬尘整治。2014年,扬州市将扬尘整治列入招投标、诚信体系考核、年度目标责任考核,落实施工现场环境整治措施。市水利局获“江苏省建筑扬尘集中整治先进单位”称号。2个项目被评为省级文明工地。

规范市场准入管理。完成企业资质年审12家;受理各类建造师新增、变更、延续注册68人次;办理企业资质申报初始审核12家,其中2家不予通过。 (工管处)

■**水利工程建设质量监督** 市水利局全年对中小河流治理工程、仪征套闸除险加固工程、血防工程、农田水利重点县工程及市区汲水工程等15项工程实施质量监督,开展质量监督活动25次,发出工程质量监督通报20份、质量监督意见5份。其中,在平山堂泵站工程质量安全监督中,引进外聘专家,提高质量安全监督水平。

全年完成18项工程阶段、完(竣)工验收质量评定,出具质量评定报告18份。

加强水利工程质量检测。市水利局质监站对水利工程实行业主第三方质量检测。全市大中型水利工程质量检测率100%。2014年,全市在建投资200万元以上水利工程项目22个,市水利局质监站对12个项目实施委托质量检测,检测率55%。

(质监站)

■**水生态文明城市建设** 市政府成立试点工作领导小组,召开全市水生态文明建设暨“清水活水”工程推进会。《扬州市水生态文明实施方案》通过水利部、省政府评审,省政府批复实施,市政府制定三年试点计划。《扬州市水生态文明建设总体规划(2014—2030)》编制完成,通过由院士及部、省领导参加的专家评审。《扬州市水土保持规划》启动编制。《扬州市蓝线系统规划》编制完成,通过专家评审。启动城市“清水活水”三年行动计划。新建“一闸三站”(扬州闸,平山堂泵站、黄金坝闸站、瓜洲外排泵站),综合整治城区黑臭河道8条,改善主城区水系水质。启动农村河道疏浚整治全覆盖两年行动计划。全年疏浚县乡河道238条609千米、村庄河塘6129条(面),完成土方4106万立方米。宝应县投入1.64亿元,提前1年实现全县农村河道疏浚整治全覆盖。市财政在土地出让金中安排2亿元资金补助市区农村河道疏浚整治和全市农村河道长效管护。高邮市获批省级水生态文明城市建设试点;高邮菱塘回族乡等4个乡镇、江都大桥镇善玉村等30个乡村被省水利厅命名为“水美乡村”称号;古运河、润扬河风景区被评为省级水利风景区。强化南水北调源头保护。以“治城先治水、治水先治污、活水先通水、亲水先护水、近水先节水”为主题,在《扬州日报》、《扬州晚报》和扬州电视台宣传报道,提高全社会对水生态文明认知度。市水利局与市政协教文卫体委联合开展“美丽扬州(水生态文明篇)”书画摄影作品大赛,作品在市美术馆展出。

(水生态办)

■**水政监察** 市水利局制定《2014年全市水利系统依法行政工作要点》《2014年全市水利系统依法行政工作任务分解表》,规范水行政处罚自由裁量权行使基准,完善执法公开、告知、听证等制度。

扬州市水政监督支队开展专项执法行动　　水政监/供稿

落实行政权力公开透明运行和重大行政处罚备案审查报备制度，7个行政审批事项全部由行政办事服务中心窗口统一受理。全年办理审批事项22件，其中取水许可审批6件、水土保持项目审批5件、市管河道工程占用审批10件、排污口设置前置审查1件。

2014年，扬州市水政监督支队出动执法人员600多人次，纠正各类水事违法行为12件，立案查处水事案件(均为河道采砂案)10件，办理或转办各类举报45件，其中群众电话或来访举报9件、市政府12345热线转交水事案件16件、其他举报20件。全年罚款金额20多万元，征收堤防占用补偿费200多万元。

围绕省水利厅“深化河湖管理”和长江河道采砂管理“护江—2014”专项执法等活动开展专项执法行动。扬州市水政监督支队全年联合各县(市、区)开展巡查活动8次；组织水上公安、沿江大队巡查13次，查处非法采砂船8艘次，驱逐非法停泊采砂船11艘次。 (水政监)

## 水利工程建设

**■淮河入江水道整治工程** 2014年，淮河入江水道整治工程完成切滩土方800万立方米，新增造地146.67公顷，加固堤防35千米，翻砌、新建护坡28千米，加固改造建筑物30座。工程分40个施工标段，完工17个，在建23个；累计完成切滩土方3000万立方米，新增造地573.33公顷，加固堤防80千米，翻砌、新建护坡66千米，加固改造建筑物57座。全年工程完成投资5亿元，累计完成投资19亿元，占工程总投资的85%。 (基建处)

**■中小河流治理工程** 扬州市古运河、瓜洲运河整治工程全长15千米，工程批复总概算1.17亿元。工程于2013年6月20日开工，2014年9月完工。高邮横泾河整治工程概算投资2834万元，工程于2013年10月18日开工，2014年7月31日组织完工验收。至2014年底，列入国家治

**2014年扬州市水利工程建设重点项目一览表**

表27-1

| 类别 | 项目名称 |
|---|---|
| 淮河整治 | 淮河入江水道整治 |
| 中小河流治理 | 古运河、瓜洲运河整治工程 |
| | 高邮横泾河整治工程 |
| 重点区域治理 | 古运河束窄段整治工程 |
| | 江都区红旗河(反修河—波庄河段)整治工程 |
| | 高邮北澄子河上段区域治理工程 |
| | 宝应射阳河上段蔷薇河整治工程 |
| | 宝应向阳河上段整治工程 |
| 水利血防 | 广陵新砂滩群、扇子圩河口水利血防工程 |
| | 广陵沙头小夹江血防工程 |
| 病险水库水闸加固 | 高邮向阳闸除险加固工程 |
| | 宝应地涵除险加固工程 |
| | 仪征套闸除险加固工程 |
| 城市防洪 | 广陵食品工业园绕城东河整治工程 |
| | 邗江主城西片区水系整治Ⅰ期工程 |
| 长江治理 | 长江扬中河段嘶马弯道(江都段)崩岸整治工程 |
| 城市活水 | 沿山河调水工程平山堂泵站及输水河道 |
| 防汛急办及补助等 | 国家及省级防汛项目和省级维修项目 |
| 农村水利 | 县乡河道疏浚 |
| | 村庄河塘整治 |
| | 中央财政小型农田水利重点县建设(财政部、水利部) |
| | 高邮市农业水价综合改革示范项目 |
| | 《全国新增1000亿斤粮食生产能力规划(2009—2020年)》(灌区末级渠系)(国家发展和改革委员会) |
| | 国家农业综合开发(中型灌区节水配套改造项目)(财政部) |
| | 高邮林庄冲小流域水土保持综合治理项目 |
| | 新一轮农村饮水安全工程 |
| | 地方农村水利建设 |
| 地方基建 | 高邮北澄子河闸站工程 |
| | 高邮东门大沟下段整治工程 |
| | 宝应新城一横河整治 |
| | 宝应窑河、城市河整治 |
| | 宝应二里排河西段景观绿化工程 |
| | 江都大桥闸迁建工程 |
| | 江都里下河圩堤加固 |
| | 江都2014年度骨干河道桥梁改造 |
| | 广陵区迎春河闸站拆建工程 |
| | 广陵区跃进闸拆建工程 |
| | 生态新城杭集圩骨干排水河道整治Ⅱ期工程 |
| | 邗江白马湖沿湖洼地治理工程 |
| | 邗江瓜洲片区骨干水系整治Ⅱ期工程 |
| | 横一河工程 |
| | 唐子城护城河疏浚工程 |

(徐冬蓓)

理规划的18项重点中小河流治理工程，完成17项。中小河流治理工程累计完成投资5亿元。 （基建处）

■**病险涵闸除险加固工程** 全年实施仪征套闸、宝应地涵和高邮向阳闸等3座病险涵闸除险加固工程，完成投资4588万元。其中，仪征套闸除险加固工程完工；高邮向阳闸除险加固工程完成招投标、施工图审查，中标单位进场施工；宝应地涵除险加固工程完成招标，施工单位进场施工。

（基建处）

■**水利血防工程** 广陵新砂滩群、扇子圩河口水利血防工程完工，通过完工验收。该项目位于广陵区李典镇境内，长江和畅洲左汊北岸，总投资4971万元。工程于2013年5月开工建设，包括河道清淤0.9千米，恢复加固现有血防子埝4.62千米、新建6.02千米，配套新建护坡6.02千米，完善护坡7.78千米。降滩灭螺面积60.48公顷，抬洲18.61公顷，新建引排涵洞1座。推进广陵沙头小夹江血防工程建设。 （基建处）

■**平山堂泵站工程** 平山堂泵站位于扬子江北路与江苏里下河地区农业科学研究所间，进水通过434米长双排顶管穿越平山堂路和扬子江北路，连接瘦西湖支流家禽河；出水通过沿平山堂西路北侧新开850米河道（包括200米顶管和120米箱涵）与沿山河头部相连。建设泵站1座；疏浚家禽河280米；新建进水双排直径2.7米顶管434米，出水河道508米、双排直径2.7米顶管200米，桥梁3座、箱涵120米及其他配套工程等。至2014年底，工程累计完成投资5640多万元，占工程总投资的51.5%。 （徐冬蓓）

## 农村水利

■**概述** 2014年，全市农村水利建设完成投资7.05亿元。疏浚县乡河道238条、村庄河塘6129条（面），改造危险涵闸站113座，完成浦头河水土保持小流域治理面积15平方千米。推进中央财政小型农田水利重点县以及农业水价示范项目建设，全市灌溉水利用系数为0.59。

推进乡镇水利站建设。全市有乡镇水利（务）站76个，其中58个乡镇水利（务）站明确为县级水行政主管部门派出机构。广陵区李典镇农民用水户协会成为国家级示范协会。

邗江区、广陵区开展灌排泵站自动化控制和信息化管理试点，仪征市完成部分水利灌排泵站远程控制、查询、监控系统安装运行。落实农村河道“河长制”管理制度，实现“河长制”管理全覆盖，全市4个乡镇、30个乡村被省水利厅命名为“水美乡村”称号。 （农水处）

■**农村河道疏浚整治工程** 2014年，全市农村河道疏浚及村庄河塘整治完成投资2.6亿元，疏浚县乡级河道238条609千米，完成土方1469万立方米；整治村庄河塘6129条（面），完成土方2637万立方米，完成省、市级验收。 （农水处）

■**小型农田水利重点县工程** 2014年，全市6个县（市、区）实施中央财政小型农田水利重点县建设项目，总投资1.73亿元，其中中央投资5200万元、省投资5400万元、市级配套670万元、县级及以下配套6071万元。新建、改造防渗渠道226千米，新建、改造渠系配套建筑物7196座、灌排泵站348座、排水涵闸156座，疏浚整治塘坝105座。新增节水灌溉面积1.77万公顷，新增、改善除涝面积5.13万公顷，新增旱涝保收田面积0.89万公顷。 （农水处）

■**千亿斤粮食田间工程项目** 2014年，宝应、高邮、江都实施千亿斤粮食产能规划田间工程（灌区末级渠系）建设项目，投资3000万元，新建、改造灌排泵站21座、防渗渠道94千米。完善项目区灌排体系，提高渠系水有效利用率，节约水资源。

（农水处）

■**农村饮水安全工程** 经省水利厅审定，扬州市新一轮农村饮水不安全人口95.5万人，涉及高邮、宝应、仪征、广陵、江都5个县（市、区）。2014年，全市投入资金1.34亿元，改造支管网615.31千米，解决44.46万人农村饮水不安全问题。 （农水处）

■**水土保持工程** 全市完成高邮市林庄冲小流域水土保持综合治理项目，总投资503万元（其中省级以上投资300万元），对废弃采石矿山实施水土保持建设，整治周边水系，在矿渣山体植树造林，改造损毁建筑物，综合治理水土流失面积11.2平方千米。 （农水处）

## 防汛防旱

■**落实防汛防旱责任制** 2014年，各县（市、区）调整、充实防汛防旱指挥部（简称防指）成员，乡镇、村全部建立防汛组织网络。市、各县（市、区）政府与有关部门、单位层层签订防汛防旱工作责任状，明确任务、责任。5月23日，市政府召开全市防汛防旱工作会议，部署全市防汛防旱工作。市防指在《扬州日报》公布全市大江大河、各类水库和10万立方米以上重点塘坝防汛行政责任人和技术责任人名单，向县（市、区）级防汛行政责任人发出责任告知信，落实防汛防旱责任制。强降雨和里运河高水位送水期间，市、县（市、区）党委、政府重视防洪排涝和送水安全，加强指挥，保证各项防汛防旱有序开展。

（防 办）

■**汛前准备** 年初，扬州市组织开展汛前大检查，3月、5月分别召开全市防指办主任会议和全市防汛防旱工作会议，研究部署汛前准备工作。市水利局4月上中旬抽查重点堤防、涵闸、水库、泵站等水利工程，落实度汛应急措施和加固处理方案；4月下旬，检查市区范围内在建项目，限期清除、整改施工坝埂、便桥等严重阻水设施，确保河道排水畅通。市、县（市、区）防指修订完善各类防汛防旱工作预案，增强预案的实用性和可操作性。市、县两级防汛部门争取中央和省级防汛应急、维修加固项目资金近2000万元，筹措本级经费850多万元，对险工患段实施除险加固，确保水利工程安全度汛、发挥防灾减灾效益。市、县分级落实防汛块石、“三袋”（沙袋、草袋、编织袋）、木材及柴油、钢管等防汛物资；向上争取专项经费280万元，分别在仪征、高邮、江都建成1座县级防汛物资仓库。各地组建各类防汛抢险队伍1087支4.75万人。仪征市抗旱排涝机动队被列入全省首批10支县级防汛抗旱抢险“三合一”专业队伍。（防　办）

**■防汛排涝**　部署汛前检查，除险加固险工患段。全市在册的62座中小型水库实现远程防汛预警全覆盖。4月，处置施桥镇长江小方圩坍江险情，应急工程初步设计获省发展和改革委员会批复。完成淮河入江水道4次行洪期间防汛应急工作。应对8月、9月城区强降雨。润扬河全年累计泄洪1644万立方米，换水2826.8万立方米；沿线泵站开机排涝488台时，排涝量154万立方米。（防　办）

**■防旱抗旱**　南水北调工程完成年度第二次调水及南四湖生态应急调水，河道工程运行平稳，水量、水质同步达标，累计向北送水34.6亿立方米。1—4月，市防指调度大运河江水北送水源向高邮湖补水1亿立方米，缓解高邮湖、邵伯湖水生态威胁。全年累计为古运河换水7亿立方米，保障古运河水环境质态。部署各地加强湖库蓄水保水，控制湖库出流，确保全市20多万公顷水稻夏季高峰用水需要。（防　办）

**■处置长江坍江险情**　4月26日，长江镇扬河段六圩弯道扬州经济技术开发区施桥镇小方圩江滩发生坍江，坍口长约280米、坍进20～60米，坍失面积1.33公顷。市水利局成立坍江应急处置工作领导小组，落实现场安全警戒措施，部署水下地形测量，研究制定抢险方案，抓紧实施抢险，控制险情。4月27日，坍情基本稳定，实现人员零伤亡、基本无损失。（防　办）

## 水利工程管理

**■小型水利工程管理体制改革**　市水利局制定、出台关于深化小型水利工程管理体制改革试点实施方案，成立改革领导小组和办公室，开展改革试点。至2014年底，3个试点县（市、区）完成工作机构组建，出台改革实施方案，完成动员培训。其中，省级试点地区仪征市完成12座改革试点小型水库产权界定，高邮市开展小型农田水利工程调查摸底；市级试点地区江都区推广试点乡镇改革经验。（工管处）

水清岸绿的城市防洪道——润扬河　　日　报/供稿

**■涉水项目管理**　市水利部门把好涉水项目审批监管“八个关口”（前期引导、技术论证、行政审批、开工审核、补偿方案专项审查、施工监控、堤防维护与防汛协议签订、专项验收），从建设项目“前、中、后”全过程各个环节加强涉河开发建设项目监管。向涉河建设项目业主单位宣传法规，引导建设单位开展防洪影响评价，办理相关报批手续，促进涉河项目管理。对不符合防洪、工程管理、水功能区划、河势控制等要求的拟建项目，提出否决意见，把好涉河建设项目方案审批关。组织管理人员跟踪督查已批准涉河建设项目，落实补偿方案、措施，降低建设项目对防洪工程影响。（工管处）

**■河道管理与保护**　2014年，全市落实河道管护经费1500多万元，其中市级“河长制”专项经费700万元、县（市、区）级河道管护经费800万元。全市49条省骨干河道79个河段实现组织、机构、人员“三落实”，（其中32个河段实现社会化管护）。扬州市河道管理“河长制”办公室（简称市“河长制”办公室）制定、下发“河长制”公告牌式样，落实专项经费74万〔其中市级补助经费29万元、县（区）配套经费45万元〕，设立“河长制”公告牌350块。市“河长制”办公室书面告知全市县级及以上“河长”所负责河道及其主要职责，督促“河长”履职。市水利、财政部门联合制定《扬州市骨干河道管护财政奖补资金管理办法》《扬州市骨干河道管护考核办法》，对全市49条省骨干河道进行考核。（工管处）

**■湖泊管理与保护**　强化巡查。实行分级巡查制度，扬州市城防处定期联合相关县（市）水利局开展巡查，市水利局工管处、市水政监督支队不定期对有关县（区）巡查执法工作进行检查督查。市、各县（市、区）水利局及下属各水政监督大队、湖泊管理单位加大对湖区违章围网、圈圩查处力度，查处各类水事案件。2014年，宝应县制止里下河湖荡2处渔光互补发电项目，要求其履行涉湖项目水行政许可手续。完善湖泊管理人员责任制，加大湖泊管理人员奖惩考核力度，分片落实任务。高邮市、宝应县在涉湖乡镇建立“两员”（管理员、信息员）管理责任制，实行信息奖惩。市级落实湖泊管护经费、遥感监测变化核查专项经费72万元。（工管处）

**■水利工程规范化管理** 2014年，仪征市泗涧、梅桥、张冲水库和邗江区金坝水库等4座小水库通过省级小型水库规范化管理考核验收。定期开展水利工程管理单位管理考核。高邮市灌区南关管理所创成省三级水管单位，江都区通江闸管理所通过省三级水管单位复核升级验收。建设水利风景区。结合中小河流治理等工程，坚持生态治河、以水造景，推进城市河湖型水利风景区建设，新增古运河、润扬河2家省级水利风景区，全市累计创成国家级水利风景区3家、省级水利风景区6家。（工管处）

**■水利工程安全管理** 全市各水管单位进行堤闸站工程日常巡查和安全检查，开展病险涵闸站安全鉴定。2014年，市水利局下达水利工程市级维修（度汛）经费500万元，维修流域性、区域性工程，消除险情。春秋两季开展流域性堤防白蚁普查和防治，治理危害严重堤段。全年完成8座小水库白蚁防治工作达控复查验收。落实专项经费，定期开展长江、归江河道等流域区域性河道河势监测。（工管处）

## 水资源管理

**■概述** 2014年，扬州市政府办公室印发《关于实行最严格水资源管理制度考核事项的通知》《扬州市实行最严格水资源管理制度考核工作实施方案》，成立考核工作领导小组。市水利部门开展取水许可监督管理、水功能区监测、饮用水水源地整治达标、节水型社会建设等工作，编制《扬州市水资源保护规划》《扬州市入河排污口整治规划》《扬州市水资源调查评价》《扬州市水功能区区划》《扬州市地下水压采方案》。监督检查入河排污口，控制入河排污量，完成最严格水资源管理年度目标任务。全市用水总量38.66亿立方米，低于40亿立方米年度控制目标；万元工业增加值用水量下降5.3%；全市41个重点水功能区水质达标率70.8%，全覆盖水功能区水质达标率61.8%，分别比上年提高2.98%、7.97%；城乡区域供水基本全覆盖，全市地下水水位上升明显，实现“零超采”。征收水资源费3787.55万元，南水北调基金1607.19万元。争取中央分成水资源费补助经费200万元，省级水资源费补助经费375万元。水生态文明城市建设和入河排污口整治规划关键技术研究获2014年度市科技发展立项。（水政处）

**■集中式饮用水水源地达标建设** 市水利局完成扬州长江三江营饮用水水源地、宝应里运河饮用水水源地达标建设，搬迁保护区内船厂，建设水源涵养生态林，在取水口设立隔离防护设施，对一级保护区实行封闭管理，保护区边界设立地理界标和警示标志，完善岸线保护、生态防护、水质在线监测信息传输联网。12月18日，2个水源地通过省级验收。推进其他集中式饮用水水源地集中整治，确保水源地取水安全。（水政处）

**■地下水资源保护** 全市审批取水许可6件，新增取水量2685.24万立方米，其中地表水2622.79万立方米、地下水62.45万立方米。组织编制《扬州市入河排污口整治规划》，严格入河排污口设置审批，实现水功能区监测全覆盖，强化排污口整治与监管。建立地下水开采总量和水位双控制度，加大地下水压缩开采工作力度，对各县（市、区）高铁沿线、南水北调工程输水干线、区域供水覆盖地区的报废井、企业闲置废井落实第三轮地下水井封填计划，完成封井47眼，全市地下水开采量由2011年7000万立方米下降至2300万立方米，地下水水位上升明显，实现“零超采”。（水政处）

**■水资源管理信息系统管理** 12月，市水利局组织人员勘察全市范围内需撤销的在线监测站点，对关、停、并、转企业进行现场取证，核减45个关停监测站点，保证其他取用水监测点基本在线运行。（水政处）

**■节水工作** 2014年，市水利局受理、审核节水“三同时”（同时设计、同时施工、同时投产）方案104项，下达基础建设用水计划100个，验收“三同时”建设项目77个（其中配套建设雨水收集利用项目27个），总投资3364.5万元，建设2.87万立方米存储量。全市创成省级节水型企业（单位）9家、省级节水型社区9个、省级节水型学校6所、市级节水型学校27所，市水利局完成2011年命名的33个省级节水型载体复查；市水利局与市机关事务管理局联合下发《扬州市公共机构创建节水型单位实施方案》，完成市政府机关大院（涵盖48个机关单位）创建省级节水型单位市级初审验收。宝应县青少年活动中心、江都沿运灌区创成省级节水教育基地，通过省水利厅验收。各县（市、区）完成省、市级节水技改项目12个。邗江区创建省级节水型社会示范区工作通过省水利厅验收。至2014年底，万元工业增加值用水量11立方米，下降5.3%；万元国内生产总值用水量106立方米，下降7%；一般工业用水重复利用率81%（规模以上工业企业83%）；节水器具普及率95%以上、自备水用水计划下达率95%以上。建立节水信息管理系统，对市区（公共用水）月取水300立方米以上用水单位实行定额（计划）管理，完成市区19个系统194个单位用水定额、1255个用水单位用水计划的下达，计划用水管理率91.8%。（节水办）

# 科学技术 社会科学

Kexue Jishu Shehui Kexue

编 辑 陈永华

## 综述

**■概况** 2014年,扬州市推进"科教合作新长征"计划,签订校企产学研合作协议496项,新引进高校院所或知名企业研发中心、创新中心54个。全年新增国家级重点新产品9个,省级高新技术产品954个。全市有国家、省级工程技术研究中心181个,省级公共技术服务平台16家,国家、省级高技术研究重点实验室3家,省级产业研究院1家。全市新立项国家级科研课题8类183个项目,省级科研课题24类522个项目,市级科研课题9类334个项目。全年专利申请2.27万件,其中发明专利申请4907件;获专利授权1.18万件,其中发明专利授权467件。全年获批高新技术企业92家,高新技术产业产值4268亿元,占规模以上工业总产值的45.1%。全市获批省重大科技成果转化专项资金项目13个,获省财政专项资金1.2亿元。引进高层次领军人才160人、专业技术人才1435人,引进培养企业高层次人才1516人。入选省创新团队5个和省高层次创新创业人才引进计划(简称"双创计划")、省博士集聚计划人才85人。广陵区成为获批省创新型试点县(市、区),江都区真武镇、邗江区杨寿镇、广陵区头桥镇、高邮市送桥镇成为获批省创新型试点乡镇。扬州市亚普汽车部件股份有限公司和江苏扬农化工股份有限公司等2家企业获省企业技术创新奖,与扬州中天利新材料股份有限公司合作的俄罗斯高纯物质化学研究所所长、俄罗斯科学院院士米哈伊尔·费奥多罗维奇·丘尔巴诺夫获省国际科技合作奖。

开展"气象服务优质年"活动。做好决策服务、公众气象服务。市气象局发布决策服务材料75期、为农服务材料105期,开通微信气象服务。宝应、高邮、江都气象部门完成中央财政"三农"(农业、农村、农民)专项建设任务,通过验收。完善气象灾害防御机制。市、县全部成立气象灾害防御工作领导小组。启动建设扬州市突发事件预警信息发布平台,高邮菱塘回族乡、江都吴桥镇成为全国"标准化气象灾害防御乡镇"。所有乡(镇)、部分行政村建成气象信息站,加强气象科普宣传,做好防雷安全工作检查、指导和整改督查。推进气象现代化建设,落实《扬州市率先基本实现气象现代化实施方案》。全年争取国家气象局、省气象局项目资金1122万元。发展环境气象业务。建成邗江气溶胶浓度观测站,完成全市观测业务调整,新建18个区域自动气象站。建设环境气象业务平台,开展雾霾监测和预报,发布霾预警3次。2月21日起,对公众发布未来24小时扬州污染物扩散气象条件预报;4月1日起,联合市环境保护局对公众发布未来24小时扬州空气质量等级(AQI)预报。

市政府办公室印发修订后的《扬州市地震应急预案》,社区、学校、企业开展地震应急演练进入常态化。市地震局开展地震监测预报研究,加强地震监测基础设施建设,强化台站建设和管理,提高地震监测能力。规范建设工程抗震设防要求和地震安全性评价监督管理,实施城市地震活断层探测工程。开展防震减灾法律法规和地震科普知识宣传教育,普及防震减灾知识。开展地震安全示范社区创建活动,邗江区双桥街道康乐社区获"国家地震安全示范社区"称号。

2014年,扬州水文分局编制扬州市水资源公报、扬州市地下水压采方案、扬州市地下水监测年报、扬州城市典型区地下水资源调查评价、仪征市水资源综合规划等报告。编制江都、宝应饮用水水源地达标建设实施方案。全市水文部门加强对南水北调输水干线、集中式饮用水水源地、水功能区、深层地下水、入河排污口及突发性水污染事故等水质监测。全年监测总站次1804次,编制《扬州市水功能区水质通报》12期。通过扬州市境内水文站网对江河、湖泊、渠道、水库水位、流量、水质、水温、水下地形和地下水资源及降水量、蒸发量、风暴潮等实施监测、分析与计算,为开发、利用、节约、保护水资源和防灾减灾提供服务。

加强社会科学研究。扬州市哲学社会科学界联合会(简称市社科联)强化决策咨询服务,开展2014年度扬州市社会科学重大课题研究,立项重点课题169项。编写2014年度《扬州蓝皮书》。组织重大学术活动,开展社会科学普及活动,加强学会建设和业务指导,规范学会组织建设和日常管理。

加强科普工作。印发《扬州市2014年全民科学素质行动计划纲要》。组织社区申报社区科普益民计划项目，邗江区梅岭街道凤凰桥社区、仪征市真州镇红叶社区获“全国科普示范社区”称号。举办“科普宣传周”活动、“全国科普日”、扬州市第二届青少年机器人大赛、青少年科技创新市长奖评选表彰、“科普大讲堂”、科普夏令营等科普活动。推进社区科普体验馆建设，实施“科普惠农兴村计划”项目。开展扬州市星级科普示范乡镇(街道)、村(社区)，扬州市科普教育基地和省级科学特色学校创建。全年创成扬州市四星级科普示范乡镇(街道)、村(社区)20个，扬州市科普教育基地9个，省级科学特色学校6所。至2014年底，全市在册科普志愿者2.6万人。（佘　宗）

■**创新型城市建设**　实施《扬州市创新型城市建设推进计划(2013—2015)》。6月27日召开创新型城市建设工作总结交流会，加强创新型城市建设领导小组成员单位间对接交流，建立联动协作机制，推进创新型试点县(市、区)、创新型试点乡镇建设，促进各地集聚创新资源，营造创新环境，健全创新体系，完善区域发展创新模式。2014年，广陵区获批成为省创新型试点县(市、区)，江都区真武镇、邗江区杨寿镇、广陵区头桥镇、高邮市送桥镇获批成为省创新型试点乡镇。至2014年底，全市有邗江区、江都区、高邮市、广陵区等4个省创新型试点县(市、区)，13个省创新型试点乡镇。（胡　军）

诚德钢管　　江都开发区/供稿

■**扬州市获5项国家科学技术奖**　2014年，全市有5个项目获国家科学技术奖。获奖项目中，扬州诚德钢管有限公司的“600℃超超临界火电机组钢管创新研制与应用”项目获国家科技进步奖一等奖；扬州中科半导体照明有限公司的“低热阻高光效蓝宝石基GaN LED材料外延及芯片技术”获国家技术发明奖二等奖；江苏油田、扬州大学、扬州市土壤肥料站等单位的3个项目分获国家科技进步奖二等奖。（胡　军）

**扬州市获2014年度国家科学技术奖项目情况表**

表28-1

| 序号 | 类　别 | 获　奖　项　目 | 获　奖　单　位 | 获奖人 |
|---|---|---|---|---|
| 1 | 国家科技进步奖一等奖 | 600℃超超临界火电机组钢管创新研制与应用 | 扬州诚德钢管有限公司 | 张怀德 |
| 2 | 国家技术发明奖二等奖 | 低热阻高光效蓝宝石基GaN LED材料外延及芯片技术 | 扬州中科半导体照明有限公司 | 王国宏 |
| 3 | 国家科技进步奖二等奖 | 黄淮地区农田地力提升与大面积均衡增产技术及其应用 | 扬州市土壤肥料站 | 张月平 |
| 4 | 国家科技进步奖二等奖 | 超级稻高产栽培关键技术及区域化集成应用 | 扬州大学 | 张洪程<br>霍中洋 |
| 5 | 国家科技进步奖二等奖 | 试油测试技术的创新与应用 | 中国石油化工股份有限公司江苏油田分公司 | 田　明 |

（胡　军）

■**扬州市获19项江苏省科学技术奖**　2014年，全市有19个项目获江苏省科学技术奖，其中一等奖1项、二等奖5项、三等奖13项。

获奖项目中，由扬州市企业牵头或合作完成的项目15个，占78.9%；涉及汽车、机械装备等基本产业的项目5个，涉及新材料、新能源、节能环保等战略性新兴产业的项目8个。

企业与产学研合作单位联合申报并获奖的项目10个，扬州赛尔达尼龙制造有限公司与中国科学院化学所合作，江苏亚威机床股份有限公司与清华大学、河海大学合作。扬州大学参与完成的“人机交互力反馈遥操作机器人关键技术及应用”项目获一等奖，项目组突破人机交互力反馈遥操作机器人的力感知、力反馈、大时延控制和人机交互界面设计等关键技术，研制成功人机交互遥操作的关键支撑设备，填补国内空白，在中国载人航天与探月工程、核反应堆的安全巡检与应急处置、智能工程机械、工业机器人、大型泵站远程监控、野生动物探查保护等重要领域得到应用或产业化。项目组获发明专利授权33件，获国家专利优秀奖和日内瓦国际发明金奖等。（胡　军）

**扬州市获2014年度江苏省科学技术奖项目情况表**

表28-2

| 获奖等次 | 项目名称 | 主要完成单位 | 主要完成人 |
|---|---|---|---|
| 一等奖 | 人机交互力反馈遥操作机器人关键技术及应用 | 扬州大学 | 唐鸿儒 包加桐 |
| 二等奖 | 鸡马立克氏病CVI988单价和二价活疫苗的研制及其规模化生产技术 | 扬州大学 | 刘秀梵 甘军纪 吴艳涛 刘晓文 |
| | 智能配电网运行控制关键技术及核心装备研发与应用 | 江苏省电力公司扬州供电公司 | |
| | 高速重载电梯用纳米凹凸棒石改性MC尼龙传动轮关键技术研发及产业化 | 扬州赛尔达尼龙制造有限公司 | 张爱平 王健军 沈国春 张玉蓉 房雪松 程维斌 |
| | 电子废弃物全组分高值化绿色利用关键技术与工程示范 | 扬州宁达贵金属有限公司 | 樊红杰 |
| | 高产优质多抗小麦新品种"扬麦16" | 江苏里下河地区农业科学研究所 | 张伯桥 程顺和 张勇 高德荣 张晓 冷苏凤 吕国锋 张晓祥 朱冬梅 |
| 三等奖 | 电动汽车用新型无镉高能动力电池开发及产业化 | 江苏华富储能新技术股份有限公司、扬州大学、江苏华富控股集团有限公司、江苏省储能材料工程技术研究中心 | 居春山 周寿斌 吴战宇 许文林 唐学平 于尊奎 朱明海 |
| | 高精度高强度耐腐蚀大容积钢质气瓶用大口径无缝钢管 | 扬州诚德钢管有限公司、扬州诚德重工有限公司 | 张怀德 王如军 徐国荣 陈立柱 刘海春 李进 高宏明 |
| | 特高压铝电解电容器用高性能电极箔材料的关键技术研发及产业化 | 扬州宏远电子有限公司 | 马坤松 相志明 颜国生 钟志良 朱德秋 辛开选 陈厚兵 |
| | 两亲性高分子结构设计与聚集形态调控及应用 | 扬州大学、江苏擎宇化工科技有限公司 | 朱爱萍 秦敦忠 杨继生 王小天 冯建国 |
| | 高效节能聚酯生产装置 | 扬州惠通化工技术有限公司 | 严旭明 张建纲 景辽宁 钟明 曹文 李立青 张跃胜 |
| | 一步法合成烷基糖苷关键技术研发及产业化 | 扬州晨化新材料股份有限公司 | 于子洲 许文林 董晓红 |
| | 一步法合成低聚丙二醇单甲醚乙酸酯的绿色工艺及产业化 | 江苏华伦化工有限公司 | 吴义彪 陈忠平 许飞 丁建飞 |
| | HPE-3048机械伺服数控转塔冲床 | 江苏亚威机床股份有限公司 | 冷志斌 刘辛军 卞新高 朱灯林 肖军 |
| | BFH铜包铝高效复合成形机组 | 江苏省南扬机械制造有限公司 | 王正田 颜兴林 蒋仕龙 刘成 陈俊平 |
| | 苏北盆地隐蔽性断层分布与控藏研究 | 中国石油化工股份有限公司江苏油田分公司 | 刘玉瑞 丁卫星 娄国泉 丁建荣 马英俊 蒋阿明 罗龙玉 |
| | 江苏省特色果蔬加工贮运及品质控制关键技术开发与应用 | 扬州福尔喜果蔬汁机械有限公司 | 吴正祥 |
| | 家禽质量安全控制关键技术研究与应用 | 江苏省家禽科学研究所、扬州口缘食品有限公司 | 高玉时 陆俊贤 唐修君 施祖灏 唐梦君 窦新红 张小燕 |
| | 加压素治疗疼痛的临床应用和神经分子基础研究 | 江苏省苏北人民医院 | 杨俊 王大新 周罗晶 |

（胡 军）

■**扬州市科学技术奖评审奖励** 2014年，全市197个项目申报扬州市科学技术奖，经形式审查、专业评审、综合评审和网上公示等程序，评出获奖项目82个、其中特等奖2个、一等奖10个、二等奖20个、三等奖50个。82个获奖项目中，面向应用的科技成果项目74个，占全部获奖项目的90%。 （胡　军）

**2014年度扬州市科学技术奖特等奖、一等奖、二等奖获奖项目情况表**

表28-3

| 获奖等次 | 项目名称 | 主要完成单位 | 主要完成人 |
|---|---|---|---|
| 特等奖 | 数控板料开卷校平飞剪线 | 江苏亚威机床股份有限公司 | 杨建军　冷志斌　罗亚夫　张冠军　潘恩海　朱　蔚　张　峰　于海飞　周德宇 |
| | 地方鹅种多样性评价利用及高效低碳养殖模式创新应用 | 江苏省家禽科学研究所、江苏腾达源农牧有限公司 | 李慧芳　汤青萍　束婧婷　徐文娟　章双杰　龚建森　章　明　单艳菊　张小燕 |
| 一等奖 | 宽型步进式大棒加热炉 | 中冶京诚(扬州)冶金科技产业有限公司 | 董　杰　蒋乃富　江　华　田　军　侯　煜　汪宣伟　朱光超　张　强　周劲松 |
| | 无机半导体纳米结构材料生物传感器的制备及应用研究 | 扬州大学 | 杨占军　李　娟　胡效亚　张永才 |
| | SMC-5000电液控制滑模摊铺机的研究 | 江苏四明工程机械有限公司、东南大学 | 赵国普　宋爱国　龚国芳　徐宝国　陈丹凤　卢广跃　于勤玲　陶　建　潘登超 |
| | 新型超短波双频段抗干扰通信系统 | 扬州万方电子技术有限责任公司 | 王春梅　闻海霞　仲　林　沈学银　曹　沅　孙正健　张万俊　陈瑞青　马志晓 |
| | 海洋油气工程用高温防腐防爆防火电缆 | 江苏远洋东泽电缆股份有限公司 | 李永江　周勇伟　陈　坤　钱榅秋 |
| | 端烷基氨基聚醚 | 扬州晨化新材料股份有限公司、南京林业大学 | 于子洲　朱新宝　董晓红　房连顺　毕继辉　张成宝　郝　云　郝思珍　史永兵 |
| | 定向井提高抽油泵泵效技术研究与应用 | 中国石油化工股份有限公司江苏油田分公司 | 李汉周　狄敏燕　石建设　邹俊松　李　兴　程宇辉　田庆柱　张　格　刘松林 |
| | 污水资源化集成工艺装备 | 江苏清溢环保设备有限公司、同济大学 | 谈家彬　夏四清　刘小芹　谈国兴　顾　菲　孟　溢　石延松　黄伟航 |
| | 啤酒大麦品种扬农啤5号及其高效安全生产技术的示范推广 | 扬州大学、上海市上海农场、江苏省方强农场 | 许如根　吕　超　柳玉标　黄　英　李忠芹　王金华　张新忠　周　艳　周　慧 |
| | 新型功能性生物人工气管的仿生研究 | 扬州大学 | 史宏灿　朱爱萍　卢　丹　王万鹏　陈林松　李海甲　王　嵩　韩　石　谭荣邦 |
| 二等奖 | 汽车CAN总线控制系统 | 江苏罗思韦尔电气有限公司 | 郭凤龙　黄立雷　樊水平　李明伟　黄祖强　曹　阳 |
| | 深井石油钻具抗疲劳制造技术研究及产品开发 | 扬州市驰城石油机械有限公司、扬州大学 | 缪　宏　郑再象　徐　俊　曹华敏　金学宏　金亦富　魏　军 |
| | NS8000变电设备在线监测与故障诊断系统 | 江苏国电南自海吉科技有限公司 | 唐　平　谢奇峰　贺　枫　陈伟根　杜　林　胡　钢　李志军 |
| | 以超高温竖窑进行烧结高纯莫来石研发及产业化 | 江苏晶鑫高温材料有限公司 | 李正坤　张家勤　谈福桂　池夕定　殷相林　沈在春　孙志平 |

续表28-3

| 获奖等次 | 项 目 名 称 | 主 要 完 成 单 位 | 主 要 完 成 人 |
|---|---|---|---|
| 二等奖 | 模板互升式液压爬模装置施工技术研究及应用 | 江苏江都建设集团有限公司 | 强　化　张良杰　朱雪峰　张宗建　孔令正　徐怀华　王　政 |
| | 克氏原螯虾标准化生态健康养殖模式研究及推广应用 | 江苏里下河地区农业科学研究所、扬州市农业委员会、扬州龙兴生态农业发展有限公司、江苏省生态农业工程技术研究中心 | 张家宏　李荣福　王守红　寇祥明　韩光明　王爱民　杨显祥 |
| | 雷公藤甲素对压力超负荷诱导的心肌纤维化的保护作用及其机制研究 | 扬州市第一人民医院 | 张振刚　龚开政　胡　锋　焦云根　赵　培　杜　林　刘　晨 |
| | 内毒素所致急性肺损伤发生机制及异丙酚保护作用研究 | 江苏省苏北人民医院 | 高　巨　徐兴祥　周罗晶　陈　弘　林舜艳　杨柳青　罗小会 |
| | 医药仓储自动输送分拣系统 | 江苏菲达宝开电气有限公司 | 于笔钧　洪加松　华传伟　杨兆坤　王德明　许俊峰 |
| | 基于物联网的智能交通信息管理系统 | 扬州大学、扬州市公安局交通巡逻警察支队、扬州国脉通信发展有限责任公司 | 李　斌　张正华　李　云　朱俊武　倪文连　钱　青　朱少凤 |
| | 超快恢复整流二极管芯片 | 扬州杰利半导体有限公司、扬州大学物理学院 | 裘立强　胡经国　赵　成　喻慧丹　游佩武　张俊超　邵伟祥 |
| | 矩阵式电机调速节能装置 | 扬州大学、江苏煌明能源科技有限公司 | 朱金荣　王筱林　王茂祥　胡经国　刘亚峰　陈卫峰 |
| | 航空航天用高性能碳纤维复合材料结构件的研发与产业化 | 扬州新扬科技发展产业有限公司 | 李　俊　李德锦　陈永刚 |
| | 高压锅炉用大口径高精度无缝钢管关键技术与应用 | 扬州龙川钢管有限公司、南京大学 | 尤凤志　唐少春　张圣确　谢　浩　汪路军　朱　健　刘泽君 |
| | 苏北复杂油气藏钻井提速配套技术 | 中石化江苏石油工程有限公司 | 陈小元　许春田　秦　春　汤燕丹　莫　钺　王　委　贾丽君 |
| | 在役混凝土结构耐久性劣化后的力学性能分析及评价研究 | 扬州大学、江苏大学 | 曹大富　陆春华　李琮琦　葛文杰　刘荣桂　陈　妤　徐荣进 |
| | 水稻高产高效生态生产技术的研究与应用 | 扬州市农业技术推广站、江苏里下河地区农业科学研究所、高邮市农业技术推广中心、扬州市邗江区农作物技术推广中心 | 谢成林　赵步洪　姚　义　葛　胜　冯龙庆　孙建勇　张　晖 |
| | 超级稻“扬粳4227”选育与应用 | 江苏里下河地区农业科学研究所、江苏金土地种业有限公司 | 李爱宏　李育红　潘存红　张小祥　朱兆兵　肖　宁　张　哲 |
| | 直肠癌早期诊断和微创治疗的技术创新及基础研究 | 江苏省苏北人民医院 | 王道荣　汤　东　李清国　李　萍　王　森　王　伟　陈　杰 |
| | 多模式影像对肾脏肿瘤的鉴别诊断价值研究 | 江苏省苏北人民医院 | 吴晶涛　朱庆强　陈文新　田彤彤　孙　骏　朱文荣　孙继全 |

（胡　军）

■**“科教合作新长征”活动** 2014年，扬州市推进“科教合作新长征”行动计划，先后组团到北京、深圳、南京、上海、杭州、合肥等地开展拜访和项目到接活动，与深圳清华大学研究院、中国科学院深圳先进技术研究院、南京大学、东南大学、南京航空航天大学、中国科学院合肥物质科学研究院签订合作协议，邀请华中科技大学、山东大学、中国科学院上海分院到扬州对接，搭建合作平台。全年开展各类产学研对接交流活动30多场，举办中国扬州科技创新合作展示洽谈会、中国扬州科技创新合作恳谈会、2014名城扬州携手世界名企（深圳）合作恳谈会、中国扬州科技创新·产业合作（南京）拜访活动等。

2月26日，副市长孔令俊、祁小夏率扬州市政府代表团参观深圳清华大学研究院和中国科学院深圳先进技术研究院，开展座谈交流。在27

日举行的2014名城扬州携手世界名企(深圳)合作恳谈会上，扬州市产业技术研究院、润扬物流装备有限公司与中国科学院深圳先进技术研究院签署院企全面合作协议。

3月3日，市长朱民阳率扬州市政府代表团拜访中关村管委会，与中关村管委会领导和企业家开展座谈。

3月20日，市委书记谢正义率各县(市、区)、功能区和市有关部门负责人到南京拜访南京大学、东南大学、南京航空航天大学，推介宣传、上门服务，招才引智、借力借智。其间，扬州市与南京大学签署校地全面合作协议，与南京大学、南京航空航天大学签订13个校企科技合作项目。

4月18—20日，中国扬州科技创新合作展示洽谈会(简称科洽会)在扬州国际展览中心举办，近200名科技嘉宾受邀参会，400多名科技企业家代表参加展示洽谈，推进扬州市与中关村、上海张江等自主创新示范区及各高校院所合作。科洽会期间，市内外300多家单位680项最前沿科技成果参展，达成合作项目99个，其中40个项目集中签约。

5月21—23日，副市长张宝娟带领市科技局、扬州经济技术开发区、邗江区、扬州军分区负责人到绵阳市和成都市考察四川九洲电器集团、绵阳国家科技城建设成就展馆、西南技术物理研究所等单位，与绵阳市有关单位进行座谈交流，学习绵阳市建设军民融合产业示范基地先进经验和做法。8月1日，扬州市军民融合科技产业园在扬州经济技术开发区挂牌成立。

11月11日，市委书记谢正义、市长朱民阳等调研扬州大学科技园 王 卓/摄

5月23日，华中科技大学深圳校友会、浙江校友会、北京校友会、上海校友会、南昌校友会30多人到扬州实地考察。市委书记谢正义，市委常委、市委秘书长陈扬，副市长孔令俊接见考察团成员。活动期间，扬州市生产力促进中心与华中科技大学深圳校友会签署合作协议。

市政府与扬州大学召开专题协调会，推进柳湖路门面房改造、扬州大学科技园建设等事项。7月1日，扬州大学科技园正式开园，至2014年底，入驻园区企业及机构51家，涉及智能装备制造、汽车及零部件、软件与信息服务、新能源新材料、生物技术与医药等产业，科技园整体运行质态良好。

7月18日，扬州市科技系统及相关企业人员到中国科学院合肥物质科学研究院开展科技合作对接，参观光学精密机械研究所环境光学中心、智能机械研究所运动健康中心和固体物理研究所展厅。举办科技合作对接会，发布企业技术需求150多项。签约“高温超导材料的制备技术”“重金属污染防治技术在储能电池清洁生产中的应用”“智能码垛机器人智能控制装置的设计与研发”“汽车智能与主动安全”等合作项目8个。

8月1日，扬州市军民融合科技产业园成立 王 卓/摄

8月11日，山东大学合作发展部副部长王海华一行到扬州市开展产学研对接交流活动，与扬州市科技系统相关人员座谈交流校地、校企科技合作事宜。

9月4日，扬州市与澳大利亚维克多利亚州巴拉瑞特市在扬州迎宾馆签订科技合作协议，开展创新平台合作、国际技术转移、产业技术交流和科技人才培训等方面合作。

9月25日，副市长孔令俊率团到北京参加主题为“创新创业生态系统：协同·分享·共赢”的2014年中关村论坛年会，围绕创建创新创业生态系统、推动协同创新和产业发展，与相关专家和创新机构负责人交流意见。

9月26日，中国科学院上海分院常务副院长朱志远一行到扬州开展科技合作交流对接活动。活动期间，中国科学院上海分院与晶澳(扬州)太阳能科技有限公司、龙腾照明集团有限公司和江苏易图地理信息工程有限公司等5家企业签订技术合作协议；各县(市、区)相关企业与上海方面专家开展技术、产品、人才等交流合作洽谈，海普康(扬州)自动化技术有限公司与中国科学院上海高等研究院签订合作协议，扬州润明轻工机械有限公司与中国科学院上海声学研究所东海站达成合作意向。

10月9日，白俄罗斯戈梅利国立大学校长罗加乔夫·阿力山大一行到扬州考察交流。其间，罗加乔夫·阿力山大一行与扬州奥泰光电生物技术有限公司交流洽谈院士工作站建设及“光电生化医用检测仪器纳米传感器及其纳米功能材料的合作研发”项目合作事宜，参观扬州市创新驿站，与扬州相关企业形成真空等离子体、材料表面处理、激光技术等领域的项目合作意向；扬州市科技局、扬州国际技术转移中心有限公司分别与白俄罗斯戈梅利国立大学签订科技合作和技术转移合作协议。

11月7日，俄罗斯托木斯克州代表团到扬州进行友好交流，举行“俄罗斯托木斯克州—中国扬州市科技创新合作交流会”，双方商定通过网上对接、实地考察、组团交流等方式，加强扬州与托木斯克间的技术转移、人才交流和产业合作，开展生物医疗、装备制造、节能环保、软件信息等领域科技合作。

12月23—24日，副市长孔令俊率扬州市代表团到杭州拜访浙江大学、杭州未来科技城(海创园)、浙江工业大学和中电科技集团第五十二研究所，推介宣传、借力借智，寻求产业合作，促进扬州产业创新升级。扬州市政府与浙江大学签署全面合作协议。 （胡 军）

**■2014海外专家扬州行暨项目洽谈会** 11月26日，由扬州市人才工作领导小组办公室、扬州市科学技术协会(简称市科协)、扬州市归国华侨联合会联合举办的2014海外专家扬州行暨项目洽谈会开幕。大会以“集聚海外智力资源，推进跨江融合发展”为主题，邀请海外10名专家参会，签约科技合作与人才引进项目10个，涉及机械装备、智能制造、太阳能、生物医药等多个领域。会上举行江苏省宝应县海智基地揭牌仪式。

（杨 科）

**■第六届“春晖杯”中国留学人员创新创业项目(扬州)网络视频洽谈会开幕** 3月23日，第六届“春晖杯”中国留学人员创新创业项目(扬州)网络视频洽谈会在设计瑰谷开幕。开幕式现场视频连线美国分会场，来自美国纽约州立大学等各大高校的带有创业项目、创业意向的留美学子会聚美国分会场，与国内主会场的高层次人才及本地企业家进行视频连线对接，面对面进行项目洽谈。开幕式后，第六届“春晖杯”中国留学人员创新创业项目(扬州)网络视频洽谈会在江苏信息服务产业基地的微软IT学院举行上午场和下午场。美国、加拿大、英国、西班牙、日本等5个国家的20名“春晖杯”创业大赛入围者，通过网络视频形式与广陵区25家企业进行洽谈，10多个项目达成合作意向。 （杨 科）

**■2014年科技创业大赛** 5月30日至8月28日，由市科技局联合市委组织部、市委宣传部、市教育局、市财政局、团市委等多家单位共同举办扬州市2014年科技创业大赛，100多家企业参赛，12家初创和成长型企业获110万元“创新券”。江苏优创数控设备有限公司等2家企业获一等奖、江苏汉云信息科技有限公司等4家企业获二等奖、扬州睿医信息科技有限公司等6家企业获三等奖。获奖企业获不同面值的“创新券”，一等奖20万元、二等奖10万元、三等奖5万元。企业可凭“创新券”去科研院所或高等院校购买设备、成果和服务，高校院所凭收到的“创新券”和政府结账。获奖企业中10家企业被推荐参加省级比赛，其中扬州睿医信息科技有限公司、扬州新概念电气有限公司获江苏省科技创业大赛三等奖。 （杨 科）

**■科技信息平台建设** 2014年，扬州科技文献公共服务平台新增用户20家，累计用户2300家，新增文献全文下载量32万篇。成立江苏省工程技术文献中心扬州分中心，面向全市提供开放服务。扬州市科技文献公共服务电子阅览室面向全市免费开放。扬州市科技情报研究所到各县(市、区)为企业提供检索技术培训服务，培训500多人次。跟踪扬州汽车及零部件、机械装备、软件与信息服务业、太阳能光伏、LED(发光二极管)、化工新材料等重点产业国内外政策与科技动态，全年编发《科技情报参考》24期，跟踪汽车及零部件行业产业政策、市场投资和技术等动态信息，通过移动“手机报”平台，每周发送“手机报”2期。建立扬州汽车及零部件产业科技文献数据库和事实型数据库，文献数据库包括期刊、专利、标准和成果数据库，事实型数据库包括70多家基地企业信息库和100多企业产品库、国内外70多家行业知名科技机构信息库和200多名行业权威专家库等。扬州市科技情报研究所课题组完成扬州汽车及零部件产业分析与建议、国内外新能源汽车产业发展状况分析、新能源汽车产业相关标准分析、新能源汽车产业发展政策研究等研究课题的调研报告8篇，完成汽车及零部件产业专利分析报告20篇。 （胡 军）

**■科技创新载体建设** 加快创新型园区建设。扬州高新技术产业开发区申创国家级高新技术产业开发区材料由国务院批转至科技部。扬州市出台支持高新技术产业开发区发展政策意见。生态科技新城、高邮湖西新区创建省级高新技术产业开发区均进入部门评审阶段，全市形成高新技术产业开发区创建“一报一备一筹”(一个申报国家级，一个省级后备，一个筹建省级)梯队。2014年，高邮绿色照明科技产业园、江都汽车及零部件科技产业园、广陵液压装备科技产业园等3家科技产业园获批成为省级科技产业园，全市省级科技产业园总数达10家。布局建设5＋1”〔区域科技创新集聚中心、国际技术转移服务中心、科技金融服务中心、知识产权维权援助中心、扬州创新驿站(江苏科技创新创业学院)和扬州市产业技术研究院〕创新载体平台。各县(市、区)累计建成科技产业综合体231万平方米，在孵企业521家，全年实现销售30亿元，成为区域科技创新集聚中心；国际技术转移中心获批成为国家级技术转移示范机构；科技金融服务中心累计为企业融资9亿元；知识产权维权援助中心成立，设立专利巡回审理庭，开通“12330”知识产权维权援助与举报投诉服务热线；全省首家科技创新创业学院在扬州创新驿站成立；扬州市产业技术研究院成立，聘请中国工程院院士、清华大学教授尤政担任院长，智能电网研究所合同科研金额突破100万元。完善各类创新基地园区及孵化器功能。为入驻项目、创业人才提供研发、中试、生产、经营、办公场地等硬件设施和政策、管理、融资、推广、培训等软件服务，助推小微企业快速成长，培养新的经济增长点。2014年，全市8个国家级火炬计划特色产业基地实现技工贸收入〔技工贸收入=财政补助收入＋科研收入(纵、横向项目)＋产品销售收入＋技术性收入＋专项资金收入〕2033亿元，10家省级科技产业园实现工业产值2352亿元。全市13家省级以上科技孵化器新增入孵企业185家，累计在孵企业702家，形成产值31亿元、销售收入28.4亿元；全年孵化毕业企业103家，其中扬州瑞丰信息技术有限公司、江苏易图地理信息工程有限公司等成为行业内生力军。广陵高新技术创业服务中心入选全省首批“苗圃—孵化器—加速器”科技创业孵化链条试点。（胡　军）

**■东南大学国家大学科技园扬州园区签约**　4月26日，卓越九校联盟共建东南大学国家大学科技园扬州园区签约仪式暨校企产学研对接活动在扬州京杭会议中心举行。东南大学国家大学科技园占地4公顷，一期投入运营。根据协议卓越九校联盟发挥各自产业优势，加快科技成果应用转化，相关项目优先落户东南大学国家大学科技园扬州园区。（杨　科）

**■扬州市产业技术研究院成立**　12月30日，扬州市产业技术研究院成立。该研究院以产学研协同创新为主要特色，战略合作单位包括中国科学院、清华大学、北京大学、上海交通大学、南京大学、东南大学、哈尔滨工业大学、扬州大学等，主要从事产业发展战略研究、产业需求分析与发展预测、产业关键共性技术研究开发和集成创新、技术转移、科技成果转化、共性技术推广应用，为企业提供产品技术创新、转型升级的系统解决方案，科技型企业孵化等。

同日，扬州市产业技术研究院首届理事会第一次会议召开，会议表决通过扬州市产业技术研究院章程(试行)、理事会议事规程，院长和副院长建议名单、首届理事会第一次会议决议，扬州籍中国工程院院士、清华大学机械工程学院院长尤政受聘担任院长。（杨　科）

**■扬州市15个项目获省青少年科技创新大赛一等奖**　7月10日，江苏省省科协、江苏省教育厅等10个部门联合发文，公布第25届江苏省青少年科技创新大赛获奖名单，扬州市15个项目获省青少年科技创新大赛一等奖，32个项目获省青少年科技创新大赛二等奖，64个项目获省青少年科技创新大赛三等奖；宝应县小官庄镇中心初级中学获基层赛事组织奖；陆建军获十佳科技创新校长奖；扬州市科学技术协会获机器人竞赛优秀组织奖；新华中学、江苏省江都中学获机器人竞赛学校团体奖二等奖，仪征市实验中学获机器人竞赛学校团体奖三等奖。其中，3项优秀少年儿童科学幻想绘画作品、1项青少年科技实践活动、1项科技辅导员作品，入围全国青少年科技创新大赛决赛。（杨　科）

**■高新技术产业**　2014年，全市实施产业技术研发项目110个、投资5000万元以上的科技成果转化项目53个。新增国家级重点新产品9个、省级高新技术产品954个。高新技术产业投资连续2年超过30%，是工业投资增幅的2倍。全年高新技术产业产值4268亿元，增长13.6%，占规模以上工业总产值的45.1%。其中，智能装备制造业实现产值1700亿元，增长12.5%，占高新技术产业产值的39.8%。江苏扬力铸锻有限公司高速精密压力机、扬州恒佳机械有限公司六轴专用折弯机器人进入研发中试阶段。推进智慧城市试点建设，以软件服务、电子信息及通信设备为主的智慧产业完成业务收入420亿元，增长50%以上。新能源、新光源、智能电网等产业分别实现产值299.2亿元、396.2亿元、1114.2亿元，分别增长30.8%、11.7%、12.9%。（胡　军）

**2014年扬州市新增国家火炬计划项目情况表**

表28-4

| 序号 | 项　目　名　称 | 承　担　单　位 |
|---|---|---|
| 1 | 新型超短波双频段抗干扰通信设备 | 扬州万方电子技术有限责任公司 |
| 2 | 智能电网用高压大功率薄膜电容器关键技术 | 扬州凯普电子有限公司 |
| 3 | 高清晰医疗影像处理输出系统 | 江苏亚达科技集团有限公司 |
| 4 | 新支流三联灭活疫苗关键技术应用与产业化 | 国药集团扬州威克生物工程有限公司 |
| 5 | 环氧高强度高压玻璃钢输油输水管道 | 扬州新扬科技发展产业有限公司 |
| 6 | 舰船用低烟无卤低毒通信仪表及电子设备电缆 | 扬州光明电缆有限公司 |
| 7 | 船舶与海洋技术——深海定位合成纤维绳缆 | 九力绳缆有限公司 |
| 8 | 5N级高纯氧化铝及微纳米粉产业化 | 扬州高能新材料有限公司 |
| 9 | 新型双轴定向拉伸耐电晕聚酰亚胺薄膜 | 江苏亚宝绝缘材料股份有限公司 |
| 10 | 150℃环保型辐照交联低烟无卤阻燃护套料 | 江苏宝源高新电工有限公司 |
| 11 | 高温陶瓷化耐火中压交联电缆 | 江苏江扬电缆有限公司 |
| 12 | 高强度自润滑超高分子量聚乙烯钢塑复合管 | 扬州巨业耐磨复合材料有限责任公司 |

续表28-4

| 序号 | 项 目 名 称 | 承 担 单 位 |
|---|---|---|
| 13 | 日处理量4000吨智能化油脂制取成套装备 | 江苏迈安德食品机械有限公司 |
| 14 | MT-300E单电伺服数控转塔冲床 | 江苏金方圆数控机床有限公司 |
| 15 | MP-3150热模锻压力机 | 扬州锻压机床股份有限公司 |
| 16 | 35kV及以下光纤复合电缆 | 宝胜科技创新股份有限公司 |
| 17 | KL-LED智能无障碍手术无影灯 | 江苏科凌医疗器械有限公司 |
| 18 | SL型数控板料开卷分条卷取线 | 江苏亚威机床股份有限公司 |
| 19 | HPP-2600P高精度全自动粉末成型机 | 扬州市海力精密机械制造有限公司 |
| 20 | ZS-JL39型数控冲剪复合自动化生产线 | 扬州捷迈锻压机械有限公司 |
| 21 | 高效节能自冷却高温热水循环泵 | 江苏永一泵业有限公司 |
| 22 | 轻量数字化桥式起重机 | 扬州华泰特种设备有限公司 |
| 23 | LG高速精密汽车散热器铝管生产线 | 江苏省南扬机械制造有限公司 |
| 24 | 智能车载激光夜视仪 | 江苏精湛光电仪器有限公司 |
| 25 | 智能型高精度光电复合220kV交联电缆 | 扬州曙光电缆股份有限公司 |
| 26 | JS6126UC超级电容纯电动城市客车 | 扬州亚星客车股份有限公司 |
| 27 | 基于氟切换技术的能源塔满液螺杆机组 | 江苏辛普森新能源有限公司 |
| 28 | 低色温高显色性多腔体散热LED灯泡 | 江苏史福特光电股份有限公司 |
| 29 | 光伏发电用双分裂组合式升压变压器 | 扬州华鼎电器有限公司 |
| 30 | 核电站用1E级特种控制电缆 | 江苏赛特电气有限公司 |
| 31 | 高分子聚合物密封免维护胶体储能电池 | 江苏欧力特能源科技有限公司 |
| 32 | 污泥深度调理压榨纳米级脱水关键技术与设备 | 江苏新天鸿集团有限公司 |
| 33 | 聚酯瓶片回收料直纺高效吸湿排汗涤纶长丝 | 仪征市中兴涤纶纤维厂 |
| 34 | 提高催化床层$SO_2$转化率的环保节能转化器 | 建业庆松集团有限公司 |
| 35 | 江苏广陵汽车零部件公共技术及信息服务平台 | 扬州广陵高新技术创业服务中心 |
| 36 | 江都国家建材机械装备产业基地公共服务平台 | 扬州市江都区丁伙工业园建设发展有限公司 |
| 37 | 高邮市特种电缆特色产业基地公共服务平台 | 高邮市生产力促进中心 |
| 38 | 扬州LED产业基地科技创新信息服务平台 | 扬州市科学技术情报研究所 |
| 39 | LED驱动电路及IC检测公共服务平台 | 扬州芯际半导体有限公司 |

（胡 军）

**2014年扬州市新增国家中小企业发展专项资金科技创新项目情况表**

表28-5

| 序号 | 项 目 名 称 | 承 担 单 位 |
|---|---|---|
| 1 | 基于合同能源管理高效废热利用系统节能服务 | 江苏煌明能源科技有限公司 |
| 2 | 用于光纤陀螺制造的恒张力、高精度光纤绕环机 | 江苏康莱特科技有限公司 |
| 3 | 基于低空领域的小型智能高光谱成像遥感系统研发及应用 | 江苏优图空间信息科技有限公司 |
| 4 | 适用于单晶硅生产用石英玻璃坩埚的高纯石英砂 | 江苏风日石英科技有限公司 |
| 5 | 强韧高可靠长寿命复合汇流焊带的研发 | 江苏傅鑫泰光电科技有限公司 |
| 6 | 基于标准CMOS工艺的高性能超高频RFID电子标签芯片 | 扬州稻源微电子有限公司 |
| 7 | 溶液钢带流延法连续化制备高性能、低成本全氟磺酸离子交换膜 | 江苏润华膜业科技有限公司 |
| 8 | 沿空留巷工艺配套新型除尘装备自动化集成系统 | 扬州市江隆矿业设备有限公司 |

续表28-5

| 序号 | 项 目 名 称 | 承 担 单 位 |
|---|---|---|
| 9 | 中开式蜗轮蜗杆传动大功率水冷磁力耦合器 | 扬州协力传动科技有限公司 |
| 10 | 太阳能全自动节能宽谱杀虫灯 | 扬州康弘农业发展有限公司 |
| 11 | 具有高级安全加密和数据传输可靠性的超高频RFID读写芯片及系统研发 | 智坤(江苏)半导体有限公司 |
| 12 | 高性能小型谷物干燥机研发 | 江苏仪征华宇机械有限公司 |
| 13 | 面向机械装备产业节能技术推广服务 | 扬州市中小型企业生产力促进中心 |
| 14 | 面向产业基地核技术工程化应用创新服务平台 | 扬州辐照中心 |
| 15 | 面向科技型中小企业的网络信息安全公共服务 | 扬州大自然网络信息有限公司 |
| 16 | 扬州绿色化工公共技术服务中心 | 南京大学扬州化学化工研究院 |

（胡　军）

**2014年扬州市新增国家重点新产品情况表**

表28-6

| 序号 | 产 品 名 称 | 承 担 单 位 |
|---|---|---|
| 1 | spp35多功能海洋工程供应船 | 扬州大洋造船有限公司 |
| 2 | 干法纺超高分子量聚乙烯纤维 | 中国石化仪征化纤股份有限公司 |
| 3 | 高性能改性航空绝缘材料ETFE | 江苏华奥高科技发展有限公司 |
| 4 | CRA700型高效就地热再生养护列车 | 江苏奥新科技有限公司 |
| 5 | GPS/“北斗”双模授时定位设备 | 中电科技扬州宝军电子有限公司 |
| 6 | HFC3015型数控激光切割机 | 江苏金方圆数控机床有限公司 |
| 7 | SX-YJ65E-1600/800/200型数控钢管胀形车用桥壳生产线 | 扬州捷迈锻压机械有限公司 |
| 8 | SDR-17800S/L型热源塔热泵系统 | 江苏辛普森新能源有限公司 |
| 9 | MQB多层共挤轿车塑料燃油箱总成 | 亚普汽车部件股份有限公司 |

（胡　军）

# 科技项目和成果

**■科技成果转化项目**　2014年，全市获批省重大科技成果转化专项资金项目13个，获省财政专项资金1.2亿元。13个项目涉及机械装备、船舶、新能源、新材料、节能环保、现代农业等领域，累计总投入13.12亿元，涉及12项国家“863”“973”等重大计划先进成果转化和产业化，实施期内预计新增销售收入42.42亿元、利税8.07亿元。13个项目获专利授权109件，其中发明专利授权36件；实施期内预计申请专利127件，其中发明专利申请60件。

至2014年底，全市累计有89个项目获省重大科技成果转化专项资金支持，实现73项国家“863”“973”重大科技计划先进成果转化和产业化，获省财政支持资金8.84亿元；项目累计新增投入资金152.5亿元，攻克关键核心技术284项，建设创新平台76个，吸引各类高层次人才359人，形成目标产品598个，专利申请1330件(其中发明专利申请672件)，获专利授权684件(其中发明专利授权232件)，制定技术标准112项(其中国家和行业标准39项)，新增销售收入479.9亿元、利税89.5亿元，创汇402亿元，新增就业1万人。通过项目实施，牧羊集团建立国家级工程技术研究中心，3次获国家科技进步奖二等奖，成为饲料机械行业规模、产品占有率等综合实力亚洲第1名、世界第2名；扬力集团压力机产品国内市场占有率第1名；中科半导体照明公司实现3项国家“863”计划重大成果规模产业化，拥有50台MOCVD(金属有机化合物化学气相淀积技术设备)，总资产28亿元，产业规模列全国前三；江苏亚威机床股份有限公司、扬州乾照光电有限公司、扬州扬杰电子科技股份有限公司、江苏长青农化股份有限公司等4家企业在项目实施期间上市；江苏金方圆数控机床有限公司、江苏诚德钢管股份有限公司、江苏扬农化工股份有限公司、宝胜集团有限公司、扬州威克生物工程有限公司等16家企业分别获德国通快集团、美国PPC集团、中化集团、中国航空工业集团、国药集团等世界500强企业和大型央企融资扩股。

（胡　军）

## 2014年扬州市新增省重大科技成果转化专项资金项目情况表

表28-7

| 序号 | 项目名称 | 承担单位 | 产学研合作单位 | 项目总投资（万元） |
|---|---|---|---|---|
| 1 | 基于背钝化技术的高效低成本p型晶体硅光伏电池研发及产业化 | 晶澳（扬州）太阳能科技有限公司 | 中科院上海技术物理研究所 | 18700 |
| 2 | 燃煤烟气SCR脱硝催化剂再生及资源化回收利用与产业化 | 江苏万德环保科技有限公司 | 浙江大学 | 14500 |
| 3 | 绿色农药品种清洁生产关键技术的研发与产业化 | 江苏扬农化工股份有限公司 | | 27900 |
| 4 | 数控高速精密辊弯复合成形生产线研发与产业化 | 江苏省南扬机械制造公司 | 南京理工大学 | 5460 |
| 5 | 油井管用功能高分子合金涂层材料的研发与产业化 | 江苏金陵特种涂料有限公司 | 湖南大学 | 6200 |
| 6 | 油气钻井用水力脉冲空化射流发生装置关键技术研发和产业化 | 江苏博际喷雾系统有限公司 | 中国石油大学（北京） | 7900 |
| 7 | 基于回收PET均化重聚改性技术制备高性能纤维材料研发及产业化 | 仪征市仲兴环保科技有限公司 | 美国UNIFI股份有限公司、华东理工大学 | 10000 |
| 8 | 生物质热解提质制备高品质液体燃料关键技术研发及装备产业化 | 扬州晨光特种设备有限公司 | 东南大学 | 5150 |
| 9 | 国家级新品种“苏禽绿壳蛋鸡”高效扩繁技术研发及产业化 | 扬州翔龙禽业发展有限公司 | 江苏省家禽科学研究所 | 5100 |
| 10 | 海洋船舶智能后收式减摇鳍研发与产业化 | 扬州市江都永坚有限公司 | 中国船舶重工集团第七〇四研究所、南京理工大学 | 7600 |
| 11 | 基于连续不对称催化氢化技术的手性除草剂精异丙甲草胺的产业化 | 江苏长青农化股份有限公司 | 南京工业大学 | 8500 |
| 12 | 自堆式模块化建筑技术的研发及产业化 | 扬州润扬物流装备有限公司 | 俄罗斯MOSTOVIK公司、中科院深圳先进技术研究院、同济大学 | 9000 |
| 13 | 周年优质高产稻麦新品种南粳49、苏科麦1号产业化 | 江苏润扬种业有限公司 | 江苏省农业科学院、江苏省作物栽培技术指导站 | 5230 |

（胡 军）

## 2014年扬州市新增省工业科技支撑计划项目情况表

表28-8

| 序号 | 项目名称 | 承担单位 |
|---|---|---|
| 1 | 超/特高压耐电晕低损耗矩形换位铝芯绝缘导线研究与开发 | 江苏宝杰隆电磁线有限公司 |
| 2 | 快速轨道医流机器人及其智能集群控制技术的研发 | 江苏菲达宝开电气有限公司 |
| 3 | 高效造纸工艺流程泵的关键技术研究 | 江苏尚宝罗泵业有限公司 |
| 4 | 余热利用式高效节能型汽车换热系统的研究与开发 | 江苏扬工动力机械有限公司 |
| 5 | 新型节能热源塔热泵系统的技术研究与开发 | 江苏辛普森新能源有限公司 |
| 6 | 钢管胀形车用桥壳近净成形工艺成套技术研发 | 扬州捷迈锻压机械有限公司 |
| 7 | 新能源汽车用新型复合磁通切换电机系统的关键技术研究 | 扬州市新港电机有限公司 |
| 8 | 低风速风电机组用特种电缆设计制造技术 | 扬州曙光电缆股份有限公司 |
| 9 | 微功耗超薄型电容式声电转换传感器芯片研发 | 扬州江新电子有限公司 |
| 10 | 基于多传感器数据融合的室内场景精细建模与导航技术研发 | 江苏智途科技有限公司 |

续表28-8

| 序号 | 项 目 名 称 | 承 担 单 位 |
|---|---|---|
| 11 | 汽车散热器用B型管主板精密模具的关键技术研发 | 江苏嘉和热系统股份有限公司 |
| 12 | 深海脐带电缆关键技术的研究 | 江苏江扬电缆有限公司 |
| 13 | 高密度铁基粉末冶金汽车零件的研发 | 扬州立德粉末冶金有限责任公司 |
| 14 | 海洋工程装备传动与结构用均质化大截面耐低冲特殊钢关键技术研发 | 扬州诚德重工有限公司 |
| 15 | 燃煤烟气湿法多污染物高效同时脱除技术的研发 | 江苏峰业科技环保集团股份有限公司 |
| 16 | 500kV交联聚乙烯电缆局部放电与故障检测及定位试验系统 | 扬州市鑫源电气有限公司 |
| 17 | 自主标准高频物联网智能终端及关键技术研发 | 扬州万事通通讯电子发展有限公司 |
| 18 | 核电防甩抗冲击约束件机器人复合热源焊接技术研发 | 江苏慧通成套管道设备有限公司 |

（胡 军）

**■农业科技** 强化农业科技基础设施建设。整合扬州市农业科技创新资源，推动国家级农业创新载体建设，全市建成4家省级现代农业科技园区，总面积3.78万公顷，入驻企业200家。认定省级农业科技型企业53家，其中高新技术企业21家。建立农业科技型合作社24家、江苏省农业科技超市分店及便利店17家。扬州大学和仪征枣林湾农业科技园区分别建成“国家级特派员创业培训基地”和“国家级特派员创业基地”。牧羊集团获批成为首个国家级饲料加工装备工程技术研究中心。董氏特种水产有限公司与中国科学院院士桂建芳团队合作共建全市首个水产养殖院士工作站。全市农业领域重点企业实现研发机构全覆盖。

加快农业新技术、新品种研发。推进农业品种科技创新、农业技术集成与示范，鼓励农业企业加强与高校和科研单位合作，加大优良品种培育与推广、动植物重大病虫害综合防治、耕地治理与保护等领域科研力度。2014年，扬州市在农业科研核心期刊发表科技论文982篇，其中国外期刊发表论文246篇；出版农业科技著作41种；申请专利246件，获专利授权102件，其中发明专利授权54件；形成国家或行业标准35项；培育

**2014年扬州市新增省农业科技支撑计划项目情况表**

表28-9

| 序号 | 项 目 名 称 | 承 担 单 位 |
|---|---|---|
| 1 | 江苏农村科技服务超市扬州农作物产业分店示范超市建设 | 江苏金土地种业有限公司 |
| 2 | 里下河地区水禽—水产—水生蔬菜设施种养循环农业模式技术集成创新 | 扬州龙兴生态农业发展有限公司 |
| 3 | 稻纵卷叶螟颗粒体病毒侵染机制及其病毒杀虫剂的研发 | 扬州绿源生物化工有限公司 |
| 4 | 高产多抗专用小麦新品种选育 | 江苏里下河地区农业科学研究所 |
| 5 | 鸽病防治技术集成应用和示范 | 江苏省家禽科学研究所 |
| 6 | 加工型优质肉鸡选择技术的创新与应用 | 江苏省家禽科学研究所 |
| 7 | 优质特色蛋鸭新品系选育及产业化开发 | 江苏省家禽科学研究所 |
| 8 | 自由振动深松深旋耕深施肥半精量播种筑畦复式作业装备研发 | 扬州大学 |
| 9 | 以马立克氏病毒为载体的鸡传染性喉气管炎基因工程疫苗研究 | 扬州大学 |
| 10 | 适合机械化生产的高产多抗玉米新品种选育 | 扬州大学 |
| 11 | 250～350kw大功率单螺杆挤压膨化机及其关键制造技术研究与开发 | 扬州大学 |
| 12 | 天然肠衣生物保鲜及质量控制关键技术研究与应用 | 扬州大学 |
| 13 | 牛重要疫病高效新颖多联(价)疫苗创制 | 扬州大学 |
| 14 | 地方特色土种猪新品系及配套系选育 | 扬州大学 |
| 15 | 嵌合型猪圆环病毒(PCV1-2)灭活疫苗的技术研发 | 扬州大学 |
| 16 | 冷冻非发酵面制品专用富硒小麦粉生产关键技术研究与产业化 | 扬州名佳食品有限公司 |
| 17 | 扬州地区罗氏沼虾高效生态工程化养殖关键、配套技术集成创新 | 扬州市嘉丰罗氏沼虾良种繁殖有限公司 |
| 18 | 蛋鸡健康养殖关键技术在科技型农业专业合作社模式中集成与示范 | 扬州市苏合万禾农产品直销专业合作社联社 |

（胡 军）

农业新品种43个;全市2个项目获批国家星火计划重点项目,3个项目获批国家农业科技成果转化资金项目,18个项目获省农业科技支撑项目,4个项目获省重大成果转化资金项目立项。

强化农业科技服务。开展“送科技下乡、促农民增收”活动,加快农村科技超市分店和便利店建设。全市累计建设农村科技超市分店6家、便利店11家,实现县(市、区)全覆盖;全年开展各类农业知识培训351次,受训农民3.75万人次,解决种植、养殖难题1900多次,接待农民来访3200多人次,培育科技示范户220户,辐射带动种植、养殖户5500多户,户均增收9000元以上。

(胡 军)

**■社会发展领域科技创新** 社会发展项目围绕“科技示范工程”、“科技社区建设”及生物技术和新医药发掘项目源,组织项目申报。2014年,扬州市有10个项目获批立项,项目数、资金数并列全省第3名。基础科学研究项目围绕“省杰出青年基金”和“省青年基金”〔江苏省基础研究计划(自然科学基金)项目分杰出青年基金项目、青年基金项目和面上项目3个类别〕,组织申报,全市有43个项目获批立项,其中青年基金项目27个、面上项目16个。临床医学项目围绕“重点病种的规范化诊疗研究”和“新型临床诊疗技术攻关”等2个领域申报项目18个,其中扬州市第一人民医院承担的“腔内配准前列腺TRUS/MRI图像融合穿刺导航技术的实验及临床研究”项目获批立项。

(胡 军)

**2014年扬州市新增省社会发展科技支撑计划项目情况表**

表28-10

| 序号 | 项 目 名 称 | 承 担 单 位 |
|---|---|---|
| 1 | 多信道高频调制新型激光人体组织血氧仪 | 扬州奥泰光电生物技术有限公司 |
| 2 | 基于GIS的网格化智慧社区管理工程 | 宝应县安宜镇大桥居民委员会 |
| 3 | 湖泊蓝藻加压沉淀浓缩减量及发酵利用技术研究 | 扬州大学 |
| 4 | 秸秆等农业废弃物生产新型育秧基质及高品位富氢燃气关键技术研究 | 扬州大学 |
| 5 | 高邮市高邮街道水关社区科技社区建设与示范 | 高邮市高邮街道水关社区居民委员会 |
| 6 | 新型靶向抗白血病1类新药HL0036的临床前研究 | 扬州禾联医药科技有限公司 |
| 7 | 基于生活污泥的城市行道树基质研究及示范推广 | 江苏里下河地区农业科学研究所 |
| 8 | 基于物联网农作物生长应急干预系统的农村科技示范社区建设 | 仪征市大仪镇路南村委会 |
| 9 | 纳米细菌纤维素医用敷料的研发 | 江苏华东医疗器械实业有限公司 |
| 10 | 再生聚酯瓶片料纺高品质中空有色POY长丝 | 江苏菲霖纤维科技有限公司 |

(胡 军)

**2014年扬州市新增省自然科学基金项目情况表**

表28-11

| 序号 | 项 目 名 称 | 承 担 单 位 | 备 注 |
|---|---|---|---|
| 1 | 氮化镓基发光二极管效率衰减的三种竞争机制研究 | 扬州大学 | 青年基金 |
| 2 | 钢骨采用内加强环连接的PSRC梁-CFSTRC柱组合框架节点抗震性能研究 | 扬州大学 | 青年基金 |
| 3 | 基于图约束的分类和聚类算法研究 | 扬州大学 | 青年基金 |
| 4 | 精确放疗控制系统研发 | 江苏海明医疗器械有限公司 | 青年基金 |
| 5 | 航空发动机高温封严结构的激光加工制造与新材料研究 | 中国科学院工程研究所扬州太阳能材料研发中心 | 青年基金 |
| 6 | 芸薹属不亲和性授粉花粉与柱头乳突细胞信号转导与细胞超微结构研究 | 扬州大学 | 青年基金 |
| 7 | 溶液等离子喷涂构筑高性能NO2传感器气敏层的研究 | 扬州大学 | 青年基金 |
| 8 | 超级稻叶片与冠层光合和同化物转运、产量的关系研究 | 扬州大学 | 青年基金 |
| 9 | RhoA/ROCK信号通路对BBB-TJ连接蛋白的调节在幼年缺血性脑卒中的作用 | 扬州大学 | 青年基金 |
| 10 | 基于神经网络干扰补偿的柔性喷杆结构振动控制研究 | 扬州大学 | 青年基金 |

续表28-11

| 序号 | 项 目 名 称 | 承 担 单 位 | 备 注 |
|---|---|---|---|
| 11 | 簇毛麦4V染色体抗黄花叶病易位系的遗传利用研究 | 江苏里下河地区农业科学研究所 | 青年基金 |
| 12 | 基因重组ACE抑制肽与抗氧化肽的同步制备及其协同降压效应与机制研究 | 扬州大学 | 青年基金 |
| 13 | 生物质超声烘焙提高纤维素乙醇产量的机理研究 | 扬州大学 | 青年基金 |
| 14 | 甘蓝型油菜种皮色素合成相关miRNA的鉴定及机理研究 | 扬州大学 | 青年基金 |
| 15 | 小麦抗条锈病相关基因TaRab18的功能分析及优异单倍型鉴定 | 江苏里下河地区农业科学研究所 | 青年基金 |
| 16 | 油菜素内酯调控水稻淀粉代谢的分子机制研究 | 扬州大学 | 青年基金 |
| 17 | 基于HDL生物调控网络剖析半枝莲黄酮类成分抗As分子机制 | 扬州大学 | 青年基金 |
| 18 | 黄瓜衰老和冷害相关microRNA鉴定及其功能分析 | 扬州大学 | 青年基金 |
| 19 | 细菌趋化性组氨酸激酶结构与功能关系的研究 | 扬州大学 | 青年基金 |
| 20 | 一个水稻Wx新等位基因的表达调控机制研究 | 扬州大学 | 青年基金 |
| 21 | FTO及NTRK2/BDNF信号通路对鸡肉质性状的调控机理研究 | 江苏省家禽科学研究所 | 青年基金 |
| 22 | 星状细胞表达Galectin-1与癌细胞表达Galectin-3协同促进胰腺癌侵袭转移的机制研究 | 江苏省苏北人民医院 | 青年基金 |
| 23 | 热驱动下微结构中气液两相振荡流动行为与换热机理研究 | 扬州大学 | 青年基金 |
| 24 | 外源抗氧化剂对黄颡鱼鱼苗敏感期抗氧化机制的干预 | 中国科学院水生生物研究所扬州水环境与渔业研究分中心 | 青年基金 |
| 25 | 辛伐他汀调控HIF-1α表达调控髓核间质干细胞生物学行为内源性修复重建退变椎间盘的机制研究 | 江苏省苏北人民医院 | 青年基金 |
| 26 | 非整倍体对DNA损伤类化疗药物的抗药性及其产生机制 | 江苏省苏北人民医院 | 青年基金 |
| 27 | APEC和UPEC在鸡感染模型中转录组学及对潜在毒力基因的研究 | 扬州大学 | 青年基金 |
| 28 | CmGV侵染传毒特性及对稻纵卷叶螟种群的调控作用 | 江苏里下河地区农业科学研究所 | 面上项目 |
| 29 | 耐热新城疫病毒株的耐热分子基础研究 | 扬州大学 | 面上项目 |
| 30 | 算子广义逆稳定性理论及其应用 | 扬州大学 | 面上项目 |
| 31 | 基于非完备几何特征测量数据建模的关键技术研究 | 扬州大学 | 面上项目 |
| 32 | 含砾黏土动力特性研究 | 扬州大学 | 面上项目 |
| 33 | 鸡白痢沙门氏菌Peg菌毛受体的筛选与功能分析 | 江苏省家禽科学研究所 | 面上项目 |
| 34 | 紫贻贝幼体附着变态的体外化学信号诱导与体内信号通路调控机理研究 | 扬州大学 | 面上项目 |
| 35 | 季节性冷热交变作用下储能土壤中的热湿迁移特性及能量传输机理 | 扬州大学 | 面上项目 |
| 36 | 基于分子修饰的薤白多糖构效关系研究 | 扬州市职业大学 | 面上项目 |
| 37 | H9亚型禽流感新型重组活疫苗(rND/H9HA)的构建及其免疫效力 | 扬州大学 | 面上项目 |
| 38 | 玉米Rubisco活化酶基因表达的遗传调控机制及育种价值研究 | 扬州大学 | 面上项目 |
| 39 | 南蛇藤总萜调控HSP27抑制胃癌上皮间质转化的作用和机制 | 江苏省苏北人民医院 | 面上项目 |
| 40 | 精氨酸影响奶牛乳腺酪蛋白表达的microRNA分子机制 | 扬州市扬大康源乳业有限公司 | 面上项目 |
| 41 | FTH1基因甲基化在雏鸭肝炎病毒感染过程中作用机制 | 扬州大学 | 面上项目 |
| 42 | 洪泽湖须鳗鰕虎鱼入侵种群的适应性对策和生态学效应 | 中国科学院水生生物研究所扬州水环境与渔业研究分中心 | 面上项目 |
| 43 | MLKL蛋白在脊髓损伤后程序性坏死中的作用及其调控机制研究 | 江苏省苏北人民医院 | 面上项目 |

（胡　军）

**■江苏里下河地区农业科学研究所** 2014年，江苏里下河地区农业科学研究所（简称农科所）在研课题（项目）185个，结项课题61个；新立项各类课题（项目）87个，其中国家级课题（项目）24个、省级课题（项目）35个、市级课题（项目）28个。新立项项目合同经费3454万元，往年项目及新立项项目实际到账经费2910万元。新立项课题（项目）包括科技部中小企业创新基金项目“面向产业基地核技术工程化应用创新服务平台”、省现代种业发展支持项目“优质高产抗病稻麦新品种育种能力建设与产业化”、国家发展和改革委员会生物育种能力建设与产业化专项“优质高产抗病扬麦系列新品种培育及扬麦18、扬辐麦4号产业化与推广应用”等重大项目以及国家自然科学基金项目3个、省自然科学基金项目3个。

2014年，农科所获各类科技成果奖9个。其中，由农科所主持完成的“高产优质多抗小麦新品种‘扬麦16’”项目获江苏省科学技术奖二等奖和江苏省农业科学院科学技术奖一等奖，“双链型生态农业模式的研究与推广应用”获江苏省农业推广三等奖，“超级稻‘扬粳4227’选育与应用”“克氏原螯虾标准化生态健康养殖模式研究及推广应用”获扬州市科学技术奖二等奖，“低烟、低卤阻燃热收缩管的研制与推广”“里下河地区设施蔬菜主要病虫防控技术研究”获扬州市科学技术奖三等奖；农科所与其他单位联合申报的“基于秸秆还田的水稻高产高效生产技术集成与应用”“水稻高产高效生态生产技术的研究与应用”分获江苏省农业推广二等奖、扬州市科学技术奖二等奖。

农科所培育的小麦新品种“扬麦23”通过国家审定。制定、发布省级农业地方标准4项。“双链型生态农业模式的研究与推广应用”通过江苏省农业委员会成果鉴定。“一种用于改良感病水稻品种黑条矮缩病抗性的引物和方法”“一种糯小麦油炸食品及其制作方法”“一种辐照灭菌的医用敷料生产方法”获国家发明专利。生物农药“杀蟑饵料”获农药登记证。农科所培育的兰花品种参加2014年江苏省兰花展，获金奖1个、铜奖1个。程顺和主编的《中国南方小麦》获第三届中国出版政府奖图书奖提名奖。农科所辐照突变育种团队获联合国粮农组织与国际原子能机构“联合国植物突变育种杰出成就奖”、中国原子能农学会“2014年度特别贡献奖”。

2014年，农科所有9项成果被列入江苏省2014—2015年“四主推”（主要农作物主推品种、主推技术、主推配方肥、主推农药），其中主推品种8个（水稻品种“扬粳4227”，中筋小麦品种“扬辐麦4号”“扬麦14”“扬麦16”“扬麦20”，弱筋小麦品种“扬麦13”“扬麦15”，油菜品种“扬油9号”）、主推技术1项（“麦秸机械还田轻简稻作技术”）。“扬麦13”“扬麦16”被列入农业部2014—2015年主推品种。“扬辐麦4号”“扬麦20”入选“江苏好品种”。科研人员全年发表研究论文38篇，其中1篇论文被收入SCI（科学论文索引）。

2014年，农科所有68个农作物新品系、新组合参加各级试验。与国际玉米小麦改良中心签署小麦赤霉病穿梭育种协议备忘录。“扬麦16”成为近6年来江苏省年推广面积最大的小麦品种。“扬麦24”通过浙江省品种初审，越级进入生产试验。开发靶标基因突变体高效创制技术。“扬两优6号”年种植面积居全国单个杂交籼稻组合第5位。将抗飞虱和多个抗稻瘟病基因聚合到“扬稻6号”等品种中，筛选出具有较高抗性株系。明确水稻吸氮规律和提高氮肥利用率途径、方法。核不育两型系“扬7AB”通过江苏省鉴定。“扬油9号”申报植物新品种权获公告。杂交油菜组合“优737”在国家区域试验中亩产量位居试验组第1位。蔬菜生物拮抗种衣剂申请国家发明专利获受理。分离筛选3株反硝化细菌，其中1株为国际首次分离成功。创建里下河地区“四水”（水稻、水产、水禽、水生蔬菜）生态种养模式。生态农业研究团队加入“全国美丽乡村建设技术创新联盟”和农业部“渔业水域环境污染与生态效应监测”团队。开辟保健中药材研发领域。建立设施蔬菜主要病虫绿色防控技术体系。改进机插秧育苗专用肥育苗伴侣配方，增强抗立枯病、青枯病及延长肥效等功效，研制出小麦、玉米配套专用种衣剂。筛选出花卉优良新品系7个。掌握兰科植物“铁皮石斛”种子无菌培养及种苗生产技术。大果型牛角辣椒新组合“大果66”通过江苏省生产试验。适宜里下河地区种植的2个优质芋头新品系通过江苏省新品种鉴定试验。 （王守红）

**■江苏省家禽科学研究所** 2014年，江苏省家禽科学研究所（简称家禽所）承担在研项目（课题）64个，其中延续项目（课题）20个、新增项目（课题）44个。验收结题项目12个。新增项目（课题）包括国家级项目（课题）4个，省部级项目（课题）19个，市级21个。全年到账各类科研经费2290.78万元，其中新增项目到账科研经费1588.08万元，往年项目滚动到账经费702.7万元。

推进科学研究。2014年，家禽所科研重点包括：收集、保存濒危、珍稀和特色家禽资源，研究规范保种技术和评价技术，制定品种标准，为家禽育种提供数据资料、素材支撑；选育优质高效肉鸡新品种，高繁、早熟及加工型优质肉鸡新品系，特色蛋鸡新品系及优质特色蛋鸭新品系；研究集约化生产条件下家禽异常行为产生机制、家禽福利影响因素，探索有利于机体健康、高生产性能的家禽养殖新工艺；研究家禽资源标准化性能测定与评价技术、家禽生产质量控制技术及风险评估技术；研究家禽营养需要与调控技术、家禽疾病的营养调控。

2014年，家禽所主持完成的“家禽质量安全控制关键技术研究与应用”获2014年江苏省科学技术奖三等奖，“江苏蛋鸡产业关键技术集成与应用”获江苏省农业技术推广奖一等奖，“地方鹅种多样性评价利用及高效低碳养殖模式创新应用”获扬州市科学技术奖特等奖。家禽所主办的核心期刊《中国家禽》复合影响因子为0.452。全年发表学术论文142

篇，其中14篇被SCI收录；出版专著4部。获发明专利授权1件、实用新型专利授权4件。

开展科技服务。家禽所与江苏立华公司签署科研技术战略合作协议，加强产学研合作，并转让国家级新品种"苏禽黄鸡2号"。组织实施盐城市东台、南通市海安两市(县)"挂县强农富民"项目，完成两地家禽业情况调研报告。开展全省禽流感统计调研。全年为400多户养殖户2000多人提供技术咨询服务，为30多家企业提供技术支持，编印《2014挂县强农富民工程家禽科技简报》4期，全年开展集中培训6场，发放资料6000多份。 (肖 芹)

**■扬州市114个项目入选省重点技术创新项目计划** 2014年，扬州市114个项目入选省经济和信息化委员会编制的《2014年江苏省重点技术创新项目计划》，扬州市入选的114项新产品、新技术，主要集中在汽车、机械装备等基本产业，医药化工、造船等支柱型、基地型产业及新能源、新光源、新材料和智能电网等领域。这些新产品、新技术具备投资大、产品科技含量高、产业带动性强等特点。入选江苏省重点技术创新项目的新产品、新技术，优先进入省重点推广应用新技术、新产品目录，优先参加省重大质量攻关项目招标，优先安排企业技术中心建设项目。 (杨 科)

**■"数控板料开卷校平飞剪线"项目** 江苏亚威机床股份有限公司完成的"数控板料开卷校平飞剪线"项目获2014年度扬州市科学技术奖特等奖。该项目攻克多轴运动控制、矩阵式电磁堆垛技术、飞摆剪运动控制程序等多项世界技术难题，国内首家掌握全套开卷校平飞摆剪线控制技术，实现板带在高速运行不停止的状态下进行连续剪切各种直线断面或曲线断面的异形板，填补国内空白，达到国际先进技术水平，打破同类生产线长期被国外企业垄断的格局。获发明专利授权2件、实用新型专利授权8件、软件著作权1项，另有5件发明专利进入公示。至2014年底，该项目累计新增销售4.28万元，创收外汇1056万美元。 (胡 军)

**■"地方鹅种多样性评价利用及高效低碳养殖模式创新应用"项目** 江苏省家禽科学研究所完成的"地方鹅种多样性评价利用及高效低碳养殖模式创新应用"项目获2014年度扬州市科学技术奖特等奖。该项目建立国内外第一个地方鹅遗传资源DNA库，创制肉鹅生产性能测定技术及品系繁育技术，攻破传统粗放养殖方式污染严重、种蛋性能差、饲养成本高、疾病难控制等产业瓶颈，研发国内首创新型高效低排养殖模式，在扬州、常州、苏州等市推广杂交组合父母代20万套、商品代1800万只，新增产值4.3亿元。 (胡 军)

**■"扬麦23"通过国家审定** 2014年，"扬麦23"通过国家农作物品种审定委员会审定。"扬麦23"为强筋小麦品种，是扬州选育的第一个强筋小麦品种，适合做面包。至2014年底，农科所选育出"国字号"小麦11个。 (杨 科)

# 知识产权保护

**■概述** 2014年，全市专利产出稳定增长，结构优化，专利申请2.27万件，其中发明专利申请4907件；获专利授权1.18万件，其中发明专利授权467件；万人发明专利拥有量4.5件，增长25%。市政府与省知识产权局签署关于合作创建实施知识产权战略示范市协议，制定、出台《关于加快推进知识产权战略的实施意见》，提升知识产权创造、运用、保护和管理服务能力。修订、出台《扬州市市级知识产权专项资金管理办法》，加强专项资金管理，规范专项资金申请程序，提高专项资金使用效益。59项发明专利在2014年昆山第八届国际发明展览会上获奖，其中金奖12项、银奖23项、铜奖24项，金奖数和奖牌数均列全省第2名。提升知识产权区域试点示范水平，推进区域知识产权创造和运用整体提升。全市2个区被列为国家知识产权强区试点单位，4个县(市、区)被列为省实施知识产权战略示范单位，6个省级园区被列为省知识产权试点单位。 (胡 军)

**第八届国际发明展览会扬州市获奖项目一览表**

表28-12

| 序号 | 项 目 名 称 | 完 成 单 位 | 所获奖项 |
|---|---|---|---|
| 1 | 发动机用组合式平台网纹气缸套 | 扬州华铁铁路配件有限公司 | 金奖 |
| 2 | 大型智能化食用油制取关键技术及成套装备 | 迈安德集团有限公司 | 金奖 |
| 3 | 机械伺服数控转塔冲床 | 江苏亚威机床股份有限公司 | 金奖 |
| 4 | 高速高效螺旋型节能灯明管全自动生产线 | 江苏浩明光电科技股份有限公司 | 金奖 |
| 5 | 特高压铝电解电容器用阳极箔的腐蚀工艺 | 扬州宏远电子有限公司 | 金奖 |
| 6 | 防治婴幼儿湿疹的中药制剂及其制备方法 | 扬州大学 | 金奖 |
| 7 | 一种肝素钠的高效提取工艺 | 扬州大学 | 金奖 |
| 8 | 节能型纵横多向切割复合锯 | 江苏金飞达电动工具有限公司 | 金奖 |
| 9 | 一种承压太阳能热水器(承压一体机) | 江苏省华扬太阳能有限公司 | 金奖 |

续表28-12

| 序号 | 项 目 名 称 | 完 成 单 位 | 所获奖项 |
|---|---|---|---|
| 10 | 复合型地暖空调热水集成应用系统 | 江苏省华扬太阳能有限公司 | 金奖 |
| 11 | 车用散热器冷却扁管的铝合金材料 | 江苏嘉和热系统股份有限公司 | 金奖 |
| 12 | 油料破碎机 | 迈安德集团有限公司 | 金奖 |
| 13 | 一种串联谐振电抗器 | 江苏启源雷宇电气科技有限公司 | 银奖 |
| 14 | 一种自动换极性油浸硅堆 | 江苏启源雷宇电气科技有限公司 | 银奖 |
| 15 | 双层引流管 | 扬州大学 | 银奖 |
| 16 | 一种含有秸秆的轻质木塑混合粒料及其生产方法 | 江苏锦禾高新科技股份有限公司 | 银奖 |
| 17 | 全干式光缆松套管的制作方法 | 江苏江扬电缆有限公司 | 银奖 |
| 18 | 2,6-二氟苯甲酰胺 | 扬州天辰精细化工有限公司 | 银奖 |
| 19 | 一种全数字化处理装置的全数字化电子学系统 | 江苏中惠医疗科技股份有限公司 | 银奖 |
| 20 | 检测食品中沙门菌的环介导等温扩增方法及试剂盒 | 扬州大学 | 银奖 |
| 21 | 一种高强度轨道车轮(发明专利) | 扬州华铁铁路配件有限公司 | 银奖 |
| 22 | 大型电子伺服三坐标多工位压力机引进开发及产业化 | 江苏扬力集团有限公司 | 银奖 |
| 23 | 直流调速小型球磨机 | 扬州大学 | 银奖 |
| 24 | 铅纤维丝及其制作方法 | 扬州锦江有色金属有限公司 | 银奖 |
| 25 | 一种无机房电梯 | 江苏通用电梯有限公司 | 银奖 |
| 26 | 一种大枣光电分级生产线 | 扬州福尔喜果蔬汁机械有限公司 | 银奖 |
| 27 | 铅酸蓄电池用云胶电解液 | 江苏华富储能新技术股份有限公司 | 银奖 |
| 28 | 新一代高效低毒创制卫生杀虫剂氯氟醚菊酯 | 江苏扬农化工股份有限公司 | 银奖 |
| 29 | 高效新型热管式太阳能真空管 | 江苏奥莱佳太阳能科技有限公司 | 银奖 |
| 30 | 节能环保耐环境开裂聚乙烯电缆料 | 宝应安洋电缆料有限公司 | 银奖 |
| 31 | 一种轧钢加热炉耐热垫块用的耐高温钴基合金 | 中冶京诚(扬州)冶金科技产业有限公司 | 银奖 |
| 32 | HPP-5000P全自动粉末成型机 | 扬州市海力精密机械制造有限公司 | 银奖 |
| 33 | 自循环多层翻板烘干机以及自循环分段烘干方法 | 扬州福尔喜果蔬汁机械有限公司 | 银奖 |
| 34 | SLHSJ16双轴桨叶式高效混合机 | 江苏牧羊控股有限公司 | 银奖 |
| 35 | 新型双轴定向拉伸耐电晕聚酰亚胺薄膜 | 江苏亚宝绝缘材料股份有限公司 | 银奖 |
| 36 | 电子式电流互感器(10KV) | 江苏博斯特科技电力有限公司 | 铜奖 |
| 37 | 新型墙体材料全自动生产线 | 江苏朝阳液压机械集团有限公司 | 铜奖 |
| 38 | MYRB90型码垛机器人 | 江苏牧羊控股有限公司 | 铜奖 |
| 39 | 辐流式二沉池周边传动刮吸泥机 | 江苏清溢环保设备有限公司 | 铜奖 |
| 40 | 基于光纤阵列的空间光耦合探测装置 | 江苏海虹电子有限公司 | 铜奖 |
| 41 | 内置陶瓷芯片天线手机 | 扬州万事通通讯电子发展有限公司 | 铜奖 |
| 42 | 镶嵌式LED招牌 | 江苏嘉德光电科技有限公司 | 铜奖 |
| 43 | 一种简便的利用无线局域网进行用户定位的方法 | 扬州易游物联网络科技有限公司 | 铜奖 |
| 44 | 一种功效化妆品及其制备方法 | 扬州大学 | 铜奖 |
| 45 | 在数字血管造影图像中分割血管数据的方法 | 江苏亚达科技集团有限公司 | 铜奖 |
| 46 | 一种5-5-二氟-3-取代哌啶衍生物的制备方法 | 扬州氟药科技有限公司 | 铜奖 |
| 47 | 用于豆乳制品发酵的嗜热链球菌grx90及其用途 | 扬州大学 | 铜奖 |
| 48 | 港机船舰海工用高性能多耐特软电缆 | 江苏远洋东泽电缆股份有限公司 | 铜奖 |

续表28-12

| 序号 | 项目名称 | 完成单位 | 所获奖项 |
|---|---|---|---|
| 49 | 高强度超耐磨耐高温铸型尼龙滑轮 | 扬州赛尔达尼龙制造有限公司 | 铜奖 |
| 50 | 智能电压互感器 | 江苏博斯特科技电力有限公司 | 铜奖 |
| 51 | 灯杆电器门一次冲压成型技术 | 龙腾照明集团有限公司 | 铜奖 |
| 52 | 一种无水冷抗变形炉辊 | 中冶京诚(扬州)冶金科技产业有限公司 | 铜奖 |
| 53 | 一种连续面料板坯的湿法切割机 | 杰斯(扬州)智能环保科技有限公司 | 铜奖 |
| 54 | 一种蛋品自动分级生产线及其工作方法 | 扬州福尔喜果蔬汁机械有限公司 | 铜奖 |
| 55 | 板式熨平压花机的液压控制系统 | 扬州扬宝机械有限公司 | 铜奖 |
| 56 | 一种植物来源D-氨基葡萄糖盐酸盐的制备方法 | 扬州日兴生物科技股份有限公司 | 铜奖 |
| 57 | 盘式脱粒机 | 扬州大学 | 铜奖 |
| 58 | 一种菊酯微胶囊的制备方法 | 扬州大学 | 铜奖 |
| 59 | 一种防治小菜蛾等蔬菜害虫的农药制剂 | 扬州大学 | 铜奖 |

（胡　军）

**■知识产权宣传教育**　市知识产权局全年举办知识产权执法培训、知识产权总监培训、知识产权工程师培训、国家知识产权试点城市工作培训、知识产权系统新任干部培训、知识产权宣传工作培训等活动，提升企业及部门知识产权工作人员能力素质。4月20—26日，开展“知识产权宣传周”活动。市知识产权局到扬州市工业职业技术学院举办知识产权讲座，在《扬州日报》开辟知识产权宣传专栏，发放知识产权宣传资料2000多份；邗江、广陵、高邮、宝应等地举办宣传活动。4月26日至5月26日，扬州市举办“‘护航创新之路’专项行动宣传月”活动，通过媒体、培训班和宣传台等形式开展立体宣传。市知识产权局联合公安、工商、药监、银监、税务等部门举办假冒伪劣产品展示咨询活动，集中展示全市打击侵犯知识产权和假冒伪劣商品专项行动成果，现场接受群众咨询400多人次，发放宣传资料800多份。联合市农业委员会、市水利局、市气象局、市委农村工作办公室到湾头社区开展法治戗牌巡展、法律咨询活动等，到茱萸湾社区宣传正版正货。（胡　军）

**■知识产权执法行动**　制定、实施《扬州市2014年知识产权执法维权护航专项行动方案》。制定扬州市知识产权行政执法“首违不罚”“容期整改”制度，对轻微违法行为全程进行说理式教育，执法文书卷宗作归档处理，实现执法过程可追溯，将相关执法信息公布至行政权力透明公开运行网，接受法制监督与纪检监察。集合省、市、县(市、区)三级执法力量，开展联动执法，广陵、邗江、江都、宝应、仪征等地针对商贸流通领域开展省、市、县(市、区)联合执法，累计检查商品2000多件。开展“护航”“国门之盾”“剑网”等知识产权专项执法行动，加强知识产权执法力度，组成联合执法队伍，打击侵犯知识产权和制售假冒商品违法行为，查处假冒专利案件124件，全部办结。（胡　军）

**■知识产权载体平台建设**　8月5日，扬州市知识产权局专利行政执法巡回审理庭通过江苏省知识产权局验收并挂牌成立。扬州市专利行政执法巡回审理庭经省知识产权局批准，由省、市知识产权局共同出资建设。全年受理侵权纠纷案件6件，全部经巡回审理庭调解达成和解协议。11月28日，中国(江苏)维权服务中心(扬州)分中心暨扬州市知识产权维权援助服务中心在市科技局揭牌，“12330”知识产权维权援助与举报投诉服务热线开通。中心联合法院、工商等扬州市知识产权联席会议成员单位组织知识产权代理所等专业机构为研发、经贸、投资和技术转移活动组织提供知识产权分析论证和知识产权预警服务，对具有较大影响的涉外知识产权纠纷及无能力支付纠纷处理和诉讼费用的扬州市企业提供经费资助。（胡　军）

**■知识产权项目建设**　扬州经济技术开发区半导体照明和太阳能光伏产业、邗江区数控成形机床产业承担的2013年国家战略性新兴产业知识产权管理集群试点通过国家知识产权局验收。扬州经济技术开发区半导体照明和太阳能光伏产业被确定为2014年国家战略性新兴产业知识产权管理集群试点项目，邗江区数控成形机床产业被确定为2014年江苏省战略性新兴产业知识产权管理集群试点项目。扬州市五亭龙国际玩具礼品城获批列入国家首批“知识产权保护规范化市场培育认定计划”。亚普汽车部件股份有限公司、江苏东宝农药化工有限公司被江苏省知识产权局评为2014年度江苏省实施企业知识产权战略推进先进单位；江苏扬农化工集团有限公司、扬州电力设备修造厂等35家企业申报国家企业知识产权管理标准化示范创建单位；江苏迅达电磁线有限公司、扬州天辰精细化工有限公司等12家企业获评江苏省企业知识产权管理规范优秀单位；扬州市五亭龙国际玩具礼品城获评江苏省正版正货街区，街区12家企业获评省正版正货示范承诺企业。截至2014年底，全市有2个区被列为国家知识产权强区试点单位，4个县(市、区)被列为省实施知识产权战略示范单位，6个省级园区被列为省知识产权试点单位。（胡 军）

## 气象测报

■**概述** 2014年，扬州市气象局发布决策服务材料75期、为农服务材料105期。宝应、高邮、江都气象部门完成中央财政“三农”专项建设任务，通过验收。高邮菱塘回族乡、江都吴桥镇成为全国“标准化气象灾害防御乡镇”。发展环境气象业务。建成邗江气溶胶浓度观测站，完成全市观测业务调整，新建18个区域自动气象站。地面气象测报、农业气象测报、自动土壤水分、酸雨测报质量错比0.0‰；常规气象报告、城镇天气预报资料及其他规定数据传输及时率100%；暴雨、高温、寒潮等灾害性天气预报准确率超过省气象局考核标准；2人申报全国优秀测报员，3人申报全省优秀测报员；市气象局获全省气象行业职业综合技能竞赛团体第3名，个人全能第3、第4名，个人单项第2、第3名。建设环境气象业务平台，开展雾霾监测和预报，发布霾预警3次。2月21日起，对公众发布未来24小时扬州污染物扩散气象条件预报；4月1日起，联合市环境保护局对公众发布未来24小时扬州空气质量等级(AQI)预报。

推进气象现代化建设，落实《扬州市率先基本实现气象现代化实施方案》。全年争取国家气象局、省气象局项目资金1122万元。宝应县气象灾害预警中心土建工程完工，高邮市气象灾害预警中心建设项目完成项目选址，仪征、邗江气象灾害预警中心建设项目决算获省气象局批复通过。（王培敏）

■**气象灾害** 2014年，扬州市灾害性天气主要受暴雨、大雾、霾、高温、雷电、强对流(雷雨大风、龙卷)、台风、低温连阴雨、寒潮、雨雪冰冻，全市407人受灾，其中3人死亡、12人受伤，转移安置18人，房屋损坏286间，农作物受灾面积27公顷，直接经济损失1005万元。

(1)雾霾。4月9日，扬州市区(不含江都区)、宝应、仪征、江都能见度455米(江都)～700米(仪征)，京沪高速宝应段发生多起车辆相撞事故，造成2人死亡、8人受伤。

(2)飑线。8月24日，受飑线影响，部分地区遭受风雹、雷暴灾害。仪征市大仪镇出现龙卷风侵袭，杭集村2个组、朱桥村7个组形成风雹灾，150人受灾，其中2人轻伤，紧急转移安置9人。灾害造成居民住房严重损坏5户20间，一般损坏34户110间；农作物受灾面积约27公顷，其中成灾面积约25公顷、绝收面积约17公顷；倒断树木近1000棵、电线杆约30根；直接经济损失约400万元。同日，江都区小纪镇、樊川镇、真武镇、邵伯镇受龙卷风侵袭，樊川镇西闫村和真武镇李庄村、仇套村、恒丰村等村形成风雹灾，246人受灾，其中2人轻伤，紧急转移安置9人。灾害造成居民住房一般损坏68户156间，倒断树木近370棵、花木188株、电线杆31根，直接经济损失105万元。同日，扬州市区出现强雷暴，广陵区湾头镇万福村桑家组1人遭雷击身亡。

(3)雷电。2014年，全市出现8次较强雷电过程，其中2次伴有大风、短时强降水。3月18—19日，全市除宝应外，均出现初雷雨，雨量中到大，南部雨量均超30毫米。3月25日，扬州市区和江都出现强雷电。4月17日，全市出现强雷电，伴有雷阵雨，南部地区出现中到大雨，雨量扬州市区28.4毫米、江都24.6毫米。4月19日，扬州市区、江都出现强雷电，全市出现中到大雨。7月26—27日，全市出现强雷电，扬州市区、江都和仪征出现1小时雨量超过20毫米短时强降水。7月30日，宝应、高邮出现短时雷阵雨，7月31日，全市除仪征外，其他地区均出现雷电。8月24日，全市出现强雷电，伴有局地龙卷，飑线等强天气，广陵区湾头镇1人遭雷击身亡。（邹建新 王培敏）

■**主要天气气候事件** 深冬时节气温异常偏高。1月平均气温异常偏高2摄氏度～3摄氏度，其中扬州市区平均气温5.1摄氏度，达历史同期最高值。1月24日，扬州市区最高气温20.3摄氏度，仅次于1983年，为历史同期第二极值。2月1日，扬州市南部地区气温创冬季(2013年12月至2014年2月)最高值，其中扬州市区20.7摄氏度、仪征20.2摄氏度、江都21.1摄氏度。

2月出现3次大范围低温雨雪过程。2月，冷空气影响频繁，全市

**2014年扬州市气象资料表(一)**

表28-13

| 天气现象 | 初日 | 终日 | 初终间日数(天) |
|---|---|---|---|
| 霜 | 11月17日 | 3月21日 | 125 |
| 雪 | 2月5日 | 2月19日 | 15 |
| 积雪 | 2月7日 | 2月19日 | 13 |
| 结冰 | 11月18日 | 3月21日 | 124 |
| 最低气温0摄氏度以下 | 11月28日 | 3月9日 | 102 |

注：表内资料统计时段为2013年11月至2014年12月 （陈小杰 王培敏）

**2014年扬州市气象资料表(二)**

表28-14

| 天气现象 | 初日 | 终日 | 初终间日数 |
|---|---|---|---|
| 雷暴 | 2014年停止观测 | | |
| 无霜期日数(天) | 226 | | |

注：表内资料统计时段为2014年1—12月 （陈小杰 王培敏）

降水量异常偏多，比常年同期偏多1～1.7倍，其中扬州月降水量130.9毫米，为历史同期最高值。2月上旬，全市降水量比常年偏多2～4倍。2月，全市出现3段较为明显的大范围低温阴雨雪天气过程。2月5—7日，出现明显雨夹雪过程，累计降水量31.2毫米(宝应)～56.4毫米(扬州)，积雪深度0.0厘米～1.0厘米；16—19日，出现1次雨夹雪转雪过程，雨雪量小到中等，积雪深度最大1.0厘米；25—28日，全市出现中到大雨，过程雨量16.6毫米(宝应)～31.6毫米(扬州)。

5月末扬州日极端最高气温突破历史同期极值。5月28—30日，全市大部分地区出现连续高温天气，为5月历史同期影响最大的高温过程。全市持续高温日数2～3天，极端最高气温36.7摄氏度(30日，仪征)，过程极端最高气温均创历史同期极值。5月下旬平均气温创历史同期最高值。

入(出)梅偏晚、梅雨量偏少。2014年，扬州市6月25日入梅，7月18日出梅，梅雨期24天，与常年持平。梅雨量比往年偏少，分布不均，南多北少。全市梅雨量68.1毫米(宝应)～192毫米(江都)，与常年梅雨量相比，北部偏少3～7成，南部偏少1～3成。梅雨期出现4次较强降水过程，分别是6月25—26日、7月1—2日、7月4—5日、7月12—13日，降水过程之间，间隙明显。与往年相比，梅雨期降水强度不大，最大日雨量113.2毫米(高邮三垛镇)。各地梅雨期平均气温24.9摄氏度～25.3摄氏度，比常年同期偏低1.2摄氏度～1.9摄氏度，为近10年以来同期最低。

7月遭受强台风。7月23—25日，受台风"麦德姆"外围影响，全市先后出现6～7级大风和中到大雨，局部暴雨。台风影响中等偏轻，未出现重大灾害。7月23日20时至7月25日20时，全市气象观测站降水量10.8毫米(江都)～44.7毫米(仪征)，最大降水量139.0毫米(仪征化纤)；全市气象观测站极大风速12.6米/秒(宝应)～14.5米/秒(江都)。

夏季出现大范围低温连阴雨天气。2014年夏季，全市气温偏低，降水异常偏多，日照奇缺。其中，扬州8月中旬平均气温23.6摄氏度，月平均气温25.3摄氏度，分别是1961年以来历史同期最低值和第二低值。8月，全市大部分地区出现2段持续阴雨天气过程。长时间持续阴雨寡照、低温高湿气象条件，致使水稻生育进程延缓，加重水稻病虫害发生。

雾、霾日较常年偏多。全市出现轻度以上霾日111天(江都)～161天(仪征)，较常年偏多2～3倍。从空间分布来看，仪征、高邮为霾高发区，年霾日数超过150天。扬州市区、宝应为霾次高区，年霾日数高于120天，江都霾日相对较少。2014年，全市出现大雾日29天(宝应)～84天(仪征、江都)，除宝应接近常年，其他地区比常年偏多5成，其中扬州市区比上年偏多18天。雾、霾天气给生产生活、交通运输、大气环境造成较大影响。 (邹建新 王培敏)

■**气象科技** 市气象局成立精细化预报、环境气象预报气象科技创新团队，新增江苏省第四期"333工程"培养对象1人。2个软科学项目通过省气象局验收，25个市气象局自立课题结题验收；获批新立项地厅级课题3个，市气象局自立课题10个；发表科研文章8篇，其中在核心期刊发表论文2篇，出版专著《太阳能发电装置防雷保护》；获计算机软件著作权12项；获省气象局软科学奖三等奖1项、优秀调研报告二等奖1项。

(王培敏)

■**气象服务** 做好决策服务、公众气象服务。市气象局发布决策服务材料75期。开通微信气象服务，官方微博"扬州气象"进入市十大政务微博。召开4次新闻发布会，向公众通报重大节假日天气和重大天气过程。

(王培敏)

■**气象灾害防御体系建设** 完善气象灾害防御机制。市、县全部成立气象灾害防御工作领导小组。完成《扬州市气象灾害应急预案》修改。宝应、高邮和江都制发《气象灾害防御规划》。启动建设扬州市突发事件预警信息发布平台，平台软件试运行正常。高邮菱塘回族乡、江都吴桥镇成为全国"标准化气象灾害防御乡镇"。完善气象灾害预警信息发布系统。所有乡(镇)、部分行政村建成气象信息站，累计建成258个；229个电子显示屏和327个预警大喇叭可用于发布重大灾害预警信息；乡(镇)、村有气象信息员1195人。

加强气象科普宣传，做好防雷安全工作检查、指导和整改督查，联合安监、交通等部门开展防雷安全专项检查。制定《扬州市气象局服务企业发展、助推改革工作实施方案》《扬州市防雷中介服务机构改革和发展实施意见》。开展"气象服务优质年"活动，落实江苏省汉语数字十三项气象服务规范；编制扬州市雷电防护业务技术手册和窗口工作细则，优化检测、雷评服务。 (王培敏)

## 水文测报

■**概述** 2014年，全市各级水文部门做好水文测报工作，通过扬州市境内水文站网对江河、湖泊、渠道、水库水位、流量、水质、水温、水下地形和地下水资源及降水量、蒸发量、风暴潮等实施监测、分析与计算，为开发、利用、节约、保护水资源和防灾减灾提供服务。

地表水水文测验。全市水文站网观测水位、潮位、流量、降水量、水温和蒸发量等6类48项水文数据。流量站施测瓜洲闸站流量19次，施测泗源沟闸站流量32次，水位流量关系延长均未超出规范允许范围。全市13个遥测水(潮)位站和16个遥测雨量站观测记录资料完整率100%。

地下水监测。全市有Ⅰ～Ⅳ承压的深层地下水监测井73眼。Ⅰ承压含水层水位上升区主要位于仪征市马集镇、大仪镇区域，其余地区水位保持稳定；Ⅱ承压含水层大部分监测井水位呈上升趋势，上升区主要位于宝应县、高邮市及扬州市区大部分区域；Ⅲ承压含水层大部分监测井水位呈上升趋势，上升区主要位于江都区、宝应县及高邮市大部分区域；Ⅳ承压含水层中，高邮市、宝应县监测井水位均呈上升趋势。全市有浅层地下水监测井18眼。扬州地区平均地下水位与上年相比有所上升，发生的最低水位、最高水位比上年偏高的较多，雨季前(5月1日前)、雨季后(9月16日后)多数监测井地下水位比上年偏高，主要原因是2014年降水量比常年偏多2%、比上年偏多24%。2014年末，全市地下水位与上年同期相比，除高邮站下降0.70米外，其他区域与上年末基本持平。

水文部门在大运河扬州市与淮安市交界处的泾河镇设立省属市际断面，实时监测大运河流量，计量考核全市里运河沿线各县(市)实时用水情况。全年施测518次。其中，施测江水258次，最大流量233立方米/秒，引江水14.5亿立方米；施测淮水260次，最大流量290立方米/秒，排淮水10.6亿立方米。

扬州水情分中心每天校核、记载23个遥测水位站和25个遥测雨量站遥测数据。全市省建遥测站在线率和单站实时在线率均超90%。

扬州水文分局在江都区和仪征市土壤墒情人工监测点配置自动监测设备，实现土壤墒情自动化监测，为防汛抗旱部门决策提供数据支撑。

(王晶晶　王丽丽　尹景伟)

**■水文服务**　2014年，扬州水文分局编制扬州市水资源公报、扬州市地下水压采方案、扬州市地下水监测年报、扬州城市典型区地下水资源调查评价、仪征市水资源综合规划等报告。编制江都、宝应饮用水水源地达标建设实施方案。

编制宝应粤海水务有限公司水厂扩大取水和扩建二期工程、铭星建筑材料科技有限公司取水工程等项目水资源论证报告，为建设项目取水许可审批提供技术依据。完成高邮送桥镇五星冲小流域监测点和江都吴桥季刘河小流域监测点水土保持监测和资料整编，编制《2012—2013年扬州市水土保持公报》。

(尹景伟　王亚宾)

**■雨情水情**　2014年，扬州市降水量比常年略偏多。台风对扬州市雨情水情未产生较大影响。三河闸7次开闸行洪，最大流量4500立方米/秒，万福闸同步开闸排洪，金湾闸、太平闸全年未开闸，沿线水位均未超出警戒水位。受强降水影响，里下河腹部地区8月14—19日全线超出警戒水位。里运河扬州段沿线用水分别由江水和淮水补充，水位正常。长江大通流量正常，扬州市沿江潮位全年未超出警戒水位。扬州城区及月塘水库全年水位基本正常。

一、雨情

全市面平均年降水量1025.3毫米，比常年偏多2%。降水时间主要集中在2月和7—9月，4个月降水总量占全年的59%。空间分布上较为均匀，年最大降水量点为扬州站，降水量1107.2毫米，比多年均值偏多7%；年最小降水量点为高邮市三垛站，降水量747.5毫米，比多年均值偏少24%。

1. 汛期雨情

5月，扬州市面平均降水量87.6毫米，比常年偏多13%。降水时空分布极为不均，降水集中在上旬和下旬，中旬全市几乎无雨；空间分布上北多南少，宝应县面平均降水量138.7毫米，比常年多1倍，江都区面平均降水量50.0毫米，比常年偏少36%。月最大降水量点为宝应县宝应站(174.0毫米)，比常年偏多150%；月最小降水量点为江都区三江营站(30.0毫米)，比常年偏少63%。

6月，扬州市降水偏少，面平均降水量75.9毫米，比常年偏少48%。降水时间分布不均，下旬降水居多，占全月降水量43%；空间分布较均匀。月最大降水量点为高邮市临泽站(89.0毫米)，比常年偏少37%；月最小降水量点为仪征市月塘水库站(63.5毫米)，比常年偏少57%。

7月，扬州市面平均降水量178.7毫米，比常年偏少16%。上旬和中旬降水均为梅雨，下旬降水主要受台风影响。降水时间分布不均，上旬降水居多，占全月降水量49%；空间分布南多北少。月最大降水量点为仪征市泗源沟闸站(226.0毫米)，比常年偏多12%；月最小降水量点为高邮市三垛站(122.2毫米)，比常年偏少48%。

8月，扬州市面平均降水量225.3毫米，比常年偏多57%。降水时间分布不均，上旬降水正常，中、下旬降水偏多；空间分布北多南少，宝应县面平均降水量284.3毫米，比常年偏多94%。月最大降水量点为宝应县陆庄站(317.0毫米)，比常年偏多120%，列该站近30年同期最大降水量第4名；月最小降水量点为城区瓜洲闸站(142.5毫米)，比常年偏多5%。

9月，扬州市面平均降水量101.6毫米，比常年偏多14%。降水主要集中在中旬，占全月降水量70%；降水以局地性暴雨为主，空间分布不规则，仪征市和宝应县降水量较多，其他地区较少。月最大降水量点为仪征市月塘水库站(165.0毫米)，比常年偏多131%；月最小降水量点为高邮市三垛站(52.4毫米)，比常年偏少32%。

2. 梅雨

扬州市6月25日(常年6月18—19日)入梅，7月18日(常年7月10日)出梅，梅雨期24天(常年22天左右)，梅雨量比往年偏少，分布不均，南多北少。全市梅雨量68.1毫米(宝应)～192毫米(江都)，与常年梅雨量相比，北部偏少3～7成，南部偏少1～3成。梅雨期出现4次较强降水过程，分别是6月25—26日、7月1—2日、7月4—5日、7月12—13日，降水过程之间，间隙明显。与往年相比，梅雨期降水强度不大，最大日雨量113.2毫米(高邮市三垛站)。

3. 暴雨

5月10日，除沿江地区外，扬州市普降大到暴雨，日平均降水量47.8毫米，最大降水量点为城区扬州站(59.5毫米)。

5月31日，受冷暖空气共同影响，扬州市北部地区普降大到暴雨，宝应县日平均降水量61.8毫米，最大降水量点为宝应县宝应站(95.0毫米)。

7月4—5日，受梅雨带影响，扬州市普降大到暴雨，合计面平均降水量67.3毫米，除宝应县外，其他各县(市、区)面平均降水量均在70毫米以上，最大降水量点为高邮市高邮站(95.5毫米)。

8月13日，受冷暖空气共同影响，扬州市出现强降水过程。13日0时至14日8时，扬州市普降大到暴雨，里下河局部地区大暴雨，全市面平均降水量88.8毫米，其中高邮市137.1毫米、宝应县110.8毫米。最大降水量点为高邮市高邮站(163.5毫米)，最小降水量点为仪征市泗源沟闸站(33.5毫米)。

二、水情

1. 淮河入江水道

2014年，淮河入江水道一线水情变化平缓。1—8月，蚌埠闸来量较小，日均流量超过1000立方米/秒以上日数14天，最大流量2030立方米/秒(7月16日)，三河闸未开闸行洪。受强降雨影响，万福闸8月15日开闸排水，降低邵伯湖水位，30日关闸。9—10月，蚌埠闸流量加大，最大流量3280立方米/秒(9月30日)，其后蚌埠闸流量有所下跌；其间，三河闸有7次行洪过程，最大流量4500立方米/秒(9月30日)，万福闸同步开闸排水。金湾闸、太平闸全年未开闸。入江水道一线水位正常，均未超出警戒水位。

蚌埠闸全年开闸365天，排水177亿立方米；三河闸开闸66天，排水73.6亿立方米；万福闸开闸91天，排水82.7亿立方米。高邮(高)站年平均水位5.99米，最高水位7.37米(10月4日)，最低水位5.44米(2月5日)；六闸(三)站年平均水位4.87米，最高水位6.01米(10月5日)，最低水位4.44米(1月6日)。

2. 里下河腹部地区

入梅前，江都东闸和高港节制闸间断引水补给，里下河腹部地区水位基本正常，射阳镇站水位0.90～1.20米。入梅后，降水增加，里下河腹部地区水位上涨明显，射阳镇站水位1.00～1.50米。

8月13日，扬州市出现强降水过程，里下河腹部地区水位急剧上涨，8月14日凌晨全线超警戒水位。射阳镇站最高水位2.52米(8月15日)，超警戒水位0.49米，最大日涨幅0.55米；三垛站最高水位2.44米(8月15日)，超警戒水位0.44米，最大日涨幅0.47米。里下河圩区内涝积水严重，江都抽水站、宝应抽水站和高港抽水站相继开机抽排涝水。8月16日起，里下河水位止涨回跌。8月19日，里下河腹部地区水位回跌至警戒水位以下。

8月24日，里下河部分地区出现强降雨，水位上涨迅速，未超出警戒水位，其后里下河地区水位缓慢回跌。至汛末，里下河腹部地区水位偏高。

10—12月，里下河腹部地区水位回跌至正常水位，在正常水位范围内上下波动。

江都东闸全年开闸引水289天，引水28.1亿立方米；排里下河涝水8天，排水2.49亿立方米。高港节制闸开闸241天，引水28.4亿立方米。射阳镇站、陆庄站、三垛站的最高水位分别为2.52米、3.55米、2.44米，最低水位分别为0.84米、1.09米、0.97米。

3. 里运河

2014年，里运河扬州段沿线用水由江水、淮水共同补充，江都抽水站间断抽引江水补充里运河沿线用水。5月7日，南水北调东线江苏段工程第二次通水，宝应抽水站开机抽水，5月18日关机；8月，为满足里运河沿线用水需求、完成南四湖生态补水任务，江都抽水站1—21日、宝应抽水站5—21日开机抽水；8月14日，受强降雨影响，里下河地区水位急剧上涨，江都抽水站由抽江水变为抽里下河涝水，芒稻闸开闸排水。

江都抽水站全年开机166天，引水38.8亿立方米；排涝8天，排水2.49亿立方米；自流发电25天，排水量2.16亿立方米。经泾河站江水北上量14.5亿立方米、淮水南下量9.18亿立方米。宝应抽水站开机28天、引水1.81亿立方米。芒稻闸开闸9天，排水1.92亿立方米。里运河扬州段水位正常。

4. 长江来量和沿江潮位

长江大通流量正常，年平均流量2.82万立方米/秒，与常年基本持平，逐月平均流量与常年相差不大。最大流量5.64万立方米/秒(7月26日)，最小流量9730立方米/秒(2月11日)。流量超过5万立方米/秒天数16天，流量超过4.5万立方米/秒天数27天。

扬州市沿江潮位基本正常。泗源沟闸站、瓜洲闸站、三江营站，全年均未超出警戒水位，最高潮位分别为5.62米、5.21米、4.82米，最低潮位分别为0.43米、0.23米、0.09米。

5. 扬州城区与仪六区月塘水库水位

2014年，扬州城区与仪六区月塘水库水位基本正常。泗源沟闸和瓜洲闸分别间断开闸排水，改善城区水环境。7月4—5日，受梅雨带影响，扬州市普降大到暴雨，扬州城区面平均降水量75.2毫米，瓜洲闸、泗源沟闸加大排水流量，加快城区内河水位下降速度。8—9月，扬州城区和仪六丘陵区降水频繁，总量偏多，月塘水库6次开启溢洪道控制水位，瓜洲闸和泗源沟闸抢低潮开闸排水，减轻城区内涝。

2014年，泗源沟闸开闸204天，排水3.23亿立方米；瓜洲闸开闸321天，排水6.09亿立方米。泗源沟闸(闸上游)、瓜洲闸(闸上游)、月塘水库(坝上)年最高水位分别为5.35米、5.33米、31.32米，最低水位分

**2014年扬州市各片水位特征值一览表**

表28-15　　单位：米

| 片名 | 站名 | 日平均水位 | | 最高水位 | 最低水位 |
|---|---|---|---|---|---|
| | | 年初 | 年末 | | |
| 里下河 | 三垛 | 1.05 | 1.10 | 2.44 | 0.97 |
| | 射阳镇 | 1.09 | 1.01 | 2.52 | 0.84 |
| 入江水道 | 高邮(高) | 5.63 | 6.14 | 7.37 | 5.44 |

（王晶晶）

别为3.96米、4.26米、30.22米。

（王晶晶 谈 立）

**■水质监测** 2014年，全市水文部门加强对南水北调输水干线、集中式饮用水水源地、水功能区、深层地下水、入河排污口及突发性水污染事故等水质监测。全市有地表水定期定点监测站点89个、集中式饮用水水源地监测站点12个、省管湖泊监测站点13个、深层地下水监测站点18个、入河排污口监测站点54个，全年监测总站次1804次，监测项目包括水质感观、无机物污染、有机物污染、有毒有害物质和重金属，获各类数据2.8万个。全年编制《扬州市水功能区水质通报》12期。

加强水功能区水质监测。单月监测全市68个水功能区81个水质监测站点，双月监测全市44个重点水功能区56个水质监测站点。

加强集中式饮用水水源地水质监测。每月5日、25日定时监测全市12个集中式饮用水水源地，保障饮用水安全。

加强南水北调东线通水期间水质跟踪监测。5月6—19日，逐日跟踪监测金宝航道南运西闸、三阳河宝应站（站下）水质；8月5—21日，逐日跟踪监测三阳河及大运河宝应段水质。

做好突发性水污染事件应急监测。8月中旬，里下河普降暴雨，江都抽水站和宝应抽水站抽排里下河涝水，8月14—21日，对宝应水厂取水口、高邮水厂取水口、邵伯水厂取水口、江都一水厂取口及江都二水厂取水口进行水质跟踪监测，为居民饮用水安全提供技术支撑。

加强深层地下水水质监测。加强丰水期和枯水期地下水水质监测，3月和8月分别监测全市18个深层地下水监测站点，为水利部门开发地下水资源提供技术支撑。

加强入河（湖）排污口水质监测。5月和10月，分别对54个入河（湖）排污口进行水质、水量同步监测，为扬州市水环境治理提供依据。

加强省管湖泊水质监测。在高邮湖、邵伯湖、宝应湖和白马湖等各生态区布设监测站点13个，每季度监测1次，为湖泊管理提供基础资料。

（刘 芳）

**■水文站网建设** 2月，扬州水情分中心设施改造工程、扬州水文分局水文仪器仓库及水环境分中心改造工程通过完工验收；5月，沿山河西闸站上、下游水位自记台通过完工验收；11月，三江营水位自记台防撞警示设施和高邮（高）低水位自记台防撞设施通过完工验收；12月扬州瓜洲水文水资源监测中心、沿山河西闸中心水文站生产用房装饰工程通过完工验收。

（王亚宾）

## 防震减灾

**■概述** 2014年，扬州市地震局开展地震监测预报研究，加强地震监测基础设施建设，强化台站建设和管理，提高地震监测能力；规范建设工程抗震设防要求和地震安全性评价监督管理，提高城市抗御地震灾害能力；坚持正确舆论导向，加强宣传，增强市民防震减灾意识。

（胡如珺）

**■地震活动监测** 2014年，全市范围内地震活动相对平静，未发生里氏4.0级以上地震。全市地震监测台网观测运行率99%。宝应地震台电磁波项目获全省磁电学科评比第1名；宝应地震台测震项目、江都小纪观测站数字化水井观测在全省观测资料评比中成绩优秀；高邮地震台获全省强震动观测运行维护评比第2名，扬州地震台、江都地震台获全省强震动观测运行维护评比优秀奖。扬州地震台、高邮地震台、宝应地震台强震动观测在全省评比中成绩优秀。扬州市地震局《2015年度地震趋势研究报告》在全省评比中获省辖市第3名。高邮东43井模拟水位观测完成数字化升级，纳入高邮地震台观测项目。

（胡如珺）

**■震害防御** 2014年，扬州市政府规范抗震设防要求管理，将其列入扬州市基建程序前置审批项目，作为工程项目立项必备条件和竣工验收内容。全市均将抗震设防要求管理纳入审批程序。市区对在建重大工程和位于地震动参数分界线附近的较大工程均进行地震安全性评价。

全市各级地震局推进建设工程地震安全性评价在工程抗震设计中应用。市地震局从涉企中介机构改革、地震安全性评价报告提交、服务时效、服务收费和安全性评价报告评审等方面优化服务，开辟绿色通道，试行重大项目审批"容缺受理、模拟审批、形式审查"。

实施城市地震活断层探测工程。完成"中深层人工地震探测"专题野外施工，《目标区标准孔探测与第四纪地层剖面建立》《高分辨率卫星遥感信息处理与解译》《人工浅层地震探测》《中深层人工地震探测》等4个专题成果通过验收。

开展地震安全示范社区创建活动。各级地震局为社区创建提供技术指导，帮助社区完善软硬件资料，加强社区防震减灾综合能力和震后自救互救能力。邗江区双桥街道康乐社区获"国家地震安全示范社区"称号，仪征市真州镇大市社区、高邮经济开发区九园社区、高邮市高邮街道水部楼社区、邗江区双桥街道石桥社

**2014年扬州市主要地震活动情况表**

表28-16

| 日 期 | 纬 度 | 经 度 | 里氏震级 | 震中地点 |
|---|---|---|---|---|
| 1月12日 | N32°58′ | E119°62′ | 2.0 | 江都区 |
| 2月8日 | N32°57′ | E119°29′ | 2.4 | 仪征市 |
| 9月19日 | N32°64′ | E119°49′ | 2.2 | 江都区 |
| 9月19日 | N32°63′ | E119°48′ | 1.9 | 江都区 |
| 12月24日 | N32°62′ | E119°47′ | 1.8 | 江都区 |

（胡如珺）

5月25日，市地震、气象等部门在康乐社区开展应急知识宣传　　薛培冬/摄

区、邗江区新盛街道绿杨新苑社区获“江苏省地震安全示范社区”称号。高邮市南海初级中学、广陵区红桥中心小学、江都区仙女镇中心小学创成江苏省防震减灾科普示范学校。至2014年底，扬州市创成国家地震安全示范社区3个、省地震安全示范社区16个、省防震减灾科普示范学校17所。　（胡如珺）

**■地震应急救援**　1月，市政府办公室印发修订后的《扬州市地震应急预案》。社区、学校、企业开展地震应急演练进入常态化。市地震局组织地震系统桌面演练，提高地震应急处置能力，锻炼应急救援队伍，检验地震应急预案可操作性。全年指导13个乡镇(街道)实施应急演练。9月12日，高邮市政府举行地震应急综合演练。演练内容基本涵盖里氏5.8级地震发生时所需各种应急救援。高邮市20多个部门和单位3000多人参加演练，动用各种车辆100多辆及各类检测、抗震抢险装备。　（胡如珺）

**■防震减灾宣传**　2014年，扬州市利用《中华人民共和国防震减灾法》实施日、“防灾减灾日”、“法制宣传周”、“科技活动周”等时机，开展防震减灾法律法规和地震科普知识宣传教育，“进机关、进社区、进家庭、进学校、进企业、进农村”普及防震减灾知识。市地震局参加“防灾减灾日”宣传活动，在扬州市青少年素质教育基地、康乐社区、连福社区、翠岗小区等地设立咨询台和宣传展牌，现场解答学生和居民咨询，发放宣传资料1万份。市地震局多次到社区、学校、机关、企事业单位举办地震科普讲座，利用手机短信、户外电子屏、网站等形式宣传防震减灾法律法规，普及地震基本知识。组织“江都科技杯”防震减灾知识竞赛，3万多人参赛。　（胡如珺）

## 社会科学

**■概述**　2014年，市社科联强化决策咨询服务。开展2014年度扬州市社会科学重大课题研究，立项重点课题169项，其中145项成果结项。召开扬州经济社会发展专家咨询会，提出“发挥乡贤作用”“增强扬州城市的吸引力、感召力和影响力”等观点。

提升蓝皮书编写质量。2014年度《扬州蓝皮书》收录综合发展报告1篇、跨江融合发展报告3篇、经济发展报告5篇、产业发展报告7篇、社会发展报告11篇、生态文明发展报告3篇。在中国社会科学院召开的全国第15次皮书年会上，2013年度《扬州蓝皮书》在全部249种皮书中综合排名列第61位。

组织重大学术活动。先后举办纪念阮元诞辰250周年学术研讨会、阮元文化系列讲座、第八届宁镇扬同城化论坛、江苏省社科界第八届学术大会苏中片区分会、纪念市社科联成立30周年暨第六届全市哲学社会科学学术年会等学术活动。

完成全市第九次哲学社会科学优秀成果评奖。收到申报成果470项，评出获奖项目159个，其中一等奖9项、二等奖30项、三等奖70项、决策咨询特别奖5项、决策咨询奖45项。

开展社会科学普及活动。以“拓展社科服务，助力跨江融合”为主题，省、市、县三级联动举办第11届“社科普及宣传周”活动。

加强学会建设和业务指导，规范学会组织建设和日常管理。全市有市级社科类学会63家。

市社科联获江苏省社科联系统2014年度“工作创新奖”“决策咨询奖”。获评“全国先进社科组织”称号。　（孔　悫）

**■扬州市社科联五届六次理事会**　3月12日，市社科联召开五届六次理事会。市委常委、宣传部部长卢桂平出席并讲话，各县(市、区)社科联主席，市社科联全体理事出席会议。会议审议通过市社科联理事会工作报告，表彰“2013—2014年度全市社科先进工作者”30人，“2014年度市级社科重点课题优秀成果”50项。　（孔　悫）

**■纪念阮元诞辰250周年系列活动**　6月23日，纪念阮元诞辰250周年学术研讨会在西园饭店举行。会议特邀阮元第五代孙、文化保护专家、同济大学教授阮仪三到会作主题演讲。清华大学、北京师范大学、南京大学、浙江大学等多所高校专家学者

6月23日，纪念阮元诞辰250周年学术研讨会在扬州举行　　社科联/供稿

及扬州市阮元研究学者、文史专家50多人参会，研讨交流阮元学术思想、社会贡献及其当代意义。

面向机关干部、学生、社区群众开展阮元文化系列讲座，讲座分“阮元廉政思想”“阮元从政思想”“阮元学术思想”“阮元治学精神”“阮元家教思想”“阮元科技成就”等6个主题，宣传阮元事迹、思想、精神。市社科联整理编印、免费发放讲座讲稿集。 （孔 悫）

**■2014年度《扬州蓝皮书》** 市社科联优化2014年度《扬州蓝皮书》课题指南、体例、课题组架构等。各课题组按照课题指南命题申报，保证蓝皮书课题指向。各课题组组成人员全部具有副高级及以上职称或博士学位。10月底，各课题组提交研究成果，其中综合发展报告1篇、跨江融合发展报告3篇、经济发展报告5篇、产业发展报告7篇、社会发展报告11篇、生态文明发展报告3篇。至12月底，编辑工作基本完成。 （孔 悫）

**2014年度《扬州蓝皮书》结项课题一览表**

表28-17

| 课题名称 | 课题组成员 | 承办单位 |
|---|---|---|
| 2014年扬州市经济社会发展形势分析与预测 | 范天恩 黄俊华 王 峰 夏卫峰 | 市发展和改革委员会 |
| 扬州跨江融合发展综合改革研究报告 | 黄俊华 赵 亮 赵 明 | 市发展和改革委员会 |
| 扬州“三宜”“三城”建设途径研究报告 | 高永青 方 亮 | 扬州历史文化名城研究院 |
| 金融支持扬州跨江融合发展研究报告 | 张 强 叶小玲 周 懿 张 翼 傅佳伟 | 人民银行扬州市中心支行 |
| 扬州新型城镇化与城乡一体化建设路径研究报告 | 秦兴方 徐向明 | 扬州大学<br>市哲学社会科学界联合会 |
| 扬州经济增长质量研究报告 | 王 寅 周 娟 | 市委党校 |
| 2014年扬州开放型经济发展研究报告 | 周春光 陈 建 徐其祥 胡慧娟 | 市商务局 |
| 2014年扬州市民营经济发展报告 | 唐齐鲁 蒋 斌 孙学政 刘 勇 | 市工商局 |
| 扬州市政府投融资平台债务分析及对策建议 | 韩长金 潘 涵 管 宇 | 市发展和改革委员会 |
| 扬州工业支柱产业转型升级路径研究报告 | 尤在晶 赵宽安 戚嘉国 彭华林 | 市经济和信息化委员会 |
| 2014年扬州市服务业发展报告 | 范天恩 孙景亮 孙文基 夏 坚 胡新林 | 市发展和改革委员会 |
| 扬州旅游服务国际化研究报告 | 市旅游局、扬州市职业大学联合课题组 | |
| 2014年扬州物流产业发展研究报告 | 孙景亮 夏 坚 张 斌 沈 玲 | 市发展和改革委员会 |
| 2014年扬州市文化创意产业发展报告 | 潘学元 石火培 钱 刚 刘怀玉 | 市统计局 |
| 扬州市家庭服务业发展报告 | 刘春来 黄祥凤 张晶晶 | 国家统计局扬州调查队 |
| 扬州市境外投资现状及发展建议 | 郭志咸 吉爱平 陶 阳 | 市发展和改革委员会 |
| “廉能量”理论与实践研究报告 | 张跃进 赵志宏 陈 钧 张 翅 | 市纪律检查委员会 |
| 大运河(扬州段)文化遗产的保护与利用 | 姜师立 张 益 吴益群 | 市申报世界文化遗产办公室 |
| 扬州市地方政府向社会力量购买公共服务机制研究报告 | 韩长金 孙凤娟 陶小军 | 市发展和改革委员会 |
| 推进社会资本进入基础设施和社会公共事业领域的调研和思考 | 范天恩 韩长金 韩世来 李 俊 | 市发展和改革委员会 |
| 2014年扬州医疗卫生事业发展研究报告 | 杨 军 周 信 陆盛华 | 市卫生局 |
| 计划生育政策调整与扬州人口发展及公共服务资源配置研究报告 | 刘焕琴 吕所宝 钱美娟 戴 浩 周 云 | 市人口和计划生育委员会 |
| 2014年扬州民政事业发展报告 | 张 俐 杨向林 曾漳龙 余 浚 | 市民政局 |
| 2014年平安扬州建设报告 | 陈博文 徐 闽 兰建华 李福才 阎 军 徐 丹 | 市委政法委员会 |
| 2014年扬州政府法制发展报告 | 刘 柏 徐晓明 | 市政府法制办公室 |
| 扬州市商会组织发展报告 | 赵振东 刘 俊 朱 宇 | 市工商业联合会 |
| 扬州志愿服务工作调研报告 | 李广春 徐歌平 袁 岷 | 市委宣传部 |

续表 28-17

| 课题名称 | 课题组成员 | 承办单位 |
|---|---|---|
| 扬州市生态文明建设政绩考核体系研究 | 滕远东　李新林　鲍志高　孙　江　张素玲　朱华伟　成新华 | 市环境保护局 |
| 扬州市林业生态文明建设研究报告 | 朱柏兴 | 市农业委员会 |
| 扬州市城市水生态环境治理研究报告 | 李春国　傅桂明　叶素飞　徐　敏 | 市水利局 |

（孔　悫）

■**第八届“宁镇扬同城化论坛”**　12月2日，市社科联承办第八届“宁镇扬同城化论坛”。论坛围绕省政府发布的《宁镇扬同城化发展规划》，研究落实宁镇扬同城化建设中基础设施、产业布局、创新体系、公共服务、城乡格局、生态环境、改革开放等7个方面重点任务，涵盖交通基础设施、旅游、文化资源共享、医疗服务、社会保险等领域。南京、镇江、扬州三地50多名专家、学者参加论坛，书面交流学术论文40多篇，大会发言交流论文8篇，江苏战略与发展研究院院长范朝礼、南京财经大学副校长乔均作论坛主题报告。（孔　悫）

■**纪念扬州市社科联成立30周年暨第六届全市哲学社会科学学术年会**　12月30日，市社科联举办纪念扬州市社科联成立30周年暨第六届全市哲学社会科学学术年会。各县（市、区）社科联，高校、党校、市级社科类学会及有关部门代表近300人参加大会。大会表彰扬州市第六届哲学社会科学学术年会优秀论文140篇，8名专家、学者作大会学术交流发言，扬州大学教授秦兴方作大会学术总结。会议特邀中国社科院经济研究所所长、党委书记，经济学家裴长洪作题为“中国经济新常态的机遇与动力”主题演讲。（孔　悫）

■**扬州市第九次哲学社会科学优秀成果评奖**　1月，市委、市政府成立市第九次哲学社会科学评奖委员会，通过《扬州市第九次哲学社会科学优秀成果评奖工作实施细则》，启动评奖工作。市社科联组织哲政社、经管、文史、决策咨询等4个学科评审组，完成470项申报成果初评。5月15日，经评奖委员会全体会议终评表决，评出获奖项目159个，其中一等奖9项、二等奖30项、三等奖70项、决策咨询特别奖5项、决策咨询奖45项。5月29日，市社科联召开全市第九次哲学社会科学优秀成果颁奖大会，宣读市政府表彰决定，举行优秀成果颁奖仪式。（孔　悫）

■**扬州市第11届“社科普及宣传周”活动**　9月20日至10月20日，市社科联开展以“拓展社科服务，助力跨江融合”为主题的第11届“社科普及宣传周”活动。宣传周开幕式上，举行邗江区“做跨江融合的排头兵”主题演讲比赛决赛，向新命名的扬州市10家哲学社会科学普及示范基地授牌。“社科普及宣传周”期间，各县（市、区）社科联和有关学会、协会、研究会及社科普及示范基地开展社科普及活动，宣传社会科学知识，服务百姓生活。（孔　悫）

## 科学知识普及

■**实施《科学素质纲要》**　扬州市全民科学素质工作领导小组办公室印发《扬州市2014年全民科学素质行动计划纲要》（简称《科学素质纲要》）。召开《科学素质纲要》实施工作推进会，市全民科学素质工作领导小组全体成员、联络员，县（市、区）政府分管负责人、科协主席及《科学

**扬州市第九次哲学社会科学优秀成果一等奖获奖项目情况表**

表 28-18

| 项目名称 | 主要完成单位 | 主要完成人 |
|---|---|---|
| 树立人情与腐败之间的法律界碑——以官员“礼上往来”的法律规制为例 | 扬州大学 | 蔡宝刚 |
| 土地市场化是否必然导致城乡居民收入差距扩大——基于中国23个省（自治区、直辖市）面板数据的监测 | 扬州大学<br>南京农业大学 | 钱忠好　牟　燕 |
| 清前《史通》学研究 | 扬州大学 | 王嘉川 |
| 改革开放后中国农地产权结构变迁与制度绩效：理论与实证分析 | 扬州大学 | 冀县卿 |
| 魏晋玄学与中国审美范式 | 扬州大学 | 苏保华 |
| 扬州音乐文化简史 | 扬州大学 | 张美林　韩月波 |
| 马克思主义刑罚思想中国化论纲 | 江都区人民法院 | 袁江华 |
| 城乡规划管理实务指导 | 市规划局 | 姚爱国 |
| 当代电视剧中的微观政治 | 扬州大学 | 张爱凤 |

（孔　悫）

素质纲要》实施工作先进单位和先进个人代表70多人参加会议。召开《科学素质纲要》联络员会议，市全民科学素质工作领导小组办公室成员参加会议。对2014年上半年《科学素质纲要》重点工作进行总结和回顾。各成员单位、部门结合本单位职能对下半年工作进行交流。全年编印《扬州市全民科学素质行动计划纲要工作简报》电子版6期。（李佳坤）

**■实施"科普惠农兴村计划"** 市科协组织申报2014年"科普惠农兴村计划"项目。扬州市邗江区特种水产养殖专业技术协会、扬州市宏大猕猴桃科技开发有限公司科普示范基地、高邮市农学会郭万胜分别获评全国科普惠农兴村先进单位、先进个人，仪征市蔬菜行业协会、高邮泰润鸽业协会获评省科普惠农兴村先进单位，宝应县梁永晔和邗江区蒋宏勤等2名科普惠农带头人获省级先进个人，获奖补资金61万元。开展扬州市"科普惠农计划"项目评选、扬州市科普惠农服务站命名。（李佳坤）

**■科普创建** 全市开展扬州市星级科普示范乡镇(街道)、村(社区)，扬州市科普教育基地和省级科学特色学校创建。全年创成扬州市四星级科普示范乡镇(街道)、村(社区)20个，扬州市科普教育基地9个，省级科学特色学校6所。（李佳坤）

**■"科普宣传周"活动** 5月17日，由扬州市政府、广陵区政府主办，以"科学生活 创新圆梦"为主题的2014年"全国科技活动周"暨扬州市第26届"科普宣传周"活动在广陵区新星社区启动。市人大常委会副主任孙永如、副市长孔令俊、市政协副主席刘在鎏等市领导出席启动仪式并讲话，广陵区委副书记赵长松致开幕词，市科协主席王华平主持开幕式。扬州市委宣传部、扬州市科技局、扬州市科协等承办单位领导及社区居民、学生代表等250多人参加启动仪式。启动仪式上，举行《扬州市科学素质纲要系列丛书》首发仪式，科普志愿者代表发出"弘扬科学精神，倡导科学生活"倡议。举办科普文艺演出、科普知识问答、科普咨询、青少年科普作品制作表演和展示等活动。启动仪式后，市领导参观社区科普长廊、科普楼道、科普广场及科普体验馆。"科普宣传周"活动期间，市科协邀请省科协"科普大篷车"到4个县(市、区)学校和社区开展科普宣传活动。全市6个县(市、区)举办各类科普活动70多项(其中重点活动32项)，举办各类讲座和报告会30多场、各类竞赛10多场次，到30多个社区发放科普资料10万多份，40多万人次受益。（李佳坤）

**■"全国科普日"活动** 9月20日，由扬州市政府主办，以"创新发展 全民参与"为主题的扬州市2014年"全国科普日"启动仪式暨扬州市高端科普讲座在扬州大学举行。市人大、市政府、市政协及市科协、扬州大学、市科技局、市教育局等承办单位领导，省科学教育特色学校代表，市、区科协人员，全民科学素质纲要成员单位、市级学会(协会)、学生代表等340多人参加启动仪式。扬州市副市长孔令俊出席启动仪式并讲话，市科协主席王华平主持启动仪式。启动仪式后，举办扬州市高端科普讲座。南京大学教授、中国科学院院士都有为作《创新是科学的灵魂》专题报告。"全国科普日"活动期间，全市6个县(市、区)共举办各类科普活动100多项(重点活动42项)，举办各类讲座和报告会30多场、各类竞赛10多场次，到20多个社区，发放科普资料5万多份，30多万人次受益。（李佳坤）

**■社区科普** 市科协组织社区申报社区科普益民计划项目。通过实地指导、材料审核、评审、公示、推荐，邗江区梅岭街道凤凰桥社区、仪征市真州镇红叶社区获"全国科普示范社区"称号，广陵区湾头镇天顺花园社区、宝应县安宜镇铁桥社区获"江苏省科普示范社区"称号，获奖补资金60万元。推进社区科普体验馆建设，新建成邗江区五里社区、广陵区教场社区科普体验馆。推动社区科普活动，开展首届扬州市科普活动十佳社区评选。（李佳坤）

**■青少年机器人大赛** 11月29—30日，扬州市第二届青少年机器人大赛在翠岗中学举办，全市30所中小学校(含中等职业技术学校)近200名学生参加比赛。大赛分省赛与普及赛两大类，共产生一等奖29个。（李佳坤）

**■青少年科技创新市长奖评选表彰** 2013年9—12月，市科协开展扬州市第三届青少年科技创新市长奖作品征集，征集作品50件。2014年1月，组织评审，产生市长奖5人、提名奖10人、入围奖12人、优秀科技辅导员5人、优秀组织单位5家。3月25日，在扬州市全民科学素质工作领导小组扩大会议上颁发证书与奖金。（李佳坤）

**■"科普大讲堂"活动** 市科协印发《扬州市科普讲师团2014年宣讲课题》，内容涵盖医疗卫生、应急救险、环境保护等领域30多个项目，供全市社区、学校及其他基层单位选择开讲。2014年，全市举办"科普大讲堂"120多场，受众1万人次。（李佳坤）

**■科普夏令营** 8月1日，组织全市60多名中小学生，开展科普夏令营活动，沿着扬州市相关科普旅游线路，参观高邮市鸭文化博物馆、高邮市连标葡萄园和广陵区现代农业展示中心。（李佳坤）

**■科普志愿活动** 至2014年底，全市在册科普志愿者2.6万人，分属卫生、农村、社区、青少年、企业等5个科普志愿服务分队。2月11日，市科协组织志愿者与梅岭街道凤凰桥社区联合举办"红红火火过大年"社区科普志愿服务活动，组织社区居民参加科普知识竞答，参观凤凰桥社区科普体验馆；市科协向凤凰桥社区赠送科普图书。3月2日，组织参加扬州市"志愿服务进社区"集中行动。发放科普图书500多册。（李佳坤）

# 教育

Jiaoyu

编 辑 陈永华

## 综述

**■概况** 2014年，全市有各级各类学校689所，在校生62.76万人，专任教师4.59万人。其中，幼儿园283所，在园学生9.61万人，专任教师5721人；小学208所，在校生21.88万人，专任教师1.35万人；初中133所，在校生11.38万人，专任教师1.05万人；普通高中35所，在校生7.05万人，专任教师6147人；特殊教育学校7所，在校生905人，专任教师186人；中等职业学校（简称中职校）15所，在校生5.22万人，专任教师2298人；普通高等学校8所（扬州教育学院挂牌不计校数），在校生7.53万人，教职工7559人。全市学前三年幼儿园入园率98.7%，比上年提升0.2个百分点；义务教育入学率、巩固率100%；高中教育毛入学率100%，高中阶段教育达普及要求。

学前教育普惠发展。推进优质教育资源建设，新（改、扩）建公办幼儿园6所，创成省优质幼儿园8所、市优质幼儿园6所，省、市优质幼儿园总数268所，占全市幼儿园总数的94.7%。优化招生政策，调整招生计划，加强统筹协调，促进幼儿就近入园，享受优质普惠教育。推进省学前教育改革发展示范区建设，加强对幼儿教育管理和督查。完成24个乡（镇、街道）学前教育责任督导和58所幼儿园教育评估督导，随机督查幼儿园保教工作，完善以幼儿家长为主体的幼儿园评估体系。加强幼儿园师资队伍建设，全市5384名幼儿园专任教师参加首期专业技能考核，1200多名幼儿教师参加数学、早期阅读专题培训，200多名幼儿园保育员进行岗位培训。

义务教育优质均衡发展。江都、宝应、高邮、仪征通过全国义务教育发展基本均衡县（市、区）国家级督导评估，邗江区接受省级义务教育优质均衡发展县（市、区）现场评估。加快义务教育学校现代化建设，创成省义务教育现代化学校77所，仪征、高邮和广陵均有项目列入省薄弱初中质量提升工程。加强素质教育，市教育局编印《小学生18个基础好习惯养成要点（试行）》和《小学生基础好习惯养成指导手册》。督查乡村学校少年宫工作和“百佳社团”建设，增加经费投入，改善活动条件，提高课外素质教育水平。全市中小学生6万多人次参加素质教育基地综合实践活动。

提升普通高中教学、升学质量。市教育局召开全市高中教育教学工作会议，制定全市高中教育教学工作重点任务分解表，明确质量攻坚目标、强化质量管理。推进普通高中拔尖创新人才培养，完善《扬州市普通高中三年“攻尖”行动计划》，加大尖子生培养考核奖励力度。推进教研员挂钩高中联系指导制度，开展高考学科专题指导，研究新高考走向和新高考题型，形成15万字指导性文本发至各类高中；全市高中学科核心备课组集中备课96次，课程教案实现全覆盖；开展高三教育教学行政督查，运用调研测试数据，抓教学过程管理，强化责任落实。全市高考普通类本二以上达线1.05万人，达线率58.4%，比上年提高5个百分点。全市16名理科考生高考得分400分以上，增长129%；21人达清华大学、

**2014年扬州市教育事业基本情况表**

表29-1

| 学校类别 | 学校数（所） | 班级数（个） | 在校学生数（人） | 专任教师数（人） |
|---|---|---|---|---|
| **合 计** | **689** | **—** | **627574** | **45942** |
| 普通高校 | 8 | — | 75289 | 7559 |
| 普通中学 | 168 | 4110 | 184289 | 16642 |
| 高 中 | 35 | 1501 | 70500 | 6147 |
| 初 中 | 133 | 2609 | 113789 | 10495 |
| 小 学 | 208 | 5113 | 218829 | 13536 |
| 幼儿园 | 283 | 2829 | 96092 | 5721 |
| 特殊教育学校 | 7 | 84 | 905 | 186 |
| 中等职业学校 | 15 | — | 52170 | 2298 |

注：1.表格未统计人力资源部门主管技工院校有关数据；
2.表格数字按江苏省教育厅统计口径填报 （杨林山 发规处）

北京大学录取分数线，比上年增加8人；23人被全国8所知名美术院校录取。北京新东方扬州外国语学校创成三星级普通高中，邗江区瓜洲中学创成四星级普通高中。全市在三星级以上高中就读的学生占高中生的93.2%。

职业教育深化改革。推进现代职业教育体系第二批改革试点项目，实施中、高等职业教育相互衔接、分段培养。2014年招收“3＋4”（中专3年、本科4年）项目375人、“3＋3”（中专3年、大专3年）项目80人。深化校企合作、产教融合，培养技能型人才和社会经济发展适用型人才。2014年，全市招生2.25万人（含非全日制学历教育培训生和技工、技师院校招生数），其中校企合作订单培养、定向培养专业学生占71%。市职业教育集团整合全市职业教育资源，提高服务经济社会建设能力。扬州商务高等职业学校、仪征市工业学校、江都中等专业学校、扬州高等职业技术学校等被列入国家中等职业教育改革发展示范校项目。扬州商务高等职业学校和宝应中等专业学校获省教育厅批准创建江苏省高水平现代化职业学校。全市职业教育创成8个省级品牌、特色专业，19个实训基地获批立项创建省高水平示范实训基地。全市中等职业学校毕业生1.60万人（其中五年制高等职业学校毕业生2000人），96%的毕业生获专业技能等级证书，毕业生在扬州就业率82%。提升职业教育教学水平，扬州市获2014年全省职业学校专业技能大赛13枚金牌、29枚银牌、90枚铜牌，全国技能赛5项金奖。中等职业学生高考对口单招本、专科分别上线170人、1577人，上线率达94.3%，比上年提高1.8个百分点。

推进教育现代化。召开全市教育现代化创建工作推进会，印发《扬州市关于推进教育现代化建设的实施意见》。义务教育阶段学校按省定教育现代化标准落实创建措施，77所中小学达省教育现代化标准，占学校总数的22.58%。制定、实施《扬州市区新建居住区教育设施配套实施意见》。按照中心城区高中由市管理、初中由区管理的省定目标，制定市、区联动中小学布局调整方案，落实布点规划。推进扬州市特殊教育学校异地新建工程，启动新邗沟中学、邗江区四季金辉小学及幼儿园、扬州经济技术开发区振兴花园小学及初中、广陵经济开发区配套初中、蜀冈-瘦西湖风景名胜区梅岭小学北校区等建设。全市城乡学校校安工程有序推进，开工总面积24.33万平方米，其中市直学校开工面积2.14万平方米。推进全市中小学教育信息化建设，全市所有城乡中小学均参加教育信息网上结对，结成对子118组。新创成数字化校园示范校及数字化校园应用示范校25所。

实施教育民生工程。规范助学工作流程，制定《关于加强全市中小学生资助工作的意见》，实施“奖、补、减、免、贷”助学工程和“爱心助成才”工程，维护贫困家庭和弱势群体子女平等教育权利。落实中小学各项助学政策，城乡义务教育阶段学校按不低于在校生8%的比例发放学生助学金，普通高中按不低于在校生10%比例发放助学金。市直学校全年为符合条件的义务教育家庭经济困难学生发放生活补助115.4万元，1966人受益；普通高中发放国家助学金209.4万元，2743人受益；中等职业学校发放国家助学金65.2万元，967人受益。扩大面向经济困难学生的宏志班招生规模，全市新招宏志班26个，其中市区招收17个班；发放宏志班初中生生活补助48.2万元，807人受益；发放宏志班高中生生活补助42.2万元，973人受益。特殊教育学校学生全部免收学习费用及伙食费。募集社会爱心助学资金519.7万元，2363人受益。完成助学贷款申办。全市高中毕业生办理生源地信用助学贷款413.2万元，643人受益。加强社区辅导站建设，市区15个中小学生学习辅导站全年免费辅导学生1.1万人次。推出“小升初免试就近入学”“公办中小学招生择校环节操作规范”等招生改革措施，缓解市区学校择校热，广陵区、蜀冈-瘦西湖风景名胜区小学招生实现“零择校”。市直学校完成校车安全工程目标，扬州中学教育集团树人学校等4所学校开通公交专线；仪征、宝应50%以上乡镇完成校车安全工程目标，江都制定公交专线学生班车实施方案。加强学校安全教育，完善安全责任制度，全市中小学未发生食品安全事故、安全责任事故。（杨林山）

■**教师队伍建设** 实施新一轮师德建设“百千万工程”（百名机关干部下基层进学校，结对联系促发展；千名教师进社区访家长，共商教育助成长；万名教职员工立师德树师表，示范引领展形象），组织开展向师德标

**2014年扬州市获评江苏省第13批特级教师人员一览表**

表29-2

| 姓　名 | 工作单位 | 姓　名 | 工作单位 |
|---|---|---|---|
| 鲁向阳 | 扬州市梅岭中学 | 王　俊 | 宝应县教育局教研室 |
| 倪　军 | 宝应县城北初中 | 刘　祥 | 江苏省仪征中学 |
| 方长明 | 宝应县教育局教研室 | 陈兆森 | 江苏省高邮中学 |
| 张莉琴 | 扬州市教育局教研室 | 蔡文美 | 扬州市三元桥小学 |
| 曹国峰 | 邗江区美琪学校 | 徐宏臻 | 高邮市实验小学 |
| 潘竹娟 | 江苏省邗江中学 | 于正军 | 江都区仙女镇中心小学 |
| 王　峰 | 扬州市新华中学 | 杨广祥 | 仪征市实验小学 |
| 鲁东海 | 扬大附中东部分校 | 王志祥 | 宝应县实验小学 |
| 蒋选荣 | 扬州市新华中学 | 徐晓思 | 高邮市教育局教科室 |
| 袁昌华 | 江苏省邗江中学 | 李吉银 | 扬州市梅岭小学西区校 |
| 方红霞 | 扬州大学附属中学 | 刘振海 | 邗江中等专业学校 |

（杨林山　师资处）

## 2014年扬州市获评江苏省中小学正高级教师人员一览表

表29-3

| 姓　名 | 工 作 单 位 | 姓　名 | 工 作 单 位 |
|---|---|---|---|
| 袁爱国 | 宝应县实验初中 | 马　骏 | 邗江区教育局教研室 |
| 郇雨春 | 江苏省宝应中学 | 张晓林 | 扬州市田家炳实验中学 |
| 孟　华 | 江苏省江都中学 | 袁昌华 | 江苏省邗江中学 |
| 张宏军 | 宝应县氾水镇中心小学 | 薛义荣 | 扬州市新华中学 |
| 张莉琴 | 扬州市教育局教研室 | 鞠东胜 | 江苏省扬州中学 |
| 王　俊 | 宝应县教育局教研室 | 钟志健 | 江苏省高邮中学 |
| 方长明 | 宝应县教育局教研室 | 蒋选荣 | 扬州市新华中学 |
| 周明龙 | 江都区大桥高级中学 | 胡曼玲 | 扬州大学附属中学 |
| 潘竹娟 | 江苏省邗江中学 | | |

（杨林山　师资处）

## 2014年扬州市入选江苏省第3批 “人民教育家培养工程”培养对象人员一览表

表29-4

| 姓　名 | 工 作 单 位 | 姓　名 | 工 作 单 位 |
|---|---|---|---|
| 薛义荣 | 扬州市新华中学 | 沐文扬 | 扬州市机关第三幼儿园 |
| 蔡月珍 | 广陵区育才小学 | 陈国兵 | 高邮市界首中学 |
| 张玉明 | 江苏省仪征中学 | | |

（杨林山　师资处）

## 2014年扬州市教师获国家、省级荣誉称号人员一览表

表29-5

| 姓　名 | 工 作 单 位 | 荣 誉 名 称 |
|---|---|---|
| 顾晨葵 | 江都区吴桥镇谢桥小学(万寿教学点) | 全国模范教师 |
| 万　绘 | 宝应县夏集镇郭桥小学 | |
| 谢　颖 | 高邮市临泽初级中学 | 全国优秀教师 |
| 何　花 | 扬州市花园小学 | |
| 陈文艳 | 扬州市梅岭小学 | 全国优秀教育工作者 |
| 乔宝娣 | 仪征市特殊教育学校 | 江苏省优秀教育工作者 |
| 王爱红 | 扬州旅游商贸学校 | |
| 李菊梅 | 扬州市汶河小学 | |
| 王辉林 | 江苏省扬州中学 | |
| 杨桂林 | 扬州高等职业技术学校 | |
| 张广银 | 江苏省宝应中学 | |
| 周信东 | 宝应县实验小学 | |
| 陈　平 | 宝应县山阳镇中心初中 | |
| 柏正兰 | 高邮市实验小学 | |
| 李恒林 | 江苏省高邮中学 | |
| 方华进 | 仪征市香沟中心学校 | |
| 许家琴 | 仪征市第四中学 | |
| 王梦霞 | 江都区第三中学 | |
| 韦天星 | 江都区真武镇杨庄小学 | |
| 刘茂亮 | 扬州市维扬实验小学 | |
| 沈文涛 | 邗江区公道中学 | |
| 姜梅红 | 扬州市育才小学 | |
| 李　艳 | 扬州生态科技新城泰安学校 | |

（杨林山　师资处）

兵和“身边的好老师”学习活动。江都谢桥小学教师顾晨葵被评为全国模范教师、江苏最美教育人，入选中国好人榜；扬州市特殊教育学校教师吴琨被推荐为江苏省十大杰出青年候选人；扬州中学教师李爱军事迹被人民网、《新华日报》等媒体专题报道。开展新一轮师能建设“百千万工程”（百名校长“我的教学主张”、千名骨干教师“我的教学研究”、万名青年教师“我的教学改进”）活动，全市350多名校长、2500多名骨干教师和1.5万名青年教师参加活动。加强教师在职培训，培训市级以上中小学教师2.5万人次；完成小学科学教师与高中理科教师实验教学技能培训考核；组织170名省、市特级教师到基层学校送培、送课，7900多人次受益；开通“扬州名师网”，搭建骨干教师研修交流新平台。组织全市中小学骨干教师全员考核。通过推荐、申报和评审，全市新增省“人民教育家培养工程”培养对象5人、省正高级教师17人，省特级教师22人、市特级教师50人；5人被评为全国模范教师(优秀教师、优秀教育工作者)，18人被评为江苏省优秀教育工作者。在全国和全省学科教学和基本功大赛中，全市有107人获国家级及省级一、二等奖。推进公办中小学教师的城乡及校际交流，促进义务教育学校均衡优质发展。2007名专任教师、134名校长参加校际交流，其中小学教师1256人、小学校长77人，初中教师751人、初中校长57人。

（杨林山　师资处）

**■中小学素质教育**　开展“我的中国梦”主题教育活动及社会主义核心价值体系教育，加强中小学生思想道德教育建设，形成符合各年龄阶段特点的德育教育内容，提升学生德育实践能力。2014年，全市评选、表彰优秀三好学生和学生干部509人。组织4000多名农村初二年级学生和市直学校1200余名城区学生开展城乡学生互动体验活动。推进生态环保教育，6所学校创建省级绿色学校，全市累计建成市级以上绿色学校(幼儿园)617所，占中小学(幼儿园)总数

的91.54%。强化学校规范管理，对完成全市11所四星级高中和1所三星级高中素质教育专项督查、8所学校整改督导复查、350多所学校（幼儿园）常规管理督查，规范办学行为，推进精致管理。强化中小学生心理健康教育，全市中小学均按要求开设“快乐成长”心理健康课程，配备专（兼）职心理健康教师776人。433名教师参加为期3个月的心理健康教育培训。2014年，全市组织“阳光心苑”——专家进校园与师生心理访谈40场，受益师生3.5万人。承担全国普通高中国防生培养试点工作，6万多人次学生参加省中小学生国防知识竞赛，3所学校创成江苏省首批国防教育示范学校。实施中小学体育与艺术“2＋1”（2项体育运动技能和1项艺术特长）工程，举办首届“中国梦·运河情”中小学师生才艺大赛，20万人次参与活动。实施中小学生“阅读工程”，评出全市第三届义务教育“国学与经典诵读”优秀学校30所。加强中小学教育对外交流，组织300多名学生参加境外修学旅行，接待海外到扬州访问师生200多人。

（杨林山　基教处）

**■教育科研**　培养拔尖创新人才。以扬州中学“培养高中创新人才”课题为引领，深化教育教学改革，建立免修制、导师制和合作制，全市高中阶段拔尖创新人才培养成效显著，理科高考学生达清华大学、北京大学等名校录取分数线人数比上年上升61.5%。开展学科教学研究，全市各学段学科基地举办课程教学改革主题活动56次，集中展示、研讨各类典型课堂教学模式320节。跟踪培养100名农村骨干教师。市、县（市、区）两级教科研人员为中小学教师举办教学专题讲座76次，辐射教师4300多人次。加强数字化教育资源建设。启动“微课”教学，上线“微课”视频2000多个。制作高中名师大讲堂210讲，拍摄、制作同步课程200课时、省级教师培训网络课程80学时、中国教师教育网网络培训课程160学时。《多元交互式教学评价体系的构建与实践》和《中学教育与高师教育良性互动的地理教学协同创新实践》分获首届基础教育国家级教学成果一、二等奖。文津中学主持完成的“四导四学”（“导预疑学”“导问研学”“导法慧学”“导评促学”）课题成果获江苏省教育科研特等奖。提高中小学教师教学技能水平。在全国性中小学各学科教学竞赛中，18人获一等奖，15人获二等奖；在省级学科教学竞赛中有26人获一等奖，28人获二等奖；在省级中小学教学基本功竞赛中，有8人获一等奖，12人获二等奖。

（杨林山　教科院）

**■教育督导**　加强督政，推动义务教育均衡发展。5月，市政府教育督导委员会组织省、市督学和专家对所辖6个县（市、区）人民政府年度教育工作进行督导考核，查看、复核生均教学及辅助用房面积等中小学教育资源配置8项核心指标差异系数，实地查核县级政府推进义务教育均衡发展工作情况，抽样调查群众满意度。督导期间，召开区域内人大代表、政协委员、中小学（幼儿园）校（园）长、教师代表座谈会18场，考察12个乡镇教育工作，实地察看66所中小学（幼儿园）和社区教育中心及乡镇少年宫；向县级政府和相关单位反馈督导评估意见，公开督导考核结果和意见，强化整改。加强督学工作，建立中小学校责任督学挂牌督导制度，制定《扬州市中小学责任督学挂牌督导工作实施方案》《扬州市中小学责任督学挂牌督导工作操作规程（试行）》。5月，落实市直学校责任督学挂牌。至年底，全市所有普通中小学均在学校门口醒目位置悬挂责任督学督导公示牌。宝应县、高邮市将幼儿园、中等职业学校纳入挂牌督导公示范围。

开展“依法治校示范校”争创活动，37所中小学（幼儿园）被评定为第九批“扬州市依法治校示范校”。

（杨林山　督导室）

**■教育监察**　规范教育收费。春秋季开学前和招生期间，市、县（市、区）教育局负责人分别走进“行风热线”直播室，宣传教育收费政策，接受群众咨询、投诉。组织教育收费专项督查。2014年，全市受理教育收费信访举报127件，办结率100%。开展师德师风建设活动，查处私自在校外兼课、从事有偿家教等师德失范行为9件。市教育局监察室组织审计市直15所学校的财务收支及预算执行情况，重点加强学校食堂财务审计，确保师生食堂安全卫生、价廉质优。规范教辅资料征订行为，按照“一科一辅”和学生自愿选购原则，做好无偿代购服务，杜绝学校集体订购教辅资料行为。

（杨林山　监察室）

**■教育经费**　2014年，全市教育经费总额89.06亿元，比上年增加11.16亿元。其中，财政拨款59.4亿元，增加6.07亿元；教育费附加14.09亿元，增加3.55亿元；教育事业收入12.1亿元，增加3.6亿元；各项教育捐资收入0.86亿元，增加0.3亿元；其他收入2.61亿元，减少0.01亿元。市直教育系统（含市属高等学校）经费总额17.31亿元，比上年增加2.16亿元。其中，财政拨款7.62亿元，减少0.39亿元；教育费附加5.17亿元，增加2.37亿元；预算外收入（含民办教育收入）4.52亿元，增加0.08亿元。

（杨林山　财审处）

**■招生考试**　2014年，全市组织各级各类招生考试39次，50万人报考，138万人次参加考试，与上年持平。其中，普通高校招生考试报考总人数2.79万人（实际参加考试人数2.66万人），比上年减少1204人；成人高考报考总人数1.57万人，比上年增加1169人；初中毕业升学考试报考总人数3.68万人，比上年减少3080人；自学考试报考总人数23.45万人，比上年增加4701人。自学考试报考人员中，学历考试报考总人数3.79万人，社会考试报考总人数19.66万人（其中不含大学生英语四、六级考试报考人数6.62万人）。2014年，扬州市有7人被录取为空军飞行学员，江都中学成为空军飞行学员优质生源基地。

（杨林山　招考办）

**2014年扬州市普通高校考试、录取情况表**

表29-6

| 地　区 | 实际参加考试人数(人) | 录取人数(人) | | |
|---|---|---|---|---|
| | | 合　计 | 本科人数 | 专科人数 |
| **合　计** | **26603** | **24538** | **16068** | **8470** |
| 市　区 | 4677 | **4345** | 3126 | 1219 |
| 邗江区 | 2761 | **2611** | 1901 | 710 |
| 江都区 | 5623 | **5205** | 3330 | 1875 |
| 宝应县 | 5596 | **5026** | 3368 | 1658 |
| 仪征市 | 3255 | **2999** | 1970 | 1029 |
| 高邮市 | 4691 | **4352** | 2373 | 1979 |

注:表中市区不含邗江区、江都区

(杨林山　高考办)

■**语言文字工作**　2014年,全市面向社会完成普通话水平测试7360人。改版“扬州语言文字网”,设置在线报名、在线培训、在线咨询、在线查分、模拟测试、新闻动态和通知等功能,提高普通话水平测试工作效率。完成省语言文字工作委员会办公室下达的乡镇幼儿园教师普通话水平达标任务,全市有400多名乡镇幼儿教师通过培训、测试达标。

开展普通话推广活动。9月,全市举办开展“说好普通话,圆梦你我他”推广普通话宣传周活动。各地、各学校开展经典诵读、规范汉字书写比赛、手机短信宣传、国旗下讲话、窗口工作人员普通话培训等活动。扬州电视台播放以说好普通话为主题的公益片。举办2014年扬州市小学生经典诵读大赛,历经4个多月,1万多名小学生参与,遴选出诵读小达人1000多人。9月,由市语言文字工作委员会、市教育局、市广播电视总台、市作家协会联合主办的中国大运河经典诵读诗会在东关古渡举行,展示扬州语言文字素质水平。

7月,启动全市新进教师“三字一话”(钢笔字、毛笔字、粉笔字,普通话)比赛,8月举行决赛。

全年42所中小学经评审成为扬州市第四批语言文字规范化示范校。

(杨林山　语委办)

■**市政府与省教育厅签约共建教育名城**　4月16日,扬州市政府与省教育厅签署共建教育名城合作协议。根据协议,省教育厅将把扬州市作为全省教育改革发展重要窗口,加大对扬州市教育事业改革发展和教育现代化建设的指导和支持力度,促进扬州加快全面实现教育现代化。双方合作的首轮时间跨度为2014年至2015年。

(杨　教)

扬州市首届新教师“三字一话”比赛决赛现场

教育局/供稿

■**安全教育资源网上线**　9月,扬州市首个校园安全教育网——扬州市中小学(幼儿园)安全教育资源网上线,有80个课件供全市70多万名师生及学生家长免费下载使用。安全教育资源网分防溺水、交通安全、消防安全、食品安全、用电安全(含防雷)、综合安全等6个板块,针对不同学龄段学生易发安全事故,制作80个资源课件,便于指导实践。市教育局要求全市中小学(幼儿园)每个月至少利用安全教育网站课件上1次安全教育课。全市各中小学(幼儿园)将安全教育网站网址及有关内容通过校讯通或告家长书等方式通知所有家长,提醒家长下载收看学习。

(杨林山　安保处)

## 幼儿教育

■**概述**　2014年,全市有幼儿园283所,比上年减少3所;有幼儿教学班2829个,比上年增加74个;有在园幼儿9.61万人,比上年减少2636人。全市3～5周岁幼儿入园率98.7%,比上年提升0.2个百分点。全市有幼儿园教职工9720人,比上年增加99人;有幼儿专任教师5721人,比上年增加159人。全市幼儿园专任教师学历全部达标,其中大专及以上学历教师占85%以上。新(改、扩)建公办幼儿园6所,创成省优质幼儿园8所、市优质幼儿园6所,累计创成省优质幼儿园216所、市优质幼儿园52所,省、市优质幼儿园占全市幼儿园总数的94.7%。实施学前教育五年行动计划。建立和完善学前教育财政保障机制,市财政安排学前教育专项经费270万元,用于培训教师、奖励当年创成的省优质幼儿园、省课程游戏化示范幼儿园和新建成的公办幼儿园。

**2014年扬州市幼儿教育情况表**

表29-7

| 地　区 | 幼儿园数(所) | 班级数(个) | 在园幼儿数(人) | 教职工数(人) | |
|---|---|---|---|---|---|
| | | | | | 专任教师 |
| **合　计** | **283** | **2829** | **96092** | **9720** | **5721** |
| 广陵区 | 36 | 366 | 11951 | 1416 | 805 |
| 邗江区 | 38 | 432 | 14631 | 1672 | 893 |
| 江都区 | 61 | 589 | 20973 | 1670 | 1074 |
| 扬州经济技术开发区 | 12 | 112 | 3843 | 421 | 232 |
| 生态科技新城 | 3 | 29 | 1156 | 119 | 62 |
| 蜀冈-瘦西湖风景名胜区 | 7 | 90 | 2955 | 64 | 183 |
| 宝应县 | 44 | 483 | 16170 | 1717 | 1003 |
| 仪征市 | 34 | 320 | 11048 | 1143 | 650 |
| 高邮市 | 48 | 408 | 13365 | 1498 | 819 |

注:1.表中除幼儿园数外,其他统计数据均包含非成型幼儿园(幼儿园办学点)数据;
2.表中数字按江苏省教育厅统计口径填报

(杨林山　发规处)

推进省学前教育改革发展示范区建设。高邮市和宝应县根据创建省学前教育改革发展示范区省政府督导团现场评估意见,上报创建工作整改方案;邗江区、江都区等区(市)申报创建省学前教育改革发展示范区。

促进幼儿师资专业成长。开展幼儿教师专业技能(键盘弹唱)全员考核,全市5384名幼儿园专任教师参加考核,1200多名幼儿教师参加教学、早期阅读专题培训。提升学前教育教科研师资水平,学前教育高级教师首次进入市级名师工作室;完善市、县、园三级教科研体系,定期开展课程开发研究和课题实验交流研究,形成幼儿教育教科研网络。

规范学前教育管理。加强对幼儿园保教工作随机督查,规范幼儿园管理纳入教育行政管理部门、教研部门和教育督导部门督导管理的常规内容,完善并实施以幼儿家长为主体的幼儿园评估体系,防止幼儿教育"小学化"倾向。严禁小学一年级压缩课程或加快课程进度。培训保育员200人,提高幼儿保育安全、卫生和科学水平。制定幼儿园招生政策,明确就近入园,住宅区配套幼儿园优先招收本小区内适龄幼儿,企事业单位和机关部门幼儿园向社会开放招生。

(杨林山　基教处)

**■学前教育专业免费师范男生招录**　扬州市283所幼儿园5721名幼儿专任教师中,男幼师不足10人,教师性别搭配严重失衡。2014年,扬州按计划招收五年制学前教育专业免费师范男生。免费师范生入学前须与录取学校生源所在地县(市、区)教育行政部门、市教育行政部门签订协议书,承诺毕业后回生源所在地从事幼儿园教学工作不少于5年。经过中考和报考学校面试,全市录取学前教育专业免费师范男生38人,其中宝应8人、高邮7人、仪征5人、江都8人、邗江5人、广陵5人。　(杨林山)

**■广陵区启动学前教育课程文化建设**　3月,广陵区教育局下发《关于全面推进幼儿园课程文化建设实施方案》(简称《方案》),启动全区学前教育课程文化建设工程。该方案要求各幼儿园从幼儿成长需求出发,整合多领域培养目标,树立全面发展的课程观,重视游戏化课程开发,让幼儿在玩中学,在玩中悟,在玩中培养情商和交往能力,养成良好习惯,激发学习兴趣,为幼儿幸福成长奠定基础;强调课程文化及其他各项教育、教养工作,统筹兼顾、整体推进;以3年为周期,让课程文化建设成果惠及全体幼儿。　(杨林山)

**■育才幼儿园开展早期阅读活动**　育才幼儿园开展早期阅读活动,通过阅读激发幼儿对知识的兴趣和探求,形成园本教学特色。每个班级设有1个"图书漂流站",图书由幼儿园购置配备、幼儿自带交流、家长支持赠送,幼儿可在"图书漂流站"自主阅读或借阅。对幼儿爱读的绘本图书,允许幼儿每周五借回家阅读,周一归还;组织幼儿谈论阅读热点绘本心得体会;开展"爸妈和我一起阅读绘本"活动。定期举办"亲子阅读节",要求家长分享孩子阅读世界,配合幼儿园培养幼儿阅读习惯,感受阅读乐趣。

(杨林山)

## 小学教育

**■概述**　2014年,全市有小学208所,比上年减少1所;有教学班5113个,比上年减少49个;有在校生21.88万人,比上年减少1806人。全市小学学龄儿童入学率、在校生巩固率、毕业生升学率均为100%,达国家普及教育要求。全市小学专任教师总数1.35万人,比上年减少143人。小学专任教师学历达标率100%,其中大专及以上学历专任教师占90%以上。

开展小学生行为习惯养成教育。

**2014年扬州市小学教育情况表**

表29-8

| 地　区 | 学校数(所) | 班级数(个) | 在校生数(人) | 专任教师数(人) |
|---|---|---|---|---|
| **合　计** | **208** | **5113** | **218829** | **13536** |
| 广陵区 | 18 | 709 | 31817 | 1978 |
| 邗江区 | 16 | 690 | 31504 | 1753 |
| 江都区 | 54 | 1059 | 45331 | 2876 |
| 扬州经济技术开发区 | 7 | 179 | 8393 | 419 |
| 生态科技新城 | 1 | 67 | 3213 | 181 |
| 蜀冈-瘦西湖风景名胜区 | 3 | 136 | 6238 | 331 |
| 宝应县 | 38 | 970 | 39550 | 2443 |
| 仪征市 | 32 | 602 | 24226 | 1645 |
| 高邮市 | 39 | 701 | 28557 | 1910 |

注:表中数字按江苏省教育厅统计口径填报

（杨林山　发规处）

参与养成教育实践学校由9所增至28所;制定《小学生18个基础好习惯养成要点(试行)》,印发《小学生基础好习惯养成指导手册》。

推进小学优质课堂工程和百佳社团工程建设,落实教育部“小学减负十条新规”,制定小学低年级学生素质考评办法,促进小学素质教育切合不同年龄段儿童实际。强化小学教育质量监控,全市小学生参加全省学业质量监测,学业质量良好。开展小学珠心算实验研究。编印《珠心算竞赛训练手册》,开展珠心算教育与数学课堂教学比赛,提升小学珠心算实验教学质量。推进小学特色文化建设,成立小学特色文化建设研究指导中心,培植素质教育、课程改革、文化建设等方面创新、特色学校典型。扬州市北柳巷小学“少年国学堂”和江都区花园小学“扬剧进校园”被确认为省级小学特色文化建设项目。

（杨林山　基教处）

**■邗江区小学推行“五好少年”评比**　2014年秋学期,邗江区19所小学(含九年一贯制学校)启用新版小学生综合素质报告书,增加“五好少年”评比内容,将读书看报、掌握汉字知识等纳入评价标准。“五好少年”评比标准包括学生德智体发展水平及诵读、书写、清扫、演说、健美等5项“童子功”,改变以学习成绩论高低的做法,有一技之长的学生都可获奖,鼓励小学生主动练习“童子功”,发展各自个性和特长,在德、智、体、美、劳五方面全面发展。

（杨林山　邗教办）

**■全国首部剪纸教材在邗江首发**　2月28日,中国扬州剪纸基地授牌仪式暨《爱上剪纸》首发式在邗江区杨庙小学举行。《爱上剪纸》是全国首本适合中小学生学习的剪纸教材,由扬州中国剪纸博物馆、杨庙小学等联合编著,扬州广陵书社出版。全书分为中国剪纸、扬州剪纸、剪纸技艺、延伸阅读、精品赏析等5个部分,图文并茂,易读易学。

（杨林山　邗教办）

**■中小学安全教育训练**　2014年,扬州市中小学、幼儿园加强学生安全教育和应急演练。3月24日,市教育局印发《中小学幼儿园应急疏散演练指南》,要求各学校在安全教育中做到演练和教学相结合,开发校本教材,落实校本措施,帮助学生掌握自救互救方式、方法和技巧,增强学生自救自护能力。市教育局要求各校定期开展集中应急疏散演练,中小学至少每月1次,幼儿园至少每季度1次。全市各级教育行政管理部门定期督促检查学校安全教育和应急疏散演练工作,将应急疏散演练纳入学校安全教育工作考核内容。2014年,全市中小学未发生安全责任事故。

（杨林山　安保处）

4月24日,全市中小学(幼儿园)安全暨应急疏散演练现场观摩会在邗江实验学校举行　教育局/供稿

**■梅岭小学开设性别课**　2014年,扬州市梅岭小学试行开设性别课程,一、二年级课程内容是认识性别差异,三、四年级课程内容是尊重性别差异,五、六年级课程内容是感受性别差异。4月2日,学校自编的《男孩

女孩》教材发布。该教材分为6册，每个年级一册，介绍小学生乐意接受的性别教育知识，包括性别意识、性别认同、身体保护等内容。学校通过家校教育网络向家长介绍性别教材内容和教育引导范例，宣传性别教育的意义和教育经验。

（杨林山　梅　小）

**■广陵区实施教师“集群交流”** 2014年，广陵区推出教师“集群交流”制度。按照“相对就近、统筹兼顾、联动发展”原则，区教育局将区内18所小学分为4个集群，每个集群包含热点学校和一般学校、城区学校和城郊学校。交流以3年为1个周期，凡在同一所学校或同一集群内学校连续任教满6年的教师、中层干部、校级干部均参加教师“集群交流”。交流工作采取教师自愿申请与学校安排相结合，综合考虑各校任课教师数量及任教学科，对照集群内学校实际需求，实行电脑公开随机派位，确定交流教师人员及去向。区教育局规定：符合交流条件但拒不服从组织交流决定的教师，按待岗人员处理；情节严重、教育无效的，予以辞退。部分体弱多病及孕产期、哺乳期教师暂不参与交流。2014年，全区交流教师222人，其中骨干教师58人，达到优质师资全区共享目标。

（杨林山　广教办）

**■《农村留守儿童调研报告》发布** 7月3日，扬州市发布《农村留守儿童调研报告》。报告显示，全市农村留守儿童成长环境良好，84.9%的留守儿童觉得“周围的人很关心自己”，62.2%的留守儿童觉得“不怎么孤独”。

关于留守儿童生活现状，85.4%的留守儿童与爷爷奶奶生活在一起，8.1%的留守儿童与外公外婆生活在一起，5.9%的留守儿童被寄养在其他亲戚家。他们大多深感祖辈的关爱，体谅祖辈养育自己的辛苦，有50.3%的留守儿童经常帮家人做家务。

关于教育情况，被访留守儿童学习成绩在班级名列前茅的占32.4%，学习成绩处于中等的占57.3%，学习成绩不太好的占10.3%。8.27%被访留守儿童认为是自己学习不努力而导致自己成绩不理想，2.2%被访留守儿童认为成绩不好是因为不喜欢学习。

关于与父母联系状况，打电话与父母联系的留守儿童占91.3%，通过手机发短信或通过网络视频通话或上网聊天的方式与父母联系的留守儿童占4.9%。从联系频率看，每天与父母联系的留守儿童占21.6%，两三天与父母联系1次的留守儿童占34.6%，每周与父母联系1次的留守儿童占35.1%；从联系的话题看，63.2%的留守儿童父母最关心学习，27.6%的留守儿童父母在意孩子生活，9.2%的留守儿童父母重视与孩子交流感情心事；从父母激励孩子的方式看，4.3%的留守儿童父母是多给零花钱，36.2%的留守儿童父母是送孩子喜欢的东西，59.5%的留守儿童父母是经常回来看孩子。

（杨林山）

## 中学教育

**■概述** 2014年，全市有普通中学168所。其中，高中35所(含完全中学)，比上年减少2所；初中133所(含九年一贯制学校)，比上年减少5所。有高中班级1501个，比上年减少71个；有初中班级2609个，比上年减少36个。在校生总数18.43万人，比上年减少5934人。其中，高中在校生7.05万人，比上年减少5352人；初中在校生11.38万人，比上年减少582人。有初中专任教师1.05万人，比上年增加74人；高中专任教师6147人，比上年减少30人。2014年末，全市有省三星级以上高中33

**2014年扬州市普通中学情况表**

表29-9

| 地　区 | 学校数(所) | | 班级数(个) | | 在校生数(人) | | 专任教师数(人) | |
|---|---|---|---|---|---|---|---|---|
| | 初中 | 高中 | 初中 | 高中 | 初中 | 高中 | 初中 | 高中 |
| **合　计** | **133** | **35** | **2609** | **1501** | **113789** | **70500** | **10495** | **6147** |
| 市　直 | 9 | 6 | 383 | 253 | 18761 | 12244 | 1190 | 912 |
| 广陵区 | 8 | 2 | 111 | 57 | 3828 | 2228 | 497 | 229 |
| 邗江区 | 13 | 5 | 297 | 189 | 12281 | 7769 | 1124 | 699 |
| 江都区 | 30 | 6 | 557 | 288 | 24991 | 14518 | 2444 | 1238 |
| 扬州经济技术开发区 | 2 | 0 | 34 | 0 | 1648 | 0 | 160 | 0 |
| 生态科技新城 | 2 | 0 | 26 | 0 | 849 | 0 | 133 | 0 |
| 蜀冈-瘦西湖风景名胜区 | 2 | 0 | 12 | 0 | 380 | 0 | 67 | 0 |
| 宝应县 | 22 | 5 | 474 | 281 | 21071 | 13136 | 1895 | 1260 |
| 仪征市 | 19 | 5 | 292 | 167 | 12129 | 7976 | 1255 | 631 |
| 高邮市 | 26 | 6 | 423 | 266 | 17851 | 12629 | 1730 | 1178 |

注：表中数字按江苏省教育厅统计口径填报

（杨林山　发规处）

所，在三星级以上高中就读的学生占高中生总数的93.2%。

加快初中阶段课程建设，实施薄弱初中质量提升工程。仪征市香沟中心学校“初中物理实验”、广陵区汤汪中学“走向成功的语文课程建设”和高邮市卸甲初中“‘一体四维’体验式语文课程建设”等教学改革实验课题被省教育厅认定为薄弱初中质量提升工程项目。

建立中小学德育体系，制定《2014年扬州市中小学德育工作要点》，形成符合小学到高中各年龄特点的德育内容和教育形式。开展十八岁成人教育仪式、高中毕业以及高考百日冲刺、优秀毕业生报告会等高三年级系列德育主题活动。组织城乡中学生互动体验活动。4月、10月先后组织宝应县曹甸初中等16所农村中学4000多名初二学生和市直文津中学、扬州教育学院附属中学1200多名初二年级学生参加主题为“喜迎城庆，放飞梦想”的城乡互动体验活动。

加强常规检查，推进中学精致管理。召开全市第十次学校精致管理现场推进会。开展常规管理百校行活动，明察暗访学校350多所（含小学、幼儿园），检查内容从常规管理、教学管理、后勤管理延伸到德育管理、校本教研管理和办学特色，拍摄现场画面150小时，通过教育网络展示扬州教育学院附属中学等6所先进学校推进精致管理做法。

（杨林山　基教处）

■**初中招生政策五大变化**　2014年，扬州市区初中招生政策出现5个方面变化，规范招生工作，缓解初中择校热。一、在划区招生基础上推行九年一贯制对口直升。市区梅岭中学京华城校区与育才小学西区校实行单校划片、对口直升；邗江实验学校转为公办后，按就近入学原则，符合“三一致”（学生户籍、房产证和长期吃住地保持一致）要求的全部直升本校初中部，不符合“三一致”要求的回户籍所在地初中就读。二、热点初中组团办学，放大优质教育资源。市区扬州教育学院附属中学与附近汤汪中学组团办学，教院附中安排骨干教师团队到汤汪中学任教，开展统一管理，促进两校共同发展，缓解升学择校矛盾。三、2014年初一新生入校后享受热点高中70%以上的招生定向指标。学生在施教区内公办初中就读时，升入热点高中的机会明显增多。四、“三一致”父母必须拥有51%以上房屋产权，不符合“三一致”要求的学生由教育行政部门统筹协调安排就读。五、回扬州就读的小学毕业生要带小学生全国学籍卡，学籍卡的学籍号是学生升学唯一“通行凭证”。

（杨林山　基教办）

■**“中英气候课堂项目学校”落户扬州中学**　2014年，扬州中学被确定为“中英气候课堂项目学校”。“中英气候课堂项目”由中央教育科学研究所国际交流处和英国大使馆文化教育处联合启动。该课程旨在培训“气候变化课堂”优秀老师，鼓励青少年关注全球气候变化，通过参与项目小组的方式影响自己、家人乃至社会进行“低碳生活”。“中英气候课堂”资源包括能源和水、食物和饮品、出行和交通、采购和浪费等多个模块，覆盖学校众多学科领域，以多样化教学方法倡导合作学习、探究学习，培养学生创造力。气候课堂体现的环境理念、教育理念。该项目由扬州中学地理老师申办，学校负责人领衔实施。学校要求相关教师将气候科学融入到现有课程中，结合综合实践活动开发校本课程资源。

（杨林山）

■**推行数字化教学**　2014年，扬州市所有城乡中小学参加教育信息网上结对，结成118组。扬州中学、扬州中学教育集团树人学校、扬州市文津中学、扬州市育才小学、扬州市梅岭小学等10所学校开展数字化试点。试点学校整合课程，研发教材，形成“电子书包”解决方案和学习资源；每校设置1个试点班级，由学校为每个学生提供一部平板电脑，试行以电子书或平板电脑代替传统教材和练习本，学生通过电子终端上课学习、完成课后作业，学生书包由传统书包改为“电子书包”。“电子书包”内容包含教材、图片、动画、课件等。数字化课堂更具趣味性、丰富性、链接性、探究性。

（杨林山）

■**校本教研星级学校创建**　2014年，扬州市启动首批40个校本教研星级学校创建与评选。校本教研星级学校评选标准包括：校本教研制度完善，体现学校文化特色；教研活动形式丰富，具有激励性，教研成效显著，教研教改经验在全市范围内推广。星级评估分为5个等级。经评选，高邮市实验小学、江都区实验小学、扬州市汶河小学、扬州市育才小学、宝应县实验初中、扬州市翠岗中学、扬州市梅岭中学、扬州中学教育集团树人学校、扬州市竹西中学、扬州教育学院附属中学、扬州市第一中学、扬州市新华中学、扬州大学附属中学等13所学校成为校本教研四星级学校（首批不评五星级）。年内，完成全市第二批30个富有校本特色中小学教学模式推介，推进100项中小学课堂模式创建课题研究。

（杨林山　教科院）

■**中小学“微课”教学**　2014年，扬州市以数字化教育资源建设推进教育教学工作，启动“微课”教学。教科研部门与市电教部门合作，将中小学各个学科的重点、难点，尤其是核心知识点进行分时、分段、分项解剖，将教学过程拍成10分钟左右的“微课”视频，上载到云端服务器，学生可通过电脑、手机终端等下载使用。“微课”主讲教师主要由知名特级教师、高级教师或市学科教研带头人担任，“微课”服务对象从高三年级向中小学其他学龄段逐步推开。首批90节“微课”内容涵盖高考经典试题解析、高三模拟试卷讲评等高三阶段9门学科学习重点。至年底，全市累计上线“微课”视频2000多个，形成电脑端和微信服务号双平台架构。

（杨林山）

## 特殊教育

■**概述**　2014年，全市有特殊教育学校7所（盲、聋哑学校5所、培智学

**2014年扬州市特殊教育情况表**

表29-10

| 地 区 | 学校数(所) | 班级数(个) | 在校生数(人) | 教职工数(人) | 专任教师数 |
|---|---|---|---|---|---|
| **合 计** | **7** | **84** | **905** | **219** | **186** |
| 市 直 | 1 | 28 | 320 | 78 | 62 |
| 广陵区 | 1 | 10 | 99 | 15 | 15 |
| 邗江区 | 1 | 7 | 62 | 12 | 12 |
| 江都区 | 1 | 14 | 160 | 47 | 39 |
| 宝应县 | 1 | 9 | 123 | 25 | 24 |
| 仪征市 | 1 | 8 | 57 | 19 | 13 |
| 高邮市 | 1 | 8 | 84 | 23 | 21 |

（杨林山 发规处）

校2所）；有特殊教育班级84个，比上年增加4个。特殊教育学校在校生905人，比上年增加37人；全市另有随中小学普通班就读的智障、身残学生近3000人。全市有特殊教育学校教职工219人，比上年增加4人；其中专任教师186人，比上年增加8人。

推进特殊教育的关爱教育。市财政教育经费向全市特殊教育学校倾斜，确保所有特殊教育学校学生享受免费教育并享受免费食宿。召开全市特殊教育工作研讨会，组织考察、学习外地特殊教育和残障学生随普通班就读先进经验。改善特殊教育学校办学条件。推进市特殊教育学校异地新建工程，江都区特殊教育学校的“学前教育拓展”和高邮市特殊教育学校“数字化校园建设”被省教育厅认定为办学条件改善项目。

（杨林山 基教处）

■**省首届智障教育“微课”大赛扬州特教获奖** 3—9月，江苏省教育学会特殊教育专业委员会和江苏省智障教育资源中心联合举办江苏省首届智障教育“微课”大赛。本届大赛征集“微课”作品163件，分别组织专家对“微课”作品进行初评、复评，评出优秀组织奖13个，一等奖49个、二等奖51个、三等奖63个。江都区特殊教育学校获优秀组织奖；江都区特殊教育学校丁辉的数学“微课”《乘法引入》获一等奖，仪征市特殊教育学校戴修红的语文“微课”《蚕姑娘》获一等奖；仪征市特殊教育学校徐青兰的语文“微课”《“红领巾”心灵美》和凌遐莲的数学“微课”《4的认识》获二等奖；江都区特殊教育学校汤蕾的美术“微课”《有趣的面具》和戴德芳的数学“微课”《计算机的认识》获三等奖，仪征市特殊教育学校谢爱群的数学“微课”《一个数里面有几个另一个数》获三等奖。 （杨 教）

■**“音乐梦·我的梦”盲人专场音乐会在扬州举行** 5月18日，由市残联、市教育局、市特殊教育学校联合举办的“音乐梦·我的梦”盲人专场音乐会在扬州市音乐厅举行。中国残联宣文部主任王涛，江苏省残联副理事长肖敏，市领导卢桂平、孙永如等参加活动。本次音乐会由旅居瑞典的盲人长笛演员吴晶、中国残疾人艺术团首席笛子演员谭伟海、萨克斯独奏演员张丽娟和扬琴演奏员、键盘手侯劲松与扬州市特殊教育学校“茉莉花艺术团”成员一道演奏《保卫黄河》《月宫》《茉莉花》等经典曲目。会上，中国残联宣文部主任王涛向扬州市残联颁发扬州市残疾人舞蹈类节目《不垮的废墟》和器乐类节目《无名英雄》获奖证书。扬州市残联现场向扬州市特殊教育学校“茉莉花艺术团”捐赠10万元。 （杨 教）

■**省青年教师基本功大赛扬州特校获奖** 10月24—26日，“2014年江苏省基础教育（特殊教育）青年教师基本功大赛”在南京高级聋人学校举行。来自江苏省13个市的盲教育、聋教育、培智教育的61名青年教师参加比赛。本次比赛由江苏省教育厅主办、江苏省中小学教学研究室和南京市高级聋人学校承办。比赛分聋教育组、培智教育组、盲教育组等3个组别，包括专业理论考试、粉笔字、教学观察与评析、课件制作、讲故事、教学设计与说课、专业技能（盲文书写与阅读、手语翻译、蒙氏教学具操作）等7个环节，每1个环节均为现场抽题，在规定的时间内现场完成。扬州市特殊教育学校选派3名选手参加比赛，颜静获培智教育组一等奖、沈娟获聋教育组二等奖、雷丽获聋教育组三等奖。 （杨 教）

■**“长三角”特教发展联盟成立** 10月28日，扬州、泰州、镇江三地特殊教育发展联盟成立会议在泰州市特教中心召开。扬州市特殊教育学校、泰州市特殊教育中心、镇江市特殊教育中心共同研究、共同发起成立“长三角”特殊教育发展联盟。联盟成立宗旨是加强特殊教育学校交流，提高特殊教育质量，打造区域性特殊教育发展高地。联盟围绕课程建设、教学交流和学生活动等方面开展系列活动。 （杨 教）

## 中等职业教育

■**概述** 2014年，全市有中等职业学校15所，其中普通中专校12所、职业高中校3所。全市中等职业学校有在校生5.22万人（不含职教培

**2014年扬州市中等职业学校情况表**

表29-11

| 学　校　名　称 | 在校生数(人) | 专任教师数(人) |
|---|---|---|
| **合　计** | **52170** | **2298** |
| 扬州高等职业技术学校 | 6873 | 277 |
| 江苏省扬州旅游商贸学校 | 5003 | 113 |
| 江苏省扬州商务高等职业学校 | 9872 | 322 |
| 扬州文化艺术学校 | 792 | 31 |
| 扬州生活科技学校 | 3738 | 61 |
| 江苏省扬州市体育运动学校 | 253 | 48 |
| 扬州市天海职业技术学校 | 640 | 18 |
| 扬州市润扬职业技术学校 | 508 | 18 |
| 江苏省邗江中等专业学校 | 3100 | 178 |
| 江苏省高邮中等专业学校 | 5149 | 201 |
| 江苏省宝应中等专业学校 | 6108 | 259 |
| 高邮市菱塘民族中等专业学校 | 1259 | 41 |
| 江都区教师进修学校 | 0 | 55 |
| 江苏省江都中等专业学校 | 5363 | 353 |
| 仪征市工业学校 | 3467 | 323 |

注:江都区教师进修学校为成人中专校,主要从事非全日制职业技术培训　（杨林山　发规处）

训机构在校生),其中普通中专在校生4.98万人、职业高中在校生2407人。全市中等职业学校有专任教师2298人,比上年减少34人;有校外兼课教师218人,其中具有高级职称的科技人员44人,占20.18%。全市有技工学校及技师学院13所(其中2所与普通中专校合一,一校两牌),技工类学校在校生总数2.17万人,比上年减少3318人。全市各类中职校和技工类院校在校生总数7.39万人,比上年减少6053人。仪征市工业学校、邗江中专新校区投入使用。

现代职业教育体系建设。推进中、高等职业教育衔接试点有序推进。扬州商务高等职业学校、扬州高等职业技术学校、江都中等专业学校、扬州旅游商贸学校、宝应中等专业学校等分别进行中、高等职业教育衔接试点。市教育局将“3＋3”和“3＋4”计划定向分配到县(市、区),明确试点班新生中考成绩必须达三星或四星级高中录取分数线。2014年,全市招收“3＋4”项目新生375人,“3＋3”项目新生80人。

区域职业教育集团建设。区域性职业教育集团整合优化全市职业教育资源,探索建立以专业为中心的职业教育发展机制,统筹管理职业教育院校,推进扬州职业教育从松散联合体向紧密型合作体发展。

职业教育信息化建设。成立扬州市职业教育信息化领导小组,提出各级各类职业学校信息化建设要求和考核目标,加强网络学习空间建设和网上结对工作。推广使用中等职业教育示范校核心课程数字化教学资源。

提升职教师资综合素养。举办首期职业学校教师“电子商务师”培训班,组织全市职业学校近300名专业带头人、骨干教师、技能教练、德育教师等参加国家、省级培训。开展职业教育科研课题研究,全年12个课题成为省职业教育第二批教改立项课题,其中2个为省级重点立项课题。

提高职业教育整体办学水平。邗江中等专业学校创成省四星级中等职业学校。至2014年底,全市各县(市、区)均建成1所四星级中等职业学校,分别被列为省高水平现代化职业学校创建单位或培育学校;5个县(市、区)职业学校有15个专业被省教育厅认定为省级品牌特色专业。2014年,扬州商务高等职业学校、仪征市工业学校、江都中等专业学校、扬州高等职业技术学校被列入国家中等职业教育改革发展示范学校;扬州商务高等职业学校、宝应中等专业学校被列入首批江苏省高水平现代化职业学校;全市职业教育学校创成8个省级品牌和特色专业,19个实训基地获批立项创建省级高水平示范实训基地。　（杨林山　职社处）

**■川奇学院揭牌**　4月14日,扬州高等职业技术学校与川奇光电科技(扬州)有限公司举行校企合作签约暨川奇学院成立揭牌仪式。川奇学院是扬州市首个企业冠名学院,通过工学交替、顶岗实习、订单培养等方式,促进校企互动,为企业培养高素质劳动力。根据协议,企业将为学院提供技术人员承担专业教学任务,提供实习工位,为优秀师生提供奖学金、助学金,在学院建立生产性实习工厂;学校将选派教师参与企业生产、科研与管理,培训企业员工。2014年,川奇学院开设汽车电子、电子技术运用、应用电子技术等3个专业。（杨　教）

4月16日，扬州市职业教育集团揭牌成立

教育局/供稿

■**扬州市职业教育集团挂牌** 4月16日，扬州市职业教育集团挂牌。集团将筹建机电、汽车、电子信息、建筑、化工、电气自动化、纺织服装、旅游商贸等八大专业中心，每个中心都以1所具有专业优势的职业院校牵头，与相关专业的企业合作共建，计划2016年全部建成。 （杨林山）

■**扬州艺校成为中国戏曲学院“基地”** 4月24日，中国戏曲学院“教学实践基地”“生源培训基地”在扬州文化艺术学校揭牌。扬州文化艺术学校成为向中国戏曲学院输送地方优质人才“定点单位”。中国戏曲学院2014年新增扬剧、河南曲剧、吉剧等3个戏曲剧种表演专业。9月进入中国戏曲学院的扬剧专业本科生享受免缴学费政策，在校期间接受“2＋1＋1”模式(前2年在学院学习文化理论、专业知识，第3年在扬州向扬剧艺术家学习经典剧目1年，最后1年学生与扬剧艺术家回学院准备毕业大戏)系统培养。基地建立后，中国戏曲学院将帮助扬州文化艺术学校充实师资力量，每年为学校中青年教师提供免费深造机会，派教师到扬州指导。（杨 教）

■**扬州首开中等职业教育“气象工程”专业** 2014年，扬州旅游商贸学校与南京信息工程大学联办“气象工程”专业，招生40人，学制五年，中职阶段免学费。“气象工程”专业课程侧重计算机类硬件维护和气象软件应用，招生采取“订单培养”方式，学生毕业后直接分配到相关企业或气象站从事气象专业技能实际操作。

（杨林山 职教办）

■**行业大师兼职教授民族工艺专业课程** 2014年，扬州旅游商贸学校新增民族传统工艺专业，学制五年，传承扬州玉雕、漆器、刺绣、牙雕等传统工艺。为保证教学效果，学校邀请扬州有关传统工艺技能大师、行业名师担任客座教授，为课程设置提出专业培训建议。培养学生技术能力。民族传统工艺专业每班不超过30人，实施精致化教学，由技能大师、名师与学生面对面、手把手教学。

（杨林山 职教办）

■**扬州技师学院教科研成果获奖** 11月13—15日，省技工院校土木工程中心教研组教研会议在江苏省徐州技师学院举行。来自省内14家院校的近30名专业带头人参加活动。会议收到参评论文57篇、教学课件25个。扬州技师学院交通工程系路桥专业潘玲珑的论文《FRP加固结构耐久性研究综述》获评一等奖，王云鹏的论文《液塑限联合测定法试验几个问题的探讨》获评二等奖；王荣庆的参评课件《灌注桩施工》获评二等奖。 （杨 教）

## 普通高等教育

■**概述** 2014年，扬州市有市属高等学校2所，分别是扬州市职业大学(扬州教育学院划归扬州市职业大学管理，不计校数)、扬州环境资源职业技术学院，有在校普通专科生1.65万人、教职工1505人。有驻扬省属高校2所，分别是扬州大学、扬州工业职业技术学院，有在校本科生2.49万人、专科生9267人、教职工4300人。有驻扬省属民办高校1所，江海职业技术学院，有在校专科生6858人，教职工498人。有民

**2014年扬州市普通高等学校情况表**

表29-12

| 学校名称 | 办学层次 | 校园面积(公顷) | 全日制在校生(人) | 教职工数(人) |
|---|---|---|---|---|
| **合 计** | | **561.4** | **75289** | **7559** |
| 扬州大学 | 本 科 | 247.6 | 24892 | 3793 |
| 扬州大学广陵学院 | 独立学院 | 54.3 | 9413 | 631 |
| 扬州工业职业技术学院 | 专 科 | 46.4 | 9267 | 507 |
| 扬州环境资源职业技术学院 | 专 科 | — | 374 | 20 |
| 扬州市职业大学 | 专 科 | 76.1 | 16103 | 1485 |
| 江海职业技术学院 | 专 科 | 64.3 | 6858 | 498 |
| 南京邮电大学通达学院 | 独立学院 | 59.6 | 8292 | 510 |
| 扬州中瑞酒店职业学院 | 专 科 | 12.2 | 90 | 115 |

注：表中数字按江苏省教育厅统计口径填报 （杨林山 发规处）

办高校3所，分别是扬州大学广陵学院、南京邮电大学通达学院、扬州中瑞酒店职业学院。其中，扬州大学广陵学院、南京邮电大学通达学院为独立学院，有在校生1.77万人、教职工1141人；扬州中瑞酒店职业学院为专科层次高职院校，有在校生90人、教职工115人。

2014年，全市高中毕业生办理生源地信用助学贷款413.2万元，643人受益。 （杨林山 高教办）

## 扬州大学

■**概述** 扬州大学是江苏省属重点综合性大学，校园占地面积247.6公顷，校舍建筑面积117万多平方米，有8个校区，全校固定资产总值25.34亿元，教学科研仪器设备总值9.43亿元，图书馆藏书402万册，有实验工厂、实验农牧场、动物医院、附属中学等教学、科研、实习基地及临床医学院。扬州大学设有文学院、社会发展学院、马克思主义学院、法学院、教育科学学院(师范学院)、新闻与传媒学院、外国语学院、数学科学学院、物理科学与技术学院、化学化工学院、体育学院、机械工程学院、信息工程学院、建筑科学与工程学院、水利与能源动力工程学院、环境科学与工程学院、农学院、园艺与植物保护学院、动物科学与技术学院、兽医学院、生物科学与技术学院、医学院、商学院、旅游烹饪学院(食品科学与工程学院)、音乐学院、美术与设计学院和公有民办的广陵学院等27个学院112个本科专业，涵盖哲学、经济学、法学、教育学、文学、历史学、理学、工学、农学、医学、管理学、艺术学等12个学科门类。学校有国家级特色专业6个、国家精品课程14门、国家精品资源共享课13门、国家双语教学示范课程1门、国家级教学团队3个、全国农科教合作人才培养基地3个、国家级实验教学示范中心1个、中央与地方共建实验室20个、省重点专业(类)15个、省品牌特色专业29个、省级基础课实验教学示范中心14个、国家级人才培养模式创新实验区2个，6个专业被列入教育部卓越工程师教育培养

**2014年扬州大学国家级、省部级学科及科研基地一览表**

表29-13

| 类 别 | | 学科及科研基地名称 |
|---|---|---|
| 重点(优势)学科 | 国家级重点学科 | 预防兽医学 |
| | | 作物栽培学与耕作学 |
| | 国家级重点(培育)学科 | 动物遗传育种与繁殖 |
| | 江苏省优势学科 | 化学 |
| | | 作物学 |
| | | 畜牧学 |
| | | 兽医学 |
| | | 文化传承与区域社会发展 |
| | 江苏省重点序列学科 | 农村水土安全与环境保护 |
| | 江苏省一级学科重点学科 | 中国语言文学 |
| | | 数学 |
| | | 水利工程 |
| | | 中西医结合 |
| | | 中国史 |
| | | 草学 |
| 重点实验室 | 教育部 | 教育部植物功能基因组学重点实验室 |
| | | 教育部禽类预防医学重点实验室(部省共建) |
| | 农业部 | 农业部畜禽传染病学重点开放实验室 |
| | | 农业部长江中下游作物生理生态重点开放实验室 |
| | | 农业部食品安全监测重点开放实验室 |
| | | 农业部禽用生物制剂创制重点实验室 |
| | | 农业部长江中下游地区作物栽培科学观测实验站 |
| | 江苏省 | 江苏省作物遗传生理国家重点实验室培育建设点 |
| | | 江苏省植物功能基因组学重点实验室 |
| | | 江苏省作物栽培生理重点实验室 |
| | | 江苏省动物预防医学重点实验室 |
| | | 江苏省动物遗传繁育与分子设计重点实验室 |
| | | 江苏省人兽共患病学重点实验室 |
| | | 江苏省环境材料与环境工程重点实验室 |
| | | 江苏省水利动力工程重点实验室 |
| | | 江苏省乳品生物技术与安全控制重点实验室 |
| | | 江苏省中西医结合老年病防治重点实验室 |
| 工程中心(研究院) | 教育部 | 教育部新型兽用疫苗工程研究中心 |
| | 农业部 | 农业部长江中下游稻作技术创新中心 |
| | 江苏省 | 江苏省转基因动物制药工程技术研究中心 |
| | | 江苏省家禽疫病防控工程技术研究中心 |
| | | 江苏省扬州现代乳业加工服务中心 |
| | | 江苏省扬州农业环境安全技术服务中心 |
| | | 江苏省扬州LED新光源材料测试技术服务中心 |
| | | 江苏省扬州规模猪场高效健康养殖公共技术服务中心 |
| | | 江苏省高分子无机微纳复合功能材料工程技术研究中心 |
| | | 江苏省种猪繁育和健康养殖工程技术研究中心 |
| | | 苏中发展研究院 |
| | | 淮扬文化研究中心 |

（张 彦）

**2014年扬州大学获省部级及以上奖励科研成果一览表**

表29-14

| 成果名称 | 获奖种类 |
| --- | --- |
| 超级稻高产栽培关键技术及区域化集成应用 | 国家科学技术奖(科技进步)二等奖 |
| 园林植物新品种选育及产业化核心技术集成应用 | 教育部高等学校科学研究优秀成果奖(科技进步)一等奖 |
| 水稻机插精确定量栽培技术集成与推广 | 江苏省农业技术推广奖一等奖 |
| 基于物联网的智能交通关键技术研究与应用 | 中国商业联合会科学技术奖-全国商业科技进步奖一等奖 |
| 水芹新品种选育及周年高效栽培技术研究与推广 | 中国商业联合会科学技术奖-全国商业科技进步奖一等奖 |
| 高效、安全系列禽流感疫苗产业化开发 | 天津市科学技术奖科学技术进步一等奖 |
| 人机交互力反馈遥操作机器人关键技术及应用 | 江苏省科学技术奖一等奖 |
| 粳稻—小麦周年协调高产高效生产模式创建与推广 | 江苏省农业技术推广奖一等奖 |
| 强震作用下高土石坝抗震分析理论与应用 | 中国岩石力学与工程学会科学技术奖一等奖 |
| 鸡马立克氏病CVI988单价和二价活疫苗的研制及其规模化生产技术 | 江苏省科学技术奖二等奖 |
| 轻型木结构房屋体系关键技术研究与开发应用 | 中国商业联合会科学技术奖-全国商业科技进步奖二等奖 |
| 高标准农田水利工程建设关键技术的研究与应用推广 | 江苏省农业技术推广奖二等奖 |
| 鲜食玉米新品种及产业化关键技术集成与推广 | 江苏省农业技术推广奖二等奖 |
| 两亲性高分子结构设计与聚集形态调控及应用 | 江苏省科学技术奖三等奖 |
| 生物型功能化气管替代物的仿生研究 | 中国商业联合会科学技术奖-全国商业科技进步奖三等奖 |
| 在役混凝土结构劣化后的耐久性能研究 | 中国商业联合会科学技术奖-全国商业科技进步奖三等奖 |
| 电动汽车用新型无镉高能动力电池开发及产业化 | 江苏省科学技术奖三等奖 |
| ZL201010595895.X一种抗盐酸克伦特罗单克隆抗体及检测盐酸克伦特罗的试剂盒 | 第16届中国专利优秀奖 |
| 淮扬饮食文化景观谱系的构建及其旅游开发价值 | 中餐科技进步奖一等奖 |
| 今文《尚書》詞彙研究 | 第13届江苏省哲学社会科学优秀成果奖一等奖 |
| 汉语移动域框架语义分析 | 第13届江苏省哲学社会科学优秀成果奖一等奖 |
| 文类基本问题研究 | 第13届江苏省哲学社会科学优秀成果奖二等奖 |
| 累积投票制的引入与实践——以上市公司为例的经验性观察 | 第13届江苏省哲学社会科学优秀成果奖二等奖 |
| 播火者的使命:幸德秋水的社会主义思想及其对中国的影响 | 第13届江苏省哲学社会科学优秀成果奖二等奖 |
| 土地市场化是否必然导致城乡居民收入差距扩大—基于中国23个省(自治区、直辖市)面板数据的监测 | 第13届江苏省哲学社会科学优秀成果奖二等奖 |
| 新型农民培训模式的绩效评估与政策优化研究 | 第13届江苏省哲学社会科学优秀成果奖二等奖 |
| 《读书杂志》研究(上、下册) | 第13届江苏省哲学社会科学优秀成果奖二等奖 |
| 论“十七年”戏曲改革的新文人模式 | 第13届江苏省哲学社会科学优秀成果奖三等奖 |
| 教师职业生涯高原研究 | 第13届江苏省哲学社会科学优秀成果奖三等奖 |
| 认知技能获得研究 | 第13届江苏省哲学社会科学优秀成果奖三等奖 |
| 合法性与民营企业主的社会责任 | 第13届江苏省哲学社会科学优秀成果奖三等奖 |
| 扬州艺术史 | 第13届江苏省哲学社会科学优秀成果奖三等奖 |
| 城镇低收入人群粮食安全保障:价格补贴vs收入补贴 | 第13届江苏省哲学社会科学优秀成果奖三等奖 |
| 中国经济高速增长与服务业滞后并存之谜——基于部门全要素生产率的研究 | 第13届江苏省哲学社会科学优秀成果奖三等奖 |
| 太平天国史学述论 | 第13届江苏省哲学社会科学优秀成果奖三等奖 |
| 环境污染与农民环境抗争——基于苏北N村事件的分析 | 第13届江苏省哲学社会科学优秀成果奖三等奖 |
| 体育课程导论 | 第13届江苏省哲学社会科学优秀成果奖三等奖 |
| 清代常州学派《论语》诠释特点新论 | 第13届江苏省哲学社会科学优秀成果奖三等奖 |
| 论毛泽东的社会有机体思想 | 第13届江苏省哲学社会科学优秀成果奖三等奖 |
| 《庄子》结构艺术研究 | 第13届江苏省哲学社会科学优秀成果奖三等奖 |
| 扬州音乐文化简史 | 第13届江苏省哲学社会科学优秀成果奖三等奖 |

(张　彦)

**2014年扬州大学通过鉴定的科研成果一览表**

表29-15

| 成果名称 | 成果水平 | 组织鉴定单位 |
|---|---|---|
| 鸡马立克氏病CVI988单价和二价活疫苗的研制及其规模化生产技术 | 国际先进水平 | 江苏省农业委员会 |
| 园林植物优异种质资源挖掘与创新利用 | 国际先进水平 | 教育部科技发展中心 |
| 水芹新品种选育及周年高效栽培技术研究与推广 | 国际先进水平 | 江苏省农业委员会 |
| 水稻机插精确定量栽培技术集成与推广 | 国际领先水平 | 江苏省农业委员会 |
| TJH160-400大直径PCCP用薄壁钢筒智能化螺旋焊机组 | 国际先进水平 | 扬州市经济和信息化委员会 |
| 大直径PCCP用薄壁钢筒智能化螺旋焊机组关键技术研究 | 国际先进水平 | 江苏省教育厅 |
| 1SGBFL-230Z型自由振动深松开沟深施肥播种复式作业机 | 国际领先水平 | 江苏省农业机械管理局 |
| 2Z-6T型行距无级可调钵苗摆栽机 | 国际领先水平 | 江苏省农业机械管理局 |
| 1P-3500F型大幅宽带水旋耕埋茬精深施肥复式作业机 | 国际先进水平 | 江苏省农业机械管理局 |
| 1G-2500BF型秸秆切碎深旋耕播种施肥复式作业机 | 国际领先水平 | 江苏省农业机械管理局 |
| YWK-08型增氧温控水产品储养设备 | 国际领先水平 | 江苏省农业机械管理局 |

（张　彦）

计划。2014年，学校获国家级教学成果二等奖2个，累计3个。获省高等教育教学成果特等奖3个。

2014年，学校新招收本科生6269人，研究生2879人。年底，学校有普通全日制本科生2.5万人，各类博、硕士生9100多人，成人学历教育学生1.2万人。学校全年引进高层次人才80人。其中有海外背景人才20人、江苏特聘教授3人、校特聘教授8人、讲座教授13人。13人、1个团队入选省“青蓝工程”。学校有教职工3793人(其中专任教师2100多人)，其中1200多人具有副高级及以上职称；学校有中国工程院院士1人，“千人计划”（“海外高层次人才引进计划”）入选者、国家杰出青年科学基金获得者、国家级教学名师3人，享受政府特殊津贴专家23人，国家级、省级有突出贡献的中青年专家29人，博、硕士生导师2200多人。学校有博士后流动站14个，一级学科博士学位授权点11个、一级学科硕士学位授权点44个，博、硕士专业学位15种；有国家级重点学科2个、国家级重点(培育)学科1个、江苏省优势学科5个、江苏省重点序列学科1个、江苏省一级学科重点学科6个，学校整体学科水平和化学、植物与动物科学、工程学、农业科学等4个领域ESI(基本科学指标数据库)排名进入全球大学和科研机构前1%；有部、省级重点(建设)实验室17个，部、省工程技术研究中心、公共技术服务中心和省级研究院12个，科学研究机构90个，教学实验室(中心)36个；建成省协同创新中心1个，获批国家级科技特派员创业培训基地1个。2014年，学校承担各级各类科研项目1700多个，全年科技经费4.3亿元。

扬州大学逸夫图书馆　　张孔生/摄

学校具有招收外国留学生(包括接受政府奖学金外国留学生)和港、澳、台学生资格，先后与38个国家(地区)的高校和研究机构建立合作交流关系。

2014年，学校获全国社会实践活动先进单位、全国首批智慧校园示范校、全国内部审计先进集体、江苏省高校和谐校园、江苏省教育宣传工作先进单位、“江苏省高等学校信息化建设优秀单位”等称号。（张　彦）

**■学科建设**　学校新增省优势学科立项项目1个、省重点序列学科1个。4个省高校优势学科建设工程一期项目通过验收，全部入选二期项目。根据“中国校友会”网发布的2014中国各地区大学学科专业排行榜，扬州大学兽医学学科入选中国五星级学科专业，作物学学科入选中国四星级学科专业，马克思主义理论等21个学科入选中国三星级学科专业。学校入选星级学科专业总数列全省第4名。（张　彦）

**■科学成果**　刘秀梵院士及其科研团队联合开发的“重组新城疫病毒(A-VII株)灭活疫苗”成果获国家一类新兽药注册证书。文学院教授田汉云主持的《清代扬州学派文献整理与研究》获批2014年度教育部哲学社会科学研究重大课题攻关项目。40多项成果获国家级、省部级科研奖励。学校作为第二完成单位、农学院教授张洪程作为第二完成人完成的"超级稻高产栽培关键技术及区域化集成应用"成果获2014年度国家科技进步奖二等奖,其中,8项自然科学成果获省部级科研奖励一等奖,22项成果获江苏省第13届哲学社会科学优秀成果奖(其中文学院教授钱宗武、外国语学院教授周领顺2部著作分获一等奖)。 (张 彦)

**■教育教学成果** 教授郭荣主持完成的"地方高校多元融通六位一体的社会适应性培养体系建设"、教授焦新安主持完成的"地方高校全面推进研究性教学模式的改革与实践"等2项成果获2014年国家级教学成果奖二等奖。 (张 彦)

**■学生工作** 学校首次发布毕业生就业质量年度报告,毕业生年底就业率97.12%,连续第8次获评江苏省高校毕业生就业工作先进集体,连续第3次获江苏省学生资助工作绩效评价优秀等级。学生获省级以上学科竞赛奖354个(其中全国一等奖16个),获批省级以上大学生实践创新训练计划项目95个,获全国首届青年志愿者服务项目大赛金奖1个、全国大学生创业大赛金奖1个;1个团队入选全国"小平科技创新团队";1篇论文入选全国优秀博士学位论文评选提名论文;"乖乖隆咚"大学生网络电视台入选首批"教育部大学生网络文化工作室"。 (张 彦)

**■国际合作** 学校全年接待30多个国家和地区的代表团到访,组织6个校级代表团出访近30所高校,签署合作协议13份。聘请长期外国文教专家12人,邀请国外专家教授到校讲学150多场,获批国家高端外国专家项目3个,获批国家创新型人才国际合作培养项目1个。海外学生(外国留学生和港澳台侨学生)数量达1110人。新增中美、中欧人文交流专项奖学金等项目3个,获批成为外交部、教育部第二批中国—东盟教育培训中心承办单位。实施中非高校20+20合作计划、亚洲区域合作专项资金项目。承办美国肯尼索州大学孔子学院,开设汉语班336个,招收各类学生7400多人,组织中国文化活动65场次。 (张 彦)

**■扬州大学省级大学科技园(筹)开园** 7月1日,由扬州市人民政府与扬州大学共建的省级大学科技园(筹)举行开园仪式,截至2014年底,入园企业及机构51家,入园企业年产值1.41亿元。 (张 彦)

**■扬大厨艺大赛获奖** 11月1日,由江苏省教育厅、江苏省质量技术监察局和江苏省总工会联合主办的青年厨艺大赛在南京结束,扬州大学旅游烹饪学院学生制作的21道菜肴获特金奖和金奖。其中,豆思岚等16名学生制作的菜肴获特金奖,李志伟等5名学生制作的菜肴获金奖。扬州大学旅游烹饪学院获优秀组织奖。

(杨 教)

## 其他高校

**■扬州市职业大学** 扬州市职业大学(简称扬州职大)是全日制综合性高等职业技术院校。学校占地76.1公顷,校舍建筑面积近40万平方米;有基础和专业实验室70多个,数控技术高等职业教育实训基地、国土勘测与规划高等职业教育实训基地、农业安全生产与环境保护高等职业教育实训基地、江苏省建筑新材料新技术研究开发中心、江苏省农业安全生产与环境保护工程技术研究开发中心、江苏省养殖环境生态修复工程技术研究中心等省级实训基地或研发平台6个,校级实验实训基地(中心)25个,教学仪器设备总值1.5亿元;图书馆有藏书135.13万册、电子图书等资源140万种、各类期刊杂志2000多种。学校设置机械制造、汽车、土建测绘、纺织服装、生化食品环境、通信电子光伏、信息技术、旅游管理、工商管理、经济贸易、外语、艺术、人文、数学、体育、园艺、医学卫生等17个大类71个专业和专业方向,其中省级特色专业8个、省高等教育人才培养模式创新实验基地3个、校级特色专业及教改专业34个;有国家级精品课程1门、省级精品课程17门、校级精品课程107门,有省级优秀精品教材8部、省级立项建设精品教材5部。学校各专业建设指导委员会分别与280多家校外实验实训基地签订产学研合作协议。2014年底,学校有教职工1485人,其中专任教师近1000人;有教授63人、副教授419人;有省"六大人才高峰"(教育、医药卫生、电子信息、机械汽车、建筑、农业人才高峰)计划培养对象2人、省"青蓝工程"培养对象33人、江苏省有突出贡献的中青年专家1人、扬州市有突出贡献的中青年专家18人、江苏省优秀教学团队2个、江苏省"青蓝工程"科技创新团队1个。专业基础课和专业课教师中,"双师型"教师(具有专业技术职称资格、技术等级证书的教师)占75%以上。

2014年,学校整合分校区,师范学院从高邮校区迁至瘦西湖校区,扬子津校区五年制学生迁至文昌校区就学,改善多校区办学状况。完善校区功能,完成三期实验楼、西大门等新建和维修工程项目10多个,总投资近9000万元。完成生活区4.3公顷扩建项目用地、征地前期手续,生态园艺中心评估、让地等。完成扬子津校区60多个专业实验室、38万册图书及相关设备搬迁,调配教学仪器设备和图书资料,整合各校区图书馆。全年新增图书5.13万册。

2014年,学校录取新生5475人,录取率97.8%;实际报到新生5204人,报到率95.1%。至年底,学校有全日制在校生1.61万人。当年毕业学生7767人,毕业生初次就业率、年终就业率、签约率分别为92.2%、99.0%、98.4%,比上年分别上升6.3、1.7、2.2个百分点。毕业生出国、升学率24.3%,到机关事业单位、国有企业就业率22.8%,分别比上年上升2.4和4.6个百分点。开展创业教育,举办学校创业计划竞赛和2期"创办你的企业"(SYB)创业能力培训班,创业孵化园入驻项目6个。规范就业指导、管理和服务,组织校级大中型招聘会3场、专场招聘会216场,发布就业信息5217条,提供岗位8286个、招聘人数1.43万人次。2014年,学校成人业余教育、开放教育、远程教育、专升本等各类学历教育招生4304人，被省自学考试委员会授予“高等教育自学考试先进集体”称号。4月，扬州开放大学挂牌，加入省开放大学课程资源建设项目，1门课程中标省开放大学第四批课程。开发非学历培训项目。依托“江苏省师资培训基地”“小学幼儿教师培训中心”“扬州卫生培训中心”“江苏省农村经济干部培训中心”，承接省、市级及自主开发培训项目12个，培训4254人。学校成立17个大学生自律委员会分会，提高大学生自我管理能力。开展主题教育活动，组织“社会主义核心价值观明辨会”，实施文明修身工程，举办“一二·九”科技文化艺术节和“宿舍文化月”等文化活动，参加省大学生艺术展。组织参加2014年江苏省高等职业院校信息化教学大赛，获信息化教学设计和信息化课堂教学三等奖各1个。出版江苏省高等学校重点教材1部。参加省微课教学复赛，获二等奖2个、三等奖9个。2014年，全校师生在江苏省和全国各种技能竞赛，获奖项50多个。其中，获第2届全国高职院校房地产业务技能大赛一等奖1个、江苏省第3届师范生教学基本功大赛三等奖3个、江苏省普通高等学校第12届高等数学竞赛一等奖4个、第5届“外研社杯”全国高职高专英语写作大赛江苏赛区选拔赛公共英语组一等奖1个。2014年，学校获省级“节能示范单位”称号，被江苏省军区、江苏省教育厅授予“国防教育军事课程建设先进单位”称号。

加强师资队伍建设。全年有28名教师出国进修，230人次参加省内各类进修、培训；引进硕士以上学历教师6人；有8人晋升教授、30人晋升副教授。学校获评省“333工程”培养对象1人、省优秀教育工作者1人、扬州市英才培育计划中青年优秀教育人才1人、扬州市有突出贡献的中青年专家2人。

实施质量工程。推荐2部修订教材、1部新编教材申报“十二五”江苏省高等学校重点教材项目；组织申报2014年江苏省高等学校大学生实践创新训练计划项目，16个项目获批立项，其中14个项目获省财政资金资助。6个省重点专业群接受省教育厅中期检查，其中软件技术、旅游管理及在线运营服务、环境监测与治理技术、国土资源与地理信息、园林园艺类专业群获良好等级。

加强教研科研。学校全年获批各级纵向项目98个，获经费资助90万元，其中省科技计划项目2个；96个项目完成结题、鉴定、验收，其中省教育厅项目12个、市社科联项目56个。学校承建的“江苏省农业安全生产与环境保护工程技术研究开发中心”和“江苏省建筑新材料新技术研究开发中心”通过结项验收；承担的省农业委员会、省高等教育学会10项研究课题通过专家结题验收。开展科技服务，争取横向合作项目36个，到账经费40万元。学校教职工全年公开发表论文350多篇，出版著作、教材22部，申请专利6件，获江苏省第11届高等教育科学研究优秀成果二等奖1个、三等奖1个。20人获扬州市第9次哲学社会科学优秀成果奖，其中5人获二等奖；40人获扬州市自然科学优秀学术论文奖，其中3人获二等奖。2014年，学校有中外合作办学项目8个，分别向美国海蓝学院和加拿大圣力嘉学院派出教师培训团。（职　大）

**■江海职业技术学院**　江海职业技术学院（简称江海学院）始建于1999年，2004年经省教育厅批准、教育部备案，成为具有独立颁发专科文凭资格的民办全日制普通高等院校。2014年末，学院占地面积64.3公顷，建筑面积22.15万平方米，教学仪器设备值5700万元。有全日制在校生6858人、成人教育专科生693人。有教职工498人，其中专职教师296人、聘请校外兼职教师186人；教授、副教授175人。设立专业34个，其中会计电算化为省级特色专业。现代机电制造技术实训基地被列为省高职教育实训基地。当年毕业学生2008人，初次就业率96.3%。

2014年，学院录取新生2704人，实际报到新生2498人。全年建成55个生源地。在省内设招生点28个，在浙江、安徽、河南设招生点9个，在广西、甘肃、山西安排招生联系人员。

学院探索校企合作、工学结合办学模式，机电系落实汽车、机电专业工学班。与扬州捷才教育培训中心合作成立扬州大江职业技能培训学校。管理系金陵酒店管理冠名班正式招生。机电技术专业群建设通过省教育厅中期检查；经贸系、信息工程系和土木工程系，成为院专业群建设项目。新增园林设计专业和旅游管理、航空服务专业方向。全院新立项院级课程建设项目29个。加强各类技能大赛和技能鉴定管理，学院学生参加市级以上技能竞赛22项，全年2470人次获得技能证书。

推进信息化建设。制定学院第一个校园信息化发展规划。借助“世界大学城”资源，组织全校师生参加空间建设培训；与江苏电信扬州分公司合作，启动信息化培训中心等建设项目；与江苏捷通网络公司签订61台教育信息终端无偿使用协议。

（江海办）

**■江海学院获全国高等院校工程算量赛精英奖**　11月1日，第七届全国高等院校“广联达杯”工程算量赛分别在安徽建筑大学和山东城市建设职业学院举办。本次大赛由中国建设教育协会主办，广联达软件股份有限公司和山东城市建设职业学院、安徽建筑大学承办，分合肥和济南2个总决赛赛区，275所院校参加总决赛。江海学院土木工程系组队参赛，经过为期7个月的备战训练和预赛选拔，最终造价专业的单鑫和侯翾钧2名学生代表该院组队参加此次大赛的总决赛，获精英组土建赛1个三等奖和精英组挑战赛2个三等奖。

（杨　教）

**■南京邮电大学通达学院**　南京邮电大学通达学院（简称南邮通达学院）是1999年创办的全日制民办本科独立学院，2012年迁址扬州办学。学院占地59.6公顷，校舍建筑面积24.85万平方米。2014年，学院完成基础设施建设招标项目40多个，启

南京邮电大学通达学院扬州校区　　通达学院/供稿

动9.8万平方米基建工程项目。完成吴州西路改造工程用地11.30万平方米及预留用地18.81万平方米征地拆迁。学院完成8个实验室(教室)建设项目设计,确定经济管理类专业实验室(机房)改造等4个项目方案。

学院图书馆新建4个借阅(阅览)室。至2014年底,图书馆馆藏图书14.09万种37.30万册、随书光盘2.34万盘。学院设有通信工程学院、电子工程学院、计算机工程学院、电气工程学院、商学院和基础部,有以通信信息类专业为主干的优势专业及专业方向23个。2014年,学院"计算机科学与技术(嵌入式)"专业通过江苏省教育厅"嵌入式"人才培养项目审核,招收新生120人;"广告学"专业学士学位授予权通过省学位委员会审批;向教育部申请开设"金融工程"和"财务管理"专业。

学院有专、兼职教职工510人(其中专职教职工162人)。其中,171人具有高级技术职称,75.6%的教师具有博士、硕士学位,6人享受政府特殊津贴,9人被列入省"333工程"培养对象,29人被列为省"青蓝工程"中青年学术带头人和优秀青年骨干教师。2014年,学院立项教改项目33个,其中重点项目6个、一般项目27个,验收项目15个。完成2014年南京邮电大学教改项目申报,5人申报项目获立项,2人申请项目验收。学院教师获批立项省哲学社会科学研究项目3个。

2014年,学院录取新生2050人,其中省内1581人、省外469人。录取专科转本科学生309人。年末有全日制在校生8292人。

推动"政产学研经"深度合作,加强实习基地建设。学院与扬州经济技术开发区、扬州市经济和信息化委员会等建立合作关系,推进校企合作。建立并拓展企业实习(毕业设计)基地。与中国电信股份有限公司江苏分公司、中国通信服务南京网盈分公司、交通银行扬州分行、扬州扬杰电子科技有限公司等近40家企业共建实训基地。

学院2014届毕业生初次就业率89.19%、年终就业率95.83%、协议就业率83.37%。全年有287人考取国内外学校研究生,录取率12.46%。

增强学生创新科技能力。2014年,学院在江苏省电子设计大赛中获一等奖4个、二等奖1个,在2014年江苏省高等数学竞赛中获一等奖16个、二等奖10个、三等奖27个,在2014年全国大学生数学建模竞赛江苏赛区比赛中获一等奖1个、三等奖1个。在中国大学生服务外包创新创业大赛中一等奖2个。通信工程专业2011级学生孟世城获2014年"H3C杯"全国大学生网络技术大赛特等奖。学院有15个大学生科技创新训练计划(STITP)项目通过省教育厅审核,获项目资助经费4.5万元;37个项目结项,成绩合格,其中省级项目20个、优秀项目10个。7人获江苏高校学生境外学习政府奖学金项目,其中1人获赴美国哈佛大学学习机会。

截至12月,南邮通达学院在册学生中有40多人成为思科认证互联网专家(CCIE)。

拓展国际合作。成立国际学院,针对出国访学学生制定个性化的课程培养计划。2014年,学院与台湾佛光大学签订合作协议,落实学院交流生到对方交流学习事项。　(杨　寅)

■**扬州中瑞酒店职业学院设立**　3月26日,经省人民政府批准、国家教育部备案,扬州中瑞酒店职业学院设立。该学院为大专层次学历教育民办高等职业院校,是中国唯一获瑞士洛桑酒店管理学院学术认证的专科大学。学院位于站南路与文汇西路交会处,在扬州中学西区校原校址新建校区,占地面积12.2公顷,校舍建筑面积8.05万平方米,总投资约3亿元,可容纳4000名学生学习、生活。该学院列入全国普通高等职业院校统一招生计划,设西餐烹饪、酒店管理(房务方向)、餐饮管理等3个专业,面向全国招生,学制3年,实行全封闭式管理。学院酒店管理专业毕业生可获由扬州中瑞酒店职业学院与洛桑酒店管理学院院长联合签发的学术认证证书。2014年,学院有全日制在校生90人、教职工115人。

(杨　教)

## 成人教育

■**概述**　2014年,扬州市无独立建制成人高等学校,原属成人教育系列高等学校扬州教育学院被纳入扬州市职业大学统一管理;其他在扬普通高校分别设有成人教育机构,招收参加全国成人高考的本、专科学生。全年1.57万人参加各类成人高考,比上年增加1169人,增长8%。全市成人高考考试管理以考核总分第一名和基本分为满分的成绩获省级优秀单位奖、优胜单位奖、规范管理优胜奖。加强市区非学历教育培训机构管理,规范办学行为,加强办学机构年检制度。市政府组织工商、民政、教育、人社、地税、物价、公安、城管、消防等部门建立非学历培训机构管理联席会议制度，对全市非学历教育机构进行摸底，建立系统管理方案。

（杨林山　职社处）

**■成人教育服务新农村建设**　2014年，宝应县获首批省农村职业教育和成人教育示范县称号；邗江区“百千万社区教育惠民工程”被教育部评为首批“终身学校活动品牌”工程。全市新创成省级标准化社区教育中心6个、省级标准化村（居）民学校50所、省级高水平农科教结合富民示范基地1个。开展“农村妇女网上行”免费培训，促进农村妇女参加网上农科教知识技能学习。落实农民接受高等教育改革措施，全年新招200多名农民参加各类成人高等教育。加强农村劳动力职业技术培训。全市农村成人教育机构，完成农村富余劳动力转移培训和实用技术培训11.7万人次。（杨林山　职社办）

**■规范成人高等教育**　2014年，市教育行政部门开展成人高等教育校外教学点年检考核。全市70个校外教学点（包括函授站、远程教育学习中心、公共服务体系）参加年检，第一次考核不合格的教学点被要求整改，第二次不合格的教学点被取消办学资格。利用高等学校成人教育数据采集平台与管理系统，对全市各校外教学点招生宣传、注册入学、教学实施、考务考试、年度审查等实行全过程动态监控，发现问题立即通报整改，规范成人高等教育办学行为。全市申请新高等学校成人教育校外教学点9个，其中7个通过评价复审。

（杨林山　职社办）

**■自学考试**　2014年，扬州市有23.45万人参加各类自学考试，比上年增加4701人，增长2%。其中，学历教育报名人数3.79万人，比上年减少3912人；非学历考试报名人数19.66万人（不含大学生英语四、六级考试6.62万人）比上年增加8613人，增长4.6%。

全市非学历考试报名人员中，参加全国计算机等级考试(NCRE)的3.26万人，参加成人全国计算机应用技术证书考试(NIT)的1533人，参加剑桥英语考试的72人，参加全国英语等级考试(PETS)的5164人，参加餐饮业职业经理人资格考试的253人，参加书法等级考试的15.03万人，参加物流职业经理人资格考试和销售管理专业水平考试的72人，参加教师资格考试的6536人，参加全国中小学教师教育技术水平考试(NTET)的107人。

全市有5.03万课次通过学历自学考试，占实考课次的72.83%，比上年提高4个百分点。

（杨林山　市考办）

**■扬州开放大学成立**　4月16日，扬州开放大学成立。扬州开放大学由市政府主办，面向社会全体成员，是服务终身教育和学习型社会的新型大学，旨在统筹全市社会教育资源，发展非学历继续教育和学历继续教育，推进现代科技与教育深度融合，搭建终身学习“立交桥”。学校将面向党政管理、企业经营管理、专业技术、高技能、农村实用技术、社会工作等6类人才开展教育培训，建设扬州市社区教育共享平台和教学指导中心。

（杨林山　职社处）

**2014年扬州市成人高等教育招生录取情况表**

表29-16

| 地　区 | 报名人数(人) | | | 录取人数(人) | | | |
|---|---|---|---|---|---|---|---|
| | 小计 | 统一考试 | 非统一考试 | 小计 | 专科升本科 | 高中升专科 | 高中升本科 |
| **合　计** | **15677** | **12044** | **3633** | **13789** | **5828** | **7293** | **668** |
| 市　区 | 9711 | 8293 | 1418 | 8366 | 3541 | 4219 | 606 |
| 邗江区 | 1503 | 1079 | 424 | 1345 | 595 | 688 | 62 |
| 江都区 | 1394 | 580 | 814 | 1313 | 656 | 657 | 0 |
| 宝应县 | 426 | 249 | 177 | 394 | 131 | 263 | 0 |
| 仪征市 | 1627 | 1236 | 391 | 1444 | 457 | 987 | 0 |
| 高邮市 | 1016 | 607 | 409 | 927 | 448 | 479 | 0 |

注：表中市区不含邗江区、江都区

（杨林山　考院办）

**2014年扬州市学历自学考试报名考试情况表**

表29-17　　单位：课次

| 项　目 | 总　计 | 1月考试 | 4月考试 | 7月考试 | 10月考试 |
|---|---|---|---|---|---|
| 报考课次 | **89989** | 22150 | 27067 | 18224 | 22548 |
| 实考课次 | **69117** | 19738 | 17935 | 15773 | 15671 |
| 合格课次 | **50336** | 15019 | 12663 | 11496 | 11158 |

（杨林山　自考办）

# 文化

Wenhua

编　辑　戴淑敏

## 图书报刊出版

■**概述**　2014年，全市有出版社1家、报纸5种、期刊16种、连续性内部资料性出版物51种、只读类光盘生产企业1家、可录类光盘生产企业1家、出版物发行企业904家、印刷复打印企业734家。　（钟　芸）

■**图书出版**　广陵书社申报选题228种，实际出书220种，其中重印书47种。2014年，扬州市完成《仪征刘申叔遗书》、"扬州史话"丛书等国家重点项目，编纂出版大型地方文献《扬州文库》，出版"中国雕版精品丛书"10种，策划出版地方文化读物，整理出版新、旧地方志书及地方文献资料。广陵书社出版的《江苏地方文献书目》《清代文选学名著集成》分获2013年度全国优秀古籍图书奖一等奖、二等奖；在第17届华东地区古籍优秀图书评奖中，《道光·重修仪征县志》获一等奖，《水经注捃华》、《孝经·二十四孝图》（雕版）、《扬州名人传》获二等奖，《虞山文化流派》获通俗读物奖；《美在人间永不朽·扬州剪纸》《美在人间永不朽·扬州毛笔》分获第八届华东书籍设计双年展封面设计二等奖、优秀奖。　（钟　芸）

■**《扬州日报》**　2014年，《扬州日报》推进"党报影响力提升工程""加速媒体融合工程"，提升报纸影响力。全年出版355期，印数（开机数）6.70万份，征订数6.68万份，发行量6.68万份。创新重大主题报道，定期召开重大主题报道策划会，按照"规模化、系列化、深度化"要求，报道全市政治、经济、文化、社会生活中的大主题、大工程、大事件、大典型，推出十八大及十八届三中和四中全会精神解读、党的群众路线教育实践活动主题报道、深化经济体制改革重点报道、市委六届七次全会特别报道、践行社会主义核心价值观系列报道、重大项目建设系列报道等专题、典型报道。全年刊发与中心工作相关的各类头版头条200多篇、党报评论

**2014年扬州市出版的报纸、期刊一览表**

表30-1

| 序号 | 报纸、期刊名称 | 类别 | 所属单位 |
|---|---|---|---|
| 1 | 《扬州日报》 | 报纸 | 扬州报业传媒集团 |
| 2 | 《扬州晚报》 | 报纸 | 扬州报业传媒集团 |
| 3 | 《扬州时报》 | 报纸 | 扬州报业传媒集团 |
| 4 | 《江苏声屏·扬州广播电视》 | 报纸 | 扬州广播电视总台 |
| 5 | 《扬州大学校报》 | 报纸 | 扬州大学 |
| 6 | 《扬州职业大学学报》 | 期刊 | 扬州职业大学 |
| 7 | 《扬州大学学报（人文社会科学版）》 | 期刊 | 扬州大学 |
| 8 | 《扬州大学学报（高教研究版）》 | 期刊 | 扬州大学 |
| 9 | 《扬州大学学报（自然科学版）》 | 期刊 | 扬州大学 |
| 10 | 《扬州大学学报（农业与生命科学版）》 | 期刊 | 扬州大学 |
| 11 | 《舰船电子对抗》 | 期刊 | 中国船舶重工集团公司第七二三研究所 |
| 12 | 《扬州大学烹饪学报》 | 期刊 | 扬州大学 |
| 13 | 《实用临床医药杂志》 | 期刊 | 扬州大学 |
| 14 | 《中国名城》 | 期刊 | 扬州市城乡建设局 |
| 15 | 《初中数学教与学》 | 期刊 | 扬州大学 |
| 16 | 《高中数学教与学》 | 期刊 | 扬州大学 |
| 17 | 《扬州教育学院学报》 | 期刊 | 扬州教育学院 |
| 18 | 《中国家禽》 | 期刊 | 江苏省家禽科学研究所<br>中国家禽业协会 |
| 19 | 《中国禽业导刊》 | 期刊 | 江苏省家禽科学研究所 |
| 20 | 《税收经济研究》 | 期刊 | 国家税务总局扬州税务进修学院 |
| 21 | 《合成技术及应用》 | 期刊 | 中国石化仪征化纤股份有限公司 |

（钟　芸）

100多篇。宣传、服务基层。全年头版刊发各县(市、区)重点稿件100多篇。制定骨干记者与各县(市、区)结对制度,实施年轻记者定期走基层制度。《扬州日报》县(市、区)专版、部门专版、企业专版等形成品牌效应。加速媒体融合步伐,探索党报新媒体建设路径和实现形式。7月,扬州报业传媒集团成立全媒体中心,以《扬州日报》为依托,形成报纸、微博、微信、微视、APP(第三方应用软件)、扬州网"六位一体"全媒体集群,组建"全媒体矩形方阵",实现立体传播。中国·扬州"烟花三月"国际经贸旅游节(简称"烟花三月"节)期间,全媒体中心联合百度公司和扬州各人景区,推出百度扬州景区热力图。世界运河名城博览会(简称运博会)期间,全媒体中心推出全媒体动态多维图刊《大运河第一城》,在全媒体平台上制作微博、微信、微视三大系列微刊,运用360度全景、动态立体图、裸眼3D等3种新技术,展示扬州雕版、剪纸、书画。至年底,扬州日报官方微博粉丝超过15万人,日阅读量超过30万次。 (汤庆彬)

■**《扬州晚报》** 2014年,《扬州晚报》出版359期,印数(开机数)10.27万份,征订数10.21万份,发行量10.24万份。做好国内外热点新闻报道,分析、解读国家发展大政,宣传贯彻十八大精神,报道扬州建设成就,展示市民生活变化。在党的群众路线教育实践活动宣传报道中,针对"四风"(形式主义、官僚主义、享乐主义、奢靡之风)问题开设专栏,设置专题,宣传正面典型,反映存在问题,跟踪整改情况;在十八届四中全会精神宣传报道中,开设《依法治国——落实十八届四中全会精神》专栏,推出全会精神解读系列报道和依法治市专题报道;全国"两会"期间,开设《专题报道》《对话》《热点提案议案》《两会现场》《微两会》《代表委员问局长》《两会民意直通车》《代表委员进社区》《子明夜话》《大洋博客》《两会镜头》等11个栏目。做好扬州重大事件报道。"烟花三月"节开幕当天,晚报刊出112版。其中,特刊《瞰扬州》8个版,从"大民生""大项目""大交通""大旅游"四个角度推介扬州,首次实现全媒体传播,读者可通过扫描特刊上的二维码观看"烟花三月"节开幕式现场直播及18段"烟花三月"新扬州航拍视频。中国大运河成功入选世界文化遗产后,晚报编辑《世界发现运河》特刊,策划《大运河第一城·行走》专题报道。运博会期间,推出《中国运河第一城》全媒体特刊。9月,扬州瘦西湖隧道开通,《扬州晚报》开设《千年古城第一隧》栏目,推出《城市新空间》《发展新力量》《世界新创造》《安全新标尺》《开城新境界》5个专题。加大市民身边好人典型报道力度,先后报道"把生的希望留给别人,把危险留给自己"的"的哥"葛恒权、"农家警察"李树千、"贴在墙上的包子"等先进事例,曝光不文明、违法行为,弘扬正能量。推进新媒体融合。2014年,成立扬州微信传媒联盟。《扬州晚报》全媒体平台扩容,推出扬州晚报十大微博微信。2014年世界杯足球赛期间,借助全媒体平台,运用多媒体技术,推出线上、线下双特刊,微博、微信、报纸全媒体报道比赛情况。其中扬州话版本《汤姆猫说世界杯》受到网友热捧,单期点击量大多超过1万次,6月25日单期点击量突破100万次。全年组织开展扬州十大经济新闻人物暨扬州十大经济"常青树"评选、"扬州人唱响新扬州"、"追梦讲堂"、江苏市树市花聚扬州、寻找"星星"的妈妈、票选扬州交通十大标志性建筑、"烟花三月新扬州"全国摄影比赛等公益社会活动100多场。 (汤庆彬)

■**《扬州时报》** 2014年,《扬州时报》出版253期,印数(开机数)4.03万份,征订数3.88万份,发行量3.90万份,形成"一主报四子报四刊"格局。"一主报"即《扬州时报》,"四子报"即《扬州教育》《今日邗江》《江都新闻》《广陵家长》,"四刊"即《扬商》《扬州楼市》《扬州女性》《扬州科技》杂志。宣传中心工作。围绕市委重大决策和战略部署,以专题报道、系列报道等形式,报道新进展、新成就;以扬州2500年城庆为时间节点,集中报道重要道路、重点区域、重大工程建设进展;围绕瘦西湖隧道、连淮扬镇铁路、宁启铁路复线改造、瘦西湖景区打造世界级公园、大运河成功入选世界文化遗产等,开展行进式、集中式报道;报道文昌路公交快线建设、全民健身节、"暖冬大行动"等民生工作。报道重大节庆活动。3—5月,刊发"烟花三月"节稿件(含图片)208件、专题版面32个、特刊1期。宣传中国特色社会主义理论和实践。刊发多篇专题报道,从百姓视角看扬州发展,宣传扬州加快融入苏南、融入长三角核心区、实现跨江融合发展的重要意义和主要任务;开辟《重大项目面对面》专栏,报道扬州改革实践和发展成果;开辟《沸腾的工地》专栏,通过现场特写、图片、人物专访等,报道工地建设场面和建设者精神风貌。宣传文明城市创建。开展扬州"最美小区"评选等活动,开辟《背街小巷看文明》《文明与我同行》《我身边的文明人》《文明曝光台》《为民创建 全民创建》等9个栏目;创新宣传形式,利用《漫画说文明》《文明故事会》等专栏,形象化、图解化、故事化宣传文明行为。挖掘、提炼扬州历史文化精华,报道文化博览城和文化标志性工程建设、文化创意产业发展、学习型城市和"书香城市"建设进展情况,报道"扬州好人"典型。 (汤庆彬)

■**扬州报业传媒集团** 2014年,扬州报业传媒集团加强新闻宣传,服务发展大局,推进传统媒体与新兴媒体融合发展。开展重大主题报道,成立中心工作研究报道小组、重大主题报道创新策划小组,定期召开重大主题报道策划会,推出十八大及十八届三中和四中全会精神解读、党的群众路线教育实践活动等大型主题报道,"烟花三月"节、运博会、大运河申报世界文化遗产成功、深化经济体制改革、市委六届七次全委会等特别报道,践行社会主义核心价值观、重大项目建设、瘦西湖景区建设、瘦西湖隧道建设等系列报道,民生工作推进工程专题报道,"迎接庆祝扬州建城2500周年"重大主题报道等。在

**扬州报业传媒集团获2014年度江苏省报纸优秀作品奖作品一览表**

表30-2

| 报纸名称 | 获奖作品 | 类别 | 作者 | 获奖等次 |
| --- | --- | --- | --- | --- |
| 《扬州日报》 | 《世界最长最古老运河梦圆"世遗"》 | 消息 | 王鹏 赵天 刘尚杰 | 一等奖 |
| | 《扬州敲响全国市政工程冠名权慈善拍卖第一槌》 | 消息 | 王岚峰 郑露莎 | 二等奖 |
| | 《老师去哪教学 电脑随机派位》 | 消息 | 王岚峰 何瑞琳 | 三等奖 |
| | 《诚信"快递哥"首建工作室》 | 消息 | 拾景炎 何瑞琳 | 三等奖 |
| | 《拆二代争做创二代》 | 消息 | 胡俭 董鑫 | 三等奖 |
| | 《土地阳光出让:全国样本》 | 通讯 | 聂超 | 一等奖 |
| | 《老支书七年还30万冤枉债》 | 通讯 | 胡俭 | 二等奖 |
| | 《扬州有群"90后"说书人》 | 通讯 | 孔茜 | 三等奖 |
| | 《推动大运河"合作性保护"》 | 评论 | 毛建国 | 二等奖 |
| | 《"千年第一隧——瘦西湖隧道"》 | 系列报道 | 邹平 张孔生 王鹏 嵇长青 吴涛 石默然 | 三等奖 |
| | 《"私企老板全厂停工寻员工出走孩子"》 | 组合报道 | 赵磊 董鑫 毛建国 | 二等奖 |
| | 《扬州好人》 | 专栏 | 李峰 李文明 沈燕 | 三等奖 |
| | 大策划、大联动,全媒体报道大运河成功申遗 | 重大主题创新策划 | 王岚峰 周保秋 李峰 | 二等奖 |
| | 11月6日B1版 | 报纸版面 | 李峰 陈杜华 | 一等奖 |
| | 《让运河再活一个二千年》 | 副刊 | 毛建国 | 三等奖 |
| | 《杨广,你这颗流星》 | 副刊 | 王虎华 | 三等奖 |
| | 《世界最长最古老运河梦圆"世遗"》 | 编辑奖 | 王岚峰 | 一等奖 |
| | 《土地阳光出让:全国样本》 | 编辑奖 | 刘贺 | 一等奖 |
| | 《"私企老板全厂停工寻员工出走孩子"》 | 编辑奖 | 冯刚 | 二等奖 |
| | 《安倍"招魂"》 | 漫画 | 王鹏 | 三等奖 |
| 《扬州晚报》 | 《扬州16所公办小学实现"零择校"》 | 消息 | 刘冠霖 | 三等奖 |
| | 《那个一生都在长征的老人走了》 | 通讯 | 王玉龙 黄媛媛 | 二等奖 |
| | 《扬州"卖电"居民已有7户啦》 | 通讯 | 蒋烨 任飞 居小春 | 三等奖 |
| | 《三任警察爸爸接力抚养她5年》 | 通讯 | 李大友 王玉龙 | 三等奖 |
| | 《江都一8岁女童在泰州走失 赵薇舒淇转发微博帮找孩子》 | 系列报道 | 刘旺 嵇尚东 | 二等奖 |
| | 《两5龄童横穿马路 的哥自撞》 | 系列报道 | 孟俭 王玉龙 | 三等奖 |
| | 11月6日A3版 | 报纸版面 | 袁益民 邹亚琴 曹欢 | 二等奖 |
| | 《其实我没有读懂您》 | 副刊 | 朱广盛 | 三等奖 |
| | 《扬州16所公办小学实现"零择校"》 | 编辑奖 | 袁文生 | 三等奖 |
| | 《2014年扬州十大新闻出炉》 | 漫画 | 沈江江 | 二等奖 |
| | 《扬州大学生设计4平米蜗居房》 | 摄影 | 司新利 | 三等奖 |
| 《扬州时报》 | 《刷手机,能查企业和个人行贿记录》 | 消息 | 郭威 乔国军 | 三等奖 |
| | 《男子高处坠落钢筋穿体 扬州工友大爱托举》 | 通讯 | 徐强 徐海峰 | 二等奖 |
| | 《谢谢你们,满足我最后的心愿》 | 通讯 | 路漫 张晶晶 葛学涛 | 三等奖 |
| | 12月29日A1版 | 报纸版面 | 张广秀 夏露 | 三等奖 |
| | 《男子高处坠落钢筋穿体 扬州工友大爱托举》 | 编辑奖 | 陆瑶 | 二等奖 |

（汤庆彬）

2014年度江苏省报纸(网络、论文)优秀作品评选中,集团获一等奖6个、二等奖13个、三等奖23个,其中消息《世界最长最古老运河梦圆“世遗”》获江苏新闻奖。加强对外宣传。先后在《人民日报》《经济日报》《光明日报》等中央级和省级媒体上刊发各类稿件10篇;在美国《洛杉矶时报》《国际日报》《世界英才》等媒体刊登60个整版报道,宣传扬州大运河、“烟花三月”节等;利用第三届朱自清散文奖颁奖典礼、央视综艺品牌节目联合选拔扬州推介会、2014中国旅游天使大赛总决赛、海外华文媒体扬州论坛、全国地市新闻网联盟年会、城市晚报总编探访扬州人运河等活动,宣传扬州。加快新媒体建设。加强媒体融合发展。扬州网2014年点击量1768万次。十二届全国人大二次会议、全国政协十二届二次会议及地方人大、政协“两会”期间,《扬州日报》和扬州网联合成立全媒体报道小组,设立“两会”网络新闻专题,以图片、文字、视频等形式,通过微博、微信、手机报、“云扬州”等多种媒体播报“两会”情况;各报纸组建“全媒体矩阵”,初步形成报纸、微博、微信、微视相融合的全媒体集群,实现立体传播格局。“云扬州”“乐活扬州”等手机客户端二期上线,“云扬州”三期工程启动。

2014年,扬州报业传媒集团被中国报业协会评为“中国报业户外媒体20强”;《扬州晚报》获“地市晚报品牌10强”“中国地方都市类报纸最具品牌价值10强”称号;《扬州时报》获教育部2014年度中国人生教育优秀媒体奖;扬州网获全国“十大最具影响力新闻网站”称号,获“最具创新力品牌奖”;广陵古籍刻印社被文化部命名为第二批国家级非物质文化遗产生产性保护示范基地;在第29届全国古籍优秀图书评奖中,广陵书社编撰的《江苏地方文献书目》获一等奖。 (汤庆彬)

**■报刊管理** 市文化广电新闻出版局(简称市文广新局)开展打击“四假”(假报刊、假新闻、假记者、假记者站)和“新闻敲诈”等专项整治行动,加强报刊审读,加强对报刊社、记者、记者站的日常监管,全市报刊市场有序发展。2月,组织全市新闻单位采编人员参加岗位考试,换发记者证815份。报刊审读小组全年编发《报刊审读情况》18期,撰写审读报告、新闻评析等文章69篇10万字。 (钟 芸)

## 广播影视

**■概述** 2014年,扬州市有广播电视台6座、广播电视发射台和转播台13座;电视节目全年制作量1.85万小时,平均日播出量107.88小时;广播节目年制作量3.58万小时,平均日播出量123.02小时。全市有线电视用户124.24万户,广播、电视人口覆盖率100%。全市有影院19座,全年放映电影15.42万场次,观众451.30万人次,票房收入1.43亿元。 (闻 华)

**■电影放映** 2014年,中影星美、上海联和、江苏蓝海等院线公司在扬州市布点,广陵区达麦星美影城、邗江区华大影城、宝应县蓝海影城、高邮市世贸影城、邗江区蓝海影城等5家影院相继开业,扬州蓝海影城IMAX巨幕厅、扬州世纪影城Dolby Atmos(杜比全景声)MAX巨幕厅、高邮华夏影城RealD 3D厅等影厅先后投入运营。全市新增城市数字影院5座、影厅34个、银幕34块、座位5358个,累计有影院19座(含汽车影院1座)、影厅107个、银幕108块、座位1.54万个。全市451.30万人次观看电影,比上年增长37.32%;影院票房收入1.43亿元,增长32.07%。其中,扬州世纪影城、喜满客影城、金逸国际影城票房收入合计7494万元,占全市票房收入的52.37%;江都区扬州中广时代、世纪影城及仪征市蓝海、国信、辉煌影城票房收入分别增长26.08%、36.33%、34.31%、58.38%、61.72%。全市影院平均票价31.7元,比上年下降3.8%;影院单个座位平均总票房9299元,下降13.9%。9月,市文广新局组织全市影院面向残疾人、老年人、困难群体及其他特定群体开展公益电影放映活动,接待3000多人观影。全年建成农村公益电影固定放映点17个(仪征市),放映农村公益电影1.47万场。加强电影放映服务管理。市文广新局制定《扬州市城市影院电影放映服务管理办法》,明确文明放映、公益放映、安全放映、规范经营、依法管理等5个方面服务管理措施。 (沈春祥)

**2014年扬州市院线影院经营情况表**

表30-3

| 影 院 名 称 | 营业天数(天) | 放映场次(场次) | 观众数量(人次) | 票房收入(万元) |
|---|---|---|---|---|
| 上海联和电影院线公司扬州工人影城 | 363 | 7929 | 134224 | 392.01 |
| 世纪环球电影院线发展有限公司扬州世纪影城 | 365 | 19613 | 954260 | 3277.21 |
| 浙江横店电影院线公司高邮北海影城 | 364 | 8247 | 82317 | 226.63 |
| 上海联和电影院线公司扬州喜满客影城 | 364 | 18075 | 614644 | 2266.47 |
| 北京九州中原数字电影院线仪征辉煌影城 | 359 | 4344 | 49316 | 120.28 |
| 广州金逸珠江电影院线有限公司扬州金逸影城 | 365 | 14966 | 559385 | 1951.04 |
| 广东大地电影院线有限公司扬州中广时代影城 | 365 | 8838 | 261946 | 865.75 |
| 世纪环球电影院线发展有限公司江都世纪影城 | 365 | 7802 | 264510 | 857.46 |

续表30-3

| 影 院 名 称 | 营业天数（天） | 放映场次（场次） | 观众数量（人次） | 票房收入（万元） |
|---|---|---|---|---|
| 北京华夏联合电影院线扬州汇金谷金字塔影城 | 306 | 2656 | 5274 | 17.49 |
| 江苏幸福蓝海院线有限责任公司仪征蓝海影城 | 365 | 7986 | 232534 | 656.23 |
| 江苏东方影业有限责任公司仪征国信影城 | 364 | 6737 | 207588 | 517.67 |
| 世纪环球电影院线发展有限公司宝应世纪影城 | 359 | 7039 | 258759 | 805.36 |
| 北京红鲤鱼数字电影院线有限公司扬州牛仔汽车影院 | 123 | 123 | 815 | 1.85 |
| 江苏东方影业有限责任公司高邮华夏影城 | 339 | 7371 | 146955 | 415.45 |
| 上海联和电影院线公司扬州华大影城 | 359 | 13942 | 414319 | 1041.04 |
| 中影星美电影院线有限公司扬州达麦星美影城 | 365 | 15311 | 272158 | 737.52 |
| 江苏幸福蓝海院线有限责任公司宝应蓝海影城 | 95 | 2488 | 42370 | 124.47 |
| 中影星美电影院线有限公司高邮世贸影城 | 22 | 396 | 5426 | 15.11 |
| 江苏幸福蓝海院线有限责任公司扬州蓝海影城 | 13 | 318 | 6193 | 18.85 |

（沈春祥）

## 扬州广播电视传媒集团(总台)

**■概述** 2014年，扬州广播电视传媒集团(总台)〔简称扬州广电集团(总台)〕宣传报道工作围绕各级“两会”、中共十八届四中全会、市委全委会、“烟花三月”节、大运河申报世界文化遗产成功、党的群众路线教育实践活动、民生幸福工程、重大项目建设、文明城市创建、瘦西湖隧道开通、连淮扬镇铁路开工等重要活动、重要工作，运用广播、电视、网络等全媒体，发挥广播电视舆论导向作用。全年自办广播频率5个、电视频道4个、数字电视频道2个，制作电视节目0.73万小时、广播节目2.58万小时。新开办《公益星主持》《唱响星期五》《全民导游》《家有小乖乖》《青春热线》等自主创新栏目。电视节目《扬州新闻》《关注》《市民论谈》和广播节目《985新闻》《行风热线》等成为市委、市政府发布政令、指导工作、沟通群众的重要渠道；《今日生活》《新闻女生帮你忙》《甲方乙方》《会生活》《当家菜》《扬州好佬》《上班路上》《夜色温柔》《大街小巷》《广陵书苑》等电视、广播栏目丰富市民文化娱乐生活，满足市民生活资讯需求。扬州广电集团(总台)电视收视、广播收听市场份额分别超过40%、77%，《江苏声屏·扬州广播电视》发行量超过7万份。全年有20件作品获省级一等奖及以上奖项26个。（仲铁成）

**2014年扬州广电集团(总台)获省级一等奖及以上奖项作品一览表**

表30-4

| 类 别 | 获 奖 作 品 标 题 | 奖 项 名 称 |
|---|---|---|
| 电视类 | 《谁截留了孩子们的“口粮”》 | 2013年度江苏电视新闻奖连续(系列)报道一等奖 |
| | 《扬州，永恒的文化之城》 | 2014美国休斯敦电影节铂金雷米奖<br>2013年度江苏广播电视彩虹奖对外电视节目地方形象片一等奖 |
| | 《隋炀帝墓——争论与真相》 | 2013年度江苏电视社教节目奖长纪录片一等奖<br>第30届江苏省电视金凤凰奖电视纪录片一等奖<br>江苏省第九届精神文明建设“五个一工程”奖优秀作品奖 |
| | 《又见宋刻〈思溪藏〉》 | 2013年度江苏电视社教节目奖专题片一等奖<br>第30届江苏省电视金凤凰奖电视纪录片一等奖 |
| | 《中华长歌行·我们的节日·清明》 | 2013—2014年度江苏电视文艺奖专题节目一等奖 |
| | 《首届中国电视演员形象榜揭榜仪式》 | 第30届江苏电视金凤凰奖电视文艺晚会一等奖 |
| | 《“韵凤秀色”第九届中国音乐金钟奖古筝比赛开幕式晚会》 | 第30届江苏电视金凤凰奖电视文艺晚会一等奖 |
| | 《扬州好佬·魅力方言秀——元宵节特别节目》 | 第30届江苏电视金凤凰奖电视文艺晚会一等奖 |
| | 《开心过大年》 | 第30届江苏电视金凤凰奖电视文艺栏目一等奖 |
| | 《运河之歌》 | 江苏省第九届精神文明建设“五个一工程”奖优秀作品奖 |

续表30-4

| 类　别 | 获　奖　作　品　标　题 | 奖　项　名　称 |
|---|---|---|
| 广播类 | 《村级卫生室之问》 | 第24届中国新闻奖广播系列二等奖 |
| | 《扬州学者纪宝成主编中日韩800个共用常见汉字表草案》 | 2013年度江苏广播电视彩虹奖对外广播节目消息一等奖 |
| | 《又是虹桥修禊时》 | 2013年度江苏广播电视彩虹奖对外电视节目文艺节目一等奖 |
| | 《隋炀帝杨广墓在扬州发掘确认，被列为2013中国重大考古成果》 | 第17届江苏新闻奖(广播长消息) |
| 报刊类 | 《"四门都督"顾风》 | 2013年度江苏广播电视报刊新闻与专稿奖专访一等奖 |
| 论文类 | 《深度报道：扬传统媒体之优长》 | 第13届全国广播电视学术论文评选节目研究类二等奖<br>第13届江苏省广播电视学术论文奖节目研究一等奖<br>江苏省新闻论文一等奖 |
| 技术类 | 《全台节目技术质量总体控制体系》 | 江苏省科技创新一等奖 |
| | 《扬州新闻》 | 江苏省电视节目技术质量奖(金帆奖)一等奖 |
| | 《2014扬州半程马拉松》 | 江苏省电视节目技术质量奖(金帆奖)一等奖 |
| | 《笛子独奏〈姑苏行〉(实况录音)》 | 江苏省广播节目技术质量奖(金鹿奖)一等奖 |

(仲铁成)

**■广播电视科技装备**　扬州广电集团(总台)全年投入2000多万元，完成广播智能总控系统构建和全台主干网、运行管理平台、新闻频道高清化等升级改造。在省内城市台率先开播新闻高清频道，提升广播电视制作、播出、传输硬件水平。启动全媒体融合平台项目建设，为城市广电新旧媒体融合发展提供硬件支撑。《全台节目技术质量总体控制体系》创新项目获省新闻出版广电局科技创新奖一等奖。3件作品获省广播电视节目录制质量奖一等奖。　(仲铁成)

## 文学艺术

**■概述**　繁荣文化艺术创作表演。2014年，电视纪录片《隋炀帝墓——争论与真相》、戏剧《衣冠风流》、广播剧《一个人的诚信考场》、歌曲《运河之歌》、图书《难忘初心——星云与扬州》获省第九届精神文明建设"五个一工程"奖。在第11届江苏省"五星工程奖"评奖中，扬州市获表演艺术类作品金奖2个、银奖2个、铜奖8个，美术书法摄影类作品银奖5个、铜奖2个，理论研究成果类三等奖2个，1人获评"群文之星"。完成《四库全书》(文津阁本)原大原色原样复制，出版发行"扬州史话"丛书，举办第三届朱自清散文奖颁奖典礼。扬剧《衣冠风流》入选江苏省舞台艺术精品工程重点资助项目，获第二届江苏文化艺术节荣誉剧目奖。舞蹈《老陆和他的孩子们》《甘霖》均获第六届华东专业舞蹈比赛创作、表演一等奖。木偶剧《胡桃夹子》获第四届上海国际木偶艺术节"最佳木偶艺术传承奖"、首届"中国南充国际木偶艺术周"最高奖——最佳剧目奖。木偶剧《咏梅》《女驸马》分获第五届"金狮奖"木偶皮影中青年技艺大赛金奖。市歌舞剧院参演的大型原创歌剧《运之河》获第二届中国歌剧节7项大奖。扬州清曲《春江花月夜》获第九届马街书会曲艺邀请赛节目一等奖。市国画院安玉民创作的版画《舞动的草原》入选第12届全国美术作品展览。扬剧《衣冠风流》、"木偶皮影制作人才培养"分别入选国家艺术基金2014年度舞台艺术创作(大型舞台剧和作品类)资助项目、人才培养资助项目。大型音乐舞蹈史诗《千古风流》进入创作阶段。扬州市城庆2500年主题歌征集工作、扬州

扬剧《衣冠风流》演出现场　　庄文斌/摄

市重大题材美术创作工程启动。举办“中国梦·运河情”江苏省运河城市国画邀请展、“描绘中国梦，情画新江苏”2014全省中青年美术作品展扬州专展等。

文艺人才培养。扬州文化艺术学校先后与扬州大学艺术学院、中国戏曲学院合作，共建教学实践基地和生源培养基地。市扬剧研究所13名年轻演员考入中国戏曲学院，成为扬剧史上首批本科生。在扬州、上海、苏州举办“炼艺悟道”扬州评话马伟专场演出，这是全省曲艺界首次为35岁以下青年演员举办专场。康康获第八届中国曲艺“牡丹奖”新人奖。举办2014扬州市戏剧曲艺创作人员讲习班、基层文化干部培训班。

文化交流演出。扬州曲艺代表江苏进京参加“向人民报告——庆祝新中国成立65周年暨说唱中国梦优秀曲艺节目展演”，举办“江南曲美”江苏曲艺专场演出，开展扬州评话传承发展学术研讨会、扬州曲艺进北大等活动。加强对外交流。市木偶研究所到美国亚利桑那州喷泉山市展示花灯、表演杖头木偶，与邀请方美国IEC文化公司签订3年商业演出合同，实现扬州文化“卖出去”的突破。市扬剧研究所到韩国演出扬剧《白蛇传》，庆祝江苏省和韩国全罗北道结好20周年。扬州清曲演员到希腊展演。扬州曲艺参加在意大利举办的“国际故事会”演出。

（刘文献　朱运桃）

**■2014年市文艺创作引导资金项目** 2014年，全市有82件文艺作品申报市文艺创作引导资金，涵盖长篇小说、长篇纪实文学、散文集、诗歌集、书画集、摄影集、舞蹈、歌曲等各艺术门类。经评审，35个文学类作品项目、15个艺术类作品项目立项，获文艺创作与研究引导资金50万元。

（吴建军）

**■“扬州之春”艺术周系列展演** 2月4—8日，市委宣传部、市文广新局等联合举办“扬州之春”艺术周系列展演活动，集中展示扬州市专业院团优秀获奖剧目。其间，市曲艺研究所在扬州大剧院举办扬州曲艺专场，市歌舞剧院分别在市音乐厅、扬州大剧院举办新春民族音乐会、歌舞综合专场，市木偶研究所在扬州大剧院演出两场木偶剧《白雪公主》，市扬剧研究所在友好会馆演出扬剧《三娘教子》。

（闻　华）

**■扬州参加江苏文化艺术节获佳绩** 9—10月，扬州市参加第二届中国·江苏文化艺术节。9月21日，由市扬剧研究所李政成领衔主演的新编大型历史古装扬剧《衣冠风流》在南京上演。10月11日，艺术节扬州分会场“同唱中国梦·共舞扬州情”群众文化活动在宋夹城体育休闲公园举行，表演地方特色节目13个，展示扬州文艺最新精品力作。10月21日，艺术节评比结果揭晓，扬剧《衣冠风流》获荣誉剧目奖，李政成获优秀表演奖，“同唱中国梦·共舞扬州情”群众文化活动获“广场演出展示奖”。

（刘文献　朱运桃）

**■文联工作** 2014年，扬州市文学艺术界联合会（简称市文联）新成立行业文联1家（扬州市金融系统文联）、协会6家（扬州市琴筝艺术协会、扬州市观赏石艺术鉴赏协会、扬州市园林与盆景艺术家协会、扬州市文艺界群众工作研究会、扬州市文艺评论家协会、扬州市汉民族服饰艺术研究会）、乡镇（街道）文联3家（汶河街道文联、汤汪乡文联、湾头镇文联）、民办非企业5家（扬州市文和书法艺术中心、扬州市虹桥印社、扬州市赵绪成艺术馆、扬州市檀润居艺术馆、扬州市枣林湾书画创作交流中心），吸收扬州古城画院、扬州运河书画院等团体会员，新成立事业单位扬州书法院（在原有事业单位“扬州市文联美术馆”上增挂牌子）。至年底，全市有市级文联1家、县（市、

**2014年文联讲堂活动情况表**

表30-5

| 时　间 | 地　　点 | 主　讲　人 | 主　　题 |
|---|---|---|---|
| 3月8日 | 文联报告厅 | 阮锡开 | 长篇小说《回眸》报告会 |
| 4月14日 | 预备役师高炮团 | 戴兴发 | 摄影知识讲座 |
| 6月21日 | 文联报告厅 | 赵庆泉 | 国内外盆景的发展 |
| 6月26日 | 扬州商城 | 戴兴发 | 摄影基础知识课 |
| 8月8日 | 海德建国酒店 | 尹　石 | 明月松间照，枝叶总关情 |
| 8月17日 | 市文化馆 | 雍　和 | 照片，不仅仅是漂亮 |
| 10月17日 | 文联报告厅 | 曹永森 | 城庆专题讲座 |
| 10月20日 | 树人学校 | 叶　橹 | 叶橹诗歌专题讲座 |
| 10月30日 | 文联报告厅 | 崔志强 | 备战书法国展　争当国省会员 |
| 11月4日 | 通达学院 | 白燕升 | 光阴的故事——敬畏　艺术　生活 |
| 11月11日 | 扬州会议中心 | 龚　一 | “相约知音”龚一古琴艺术系列讲座 |
| 11月19日 | 扬州市图书馆 | 赵绪成 | 艺术就是个玩意 |
| 11月26日 | 文联报告厅 | 杜　海　许　晓 | 文艺维权专题讲座 |

（吴建军）

区)级文联5家、乡镇(街道)级文联50家、行业文联4家、企业文联8家;市文联有下属文艺家协会(研究会)25个、会员1万多人,其中国家级会员330人、省级会员900多人。2014年,市文联画家村、小画家村在茱萸湾公园挂牌,作家村、小作家村在扬州中学教育集团树人学校挂牌,“一园八村”(扬州文艺家创作园,民间文艺家村、摄影家村、诗人村、音乐家村、舞蹈家村、戏曲家村、画家村、作家村)建设工作全部完成。市文联及下属各协会(研究会)、行业企业文联、中心等团体会员全年举办书画、摄影、文学、音乐、曲艺、舞蹈、民俗文化等文艺活动近300场(次)。2月20日,市文联召开五届六次全委(扩大)会,增补文联委员40人,聘任文联名誉委员5人,授予刘志高等5人“文联功臣”奖杯,向马维衡等41名文艺家颁发“文艺家工作室”铜牌。

(吴建军)

**■扬州文化艺术学校** 2014年,扬州文化艺术学校设扬剧表演、曲艺表演、中国舞表演、器乐表演、音乐表演、电脑美术设计等6个专业,全年招收新生230人;20名毕业生升入高校深造,其余毕业生就业一次性签约率98%。拓展对外合作。学校与扬州大学艺术学院、中国戏曲学院签订合作协议,成为其“教学实践基地”“生源培养基地”;与浙江宋城集团艺术团签订合作协议,在学校设立“宋城奖学金”;与市文联合作,成立江苏省文联艺术人才培训中心扬州分中心。学校戏曲、舞蹈专业开展合作办学,省演艺集团扬剧团、扬州市扬剧研究所、高邮扬剧团等6家单位分别委托学校订单式培养戏曲、歌舞人才。成立卢小杰、赵震方音乐教学研究室;聘请歌唱家刘秉义担任特聘教授,聘用9名戏剧教学专家常年驻校任教。2014年,学校恢复排演《阳春面》等精品剧目,创作漆画《扬州八怪》。全年举办对外教学成果展示汇报活动4场。5月,承办全省艺术职业学校课堂教学观摩会,全省11所艺术职业学校80人出席活动。各专业师生全年获省级赛事奖项11个、市级各类奖项52个,在各类核心刊物上发表教研论文或作品17篇。俄罗斯籍教师利阿娜获2014“情动江苏·杰出国际友人”称号。12月,学校暂迁至仪征朴席办学。12月28日,以艺校改扩建工程为主体的扬州非物质文化遗产基地戏曲园项目开工。

(刘文献 朱运桃)

## 文学

**■“扬州史话”丛书出版** 3月,“扬州史话”丛书由广陵书社出版。“扬州史话”由市文联组织创作,编撰工作历时5年,共10册,包括《扬州发展史话》《扬州学术史话》《扬州艺术史话》《扬州科技史话》《扬州交通史话》《扬州盐业史话》《扬州园林史话》《扬州饮食史话》《扬州戏曲史话》《扬州宗教史话》。该丛书记述范围上至公元前486年吴王夫差开邗沟筑邗城,下至现当代,全面、系统介绍和论述扬州2500年历史和文化,语言生动明快,学术性、可读性兼具。

(吴建军)

**■2014国际诗人瘦西湖虹桥修禊** 4月2日,由蜀冈-瘦西湖风景名胜区管委会主办,市文联、市作家协会协办的2014国际诗人瘦西湖虹桥修禊在瘦西湖“虹衢春风”景区开幕。此次活动主题为“诗国·诗湖·诗的穿越”,邀请12名国内外著名诗人参加,活动内容包括古典诗词名篇唱和、国内外诗人作品互译及朗诵、当代重大诗学问题对话等。开幕式上,举行虹桥修禊仪式、绿杨城郭曲水流觞联诗、嘉宾诗人画舫游湖、面具行为艺术等活动,国内外嘉宾和参加活动人员头戴诗人面具、手执兰草进场,完成佩香纳祥、虹桥芳信、奏乐焚香、禊词祝颂、斟酒祀春、兰泉洒沐、天降诗雨等仪式。3日,虹桥修禊暨腾讯书院论坛在瘦西湖餐英别墅举行,国内外诗人围绕“诗·历史·当代性”主题,分组探讨诗歌发展现状和前景。4日,2014国际诗人瘦西湖虹桥修禊闭幕式暨瘦西湖-扬大诗歌之夜朗诵会在扬州大学礼堂举行,唐晓渡、阿莱什·施蒂格、陈东东等国内外诗人吟诵各自代表作,扬州大学师生表演诗歌朗诵。其间,扬州大学聘请诗评家唐晓渡、华语诗人杨炼为兼职教授。

(吴建军)

**■“烟花三月新扬州”系列活动** 4月,市文联整合社会资源,举办“烟花三月新扬州”系列活动。11日,举行文联成果发布会,发布2013年度扬州市文艺创作专项引导资金项目第一批作品。13日,市文联、中国民主建国会扬州市委员会联合主办“第二江南杯”大型诗歌朗诵会暨作家采风团启动仪式,并为参演单位颁发优胜奖奖旗。14日,由市委宣传部、蜀冈-瘦西湖风景名胜区管委会、市文联联合主办的“烟花三月新扬州·美丽瘦西湖”摄影大赛开镜仪式在虹桥坊举行,大赛收到作品1000多幅,评出一等奖1个、二等奖3个、三等奖6个、优秀奖100个。22日,市文联、市作家协会联合举办“老巷故事”采风行活动,组织20多名本土作家参观扬州八怪纪念馆、仙鹤寺、旌忠寺等文博场所和汶河街道古巷。

(吴建军)

**■第三届朱自清散文奖颁奖仪式** 4月26日,由中国作家协会人民文学杂志社、扬州市委宣传部主办,扬州报业传媒集团、市文联、市园林管理

4月26日,第三届“朱自清散文奖”颁奖典礼在扬州举行

庄文斌/摄

局、江苏省扬州中学承办的第三届朱自清散文奖颁奖仪式在扬州迎宾馆举行。中国作家协会原党组副书记、中国散文学会会长王巨才，人民文学杂志社主编施战军、副主编邱华栋，市委书记谢正义等市领导，获奖作者张炜、马未都、于坚、祝勇等出席颁奖仪式。人民文学杂志社副主编宁小龄主持颁奖仪式。 （吴建军）

**2014年扬州市文联部分会员出版文学作品一览表**

表30-6

| 书　　名 | 类　别 | 作　者 | 出版单位 |
| --- | --- | --- | --- |
| 《鹊桥归路》 | 长篇小说 | 徐惟清 | 江苏凤凰文艺出版社 |
| 《追梦记》 | 长篇小说 | 樊余仁 | 江苏凤凰文艺出版社 |
| 《烟花》 | 长篇小说 | 夏　涛 | 团结出版社 |
| 《苍灵三梦》 | 长篇小说 | 迦楼罗火翼 | 上海人民美术出版社 |
| 《送你一束玫瑰花》 | 小说集 | 蒋亚林 | 中国书籍出版社 |
| 《月亮掉进瘦西湖》 | 散文集 | 杨　甦 | 江苏凤凰文艺出版社 |
| 《记得住的乡愁》 | 散文集 | 张钟玉 | 江苏凤凰文艺出版社 |
| 《花朵旁边》 | 散文集 | 徐方芳 | 江苏凤凰文艺出版社 |
| 《光阴的碎片》 | 散文集 | 王三宝 | 江苏凤凰文艺出版社 |
| 《万叶千声》 | 散文集 | 王　晓 | 江苏凤凰文艺出版社 |
| 《流年》 | 散文集 | 张筱清 | 江苏凤凰文艺出版社 |
| 《如水时光》 | 散文集 | 戚亚玲 | 江苏凤凰文艺出版社 |
| 《小园香径》 | 散文集 | 小　蚕 | 江苏凤凰文艺出版社 |
| 《萤火虫的舞蹈》 | 散文集 | 郭　翔 | 江苏凤凰文艺出版社 |
| 《飘逝的红颜》 | 散文集 | 周　游 | 新华出版社 |
| 《男人的天空》 | 散文集 | 周　游 | 新华出版社 |
| 《苏醒的波澜》 | 散文诗集 | 苏　扬 | 江苏凤凰文艺出版社 |
| 《秋野的彼岸花》 | 诗集 | 琴蔓古丽 | 江苏凤凰文艺出版社 |
| 《眺望与回首》 | 诗集 | 崔小南 | 江苏凤凰文艺出版社 |
| 《一池荷香》 | 诗集 | 后金山 | 江苏凤凰文艺出版社 |
| 《故园的纬度》 | 诗集 | 王嘉标 | 江苏凤凰文艺出版社 |
| 《回音》 | 诗集 | 曹利民 | 江苏凤凰文艺出版社 |
| 《红蜻蜓》 | 诗集 | 朱　燕 | 江苏凤凰文艺出版社 |
| 《赶路的人》 | 诗集 | 卞红进 | 中国文联出版社 |
| 《叶橹文集》 | 随笔 | 叶　橹 | 凤凰出版社 |
| 《张联桂的故事》 | 人物传记 | 徐鹏光 | 中国文史出版社 |
| 《江湖有酒　庙堂有梦》 | 人物评传 | 谢青桐 | 北京时代华文书局 |
| 《三十而立——仓爱民三十年电视作品选》 | 电视文学剧本集 | 仓爱民 | 黄山书社 |
| 《日落下的挽歌——论冶春后社与扬州近现代文化》 | 文化研究 | 罗加岭 | 江苏凤凰文艺出版社 |
| 《清代扬州盐商的诗酒风流》 | 文艺研究 | 明　光 | 社会科学文献出版社 |
| 《焦循戏曲理论研究》 | 文艺研究 | 王伟康 | 广陵书社 |
| 《明清昭阳李氏家族文化文学研究》 | 文化研究 | 王向东 | 上海三联书店 |
| 《阮元研究论文选》 | 人文研究 | 阮锡安　姚正根 | 广陵书社 |
| 《一个人的批评》 | 文学评论集 | 周荣池 | 江苏凤凰文艺出版社 |

（吴建军）

## 戏剧

**■大型原创歌剧《运之河》在扬州上演** 9月25—26日，由江苏省委宣传部、省文化厅、省演艺集团联合出品的大型原创歌剧《运之河》在扬州大剧院上演。《运之河》分5个篇章，时长两个半小时，反映隋炀帝开掘大运河的历史功过。《运之河》由北京、江苏两地歌唱家分3组编排演出，省演艺集团、扬州市歌舞剧院等单位300名专业演员参加演出。25日的演出由戴玉强、殷秀梅分别饰演隋炀帝、萧后。大运河沿线8个省(直辖市)文物局、35个城市相关领导，部分国家驻华使节，有关国际组织负责人，国内舞台艺术专家以及扬州市领导、劳模代表等1000人观看演出。26日的演出由扬州大学音乐学院院长张美林、省歌舞剧院殷桂兰分别饰演隋炀帝、萧后。（刘文献 朱运桃）

**■扬剧《白蛇传》到韩国交流演出** 为庆祝江苏省和韩国全罗北道结好20周年，受省文化厅委派，10月21日，扬州市扬剧研究所一行32人启程到韩国全罗北道参加为期6天的文化交流活动。22日、24日，市扬剧研究所分别在韩国全州友津文化空间艺术剧场、高敞文化殿堂上演全本古装扬剧《白蛇传》。这是市扬剧研究所首次以全本扬剧剧目对外交流演出，向韩国民众展示扬剧艺术。

（刘文献 朱运桃）

10月22日，扬剧《白蛇传》在韩国首演

汤玉祥/摄

**■《胡桃夹子》获上海国际木偶艺术节暨邀请赛最佳艺术传承奖** 11月7—11日，"金玉兰"第四届上海国际木偶艺术节暨邀请赛举行，世界各地13家(其中国内4家)专业木偶艺术表演团体参加比赛。10日晚，扬州市木偶研究所参赛剧目《胡桃夹子》在上海艺海剧院上演。最终，《胡桃夹子》以中西合璧的戏剧情节、原汁原味的经典音乐、特殊灯光效果"双人芭蕾舞"，获最佳木偶艺术传承奖。

（刘文献 朱运桃）

**■纪念京剧大师梅兰芳诞辰120周年系列活动** 9月19日，扬州市梅兰芳研究会、市文化馆举办京剧艺术讲座，邀请音乐人王鹭声、京剧名家韩峰等介绍梅派京剧文化独特魅力与发展现状，扬州市纪念京剧大师梅兰芳诞辰120周年系列活动启动。10月1日，市梅兰芳研究会、文津中学主办的纪念京剧大师梅兰芳诞辰120周年图片展在史可法纪念馆举行，展览分"梨园世家京剧大师""艺惊世界影响至深""梅兰芳与扬州"三部分。10月22日，由市文联主办、市梅兰芳艺术研究会承办的纪念京剧大师梅兰芳诞辰120周年座谈会在琼花观举行。市梅兰芳艺术研究会会长明光主持会议，市文联领导、市京剧界代表40多人参加座谈。当天下午，纪念京剧大师梅兰芳诞辰120周年演唱会在广陵区政府礼堂举行，扬州、镇江等地京剧艺术工作者表演"梅派"经典唱段。全市200多名京剧爱好者观看演出。（吴建军）

**■中国扬州首届国际木偶艺术研讨会** 12月18日，由国际木偶联合会中国中心、中国木偶皮影艺术学会、扬州市文广新局主办的中国扬州首届国际木偶艺术研讨会在扬州举行。国际木偶联合会中国中心主席、中国木偶皮影艺术学会主席李延年，国际木偶联合会亚太委员会主席、中国木偶皮影艺术学会秘书长唐大玉，国际木偶联合会专业教学委员会主席、阿根廷戏剧大学教授蒂托·劳伦菲斯(Tito Lorefice)等领导和专家学者40人出席会议。蒂托·劳伦菲斯作"木偶剧的剧目创作"主题演讲，上海市木偶剧团一级编剧何晓星、扬州文化研究所名誉所长韦明铧、扬州市木偶研究所一级舞美设计师封保义、扬州市木偶研究所一级编导焦锋、扬州市木偶研究所二级主任舞台技师殷大宁分别阐述中国木偶艺术的传承与发展、扬州木偶的历史、中国书画与木偶戏、儿童木偶剧创作要点、杖头木偶戏传承和发展。

（刘文献 朱运桃）

**■扬州市扬剧研究所** 2014年，市扬剧研究所组织各类演出82场，其中公益性演出12场；完成"三下乡""进社区""进基层"和节庆期间指令性演出活动20次。全年完成非税收入135.21万元。打造大型新编历史剧《衣冠风流》、新编古装戏《杜十娘》、传统经典剧目《百岁挂帅》和《白蛇传》等剧目，复排传统扬剧《赵五娘》，移植改编古装戏《潼关根》。《衣冠风流》获第二届江苏省文化艺术节荣誉剧目奖、江苏省第九届精神文明建设"五个一工程"优秀作品奖，成为2013年度江苏省舞台艺术精品工程重点资助剧目、首批国家艺术基金2014年度舞台艺术创作资助项目；主演李政成获第二届江苏省文化艺术节优秀表演奖。在第八届江苏戏剧奖·小戏小品奖大赛上，小扬剧《板桥作画》获优秀剧目二等奖，张卓南获优秀表演奖，周寿泉、王海分获导演奖，沈仁梅、王海分获表演奖，王兆奇、孔令峰分获音乐奖。4月，市扬剧研究所在上海逸夫舞台演出《杜十娘》《百岁挂帅》。10月，随江苏文化交流团到韩国全罗北道演出《白蛇传》。加大人才培养力度。通过专业考试,13人进入中国戏曲学院表演系多剧种班,成为首批参加本科学习的扬剧演员;10人进入扬州文化艺术学校扬剧器乐演奏班。赵紫君、王瑞如、王海等3人被列为市级非物质文化遗产项目代表性传承人。市扬剧研究所参与扬州戏剧曲艺创作人员培训,与江都区文联等单位联合承办"香江杯"扬剧票友大赛,组织相关人员、节目参加非物质文化遗产展演、地方艺术进校园等活动。打造"周周看扬剧"品牌活动,全年演出48场。建立扬剧艺术档案数字资料室,将扬剧纸质资料逐步转换成数字资料,并获非物质文化遗产项目保护经费80万元。(刘文献　朱运桃)

**■扬州市木偶研究所**　2014年,市木偶研究所演出503场,其中剧场演出99场、省高雅艺术进校园演出7场、公益性演出36场、送戏下乡4场、景点演出和非物质文化遗产展演等366场,观众20万人次。组织创排中型木偶剧《忧乐范仲淹》,演出100场;创排大型人偶童话剧《三只小猪》;创排适合校园演出节目《远山的花朵》。论证、研讨《嫦娥奔月》剧本。6月,大型人偶剧《胡桃夹子》参加首届亚太国际木偶艺术节,获最佳剧目奖。9月,《咏梅》《女驸马》《嫦娥奔月》片断参加第五届全国木偶皮影金狮奖中青年技艺大赛,骆燕、刘宇、罗弘等3人获最佳表演奖,张照、邵玉娥等2人获优秀表演奖,颜育、夏联旬、华美霞等3人获指导老师奖,封涛、戴荣华、李敏等3人获偶型制作奖。11月,《胡桃夹子》参加第16届上海国际艺术节,获上海国际木偶艺术节暨邀请赛组委会颁发的最佳木偶艺术传承奖,骆燕、梁苏荣分获表演奖。"木偶皮影制作人才培养"入选2014年度国家艺术基金人才培养资助项目。10月,市木偶研究所到澳门参加第四届江苏—澳门·葡语国家工商峰会扬州木偶专场演出;11月,应台湾财团法人人间佛教基金会邀请,到台湾参加"高雄2014国际书展暨全民阅读、蔬食博览会",演出40场。木偶制作中心到美国亚利桑那州喷泉山市展出大型彩灯20组,并先后为四川、辽宁、广东等地木偶剧团制作木偶,承接潘玉良博物馆、汉墓博物馆工程,创收210万元。加大非物质文化遗产保护力度,邀请国家级非物质文化遗产项目代表性传承人华美霞、省级非物质文化遗产项目代表性传承人颜育等训练、辅导年轻演员木偶操纵基本功。12月,承办中国扬州首届国际木偶研讨会。

(刘文献　朱运桃)

## 曲艺

**■扬州评话老艺人开讲《三顾茅庐》**
6月4日,73岁的扬州评话省级非物质文化遗产项目代表性传承人沈荫彭在市文化馆绿杨书场开讲康派(康重华)《三国·三顾茅庐》。《三国》是扬州评话经典剧目,沈荫彭是首位表演《三国》的扬州评话女演员。为保护、传承传统书目,扬州市曲艺研究所对此次表演作全程录像。

(刘文献　朱运桃)

**■扬州评话《皮五辣子》音像成品**
10月,扬州评话省级非物质文化遗产项目代表性传承人杨明坤表演的全台本《皮五辣子》音像成品。《皮五辣子》音像4月开始录制,共94集,每集40～45分钟,录制和后期整理各耗时3个月。《皮五辣子》文字整理工作同步进行。

(刘文献　朱运桃)

**■扬州曲艺对外交流**　6—7月,市文广新局先后在扬州、上海、苏州举办"炼艺悟道"扬州评话马伟专场,并举办座谈会,邀请曲艺专家点评、指导,对扬州评话传承发展提出意见和建议。9月,扬州曲艺代表江苏进京展演,先后举办"向人民报告——庆祝新中国成立65周年暨说唱中国梦优秀曲艺节目展演"江苏曲艺专场演出、扬州评话传承发展学术研讨会、扬州评话优秀传人学术观摩展演、传统艺术北大行——扬州曲艺专场展演等活动。这是自1986年以后扬州曲艺再次集体进京展演。10月,扬州曲艺演员参加在意大利威尼斯举行的"国际故事会",表演扬州评话王派《水浒·武松进店》《水浒·武松打虎》以及扬州弹词《唐伯虎点秋香》《啼笑因缘》等书(曲)目。

(刘文献　朱运桃)

**■"江南曲美"江苏曲艺专场演出**
9月17—26日,由中国文学艺术界联合会、中国曲艺家协会联合主办的"向人民报告——庆祝新中国成立65周年暨说唱中国梦优秀曲艺节目展演"在北京民族文化宫大剧院举行。9月18日,扬州市曲艺研究所代表江苏参加"江南曲美"江苏曲艺专场演出。市曲艺研究所老中青三代演员同台演绎传统经典曲目扬州评话《水浒·武松打虎》《三国·蒋干讨差》《武松·杀嫂祭兄》,扬州清曲代表性曲目《扬州小巷》《黄莺儿·风》《大路朝天任你走》,扬州弹词《啼笑因缘·误入师长府》《梅兰芳·蓄须明志》,木偶绝技组合等扬州地方特色节目,展示扬派曲艺魅力及其传承人风采。(刘文献　朱运桃)

**■扬州曲艺进京学术展演、研讨系列活动**　9月20—21日,由中国艺术研究院曲艺研究所、江苏省曲艺家协会、扬州市委宣传部、扬州市文广新局联合主办,扬州市曲艺研究所、扬州市曲艺家协会承办的扬州曲艺进京学术展演、研讨系列活动在中国艺术研究院和北京大学举行。罗扬、刘兰芳、王能宪等领导,朱光斗、倪钟之等艺术家、专家学者100人出席活动。活动期间,在中国艺术研究院举行扬州评话传承发展学术研讨会、扬州评话优秀传人学术观摩展演,在北京大学举行"传统艺术北大行——扬州曲艺专场展演"。市曲艺研究所老中青三代演员表演扬州评话《皮五辣子·假扮夫妻》《王少堂·教场问道》《三国·蒋干讨差》《水浒·武松打虎》《万年青·大闹上官桥》《一代儒将陈毅·较量》《挺进苏北·陈毅进香》,扬州弹词《啼笑因缘·误入师长府》《梅兰芳·蓄须明志》《大路朝天任你走》,扬州清曲《扬州小巷》《黄莺儿·风》等传统经典和新编优秀扬州曲艺节目。与会专家对现场表演作点评,分析、阐述扬州评话传承发展面临的机遇与挑战。(刘文献　朱运桃)

■**扬州市曲艺研究所** 2014年，市曲艺研究所创作、恢复扬州弹词开篇《歌吹古运河》《大路朝天任你走》，扬州清曲表演唱《黄莺儿·风》《古城吟》，短篇扬州评话《刀下不留人》《礼帽》《三国·相婿》《绿牡丹·四望亭捉马猴》，短篇扬州弹词《梅兰芳·蓄须明志》《甄嬛传·血染桐花台》《阮玲玉·玉碎》《珍珠塔·方卿见母》，小品《陪着老婆去相亲》等作品。刘芋君、康康、周林表演的扬州清曲《春江花月夜》获第九届中国宝丰马街书会邀请赛节目一等奖，赵松艳等表演的扬州清曲《又见广陵潮》、陈中表演的扬州评话《挺进苏北·陈毅进香》分获首届大运河流域地方曲艺学术邀请赛银奖、铜奖，康康、谭敏在第八届中国曲艺牡丹奖评选中分获新人奖、新人提名奖。全年在15个社区、3个书场开展公益性文化活动1636场，观众8万人次。4—5月，组织“高雅艺术进校园”扬州曲艺走进南师大、扬州曲艺走进职大专场演出。先后参加科技卫生文化“三下乡”、“和谐之春”扬州市直专业剧团优秀剧目展演周、“烟花三月”节、“扬州市民日”等指令性演出，承办市音乐厅“市民开放日”扬州曲艺专场公益演出、“炼艺悟道”扬州评话马伟专场演出(扬州站、上海站、苏州站)、扬州曲艺走进八大家、扬州曲艺走进兰心大剧院、“江南曲美”江苏曲艺专场演出、扬州评话优秀传人学术观摩展演、扬州评话传承发展学术研讨会、传统艺术北大行、“走群众路线、向百姓汇报”扬州曲艺专场演出、“深入生活、扎根人民”惠民演出等活动。徐桂清、包伟被评为省级非物质文化遗产项目(扬州弹词)代表性传承人。整理扬州评话《万年青》手稿和扬州弹词传统书目《玉蜻蜓》(演出本)。将扬州评话省级传承人黄俊章表演的《八窍珠》、扬州弹词省级传承人徐桂清表演的《珍珠塔》、扬州评话省级传承人沈荫彭表演的《三国·诸葛亮初次用兵》录制成数字视频光盘(DVD光盘)，收集沈荫彭123集(20分钟/集)《三国》激光唱片(CD)音频资料。在江都区宜陵中心小学、扬州世明小学和扬州市西湖中心小学开设扬州评话传承班，全年招收学生100多人，授课200多节(1小时/节)。（刘文献 朱运桃）

## 音乐

■**第二届国筝大会暨首届“金声玉振”古筝艺术周活动** 8月8—11日，由市文联、市音乐家协会、中国琴筝艺术家联合会、中国古筝网主办的第二届国筝大会暨首届“金声玉振”古筝艺术周活动在扬州举行。活动期间，举行古筝艺术人才选拔赛，王小平、孙文妍、吴青专场讲座，古筝工艺文化讲坛，何芊倩古筝独奏会暨祁瑶筝乐讲评会、宋心馨古筝独奏音乐会、闭幕式音乐会。近千人参与活动，其中618人参赛。中国筝会副会长、国家一级演奏员赵登山，中国筝会副会长、星海音乐学院教授陈安华，中国筝会副会长、厦门大学教授焦金海，中国筝会副秘书长、市古筝协会会长张弓等参加活动并担任比赛评委。（吴建军 闻 华）

■**刘秉义独唱音乐会** 11月2日，由市文联、市音乐家协会主办的“扬州，你好！”刘秉义独唱音乐会在市音乐厅举行。80岁高龄的刘秉义不用任何扩音设备，表演19首独唱歌曲。音乐会现场，刘秉义受聘担任市文联艺术顾问。（吴建军）

## 舞蹈

■**扬州市第六届“琼花奖”舞蹈比赛** 5月17—18日，由市文联、市舞蹈家协会、扬州文化艺术学校联合举办的扬州市第六届“琼花奖”舞蹈比赛在扬州文化艺术学校举行。比赛分专业组和业余少儿组、青年组、老年组4个组别，全市学校、艺术团体94个节目参赛。评出业余少儿组金奖8个、银奖8个、铜奖14个，业余青年组金奖3个、银奖4个、铜奖2个，业余中老年组金奖9个、银奖5个，专业组金奖4个、银奖4个、铜奖6个。《扬州炒饭》《策马奔腾》《浴血》《心中的萨满》《秋月之夜》《安木拐》等6个节目获优秀创作奖，刘心韵、王禹潼、周添、陈媛、华勤、柏璟、杜歆好、陈鹏飞、沈浩然、时梦瑶等10人获“舞蹈之星”称号。5月18日下午举行颁奖暨汇报演出。（吴建军 闻 华）

## 书法美术

■**满维起工作室画家作品联展** 4月8—10日，由中国艺术研究院中国画院、省文联、市政府主办，市文联承办的“烟花三月下扬州·澄怀问道——满维起工作室画家作品联展(扬州)暨陈宝亮、吴汉文、陈思超中国画展”在扬州美术馆开幕，展出中青年画家作品200多幅。联展开幕式上，中国艺术研究院中国画院常务副院长满维起向市文联捐赠题字，陈宝亮、吴汉文、陈思超向市美术馆捐赠作品，市文联向满维起颁发艺术顾问聘书。（吴建军）

■**扬州、长春书法交流活动** 8月21—26日，“长春·扬州书法邀请展”在长春国际会展中心举办。此次展览由两市文联共同举办，展出扬州市7名书法家作品35幅、长春市30多名书法家书法作品50多幅。10月25日，由扬州市文联、长春市文联、扬州晚报社联合主办的“扬州长春书法邀请展”在蓝湾国际举行，展出两地书法家书法作品70多幅。（吴建军）

■**江苏省运河城市画院中国画邀请展** 9月28日至10月20日，由江苏省文化厅、扬州市政府主办，扬州市委宣传部、市文广新局承办，徐州、宿迁、淮安、扬州、镇江、常州、无锡、苏州等8个城市画院协办的“中国梦·运河情”江苏省运河城市画院中国画邀请展在扬州市美术馆举办，展出作品100幅。（刘文献 朱运桃）

■**民办非企业书画院作品联展** 10月20—26日，由市文广新局主办的“大美中国·诗画扬州”扬州市民办非企业书画院作品联展在市美术馆举行，展出14家民办书画院专职和特聘画家作品200幅。这是市文广新局引导和鼓励社会力量参与公共文化服务体系建设的创新之举，旨在为社会书画爱好者和书画家搭建展示交流平台，激发文艺工作者创作热情。

（刘文献 朱运桃）

**■赵绪成水墨艺术展** 11月18—23日，由省委宣传部、中国美术家协会、省文化厅、省文联主办，市委宣传部、市文广新局、市文联、扬州报业传媒集团联办的“对话毕加索——赵绪成水墨艺术展”在市美术馆举办。展览开幕式上，赵绪成向扬州市政府赠送书法作品，受聘担任市文联艺术顾问、市国画院名誉院长、市文联美术馆名誉馆长，并宣布赵绪成艺术馆落户扬州。 （吴建军）

**■省美术馆馆藏新金陵画派精品扬州展** 12月9—15日，由省美术馆、市文广新局主办的“江山如此多娇”江苏省美术馆馆藏新金陵画派精品扬州展在市美术馆举办，展出傅抱石等艺术大家优秀作品65幅。参展画作涵盖新金陵画派孕育期、崛起期、从低沉到复苏、拓展期等各个发展阶段，用艺术品原作、影像、手稿（含复制品）、专题纪录片、年表、年谱等多种手段再现该画派成就。展览开幕当天，举办惠民艺术讲座，由省美术馆馆员刘鹏作“‘江山如此多娇’江苏省美术馆馆藏新金陵画派精品展策展琐谈”主题讲座。

（刘文献 朱运桃）

**■扬州市国画院** 2014年，市国画院组织参加扬州市国画院迎春作品展、扬州市国画院烟花三月展、“中国梦·运河情”江苏省运河城市画院中国画邀请展、“描绘中国梦，情画新江苏”2014全省中青年美术作品展扬州专展、陈忠南回望作品展、扬州民间画院展等展览。6月，省文化厅、市政府在市文化馆举办“艺舟双楫”刘南平书画展，并召开学术研讨会。10月，在吉林省吉林市举办“心象·南北”扬州国画院去吉林书画院交流展，出版画册。组织作品参加第12届全国美术作品展览，安玉民创作的《舞动的草原》入选。李云飞创作的《榴实图》入选第二届哈尔滨美术双年展（中国画）。推动美术创作。5月，西郊花园扬州国画院写生创作基地建立。10月，组织14人参加为期6天的采风创作交流。刘南平应邀为外交部东盟使团创作作品6幅。2月，组织画家举行义捐笔会，向市红十字会捐赠6万元。刘南平向留守儿童捐赠画作拍卖所得11万元。

（刘文献 朱运桃）

**2014年扬州市文联部分会员出版书画作品集一览表**

表30-7

| 书　　名 | 作　者 | 出　版　社 |
|---|---|---|
| 《大爱化境——刘玉海花鸟画集》 | 刘玉海 | 上海文汇出版社 |
| 《物象·心象——薛小勤油画作品集》 | 薛小勤 | 上海文汇出版社 |
| 《水墨清韵——成中平山水画作品集》 | 成中平 | 上海文汇出版社 |
| 《借园秋咏——剑石书画篆刻集》 | 郭剑锋 | 上海文汇出版社 |
| 《姜桂林书法作品选》 | 姜桂林 | 上海文汇出版社 |
| 《陈社旻书法作品选》 | 陈社旻 | 上海文汇出版社 |
| 《张佑平书法作品选》 | 张佑平 | 上海文汇出版社 |
| 《张汉怡书法篆刻作品选》 | 张汉怡 | 上海文汇出版社 |

（吴建军）

## 摄影

**■“中国·扬州‘烟花三月’美丽高邮”光影周活动** 4月12日，由中国摄影杂志社、江苏省摄影家协会、扬州市文联、高邮市委宣传部联合主办，扬州市摄影家协会、高邮市文联、高邮市摄影家协会承办的第四届“中国·扬州‘烟花三月’美丽高邮”光影周活动在高邮市城市展览馆开镜。开镜仪式结束后，甘肃省现代摄影协会主席、甘肃省摄影家协会副主席赵广田作“甘、青、川藏区大环游摄影创作路线”专题讲座。活动期间，举办现场拍摄、摄影讲座、作品点评、摄影比赛等活动。省内外摄影家及摄影爱好者300多人参加为期2天的活动。 （吴建军）

**■“舞蹈人的梦”摄影大赛优秀作品展** 5月，市舞蹈家协会、市摄影家协会联合启动“舞蹈人的梦”摄影大赛作品征集工作。至10月20日，收到作品500多幅。经评审，遴选出一等奖作品1幅、二等奖作品3幅、三等奖作品6幅、优秀作品50幅。10月25—26日，“舞蹈人的梦”摄影大赛优秀作品展在扬州大剧院展出。 （吴建军）

**2014年扬州市文联部分会员出版摄影作品集一览表**

表30-8

| 书　　名 | 作　者 | 出　版　社 |
|---|---|---|
| 《追日为梦　岁月有痕——俞孝鹏摄影艺术作品集》 | 俞孝鹏 | 上海文汇出版社 |
| 《时代的背影——张元奇从影60年老照片汇集》 | 张元奇 | 上海文汇出版社 |
| 《扬州湿地百鸟风情》 | 蒋永庆 | 吉林美术出版社 |

（吴建军）

# 公共文化

**■概述** 完善公共文化服务体系，邗江区公道镇、汉河街道，广陵区头桥镇，江都区樊川镇，高邮市菱塘回族乡，宝应县黄塍镇，仪征市真州镇获评第二批江苏省公共文化服务体系示范区。全市有公共图书馆7个、文化馆7个、音乐厅1个、剧院11个、美术馆1个、社区书场15个。2014年，扬州市图书馆建成总分馆、流动图书点、自助图书馆、掌上图书馆"四位一体"公共图书服务网络，"扬州城区公共图书馆服务体系建设"获江苏省第六届公共图书馆优秀服务成果一等奖。邗江区图书馆总分馆制试点建设取得成效。广陵区推进"广陵书吧"建设。宝应县文化中心建成开放。市文化馆吸引80万人次进馆参加各类文艺活动。组织开展全民阅读活动。推出10个篇章60个阅读活动项目，在全市74个乡镇(街道)建立阅读指导员队伍，优化公共阅读环境。江都区图书馆、仪征市图书馆、高邮市图书馆入选江苏省古籍保护单位。邗江区获评省实施农家书屋提升工程试点先进县。

全年组织各类文艺活动100多项近1000场次。举办2014年新年音乐会1场、百场公益演出209场、"幸福扬州"送文化进社区活动32场、音乐厅"市民开放日"免费音乐会10场、社区广场舞蹈辅导员交流培训班11期，举办"扬州之春"艺术周、"周周看扬剧"、扬州市第六届"红舞献祖国"广场舞蹈比赛、扬州市第八届少儿艺术节等系列活动。"同唱中国梦·共舞扬州情"文艺演出获第二届江苏文化艺术节"广场演出展示奖"。市文广新局挖掘各地文化资源，组织策划、指导本土化、民间化、群众性、特色性文艺活动，形成宝应县"里下河歌会"、江都市"花卉节"、高邮市"珠湖之波赛歌会"、仪征市"茶文化节"等地域文化品牌活动。江都区吴桥镇以"吴桥社火"特色文化活动被省民间文艺家协会授予"江苏省民间文艺之乡"称号。

建设基层文化队伍。举办全市基层文化干部培训班、全市乡镇业余作者培训班。培植江都丁伙舞龙队、邗江瓜洲农民乐团、高邮临泽高跷表演队等农民艺术团队。扬州市曲艺研究所在江都区宜陵中心小学等地开办少儿评话班。

鼓励社会力量参与公共文化建设和服务，利用社会资本建设24小时自助图书馆，举办扬图讲堂、民办书画院书画展。 （刘文献　郑　妮）

**■"送文化"下乡** 送文艺活动。2014年，全市组织下乡进社区送戏773场，举办"幸福扬州"送文化进社区演出32场。元旦、春节期间，市文广新局组织全市专业剧团到江都、宝应、邗江、仪征等地举办5场文艺演出，上演获奖优秀节目。市曲艺研究所在邗江、江都等地开设书场，定点演出，全年每个书场各演出100场。

送文化资源。全市向乡村送书11.3万册。市文广新局组织扬州市新华书店有限公司、扬州国书文化传播有限公司等2家企业分别向邗江区农家书屋捐赠图书500册。推进图书馆总分馆建设。邗江区实施图书馆总分馆制建设试点工程，辖区内25个乡镇(街道)、行政村(社区)图书室由区图书馆统一购书、统一编目、统一管理，与区图书馆实现图书资源通借通还"一卡通"，提高乡镇、村图书阅览室利用率。

送公益电影。市文广新局组织送电影下乡(进社区)活动，全年到103个社区放映公益电影315场，到农村放映公益电影1.36万场。仪征市建成农村公益电影固定放映点17个。 （刘文献　郑　妮）

**■56家文化站获评国家等级文化站** 6月9日，省文化厅公布全省参加第一次全国乡镇综合文化站评估定级工作结果，全省884家乡镇(街道)综合文化站被评为等级文化站，占全省文化站总数的70.72%。扬州市89家文化站参加评估，56家获不同等级，其中，一级文化站15家、二级文化站16家、三级文化站25家，分别占全市文化站总数的17%、18%、28%。 （闻　华）

**■农家书屋建设** 2014年，全市完成1053个农家书屋信息核查工作。6月，在全市74个乡镇(街道)建立由社区教育中心专(兼)职工作人员、所在地中小学教师和志愿者组成的阅读指导员队伍。7—8月，随机走访督查全市58个农家书屋建设情况。12月，完成高邮市、邗江区农家书屋管理员培训。江都区仙女镇新和村农家书屋、邗江区方巷镇花城村农家书屋获评2012-2013年度江苏省五星级示范农家书屋，乔云等9人获评2013年度江苏省优秀农家书屋管理员。邗江区获评江苏省农家书屋提升工程试点工作先进区。 （钟　芸）

**■全民阅读活动** 4月8日，市委宣传部、市精神文明建设指导委员会办公室(简称市文明办)、市文广新局等单位联合成立扬州市全民阅读活动领导小组，印发《扬州市2014年全民阅读活动、书香扬州建设行动方案》，策划举办全民阅读、讲座讲堂、分众阅读、书评导读、展览展销、交流比赛、服务大众、评选表彰、固本强基、保障体系等10个方面60项工作。全年编发《扬州市全民阅读活动简报》9期；完成全市37处历代书院、藏书楼、名人读书处等阅读文化遗存普查、登记、造册，编写《扬州阅读文化遗存名录》专辑。5月，举办"书香江苏摄影图片展"扬州巡展。8—10月，开展扬州市农民读书节系列活动。各县(市、区)利用农家书屋等公共阅读服务场所，落实读书节活动。高邮市开展培训学、结对学、轮流学、借阅学等"四学"活动；邗江区举办"书香醉邗城"读书节系列活动，区图书馆建成镇级分馆10个、村级分馆15个；广陵区打造"双200广陵书吧"(全区建设200个广陵书吧，每个书吧配置200本扬州地方特色图书)，实现区域内农家书屋全覆盖。王晖家庭、李景文家庭获首届全国"书香之家"称号。扬州市百名义工教授企业阅读辅导团、扬州图书馆扬图讲堂分获"江苏省十佳全民阅读推广社团""江苏省十佳全民阅读推广基地"称号，扬州市民读书节获省"十佳市县全民阅读推广活动"称号；

宝应县文化体育广电新闻出版局组织的“喜迎新春墨韵安宜”书画笔会暨文艺演出活动获评省“全民阅读手拉手·春风行动”系列活动优秀活动项目。市文广新局获第二届书香江苏摄影大赛组织奖。（钟 芸）

■**“全民阅读手拉手·春风行动”走进扬州** 1月2—3日，省阅读惠民服务分团到扬州开展“全民阅读手拉手·春风行动”活动，分别向4个农家书屋赠送电脑、空调、图书、报纸、杂志、书包、光盘等“阅读惠民”物品。活动期间，省阅读惠民服务分团在邗江区槐泗镇团结村举行“惠民阅读捐赠”暨“经典诵读·社长总编进书屋”活动，在宝应县黄塍镇小垛村开展留守儿童“读好书、颂关爱”演讲活动，在邗江区方巷镇钱冲村、宝应县安宜镇大桥村召开座谈会，就书香江苏建设和《关于加快推进书香江苏建设的意见》《关于实施农家书屋提升工程的意见》落实情况听取意见和建议。省新闻出版局、江苏凤凰出版传媒集团、新华日报社机关党委、市文广新局、广陵书社有关领导参加活动。（刘文献 钟 芸）

■**扬州市第八届少儿艺术节** 7月4日，由市政府主办、市文广新局承办的扬州市第八届少儿艺术节开幕。少儿艺术节是扬州市群众文化品牌活动，每3年举办1次，旨在展示少年儿童精神风貌和幸福生活，促进少年儿童全面健康发展。此次艺术节设有表演艺术、书画艺术两大类3个专场比赛，所有比赛均对外开放。各县（市、区）、功能区、市直单位等11支代表队参赛，100个舞台艺术节目参加表演类演出评奖，300多件书法、美术作品参加展览评奖，200个(件)节目、作品获奖。其中，少儿扬剧《戏中戏》等13个节目获表演类一等奖，京剧《珠帘寨》等16个节目获表演类二等奖，架子鼓《逆态度》等19个节目获表演类三等奖；相声《方言英语》等8个节目获优秀创作奖，扬州清曲《唱非遗》等5个节目获创作奖；《辛弃疾词》等21件作品获书法、美术类一等奖，《晓月听风》等40件作品获书法、美术类二等奖，《古诗六通屏》等68件作品获书法、美术类三等奖。8月25日，扬州市第八届少儿艺术节汇报演出活动和颁奖仪式在扬州大剧院举行，19个歌舞、戏曲、曲艺、书画等优秀节目参加汇报演出。（闻 华）

■**江苏文化艺术节扬州分会场文艺演出** 10月11日，由省委宣传部、省文化厅、省文联主办，扬州市委宣传部、市文广新局、市文联等承办的第二届中国·江苏文化艺术节扬州分会场“同唱中国梦·共舞扬州情”文艺演出在宋夹城体育休闲公园举行。演出分“同心筑梦 风景如画”“致力追梦 佳音和鸣”“奋斗圆梦 激情抒怀”3个篇章，上演舞蹈、歌唱、扬剧、木偶、曲艺等13个节目，包括开篇鼓乐歌舞表演《策马奔腾》、扬州籍歌手汤非演唱的歌曲《扬州小调》、扬剧表演唱《古风新韵伴轻骑》、400多名演员参演的广场舞组合节目《花香鼓·数鸭蛋·拔根芦柴花》等。扬州市1500名演员参加表演。（刘文献 郑 妮）

扬州市第八届少儿艺术节表演现场 文广新局/供稿

■**首届“芍药奖”曲艺大赛** 7月16日，由市文广新局、市文联、扬州晚报社主办，市曲艺家协会、市曲艺研究所、市文化馆承办的扬州市首届“芍药奖”曲艺大赛颁奖典礼在市文化馆举行。大赛面向体制外曲艺工作者，设少年组和成人组，20名曲艺爱好者、23个节目参赛，涵盖扬州清曲、扬州评话、扬州弹词、相声、快板等曲种。经评委会评选，朱美兰、黄敏获特别荣誉奖；陈灏宇获少年组一等奖，张力、王星辰、何理明获少年组二等奖，王泽涛、戴思媛、王静获少年组三等奖；陈祝武获成人组一等奖，祝乐、沈玉红、孙梦羽获成人组二等奖，韩才华、濮健婷、扬州旅游商贸学校、广陵区文化馆获成人组三等奖；广陵区文化馆、江都区宜陵中心小学获优秀组织奖。（刘文献 郑 妮）

■**书香江苏暨扬州市摄影图片巡展** 5月12—16日，由省、市全民阅读活动领导小组主办，省全民阅读活动领导小组办公室、省新闻出版局、市全民阅读活动领导小组办公室、市文广新局承办，以“阅读点亮梦想，书香成就人生”为主题的书香江苏暨扬州市摄影图片巡展在扬州举行。巡展活动制作展板59块，展出全省各地优秀摄影作品178幅。（刘文献 钟 芸）

■**扬州市获省社会舞蹈暨少儿舞蹈比赛10个金奖** 10月25—26日，由省舞蹈家协会、市文广新局、市文联主办，市舞蹈家协会承办的江苏省第四届社会舞蹈暨第六届少儿舞蹈比赛在扬州大剧院举行。比赛设少儿

**扬州市参加江苏省第四届社会舞蹈暨第六届少儿舞蹈比赛获奖节目一览表**

表30-9

| 获奖节目 | 表演者 | 组别 | 节目类别 | 奖次 |
|---|---|---|---|---|
| 《麦田童话》 | 前进舞蹈艺术培训中心 | 少儿组 | 学习节目 | 表演金奖 |
| 《喜儿》 | 扬州少儿芭蕾舞团 | 少儿组 | 学习节目 | 表演金奖 |
| 《我是小小稻草人》 | 金苹果鸿福艺术幼儿园 | 少儿组 | 学习节目 | 表演银奖 |
| 《一年级的山娃娃》 | 扬州少儿芭蕾舞团 | 少儿组 | 学习节目 | 表演银奖 |
| 《天天向上》 | 陈慧艺术培训中心 | 少儿组 | 学习节目 | 表演银奖 |
| 《藏羚羊》 | 扬州少儿芭蕾舞团 | 少儿组 | 创作节目 | 表演金奖<br>创作金奖 |
| 《扬州炒饭》 | 扬州市花园小学 | 少儿组 | 创作节目 | 表演金奖<br>创作金奖 |
| 《环保幻想曲》 | 金苹果鸿福艺术幼儿园 | 少儿组 | 创作节目 | 表演金奖<br>创作银奖 |
| 《月狐吟》 | 扬州市总商会艺术团<br>前进舞蹈艺术培训中心 | 青年组 | 学习节目 | 表演银奖 |
| 《策马奔腾》 | 扬州市总商会艺术团<br>前进舞蹈艺术培训中心 | 青年组 | 学习节目 | 表演银奖 |
| 《百花争艳》 | 扬州市博爱艺术团 | 老年组 | 学习节目 | 表演金奖 |
| 《山峪回想》 | 邗江区新天地艺术团 | 老年组 | 学习节目 | 表演金奖 |
| 《湖上清韵》 | 邗江文化中心秋韵舞蹈团 | 老年组 | 学习节目 | 表演金奖 |
| 《扇舞春风》 | 扬州市老干部艺术团舞蹈团 | 老年组 | 学习节目 | 表演银奖 |
| 《妈妈的爱》 | 扬州市卜桥社区红马甲艺术团 | 老年组 | 学习节目 | 表演银奖 |
| 《船娘》 | 扬州江苏石油勘探局离退休处 | 老年组 | 学习节目 | 表演银奖 |
| 《浴血》 | 江都区红枫艺术团 | 老年组 | 创作节目 | 表演银奖<br>创作银奖 |

（刘文献　郑　妮）

组、青年组和中老年组，全省95支社会舞蹈团队近2000名演员参赛。扬州市21支队伍参赛，获表演金奖8个、银奖9个、铜奖4个，创作金奖2个、银奖2个、铜奖2个，其中少儿舞蹈《藏羚羊》《扬州炒饭》获表演、创作双料金奖。（刘文献　郑　妮）

**■中秋拜月系列活动**　9月7日，由市文明办等单位主办、市诗词协会等单位承办的竹西雅集2014瘦西湖中秋诗会在瘦西湖万花园举行。9月8日，市文联、市民族宗教事务局在文峰寺举办2014中国梦·运河情中秋拜月晚会，组织文艺界人士、文峰寺梵呗艺术团以及文艺爱好者表演古琴合奏、诗词朗诵、竖笛演奏、舞蹈、淮剧演唱等节目，并举行拜月仪式。同日，广陵区东关街道办事处、市文联在1912街区举行“古城邀明月，万家庆团圆”中秋赏月会暨“寻找最美赏月点”摄影大赛颁奖典礼。

（吴建军）

**■扬州市文化馆**　开展公共文化服务。元旦、春节期间，市文化馆组织为社区居民写（送）春联活动3场，在大王庙广场、西湖镇胡场村举办民间文艺表演、“戏曲票友天天唱”等活动；6—8月，承办扬州市第八届少儿艺术节；10月，承办“红舞献祖国”全市广场舞大赛、“同唱中国梦·共舞扬州情”第二届江苏文化艺术节扬州分会场文艺演出；全年举办“送戏进社区”活动32场。市文化馆全天候免费向市民开放，全年80万人次进馆活动。馆办扬剧票友联谊会、京剧票友联谊会、老年摄影沙龙等8个业余团队以及博爱艺术团、同心艺术团等21个社会特色团队全年有序在馆活动。2014年，小剧场演出120场，绿杨书场表演说书250场，展览厅举办展览28期（其中省级以上展览5期），群艺广场放映电影22场，在馆内外举办道德讲堂50期、讲座12期。12月，首届中国文化馆年会推介市文化馆工作经验。

实施广场舞辅导员“月月训”育种工程，全年举办培训班11期，培训广场舞辅导员近1000人次。承办2014年全市基层文化干部培训班，培训基层文化干部50人。组织书画培训班6期。组织3000人参加南京艺术学院音乐考级。组织1500人参加省文化馆书画考级。全年以奖代补资助同心艺术团、博爱艺术团、康乐艺术团等10支获奖优秀团队10万元。（刘文献　郑　妮）

**■扬州市图书馆**　2014年，市图书馆投入购书经费150万元，比上年增长66.7%，采购图书5.02万册；分编中文图书1.74万种5.06万册，图书入藏量比上年增长36%；各业务窗口服务78万人次，图书流通量106万册次，比上年增长112%。7月起，更新升级读者借阅卡，读者每次借阅数量由每卡2本增至3本。全年新办借阅证1.32万张，持证读者总数7.2万人。市图书馆数字资源访问量11.5万次、检索量3.8万次、下载量2.4万次，读者登录4.3万次。图书部设置图书推荐专架和专题书展，成立读者沙龙，组织读者开展电影欣赏、书摘书评等特色活动。成立图书配送中心，累计为各分馆调拨图书1.61万册，回流图书8615册。期刊部将2000—2013年3万册期刊合订本重新装订整理上架，征订2014年期刊908种、报纸100种。少儿部开展小小图书管理员、"乐儿大本营"儿童动漫体验、红领巾读书征文等活动。直属分馆融合办证、外借、阅览、咨询、共享工程服务等基础工作，每天开放12小时。采编部举办以"好书任你选，费用我承担"为主题的第十届"你选书、我买单"活动。古籍部接待读者621人，提供古籍629种6035册；完成馆藏331种古籍丛部、1765种地方文献、924种经部文献审校、纠错工作；按照古籍修复标准，装订古籍60多册，完成古籍珍本《古铜镜录》《读书杂识》复制工作；核点馆藏古籍13.2万册、拓片1万张。市图书馆获2014年度江苏省红领巾读书征文活动优秀组织奖，"扬州城区公共图书馆服务体系建设""2013年扬州市图书馆青少年暑期系列活动"分获江苏省第六届公共图书馆优秀服务成果一等奖、三等奖。

加强公共图书馆服务体系建设。建成总分馆、流动图书点、自助图书馆、掌上图书馆"四位一体"公共图书服务体系。先后建成市公安局、育才小学、个园社区等3个"通借通还"分馆，江苏省扬州中学、扬州市第一人民医院等2个数字资源分馆，解放桥社区、八大家社区、市社会保险基金管理中心、市社区矫正管理教育服务中心等4个流通服务点，文昌广场、市图书馆广场等2个24小时自助图书馆。开通掌上图书馆，通过手机、平板电脑（iPad）等手持移动终端设备，为图书馆用户提供图书馆基础业务查询和办理，电子书、报刊、学术期刊阅读，文献传递，个性化阅读体验等自助式移动服务。"流动图书馆"服务车为读者提供信息咨询、图书借阅、借阅证办理、数字资源查阅等服务，并与总馆实行"一卡通"，全年服务市区7家单位。加强数字图书馆建设。网上图书馆提供集书目检索、数据库利用、远程访问、自建资源平台以及自有视频资源为一体的数字化服务。新增万方学术视频数据库、超星电子书10万册、方正中华数字书院报纸数据库、中国博士学位论文全文数据库、江苏省地方志本地镜像，中国知网期刊全文数据库回溯到1994年，实现全国方志远程访问。建成公共电子阅览室，实现与省图书馆虚拟专用网络（VPN）连接。

品牌活动。全年举办扬图讲堂78场，其中高端名家讲座10场、地方文化讲座11场，听众1.2万人次。扬图讲堂获"江苏省十佳讲坛"称号。全年举办展览15场，5万人次观展。举办第九届文津图书奖获奖图书展，并到县、区图书馆巡展；引进上海图书馆"上海第11届国际摄影艺术展"；与南京图书馆合作展出"中国传统游艺"等4个插图展；举办"迎城庆 贺新年"书画展等3个展览，推介地方人士书法、美术作品；联合同济大学图书馆在上海高校图书馆举办"千年运河一脉相承——大运河申遗图片展"巡展。开展阅读活动。举办2014年度扬州市红领巾读书征文、演讲比赛，收到征文稿件4000篇，评出获奖征文220篇，其中30篇征文在省红领巾读书征文比赛中获奖。组织"阅读，请到图书馆"扬州市图书馆"'4·23'世界读书日"主题活动。开展"图书馆——传承优秀传统文化，建设民族精神家园"2014年度图书馆服务宣传周活动，倡导全民阅读。策划组织"七彩夏日"2014年扬州市图书馆青少年暑期系列活动。组织策划"书香迎新春，骏马闹元宵"进社区活动、"金马贺新岁，书香迎新春"扬州市图书馆新年文化活动等。开展"高清电影周周看"活动，全年放映89场。（刘文献 郑 妮）

## 文化市场管理

**■概述** 2014年，扬州市规范文化市场运行，加大对广电市场、文物场所、新闻出版、版权市场日常巡查力度，开展"零点""假日""凌晨"等错时检查行动。扬州市文化行政综合执法支队（简称市文化执法支队）出动检查人员2600人次，检查各类经营场所6800家次，办理一般程序案件12件、简易程序案件42件，收缴非法音像制品和非法出版物2.76万件。市文化执法支队办理的"七音音乐网"侵犯著作权案被文化部评为2014年全国文化市场十大案件，"高清影视网"侵犯著作权案和"建工之家"网站侵犯著作权案被文化部评为2014年全国文化市场重大案件。

（刘文献 陈 啸）

**■版权保护** 2014年，仪征市大仪镇、五亭龙玩具城、广陵信息产业园成立版权工作站。至年底，全市有各类版权登记保护机构5个，其中市级版权保护中心1个、乡镇和功能区版权工作站4个。市文广新局全年完成一般作品版权登记450件，调解企业版权纠纷10件；指导扬州版权登记中心、高邮灯具版权保护中心开展版权登记、信息发布、交易撮合、增值服务、转让登记、版权保护等。开展版权保护宣传。4月26日是第14个"世界知识产权日"。当天，市文广新局在市区大润发超市广陵店、梅岭小学西区校开展"拒绝盗版，共筑未来"版权保护系列活动；组织八大家社区居民观看正版电影；与五亭龙玩具城商户代表座谈，倡议拒绝销售侵权盗版玩具；协助省新闻出版局在高邮市举办省版权保护中小学校校园行暨知识产权零距离新书发布会。

（刘文献 陈 啸）

**■软件正版化** 推进政府机关使用正版软件长效管理。市文广新局制定《扬州市软件资产管理暂行办法》，转发《关于进一步做好市县级政府机关软件正版化工作的通知》。召开企业软件正版化培训班2期，培训105

人。扬州报业传媒集团完成软件正版化，投入44万元采购正版软件。

（刘文献　陈　啸）

■**扫黄打非**　市文广新局制定2014年“扫黄打非”行动方案，开展“清源”行动、“净网”行动、“秋风”行动、“迎青奥”行动，查办大案、要案，打击违法犯罪，保护著作权人合法权益。市文广新局、市公安局联合侦办的“七音音乐网”侵犯著作权案被评为2014年度全国文化市场十大案件。市文广新局、市公安局完成由全国“扫黄打非”办公室督办的“5·09”侵犯著作权案侦办。10月，扬州市广陵区人民法院以侵犯著作权罪给予该案件2名涉案当事人刑事处罚。扬州市版权局、山东菏泽市文化市场综合执法局组成联合专案组，完成“建工之家”网站侵犯著作权案侦办，督促当事人履行处罚决定。市文广新局完成“爱漫画”网站违规经营案办理，要求当事人立即整改网站，未经许可不得擅自从事网络文化经营活动，删除未经授权的漫画作品，并给予当事人罚款10万元的行政处罚。

（刘文献　陈　啸）

■**演艺市场管理**　2014年，市文广新局审批和备案各类营业性演出事项52件、演出120场(次)，其中国内营业性演出42场(次)、外籍人员在歌舞娱乐和酒吧以及餐饮等场所演出78场(次)。（刘文献　皋长明）

■**网吧管理**　2014年，市文化执法支队日常巡查与突击检查相结合、全面普查与重点督查相结合、立案查处和教育引导相结合，加强网吧市场监管，重点查处不按规定核对、登记上网消费者有效身份证件及接纳未成年人上网。开展“零点”行动、暑期校园周边网吧专项整治行动、互联网上网服务营业场所专项整治行动、文化市场交叉执法检查等专项行动，并利用中西部交流协作，邀请四川省达州市文化行政执法人员参与网吧市场管理。全年出动执法人员486人次，检查网吧243家次，办理网吧案件48件，其中简易程序案件42件、一般程序案件6件。建立网吧管理档案。市文化执法支队对辖区内50家网吧逐一建立档案，将各网吧设立、变更、处罚情况统一归档，并将网吧处罚情况函告审批部门，形成监管合力。（刘文献　陈　啸）

## 文化产业

■**概述**　推进文化产业转型升级。扬州非物质文化遗产产业基地工艺坊园区完成规划，加快建设。设计瑰谷推进“产学研”结合，孵化课题100个。江苏信息服务产业基地(扬州)借助国家级科技企业孵化器平台，新增入驻文化企业10家。台湾永丰余集团扩大在扬州投资，推进绿色循环经济纸品项目。川奇光电科技(扬州)有限公司营业收入超过100亿元，开票销售比上年增长40%以上。腾云科技(江苏)有限公司与凤凰出版传媒集团、中国电信、全国教育新媒体产业创新战略联盟联合开发“电子书包”，扩大教学应用试点。扬州工艺美术集团等4家企业入选首批江苏省重点文化科技企业。争取政策资金。12个项目分获中央、省文化产业引导资金扶持。“江苏省首支文化创意企业集合票据发行”“瘦西湖文化演艺休闲区”等2个项目获中央文化产业发展专项资金1450万元；非物质文化遗产保护、剧目生产、产业发展等项目争取到国家、省级资金1926.5万元，比上年增加1136.5万元，增长143.8%。（刘文献　魏　昕）

■**出版物发行**　2014年，全市有出版物发行单位(含音像制品发行单位)904家，其中出版物二级批发单位(含音像制品批发单位)11家，出版物发行网络设置合理、类型齐全。全市出版物发行单位经营面积4.18万平方米，从业人员3707人，全年销售收入5.39亿元，其中批发单位销售收入3.05亿元、零售单位销售收入2.34亿元。受省新闻出版发行学校委托，市文广新局举办出版物发行员职业技能鉴定初级培训班，全市71人参加培训，58人通过考试。

（钟　芸）

■**印刷业**　全市有印刷复打印经营单位734家，其中出版物印刷企业

**扬州市获2014年度江苏省文化产业引导资金补助项目一览表**

表30-10

| 项目名称 | 项目建设单位 |
|---|---|
| 传统漆器产业创新发展平台建设 | 扬州漆器厂 |
| 仪征枣林湾国际汽车文化旅游基地基础设施建设 | 江苏枣林湾实业有限公司 |
| “无限扬州+”移动平台广电联盟综合体 | 江苏云智传媒技术有限公司 |
| 新建、扩建北海影城 | 高邮市寰宇文化影视传媒有限公司 |
| 琴筝扩能技改项目 | 扬州金韵乐器御工坊有限公司 |
| 《春江花月夜·唯美扬州》大型实景演出 | 扬州麒麟盛世文化投资有限公司 |
| 翠佛堂(扬州)玉文化创意园 | 扬州翠佛堂珠宝有限公司 |
| 绿色印刷升级改造工程 | 江苏凤凰扬州鑫华印刷有限公司 |
| 党报传媒拓展平台建设 | 扬州日报社 |
| 实体店扩建改造及网络书店平台升级 | 扬州韵馨书城有限公司 |

（闻　华）

10家、专项印刷企业6家、包装装潢印刷企业234家、其他印刷企业264家、复打印企业220家。全市印刷业从业人员1.18万人,全年完成工业总产值28.69亿元、销售收入27.42亿元、利润1.32亿元。全市有年产值5000万元以上印刷企业11家。江扬印务有限公司、东兴印刷包装有限公司完成绿色印刷认证工作。扬州古籍线装产业有限公司曹勇、江苏凤凰扬州鑫华印刷有限公司杨文竞分获第四届省印刷行业职业技能大赛平版印刷、平版制版一等奖。 （钟 芸）

**■光盘复制业** 2014年,扬子江音像有限公司策划、编创、摄录、制作生产、出版发行以京剧、昆剧、锡剧、越剧、沪剧、淮剧、扬剧、评弹为主的优秀经典剧目,实现销售额320万元、利润80万元。可录类光盘生产企业扬州晋皇科技有限公司生产DVD(数字视频光盘)131.5万片、CD(光盘)和VCD(视频光盘)510.1万片,实现销售收入2763万元。只读类光盘复制及母盘记录专业生产企业扬州广德信息有限公司生产CD和VCD 595万片、CD-ROM(只读光盘)1350万片、DVD 460万片、母盘506片,实现销售收入1787.5万元。 （钟 芸）

**■4家企业入选首批江苏省重点文化科技企业** 2月,经省委宣传部、省科技厅、省文化厅、省广播电视局、省新闻出版局等部门评定,扬州笛莎网络科技有限公司、扬州工艺美术集团有限公司、江苏德皇文具有限公司、江苏幻网软件科技有限公司等4家企业入选首批江苏省重点文化科技企业。 （刘文献 魏 昕）

**■第九届"文博会"扬州分会场活动** 12月12—14日,江苏省贸易促进会、扬州市政府承办的第九届中国北京国际文化创意产业博览会(简称"文博会")扬州分会场活动在市国际展览中心举行。"文博会"扬州分会场以"让非遗走进我们的生活"为主题,举办非物质文化遗产展览会、文化贸易国际合作恳谈会,展示非物质文化遗产资源、文化创意产品,促进文化创意贸易。126家企业参加"文博会"扬州分会场展示,其中境外企业28家;2.4万人观展;现场销售1600多万元,对接合作项目42个,达成合作协议7项。非物质文化遗产展览会分本市、市外、国际3个展区,面积8000平方米,英国、美国、日本、韩国、尼泊尔等20多个国家和境外机构,中国香港、台湾以及北京、天津、南京等20多个城市参展,展示扬州漆器和玉器、北京景泰蓝、天津鼻烟壶、南京云锦、英国手工制品、尼泊尔金属工艺品等境内外知名非物质文化遗产项目。承办方在展会上设立演绎舞台,表演扬州评话、弹词、清曲、木偶、扬剧、古琴等扬州特色非物质文化遗产文化节目和外地非物质文化遗产技艺。文化贸易国际合作恳谈会邀请多名省文化部门领导、专家解读政策,邀请境外文化创意机构、企业高层人士作文化产业国际化发展、文化贸易出口专题演讲,举行扬州文化旅游产业项目推介等活动。 （刘文献 魏 昕）

**■扬州广电集团(总台)产业经营** 2014年,扬州广电集团(总台)先后策划举办淘宝节、家电节、汽车文化艺术节、房产交易会、"牡丹之夜"演唱会等商业活动。开展"拉动客户销售、服务广告经营"活动,广播和电视广告经营业务进账分别比上年增长20%、11%。扬州广电网络有限公司创新营销方式,强化网格责任体系,经营总量超2亿元,实现利润3000多万元。中广有线信息网络有限公司扬州分公司开展精细化管理,经营总量超过4400万元,实现净利润830多万元。江都广播电视台强化市场意识,发挥区域品牌效应,巩固广告、电视购物、网络经营等老项目,拓展电子商务等新产业。江苏云智传媒技术有限公司承担扬州2500周年城庆网站、市政府"故乡扬州"平台等开发任务,实现"扬州广电云智安防"多终端系统平台、虚拟云存储等市场化销售。扬州广电报网传媒有限公司扩张户外大屏资源,并与江苏银行等开展银行卡合作,打开与金融业合作新格局。扬州电广文化传播有限公司巩固老活动、建设新品牌,实现利润增长。扬州通衢商贸有限公司新增门店和合作伙伴,加强产品合作,为广告经营和产品代理经销积累经验。扬州电广新媒体传播有限公司业务范围扩大,整体运营情况良好。集团参股的邗江区国鑫农村小额贷款有限公司和扬州华捷房地产开发有限公司等企业经济效益较好。扬州古籍线装产业有限公司推进产业园项目建设。 （仲铁成）

**■扬州报业传媒集团产业经营** 2014年,扬州报业传媒集团承办第三届朱自清散文奖颁奖典礼、中国大运河城市象棋团体赛、新年祈福撞钟、"十大经济新闻人物"评选等自主品牌活动,策划2014中国·扬州结婚采购大会暨中秋相亲会、汽车博览会、房产展示交易会、首届全球华人青年创业达人赛、国际金奖大马戏中国首次巡演等商业活动。拓展经营活动。扬州网举办扬州市2013年"十大表情"评选、"五月风云榜"评比、中国地市级网盟年会等活动;拓宽医疗、汽车、金融等传统领域合作,尝试开展政务营销,创新外贸商务平台经营模式。集团全年实现销售收入3.33亿元,其中广告收入1.77亿元、发行收入0.46亿元、印刷收入0.55亿元、广陵书社销售收入0.21亿元、广陵古籍刻印社销售收入0.1亿元。小记者事业部发展会员1.5万人。扬州市青少年素质教育实践基地接待社会实践和军训活动3.2万人次。市区400座党报阅报栏建成并投入运营。扬州国书有限公司完成2套《四库全书》(文津阁本)销售。利用扬州日报印刷有限责任公司搬迁之机,建设现代化数字信息印刷文化产业园。利用广陵书社、广陵古籍刻印社、扬州国书有限公司、扬州书局等资源,打造古籍线装书生产基地,规划"中国非遗文化产业园"。

（汤庆彬）

**■广陵书社** 2014年,广陵书社出版图书224种,其中新书170种(合作出版130种、自主出版40种)、重印书54种;生产图书码洋4976万元，入库图书码洋1857万元；实现销售收入2102万元，实际到账2618万元；实现利润297万元。完成国家重点出版项目《仪征刘申叔遗书》、"扬州史话"丛书，完成(嘉庆)《重修扬州府志》点校、整理、出版，出版"美在人间永不朽"扬州非物质文化遗产丛书、《徐熥年谱》等。《玉蜻蜓》《中国历代僧诗总集》等重点项目编辑工作取得进展。城庆重大出版项目《扬州文库》获省文化产业引导资金文化艺术精品项目补助，编纂工作进展顺利。在国家新闻出版广电总局组织的国家出版基金资助项目年检绩效考评中，《仪征刘申叔遗书》被评为优秀项目。（汤庆彬）

**■扬州广陵古籍刻印社** 2014年，扬州广陵古籍刻印社雕刻《宋词三百首》《千字文》《唐诗三百首》，补刻《北平笺谱》《郘亭丛书》等版片，刷印整套线装本《北平笺谱》《里堂道听录》《扬州丛刻》《金刚经》《宋词三百首》《国学经典》《周易》等雕版、活字印刷产品。拓展家谱、宗谱印刷等外加工业务，帮助客户修订家谱；接受北京天文馆古代天文七块图腾图像雕刻以及嘉兴市图书馆《嘉和百咏》、佛像古籍刻版业务；为扬州迎宾馆、扬州隐居逸扬酒店、扬州特殊教育学校定制古字画复制产品，开拓古字画销售市场。开发营销市场，新设虹桥坊门市、孔子旧书网直营店，引进手绘扇、笔记本等产品，推进鼠标垫、餐垫等自主旅游产品开发。接受《北平笺谱》个性化定制业务，销量比上年增长20%。全年实现销售收入1000万元。（汤庆彬）

## 档案

**■概述** 2014年末，全市7家综合档案馆有馆藏文书档案75.27万卷(册)、45.12万件，资料10.49万册，录像1.36万盘，实物档案1950件，照片2.19万张；其中扬州市档案馆有馆藏文书档案22.18万卷(册)、8.84万件，资料3.35万册，录像1.07万盘，实物档案981件，照片1.10万张。2014年，全市综合档案馆接待查档人员1.86万人次，提供档案资料5.87万卷(件)次；其中扬州市档案馆接待查档人员2399人次，提供档案资料2.14万卷(件)次。市档案馆成立市数字档案馆协调推进工作领导小组及其办公室，印发《扬州市数字档案馆建设领导小组办公室各部门工作目标》，完成市数字档案馆二期项目招投标。3月，扬州市档案馆新馆投入使用。宝应县档案馆创成江苏省中小学档案教育社会实践基地。《中国档案报》头版头条刊发宝应县档案局局长王春兰先进事迹。

3月，扬州市档案馆新馆投入使用　　李斯尔／摄

扬州市档案局完成2013年度扬州市十件大事评选，完成大运河申报世界文化遗产档案整理，与市文明办联合建立创建全国文明城市档案。与市住房保障和房产管理局、市城乡建设局联合印发《扬州市房屋征收(拆迁)补偿安置档案管理暂行办法》，开展房屋拆迁档案建档和规范化建设。推进档案管理达标升级。宝应县档案馆、邗江区档案馆晋升国家一级综合档案馆，仪征市档案馆、江都区档案馆晋升国家三级综合档案馆；全市321家单位档案工作通过省星级规范测评，其中扬州市中级人民法院等5家单位通过省档案工作五星级规范测评。开展"社会主义新农村建设档案工作服务年"活动，规范乡镇档案工作。其中，宝应县14个乡镇档案工作全部达省三星级，各镇农经、工商、财政、国土等基层站(所)档案工作全部达省二星级以上(含二星级)。推进国有企业、民营企业档案规范化、标准化建设。（徐国磊）

**■市档案馆档案资源建设** 2014年，市档案馆依法接收各类档案534卷、3422件，完善馆藏档案数字化建设，实现档案资源规范管理和高效利用。落实《扬州市重大活动档案管理暂行办法》，将党和国家领导人为扬州题字手稿及照片、"烟花三月"节、运博会、"院士扬州行"等重大活动档案资料接收进馆。征集扬州籍院士吴征镒兄弟"吴氏家族"档案1404件，扬州雕版印刷大师陈义时、玉雕大师江春源等非物质文化遗产项目代表性传承人档案500多件。征集一批家谱、族谱、老照片、老民族企业档案，丰富馆藏历史档案。（徐国磊）

**■档案宣传** 6月，全市档案行政管理部门组织开展第二届"国际档案日"宣传活动。市档案局与省档案局档案与建设杂志社合作宣传和推介《清宫扬州御档》，全年发表解读文章36篇；与扬州晚报社合作举办《扬州档案》专栏，发表档案解读文章15篇；与扬州日报社合作举办《名城寻档》专栏，发表档案解读文章3篇。市档案局获全省档案宣传工作先进集体特等奖。《扬州晚报·扬州档案》专栏被省档案局评为"创新工作范例"，获扬州市委宣传部"2013年全市宣传思想文化创新奖"。扬州档案方志网站全年发布信息480条、图片179幅，累计点击量11万人次。（徐国磊）

**■优化档案利用服务** 全市各级综合档案馆探索建立"异地查档、跨馆出证"档案查阅利用服务体系，初步实现市档案馆与各县(市、区)档案馆馆际资料就近查询。市档案馆提升查档服务水平，实行"预约全天候无假日""三零"(服务零投诉、查档零收

费、沟通零距离)服务,新增"午间不间断"服务,建立领导班子成员阅档大厅值班制度;在阅档大厅开辟休闲区,打造"照片墙",分别设置数字查档、实体查档、自助查档区域。市档案馆阅档大厅和现行文件中心服务对象满意率100%。（徐国磊）

■**依法治档** 市档案局重新审核、确认和备案行政权力15项;审核广陵区、邗江区、江都区档案局行政权力17项34条,提出修改意见和建议。市档案局编印《档案法律法规汇编》,发放到全市各部门(单位)。协助省档案局执法检查组对全市20家市级机关、企事业单位进行档案执法检查,督查整改落实情况。（徐国磊）

■**城建档案管理** 2014年,市城建档案馆签订档案报送责任书106份,组织建设工程档案预验收120次,出具档案接收证明书86份;接收各类城建档案6500卷(各类工程竣工档案6067卷,施工许可、竣工备案、建筑业管理等业务档案433卷);整理档案5464卷。接待查档671人次,查阅各类档案4778卷次,出具证明141份;接待业务咨询128人次。重编馆藏档案大流水号,完成8540卷档案大流水排架。全年输入各类档案条目5464条。加快馆藏档案扫描工作,扫描、复查档案文字16万页、图纸12万张,确保信息无误。

（吴兆亮）

## 地方志

■**概述** 2014年,扬州市推进二轮修志,做好旧志点校和地情资料整理工作。《扬州市志(1988—2005)》通过省地方志办公室验收和方志出版社审查,年底定稿。《宝应县志(1990—2005)》定稿付印,《江都市志(1994—2011)》提交终审,《广陵区志(1989—2011)》《维扬区志(1989—2011)》《高邮市志(1986—2005)》总纂工作基本完成。全市出版地方综合年鉴7部、专业年鉴1部。市地方志办公室整理出版(嘉庆)《重修扬州府志》。（侍 琴）

■**《扬州市志(1988—2005)》编纂** 2014年,《扬州市志(1988—2005)》进入印刷出版阶段。市地方志办公室加强与志书承印单位和出版单位沟通协调,重点做好文字校改、图片征集和选配、地图修订、装帧设计等工作。采取交替校改和专项校改、校对与修订相结合方式,完成5个轮次校改;就全志和重点内容征求多方意见,并予消化吸收;征集市志随文图片和人物照片,结合文字内容筛选、插配、调整图片,完善图片文字说明中时间、地点、主题等要素内容;修订2005年《扬州市区图》《扬州市政区图》;调整、确定志书护封、辑封、书眉、版式、表式等外观装帧内容。至年底,志稿正文内容定稿,随文图片、外观装帧设计调整到位,志书编委会人员、评审验收人员、编纂人员、主要撰稿人和主要摄影人员名单完备。（侍 琴）

■**《重修扬州府志》整理出版** 2014年,市地方志办公室联合广陵书社,整理出版(嘉庆)《重修扬州府志》。12月,(嘉庆)《重修扬州府志》点校本由广陵书社出版发行,总字数170万字。这是扬州市首次系统整理旧志,对于传承和普及地方历史文化、学术研究、古城保护建设等具有重要意义。(嘉庆)《重修扬州府志》点校整理工作由扬州大学教授刘建臻主持,以清嘉庆十五年刻本为底本,参考多种典籍,纠讹补漏,凡所征引,尽量追本溯源,并作规范注释和标点,方便读者阅读和研究者查对使用。(嘉庆)《重修扬州府志》成于清嘉庆十四年(1809),由两淮盐政阿克当阿监修、特聘翰林院修撰姚文田等编纂,扬州本地学者焦循、江藩等参与编修;编纂时参考明嘉靖以来各种旧府、州、县志,正杂各史,以及文人别集、家乘、稗官,为扬州方志集大成之作,是研究扬州地区社会历史发展变迁的重要典籍。《续修四库全书总目提要》赞其"为一邦文献之总汇,正足与容甫之《广陵通典》抗颜并行,洵为独出之作"。（侍 琴）

■**《扬州史志》编辑刊行** 《扬州史志》由市档案局、市地方志办公室等单位主办。2014年,《扬州史志》创新内容和版式,调整封面设计,保留《史海钩沉》《人物剪影》《峥嵘岁月》等传统栏目,新设《古城流韵》《维扬览胜》《艺文选萃》等栏目,全年刊出4期。结合重要节庆和重要文史活动,增设《纪念扬州全境解放六十五周年》《纪念阮元诞辰二百五十周年》等专栏。刊出《古镇遗韵》栏目1期,组织7篇文章,宣传介绍宝应射阳湖镇。《清宫御档》专栏全年刊出解读文章17篇。（魏怡勤）

■**年鉴编纂出版** 全市出版2014卷《扬州年鉴》《广陵年鉴》《邗江年鉴》《江都年鉴》《宝应年鉴》《仪征年鉴》《高邮年鉴》等地方综合年鉴7部,出版《江苏油田年鉴》等专业年鉴1部。11月,由中共扬州市委、扬州市人民政府主持编纂,扬州市档案局、扬州市地方志办公室承编的2014卷《扬州年鉴》出版发行。《扬州年鉴》是地方综合性、资料性地情工具书,1991年创刊,已连续编纂出版24卷。2014卷《扬州年鉴》共110万字,设36个类目225个栏目42个分目,收录2137个条目和资料,基本反映2013年扬州经济建设和社会发展全貌。（陈永华）

■**《扬州地名掌故》出版** 12月,市民政局、市政协文史委员会联合编写的《扬州地名掌故》由南京师范大学出版社出版。该书是扬州市首部正式出版地名文化类书籍,收录扬州市地名掌故近500条,分市镇街巷、山川津梁、园林古迹、名人故居、宗教胜迹等5个部分,介绍扬州地名文化资源,展示1998年扬州市区地名整顿以及近十几年扬州城市建设中地名文化对城市文脉传承成果。

（闻 华）

# 卫生

Weisheng

编　辑　陈永华

## 综述

■**概况**　2014年末，全市有各类卫生机构1782个（含诊所、医务室、卫生所、社区卫生服务站、村卫生室）。其中，医院63所，社区卫生服务中心（站）186个，卫生院73所，村卫生室861个，门诊部133个，诊所、卫生所、医务室421个，疾病预防控制机构7个，专科疾病防治院（所、站）4所，妇幼保健院（所、站）8所，急救中心（站）2个，采供血机构1个，卫生监督所（中心）7个，计划生育技术服务机构8个，其他卫生机构8个。

全市医疗机构床位1.98万个，比上年增加563个。其中，医院床位1.44万个，占72.76%；社区卫生服务中心（站）床位1385个，占7.01%；卫生院床位3094个，占15.65%。平均每千人口有床位4.41个。

全市有卫生人员2.99万人，其中乡村医生和卫生员2221人。卫生人员中，卫生技术人员2.33万人，比上年增加695人，其中执业（助理）医师9491人、注册护士9382人。平均每千人口有卫生技术人员5.71人，其中每千人口有执业（助理）医师2.12人、注册护士2.09人。全市各级各类卫生机构有价值1万元以上医疗设备1.66万台，总价值24.22亿元。

2014年，全市医疗机构总诊疗量2566.5万人次。比上年增加123.53万人次。其中，医院959.75万人次，占37.4%；社区卫生服务中心（站）309.12万人次，占12.1%；卫生院487.21万人次，占18.9%；村卫生室480.5万人次，占18.7%；门诊部53.25万人次，占2.1%；诊所、卫生所、医务室131.93万人次，占5.1%；专科疾病防治院（所、站）18.28万人次，占0.7%；妇幼保健院（所、站）110.65万人次，占4.3%。全市居民年人均接受医疗机构诊疗5.73次，其中门（急）诊诊疗5.59次。

全市医疗机构收治住院人员57.65万人，平均每千人口住院人数128人。全市医疗机构病床使用率84.19%。其中，医院病床使用率91.89%，社区卫生服务中心病床使用率58.84%，卫生院病床使用率57.75%。各类医疗机构出院者平均住院9.7天。

**2014年扬州市医疗卫生机构情况表**

表31-1

| 卫生机构 | 合计 | 公立 | | | 非公立 | |
|---|---|---|---|---|---|---|
| | | | 国有 | 集体 | | 私营 |
| **总　计** | **1782** | **1277** | **221** | **1056** | **505** | **377** |
| 医院（所） | 63 | 27 | 20 | 7 | 36 | 25 |
| 基层医疗卫生机构（个） | 1674 | 1206 | 157 | 1049 | 468 | 351 |
| 社区卫生服务中心（站）（个） | 186 | 178 | 32 | 146 | 8 | 1 |
| 卫生院（所） | 73 | 73 | 20 | 53 | 0 | 0 |
| 村卫生室（个） | 861 | 773 | 0 | 773 | 88 | 21 |
| 门诊部、诊所、卫生所、医务室（个） | 554 | 182 | 105 | 77 | 372 | 329 |
| 专业公共卫生机构（个） | 37 | 37 | 37 | 0 | 0 | 0 |
| 其他卫生机构（个） | 8 | 7 | 7 | 0 | 1 | 1 |

（陈东升）

**2014年扬州市医疗机构工作量、效率分析表**

表31-2

| 项　目 | 2014年 | 2013年 | 增减数 | 增幅（%） |
|---|---|---|---|---|
| 总诊疗人次数（万人次） | 2566.50 | 2442.97 | 123.53 | 5.06 |
| 入院人数（万人） | 57.65 | 52.60 | 5.05 | 9.60 |
| 病床使用率（%） | 84.19 | 82.62 | 1.57 | 1.90 |
| 平均住院日（天） | 9.70 | 10.40 | -0.70 | -6.73 |
| 每诊疗人次费用（元） | 139.90 | 133.10 | 6.80 | 5.11 |
| 每一出院者费用（元） | 8300.30 | 7818.50 | 481.80 | 6.16 |

（陈东升）

全市各级医疗机构收入93.19亿元，增长18.91%。全市医疗机构平均每诊疗人次费用139.9元。其中，药费70.4元，占50.32%；检查治疗费32.5元，占23.23%。平均每一出院者住院费用8300.3元。其中，药费3624.8元，占43.67%；检查费584.4元，占7.04%；治疗费847.4元，占10.21%；手术费401.4元，占4.84%；床位费380元，占4.58%。出院者平均每床每日住院医疗费用851.6元。全市卫生院平均每诊疗人次费用75.9元，其中药费42.8元，占56.38%；平均每一出院者住院费用2773.6元，其中药费1256.4元，占45.3%；出院者平均每床每日住院医疗费用336元。全市医疗机构药品收入占业务收入的46.3%，比上年下降2.54个百分点。

2014年，全市投入卫生事业财政经费9.99亿元〔不含各县(市、区)及乡镇投入经费〕。其中，中央级经费3.75亿元，省级经费3.93亿元，市级经费2.31亿元。29所乡镇卫生院(社区卫生服务中心)获省级设备投入经费1616.15万元，添置医疗设备452台(套、件)。市级投入基层医疗机构建设经费300万元，扶持市区17个社区卫生服务中心、30个社区卫生服务站建设。（陈东升）

**■社区卫生服务** 2014年，全市新创成省示范社区卫生服务中心(省示范乡镇卫生院)7个，累计建成国家示范社区卫生服务中心1个、省示范社区卫生服务中心24个、省示范乡镇卫生院30个、省示范村卫生室30个，省示范社区卫生服务中心(省示范乡镇卫生院)创成率54%。全市社区卫生服务中心(乡镇卫生院)标准化率100%，平均房屋面积约5200平方米，住院病房基本达"四有"(有空调、有彩电、有卫生间、有陪客椅)要求，村卫生室实现"诊断室、治疗室、药房、观察室、值班室"等5室分开。落实乡村医生养老保障政策，完善村卫生室补偿渠道，推行村卫生机构信息化建设，推进乡村卫生机构一体化管理，一体化管理率达90%以上。全市政府举办的39个社区卫生服务中心全部实施家庭医生制度，重点人群签约率75%以上；62个乡镇卫生院全部开展健康管理团队服务，组建健康管理团队342个，覆盖912个村卫生室，开展团队服务8202场次。组织乡镇卫生院卫生技术人员50人参加进修。（郑轶群）

**■基本公共卫生服务** 市卫生局、市财政局联合下发《2014年基本公共卫生服务实施方案》，明确基本公共卫生服务项目经费标准为人均35元，规范实施11类43个服务项目。全市居民电子健康档案建档率87.17%；设立健康教育宣传栏1261个，全年更新宣传内容1.5万次，举办健康知识讲座5718场，开展咨询、义诊活动1050场，发放健康教育宣传资料970.95万份；开展"十大主题健康促进行动"〔健康医院、健康学校、健康机关、健康企业、健康社区、健康家庭、健康厨房、健康公园(广场)、健康步道、健康学堂〕项目；为近50万名65岁以上老年人免费开展体检和健康管理；规范、管理高血压患者37.91万人；规范、管理糖尿病患者11.47万人；规范、管理重性精神疾病患者1.09万人。开展基本公共卫生服务项目宣传公示进社区活动，提高居民对基本公共卫生服务项目的知晓率和利用率。统一制作宣传公示牌，市区452个住宅小区和村组张贴宣传公示牌750块，实现项目公示全覆盖。11月，市卫生局、市财政局委托第三方联合对市区基本公共卫生服务工作进行年终考核，核发项目资金。（郑轶群）

**■卫生行风建设** 2014年，全市卫生系统开展以"细节感动患者 社会理解卫生"为主题的"白求恩杯"竞赛活动，深化"群众满意医院"创建活动。市卫生局组织出院病人满意度调查，向全市22家二、三级医院出院病人寄发调查问卷2200份，回收330份，综合满意度平均95.71%；委托国家统计局扬州调查队电话调查2200名出院病人，患者对医务人员服务评分平均92.34分。在省卫生厅组织的全省110家三级医院患者满意度调查中，全市3家医院进入全省前30名。加强行风监督，市卫生局面向社会聘请19名新一届行风监督员，组织行风监督员参加行风暗访、问卷调查等活动。6月、11月对市直6家医院和市疾控中心窗口服务情况组织2次暗访，通报存在问题，督促相关单位整改。治理商业贿赂，全系统学习医疗卫生行风建设"九不准"(不准将医疗卫生人员个人收入与药品和医学检查收入挂钩、不准开单提成、不准违规收费、不准违规接受社会捐赠资助、不准参与推销活动和违规发布医疗广告、不准为商业目的统方、不准违规私自采购使用医药产品、不准收受回扣、不准收受患者"红包")规定，通报卫生行业典型案例。落实"双纠"(纠正医疗购销、医疗服务中不正之风)监管制度，医务人员全年1246人次退还(拒收)患者红包132.4万元，404人次上交红包48.51万元。加强对药品、耗材集中采购的监管，组织相关医院自查自纠问题药品。市第一人民医院暂停销售天晴甘平、甘利欣等7种药品；相关医院约谈药品用量较大的医生，限制部分药品使用。市卫生局规范权力行使，完善《医用设备采购公示办法》等规章制度和意见20个。深化行政权力公开透明运行，更新行政权力库，细化分档行政处罚自由裁量标准。实施基本药物采购使用和新农合基金结报操作规范，简化流程，方便群众。（萧　江）

**■卫生科教工作** 2014年，全市卫生系统获批立项国家级科研项目13个，省、部级科研项目13个，省卫生厅科研基金项目2个，市级科研项目52个(其中市自然科学基金项目17个、市科技发展计划项目25个、市指导性计划项目10个)。全市医疗卫生系统获2014年度省科学技术奖三等奖1个、市科学技术奖22个。获2014年度省医学新技术引进奖一等奖2个、二等奖14个，获市医学新技术引进奖一等奖20个、二等奖38个。获批国家级继续教育项目19个、省级继续教育项目27个。7个项目被列入省城乡基层适宜卫生技术资源库。全市发表医学论文1000多篇，其中SCI(科学引文索引)近100篇。完成2013年度全市卫生系统科普工作调查。全年遴选、推广适宜卫生技术，基层医疗卫生机构适宜技术推广覆盖率超90%。向全市各基层医疗卫生单位推广9个国家级、省级优秀继续教育项目，培训农村卫生人员1600人。全年验核继续教育证书9000本，举办市级以上继续教育培训120期，培训1万多人次。组织全市基层医疗卫生单位46人参加省乡镇卫生院"院长班"、城市社区卫生服务中心"主任班"培训。组织12名城市社区医生到三级医院参加转岗培训1年；组织转岗培训期满的5人参加省结业统考，全部合格。组织229人参加全市住院医师规范化培训考试，通过率93.8%。组织774名城乡全科医生及805名村卫生室人员分别参加卫生技术人员专业培训、合理用药专项培训。9月，重新梳理和认定全市全科医师规范化培训基地，江苏省苏北人民医院及市第一人民医院为全市西医全科医师规范化培训基地，将市妇幼保健院、江苏省扬州五台山医院、宝应县人民医院、高邮市人民医院、江都区人民医院、仪征市人民医院作为培训基地协同医院，共同参与全科医师规范化培训。培训全科医师规范化培训带教老师34人。2014年，新增293名医生(其中全科医生99人)进入培训基地参加为期3年的住院/全科医师规范化培训，累计在培363人。

(陆爱民)

**■卫生信息平台建设** 2014年，扬州市升级区域卫生信息平台，提高县(市、区)区域卫生信息平台建设水平。加强基层医疗信息系统建设，至2014年末，市区有近40个村卫生室、社区卫生服务站建成基层医疗信息系统。扬州市远程医疗系统项目方案通过市政府及市经济和信息化委员会、市财政局等部门审批，进入招标阶段。新农合信息系统建成。8月，扬州市新农合大病保险信息管理系统投入运行。扬州市新农合信息管理系统基本建成。 (扬 医)

**■"十大主题健康促进行动"** 2014年，全市推进"十大主题健康促进行动"项目。推动全民健身运动、健康元素普及和健康场景建设，建成宋夹城健康公园、引潮河健康公园、白田健康文化广场等健康场景。加强健康厨房建设，建成虹桥坊餐饮健康厨房示范群。开展健康干预，编印、发放防控人感染H7N9禽流感、登革热宣传折页和减盐手册等健康教育材料10万份；订购控油壶、减盐勺等健康支持工具，向社区居民发放健康宣传资料和礼包；举办知识竞赛，组织网上健康素养知识学习测评。市卫生局与市广播电视总台开办《967健康学堂》栏目，组建健康巡讲师队伍，指导居民健康生活，发布医疗卫生最新消息，解读卫生政策。全年400人次专家做客节目，普及健康知识，解答听众健康咨询2000多次。全市创建健康医院52所、健康学校92所、健康机关32家、健康企业4家、健康社区20个、健康家庭245户、健康厨房282个、健康公园(广场)30个、健康步道34条、健康学堂125个。

开展"健康扬州社区行"活动1860场次(其中讲座1129场次)，6686名专家参与活动，发放资料47.63万份，设置餂牌1563块。26.30万人次受益。 (邹 露)

**■《扬州市大气污染卫生应急预案》发布** 3月24日，《扬州市大气污染卫生应急预案》发布。卫生行政部门根据大气污染预警级别，协同环保、气象等部门开展重污染天气相关的健康影响与疾病负担评估，做好辖区内大气污染监测预警、医疗救治、相关应急处置和报告。根据预案，从低到高分为蓝色、黄色、橙色和红色等4个预警级别，确定不同健康防护措施。蓝色预警提醒公众减少户外运动和室外作业时间，并适当开展户外防护；建议儿童、孕妇、老年人和患有呼吸道疾病、心脑血管疾病等易感人群尽量留在室内，停止户外运动；中小学和幼儿园停止户外体育课及户外活动。黄色预警提醒一般人群避免户外活动，户外作业者开展防护，提醒儿童、孕妇、老年人和患有呼吸道疾病、心脑血管疾病等易感人群留在室内；中小学和幼儿园停止体育课及户外活动。橙色预警提醒一般人群避免户外活动，户外作业者开展防护并缩短户外作业时间，儿童、孕妇、老年人和患有呼吸道疾病、心脑血管疾病等易感人群留在室内；停止露天体育比赛活动及其他露天群体性活动；学校和幼儿园停止户外活动。红色预警提醒一般人群避免户外活动，户外作业者临时停止户外作业，儿童、孕妇、老年人和患有呼吸道疾病、心脑血管疾病等易感人群留在室内；学校和幼儿园停止户外活动，中小学和幼儿园必要时可临时停课；停止所有户外大型活动。 (陈 卫)

**■江苏省苏北人民医院东院挂牌** 2014年，江苏省苏北人民医院与洪泉实业有限公司合作，由江苏省苏北人民医院全面托管洪泉医院，合作成立江苏省苏北人民医院东院(简称东院)。东院院级领导班子由江苏省苏北人民医院派出。江苏省苏北人民医院向东院输入特色管理、专家、技术，在人才培养、学科建设、基础设施等方面扶持东院。6月6日，江苏省苏北人民医院东院在江都洪泉医院揭牌。 (陈 卫)

**■大明寺鉴真医堂揭牌** 7月15日，大明寺鉴真医堂揭牌并举行现场义诊。大明寺鉴真医堂为中医门诊部，提供针灸、拔火罐等中医养生保健项目，邀请知名中医每周六、农历每月初一和十五上午及其他重要时日随堂坐诊，免挂号费。 (陈 卫)

**■扬州市妇幼保健联合体成立** 11月1日，以市妇幼保健院为核心单位的扬州市妇幼保健联合体成立。扬州市成为全省第一批妇幼保健机构管理模式改革试点单位。扬州市妇幼保健联合体由市妇幼保健院和宝应县妇幼保健院、高邮市妇幼保健所、仪征市妇幼保健所、江都区妇幼保健院、邗江区妇幼保健所等6个公立妇幼保健机构组成。通过优化资源配置、转变服务模式，建立双向转诊、上下联动、妇幼保健服务业务协作网

络，提升各成员单位妇幼保健学科建设、人才培养、机构管理水平和专科服务能力。（陈　卫）

**■首家病死畜禽专业无害处理厂投入运行**　11月27日，高邮市临泽镇病死畜禽专业无害化处理厂投入运行，12小时可处理病死畜禽2吨。病死畜禽专业无害化处理厂采用“高温化制＋生物降解”方法，利用高温、高压对病死畜禽进行化制，利用微生物完成病死动物尸体破碎、降解、灭菌。经无害化处理后产生的干物质可制作成有机肥，产生的油脂可作肥皂或生物柴油原料。（陈　卫）

**■高邮市人民医院成为首家县级“三级医院”**　12月9日，高邮市人民医院晋级国家三级综合医院，成为扬州市首家县(市、区)级“国家三级综合医院”，继江苏省苏北人民医院、扬州市第一人民医院后全市第3家国家三级综合医院。医院升级后，仍执行国家二级综合医院收费标准。（陈　卫）

## 医疗服务

**■概述**　2014年，全市23所二级以上医院总诊疗量960.36万人次，比上年增长2.94%。其中，门诊量830.82万人次，增长3.08%；急诊量114.12万人次，增长7.47%。出院43.68万人次，增长9.17%；手术13.17万例，增长12.7%；病床使用率97.66%，其中4家三级医院病床使用率99.32%，比上年上升3.01个百分点；病床周转次数34.96次，增长0.06%；出院者平均住院日9.89天，比上年减少0.46天。

全市23所二级以上医院平均每诊疗人次医疗费222.13元，比上年增长10.72%；平均每一出院者住院医疗费9768.36元，增长6.71%；平均药品加成率12.87%，下降2.68个百分点；住院费用药占比42.74%。

全市23所二级以上医院业务收入总额66.45亿元，比上年增长17.88%。其中，门诊收入21.33亿元，增长13.94%；住院收入42.67亿元，增长16.50%。支出总额65.46亿元，比上年增长15.53%。其中，药品支出25.75亿元，增长14.19%；卫生材料支出10.67亿元，增长22.06%；人员支出17.72亿元，增长21.53%；其他支出11.31亿元。各类欠费总额5.6亿元，比上年增长3.78%。其中，病人欠费0.28亿元，下降5.83%。（洪　梅）

**■惠民医疗救助**　全市二、三级医疗机构为11.24万人次提供惠民医疗服务，其中住院治疗3183人次、门诊服务10.92万人次；减免特困患者医疗费470.64万元，其中住院费225.82万元、门诊费244.82万元。救助交通事故受害人410人，救助金额1334.75万元。（洪　梅）

**■卫生对口支援**　制定城市卫生对口支援城乡基层卫生年度工作方案，安排城市医生晋升副高级职称前到社区卫生服务中心对口支援。安排专家到社区坐诊帮扶，确保每周2个半天有大医院专家到社区坐诊，全年安排2115人次到社区坐诊1121.5个工作日。做好三级甲等医院对口支援县级医院工作，加强县级医院医疗服务能力建设。全年下派对口支援人员(含晋升职称人员)242人。江苏省苏北人民医院选派13人对口支援江苏建湖、陕西铜川等地。（洪　梅）

**■优质护理服务**　推进全市优质护理服务，推进优质护理病房服务创建。组织全市优质护理服务工作调研。至年底，全市优质护理服务病房覆盖率100%，优质护理服务病房总数293个，其中三级医院优质护理服务病房110个、二级医院优质护理服务病房183个，A类病房数104个。

开展“5·12”国际护士节系列活动。《扬州日报》《扬州晚报》《扬州卫生报》设立“5·12”国际护士节专版，报道全市“5·12”国际护士节活动情况。全市开展2013年度“优秀护士长”“优秀护士”评选，优质护理服务先进单位、先进病区和先进个人评选，通过基层推荐、职工评议、网上公示，评选出“优秀护士长”“优秀护士”各20人；评选出优质护理服务先进单位8个、先进病区30个、先进个人33人。各县(市、区)卫生局、全市医疗卫生单位开展宣传表彰、技能竞赛、演讲比赛、征文比赛、志愿者服务、学习座谈、文艺演出等活动纪念“5·12”国际护士节活动。

开展13个专业专科护理专业化普及培训。5月，举办护理质量管理知识培训，全市300多名护理管理人员和护理骨干参加学习。组织有关专家到县(市、区)开展帮扶基层讲学活动。启动江都区人民医院护士岗位管理试点工作。开展优质护理服务第三方满意度调查。配合省卫生厅完成年轻护士临床工作能力考核。（乔　莉）

**■综合医疗服务**　组织高考体检，完成9320名高中毕业生体检，续检和复检150人。各县(市、区)设6个体检站开展征兵体检。全市5888名应征青年参加体检，3600人体检合格，合格率61.1%。（陈　长）

**■江苏省苏北人民医院**　江苏省苏北人民医院是综合性三级甲等医院。2014年，医院总建筑面积18万平方米，资产总值15亿元。开放床位2200多个；全年门(急)诊量160万

苏北人民医院　　李斯尔/摄

人次，出院病人近8万人次，收治手术病人5万多人次。

医院有在岗职工2300多人，有卫生专业技术人员2060人，其中医学博士120多人，医学硕士450多人。医院获批国家自然科学基金项目12个，省、市级科研立项课题39个；获各类医学新技术引进奖55个，其中省医学新技术引进奖12个、市医学新技术引进奖43个；获省、市级科学技术进步奖14个；108篇论文被(SCI)收录。医院是国家级博士后科研工作站，中南大学、吉林大学等重点院校医学博士、硕士研究生培训基地，全国优质护理服务示范工程卫生部重点联系单位。医院有妇产科、普通外科、骨科、消化内科、血液内科、神经内科、心血管内科、泌尿外科、心胸外科、麻醉科、医学影像科、重症医学科、呼吸内科、医学检验科等省级临床重点专科14个，市级临床重点专科15个，国家临床药物试验验证专业9个，国家级内镜诊疗技术培训基地6个。2014年，医院获评国家卫计委脑卒中筛查先进单位、全国医院感染横断面调查先进单位。

（吴永仁）

**■扬州市第一人民医院** 扬州市第一人民医院是综合性三级甲等医院。医院占地9.33公顷，总建筑面积17.1万平方米，分东、西两个院区。有固定资产9.53亿元、先进诊疗设备3000多台(套)。医院有编制床位1600个，开放病区37个、临床医技科室50个，全年门(急)诊量142万人次，收治住院病人5.9万人次。

医院有在岗职工1872人，其中高级技术职称人员413人、医学博士33人；有博士、硕士研究生导师30人，省医学重点学科和医学重点人才建设战略工程("135工程")医学重点人才2人，"333高层次人才培养工程"学术带头人11人，省、市有突出贡献的中青年专家14人，享受政府特殊津贴的专家4人。

医院有心血管内科、消化内科、影像科等3个省级临床重点专科，神经内科、儿科、普外科等14个市级临床重点专科。心内科介入诊疗技术、脑血管病神经介入诊疗技术、脑动脉溶栓技术及脑卒中治疗、普外科腔镜手术、泌尿外科腔镜手术、口腔颌面整形技术等达到省内先进水平。2014年，医院发表SCI论文10篇，获国家自然科学基金立项项目1个、国家发明专利7件、获各级各类科技进步奖和新技术引进奖7个。（戴春阳）

**■扬州市中医院** 扬州市中医院是综合性三级甲等中医医院。医院总建筑面积5.8万平方米，有固定资产1.33亿元，其中医疗设备总值8757万元，有大型设备398多台(套)。医院有在岗职工563人，其中医学博士6人、医学硕士41人；有卫生专业技术人员490人，其中高级技术职称人员94人、中级技术职称人员158人；有博士、硕士研究生导师4人，教授、副教授41人。2014年，医院有编制床位700个，开放床位500个。全年门(急)诊量39.68万人次，增长8.27%；实际出院病人1.08万人次；手术1842人次。实现总收入2.25亿元，其中业务收入2.06亿元，比上年增长17.91%；药品收入占业务收入(不含中草药)的45.02%，下降1.43个百分点。护理部推广中医特色护理治疗技术26项，完成业务收入506万元，增长46%。

2014年，医院完成核磁共振设备更新配套项目、扬子津社区卫生服务中心装修改造等项目。医院与江苏省中医院签约结为"战略合作医院"；与南京中医药大学签约成为其"中医肿瘤临床研究基地"；与东南大学附属中大医院合作成立"东南大学附属中大医院扬州市中医院心血管介入分中心"，常规开展冠状动脉造影、支架植入术、起搏器植入术等介入手术。骨伤科、脑病科、肺病科先后通过省重点专科建设单位中期考评，脾胃病科获批成为江苏省中医重点专科建设单位。完成扬州市中医临床诊疗中心申报工作，肿瘤科、骨伤科分别被批准为扬州市肿瘤诊疗中心、扬州市颈肩腰腿痛诊疗中心。市级中医重点专科肾病科、泌尿外科通过市卫生局考核评估。住院病历甲级率98%，门诊病历合格率99%，门诊处方合格率99%，平均住院日13.32天，床位使用率85.1%。成分输血率100%。开放中医特色专科门诊37个，开设中医综合治疗室、中医综合治疗区，肿瘤科、骨伤科推行多专业"一体化"诊疗服务模式。开展中医诊疗技术项目72个。门诊中药饮片总处方量占总门诊量(不含针灸推拿科)的38%，手术科室、非手术科室病房中药饮片使用率分别为42.6%、72%。门诊非药物中医技术治疗量占门诊量的47.32%。优势病种中医治疗率81.2%。围手术期中医药参与率23.5%。急诊中医药参与治疗率50%，应用中医技术3项。常年应用院内中药制剂品种30个。推进国家中医药"治未病"试点单位项目建设。医院获批立项市社会发展课题2个、市自然科学基金项目1个、省中医药局课题2个(含在研)。获市级科技进步奖1个，省、市级医学新技术引进二等奖1个，在核心期刊发表论文48篇。通过省中医药局组织的"江苏省中医药文化宣传教育示范基地建设单位"评审。8月，医院"春"字门内科中医术、"谦"字门儿科中医术、针灸(朱氏针法)进入扬州市非物质文化遗产保护名录，累计4个中医学术门派进入市级非物质文化遗产保护名录。（张　辉）

**■扬州市妇幼保健院** 扬州市妇幼保健院是三级甲等妇幼保健院。医院占地面积2.13公顷，总建筑面积4.38万平方米。市妇幼保健院有一级科室41个、二级科室33个，有在岗职工750人，其中高级技术职称人员109人、医学博(硕)士33人。医院全年门(急)诊量57.6万人次，出院病人1.84万人次，床位使用率105.2%，出院者平均住院日7天；业务收入2.16亿元。

11月，市妇幼保健院联合宝应、高邮、仪征、江都、邗江等地5家公立妇幼保健机构共同组建的"扬州市妇幼保健联合体"挂牌。医院与上海市红房子医院建立合作关系，成为上海市红房子医院技术指导单位，被确认为扬州市新生儿急救中心。全年新增国家级学术委员1人、省级学术委员2人，新增科研立项项目13个、江苏省城乡基层适宜卫生技术项目3个，获市级医学新技术引进奖4个、扬州市科技进步奖1个，发表SCI论文3篇。营养科成为“中国医师协会临床营养(围产)培训基地”。

医院增设二孩门诊，构建“围产保健VIP”及“四维彩色B超”服务区域。 (戴 萍)

**■扬州市第二人民医院** 扬州市第二人民医院占地面积3公顷，总建筑面积2万多平方米；有固定资产1.47亿元，其中医疗设备总值1590.1万元。有编制床位300个，实际开放4个病区160个床位。6月，江苏省苏北人民医院康复医学中心在该院挂牌，原由五台山托管的精神卫生中心从该院独立出去。全年门(急)诊量7.47万人次，出院病人3158人次，全年业务收入4293.49万元，药品收入占业务收入的60%，下降7个百分点。提供医疗救助1.13万人次，医疗救助业务收入965万元，占全院业务总收入的22.48%；医疗救助减免金额275.7万元。

医院有在岗职工187人，其中卫生专业技术人员153人(其中高级技术职称人员23人)。3月，血液透析中心通过江苏省卫生厅验收，获血液透析准入资质。全院全年在省级以上刊物发表论文29篇。 (臧宝华)

**■扬州市传染病医院** 扬州市传染病医院(扬州市第三人民医院、江苏省苏北人民医院新区分院)是三级传染病专科医院。医院有编制床位350个，开放床位259个。2014年，医院门诊量18.02万人次，收治病人5694人次，出院者平均住院日17.46天，病床使用率90.43%。医院有14个诊疗科室、7个病区及9个社区诊所。有结核病科、肝病科、感染病科、医学检验科、医学影像科等5个扬州市临床医学重点专科。

医院有在岗职工254人，其中高级技术职称人员39人。医院常规开展人工肝治疗、肝穿刺活检、介入融通疗法治疗肺结核大咯血、肺结核空洞注药、肺穿刺活检、肿瘤介入治疗等30多个项目。

2014年，医院除常规收治肝炎、肺结核等传染病人外，收治手足口病161人；开展艾滋病高效抗逆转录病毒治疗211例，收治艾滋病住院患者142人；收治疟疾、伤寒、麻疹、水痘、猩红热、腮腺炎、狂犬病、恙虫病、梅毒等传染病患者109人。 (许 林)

**■急救医疗网络建设** 6月，李典、瓜洲、甘泉、方巷等4个新增急救点启动运行，全市累计有急救分站7个、急救点31个，600多人参与院前医疗急救。组织县(市、区)3个医疗急救站和10个医疗急救点参加急救技能操作抽查考核，加强急救队伍突发事件处置能力和紧急救援能力。全年组织参与应急救援演练6次。

(洪 梅)

**■医疗质量控制** 加强病历、检验、血液质量等质量控制中心管理。建立全市二级以上医院病历质量控制信息上报制度，启用“病历质量控制信息管理平台”；组织二级以上医院癌痛规范化治疗培训会；举办全市临床检验质量控制工作会议暨检验质量控制知识培训会议，发放质量控制样品350多份；召开全市医疗质量控制工作会议。开展全市医疗核心制度明察暗访、病历处方质量和“三合理”(合理检查、合理用药、合理治疗)规范执行情况专项检查。抽查出院病历、门诊病历560份，门诊处方420张，医护人员技能操作30多人次，强化二级医院质量安全意识，改进医疗质量。 (陈 长)

**■临床用血管理** 市卫生局举办一级以上医院输血科、检验科负责人培训会，召开2次全市医疗机构临床用血质量控制中心会议，开展全市二级以上医院临床用血管理专项检查。开展“白衣天使献血月”活动，2014年，全市3.69万人次献血，献血总量6.26万单位，供血总量11.32万单位，其中红细胞5.52万单位。每千人参与献血率8.3‰。再获全国无偿献血先进城市称号。“8·2”昆山工厂大爆炸事故发生后，组织血站支援各类血液产品，其中血浆44.03万毫升。重视自身输血，江苏省苏北人民医院开展自身输血238例，扬州市第一人民医院开展自身输血20例。推广核酸检测技术，督促血站完成核酸实验室建设，建立管理制度，完善操作规程，开展人员培训。 (陈 长)

市民踊跃无偿献血 李斯尔/摄

**■临床路径管理** 6月，市卫生局组织专家开展临床路径管理专项调研；9月，组织专家对二级以上医疗机构进行临床路径管理培训。各医院建立临床路径试点工作领导小组、专家指导组、质量控制管理组、科室实施小组等组织网络体系，定期召开专题会议，研究部署实施临床路径管理。编制试点病种实施性临床路径，开展临床路径实施结果评估和评价。截至10月，全市二级以上公立医院符合进入临床路径标准的病例3.39万例，进入临床路径的病例2.40万例，入组率70.9%；完成路径的病例1.99万例，完成率82.9%；发生变异1.08万例，退出路径2163例。 (韩 鲜)

**■医院感染管理** 加强全市医院感染(简称院感)管理，落实院感管理技术标准，降低发生院感风险。健全质量控制网络，发挥各级质量控制中心作用，定期或不定期监督、检查辖区内基层医疗机构院感防控工作，加强对重点医院、重点环节排查，重视高危科室院感防控，加强ICU(重症加强护理病房)、手术室、血液净化室、消毒供应中心(室)、新生儿室、产房、内镜室、导管室、口腔科等重点部门和重点环节的院感防控管理。

年初，开展二级医院供应室专项检查，检查全市二级以上医院消毒供应中心(室)。4月，配合省卫生厅供应室专项检查，抽查部分二、三级医院供应室。落实《江苏省区域化集中消毒供应机构建设管理指导意见》，推进区域化集中消毒供应中心建设。10月，广陵区2家机构开始试运行。

加强全市血液透析监管，每月下发1期全市血液透析情况汇总通报；定期召开血液净化质量控制会议。11月，开展全市血液透析质量专项检查，加强血液净化室监管，提高血液透析质量。

加大全市医疗废物集中处置监管力度。11月，市卫生局会同市环保局开展医疗废物集中处置专项检查，全市医疗废物集中处置率100%。

开展院感管理专职人员岗位培训、中青年骨干培训、院感管理知识培训。（乔　莉）

**■临床重点专科管理**　制定《市级临床重点专科专项检查暨复核评价标准细则》，检查12所二级以上医院44个运行5年以上的重点专科，抽查住院病历660份、处方2200多张，访谈管理人员及医护人员300多人次，促进市级临床重点专科开放式动态管理。（陈　长）

**■平安医院创建**　制定《2014年扬州市平安医院创建工作要点》，召开创建工作例会。制定《维护医疗秩序打击涉医违法犯罪专项行动方案》《二级以上医院保障医务人员人身安全维护正常诊疗秩序10条细节》《进一步加强医院安全管理工作的意见》。联合市社会管理综合治理委员会办公室、市公安局等部门开展二级以上医院创建工作督查。年内未发生暴力伤医犯罪事件。推进医疗责任保险，组织集中招标工作，组成全市医疗责任保险共保体，形成《扬州市医疗责任保险共保协议》《扬州市医疗责任保险业务合作协议》。一级以上医疗机构全部参保，保费1217.85万元。（陈　长）

**■扬州医生援助圭亚那**　6月13日，由14名扬州医生为主体组建的第11期援助圭亚那国家医疗队启程到南美洲国家圭亚那，进行为期2年的医疗援助。医疗队由内科、外科、儿科、骨科、妇产科、麻醉科、病理科、烧伤整形科等11个科室16名专家组成，其中14名队员由扬州市派出(江苏省苏北人民医院8人、市第一人民医院3人、市妇幼保健院2人、高邮市中医院1人)。医疗队分为2支小分队，分别到圭亚那乔治敦、林登参与门诊、急诊、手术等治疗，改善当地医疗条件和技术。（陈　卫）

## 医政管理

**■医疗机构管理**　市卫生局全年批准设置医疗机构6个，备案医疗机构4个，受理和办理医疗机构注册登记申请9件、变更申请29件，注销医疗机构6个。8月组织市卫生监督所人员和三级医院专家，现场校验一级及一级以下医疗卫生单位40多家；现场检查医疗卫生单位135家，抽查门诊病历181份、住院病历50份、处方300多张，抽查医护人员操作技能60多人次，核查从业人员执业资质150人次。对发现的问题，下发整改通知书，限期上报整改结果。暂缓校验2家医疗机构，注销5家医疗机构。11月，组织到各县(市、区)和扬州经济技术开发区进行督导检查，抽查28家医疗机构，现场指导整改存在问题。（韩　鲜）

**■医疗技术准入与管理**　市卫生局指定扬州市医学会作为全市医疗技术临床应用能力技术审核机构，负责对全市二级及以下医疗机构第二类医疗技术临床应用能力进行技术审核。5月，市医学会下发《关于组织普通外科术等13项内镜诊疗技术临床应用能力申报的通知》。6月，市卫生局组织专家到市区核定有妇产科的医疗机构督查，违规宣传、实施协助采集脐带血情况，未发现协助采集脐带血行为。7月，扬州市医学会组织评审专家(每个专业2人)对13家二级医院申报的三、四级内镜诊疗技术进行现场评审。（韩　鲜）

**■医药卫生体制改革**　2014年，市政府印发《全市深化医药卫生体制改革2014年度主要工作安排》。推进县级公立医院综合改革。完成仪征市县级公立医院改革试点工作评估总结。全市13所县级公立医院实施综合改革，6月，全市13所县级公立医院改革价格完成综合改革。起草《扬州市疾病应急救助办法》，建立疾病应急救助制度。全市实施城乡居民大病保险试点。（周长发）

**■医师管理**　全市受理2014年国家医师资格考试网上报名1118人。经审核，973人符合报考条件。7月，全市850人参加临床和中医类别实践技能考试。9月，729人参加医学综合笔试。443名2013年通过国家医师资格考试人员获得资格证书443份，其中执业医师340人、执业助理医师103人。受理执业医师注册150人次、变更注册217人次、注销注册20人次。26名医师申报美容主诊医师，19人通过省级审核。开展2014年度医师定期考核，5647人参加考核，5609人考核合格。（韩　鲜）

**■规范医疗市场**　开展打击非法行医专项行动，市卫生监督所全年立案查处医疗机构、计划生育技术服务机构违法违规行为和“两非”(非法进行非医学需要的胎儿性别鉴定；非法选择性别的人工终止妊娠)行为99件，责令改正99户次，警告58户次，罚款71户次35.67万元；取缔无证行医92家，立案查处非法行医案件92件，罚款33.27万元。加强医疗广告管理。全年审批医疗广告16条。市卫生监督所开通监测专用有线电视端口，监测媒体发布的医疗广告，公示违规医疗广告21条。行政处罚违规发布医疗广告的医疗机构15个。（韩　鲜）

**2013—2014年扬州市区儿童健康体检抽样调查情况表**

表31-3

| 指标 | | 2014年 | 2013年 |
| --- | --- | --- | --- |
| 受检人数(人) | | 22282 | 19641 |
| 受检率(%) | | 99.2 | 99.1 |
| 患缺点率(%) | | 36.4 | 38.94 |
| 体重达标率(%) | | 78.7 | 79.4 |
| 身高达标率(%) | | 77.4 | 74.5 |
| 乳牙龋齿发生率(%) | | 33.7 | 32.17 |
| 患病率 | 肥胖儿发生率(%) | 6.9 | 6.1 |
| | 低体重发生率(%) | 0.38 | 0.18 |
| | 发育迟缓发生率(%) | 0.29 | 0.32 |
| | 消瘦发生率(%) | 0.92 | 0.52 |

(林　萍)

# 妇幼保健

**■概述**　2014年，提高全市妇女儿童健康水平。全市婚检率90%；妇女病普查率96.66%；剖宫产率44.2%，孕产妇保健管理率99.92%，7岁以下儿童保健管理率99.42%，产前筛查率90.5%。婴儿死亡率2.55‰，5岁以下儿童死亡率3.33‰，出生缺陷率降至4.54‰，托幼机构卫生保健合格率100%。完成全市1139名助产技术、计划生育人员换证。完成6家婚检机构，138家助产、计划生育技术服务机构换证或年度校验，机构、人员持证上岗率100%。组织全市托幼机构卫生保健业务专项培训，专项检查督导托幼机构传染病防控，定期开展卫生保健评价，托幼机构卫生保健合格率100%。完成90家助产机构自查自评、县级评审和市级评审。开展母婴保健综合执法检查，检查45家医疗机构出生医学证明管理、产科安全管理、母乳喂养管理、“两非”整治、人类辅助生殖技术专项治理等情况，下发整改意见书3份。(林　萍)

**■控制孕产妇、婴幼儿死亡率**　市卫生局印发《关于进一步加强产科安全管理的通知》，明确扬州市医疗保健机构分娩胎(婴)儿、死婴、死胎处理处置流程及规定，统一死婴、死胎委托处理协议书和处理登记本。规范产妇实名制相关规定，加强孕产妇在医疗保健机构分娩的胎(婴)儿安全管理，建立新生儿身份识别和交接制度，加强医患沟通，严禁自行处置患病新生儿。制定《扬州市危重孕产妇急救绿色通道实施方案》，规范危重孕产妇转诊和危重孕产妇急救绿色通道监督管理，成立扬州市孕产妇和新生儿急救中心，保障母婴安全，降低孕产妇和新生儿死亡率。

(林　萍)

**■控制出生缺陷**　全市实行免费一站式婚检，婚前医学检查率90%，疾病检出率9.62%。加强产前筛查机构和产前诊断中心建设及人员培训，实行产前筛查、诊断初筛、转诊、确诊和跟踪随访服务机制，产前筛查率90.5%。提升新生儿疾病筛查成果，保证筛查数量、质量，新生儿血筛率、听力筛查率分别达98.51%、97.36%。(林　萍)

**■重大妇幼卫生服务项目**　市卫生局组织各地开展街头义诊、孕妇学校讲座，利用网络、报纸、电台、电视台等媒体，宣传重大妇幼卫生服务项目内容。分层分级举办重大妇幼卫生服务项目培训班，解读、指导和培训项目实施重点难点，实现县、乡两级全员培训覆盖率100%。加强督导考核，考核结果与项目定点医疗机构准入挂钩，与项目资金拨付挂钩，提高资金考核结算可操作性，保障项目实施质量。2014年，对1.88万名农村孕产妇住院分娩实行补助，补助经费938.35万元；1.88万名准备怀孕和孕早期农村妇女免费增补叶酸片，投入经费45.2万元；10.23万名农村妇女进行“两癌”(宫颈癌和乳腺癌)检查，完成率102.3%。(林　萍)

# 中医中药

**■基层中医药服务能力建设**　市卫生局、市发展和改革委员会、市财政局、市人力资源和社会保障局、市食品药品监督管理局联合成立市基层中医药服务能力提升工程领导小组，印发《关于推进基层中医药服务能力提升工程的实施方案》。市卫生局与各县(市、区)卫生局签订目标承诺书，促进基层医疗机构提升中医药服务能力。全市社区卫生服务中心、乡镇卫生院均能提供中医药服务。全市98.9%的中医科、95%的中药房达到国家建设标准，92.47%的社区卫生服务中心(乡镇卫生院)建成中医药综合服务区。2013—2014年基层中医药适宜技术推广项目乡级机构、人员培训率均达100%，村级机构、人员培训率分别为98%、97.7%，社区卫生服务中心(乡镇卫生院)至少能应用10项中医药适宜技术，社区卫生服务站(村卫生室)至少能应用4项中医药适宜技术。县(市、区)新农合有关中医药报销比例不少于10%。65岁以上老年人、0～36个月儿童中医药健康服务人群覆盖率分别为51.2%、56.8%。2014年国家中医药管理局基层中医药服务能力提升工程中期评估扬州市获全省第一名。

宝应县通过全国基层中医药工作先进单位国家级考核验收。高邮市菱塘回族乡卫生院、仪征市陈集镇卫生院、宝应县鲁垛镇卫生院、高邮市送桥中心卫生院被确定为2014年江苏省乡镇卫生院示范中医科建设单位。仪征市月塘中心卫生院中医科被命名为扬州市乡镇卫生院示范中医科，江都区砖桥社区卫生服务中心被命名为扬州市中医药特色社区卫生服务中心。完成5家2013年江苏省乡镇卫生院示范中医科、中医药特色社区卫生服务中心建设单位市级评审。新增扬州市百信缘医药连锁有限公司罗城店中医坐堂医诊所1家。扬州中医药文化展示馆通过省级中医药文化宣传教育基地验收。
（田华萍）

■**中医医疗机构能力建设** 2014年，扬州市中医院投入1.3亿元，建成3.7万平方米门（急）诊医技病房综合楼。仪征市、广陵区中医院完成门（急）诊医技病房楼建设或改造。仪征市中医院分院建筑面积5000平方米，设立600张康复病床。江都区中医院占地4.47公顷的新址建设工程在建。高邮市中医医院东区医院启用，总投资2亿元，占地2.67公顷，业务用房3万平方米。扬州市中医院成为省中医院战略合作医院，聘请刘沈林等9名老中医为指导老师；国家临床重点专科（中医专业）项目肿瘤科成为南京中医药大学“中医肿瘤临床研究基地”。扬州市中医院被纳入全国中医医院服务价格动态项目试点机构。高邮市建成三级乙等中医医院。高邮市第三人民医院转型为高邮市中西医结合医院。高邮市中医院信息化建设通过省级调研。全市中医医院有江苏省中药房建设单位3个、江苏省中医药应对突发公共卫生事件能力建设单位4个，县（市）中医医院均被纳入全市120急救网络。推进综合医院中医科、中药房达标建设活动，建成全国综合医院中医药工作示范单位2个、省综合医院示范中医科建设单位1个。（田华萍）

■**中医重点专科建设** 2014年，扬州市中医院国家重点专科（中医专业）肿瘤科和全市6个省中医重点专科建设单位通过国家、省中医药局中期评估。扬州市中医院脾胃病科入选“十二五”江苏省中医重点专科增选单位。8个市级中医重点专科通过市级周期复审，获重新命名。受省中医药局委托，组织开展2003—2012年中医药科技项目清理总结。扬州市中医院肿瘤科成为肺癌“十二五”国家科技支撑计划项目协作单位。推广“多学科一体化诊疗服务”活动，全市6家中医医院重点专科建立6个病种9个服务平台。（田华萍）

■**中医住院（全科）医师规范化（岗位）培训** 3—7月，市卫生局完成54名中医类别住院医师规范化培训理论考试和市实践技能考核，考试合格率80%。全市112人参加中医类别住院医师规范化培训，实际参加培训112人，培训率100%。实施中医“青苗培养工程”，培养60人。开展中医类别全科医师岗位培训。下发中医类别助理全科医师培训标准。完成中医类别全科医师岗位补充培训工作，5月10日，141名中医类别全科医师参加省中医药局全科岗位补充培训考试，考核合格发证率92%。加强人才基地建设，新增中医类别住院医师1个、全科医师临床培养基地1个、全科医师基层培养基地5个。
（田华萍）

■**中医“治未病”** 2014年，扬州市参加国家中医药管理局中医预防保健、康复服务项目竞选答辩会，获国家级中医“治未病”项目2014年扶持资金100万元。扬州市中医院调整“治未病”组织构架，原养生保健部更名为“治未病”中心，调整二级分科，充实工作人员，配备“治未病”仪器和设备，制定“治未病”中心发展计划，完善中医“治未病”服务功能。12月，举办2014扬州健康养生博览会。高邮市中医医院投入100万元，完善“治未病”科。江都区中医院投入20多万元，规范设置养生保健康复中心，购置“全自动循温艾灸床”“智能熏蒸仓”等中医药特色设备。（田华萍）

■**中医药进基层** 推进中医药“六进”（进家庭、进社区、进农村、进学校、进机关、进企业）活动，开展义诊咨询、中医特色技术体验、健康巡讲等活动，推介中医药。印制、发放中医体质辨识卡和《中医养生手册》《“冬病夏治”宣传册》《常见疾病的预防与保健方法介绍》《药膳食疗》等中医药健康科普宣传册。2014年，全市开展中医药“六进”服务活动1259次（其中进社区217次、进农村225次、进家庭584次、进机关84次、进校园87次、进企业62次）。发放宣传材料9.52万份，6.07万人次受益。
（田华萍）

■**中医药文化科普巡讲** 市卫生局制定、下发《第四届江苏省文化科普宣传周扬州站活动实施方案》，开展市第四届“中医药就在你身边”中医药文化科普巡讲活动，每月牵头组织省、市级中医药文化科普巡讲团专家到各县（市、区），面向乡镇医生、居民和学校师生开展以季节养生保健和中医饮食保健为主题的巡讲活动。累计巡讲54次，76人次专家参与活动，发放宣传资料1.27万份，制作宣传展板160块，5594人次听取讲座。
（田华萍）

■**中医药适宜技术推广** 2014年，7家基层中医药适宜技术推广基地分批分级培训、推广扬州市卫生局遴选20项适宜乡、村两级医疗机构应用的中医药适宜技术（其中适宜村级医疗机构应用技术5项），每个乡镇卫生院（社区卫生服务中心）能开展10项以上中医药适宜技术，每个社区卫生服务站（村卫生室）能开展4项以上中医药适宜技术。基层中医药适宜技术推广项目培训乡、村级医疗机构1065个、人员1.41万人。（田华萍）

## 疾病预防与控制

■**疾病预防控制体系建设** 全市有疾病预防控制机构7个。加强疾病预防控制机构达标建设，高邮市完成疾病预防控制机构项目工程建设，宝应县落实疾病预防控制机构建设用地。市、县两级疾控机构建设达标率57%以上。推进疾病控制绩效评估。制定全市重大疾病控制公共卫生项目实施方案，实施疾病预防控制项目，完善疾病预防控制保障机制。
（侯　萍）

■**重性精神疾病管理治疗** 2014年，扬州市精神卫生防治中心成立，市卫生局制定、下发《2014年重性精神疾病管理治疗工作实施方案》，实行重性精神疾病管理治疗工作经费奖励政策，召开全市重性精神疾病管理治疗工作会议，开展全市失访重性精神疾病患者调查。截至12月31日，录入重性精神疾病患者1.30万例，检出率2.91‰；在管患者1.17万例，管理率93.43%，比上年提高5个百分点。（侯　萍）

**■免疫规划**　市卫生局制定《扬州市新生儿预防接种单位设置规定》《扬州市开设预防接种家长课堂实施方案》，全市74个预防接种门诊开设预防接种家长课堂，开设率61.16%。全市121个预防接种单位儿童预防接种信息管理系统均正常运行，以乡为单位儿童预防接种信息管理系统建设覆盖率100%。基础免疫接种率99.75%。推进数字化预防接种门诊建设，全年新建数字化预防接种门诊11个，累计建成数字化预防接种门诊19个，数字化预防接种门诊建设率15.7%。"金苗通"疫苗接种提醒短信预约服务项目进入常态化运行，有用户1.7万人。47家预防接种单位开展疫苗冷链温度监测。（侯　萍）

**■卫生监测**　2014年，农村饮用水水质监测实现枯丰水期全覆盖，全年监测水样632份，合格率90%；城市饮用水水质监测采集水样108份，合格率100%；二次供水水质监测采集水样181份，合格率97.2%。全市食源性疾病哨点医院采样622份，完成率103.7%；检出阳性60份，阳性率9.6%。推动学生因病缺课监测，扩大因病缺课监测网络系统覆盖率，全年全市因病缺课上报率45.03%。（侯　萍）

**■公共场所控烟**　开展控烟宣传，印发《珍惜生命 远离烟草》系列宣传折页、控烟核心信息等宣传材料20万份。市爱卫会制定、下发《关于进一步贯彻落实〈江苏省爱国卫生条例〉切实加强公共场所控制吸烟工作的通知》《关于开展第27个世界无烟日活动及大力推进公共场所控烟工作的通知》，推进公共场所控烟。6月，市政府专题召开公共场所控烟工作协调会，开展"公共场所控烟监督检查月"活动。各地各相关行政主管部门开展控烟监督管理和拉网式控烟检查。检查月期间，全市出动控烟监督员3521人次、车辆596辆次，检查单位2403家，其中医疗卫生机构332个、学校193所、公共交通工具及场所195处、网吧215家、公共文化场馆24家、体育场馆36家、公用事业单位16家、金融机构841家、歌舞厅和游艺室等娱乐场所205家、其他场所346家，下达监督检查意见书203份，整改单位239家。（邹　露）

**■农村生活饮用水水质监测**　制定、下发《扬州市2014年农村饮水水质卫生监测工作方案》，召开全市农村饮用水卫生监测工作会议。强化水质监测能力建设，加大资金投入购置检验室设备，6个县(市、区)均达国家《生活饮用水卫生标准》(GB 5749—2006)中除放射性指标以外的全部水质常规指标检测能力。开展供水单位卫生调查，掌握全市所有供水单位和加压站卫生基础资料。6个县(市、区)分别对辖区内水质监测点进行枯、丰水期水质监测，全年监测供水厂16座、增压站29座，设置监测点314个，实现所有水厂、增压站和乡镇监测全覆盖，监测水样632份，水质合格率90.03%。（邹　露）

**■传染病防控**　2014年，全市传染病发病率每10万人口118.28例，未发生重大疫情。全年报告、处置2起传染病疫情事件，疫情报告及时率、规范处置率均达100%。全市流感控制机构开展流感、人禽流感、手足口病、霍乱等传染病监测。确诊麻疹病例27例，发病率每100万人口5.89例。做好埃博拉出血热防控，市卫生局成立埃博拉出血热疫情联防联控工作机制领导小组，制定、下发《扬州市埃博拉出血热防控技术方案》。市卫生局与口岸、商务、外事及外派劳务等部门配合，落实相关回国人员健康追踪监测、防控措施。全市监测79名疫区来华人员，未发现发热等相关症状者。（侯　萍）

**■慢病防治**　市卫生局下发《扬州市2014—2015年全民健康生活方式行动实施方案》《2014年扬州市全民减盐行动实施方案》，各县(市、区)开展全民健康生活方式行动及减盐行动。会同市公安局、市民政局下发《关于进一步规范人口死亡医学证明和信息登记管理工作的通知》，加强部门沟通协作，召开联席会议，解决实施过程中发现的问题，实现数据信息互换共享，开展慢病综合防控示范区、示范乡镇创建，宝应县创成"国家级慢病综合防控示范区"，全市新增"扬州市慢病综合防控示范乡镇"31个，除邗江区、宝应县被分别命名为省级、国家级慢病综合防控示范区外，其他县(市、区)72%的乡镇(社区)达到扬州市慢病综合防控示范乡镇标准。全市高血压和糖尿病患者分别为40.16万人、10.56万人，管理率41.3%。（侯　萍）

**■艾滋病防治**　全市新发现艾滋病病毒感染者和艾滋病病人180例，比上年增长42.86%。艾滋病防治工作人员加强与男男社区志愿者沟通联系，与七彩工作组和小城大爱工作组联合开展艾滋病患者关怀救助，宣传艾滋病预防和机会性感染知识，对经济困难患者实施经济救助。全市制定经费奖励方案，设立艾滋病干预检测、病例发现、报病流调、病例管理、抗病毒治疗、药品管理等奖励项目10个，推进艾滋病抗病毒治疗定点医院建设，扬州市第三人民医院承担市区艾滋病抗病毒治疗。组织各县(市)艾滋病抗病毒治疗定点医院人员培训。全市检测各类人群47.40万人，较上年增长27.9%，全人群检测率10.6%。全年治疗艾滋病病人519例，其中在接受治疗465例，符合治疗标准的病人治疗覆盖率94.38%。（侯　萍）

**■结核病防治**　全市DOTS(非住院肺结核患者督导短程化疗)覆盖率100%。新登记活动性肺结核患者任务完成率104.86%，肺结核病人痰检阳性率30.94%。肺结核病报告率、转诊率、追踪到位率均为100%。系统管理率、新发涂阳病人治愈率全部达标。全市新型结核病防治服务体系日趋完善。2014年，实施“肺结核病人督导治疗管理小组”新措施，对所有病人实行系统管理。（侯　萍）

**■血吸虫病防治**　2014年，全市在53个流行乡、489个流行村开展查螺，使用总查螺工日3.36万个，完成查螺面积164.4平方千米，完成药物灭螺面积44.13平方千米。推广应用机械化清障、自动化施药一体机和防治血吸虫病智能语音警示器。使用灭螺药品新剂型5%氯硝柳胺颗粒剂，提高灭螺质量。全市8.65万人接受血吸虫病血液检查，未查出病人。全市救助晚期血吸虫病患者231人，解决晚期血吸虫病患者医疗救治费用71万多元。新建渔(船)民无害化公厕36座。新增智能警示器36个。全年开展家畜血吸虫病查病6339头。邗江区、江都区和广陵区实现血吸虫病传播阻断目标。（高　扬）

**■寄生虫病、地方病防治**　全市对3.05万例发热病人进行疟原虫血片检查，未发现本地感染的疟疾病例。救治41例输入性疟疾患者，未发生输入性恶性疟死亡病例。仪征市实现消除疟疾目标。高邮市和仪征市实现有效控制肠道线虫病目标。全市监测食源性寄生虫病9023人，未发现病人。开展土源线虫监测查病1.03万人，阳性19人，阳性率0.18%。开展蛲虫病监测，检查儿童7003人，阳性4人，蛲虫感染率0.06%。9.86万人接受肠道蠕虫驱虫预防服药。全市采样监测批发行业碘盐25批次，检测居民户碘盐样本1800份，碘盐合格率99.28%，合格碘盐食用率99.28%。育龄妇女尿碘中位数161.55微克/升，学龄儿童尿碘中位数199.85微克/升，人群碘营养状况处于理想范围。（高　扬）

# 卫生监督

**■概述**　2014年，全市卫生监督部门开展职业放射卫生监督、学校卫生监督、传染病防治卫生监督、餐饮业食品安全监管、饮用水卫生监督、公共场所卫生监督、消毒产品卫生监督、医疗执法监督及公共卫生突发事件应急处置等工作。

履行许可管理职责，规范行政许可审批行为。2014年，全市受理卫生行政许可事项1143件，办结1143件，限时办结率100%，卫生许可合格率100%。查处一般程序卫生违法案件428件，罚没款184.68万元。

制定卫生监督协管实施方案，健全协管工作运行和考核机制，发挥协管机构和人员作用，推动卫生监督工作重心下移。开展基层卫生监督协管人员全员培训，加快卫生监督协管派出机构建设。至年底，全市成立卫生监督协管派出机构82个，覆盖82个乡镇，覆盖率100%。设立非法行医监测哨点983个，覆盖78个乡镇。聘请专(兼)职联系人1002人。健全卫生监督信息报告管理制度，推广应用卫生部卫生监督员网络培训平台和省卫生监督综合管理信息系统，实现外部信息和内部信息集中管理、互联互通、分级共享，提高卫生监督工作技术支撑能力。（倪　明）

**■职业卫生监督**　全市有职业健康检查机构9个，其中扬州市疾病预防控制中心具有相关职业病诊断资质。各单位管理制度和有关档案基本健全，仪器设备完善、运行正常，完善仪器设备档案，定期对强检仪器设备进行计量认证，依法履行职业病报告义务。（倪　明）

**■放射卫生监督**　2014年，全市卫生监督部门检查放射诊疗机构235个，职业卫生技术服务机构(放射防护)7个，查处放射防护类违法行为11件，罚款3.6万元。（倪　明）

**■学校卫生监督**　全市卫生监督部门检查各类学校1534所次，开展学校卫生综合检查，强化学校食品、饮用水安全监管，落实校长(园长)负责制，全市各类学校未发生水性疾病。检查学校食堂食品安全管理、餐饮服务许可证持证、环境卫生、工作人员健康证明、索证索票管理、加工制作管理制度、餐饮具清洗消毒、食品添加剂使用及学生奶供应情况。落实传染病防治法、《学校和托幼机构传染病疫情报告工作规范(试行)》，开展学校教学卫生和生活设施卫生监督，加强对全市学校校舍、教学设施、生活设施、卫生保健室等监督检查。指导学校建立、完善卫生管理制度。（倪　明）

**■传染病防治卫生监督**　全市各级卫生监督机构上下联动，集中开展预防接种管理、传染病疫情报告、传染病疫情控制、消毒隔离制度、医疗废物处置、病原微生物实验室生物安全管理等传染病防治专项检查，检查143家预防接种单位、1个市级疾控机构、6个县级疾控机构、5所三级医院、21所二级医院、1149个其他医疗机构及1个采供血机构。向95个医疗机构下发限期整改意见，立案查处6个医疗机构，罚款2.15万元。（倪　明）

**■餐饮业食品安全监督**　2014年，全市有餐饮服务许可发证单位1.04万家，其中餐馆4615家、快餐店215家、小吃店3608家、饮品店514家、食堂1432家(其中学校食堂699家)、集体供餐配送单位12家、中央厨房6家。全市餐饮服务量化分级管理率100%。

全市餐饮服务食品安全监管部门先后开展餐饮服务环节食品非法添加和滥用食品添加剂、食用油、乳制品、鲜肉及肉制品、餐饮业“地沟油”违法犯罪专项行动等专项整治，严格执行食品采购进货查验、索证索票制度，落实餐饮服务提供者食品安全第一责任人责任。开展以学校食堂、托幼机构食堂及其周边餐饮服务单位、旅游景区餐饮服务单位、建筑工地食堂等为重点的餐饮场所整治，重点检查食品安全管理人员配备、从业人员健康检查等内容，排查食品安全风险隐患，查处无证经营行为。

开展监督抽检，采集样品3237份，其中合格样品3021份，合格率93.33%。开展快速检测样品3000份，合格率100%。查处违法单位851

家，没收违法食品395.5千克，罚没款147.48万元，取缔无证单位26家。（倪 明）

**■饮用水卫生监督** 全市卫生监督部门对80家集中式供水单位、二次供水单位、农村饮用水供水单位进行专项检查。开展“饮用水卫生宣传周”活动。加大监测力度，每季度采样检测自来水厂出厂水、末梢水，在丰、枯水期分别统一采样检测自来水厂出厂水、末梢水和二次供水单位水质。（倪 明）

**■公共场所卫生监督** 全市检查各类公共场所单位2361家，其中住宿场所602家、游泳场所6家、沐浴场所547家、理发美容场所903家、体育场馆1家、其他娱乐场所和饭馆302家。处罚公共场所单位40家，罚款2.17万元，责令1家单位停业整顿。全市出动卫生监督员320人次、车辆162辆次，检查重点公共场所857家。（倪 明）

**■消毒产品卫生监督** 开展消毒产品专项整治，全市出动卫生监督员95人次、车辆25辆次，检查消毒产品生产企业24家、消毒产品经营单位654家、消毒产品1587件。3—8月，市卫生监督部门与市工商部门、市食品药品监督管理部门联合开展集中消毒餐饮具专项整治。全市餐饮监管部门检查3200多家餐饮单位，其中694家餐饮单位使用集中消毒餐饮具；餐饮具出自57家集中消毒单位，其中12家单位无营业执照。49家餐饮单位受处罚，11家餐饮单位自行停止生产或与其他单位合并。现场审查34家有营业执照并提交备案申请表的单位，签发卫生监督合格证明21份。抽取34家集中消毒单位消毒餐饮具340套，经检测，17家单位产品不合格。7月，各地对使用消毒餐饮具的餐饮单位进行第二轮检查，重点检查被处罚单位。8月22日，市卫生局、市工商局、市食品药品监督管理局联合召开专项整治工作新闻发布会，向社会公布专项整治情况，曝光不合格单位名单。（倪 明）

**■医疗卫生监督** 开展医疗机构集中整顿，检查各级医疗机构1548个，立案查处医疗机构103个，罚没款32.1万元，对12家医疗机构给予不良执业行为记分。开展打击非法行医专项行动，取缔无证行医63家，立案查处非法行医案件63件，罚没款21.7万元，移送涉嫌非法行医罪案件6件。开展采供血机构监督检查。全市208家临床用血医疗机构，均使用扬州市中心血站供应的血液，互助献血规范，无应急用血采血现象。开展医疗广告专项整治行动，加强对全市电视、报纸等媒体医疗广告监测，发现违规医疗广告21条，涉及15个医疗机构，均予以警告行政处罚，记不良行为记分4分。（倪 明）

## 爱国卫生运动

**■农村改厕** 2014年，扬州市爱国卫生运动委员会办公室（简称市爱卫办）开展改厕培训、“百日突击”和督导检查，全市培训430多人，发放技术和宣传资料10万多份，投入改厕资金4342万元，其中国家和省补助2000万元、市级奖补200万元、县级补助800万元、乡镇补助211万元、群众自筹926万元、其他205万元。2014年，全市新增无害化卫生户厕4.23万座，命名改厕普及乡镇7个、生态改厕试点镇1个。全市累计建设无害化卫生户厕88.01万座，普及率90.2%。（丁昊骏）

**■卫生镇、村创建** 2014年，扬州市开展村庄整治，完善卫生基础设施。马集镇、刘集镇、氾水镇、曹甸镇等4个镇建成江苏省卫生镇，丁沟镇、武坚镇、龙虬镇、青山镇、平山乡、柳堡镇被重新确认为省卫生镇。新创成市级卫生镇2个、省级卫生村43个、市级卫生村25个。至2014年底，全市累计创成国家卫生镇9个、省卫生镇32个。（丁昊骏）

**■除“四害”** 制定、下发《关于组织开展春季灭鼠 迎接“烟花三月”国际经贸旅游节活动的通知》《关于大力开展夏秋季灭蚊蝇、灭蟑螂活动的通知》，开展春季灭鼠和夏、秋季灭蝇灭蟑，市爱卫办动员居(村)民清除暴露垃圾、露天粪坑、积水，清理污水沟塘，控制蚊蝇孳生地。市区投放灭鼠药3050千克，粘鼠板6600块、灭蟑胶饵2000支、灭蟑颗粒剂1万包，投放灭蚊虫、苍蝇药物3000升，建成病媒生物防制示范小区10个、毒饵站1082个，设置诱蝇笼450只、太阳能灭蚊灯6个。（丁昊骏）

# 体育

Tiyu

编 辑 陈永华

## 综述

■**概况** 2014年，扬州市推进体育设施建设和提档升级。完成扬州市体育运动学校二期工程，开放宋夹城体育休闲公园，启动广陵区、邗江区、江都区和扬州经济技术开发区、生态科技新城体育休闲公园建设。建成城市社区“10分钟体育健身圈”，市区新增健身路径器材640件、篮球架47个，网页版、手机客户端版“10分钟体育健身圈”电子地图启用。启动村镇健身器材提档升级工程，高邮、宝应经济薄弱村配建健身器材2720件。开展全民健身活动。举办扬州市第13届全民健身体育节，组织9个大类31个分项100多场次群众体育活动，100多万人次参与。组织体育“五进”(进机关、进企业、进校园、进社区、进农村)活动，开展乡镇千人百台乒乓球赛、扬州市篮球三分球王争霸赛、科学健身社区行活动、职工羽毛球赛、“运河情”中小学生艺术体育节等活动。开展体育惠民活动，组织元旦长跑，全国百城千村健身气功交流展示系列活动江苏省启动仪式暨扬州市第13届全民健身体育节、第10届老年人体育节开幕式，省第九届“沿江体育带”全民健身大联动扬州分会场活动等10项次大型群众体育活动。开展全国第四次国民体质监测活动，全市城乡各年龄层1.01万人参加体质测试并获运动处方。承办省广场健身操(舞)交流大赛、省老年人体育节门球比赛、省体育舞蹈公开赛、省一线一级社会体育指导员培训班等赛事、培训活动。培育体育组织。全市有市级体育社团34家，各乡镇(街道)实现体育总会、社会体育指导员协会、老年人体育协会及2项单项协会全覆盖。扬州市体育总会完成换届。全市130个基层晨晚练健身站点获省体育局表彰奖励，近3000名一线社会体育指导员参加运动伤害保险。全市每1万人有晨晚练健身站点5个以上、社会体育指导员22个以上。

成立第18届省运会反兴奋剂工作领导小组。扬州市有450名青少年运动员参加江苏省第18届运动会田径、游泳、足球等22个项目比赛，获金牌82.78枚、奖牌159.75枚、总分2381.22分，金牌数、总分均列全省第8名。扬州市代表团获运动会体育道德风尚奖、人才输送贡献奖。提升业余训练工作管理水平。筹备举办扬州市第12届运动会。广陵区青少年体育俱乐部、仪征市悦动青少年奥林匹克体育俱乐部被国家体育总局命名为2014年国家级青少年体育俱乐部。注册运动员248人、教练员23人，确认运动员608人、教练员149人。73人获批成为二级运动员。全市362人参加二级裁判员培训，田径、乒乓球等9个项目37名二级裁判员参加省晋升一级裁判员培训班培训。开展扬州市2014年中小学生阳光体育比赛，5—10月，完成田径、乒乓球、足球、排球、武术、游泳、跆拳道、羽毛球、中国象棋、围棋、篮球等11个项目比赛，1000多名青少年运动员参加。发展青少年校园足球运动，确定青少年校园足球试点学校46所，组织“市长杯”青少年校园足球联赛。全年举办足球比赛1000多场，全市有在江苏省青少年校园足球办公室注册的校园足球运动员272人，足球人口超2万人。

完成《2014扬州市健康服务业发展报告》。制定《扬州市区医保定点运动健身场馆管理服务实施意见》，确定扬州市体育公园、扬州市游泳跳水馆、宋夹城体育休闲公园为试点单位，医疗保险参保人员可使用医保个人账户资金到试点单位健身。宋夹城体育休闲公园被授予2014年中国体育旅游十佳精品景区，扬州仪征红山体育公园被评为2014年中国体育旅游十佳精品线路。全市7个体育产业项目和2个顺延项目获2014年省级体育产业引导资金450万元，占全省引导资金的4.78%。市区高危险性体育项目经营许可共许可22个(游泳项目21个，潜水项目1个)。成立游泳跳水馆游泳培训基地、扬州体校健身教练和跆拳道培训基地，累计培训420多人。体育彩票全年完成总销售8.25亿元，比上年增长24.5%，增幅居全省第1名。开展全国第六次体育场地普查，普查6个县(市、区)和3个功能区7764个体育场地。

开展“城市跑不停”系列活动，分别在茱萸湾公园、广陵新城京杭之心水镇、邗江润扬森林公园、宝应湖国家湿地公园举办特色主题的路跑活动。举办和承办2014年中国扬州鉴真国际半程马拉松赛(简称扬马)，2014仪征自行车公开赛、2014中国芍药节开幕式暨“碧桂园杯”迷你马拉松健身长跑、2014中国芍药节江苏省龙舟邀请赛、第五届环高邮湖国际自行车越野赛、高邮大运河越野半程马拉松赛、全国业余足球联赛扬州赛区比赛等赛事。扬州鉴真国际半程马拉松赛蝉联国际田径联合会金标赛事、中国田径协会金牌赛事、中国体育旅游十佳精品赛事。（乔志刚）

**■全国第六次体育场地普查** 2013年12月至2014年9月，扬州市开展全国第六次体育场地普查(简称六普)，成立六普办公室和各级普查机构101个，组织发动850多名普查员，对全市6个县(市、区)和3个功能区7764个体育场地进行普查，上报普查表(甲表)2444份、普查表(乙表)5774份、普查表(丙表)4份，形成全市体育场地分布和总量数据。经统计，全市有公共体育设施面积1190万平方米，人均约2.6平方米。（乔志刚）

**■扬州鉴真国际马拉松冠军林** 4月20日，扬马组委会在市体育公园举行扬马冠军林创设仪式，扬州鉴真国际半程马拉松男子组冠军恩古扎·安罗森·塔士弗德和女子组冠军格拉迪·切尔诺·基普罗诺分别种下冠军树，扬马形象代言人和形象大使参与种植活动。（杨 体）

**■扬州市羽毛球运动协会成立** 4月26日，扬州市羽毛球运动协会成立大会在市体育公园综合馆举行，协会会员200多人参会。会议通过《扬州市羽毛球运动协会章程》，选举产生协会首届理事会和领导机构人选，冀仁贵当选会长，季卫忠等当选副会长。（杨 晔）

**■扬州启动全国第四次国民体质监测** 5月5日，全国第四次国民体质监测扬州启动会议在江都区举行。5—8月，全市7个国民体质监测抽样点1.01万个样本27项指标进行测试，测试样本年龄3～69岁。此次检测完善省国民体质监测系统和数据库，了解省国民体质现状和变化规律，配合完成《江苏省全民健身实施计划(2011—2015年)》实施效果评估任务，为制定新周期的《全民健身实施计划》提供科学依据。（高情法）

**■扬州市体育总会换届** 5月23日，扬州市体育总会在扬州会议中心召开第四次会员代表大会，市体育局、市民政局领导和各界代表100人参会。会议通过《扬州市体育总会第三届委员会工作报告》《修改〈扬州市体育总会章程〉的说明》《扬州市体育总会第四届委员会组成方案》，选举产生扬州市体育总会第四届委员会领导机构，华德荣当选新一届体育总会主席。（高情法 宋 倩）

**■扬州市体育广场舞协会成立** 5月30日，扬州市体育广场舞协会成立大会在宋夹城体育休闲公园举行，市民政局、市体育总会、市长跑协会有关人员及会员代表100多人参加会议。会议通过《扬州市体育广场舞协会章程》，选举陆晓健为会长，史永玲、沈菲、薛娅、毛雪松、马苏扬等5人为副会长，陆晓健兼任秘书长。（高情法）

**■城市社区“10分钟体育健身圈”电子地图开通** 6月17日，扬州城市社区“10分钟体育健身圈”电子地图开通，市体育局对市区23个街道(镇、乡)、166个社区260多平方公里范围内的体育设施进行普查、分类、汇总，利用地理信息技术，完成城市社区“10分钟体育健身圈”电子地图开发。电子地图有计算机和安卓手机等2个服务终端，设有公众版和政务版等2个操作界面、电子图和影像图等2种视图模式，具备点图查询、单条件查询、多条件查询和10分钟健身圈路径分析等4个主要查询功能及距离测量、群体活动公告查看、操作帮助提示、体育职能部门查找等7个辅助功能。（宋 倩）

**■扬州、镇江签署体育合作框架协议** 7月21日，扬州市与镇江市在镇江市体育局签署体育合作框架协议，在公共体育服务一体化、体育健身设施共享试点及大型赛事承办、体育科研等方面展开合作与交流。（乔志刚）

**■扬州市国民体质测试惠民行活动** 8月30日，由市体育局、市总工会等单位主办的扬州市国民体质测试惠民行活动在华鼎星城小区启动。为期4个月，组织扬州市国民体质测试队每周二、四、六到各社区、农村、企业、机关、学校，为市民提供免费体质测试服务和健身指导。（宋 倩）

**■“希望工程·快乐体育园地”揭牌** 11月12日，由共青团扬州市委、市体育局主办的扬州市首个“希望工程·快乐体育园地”在江都区郭村中心小学揭牌。市体育局向该小学快乐体育园地捐赠篮球架、乒乓球台等19种近百件体育运动器材。“希望工程·快乐体育园地”是希望工程升级后推出的新公益项目，旨在为经济薄弱地区乡村小学配备符合国家标准的体育器材和设备，满足师生体育教育和课外活动需要，让贫困地区孩子享有体育运动带来的快乐。（宋 倩）

**■吴磊通过北京大学高水平运动员测试** 扬州大学附属中学学生吴磊以400米跑项目48秒69超国家一级运动员成绩，通过2014年北京大学高水平运动员测试，获“高考达本二线的65%即可录取”资格，成为扬州市首个因体育特长拔尖获北京大学高水平运动员正选资格学生。（惠立锋）

## 群众体育

**■元旦长跑活动** 1月1日，2014年扬州市元旦健身长跑主会场活动在宋夹城体育休闲公园举行。此次活动以“让城市动起来”为主题，设1个主会场、6个分会场。50个方队、近5000人参加主会场活动，从宋夹城体育休闲公园中心位置出发，沿健身步道1周，回到起始位置，全长约3公里。（乔志刚）

**■2014年扬马“城市跑不停”系列活动** 2月15日，2014年扬马第一次新闻发布会暨2014年扬马“城市跑不停”第一站——茱萸湾生态春季跑活动在茱萸湾公园举行，全国各地参赛选手近1000人参加。茱萸湾生态春季跑是扬马“城市跑不停”第一站，标志2014年扬马“城市跑不停”系列活动正式启动。8月23日，由市体育局、广陵区、市广播电视总台联合举办的2014年扬马“城市跑不停”第二站——广陵盛夏荧光跑活动在广陵新城京杭之心水镇举行，全国11个省（直辖市）近1000名跑友参加活动。全程5.8公里。9月27日，2014年扬马“城市跑不停”第三站——“金阳光杯”邗江金秋缤纷跑活动在润扬森林公园举行，全国各地1000多名跑友参加活动。此次活动是扬州首次“彩色跑”(The Color Run)，全程5公里。彩色跑是一项发源于美国的运动，被称为“地球上最快乐的5公里赛跑”。组委会在沿途设置多个彩粉喷洒点，在经过不同的彩色站时，工作人员向身着浅色T恤的跑者抛撒彩色粉末。彩色粉末由纯天然玉米粉制成，不会附身及染色，对人体和环境无害。人们还可以在遇到的任何人脸上互相涂抹各种颜色或向对方泼洒彩粉，以消除误解和怨恨，表达友好。11月15日，2014年扬马“城市跑不停”第四站——宝应暖冬公益跑在宝应湖国家湿地公园举行，全国各地1000多名跑友参加活动。（黎志刚）

■**江苏省健身气功普及功法培训在扬州举行** 3月7—10日，江苏省健身气功普及功法培训在邗江中学体育馆举行，全省80名优秀健身气功教练员、运动员参加培训，学习易筋经、五禽戏、六字诀、八段锦等4套普及功法套路技术要领。（宋 倩）

■**江苏省中日友好省县青少年围棋比赛(扬州大会)** 3月26—27日，由日本爱知县和福冈县组成的日本青少年围棋代表团一行24人访问扬州，参加江苏省中日友好省县青少年围棋比赛（扬州大会）。27日，比赛在扬州中学教育集团树人学校九龙湖校区开幕，16位扬州小棋手“对战”日本爱知县和福冈县各6名棋手。（宋 倩）

■**扬州首届体育文化交流节** 4月12日，由市体育局、市体育总会等单位主办的扬州首届体育文化交流节暨万人健步马拉松活动在宋夹城体育休闲公园开幕。当天早上，5000多名健步走爱好者从文昌阁、虹桥坊、保障湖广场等8个“健步走出发点”同时出发，步行至宋夹城体育休闲公园参加开幕式。开幕仪式上，市民代表宣读《全民科学健身倡议书》，表演太极拳、八段锦、健身秧歌等体育文化节目。此次活动主题为“万人健步马拉松，科学健身扬州行”，旨在展现扬州城市形象及市民精神风貌，倡导“轻体育”“微体育”全民健身理念，传播科学锻炼方法和自我保护方式，推动“体育惠民”，推出万人健步马拉松、“科学健身扬州行”系列活动。“科学健身扬州行”系列活动贯穿全年，内容包括体育技能和才艺演示、教学、辅导，科学健身演示，健身讲座，社区体育器材操练指导，体能检测，社区系列趣味运动会等。（杨 体）

■**科学健身社区行活动** 4月12日，由市民政局、市体育局、扬州报业传媒集团和市体育总会主办，市体育文化交流协会承办的科学健身社区行活动在宋夹城体育休闲公园启动。11月2日，2014年扬州市科学健身社区行展示交流会在文昌广场举行，各县（市、区）19个社区代表队进行群众体育运动项目的现场交流。全市全年建成8个社区健身点，近1000名中老年人接受太极、舞蹈、健身气功等培训、指导、示范和服务。（杨 体）

■**2014国际象棋特级大师表演赛** 5月2日，由扬州报业传媒集团主办、市园林管理局承办的“美锦云天”2014国际象棋特级大师表演赛在个园抱山楼举行。此次表演赛邀请倪华、赵骏、谷笑冰、沈阳等4名国际象棋特级大师参赛。谢军担任裁判长。比赛用时1小时，经谢军裁决，两盘均弈和。（刘 一）

■**扬州市第13届全民健身体育节** 5月2日，2014年全国百城千村健身气功交流展示系列活动江苏省启动仪式暨扬州市第13届全民健身体育节、第10届老年人体育节开幕式在宋夹城体育休闲公园举行，近5000名健身爱好者表演健身气功、健身腰鼓、广场舞、柔力球操、抖空竹、石锁、武术等10多个体育健身项目。当天，各县（市、区）同时举办全民健身系列活动。包括千人下围棋、千人打腰鼓、迷你马拉松、乒乓球、羽毛球等活动，10000多人参加。全民健身体育节历时半年，市、县两级先后举办各类赛事活动300多项（次），其中

扬州市第13届全民健身体育节——“捷安特杯”西江生态园自行车赛比赛现场　　学 忠、芳 君/摄

扬州市第13届全民健身体育节主要活动一览表

表32-1

| 活动名称 | 开赛时间 | 地　点 | 参加者情况 | 备　注 |
|---|---|---|---|---|
| 扬州市首届体育文化交流节启动仪式暨万人健步马拉松活动 | 4月12日 | 宋夹城体育休闲公园 | 5000多名健步走爱好者参加 | |
| 群众体育“进企业”系列活动启动仪式暨第二届“联环杯”职工羽毛球赛 | 4月19日 | 亚龙羽毛球俱乐部 | 15家企业107人参赛 | 设男子单打、女子单打、男子双打和男女混合双打等4个项目 |
| 全民健身体育节开幕式 | 5月2日 | 宋夹城体育休闲公园 | 5000多人参加 | 各类健身项目展示、健身宣传 |
| 2014年全国百城千村健身气功交流展示系列活动江苏省启动仪式 | 5月2日 | 宋夹城体育休闲公园 | 3000多人参加 | 健身气功八段锦演示大会，军鼓、健身腰鼓演出等 |
| “快乐动起来 每天一小时”千人健步走活动 | 5月18日 | 宋夹城体育休闲公园 | 1000多人参加 | |
| 2014年“桩基杯”江苏省体育舞蹈公开赛暨2014年扬州市体育舞蹈比赛 | 6月7日 | 翠岗中学体育馆 | 全省21支代表队1000多人参赛 | |
| 省第九届“沿江体育带”全民健身大联动扬州分会场活动 | 6月8日 | 宋夹城体育休闲公园 | 2000多名健身爱好者参加 | 健身气功、柔力球操、佳木斯快乐舞步健身操、军鼓、技巧空竹、健身腰鼓、健身秧歌、啦啦操等健身项目展示 |
| 2014年“天佑杯”扬州市第五届篮球联赛 | 7月9—26日 | 扬州市职业大学(瘦西湖校区)体育馆、江都区体育馆等 | 29支代表队约500人参赛 | 采用升降级制 |
| “华鼎星城杯”2014年扬州武术健身演示大会 | 8月8日 | 华鼎星城小区 | 1000多名武术爱好者参加 | 集体演练32式太极拳、少儿武术、太极剑、太极扇等 |
| 国民体质测试惠民行活动 | 8月30日 | 华鼎星城小区 | 近200人参加 | |
| “开来物业杯”2014年扬州市石锁精英赛 | 10月26日 | 新盛街道绿杨新苑 | 200名石锁爱好者参赛 | |
| 扬州市篮球三分球王争霸赛 | 11月8日 | 市体育公园体育馆 | 50人参赛 | 决赛为三分球线上五个位置计时投篮 |

（宋　倩）

武术、越野锦标赛等千人以上大型活动10次以上。组织开展体育“五进”系列活动。（杨　体）

**■“羽林争霸”2014红牛城市羽毛球赛(扬州赛区)** 5月17—18日，由红牛维他命饮料有限公司主办、扬州市羽毛球运动协会等协办的“羽林争霸”2014红牛城市羽毛球赛(扬州赛区)在扬州体育公园综合馆举行，32支业余球队200多人参加比赛。陈平羽毛球俱乐部一队、扬州靓羽羽毛球俱乐部队、江苏梦羽羽毛球俱乐部队分获团体第1名、第2名、第3名。（杨　晔）

**■千人健步走活动** 5月18日，由市文明办、市体育局、市体育总会、蜀冈-瘦西湖风景名胜区管委会主办，市长跑协会、南京中萃食品有限公司和爱心公益组织“麦田计划”承办的“快乐动起来 每天一小时”千人健步走活动在宋夹城体育休闲公园举行。1000多名健身爱好者沿宋夹城体育休闲公园塑胶健身步道进行2公里的健步走活动。（宋　倩）

**■乡镇千人百台乒乓球赛** 5月25—26日，扬州市首届乡镇千人百台乒乓球赛决赛在宋夹城体育休闲公园举行，全市各县(市、区)、功能区23支代表队130名运动员参赛。比赛设男子团体、女子单打2个大项，高邮市城镇代表队获城镇组男子团体第1名，江都区小纪镇代表队获乡镇组男子团体第1名，广陵区城镇代表队邓小华获女子单打第1名。乡镇千人百台乒乓球赛分预赛和决赛2个阶段，预赛阶段由各县(市、区)、功能区举办选拔赛，每个县(市、区)推选2支乡镇队、2支城镇队参加全市决赛。（高倩法）

**■江苏省第九届“沿江体育带”全民健身大联动扬州分会场活动** 6月8日，由市体育局、市体育总会主办，市老年人体育协会承办的江苏省第九届"沿江体育带"全民健身大联动扬州分会场活动在宋夹城体育休闲公园举行，2000多名健身爱好者参加军鼓、技巧空竹、健身腰鼓、健身秧歌、啦啦操、健身气功、柔力球操、佳木斯快乐舞步健身操等项目表演和健步走、自行车慢骑等活动。（宋　倩）

■**扬州"梦幻世界杯"五人制足球赛** 6月8日至7月8日，扬州晚报社、扬州市足球协会联合主办的扬州"梦幻世界杯"五人制足球赛在昌建广场举行。前国家足球队队员郝海东为比赛揭幕战开球。比赛按照巴西世界杯足球赛赛制进行。扬州、镇江32支球队参赛，分别代表巴西世界杯足球赛各参赛队。经抽签，各队根据所代表国家在世界杯分组情况，进入各小组参赛。代表加纳的镇江荣耀队获第1名，代表西班牙的扬州新动力足球队获第2名。（乔志刚）

■**庆大运河申遗成功健身跑活动** 6月30日，由扬州市长跑协会、扬州时报社共同举办的庆大运河申遗成功"联通杯"健身跑活动在虹桥坊健身广场启动，近700名长跑健身爱好者参加活动。此次健身长跑活动分长跑拉练、健身跑2个项目。60名长跑健将参加长跑拉练，从虹桥坊出发，途经淮海路、南门遗址、1912广场、东关古渡、大王庙、邗沟路、瘦西湖路，回到虹桥坊，全程11.5公里；600名中老年健身爱好者参加健身跑活动，从虹桥坊出发，途径淮海路、四望亭路、柳湖路、大虹桥，回到虹桥坊，全程1.5公里。（高情法）

■**扬州市第五届篮球联赛** 7月9—26日，2014年"天佑杯"扬州市第五届篮球联赛在扬州市职业大学(瘦西湖校区)体育馆和江都区体育馆等地举行，全市有中年组5支代表队、青年组24支代表队约500人参赛。青年组比赛分甲、乙组，采取升降级制，甲组后4名降级到乙组，乙组前4名升级到甲组。阳光出租代表队、天佑俱乐部队、自来水公司代表队、扬州人家代表队、卧龙茶叶代表队、房管局代表队等6支队伍分获青年甲组前6名，琼花观代表队、阳光出租代表队、江海法律代表队等3支队伍分获中年组前3名。（高情法）

■**扬州市"长江机器人杯"未来之星围棋比赛** 7月29日，2014年扬州市"长江机器人杯"未来之星围棋比赛在扬州棋院举行，扬州各县(市、区)棋院(室)30支代表队80多名少年棋手参加比赛。比赛设个人赛和团体赛。参赛选手为2004年1月1日后出生的扬州籍业余3段以上棋手，耿林凯、王浩扬、朱晋辉等10人分获个人赛前10名，扬州棋院玉树分院、仪真棋院、黑白围棋教室等代表队分获团体赛前6名。（高情法）

■**2014年扬州武术健身演示大会** 8月8日，由市体育局承办、市武术协会协办的庆祝全国"全民健身日""华鼎星城杯"2014年扬州武术健身演示大会在华鼎星城小区举办，市区1000多名武术爱好者集体演练32式太极拳，市武术协会各健身站点和团队分别表演少儿武术、太极剑、太极扇等节目。（宋　倩）

■**江苏省老年人体育节门球比赛在扬州举行** 9月14—17日，江苏省老年人体育节门球比赛在漕河风光带门球场举行，全省13个市及省直属单位19支代表队200多人参加比赛。镇江、连云港、苏州、常州、省卫生系统、在南京高校、省盐业集团、徐州、扬州一队、南京市、南京军区等11个代表队获优胜奖，无锡、扬州二队、盐城、淮安、中电十四所、泰州、宿迁、南通等8个代表队获优秀奖。（赵福全）

■**2014年省健身秧歌大赛扬州赛区晋级赛** 9月21日，"激情秧歌 活力江苏"2014年江苏省健身秧歌大赛扬州赛区晋级赛在来鹤台市民广场举行，8支队伍近150人参赛。比赛分全国健身秧歌第四套规定动作、第五套规定动作和自选动作等项目。经3轮比赛，广陵区代表队获一等奖，邗江区代表队、宝应县代表队获二等奖。（高情法　周华坤）

■**扬州市第四届国庆千人越野赛** 9月27日，2014"惠锦鑫杯"扬州市第四届国庆千人越野赛在宋夹城体育休闲公园举行，扬州、淮安、泰州等地跑步爱好者1500多人参加比赛。活动分竞赛跑和健身走2个项目，起点设在宋夹城体育休闲公园十字街，终点为唐城遗址阙楼前广场，全程5.8公里。扬州市李建康以23分钟的成绩获竞赛跑男子青年组第1名。（高情法）

■**健身气功走进百城千村展示交流活动** 9月28日，扬州市举行健身气功走进百城千村展示交流活动，市健身气功协会30多名练习者组成展示交流队到宝应、高邮两地现场交流、展示健身气功，弘扬健身文化，普及健身气功功法，推动健身气功发展。（高情法）

■**第二届"鉴真杯"桥牌邀请赛** 10月4—6日，由扬州市桥牌协会主办的第二届"鉴真杯"桥牌邀请赛在扬州会议中心举行，参赛队伍由江苏省桥牌协会代表队、江苏省各市代表队、大运河沿线城市代表队三部分组成，江苏、浙江、河北、河南、北京、天津等地54支代表队近300人参加。经过3天比赛，嘉兴良友队，江西快乐70队、扬州鉴真队、扬州锦春大酒店队分获前4名。（高情法）

■**扬州市第二届健身气功交流赛** 10月12日，由市体育局、市体育总会主办，市健身气功协会承办的扬州市第二届健身气功交流赛在翠岗中学体育馆举行，比赛分普及功法和新功法2个大项10个小项，各县(市、区)、各体育社团、学校、企业等24支代表队近200人参加。（杨　体）

■**2014年扬州市石锁精英赛** 10月26日，"开来物业杯"2014年扬州市石锁精英赛在邗江区新盛街道绿杨新苑举行，全市近200名石锁爱好者参加。朱广署、陈金强、刘学春、刘忠分获石锁架肘、二郎担山、单花推轮、霸王举鼎等4个项目第1名。

（高情法）

■**扬州市篮球三分球王争霸赛** 市体育局联合市广播电视总台、市体育总会举办2014年扬州市篮球三分球王争霸赛，全市1000多名篮球爱好者参加比赛，经过海选，其中300名优秀选手进入复赛。11月8日，篮球三分球王争霸赛总决赛在市体育公园体育馆举行，复赛阶段男子前30名、女子前20名选手参赛。市直代表队周明、朱萍分获男子组、女子组“球王”称号。（高情法）

■**第二届全省广场健身操(舞)交流比赛在扬州举行** 11月15日，由省体育局举办，扬州市体育局、邗江区政府和省轮滑协会承办，邗江区文体新局协办的第二届全省广场健身操(舞)交流比赛在邗江中学体育馆开赛，全省13个省辖市、3个省管县的16支代表队参加比赛。比赛分规定曲目和自选曲目。经预赛和决赛，扬州代表队获2个项目一等奖、总分第3名和体育道德风尚奖。（宋 倩）

■**全民健身体育节武术比赛** 11月23日，扬州市第13届全民健身体育节“乐屋装饰杯”武术比赛在翠岗中学体育馆举行。各县(市、区)、协会、武馆等单位600多名运动员参加比赛。比赛分10个组别，设集体项目44个、个人项目759个。（高情法）

11月15日，第二届全省广场健身操(舞)交流比赛在扬州举行

董 辉/摄

## 竞技体育

■**梁建萍参加亚洲足球联合会精英培训** 2月7—11日，亚洲足球联合会女足“裁判员精英团”培训班在马来西亚吉隆坡举行，亚洲53名裁判参加培训，其中包括中国4名国际级裁判员、4名国际级助理裁判员。扬州宝应女足国际级助理裁判员梁建萍参加培训，并通过考核，获得执法当年女足亚洲杯、青年奥林匹克运动会等重大国际赛事资格。（惠立锋）

■**鉴真国际半程马拉松赛** 4月20日，“中国海运杯”2014扬州鉴真国际半程马拉松赛暨2014全国半程马拉松锦标赛在扬州市广陵信息产业园开赛。此次赛事由中国田径协会、中央电视台体育频道、江苏省体育局、扬州市人民政府主办，江苏省体育竞赛管理中心、江苏省体育产业指导中心、扬州市体育局承办。44个国家和地区240个城市、120多所高校、400多个社会团体3.5万名运动员参赛，其中国际高水平运动员59人。比赛设国际男、女半程马拉松，全国男、女半程马拉松，高校男、女半程马拉松，市民男、女半程马拉松，男、女10公里公路跑、团体10公里公路跑，迷你马拉松等项目。国际半程马拉松赛从扬州市广陵信息产业园出发，经文昌东路、文昌中路、泰州路、高桥路、漕河路、史可法路、瘦西湖路、平山堂东路、平山堂西路、邗江北路、文昌西路、国展路、明月湖路、博物馆路，至终点扬州市文化艺术中心。厄立特里亚运动员恩古扎·安罗森·塔士弗德以1小时08秒获国际半程马拉松男子组第1名，肯尼亚运动员格拉迪·切尔诺·基普罗诺以1小时8分16秒获国际半程马拉松女子组第1名，其中国际半程马拉松男子组前5名及女子组第1名均打破赛会纪录。甘肃队景荣科和解放军队马玉贵分获全国半程马拉松锦标赛男子组和女子组第1名。中央电视台全程航拍直播赛事，央视主持人杨健和著名学者郦波对赛事进行全程解说；江苏卫视国际频道对境外50多个国家和地区转播赛事，数十家媒体参与报道。（黎志刚）

■**第五届环高邮湖国际自行车越野赛** 5月2日，第五届环高邮湖国际自行车越野赛在高邮市开赛，英国及江苏、安徽、浙江、上海等省(直辖市)370名自行车运动爱好者参加比赛。赛道经高邮、天长、金湖、宝应等县(市)，全程185公里。泰州选手林成丹以4小时35分34秒获男子公路组第1名，南京选手王浚羽以4小时53分18秒获男子山地组第1名；南京选手谈翠英以5小时34分54秒获女子组第1名。（张洪庆 杨 浩）

■**2014年扬州市“市长杯”青少年校园足球联赛** 5月23—25日，2014年扬州市“市长杯”青少年校园足球联赛在宝应县举行，各县(市、区)、市直学校21支足球队280名运动员参加比赛。比赛分小学、初中、高中3个组别，其中小学组、初中组有女队参加。江都代表队、邗江代表队分获初中男子组、高中男子组第1名，宝应代表队获小学男子组、小学女子组、初中女子组第1名。（惠立锋）

■**江苏省龙舟邀请赛在扬州举行** 5月31日，由江苏省体育局社会体育管理中心、江苏省龙舟协会、扬州市

体育局等单位主办的2014中国芍药节“中体万博·怡人城市花园杯”江苏省龙舟邀请赛在仪征红山体育公园枣林湖举行。南京、镇江、泰州、连云港、淮安等地6支龙舟队及扬州各县(市、区)、仪征各乡镇、行业系统12支龙舟队参赛。经过预赛、复赛、决赛,连云港淮海工学院太阳雨龙舟队、淮安市洪泽湖龙舟队、南京市快乐龙舟俱乐部队分获前3名。

(高永刚)

**■第二届全国女子围棋甲级联赛(扬州站)** 6月16—18日,第二届“中信置业杯”全国女子围棋甲级联赛(扬州站)开赛。本站比赛是第二届全国女子围棋甲级联赛的第3、4、5轮。8场比赛,16名棋手参赛。江苏队积8分列第1名,上海队、湖南队积7分,厦门队、广东队积5分,北京队积4分,杭州队积3分,中国平煤神马队积1分。中国围棋协会主席王汝南八段和中国围棋队领队华学明七段为扬州棋迷大盘讲解唐奕与於之莹的对局。 (杨 体)

**■袁悦获国际青少年网球巡回赛南京站亚军** 8月10日,由国际网球联合会举办的2014国际青少年网球巡回赛南京站落幕。扬州选手袁悦在四进二比赛中,战胜俄罗斯选手进入决赛。在决赛中,与八一队队友相遇战败,获女子单打亚军。 (杨 体)

**■宝应县实验小学足球队获“省长杯”第3名** 8月21—26日,2014年江苏省“省长杯”青少年校园足球阳光联赛总决赛在盐城市建湖县举行,全省12支校园足球第1名队伍参加比赛。宝应县实验小学男子足球队代表扬州市参赛,在第一阶段以小组第1名出线。在争夺第3名的比赛中,宝应县实验小学队与南通市港闸区实验小学队打成1:1,通过点球大战,以3:1战胜对手,获得第3名。

(惠立锋)

**■中日韩友好城市围棋邀请赛** 10月18日,第16届中日韩友好城市围棋邀请赛在扬州开幕,来自韩国丽水、日本唐津及中国扬州的6支围棋代表队参赛。最终,日本唐津市一队获第1名,中国扬州市一队获第2名,韩国丽水市一队获第3名。韩国丽水市二队、日本唐津市二队、中国扬州市二队分列第4~6名。

(杨 体)

**■孙逸辰获2014年全国青少年蹦床锦标赛3枚金牌** 10月19—21日,2014年全国青少年蹦床锦标赛在上海国际体操中心举行。扬州市体育运动学校选手孙逸辰获男子乙组团体、双人同步和个人全能等3个项目第1名。 (奚谷颖)

**■高邮大运河越野半程马拉松赛** 10月26日,2014年高邮大运河越野半程马拉松赛在高邮市举行,国内外1480名选手参赛。比赛途经盂城驿、运河二桥、薇风大道等处,全程约21公里。肯尼亚选手欧辰以1小时19分10秒获男子组第1名,无锡选手张勤荣以1小时35分5秒获女子组第1名。 (张洪庆)

**■扬州首场马术比赛** 11月8日,由扬州市政府、江苏省旅游局、美国夸特马协会联合主办的“2014AQHA-中国·青马车寨杯”西部马术公开赛暨国际马球表演赛在仪征枣林湾青马车寨举行。此次活动是首届车马旅游文化艺术节活动之一。国内外120匹马参赛,以美国夸特马和阿拉伯马为主。比赛优胜者选送参加国际赛事。首先进行阅马仪式,马术公开赛设牧场工作马术赛、西部骑术比赛、穿桩赛、绕桶赛等项目。扬州青马车寨马球队和信宝行马球队参加国际马球表演赛。 (杨 体)

**扬州市获江苏省第18届运动会金牌情况一览表**

表32-2

| 项 目 | 组 别 | 级别(小项) | 运动员姓名 | 比赛时间 | 比赛地点 |
|---|---|---|---|---|---|
| 足球 | 少年男子甲组 | | 许长青 | 6月30日—7月5日 | 徐州 |
| 足球 | 少年男子甲组 | | 黄金鹏 | 6月30日—7月5日 | 徐州 |
| 足球 | 少年男子甲组 | | 徐克凡 | 6月30日—7月5日 | 徐州 |
| 足球 | 少年男子甲组 | | 姚 春 | 6月30日—7月5日 | 徐州 |
| 足球 | 少年男子甲组 | | 黄 晨 | 6月30日—7月5日 | 徐州 |
| 足球 | 少年男子甲组 | | 李明风 | 6月30日—7月5日 | 徐州 |
| 足球 | 少年男子甲组 | | 周仁杰 | 6月30日—7月5日 | 徐州 |
| 足球 | 少年男子甲组 | | 蔡 霖 | 6月30日—7月5日 | 徐州 |
| 足球 | 少年男子甲组 | | 周若愚 | 6月30日—7月5日 | 徐州 |
| 足球 | 少年男子甲组 | | 王周栋 | 6月30日—7月5日 | 徐州 |
| 足球 | 少年男子甲组 | | 柏 朝 | 6月30日—7月5日 | 徐州 |
| 足球 | 少年男子甲组 | | 严 昕 | 6月30日—7月5日 | 徐州 |
| 足球 | 少年男子甲组 | | 经一潇 | 6月30日—7月5日 | 徐州 |

续表32-2

| 项　目 | 组　别 | 级别(小项) | 运动员姓名 | 比赛时间 | 比赛地点 |
|---|---|---|---|---|---|
| 足球 | 少年男子甲组 | | 王　康 | 6月30日—7月5日 | 徐州 |
| 足球 | 少年男子甲组 | | 王　业 | 6月30日—7月5日 | 徐州 |
| 足球 | 少年男子甲组 | | 吴吉凯 | 6月30日—7月5日 | 徐州 |
| 武术(散打) | 少年男子乙组 | 60公斤级 | 赵修贤 | 9月15—20日 | 徐州 |
| 武术(散打) | 少年女子乙组 | 48、56、65公斤级小团体 | 刘慧贤 | 9月15—20日 | 徐州 |
| 武术(散打) | 少年女子乙组 | 48、56、65公斤级小团体 | 杨　蕾 | 9月15—20日 | 徐州 |
| 武术(散打) | 少年女子乙组 | 48、56、65公斤级小团体 | 钱梦琴 | 9月15—20日 | 徐州 |
| 柔道 | 少年男子乙组 | 90公斤级 | 马丛明 | 9月20—25日 | 徐州 |
| 跆拳道 | 少年男子乙组 | 正70公斤级 | 邱　航 | 9月18—25日 | 淮安 |
| 跆拳道 | 少年男子丙组 | 50公斤级 | 陶梦凡 | 9月18—25日 | 淮安 |
| 艺术体操 | 儿童丙组 | 集体徒手操 | 刘心悦 | 9月22—25日 | 徐州 |
| 艺术体操 | 儿童丙组 | 集体徒手操 | 王钰洁 | 9月22—25日 | 徐州 |
| 艺术体操 | 儿童丙组 | 集体徒手操 | 俞兮彤 | 9月22—25日 | 徐州 |
| 艺术体操 | 儿童丙组 | 集体徒手操 | 杨静怡 | 9月22—25日 | 徐州 |
| 艺术体操 | 儿童丙组 | 集体徒手操 | 赵子涵 | 9月22—25日 | 徐州 |
| 艺术体操 | 儿童丙组 | 集体徒手操 | 谢思瑶 | 9月22—25日 | 徐州 |
| 艺术体操 | 儿童丙组 | 集体徒手操 | 杨昊宇 | 9月22—25日 | 徐州 |
| 艺术体操 | 儿童丙组 | 个人全能 | 杨昊宇 | 9月22—25日 | 徐州 |
| 艺术体操 | 儿童丙组 | 个人团体 | 俞兮彤 | 9月22—25日 | 徐州 |
| 艺术体操 | 儿童丙组 | 个人团体 | 谢思瑶 | 9月22—25日 | 徐州 |
| 艺术体操 | 儿童丙组 | 个人团体 | 杨昊宇 | 9月22—25日 | 徐州 |
| 棒垒球 | 少年乙组 | 垒球 | 莫雨萱 | 9月5—8日 | 南京 |
| 棒垒球 | 少年乙组 | 垒球 | 曹　颖 | 9月5—8日 | 南京 |
| 棒垒球 | 少年乙组 | 垒球 | 刘　璇 | 9月5—8日 | 南京 |
| 棒垒球 | 少年乙组 | 垒球 | 蒋子贤 | 9月5—8日 | 南京 |
| 棒垒球 | 少年乙组 | 垒球 | 包心怡 | 9月5—8日 | 南京 |
| 棒垒球 | 少年乙组 | 垒球 | 华庆静 | 9月5—8日 | 南京 |
| 棒垒球 | 少年乙组 | 垒球 | 袁　婧 | 9月5—8日 | 南京 |
| 棒垒球 | 少年乙组 | 垒球 | 张文旭 | 9月5—8日 | 南京 |
| 棒垒球 | 少年乙组 | 垒球 | 张劲雯 | 9月5—8日 | 南京 |
| 棒垒球 | 少年乙组 | 垒球 | 孙雅婷 | 9月5—8日 | 南京 |
| 棒垒球 | 少年乙组 | 垒球 | 孙　易 | 9月5—8日 | 南京 |
| 棒垒球 | 少年乙组 | 垒球 | 邵文君 | 9月5—8日 | 南京 |
| 棒垒球 | 少年乙组 | 垒球 | 余　点 | 9月5—8日 | 南京 |
| 棒垒球 | 少年甲组 | 垒球 | 朱禛仪 | 9月5—8日 | 南京 |
| 棒垒球 | 少年甲组 | 垒球 | 卜　静 | 9月5—8日 | 南京 |
| 棒垒球 | 少年甲组 | 垒球 | 刘玉婷 | 9月5—8日 | 南京 |
| 棒垒球 | 少年甲组 | 垒球 | 李伟洁 | 9月5—8日 | 南京 |
| 棒垒球 | 少年甲组 | 垒球 | 王　越 | 9月5—8日 | 南京 |
| 棒垒球 | 少年甲组 | 垒球 | 刘　恋 | 9月5—8日 | 南京 |
| 棒垒球 | 少年甲组 | 垒球 | 周　倩 | 9月5—8日 | 南京 |

续表32-2

| 项　目 | 组　别 | 级别(小项) | 运动员姓名 | 比赛时间 | 比赛地点 |
|---|---|---|---|---|---|
| 棒垒球 | 少年甲组 | 垒球 | 徐　珉 | 9月5—8日 | 南京 |
| 棒垒球 | 少年甲组 | 垒球 | 周　缘 | 9月5—8日 | 南京 |
| 棒垒球 | 少年甲组 | 垒球 | 陈　瑶 | 9月5—8日 | 南京 |
| 棒垒球 | 少年乙组 | 棒球 | 牛云峰 | 7月2—7日 | 无锡 |
| 棒垒球 | 少年乙组 | 棒球 | 张天龙 | 7月2—7日 | 无锡 |
| 棒垒球 | 少年乙组 | 棒球 | 赵新伟 | 7月2—7日 | 无锡 |
| 棒垒球 | 少年乙组 | 棒球 | 赵人豪 | 7月2—7日 | 无锡 |
| 棒垒球 | 少年乙组 | 棒球 | 瞿裕桐 | 7月2—7日 | 无锡 |
| 棒垒球 | 少年乙组 | 棒球 | 范进阳 | 7月2—7日 | 无锡 |
| 棒垒球 | 少年乙组 | 棒球 | 曹兴堂 | 7月2—7日 | 无锡 |
| 棒垒球 | 少年乙组 | 棒球 | 吴　越 | 7月2—7日 | 无锡 |
| 棒垒球 | 少年乙组 | 棒球 | 厉兴国 | 7月2—7日 | 无锡 |
| 棒垒球 | 少年乙组 | 棒球 | 严永轩 | 7月2—7日 | 无锡 |
| 棒垒球 | 少年乙组 | 棒球 | 严永鑫 | 7月2—7日 | 无锡 |
| 棒垒球 | 少年乙组 | 棒球 | 吴安俊 | 7月2—7日 | 无锡 |
| 棒垒球 | 少年甲组 | 棒球 | 周　浩 | 7月2—7日 | 无锡 |
| 棒垒球 | 少年甲组 | 棒球 | 贾　磊 | 7月2—7日 | 无锡 |
| 棒垒球 | 少年甲组 | 棒球 | 周　运 | 7月2—7日 | 无锡 |
| 棒垒球 | 少年甲组 | 棒球 | 殷　昊 | 7月2—7日 | 无锡 |
| 棒垒球 | 少年甲组 | 棒球 | 孙　磊 | 7月2—7日 | 无锡 |
| 棒垒球 | 少年甲组 | 棒球 | 包仁俊 | 7月2—7日 | 无锡 |
| 棒垒球 | 少年甲组 | 棒球 | 张　幸 | 7月2—7日 | 无锡 |
| 棒垒球 | 少年甲组 | 棒球 | 赵祖文 | 7月2—7日 | 无锡 |
| 棒垒球 | 少年甲组 | 棒球 | 安　东 | 7月2—7日 | 无锡 |
| 棒垒球 | 少年甲组 | 棒球 | 刘文昊 | 7月2—7日 | 无锡 |
| 棒垒球 | 少年甲组 | 棒球 | 胡　顺 | 7月2—7日 | 无锡 |
| 田径 | 青年女子组 | 4×400接力 | 王　瑶 | 9月22—26日 | 徐州 |
| 田径 | 青年女子组 | 4×400接力 | 谢芙蓉 | 9月22—26日 | 徐州 |
| 田径 | 青年女子组 | 4×400接力 | 沈萌萌 | 9月22—26日 | 徐州 |
| 田径 | 青年女子组 | 4×400接力 | 周家霏 | 9月22—26日 | 徐州 |
| 田径 | 少年男子甲组 | 400米栏 | 郭俊杰 | 9月22—26日 | 徐州 |
| 田径 | 青年女子组 | 800米 | 周家霏 | 9月22—26日 | 徐州 |
| 田径 | 少年男子乙组 | 跳高 | 潘　淳 | 9月22—26日 | 徐州 |
| 田径 | 青年男子组 | 5000米 | 张　伟 | 9月22—26日 | 徐州 |
| 田径 | 少年女子乙组 | 100米 | 梁文倩 | 9月22—26日 | 徐州 |
| 田径 | 少年女子乙组 | 1500米 | 王吟轩 | 9月22—26日 | 徐州 |
| 田径 | 青年男子组 | 1500米 | 张　伟 | 9月22—26日 | 徐州 |
| 田径 | 少年男子乙组 | 5000米竞走 | 李　杨 | 7月5—8日 | 徐州 |
| 跳水 | 儿童女子甲组 | 三米板 | 李天慧 | 9月20—26日 | 徐州 |
| 蹦技 | 儿童女子乙组 | 网上个人 | 王舒源 | 9月3—6日 | 徐州 |

（李　萍）

# 人力资源

Renli Ziyuan

编 辑 戴淑敏

## 人才工作

■**概述** 2014年，全市引进高层次领军人才160人、产业急需的专业技术人才1435人、基础性人才3.47万人，引进、培养企业高层次人才1580人；新增高技能人才1.71万人、专业技术人才2.99万人，培训专业技术人才6.63万人次；引进外国专家70人，新增留学回国人员178人。

（阙海茵）

■**人才工作奖励政策** 2014年，扬州市落实企业人才引进和培养有关补贴奖励政策，全市发放生活补贴、社会保险奖励等资助金24.2万元，出台《〈扬州市区引进高层次人才住房保障办法〉实施细则》《扬州市区引进高层次人才住房保障专项资金管理办法》和《扬州市高层次人才购房专项奖励实施办法》，首批8名人才获住房保障资助。 （阙海茵）

■**高层次人才管理** 2014年，市人力资源和社会保障局（简称市人社局）征集并发布创业创新领军人才需求信息226条、博士人才需求信息296条、技术难题271项；组织到重庆、西安等地举办扬州市高层次人才及产业发展紧缺人才专场招聘会，组团参加第七届中国留学人员南京国际交流与合作大会和大连海外学子创业周活动，做好市政府“科技创新·产业合作”南京、杭州、成都等站推介会博士签约工作。市人社局先后与镇江市人社局、浙江大学签订人才项目合作协议，推进建立区域人才共享机制。组织名校研究生暑期到扬州参加社会实践活动。开展2013年度“绿扬金凤计划”优秀博士人才遴选工作，择优推荐资助项目115个。向943名专家发放“绿色通道医疗证”，向27人发放省海外高层次人才居住证，组织351名有突出贡献的中青年专家参加免费健康检查。86人、5个团队入选省“双创计划”（江苏省高层次创新创业人才引进计划）。其中，双创团队5个，列全省第一；双创博士57人，列全省第二；双创人才29人。19个项目入选省“六大人才高峰”计划，创历史新高。 （阙海茵）

■**高技能人才队伍建设** 市人社局组织参加第二届“江苏技能状元”大赛，4人获三等奖。举办第三届“扬州技能状元”大赛，组织市级技能大赛3场。首次开展中药调剂员和保安员职业技能鉴定，扩大行业鉴定范围。开展“扬州英才培育计划”专业技术人才和高技能人才推荐、评审，首批11名专业技术人才、10名高技能人才被市人才工作领导小组办公室确定为“扬州英才培育对象”。全市入围省高技能人才专项公共实训基地、省技能大师工作室和省技工院校示范专业各1个，7人被评为省企业首席技师，4人被列为省高技能人才海外培训人选。实施企业岗位技能提升培训，全年培训8.98万人。鼓励社会力量开展职业技能培训，新增民办职业培训学校1所。深化技工院校建设，江苏省扬州技师学院被人力资源和社会保障部表彰为“为国家技能人才培育工作作出突出贡献的单位”。

（阙海茵）

■**人才国际交流** 市人社局组织参加上海“外教项目推介活动”，拓展文教类专家引进渠道。成立扬州中外高端人才俱乐部，搭建外国专家交流平台。全市获批国家高端文教项目3个、国家农业示范推广项目2个、国家普通引智项目2个、因公出国（境）培训项目7个。组织申报国家级引智示范推广基地和引智示范单位、江苏省政府友谊奖。1人入选首批省“外专百人计划”，2家单位再次获批省级引智推广基地，1家单位再次获批省级引智示范单位。 （阙海茵）

■**人才培养** 2014年，市人社局争取部、省专业技术人才知识更新培训工程高级研修项目计划到扬州办班，先后举办高级研修班3期，累计培训500多人。实施“企业家海外提升计划”，组织5批次109名学员到美国、德国参加培训。开展“名校扬州虚拟硕士园”建设试点，分别与中国科技大学、西安交通大学、吉林大学等达成协议或意向协议。加强扬州市专业技术人员继续教育网建设，新开设“团队合作能力和创新团队建设”“国内外宏观经济形势与政策取向分析”等9门课程，累计注册学员5.73万人。加强人才载体建设，新增迈安德集团有限公司、江苏金陵特种涂料有限公司、江苏欧力特能源科技有限公司、扬州天和药业有限公司、江苏宝应经济开发区管理委员会等5个省博士后创新实践基地，2人获省博士后科研资助计划资助，2人获留学人员科技活动项目资助。全市累计有国家级博士后科研工作站20家，省级博士后创新实践基地30个、企业分站28家。（阚海茵）

■**出台高层次人才购房奖励政策** 4月30日，市人社局与市人才工作领导小组办公室、市财政局联合印发《扬州市高层次人才购房专项奖励实施办法》。该办法规定，对符合条件的高层次人才，自其在扬州市缴纳个人所得税起，连续3年个人所得税形成的地方留成部分，经纳税地财政部门审核确认，由财政部门全额奖励给人才个人，并专项用于其在扬州购房补贴。个人奖励总额不超过其在扬州自购房1套所付款项，专项奖励为当年一次性奖励，不累计，不顺延。（阚海茵）

■**第三届"扬州技能状元"大赛** 6—12月，由市政府主办，市委组织部、市委宣传部、市人社局等承办的第三届"扬州技能状元"大赛举行。大赛设汽车检测与维修工、砌筑工和育婴员等11个职业（工种），各职业（工种）分别设立一、二、三等奖。获各职业（工种）第一名的许峰等11人获"扬州技能状元"称号，并享受市劳动模范待遇；获各职业（工种）第二名的吕龙等22人获"扬州市技术能手"称号，并获扬州市五一劳动奖章；西园饭店等10家单位、扬州会议中心等37家单位分别被市政府和大赛组委会授予"高技能人才摇篮奖"。（阚海茵）

■**企业家海外提升计划** 2014年，市人社局先后组织装备制造、汽车及其零部件制造、软件信息与新兴产业、旅游与现代服务业109名企业家分6个批次到德国和美国参加提升培训。在境外期间，组织企业家到德国慕尼黑工业大学、美国弗吉尼亚大学等6所世界知名大学听课；到奔驰、希斯、海拉、拜耳、通快、思科、英特尔等22家标杆企业考察交流，探寻合作项目；到华盛顿商会、德国工商业协会、国际信息技术与服务联盟等9家机构学习，寻找商机；在华盛顿和科隆举办2场企业家与华裔专家和留学人员恳谈会，宣传推介扬州，开展招才引智。（阚海茵）

## 人事管理

■**公务员管理** 市人社局加强对评比、达标、表彰工作的督促指导和监督检查，严格程序和标准，有序开展公务员表彰奖励工作。评选、推荐省人民满意公务员先进集体和先进工作者。依法开展公务员纪律惩戒、申诉控告等工作。规范公务员职位职数管理。强化公务员专门业务培训备案，全市组织5.18万人次公务员参加在职培训，组织36人参加苏南苏北对口培训，鼓励公务员在职攻读公共管理硕士学位。（阚海茵）

第三届"扬州技能状元"大赛中式烹调比赛现场　　董　辉/摄

■**事业单位人事管理** 2014年，市人社局联合市委组织部制定《扬州市事业单位七级、八级职员聘任管理暂行办法》，规范事业单位管理岗位七级、八级职员选拔聘任工作，构建能上能下竞争激励机制。健全事业单位岗位动态管理制度，开展事业单位岗位聘用情况专项检查，审核事业单位增人计划。组织学习《事业单位人事管理条例》，开展事业单位分类改革。推进事业单位奖励性绩效工资总量审核，做好事业单位工作人员津补贴标准调整工作。（阚海茵）

■**机关事业单位人员招录** 2014年，全市招录公务员和参照公务员管理单位工作人员234人。取消招录单位面试特邀考官制度，从制度和操作环节确保公务员招录面试工作的公平和公正。优化事业单位公开招聘工作"四统一"（统一核准公开招聘方案，统一公开招聘时间，统一委托省提供命题等考试服务，统一推进评委交流）制度，坚持统分结合、分级管理、分类指导，引导各类人才合理、有序流动。全市公开招聘事业单位工作人员1423人。（阚海茵）

■**人事管理服务** 推进参照公务员法管理事业单位报批和人员登记工作。用积分选岗方式安置军转干部117人。做好企业军转干部稳定工作，对困难企业军转干部进行个案帮扶。组织各类人事考试42项18.79万科次，完成国家公务员招录考试。开通扬州市人事培训网和扬州市公务员学习网。选拔120名机关事业单位工人参加技师考评。启动山东大学、西南大学远程教育培训。（阚海茵）

■**事业单位高级职员聘任管理** 4月，市人社局联合市委组织部印发《扬州市事业单位七级、八级职员聘任管理暂行办法》，规范事业单位管理岗位七级、八级职员聘任管理工作。该办法规定，事业单位聘任管理岗位七级、八级职员，要与事业单位岗位设置管理工作相衔接，在人员编制和管理岗位限额内进行，并签订聘用合同；扩大聘用范围，重视高层次人才选拔培养，除管理岗位职员可以逐级聘用外，专业技术岗位人员满足相应条件可聘任为七级、八级职员，博士研究生等高层次人才工作一年后也可聘任为七级或八级职员；完善聘用制度，市直各部门(单位)聘任事业单位七级、八级职员前，需分别报市委组织部、市人社局核准岗位。事业单位七级、八级职员的聘期一般为3～5年。（阚海茵）

**■扬州市公务员学习网开通** 9月13日，扬州市公务员学习网开通。扬州市公务员学习网根据公务员职务层次、职位类别，分别设有必修课与选修课、考试科目和非考试科目，课程学习采取观看视频和阅读电子文本两种形式，内容涵盖法律法规、政治经济、基本能力、综合知识等。注册学员可根据自身发展需要、培训积分要求，自主选学相关科目。（阚海茵）

## 劳动就业

**■概述** 2014年，扬州市城镇新增就业7.08万人，其中基本产业新增就业4.52万人；新增转移农村劳动力5.31万人；城镇失业人员再就业4.94万人。期末城镇登记失业率2.08%。年末职工人数89.42万人，其中国有单位职工17.19万人、城镇集体单位职工2.49万人。在岗职工平均工资5.85万元。（阚海茵）

**■就业创业政策** 2014年，市人社局、市财政局修订创业引导资金管理办法，初始创业补贴从1000元提高至2000元，取消享受创业政策的户籍限制和享受补贴者须参加社会保险缴费的前置条件。全年发放创业引导资金500.02万元。阶段性降低失业保险费率。1月起，全市失业保险缴费比例从3%降至2%，其中用人单位缴费比例从2%降至1.5%。落实就业困难群体帮扶政策，全年发放社保补贴1644.39万元、岗位补贴325.02万元。市人社局联合税务、工商等部门落实税费减免优惠政策，减免市区96名就业困难人员个体经营税68.8万元，发放小额担保贷款8730万元。以推进就业为导向，评选20家全市"最佳雇主企业"，引导实现高质量就业。扩大"温馨家园——一体化家庭服务体系建设"服务站试点社区范围，试点社区增至3个，推进家庭服务企业标准化、规模化、规范化、品牌化建设。（阚海茵）

**■高校毕业生就业** 8月22日，扬州市政府办公室印发《关于进一步促进普通高校毕业生就业创业工作的实施意见》，实施大学生就业促进计划和创业引领计划，做好离校未就业高校毕业生实名制登记管理，促进高校毕业生就业、创业。扬州籍未就业高校毕业生推荐就业率100%。实施困难家庭毕业生"一对一"就业援助计划，全年帮扶40名困难家庭毕业生实现就业。推进高校毕业生就业见习计划和"三支一扶"(支教、支医、支农，扶贫)计划招募工作，全年开发就业见习岗位1886个，招募32名高校毕业生到基层工作。开展公共就业人才服务进家门、进校园、进园区活动，面向应届毕业生举办重点高校招聘会28场、公益招聘会2场。全市人才交流服务系统举办各类现场招聘活动306场，累计进场招聘单位1.1万家次，提供就业岗位20.94万个次，29万多人次进场求职。（阚海茵）

**■公共就业服务** 2014年，全市人社系统开展就业"春风行动"，举办各类专场招聘会73场，累计提供就业岗位8.19万个，7.43万人参加洽谈，2.22万人达成就业意向，缓解用工需求压力，推进各类群体就业。市人社局开展"2014扬州战略新兴产业跨省大招工"活动，发挥6个省外人力资源基地驻扬州工作站作用，满足企业用工需求。组织"春风行动""民营企业招聘周"等公共就业服务活动，开展服务女性、残疾人、军嫂就业专场招聘活动，联合扬州晚报社举办"赴企探岗"活动。开展城乡劳动者就业技能培训，培训城乡劳动者6.11万人，其中基本产业劳动者2.92万人。（阚海茵）

**■创业带动就业** 2014年，扬州市推进创业型城市创建，扬州市及宝应县、高邮市、仪征市分别被省人力资源和社会保障厅命名为创业型城市。市人社局开展"创业服务月"活动，组织到学校、城市广场等地举办5场专题活动。开展创业培训"进高校、进社区、进乡村"活动，全市人力资源和社会保障部门举办创业培训班358期。加强创业培训师资队伍建设，举办SYB(创办你的企业)创业师资培训班。完善省级大学生创业园功能，组织邗江区高新技术创业服务中心申报国家级大学生创业园。全市组织1.79万人参加创业培训，新建创业孵化基地14个，评选优秀创业项目103个；7249人成功创业，实现创业带动就业1.91万人。（阚海茵）

**■就业服务平台建设** 市人社局建立市创业服务指导中心，同时开通手机创业服务平台，并将其与"就业e图"系统对接，为城乡劳动者即时提供创业服务。推进失业职工档案室信息化建设，实现档案查询、借阅、管理等流程电子化操作。完善基层就业服务平台功能，组织全市劳动保障协理员参加业务知识培训，302人通过国家职业技能鉴定考试。（阚海茵）

**■手机创业服务平台开通** 10月20日，市人社局开通手机创业服务平台。该平台具备创业信息传播、电子导航查询、在线咨询、视频在线播放等功能，涉及创业政策、创业培训、项目服务、创业数据等多个服务项目。全市城乡劳动者通过手机创业服务平台，可即时掌握创业政策动态，观看创业培训视频，查找附近创业服务机构，咨询创业相关问题，寻求适合创业项目。（阚海茵）

**■"千企万岗"助残招聘会** 5月18日，市人社局联合市残疾人联合会在康乐社区生活广场举办全省联动的2014年“千企万岗”助残招聘会。23家企业参加活动，提供岗位近300个；82名残疾人求职者与用人单位达成初步用工意向。（阚海茵）

**■首届“最佳雇主企业”评选** 8月18日，市政府办公室印发《“扬州市最佳雇主企业”评选办法》，启动首届“最佳雇主企业”评选活动，旨在鼓励企业重视职工权益保护与全面发展，引导全社会关心和支持就业工作，推动提升就业水平、改善就业结构，营造良好用工环境，集聚人力资源优势，提升区域竞争力。经企业申报、资格审查、专家评审、媒体公示、综合评定，并从雇主影响力、薪酬竞争力、员工成长力、劳动关系和谐度、社会贡献力等5个方面全面考量，江苏国信扬州发电有限责任公司等20家企业获“扬州市最佳雇主企业”称号。（阚海茵）

**首届“扬州市最佳雇主企业”名单**

江苏国信扬州发电有限责任公司
上海大众汽车有限公司仪征分公司
亚普汽车部件股份有限公司
江苏扬农化工集团有限公司
飞利浦照明工业(中国)有限公司
奥克化学扬州有限公司
扬州顶津食品有限公司
扬州扬杰电子科技股份有限公司
森萨塔科技(宝应)有限公司
扬州日兴生物科技股份有限公司
扬州自来水有限责任公司
扬州杰信电装空调有限公司
江苏扬建集团有限公司
中国移动通信集团江苏有限公司扬州分公司
扬州尼尔工程塑料有限公司
高邮市卫星卷烟材料有限公司
扬州嵘泰工业发展有限公司
扬州玉器厂
江苏智途科技股份有限公司
扬州汇银家电(集团)有限公司

（杨　敏）

**■企业工资分配调控** 2014年1月起，扬州市区和县(市)最低工资标准地区类别分别调整为一类地区和二类地区，市区和县(市)月最低工资标准分别调整至1480元、1280元。11月起，扬州市再次上调最低工资标准，市区和县(市)月最低工资标准分别提高至1630元、1460元，分别上调10.1%、14.1%。推进工资集体协商，先后开展全市工资集体协商“春季要约”和“冬季要约”行动。组织相关企业做好企业人工成本调查和在岗职工工资调查，发布2014年全市企业工资指导线，其中增长基准线12%、下线6%。（阚海茵）

**■全省餐饮行业工资协商工作推进会推广“扬州经验”** 9月26日，全省餐饮行业工资协商工作推进会在扬州召开。会上，扬州市财贸产业工会介绍餐饮行业工资协商工作经验。扬州市餐饮行业工资协商工作覆盖全市134家大中型餐饮企业、1.4万名员工，并要求全市小微餐饮企业参照执行；协商范围涵盖全市餐饮行业27个工种，每个工种均有明确的最高工资和最低工资指导价位。针对餐饮业服务、收银、洗碗、清洁等工种从业人员工作量偏重、工资偏低现状，市餐饮服务行业工会要求2014年度餐饮行业职工最低工资标准比市政府发布的最低工资标准提高10%，执行工资最低标准人员年工资增幅不低于12%，促进餐饮业低收入员工工资水平提高。2014年，扬州市餐饮行业集体合同中涉及员工工资的内容履约率100%，职工流失率从30%降至23%。（杨　敏）

**■劳动保障监察** 市人社局制定《扬州市劳动保障监察“容期整改”暂行规定》《扬州市劳动保障监察“首违不罚”暂行规定》《扬州市人力资源和社会保障局劳动保障监察行政处罚自由裁量权实施办法》，转变执法理念，提升服务企业水平，净化企业发展环境。开展送法进企业园区活动，组织劳动用工新法新规培训。评选331家2013年度全市劳动保障诚信示范单位。组织清理整顿人力资源市场秩序专项行动，开展用人单位劳动保障书面审查和农民工工资支付专项检查，维护劳动者合法权益。全市劳动保障监察机构巡查用人单位7127家，受理投诉、举报1703件，立案查处592件，责令为1.6万人补签劳动合同，社会保险扩面1.27万人，追讨工资9026万元。（阚海茵）

**■劳动争议调解仲裁** 全市劳动人事争议仲裁机构坚持“调解为主、调裁结合”，全年处理劳动人事争议案件2771件，其中立案1925件、案外调解846件；立案案件结案率99%。开展质量管理先进仲裁院创建活动，市区和县(市)7家劳动人事争议仲裁院均获“江苏省示范仲裁院”称号。开展仲裁委员会乡镇、街道巡回仲裁庭建设。开展劳动争议处理“玉帛行动”，使大多数劳动争议化解在第一时间和基层一线，促使劳动争议双方当事人“化干戈为玉帛”，促进用人单位劳动关系和谐稳定。（阚海茵）

**■劳动人事争议巡回仲裁庭服务基层** 2014年，市人社局建设劳动人事争议巡回仲裁庭便民维权平台，推动基层劳动人事争议案件就地开庭，把矛盾化解在基层。扬州市、邗江区劳动人事争议仲裁机构分别在扬州经济技术开发区和邗江区蒋王街道、槐泗镇、邗上街道等地组织巡回仲裁庭，现场审理劳资纠纷案件，并组织企业代表和当地群众观摩旁听。（阚海茵）

**■农民工工资支付情况专项检查** 2013年11月20日至2014年1月20日，市人社局联合市公安局、市交通运输局等8个部门，开展全市农民工工资支付情况专项检查，重点检查工程建设(含交通运输、水利建设)、船舶修造、加工制造、餐饮服务等行业以及近期生产经营发生困难，曾因欠薪引发集体投诉、集体劳动争议或群体性事件的企业。全市检查用人单位1886家，涉及被拖欠工资的农民工1200多人，追讨农民工工资1495万元；依法调查4件涉嫌拒不支付劳动报酬罪案件，并将其移送公安机关，维护农民工合法权益。（阚海茵）

# 人民生活

Renmin Shenghuo

编　辑　戴淑敏

## 居民收入

**■概述**　2014年，扬州市居民人均可支配收入24157元，其中城镇居民人均可支配收入30322元、农村居民人均可支配收入15284元，分别比上年增长9.8%、9.5%、11.0%。城乡居民收入之比由上年的2.01∶1缩小至1.98∶1。居民人均可支配收入中，工资性收入14671元，增长9.3%，占可支配收入的60.7%；经营净收入4413元，增长11.0%；财产净收入1715元，增长10.1%；转移净收入3358元，增长10.7%。　（杨　敏）

**2014年扬州市分地区居民可支配收入构成表**

表34-1　　单位：元

| 可支配收入 | 广陵区 | 邗江区 | 江都区 | 宝应县 | 仪征市 | 高邮市 |
|---|---|---|---|---|---|---|
| **合　计** | **31443** | **30768** | **25039** | **18021** | **22776** | **20085** |
| 工资性收入 | 19677 | 19285 | 14624 | 10541 | 15333 | 12102 |
| 经营净收入 | 4203 | 4333 | 4618 | 3618 | 4373 | 3943 |
| 财产净收入 | 2786 | 2869 | 2285 | 1192 | 622 | 1261 |
| 转移净收入 | 4777 | 4281 | 3512 | 2670 | 2448 | 2779 |

（陈丽华）

**2014年扬州市分地区城镇居民可支配收入构成表**

表34-2　　单位：元

| 可支配收入 | 广陵区 | 邗江区 | 江都区 | 宝应县 | 仪征市 | 高邮市 |
|---|---|---|---|---|---|---|
| **合　计** | **32343** | **34376** | **31035** | **22739** | **31123** | **26632** |
| 工资性收入 | 20165 | 21657 | 18541 | 13316 | 21776 | 16452 |
| 经营净收入 | 4216 | 4375 | 4881 | 3468 | 5621 | 4086 |
| 财产净收入 | 2979 | 3502 | 3508 | 2325 | 1016 | 2361 |
| 转移净收入 | 4983 | 4842 | 4105 | 3630 | 2710 | 3733 |

（陈丽华）

**2014年扬州市分地区农村居民可支配收入构成表**

表34-3　　单位：元

| 可支配收入 | 广陵区 | 邗江区 | 江都区 | 宝应县 | 仪征市 | 高邮市 |
|---|---|---|---|---|---|---|
| **合　计** | **20789** | **17203** | **16430** | **14246** | **14860** | **14335** |
| 工资性收入 | 13912 | 10367 | 9051 | 8320 | 9223 | 8281 |
| 经营净收入 | 4043 | 4182 | 4244 | 3738 | 3189 | 3817 |
| 财产净收入 | 498 | 486 | 466 | 286 | 248 | 295 |
| 转移净收入 | 2336 | 2168 | 2669 | 1902 | 2200 | 1942 |

（陈丽华）

**■城镇居民收入**　2014年，扬州市城镇居民人均可支配收入30322元，比上年增长9.5%，增长幅度高于全省平均水平0.8个百分点。其中，工资性收入18732元，增长8.9%，对收入增长贡献率58.3%，拉动收入增长5.5个百分点；转移净收入4250元，增长10.4%，对收入增长贡献率15.3%，拉动收入增长1.5个百分点；经营净收入4652元，增长11.3%，对收入增长贡献率18.0%，拉动收入增长1.7个百分点；财产净收入2688元，增长9.0%，对收入增长贡献率8.4%，拉动收入增长0.8个百分点。　（林　宁）

**■农村居民收入**　2014年，扬州市农村居民人均可支配收入15284元，比上年增长11.0%，增幅高于全省平均水平0.4个百分点。其中，工资性收入8825元，增长10.6%，对收入增长贡献率55.9%；经营净收入4069元，增长10.5%，对收入增长贡献率25.6%；财产净收入315元，增长25.3%，对收入增长贡献率4.3%；转移净收入2075元，增长11.6%，对收入增长贡献率14.2%。各县（市、区）农村居民可支配收入均增长10%以上。制约农村居民增收的不利因素主要有工资性收入增长后劲不足，农业增产潜力有限，农资价格上涨，非农经营制约因素较多，财产净收入占比偏低。　（陈丽华）

# 居民消费

**■概述** 2014年，全市居民人均生活消费支出15485元，其中城镇居民人均生活消费支出18417元、农村居民人均生活消费支出11266元，分别增长8.6%、7.6%、11.1%。居民生活消费支出中，食品烟酒消费支出4812元，占31.1%；居住消费支出2978元，占19.2%；教育文化娱乐消费支出2416元，占15.6%。居民消费支出增速居前三位的是交通通信、教育文化娱乐、医疗保健，分别增长12.7%、10.2%、9.6%。城镇、农村居民人均住房建筑面积分别为42平方米、54平方米。（杨　敏）

**■城镇居民消费** 2014年，扬州市城镇居民人均生活消费支出18417元，增长7.6%，增幅列全省第二。城镇居民生存型消费(食品、衣着、生活用品及服务)支出占消费支出的44.6%，下降0.2个百分点；发展、享受型消费(居住、交通通信、教育文化娱乐服务)支出占消费支出的46.7%，上升0.3个百分点；恩格尔系数(食品烟酒消费支出占消费支出的比重)30.9%。八大类消费中，食品烟酒消费支出5692元，占30.9%，增长7.5%；衣着消费支出1524元，占8.3%，增长7.8%；居住消费支出3559元，占19.3%，增长5.7%；生活用品及服务消费支出1003元，占5.4%，增长4.8%；交通通信消费支出2066元，占11.2%，增长11.8%；教育文化娱乐消费支出2969元，占16.1%，增长8.5%；医疗保健消费支出1029元，占5.6%，增长8.3%。居民膳食结构优化。肉、禽、蛋、鱼等消费支出1764元，占食品消费支出的44.8%，增长6.6%；水果、蔬菜、食用菌消费支出954元，占食品消费支出的24.2%，增长8.5%；豆类、奶类消费支出365元，占食品消费支出的9.3%，增长5.2%。（林　宁）

**■农村居民消费** 2014年，扬州农村居民人均生活消费支出11266元，增长11.1%。八大类消费支出全面增长，教育文化娱乐、交通通信、医疗保健消费支出增幅分列前三位；农村居民消费结构优化，恩格尔系数31.5%，下降0.3个百分点。农村居民人均食品烟酒消费支出3544元，增长10.0%，对消费支出增长的贡献率28.5%，居八大类消费之首。教育文化娱乐支出1621元，增长14.7%，增幅居八大类消费之首。其中，文化娱乐支出525元，增长16.5%；教

**2014年扬州市居民生活消费支出构成表**

表34-4　　单位：元

| 生活消费支出 | 扬州市 | 广陵区 | 邗江区 | 江都区 | 宝应县 | 仪征市 | 高邮市 |
|---|---|---|---|---|---|---|---|
| **合　计** | **15485** | **25244** | **22605** | **17557** | **11747** | **15694** | **14230** |
| 食品烟酒消费支出 | 4812 | 7157 | 6795 | 5829 | 4071 | 4947 | 4430 |
| 衣着消费支出 | 1208 | 1628 | 1388 | 1578 | 879 | 1489 | 1086 |
| 居住消费支出 | 2978 | 3825 | 3032 | 3657 | 1904 | 2812 | 2731 |
| 生活用品及服务消费支出 | 879 | 1381 | 1184 | 845 | 609 | 1128 | 820 |
| 交通通信消费支出 | 1790 | 2639 | 2395 | 1982 | 1479 | 1515 | 1663 |
| 教育文化娱乐消费支出 | 2416 | 4504 | 4061 | 2248 | 1711 | 2901 | 2194 |
| 医疗保健消费支出 | 931 | 2209 | 2081 | 871 | 694 | 591 | 877 |
| 其他用品和服务消费支出 | 471 | 1901 | 1669 | 547 | 400 | 311 | 429 |

（陈丽华）

**2014年扬州市分地区城镇居民生活消费支出构成表**

表34-5　　单位：元

| 生活消费支出 | 广陵区 | 邗江区 | 江都区 | 宝应县 | 仪征市 | 高邮市 |
|---|---|---|---|---|---|---|
| **合　计** | **25771** | **25026** | **20052** | **14026** | **18125** | **18024** |
| 食品烟酒消费支出 | 7350 | 7485 | 6182 | 5011 | 5813 | 5570 |
| 衣着消费支出 | 1690 | 1526 | 2014 | 1136 | 1995 | 1492 |
| 居住消费支出 | 3792 | 3369 | 4355 | 2014 | 2878 | 3483 |
| 生活用品及服务消费支出 | 1451 | 1308 | 948 | 664 | 1310 | 981 |
| 交通通信消费支出 | 2568 | 2685 | 2285 | 1792 | 1590 | 2022 |
| 教育文化娱乐消费支出 | 4671 | 4486 | 2571 | 2168 | 3326 | 2906 |
| 医疗保健消费支出 | 2243 | 2268 | 1089 | 701 | 797 | 1007 |
| 其他用品和服务消费支出 | 2006 | 1899 | 608 | 540 | 416 | 563 |

（陈丽华）

**2014年扬州市分地区农村居民生活消费支出构成表**

表34-6　　单位：元

| 生活消费支出 | 广陵区 | 邗江区 | 江都区 | 宝应县 | 仪征市 | 高邮市 |
|---|---|---|---|---|---|---|
| **合　计** | **19003** | **13507** | **13976** | **9923** | **13389** | **10898** |
| 食品烟酒消费支出 | 4886 | 4210 | 5329 | 3318 | 4127 | 3428 |
| 衣着消费支出 | 898 | 868 | 958 | 673 | 1009 | 730 |
| 居住消费支出 | 4215 | 1766 | 2631 | 1816 | 2749 | 2071 |
| 生活用品及服务消费支出 | 545 | 718 | 697 | 566 | 956 | 678 |
| 交通通信消费支出 | 3469 | 1304 | 1551 | 1228 | 1444 | 1348 |
| 教育文化娱乐消费支出 | 2532 | 2460 | 1788 | 1345 | 2498 | 1568 |
| 医疗保健消费支出 | 1800 | 1378 | 562 | 689 | 395 | 763 |
| 其他用品和服务消费支出 | 658 | 803 | 460 | 288 | 211 | 312 |

（陈丽华）

育支出1096元，增长13.9%。交通通信成为消费亮点，人均支出1394元，增长14.6%。其中，交通支出761元，增长13.0%；通信支出633元，增长16.4%。医疗保健意识增强，医疗保健支出789元，增长12.2%。居住消费支出2141元，占生活消费支出的19.0%，下降0.5%。衣着消费支出754元，生活用品及服务消费支出701元，其他用品和服务消费支出322元，分别占生活消费支出的6.7%、6.2%、2.9%，与上年持平。

（陈丽华）

**2014年末扬州市百户家庭耐用消费品拥有量表**

表34-7

| 消费品名称 | 单位 | 城镇家庭拥有量 | 农村家庭拥有量 |
|---|---|---|---|
| 家用汽车 | 辆 | 24 | 13 |
| 摩托车 | 辆 | 36 | 55 |
| 助力车 | 台 | 134 | 138 |
| 洗衣机 | 台 | 100 | 98 |
| 电冰箱(柜) | 台 | 102 | 102 |
| 微波炉 | 台 | 94 | 78 |
| 彩色电视机 | 台 | 177 | 170 |
| 其中：接入有线电视 | 台 | 155 | 134 |
| 空调 | 台 | 169 | 125 |
| 热水器 | 台 | 111 | 100 |
| 其中：太阳能热水器 | 台 | 90 | 89 |
| 消毒碗柜 | 台 | 3 | 1 |
| 洗碗机 | 台 | 2 | 1 |
| 排油烟机 | 台 | 80 | 38 |
| 固定电话 | 线 | 88 | 97 |
| 移动电话 | 部 | 240 | 236 |
| 其中：接入互联网 | 部 | 138 | 126 |
| 计算机 | 台 | 87 | 50 |
| 其中：接入互联网 | 台 | 80 | 35 |
| 摄像机 | 台 | 10 | 2 |
| 照相机 | 台 | 42 | 12 |
| 中高档乐器 | 架 | 5 | 1 |
| 健身器材 | 台 | 4 | 1 |
| 组合音响 | 套 | 10 | 9 |

（林　宁）

## 消费价格

**■概述**　2014年，扬州市居民消费价格指数(简称CPI)102.1，比上年上涨2.1%。其中，消费品价格上涨1.9%，服务项目价格上涨2.5%。CPI涨幅高于全国平均水平0.1个百分点，低于全省平均水平0.1个百分点。构成CPI的八大类商品和服务中，衣着价格上涨3.3%，食品价格上涨2.0%，家庭设备用品及维修服务价格上涨3.2%，医疗保健和个人用品价格上涨2.9%，娱乐教育文化用品及服务价格上涨1.4%，居住价格上涨3.0%，交通和通信价格与上年持平，烟酒价格下降1.3%。

全年CPI月度环比涨幅-0.8%～1.3%。1月，受机票等服务项目价格淡季下调及中药材等商品价格政策性下调影响，CPI环比下降0.1%；4月，天气回暖，菜、鱼价格小幅下降，加之受疫情影响，肉、禽价格下调，CPI环比下降0.4%；10月、11月、12月，气候温和，市场供应充足，以冬装为代表的部分商品产能过剩，CPI环比分别下降0.8%、0.7%、0.1%。2月，受春节影响，CPI环比上涨0.7%；5月，肉、禽、蛋消费回暖，带动CPI环比上涨0.7%；8月，受高温影响，鲜活产品价格全面上涨，带动CPI环比上涨1.3%；3月、6月、7月、9月CPI环比涨幅均在0.4%以内。CPI各月同比涨幅1.6%～2.8%，总体温和上涨，各月波动不大。4月、5月CPI同比涨幅分别为1.9%和2.8%，为全年CPI同比涨幅最大落差。主要原因是：5月，鲜活食品走出疫情影响，消费回暖，供应阶段性不足；5月翘尾因素达1.7个百分点，与1月并处全年最高水平，当月CPI环比、同比涨幅均明显扩大。（张曼曼）

**■主要商品和服务价格特点** 2014年，食品价格温和上涨，比上年上涨2.0%，带动总指数上涨0.6个百分点。列入调查范围的16个中类食品中，涨面75%。粮食价格上涨1.3%。其中，大米价格下降0.3%，面粉价格与上年持平。在2013年面粉价格上涨影响下，2014年，饺子皮、水面等面粉制品价格均出现不同程度上涨，带动粮食制品价格上涨6.0%，成为粮食价格上涨主要原因。油脂价格下降7.8%。除2月油脂价格环比微涨0.2%外，其余各月环比持续下行。在大豆等原材料国际价格下降和国内食用油高库存的市场环境影响下，3月、5月、7月、11月、12月油脂价格环比分别下降2.4%、2.6%、2.4%、2.1%、4.0%。12月，散装食用油脂价格降至2011年1月（价格调查新基期）以后最低点。肉禽及其制品价格下降1.1%。2014年前期，生猪集中出栏，市场供应和存量过大，猪肉价格下滑；禽流感爆发，禽类市场受到冲击。全年肉禽及其制品价格5个月环比上涨，7个月环比下降。蛋类价格上涨10.8%，其中鲜蛋价格上涨13.3%。菜类价格上涨2.4%，其中鲜菜价格上涨1.4%。水产品价格下降2.5%。其中，淡水鱼价格下降5.5%，虾蟹类价格下降1.3%。干鲜瓜果价格持续上行，全年上涨11.0%，涨幅比上年提高8.2个百分点；其中鲜瓜果价格上涨13.0%。

居住价格上扬较快，全年上涨3.0%，带动价格总水平上涨0.6个百分点。房地产市场价格未出现明显下降；房屋租赁需求总体上升，房租上涨。水、电、气等产品价格逐步上涨。液化石油气、管道燃气价格上涨带动物价总水平上涨近0.1个百分点。

服务项目价格上涨2.5%，涨幅高于消费品价格涨幅，带动价格总水平上涨0.8个百分点。其中，清洗价格上涨20.0%，家庭服务价格上涨9.6%，加工维修服务价格上涨10.1%，停车费上涨7.3%，学前教育价格上涨4.4%，旅行社收费价格上涨6.5%。（张曼曼）

**■消费价格影响因素** 促进消费价格稳定的主要因素有：粮食产量持续增长，对平抑物价起到"稳定剂"作用；经济增速整体放缓，CPI涨势随之减弱；气候状况良好，有利于各类鲜活食品生产、运输、存养（储存），鲜菜价格涨幅减小，淡水鱼价格比上年下降5.5%；工业消费品、农资价格保持下行态势；汽柴油价格持续下行。助推消费价格上涨的主要因素有：人工费用持续上涨；国家提高粮食最低收购价等价格政策影响；禽流感疫情、部分农产品主产区气候异常变化等导致供给减少，促使鲜蛋、鲜瓜果价格上涨；居民消费层次提高，对牛肉、羊肉、乳制品等需求日益旺盛，拉高相应商品价格。（张曼曼）

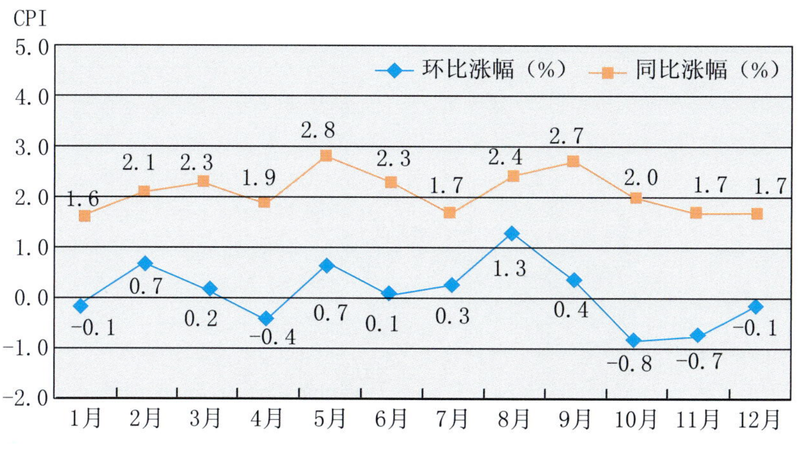


图34-1 **2014年扬州市居民消费价格指数走势图**

（张曼曼）

# 婚姻家庭

**■婚姻登记** 2014年，全市婚姻登记机构推进婚姻登记体制改革，开展规范化达标创建活动，婚姻登记信息实行全国联网。江都区民政局婚姻登记处创建成国家AAA级婚姻登记机关。全市累计有国家等级婚姻登记机关4家，实现国家AAA级婚姻登记机关市区全覆盖。全市完成结婚登记5.02万对，其中初婚8.70万人、再婚1.33万人；完成离婚登记8532对、复婚登记1583对。（张 彬）

**■收养登记** 全市各级收养登记机关规范收养行为，完善收养登记程序，防止不具备条件的家庭收养孩子。全年办理收养登记71例（广陵3例、邗江4例、江都4例、宝应2例、高邮48例、仪征10例），其中被社会福利机构抚养的弃婴4例、查找不到生父母的社会弃婴10例、近亲抚养的儿童43例、其他14例。（张 彬）

**■殡葬管理** 全市各殡仪馆火化遗体3.42万具，其中市直9272具、江都8533具、宝应6083具、高邮6694具、仪征3586具。全市经营性墓园安葬（安放）骨灰2841穴，其中市直1013穴、邗江250穴、江都259穴、宝应490穴、高邮539穴、仪征290穴。落实惠民殡葬政策，按当地物价部门核定标准（1200～1460元）减免殡葬基本服务费。全市减免3.18万人殡葬基本服务费，免除殡葬基本服务费3723.23万元；主城区（不含江都区）减免7983人殡葬基本服务费，免除殡葬基本服务费1137.40万元。市民政局被评为全国殡葬宣传工作先进单位。（张 彬）

# 社会保障

Shehui Baozhang

编　辑　戴淑敏

## 社会保险

**■概述**　2014年，扬州市592.83万人次参加社会保险，其中企业职工基本养老保险参保132.92万人、机关事业单位养老保险参保5.93万人、城乡居民社会养老保险参保98.77万人、城镇职工基本医疗保险参保116.20万人、城镇居民基本医疗保险参保49.25万人、工伤保险参保73.32万人、生育保险参保53.63万人、失业保险参保62.81万人。社会保险基金全年收入139.70亿元、支出115.95亿元。（阚海茵）

**■社会保险制度**　4月7日，市政府发布修订后的《扬州市城乡居民社会养老保险实施办法》，明确参保范围、参保补贴标准等，并增加3个缴费档次。6月5日，市政府颁布《扬州市征地补偿和被征地农民社会保障办法》，明确自7月3日起，以征地补偿安置方案批准之日为界限，按被征地农民不同年龄段，实行不同参保办法。11月13日，市人力资源和社会保障局（简称市人社局）、市财政局印发《扬州市城乡养老保险制度衔接实施补充意见》，细化企业职工基本养老保险和城乡居民社会养老保险相互转换的条件、经办流程以及待遇享受等规定，保障参保人员跨地区流动、跨制度转移和各个阶段养老保险权益延续累加，加强城乡社会保险转换对接。（阚海茵）

**■社会保险市级统筹**　11月6日，市政府办公室印发《关于加快推进市区三区社会保险"同城同步同标"的意见》，明确工作目标和举措。市人社局、市财政局、市地税局、人民银行扬州市中心支行等部门印发《关于加强社会保险费市级统筹征缴管理的通知》，明确市区社会保险费征缴政策、征缴流程、基金管理等要求。12月29日起，邗江区实施社会保险经办管理信息系统切换，采用与市本级统一的"核心平台三版"社会保险信息系统。2014年末，市人社局完成社会保险信息系统改造，实现全市社会保险"一卡通"，全市医保一卡通定点医疗机构和零售药店增至70家。（阚海茵）

**2014年扬州市社会保险参保人员、基金收支情况表**

表35-1

| 保险种类 | 净增参保人数（万人） | 累计参保人数（万人） | 基金收入（亿元） | 基金支出（亿元） |
|---|---|---|---|---|
| 企业职工基本养老保险 | 7.49 | 132.92 | 82.12 | 71.13 |
| 机关事业单位养老保险 | 0.13 | 5.93 | 7.04 | 7.17 |
| 城乡居民社会养老保险 | -0.39 | 98.77 | 11.38 | 8.42 |
| 城镇职工基本医疗保险 | 3.22 | 116.20 | 28.46 | 21.73 |
| 城镇居民基本医疗保险 | -1.83 | 49.25 | 2.38 | 1.86 |
| 失业保险 | 1.01 | 62.81 | 4.10 | 2.51 |
| 工伤保险 | 2.19 | 73.32 | 2.48 | 2.11 |
| 生育保险 | 1.78 | 53.63 | 1.74 | 1.03 |

注：企业职工基本养老保险、机关事业单位养老保险参保人数包含在职职工和离退休人员（阚海茵）

**■企业职工基本养老保险**　2014年末，全市企业职工基本养老保险参保132.92万人，比上年同期净增7.49万人。其中，在职职工参保103.64万人、离退休人员参保29.28万人，分别比上年同期增加5.35万人、2.14万人。基本养老金足额发放率100%。全年办理养老保险关系转移40881人次，其中跨省转入5085人次、跨省转出4750人次、跨市转入3405人次、跨市转出3937人次、市内转移7342人次。连续第10年上调企业退休人员基本养老金，按总体上调10%的标准，向养老金偏低人员适当倾斜，合理控制不同人员增发额差距。全市企业退休人员养老金人均增资293元，年末企业退休人员人均养老金1955元。2014年，全市企业职工基本养老保险基金总收入82.12亿元、总支出71.13亿元。（阚海茵）

**■机关事业单位养老保险**　2014年末，全市机关事业单位养老保险参保5.93万人，比上年同期净增0.13万人。其中，在职职工参保3.94万人、离退休人员参保1.99万人，分别比上年同期增加231人、1040人。2014年，全市机关事业单位养老保险基金总收入7.04亿元、总支出7.17亿元。（阚海茵）

**■城乡居民社会养老保险** 2014年末，全市城乡居民社会养老保险参保98.77万人，比上年同期减少0.39万人。1月起，城乡居民社会养老保险基础养老金最低标准从每人每月80元上调至90元。全市城乡居民67.76万人领取基础养老金，领取率100%。2014年，全市城乡居民社会养老保险基金总收入11.38亿元、总支出8.42亿元。（阚海茵）

**■城镇职工基本医疗保险** 2014年末，全市城镇职工基本医疗保险参保116.20万人，比上年同期净增3.22万人。其中，在职职工参保87.64万人、离退休人员参保28.56万人，分别比上年同期增加2.07万人、1.15万人。2014年，全市企业职工基本医疗保险基金总收入28.46亿元、总支出21.73亿元。（阚海茵）

**■职工医保家庭病床设立** 6月21日，市人社局印发《关于做好全市职工基本医疗保险家庭病床管理服务工作的通知》，健全和完善职工基本医疗保险管理服务制度，解决部分年老体弱、行动不便等参保人员就医困难。家庭病床主要收治严重心脑血管疾病致肢体肌力3级及以下者、骨折牵引固定需卧床治疗者和恶性肿瘤晚期且行动不便者。家庭病床每一建床周期一般不超过60天，每个结算年度内起付标准为第一期200元、以后每期100元。建床期间发生的起付标准以上、符合医保政策的医疗费，由统筹基金（或大病救助基金）和个人按比例共同分担。起付标准以上个人支付比例为一级医院8%、二级医院12%、三级医院14%，每个结算年度内符合医保政策的医疗费用报销最高限额为1万元。家庭病床起付线低于住院起付线，减轻参保患者负担，并从一定程度上缓解大医院“住院难”矛盾。（阚海茵）

**■职工医疗保险个人账户适用范围扩大** 9月3日，市人社局、市体育局印发《扬州市区医保定点运动健身场馆管理服务实施意见（试行）》，并确定市体育公园体育馆、市游泳跳水馆、宋夹城体育休闲公园为定点健身场所，参保市民可利用医保卡个人账户结余资金到定点健身场所刷卡锻炼。12月22日，市人社局、市财政局印发《关于市区职工医保个人账户资金用于购买商业健康保险有关问题的通知（试行）》，拓展职工医保个人账户使用范围，满足参保人员多样化健康保障需求。该通知规定，职工医保个人账户结余超过3000元的，可利用个人账户资金为本人或其直系亲属购买商业健康保险，一个统筹年度内用于购买商业健康保险的额度不得超过个人账户结余总额的30%，累计不得超过4000元。（阚海茵）

**■城镇居民基本医疗保险** 2014年末，全市城镇居民基本医疗保险参保人数49.25万人，比上年末减少1.83万人。2014年，市区城镇居民基本医疗保险人均筹资标准460元，其中政府补助320元。全市6.92万人享受城镇居民基本医疗保险待遇。2014年，全市城镇居民基本医疗保险基金总收入2.38亿元、总支出1.86亿元。（阚海茵）

**■城镇居民大病保险** 1月起，扬州市按照市人社局2013年印发的《关于全面开展城镇居民大病保险工作的实施意见（试行）》要求，根据市级统筹、统一政策、统筹城乡原则，在基本医疗保险待遇基础上，建立政府主导、与基本医疗保险和医疗救助协同互补的城镇居民大病保险制度。大病保险保障对象为城镇居民基本医疗保险参保人员；保障范围为参保人员经基本医疗保险报销后，在一个医保结算年度内个人承担的、超过一定额度的住院和门诊特殊病种治疗合规医疗费用。2014年，大病保险起付线为1.5万元，合规医疗费用为医保政策范围内费用。大病保险报销采取分段报销、累加补偿，不设最高支付限额，1.5万～6万元（含6万元）报销50%，6万～10万元（含10万元）报销55%，10万～15万元（含15万元）报销60%，15万元以上报销65%。全年712人通过大病保险报销医疗费用384万元。（阚海茵）

**■新型农村合作医疗** 2014年，全市新型农村合作医疗（简称新农合）参保率99.8%，筹资标准人均400元，其中各级财政补助不低于320元、农民个人缴费不低于80元。全市新农合实际住院补偿比51.05%，县乡两级政策范围内住院补偿比76.93%，人均住院补偿额3620.24元，比上年提高10%，最高支付限额提高到18万元。全市3728名重大疾病患者受益，20种重大疾病医药总费用8109.2万元，新农合补偿5953.4万元，实际补偿比73.4%。新农合大病保险理赔7035人，理赔总金额3660万元，报销比例高于基本医疗保险7.2个百分点，大病患者实际住院补偿比43%，减轻重大疾病患者医药费用负担。（郑轶群）

**■失业保险** 2014年末，全市失业保险参保62.81万人，比上年同期净增1.01万人。全年2.95万人领取失业保险金，年末1.29万人领取失业保险金。2014年，全市失业保险基金总收入4.10亿元、总支出2.51亿元。（阚海茵）

**■工伤保险** 2014年末，全市工伤保险参保73.32万人，比上年同期净增2.19万人。2014年，工伤待遇标准上调13.1%。全市工伤保险基金总收入2.48亿元、总支出2.11亿元。（阚海茵）

**■生育保险** 2014年末，全市生育保险参保53.63万人，比上年同期净增1.78万人。2014年，全市1.02万人享受生育保险待遇，生育保险基金总收入1.74亿元、总支出1.03亿元。（阚海茵）

**■《扬州市职工生育保险实施办法》颁布** 12月31日，市政府颁布《扬州市职工生育保险实施办法》，保障职工在生育和实施计划生育手术期间获得经济补偿和基本医疗服务，均衡用人单位生育费用负担，促进妇女就业。该办法将所有用人单位纳入生育保险制度，实现制度全覆盖；适当调整生育保险缴费费率，提高基金使用效率；规范生育保险待遇享受条件，保障参保人员权益；明确生育保险保障待遇，规范基金支出；明确生育保险经办管理统一规定，提高经办管理效能。该办法自2015年1月31日起施行，2006年12月1日起施行的《扬州市城镇职工生育保险实施办法》同时废止。2014年10月1日前发生的职工生育保险费用仍按原规定执行。2014年10月1日至该办法施行之日期间发生的职工生育保险费用参照该办法执行。

（阚海茵）

**■市区社会保险补贴标准上调** 由于职工医疗保险用人单位缴费比例提高，11月1日起，市区上调社会保险补贴标准，符合条件的企业申报医疗保险可获更多补贴。调整后，市区社会保险补贴标准为每人每月658.13元，其中养老保险补贴405元、医疗保险补贴182.25元、失业保险补贴30.38元、工伤保险补贴20.25元、生育保险补贴20.25元。

（阚海茵）

**■社会保险基金监督** 2014年，扬州市被人力资源和社会保障部列为第二批开展社会保险基金社会监督试点地区。3月14日，扬州市社会保险监督委员会成立，负责统筹、协调、指导全市社会保险基金社会监督工作，掌握、分析社会保险基金收支、管理和投资运营情况，对社会保险工作提出咨询意见和建议，履行监督管理职能，保障基金安全。委员会成员由市人大、市政府、市政协相关部门负责人以及基层单位、参保单位和服务对象代表组成，副市长张宝娟任主任。年内，市人社局组织开展社会保险财政补助资金专项检查、全市社会保险基金管理情况检查，维护社会保险基金安全完整。（阚海茵）

## 住房保障

**■概述** 2014年，扬州市深化住房保障改革，制定《扬州市区公共租赁住房社会化收储管理实施意见》《扬州市区经济适用住房上市交易管理办法》。加快公共租赁住房建设与筹集，推进棚户区（危旧房）改造，基本解决城镇中等偏下收入家庭住房困难，逐步解决新就业人员和外来务工人员租房困难。推进保障性安居工程建设。全市新开工建设各类保障房1.39万套，其中市区（不含江都区）8136套；市本级新建和筹集公租房500套。扩大住房保障覆盖面，将申请经济适用住房和公共租赁住房收入标准分别放宽至家庭人均月收入低于1400元、1900元。（方 观）

**■保障房建设** 2014年，全市开工新建各类保障房1.39万套，基本建成各类保障房1.44万套。其中，市区（不含江都区）新开工各类保障房8136套，基本建成7697套。市经济适用住房发展中心（市保障房建设发展有限公司、市房地产开发中心）推进杉湾花园五期、六期和联谊南苑B地块等5个项目建设，总建筑面积106万平方米，年内竣工交付2个项目41.7万平方米。市房地产开发中心在全省住房保障和保障性安居工程建设劳动竞赛中被评为先进单位，获评江苏省房地产开发行业“综合实力五十强企业”。（方 观）

**■保障房分配** 2014年，市区（不含江都区）1334户家庭申请住房保障，1046户通过审核公示，其中经济适用房购房货币化补贴398户、租赁补贴31户、公共租赁住房配租617户；606户家庭获经济适用房货币补贴9228万元，417户家庭获租赁补贴194.38万元，370户家庭获得公共租赁住房。（方 观）

**■公共租赁住房公开配租** 3月26日，扬州市首次采用“摇号定序、抽签定房”方式开展市区公共租赁住房公开配租活动，370户具备2011、2012年度公共租赁住房配租资格的申请人通过摇号、抽签获得新居。此次配租房源全部位于杉湾东苑，均为小高层住宅，每套面积约60平方米，总建筑面积2.98万平方米，室内装修、外部设备配套全部到位，且配备电梯。市住房保障和房产管理局邀请市人大代表、市政协委员、市公证处工作人员及市民代表全程监督配租

**2014年扬州市保障性安居工程建设情况表**

表35-2 单位：套

| 地区 | 合计 | | 公共租赁住房（含廉租住房） | | | 经济适用住房 | | 限价商品住房 | | 棚户区危旧房改造 | |
|---|---|---|---|---|---|---|---|---|---|---|---|
| | 开工数 | 竣工数 | 开工数 | 政府投资 | 竣工数 | 开工数 | 竣工数 | 开工数 | 竣工数 | 安置住房开工数 | 安置住房竣工数 |
| **扬州市** | **13908** | **14393** | **3429** | **1790** | **5445** | **1126** | **2021** | **3914** | **4426** | **5439** | **2501** |
| #市本级 | 7291 | 5991 | 500 | 500 | 600 | 656 | 1236 | 3004 | 3406 | 3131 | 749 |
| 邗江区 | 300 | 706 | 300 | 300 | 706 | | | | | | |
| 广陵区 | 300 | 600 | 300 | 436 | 600 | | | | | | |
| 扬州经济技术开发区 | 245 | 400 | 245 | 309 | 400 | | | | | | |

（方 观）

过程，先经电脑摇号确定抽签顺序，再由申请人按顺序号抽签确定配租房楼幢、室号，保证配租活动公开、公平、公正。 （杨　敏）

## 住房公积金管理

**■概述**　2014年，全市新增住房公积金归集单位1274家，比上年增加265家；新增归集人员7.89万人，其中城区（含市直、驻扬单位、广陵区、扬州经济技术开发区、扬州化工园区、蜀冈-瘦西湖风景名胜区、生态科技新城）3.65万人、邗江1.11万人、仪征1.02万人、江都0.85万人、宝应0.62万人、高邮0.58万人、仪征化纤0.03万人、江苏油田0.04万人。至年末，全市有68.72万人开户缴存住房公积金，比上年同期净增1.43万人。全年归集住房公积金47.16亿元，增长16.9%。至年末，全市累计归集住房公积金280.25亿元，比上年同期增长20.2%；公积金归集余额129.77亿元，比上年同期增长17.7%。2014年，全市15.30万人次提取住房公积金27.66亿元，提取金额比上年增长18.9%；平均每笔提取1.81万元，比上年减少0.18万元；12月末全市当期提取比率58.6%。至年末，全市累计提取住房公积金150.48亿元，比上年同期增长22.5%。全年向1.13万户家庭发放公积金贷款31.95亿元，放贷金额下降3.7%；平均每户贷款28.33万元，比上年减少0.25万元。2月末，全市贷款总户数突破10万户，贷款余额首次超过100亿元；10月初，全市贷款总额超过200亿元。至年末，全市累计向10.98万户家庭发放贷款209.96亿元，贷款余额116.57亿元，比上年同期净增19.45亿元；全市公积金贷款个贷比率89.9%，比上年同期上升1.7个百分点。（杨粉梅）

**2014年扬州市住房公积金归集情况表**

表35-3

| 地　区 | 当年归集额（万元） | 增幅（%） | 累计归集额（万元） | 增幅（%） | 归集余额（万元） | 增幅（%） |
|---|---|---|---|---|---|---|
| **合　计** | **471565** | **16.9** | **2802523** | **20.2** | **1297699** | **17.7** |
| 城　区 | 197772 | 19.3 | 1203601 | 21.2 | 539499 | 18.9 |
| 邗　江 | 43395 | 24.5 | 208171 | 28.5 | 102507 | 23.7 |
| 江　都 | 53330 | 14.7 | 288355 | 24.8 | 149960 | 20.2 |
| 宝　应 | 35253 | 12.9 | 202015 | 23.1 | 94757 | 15.9 |
| 仪　征 | 52717 | 15.1 | 291832 | 24.1 | 140875 | 14.7 |
| 高　邮 | 31826 | 15.4 | 179947 | 23.3 | 84245 | 20.6 |
| 仪征化纤 | 25409 | 11.4 | 165499 | 19.7 | 82455 | 10.8 |
| 江苏油田 | 31863 | 10.6 | 263103 | 14.9 | 103401 | 11.9 |

（杨粉梅）

**■非公企业住房公积金缴存扩面**　2014年，扬州市加大非公企业住房公积金缴存扩面力度。城镇私营企业新增6.09万人开户缴存住房公积金，其中城区2.85万人、邗江0.89万人、江都0.62万人、宝应0.40万人、高邮0.47万人、仪征0.85万人，占全市新增归集人数的77.2%。 （杨粉梅）

**■住房公积金支持住房消费**　2014年，全市有1.13万户家庭通过住房公积金贷款购买住房或改善住房条件，历年累计有10.98万户家庭通过住房公积金贷款实现"住有所居"目标。全年有11.71万人次因住房消费支取住房公积金20.86亿元，历年累计有43.41万人因住房消费支取住房公积金114.14亿元。住房公积金为满足刚性住房需求、改善居民居住条件、促进房地产市场发展发挥作用。 （杨粉梅）

**2014年扬州市住房公积金使用情况表**

表35-4

| 地　区 | 当年提取额（万元） | 增幅（%） | 累计提取额（万元） | 增幅（%） | 当年贷款额（万元） | 增幅（%） | 累计贷款额（万元） | 年末贷款余额（万元） |
|---|---|---|---|---|---|---|---|---|
| **合　计** | **276551** | **18.9** | **1504823** | **22.5** | **319529** | **-3.7** | **2099617** | **1165732** |
| 城　区 | 112115 | 16.4 | 664102 | 20.3 | 146861 | 15.0 | 971557 | 526998 |
| 邗　江 | 23750 | 27.8 | 105666 | 29.0 | 26858 | 15.8 | 157352 | 93924 |
| 江　都 | 28113 | 25.2 | 138396 | 25.5 | 30500 | -31.3 | 235126 | 129100 |
| 宝　应 | 22240 | 26.4 | 107258 | 26.2 | 29924 | -9.9 | 170517 | 94554 |
| 仪　征 | 34664 | 42.5 | 150957 | 29.8 | 40805 | -4.6 | 230441 | 140424 |
| 高　邮 | 17436 | 20.2 | 95700 | 22.3 | 18253 | -20.6 | 151363 | 74185 |
| 仪征化纤 | 17342 | 23.0 | 83043 | 26.4 | 12204 | -33.6 | 84872 | 48987 |
| 江苏油田 | 20891 | -15.4 | 159701 | 15.1 | 14124 | -25.6 | 98389 | 57560 |

（杨粉梅）

**2014年扬州市住房公积金贷款情况表**

表35-5

| 贷款项目 | 贷款户数(户) | 贷款金额(万元) | 增幅(%) |
|---|---|---|---|
| **合 计** | **11277** | **319529** | **-3.7** |
| 购买商品房 | 6856 | 197235 | -6.3 |
| 购买二手房 | 3330 | 91399 | -12.4 |
| 自建房 | 24 | 369 | 0.4 |
| 房屋大修 | 5 | 163 | 673.8 |
| 商业住房贷款置换住房公积金贷款 | 898 | 26565 | 242.4 |
| 拆迁贷款 | 4 | 68 | -63.8 |
| 购买经济适用房 | 160 | 3730 | -56.0 |

（杨粉梅）

**2014年扬州市住房公积金提取情况表**

表35-6

| 类 别 | 提取笔数(笔) | 提取金额(万元) | 占比(%) |
|---|---|---|---|
| **合 计** | **152973** | **276551** | **100** |
| 住房消费 | 117103 | 208566 | 75.4 |
| 购买、建造、翻建、大修自住住房 | 15585 | 72240 | 26.1 |
| 偿还购房贷款本息 | 99153 | 135598 | 49.0 |
| 租赁住房 | 536 | 475 | 0.2 |
| 其他住房消费(物业费) | 1829 | 253 | 0.1 |
| 离休、退休 | 10574 | 39348 | 14.2 |
| 完全丧失劳动能力，并与单位终止劳动关系 | 16641 | 15728 | 5.7 |
| 户口迁出本市或出境定居 | 1948 | 3275 | 1.2 |
| 其他非住房消费 | 6707 | 9634 | 3.5 |

（杨粉梅）

**■住房公积金业务收支** 2014年，全市实现住房公积金业务收入5.68亿元，其中存款利息收入8142万元、委托贷款利息收入4.78亿元、国债利息收入382万元、增值收益利息收入466万元、其他业务收入56万元。至年末，全市住房公积金个贷逾期率均为零；实现营运净增值收益2.77亿元，比上年同期增加0.52亿元，增长22.9%；增值收益率2.31%，比上年同期提高0.09个百分点；风险准备金充足率4.6%。（杨粉梅）

**■住房公积金支持廉租住房建设** 2014年，全市提取廉租住房建设补充资金7676万元，其中城区2800万元、仪征1100万元、宝应860万元、邗江600万元、江都550万元、高邮351万元、仪征化纤140万元、江苏油田1275万元，比上年增加1235万元，增长19.2%。至年末，全市累计提取廉租住房建设补充资金3.06亿元，比上年同期增加0.76亿元，增长33.3%。（杨粉梅）

**■住房公积金缴存基数调整** 2014年，扬州市区(含广陵区、邗江区、扬州经济技术开发区、扬州化工园区、生态科技新城、蜀冈-瘦西湖风景名胜区)职工住房公积金月缴存基数按职工本人2013年度月平均工资收入(工资总额)核定；各单位职工月缴存基数下限不低于扬州市区最低月工资标准(1480元)，上限不超过11800元；2013年7月1日以后开户的单位，最低月缴存基数不低于市区社会保险月缴纳基数(2025元)。2013年7月1日前开户缴存、月缴存基数低于社会保险月缴费基数的，按照市政府办公室《关于进一步加强住房公积金归集管理促进缴存公平的意见》要求逐步调整。自由职业者等个人缴存者调整住房公积金基数，由本人提出申请，经市住房公积金管理中心各分中心、管理部审核后变更。（杨粉梅）

**■住房公积金政策调整** 5月20日起，借款人申请公积金贷款时可提取本人及配偶住房公积金，结清贷款时可使用其他直系亲属(指父母、子女)住房公积金。7月1日起，调整住房公积金支付房租提取标准，每半年提取额度由5000元提高至9000元。8月11日起，恢复(调整)部分住房公积金业务政策：职工购房申请公积金贷款时，除提取本人及配偶的住房公积金外，可提取直系亲属的住房公积金；职工及其配偶申请住房公积金贷款的，在办理使用住房公积金按月还贷或批量还贷(一年两次划扣)手续后，其直系亲属住房公积金可采用柜面转账方式还贷(一年一次)；职工及其配偶申请组合贷款的，本人、配偶及直系亲属住房公积金应优先用于归还住房公积金贷款，在还清住房公积金贷款本息后，可按规定提取住房公积金归还商业贷款；恢复办理"商转公"贷款业务。11月1日起，恢复"异地贷款"业务；购买首套住房的首付比例统一为30%(政策另有规定的除外)；贯彻执行住房和城乡建设部等三部委《关于进一步发展住房公积金个人贷款业务的通知》，放宽二套房贷款政策，取消强制机构担保收费等。

（杨粉梅）

## 社会救助与福利

**■城乡居民最低生活保障** 2014年，全市新增低保对象1.10万人次，退出低保2.12万人次。城市低保标准为月人均500~535元,农村低保标准为月人均350~535元,市区实现低保标准城乡一体化。全市保障城乡低保对象7.44万人(城市1.31万人、农村6.13万人),支出城乡低保资金1.73亿元(城市0.46亿元、农村1.27亿元)。对市区低保对象中的在校学生实施专项救助,在享受正常低保待遇基础上,按其受教育程度(学前和义务教育阶段、高中教育阶段、大学教育阶段),每月分别增发保障标准全额20%、60%和80%的保障金。核查全市2013年度在册低保对象和2014年度新申请低保对象,市区低保对象全部经由居民家庭经济状况核对系统平台比对,实现"应保尽保、应退尽退、动态管理"。

(王　涛)

■**医疗救助**　全额资助城乡低保对象、享受民政部门定期定量生活补助的20世纪60年代精减退职职工等符合条件的困难对象参加城乡居民基本医疗保险,对其经基本医疗保险报销后,符合医保补偿规定的个人自付费用再按65%的比例实施救助,年度封顶线提高到3.5万元。建成医疗救助同步结算平台,实现基本医疗保险和民政医疗救助"一站式"结算。市区民政医疗救助同步结算范围扩展至8家公立医院,简化减免程序,保障困难对象就近就医、平等享受优质医疗资源。2014年,全市实施医疗救助34.6万人次,支出医疗救助资金6078万元。(王　涛)

■**临时救助**　市区设立1000万元临时救助基金,对因突发性灾害事故遭遇困难的市区居民给予1000~3000元临时生活救助。开展"四季系民生""爱心送万家"等救助活动,对有突发性重大疾病患者、重大变故的困难家庭给予每户1000元一次性救助。各县(市、区)分别制定临时救助办法,对符合条件的困难对象给予最高3000元的临时救助。2014年,全市救助各类困难群众1.63万人次,支出临时生活救助资金864万元。

(王　涛)

■**急难救助**　市委、市政府印发《关于加强和改进急难家庭救助工作的意见》,要求各地原则上按照不低于辖区户籍人口每人每年5元或总量不低于300万元的标准,设立急难家庭救助专项基金。市财政设立每年1000万元的急难家庭救助专项补助资金,补助市区救助工作。各县(市、区)分别制定急难家庭救助实施办法。市民政局、市财政局印发《关于进一步加强扬州市区困难家庭临时救助和急难家庭救助工作的通知》《关于印发〈扬州市区临时救助和急难家庭救助专项资金管理暂行办法〉的通知》,规定市急难家庭救助专项补助资金补助比例为50%,明确各级民政、财政部门工作职责和资金审核、拨付程序。市民政局开通急难家庭救助热线电话。该项工作入选"全省现代民政建设创新成果"。2014年,全市实施急难救助85人次,支出救助资金88万元。(王　涛)

■**救助管理**　2014年,市区救助管理工作联系点扩增至58个。全市各级救助机构救助2162人次,其中其他站转入86人次、女性599人次、未成年人393人次、老年人298人次、肢体残疾人46人次、智障及精神病人257人次、危重病人54人次、自主返乡1213人次、跨省接送59人次、不在站救助428人次;年末在站103人,全年滞留在站3个月以上87人次。全市各地加强流浪乞讨人员救助管理机构规范化建设,维护流浪乞讨人员基本生活权益和基本生存权利,对流浪乞讨人员中的危重病人和精神病人实行"先治疗后结算、先救治后救助"。民政、公安等多部门协作,打击利用流浪人员乞讨和拐卖未成年人牟取暴利等违法犯罪行为,解救并保护被拐卖、被骗未成年人96人次。市民政局社会事务处、市救助管理站站长肖红分别获评江苏省预防青少年违法犯罪工作先进集体、先进个人。(张　彬)

■**扶贫济困送温暖**　2014年春节前,各级政府安排专项资金分类慰问市区城乡低保对象、农村五保供养〔指对无劳动能力、无生活来源又无法定赡养、抚养、扶养义务人,或其法定赡养、抚养、扶养义务人无赡养、抚养、扶养能力的老年、残疾或未满16周岁的村民,在吃、穿、住、医、葬(教)方面给予生活照顾和物质帮助〕对象、重点优抚对象等特困群体。全市各级民政部门慰问困难群众12万人,发放各类资金2912万元。其中,市领导分成9个组,慰问困难乡镇、村,农村敬老院和部分城乡低保对象、五保供养对象、优抚对象、老党员等困难群众,发放慰问金104.88万元。(王　涛)

■**防灾减灾**　2014年,广陵区、江都区和仪征市先后发生风雹灾害。全市572人受灾,其中因灾死亡1人、轻伤2人、紧急转移安置19人;房屋严重受损38户59间、一般受损106户331间;农作物受灾面积94公顷。灾害造成直接经济损失613万元。灾情发生后,全市各级民政部门启动应急预案,开展救灾工作,确保受灾群众基本生活。加强防灾减灾体系建设。市、县(市、区)、乡镇(街道)、居(村)委会四级配备灾害信息员1576人。市民政局组织开展全国第六个"防灾减灾日"系列宣传活动,围绕"城镇化与减灾"主题,宣传防灾、减灾、救灾及自救等知识,发放科普资料4000多份,接受咨询2000多人次。开展综合减灾示范社区创建活动,江都区龙城社区创成全国综合减灾示范社区。探索开展自然灾害民生保险工作。(王　涛)

■**农村五保供养**　2014年,各县(市、区)按照不低于当地上年度农村居民人均纯收入45%的比例确定农村五保供养标准。全市保障农村五保供养对象1.70万人,落实供养资金9730万元。全市重点实施五保供养机构消防设施和应急呼叫系统改造升级,全年完成56家敬老院改造升级,占敬老院总数的79%。(景志刚)

■**老年人福利**　全市有养老机构98家、床位1.86万个。其中,公办养老机构80家,有床位1.65万个;民办

石油山庄社区居家养老服务照料中心为老人过集体生日　　董　辉/摄

养老机构18家，有床位2129个。市民政局全年争取中央、省、市补助资金622万元，用于资助养老机构建设项目和改(扩)建项目。免费培训全市各养老机构养老护理员258人，培训合格率99%。全市养老机构护理员持证上岗率80%以上。　（潘　勤）

**■儿童福利**　实行孤儿基本生活费自然增长机制。7月1日起，按照当地经济社会发展水平和上年度城镇居民人均可支配收入、农民人均纯收入增长幅度，提高孤儿基本生活费标准。2014年，扬州市社会散居孤儿基本生活费标准为每月870元(仪征市为990元)，集中供养孤儿基本生活费标准为每月1460元。全市有孤儿615人，其中机构供养118人、散居497人，全部纳入公共财政保障。市、县(市、区)儿童福利指导中心负责监督、评估孤儿养育状况，指导和培训监护人，代理儿童权益相关事务，为孤儿成长提供服务和支持。建立扬州市困境儿童助学基金。市民政局、市财政局和市妇女联合会联合制定《扬州市困境儿童助学基金管理暂行办法》，明确资助对象、资助标准和工作职责，规范资助程序和基金管理。2014年，全市分两批向1051名困境儿童发放助学资金210.2万元。　（张　纯）

**■残疾人福利企业**　全年新办福利企业2家，新安置残疾职工34人。全市457家福利企业参加2013年度年审，审查率100%、抽查率5%，合格率100%。全市福利企业安置残疾职工1.45万人。　（张　纯）

**■扬州市福利中心**　市福利中心设有社会福利院(精神病人福利院)、儿童福利院、颐和养老院、颐和康复医院等7个部门。2014年，市福利中心安置社会民办机构收养的残障儿童22人，提高困境儿童分类保障水平；接收无法遣返、滞留扬州的流浪乞讨精神病人30多人，扩大精神病人福利保障范围。

社会福利院有公益养老收养楼1幢，设床位200个，入住各类困难群体近200人，其中“三无”〔无劳动能力、无收入来源、无法定赡(抚、扶)养人〕老人、“三无”精神病人158人。公益养老生活补助标准由每人每月900元提高至1100元。全年安排“三无”对象体检1次，组织外出游玩6次，举办各类老年娱乐活动。

颐和养老院有社会养老楼3幢，实行“医、食、住、行、情、娱、护”七位一体养老服务，设床位400多个，入住社会养老人员300多人。颐和养老院提供套餐、自主刷卡选餐、点餐送餐、宴会餐、生日餐、病员餐等餐饮服务；亲情服务窗口为老人代办事务200多次，举办生日会40多次；成立“多彩颐和”娱乐活动小组，开设舞蹈、门球、手工、观影、养生保健等老年大学课程；全年举办颐和养老家园节日联欢活动7次、户外出游活动6次、文娱比赛活动8次，组织老人集体外出购物15次。

颐和康复医院按照老人身体状况划分护理等级，设有自理区、护理区和特护区，实行分区管理，年末医院入住率85%。在特护区设立阿尔兹海默症(老年痴呆症)患者专区，采用封闭式管理，设床位50个，设置肢体训练区、智力训练区和娱乐活动区，安装隐性防护栏，配备专业护理员，开展老年痴呆症患者肢体协调能力、认知能力、表达能力等训练，延缓能力丧失。医院开通院内老人24小时免挂号费问诊绿色通道，安排专业医技人员定期免费问诊、体检，设立老人健康档案，每周开设免费医疗讲座。邀请香港天邻基金会和海星基金会医疗义工团队20人次到医院开展义诊和老年康复技术交流活动。

儿童福利院生活补助标准实现由每人每月1331元到1460元的自然增长。2014年末，儿童福利院供养儿童126人，供养儿童病残率99%。创新残疾儿童康复模式，设弱能组、体能组和康复早教组，分别实施康复训练，康复训练覆盖率90%，参训儿童有效率95%。全年完成儿童预防接种300多人次、外出医疗检查60次；通过“海星计划”，完成5名儿童康复手术。院内适龄儿童入学率100%。　（朱传英）

**■扬州海星残儿养育中心投入使用**　8月，市福利中心与香港海星基金会、尚善基金会合作建立的扬州海星残儿养育中心投入使用。该中心面积900平方米，设公益免费养育床位50个，采用香港残疾儿童康复养育技术和管理模式，为残疾儿童提供术前术后集中养育，保障残疾儿童手术成功率，提升残疾儿童康复技术和儿童集中养育管理水平。　（朱传英）

**■环球收养组织签约帮助送养儿童**　5月，市福利中心与境外儿童公益收养组织——环球收养组织签订残疾儿童收养合作协议。根据协议，环球收养组织将在全球范围内帮助扬州市福利中心重度残疾和大龄儿童寻找收养家庭，并为特需儿童送养提供评估、材料制作、体检等支持，保证非特别关注儿童安置率80%以上。在该组织帮助下，2014年，市福利中心18名残疾儿童被境外家庭收养。　（朱传英）

**■福利彩票**　全市实现福利彩票年销售额5.50亿元，其中电脑票销售额3.47亿元、刮刮乐即开票销售额0.19亿元、中福在线即开票销售额

1.85亿元，筹集福彩公益金5936万元。市直完成福利彩票销售额1.07亿元，其中电脑票销售额0.60亿元、刮刮乐即开票销售额0.03亿元、中福在线即开票销售额0.44亿元。2014年末，全市有福彩电脑票投注站653个，比上年同期增加1个。

（赵　亮）

## 优抚安置

**■概述**　2014年，扬州市有享受抚恤补助的优抚对象3.1万人，其中残疾军人2526人、“三属”（烈属、因公牺牲军人遗属、病故军人遗属）716人、在乡复员军人2417人、带病回乡退伍军人2027人、参战涉核人员2913人、铀矿开采军队退役人员356人、60周岁以上部分农村籍退役士兵1.93万人、60周岁以上烈士子女766人，全年支出各类抚恤、定补、优待、慰问金2亿多元。新认定烈士1人。完成残疾军人证、伤残人民警察证、烈士证明书换发，全市换发残疾军人证2356本、伤残人民警察证35本，换发、补发烈士证明书895份，其中奖状式烈士证明书624份、证书式烈士证明书271份。全市接收2013年冬季退役士兵2094人、军队转业干部117人、军队退休干部9人。“退役士兵安置积分选岗”工作入选“2014年度江苏省现代民政建设创新成果”。扬州市区军队离休退休干部第三休养所被评为全国军休工作先进单位。10月30—31日，全国退役士兵教育培训工作现场推进会在扬州召开，扬州市在会上交流退役士兵教育培训工作经验和做法。

（沈　静　池宗华）

**■抚恤优待**　7月22日，市民政局、市财政局印发《关于确定2014年全市优抚对象抚恤、定补、优待最低标准的通知》，从7月1日起提高优抚对象抚恤定补优待标准。其中，在乡伤残人员残疾抚恤金标准、“三属”定期抚恤金标准、在乡老复员军人定期定量补助标准提高约17%，带病回乡退伍军人定期定量补助标准提高约12%，义务兵家庭优待金标准提高近10%。全年发放抚恤补助金1.28亿元，其中伤残人员残疾抚恤金3673万元、“三属”定期抚恤金1442万元、在乡复员军人定补3809万元、带病回乡退伍军人定补954万元、参战涉核人员定补1154万元、铀矿开采军队退役人员定补141万元、60周岁以上部分农村籍退役士兵定补1421万元、60周岁以上烈士子女定补200万元；向3800多户义务兵家庭发放优待金5277万元；向500多名应征入伍大学生发放奖励金400多万元。老残疾军人、老复员军人遗属生活补助标准随城市低保标准同步提高。全年向近3600名老残疾军人、老复员军人遗属发放补助2086万元。

（沈　静）

**■落实重点优抚对象待遇**　1.1万名重点优抚对象分别参加城镇职工医疗保险、城镇居民医疗保险、新农村合作医疗和大病医疗保险。重点优抚对象“一站式”医疗结算平台运行正常。组织短期疗养和医疗巡诊，安排540名解放战争时期入伍的在乡复员军人参加短期疗养，完成420名一至六级残疾军人医疗巡诊。春节、“八一”节期间，全市投入经费1000多万元，走访慰问重点优抚对象。

（沈　静）

**■军转干部安置**　2014年，全市接收军队转业干部117人，其中计划分配115人、自主择业2人。按照《扬州市军队转业干部安置暂行办法》，推进军转干部“阳光安置”，坚持“分层安置、积分选岗、双向选择、量才录用”，根据军转干部在部队的现实表现量化积分以及转业时的级别，将军转干部分成4个层次，实行分层选岗和保底安置。宣传自主择业政策，加强就业指导，帮助自主择业军队转业干部实现就业。

（阚海茵）

**■退役士兵安置**　12月1日，市政府印发《关于下达2013年冬季符合安排工作条件的退役士兵安置计划的通知》，明确“四类对象”（服现役满12年的士官、服现役期间平时获二等功以上奖励或战时获三等功以上奖励的士兵、因战致残被评定为五至八级残疾的士兵、烈士子女）实行阅档积分，并采用积分选岗方式安排工作。2014年，全市接收2013年冬季退役士兵2094人。其中，118名“四类对象”中，104人实行岗位安置，14人选择自主就业；78名双向选择对象（立三等功的士兵、伤残士兵、藏兵）中，14人通过双向选择落实工作单位，64人选择自主就业。全市有1976名退役士兵选择自主就业，共发放补助经费6700万元。（池宗华）

**■“烈士纪念日”活动**　9月30日是中国首个烈士纪念日。当天上午，全市各地举行烈士公祭活动，5000多名干部群众参加活动。各级党委、政府走访慰问烈属等优抚对象500多人，发放慰问金25万元，并组织机关干部、学校师生、部队官兵、群众代表向市内700多座烈士墓献花。

（沈　静）

9月30日，扬州各界代表在烈士陵园参加公祭活动

王　卓/摄

# 社会事务管理

Shehui Shiwu Guanli

编　辑　戴淑敏

## 基层自治组织建设

■**概述**　2014年，扬州市推进“政社互动”，深化和谐社区创建工作，提高基层社会管理活力。全年举办社区工作者培训班5期，培训650人次；举办首届“三社”（社区、社会组织、社会工作）知识竞赛、社区主任论坛；评选“十佳社区”“十佳社区工作者”。广陵区被省民政厅确定为首批全省现代社区治理创新实验区。12家单位获评全国和谐社区创建示范单位。至年末，全市有居委会362个、村委会1006个；城市和谐社区建设达标率87%，农村和谐社区建设达标率77%；城镇居委会、农村村委会依法自治达标率均为99.6%。（林　波）

■**“政社互动”试点**　“政社互动”是指转变政府职能，深化基层群众自治，加强基层政权建设，推动基层社会管理创新，实现政府行政管理与基层群众自治的有效衔接和良性互动。3月25日，市委、市政府召开全市推行“政社互动”暨社区建设工作会议，部署“政社互动”和社区建设工作。至年底，全市56个乡镇、253个社区、463个村开展“政社互动”试点。（林　波）

■**社区减负**　7月4日，市委、市政府召开社区工作减负座谈会。10月23日，市委、市政府印发《切实减轻社区负担 提升服务群众效能的六项规定》。通过厘清社区依法履职事项、清理面向社区开展的创建达标评比活动、精简社区台账、推进社区信息化建设等措施，为社区减负增效。经过清理，社区工作事项由131项减为42项，96项工作台账精简为1本综合性台账。（林　波）

■**社区服务中心建设**　2013年，市政府制定扬州市区社区服务中心两年全达标计划，市民政局、市规划局、市住房保障和房产管理局制定《关于规范全市社区办公服务用房建设和管理的意见》。2014年，市委、市政府将“全市城市社区实现办公服务用房全达标”纳入《关于进一步保障和改善基本民生的意见》。至年末，列入建设目标的15个社区（广陵区何园社区、石塔社区，邗江区七里甸社区，扬州经济技术开发区新华社区、新河湾社区、绿园社区、吕桥社区、长鑫社区、六圩社区、东营门社区，蜀冈-瘦西湖风景名胜区丰乐社区、锦旺社区、园林社区、西华门社区、学士社区）服务中心全部建成并通过市民政局、市财政局检查验收。（林　波）

■**社区综合管理服务信息平台**　2月19日，市民政局“扬州智慧社区（社区管理和服务综合信息平台）项目建设方案”通过专家评审。该项目集行政管理、社区事务与便民服务于一体，整合社区原有便民服务网、网上社区居委会等网络互动平台和各部门所建社区信息平台，实现“一次采集、多方共享、一线接入、集约管理”，提高社区工作服务效能。年内，社区管理和服务综合信息平台在邗江区双桥街道和市区11个社区启动试点。（林　波）

■**和谐社区建设示范单位创建**　组织开展和谐社区建设示范单位联合创建活动。创成省级和谐社区建设示范街道（乡镇）9个、示范社区18个、示范村30个，市级和谐社区建设示范社区50个、示范村144个。在民政部开展的第二次全国和谐社区建设示范单位创建活动中，广陵区获“全国和谐社区建设示范城区”称号；邗江区双桥街道、广陵区曲江街道、江都区仙女街道获“全国和谐社区建设示范街道”称号；邗江区双桥街道康乐社区、邗上街道五里社区，广陵区曲江街道文昌花园社区、东关街道琼花观社区，江都区仙女街道南吴社区，高邮市高邮街道琵琶社区，宝应县安宜镇世纪园社区，蜀冈-瘦西湖风景名胜区梅岭街道凤凰桥社区获“全国和谐社区建设示范社区”称号。（林　波）

■**“十佳社区”评选**　2014年12月，市民政局启动2014年度“十佳社区”评选活动。全市24个社区参加“十佳社区”现场评选。经现场演讲、回答问题、评委点评、观众投票等环节，综合社区居民满意度测评、观众投票、评委打分，邗江区安平社区、宝应县世纪园社区、宝应县铁桥社区、蜀冈-瘦西湖风景名胜区凤凰桥社区、高邮市奎楼社区、广陵区连福社区、江都区北苑社区、江都区东苑社区、仪征市华兴新村社区、江都区龙川社区当选扬州市2014年度“十佳

社区”，广陵区文昌花园社区、琼花观社区、荷花池社区当选扬州市“明星社区”。（林　波）

■**“十佳社区工作者”评选**　2014年12月，市民政局开展2014年度“十佳社区工作者”评选活动。经过对候选对象的资料审核、专家评审、实地走访、问卷调查，广陵区四望亭社区党支部书记、主任刘宝珠，广陵区二畔铺社区党支部书记、主任赵春美，广陵区个园社区党总支书记、主任丁洁，邗江区康乐社区主任张红梅，邗江区五里社区主任胡春霞，邗江区虹桥社区党支部书记蔡金锁，扬州经济技术开发区金林社区党总支书记田岚，扬州经济技术开发区扬子新苑社区主任刘园，蜀冈-瘦西湖风景名胜区友谊社区党总支书记金成伟，蜀冈-瘦西湖风景名胜区西华门社区党支部书记罗永琴获2014年度全市“十佳社区工作者”称号。（林　波）

■**社区主任论坛**　5月13日，市民政局举办社区工作者培训班暨社区主任论坛。广陵区文昌花园社区、邗江区安平社区等12个社区主任在论坛上介绍2014年度社区工作思路与计划。全市140个社区主任参加论坛，研讨、交流如何适应“管理”向“治理”转型、“政社互动”、深化社区服务内涵等工作。（林　波）

■**社区专职工作者工资福利待遇自然增长机制建立**　8月11日，市民政局、市财政局联合印发《关于下达2014年度社区专职工作者工资福利待遇自然增长经费的通知》，启动市区社区专职工作者工资福利待遇（含按现行政策由单位负责缴存的社会保险和住房公积金）自然增长机制。2014年起，社区主要负责人工资待遇不低于上年度当地城镇单位在岗职工平均工资水平。（林　波）

## 民族事务

■**概述**　扬州是少数民族散杂居城市，全市有46个少数民族，少数民族人口近2万人，占全市总人口的0.40%。其中，回族人口最多，约1万人；城区回族人口近6000人。全市有外来穆斯林约6000人，除109名也门、约旦、叙利亚、摩洛哥、阿尔及利亚等国家的留学生外，大多是新疆、青海、宁夏、甘肃等地在扬州经商人员。全市有1个民族乡（高邮市菱塘回族乡）、2个民族村（仪征市月塘镇龙山村、大仪镇河北村），有12个省级民族工作示范社区、8家民族用品生产定点企业、17个少数民族扶贫基地、2个少数民族传统体育训练基地。邗江中学8个新疆班有学生305人。高邮菱塘回族乡有民族中小学和幼儿园5所。全市有领取清真标志牌的清真网点26家、清真基本供应点8家、清真拉面店近200家。2014年，在中央民族工作会议暨国务院第六次全国民族团结进步表彰大会上，菱塘回族乡和市民族宗教事务局（简称市民宗局）郑阳分别被表彰为全国民族团结进步模范集体和模范个人。菱塘回族乡清真村被国家民族委员会命名为首批“中国少数民族特色村寨”。（王清荣　郭宏芳　陈　鹏）

■**推进民族乡村发展**　2014年，扬州市推进落实民族乡村帮扶项目，召开专题座谈会学习省政府《关于进一步加强民族乡（镇）村小康建设的意见》，总结结对帮扶经验。省人大常委会、省民族委员会、市人大常委会及市民宗局相关领导多次到民族乡村走访调研，推动民族乡村抓住机遇，坚持发展。市民宗局帮助高邮市菱塘回族乡清真村争取到特色村寨项目，获项目资金80万元。

（王清荣　郭宏芳　陈　鹏）

■**少数民族扶贫**　2014年，市民宗局多次实地督查少数民族扶贫项目落实情况。举办少数民族农民“网上行”培训班，引导少数民族群众学习新知识、新技能。向省民族委员会争取少数民族扶贫发展资金150万元，帮助30户少数民族群众脱贫。

（王清荣　郭宏芳　陈　鹏）

■**城市民族工作**　5月，市民宗局首次在全市范围内开展“民族团结进步宣传月”活动，利用报纸、网络等媒体，宣传民族政策，普及民族知识。到企业了解少数民族群众用工情况，指导企业做好少数民族工作。6月，举办第四届“卧尔兹”演讲交流赛。11月，举办第四届“穆民风采”清真拉面技艺交流赛。

（王清荣　郭宏芳　陈　鹏）

■**服务少数民族群众**　2014年，全市办理民族成分变更事项103件、高考学生民族成分证明194份、中考学生民族成分证明221份。推进落实清真食品补贴制度，仪征市相关经费安排到位。

（王清荣　郭宏芳　陈　鹏）

高邮市菱塘民族广场　　程建平/摄

## 宗教事务

**■概述** 扬州市佛教、道教、伊斯兰教、天主教、基督教五教齐全，为全省宗教工作重点市。全市有宗教信徒约50万人；有经登记的宗教活动场所222处，其中佛教活动场所127处、道教活动场所4处、伊斯兰教活动场所8处、天主教活动场所2处、基督教活动场所81处；有宗教教职人员753人，其中佛教教职人员455人、道教教职人员28人、伊斯兰教教职人员13人、天主教教职人员2人、基督教教职人员255人。全市有4个市级宗教团体、15个县级宗教团体、1所省属佛学院（鉴真佛教学院）。

（王清荣　郭宏芳　陈　鹏）

**■宗教基础工作** 市民宗局推进宗教基础数据统计工作，组织专门力量跟踪检查基层宗教活动场所教职人员变动情况，更新全市222处宗教活动场所资料。组织对全市宗教活动场所中25处文物保护单位进行摸底调研。市政协召集市财政局、市文物局、市民宗局召开宗教场所文物保护工作会议，就宗教场所文物保护工作措施、资金等问题形成一致意见。

（王清荣　郭宏芳　陈　鹏）

**■宗教活动场所建设** 落实《扬州市市区宗教活动场所规划建设管理办法》。加强对市区新建、改建及扩建宗教活动场所管理，做好不符合新建要求项目的劝说工作，帮助落实合法宗教活动场所优惠政策。推动和谐寺观教堂创建工作常态化。巩固和谐寺观教堂创建工作成果，结合国家宗教局等十部委《关于处理涉及佛教寺庙、道教宫观管理有关问题的意见》要求，对全市宗教活动场所创建工作进行回头看。开展星级宗教活动场所评定工作。大明寺被评定为省五星级宗教活动场所。

（王清荣　郭宏芳　陈　鹏）

**■宗教教职人员管理** 市民宗局组织到各县（市、区）督查主要教职人员任职备案工作，解决存在问题。开展宗教教职人员培训，先后举办佛教教职人员轮训班和首期宗教界代表人士培训班。建立人才培养制度。建立宗教教职人员人才库，不定期组织在库教职人员参加培训，引导宗教活动场所负责人适应新形势。

（王清荣　郭宏芳　陈　鹏）

**■宗教团体建设** 加强宗教团体规范化管理。市民宗局指导市级宗教团体按照法律法规要求，建立健全财务、人事、治安、消防、宗教活动等规章制度，促进规范管理、民主管理。注重宗教团体人才培养。选拔后备人才参加国家宗教局、省宗教局组织的培训班，更新和充实专业知识。推荐宗教团体参与社会管理。指导宗教团体以“慈爱人间·五教同行”为主题，开展“宗教慈善周”活动。9月，成立全市宗教界首个慈善基金会“扬州文峰慈善基金会”，为扬州慈善事业注入活力。2014年“宗教慈善周”活动期间，全市募集善款逾95万元，近2万人次受助。

（王清荣　郭宏芳　陈　鹏）

**■宗教文化建设** 发展宗教文化旅游。大明寺西花园景观提升工程竣工，集中展示鉴真、欧阳修、苏东坡、石涛等名人历史文化遗迹，提升大明寺文化品位。扬州天主堂和神在堂完成环境整治，成为运河沿岸新景观。市伊斯兰教协会以大运河成功入选世界文化遗产名录为契机，召开“普哈丁园与运河伊斯兰文化”研讨会，实施普哈丁园保护修缮和环境整治提升工程。放大鉴真品牌效应。2014年，鉴真图书馆举办扬州讲坛20期；鉴真书画院协办“唯美扬州——乌克兰艺术大师画扬州作品展”；鉴真佛教学院主办“鉴真杯”佛教院校外语演讲交流会、“走进寺院文化”征文、

**2014年扬州讲坛活动情况表**

表36-1

| 时　间 | 主讲人 | 讲　　题 |
|---|---|---|
| 3月2日 | 莫　言 | 莫言专题 |
| 3月29日 | 迟重瑞、六小龄童 | 再现西游话人生 |
| 4月5日 | 吴建民 | 世界的变化与中国 |
| 4月12日 | 单霁翔 | 把壮美的紫禁城交给下一个六百年 |
| 5月17日 | 李永田 | 我的家国梦 |
| 5月31日 | 王静成 | 医改医患与健康长寿 |
| 6月14日 | 夏　光 | 环境保护形势与公民绿色行动 |
| 6月28日 | 欧阳自远 | 中国的探月梦 |
| 7月12日 | 邱震海 | 未来三年：中国的经济、社会和其他风险 |
| 7月19日 | 孙玉玺 | 外交智慧与中华文化 |
| 7月26日 | 郑石岩 | 亲子之爱与沟通 |
| 8月2日 | 蒙　曼 | 传统文化与中国人的修养 |
| 9月13日 | 周　沛 | 完善社会保障，促进公平正义 |
| 9月27日 | 周文重 | 国际形势和中国外交 |
| 10月11日 | 戴忠仁 | 现在决定明天——成功者的特质 |
| 11月2日 | 黄　菡 | 幸福从心开始 |
| 11月15日 | 孙安迪 | 免疫力与排毒力——谈抗老防癌 |
| 11月29日 | 赵翠慧 | 人生转化的力量 |
| 12月6日 | 萨　苏 | 自强之梦，世纪探索——追寻甲午战争真相 |
| 12月14日 | 都本伟 | 一代枭雄：忽必烈的一生及其历史地位 |

（王清荣　郭宏芳　陈　鹏）

“弘扬人间佛教正能量”征文和演讲交流等活动，编辑出版《鉴真》专刊。
（王清荣　郭宏芳　陈　鹏）

# 计划生育

■**概述**　2014年，全市新出生3.35万人，计划生育率99.37%，出生人口性别比109.5。扬州市人口和计划生育委员会（简称市人口计生委）以“人口家庭发展工程”为载体，开展争创人口协调发展先进县活动。全市人口计生系统实施“单独两孩”新政，推进计划生育奖励扶助扩面提标，拓展孕前健康检查等家庭健康服务，优化服务管理质态。开展“双千培训”（市、县两级各培训1000人次）计划，市、县两级人口计生部门举办各类培训191期（次），培训4413人次。市人口计生委全年完成10件民生实事、30个“人口家庭发展工程”市级项目。江都区被国家卫生和计划生育委员会授予“全国计划生育优质服务先进单位”称号。（沈　怡）

■**实施“单独两孩”新政**　3月28日，江苏省一方是独生子女的夫妇可生育两个孩子（简称“单独两孩”）政策实施。市人口计生委推进新政实施。举办主题报告会，组织市、县、乡、村四级人口计生系统培训1600多人，宣传政策内涵和实施要求。4—5月，全市开展“‘计生新政与优生优育’主题服务月”活动，市、县两级人口计生干部为基层群众提供政策解读、宣传引导、孕前检查、审批办证、预测预警、社区服务、基层指导、咨询解答等8个方面服务。跟踪调研全市“单独两孩”政策实施情况，评估分析政策衔接、办理程序执行情况，探索完善扬州市再生育特殊情形相关规定。结合新政实施，优化便民服务，实行首接责任制、一站式办理制、一次性告知制、限时办结制、委托办理制、办证承诺制等6项简化办证制度。至2014年底，全市受理再生育申请并发证1.35万件，其中符合“单独两孩”新政（城市单独）的再生育申请2301件。
（沈　怡）

4月3日，扬州市启动“计生新政与优生优育”服务月活动　人口计生委/供稿

■**落实奖扶特扶政策**　全市农村计划生育家庭奖励扶助政策、计划生育特殊困难家庭特别扶助政策全面兑现。人口计生部门采取居家养老补贴、人口公益金助学助困、关爱特困家庭女孩等形式，拓宽计划生育奖励扶助途径。2014年，全市9.77万人获农村部分计划生育家庭奖励金8575.83万元，6314人获计划生育特殊困难家庭特别扶助金2960.49万元，24.69万名0～14周岁独生子女父母获奖励金546.41万元。全市3.59万名2009—2013年间持独生子女父母光荣证退休企业职工获一次性奖励金6247.09万元，其中1.02万名市直持证企业退休职工获一次性奖励3065.1万元。做好2014年度持证企业退休人员一次性奖励调查摸底和预算申报工作，形成后年发前年、压茬推进机制。
（沈　怡）

■**家庭健康服务**　坚持预防出生缺陷关口前移，推进孕前优生健康检查服务。“单独两孩”新政实施后，免费孕前优生检查人数增多，大龄高危孕妇数量增加。各级计生服务机构调整力量配置，加强资源整合，全年检查3.2万人次，孕前优生健康检查覆盖率97.6%。拓展家庭健康服务范围，探索婴幼儿、青春期、更年期、男性健康等家庭健康服务途径。全市人口计生系统加强与社会各界合作，构建0～3岁婴幼儿早期发展特色模式。市人口计生委推动成立婴幼儿早教协作组织，促进早教行业自律规范，新建婴幼儿早期发展项目基地9个。全市各早教机构和幼儿园提供早教免费体验服务7352人次。举办第三届科学育儿博览会。
（沈　怡）

■**流动人口计划生育服务管理创新**　推进流动人口计划生育信息化建设。抓住推进居住证制度时机，加强部门协作，将人口计生必填字段加入全市《流动人口居住信息登记表》中，完善流动人口信息共建共享机制。8—11月，全市开展流动人口信息采集攻坚行动，逐一登记流动人口信息，统一录入江苏省流动人口管理综合信息平台，摸清流动人口底数，提升流动人口个人档案信息准确性、完整性和及时性。全市新采集12.32万名流动人口个人档案信息，新增入库信息7.34万条。扩大流动人口服务管理区域协作，加强与省内流出、流入集中地级市的沟通合作，以信息核查、信息交换、证件办理、征收处理、组织协调为重点，打造省内流动人口计划生育服务管理区域协作机制。12月，扬州市与蚌埠市签订流动人口计划生育服务管理双向协作协议，设立蚌埠籍流动人口计划生育便民服务直通窗口。（沈　怡）

# 地名管理

■**概述**　完成市区主要道路地名标志牌更新工作。全年设置地名标志牌827块，维护地名标志牌450块次。市区（不含江都区）全年命名各类地名197个（含恢复老地名2个），其中道路名69个、居民住宅区名58个、商用建筑物名20个、桥梁名41个、河湖名9个。市政协、市民政局共同出版《扬州市地名掌故》。（佘义海）

**2014年扬州市区新命名的道路、街巷、河流、桥梁一览表**

表36-2

| 名　称 | 地　理　位　置(起　讫　点) |
|---|---|
| 龙泉路 | 位于广陵经济开发区,原龙泉路向南延伸段,南起迎春路,北至扬霍路。 |
| 金苑路 | 位于广陵经济开发区,原金苑路向南、北延伸段,南起迎春路,北至嘉苑路。 |
| 板桥路 | 位于广陵经济开发区,原板桥路向南延伸段,南起后曹组,北至运河东路。 |
| 创业路 | 位于广陵经济开发区,原创业路向东延伸段,东起板桥路,西至秦邮南路。 |
| 翠月路 | 位于广陵经济开发区翠月南苑南侧,东起秦邮南路,西至滨河路。 |
| 宦桥路 | 位于广陵经济开发区,原七里河路更名为宦桥路。东起明发路,西至滨河路。 |
| 東桥路 | 位于广陵经济开发区,运河人家一期、二期中间道路,东起京杭南路,西至滨河路。 |
| 广沃路 | 位于广陵经济开发区,京沪高速北辅道,东起意马路,西至滨河路。 |
| 广盛路 | 位于广陵经济开发区,京沪高速南辅道,东起意马路,西至滨河路。 |
| 月城路 | 位于邗江区邗上街道麦德龙扬州邗江商场南侧,东起长河路,西至银柏路。 |
| 江都北路 | 江都路向北延伸段,南起五台山路,北至江平东路。 |
| 曜阳路 | 位于广陵区(生态科技新城)泰安镇凤凰岛路东侧,南起扬江公路,北至一村道。 |
| 万福东路 | 万福大桥东段道路,东起头道桥,西至万福大桥。 |
| 万福西路 | 万福大桥西段道路。将原漕河东、西路,五台山路,万福路统一更名为万福西路。东起万福大桥,西至瘦西湖路(瘦西湖隧道东出入口)。 |
| 吉安南路 | 位于邗江区,南起沿江高等级公路,北至吉安大桥。 |
| 东风河东路 | 位于扬州经济技术开发区施桥镇,东起京杭运河,西至临江路。 |
| 名车路 | 维扬经济开发区汽车城二期内区间道路,东起扬天路,西至规划道路。 |
| 新甘泉西路 | 原新甘泉路,东起扬天公路,西至司徒庙路。 |
| 新甘泉东路 | 原新甘泉路向东延伸段,东起扬菱路,西至扬天公路。 |
| 俞桥路 | 位于维扬经济开发区俞桥村,南起大官桥西路,北至新甘泉西路。 |
| 蜀景路 | 蜀景花园与石油山庄小区间道路,南起双塘东路,北至朱塘路。 |
| 芳庭路 | 花样年华与满芳庭小区间道路,南起双塘东路,北至朱塘路。 |
| 锦河路 | 位于广陵新城,东起沙湾路,西至京杭运河风光带。 |
| 水榭路 | 运河水榭东侧道路,南起万福西路,北至太平路。 |
| 水庭路 | 运河水榭与运河水庭间道路,东起新星路,西至运河北路。 |
| 安桥路 | 位于扬州高新技术产业开发区,东起润扬南路,西至纵三路。 |
| 团结路 | 位于扬州高新技术产业开发区,通建华村村部道路,东起润扬南路辅道,西至庄台。 |
| 吉利路 | 位于扬州高新技术产业开发区,南起团结路,北至华钢路。 |
| 创富路 | 位于扬州高新技术产业开发区,东起吉安南路,西至吉利路。 |
| 金荣路 | 位于扬州高新技术产业开发区,东起润扬南路,西至吉利路。 |
| 科苑路 | 位于扬州高新技术产业开发区,东起吉安南路,西至吉利路。 |
| 青年路 | 位于扬州高新技术产业开发区,青年公寓南侧道路,东起润扬南路辅道,西至吉安南路。 |
| 创新路 | 位于扬州高新技术产业开发区,青年公寓东侧道路,南起运西路,北至安桥路。 |
| 富园路 | 位于扬州高新技术产业开发区,南起创富路,北至运西路。 |
| 建华路 | 位于扬州高新技术产业开发区,南起春江路,北至庄台。 |
| 新桥路 | 位于扬州高新技术产业开发区,帝景园(暂用名)北侧道路,东起建华路,西至农田。 |
| 兴华路 | 位于扬州高新技术产业开发区,南起春江路,北至新桥路。 |
| 华鑫路 | 位于扬州高新技术产业开发区,东起农田,西至兴华路。 |
| 福喜路 | 位于扬州高新技术产业开发区,东起建华路,西至兴华路。 |

续表36-2

| 名　称 | 地　理　位　置(起　讫　点) |
| --- | --- |
| 贮草坡 | 原贮草坡东延段,东起古运河岸边,西至南门外大街。 |
| 邗江南路 | 邗江中路向南延伸段,南起春江路,北至328国道(宁通公路)。 |
| 沙湾南路 | 沙湾南路向南延伸段,南起迎春路,北至运河东路。 |
| 新城河南路 | 新城河路向南延伸段,南起开发西路,北至江阳中路。 |
| 吉安北路 | 原吉安路更名为吉安北路。南起吉安大桥,北至江阳西路。 |
| 宏溪路 | 位于扬州高新技术产业开发区,东起润扬南路,西至向阳路(暂用名)。 |
| 运西路 | 东起运西村村部东侧古运路(暂用名),西至东石路(暂用名)。 |
| 闸北路 | 月明苑东侧道路,南起扬州闸,北至扬州火车东站。 |
| 悦来路 | 位于广陵区李典镇,东起泰李路,经李典镇政府向西至典前街。 |
| 金泰东路 | 位于广陵区(生态科技新城)泰安镇,东起新泰安大桥,西至凤凰岛路。 |
| 新民路 | 东起观潮路,西至五台山医院。 |
| 金泰西路 | 位于广陵区(生态科技新城)泰安镇,东起凤凰岛路,西至通安路(暂用名)。 |
| 物港路 | 位于邗江区城北乡,东起新港物流园区港口,西至三星路。 |
| 美湖路 | 位于邗江区西湖镇,南起司徒庙路,北至宏泰路(暂用名)。 |
| 黄金坝路 | 黄金坝路向北延伸段,南起江平东路,北至铁路。 |
| 蜀秀路 | 位于邗江区西湖镇宁启铁路西侧,南起蜀冈西路,北至司徒庙路。 |
| 汇锦路 | 位于邗江区西湖镇蜀秀花园北侧,东起蜀秀路,西至蜀冈西路。 |
| 耿管营路 | 位于扬州经济技术开发区施桥镇耿管营村望江路东侧,东起运河南路南延线,西至望江路。 |
| 引潮河路 | 位于引潮河南侧,东起桃园,西至博物馆路。 |
| 水晶湖路 | 位于水晶湖东侧,南起江阳西路,北至文汇西路。 |
| 润雅路 | 位于润雅苑东侧,南起江阳西路,北至环湖路。 |
| 栖祥路 | 位于栖祥苑北侧,东起国展路,西至学苑路。 |
| 吉祥路 | 位于栖祥苑南侧,东起博物馆路,西至学苑路。 |
| 学苑路 | 位于扬溧高速公路东侧,南起蒋王路,北至文汇西路。 |
| 环湖路 | 位于天俊华府西侧、文汇西路南侧,东起水晶湖路,北至文汇西路。 |
| 福祥路 | 蒋王街道汇祥苑与汇福苑之间道路,东起何桥路,西至七里沟路。 |
| 贤德路 | 蒋王街道汇德苑与汇贤苑之间道路,东起何桥路,西至七里沟路。 |
| 兴城西路 | 兴城西路向西延伸段,东起何桥路,西至七里沟路。 |
| 盐仓巷 | 位于邗江区瓜洲镇陈家湾社区,原胜利巷更名为盐仓巷。 |
| 石秀才巷 | 位于邗江区瓜洲镇四里铺社区,原生产巷更名为石秀才巷。 |
| 水晶湖 | 水晶城东侧一人工湖。 |
| 文汇河 | 位于文汇西路南侧,东起水晶湖,西至学苑河。 |
| 蓝湾河 | 贯穿星河蓝湾公馆,东起赵家支沟,西至原白水沟。 |
| 学苑河 | 位于学苑路西侧,南起何桥村里圩组北侧河道,北至文汇河。 |
| 福祥河 | 位于蒋王街道福祥路南侧,东起何桥河,西至七里沟。 |
| 贤德河 | 位于蒋王街道贤德路南侧,东起何桥河,西至七里沟。 |
| 才智河 | 位于蒋王街道汇才苑、汇智苑南侧,东起何桥河,西至七里沟。 |
| 何桥河 | 位于蒋王街道何桥路西侧,南起福祥河,北至学苑河支流。 |
| 同兴河 | 位于蒋王街道,南起蒋王路,北至文汇西路。 |
| 刘濞桥 | 位于古运河上,江都北路跨古运河之桥。 |

续表36-2

| 名　称 | 地　理　位　置(起　讫　点) |
|---|---|
| 万福大桥 | 万福西路跨廖家沟之桥。 |
| 太平桥 | 万福西路跨太平河之桥。 |
| 吉安大桥 | 吉安路跨仪扬河之桥。 |
| 云塘桥 | 位于蒋王街道余林社区云塘组,国展路跨亲水街水系之桥。 |
| 胡家凹桥 | 位于蒋王街道余林社区志远组,国展路跨引潮河之桥。 |
| 徐庄桥 | 位于蒋王街道余林社区徐庄组,兴城西路跨水晶湖南侧河道之桥。 |
| 方家桥 | 位于蒋王街道余林社区方桥组,兴城西路跨赵家支沟之桥。 |
| 光明桥 | 位于蒋王街道余林社区光明组,环湖路跨水晶湖南侧河道之桥。 |
| 碾坊桥 | 位于蒋王街道余林社区方桥组,环湖路跨赵家支沟之桥。 |
| 迎桥 | 位于蒋王街道余林社区迎桥组,环湖路跨文汇河之桥。 |
| 新塘桥 | 位于蒋王街道悦来村新塘组,兴城西路跨黄泥沟之桥。 |
| 金家桥 | 位于蒋王街道余林社区金桥组,博物馆路跨赵家支沟之桥。 |
| 东高桥 | 位于蒋王街道何桥社区东高组,博物馆路跨引潮河之桥。 |
| 丁跳桥 | 位于蒋王街道余林社区丁跳组,吉祥路跨赵家支沟之桥。 |
| 里圩桥 | 位于蒋王街道何桥社区里圩组,站南路跨古潮河之桥。 |
| 前进南桥 | 位于蒋王街道何桥社区前进组,真州路跨蓝湾河之桥。 |
| 前进北桥 | 位于蒋王街道何桥社区前进组,真州路跨蓝湾河之桥。 |
| 米塘桥 | 位于蒋王街道余林社区米塘组,栖祥路跨赵家支沟之桥。 |
| 东庄桥 | 位于蒋王街道何桥社区东庄组,栖祥路跨蓝湾河之桥。 |
| 何巷桥 | 位于蒋王街道何桥社区何巷组,栖祥路跨黄泥沟之桥。 |
| 南庄桥 | 位于蒋王街道何桥社区南庄组,吉祥路跨蓝湾河之桥。 |
| 何家桥 | 位于蒋王街道何桥社区何桥组,吉祥路跨黄泥沟之桥。 |
| 学苑桥 | 位于蒋王街道悦来村东庄组,学苑路跨文汇河之桥。 |
| 文汇苑桥 | 位于蒋王街道悦来村新塘组,文汇苑A区北侧跨文汇河之桥。 |
| 小南庄桥 | 位于蒋王街道悦来村南庄组,学苑路跨学苑河之桥。 |
| 汇鑫桥 | 位于蒋王街道汇鑫苑东北侧,跨福祥河之桥。 |
| 西陈桥 | 位于蒋王街道何桥社区西陈组,七里沟路跨福祥河之桥。 |
| 唐庄桥 | 位于蒋王街道悦来村唐庄组,福祥路跨何桥河之桥。 |
| 师姑塔桥 | 位于蒋王街道悦来村唐庄组,贤德路跨何桥河之桥。 |
| 悦来集桥 | 位于蒋王街道悦来村南庄组,兴城西路跨何桥河之桥。 |
| 汇福桥 | 位于蒋王街道汇福苑西北侧,跨贤德河之桥。 |
| 汇祥桥 | 位于蒋王街道汇祥苑东北侧,跨贤德河之桥。 |
| 立新桥 | 位于何桥社区立新组,何桥路跨福祥河之桥。 |
| 通园桥 | 位于蒋王农业园东侧,跨七里沟之桥。 |
| 汇贤桥 | 位于汇贤苑西北侧,跨才智河之桥。 |
| 汇德桥 | 位于汇德苑东北侧,跨才智河之桥。 |
| 安塘桥 | 位于蒋王街道悦来村安塘组,七里沟路跨才智河之桥。 |
| 悦忠桥 | 位于蒋王街道悦来村中心组,何桥路跨何桥河之桥。 |
| 贤德桥 | 位于蒋王街道悦来村唐庄组,贤德路跨同心河之桥。 |
| 福祥桥 | 位于蒋王街道悦来村唐庄组,福祥路跨同心河之桥。 |

注:不含江都区新命名道路、街巷、河流、桥梁　　　　　　　　　　　　　　　　　　　　　　　　（贾继辉）

**2014年扬州市区新命名的住宅区、商用建筑物一览表**

表36-3

| 名　称 | 地　理　位　置(起　讫　点) |
|---|---|
| 翠月西苑 | 位于广陵经济开发区,东至京杭南路,南至南绕城,西至滨河路,北至翠月路。 |
| 翠月花园 | 位于广陵经济开发区,东至秦邮南路,南至南绕城,西至京杭南路,北至翠月路。 |
| 广梅苑 | 位于广陵经济开发区,运河人家组团之一,东至京杭南路,南至東桥路,西至滨河路,北至大众港路。 |
| 广兰苑 | 位于广陵经济开发区,运河人家组团之一,东至京杭南路,南至广沃路,西至滨河路,北至東桥路。 |
| 广竹苑 | 位于广陵经济开发区,运河人家组团之一,东至京杭南路,南至规划道路,西至规划路,北至广盛路。 |
| 广菊苑 | 位于广陵经济开发区,运河人家组团之一,东至规划道路,南至规划道路,西至滨河路,北至广盛路。 |
| 梅花别院 | 位于蜀冈-瘦西湖风景名胜区梅岭街道,东、北至梅花山庄,南至老虎山路,西至梅花园。 |
| 中海九玺园 | 位于广陵区,东至观潮路,南至解放路,西至沙施河,北至规划道路。 |
| 运河水庭 | 位于广陵区,东至规划道路,南至规划道路,西至运河北路,北至太平路。 |
| 万紫千红名苑 | 位于邗江区,东至规划道路,南至朗悦华府,西至扬子江北路,北至双塘路。 |
| 荷园丽都 | 位于荷花池公园西侧,东至大学南路,南至江阳中路,西至曙光光电有限责任公司,北至兴城东路。 |
| 运河水榭 | 位于广陵区,东至新星路,南至五台山路,西至运河北路,北至规划道路。 |
| 建新东苑 | 位于广陵区(生态科技新城)杭集镇,东至王集村新庄组,南至规划道路,西至兴园路,北至王集村农田。 |
| 双隆新村 | 位于广陵区(生态科技新城)杭集镇,东至兰庄组,南至团结组,西至伟业路,北至基督教堂。 |
| 新桥华庭 | 位于广陵区(生态科技新城)杭集镇,东至九圩路,南、西至农田,北至董庄河。 |
| 蓝湾国际名邸 | 位于邗江区,东至真州中路,南至栖祥路,西至站南路,北至兴城西路。 |
| 端木大厦 | 位于邗江区,东至国展路,南至京华城路,西至怡景路,北至京华城区内道路。 |
| 华芳苑 | 蓝湾国际名邸组团之一,东至真州中路,南至栖祥路、规划三道河,西至站南路,北至兴城西路。 |
| 兰亭苑 | 蓝湾国际名邸组团之一,东至真州中路,南至栖祥路,西、北至规划三道河。 |
| 星雨华府 | 位于广陵新城,东至福康路(暂用名),南至运河东路,西至泰和路(暂用名),北至健民路(暂用名)。 |
| 润泽苑 | 星雨华府组团之一,东至福康路(暂用名),南至运河东路,西至泰和路(暂用名),北至锦华路(暂用名)。 |
| 润福苑 | 星雨华府组团之一,东至福康路(暂用名),南至规划学校,,西至泰和路(暂用名),北至健民路(暂用名)。 |
| 运河丹堤花园 | 位于扬州经济技术开发区施桥镇,东至周庄河路,南至东风河,西至古津路,北至华扬东路。 |
| 雨润桂府 | 位于广陵新城,东至规划道路,南至安康路,西至运河北路,北至万福西路。 |
| 江广之星花园 | 位于广陵区(生态科技新城)杭集镇,东、南至一河流,西至三笑大道,北至兴隆路。 |
| 竹西芳庭 | 位于邗江区竹西街道,东至吴东路(暂用名),南至秋实路(暂用名),西至太平北路,北至物港路(暂用名)。 |
| 裕泰弘悦城 | 位于扬州经济技术开发区朴席镇,东至朴江路(暂用名),南至仪扬河,西、北至农田。 |
| 雅居乐花园 | 位于扬州经济技术开发区,东至新城河,南至规划道路,西至鸿大路,北至江阳中路。 |
| 联谊南园 | 位于广陵区汤汪乡,东至联谊路南延段(规划路名),南至328国道,西至渡江南路,北至连运路。 |
| 联康苑 | 联谊南园组团之一(B地块)。 |
| 联泰苑 | 联谊南园组团之一(C地块)。 |
| 联福苑 | 联谊南园组团之一(D地块)。 |
| 名泽园 | 位于广陵区汤汪乡,东至一河流,南至规划道路,西至联谊路,北至开发东路。 |
| 锦春苑 | 位于邗江区瓜洲镇,东至向阳河,南至鞠庄村贾庄组,西至瓜洲中学高中部,北至洛家西路。 |
| 朗郡公馆 | 位于广陵区曲江街道,东至紫园,南至安康北苑,西至江都北路,北至新民村。 |
| 西溪玫瑰园 | 位于邗江区新盛街道,东至真州北路,南至国防路(暂用名),西至农田,北至扬冶路。 |

续表36-3

| 名　称 | 地　理　位　置(起　讫　点) |
| --- | --- |
| 江广智慧城北苑 | 江广智慧城组团之一(A、C地块)。 |
| 江广智慧城慧景苑 | 江广智慧城组团之一(G地块)。 |
| 江广智慧城南苑 | 江广智慧城组团之一(I地块)。 |
| 江广智慧城东苑 | 江广智慧城组团之一(F、K地块)。 |
| 梅岭公馆 | 位于邗江区梅岭街道,东至高桥路,南至马太路,西与航道处为邻,北至司徒庙路万福西路匝道。 |
| 运河水府 | 位于广陵区曲江街道东北角,东至新星路,西至水榭路,南至水庭路,北至规划道路。 |
| 幸福里花园 | 位于邗江区西湖镇,东、北至农田,南至润扬路,西至唐悦国际社区(暂用名)。 |
| 光辉嘉园 | 位于邗江区,东至规划道路,南至朱塘路,西至经四路,北至蜀冈东路。 |
| 香堤春晓花园 | 位于邗江区,东至扬天路,南至姚湾村,西至姚湾水库,北至规划道路。 |
| 星汇雅苑 | 位于广陵区,东至宝林路,南至开发东路,西至秦邮路,北至银焰路(暂用名)。 |
| 安泰花园 | 位于广陵区(生态科技新城)泰安镇,东至伴岛别墅(暂用名),南至金泰东路,西至凤凰岛路,北至金泰村丁东组。 |
| 光辉岁月嘉园 | 原光辉嘉园更名为光辉岁月嘉园。 |
| 嘉境花苑 | 位于邗江区城北乡,东至吉亮路(暂用名),南至新湖路(暂用名),西至江都北路,北至北城路。 |
| 君悦首府 | 位于广陵区曲江街道君悦华府北侧,东至一学校规划用地,南至新民路,西至江都北路,北临规划道路。 |
| 香槟园 | 位于广陵经济开发区,东至秦邮路,南至银焰路(暂用名),西至安林路,北至七里河路。 |
| 嘉境花苑 | 原嘉境花苑南部,东至吉亮路(暂用名),南至鸿福路,西至江都北路,北至玉箫路。 |
| 嘉境北苑 | 原嘉境花苑北部,东至吉亮路(暂用名),南至玉箫路,西至江都北路,北至北城路(规划道路)。 |
| 蜀秀花园 | 位于邗江区西湖镇,东、南至蜀秀路,西至蜀冈西路,北至汇锦路。 |
| 津园 | 位于邗江区甘泉镇,东至新甘泉路,南至规划道路,西至宝能路(暂用名),北至规划道路。 |
| 银墅湾花苑 | 位于邗江区梅岭街道,东至扬州工业职业技术学院,南至富贵园,西至史可法路,北至邗沟。 |
| 万象世家 | 位于扬州经济技术开发区文汇街道,东至万象新天地商业广场,南至万象汇利大厦,西至新城河,北至龙庄路。 |
| 瘦西湖福苑 | 位于邗江区梅岭街道,东至三星路,南至新湖路(暂用名),西至吉亮路(暂用名),北至北城路(暂用名)。 |
| 华懋购物中心 | 位于文昌中路与大学北路交叉口东南,东至二道河,南至一巷道,西至大学北路,北至文昌中路。 |
| 新盛商务中心 | 位于邗江区新盛街道,东至润扬中路,南至京华城路,西至国展路,北至文昌西路。 |
| 御峰国际商务中心 | 位于扬州经济技术开发区,东、南至御峰华府,西至维扬路,北至江阳中路。 |
| 台商会馆 | 位于兴城西路南侧,东至华利国际大厦,南至香格里拉庄园,西至金缘国际大厦,北至兴城西路。 |
| 又一城 | 位于邗江区,东至邗江中路,南至邗城路,西至邗江外国语学校,北至金鼎酒店。 |
| 月城科技广场 | 位于邗江区邗上街道,东至长河路,南至月城路,西至规划商业金融用地,北至江阳西路。 |
| 东方国际商业广场 | 位于广陵区汤汪乡,东至规划道路,南至开发东路,西至江都南路,北至东方国际食品城。 |
| 御龙湾商业广场 | 位于邗江区城北乡竹西公园西侧,东至一区间道路,南至御龙湾花园,西至黄金坝路,北至上方寺路。 |
| 万都装饰城 | 位于邗江区汉河街道,东至吉安北路,南至月城路,西至祥园路,北至江阳西路。 |
| 德高商业广场 | 位于广陵区头桥镇,东至规划广场,南至规划路,西至西贝大道,北至市民广场。 |
| 童乐广场 | 位于城北乡,东至运河北路,南至物港路(暂用名),西至规划用地,北至波特物流用地。 |
| 古渡生活广场 | 位于邗江区瓜洲镇,东至规划支路,南至庄台,西至西康路(暂用名),北至洛家路(暂用名)。 |
| 万象汇利大厦 | 位于扬州经济技术开发区文汇街道,东至万象新天地商业广场,南至江阳中路,西至新城河,北至万象世家。 |
| 万象新天地商业广场 | 位于扬州经济技术开发区文汇街道,东至花园国际大酒店、商城国际大厦,南至江阳中路,西至万象世家、万象汇利大厦,北至龙庄路。 |

续表36-3

| 名　称 | 地　理　位　置(起　讫　点) |
|---|---|
| 曲江科技创业中心 | 位于广陵区曲江街道,东至鸿泰家园,南至文昌中路,西至沙施河,北至宿舍楼。 |
| 金叶商业广场 | 位于邗江区西湖镇,东至规划道路,南至农田,西至西湖路,北至台扬路(暂用名)。 |
| 麦古龙商业广场 | 位于广陵区文峰街道,东至渡江南路,南至文峰街道办事处,西至文峰小学,北至开发东路。 |
| 星耀天地商务中心 | 原新盛商务中心更名为星耀天地商务中心。 |
| 昌建广场 | 位于邗江区新盛街道,东至博物馆路,南至京华城路,西至绿杨路,北至明月湖路。 |
| 恒贸大厦 | 位于邗江区蒋王街道,东至国展路,南至蒋王路,西至水晶湖路,北至规划支路。 |

注:不含江都区新命名住宅区、商用建筑物　(贾继辉)

## 拥军优属

**■概述**　2014年,扬州市开展争创全国双拥模范城活动,组织开展"双拥活动月"、纪念中国人民解放军建立87周年、第14个"全民国防教育日"等活动,营造双拥创建氛围。开展重大节日走访慰问活动,全市慰问部队支出200多万元。支持部队新型作战能力建设,启动海军"扬州舰"舰地共建活动,推进"双拥在基层"活动,按照"部队提需求,双拥抓落实"思路,为基层部队办实事12件。深化全民国防教育。市拥军优属、拥政爱民工作领导小组办公室(简称市双拥办)和市教育局完成《扬州市国防教育融入学科教学案例》(小学、初中版)编审,组织全市6万多人次中小学生参加江苏省学生国防知识联赛。市双拥和国防教育领导小组评选、命名第二批扬州市国防教育基地13个。扬州兴龙电器有限公司董事长柏乃华获评省十佳"情系国防好军嫂",受到南京军区通报表彰。省首批国防教育示范校宝应县画川高级中学试点创办国防生班,在全国中学生军事夏令营军事技能竞赛中获2个单项第一,获奖数列全国第一。扬州市获评省双拥宣传工作先进单位。开展纪念延安双拥运动70周年征文活动,江都区双拥办毛彩云等撰写的《一百年,从苦到甜》获全国二等奖。
(袁德鹏　周梅红)

**■"双拥活动月"活动**　1月10日至2月10日,扬州市举办第23个"双拥活动月"活动。春节前,市委书记谢正义慰问老红军刘应启,市委、市政府分管领导走访慰问扬州军分区、预备役部队和武警各部队,市双拥办走访慰问驻扬州各军队干休所和军事代表室;各县(市、区)领导分别慰问驻地部队;各基层单位组成慰问组,慰问辖区老红军、残疾军人和军烈属等重点双拥优待对象。全市党政领导向驻地部队赠送慰问金200多万元,举行军政座谈会、报告会、军民联谊会55场,举办执行远洋护航任务和驻守海岛边疆官兵、立功人员、回乡探亲官兵专场座谈会80场。"双拥活动月"期间,全市双拥办通过报刊、广播、电视刊(播)发双拥工作宣传信息240多条,基层黑板报、墙报刊出双拥专辑550多期,举办军地联欢联谊、双拥知识竞赛、文艺演出和影视展播活动160多场;全市兑现4000多户义务兵家庭优待金和立功奖励金5000万元,足额发放退伍士兵安置补偿金和优抚对象生活补助金,发放"光荣人家"横批和年画6.6万幅,走访慰问双拥优待对象1.5万户,为双拥优待对象办实事1300件,向在外地服役扬州籍军人发慰问信5万多封。　(袁德鹏　周梅红)

**■游园、医疗优待证换发**　市园林管理局、蜀冈-瘦西湖风景名胜区管委会、市卫生局等单位对市区军嫂游园优待证和驻军官兵、随军家属及子女医疗优待证实行统一换证。军嫂游园优待证每三年换发,市区军嫂凭证可免费游览市内园林和宗教旅游景点。全年换发新证1320份。医疗优待证每四年换发,驻军官兵、随军家属及子女凭证可在政府主办医疗机构享受"二免八减半"(免挂号费、肌肉注射费,减半收取普通针刺、普通灸法、临床检验、普通透视、B超常规检查、手术、普通病房床位和常规心电图检查费)优待。全年换发新证1060份。　(袁德鹏　周梅红)

**■舰地共建**　2月14日,海军国产导弹护卫舰"扬州舰"组建。4月22日,东海舰队某驱逐舰支队领导率扬州舰一行5人走访扬州市,并向扬州市赠送扬州舰模型。6月25日,市领导洪锦华、张跃进、袁秋年、陈卫庆、张宝娟等率市工艺美术集团、市文学艺术界联合会(简称市文联)、市文化广电新闻出版局(简称市文广新局)、市双拥办等部门负责人,到扬州舰驻地联络走访,与扬州舰官兵座谈交流军地共建工作。年内,扬州舰派出2名士官到扬州西园大酒店参加为期13天的淮扬菜烹饪知识和实用技能培训;市文广新局率图书馆、国画院、歌舞剧院负责人到扬州舰对接布置扬州舰文化长廊、共建扬州图书馆扬州舰分馆等文化拥军事项。
(袁德鹏　周梅红)

**■双拥工作获省表彰**　2010年起,扬州市开展创建省第十届双拥模范城(县、区)活动,完善双拥创建机制,加强国防教育和双拥宣传,落实双拥优待政策,巩固军政军民关系。2014年7月15日,省委、省政府、省军区下发《关于命名江苏省第十届双拥模范城(县、区)表彰江苏省双拥模范单位和先进个人的决定》,江都区、仪征市、邗江区、广陵区、宝应县被命名为第十届江苏省双拥模范城

(县、区),扬州报业传媒集团、高邮市人民医院、武警扬州市边防检查站被评为江苏省双拥模范单位,市双拥办国防教育中心主任江平、仪征市民政局局长张玉峰、邗江区梅岭街道丰乐社区党总支书记陈长丰、扬州军分区干休一所干事范荣兴被评为江苏省双拥先进个人。 (袁德鹏 周梅红)

**■"全民国防教育日"宣传活动** 9月20日是第14个"全民国防教育日"。9月20日前后,全市以"关心国家安全、维护海洋权益"为主题,发送"爱我中华,强我国防""居安思危加强国防建设,警钟长鸣捍卫祖国安宁"手机短信15万条,组织专题讲座60多场,举办联谊联欢会50多场、形势报告会30多场、主题展览7期,播放优秀军事影片70多场次。全市6万多人次中小学生参加江苏省全民国防教育委员会办公室和铁军国防杂志社举办的江苏省学生国防知识联赛。 (袁德鹏 周梅红)

**■"八一"节纪念活动** 7月23日,扬州市召开全市双拥和国防教育领导小组(扩大)会,庆祝中国人民解放军建立87周年,共商双拥大计,并向驻扬州部队官兵赠送慰问品。会前,市文广新局、市文联、扬州军分区政治部、市双拥办联合举办扬州市庆"八一"双拥专场文艺演出。7月31日,市委书记谢正义、市长朱民阳等市领导走访慰问省军区。各地分别慰问驻辖区部队和烈属、残疾军人、老复员军人代表,召开多种形式军政座谈会、"四属"(现役军人家属、烈士遗属、因公牺牲军人遗属、病故军人遗属)代表座谈会。"八一"节期间,市双拥办4次到基层调研,帮助基层部队办成太阳能热水器配备、道路修建、营区绿化以及营区改造等实事12件;市委、市政府向54名驻扬州部队立功官兵发放2013年度立功奖励金5.4万元;举行迎"八一"军嫂就业专场招聘活动,就业辅导员与求职军嫂结对帮扶,解决15名军嫂就业难题,向21名自主创业或自谋职业随军家属发放扶持金62.9万元。

(袁德鹏 周梅红)

**■国防教育基地命名** 2014年,市双拥和国防教育领导小组命名第二批扬州市全民国防教育基地13个。宝应县柳堡"二妹子"模范民兵活动中心、江都区郭村保卫战革命烈士陵园、邗江区张爱萍在方巷纪念馆、蜀冈-瘦西湖风景名胜区梅岭街道丰乐社区双拥文化一条街被省双拥和国防教育领导小组命名为第五批全民国防教育基地。

(袁德鹏 周梅红)

**第二批扬州市全民国防教育基地**

梅岭街道丰乐双拥街
张爱萍在方巷纪念馆
扬州市中小学素质教育实践基地
江苏省扬州未成年人社会实践基地(宝应)
江都区学生校外活动实践基地
江上青烈士史料陈列馆
仪征市烈士陵园
高邮市烈士陵园
宝应革命烈士陵园
熊成基故居
邵伯镇烈士陵园
曹甸镇苏中公学纪念馆
三江营革命烈士陵园

(袁德鹏 周梅红)

庆"八一"双拥专场文艺演出　　文 斌、周 扬/摄

## 社会组织管理

**■概述** 2014年,市民政局改革社会组织登记管理制度,加强社会组织年度检查和日常监督,引进第三方机构开展社会组织等级评估。市直全年登记各类社会组织64个,评估社会组织97个;全市480个社会组织参加年检,年检合格率98%。至年末,全市有各类社会组织632个,其中社会团体417个、民办非企业单位213个、基金会2个;有127个社会组织完成等级评估,占应评估社会组织总数的30%,其中AAAAA级5个、AAAA级69个、AAA级33个、AA级8个、A级12个。健全社会监督体系,建立多部门联合执法机制,加强执法监察,依法查处社会组织违法行为。2个社会组织被撤销登记,1个非法社会组织被取缔。加强社会组织能力建设。推动社会组织建立和完善内部治理机制,完善社会组织章程,发挥社会组织对其成员的行为导引、规则约束、权益维护作用。组织10个行业协会参与民生行业消费环境放心指数评估活动,推进行业诚信建设。探索在社会组织中建立法律顾问制度。推进商会和中小企业聘请法律顾问团队,并将其纳入登记评估内容,增强社会组织依法办事能力,推进社会组织法治建设。 (张绍华)

**■社会组织登记制度改革** 市民政局推进社会组织登记制度改革,对行业协会商会类、科技类、公益慈善类、城乡社区服务类等"四类社会组

织”实行直接登记，下放基金会登记审批权限，取消对社会团体设立分支机构审批，将异地商会登记权下延到县级民政部门。11月1日起，对“四类社会组织”全面实行直接登记，简化、规范流程，取消社会团体筹备。2014年，全市直接登记社会组织107个。降低社区社会组织登记门槛，实行注册资金分期缴纳制度；放宽行业协会审批限制，探索一业多会，允许按国民经济行业分类小类标准设立行业协会，同一行业可按产业链各个环节、经营方式和服务类型设立行业协会。简化验资手续，改革社区基层社会组织注册制度，在全省率先试行注册资金认缴制，简化登记手续，降低准入门槛。鼓励民办非企业单位申请注册服务商标，采用直营连锁、加盟连锁等特许经营模式的企业，各服务点可使用同一字号、商标及服务集团标识，形成品牌连锁服务；鼓励大学生、社会工作专业人才创办社会组织。（张绍华）

**■培育发展社会组织** 市级财政设立每年400万元的社会组织培育发展专项资金，制定社会组织培育发展专项资金管理办法。广陵、高邮、宝应等地均设立社会组织发展专项资金。加强社区、社会组织、社会工作“三社联动”。组织第二届社区公益创投大赛为老服务专题公益创投活动，征集项目100多个，经评审立项40个；参加省公益创投招标，其中12个项目入选。加强公益创投资金使用管理，组织2013年公益创投项目专项检查。推进社会组织培育扶持（孵化）基地建设，建立、完善市、县（市、区）、街道（乡镇）三级社会组织培育扶持（孵化）基地网络，实现社会组织培育扶持（孵化）基地全覆盖。市公益创投中心累计入驻社会组织35家，组织入驻组织开展系列公益活动，发挥公益创投中心孵化、培育、指导、交流、活动组织等作用。重点培育一批优秀社会组织，发挥其引领示范作用。（张绍华）

**■推动购买社会组织服务** 市民政局启动第二届公益创投大赛，编制民政部门购买服务目录，确定一批可以向社会组织购买的社区事务、养老助残、社工服务、社会救助、慈善救济等民生服务和社会管理事项。通过政府购买社会组织服务方式，引入第三方机构开展社会组织评估工作。（张绍华）

**■社会团体涉企专项清理** 市民政局开展社会团体涉企专项清理规范工作，在组织自查基础上，分两批抽查重点涉企社会团体。首批抽查10个涉企社会团体，提出整改要求；第二批抽查30家委托中介机构，向市优化企业发展环境办公室（简称市优化办）和有关部门通报检查中发现的突出问题，向存在问题的社团发出整改通知书。将存在财务管理问题的社团移交财政部门处理，并配合市优化办、市财政局约谈有关部门负责人。配合市优化办督查有关部门自查自纠情况。建立社会团体涉企收费长效管理机制，印发《关于规范社会团体涉企收费行为的通知》。（张绍华）

**■扬州市社会公益创投中心公益活动** 2014年，扬州市社会公益创投中心组织入驻社会组织举办“给公益一个赞”墙绘进社区公益活动、“把世界说给你听”为盲人说电影公益活动、“e路同行伴成长”暑期夏令营活动、“颐康乐园——社区复合型公益养老模式的构建”公益活动等系列社会公益活动，居民、志愿者5000多人次参与活动。系列活动结合各社会组织特点，为不同群体提供养老、助残、关爱妇女儿童、救助帮困服务等方面公益服务，展示社会公益组织形象和作用，激发社会组织活力，推进社会组织培育发展成果转化。（刘辰佳子）

## 慈善事业

**■概述** 2014年，扬州市慈善总会和各县（市、区）慈善会募集慈善资金6761.74万元，接受认捐1000万元；使用救助资金5359.12万元，16.42万人次困难群众受益；有慈善超市92家。市慈善总会有会员133人、慈善义工组织4个，全年募集慈善资金1472.7万元，本金增值收益990万元；使用救助资金1005万元，2.68万人次困难群众受益。（朱荣臻）

**■“情满扬州”春节慰问活动** 春节前，市慈善总会、市民政局、市福利彩票中心联合举办2014年“情满扬州”春节慰问活动，筹集资金1200多万元，以慰问金、慰问物资形式分配至各地，慰问和资助全市困难家庭3000多户、福利院7家、敬老院14家、社区居家养老服务中心14个、慈善超市22家。（朱荣臻）

**■瘦西湖隧道冠名权慈善拍卖** 市慈善总会推动慈善资金募集方式向市场化募集转变，策划实施瘦西湖隧道冠名权慈善拍卖活动。5月28日，瘦西湖隧道冠名权慈善拍卖会举行，江苏省天地人建设集团有限公司以1020万元竞拍成功，拍卖所得款项全部进入慈善资金账户。（朱荣臻）

**■扬州再次入选“全国城市公益慈善百强”** 8月，民政部中民慈善捐助信息中心举行第三届“中国城市公益慈善指数”发布典礼，并发布中国城市公益慈善百强榜。扬州市在参加公益慈善指数调查的400座城市中列第52位，继2012年后再次入选“全国城市慈善百强”。（朱荣臻）

## 红十字事业

**■概述** 2014年末，全市有基层红十字会组织398个、团体会员单位221个、社区红十字服务站123个，有红十字会员21.03万人、红十字志愿者1.03万人。2014年，全市红十字会组织发放救灾救助款物491.35万元，3.26万人次受益。加强社会宣传，开展“世界红十字日”“防灾减灾日”“世界献血者日”“世界急救日”“世界艾滋病日”等纪念日主题宣传，举办“我与红十字的故事”征文活动，推广“红十字急救掌上学堂”。完成省政府“公益性应急救护百万培训项目”任务，全年14.43万人次参加红十字救护技能培训。组织开展志愿捐献和志愿服务活动。全年实现遗体捐献9例(累计捐献57例)、造血干细胞捐献3例(累计捐献20例),宣传、推动无偿献血10.52万人次。结合学校红十字会工作、社区红十字服务与红十字志愿服务,开展"学习雷锋好榜样""红十字博爱月""志愿服务行 博爱1+1"等志愿服务活动,参与中国红十字会总会事业发展中心"关爱失能老人项目"志愿服务。 (潘 杨)

**■博爱救助活动** 2014年元旦、春节、"红十字博爱月"期间,市红十字会开展"博爱送万家"、纪念"世界红十字日"博爱救助活动、"博爱在扬州·人道万人捐"活动,向困难群众发放价值43万元的救助物资,发放大重病患者专项救助金26.5万元,并向市区23名大重病患者发放棉被、食用油等物资。开展"志愿服务行 博爱1+1"活动,面向100户困难家庭开展救助慰问、志愿服务活动。与市计划生育协会、市国画院、市美术家协会、市书法家协会联合举办"生育关怀"书画义捐笔会,开展"博爱送万家·生育关怀"专项救助活动,救助全市95户计划生育特困家庭。开展"情满扬城·博爱送万家"活动,救助市直单位困难职工家庭、困难学生、帮扶对象。重阳节期间,开展"敬老月"慰问活动。联合联谊路社区开展纪念第23个"国际残疾人日""博爱助残·温暖同行"关爱残疾人活动。与扬州日报社共同发起建立"扬州好人博爱基金",联合开展关爱困难"扬州好人"、慰问敬老院老人、救助困难烈士亲属等活动。博爱免费门诊全年服务2487人次。(潘 杨)

**■灾害救援** 8月3日云南省昭通市鲁甸县发生里氏6.5级地震后,全市红十字会开通捐赠热线,公布捐赠账号,关注灾情,支持灾害救援。截至8月31日,全市红十字会组织收到社会各界捐赠款物6.52万元,全部上缴省红十字会。 (潘 杨)

**■"世界红十字日"纪念活动** 5月8日是第67个"世界红十字日"。全市红十字会组织开展多种纪念活动,弘扬"人道、博爱、奉献"红十字精神,传播红十字运动。市红十字会开展纪念"世界红十字日"博爱救助活动,向10名困难群众代表发放慰问金及棉被、食用油等物资;向市区55个社区红十字服务站发放救助物资,救助社区困难群众;向各社区发放救护知识宣传材料。当天,全市各县(市、区)红十字会、红十字团体会员单位、冠名红十字医疗机构、学校和社区红十字基层组织、红十字志愿服务组织同步开展纪念活动。 (洪 惠)

**■中国红十字会总会曜阳保姆服务项目** 5月19日,中国红十字会总会事业发展中心在扬州举行"曜阳关爱失能老人行动——曜阳保姆服务启动仪式"。曜阳保姆服务模式是指居家养老老人提出养老服务需求后,通过曜阳保姆服务信息平台申报,由曜阳保姆服务中心指派护理员或志愿者登门提供个性化、规范化养老服务,服务收费标准根据当地消费水平和家庭承受能力决定,体现公益性。已开展的"曜阳关爱失能老人行动"依托已建和将建的曜阳老年公寓、曜阳托老所养老团队和资源,组织护理员和志愿者为居家养老老人提供"保姆式"生活照料、医疗护理和精神慰藉等养老服务,改善居家老人特别是失能老人的生活境遇和生活品质。经政府部门和社区层层推荐、考察、测评、公示,9月29日,中国红十字会总会事业发展中心在广陵区文峰街道三里桥社区广场举行扬州曜阳关爱失能老人行动捐赠仪式及曜阳保姆服务项目签约仪式,捐赠总额92万元。琼花观、三里桥、荷花池、凤凰桥、水部楼等5个社区分别获赠价值10万元的"健康小屋"援建项目,10名特困失能老人分获1.2万元养老服务资助金,300名失能老人分获一次性医疗补助金1000元。 (洪 惠)

**■朱俊再次捐献造血干细胞** 3月5日,仪征市造血干细胞捐献志愿者朱俊在东南大学附属中大医院完成造血干细胞采集。这是朱俊在不到一年时间里第二次为同一患者捐献造血干细胞,为江苏省首例。朱俊2006年报名参加造血干细胞血样采集活动,加入中华骨髓库,成为造血干细胞捐献志愿者;2013年4月24日在南京中大医院完成首次造血干细胞采集,成为仪征市第三个、扬州市第14个、江苏省第309个、全国第3424个造血干细胞捐献者。 (洪 惠)

## 老龄工作

**■概述** 2014年末,扬州市有60周岁及以上老年人104.56万人,占户籍总人口的22.67%;有65周岁及以上老年人68.75万人,占户籍总人口的14.91%。全市有80周岁及以上老年人13.76万人,占60周岁及以上老年人口的13.16%;有100周岁及以上老年人153人。全市60周岁及以上老年人中,城镇老年人占55.81%,农村老年人占44.19%。全

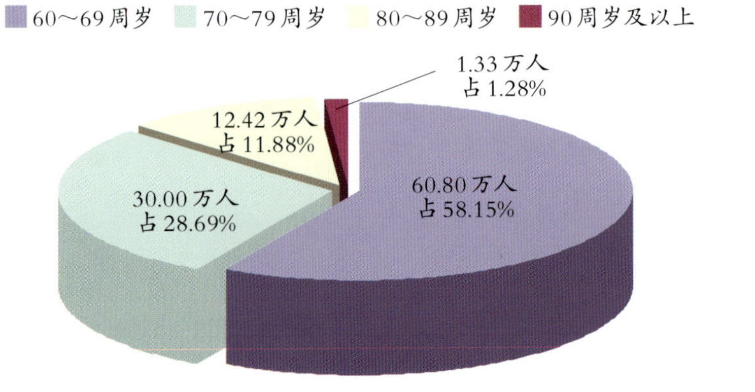


图36-1 **2014年末扬州市60周岁及以上老龄人口分布情况示意图**

(陈 钢)

**2014年末扬州市百岁老人分布情况表**

表36-4　　　　单位:人

| 地　区 | 百岁老人数量 | | |
| --- | --- | --- | --- |
| | | 男 | 女 |
| **合　计** | **153** | **28** | **125** |
| 广陵区 | 34 | 9 | 25 |
| 邗江区 | 25 | 6 | 19 |
| 江都区 | 40 | 7 | 33 |
| 宝应县 | 13 | 3 | 10 |
| 仪征市 | 17 | 0 | 17 |
| 高邮市 | 24 | 3 | 21 |

（陈　钢）

市各级民政部门开展“养老服务体系完善年”活动，制定《“养老服务体系完善年”实施方案》，推进养老服务体系建设，完善运行机制。全市新增养老床位4215个，每千名老年人有床位30.8个；培训养老护理员398人，全市累计有取得专业资格证书的养老护理员780人，养老机构服务人员持证上岗率80%以上；新建成社区居家养老服务中心(站)141个，累计建成1194个，实现社区居家养老服务中心(站)城镇全覆盖、农村覆盖率85%。各县(市、区)实现困难老人养老服务补贴制度全覆盖，全市有6160名困难老年人享受由政府购买的生活照料、家政和精神慰藉服务。市老龄工作委员会办公室(简称市老龄办)印发《扬州市社区日间照料中心考评办法》，引入曜阳保姆服务，开展社会化运营，提升社区日间照料中心运营质态。经第三方评估，服务对象对社区日间照料中心满意度平均值90.6%。　（陈　钢）

■**企业退休职工管理服务**　2014年末，全市有企业退休职工29.19万人(市区18.24万人)；企业退休职工社区管理服务率100%，退休人员档案全部进入退休职工管理服务机构档案库。2014年，全市完成企业退休职工第三轮免费体检，体检率100%。重大节假日期间，市退休职工管理服务中心组织慰问市区21个街道(乡镇)121个社区和异地居住的高龄、重病、特困等类型退休人员8853人，发放慰问金、物品等52万元。全年看望市区重病退休人员1006人次，发放慰问金(品)10.67万元；慰问死亡退休人员家庭1105户，发放慰问金(品)22.1万元。退休人员活动向规模化、系列化、常态化发展，做到“社区每周有活动、街道每月有活动”。先后举办市区退休人员掼蛋比赛、“舞动重阳”扬州市首届电视健身广场舞大赛、“敬老月”和重阳节系列活动等大型文体活动，组织参加“夕阳美·社保情”全省企业离退休人员摄影作品展。利用社会保障公共服务基层平台，推进退休人员社会化管理服务信息化、数字化、网络化、动态化管理平台建设。5月，市退休人员管理信息系统在市区上线运行，初步实现退休人员信息收集、分拣、汇总、分类管理“无纸化、无卡化”，提升全市退管机构服务效能。

（聂士翔）

■**市直与江都区实现企业退休职工互相托管**　5月，市退休职工管理服务中心借助退休职工信息管理系统，参照“市区—邗江”管理服务模式，实现市直、江都区企业退休职工互相托管，两地异地居住退休职工不出社区就可享受社区信息管理、体检服务、活动组织、走访慰问等同城化社会化管理服务。　（聂士翔）

■**老年人精神关爱**　市委、市政府将实施“温暖空巢”“心灵茶吧”“校园争辉”“舞动重阳”四大老年人精神关爱行动列入2014年民生工作重点项目。市老龄办、市民政局先后印发《扬州市2014年老年精神关爱工作方案》《关于做好2014年市区“心灵茶吧”老年精神关爱示范项目工作的通知》。全市基本形成以政府关爱为主导、社会关爱为主体、社区关爱为重点、家庭关爱为基础、重要活动为载体的老年精神关爱新模式，老年精神关爱工作社会化、制度化、常态化机制得到完善。开展“温暖空巢”助老关爱行动。市民政局等部门举办“邻里守望”志愿服务关爱空巢老人活动、“侨联万家·侨界空巢老人关爱行动”、“邻里守望·青暖社区”青春关爱夕阳红系列志愿服务活动；市区启动向80岁、90岁、100岁高龄老人送生日祝福活动；完善困难老人结对帮扶机制，全市有1.26万名志愿者与8083名高龄空巢老人结成“一对一”“一对多”“多对一”定向结对帮扶对子。强化老年人精神关爱载体建设。以社区邻里中心、居家养老服务中心、社区日间照料中心为依托，全市建成“心灵茶吧”示范点31个，培训心理咨询师25人，为老年人提供心理咨询服务近2000人次。开展老年人精神关爱活动。市委、市政府举办第六届“百寿宴”，邀请市区100名80岁以上耄耋老人与市领导欢聚一

在扬州市第六届“百寿宴”上，老人们兴致勃勃地举杯同贺　　司新利/摄

堂、谈心交流，共享“幸福扬州”建设成果；市老龄书画协会等单位先后举办长江流域十省(市)老年书画联展、“世纪之笑”扬州百名百岁寿星写照影展、“古城沐韵”老年书画作品图片巡展、扬州市第十届老年人体育节、“‘起舞飞扬’扬州市老年群众舞蹈交流展示月”活动、第三届老年春晚海选扬州专场选拔活动、“醉美扬州景，颐养休闲游”千名老人乡村游等活动。（陈 钢）

**■“舞动重阳”扬州市首届电视健身广场舞大赛** 9月初，市退休职工管理服务中心、扬州广电传媒集团(总台)新闻频道联合举办“舞动重阳”扬州市首届电视健身广场舞大赛。活动历时1个月，设健身舞、集体舞和广场舞3个组别。全市52支队伍、1000多人参加海选，10支代表队入围决赛。9月27日，“舞动重阳”扬州市首届电视健身广场舞大赛决赛在扬州中学体育馆举行。经专家评审，邗江区新天地艺术团《山峪回响》、江都区红枫艺术团《运河长》和扬州市虹桥秧歌队《谁不说俺家乡好》分获健身舞、集体舞和广场舞一等奖。（聂士翔）

**■扬州老年大学** 2014年，扬州老年大学开设书画、声乐、保健等7个专业50多门课程。春季学期开班106个，注册学员2830人，单科注册4120人次；秋季学期开班111个，注册学员3031人，单科注册4377人次。4月23日，举办庆“五一”暨全民健身体育节门球交流活动。5月2日，组织怡情书会参加第十届“幸福扬州·扬州市民日”活动，免费为市民书写家风、家训、家规类书法作品近百幅。6月10—16日，在市文联美术馆举办2010山水班毕业作品展，展出作品60多幅。6月23日，组织摄影创意班在市文化馆举办摄影作品展，展出作品148幅。11月10日，在漕河门球场举办2014年秋季门球交流活动，全市16支球队参赛。12月5日，扬州老年大学与扬州人民广播电台在工人文化宫联合举办“相约967，共唱中国梦”师生同乐汇报演出，200多名师生参加活动，表演声乐、舞蹈、武术等节目13个。12月20日，扬州老年大学怡情书会、博远山水画会在扬州文联美术馆举办书画联展，展出作品70幅。（唐小月）

**■关心下一代** 全市有各级关心下一代工作委员会(简称关工委)组织3400多个，有参与关心下一代工作的“五老”(老干部、老专家、老教师、老模范、老战士)和志愿者8万多人。全市各级关工委筹集助学助困资金1700多万元，资助未成年人1.9万人，帮助孤儿、弃儿、残疾儿童2500多人。开展创建关心下一代工作合格村(社区)和先进村(社区)活动。全市累计创成合格村(社区)1200多个，其中先进村(社区)700多个。江都区教育局关工委被教育部关工委表彰为“美丽中国·我的中国梦”主题教育先进集体。

开展社会主义核心价值观教育。市关工委、市精神文明建设指导委员会办公室、市教育局制定开展“爱学习、爱劳动、爱祖国，践行中国梦”主题教育活动实施方案。全市关工委系统编写宣讲材料1500多篇，组织1800多名“五老”到学校、社区、企业举办讲座和报告会，举办图片展览、文艺演出和演讲比赛等活动1800多场次，近88万人次青少年受教育。组织评选“文明好少年”“敬老道德标兵”，开展“最美瘦西湖、优秀小导游”比赛、“发展与梦想同行”社会实践活动，引导青少年争当“学习小标兵”“劳动小能手”“爱国小公民”“礼仪小天使”，共筑“中国梦”。组织青少年参加全省中小学生“三爱”(爱学习、爱劳动、爱祖国)书签制作大赛，收到参赛作品30多万件，评出特等奖作品7件、优秀组织奖获奖单位13个。

加强校外教育阵地建设。市和各县(市、区)分别制定关于校站结合和组织大学生村官参与校外辅导站工作的意见。全市1221个校外教育辅导站中，有1166个实行“校站结合”，占95%；3000多名在职教师担任校外辅导员，1300多名大学生村官参与辅导站工作。全市有“五老”、在职教师、大学生村官和其他志愿者等校外辅导员1.2万人，全年有62万人次到辅导站参加活动。全市有881个校外教育辅导站配备电脑，其中600多个具备开设电子阅览室条件。各地辅导站电子阅览室举办技能培训、网上学习、亲情视频等活动3600多次，5.6万人次参加活动。在省关工委电子阅览室优秀活动计划和活动视频评选中，广陵区报送的活动计划获全省唯一特等奖。市少儿图书馆全年接待小读者40万人次，举办大型少儿活动50多场(次)。市少儿图书馆扩建工程6月12日开工，12月封顶。市未成年人素质教育基地提升硬件设施和服务水平，全年接待参训中小学生3万多人次。

推进未成年人“零犯罪社区(村)”创建。全市中小学校聘请500多名法治副校长，配备率100%。近2000名“五老”和志愿者组成300多个法治教育报告团，举办法治讲座和报告会1600多场，92万人次青少年受教育。市关工委联合市政法系统关工委在法治教育基地开展教育活动30多场；配合市看守所法治教育基地开设“心声课堂”，向在押未成年人讲授文化和法律知识。全市关工委系统780个帮教小组2200多名“五老”帮教员帮教失足青少年688人，其中647名帮教对象“浪子回头”，转化率94%。全市1100多名“五老”网吧义务监督员常年定点监督网吧环境。全市有1236个社区(村)实现未成年人零犯罪，占93%。

推进“学科技、奔现代化”活动。开展扶志、扶技、扶创业活动，开展“创业示范基地”创建活动，评选“创业之星”。组织1500多名老科技工作者举办科技培训活动640多场，5万多人次农村青年参加培训。全市评选出优秀创业基地297个、优秀创业青年415人。开展“五老”结对帮扶大学生村官活动，帮助大学生村官创新、创业、创优。（练瑞芳）

## 残疾人事业

**■概述** 2014年，扬州市有各级残疾人联合会(简称残联)9个(含残疾人工作办公室3个），有持证残疾人8.06万人。全市残联健全残疾人社会保障体系和残疾人服务体系，完成助残实事工程。完善社会保障网络。实施就业优先战略和残疾人幸福生活推进计划，做好低保外重度残疾人救助政策交接工作，提高贫困精神病患者免费基本用药救助标准，开展全市残疾儿童免费康复训练，面向残疾学生及贫困残疾人家庭子女实施扶残助学等项目，实现贫困残疾人兜底保障全覆盖。普及康复、托养、教育、就业等基本公共服务。全年受理残疾人来信来访、电话咨询656件(次)；各级残联法律救助工作站为309人次提供法律咨询，为56人次提供法律救助。开展文化创业和社区文化体育活动，展示残疾人自强不息精神。在扬州人民广播电台、扬州电视台开设《残联在你身边》《温馨海洋》《扬州残联》《手语新闻扬州周刊》等栏目。确定2014年度市级残疾人扶贫基地、创业基地各10个。全市新建残疾人文化活动室20个，高邮市建成省级残疾人文化创业基地。举办“音乐梦·我的梦——扬州市盲人专场音乐会”、盲人吴晶励志音乐汇报会。邹凯进入首届“阿炳杯”全国盲人器乐独奏大赛决赛。在江苏省第九届残疾人运动会中，扬州市获8枚金牌、8枚银牌、3枚铜牌及道德风尚奖；在全国第九届残疾人运动会聋人女篮比赛中，扬州市组队参赛获第七名。扬州灯泡集团董事长高志刚被评为“全国助残先进个人”。（陈　娟）

**2014年度扬州市残疾人**
**扶贫基地名单**

宝应县奕佳农牧有限公司残疾人扶贫基地
高邮市苏中大地科技发展有限公司残疾人扶贫基地
高邮市丽华实业有限公司残疾人扶贫基地
江都区小纪镇龙港水产养殖场残疾人扶贫基地
江都区富华葡萄园残疾人扶贫基地
仪征市嘉悦农业科技有限公司残疾人扶贫基地
仪征市蓝蕴生态农业有限公司残疾人扶贫基地
广陵区头桥镇汇扬经济专业合作社残疾人扶贫基地
广陵区头桥镇嘉禾乐土地合作社残疾人扶贫基地
邗江区羽修养殖专业合作社残疾人扶贫基地（杨　敏）

**2014年度扬州市残疾人**
**创业基地名单**

宝应县东明特种瓷件厂残疾人创业基地
宝应县夏集镇果园场残疾人创业基地
高邮市荣辉照明器材厂残疾人创业基地
高邮市伯勤羽绒厂残疾人创业基地
仪征市远扬五金电子配件有限公司残疾人创业基地
仪征市国鑫工艺品厂残疾人创业基地
仪征市真州镇灵宣园艺场残疾人创业基地
广陵区李典新坝桂林弹簧厂残疾人创业基地
邗江区志祥水产养殖场创业基地
开发区朴席镇环宇玩具厂残疾人创业基地（杨　敏）

**■落实残疾人优惠政策**　2014年，扬州市残联完成低保外重度残疾人救助政策交接工作，移交低保外重度残疾人救助对象1.86万人，一户多残、依老养残生活救助对象2190人，并按当地低保标准调整落实到位。全市共有1.07万名重度残疾人享受护理费补贴，2352名低保重度残疾人享受重度残疾补贴，3.7万名残疾人免费办理意外伤害保险，全年支出1560.24万元。实施扶残助学项目。全市528名残疾学生及贫困残疾人家庭子女享受考学奖励，264名在校残疾学生享受教育专项补贴，共获奖励、补贴101.2万元。贫困精神残疾人免费用药救助标准从每人每年600元上调至3000元。（陈　娟）

**■开展助残活动**　元旦、春节期间，扬州市残联慰问贫困重度残疾人家庭、低保边缘户、一户多残户和依老养残户等贫困残疾人家庭1000户、党员结对帮扶对象27户，走访残疾人服务机构6个、市区贫困残疾人家庭较为集中的社区7个以及宝应县广洋湖镇、邗江区邗上街道兰庄社区等，发放慰问金和慰问品70多万元。举办第24个“全国助残日”捐赠活动，向残疾人捐赠轮椅250台、助听器100副、洗衣机300台、电饭锅1000只、液晶电视机100台。市残联与市残疾人福利基金会合作，面向困难残疾人家庭实施扶残助业、助学、助康、助困等救助项目，开展“家电圆梦”“就业圆梦”“扶残济困、爱心捐赠”等活动。扬州汇银家电集团向残疾人家庭和残疾人服务机构捐赠价值30万元的家用电器，并在12个社区建立“汇银乐虎电子商务平台”残疾人创业点。（陈　娟）

**■残疾人培训就业**　全市各级残联通过集中培训、分散培训、委托代培、技术升级等形式，实施残疾人职业技能培训，免费培训残疾人2010人；以“就业援助月”“全国助残日”为契机，开展残疾人就业服务活动，为残疾人找岗、选岗、送岗，帮扶1581名残疾人实现就业。举办残疾人雇主培训班1期。（陈　娟）

8月26日，扬州市残联举办扬州市第八届残疾人职业技能大赛。图为比赛现场　张孔生/摄

**■残疾人就(失)业调查** 2014年,市残联组织开展就业年龄段持证残疾人就(失)业调查。全市入户调查47220人。有就业能力的残疾人中,已就业人数22752人(男性14666人、女性8086人),占总调查人数的48.2%;未就业人数10470人,占总调查人数的22.1%。未就业人员中,有就业能力且有就业意愿的残疾人3593人(男性2107人、女性1486人),其中生活能完全自理的1365人。调查对象中,4095名已就业残疾人、599名未就业残疾人具有岗位技能提升培训意向。 (陈 娟)

**■残疾人康复服务** 开展助听、助行、助明行动。市残联投入15万元,为1200户贫困残疾人家庭免费配置轮椅、手杖凳、不锈钢腋拐、框式助行器等辅助器具,验配助听器278副、助视器34副。对1187名6岁以下残疾儿童实施免费康复训练,对197名7～14岁残疾儿童实施巩固性康复训练试点,为22名低视力儿童、64名听力言语残疾儿童、21名脑瘫(智力残疾)儿童提供康复服务。举办康复知识大讲堂4期。举办“2014复明工程社区行”公益活动,全市完成贫困白内障患者免费复明手术1229例,为3600户贫困残疾人家庭落实辅助器具适配和家庭无障碍环境改造。成立市残疾人康复中心低视力康复部、市残疾人心理疏导中心。全市新建20个集残疾人康复室、日间照料室、文化活动室为一体的“幸福港湾”。 (陈 娟)

## 消费者权益保护

**■概述** 2014年,扬州市有各级消费者协会(简称消协)基层分会100个、消费者投诉站1247个、企业监督站245个。全市消协系统办结消费者投诉1643件,为消费者挽回经济损失569.7万元。其中,办结涉及欺诈行为的投诉10件,消费者获加倍赔偿0.6万元。接待来电、来访咨询3973人次。全市各级消协运用人民调解程序调解消费纠纷34件,为消费者挽回经济损失28.18万元;运用诉调对接程序调解消费纠纷6件,为消费者挽回经济损失9.8万元;支持消费者提起诉讼1件,为消费者挽回经济损失1402元。全市企业内部监督站自行和解消费纠纷7939件。引导和协调行业行政主体和社会团体协同共治。召开扬州市保险行业放心消费创建工作推进会,提升企业诚信建设和行业自律水平。全市创成放心消费示范街56条,培育、申报放心消费省级先进单位24个、行业成员单位20个。全市消协宣传、贯彻新修订的消费者权益保护法(以下简称新消法),组织全市维权监督站、诚信联盟入盟企业和辖区内企业学习新消法,举办新消法知识竞赛。全年开展新消法宣传活动122次,受众1.2万人次。开展消费考察、调查。举办扬州市第二届青少年消费文化考察活动。配合中国消费者协会(简称中消协)完成冰箱、洗衣机、空调、热水器、液晶电视等五大类电器质量及售后服务状况调查,配合省消协完成餐饮行业最低消费体察。组织创建省、市级“青少年维权岗”,设立消费维权联络站,建立青少年维权投诉“绿色通道”。加强消费教育讲师团和教育基地建设,全市举办消费教育讲课近300场次,2万多人次受教育。加强社会监督。组织开展网络购物专项调查、银行业服务状况体察、计量和价格比对试验。先后召开省消协水、电、气、数字电视、通信五大公共服务行业满意度调查结果通报会和家电行业情况通报会,指出存在问题,督促企业改进服务。市消协被评为全国消协组织消费维权先进集体,志愿者颜良甫被评为中国消费者保护运动30年消费维权贡献人物。

(吴 涛)

**■企业化解消费纠纷** 2014年,市消协联合市家具行业协会成立家具行业消费维权专家委员会,聘请行业专家参与纠纷调处。全市5个消费维权专家委员会发挥智囊团作用,增强消协调解纠纷和社会监督工作专业化水平。3月,机动车维修行业专家为消费者现场讲解车辆使用和维修保养知识。市消协开展“客服接待日”活动,市区商贸流通和公共服务行业40家企业参与活动,其中快递、汽车销售企业首次参与此项活动。推动各县(市、区)消协开展“客服接待日”活动,为投诉调解人员、消费者、企业客服代表提供交流平台。市消协举办“消费维权通”信息化平台培训班,提高小额消费纠纷调解效率。

(吴 涛)

**■“3·15”活动** 3月11日,市消协召开2014年度“3·15”情况通报会,通报2013年“十大维权案例”“十大投诉热点”,披露2013年典型消费侵权案例,公布2014年扬州消协十大消费维权新举措,表彰“2013-2014年度扬州市诚信单位”,向省级“12315消费维权示范服务站”代表单位授牌。会上,10家知名快递企业向社会公开承诺:守法诚信经营,公平合理收费,优质规范服务,完善售后客服,接受公众监督。3月15日,

**2014年扬州市各级消协办理投诉情况表**

表36-5

| 类　别 | 投诉量(件) | 比上年增长(%) | 占投诉总量比例(%) |
|---|---|---|---|
| **合　计** | **1643** | **-6.1** | **100** |
| 家用电子电器类 | 338 | -34.1 | 20.6 |
| 百货类 | 364 | -17.3 | 22.2 |
| 房屋及建材类 | 83 | -48.1 | 5.1 |
| 家用机械类 | 81 | -43.4 | 4.9 |
| 农用生产资料类 | 66 | 200 | 4 |
| 服务类 | 320 | -34.6 | 19.5 |
| 其他商品类 | 391 | -17 | 23.8 |

(吴 涛)

3月15日，市消协在力宝广场举办“3·15国际消费者权益日”咨询服务活动。图为工作人员现场为市民讲解购车注意事项　　崔根元/摄

市消协在市区力宝广场举办“国际消费者权益日”大型广场咨询服务活动，工商、消协、质监、药监、烟草、教育、房管、交通、电力、燃气等50家职能部门和公共服务单位参加活动。市消协、扬州人民广播电台联合播出“声音的力量”——“3·15”特别报道节目，市消协领导与消费者在线交流新消法知识、受理咨询投诉。活动期间，散发宣传资料1.5万份，现场受理投诉15件。各地消协组织进社区、进乡镇、进校园、进企业开展咨询和便民维修服务活动。（吴　涛）

■**2013年十大投诉热点**　3月11日，市消协通报2013年“十大投诉热点”。(1)手机经销商规避责任引纠纷。少数经销商销售手机时不主动开具发票，给消费者售后维修带来麻烦。销售商在消费者反映产品质量问题时，未作解释，未尽到告知义务，造成矛盾纠纷。(2)网购无理由退货执行难。网络平台或个体网店对“七天无理由退货”设置条件，擅自制定并扩大“不宜退货”适用范围，消费者退货时易产生争议。(3)服装类投诉调解难圆满。服装生产商忽视内衬、面料色牢度等因素，营业员缺乏相关专业知识，加之服装无统一“三包”规定，高价服装、季节性服装投诉调解有难度。(4)老年人电视购物屡受骗。老年消费者根据电视、报刊等媒介广告信息购买“灵丹妙药”后，与广告发布单位联系、沟通困难，消协组织耗时耗力也不一定能化解。(5)汽车维修更换配件存猫腻。少数维修商存在虚报维修范围、价格，隐瞒厂家给予消费者的优惠或利好承诺，以其他零配件代替原厂零配件等不诚信行为。(6)商品房纠纷不断。房屋经消费者验房后，如出现质量问题，开发商和物业管理部门互相推诿，问题难以解决；对房屋周边环境问题、楼栋号与实际登记号不符等问题，用“红线以外无需解释”“以公安部门最终核准为准”等搪塞。多数消费者对开发商如何取得房屋合格证以及房屋检测程序、标准提出质疑。(7)洗染服务良莠不齐。部分服装面料质地、洗涤方式标注不规范，洗染服务从业人员不具备专业技术，甚至存在以水洗代替干洗现象。(8)通信服务套餐繁多，细节待完善。通信服务套餐协议可能包含多项业务，如营销人员介绍不到位，极易引起纠纷。过于专业化的套餐术语及电话推销、广场摆摊等销售形式受到消费者质疑。(9)家电售后服务乱象丛生，企业缺乏诚信。消费者投诉比较集中的问题有上门不及时、价格不公示、维修不透明等。(10)快递服务环节众多，赔偿争议大。（吴　涛）

■**网络购物专项调查**　5月，市消协就江苏、浙江、上海三地网店落实新消法情况，组织大学生调查员开展网络购物专项调查，抽取淘宝网非天猫认证，网站公示所在地在江苏、浙江、上海的300户散户卖家进行调查，调查内容包括网购商品7天无理由退货、发票出具、经营者信息发布等3个方面。调查结果显示，7天无理由退货实施情况较好，90%以上卖家明示无理由退货并实际支持；发票出具情况不佳，浙江、上海、江苏同意开具发票卖家分别占30%、27%、11%；卖家网页公示店铺所在地与实际所在地、发货地不一致率分别为上海52%、江苏30%、浙江27%。6月，市消协向社会公布调查结果，并上报中消协和省消协。（吴　涛）

■**计量和价格比对试验**　6月，市消协组织在市区7家大型超市开展夏令热销商品价格比对和冰鲜食品计量比较试验。夏令热销商品价格比对结果显示，9种抽样商品中，同一商品不同超市价差最高28.8%。高价商品相对集中在乐天玛特超市(3种)、苏果超市跃进桥店(4种)，低商品价主要集中在欧尚超市(4种)、大润发超市邗江店(4种)。冰鲜食品计量比对试验显示，7个定包装冰鲜食品样本中，净含量标注与单件实际净含量均合格的1件、均不合格的4件，实际净含量小于标注净含量的2件；7个散装零售冰鲜样本化冰后实际净含量均低于标注净含量，其中1件化冰后水的分量超过食品分量。（吴　涛）

■**颜良甫当选中国消费维权贡献人物**　12月26日，中国消费者保护运动30年消费维权贡献人物颁奖仪式在北京举行，扬州市志愿者颜良甫因坚持公益维权30年而获奖。中国消费者保护运动30年消费维权贡献人物评选活动由中国消费者协会发起。经公开征集，活动组委会按照“开拓性、公益性、推动力和影响力”标准，确定消费维权贡献人物30个，其中单位9个、个人21人。颜良甫从20世纪80年代起，一直参与消费者权益保护，曾因质疑“农夫山泉有点甜”广告语而向厂家提起诉讼索赔1元，给公众留下深刻印象。2013年，颜良甫作为消费者代表参加全国人大消费者权益保护法修改评估论证会，提出的4点建议被采纳并反映在新消法最终定稿中。（吴　涛）

# 区县市

Qu Xian Shi

编 辑 侍 琴

## 广陵区

**■概述** 广陵区面积334.86平方千米辖7个乡镇、4个街道,有83个行政村、54个社区,年末户籍人口49.75万人。

2014年,全区实现地区生产总值564.64亿元,比上年增长11.3%。其中,第一产业增加值9.27亿元,增长3.7%;第二产业增加值277.12亿元,增长9.5%;第三产业增加值278.25亿元,增长13.7%。三次产业构成比例由上年的1.8∶50.7∶47.5调整为1.6∶49.1∶49.3。公共财政预算收入38.43亿元,增长15.0%;全社会固定资产投资321.56亿元,增长23.7%,69个项目列入市重大项目库;城镇居民人均可支配收入32343元、农民人均可支配收入20789元,分别增长9.6%、10.9%。

(李跃中)

**2014年广陵区经济社会发展主要指标一览表**

表37-1

| 项 目 | 单位 | 数量 | 比上年增长(%) |
|---|---|---|---|
| 地区生产总值 | 亿元 | 564.64 | 11.3 |
| 第一产业增加值 | 亿元 | 9.27 | 3.7 |
| 第二产业增加值 | 亿元 | 277.12 | 9.5 |
| #工业增加值 | 元 | 254.41 | 9.7 |
| 第三产业增加值 | 亿元 | 278.25 | 13.7 |
| 人均地区生产总值(按常住人口计算) | 元 | 113382 | 12.0 |
| 规模以上工业产值 | 亿元 | 1244.26 | |
| 农林牧渔业总产值 | 亿元 | 17.00 | 6.5 |
| 粮食总产量 | 万吨 | 83819 | |
| 全社会固定资产投资总额 | 亿元 | 321.56 | 23.7 |
| 外贸自营出口总额 | 亿美元 | 14.70 | -12.2 |
| 实际利用外资及港澳台资 | 亿美元 | 2.40 | -36.5 |
| 社会消费品零售总额 | 亿元 | 240.41 | 12.6 |
| 财政总收入 | 亿元 | 60.52 | |
| #公共财政预算收入 | 亿元 | 38.43 | 15.0 |
| 城镇居民人均可支配收入 | 元 | 32343 | 9.6 |
| 农民人均纯收入 | 元 | 20789 | 10.9 |
| 邮电业务收入 | 亿元 | 8.57 | |
| #电信业务收入 | 亿元 | 8.57 | |

(李跃中)

**■农林牧渔业** 农林牧渔业现价总产值17.00亿元,比上年增长6.5%。其中,农业产值10.13亿元,增长6.5%;林业产值0.31亿元,增长6.8%;牧业产值1.89亿元,增长3.0%;渔业产值3.72亿元,增长7.0%。农业增加值7.47亿元,增长3.4%。现代农业高效发展,新增土地集中规模经营1293.33公顷、"菜篮子"基地100公顷、经济林果园66.67公顷,流转土地1333.33公顷,治理土地866.67公顷;新建、提升生态农庄60家。农产品电商产业园落户广陵区。西江生态园创成省四星级乡村旅游点。 (李跃中)

**■工业和建筑业** 规模以上工业增加值(生产口径)283.15亿元,增长9.3%;利税总额129.03亿元,其中利润71.95亿元,分别增长2.0%、7.1%;产品产销率99.0%。规模以上工业中,重工业产值659.0亿元,占规模工业总产值52.96%。股份制企业完成工业总产值493.1亿元,占39.6%;私营企业完成工业总产值434.7亿元,占34.9%。电气机械和器材制造业、铁路船舶航空航天和其他运输设备制造业、仪器仪表制造业是全区工业主导产业,分别完成产值171.06亿元、147.20亿元、120.37亿元,分别占规模以上工业总产值的13.7%、11.8%、9.7%。全年实施1亿元以上技改项目23个,完成工业投入71亿元。加快主导产业升级,新落户欧美液压产业项目10个,中德液压工业园挂牌;大洋造船多功能海洋平台供应船入选省新技术、新产品推广应用重大项目；推进环洲材料战略重组；青岛啤酒入选省首批“企业智能制造项目”。

建筑业获国优工程奖2项，完成增加值22.71亿元，增长7.6%。资质以上企业完成建筑业总产值447.17亿元，比上年增长22.3%；完成竣工产值322.36亿元，下降5.5%；房屋建筑施工面积3672.94万平方米，增长13.4%。（李跃中）

**■服务业** 全区实现社会消费品零售总额240.41亿元。现代服务业加速集聚，新发展服务业规模以上和限额以上商贸流通企业125家。软件和信息服务业实现收入101亿元，增长50%。微软创新中心正式运营，腾讯电商中心与京东商城实现战略重组，引进世界软件500强企业1家、全国十强电子商务企业分支机构1个。冷链物流业提速发展，江苏亚联农副产品有限公司1万吨冷库投入使用，公共型保税仓正式运营，万吨食品冷储物流项目成功落户。文化创意产业发展加快，江苏海创电气科技有限公司、深圳市东海浪潮设计有限公司等知名设计公司落户，设计瑰谷成为省区共建工业设计园区，“中国创谷”众筹文创园启动建设，广陵区创成“省工业设计强县”。新推出特色旅游线路8条，引入英国缤纷嘉年华，广陵游客服务中心建成运营；传统商贸业向电子商务转型，“果然100”“惠生活”等电商平台实现线上线下交易。扬州现代服务业集聚区(Y-MSD)项目被认定为全市唯一百亿服务业重大项目。强化资源要素配置，扩大中小企业互助协会基金规模，为30家企业周转资金10亿元；出台全国中小企业股份转让系统“新三板”挂牌扶持政策，1家企业成功挂牌，2家企业完成申报。（李跃中）

**■招商引资** 全年合同利用外资4.55亿美元、实际利用外资2.40亿美元；新增民资注册资本金93亿元，发展个私企业4375家、个体工商户1.29万户。举办广陵商机说明会、世界绿色设计论坛、软件和信息服务外包大会等品牌活动，组织科技金融、液压产业等主题招商推介活动。（李跃中）

**■科技创新** 新增高新技术企业21家、省高新技术产品133个。实现高新技术产业产值528亿元，占规模以上工业的62%。全年完成专利申请4023件，其中发明专利1004件；获专利授权2020件，其中发明专利87件。广陵经济开发区获批省液压装备科技产业园和省“两化融合”示范区。江苏信息服务产业基地(扬州)建成省级科技企业加速器、省首批“苗圃—孵化器—加速器”科技创业孵化链条，与华东师范大学科技园签订共建合作协议。商贸物流园获国家物联网公共服务平台智慧物流示范基地称号。李典“千人计划”(海外高层次人才引进计划)创业园一期建成使用。东南大学扬州研究院建成研究中心4个。新增省级以上“三站三中心”(博士后科研工作站、院士工作站、研究生工作站，工程技术研究中心、企业技术中心、工程研究中心)21家、市级企业院士工作站和工程技术研究中心14家，实施省级以上科技项目19个，签订产学研合作项目90个。启动第三批“广聚英才计划”，资助19个项目发展资金915万元，引进国家“千人计划”人才5人，获批省“双创计划”(高层次创新创业计划)人才项目2个、“博士计划”项目13个。主导和参与制订国家、行业标准5项，注册地理标志1件，新增省级以上品牌13个，“帝一”“墨菊”创成中国驰名商标。广陵区获批国家知识产权强县工程试点区、省科技创新型试点区。头桥镇成为“中国医疗器械耗材之乡”、省创新型试点乡镇。江苏扬农化工股份有限公司入选国家“工业企业知识产权运用能力培育工程”试点企业和省知识产权运用示范企业。（李跃中）

市民观看廖家沟城市中央公园沙盘效果图

司新利/摄

**■城乡建设** 全年获批独立选址项目3个，争取土地指标30.07公顷；实施城乡建设用地增减挂钩、耕地占补平衡、土地整理项目16个，新增农用地45.33公顷；新建高标准厂房20万平方米，盘活存量土地146.33公顷。广陵区创成省国土资源节约集约模范区，获13.33公顷土地指标奖励。广陵新城建成和在建项目总面积500万平方米，总投资近500亿元。12万平方米的交通银行金融服务中心一期、23万平方米的环球金融城一二期、11万平方米的市民中心封顶，46万平方米的江广智慧城主体部分封顶，城庆广场地下工程完成施工，101万平方米的Y-MSD、占地14.33公顷的李宁体育园等项目开工建设，10.7平方千米的廖家沟城市中央公园项目启动实施。加快老城区提升改造。调整何园周边及道路沿线业态，徐凝门路民国风情一条街形象初现，新增民居客栈床位200个，完成南河下片区改造；整治、提升古运河广陵段沿线；文昌路、汶河路等主要街道实现非机动车停放市场化管理；实施“八老”〔老庄台(城中村)、老小区、老校舍、老宿舍、老宅子、老街巷、老城区、老厂区〕改造，完成4个城中村地块改造，面积53.33公顷；投入4000多万元整治零散老小区22万平方米，新建、改造公厕81座，整治老旧街巷积水点25个，翻建背街小巷30条近10千米。

加快城乡一体化建设。编制以头桥、李典、沙头和夹江生态中心为重点的"三镇一心"规划，完成镇区控制性详规。推进高等级公路向乡镇延伸，泰李高公路拓宽工程完工，实现全线通车；沙湾路工程完成50%工程量；县道里程数提升至150.6千米，行政村通达率100%。建成红桥客运站、广陵新城公交首末站，全区镇村公交通过省级验收。推进集镇道路改造、街景美化、管网建设等基础设施工程，新建农民集中居住区11.6万平方米，竣工交付8.1万平方米。

加快汤汪花园等12个安置小区建设，在建安置房127万平方米，建成交付107万平方米。推进9个老旧小区基本物业扩面23.3万平方米，城区住宅物业覆盖率90%以上。改造渡江南路、淮海路、开发路等城市道路积水点8个。启动七里河、沙施河"清水活水"综合整治，推进淮河入江水道、绕城东河综合整治等重大民生水利工程，完成施桥翻水站拆建、李典新砂滩群及扇子圩河口水利血防工程，更新改造排涝泵站17座，新增排涝流量45立方米/秒。(李跃中)

**■环境保护** 汶河南路、文昌花园社区创成省级城市管理示范路、示范社区。开展"三拆三整治"(拆违、拆破、拆烂、治脏、治乱、治差)、城市环境综合整治等专项行动，查处违法建设300多处，拆除违建面积6.07万平方米，数字化城管结案率保持全市第一名。开展节能减排和大气污染防治，关停"五小"(小煤矿、小炼油、小水泥、小玻璃、小火电等)企业5家，拆除燃煤锅炉32台(套)，9家企业实施清洁生产，化学需氧量、二氧化硫削减率分别为2.57%、0.81%。疏浚农村河道34条，整治村庄河塘320条(口)，农村河道实行"河长制"管护。新增造林面积150公顷，其中成片林106.7公顷；完成沿江高等级公路绿化提升工程；建成省级村庄绿化示范村10个。投入1000万元完善"村收集、镇转运、区处理"三位一体环卫保障体系，沙头垃圾中转站建成运营，所有乡镇实现垃圾处理"日产日清"。(李跃中)

**■社会事业** 优质教育均衡化，推进集群办学，推行小学招生"零择校"，启动建设汶河小学东区校，实施校安工程1.1万平方米，新建公办幼儿园1所，新增省优质幼儿园2所，获国家级奖项4个。建成标准化示范社区卫生服务站10家，初步建成"15分钟健康服务圈"，通过"血吸虫病传播阻断标准"省级考核。社区周末剧场实现常态化，举办群众性文化活动1200多场。承办中国地方志学会城市区志第25届年会。广陵古城书友会揭牌成立。组织"幸福家园"全民健身系列活动26场。城市社区"10分钟体育健身圈"通过省市验收。(李跃中)

**■劳动和社会保障** 组织劳动技能培训5300人次，实现城镇失业人员再就业4685人、就业困难人员再就业1294人，新增转移农村劳动力3225人。全面完成社会保险扩面征缴任务，被征地农民养老保险转保率98%，城乡低保标准提高至每月535元，医疗救助年封顶线上调至3.5万元。建立困难群众救助"一门受理、协同办理"机制。建成社区残疾人"幸福港湾"(社区专为残疾人建的托养所))5家、居家养老服务站8个、老年人集中助餐中心2个，1450名高龄失能老人享受政府购买服务。新建公租房436套，建成682套。(李跃中)

# 邗江区

**■概述** 邗江区面积552.68平方千米，辖9个街道、12个乡镇，有116个村、88个社区，年末户籍人口58.27万人。

2014年，全区实现地区生产总值602.74亿元，比上年增长11.6%。完成财政总收入82.86亿元，其中公共财政预算收入56.03亿元，分别增长1.8%、10.7%。完成固定资产投资425.59亿元，增长19.7%。实现社会消费品零售总额238.28亿元，增长

**2014年邗江区经济社会发展主要指标一览表**

表37-2

| 项目 | 单位 | 数量 | 比上年增长(%) |
|---|---|---|---|
| 地区生产总值 | 亿元 | 602.74 | 12.0 |
| 第一产业增加值 | 亿元 | 17.10 | 3.4 |
| 第二产业增加值 | 亿元 | 256.19 | 11.4 |
| #工业增加值 | 亿元 | 206.53 | 11.7 |
| 第三产业增加值 | 亿元 | 329.45 | 13.1 |
| 人均地区生产总值(按常住人口计算) | 元 | 87728 | 12.0 |
| 规模以上工业产值 | 亿元 | 1265.99 | 16.7 |
| 粮食总产量 | 万吨 | 17.62 | 3.3 |
| 全社会固定资产投资总额 | 亿元 | 425.59 | 19.7 |
| 外贸自营出口总额 | 亿美元 | 16.43 | 11.6 |
| 实际利用外资及港澳台资 | 亿美元 | 2.90 | -25.8 |
| 社会消费品零售总额 | 亿元 | 238.28 | 12.4 |
| 财政总收入 | 亿元 | 82.86 | 1.8 |
| #公共财政预算收入 | 亿元 | 56.03 | 10.7 |
| 城镇居民人均可支配收入 | 元 | 34376 | 9.3 |
| 农民人均纯收入 | 元 | 17203 | 11.1 |
| 邮电业务总量 | 亿元 | 8.77 | |
| #电信业务收入 | 亿元 | 8.77 | |

注：表中数字不含扬州经济技术开发区 (施旭东)

12.4%。实现城镇居民人均可支配收入34376元、农民人均纯收入17203元，分别增长9.3%、11.1%。

（施旭东）

■**农林牧渔业** 全区粮食播种面积2.53万公顷，粮食总产量17.62万吨，增加0.57万吨，增长3.3%。生猪出栏12.4万头，下降4.3%；年末存栏7.1万头，下降6.3%。家禽出栏230.6万只，下降5.5%；年末存栏82.5万只，下降5%。全区水产养殖面积0.49万公顷，水产品年产量1.83万吨，其中特水混套养面积0.4万公顷。新增高效设施农（渔）业面积540公顷、农业适度规模经营面积666.67公顷，新建高标准农田666.67公顷。10个试点村完成农村土地承包经营权确权登记。新认证无公害农产品31个，新增国家级水产健康养殖示范场、畜禽标准化养殖示范场各1个。全区农业机械化水平82%，创成全国平安农机示范区，承办全国耕地质量建设现场会。

（施旭东）

■**工业和建筑业** 全区规模以上工业实现产值1265.99亿元、入库税收27.6亿元，分别增长16.7%、5.7%。全区218家工业企业产值超1亿元，占规模以上工业企业数的56.19%，累计完成工业总产值1127.5亿元，占规模以上工业总产值的89.1%。机械装备业、汽车及零部件业、轻工纺织业和电子电器线缆业四大主导产业集群完成产值1046.8亿元，占规模以上工业产值的82.7%。

潍柴亚星、勇龙环保、税友软件等17个项目竣工投产。完美日化、扬杰科技、艾迪生物等26个新开工项目有序推进。高扬国际广场等18个结转项目加快建设。华电煤改气项目获省发展和改革委员会批准。潍柴（亚星）汽车及零部件项目特种车辆项目竣工投产。联创扬州软件园项目开工建设。

建筑业实现总产值405.35亿元，建筑业增加值49.66亿元，实现地方税收7亿元，增加27.5%，占全区地税收入的18%。全年新签合同额390亿元，施工面积1892万平方米，竣工面积1027万平方米。新创国家级优质工程7个，邗建集团获建筑施工特级总承包资质。新增一级资质企业10家、二级资质企业19家。扬州建筑产业园在方巷镇启动建设。巩固深圳等传统市场，拓展山西、青海、新疆等新兴市场，出省完成产值162亿元，增长15.7%，占全区建筑业总量的37.4%。新开辟尼日利亚、塞拉利昂等国际市场，海外市场产值首次突破3亿美元。

（施旭东）

■**服务业** 全年实现服务业增加值329.45亿元，占地区生产总值54.65%。实施1亿元以上服务业项目50个。软件信息、电子商务、文化旅游等新兴服务业比重突破30%。新增“双软”（软件企业、软件产品）认证企业11家、AAA级物流企业2家。西湖镇金槐村获批全省首批、苏中首家电子商务示范村，瓜洲度假区创成省级旅游度假区。

（施旭东）

■**招商引资** 全年完成进出口总额19.62亿美元，比上年增长17.7%；其中，自营出口16.43亿美元，增长11.6%。全年实现注册外资及港澳台资到账2.90亿美元，下降25.8%。

（施旭东）

■**科技创新** 新能源、新材料、新光源及生物技术新医药产业完成产值133.76亿元，比上年增长15.4%，占规模以上工业产值的10.6%。实现高新技术产业产值447.5亿元，占规模以上工业产值的35.3%。江苏省扬州高新技术产业开发区和维扬经济开发区园区循环化改造方案通过市专家评审，江苏省扬州高新技术产业开发区获批“省级创业投资集聚发展示范区”。牧羊集团通过国家级企业技术中心认定。数控机床研究院获批省中小企业公共服务平台、市现代服务业人才团队项目。全年获批省重大科技成果转化专项资金项目1个，省科技支撑项目6个，省院士工作站1个、研究生工作站4个，省工程技术研究中心4个，省工程中心2个，全区省级以上“三站三中心”累计138家。获批省创新团队2个、省双创人才计划项目9个，省博士集聚计划项目9个，引进国家“千人计划”人才6人，引进高层次人才214人。

（施旭东）

■**城乡建设与环境保护** 改造“城中村”6个，整治老小区20万平方米，翻建背街小巷10条。改善集镇面貌，瓜洲金阳光广场主体竣工，方巷北山商业广场建成营业，槐泗乐槐苑、杨庙丁锦小区二期等4个农民集中居住区建成。完善区域骨干路网，开工建设611省道（沿湖大道），实施文昌路西延、宿扬高速、邗江路南延等重点交通工程，建成西双线杨庙段。提升城区道路通达能力，扬子津路邗江段、司徒庙路全线贯通，文汇路西延、马太路、平山路竣工通车，邗江路公交专用通道建成并试运行，安平路、朱塘路等6个积水路段完成改造。新建农村道路21千米，优化公交线路3条，改造农村危桥3座，铺设雨污管网11千米。加强水利基础设施建设，淮河入江水道整治完成堤防

文昌路西延工程建设现场　程建平/摄

加固、填塘固基，古运河整治主体工程完工。

创成国家生态文明建设示范区。严把项目准入关，否决不符合环保要求项目31个。全年完成节能改造项目18个，15家企业通过清洁生产审核验收。加快淘汰落后产能，启动邵伯湖沿线砂石场、小船厂整治，拆除燃煤锅炉16台，关闭污染企业4家。完成四望亭河、幸福河、引潮河截污疏浚，启动新城河综合治理。实施农村水环境整治，全年疏浚河道56条、河塘1508条(口)。开展建筑扬尘整治。秸秆禁烧实现“零罚单”。完成扬菱路、台扬路、蜀冈生态中心一期等绿化工程建设，全年新增成片造林197.33公顷。（施旭东）

**■社会事业** 邗江中等专业学校被认定为省“四星级中等职业学校”，瓜洲中学通过省“四星级普通高中”验收。易地迁建邗江中等专业学校、杨庙小学、蒋王小学，新建公办幼儿园2所。创成全国义务教育优质均衡发展区。年末拥有各级各类学校(不含幼儿园)36所，在校学生5.4万人，毕业生2.06万人。加固校舍3万平方米。建成区图书馆分馆25家，完成区体育中心、美琪居民健身中心建设；完善引潮河、蒋王都市农业观光园和竹西街道大王庙3条健身步道；新创镇级三星级文体中心1家(蒋王)，新建村级文体中心20家，三星级健康活力示范村居实现全覆盖。

新改建乡镇卫生院4家，社区卫生服务站示范化率提升至85%。血吸虫病防治达到国家传播阻断标准。全面落实“单独两孩”计划生育新政，被确定为全省首批幸福家庭建设项目区。年末有各类卫生机构217个、床位1516个、卫生技术人员1718人，其中执业医师721人、执业助理137人、注册护士726人。（施旭东）

**■劳动和社会保障** 开展城乡劳动者职业技能培训2.1万人次，推介创业项目38个，新增就业再就业8562人。推进社保“同城同步同标”，扩大社保覆盖面，社会保险扩面征缴1.3万人次，城乡居民养老保险参保率99.7%、基础养老金发放率100%。建设安置房120万平方米、公租房300套，归集住房公积金4.5亿元。完善社会救助体系，城乡低保标准提高至每人每月535元，医疗救助比例由60%提高至65%，建立青少年儿童重大疾病医疗救助制度。新建残疾人“幸福港湾”13家，完成225个贫困残疾人家庭无障碍改造。推广办理老年人意外伤害保险，新建社区日间照料中心5家。区社会福利中心投入使用。（施旭东）

**■清华大学扬州智能装备科技园及扬州智能装备研究院揭牌** 5月26日，清华大学扬州智能装备科技园及扬州智能装备研究院揭牌。清华大学扬州智能装备科技园位于扬州高新技术产业开发区，由邗江区与清华大学机械工程学院合作共建，首期开发10公顷，远期规划66.67公顷，围绕机电装备、光电仪器、新能源、医疗仪器等领域，提供科技孵化、产业技术研发平台组建、创新创业服务、优质项目引进、地方产业提升、地方政府咨询等六大服务。市长朱民阳，中国工程院院士、清华大学机械工程学院院长尤政参加揭牌仪式并致辞。（施旭东）

## 江都区

**■概述** 江都区面积1329.90平方千米，辖13个镇，有263个行政村、65个社区，年末户籍人口106.90万人。

2014年，全区实现地区生产总值792.61亿元，比上年增长11.1%；财政收入74.37亿元，其中公共财政预算收入47.98亿元，分别增长15.0%、15.3%；全社会固定资产投资523.18亿元，增长19.6%；城镇居民人均可支配收入31035元、农民人均纯收入16430元，分别增长

**2014年江都区经济社会发展主要指标一览表**

表37-3

| 项目 | 单位 | 数量 | 比上年增长(%) |
|---|---|---|---|
| 地区生产总值 | 亿元 | 792.61 | 11.1 |
| 第一产业增加值 | 亿元 | 52.80 | 3.4 |
| 第二产业增加值 | 亿元 | 397.59 | 10.9 |
| #工业增加值 | 亿元 | 335.51 | 11.5 |
| 第三产业增加值 | 亿元 | 342.22 | 12.5 |
| 人均地区生产总值(按常住人口计算) | 元 | 78616 | 11.0 |
| 规模以上工业产值 | 亿元 | 2281.79 | 12.4 |
| 农林牧渔业总产值 | 亿元 | 95.63 | 6.9 |
| 粮食总产量 | 万吨 | 66.20 | -0.2 |
| 全社会固定资产投资总额 | 亿元 | 523.18 | 19.6 |
| 外贸自营出口总额 | 亿美元 | 11.15 | 0.9 |
| 实际利用外资及港澳台资 | 亿美元 | 2.07 | -8.15 |
| 社会消费品零售总额 | 亿元 | 212.25 | 12.1 |
| 财政总收入 | 亿元 | 74.37 | 15.0 |
| #公共预算收入 | 亿元 | 47.98 | 15.3 |
| 城镇居民人均可支配收入 | 元 | 31035 | 10.0 |
| 农民人均纯收入 | 元 | 16430 | 11.1 |
| 邮电业务收入 | 亿元 | 10.03 | 5.1 |
| #电信业务总量 | 亿元 | 8.73 | 7.5 |
| 年末存款余额 | 亿元 | 859.20 | 14.1 |
| 年末贷款余额 | 亿元 | 485.75 | 17.7 |

（朱成勇　葛长明）

10.0%、11.1%。列“2014年度中国市辖区综合实力百强”第40位。被命名为国家知识产权强县工程示范区，蝉联省平安区、法治建设示范区等称号。 （朱成勇 王 霞）

**■农林牧渔业** 2014年，全区实现农林牧渔业现价总产值95.63亿元，比上年增长6.9%。其中，农业产值56.41亿元，增长5.4%；林业产值3.38亿元，增长10.7%；牧业产值17.09亿元，增长6.1%；渔业产值16.21亿元，增长11.3%；农林牧渔服务业产值2.53亿元，增长15.5%。

全区粮食总产量66.2万吨，比上年下降0.2%。粮食单产7401千克/公顷，下降0.9%。全年生猪出栏23.78万头，增长1.0%；家禽出栏1200万只，下降2.7%；肉类总产量4.1万吨，下降0.2%。全区水产养殖面积1.09万公顷，比上年扩大166.67公顷；特种水产养殖面积6500公顷，比上年扩大80公顷。全区实现水产品总产量4.61万吨，增长28%。加快50亿元连片设施园艺产业基地建设，新增高效设施农(渔)业面积2126.67公顷，新开工认定农业重大项目18个，新竣工投产认定农业重大项目19个。产业基地实现产值76.4亿元。新申报农业“三品”(无公害农产品、绿色食品、有机农产品)38个，无公害农产品产地认证面积7333.33公顷；“三品”总数超过450个，总面积6万公顷；农产品准出点乡镇覆盖率100%；创成省级农业综合标准化示范区。推进省农村改革试验区建设。认定家庭农场105个，创成省级示范家庭农场2个、国家级“五好”(服务成员好、经营效益好、利益分配好、民主管理好、示范带动好)示范社3个；新增土地集中型规模流转面积0.28万公顷，土地流转总面积3.49万公顷，占家庭承包地的74.8%；80%的村基本完成土地承包经营权确权登记颁证；累计开展“两权”(农村土地承包经营权和宅基地使用权)抵质押鉴证15宗，总面积800公顷，贷款总额4789万元；组织各类产权交易235宗，流转总金额1.96亿元；被农业部表彰为全国农村集体“三资”(农村集体资金、资产、资源)管理示范县。利用中央、省农机购置补贴2348万元，推广各类新型高效农机具2650台套，实现农机跨区作业收入2.51亿元；水稻机械化种植水平88.5%，秸秆禁烧率100%、综合利用率95%、机械化还田率87.7%。新增投入5580.54万元，实施农业综合开发土地治理2666.67公顷。完成新淮江公路沿线农村河道疏浚整治64条122.3万立方米；完成新建、改造电灌站、排涝站、圩口闸158座，新增节水灌溉面积793.33公顷、衬砌渠道108千米、配套建筑物3066座；大桥闸迁建基本完工。 （朱成勇 嵇学锋）

**■工业** 全区规模以上工业实现工业总产值2281.79亿元，比上年增长12.4%；其中轻、重工业分别实现产值423.92亿元、1857.87亿元，增长14.8%、11.9%。

医药化工产业完成产值414.20亿元，增长11.4%；特钢生产加工产业完成产值196.89亿元，增长5.8%；车船制造及配套件产业完成产值271.14亿元，增长10.6%；机械电子产业完成产值1105.77亿元，增长14.3%；智能电网产业完成产值223.03亿元，增长14.8%；节能环保产业完成产值174.52亿元，增长9.8%。

规模以上工业完成工业开票销售671.83亿元、工业入库税收30.05亿元、设备抵扣税2.50亿元，有开票销售1亿元以上企业89家；实现利税299.56亿元，增长9.8%；实现利润164.91亿元，增长9.7%。工业用电量25.22亿千瓦时，增长13.5%。日清纺EBS阀块、启源雷宇等7个项目开工；江淮10万辆皮卡、中天管桩等7个项目竣工投产，通过市级认定。
（朱成勇 朱君杰）

**■建筑业** 全区建筑安装企业实现总产值901.96亿元。获评国家级优质工程3项，新晋级一级总承包企业3家，新增一级建造师80人。12家企业承接境外工程项目19个。江苏沪武建设集团有限公司、江苏华江建设集团有限公司建成“扬州大学研究生工作站”，江苏华江建设集团有限公司整体装配式房屋生产项目进入试生产试装配阶段。江苏江都建设集团有限公司列中国建筑业最具竞争力百强企业第19位、中国民营企业500强第94位。江苏江建集团有限公司“筑牛网”运营。
（朱成勇 闵家新）

**■服务业** 全区实现服务业增加值342.22亿元，占地区生产总值的43.2%。服务业税收占全区税收总额的45%。举办现代物流采购峰会、邵伯湖旅游龙虾节等专题推介活动。京东电商产业园签约，鸿益千秋商业广场等5个市级服务业重大项目开工，美钢物流等4个项目竣工，新开工区级服务业重大项目10个。江都港建成万吨级泊位11个，吞吐量突破4500万吨，海螺码头通过省级开放验收。

完善《扬州市江都区旅游发展总体规划》，编制《邵伯湖旅游度假区规划》《仙女生态旅游区规划》和各景区景点规划。出台《关于进一步加快旅游业发展的行动方案》，全年争取旅游产业引导资金1000万元。成立文化旅游产业园。大桥镇创成中国历史文化名镇，邵伯湖被纳入

11月14日，扬州京东电商产业园项目正式签约
江 都/供稿

运河水上旅游专线，丁伙朴园建成AAA级景区。全年接待国内外游客425万人次，实现旅游行业总收入3.6亿元，增长18.5%。其中，接待境外旅游者1190人次，旅游外汇收入136万美元。（朱成勇 李 剑）

**■招商引资** 全年实际到账外资及港澳台资2.07亿美元。实现对外国及港澳台地区进出口14.72亿美元，其中自营出口11.15亿美元，增长0.9%。组织30多家企业参加中国进出口商品交易会等境内外知名展会。钢管、车辆及零部件等五大类商品出口平稳增长。全区有年出口1000万美元以上企业20家。江苏长青农化股份有限公司、江苏亚威机床股份有限公司、扬州龙川钢管有限公司获批2014-2016年省国际知名品牌。拓展中东、南非、南美等国际市场，江苏江都建设集团有限公司、江苏恒远建设工程有限公司、扬州龙川钢管有限公司、扬州华彩光电有限公司等企业在境外新设分公司。全区累计12家企业获对外国及港澳台地区承包工程经营权，5家企业获对外国及港澳台地区劳务经营权；有对外国及港澳台地区投资企业28家。全区实现外国及港澳台地区经济贸易营业额3亿美元，增长15.8%。

（朱成勇 高 贵）

**■国内贸易** 全区实现社会消费品零售总额212.25亿元，比上年增长12.1%。其中，城镇实现零售额191.03亿元，增长12.5%，占全区社会消费品零售总额的90.0%；乡村实现零售额21.22亿元，增长8.6%，占全区社会消费品零售总额的10.0%。国际汽车城入驻4S店15家，年营业额12亿元。阿波罗花木市场入驻经营户300多家，市场成交额15亿元。

（朱成勇 朱君杰）

**■科技创新** 全区实现高新技术产业产值1126.22亿元，增长11.9%，占全区规模以上企业产值的49.4%。新增国家高新技术企业19家、省高新技术产品198个，省级新产品鉴定数量连续5年全省第一；获批国家级标准工作组3个，主持或参与制订国家及行业标准14个；新申请专利4260件，其中发明专利1100件。新增省级以上企业研发机构22个。签约产学研合作项目120个。获批省重大科技成果转化项目5个、专项资金4500万元，立项数全省第一。新增省科技创新团队2个，柔性引进博士教授236人，其中14人获省"双创"（江苏省高层次创新创业人才引进计划）和"博士集聚"计划支持。江都区被命名为国家知识产权强县工程示范区，扬州诚德火电机组钢管项目获国家科技进步奖一等奖，扬州宁达贵金属有限公司、江苏亚威机床股份有限公司等4家企业获省科学技术奖。

（朱成勇 朱君杰）

**■交通、供电** 实施地方干线公路建设和政府为民办实事项目，完成总投资6.28亿元。推进宁启铁路复线电气化改造工程。芒稻船闸扩容改造工程完成征地拆迁工作。203省道江都段全线通车；浦头互通工程获批立项；352省道扬州江都段工程初步设计获省发展和改革委员会批复，启动实施征地拆迁工作。改造建设宜大路大桥段、浦头集镇至新武嘶段等县乡道5条16.9千米，提档升级农村公路13条41千米，改造交通桥梁18座，新增镇村公交线路2条。2014年实现客运量1199万人，比上年增长2.7%；货运量857万吨，增长11%。全区有道路运输业户约5400户、营运车辆7800辆5万载重吨。水路货运量2314万吨，增长3.6%；货物周转量92.56亿吨千米，增长3.6%。沿江主要港口货物吞吐量4812.80万吨，增长51.1%。全区有水路货物运输经营业户21户、营运船舶738艘79万载重吨。

全年完成配电网项目2465个，投资5.42亿元。110千伏花荡变电站按期投运。邵伯、大桥小城镇典型供电模式试点建设完成并通过省供电公司验收，实现电气化村、电气化镇全覆盖创建目标。全年完成供电量34.95亿千瓦时、售电量33.31亿千瓦时，分别增长7.85%和10.2%；完成固定资产投资1.85亿元，实现主营业务收入19.96亿元。

（朱成勇 嵇学锋 高 贵）

**■财政与金融** 全区财政总收入74.37亿元，其中公共财政预算收入47.98亿元，增长15.34%。公共财政预算收入中，税收收入39.39亿元，增长15.4%；非税收入8.59亿元，增长15.2%。全区公共财政预算支出57.47亿元，增长15.34%；其中教育、科学技术、社会保障与就业支出分别为13.92亿元、1.75亿元、6.48亿元。年末金融机构人民币存款余额859.2亿元，增长14.1%；贷款余额485.75亿元，增长17.7%。存贷比56.6%，比上年上升1.2个百分点。新引进兴业银行、华夏银行，新增小额贷款公司2家，全年新增贷款71.28亿元。创成省金融生态优秀区。（朱成勇 李 剑 江 统）

**■民营经济** 全区新发展个体工商户4410户，净增加3048户；新发展私营企业2910户，净增加1783户。发展小微企业，全区完成个体工商户转企业300户。全年实施1亿元以上项目46个（含第一、第二、第三产业），其中10亿元以上重大项目16个。（朱成勇 高 贵）

**■城乡建设与环境保护** 完成文昌东路沿线、金湾片区等近90平方千米控规编制，控规覆盖率74%。实施金湾路江都段、长青总部大楼等工程，推进引江西区改造、"三河（高水河、金湾河、芒稻河）六岸"景观带、老328国道头道桥景观改造等项目前期工作。华山路改造、老淮江公路环境整治、黄海北路交通节点环境提升等工程完工。完成龙川老街基础设施改造，整治福都花苑等老小区5个17.5万平方米，建成交付安置房3756套41.3万平方米，新建、整治农贸市场5座．改造区域供水支管网310千米。全年拆除违章建筑10万平方米，拆除、改造店牌店招2万平方米。完成集镇建设投资13亿元，实施小纪幼儿园、樊川永樊路等60项重点工程，全区小城镇人均道路面积24.6平方米、城镇绿化率26.8%。

修编完善《生态文明建设规划(2013—2020年)》《生态红线保护规划》，严格管控各类重要生态功能区，被命名为首批国家生态文明建设示范区。清源污水处理厂二期、沿江污水处理厂扩容提标工程建成调试，新建污水配套管网20千米。限期治理电镀企业21家，综合整治城区燃煤锅炉36台。8家规模化养殖场治理工作基本完成。完成农村河道、村庄河塘疏浚整治443万立方米，完成张纲河(长生桥北至团结河段)整治工程。城区应急排涵、九龙闸泵站投入运行，大桥闸迁建工程基本完工。

(朱成勇　吴争春　闵家新)

**■社会事业**　举办“和谐之春”演唱会、“新春乐”灯谜会、琴筝音乐会、“农商行之夜”音乐会、“中国梦，龙川情”国庆文艺演出等大中型文化活动。送戏下乡180多场，放映广场电影3400多场，举办区镇联动公益性文化活动350场，完善区、镇、村公共文化三级服务网络，图书馆、文化馆、博物馆全年免费开放。通过全国文化先进区复查。

开展“校长读书班”和“龙川之秋”大型教学观摩活动。加固校舍2.3万平方米。创成全国义务教育发展基本均衡区。顾晨葵被教育部评为“全国模范教师”。

新妇幼保健大楼建成投运，沿江人民医院、第四人民医院开工建设。新型农村合作医疗人均筹资标准提高到400元，全年参合人数77.37万人，参合率99.64%。发放各项计划生育奖扶资金4800万元，全区出生政策符合率99%以上，获评全国计划生育优质服务先进区。完成卫生改厕3000座。主城区“10分钟体育健身圈”实现全覆盖。

(朱成勇　吴争春)

**■劳动和社会保障**　采集就业岗位2.2万个，推荐就业1.2万人，新增转移农村劳动力6712人，推介创业项目30个，建立创业孵化基地2个，“双零”家庭(城镇“零就业”家庭和农村“零转移就业”贫困家庭)动态清零，期末城镇登记失业率2.5%。养老、医疗、生育、工伤、失业保险及低保、重度残疾人补助等与主城区接轨，新增养老、医疗、失业、工伤和生育等“五险”扩面5万人，城镇职工、居民基本医疗保险和企业职工基本养老保险覆盖率98%以上；各镇成立住房公积金服务站，新增住房公积金缴存人数8300人。建成社区居家养老服务中心8个，全年发放低保补助、医疗救助、重度残疾人补助、五保供养、尊老金等资金1.34亿元。

(朱成勇　李　剑)

**■中国江都第12届花卉节**　4月17日至5月18日，江都区举办第12届花卉节。开幕式上，有40个项目参加集中签约。签约外资及港澳台资项目10个，协议利用外资及港澳台资1.03亿美元，其中城市综合体项目协议利用外资及港澳台资4000万美元。签约民资项目30个，计划总投资38.1亿元，注册资本金9.02亿元。其中，总投资10亿元项目1个，注册资本金2亿元。　(朱成勇　葛长明)

# 宝应县

**■概述**　宝应县总面积1461.55平方千米，辖14个镇，有223个行政村、59个社区，年末户籍人口91.13万人。

2014年，全县完成财政总收入39.25亿元，其中公共财政预算收入27.28亿元。实现地区生产总值418.30亿元，增长11.2%。其中，第一产业增加值61.60亿元，增长3.7%；第二产业增加值189.80亿元，增长11.4%；第三产业增加值166.90亿元，增长13.9%。人均地区生产总值55525元，增长11.0%。三

**2014年宝应县经济社会发展主要指标一览表**

表37-4

| 项　目 | 单位 | 数量 | 比上年增长(%) |
|---|---|---|---|
| 地区生产总值 | 亿元 | 418.30 | 11.2 |
| 第一产业增加值 | 亿元 | 61.60 | 3.7 |
| 第二产业增加值 | 亿元 | 189.80 | 11.4 |
| #工业增加值 | 亿元 | 154.29 | 12.2 |
| 第三产业增加值 | 亿元 | 166.90 | 13.9 |
| 人均地区生产总值(按常住人口计算) | 元 | 55525 | 11.0 |
| 全部工业开票销售收入 | 亿元 | 514.90 | 12.0 |
| 规模以上工业产值 | 亿元 | 886.33 | 14.4 |
| 农林牧渔业总产值 | 亿元 | 115.39 | 7.3 |
| 粮食总产量 | 万吨 | 93.09 | 0.9 |
| 全社会固定资产投资总额 | 亿元 | 271.21 | 19.5 |
| 外贸自营出口总额 | 亿美元 | 6.10 | 12.5 |
| 实际利用外资及港澳台资 | 亿美元 | 0.32 | -61.2 |
| 社会消费品零售总额 | 亿元 | 122.94 | 12.2 |
| 财政总收入 | 亿元 | 39.25 | 2.3 |
| #公共财政预算收入 | 亿元 | 27.28 | 15.0 |
| 城镇居民人均可支配收入 | 元 | 22739 | 9.7 |
| 农民人均纯收入 | 元 | 14246 | 10.9 |
| 邮电业务收入 | 亿元 | 6.13 | |
| #电信业务收入 | 亿元 | 5.33 | |
| 年末存款余额 | 亿元 | 342.32 | 15.1 |
| 年末贷款余额 | 亿元 | 229.71 | 16.1 |

(昌　松)

次产业比例14.7∶45.4∶39.9。全县完成固定资产投资271.21亿元，增长19.5%。城镇居民年人均可支配收入22739元，增长9.7%。农民人均纯收入14246元，增长10.9%。宝应县创成国家级出口食品农产品质量安全示范区、国家级慢性病综合防控示范区、国家生态文明建设示范区，获中国河蟹产业先进县称号。江苏宝粮控股集团有限公司获批农业产业化国家重点龙头企业。宝应县档案馆创成国家一级档案馆。（朱寿勤）

**■农林牧渔业** 2014年，全县实现农林牧渔业总产值115.39亿元，比上年增长7.3%。粮食播种面积12.04万公顷，粮食总产量93.09万吨，粮食生产实现“十一连丰”。其中，小麦种植面积5.73万公顷，产量35.73万吨；稻谷种植面积6.30万公顷，产量57.36万吨。油菜种植面积0.56万公顷，产量1.56万吨，为历史最高。扩大政策性农业保险覆盖范围，主要种植业参保率95%。推进“235”（宝应湖、射阳湖等2个有机农业园区，水仙、广洋湖、山阳等3个现代渔业园区，南郊、北郊、曹甸、望直港、柳堡等5个设施农业园区）现代农业园区建设，新增高效设施农（渔）业面积0.13万公顷。全年新增设施农业园区48个，新增设施农业面积0.17万公顷。建成高标准农田0.67万公顷。全县建成永久性蔬菜基地0.47公顷，占规划总面积的61.9%。“菜篮子”工程基地初步建成。健全农产品质量安全监管体系，新增农业“三品”品牌37个。农产品出口创汇5315万美元。县级以上龙头企业实现销售90.5亿元。新增大型农机具670台（套），农业综合机械化水平80%。落实各项惠农政策，各级财政支农及国资项目投入11.1亿元。发放各类惠农补贴资金1.3亿元。完成农村土地确权登记颁证试点，县、镇两级农村产权交易平台投入运行。整村整组流转土地4000公顷，创成国家级、省级农民合作社示范社23个，获批省级示范家庭农场2个。41个村集体资产实现股改现金分红。（朱寿勤）

**■工业** 全县354家规模以上工业企业完成总产值886.33亿元，增长14.4%。规模以上高新技术企业完成产值141.68亿元，占规模以上工业产值的16.0%。全年实现工业开票销售514.90亿元，增长12.0%。工业用电量10.45亿千瓦时。推进输变电装备及新能源发电、机械装备及汽车汽配、轻纺及化工建材等重点产业。宝胜集团获省“地标型企业”称号。净增1亿元以上企业5家、规模以上企业29家。万元地区生产总值综合能耗下降3.5%。新开工工业重大项目7个、1亿元项目10个、5000万元项目20个，新竣工投产工业1亿元项目10个、5000万元项目16个。完成工业技改投入92亿元、设备抵扣税1.8亿元，分别增长11.8%、13.2%。宝应经济开发区与上海莘庄工业园签署合作共建协议。新认定市级重点发展型工业集中区2个。安宜工业园获批市级生态示范园区。新建标准化厂房11万平方米。（朱寿勤）

**■建筑业** 全年完成建筑业总产值395.40亿元。建筑业企业全年实现税收2.2亿元，增长18%，其中县外工程回宝应纳税2666万元。全年获批各类资质52个。其中，新办资质12个、增项资质31个、资质升级9个。全年房屋建筑施工面积5419万平方米。全年实现境外营业额3333万美元。江苏华轩建设工程有限公司发行建筑业私募债券。安宜集团科技研发中心获批省级科技研发中心。（朱寿勤）

**■服务业** 全县社会消费品零售总额122.94亿元，增长12.2%。时代国际、五洲国际等商业综合体投入运营。新开工服务业重大项目4个、1亿元以上项目8个，新增限额以上企业30家、规模以上企业37家。柳堡团庄村成为省三星级乡村旅游点。射阳湖镇冲林村获“省特色景观旅游名村”称号。获批省级农村物流示范基地、示范点各1个。加快总部经济、服务外包、软件开发、电子商务等新兴业态发展。软件信息大厦投入试运行。（朱寿勤）

**■对外国及港澳台地区经贸** 全年实际到账外资及港澳台资0.32亿美元。自营出口总额6.10亿美元，比上年增长12.5%。其中，机电行业出口4.34亿美元，占全县外贸出口的71.1%，增长11.3%；玻璃水晶产业出口0.79亿美元，占全县外贸出口的13.0%，增长25.5%；纺织服装业出口0.33亿美元，占全县外贸出口的5.4%，下降27.3%；农副产品业出口0.44亿美元，占全县外贸出口的7.2%，增长8.5%。（朱寿勤）

**■科学创新** 全年新认定国家高新技术企业11家、省高新技术产品75个，新增省级以上研发平台16个。申请专利2880件，获专利授权1402件，参与制订国家、行业标准7个，新增国家驰名商标1件、省著名商标7件、省名牌产品4个。实施产学研合作项目60个，新建政产学研联合体10个。引进高层次人才142人，其中省级、市级人才计划人才各12人。启动实施“名师工程”，新建“名师工作室”10个，培养中青年优秀人才55人。（朱寿勤）

**■交通、邮电和供电** 203省道（新淮江线）宝应段、氾水运河大桥及连接线建成通车。实施曹安公路大中修、农村公路提档升级工程98千米。新建宝射河护岸6.6千米，改造危桥32座。开通城市公交2条、镇村公交4条，更新节能环保公交车77辆。

全年邮政业务收入8011万元。“苏邮惠民”体系累计建成加盟店267户。全县电信业务收入5.33亿元，有固定电话用户15.35万户、移动电话用户58.58万户、互联网宽带接入用户11.58万户。

宝应县首座110千伏智能变电站齐心变电站投运。全年配电网建设投资3.7亿元。全年完成供电量16.49亿千瓦时，增长1.2%；售电量15.47亿千瓦时，增长1.94%。（朱寿勤）

**■财政和金融** 全年财政支出56.04亿元，增长4.4%。其中，公共财政预算支出46.25亿元，增长

10.2%。年末金融机构人民币存款余额342.32亿元，比年初增加44.96亿元。其中，城乡居民储蓄存款余额228.51亿元，比年初增加31.49亿元。年末金融机构人民币贷款余额229.71亿元，比年初增加31.94亿元。全年保费收入9.38亿元。

获批省金融改革创新试点县，新引进域外金融机构1家，新增小额贷款公司3家。金融超市正式运营，发行全省首家建筑行业私募债。开展银企对接，新增贷款38亿元，其中工业贷款22亿元，争取市应急调头资金5000万元。 （朱寿勤）

**■城乡建设与环境保护** 宝应县规划展示馆开馆试运行。完善新城公共基础设施，完成宝射路、莲花路东延和相关区间路建设，建成二横河绿化风光带。推进旧城改造提升，完成泰山桥、叶挺桥、城郊桥及军民街、花城路、爱民路等路桥改造、改建，实施4个路口渠化改造及白田路街景亮化工程，安装背街小巷路灯1500盏。城区新增绿化20万平方米，改造老旧小区6个17万平方米。完成老城保护规划修编，启动泰山殿历史文化街区建设。氾水镇、曹甸镇获批全国重点镇。县数字化城管平台投入试运行。构建农村环境长效管护“四位一体”（河道、道路、村庄、绿化）新模式。

完成全县土地利用总体规划中期评估，新增建设用地规模733公顷。加强土地节约集约利用，盘活存量土地108公顷。

启动实施生态文明建设三年行动计划。县第二污水处理厂、城西污水处理厂投入运营。新增城乡污水管网24千米。实施清水工程，饮用水水源地水质达标率100%。农村镇级河道及家沟家塘疏浚整治土方1800万立方米。改善空气质量，细颗粒物（$PM_{2.5}$）下降4%以上。完成主要污染物总量减排任务。新增无害化卫生户厕2万座。启动生态中心、生态廊道建设，成片造林620公顷。秸秆机械化全量还田率85%。 （朱寿勤）

**■社会事业** 新建、改造校舍1.35万平方米。建成中小学校塑胶运动场地27片，镇中心学校实现塑胶运动场地全覆盖。修订城区中小学布局规划，落实宝应县实验初中改造方案。扬州未成年人社会实践基地节水教育馆、地震教育馆等7个场馆建成。通过全国义务教育发展基本均衡县验收。新增省、市特级教师12人。

完成4个镇卫生院业务用房改建工程，启动县血液净化中心、宝应经济开发区医院（县妇幼保院）及县疾控中心等医疗卫生项目建设。宝应县通过全国基层中医药工作先进单位验收，获评江苏省卫生应急工作先进县。新创省级卫生镇2个。新农合参保人数65.90万人，参合率99.49%。宝应县卫生监督所获评“全省基层卫生监督工作先进单位”。宝应县妇幼保健院被国家卫生和计划生育委员会评为“妇幼健康服务先进集体”。宝应县区域卫生信息平台建设项目通过江苏省卫生和计划生育委员会评估验收。

宝应县文化中心（县文化馆、图书馆）建成开放。举办“美丽中国梦、党群荷乡情”文艺会演、展演、巡演活动11场次。放映农村广场电影3500场。创建“中国书法之乡”。

启动“居民健康卡”工程。实施县体育场提升改造工程，城市社区“10分钟体育健身圈”基本完成，新增城乡健身路径145套。举办各类群众活动、比赛27次。完善全民健身网络，累计建成体育社团17家、社区体育俱乐部和青少年体育俱乐部4家。 （朱寿勤）

宝应文化中心大楼建成对外开放　　宝　应/供稿

**■劳动和社会保障** 新增城镇就业8000人、农村劳动力转移就业5200人，城镇登记失业率2.15%。培训城乡劳动者1.33万人。新增各类保险参保对象3.17万人，征缴各类保险基金11.83亿元。年末全县企业职业基本养老保险参保12.55万人，城镇职工基本医疗保险参保13.27万人，城镇居民基本医疗保险参保6.05万人，失业保险参保6.31万人，城乡居民基本养老保险参保28.5万人。年末，3.25万名离退休人员享受企业职工基本养老保险金，15.8万人领取城乡居民基本养老保险基础养老金。出台急难家庭临时救助政策，落实城乡低保、五保、优抚等自然增长机制。健全社会养老服务体系，505人享受政府购买居家养老服务，在全省率先完成乡镇敬老院消防设施改造升级。筹建经济适用房150套、公（廉）租房570套，完成扶贫建房571户，启动渔民上岸工程。住房公积金扩面6235人，归集3.5亿元，发放公积金贷款3亿元。 （朱寿勤）

**■2014中国宝应荷藕节** 8月8日，2014中国宝应荷藕节开幕并举行投资商机说明会暨项目集中签约仪式，10个项目集中签约，计划总投资23.8亿元。宝创线缆、渔光互补太阳能发电、江铃汽车零部件、宝胜中压及电力线缆、富易达纺织、振森木业机械制造、协源渔光互补太阳能发电等7个重大项目开工，组织开展2014中国宝应荷藕节企业人才开放日、大型人力资源招聘洽谈会、“百博进百企”集中签约等系列活动。 （朱寿勤）

**■宝应县创成国家级出口食品农产品质量安全示范区** 11月20日，根据国家质量监督检验检疫总局公布2014年国家级出口食品农产品质量安全示范区名单，宝应县获批国家级出口食品农产品质量安全示范区。宝应县从2013年8月启动创建国家级出口食品农产品质量安全示范区，由扬州出入境检验检疫局、县政府共同负责创建。示范区区域为整个县行政区域，西安丰镇、氾水镇、鲁垛镇、射阳湖镇、广洋湖镇、望直港镇等6个镇为重点区域。示范区产品包括荷藕、慈姑、有机大米、有机酱油、有机醋，示范区基地面积1.05万公顷。

（朱寿勤）

**■宝应县获批国家生态文明建设示范区** 国家环境保护部公告2014年第33号，授予宝应县"国家生态文明建设示范区"称号。宝应县自2006年启动国家生态县创建，推进污染防治、生态保护、环境监管和基础设施建设，实现国家级生态镇、镇村环保机构、镇级生活污水处理厂、农村生活垃圾收集处理、河塘整治、区域供水、医疗废弃物集中处理、秸秆还田和城区集中供热等全覆盖。

（朱寿勤）

**■宝粮集团获批农业产业化国家重点龙头企业** 11月4日，农业部等全国农业产业化联席会议八部门印发《关于递补54家企业为农业产业化国家重点龙头企业的通知》，江苏宝粮控股集团有限公司获批农业产业化国家重点龙头企业。江苏宝粮控股集团有限公司成立于2011年10月，是全省第一家县级粮食集团公司，集粮食种植、购销、加工、运输、仓储、检测、集散、配送于一体，集团下辖江苏宝应湖粮食物流中心、扬州名佳食品、宝应奕佳农牧、宝应永佳米业、江苏宝粮运输、江苏宝粮油脂、江苏宝粮酒业等7家全资子公司。至2014年底，集团总资产7.2亿元，全年实现销售收入17亿元、利税2800万元，带动农户15万户。 （朱寿勤）

## 仪征市

**■概述** 仪征市总面积902.19平方千米，辖10个镇，有146个行政村、44个社区，年末户籍人口56.56万人。

2014年，全市实现地区生产总值465.06亿元，比上年增长11.4%。其中，第一产业增加值21.13亿元，增长3.4%；第二产业增加值255.76亿元，增长11.3%；第三产业增加值188.17亿元，增长12.4%。按常住人口计算，人均地区生产总值82633元。三次产业结构比4.5∶55.0∶40.5。城镇居民人均可支配收入31123元，农村居民人均纯收入14860元，分别增长9.2%、10.8%。全市完成全社会固定资产投资338.93亿元，增长19.3%。连续第六年获评"中国中小城市综合实力百强县市"。 （曹晓彬 马晓东）

**2014年仪征市经济社会发展主要指标一览表**

表37-5

| 项　　目 | 单位 | 数量 | 比上年增长(%) |
|---|---|---|---|
| 地区生产总值 | 亿元 | 465.06 | 11.4 |
| 第一产业增加值 | 亿元 | 21.13 | 3.4 |
| 第二产业增加值 | 亿元 | 255.76 | 11.3 |
| #工业增加值 | 亿元 | 146.76 | 11.4 |
| 第三产业增加值 | 亿元 | 188.17 | 12.4 |
| 人均地区生产总值(按常住人口计算) | 元 | 82633 | 11.3 |
| 规模以上工业产值 | 亿元 | 1396.11 | 8.9 |
| 全部工业开票销售收入 | 亿元 | 1043.4 | 16.1 |
| 农林牧渔业总产值 | 亿元 | 40.99 | |
| 粮食总产量 | 万吨 | 33.70 | -0.1 |
| 全社会固定资产投资总额 | 亿元 | 338.93 | 19.3 |
| 外贸自营出口总额 | 亿美元 | 6.60 | 14.8 |
| 实际利用外资及港澳台资 | 亿美元 | 3.16 | 11.7 |
| 社会消费品零售总额 | 亿元 | 91.95 | 9.3 |
| 财政总收入 | 亿元 | 76.06 | 50.3 |
| #公共财政预算收入 | 亿元 | 34.66 | 22.2 |
| 城镇居民人均可支配收入 | 元 | 31123 | 9.2 |
| 农民人均纯收入 | 元 | 14860 | 10.8 |
| 邮电业务收入 | 亿元 | 5.68 | 11.4 |
| #电信业务收入 | 亿元 | 4.96 | 4.6 |
| 年末存款余额 | 亿元 | 461.08 | |
| 年末贷款余额 | 亿元 | 257.85 | |

（曹晓彬 马晓东）

**■农业** 2014年，全市粮食总产量33.70万吨，与上年基本持平。新增高标准农田2000公顷、高效设施农业面积1013.33公顷，建设省部级稻麦高产创建万亩示范片10个。31家市级以上农业龙头企业实现产值35亿元，增长12%。新增农村合作经济组织39个、家庭农场45个。新认证无公害、绿色、有机农产品37个。

（曹晓彬 马晓东）

**■工业和建筑业** 全市规模以上工业实现产值1396.11亿元，增长8.9%；其中市辖规模以上工业实现产值853.34亿元，增长13.2%。全市工业开票销售收入1043.4亿元，增长16.1%，首次突破1000亿元，在苏中各县(市)中排名第一；工业入库税收45.55亿元，增长32.7%。其中，规模以上工业开票销售收入927.03亿元，入库税收41.2亿元，分别增长15.3%、48.2%。市辖工业开票销售收入672.5亿元，入库税收41.2亿元，分别增长30%、27.3%。其中，市辖规模以上工业开票销售收入

588.01亿元，入库税收37.42亿元，分别增长32.1%、42.3%。

全市建筑业实现总产值210.94亿元，增长9.5%；竣工产值162.21亿元，增长0.8%，竣工率74.3%。建筑业企业房屋建筑施工面积1624.22万平方米，增长3.7%；竣工面积660.52万平方米，下降14.4%。（曹晓彬　马晓东）

**■国内贸易**　全市实现社会消费品零售总额91.95亿元，增长9.3%。按消费形态分，批发和零售业零售额82.23亿元，住宿和餐饮业零售额9.72亿元。（曹晓彬　马晓东）

**■开放型经济**　2014年，全市实际到账外资及港澳台资3.16亿美元，增长11.7%。其中，市本级注册外资及港澳台资实际到账1.76亿美元，增长6.0%。全市进出口总额10.25亿美元，增长2.9%。其中，进口3.65亿美元，下降13.3%；出口6.60亿美元，增长14.8%。市本级进出口总额5.03亿美元，增长25.9%。其中，进口0.91亿美元，下降23.6%；出口4.12亿美元，增长47.1%。（曹晓彬　马晓东）

**■科技创新**　2014年，全市新增国家高新技术企业17家，获批国家级科技项目13个、省级科技项目9个，新认定省级以上研发机构11家，创成省级以上品牌5个。全年申请专利3278件，其中发明专利694件；获专利授权1651件，其中发明专利12件。全年新增产学研合作项目55个，北京交通大学等3所高校技术转移中心仪征分中心挂牌运行。全社会研发经费支出占地区生产总值的2.6%。（曹晓彬　马晓东）

**■交通、邮电和旅游业**　全市公路里程1480.8千米，其中高速公路里程59.4千米。全年货物运输量1360万吨，增长9.1%。其中，公路货运量472万吨，增长4.2%；水路货运量888万吨，增长11.9%。港口货物吞吐量268万吨，增长13%。全年公路客运量1213万人次，下降5.1%。年末民用汽车拥有量5.53万辆，增长22.1%；其中私人汽车拥有量4.95万辆，增长25.7%。

全年邮政电信业务总收入5.68亿元，增长5.4%。其中，邮政业务收入0.72亿元，增长11.4%；电信业务收入4.96亿元，增长4.6%。全市电话用户73.12万户，下降4.1%。其中，固定电话用户14.75万户，下降4.1%；移动电话用户58.37万户，下降4.1%。年末互联网宽带接入用户11.86万户，增长10.5%。

全市有旅游景区(点)9个、旅行社及其分支机构33家、星级旅游酒店饭店10家。全年接待国内旅游者209.04万人次，增长12.7%；国内旅游总收入21.59亿元，增长14.5%。（曹晓彬　马晓东）

9月11日，333省道仪征段改(扩)建工程宁通公路至大仪段通过交工验收　丁雪海/摄

**■财政和金融**　全市实现财政总收入76.06亿元，增长50.3%；公共财政预算收入34.66亿元，增长22.2%，其中税收收入29.63亿元，增长25.4%，税收占比85.5%，比上年提高2.2个百分点。

市本级公共财政预算支出41.51亿元，增长12.9%。其中，农林水事务支出1.04亿元，增长17.2%；教育支出6.81亿元，增长9.2%；一般公共服务支出5.21亿元，增长12.4%；社会保障和就业支出8.35亿元，增长9.3%；医疗卫生支出3.98亿元，增长9.9%。

年末金融机构人民币存款余额461.08亿元，比年初增加65.85亿元。其中，企业存款202.76亿元，比年初增加37.81亿元；居民储蓄存款248.13亿元，比年初增加24.9亿元。年末金融机构人民币贷款余额257.85亿元，比年初增加40.09亿元。

全年保费业务收入6.31亿元，增长6.4%。其中，财产险收入2.6亿元，增长10.6%；人寿险收入3.71亿元，增长3.6%。保险业务支出2.21亿元，下降24.8%。其中，赔偿支出1.51亿元，下降1.9%；满期结付支出0.7亿元，下降50%。（曹晓彬　马晓东）

**■城乡建设与环境保护**　333省道仪征段建成通车，353省道仪征段工程有序推进。开展宁仪扬城际轻轨仪征段线形调研论证，完成扬宿高速仪征段征地拆迁，推进宁启铁路复线仪征货站改造工程。新改建农村公路106千米，改造桥梁10座，实施县道大中修18千米。启动综合客运枢纽站选址和规划设计工作，新辟城市公交线路3条，开通马集镇镇村公交。完成仪征套闸除险加固、朱桥灌区改造、2014年度农村河塘轮浚、月塘水库备用水源泵站等工程，建成自来水厂二期主体工程，启动潘家河活水泵站工程。

启动编制城市总体规划、老城区及滨江新城控制性详规。完成回迁安置2393户，交付安置房4802套。完成城郊结合部、老旧小区等城市环境综合整治项目46个。阳光社区、工农北路创成省级城市管理示范社区、示范路。完成省文明城市复查考评，数字化城管通过省级验收。

完成集镇环境综合整治项目119个。大仪镇、月塘镇被确定为全国重点镇。开展省美丽乡村示范创建，3个试点村完成建设任务。新增农民集中居住区建房农户2400户，农民集中居住率24.1%。加强村集体“三资”(农村集体资金、农村集体资产和农村集体资源)管理,清理核实村级债务。农村产权交易中心挂牌运行。

完成生态文明建设规划编制。削减化学需氧量212吨、二氧化硫排放量806吨。实施节能改造项目27个,单位地区生产总值能耗下降3.6%。新增造林633.33公顷,其中成片造林480公顷。创成省级绿化示范村12个,全市森林覆盖率提高至29%。（曹晓彬 马晓东）

**■社会事业** 仪征市创建全国义务教育发展基本均衡市工作通过国家督导。仪征技师学院、仪征第四中学异地新建一期等工程投入使用,推进实验幼儿园、仪化第三小学新建项目。省优质幼儿园比例67.65%、省实验小学比例45.16%,分别比上年提高6.54个、2.74个百分点;省示范初中比例89.47%、省三星以上高中比例80%,均与上年持平。全市有各类学校91所,招生1.58万人,在校生5.89万人。

完成仪征市人民医院病房楼改造,启动仪征市中医院分院和真州、新集、大仪卫生院建设,建成标准化村卫生室24个。年末有各类卫生机构(不含村卫生室)71个,比上年减少2个;有床位2080个,增加69张;有卫生技术人员3056人,其中执业医师、执业助理医师939人。深化县级公立医院改革,推进医疗综合价格改革,初步建成全市医疗卫生一体化信息平台。

全市有体育场2个、体育馆5个、游泳池馆4个,有教练员12人、等级裁判员41人、等级运动员34人。运动员全年获奖牌总数111枚。举办体育竞赛表演52次。完善村、社区文体设施,累计建成全民健身活动设施374处。

全年广播节目播出时间3822小时,电视节目播出时间3827小时,广播电视节目综合覆盖率100%。全市有电影放映单位4个、艺术表演场馆1个、博物馆1个、纪念馆2个、公共图书馆1个、文化站9个,全年电影观众57.41万人次、艺术表演观众12万人次、文物展览参观人数11.2万人次、纪念馆参观人数0.25万人次、公共图书馆书刊文献外借20.94万人次。（曹晓彬 马晓东）

**■劳动和社会保障** 全年新增转移农村劳动力7700人,新增城镇就业1.02万人,城镇登记失业率2.1%。年末城镇职工基本养老保险覆盖率、基本医疗保险覆盖率、失业保险覆盖率分别为98.6%、98.88%、98%,参保人数分别为15.03万人、16.93万人、8.94万人。居民基础养老金待遇提高至每人每月90元,退休人员月均基本养老金提高至2084元,居民医保、新农合财政补助标准提高至每人每年320元,城乡低保标准分别提高至每人每月500元、360元。新建公租房604套、经济适用房126套,发放廉租房租赁补贴100户。发放公积金贷款4亿元。（曹晓彬 马晓东）

# 高邮市

**■概述** 高邮市面积1921.78平方千米,辖10个镇、1个回族乡、2个街道,有1个省级经济开发区(高邮经济开发区)、2个新区(高邮城南经济新区、高邮湖西新区),有175个行政村、52个社区,年末户籍人口81.81万人。

2014年,全市实现地区生产总值445.20亿元,按可比价计算,比上年增长11%。其中,第一产业增加值62.72亿元、第二产业增加值201.13亿元、第三产业增加值181.35亿元,分别增长3.6%、12.1%、12.2%。三次产业结构比例14.1∶45.2∶40.7。人均地区生产总值60203元。全市完成社会固定资产投资334.43亿元,增长19.6%。城镇居民人均可支配收入26632元,农村居民人均纯收入14335元。（宝珍芳）

**2014年高邮市社会经济发展主要指标一览表**

表37-6

| 项　　目 | 单位 | 数量 | 比上年增长(%) |
|---|---|---|---|
| 地区生产总值 | 亿元 | 445.20 | 11.0 |
| 第一产业增加值 | 亿元 | 62.72 | 3.6 |
| 第二产业增加值 | 亿元 | 201.13 | 10.6 |
| #工业增加值 | 亿元 | 166.28 | 11.6 |
| 第三产业增加值 | 亿元 | 181.35 | 14.3 |
| 人均地区生产总值(常住人口) | 元 | 60203 | 12.5 |
| 规模以上工业产值 | 亿元 | 1020.37 | 16.2 |
| 农林牧渔业产值 | 亿元 | 121.72 | 14.2 |
| 粮食总产量 | 万吨 | 88.59 | 1.2 |
| 全社会固定资产投资总额 | 亿元 | 334.43 | 19.6 |
| 外贸自营出口总额 | 亿美元 | 3.86 | 6.9 |
| 实际利用外资及港澳台资 | 亿美元 | 0.29 | -61.07 |
| 社会消费品零售总额 | 亿元 | 138.65 | 12.5 |
| 财政总收入 | 亿元 | 45.77 | 5.9 |
| #公共财政预算收入 | 亿元 | 29.32 | 15.2 |
| 城镇居民人均可支配收入 | 元 | 26632 | 9.6 |
| 农民人均纯收入 | 元 | 14335 | 10.9 |
| 邮电业务收入 | 亿元 | 6.68 | |
| #电信业务收入 | 亿元 | 5.77 | |
| 年末存款余额 | 亿元 | 394.68 | 15.2 |
| 年末贷款余额 | 亿元 | 241.60 | 17.1 |

（高邮市统计局）

■**农林牧渔业** 2014年，全市实现农林牧渔业现价总产值121.72亿元。实现粮食总产量88.59万吨、棉花总产量0.13万吨、油料总产量2.29万吨；生猪出栏量31.42万头、家禽出栏量1093万只、水产品产量16.12万吨。粮食产量实现“十一年连续增产”，被评为全国粮食生产先进县。小麦攻关田块每公顷单产1.04万千克，刷新淮南麦区纪录。新增高效设施农渔业面积0.3万公顷、农业适度规模经营面积0.32万公顷，新建高标准农田0.33万公顷。高邮市被评为省发展现代高效农业成效显著县，八桥农业园被评为省级现代农业产业园。完成农村土地承包经营权确权试点任务。农村产权交易中心投入运行。农村经济合作组织突破1000家；新注册家庭农场107个，获评为省级示范家庭农场2个。高邮湖大闸蟹行业协会与乐视网合作开展电商销售。扬州市董氏特种水产有限公司建成扬州首家农字号院士工作站。新增省级农业龙头企业6家，累计16家。新增农产品“三品”品牌41个，累计316个。加快发展农业机械，拖拉机、粮食烘干机等农业机械推广量实现倍增。（宝珍芳）

■**工业** 2014年，全市3987家工业企业完成总产值1928.8亿元、开票销售456.6亿元、入库税收19.39亿元，分别比上年增长14.7%、12.9%、9.7%。其中，522家规模以上企业累计完成现价产值1020.4亿元、销售收入995.5亿元、利税总额109.6亿元、利润69.53亿元，分别比上年增长16.2%、15.5%、23.4%、31.4%。规模以上工业产销率97.8%。实现工业用电量22.56亿千瓦时，比上年增长13%。完成购进设备抵扣税1.49亿元，下降35%。实施扬州市重点工业技改项目20个，规模以上企业技改投入105亿元，增长20%。主导产业加快发展，机械装备、电线电缆、纺织服装、照明灯具等4个基本产业规模以上企业实现开票销售240亿元，增长18%。照明灯具产业被认定为省特色产业集群，电池工业园获批省高性能电池特色产业基地。全市有开票销售超1亿元企业64家、纳税超1亿元企业1家。扬州市秦邮特种金属材料有限公司开票销售超70亿元，高邮市华翔实业有限公司纳税1.2亿元，均创工业企业新高。（宝珍芳）

■**建筑业** 全市建筑业企业完成总产值561.28亿元，房屋建筑施工面积5054万平方米，竣工产值485.79亿元，竣工面积2477.9万平方米。晋升一级总包资质企业3家，新开辟外埠市场6个。江苏弘盛建设工程集团有限公司入围江苏省百强民营企业。城市商务大厦获国优工程。（宝珍芳）

■**国内贸易** 全市社会消费品零售总额138.65亿元，增长12.5%。其中，批发业16.5亿元，增长18.3%；零售业105.5亿元，增长8.6%；住宿业0.7亿元，增长30.4%；餐饮业15.89亿元，增长37.7%。新增限额以上企业19家。新增私营企业2905家。获批扬州市文化产业示范基地4个。争取旅游扶持资金1800万元。开通扬州至高邮水上游览线。高邮清水潭旅游度假区创成扬州市级旅游度假区，界首芦苇荡获批省三星级乡村旅游示范点，盂城驿获批国家AAA级景区。实施澳洋顺昌金属材料物流、诚信电子商务物流园、九龙湾城市综合体等重大项目，波司登世贸国际广场建成开业。尚程家居、苏中农贸城等8个专业市场成交额60亿元。限额以上批发和零售企业中，食品、饮料、烟酒类零售额6.7亿元，增长4%；服装、鞋帽、针纺织品类零售额2亿元，下降7.5%；日用品类零售额1.2亿元，增长12.5%；化妆品类零售额0.3亿元，增长11.5%；金银珠宝类零售额1.1亿元，增长9.6%；家用电器和音像器材类零售额1.8亿元，增长2%；汽车类零售额1.2亿元，增长10.2%。（宝珍芳）

海德森智能电网系统和储能电池项目生产车间

程建平/摄

■**对外国及港澳台地区经贸** 全市实际利用外资及港澳台资2851.8万美元。举办第十届中国双黄鸭蛋节。开展“上海招商突击月”“上海及长三角百日招商会战”等招商活动。全年招引1000万美元以上项目3个、1亿元以上民资项目59个，其中世界500强及跨国公司投资项目1个、10亿元项目1个。全市进出口总额4.19亿美元，增长8.8%，其中出口3.86亿美元，增长6.9%。（宝珍芳）

■**科技创新** 落实人才政策，筹集人才公寓3.7万平方米，兑现人才资助资金1100万元。引进高层次人才112人，其中国家“千人计划”人才2人。与江南大学、西安交通大学、武汉科技大学达成校地全面合作协议，实施产学研项目105个。新增国家高新技术企业10家、省级以上高新技术产品114个，获批省级以上“三站三中心”14家。创省著名商标8件、省名牌产品3个，秦邮蛋品创成中国驰名商标。承办第十届中国道路照明论坛。钢质照明灯杆行业标准通过立项审批。获批省知识产权示范市。送桥镇被列为省创新型试点乡镇。（宝珍芳）

■**交通和供电** 完成连淮扬镇铁路前期工作。推进运东船闸扩容工程建设。237省道高邮段全线建成通车。

611省道高邮先导段路基贯通。建成北澄子河新王、南圩大桥接线。实施县道安保工程40千米、美丽乡路60条220千米。投入3.9亿元实施配电网改造，推进500千伏扬州北输变电站工程，建成110千伏文游变电站。投资4.2亿元，完成淮河入江水道整治、小型农田水利重点县、中小河流治理、农村河道轮浚等重点水利项目。（宝珍芳）

**■财政和金融** 全市财政总收入45.77亿元，增长5.9%；公共财政预算收入29.32亿元，增长15.2%。全年税收收入24.04亿元，增长15.1%，占公共财政预算收入的82%。公共财政预算支出46.64亿元，增长13.4%。

年末全市金融机构各项存款余额394.68亿元，比年初增加52.33亿元，增长15.2%；各项贷款余额241.60亿元，比年初增加35.39亿元，增长17.1%。引进光大银行、射阳农商行，常农商村镇银行正式营业。（宝珍芳）

**■城乡建设与环境保护** 推进国家历史文化名城申报工作，高邮历史文化名城保护规划获省政府批准。新一轮城市总规纲要通过省专家论证，完成镇村布局规划。三垛镇、菱塘回族乡、临泽镇被列为全国重点镇。建成市河一期工程，完成盂城驿保护二期主体工程。提档升级珠光路，实施屏淮路南延、武安路东延工程，建成蝶园路南延、健民东路东延工程，整治琵琶西路、文游中路、海潮路街道环境。城市公交实现公车公营，先行投放新公交车50辆，运行公交线路7条。推进市河二期、东门大沟、南海子河、北澄子河上段等清水活水截污导流工程，建成北澄子河闸站。实施城市环境综合整治项目97个、"三拆三整治"项目223个，拆除违法建设536处2.09万平方米。城区二水厂扩建工程投入运行。完成烟雨园小区和30条后街后巷改造。启动数字化城管建设，升级防空警报控制系统，建成环卫综合作业中心。高邮镇新联社区创成省级城市管理示范社区。

全市房地产开发投资54.23亿元，增长55%。其中，住宅投资40.35亿元，增长40.9%；商业营业用房投资9.78亿元，增长83.3%。全市商品房施工面积393.65万平方米，增长13.1%；其中新开工面积149.14万平方米，下降35.4%。商品房竣工面积92.02万平方米，下降1.0%。商品房销售面积66.53万平方米，下降25.5%。

提高环境质量，新增绿化造林1000公顷、城市绿地54公顷，清水潭生态中心新增造林70公顷。关闭排放不达标企业13家，停产整顿企业14家，实施治污减排项目8个、节能改造项目26个，完成减排年度目标。铺设城市污水管网8千米。淘汰城区燃煤小锅炉118台。推进蓝天碧水工程，疏浚农村骨干河道51条，建成省水美乡镇1个、水美村庄4个。创成扬州市优美乡村3个。秸秆机械化还田1.2万公顷。强化秸秆禁烧和综合利用。北澄子河三垛西大桥国控断面水质基本达标。获"国家生态市"称号。（宝珍芳）

**■社会事业** 完成全国第一次可移动文物普查。修缮清代当铺。建成抗日战争最后一役纪念馆。公共文化服务体系基本形成，数字农家书屋实现全覆盖。获"中华诗词之乡"称号。创成全国义务教育发展基本均衡县。建成实验小学东校区。省优质幼儿园比例达78%。兑现计划生育奖励扶助金3252万元。实施公立医院价格改革。人民医院创成三级综合医院，中医院创成三级乙等中医院，第三人民医院创成二级中西医结合医院。建成城市社区"10分钟体育健身圈"。举办环高邮湖国际自行车越野赛和大运河半程马拉松赛。高邮市获"全国防震减灾工作先进县"称号。菱塘回族乡清真村创成中国少数民族特色村寨。（宝珍芳）

**■劳动和社会保障** 落实促进就业创业扶持政策，新增农村劳动力转移9153人，城镇登记失业率2%。新增社保"五险"参保人数2.1万人，城乡居民养老保险覆盖率99.5%。城镇职工、城镇居民、新农合医保政策范围内报销比例分别为80%、70%、75%。全年募集慈善资金1016万元，支出慈善资金780万元。社会福利中心投入运行。升级改造敬老院10家，创省"三星级"敬老院1家。五保集中供养率85%以上。建成残疾人康复中心，发放残疾人救助资金1386万元。实施"亿千百"（筹集1亿元资金，每年新增1000万元收益分配，每年扶持100个经济薄弱村）脱贫攻坚工程，低收入农户脱贫率75%，行政村年集体经营性收入30万元实现全覆盖。筹建保障性安居房2887套。住房公积金扩面5777人，发放贷款1.82亿元。改造农村危房230户，建成界首金墩渔民安置小区。（宝珍芳）

**■第十届中国双黄鸭蛋节** 4月12日至5月29日，高邮市举办第十届中国双黄鸭蛋节。节庆期间，举办第十届中国双黄鸭蛋节开幕式暨产业合作商机说明会、2014年第十届中国道路照明论坛、全市重点项目集中开工竣工投产活动、大连理工大学高邮研究院产业化项目投产仪式以及产学研"三百"计划暨百名专家高邮行活动、"中国扬州·美丽高邮'烟花三月'光影周"活动、全民健身展示暨2014年全民健身体育节启动仪式、"扬州—高邮豪华水陆休闲游首航欢迎仪式暨2014年'高邮湖春色·里下河风情'主题游"首发式、第五届环高邮湖国际自行车越野赛和2014年"高邮湖鲜"旅游美食节等系列活动。全市签约产业合作项目42个，总投资149亿元，注册资本37.7亿元。其中，外资及港澳台资项目5个，总投资7.25亿美元，协议外资及港澳台资1.3亿美元；民资项目37个，总投资106亿元，注册资本29亿元。（宝珍芳）

# 人物

Renwu

编　辑　戴淑敏

## 先进模范

### 全国五一劳动奖章获得者

■**宋余华**　男，1966年3月出生，江苏高邮人，中共党员，大学本科学历，中国兵器工业集团北方激光科技集团有限公司总经理助理兼激光应用技术部主任，研究员级高级工程师。参与、主持多个国家重点型号高新工程项目研制，在复杂光机系统精密调校创新研究方面取得良好业绩，多次获国家级或兵器工业集团科学技术进步一等奖、二等奖，申报国防发明专利10多项。先后攻克高精度棱镜工艺难点和复杂棱镜胶合、光学材料异形深孔加工、角锥棱镜检测等技术难点；建立小靶板微光暗室，为调校特种产品积累技术和验证手段；打通光机调试瓶颈，主持解决直瞄镜双分划板高精度视差校正、提高激光器发射天线压缩效率、抑制杂散光提高小视场摄像系统像面对比度等技术难题。推动半实物仿真、数字化工程建设，设计多种连续变焦光学系统。策划产品研发路线图，获得数十项研制任务。2014年4月获全国五一劳动奖章。（凌月明）

■**徐敬全**　男，1963年8月出生，江苏扬州人，中共党员，大学本科学历，扬州市公安局经济犯罪侦查支队一级警员。徐敬全从部队转业后，主办侦破案件96起，移送犯罪嫌疑人100多人，挽回经济损失7000多万元；配合税务机关协税护税65起，协查60个单位。其中2起案件分别入选2008年全省"十大精品案例"和"全国打击发票犯罪十大精品案例"。主动联系挂钩企业，开展法制宣传教育，定期提供国内形势和商业预警信息，为300人次提供法律咨询，化解经济矛盾50多件，36家企业止争息诉。先后被市公安局记三等功4次，2011年获"扬州市先进工作者"称号，2012年获全市政法系统"人民满意政法干警"称号，2012年获"全国优秀人民警察"称号。2014年4月获全国五一劳动奖章。（凌月明）

■**邹圣明**　男，1972年10月出生，江苏扬州人，中共党员，高中学历，江苏天雨环保集团有限公司车间主任。邹圣明在生产管理中，注意节约原料成本，规范生产流程，降低不良率，每年减少额外材料成本100多万元。他勇于创新，改进生产工艺。2010年，自制平面镗铣床，完成大型钢件加工技改任务，解决大型钢闸门平面及闸门槽止水面加工问题，节省50多万元。2011年，完成ZNDY1000浓缩脱水一体化改造、铸造公司冲天炉节能改造，每年节约能耗93.4万元、增加产值100多万元、削减烟尘排放量90%以上。2012年，利用公司现有设备，采用反镗切削法，完成CH660泵壳体加工任务，保证公司近2000万元购销合同按期交付。2012年获扬州市五一劳动奖章，2013年获江苏省五一劳动奖章。2014年4月获全国五一劳动奖章。（凌月明）

■**周　刚**　男，1972年11月出生，江苏兴化人，中共党员，大专学历，中国石化仪征化纤股份有限公司瓶片生产中心作业员，高级技师。周刚是一名"知识型职工"，主笔编写《瓶片装置工艺操作及故障处理手册》；参与《聚酯增粘工种国家题库》编写和前期审核；监造国内首条20万吨瓶片装置主反应器，解决热冲击试验台优化及控制技术问题；执笔修改瓶片装置10单元中控和现场岗位作业指导书。近两年，提出并参与实施技改10多项，参与开发新产品5个。2011年获中国石化"技术能手"称号。2013年获公司科学技术二等奖、科学技术质量改进三等奖，瓶片生产中心技术创新一等奖、三等奖。他主持立项并指导的QC（质量管理）小组获"全国质量管理优秀小组"称号，QC成果获纺织

协会“十大金奖”。2014年，设计安装S2装置在线振动筛，解决产品质量隐患。2006年获公司五一劳动奖章，2009年获扬州市五一劳动奖章，2012年被评为公司劳动模范，2013年获全国能源化学系统五一劳动奖章。2014年4月获全国五一劳动奖章。（凌月明）

## 江苏省五一劳动奖章获得者

■**朱　平**　男，1963年5月出生，江苏扬州人，中共党员，研究生学历，博士学位，江苏石油勘探局局长、中国石化股份有限公司江苏油田分公司总经理。2005年起主持江苏油田行政工作。2005—2013年，油田新增三级储量连年均超1000万吨，原油产量稳中有升；石油工程业务年收入从18.69亿元增至57.50亿元，海外年收入从3300多万美元增至3亿多美元；油田营业收入从93.43亿元增至184.22亿元，利税总额从31.22亿元增至46.43亿元；有29项科技成果达到国际先进水平，有48项成果获省部级科技进步奖，获国家专利185项。先后获“江苏省优秀青年企业家”“江苏省有突出贡献的中青年专家”“中国石化突出贡献专家”“中国石化环境保护先进管理者”“中国石化‘十一五’节能先进个人”“中国石化质量管理先进个人”“江苏省优秀企业家”等称号。2014年4月获江苏省五一劳动奖章。（凌月明）

■**邬世锋**　男，1966年4月出生，浙江奉化人，中共党员，大学本科学历，扬州中集通华专用车有限公司技术中心副主任，高级工程师。从事专用车设计20年，主持或参与多种车型开发。其中，车辆运输车系列产品技术水平领先全国同行业，国内市场占有率约40%，累计创造产值12亿多元；集装箱运输车系列产品每年创造产值6亿多元，产品远销国内外；2种车辆运输半挂车被认定为江苏省高新技术产品。参与制（修）订国家标准3项、行业标准1项。先后获中国汽车工业科技进步奖三等奖、中集车辆集团和公司科技创新奖多项，申报国家实用新型专利39项、发明专利4项。2013年完成中集车辆集团“轻型蜂窝材料研究及应用项目”轻型蜂窝材料翼开启厢式运输半挂车开发。2012—2013年承担国家项目“甩挂运输车辆轻量化研究”部分课题，设计开发14.6米无纵梁厢式半挂车。2014年4月获江苏省五一劳动奖章。（凌月明）

■**吴战宇**　男，1983年1月出生，辽宁营口人，中共党员，研究生学历，博士学位，江苏华富控股集团有限公司技术中心主任。致力于新型储能材料、新能源及二次电源产品研发，推动企业科技创新及中国化学电源行业和新能源行业技术进步。研发的新产品“高原专用胶体蓄电池”填补国内空白，达到国际先进水平，当年销售1亿多元。主持、参与实施多个国家和省高新技术产品研发、技术攻关和科技成果产业化项目，科研成果通过国家级新成果、新产品鉴定，获省、市多个奖项。先后发表论文20多篇，申请专利21项（其中获授权5项），参与制订技术标准3项。入选江苏省博士集聚计划、扬州市“绿扬金凤计划”创新领军人才和江苏省“333高层次人才培养工程”第三层次培养对象。2014年4月获江苏省五一劳动奖章。（凌月明）

■**姚云成**　男，1966年2月出生，江苏宝应人，中共党员，大学本科学历，宝应县总工会党组书记、副主席。姚云成每年到基层走访调研20多次，建立机关干部分片督查指导联系基层制度、每月一次到基层联系点服务制度、每年两次“下基层、访职工、办实事”活动制度；开展金牌工人评选、重点工程竞赛、和谐企业创建、职工互助互济、法律援助联动等品牌活动。推进行业工会建设和行业工资协商，主持成立县总工会下岗职工再就业（创业）服务中心、职工法律援助中心、困难职工帮扶服务中心、镇区和企业帮扶服务站点，建立职工（农民工）就业创业培训基地8个；发展壮大县职工困难互助救济会，每年帮扶、救助困难职工100多人30多万元。被县委、县政府记三等功1次，获评市、省优秀工会工作者，获“全国工会系统‘五五’普法先进个人”“全国工会帮扶工作先进个人”等称号。2014年4月获江苏省五一劳动奖章。（凌月明）

■**杨　斌**　男，1972年11月出生，江苏泰兴人，中共党员，大学本科学历，江苏省水利建设工程有限公司项目经理，高级工程师。先后参加泰州引江河枢纽、南水北调洪泽站等项目建设。他注重学习，踏实工作，技术过硬，参与建设的多个项目获江苏省“扬子杯”奖，其中泰州引江河枢纽工程、南京三汊河口闸工程获中国水利工程“大禹奖”。他还利用劳模创新工作室平台，主持“十五米闸墩一次到顶施工技术”“平拉法铰链排施工技术”“复杂曲面滚水堰一次成型施工技术”等技术攻关，多项QC成果获全国优秀QC成果奖。他领导的项目部先后被省总工会、省水利厅工会授予“工人先锋号”称号，个人多次被评为省水利厅优秀共产党员。2014年4月获江苏省五一劳动奖章。（凌月明）

■**薛金培**　男，1971年10月出生，江苏高邮人，初中学历，扬州宇通服装有限公司车间主任。主要从事缝纫机工种，熟悉丝绸服装工艺流程，缝纫技术过硬。2006年担任缝纫三组组长，2010年担任车间主任。他带领工人高质量、超产量完成日产、月产、年产指标任务。主动帮助同事，对技术不过关、质量难提高的同事耐心指导、悉心帮助，总是提前到岗做好生产准备，下班后做好检查扫尾工作。参加服装定制工技能大赛，2011年获"扬州市服装技术优秀能手"称号，并被评为高邮市十佳技术能手。2013年获评高邮市劳动模范。2014年4月获江苏省五一劳动奖章。（凌月明）

■**唐海宁** 男，1974年2月出生，江苏阜宁人，中共党员，研究生学历，硕士学位，江苏国信扬州发电有限责任公司安全技术工程师。先后制定多项重大技改项目前期方案；解决4号锅炉氮氧化物排放量高，2号锅炉排烟温度高、过热器减温水量大等重大设备缺陷及隐患。2号锅炉尾部受热面改造后，空预器入口烟温下降15摄氏度，过热器减温水量下降100吨/小时，年节约标煤约1万吨、节约生产成本近1000万元。修订、完善《环保技术监督实施细则》《节能技术监督实施细则》等制度，编制《技术监督报告》。牵头制定《国信扬电锅炉防磨防爆实施细则》，综合分析全厂4台机组设备现状，完成设备综合升级改造可行性研究报告，确定改造项目和方案。2014年4月获江苏省五一劳动奖章。（凌月明）

■**丁征宇** 男，1980年8月出生，浙江常山人，大专学历，江苏奔多新材料有限公司生产部长。从事新材料研发和技术创新，参与完成多功能膜科技攻关项目。2008年担任制膜生产线部长后，组织、协同技术团队攻坚克难，在短期内实现从技术开发到自主创新的跨越。注重培养专业人才，为企业后续发展奠定人才基础。连续3次被评为公司先进个人。2012年获扬州市五一劳动奖章。2014年4月获江苏省五一劳动奖章。（凌月明）

■**卢兴亮** 男，1971年8月出生，江苏扬州人，中专学历，江苏邗建集团有限公司第一工程处项目经理。长期从事施工技术管理。由他担任项目经理的扬州南方协和医院和宿迁市商务中心项目先后获评国家优质工程，创省、市级优质工程8项。多次获扬州市QC成果奖，获评扬州市新技术应用示范工程3项。他负责的工程从未发生重大安全生产事故，获评全国AAA级文明工地1个、省级安全文明工地3个。先后被评为邗江区劳动模范、全国优秀建造师、江苏省建筑业安全管理先进个人。2014年4月获江苏省五一劳动奖章。（凌月明）

■**万　绘** 女，1968年1月出生，江苏宝应人，大学本科学历，扬州市宝应县夏集镇郭桥小学教师。她二十八年如一日，坚守乡村教师岗位，教学实绩优秀，多次获"县教育教学质量能手""镇先进工作者"等称号，30多篇论文、教学设计在国家、省、市比赛中获奖，发表论文9篇。关爱贫困家庭孩子。近二十年，资助93名孩子16万多元以及衣物、学习用品等；发起成立夏集镇龙之情奖教助学协会，邀请爱心人士帮助贫困家庭孩子以及留守儿童。先后获"中国好人""江苏好人""扬州十大好人""扬州最美乡村教师""2013年扬州教育十大新闻人物"称号，获江苏省五一巾帼奖章。2014年4月获江苏省五一劳动奖章。（凌月明）

## 江苏省五一劳动荣誉奖章获得者

■**张学坚** 男，1963年2月出生，台湾桃园人，研究生学历，永丰余造纸（扬州）有限公司总经理。张学坚在发展公司经济的同时，重视环境保护和节能减排，支持地方经济发展。营造企业文化氛围，推动国民新生活运动，营造文明、谦虚、礼让的人文环境。关心职工，丰富员工业余文化生活，组织员工参加各种公益比赛，每年组织员工携家人外出旅游观光。2014年4月获江苏省五一劳动荣誉奖章。（凌月明）

■**戴　常** 女，1965年11月出生，香港人，研究生学历，百家丽（中国）照明电器有限公司总经理。作为百家丽在亚洲公司的奠基人之一，戴常敢于创新，勇于开拓，将年业务量数十万美元的小公司发展为拥有600多名员工的百家丽集团海外制造、研发、销售中心。公司先后获"高新技术企业""劳动诚信保障示范单位""AAA级资信企业""江苏省质量信得过企业""江苏省创新企业"等荣誉。她推动职工创新、节能增效、精益生产试点，建立全员绩效考核制度，提高员工收入，节约运营和生产成本；重视工会工作，倾听员工诉求，关心职工生活；积极参加社会公益、救灾捐款等活动。2014年4月获江苏省五一劳动荣誉奖章。（凌月明）

**2014年度扬州市劳动模范一览表**

表38-1

| 姓　名 | 工作单位及职务 | 表彰单位 |
|---|---|---|
| 陈修丽(女) | 江苏怡人化纤纺织有限公司轮班长 | 扬州市人民政府 |
| 吴诗珍(女) | 仪征市城区环境卫生管理处环卫工 | 扬州市人民政府 |
| 侯顺华 | 上海大众汽车有限公司仪征分公司总经理 | 扬州市人民政府 |
| 王怀勇 | 仪征市真州镇五一村党总支书记 | 扬州市人民政府 |
| 戴光华 | 江苏赛德电气有限公司董事长 | 扬州市人民政府 |
| 成瑞宏 | 高邮市经纬纺织有限公司工段长 | 扬州市人民政府 |
| 陈桂香(女) | 江苏波司登制衣有限公司质检员 | 扬州市人民政府 |
| 马坤松 | 扬州宏远电子有限公司总工程师 | 扬州市人民政府 |
| 戴大喜 | 高邮市阳光特种水产专业合作社理事长 | 扬州市人民政府 |
| 杨　玲(女) | 高邮市菱塘回族乡清真村养殖户 | 扬州市人民政府 |
| 李顺心 | 江苏迅达电磁线有限公司工人 | 扬州市人民政府 |
| 赵　亮 | 宝胜集团有限公司工人 | 扬州市人民政府 |
| 陈金兰(女) | 扬州新奇特电缆材料有限公司车间主任 | 扬州市人民政府 |
| 高桂祥 | 宝应县广洋湖镇桥头村党支部书记 | 扬州市人民政府 |
| 张爱臣 | 扬州尼尔工程塑料有限公司董事长、总经理 | 扬州市人民政府 |
| 张玉成 | 江苏沪武建设集团有限公司副董事长 | 扬州市人民政府 |
| 李正坤 | 江苏晶鑫高温材料有限公司总经理 | 扬州市人民政府 |
| 刘泽君 | 扬州龙川钢管有限公司部长 | 扬州市人民政府 |
| 陈小平 | 中国电信股份有限公司扬州江都区分公司工程师 | 扬州市人民政府 |
| 徐永葆 | 江都区开元客货运出租服务中心车队长 | 扬州市人民政府 |
| 范庆松 | 扬州石化有限责任公司班组长 | 扬州市人民政府 |
| 陈德俊 | 江都区樊川镇友爱村肖刘组养殖专业户 | 扬州市人民政府 |
| 刘扣定 | 江都区邵伯镇艾菱村党支部书记 | 扬州市人民政府 |
| 赵　波 | 江苏牧羊集团有限公司首席设计师 | 扬州市人民政府 |
| 高　展 | 江苏江扬线缆有限公司车间主任 | 扬州市人民政府 |
| 常时兵 | 江苏扬力集团有限公司工人 | 扬州市人民政府 |
| 刘德宝 | 邗江区方巷镇沿湖村党总支书记 | 扬州市人民政府 |
| 梁　勤(女) | 扬州扬杰电子科技股份有限公司董事长 | 扬州市人民政府 |
| 付宝鼎 | 广陵区头桥社区卫生服务中心主任 | 扬州市人民政府 |
| 蒋元龙 | 广陵区沙头镇三星村党总支书记 | 扬州市人民政府 |
| 严新荣 | 广陵区李典镇人民政府文卫助理 | 扬州市人民政府 |
| 丁江苏 | 扬州港口污泥发电有限公司总经理 | 扬州市人民政府 |
| 张银桥 | 扬州乾照光电有限公司常务副总经理 | 扬州市人民政府 |
| 范　燚 | 永丰余造纸(扬州)有限公司副组长 | 扬州市人民政府 |
| 董振鹏 | 奥克化学扬州有限公司总经理 | 扬州市人民政府 |
| 瞿　铮 | 大连化工(江苏)有限公司助理工程师 | 扬州市人民政府 |
| 高桂芳(女) | 扬州通盈机械制造有限公司工人 | 扬州市人民政府 |
| 周奎祥 | 邗江区瘦西湖街道堡城村花木种植户 | 扬州市人民政府 |
| 周万岭 | 江苏天宁建设工程有限公司项目经理 | 扬州市人民政府 |
| 曹问峰 | 扬州市洁源排水有限公司处长 | 扬州市人民政府 |
| 孙　润(女) | 扬州市建筑设计研究院有限公司副总工程师 | 扬州市人民政府 |

续表38-1

| 姓　名 | 工作单位及职务 | 表彰单位 |
|---|---|---|
| 兰　松 | 扬州市公共交通集团公司总经理 | 扬州市人民政府 |
| 康往东 | 江苏扬建集团有限公司副总经理 | 扬州市人民政府 |
| 周　翔 | 扬州市扬子江置业有限责任公司党支部书记、总经理 | 扬州市人民政府 |
| 钱月军 | 中国农业银行股份有限公司扬州分行副行长、工会主席 | 扬州市人民政府 |
| 陈　红(女) | 交通银行股份有限公司扬州分行客户经理 | 扬州市人民政府 |
| 谭　静(女) | 中国工商银行股份有限公司扬州市分行综合柜员 | 扬州市人民政府 |
| 高登奎 | 江苏扬州农村商业银行股份有限公司客户经理 | 扬州市人民政府 |
| 张　皓 | 扬州市紫藤商务酒店有限责任公司厨师长 | 扬州市人民政府 |
| 刘春平 | 江苏扬州合力橡胶制品有限公司党委书记、董事长 | 扬州市人民政府 |
| 周　兵 | 扬州柳工建设机械有限公司副书记、工会主席 | 扬州市人民政府 |
| 周颖华 | 江苏扬农化工集团有限公司总工程师 | 扬州市人民政府 |
| 高文斌 | 扬州漆器厂副厂长 | 扬州市人民政府 |
| 胡富平 | 扬州市王庄煤矿工人 | 扬州市人民政府 |
| 汤湘伟 | 中电科技扬州宝军电子有限公司研发部主任 | 扬州市人民政府 |
| 高　丽(女) | 江苏通裕纺织集团有限公司班长 | 扬州市人民政府 |
| 殷志龙 | 江苏国信扬州发电有限责任公司工程师 | 扬州市人民政府 |
| 李效波 | 扬州市泰利机械厂班长 | 扬州市人民政府 |
| 武　峰 | 中国核工业华兴建设有限公司班长 | 扬州市人民政府 |
| 康凯旋 | 中国船舶重工集团公司第七二三研究所副总工程师 | 扬州市人民政府 |
| 陈　军 | 中国电信股份有限公司扬州分公司蒋王支局支局长 | 扬州市人民政府 |
| 程汪洋 | 新世纪大酒店有限责任公司高级职业经理人 | 扬州市人民政府 |
| 洪顺荣 | 江苏华电扬州发电有限公司总经理 | 扬州市人民政府 |
| 盛　宇 | 潍柴动力扬州柴油机有限责任公司班长 | 扬州市人民政府 |
| 王锦锁 | 江苏省扬州港务集团有限公司班长 | 扬州市人民政府 |
| 陈泰生 | 扬州供电公司副总经理 | 扬州市人民政府 |
| 韩　艳(女) | 中国移动通信集团江苏有限公司扬州分公司副经理 | 扬州市人民政府 |
| 施智玲 | 江苏石油勘探局高级工程师 | 扬州市人民政府 |
| 杜　红 | 江苏石油勘探局作业队长 | 扬州市人民政府 |
| 祁海平 | 北方激光科技集团有限公司研究员级高级工程师 | 扬州市人民政府 |
| 顾连岗 | 中国石化仪征化纤股份有限公司工人 | 扬州市人民政府 |
| 薛浪飞 | 中国石化仪征化纤股份有限公司班长 | 扬州市人民政府 |
| 帅立岗 | 扬州大洋造船有限公司作业长 | 扬州市人民政府 |

（凌月明）

**2014年度扬州市享受劳模待遇人员一览表**

表38-2

| 姓　名 | 工作单位及职务 | 受表彰情况 | 表彰单位 | 享受待遇 |
|---|---|---|---|---|
| 王家军 | 仪征海天铝业有限公司生产科长 | 全国有色金属行业劳动模范 | 人力资源和社会保障部、中国有色金属工业协会、中国黄金协会 | 省劳模 |
| 陈　军 | 仪征市环境保护局局长 | 全省环境保护系统先进工作者 | 江苏省人力资源和社会保障厅、江苏省环境保护厅、江苏省公务员局 | 市劳模 |
| 佘　靖(女) | 扬州市广陵区环境监察大队大队长 | 全省环境保护系统先进工作者 | 江苏省人力资源和社会保障厅、江苏省环境保护厅、江苏省公务员局 | 市劳模 |

续表38-2

| 姓　名 | 工作单位及职务 | 受表彰情况 | 表 彰 单 位 | 享受待遇 |
|---|---|---|---|---|
| 沈春勇 | 扬州市江都区环境监察大队大队长 | 全省环境保护系统先进工作者 | 江苏省人力资源和社会保障厅、江苏省环境保护厅、江苏省公务员局 | 市劳模 |
| 徐明龙 | 江苏省扬州质量技术监督局质量管理与监督处处长 | 全省质量技术监督系统先进工作者 | 江苏省人力资源和社会保障厅、江苏省质量技术监督局、江苏省公务员局 | 市劳模 |
| 滕志云(女) | 高邮市人民政府法制办公室主任 | 全省政府法制工作先进工作者 | 江苏省人力资源和社会保障厅、江苏省人民政府法制办公室 | 市劳模 |
| 严　政 | 扬州市城市管理行政执法局法规处处长 | 全省相对集中行政处罚权工作先进工作者 | 江苏省人力资源和社会保障厅、江苏省人民政府法制办公室 | 市劳模 |
| 李恩东 | 扬州市人民检察院反贪污贿赂局侦查一处处长 | 全省检察机关先进工作者 | 江苏省人民检察院、江苏省人力资源和社会保障厅、江苏省公务员局 | 市劳模 |
| 朱卫明 | 扬州市广陵区人民检察院控告申诉科科长 | 全省检察机关先进工作者 | 江苏省人民检察院、江苏省人力资源和社会保障厅、江苏省公务员局 | 市劳模 |
| 左开勤 | 江都区小纪镇农业农机服务中心副主任、农机站长 | 江苏省农机系统先进工作者 | 江苏省人力资源和社会保障厅、江苏省农业机械管理局、江苏省公务员局 | 市劳模 |
| 基国民 | 仪征市农机监理所所长 | 江苏省农机系统先进工作者 | 江苏省人力资源和社会保障厅、江苏省农业机械管理局、江苏省公务员局 | 市劳模 |
| 许瑞仁 | 高邮市顺风农机经营部法人代表 | 江苏省农机系统劳动模范 | 江苏省人力资源和社会保障厅、江苏省农业机械管理局、江苏省公务员局 | 市劳模 |
| 许　峰 | 西园饭店中式烹调师 | 扬州技能状元 | 扬州市政府办公室 | 市劳模 |
| 张贵祥 | 天姿美容美发有限公司江都分公司美发师 | 扬州技能状元 | 扬州市政府办公室 | 市劳模 |
| 蔡　悦(女) | 扬州会议中心餐厅服务员 | 扬州技能状元 | 扬州市政府办公室 | 市劳模 |
| 魏　霞(女) | 扬州通用机电设备厂数控加工中心操作工 | 扬州技能状元 | 扬州市政府办公室 | 市劳模 |
| 彭战战 | 扬州通用机电设备厂汽车检测与维修工 | 扬州技能状元 | 扬州市政府办公室 | 市劳模 |
| 张　培 | 江苏亚威机床股份有限公司计算机网络管理员 | 扬州技能状元 | 扬州市政府办公室 | 市劳模 |
| 章焕华(女) | 宝应县轧花油脂有限公司诊所育婴员 | 扬州技能状元 | 扬州市政府办公室 | 市劳模 |
| 孙延宝 | 江苏扬建集团有限公司砌筑工 | 扬州技能状元 | 扬州市政府办公室 | 市劳模 |
| 郭卓垶 | 扬州市瘦西湖风景区管理处花卉园艺师 | 扬州技能状元 | 扬州市政府办公室 | 市劳模 |
| 张　伟 | 扬州玉器厂工艺品雕刻工(玉器) | 扬州技能状元 | 扬州市政府办公室 | 市劳模 |
| 吴凤珠(女) | 扬州漆器厂漆器镶嵌工 | 扬州技能状元 | 扬州市政府办公室 | 市劳模 |

（王　晗　杨　敏）

**2014年度扬州市先进工作者一览表**

表38-3

| 姓　名 | 工作单位及职务 | 表 彰 单 位 |
|---|---|---|
| 罗　阳 | 仪征市人民医院科主任 | 扬州市人民政府 |
| 郭仕红(女) | 仪征市实验小学高级教师 | 扬州市人民政府 |

续表38-3

| 姓　名 | 工作单位及职务 | 表彰单位 |
|---|---|---|
| 刘玉山 | 高邮市公安局菱塘派出所所长 | 扬州市人民政府 |
| 潘文新 | 江苏省宝应中学校长 | 扬州市人民政府 |
| 朱　慧(女) | 宝应县科学技术局科长 | 扬州市人民政府 |
| 秦安鉴 | 江都区财政局局长、党组副书记 | 扬州市人民政府 |
| 黄永红(女) | 江都区实验小学高级教师 | 扬州市人民政府 |
| 刘金龙 | 邗江区农产品质量监督检测中心主任 | 扬州市人民政府 |
| 董建华(女) | 扬州市公安局广陵分局汶河派出所民警 | 扬州市人民政府 |
| 闵小平 | 扬州市城市管理行政执法局广陵分局曲江大队大队长 | 扬州市人民政府 |
| 杨　静(女) | 扬州市育才小学教学总监 | 扬州市人民政府 |
| 乐文进 | 扬州市梅岭中学校长、党支部书记 | 扬州市人民政府 |
| 张家宏 | 江苏里下河地区农业科学研究所研究室主任 | 扬州市人民政府 |
| 姚文放 | 扬州大学教授 | 扬州市人民政府 |
| 姜卫东 | 江苏省扬州中学教研组副组长 | 扬州市人民政府 |
| 曹廷昌 | 扬州市非物质文化遗产保护中心主任 | 扬州市人民政府 |
| 黄靖冰(女) | 扬州市妇幼保健院主任医师 | 扬州市人民政府 |
| 陈银松 | 扬州市第三人民医院副主任医师 | 扬州市人民政府 |
| 闻　亮 | 扬州市茱萸湾风景区管理处工人 | 扬州市人民政府 |
| 陈正峰 | 扬州市白蚁防治中心副主任 | 扬州市人民政府 |
| 屠宏征 | 扬州市公安局交通巡逻警察支队指导员 | 扬州市人民政府 |
| 张贵明 | 扬州市公安局监所管理支队大队长 | 扬州市人民政府 |
| 赵贵书 | 江苏省扬州市航道管理处党总支书记 | 扬州市人民政府 |
| 朱伟民 | 扬州市信访局处长 | 扬州市人民政府 |
| 洪　昊 | 扬州市食品药品监督管理局主任 | 扬州市人民政府 |
| 王珺子(女) | 扬州市人民检察院副处长 | 扬州市人民政府 |
| 吴　君 | 扬州市发展和改革委员会纪检组副组长、监察室主任 | 扬州市人民政府 |
| 吕为龙 | 扬州市水利局处长 | 扬州市人民政府 |
| 陈　林 | 扬州市残疾人联合会党组成员、副理事长 | 扬州市人民政府 |

（凌月明）

## 新闻人物

### 2014年扬州市城市贵宾

卫　平　香港富原投资(集团)董事局主席

王修文　新东方教育科技集团副总裁、北京新东方扬州外国语学校校长

王济武　启迪控股股份有限公司总裁

王根彬　南京国泰消防科技股份有限公司董事长

方　盛　荷兰NITA设计集团、艾绿投资集团董事、总裁

刘文平　江山新能源(香港)有限公司董事会主席、执行董事

吴建刚　南京铁路枢纽工程建设指挥部指挥长、连淮扬镇铁路工程建设指挥部指挥长

杰克·伯明翰　美国海蓝社区学院校长

周　辉　中船第九设计研究院工程有限公司董事长

郑勇锋　上海方广食品有限公司总经理、扬州方广食品有限公司董事长

崔佃德　西安航天泵业有限公司总经理助理兼制造部总经理、江苏航天水力设备有限公司总经理

靳庆军　北京金杜律师事务所资深合伙人

谭　垒　扬州万吨食品冷链有限公司总经理、执行董事

（任　武）

### 2014年度扬州市“十大功臣”

（由市委、市政府评选、表彰）

王早东　广陵新城党工委副书记、管委会主任

勾凤诚　生态科技新城党工委书记

冬　冰　市文物局(申遗办)党组书记、局长(主任)

边卫明　瘦西湖风景区管理处主任

张　涛　仪征大众联合发展有限公司总经理

陈有川　扬州恒通建设集团有限公司董事长
杨泽元　宝胜集团有限公司董事长、党委书记
杨悦平　扬州江淮轻型汽车有限公司总经理
郑日喜　扬州一洋制药有限公司总经理
赵万里　扬州大学动物科学与技术学院教授　（任　武）

**2014年度十大"扬州好人"（道德模范）**

〔由市委宣传部、市精神文明建设指导委员会办公室、扬州报业传媒集团和扬州广电传媒集团（总台）评选，市精神文明建设指导委员会表彰〕

王远龙　邗江区皮肤病防治所医生
王瑞华（女）　高邮市临泽镇周巷村村民
王翠萍（女）　仪征市大仪镇千棵村村民
付宝鼎　广陵区头桥社区卫生服务中心医生
杨文华　高邮市临泽镇朱堆村村民
李树干　宝应县氾水派出所民警
陈寿猛　江苏腾达缸泵机械有限公司董事长
郑高忠　宝应县广洋湖镇北荡村退休支书
袁开龙　扬州广电1035爱心车队司机
高　雁（女）　江都区仙女镇居民　（潘　莉）

**2014年扬州市十大创新人物**

（由市委宣传部、市科技局、市创新型城市建设领导小组办公室、市人才工作领导小组办公室评选、表彰）

王　飞　江苏伯克生物医药股份有限公司董事长
丁克鸿　江苏扬农化工集团有限公司研究所所长
陈正俊　牧羊有限公司执行总裁
孙　岩　亚普汽车部件股份有限公司总经理
王如军　扬州诚德钢管有限公司技术总监
郑连元　扬州曙光电缆股份有限公司董事长
张伯桥　江苏里下河地区农科所研究室主任
李永江　江苏远洋东泽电缆股份有限公司技术科长
马庆鸣　江苏真云计算科技有限公司董事长
史　杰　江苏史福特光电股份有限公司董事长　（任　武）

**2014扬州十大经济新闻人物**

（由市经济和信息化委员会、扬州报业传媒集团、市工商业联合会、共青团扬州市委联合评选）

杨悦平　扬州江淮轻型汽车有限公司总经理
冷志斌　江苏亚威机床股份有限公司总经理
陈有川　扬州恒通建设集团有限公司董事长
范世宏　江苏邗建集团有限公司董事长、党委书记
吴义彪　江苏华伦化工有限公司董事长、总经理
施凤鸣　三星电梯有限公司董事长、总经理
蔡永德　全泉网集团董事长
何小军　江苏智途科技股份有限公司董事长
郝辉定　江苏承煦电气集团董事长
何卫东　远洋东泽电缆股份有限公司董事长　（任　武）

**2014年度扬州市"残疾人自强模范"**

（由市残疾人联合会评选、表彰）

陈秋生　宝应县东明特种瓷件厂厂长
徐月红（女）　高邮市送桥镇残联专职委员
陈　茵（女）　仪征市大仪镇残联专职委员
陈有才　江都区曲力电缆包装有限公司办公室主任
朱正平　广陵区纬盛力电子公司总经理
冯在高　邗江区彩饰旗牌服务部法人
徐义亮　开发区朴席环宇玩具厂厂长
王志海　蜀冈－瘦西湖风景名胜区志海盲人推拿馆法人
曹云峰　生态科技新城泰安镇残联专职委员
赵　新　市残疾人联合会教育就业处处长　（陈　娟）

## 逝世人物

■**黄书祥**　男，1927年1月出生，江苏如皋人，1944年4月加入中国共产党，1943年3月参加工作，第六届全国人民代表大会代表，江苏省第八次党代会代表，扬州市第二至第六次党代会代表，扬州市第一至第六届人民代表大会代表，扬州市第二届人大常委会主任。抗日战争时期，历任如皋县财经局办事员、科员、金库会计。解放战争时期，曾任如皋县财经局税务所所长，渡军井区财经局主任、副区长、区长，如皋县政府支前科科长、民工总队支前政治部主任等职。新中国成立后，先后担任泰州地委工作队支部副书记、土改工作队支部副书记、农工部副部长，江都县湾头区委书记、扬州地委农工部副部长，兴化县委第二书记、县生产指挥组副组长、县革委会副主任、县委书记等职；1981年6月任扬州地委副书记、行署专员；1983年3月任扬州市委副书记、市长；1986年4月任扬州市人大常委会主任。1993年8月离职休养，享受副省级医疗待遇。2014年1月7日在扬州逝世。黄书祥坚持党性原则，忠诚党的事业，严守纪律，服从组织；为人正直，光明磊落；工作积极，尽职尽责；廉洁自律，生活俭朴，始终保持共产党员本色。战争年代，他投身如皋地区对敌斗争，为革命胜利贡献力量。新中国成立后，无论是在基层还是在各级领导岗位上，都能保持党的优良传统和作风。他理论联系实际，密切联系群众，深入基层，调查研究，有丰富的领导经验。担任市长期间，为扬州经济建设和社会发展作出积极贡献；担任市人大常委会主任期间，为推进扬州市社会主义民主和法制建设作了大量工作。离休后，仍关心党和国家大事，参加各类社会活动，到革命老区调查研究，推动老区经济发展和人民生活改善。　（张敬武）

■**刘应启** 男，1911年9月出生，河南商城人，1930年2月参加中国工农红军，1933年6月加入中国共产党。土地革命战争时期，历任鄂豫皖苏区红四军第十师二十九团战士，红二十五军政治部警卫员、警卫班长、警卫排长，红三十一军二七四团指导员、政治处教育股长、团总支部书记，第一二九师政治部民运干事，第九十三师政治部民运科长等职。抗日战争时期，历任冀豫晋抗日义勇军政治部组织科长，太行独立支队一大队教导员、政治处主任，津东游击队保安六团政委，八路军第一二九师太行边区新十旅二十八团政委，太行边区四分区政治部副主任，中原河南军区淮北指挥部政委等职。解放战争时期，历任桐柏山、茶牙山工委会书记，冀鲁豫七分区政治部主任等职。新中国成立后，历任华北军政大学学员，中国人民志愿军后勤二分部政治部主任、副政委、政委，南通军分区第二政委等职。1955年被授予大校军衔。曾获中华人民共和国三级"八一"勋章、二级独立自由勋章、二级解放勋章，中国人民解放军二级红星功勋荣誉章，朝鲜民主主义人民共和国国旗勋章和自由独立勋章。1966年3月离职休养，是扬州军分区干休一所正军职离休干部。2014年4月7日在扬州逝世。刘应启把毕生精力献给了无产阶级革命事业。革命战争年代，他英勇顽强，不畏艰险，多次负伤，为中国人民解放事业立下战功。土地革命战争时期，先后参加鄂豫皖苏区第一、第二、第三次反"围剿"斗争，红军长征(三过雪山草地)，北方游击战，打地主围寨等战役、战斗；抗日战争时期，先后参加河顺、辽县、百团大战等战役、战斗；解放战争时期，参加中原突围。新中国成立后，参加抗美援朝战争；后长期担任军分区主要领导职务，为国防建设作出积极贡献，多次受到上级机关表彰。离休后，他保持和发扬党和军队优良传统和作风，关心国家和军队建设大事，学习党的创新理论，投入到为社会、为人民服务的新长征。他严于律己、清正廉洁，教育家人永葆红色家风。离休40多年，先后到军地800多个单位作革命传统报告1000多场次；累计帮扶困难群众和特困学生200多人，捐款捐物40多万元。先后被中共中央组织部、解放军总政治部表彰为关心下一代先进个人、全国先进离休干部、全军先进离休干部、优秀共产党员，被中共中央宣传部和总政治部树为全国全军重大典型，获全国道德模范提名奖。新华社、中央电视台、《人民日报》、《解放军报》等中央媒体先后报道刘应启先进事迹。 (范荣兴)

■**徐益民** 男，1950年7月出生，江苏扬州人。1972年6月加入中国共产党，1971年4月参加工作。曾任江都县革委会政工组干事，江都县大桥公社人事干事、文书，江都县委组织部干部科干事，扬州地委组织部干部一科干事、组织员、干部一科副科长，扬州市委组织部干部培训办公室主任，扬州市委整党办公室副主任兼组织组组长，邗江县委副书记，扬州市委组织部副部长，扬州市委组织部副部长兼中共扬州市委组织员办公室主任。1996年11月起，历任扬州市委常委、组织部部长，扬州市委副书记、组织部部长，扬州市委副书记、市委党校校长、市行政学院院长、市国防教育学院院长。2003年1月至2012年6月任扬州市政协主席、党组书记。2013年7月退休。2014年4月19日在扬州逝世。徐益民坚持党性原则，忠诚党的事业，作风正派，廉洁自律。他注重理论学习和调查研究，密切联系群众，兢兢业业、踏实工作，为扬州经济社会发展作出积极贡献。在市委组织部工作期间，他认真执行党的组织工作路线、方针、政策，按照省委、市委部署，组织开展"三讲"(讲学习、讲政治、讲正气)主题教育和干部专题轮训，提高党员干部整体素质；加强领导班子建设和干部工作，实施县、乡党委换届和市、县、乡人大、政府、政协换届，完成扬州、泰州分设时期干部调整和机构改革前班子建设等重大任务；加大干部人事制度改革力度，开展县(市、区)党政领导班子实绩考核试点，组织公开选拔副处级领导干部、推荐企业经营管理人才等工作；组织人才资源开发调研，引进全市发展急需人才；推进农村基层党组织建设，加强企业党建工作，抓好党员发展管理，提高基层党组织创造力、凝聚力和战斗力。担任扬州市委副书记期间，他突出重点，统筹谋划，推进党群、农业农村、政法等工作。担任市政协主席、党组书记后，他坚持创新创优，认真履行政治协商、民主监督、参政议政职能，为开创政协工作新局面作出积极贡献。任职期间，组织开展政协委员联系群众"界别活动周"活动，广泛了解民情、反映民意、汇集民智；举办扬州政协论坛，组织各界人士参政议政、建言献策；搭建提案工作"四大平台"(民意反映新平台、民意互动新平台、专题议政新平台、办理沟通新平台)，切实增强提案工作实效。这些创新举措成为扬州政协工作特色品牌，在全国政协系统产生积极影响。 (政协办)

■**汪学广** 男，1924年9月出生，江苏兴化人，1943年3月加入中国共产党，1943年4月参加工作，扬州市第一、第二届人民代表大会代表，扬州市第一届人大常委会副主任。抗日战争时期，历任兴化县合塔区交通站秘密交通员，横津乡民政委员，合塔区政府公安干事、股长等职。解放战争时期，历任戴窑镇镇长、兴化县公安局科长、扬州专署公安处科员等职。新中国成立后，先后担任高邮县公安局股长，扬州专署公安处科长，靖江县公安局局长，靖江县委常委、政法部长，县委常委、副县长，西藏南木林县副县长、副书记、革委会副主任、县委书记等职；1975年2月任西藏日喀则地委常委、革委会副主任兼地区公安局局长、党组书记；1977年6月任日喀则地委副书记；1979年3月任日喀则地委书记兼地区检察分院检察长；1980年12月任扬州地委常委、行署副专员；1983年3月任扬州市委常委、政法委书记；1985年5月任扬州市第一届人大常委会副主任。1988年4月离职休养。2014年8月31日在扬州逝世。汪学广坚持党性原则，忠诚党的事业，严守纪律，服从组织，为人正直，甘于奉献，尽职尽责，廉洁自律，生活俭朴，始终保持共产党员本色，始终保持和发扬党的优良传统和作风。战争年代，他投身兴化地区对敌斗争，为抗日战争和解放战争胜利贡献力量。新中国成立后，他长期担任地方领导职务，有丰富的领导经验。在西藏工作20多年间，克服困难，团结带领各族群众发展生产，建设藏区。调回扬州工作后，为扬州经济建设、社会发展和政法工作作出积极贡献。担任市人大常委会副主任期间，为推进民主法制建设做了大量工作。离休后，仍然关心党和国家大事，参加各类社会活动，关心和支持扬州发展，为地方建设献计出力。（张敬武）

**■薛先洛** 男，1916年5月出生，江苏靖江人，1940年8月加入中国共产党，1940年12月参加工作。抗日战争时期，历任靖江县八圩、靖东区委书记，靖江县城区委书记。解放战争时期，曾任靖江县政府副县长、县长等职。新中国成立后，先后担任靖江县委书记，宝应县委书记，高邮县委书记、革委会主任等职；1977年11月任扬州地委常委，扬州地区革委会副主任、秘书长，扬州地区行署副专员。1983年3月离职休养。1995年7月被明确为正厅级，2011年5月享受副省长级医疗待遇。2014年9月26日在扬州逝世。薛先洛具有坚强的党性和高度的组织观念，对党忠诚，勤于学习，善于思考，勇于探索；坚持实事求是，作风正派，顾全大局，爱惜人才，积极培养干部，善于调动和发挥干部和群众积极性；艰苦朴素，清正廉洁。战争年代，他善于组织群众、发动群众，积极投身对敌斗争和土地改革。新中国成立后，无论是在基层还是在领导岗位上，始终保持党的优良传统和作风，积极工作，团结党员群众，为群众办实事。他长期担任领导职务，敢于负责，执行党的各项方针政策坚决有力；团结带领党员干部艰苦奋斗，敢于迎难而上，善于开拓创新，为地方经济建设和社会发展作出积极贡献。

（市委办）

**■吴有凤** 男，江苏大丰人，1922年3月出生，1943年1月参加工作，1943年1月加入中国共产党，离休前任扬州市委组织部副部长。1983年5月离休，享受副地(局)级待遇。2014年1月13日逝世。（唐小月）

**■李　敏** 女，江苏靖江人，1921年5月出生，1940年11月参加工作，1939年10月加入中国共产党，离休前任扬州地区妇女联合会主任。1983年1月离休，享受副地(局)级待遇。2014年1月23日逝世。

（唐小月）

**■刘金台** 男，江苏高邮人，1920年7月出生，1943年3月参加工作，1944年11月加入中国共产党，离休前任扬州市人大常委员会副主任。1983年12月离休，享受副地(局)级待遇。2014年5月20日逝世。

（唐小月）

**■程永康** 男，江苏兴化人，1929年3月出生，1946年6月参加工作，1949年1月加入中国共产党，离休前任扬州市人大常委员会副秘书长。1989年6月离休，享受副地(局)级待遇。2014年5月20日逝世。

（唐小月）

**■许广源** 男，江苏仪征人，1922年10月出生，1944年9月参加工作，1947年3月加入中国共产党，离休前任仪征市建设委员会主任。1984年5月离休，享受副地(局)级待遇。2014年6月9日逝世。（唐小月）

**■徐　斌** 男，江苏仪征人，1927年10月出生，1944年11月参加工作，1947年8月加入中国共产党，离休前任仪征市人民法院院长。1987年11月离休，享受副地(局)级待遇。2014年9月1日逝世。（唐小月）

**■张　濂** 男，江苏建湖人，1926年3月出生，1943年1月参加工作，1945年4月加入中国共产党，离休前任邗江县政府经济协作办公室主任，1988年12月离休，享受副地(局)级待遇。2014年10月26日逝世。（唐小月）

**■蔡为国** 男，江苏射阳人，1921年5月出生，1943年8月参加工作，1944年10月加入中国共产党，离休前任扬州市供销合作总社副主任。1983年3月离休，享受副地(局)级待遇。2014年12月1日逝世。

（唐小月）

## 纪念人物

**■阮　元** 1764—1849年，字伯元，号芸台，别号雷塘庵主，晚号怡性老人，占籍仪征，实为邗江公道人。阮元有“一代名儒、三朝阁老、九省疆臣”之称。乾隆五十四年(1789)考中进士；五十七年任詹事府詹事，充文渊阁直阁事、石经校勘官；后历任山东、浙江学政，内阁学士，礼、兵、户、工等部侍郎，浙江、河南、江西巡抚，漕运总督及湖广、两广、云贵总督，太子少保，体仁阁大学士。清道光十五年(1835)，先后主刑、兵二部，兼署都察院左都御史；十八年，以老疾请致仕，加太子太保衔，归故里领半俸，住扬州大东门福寿庭宅；二十六年晋太傅衔，支食全俸；二十九年卒于扬州，谥号文达。阮元一生学而不厌、学识渊博，在经史、数学、天算、舆地、编纂、金石、校勘等方面造诣极高，被尊为一代文宗，著有《曾子十篇注释》《山左金石志》《两浙金石传》《积古斋钟鼎彝器款识》《十三经注疏校勘记》《广陵诗事》等，编纂《畴人传》《儒林传》，主编(修)《经籍籑诂》《浙江通志》《广东通志》《云南通志》《扬州图经》《北湖续志》等，编刻《淮海英灵集》《两浙輶轩录》《文选楼丛书》《清经解》等，刻印自著《揅经室集》等。因以提倡经术、倡导实学、振兴文教、奖掖后进、著文立说、编刻书籍为己任，终为乾嘉学派集大成者、扬州学派领袖与中坚。2014年是阮元诞辰250周年，扬州市举办阮元研究国际学术研讨会、纪念阮元诞辰250周年文物联展、阮元系列文化讲座以及阮元家祭等活动。（魏怡勤）

# 附录

Fulu

编 辑 姚 震

## 文件选编

### 中共扬州市委 扬州市人民政府 关于进一步保障和改善基本民生的意见

扬发〔2014〕1号

根据“守住底线、突出重点”的原则，为进一步保障和改善基本民生，推进“幸福扬州”建设，提出以下意见：

**一、促进就业，鼓励创业，提高城乡居民收入**

1. 促进劳动者高质量就业。实施城乡劳动者技能素质提升工程，全市培训城乡劳动者2.25万人次，其中基本产业培训不少于1.5万人次。培训各类专业技术人员5万人次以上，开展职业技能鉴定6.7万人次。全市新增城镇就业5万人，其中基本产业新增就业3.5万人以上（人社局）。中等职业教育实施企业订单培养、定向培养率达65%以上（教育局）。全市开展残疾人职业技能实用技术培训1500人，实现残疾人就业1000人（残联）。

2. 强化就业引导和评价。出台以服务企业为主题的《关于着力提升服务水平净化企业发展环境的意见》（经信委）。以高质量就业为导向开展“最佳雇主企业”评选。实现政府设立的企业扶持资金对企业就业人数、就业层次评估全覆盖，引导和促进企业更多吸纳就业人口（人社局）。

3. 加大就业帮扶。实现城镇失业人员再就业2万人，市区新增政府购买用于保洁、保绿以及居家养老服务的公益性岗位100个。保持40、50人员零就业家庭动态清零。对零就业家庭、经济困难家庭等就业困难的未就业高校毕业生实施“一人一策”援助，扬州籍高校毕业生推荐就业率100%，期末城镇登记失业率控制在3.5%以内（人社局）。

4. 积极鼓励创业。制定和落实鼓励民营经济发展的政策意见（工商局）。成立创业指导服务中心，建立手机创业服务平台。全市推介创业项目100个，组织创业培训4000人，实现成功创业2000人，创业带动就业6000人（人社局）。建立创业孵化基地（人社局）、留守流动妇女就近创业示范基地（妇联）各10个。组织300名高层次人才参加国家、省级高级研修班（人社局）。新增青年创业贷款投放2.5亿元，累计小额担保贷款投放7000万元（人行）。农村小贷公司累计投放涉农贷款150亿元（金融办）。加大创新、创业型人才招引力度，新引进高层次领军人才80名、专业技术人才1000名（人才办）。全市创建10个市级示范家庭农场（农工办）。

5. 努力增加居民财产性收入。探索实施集体土地拆迁项目货币化安置，对已拆迁项目探索实行安置房回购（各区政府）。开展保障性住房社会化收储（房管局）。继续实施南河下民居改客栈工程，新增床位200张（广陵区）。年内完成100个村农村土地承包经营权登记颁证工作。建成农村产权交易平台。推广江都区土地入股合作增加农民财产性收入工作模式，全市新增土地流转集中型规模经营面积10万亩，新增农民合作联社10个（农工办）。

6. 开展低收入农户帮扶。按照“一次认定、动态管理、三年达标”的要求，帮助有劳动能力的低收入农户实现充分就业，确保年内70%的建档立卡低收入农户家庭人均纯收入达5000元。建立健全帮扶对象动态管理进退机制，及时将因灾因病致贫、返贫的低收入农户纳入帮扶范围（农工办）。

**二、优化公交系统，努力实现“公交优先”**

7. 完善市区公交规划。进一步调整优化公共交通线网规划，制定公交优先两年行动计划（交通局）。

8. 优化市区公交体系。进一步完善城市公交快线网络，新建一条公交快线（交通产业集团）。开通平山堂东路—徐凝门街的公交旅游专线，实施好更新公交车计划。做好主城区公交车与公共自行车交通衔接系统规划，建成蜀冈-瘦西湖风景区、古城区和沿文昌路重点公交站点公共自行车交通网络（交通产业集团）。

9. 大力发展镇村公交。新增5个乡镇开通镇村公交，镇村公交开通率达60%（交通局）。

10. 推进市区公交换乘系统建设。完成西部交通客运枢纽工程。优化公交优惠政策，实行执公交IC卡1小时内免费换乘。推进公交“同台换乘”（交通产业集团）。

**三、推进实施“清水活水、不淹不涝”工程，建设水生态文明城市**

11. 完成市区主干河道活水全覆盖。开工建设黄金坝闸(建设局),新建平山堂站及其输水渠道(水利局)。继续推进市区河道整治,启动新城河(建设局、邗江区、经济技术开发区)、四望亭河、幸福河、引潮河(邗江区)、童套河(经济技术开发区)水环境综合整治,对古运河、瓜洲运河进行整治(水利局),进行邗沟河、漕河生态清淤(建设局)。继续实施积水点整治工程,完成文汇西路、扬子江北路(建设局),长春路、平山堂东路、上方寺路、高桥路(蜀冈-瘦西湖风景名胜区),平山路与宁启铁路交叉口、邗江北路、安平路(邗江区),渡江南路、开发路、开发路与九龙路交叉口、开发路与联谊路交叉口、文昌路与观潮路交叉口、江都南路、京杭环湖路(广陵区),龙川小学门口和人民路(江都区)积水点综合整治。

12. 实现农村河道疏浚两年全覆盖。全市完成县乡骨干河道轮浚230条,村庄河塘轮浚6000条(面),改造小型灌排泵站200座。全面落实市区(环保局)、农村(水利局)河道“河长制”管理制度。

13. 提高饮用水水质。完成扬州市第一水厂提标扩建,实施头桥水厂扩建工程、廖家沟水源地达标建设取水口改建工程(城控公司、广陵区)。在瓜洲水源地、万福闸水源自动监测站增加水质毒性在线检测(环保局)。全市改造供水支管网555.3公里,其中高邮市50公里、仪征市20公里、江都区305公里、邗江区22.2公里、广陵区158.1公里(建设局、城控公司、高邮市、仪征市、江都区)。

14. 完善城市污水处理系统。完成六圩污水处理厂三期厂区主体工程(城控公司)、沿江汉科污水处理厂扩建提标改造工程(江都区)。市区铺设污水管道34.6公里,其中江都区5.1公里、邗江区10公里、广陵区0.5公里、经济技术开发区1公里、城控公司18公里(城控公司、江都区、邗江区、广陵区、经济技术开发区)。

**四、积极实施老年人安康工程,着力提升养老服务水平**

15. 扩大基本养老保障覆盖面。企业职工基本养老保险参保覆盖率98%以上,城乡居民养老保险参保率、补贴发放率达99%以上(人社局)。

16. 完善养老服务设施建设。完善全市92家(市区67家)社区日间照料中心功能,探索市场化、社会化运作机制,服务对象满意率不低于90%,有条件的地方启动第二批日间照料中心建设。规划建设集老年教育、老年活动、为老服务为一体的市级老年活动服务中心(民政局)。

17. 加大困难老人帮扶力度。进一步扩大政府购买服务的覆盖面,全市享受政府购买居家养老服务的高龄、失能等困难老人达6000人,其中宝应县500人、高邮市500人、仪征市500人、江都区500人、邗江区1500人、广陵区1450人、经济技术开发区450人、蜀冈-瘦西湖风景区400人、生态科技新城200人(民政局、宝应县、高邮市、仪征市、江都区、邗江区、广陵区、经济技术开发区、生态科技新城、蜀冈-瘦西湖风景名胜区)。建立健全机关干部就近就地志愿结对扶老机制(机关工委)。

18. 做好老年人精神关爱。实施“温暖空巢”“心灵茶吧”“舞动夕阳”“校园争辉”老年精神关爱四大行动(民政局)。

**五、突出困境儿童帮扶,切实保障受教育权利**

19. 完善困境儿童就学帮扶体系。设立困境儿童就学专项救助基金(慈善总会、财政局)。市区新招收“宏志班”10个(教育局)。

20. 提高困难学生补助标准。政府财政资金和社会义助相结合提高“宏志班”困难学生补助,按困难等级普通高中提高到2000元、1700元、1500元;初中提高到1600元、1400元、1250元(教育局)。为全市当年考上高中以上贫困残疾学生和贫困残疾人家庭子女发放一次性考学奖励,研究生3000元、本科2000元、大专1000元、高中500元(残联)。

21. 推进教育优质均衡发展。市区联动,实施部分中小学和幼儿园布局优化调整。高邮市、仪征市、江都区、邗江区、广陵区、经济技术开发区各新(改扩)建幼儿园1所,全市新创省优质幼儿园5所(江都区1所、邗江区2所、广陵区2所)。创建省义务教育现代化学校60所。省三星以上高中就读学生比例达92%以上。热点高中50%招生指标定向分配给公办初中。整合职业教育资源,建立扬州职业教育集团。组织100名以上省、市特级教师到基层学校支教、送教,试点开展教师异校轮岗交流,推进优质教师资源均衡布局(教育局)。

**六、加快文体设施建设,切实提高文体惠民水平**

22. 优化市区文体功能设施布局。规划建设广陵新城图书馆(广陵区)。新建市图书馆分馆2个,规划启动扬州非物质文化遗产基地(戏曲园)项目建设(文广新局)。建成扬州博物馆少儿文博体验中心(文物局),完成扬州市科技馆土建工程(广陵区)。加快建设广陵新城体育园(广陵区)。建成体育公园体育场和体育训练场(生态科技新城)。建设施桥镇“扬子新苑”文体广场(经济技术开发区)。建成扬州市综合旅游服务中心(蜀冈-瘦西湖风景名胜区)。

23. 加大公共文体服务供给。大力开展“送文化”活动。全年组织公益演出100场,组织市直艺术单位免费开展送文艺下乡演出活动5场次,市区举办24场“幸福扬州”送文化进社区活动,开展12场扬州市音乐厅免费开放日活动,新开辟社区书场2处,免费开展社区书场演出1000场次,全市组织培训基层文化骨干1000人次以上(文广新局)。在宋夹城体育公园内开展大型全民健身体育活动10场次以上(体育局)。

24. 完善全民健身体育场所。建设唐子城—宋夹城水系滨水步道、自行车专用健身道(蜀冈-瘦西湖风景名胜区)。在曲江公园、解放北路、嘉荷苑东侧沿河绿化(广陵区)、蒋王水街、引潮河风光带(邗江区)、漕河风光带、邗沟风光带(蜀冈-瘦西湖风景名胜区)嵌入体育运动设施。市区新建、更新健身器材600件、篮球架30个,全面完成“城市社区10分钟体育健身圈”建设(体育局)。在邗江美琪学校、扬州市竹西中学和扬州市翠岗中学试点实施学校体育场所周末定时向社会开放(教育局)。

**七、加快重点民生标准统一,积极推进市区“同城同步同标”**

25. 积极推进社保市区统筹。江都区、邗江区推进与市本级社会保险政策、标准、经办流程、信息统一和基金管理统一工作(江都区、邗江区)。

26.继续统一市区社会救助标准。江都区城乡低保标准参照主城区分步提高。提高残疾人保障标准,重度残疾人补助标准实现城乡一体化(江都区)。

**八、进一步推进民生城建,全面完成“八老改造”任务**

27.大力实施“八老改造”。全市完成中小学校舍安全改造15.91万平方米,其中市直1.5万平方米、宝应县1.2万平方米、高邮市3万平方米、仪征市3万平方米、江都区2.3万平方米、邗江区3万平方米、广陵区1.1万平方米、生态科技新城0.16万平方米、蜀冈-瘦西湖风景区0.35万平方米(教育局、宝应县、高邮市、仪征市、江都区、邗江区、广陵区、生态科技新城、蜀冈-瘦西湖风景区)。市区改造“城中村” 15个,其中江都区1个、邗江区4个、广陵区4个、经济技术开发区2个、生态科技新城2个、蜀冈-瘦西湖风景名胜区2个(国土局)。启动通裕、扬农、华源布厂(经信委)、五亭钢套厂(邗江区)的搬迁工作,完成西湖皮革制品厂、茂源石化有限公司重油作坊拆迁、关闭工作(邗江区)。市区实施公有住房解危4.5万平方米,其中直管公房解危3.5万平方米(房管局)、自管公房解危1万平方米(机关事务管理局、工业资产公司、江都区、扬子江集团)。市区翻建街巷44条,其中江都区5条、邗江区9条、广陵区30条(江都区、邗江区、广陵区),新建、改造市区街巷路灯800盏(建设局)。启动新一轮农贸市场提档升级三年行动计划,整治江都城北、明珠、李坝,邗江双桥,广陵彩衣街农贸市场(江都区、邗江区、广陵区);新建江都区兴厦、华磊星辰农贸市场(江都区),广陵区联合农贸市场(广陵区)。对市区1996年前建成、面积2万平方米以下的老小区实施综合整治55万平方米,其中江都区15万平方米、邗江区20万平方米、广陵区20万平方米(房管局、广陵区、邗江区、江都区)。

**九、保障食品安全便捷,积极实施“菜篮子”工程**

28.继续实施“1161”工程。在沙头镇、小纪镇、吴桥镇等市区周边乡镇新建2000亩蔬菜生产基地。进一步健全从田头到餐桌的农产品销售渠道,开通“菜篮子”产品配送车辆进城绿色通道,完善蔬菜电子商务配送体系,新增配送取货点30处,市区在5个社区常态化开展蔬菜直通车进社区活动(农委)。

29.积极推进“115”鲜奶工程。全市新增鲜奶4000吨(农委)。

30.加大食品药品安全监测。全市抽验药品1000批、快检2000批,基本药物检测合格率达98%以上,开展食品添加剂、食用油、生猪及其产品、乳及乳制品等重点品种风险监测抽检1000批,综合检测合格率90%以上(食品药品监管局)。

**十、继续推进“美好城乡”建设,打造秀美扬州**

31.改善农村生产生活环境。大力推进农村“三危”改造,改造农村危桥88座(交通局),改造农村危房796户,其中宝应县326户、高邮市200户、仪征市100户、江都区100户、邗江区20户、广陵区50户(宝应县、高邮市、仪征市、江都区、邗江区、广陵区),改造危险涵闸站60座(水利局)。全市新创新农村建设“优美乡村” 10个(农工办)。新改建农村公路180公里(交通局),新建田间道路200公里,新建机耕桥100座(农开局)。全市新改造农村无害化卫生户厕4万座(卫生局)。

32.优化市区公共厕所布局。完成老城区80座公共厕所改建;市区新建公共厕所7座,其中江都区2座、邗江区2座、广陵区1座、经济技术开发区1座、蜀冈-瘦西湖风景名胜区1座,改建老旧厕所12座,其中邗江区10座、经济技术开发区2座(城管局、江都区、邗江区、广陵区、经济技术开发区、蜀冈-瘦西湖风景名胜区)。

33.提升市域绿化水平。市区新增城市绿地面积100万平方米(园林局)。全市造林3.5万亩,其中成片造林2万亩,新建省级绿化示范村80个(农委)。

34.推进大气污染综合治理。建成经济技术开发区、市委党校两个大气自动监测站,加大扬州PM2.5监测力度。完成江苏国信扬州发电有限责任公司3号机组烟气脱硝工程。淘汰市区燃煤锅炉80台(环保局)。新增秸秆机械化全量还田作业农机专业合作社20个,实现夏季麦秸秆、秋季稻秸秆机械化还田率达80%和50%(农机局)。完成市区路边烧烤摊点无烟烧烤炉置换工作(城管局)。对所有建筑工地进行扬尘综合整治,具备条件的施工场地施工围挡率和场内主干道硬化率达100%(建设局、环保局)。

**十一、推进基本公共服务均等化,着力完善基本民生保障体系**

35.保障弱势群体基本生活。落实城乡低保、农村五保自然增长机制,建立居民家庭经济状况核对机制(民政局)。市区在职职工医疗互助会新发展会员1.5万人(总工会)。免费为全市1200户贫困残疾人家庭配置康复辅具(残联)。

36.不断完善医疗保障体系。实行城镇居民和农村居民大病保险(人社局、卫生局)。全市城镇职工基本医疗保险、城镇居民基本医疗保险参保率达98%以上(人社局)。全市新农合参保率稳定在98%以上,人均筹资标准不低于400元,各级财政补助人均不低于320元(卫生局)。扩大职工医保个人账户使用范围,探索用于市民健身消费和购买健康保险(人社局)。

37.提高住房保障水平。市本级经济适用房货币化补贴600户、发放廉租房租赁补贴250户(房管局),市区新建和筹集公租房(含廉租房)1800套间(房管局、江都区、邗江区、广陵区、经济技术开发区),江都区实现经济适用房保障150户、发放廉租房租赁补贴100户(江都区)。市区新增基本物业服务面积45万平方米,其中邗江区10万平方米、广陵区20万平方米、江都区15万平方米,住宅物业服务覆盖率达86.5%(江都区、邗江区、广陵区)。

38.提高公共卫生服务水平。市区新增急救点3个,全市孕产妇艾滋病、梅毒、乙肝检测率达95%(卫生局)。全市开展孕前优生健康检查2.2万人次,优生健康检查覆盖率达90%以上(人计委)。

**十二、夯实社会治理基础,维护社会和谐稳定**

39.积极消除稳定隐患。全市开展安全生产“三项人员”岗位培训3万人以上，重大事故隐患挂牌督办率达100%，全年各类生产安全事故低于省定标准(安监局)。推进实施流动人口居住证代替暂住证工作(公安局)。市区免费提供法律援助2000件以上(司法局)。

40. 着力提升社区服务水平。全市城市社区实现社区办公服务用房全达标，市本级培训社区专职工作者600人次以上(民政局)。

## 中共扬州市委　扬州市人民政府<br>关于着力提升服务水平净化企业发展<br>环境的意见

扬发〔2014〕2号

为深入贯彻党的十八届三中全会精神，以企业为本，以解决企业面临的突出问题为导向，以服务企业的结果和企业满意度为最终标准，着力提升服务水平，净化企业发展环境，促进企业增强竞争实力、加快做大做强，为我市经济社会发展多作贡献，提出如下意见：

**一、畅通政企信息渠道，着力解决企业“知情难、诉求难”问题**

1. 集中公开行政权力和服务事项清单(法制办)。在扬州门户网站设立“扬州企业服务网”，统一公示部门涉企职能、公开办事流程、公布涉企政策，明确各部门服务企业工作负责人和联络员，以方便企业查询、联系。所有部门(含垂直管理部门)涉企行政权力和服务事项(包括项目审批、各类收费和行政处罚等)均在网上分类列表公布清单，并注明审批、执法、收费依据和标准、要件、流程等操作规范，未予公布的权力一律不得行使，未予限制的事项一律视为准入，已作公布的权力和事项须严格遵守操作规范。涉企行政权力总量只减不增，国家和省明确调减的及时调减到位。已经“挂起”一年(含)以上的涉企行政权力不再公布和行使，如需重新启用，须经批准并公布。

2. 建立企业负责人约见地方领导制度(经信委)。市、县(市、区)和功能区两级重点企业董事长、总经理为反映企业突出矛盾和重大发展环境问题，可分别向市、县(市、区)和功能区党政主要负责人提出约见要求，或通过电子邮件向市、县(市、区)党政主要负责人反映企业诉求，党政领导应及时回复、安排会见或深入企业现场办公，帮助企业解决实际问题。

3. 编发“扬州企业手机报”(经信委)。搭建以规上工业企业、限上和重点三产企业、县级以上农业龙头企业主要负责人为服务对象的短信平台，向企业定时和即时发布最新政策、宏观经济运行动态、部门涉企行政调整事项和市委、市政府及部门涉企活动等重要信息。

4. 开通企业投诉热线(监察局)。依托“12345•政风行风热线”，24小时受理企业投诉。对企业投诉，市监察局在10个工作日内完成初核，20个工作日内对投诉企业予以回复、责令有责任部门限期整改，30个工作日内对违规部门和人员予以问责，并做好后续跟踪监控，严厉查处报复行为。

**二、规范涉企行政行为，着力解决企业“负担重、干扰多”问题**

5. 规范行政事业性规费(物价局)。涉企行政事业性收费项目，凡市本级设立和市、县(市、区)部门(含垂直管理部门)设立的全部废止；凡国家和省设立并明确标准的，一律按下限执行；凡国家和省设立，由市、县(市、区)确定标准的，一律在原标准基础上削减20%。

6. 减缓部分社保基金收缴(人社局)。按照省有关规定，自2014年起两年内，企业失业保险费率降至1.5%。连续6个月亏损的工业企业，经确认后，可缓缴社会养老、医疗保险和住房公积金，缓缴期不超过6个月，不缴纳滞纳金。

7. 开放中介服务市场(发改委)。涉企中介服务机构必须与机关部门彻底脱钩。环评、能评、安评、规划选址等前置性中介服务收费，参照对行政事业性收费的规定(本意见第5条)执行。注册、评估、检测、咨询、审图、审计、年审等所有中介服务均由企业自行选择，任何部门不得强制或变相强制企业到指定的中介机构接受有偿服务。同类涉企中介机构竞争数量达不到3家的，由行业管理部门对现有机构进行拆分，或对外开放中介市场，引进有资质的中介机构，确保公平竞争。全市中介市场规范管理工作由市发改委牵头，负责制定相关制度，强化日常引导和监督工作。

8. 规范社团管理和收费(民政局)。任何单位和个人不得强制或变相强制企业加入各种协会、学会、理事会等社团组织，禁止任何社团组织强制企业缴纳会费、征订报刊、接受有偿培训、收取各类赞助和所谓“服务费用”。

9. 保障企业“安静生产”(监察局)。每周一至周四为企业“安静生产日”，此间，除涉及安全生产、环境保护、国家和省统一部署的专项整治以及企业涉嫌严重违规违法、确需及时现场取证的检查外，任何部门未接到有证可考的举报投诉，不得到企业检查，违规检查的由监察局查证问责；所有强制执法和大规模检查须事先报本部门法规机构审核，并在当日或第二个工作日报市、县(市、区)监察局备案。

10. 控制对重点企业的参观考察(市委办、市府办)。所有到重点企业的参观考察须报市委办、市府办扎口把关，并不得要求企业调整生产班次，企业一律不组织职工迎送，不打电子滚动或横幅标语，不铺设迎宾地毯，不摆放花草，不安排就餐和茶歇。

11. 推行“首违不罚”和“容期整改”制(法制办)。除涉及安全生产、环境保护、食品药品和严重产品质量安全外，对企业初次轻微违规只给予批评和提示，并指导和督促整改到位；重大违法须先书面通知企业限期整改，整改无果方可依法查处。

12. 规范行政处罚自由裁量基准和备案制度(法制办)。所有设定弹性幅度的涉企行政处罚必须分档，处罚1万元以下的不得少于四档，1万元(含)至10万元以下的不得少于六档，10万元(含)以上的不得少于八档，分档实施细则由执法部门制定，并须报市、县(市、区)法制办备案，对外公布。所有涉企行政处罚视情节确定档次，并一律按对应档次的下限执行；涉企行政处罚未制定公布分档实施细则的，一律按法定处罚标准的最低限执行。1万元（含）以上行政罚款和责令停业、吊销证照、行政拘留企业负责人、没收2万元以上财物的重大行政处罚，须在当日或第二个工作日报市、县（市、区）法制办备案通报。

**三、强化企业人才工作，着力解决企业“才难引、人难留”问题**

13. 加大企业人才招引和培养力度（人社局）。2014年，组织扬州企业赴全国重点高校开展人才交流会或校园招聘活动不少于20次，在扬举办两场大型高校毕业生招聘会，借助各类平台，帮助企业引进培养高层次人才1500人以上，培训专业技术人才10000人次以上，新增高技能人才14000人以上。

14. 加快人才公寓建设（房管局）。2014年，全市开工建设人才公寓房30万平方米，政府主导的人才公寓建设享受“保障性住房税收减免”等相关优惠政策，其建设用地纳入市、县（市）年度建设用地供应计划，专地专供。

15. 实行人才所得税地方留成奖补个人在扬购房（财政局）。对高新技术企业、经认证的软件企业、市级以上电子商务应用试点示范企业从事关键技术和软件研发、处于关键管理岗位，年收入12万元以上的高收入人才，自其在我市缴纳个人所得税起，连续三年地方留成部分由财政部门给予奖励，专项用于其在扬购房补贴。

16. 加强对企业家的培训和宣传。2014年，全市组织开展2次重点企业负责人培训（组织部）。在扬州电视台、电台、《扬州日报》等主流新闻媒体上开辟专门栏目（节目），每季宣传报道扬州企业家10名以上，重点介绍他们艰苦创业、开拓创新、奉献社会等方面的典型事迹，在全社会营造尊重企业家、关心企业家、支持企业家的浓烈氛围（宣传部）。

**四、推进涉企金融创新，着力解决企业“融资难、融资贵”问题**

17. 增加信贷投放总量。2014年，全市新引进异地农商行1家，新设村镇银行和股份制商业银行各1家（银监局）。新增企业贷款150亿元以上，制造业贷款增幅高于全市贷款总额增幅（人民银行）。

18. 切实解决企业融资抵押难问题。对历史遗留的因用地手续不完善等原因导致土地证、房产证办理不到位的工业企业进行全面调查摸底，制定工作方案，对使用国有土地，符合土地规划、城市规划、产业政策的企业，在2015年底前依法完善用地手续，帮助办好“两证”，为企业融资提供方便（国土局、房管局）。加快探索实施仓单质押、应收账款质押、知识产权（专利、著作、注册商标）专用权质押，集体土地承包经营权、林权抵押等金融创新业务（银监局）。

19. 加强中小企业信贷扶持（财政局）。市财政设立1.5亿元的小（微）企业信贷引导资金池，按1∶5放大，撬动银行信贷，支持小（微）企业发展；设立8000万元的科技型中小企业贷款风险补偿资金池，用于扶持成长期科技型中小企业发展；设立2亿元的中小企业应急专项资金〔其中县（市、区）财政1亿元〕，用于帮助优质中小企业应急资金周转；设立1.2亿元的政策性担保业务资金池，由市财政局中小企业担保中心整合现有政策性担保项目，统一运作。

20. 鼓励企业直接融资。2014年，全市企业各类直接融资100亿元以上（发改委）。市财政设立1亿元的直接融资风险缓释基金（财政局）。对企业因场外挂牌规范需要形成的新增税收地方留成部分，参照企业上市政策予以返还，对在“新三板”和经认定的区域性场外市场挂牌企业，参照市政府《关于加快推进企业上市工作的意见》（扬府发〔2011〕143号文）有关规定给予过程补贴（金融办）。

21. 切实解决融资贵问题。严格规范金融收费行为，不得以贷转存、存贷挂钩、以贷收费、浮利分费、借贷搭售、一浮到顶、转嫁成本，认真执行公开收费项目、服务价格、效用功能、优惠政策等规定，降低企业融资成本（银监局）。加强对各类小贷公司监管，严厉打击扰乱金融秩序行为（金融办）。

**五、优化重大项目服务，着力解决企业“办事繁、审批慢”问题**

22. 实行项目审批“一表受理”制（行政服务中心）。各级行政服务中心统一设立登记窗口，“一表受理”项目审批业务，并以项目业主申请之日为计时起点，全程进行网上监控，限时办结。

23. 试行重大项目容缺受理、模拟审批、形式审查制（行政服务中心）。凡基本具备审批条件和申报材料主件的市级重大项目，相关职能部门可先行受理，容许业主在规定时间内将材料补齐补正。纳入市级绿色通道的重大项目在“容缺受理”过程中，所缺审批手续由职能部门保证在项目完工前办妥的前提下，可先行模拟批准，事后补齐有关手续，正式批准；所缺技术审查要件，除涉及安全生产事项外，由中介机构按有关规范和标准，对其成果合法性作出承诺，审批部门在此基础上可“先批后审”，同时制定相应的复审、处罚配套机制。

24. 建立重大项目审批代办、领办制（重大项目推进办公室）。对列入市重大项目库的项目，可由业主向行政主管部门提出代办申请，行政主管部门接受申请后，应明确专职人员，负责全程代办项目审批手续；需省以上审批的重大项目，业主可根据项目审批难点和关键环节，向市“重大项目推进办”申请领办部门，有关部门接到领办任务后，须明确一名负责人牵头，全程服务项目审批，做好向上沟通争取，保证关键节点过关和项目最终获批。

25. 实行重大项目预约办理和限时办结制（行政服务中心）。纳入市级绿色通道的重大项目单个事项办理，原则上须比“窗口”承诺时限缩短三分之一（法定公示时间除外）；业主可根据项目进度需要，在工作日和常规工作时间之外联络审批人员预约办理有关手续，后者不得无故推脱拖延。优化项目审批流程，保证2014年重大项目平均流程比上年缩短20%以上。

**六、抓好惠企政策落实，着力解决政策“兑现难、到位慢”问题**

26. 落实优惠政策。尽快将涉企税收优惠政策在“扬州企业服务网”上公布，简化税收优惠审批流程，抓好高新技术企业所得税减征、企业研发经费税前抵扣、农村金融税收减免、支持和促进就业税收减免、物流仓储设施用地土地使用税减免等优惠政策落实工作，做到应享尽享(国税局、地税局)。市、县两级政府出台的所有扶持企业专项政策，均须明确申报、兑现时间，财政部门和各有关主管部门须按年度全面足额兑现到位，不打折扣(财政局)。

27. 对民间资本实行“非禁即入”(工商局)。鼓励民间资本参与城乡供水、污水处理、垃圾处理、公共交通、城市园林绿化等领域投资经营，参与市、县两级公用事业单位及经营性事业单位改制转企；引导民间资本参与公共租赁房、限价商品房、棚户区改造安置房等保障性安居工程建设；支持民间资本兴办各类医院，进入养老产业和健康服务业领域。

28. 加大对上争政策、争项目、争资金力度(财政局)。加强国家和省各类扶持政策宣传解读，完善各类项目数据库，指导企业做好项目申报。此项工作作为市委、市政府对部门年度考核的重要内容。

**七、强化组织推进机制，着力解决涉企服务工作“落实难、易反复”问题**

29. 加强组织领导。成立市优化企业发展环境领导小组，由谢正义和朱民阳同志任组长，领导小组办公室设在市委办，由丁纯同志任主任，成员由市直有关部门抽派精干人员组成。

30. 加强工作推进。市“优化办”按月制定工作计划并组织实施，每季向市委常委会和市政府常务会汇报一次工作进展情况，每半年督查一次推进落实情况，年底组织涉企行政部门开展服务企业工作“三公开三报告”活动。将服务企业工作纳入市、县(市、区)部门目标管理考核体系，加大考核力度，2014年2月底前专门制定对本意见执行不力部门和责任人的问责查处办法。

本意见除明确适用范围的条款外，适用于一二三产所有企业。

## 中共扬州市委　扬州市人民政府<br>关于围绕农民增收进一步做好“三农”工作的意见

扬发〔2014〕11号

“三农”工作是各级党委、政府工作的“重中之重”。“三农”问题，最根本、最核心、最关键的是农民增收问题。现就围绕农民增收进一步做好“三农”工作提出如下意见。

**一、总体要求、基本原则和主要目标**

总体要求：以促进农民增收为中心，突出体制机制创新、理念创新、政策创新和管理创新，以抓经济工作的思路抓农民增收工作，以发展工业的理念发展现代农业，通过农民收入倍增倒逼经济发展、农村生态建设倒逼农业农村经济转型升级，全面提升“三农”工作水平。

基本原则：一是坚持重点突出。围绕培育新型经营主体、发展现代农业、农村扶贫等重点工作，抓纲带目、以点促面。二是坚持问题导向。转变政府服务方式方法，以农民需求为导向，问计于农民、问计于基层，倒逼“三农”工作管理体系、组织体系和服务体系与农村新的经营形式相适应。三是坚持改革创新。顺应农业产业结构深入调整、新型农业经营体系加快构建、农村经济社会结构深刻变化的新形势，以改革的思路、创新的办法和务实的措施，推进“三农”重点工作实现创新突破发展。

主要目标：到2016年末，全市农民人均纯收入达2万元，达到平均数的人口比重达55%，其中财产性收入年均增长25%以上；全市设施农(渔)业面积达100万亩；农产品加工业总产值突破1000亿元；每个县(市、区)建成1～2个50亿元连片特色产业基地。

**二、工作措施**

1. 加快推进农地适度规模经营。进一步发挥土地对农民的增收作用，加快农村土地流转步伐，大力发展适度规模经营，让更少的农民种更多的土地，得到更多的收入。加快农村产权交易平台建设，通过市场竞价机制，形成合理的土地流转价格。引导农民流转土地“实物计价、现金结算”，建立流转价格动态增长机制。到2016年，土地集中型农业适度规模经营占比50%以上。要将流转的土地股份化，让流转土地的农民有资产性、工资性收入，市、县(市、区)财政设立农地规模经营专项资金，对新增受让连片耕地300亩以上、流转期限10年以上、流转合同规范，并实行保底分红和二次返利的土地股份合作社，给予原承包户一次性100元/亩补助，给予当地村级集体经济组织2万元奖励。

2. 积极培育发展家庭农场。对从事粮食种植200亩以上、设施栽培50亩以上的家庭农场，给予经营主体土地流转租金一定金额补贴。鼓励发展“家庭农场＋合作社＋市场”“家庭农场＋合作社＋企业”等经营形式，促进农业生产的专业化、标准化和产业链的延伸。金融办要会同财政局加快推进设立市级政策性担保公司，将家庭农场贷款担保纳入市级政策性担保公司业务范畴，降低收费标准，担保费控制在1%以下。市人行要制定完善农村综合产权改革和农村土地承包经营权抵押(质)贷款制度，引导农村小贷公司加大对家庭农场的信贷支持，贷款实行优惠利率。重视水系、农田、土壤的可持续和生态化开发利用，引导家庭农场经营者加大对田间道路、小型水利设施等农田基础设施投入力度，市、县财政以项目化形式给予投入资金30%～50%的补助。加强示范引导，每年评选10个市级示范性家庭农场，市财政给予每个家庭农场一次性奖励3万元。

3. 着力提升合作社运行质态。鼓励同行业、跨行业和跨地区组建合作联社，每年新增农民专业合作联社10个。对农产品销售合作联社进城开设销售门店，3年内给予年租金30%的补贴。对合作经济组织兴办的经济实体，享受民营企业和农业产业化经营龙头企业的各项优惠政策。鼓励小额担保贷款向农民专业合作社及其成员倾斜，对参加农民专业合作社的农户，可适当增加小额贷款授信额度。培植拥有大中型拖拉机、高性能联合收割机、乘坐式插秧机、自走式植保机等大中型农业机械5台以上的农机大户，并引导其领办或加入农民专业合作社。扶持新型经营主体投资烘干、储藏、农作物秸秆还田机械、农机具机库等设施，鼓励和支持国有粮食企业增加烘干产能。

4. 推进农业园区和农产品加工集中区特色发展。要像发展工业园区一样发展农业产业园区，到2016年，创成1个国家现代农业示范区、2个国家农业产业化示范基地；建成50个市级现代农业产业园区和6个市级以上农产品加工集中区。新创成的市级以上农业产业园区、农产品加工集中区及外向型出口示范基地，给予5万～10万元奖励。加大用地保障，市级以上农业龙头企业投资建设的农业项目达到市农业重大项目标准的用地参照市级重点项目优先安排。对园区内生产设施用地和附属设施用地，要按照国家有关规定依照农用地性质进行管理。强化金融支持，鼓励商业银行在园区设立分支机构，组建村镇银行、农村小额贷款公司和资金互助合作社，适时推出符合园区特点和需求的金融产品。

5. 扶持农业龙头企业做大做强。将农业龙头企业纳入中小企业发展专项资金重点支持范围。认真落实农业用电支持政策，对农业龙头企业、合作社、家庭农场等新型经营主体从事种苗、种植、养殖业及农产品初加工以及非生产性质的粮食烘干用电，执行农业生产用电价格。将市级以上农业龙头企业引进人才纳入企业人才发展基金支持范围，同等享受《市政府关于加强企业人才引进和培养工作的意见》(扬府发〔2012〕211号)明确的各项扶持政策。对市级农业龙头企业从被认定的年度起，3年内返还企业所得税地方留成部分。市级以上农业产业化龙头企业研发费用可以在税前加计扣除(即在据实扣除的基础上，按照研发费用的50%加计扣除；形成无形资产的，按照无形资产成本的150%摊销)，对农产品加工企业一次性完成技改投入800万元以上的，农业产业化发展专项资金给予奖补。加快农产品流通网络工程建设，畅通农产品销售渠道。

6. 推进农业品牌化标准化建设。鼓励龙头企业、农业园区、生产基地、专业合作社、家庭农场和行业协会推行农业生产技术标准和规程，鼓励农业龙头企业积极参与各类质量管理体系认证，支持农业园区、龙头企业及其产品进行食品安全管理体系认证、良好农业规范认证、国外有机产品认证等。新确认为国家绿色食品的农产品，给予一次性5万元奖励。对农业龙头企业、农民专业合作社、家庭农场创建或参与创建并获得中国名牌农产品、江苏省名牌农产品称号的，获得区域公共品牌农产品和农产品地理标志的，给予一次性5万元奖励。对当年新获得中国驰名商标的农产品商标奖励比照工业产品新获驰名商标的奖励政策，一次性奖励20万元。

7. 着力增强村集体带动增收能力。支持以乡镇或村为单位，以市场运作的方式，整合村组集体和农民群众闲置资金，做商业、办工业、储物业，积极发展物业经济型、资产经营型、资源开发型、股份合作型、为农服务型等多种形式的集体经济，促进集体经营性收入和农民财产性收入稳步增长。各县(市、区)要设立不少于1000万元的村级集体经济发展专项资金，加大对薄弱村发展物业产业项目等扶持力度。

8. 帮扶低收入农户更快增收。动员组织机关部门、企事业单位党员干部与低收入农户开展牵手帮扶行动，细化帮扶工作任务，强化帮扶工作责任，落实有效推进措施。通过产业扶持、企业结对、政府购岗等措施，促进低收入农户实现创业、就业增收，动态消除有劳动能力的低收入农户零就业家庭。对丧失劳动能力、符合条件的低收入农户统一纳入低保、五保范围，做到应保尽保，并逐年提高标准。全面落实医疗救助、教育资助政策，确保低收入农户子女完成学业、充分就业。到2015年全市所有建档立卡的低收入农户家庭人均纯收入达5000元以上。

9. 进一步发挥农业保险的保障作用。从2014年起，小麦、水稻等主要种植业保险费率由5%降为4.5%，保障水平保持不变。完善连保无赔优待机制，对县级以上示范家庭农场和“五好”示范社连续2年(3年)参保、未发生灾害理赔的，同一参保项目第3年(第4年)参保时，保费打7.5折(7折)，保费缺口部分由县(市、区)财政承担；参加特色养殖业、水产业等高效设施农业保险的，原则上自缴比例不超过总保费的20%。扩大高效设施农业保险品种，到2016年各类险种达40个以上、高效设施农业保险覆盖面达60%左右。在政策范围内，适当降低理赔门槛、提高理赔标准。

10. 扎实推进农村生态文明建设。充分利用好生态环保的优化、倒逼作用，把生态文明建设贯穿于农业农村发展始终。一是综合治理农业面源污染。重点扶持推广绿色植保、测土配方施肥、废弃物综合利用、相关产业链接和可再生能源开发利用等绿色技术，积极发展节地、节水、节肥的生态有机农业。积极开展全市“美丽乡村”、农业节能减排认定工作，对通过认定的给予一定奖励。二是加快改善农村水生态环境。以水来定位农村发展，以水来调整农业产业结构。把农村河道疏浚整治作为农村环境综合整治的主要抓手和首要任务，通过2年时间，重点解决河道淤积堵塞、杂草丛生、河塘垃圾成堆、水质恶化等问题，要落实农村河道“河长制”，建立长效管护机制，打造“水清、流畅、岸绿、景美”的农村水环境。三是大力提升造林绿化水平。突出生态中心建设，每个县(市)至少规划建设一个10平方公里以上的生态中心，实施造林绿化两年会战计划，支持建设一条60公里绿色通道。突出村庄绿化提升，支持各地挖掘沿水、沿路、沿村、沿宅、沿厂等造林绿化潜力，村庄绿化覆盖率达30%以上。积极向上争取南水北调水源地生态补偿政策，启动宝应、高邮、江都大生态区规划建设工作。四是做好秸秆综合利用试点城市各项工作。重点扶持秸秆综合利用企业、秸秆收贮运体系建设、推进大功率农业机械换代升级，在全市域范围内全面实现秸秆禁烧和综合利用，实现净土、净水、净空。

11. 创新多元投入机制。各地要严格执行财政支农资金“两个高于”政策，更多地引进工商资本、社会资本，更充分地运用好金融资金、信贷资金，更合理地争取上级政策资金、扶持资金，带动农民增收。一是突出支农资金投入重点。进一步完善支农项目库管理，规范支农资金项目的监督管理、绩效管理和问责管理，健全支农项目的论证、专家评审和公示制度，接受社会各界的监督。二是发挥财政资金引导作用。市政府设立3000万元的“三农”发展专项扶持资金，重点扶持农机现代化建设、农地适度规模经营和合作社发展、农业产业化和农村水环境整治等。要放大财政资金杠杆倍数，撬动银行信贷资金加大对农业新型经营主体信贷支持力度，逐步解决农业贷款难问题。三是加大项目资金上争力度。各地要在认真落实农业投入有关规定的基础上，进一步突出重点、整合力量，加大国省各类支农项目资金的争取力度。

12. 提高农民增收工作的组织化程度。一是培植各类典型，发挥示范作用。各地要重点培育、总结、选树、推广一批有代表性的、有特色的、能看能学的典型，引导和推动全市“三农”工作发展。市里重点抓好10个农民专业合作社、10个农业园区、10个农业龙头企业、10个家庭农场等典型培育，每个县(市、区)也要抓好一批规范化、有效益、有影响的典型。二是强化政策聚焦，创造发展环境。整合财政、农业、水利、农业综合开发、林业、交通、国土资源等部门的农田水利设施建设、中低产田改造、农业科技示范园区建设、土地整理、测土配方施肥和新品种、新技术应用推广等各级基建类和财政专项补助项目，优先扶持通过土地流转形成的专业大户、示范家庭农场、土地股份合作社和农业龙头企业基地等规模经营主体。三是落实主体责任，加强考核激励。进一步突出县(市、区)主体责任，实行市级统筹协调、县(市、区)为主负责、工作到村入户的工作机制。要把农户增收成效作为市对县(市、区)考核重要指标之一，考评结果通过适当方式向社会公布，把农户增收工作成效作为对班子及干部考核评价和选拔任用的重要参考依据。

## 中共扬州市委关于<br>完善党员干部直接联系群众制度的实施意见

扬发〔2014〕28号

为进一步密切党群干群关系，构建党员干部经常性深入基层、直接联系和服务群众的常态、长效机制，根据中央和省委关于完善党员干部直接联系群众制度的相关要求，结合全市实际，提出如下实施意见。

做好党员干部直接联系群众工作的总体要求：忠实践行全心全意为人民服务的根本宗旨和党的群众路线，以维护群众利益为核心，以直接联系为主要方式，以制度建设为保证，以了解群众、服务群众、引导群众为主要任务，进一步落实为民务实清廉要求，密切党同人民群众的血肉联系。坚持领导带头、加强分类指导、突出工作重点、尊重群众主体地位，更好地团结带领全市人民推动全面深化改革，加快推进跨江融合发展，努力把扬州建设成为古代文化与现代文明交相辉映的名城。

建立健全以下党员干部直接联系群众具体制度。

**一、领导干部调查研究制度**

1. 领导干部到基层调查研究时间每年不少于1个月，其中市委常委、副市长不少于2个月，并安排3～5天驻点调研，开展“三下三联三交”活动，与群众同吃同住同劳动，其他领导干部驻点调研不少于3天。乡镇(街道)领导班子成员要经常到村(社区)、企业等基层单位调研。机关党员干部要利用探亲休假等机会，开展随机调研或微调研。

2. 领导干部到基层调研，要明确主题、带着问题调研，坚持问政于民、问需于民、问计于民，加强典型性、倾向性问题的剖析，通过解剖麻雀摸实情、谋良策、解难题，每年形成1～2篇有质量的调研报告。严格执行中央八项规定和省、市委作风建设有关规定，坚持轻车简从，不增加基层负担。

**二、领导干部基层联系点制度**

3. 县处级及以上领导干部均建立基层联系点。联系点可与“三下三联三交”联系点、扶贫点、挂职地等相结合，与重大项目建设、党建工作、学习型党组织建设工作、惩治和预防腐败体系建设工作等联系点统筹考虑，直接联系到村、社区和企业。领导干部每年走访联系点不少于2次。

4. 市、县两级党员领导干部每人挂钩联系1个软弱涣散党组织，市、县机关以部门为单位挂钩联系1个软弱涣散党组织，派出经济薄弱村“第一书记”的，与“第一书记”任职村一致。

5. 乡镇(街道)领导班子成员每年结对联系2户以上困难群众，每年走访每个联系户不少于4次，宣传党的路线方针政策，听取群众诉求及意见建议，帮助解决实际问题，做好思想政治工作。联系点或结对联系户的联系时间不得少于1年，可以长期联系。

**三、机关干部到基层实践锻炼制度**

6. 选派机关后备干部到信访部门担任信访督导员，提高化解矛盾、做群众工作的能力。选派年轻后备干部到农村、社区任职，帮助壮大农村集体经济，推进基层公共事业发展，促进基层和谐稳定。组织机关、事业单位新录用公务员和新聘用事业人员分期分批到基层实践锻炼。

7. 机关干部到基层实践锻炼，原则上与原单位工作脱钩，做到工作和吃住在基层，锻炼时间一般为1～2年。工作期间表现及组织考核情况与干部任用、奖惩直接挂钩。

**四、定期接待群众来访制度**

8. 各级党政领导班子成员要定期接待群众来访，市领导干部每季度、县(市、区)领导干部每月、乡镇(街道)领导干部每周至少安排1天时间；与民生联系紧密的市级机关部门主要领导每月、其他领导每半月至少1天，县级机关部门领导干部每周至少1天接待群众来访。

9. 党员领导干部接访可采用定点接访、重点约访、专题接访、带案下访、上门回访等形式联系信访群众。定点接待群众来访，要按照接访领导、范围、时间、地点、程序

"五公开"的要求，提前向社会公布，方便群众参与。

10.党员领导干部接访要逐件形成接访事项纪要，明确办理措施、责任单位和解决时限，做好督办落实和答复工作。对人数较多的集体上访，在依法规范、依法处置的同时，党员领导班子成员要按照分工亲自出面接访、化解矛盾；对涉及面广、社会关注度高的信访问题，党政主要领导要亲自协调解决。

11.乡镇、街道以及农村、社区基层干部要采取分片、包干等方式，普遍走访辖区群众，及时收集社情民意、协调利益纠纷、化解各类矛盾。

**五、与干部群众谈心制度**

12.县处级及以上领导干部每年与所分管部门及基层联系点党组织干部群众谈心活动不少于2次，可与领导班子民主生活会谈心结合安排。基层党组织负责人要按照"千名支书进家门"的要求每年与所属党员至少进行2次谈心活动。

13.谈心谈话活动可采取个别谈话、集体座谈、随机交流等多种形式进行。与干部群众开展谈心活动，既要肯定成绩、指出不足，又要明确方向、鞭策鼓励；既要虚心听取意见建议，又要切实解决实际困难，对发现的苗头性、倾向性问题及时进行教育引导，防止矛盾积累激化。

**六、征集处理群众意见制度**

14.充分利用现代信息技术手段，加强"市(县)委书记信箱""寄语市(县)长信箱""党报在线""市(县)长热线""12345政府服务热线""政风行风热线"以及"市民论谈"等民意表达平台建设，广泛征求意见。有计划地安排党政领导干部通过广播、电视、互联网等媒体，与群众互动交流。市委、市政府领导每年至少一次走进"党报在线"或"12345政府服务热线"，直接与群众交流。通过设立意见箱、发放征求意见表、召开座谈会等，收集汇总群众意见。

15.常态化听取老同志、老领导的意见建议，重要会议和重大活动邀请他们参加，重要情况及时向他们通报，重大决策、重要项目充分听取他们的意见建议。

16.充分发挥党代会代表、党员人大代表、政协委员联系群众的作用，持续开展人大代表与选民统一见面日、政协委员界别活动周活动，加强同各民主党派、工商联和无党派人士的联系，听取和反映各行业、各界别、各阶层群众的意见建议。

17.建立健全公示、听证咨询、民意调查、社会舆情分析等制度，定期收集汇总、分析研判群众意见。探索建立网上群众工作制度，运用网络手段和博客、微博、微信、论坛等平台，建立党员干部与网民的有效沟通机制。

18.建立处理群众意见的登记、交办、督办、答复、评估、归档等制度，加强意见建议办理情况的督促检查，及时处理群众意见建议及合理诉求。以适当形式反馈或公布群众意见采纳处理情况，接受群众监督评价。

**七、党员承诺践诺服务群众制度**

19.以加强基层服务型党组织建设为抓手，围绕"五带头"（带头学习提高、带头争创佳绩、带头服务群众、带头遵纪守法、带头弘扬正气），组织基层党组织书记和党员，根据单位实际、岗位特点和工作情况，立足正在干的事情，开展承诺践诺活动，一般按照提出承诺、公开承诺、履行承诺和评议承诺的程序方法进行。

20.深化机关事业单位以及服务岗位党员的承诺践诺工作。机关事业单位围绕开展"三下三联三交"等活动，在服务中心工作、改进作风、服务群众、廉洁自律等方面承诺践诺。执法部门、窗口单位和服务行业围绕"三亮三比三评"（亮身份、亮承诺、亮标准，比技能、比业绩、比作风，自评、群众评、领导评），在建设群众满意窗口、创造优质服务品牌、提高服务水平等方面承诺践诺。

21.组织基层党组织和党员承诺践诺、服务群众。以乡镇(街道)、村(社区)党员干部为骨干，以网格为单元整合资源，组建不同类型的服务团队。村(社区)党员要积极参加设岗定责、依岗承诺活动，认真履行岗位责任。非公企业和社会组织要积极参加"党组织挂红色品牌、党员挂红色标识，党组织亮承诺、党员亮业绩，服务科学发展、服务职工群众"活动，亮出党员身份和服务承诺，提高服务质量，展现良好形象。

**八、党代会代表直接联系群众制度**

22.落实和完善党的代表大会代表任期制，建立健全各级党委委员联系代表、代表联系党员、党员联系群众的"党群联系链"。党组织要积极协调党代表所在工作单位为其活动提供时间保障等相应的便利条件。

23.扎实推进党代表工作室建设，在全市乡镇(街道)和村(社区)全部建立党代表工作室，采取定期接待和不定期接待相结合，定期接待为每月1次，时间一般和基层党组织"统一活动日"相一致，了解社情民意，收集意见建议，疏导群众情绪，促进社会和谐。

24.合理设置党代表工作小组，定期组织开展调查研究、工作视察、建言献策等活动。健全党代表参与重大决策、重要干部推荐和民主评议等制度，每位党代表任期内至少列席1次同级党委全委会或参与重大活动。

25.探索开展党代表提案制度，畅通代表反映民意诉求渠道。强化党员、群众对党代表履职的监督，增强党代表对党员负责、为群众服务的意识。

**九、基层党组织"统一活动日"制度**

26.明确每月20日为全市基层党组织和党员统一活动日，各基层党组织结合自身实际，组织所属党员集中开展主题活动，重点开展党员教育、群众联系、党务政务公开、基层民主议事、志愿服务等活动。

27.基层党组织要选准选好活动主题，通过建立"统一活动日"制度，丰富"三会一课"内容，深化为民服务行动，扩大基层党内民主，提高党组织活动的质量和效果。研究组织流动党员、离退休干部职工党员、年老体弱党员等不同对象开展活动的方式方法，努力使所有党员都能参与。

28.建立开展"统一活动日"的情况记录、党员活动考勤等制度。建立督查考评机制，由基层党委对所属党组织开展"统一活动日"进行经常性地督促检查。建立督查指导制度，由市、县组织部门随机实地了解活动开展情况。

**十、机关党员干部到社区报到服务制度**

29. 组织市县机关部门在职在岗党员到社区党组织报到，根据自身特长和能力认领至少1个社区服务项目和岗位，每年参加社区党组织开展的各类公益活动、志愿服务活动和主题实践活动2次以上，每年提出1条以上促进社区建设的可行性建议，接受社区党组织管理和社区居民监督。

30. 机关党员干部到社区报到，要加强政策法规宣传，带头和带动群众遵规守纪、依法办事，经常听取群众意见，及时反映群众诉求。集中参与社区服务可与“统一活动日”相结合，提倡经常性参加社区活动，有条件的可与社区困难群众结成对子，力所能及地帮助他们解决实际困难。

各级党组织要高度重视党员干部直接联系群众工作，切实加强组织领导。党委(党组)书记要强化“第一责任”，既以身作则、率先垂范，又认真抓好本地本单位党员干部直接联系群众工作。各级党的建设工作领导小组及办公室要加强日常组织协调，纪检机关和组织、宣传、政法、统战等部门要各司其责、相互配合，形成合力。共青团、妇联、工会等群团组织要按照各自章程和有关规定，有针对性地细化联系服务群众措施，示范带动其他组织联系群众。基层党组织要认真履行职责，做好具体组织工作。要大力宣传党员干部直接联系群众的重要意义和目标要求，及时总结推广先进经验和典型做法，推动党员干部激发联系服务群众的热情、提升服务本领。上级党组织要加强对下级党组织的督促检查和考核评价，定期进行通报，把联系服务群众纳入“三级联述联评联考”，作为党员评优、干部使用的重要依据。对严重脱离群众、脱离实际、损害群众利益、影响党群干群关系的恶性事件要按照有关规定严肃处理。坚持定期报告工作，每年底各县(市、区)和功能区向市委报告本地党员干部联系群众工作情况，市级机关工委报告市级机关相关工作情况。

各地各单位要根据本实施意见，结合实际研究制定贯彻落实的具体措施，并在实践中不断探索完善。以往相关制度与本实施意见精神不相符合的，要作相应调整。

## 中共扬州市委关于贯彻落实党的十八届四中全会精神全面推进依法治市加快建设法治扬州的实施意见

扬发〔2014〕42号

为贯彻落实《中共中央关于全面推进依法治国若干重大问题的决定》(以下简称《决定》)、《中共江苏省委贯彻落实〈中共中央关于全面推进依法治国若干重大问题的决定〉的意见》(以下简称《意见》)，结合扬州实际，研究提出如下实施意见。

**一、深入学习贯彻党的十八届四中全会和省委十二届八次全会精神，全面推进依法治市，加快建设法治扬州**

1. 党的十八届四中全会通过的《决定》和省委十二届八次全会通过的《意见》，系统总结了法治建设实践经验，明确提出了全面推进依法治国和依法治省的指导思想和目标任务。全市各级党组织和广大党员干部要认真学习、深刻领会、全面贯彻，准确把握依法治国的基本内涵、目标要求和实现路径，切实增强走中国特色社会主义法治道路的自觉性，推动中央《决定》和省委《意见》在扬州全面落实。

2. 长期以来，特别是党的十一届三中全会以来，我市高度重视法治建设，依法行政和公正司法水平不断提高，基层民主法治建设稳步推进，全社会法治观念得到增强，法治城市建设取得明显成效，成为全国“五五”及“六五”中期普法先进市、全国首批“法治城市创建活动先进单位”。但是，与党中央和省委要求相比，与全市经济社会发展要求相比，与人民群众期待相比，还有不少差距。各级领导干部法治意识和法治思维还需加强，执法不规范、不公正、不文明现象还不同程度存在，部分社会成员尊法信法守法用法、依法维权意识有待提高，基层法治建设仍显薄弱，等等。

3. 全面深化改革，推进跨江融合发展和名城建设，谱写好中国梦的扬州篇章，我们面对的改革发展稳定任务之重和遇到的矛盾风险挑战之多前所未有。要认真贯彻落实党的十八大和十八届三中、四中全会精神，深入贯彻落实习近平总书记系列重要讲话精神，按照省委十二届八次全会部署，全力推进中国特色社会主义法治体系建设和社会主义法治国家建设在扬州的实践，积极探索法治建设末端治理的方法和举措，更好地发挥法治的引领和规范作用，全面推进依法治市，加快建设法治扬州，努力把扬州建设成为“人民满意、社会公认”的法治名城。

**二、保证宪法法律实施，推进地方立法科学化民主化**

4. 认真贯彻实施宪法法律。全市各级党政机关、社会团体、企业事业组织和个人都必须以宪法为根本的活动准则，并且负有维护宪法尊严、保证宪法实施的职责。一切违反宪法的行为都必须予以追究和纠正。加大宪法宣传教育力度，认真组织开展每年12月4日国家宪法日和每年12月宪法宣传月活动，大力弘扬宪法精神。认真执行宪法宣誓制度。

各级人大及其常委会要加强对法律实施的监督。强化备案审查制度和能力建设，把所有规范性文件纳入备案审查范围，积极探索备案审查方式，引入专业力量，提升审查质量。

5. 积极推进地方立法工作。按照中央《决定》和省委《意见》的要求，积极做好地方立法的先期准备工作。

加强党对地方立法工作的领导，完善党委对地方立法工作中重大问题的决策程序。健全人大主导立法工作的体制机制，建立由人大专门委员会组织有关部门参与起草综合性、全局性、基础性等重要法规草案制度。建立健全政府规章制定制度，强化政府法制机构在政府立法中的主导和协调作用。完善地方立法项目的征集、调研和论证机制，建立立法项目库。人大常委会每届任期制定立法规划和立法计划。编制政府规章年度制定计划。

坚持问题导向、改革取向，将立法工作放在全面深化改革大局中谋划，按照“有需求、不抵触、有特色、可操作”的原则，从本市实际出发，突出城市规划、古城保护、城市管理、生态文明建设重点，在法定权限内制定经济社会发展所需要的地方性法规和规章，尤其是将瘦西湖保护、永久性绿地、七河八岛“四控一禁”等实践证明行之有效的政策制度，及时上升为地方性法规。

积极推进民主立法。建立向下级人大征询立法意见和基层立法联系点制度，落实地方性法规起草征求人大代表意见制度。充分发挥政协委员、民主党派、工商联、无党派人士、人民团体、社会组织在立法协商中的作用，探索建立有关国家机关、社会团体、专家学者等对立法中涉及的重大利益调整论证咨询机制。健全法规草案公开征求意见和公众意见采纳情况反馈机制。

**三、坚持依法行政，加快建设法治政府**

6. 依法全面履行政府职能。各级政府必须坚持在党的领导下、在法治轨道上开展工作，建立权责统一、权威高效的依法行政体制，研究制定法治政府建设实施意见，加快建设职能科学、权责法定、执法严明、公开公正、廉洁高效、守法诚信的法治政府。

推进行政机构、职能、权限、程序、责任法定化，推行政府权力清单制度。不得法外设定权力，没有法律法规依据不得作出减损公民、法人和其他组织合法权益或者增加其义务的决定。认真开展“治慵懒、提质效”活动，坚决惩处失职、渎职行为。

深化行政审批制度改革，加强行政审批事项目录清单管理，建立统一审查、动态调整和公开机制。规范政府收费行为，公开各级政府收费清单。对于不符合法律法规设定的管理、收费、罚款项目，一律予以取消。

7. 健全依法决策机制。完善行政决策程序规定，明确重大行政决策范围，认真落实公众参与、专家论证、风险评估、合法性审查、集体讨论决定重大行政决策法定程序，确保决策制度科学、程序正当、过程公开、责任明确。

凡涉及公共利益和人民群众切身利益的重大决策事项都应进行听证。对直接关系群众切身利益且涉及面广、容易引发社会稳定问题的重大事项，都必须进行社会稳定风险评估，未经风险评估的，不得作出决策。建立行政机关内部重大决策合法性审查机制，未经合法性审查或经审查不合法的，不得提交讨论。推行重大行政决策实施后评估制度。建立重大决策终身责任追究制度及责任倒查机制，明确追责处理程序，对违法决策、决策严重失误或依法应及时作出决策但久拖不决造成重大损失、恶劣影响的，严格追究行政首长、负有责任的其他领导人员和相关责任人员的法律责任。

积极推行政府法律顾问制度，组建政府法律顾问工作办公室，成立政府法律事务专家咨询委员会，建立政府法制机构人员为主体、吸收专家和律师参加的法律顾问队伍。准确界定政府法律顾问服务领域，保证法律顾问在制定重大行政决策、推进依法行政中发挥积极作用。

8. 深化行政执法体制改革。根据不同层级政府事权和职能，按照减少层级、整合队伍、提高效率的原则，合理配置执法力量。积极推进综合执法，大幅减少市、县两级政府执法队伍种类，消除多层重复执法。重点在食品药品安全、工商质检、公共卫生、安全生产、文化旅游、网络空间、资源环境、农林水利、交通运输、城乡建设等领域内推进综合执法。有条件的领域可以推行跨部门综合执法。总结推广“公安派出所、城管、交警、工商、街办”五位一体“联合巡查、综合执法”经验，经济技术开发区、生态科技新城、蜀冈-瘦西湖风景名胜区和古城区要探索推进区域综合执法试点。推进镇级综合执法改革。

完善市、县两级政府行政执法管理，加强统一领导和协调。理顺行政强制执行体制。理顺城管执法体制，赋予区政府城管执法部门独立的城市管理执法主体资格，实行分级管理、两级执法。加强城市管理综合执法机构建设，完善城市管理相对集中行政处罚权工作机制、执法规范、保障和监督措施。推动县(市)城市管理领域相对集中行政处罚权工作向建制镇延伸。

严格实行行政执法人员持证上岗和资格管理制度。建立完善行政执法人员执法档案制度，严格执行罚缴分离和收支两条线管理制度，罚没收入必须全额上缴国库，纳入预算管理，严禁将收费罚没收入同部门利益、个人利益挂钩或者变相挂钩，严禁下达或者变相下达罚没指标。

严格执行《江苏省行政执法与刑事司法衔接工作实施办法》，加强行政执法与刑事司法衔接，完善衔接平台建设，推行平台专人审查、定期集中抽查、情况定期通报“三位一体”工作模式，完善案件移送标准和程序，健全行政执法与刑事司法信息共享、案件通报、案件移送制度，推进网上移送、受理、立案、监督，坚决克服有案不移、有案难移、以罚代刑现象，实现行政处罚和刑事处罚无缝对接。

9. 坚持严格规范公正文明执法。加大关系群众切身利益的重点领域行政执法力度，依法惩处各类违法行为，确保有法必依、执法必严、违法必究。完善行政执法程序和具体操作流程，强化行政执法网上实时运行，建立执法全过程记录制度，重点规范行政许可、行政处罚、行政强制、行政征收、行政收费、行政检查等执法行为。建立健全行政裁量权基准制度，细化量化固化行政裁量标准，规范裁量范围、种类、幅度。加强行政执法信息化建设和信息共享，提高执法效率和规范化水平。

严格执行重大执法决定法制审核制度，未经法制审核或审核未通过的，不得作出决定。配齐、配强市、县两级政府及其工作部门法制机构和法制队伍。完善行政执法调查和取证规则，推行行政执法公示制度，统一行政执法文书。探索实行行政执法案例指导制度，全面推行说理式执法、行政监管劝勉、执法事项提示、轻微问题告诫、突出问题约谈、重大案件回访等柔性执法方式。

全面落实行政执法责任制，严格确定不同部门及机构、岗位执法人员的执法责任，建立行政执法责任追究制度。加强行政执法监督，全面推行参与式行政程序建设，探索建立公众参与执法监督机制，建立健全公众参与执法监督队伍，坚决防止和克服地方和部门保护主义，坚决排除对执法活动的干预，坚决防止和克服执法工作中的利益驱动，坚决惩治执法腐败现象。

10. 加强对行政权力的制约和监督。加强党内监督、人大监督、民主监督、行政监督、司法监督、审计监督、社会监督、舆论监督制度建设，努力形成科学有效的权力运行制约和监督体系，增强监督合力和实效。

加强对政府内部权力的制约。健全部门内控机制，深化实施“三直接”重点环节操作规范，对直接分配财政资金、直接接触工程建设、直接面向群众服务的重点领域和关键环节实现流程规范控制全覆盖，对关键岗位实行分事行权、分岗设权、分级授权和定期轮岗制度，强化权力风险防控。强化政府内部层级监督，改进上级机关对下级机关的监督，建立经常性监督制度。改进和加强依法行政考核工作。改革行政复议体制，健全行政复议案件审理机制，推进行政复议委员会试点。完善纠错问责机制，健全责令公开道歉、停职检查、引咎辞职、责令辞职、罢免等问责方式和程序，做到有错必纠、有责必问。

强化对行政权力专门监督。完善审计制度，对公共资金、国有资产、国有资源和领导干部经济责任情况实行审计全覆盖。推进审计职业化建设。加强行政监察，加大行政问责力度。加强财政监督，强化对政府各部门预算编制、执行情况的监督，严肃财经纪律。

11. 深入推进政务公开。坚持以公开为常态、不公开为例外原则，积极推进决策公开、执行公开、管理公开、服务公开、结果公开。各级政府及其工作部门依据权力清单，向社会全面公开政府职能、法律依据、实施主体、职责权限、管理流程、监督方式等事项。深入推进行政权力网上公开透明运行。

加大重点领域和关键环节的政府信息公开力度，重点推进财政预决算、公共资源配置、重大建设项目批准和实施、社会公益事业建设等领域的政府信息公开。完善例行发布、应急发布、政策解读等机制，改进依申请公开工作。建设全市规范性文件查询系统，涉及公民、法人或其他组织权利义务的规范性文件，按照政府信息公开要求和程序予以公布。加强互联网政务信息数据服务平台和便民服务平台建设，推进政务公开信息化。

**四、坚持公正司法，提升司法公信力**

12. 确保审判权、检察权依法独立公正行使。各级党政机关和领导干部要支持法院、检察院依法独立公正行使职权。严格落实领导干部干预司法活动、插手具体案件处理的记录、通报、责任追究制度。健全行政机关负责人依法出庭应诉、支持法院受理行政案件、尊重并执行法院生效裁判的制度。落实司法人员履行法定职责保护机制。

13. 积极推进司法体制改革。按照中央和省委的部署要求，全面落实各项司法改革措施，健全公安机关、检察机关、审判机关、司法行政机关各司其职，侦查权、检察权、执行权相互配合、相互制约的体制机制。

改革法院案件受理制度，全面整合和优化诉讼服务中心职能，对人民法院依法应该受理的案件一律立案登记，做到有案必立、有诉必理，保障当事人诉权。认真落实以审判为中心的诉讼制度改革举措，确保侦查、审查起诉的案件事实证据经得起法律的检验；落实量刑规范化改革措施，统一法律适用标准，规范自由裁量权行使。

加强职务犯罪线索管理，健全受理、分流、查办、信息反馈制度，完善保护、奖励职务犯罪举报人制度。积极构建预防职务犯罪体系。严格执行纪检监察和刑事司法办案标准和衔接程序。加强对涉及公民人身、财产权益的行政强制措施的司法监督。检察机关在履行职责中发现行政机关违法行使职权或者不行使职权的行为，应该督促其纠正。探索建立检察机关提起公益诉讼制度。

落实司法机关内部人员过问案件的记录制度和责任追究制度。完善主审法官、合议庭、主任检察官、主办侦查员办案责任制，做到谁办案谁负责。改革审判委员会工作机制，规范讨论案件的范围、程序和议事规则，实行审委会委员与法官双向测评制度，强化宏观指导职能。

14. 保障人民群众参与司法。探索创新人民群众参与、监督、评判司法的途径和方式，在司法调解、司法听证等司法活动和涉诉信访工作中保障群众参与。完善人民陪审员制度，扩大公众有序参与旁听庭审。推进司法公开、阳光司法，杜绝暗箱操作，加强法律文书释法说理，建立重大案件信息发布、生效法律文书统一上网和公开查询制度。

15. 强化人权司法保障。落实罪刑法定、疑罪从无、非法证据排除等法律原则的法律制度，依法保障诉讼过程中当事人和其他诉讼参与人的各项权利。完善对限制人身自由的侦查手段和司法强制措施的司法监督，加强对刑讯逼供和非法取证的源头预防，有效防范和及时纠正冤假错案。

加大依法强制执行力度。加快建设执行指挥中心网络，深化法院与公安、工商、税务、银行等部门的信息共享、协调联动，落实失信被执行人信用监督、威慑和惩戒制度。规范查封、扣押、冻结、处理涉案财物的司法程序，全面推行拍卖执行财产上网制度。加强执行活动法律监督，依法保障胜诉当事人及时实现权益。

落实终审和诉讼终结制度。实行诉访分离，保障当事人依法行使申诉权利。对不服司法机关生效裁判、决定的申诉，逐步实行由律师代理制度。对聘不起律师的申诉人，纳入法律援助范围。

16. 加强对司法活动的监督。认真落实检察机关行使监督权的法律制度，加强对刑事诉讼、民事诉讼、行政诉讼的法律监督，探索建立重大、疑难案件侦查机关听取检察机关意见和建议的制度。完善人民监督员制度，拓展监督范围，规范监督程序。司法机关要接受社会监督，及时回应社会关切。规范媒体对案件的报道，防止舆论影响司法公正。

依法规范司法人员与当事人、律师、特殊关系人、中介组织的接触、交往行为，加强司法人员职业道德建设，坚决惩治司法掮客行为，防止利益输送。

**五、深化法治文化名城建设，增强全民法治观念**

17. 推动全社会树立法治意识。坚持把全民普法和守法作为依法治市的长期基础性工作，把法律素养的提升作为市民素质提升的重要内容，大力弘扬社会主义法治理念和精神，建设社会主义法治文化，在全社会形成守法光荣、违法可耻的浓厚氛围。实行国家机关“谁执法谁普法”“谁主管谁普法”的普法责任制，全面推行“五个基本”普法工作法，建立法官、检察官、行政执法人员、律师等以案释法制度。把宪法法律作为党委(党组)理论学习中心组学习内容，列为党校、行政学院、社会主义学院必修课，推动国家工作人员学法用法。党员干部特别是领导干部要带头遵守法律、带头依法办事，自觉提高运用法治思维和法治方式深化改革、推动发展、化解矛盾、维护稳定的能力。把法治教育纳入国民教育体系，在中小学设立法治知识课程。加强普法讲师团、普法志愿者队伍建设。建立健全媒体、社会组织公益普法制度，注重运用新媒体新技术提高普法实效。

18. 加强法治文化建设。充分发挥法治文化在法治扬州建设中的教育、熏陶、示范、引导作用，着力建设与全面推进依法治市进程相适应的法治文化体系。把法治教育纳入精神文明创建内容，开展群众性法治文化活动。加强法治主题公园、法治教育展馆、法治活动街区等法治文化设施建设，组织开展法治人物和事件评选等活动，挖掘扬州传统文化中的法治资源，着力打造一批法治文化精品力作。

19. 加强公民道德建设。坚持一手抓法治、一手抓德治，强化法律对道德建设的促进作用、道德对法治文化的支撑作用。大力弘扬社会主义核心价值观，弘扬中华民族传统美德，强化规则意识，倡导契约精神，弘扬公序良俗，培育社会公德、职业道德、家庭美德、个人品德。发挥法治在解决道德领域突出问题中的作用，引导人们自觉履行法定义务、社会责任、家庭责任。提升诚信扬州建设水平，加快建成覆盖全社会的信用信息系统，健全公民和组织守法信用记录，完善守法诚信、见义勇为褒奖机制和违法失信行为惩戒机制，使尚德尊法成为全体人民共同追求和自觉行动。

**六、强化基层基础，建设法治社会**

20. 推进多层次多领域依法治理。深化基层组织和部门、行业依法治理，支持各类社会主体依法自我约束、自我管理。依法推进村(居)民自治，完善“四民主两公开”机制，构建“多元共治、源头防治、依法善治”社区治理模式。深化“社区、社会组织、专业社工”三社联动工作机制，推进基层社会治理创新。落实企业职工代表大会、工资集体协商、厂务公开等民主管理制度，保障职工各项民主权利。发挥市民公约、乡规民约、行业规章、团体章程等社会规范在社会治理中的积极作用。

鼓励人民团体和社会组织参与社会事务、维护公共利益、救助困难群众、帮教特殊人群、预防违法犯罪，推动社会组织建立和完善内部治理机制。有序推进行业协会商会与行政机关脱钩，提升其依法自治水平和服务社会能力。依法管理宗教事务，妥善处置涉及民族、宗教等因素的社会问题，促进民族关系、宗教关系和谐。加强在扬的境外非政府组织管理，引导和监督其依法开展活动。

21. 建立完备的法律服务体系。将公共法律服务纳入地方经济社会发展规划和政府公共服务范围，推进覆盖城乡居民的公共法律服务体系建设。加强民生领域法律服务，完善法律援助制度，扩大援助范围，提高援助质量。加强司法鉴定管理，建立司法鉴定行业性协会。鼓励、引导社会力量参与公共法律服务，建立健全公共法律服务标准和质量评价机制、监督机制、失信惩戒机制、政府购买机制和补偿机制。推进公共法律服务窗口建设，推行一村(社区)一法律顾问制度，为群众提供便捷的法律服务。积极发展律师、公证等法律服务业，制定出台扶持和促进法律服务业发展的政策措施，统筹城乡、区域法律服务资源，发展涉外法律服务业。

22. 健全依法维权和矛盾纠纷化解机制。强化法律的权威地位，健全落实化解社会矛盾的各项机制，引导和支持人们理性表达诉求、依法维护权益。

积极构建“三全一网”基层矛盾纠纷化解体系，推进社会管理服务中心、专业调解组织和个人调解工作室“三个全覆盖”，实行城乡社区精细化、网格化管理。严格执行矛盾纠纷“零报告”、领导包案、分析研判、应急处置等工作制度，加强调解、仲裁、行政裁决、行政复议、诉讼有机衔接，完善人民调解、行政调解、司法调解联动工作体系，制定矛盾多发领域纠纷预防和处置办法。健全仲裁机制，提高仲裁公信力。深化涉法涉诉信访改革，大力化解信访积案，推动信访纳入法治化轨道。推广江都区小纪镇富民村做实做强村社会管理服务中心、综治办、法治办、民调会、治保会等基层综治维稳组织，建立健全覆盖全村的矛盾纠纷排查调解网络，坚持首问负责、公平公正、依法合理化解各类矛盾的经验做法，促进基层矛盾纠纷依法化解。

23. 深入推进社会治安综合治理。深化平安扬州建设，健全落实领导责任制，进一步完善立体化现代技防体系，有效防范化解管控影响社会安定的问题，依法严厉打击暴力恐怖、涉黑、邪教、黄赌毒和多发性侵财等违法犯罪活动，保障人民群众安居乐业。全面落实社区矫正制度，加强特殊人群服务管理。依法强化危害食品药品安全、影响安全生产和交通安全、损害生态环境、破坏网络安全等重点问题治理，严格落实责任，保障人民群众生命财产安全。

**七、加强法治工作队伍建设，为全面推进依法治市提供人才支撑**

24. 提高法治专门队伍素质。加强理想信念教育，大力提升法治工作队伍思想政治素质、业务工作能力、职业道德水准，着力建设一支忠于党、忠于国家、忠于人民、忠于法律的立法、执法、司法专门队伍。突出政治标准，把善于运用法治思维和法治方式推动工作的人选拔到立法、执法、司法机关领导岗位上来。促进立法、执法、司法部门干部和人才相互之间以及与其他部门具备条件的干部和人才的交流。

推进法治专门队伍正规化、专业化、职业化，提高职业素养和专业水平。严格落实国家统一法律职业资格考试制度，建立法律职业人员统一职前培训制度。畅通各类具备条件的人员进入法治专门队伍的通道，健全从政法专业毕业生中招录人才的规范便捷机制。完善司法人员分类管理和职业保障制度。

25. 加强法律服务队伍建设。构建社会律师、公职律师、公司律师等优势互补、结构合理的律师队伍。提高律师队伍业务素质，完善执业保障机制。健全完善律师执业日常指导、办理重大案件监督机制，依法依规惩处律师违法违规执业行为。加强律师行业党的建设，切实发挥律师事务所党组织的政治核心作用。

各级党政机关和人民团体普遍设立公职律师，企业可设立公司律师，参与决策论证，提供法律意见，促进依法办事，防范法律风险。明确公职律师、公司律师法律地位以及权利义务，理顺公职律师、公司律师管理体制机制。发展公证员、基层法律服务工作者、人民调解员队伍，加强法律服务志愿者队伍建设。建立激励法律服务人才跨区域流动机制，逐步解决基层法律服务资源不足和高端人才匮乏问题。

26. 创新法治人才培养机制。把法治人才队伍建设纳入全市人才发展总体规划，培养造就熟悉和坚持中国特色社会主义法治体系的法治人才及后备力量。落实高校和法治工作部门人员互聘计划。

**八、加强和改进党的领导，不断开创全面推进依法治市、加快建设法治扬州新局面**

27. 不断提高依法执政水平。各级党委要按照中央《决定》提出的“三统一”“四善于”的要求，既坚持党总揽全局、协调各方的领导核心作用，确保党的主张贯彻到全面推进依法治市的全部实践之中；又要改进党的领导，自觉在宪法法律范围内活动，以法治的理念、法治的体制、法治的程序开展工作。要完善党委依法决策机制，发挥政策和法律的各自优势，促进政策和法规、规章互联互动。

各级人大、政府、政协、审判机关、检察机关的党组织和党员干部要坚决贯彻党的理论和路线方针政策，贯彻党委决策部署，党组织要领导和监督本单位模范遵守宪法法律，坚决查处执法犯法、违法用权等行为。

各级党委政法委员会是党委领导政法工作的组织形式，要把握政治方向、协调各方职能、统筹政法工作、建设政法队伍、督促依法履职、创造公正司法环境，带头依法办事，保障宪法法律正确统一实施。加强政法机关党的建设，完善政法机关党组织重大事项向党委报告制度。

28. 健全党委领导依法治市的制度和工作机制。坚持党委统一领导、各方分工协作、社会广泛参与的工作制度和机制，各级党委要加强对全面推进依法治市的组织领导和统筹协调，定期听取法治建设工作汇报，每年集中力量办几件大事，领导和支持工会、共青团、妇联等人民团体和社会组织在依法治市中发挥积极作用。党政主要负责人要切实履行法治建设第一责任人职责。依法治市领导小组及其办公室要加强对依法治市工作的部署、指导和检查，推动工作落实。

发挥基层党组织在全面推进依法治市中的战斗堡垒作用，增强基层干部法治观念、法治为民的意识，提高依法办事能力。加强基层法治机构建设，强化基层法治队伍，建立重心下移、力量下沉的法治工作机制，改善基层基础设施和装备条件，推进法治干部下基层活动，把建设法治扬州落实到基层司法工作者与人民群众面对面的交往中，落实到每一个司法案件的审理执行中，落实到每一个警务为民服务中，落实到每一个矛盾纠纷调解中。

29. 加强党内法规制度建设。坚持从严治党，严格遵守《中国共产党章程》和各项党内法规，加强对党内法规制度执行情况的监督检查，严肃处理违反党章党规党纪的行为。

健全反腐倡廉制度体系，完善惩治和预防腐败、防控廉政风险等制度规定；建立作风建设长效机制，依纪依法反对和克服形式主义、官僚主义、享乐主义和奢靡之风；完善和严格执行领导干部政治、工作、生活待遇方面各项制度规定，着力整治各种特权行为。严格落实党风廉政建设党委主体责任和纪委监督责任，依纪依法惩处腐败行为和腐败分子。

30. 完善法治创建和考核评价。深入开展多层次多形式法治创建活动，推进区域法治建设、行业法治建设和基层法治建设，实施群众法治评议、“民意法治提示报告”限期办结等措施，着力建设“民意法治”。深入实施法治为民办实事项目，不断提高人民群众对法治建设的满意度。制定出台法治扬州建设指标体系和考核标准，推动依法治市不断发展。把法治建设成效纳入各级党政领导班子和领导干部政绩考核指标体系，完善领导干部任前法律知识考试制度，在相同条件下，优先提拔使用法治素养好、依法办事能力强的干部。

# 重要文件目录

## 市委重要文件

中共扬州市委 扬州市人民政府关于进一步保障和改善基本民生的意见(扬发〔2014〕1号，1月26日)

中共扬州市委 扬州市人民政府关于着力提升服务水平净化企业发展环境的意见(扬发〔2014〕2号，1月26日)

中共扬州市委常委会2014年工作要点(扬发〔2014〕3号，1月3日)

中共扬州市委关于转发《扬州市人大常委会2014年度工作要点和议题安排计划》的通知(扬发〔2014〕4号，1月27日)

中共扬州市委关于转发《扬州市政协2014年工作要点》的通知(扬发〔2014〕5号，1月28日)

中共扬州市委 扬州市人民政府关于表彰2013年度市级机关综合考评先进单位和先进个人的决定(扬发〔2014〕6号，1月30日)

中共扬州市委 扬州市人民政府关于表彰2013年度县(市、区)党政正职、功能区党政领导班子考核先进单位的决定(扬发〔2014〕7号，1月30日)

中共扬州市委 扬州市人民政府关于贯彻落实《中共江苏省委 江苏省人民政府关于推进扬州跨江融合发展综合改革试点的意见》的情况报告(扬发〔2014〕9号,2月9日)

中共扬州市委关于中共扬州市委常委会专题民主生活会情况的报告(扬发〔2014〕10号,2月9日)

中共扬州市委 扬州市人民政府关于围绕农民增收进一步做好"三农"工作的意见(扬发〔2014〕11号,2月10日)

中共扬州市委 扬州市人民政府关于表彰2013年度农业农村工作综合考评先进单位、城乡发展一体化工作综合考评先进单位以及命名全市第三批社会主义新农村建设"优美乡村"的决定(扬发〔2014〕12号,2月11日)

中共扬州市委关于深入开展党的群众路线教育实践活动的实施意见(扬发〔2014〕13号,2月11日)

中共扬州市委印发《关于贯彻落实中共中央〈建立健全惩治和预防腐败体系2013—2017年工作规划〉和省委〈实施办法〉的实施意见》的通知(扬发〔2014〕14号,2月25日)

中共扬州市委 扬州市人民政府关于下达2014年重大项目新开工、竣工投产、实际投资指标的通知(扬发〔2014〕15号,3月4日)

中共扬州市委关于印发《市委常委会开展党的群众路线教育实践活动实施方案》的通知(扬发〔2014〕16号,3月13日)

中共扬州市委 扬州市人民政府关于表彰2013年度全市信访工作先进县(市、区)、先进单位和先进个人的决定(扬发〔2014〕17号,3月13日)

中共扬州市委 扬州市人民政府关于印发《贯彻落实〈中共江苏省委、江苏省人民政府关于推进扬州跨江融合发展综合改革试点的意见〉工作任务分解表》《2014年扬州市跨江融合发展行动计划》的通知(扬发〔2014〕20号,4月6日)

中共扬州市委关于贯彻落实省委主要领导同志在扬州调研时指示精神的情况专报(扬发〔2014〕22号,4月25日)

中共扬州市委 扬州市人民政府关于下达2014年度重点工作绩效考核目标的通知(扬发〔2014〕23号,5月13日)

中共扬州市委印发《关于贯彻〈中国共产党党和国家机关基层组织工作条例〉实施意见》的通知(扬发〔2014〕24号,5月19日)

中共扬州市委 扬州市人民政府关于印发《"三直接"新十大环节操作规范》的通知(扬发〔2014〕25号,5月22日)

中共扬州市委关于落实党风廉政建设党委主体责任、纪委监督责任的实施意见(试行)(扬发〔2014〕26号,7月11日)

中共扬州市委关于向李树干同志学习的决定(扬发〔2014〕27号,7月11日)

中共扬州市委关于完善党员干部直接联系群众制度的实施意见(扬发〔2014〕28号,7月26日)

中共扬州市委 扬州市人民政府关于印发2014年度考核(评)办法的通知(扬发〔2014〕29号,7月26日)

中共扬州市委 扬州市人民政府关于扎实推进节约集约用地的二十条措施(扬发〔2014〕30号,8月22日)

中共扬州市委关于进一步加强全市村党组织书记队伍建设的意见(扬发〔2014〕31号,9月4日)

中共扬州市委 扬州市人民政府关于印发《扬州市安全生产"党政同责、一岗双责"暂行规定》的通知(扬发〔2014〕32号,9月11日)

中共扬州市委 扬州市人民政府关于印发《关于推进政府职能转变深化行政审批制度改革的实施意见》的通知(扬发〔2014〕33号,9月11日)

中共扬州市委 扬州市人民政府关于表彰扬州瘦西湖隧道工程建设先进集体和先进个人的决定(扬发〔2014〕34号,9月17日)

中共扬州市委 扬州市人民政府关于印发《切实减轻社区负担 提升服务群众效能的六项规定》的通知(扬发〔2014〕35号,10月23日)

中共扬州市委关于上报《扬州市党的群众路线教育实践活动工作总结》的报告(扬发〔2014〕38号,11月18日)

中共扬州市委关于印发《中共扬州市委常委会重大事项依法决策科学决策民主决策实施办法》的通知(扬发〔2014〕40号,12月13日)

中共扬州市委关于贯彻落实党的十八届四中全会精神全面推进依法治市加快建设法治扬州的实施意见(扬发〔2014〕42号,12月26日)

中共扬州市委 扬州市人民政府关于支持江苏省扬州高新技术产业开发区加快发展的意见(扬发〔2014〕43号,12月30日)

中共扬州市委关于发挥人民政协作为协商民主重要渠道作用的意见(扬发〔2014〕44号,12月29日)

中共扬州市委 扬州市人民政府关于表彰2014年度扬州市"十大功臣"的决定(扬发〔2014〕45号,12月31日)

中共扬州市委 扬州市人民政府关于表彰全市创建国家生态市工作先进集体和先进个人的决定(扬发〔2014〕46号,12月31日)

中共扬州市委 扬州市人民政府关于表彰全市"六五"普法中期先进集体和先进个人的决定(扬发〔2014〕47号,12月31日)

中共扬州市委 扬州市人民政府关于成立扬州市第九次哲学社会科学优秀成果评奖委员会的通知(扬委〔2014〕32号,1月9日)

中共扬州市委关于明确市委常委、党员副市长党的群众路线教育实践活动联系点的通知(扬委〔2014〕34号,2月10日)

中共扬州市委 扬州市人民政府关于成立优化企业

发展环境领导小组的通知(扬委〔2014〕35号,2月13日)

中共扬州市委关于调整扬州市互联网信息工作领导小组组成人员的通知(扬委〔2014〕37号,3月13日)

中共扬州市委 扬州市人民政府 扬州大学关于成立扬州市—扬州大学合作协调小组的通知(扬委〔2014〕38号,3月13日)

中共扬州市委 扬州军分区关于表彰2013年度乡镇(街道)党管武装好书记的决定(扬委〔2014〕39号,3月28日)

中共扬州市委 扬州市人民政府关于成立扬州科技学院筹建工作领导小组的通知(扬委〔2014〕40号,3月28日)

中共扬州市委 扬州市人民政府关于成立生态科技新城建设指挥部的通知(扬委〔2014〕69号,4月18日)

中共扬州市委 扬州市人民政府关于成立扬州市生态文明建设领导小组的通知(扬委〔2014〕83号,5月24日)

中共扬州市委关于同意召开中国共产党扬州工业职业技术学院第二次代表大会的批复(扬委〔2014〕84号,6月4日)

中共扬州市委 扬州市人民政府关于调整市双拥和全民国防教育领导小组组长、副组长的通知(扬委〔2014〕92号,7月24日)

中共扬州市委关于同意中国共产党扬州工业职业技术学院第二次代表大会选举结果的批复(扬委〔2014〕94号,7月27日)

中共扬州市委 扬州市人民政府关于成立扬州市军民融合科技产业园建设推进工作领导小组的通知(扬委〔2014〕95号,7月27日)

中共扬州市委 扬州市人民政府关于成立迎接扬州建城2500周年重要活动领导小组的通知(扬委〔2014〕96号,8月8日)

中共扬州市委 扬州市人民政府关于成立扬州市城市"清水活水"综合整治工作领导小组的通知(扬委〔2014〕101号,9月11日)

中共扬州市委关于同意召开中国共产党扬州供电公司第八次代表大会的批复(扬委〔2014〕107号,10月13日)

中共扬州市委关于成立市党委信息化工作领导小组的通知(扬委〔2014〕142号,10月17日)

中共扬州市委 扬州市人民政府关于撤销市部分领导小组(委员会)的通知(扬委〔2014〕143号,10月23日)

中共扬州市委 扬州市人民政府关于成立扬州市台湾同胞投资权益保障协调委员会的通知(扬委〔2014〕144号,10月25日)

中共扬州市委关于成立中央巡视组反馈意见整改落实工作领导小组的通知(扬委〔2014〕148号,11月11日)

中共扬州市委 扬州市人民政府关于成立连淮扬镇铁路扬州段工程建设工作领导小组的通知(扬委〔2014〕149号,11月17日)

市委办公室 市政府办公室关于印发《2014年扬州市区"三拆三整治"第三战役工作方案》的通知(扬办发〔2014〕1号,1月23日)

市委办公室 市政府办公室关于建立市领导挂钩推进重大城建项目制度的通知(扬办发〔2014〕2号,1月24日)

市委办公室 市政府办公室关于印发《关于进一步深化网络发言人制度提升网络舆论引导水平的意见》的通知(扬办发〔2014〕3号,1月25日)

市委办公室 市政府办公室关于印发《2014年市级党政领导定期接待群众来访工作方案》的通知(扬办发〔2014〕4号,1月25日)

市委办公室 市政府办公室关于印发《扬州市2014年双拥和国防教育工作要点》的通知(扬办发〔2014〕5号,1月28日)

市委办公室 市政府办公室关于印发《〈扬州市区引进高层次人才住房保障办法〉实施细则》的通知(扬办发〔2014〕6号,2月7日)

市委办公室 市政府办公室关于印发《扬州市"科教合作新长征"行动计划2014年重点工作安排》的通知(扬办发〔2014〕7号,2月10日)

中共扬州市委办公室关于印发《运用新媒体推进我市政府治理有关工作任务分解表》的通知(扬办发〔2014〕8号,2月12日)

市委办公室 市政府办公室关于调整市委常委、副市长挂钩联系点的通知(扬办发〔2014〕10号,2月25日)

市委办公室 市政府办公室关于印发《2014年全市信访工作要点》的通知(扬办发〔2014〕11号,2月27日)

市委办公室 市政府办公室关于认真做好市人大代表建议和政协提案办理工作的通知(扬办发〔2014〕12号,2月27日)

中共扬州市委办公室关于表彰2013年度全市党委信息工作先进单位、先进个人的决定(扬办发〔2014〕13号,2月28日)

中共扬州市委办公室关于印发市委全面深化改革推进跨江融合发展领导小组专项小组成员名单的通知(扬办发〔2014〕15号,3月5日)

中共扬州市委办公室关于表彰2013年度全市党委系统督查工作暨重大项目推进工作先进单位和先进个人、年度考核"优秀"等次重大项目秘书的决定(扬办发〔2014〕17号,3月17日)

中共扬州市委办公室关于进一步加强全市社区矫正和安置帮教工作的意见(扬办发〔2014〕18号,3月17日)

市委办公室 市政府办公室关于优化企业发展环境工作考核办法(扬办发〔2014〕19号,2014年3月25日)

市委办公室 市政府办公室关于服务企业工作问责查处办法(扬办发〔2014〕20号,3月29日)

市委办公室 市政府办公室关于转发优化企业发展环境系列配套文件的通知(扬办发〔2014〕21号,3月29日)

市委办公室 市委研究室关于表彰2013年度党刊优秀稿件、党刊工作先进单位和先进个人的决定(扬办发〔2014〕22号,4月3日)

市委办公室 市政府办公室关于进一步规范财政性资金信息化项目建设管理的通知(扬办发〔2014〕23号,4月5日)

市委办公室 市政府办公室印发《关于加强和改进领导干部调查研究工作的意见》的通知(扬办发〔2014〕24号,4月6日)

市委办公室 市政府办公室印发《关于进一步加强重大决策社会稳定风险评估工作的意见》的通知(扬办发〔2014〕25号,4月17日)

市委办公室 市政府办公室关于进一步做好重大项目认定工作的通知(扬办发〔2014〕27号,4月21日)

市委办公室 市政府办公室关于明确2014年市领导联系推进重大项目的通知(扬办发〔2014〕28号,5月4日)

市委办公室 市政府办公室关于公开市级部门涉企职责、行政权力、收费项目、服务事项清单的通知(扬办发〔2014〕29号,5月4日)

市委办公室 市政府办公室关于印发扬州市2014年重大项目库的通知(扬办发〔2014〕31号,5月8日)

中共扬州市委办公室关于印发《“知行合一·培育和践行社会主义核心价值观”工作方案》的通知(扬办发〔2014〕32号,5月7日)

市委办公室 市政府办公室关于印发《扬州市委、市政府领导班子成员2014年度党风廉政建设责任分解表》的通知(扬办发〔2014〕33号,5月7日)

中共扬州市委办公室关于转发《扬州市关心下一代工作委员会2014年工作要点》的通知(扬办发〔2014〕34号,5月7日)

市委办公室 市政府办公室关于印发《关于进一步深化网络发言人制度建设提升网络舆论引导水平的意见》的通知(扬办发〔2014〕35号,5月9日)

中共扬州市委办公室关于转发市人口计生委、市计生协《关于发挥计生协密切联系群众优势做好为计生群众服务工作的意见》的通知(扬办发〔2014〕36号,5月12日)

中共扬州市委办公室印发《关于进一步加强和改进领导干部学习的意见》的通知(扬办发〔2014〕37号,5月13日)

市委办公室 市政府办公室关于转发《扬州市纪委监察局关于实施“一案双查”的暂行办法》的通知(扬办发〔2014〕40号,5月30日)

市委办公室 市政府办公室关于印发《2014年市区“三拆三整治”第四战役工作方案》的通知(扬办发〔2014〕41号,7月5日)

市委办公室 市政府办公室关于印发《关于推进志愿服务制度化的实施办法》的通知(扬办发〔2014〕42号,7月10日)

关于印发《扬州市2014年度重大项目建设考核办法》的通知(扬办发〔2014〕43号,7月10日)

市委办公室 市政府办公室关于加强和改进急难家庭救助工作的意见(扬办发〔2014〕44号,7月26日)

市委办公室 市政府办公室关于印发《2014中国·扬州世界运河名城博览会总体方案》的通知(扬办发〔2014〕45号,8月2日)

市委办公室 市政府办公室关于进一步推进全市各级社会管理服务中心规范化建设的意见(扬办发〔2014〕47号,年8月1日)

市委办公室 市政府办公室印发《关于规范市委市政府各类领导小组成立调整撤销工作的实施办法》的通知(扬办发〔2014〕48号,8月15日)

市委办公室 市政府办公室转发市委组织部、市人社局、市军转办《关于2014年军队转业干部分配计划》的通知(扬办发〔2014〕49号,8月25日)

市委办公室 市政府办公室关于印发《扬州市沿江100亿元、沿河50亿元重大项目认定标准(试行)》的通知(扬办发〔2014〕52号,9月30日)

市委办公室 市政府办公室关于印发《市委、市政府文件拟制发放管理办法》《扬州市市级机关会议管理办法》《扬州市市级机关经费管理办法》《扬州市市级机关办公用房管理办法》《扬州市党政机关资源节约管理办法》的通知(扬办发〔2014〕53号,9月30日)

中共扬州市委办公室关于转发《中共扬州地方史(1978—2012)》编写方案的通知(扬办发〔2014〕55号,11月14日)

市委办公室 市政府办公室转发《省委办公厅 省政府办公厅关于印发〈扬州市人民政府职能转变和机构改革方案〉的通知》的通知(扬办发〔2014〕60号,12月6日)

市委办公室 市政府办公室关于推进行业协会、商会与行政机关脱钩工作的实施意见(扬办发〔2014〕61号,12月9日)

市委办公室 市政府办公室印发《关于市城市涉水管理职能调整工作的实施方案》的通知(扬办发〔2014〕62号,12月11日)

中共扬州市委办公室印发《关于深化“四风”整治、巩固和拓展党的群众路线教育实践活动成果的实施意见》的通知(扬办发〔2014〕64号,12月31日)

市委办公室 市政府办公室关于印发《宝应县人民政府职能转变和机构改革方案》的通知(扬办发〔2014〕65号,12月31日)

市委办公室 市政府办公室关于印发《高邮市人民政府职能转变和机构改革方案》的通知(扬办发〔2014〕66号,12月31日)

市委办公室 市政府办公室关于印发《仪征市人民政府职能转变和机构改革方案》的通知(扬办发〔2014〕67号,12月31日)

市委办公室 市政府办公室关于印发《扬州市江都区人民政府职能转变和机构改革方案》的通知(扬办发〔2014〕68号,12月31日)

市委办公室 市政府办公室关于印发《扬州市邗江区人民政府职能转变和机构改革方案》的通知(扬办发〔2014〕69号,12月31日)

市委办公室 市政府办公室关于印发《扬州市广陵区人民政府职能转变和机构改革方案》的通知(扬办发〔2014〕70号,12月31日)

## 市政府重要文件

关于进一步支持创业加快民营经济发展的意见(扬府发〔2014〕1号,4月1日)

关于组建扬州市职业教育集团促进技术技能型人才培养的意见(扬府发〔2014〕37号,3月21日)

关于进一步加强市级行政事业单位国有资产管理的意见(扬府发〔2014〕47号,4月2日)

关于调整扬州市城乡居民社会养老保险实施办法的通知(扬府发〔2014〕49号,4月7日)

关于进一步聚力发展软件和信息服务业的补充意见(扬府发〔2014〕63号,5月4日)

关于强化市级政府投资项目管理的实施意见(扬府发〔2014〕69号,5月14日)

关于印发《扬州市创建国家新能源示范城市实施方案》的通知(扬府发〔2014〕76号,5月20日)

关于调整征地补偿标准的通知(扬府发〔2014〕77号,5月27日)

关于再次取消和调整一批市级行政审批项目的通知(扬府发〔2014〕86号,6月29日)

关于印发《扬州市绿色建设行动实施方案》的通知(扬府发〔2014〕99号,7月26日)

关于印发《关于加快推进建筑产业化发展的指导意见》的通知(扬府发〔2014〕101号,7月26日)

关于放宽企业住所(经营场所)登记的实施意见(扬府发〔2014〕104号,7月19日)

关于印发《关于推进市区公共停车场规划建设的实施意见》的通知(扬府发〔2014〕111号,8月18日)

关于公布扬州市第三批次市级非物质文化遗产代表名录和扬州市级非物质文化遗产扩展项目名录的通知(扬府发〔2014〕117号,8月25日)

关于推进涉企中介机构改革发展的意见(扬府发〔2014〕119号,8月25日)

关于进一步加强依法科学民主决策的意见(扬府发〔2014〕121号,9月2日)

关于深化政务公开的实施意见(扬府发〔2014〕124号,9月9日)

关于印发《扬州市城市施工工地扬尘排污费征收管理试行办法》的通知(扬府发〔2014〕142号,10月24日)

关于加快社会信用体系建设的工作意见(扬府发〔2014〕143号,10月27日)

关于公开扬州市政府各部门行政审批事项目录清单的通知(扬府发〔2014〕152号,11月10日)

关于第三次取消和调整一批市级行政审批项目的通知(扬府发〔2014〕153号,11月10日)

关于公布扬州第二批历史建筑的通知(扬府发〔2014〕168号,12月8日)

关于印发《扬州市关于批准再生育一个孩子特殊情况的规定》的通知(扬府发〔2014〕175号,12月12日)

关于公开扬州市政府各部门行政权力目录清单的通知(扬府发〔2014〕193号,2014年12月31日)

关于公布扬州市直行政事业性收费和政府性基金项目清单的通知(扬府发〔2014〕194号,12月31日)

关于印发《扬州市政务信息资源共享管理办法》的通知(扬府办发〔2014〕22号,1月25日)

关于印发扬州市市区集体土地上住宅房屋拆迁货币化补偿实施方案(试行)的通知(扬府办发〔2014〕33号,2月26日)

关于进一步加强建筑施工扬尘整治工作的意见(扬府办发〔2014〕34号,2014年2月28日)

关于加快实施小秦淮河整治的意见(扬府办发〔2014〕62号,4月14日)

关于印发扬州市城市供水事故应急预案的通知(扬府办发〔2014〕65号,4月16日)

关于印发《扬州市工业集中区认定办法》的通知(扬府办发〔2014〕77号,5月7日)

关于印发《扬州市老房危房安全排查治理改造方案》的通知(扬府办发〔2014〕80号,5月21日)

关于印发《扬州市大气污染防治行动计划实施细则》的通知(扬府办发〔2014〕81号,5月24日)

关于印发扬州市级财政绿化专项资金使用管理办法(暂行)补充意见的通知(扬府办发〔2014〕82号,5月27日)

关于印发《扬州市区2013—2017年棚户区(危旧房)改造规划》的通知(扬府办发〔2014〕83号,5月27日)

关于转发扬州金融集聚区发展专项扶持办法的通知(扬府办发〔2014〕86号,6月9日)

关于印发《扬州市区新建居住区教育设施配套实施意见》的通知(扬府办发〔2014〕94号,6月29日)

关于印发《扬州市区公共租赁住房社会化收储管理实施意见(试行)》的通知(扬府办发〔2014〕108号,8月2日)

关于印发扬州市生态红线区域保护规划的通知(扬府办发〔2014〕110号,8月6日)

关于印发新能源汽车推广应用实施方案的通知(扬府办发〔2014〕116号,8月18日)

关于印发《扬州市大气重污染预警与应急预案(修编稿)》的通知(扬府办发〔2014〕119号,8月25日)

关于推进教育现代化建设的实施意见(扬府办发〔2014〕123号,9月5日)

关于普遍建立法律顾问制度的实施意见(扬府办发〔2014〕132号,10月17日)

关于印发扬州市粮食应急预案的通知(扬府办发〔2014〕134号,10月22日)

关于加快推进市区三区社会保险“同城同标同步”的意见(扬府办发〔2014〕137号,11月6日)

关于印发《扬州市建设工程竣工联合验收实施办法(试行)》的通知(扬府办发〔2014〕138号,11月6日)

关于印发《扬州市行政审批事项目录清单管理办法》的通知(扬府办发〔2014〕139号,11月10日)

关于印发《扬州市市区建筑垃圾(工程渣土)处置实施办法》的通知(扬府办发〔2014〕140号,11月10日)

关于做好地方政府存量债务纳入预算管理清理甄别工作的通知(扬府办发〔2014〕141号,11月13日)

关于全面清理规范竞争性领域政府专项资金的通知(扬府办发〔2014〕144号,11月19日)

关于印发《扬州市老旧机动车淘汰报废财政补助办法》的通知(扬府办发〔2014〕145号,11月19日)

关于印发《扬州市扬州古城消防安全保护实施方案》的通知(扬府办发〔2014〕148号,11月27日)

关于印发《扬州市市区经济适用住房上市交易资格管理办法》的通知(扬府办发〔2014〕151号,12月8日)

关于印发《“七河八岛”区域船厂砂石厂关闭工作方案》的通知(扬府办发〔2014〕157号,12月24日)

关于印发《扬州市处置电网大面积停电事件应急预案》的通知(扬府办发〔2014〕162号,12月31日)

关于印发《支持扬州环保科技产业园发展的若干政策意见》的通知(扬府办发〔2014〕163号,12月31日)

关于印发《扬州市流动人口居住证管理暂行办法》的通知(扬府规〔2014〕1号,4月1日)

关于印发《扬州市市级政府投资项目审计监督办法》的通知(扬府规〔2014〕2号,5月15日)

关于印发《扬州市征地补偿和被征地农民社会保障办法》的通知(扬府规〔2014〕3号,6月3日)

关于印发《扬州市地下文物保护办法》的通知(扬府规〔2014〕4号,9月4日)

关于印发《扬州市保安服务监督管理办法》的通知(扬府规〔2014〕5号,10月16日)

关于印发《扬州市港口管理办法》的通知(扬府规〔2014〕6号,11月14日)

关于印发《扬州市建设工程安全生产监督管理办法》的通知(扬府规〔2014〕7号,11月17日)

关于印发《扬州市扬州古城消防安全管理办法》的通知(扬府规〔2014〕8号,12月9日)

关于印发《扬州市职工生育保险实施办法》的通知(扬府规〔2014〕9号,12月31日)

# 书目

## 2014年扬州籍作者出版的部分图书

越不怕死 活的越好:星云大师谈人间万事/星云法师著/上海文化出版社

平常心:九大佛学宗师为你开示人生大智慧/星云法师著/福建人民出版社

合掌人生/星云法师著/江苏文艺出版社

心量越大,好事越多:星云大师谈人间万事/星云法师著/上海文化出版社

人生是苦,苦就是福:星云大师谈人间万事/星云法师著/上海文化出版社

人生就是放下:星云大师最新人生开示/星云法师著/甘肃人民美术出版社

只是当时已惘然:语文教育教学论文集/夏坚著/安徽师范大学出版社

秋叶散体词词文选集/谢东华著/团结出版社

穿越隧道 遇见自己/方礼春著/团结出版社

钩沉·探寻·反思:文化札记/葛星明著/中国文史出版社

红楼木器大观园/姜明岐著/现代出版社

送你一束玫瑰花/蒋亚林著/中国书籍出版社

鸡鸭名家/汪曾祺著/北方文艺出版社

自得其乐/汪曾祺著/北方文艺出版社

淡淡秋光/汪曾祺著/北方文艺出版社

大淖记事/汪曾祺著/北方文艺出版社

独酌/汪曾祺著/中国青年出版社

忆昔/汪曾祺著/江苏人民出版社

汪曾祺小说自选集/汪曾祺著/新华出版社

食事/汪曾祺著/江苏人民出版社

人间滋味/汪曾祺著/天津人民出版社

千秋家园梦:扬州人居文化遗产钩沉/刘水著/东南大学出版社

焦循戏曲研究/王伟康著/广陵书社

《髹饰录》与东亚漆艺:传统髹饰工艺体系研究/长北著/人民美术出版社

## 2014年广陵书社出版的部分图书

红楼梦诗词联赋/〔清〕曹雪芹著 王志娟选编

扬州建筑精品——鲁班国优奖建筑工程巡礼/洪锦华、倪士俊主编

里堂道听录/〔清〕焦循著

周庄旧志三种/〔清〕章腾龙、陶煦等著 周庄镇地方志编纂委员会编

东坡诗词书画精选/胡建耀选编

赏心悦目——扬州金鱼文化/叶金明主编

仪征新画面/《仪征新画面》编辑组编

纪晓岚张之洞家书/〔清〕纪晓岚、张之洞著

纪晓岚楹联砚藏集/张思鹏编

2014年江苏高考语文复习资料:冲刺60天/何永康主编

缘督庐日记/〔清〕叶昌炽著

四库全书·医学集成/卢仁龙主编

黔江清代四志/〔清〕张绍龄等著 孙叶锋、刘栋点校

爱上剪纸/田宗祥、王京主编

六祖坛经/〔唐〕慧能著
仪征刘申叔遗书/刘师培著 万仕国点校
扬州历史/扬州市教育局编
扬州地理/《扬州地理》编写组编
诗经/广陵书社编
水浒传/〔明〕施耐庵著
饮膳正要/〔元〕忽思慧撰
宋本武经七书/〔春秋〕孙武等著
杜工部诗集/〔唐〕杜甫著
笑林广记/〔清〕游戏主人纂辑
东坡志林/〔宋〕苏轼著
花间集/〔三国·蜀〕赵聪祚辑
随园食单/〔清〕袁枚著
人间词话/王国维著
曾国藩家书精选/〔清〕曾国藩著 曾学文选编
传习录/〔明〕王阳明著
菜根谭 幽梦影 围炉夜话/〔明〕洪应明著 〔清〕张潮著〔清〕王永彬著
呻吟语/〔明〕吕坤著
诗品 词品/〔南朝·梁〕钟嵘著 〔明〕杨慎著
格言联璧/金缨编
百将图传/〔清〕丁日昌辑
便民图纂/〔明〕邝璠撰
荷莲解说宠物龟常见疾病与治疗/荷莲编著
刘随州诗集/〔唐〕刘长卿著
韦苏州诗集/〔唐〕韦应物著
楚辞集注/〔宋〕朱熹集注
老子 庄子/〔春秋〕老聃、庄周著
天工开物/〔明〕宋应星著
山海经/广陵书社编
情趣尽在不同中——赏异形异质邮票/范世宏编著
文津阁四库全书珍赏/广陵书社编
古逸丛书/〔清〕黎庶昌辑
续古逸丛书/张元济辑
阮元诗书画印选/阮锡安编
江苏文化年鉴(2013)/《江苏文化年鉴》编纂委员会编
漫步高邮/姜文定著
张浦生文集——践行中国古陶瓷之梦/潘家傑、朱戢、霍华主编
三曹诗选/〔三国〕曹操、曹丕、曹植著 丁晨晨选编
戈辉诗文选/戈玉华著
阮元与仪征/巫晨主编
云峰杏坛乐/吴云峰著
惠麓丛书/孟明锋主编
为官须知/〔清〕郑端等撰
乐此居二集/谈汉人著
仿宋本说文解字/〔东汉〕许慎撰
崇实初级中学志/《崇实初级中学志》编纂委员会编
2013年江阴临港经济开发区发展蓝皮书/徐冬青主编
扬州八怪选粹合集/扬州广陵古籍刻印社选编
历代咏茶诗选/扬州广陵古籍刻印社选编
史记三家注/〔汉〕司马迁撰〔宋〕裴骃集解〔唐〕司马贞索隐〔唐〕张守节正义
夜扬州/晏明著
词学考论/刘荣平著
孙子兵法/〔春秋〕孙武著
论语/〔春秋〕孔丘著
美在人间永不朽:扬州毛笔/石庆鹏、王克主编
德积镇志/《德积镇志》编纂委员会编
陶渊明集/〔东晋〕陶潜著
艺海帆影/杨帆著
玄武风骚/南京市玄武区人民政府编著
扬州市哲学社会科学学术年会优秀论文集(2013年度)/徐向明主编
四存月刊/北京四存学会编
龙行大运/陈征宇、冬冰主编
井矿盐采卤工培训教材/周天乔主编
江树峰百年诞辰纪念文集/江树峰百年诞辰纪念文集编委会编
江树峰文集/扬州大学人文社科处编
国学经典/广陵古籍刻印社选编
扬州当代建筑(1949—1982)/杨正福主编
史记/〔西汉〕司马迁著
徐霞客游记白话选读/吕锡生主编
文心雕龙/〔南朝·梁〕刘勰著
李义山诗集/〔唐〕李商隐著
王摩诘诗集 孟襄阳诗集/〔唐〕王维、孟浩然著
郑板桥集/〔清〕郑燮撰
唐诗三百首/〔清〕蘅塘退士编
宋词三百首/上疆村民编
崇祯太仓州志/〔明〕张采纂〔明〕钱肃乐修
太湖镇志/《太湖镇志》编纂委员会编
石庆鹏制笔艺术六讲/石庆鹏、管世俊编著
赵岐《孟子章句》研究/郭伟宏著
黄鲁闽诗抄/黄鲁闽著
小作芊绵/黄清著
替换式音乐启蒙教程/陈凯华主编
手镜/〔清〕王士祯著 王士祯纪念馆编
江苏理工学院年鉴(2013)/《江苏理工学院年鉴》编纂委员会编
重刊明心宝鉴/〔明〕范立本编
焦循戏曲理论研究/王伟康著《邗江文史资料》编委会编
2015年江苏高考语文一本通/何永康主编
经典诵读百篇/辜伟节主编
扬州风貌/辜伟节主编
曾国藩家书/〔清〕曾国藩著
中国玉石雕精品集(2014)/《中国玉石雕精品集》编

委会编

吴江知县/沈春荣编著 吴江区档案局、吴江区方志办编

垂虹识小录/沈卫新主编 吴江区档案局、吴江区方志办编

扬州水利史话/李春国主编

扬州市中小学民防教育读本/扬州市民防局、扬州市教育局编

传世名帖神品藏本/扬州广陵古籍刻印社选编

传世名碑佳揭藏本/扬州广陵古籍刻印社选编

瑞福堂诗词集/帖德顺著

江都年鉴(2014)/扬州市江都区地方志办公室编

大地上的琴弦——话说扬州七河八岛/陈彬、陆云峰主编

绍兴水利文献丛集/冯建荣主编

紫禁城·扬州·大运河——故宫博物院 扬州博物馆藏文物精品/扬州博物馆编

宋词三百首/〔清〕朱祖谋编

嘉靖汜水县志/〔明〕萧珮修〔明〕陈万言纂

家风故事/卢桂平主编

基层乡村矛盾化解案例解析——来自扬州市富民村的实践报告/中共扬州市委政法委员会编

天池花山诗文选粹/苏州太湖旅游发展集团有限公司、苏州市吴中区吴地历史文化研究会编

苏州高新区虎丘区年鉴(2014)/苏州高新区虎丘区年鉴编纂委员会编

寒云日记/袁克文著

扬州年鉴(2014)/扬州市地方志编纂委员会编

三余吟草/汤志澄著

千年第一隧——古城扬州瘦西湖隧道建设纪实/杨正福主编

伯虎杂曲等三种/〔明〕唐寅等著

秦少游黄山谷词合刊/〔宋〕秦观、黄庭坚著

东坡乐府/〔宋〕苏轼著

小山词/〔宋〕晏幾道著

金奁集/〔唐〕温庭筠著

遗山乐府/〔金〕元好问著

中州乐府/〔金〕元好问辑

张子野集/〔宋〕张先著

片玉集/〔宋〕周邦彦著

乐章集/〔宋〕柳永著

弘治昆山志/〔明〕顾潜纂 昆山市地方志办公室编

剪下春秋——张秀芳剪纸艺术/王京、张秀芳主编

春华秋实——张慕莉剪纸艺术/王京、张慕莉主编

扬中年鉴(2014)/扬中市地方志办公室编纂

吴江市劳动保障志/《吴江市劳动保障志》编纂委员会编

苏州图书馆藏古籍善本提要/苏州图书馆编

朴学的守望者——纪念祁龙威先生文集/赵昌智、华强主编

运河名城·扬州揽胜/董德利主编

品味修志/陈其弟著

2015年江苏高考语文附加题专项训练——冲刺“40分”/何永康主编

北塘老美食/无锡市北塘区政协编

山谷琴趣外篇/〔宋〕黄庭坚著

吴江市环境保护志/《吴江市环境保护志》编纂委员会编

邗江年鉴(2014)/扬州市邗江区史志办公室编

静悟——黄永年书法作品墨迹/新华日报苏中书画院编

金鱼文化艺术欣赏/沈伯平著

秦淮海诗词文选/中华秦观宗亲联谊会选编

徐熥年谱/陈庆元著

瞻桥小志/〔清〕王鉴著 无锡市图书馆编

盱眙人文历史故事/盱眙县地方志办公室编

扬州弹词:玉蜻蜓/张慧侬原著 韦明铧、韦艾佳整理

仪征年鉴(2014)/仪征市年鉴编纂委员会编

重修扬州府志/〔清〕阿克当阿修、姚文田等纂 刘建臻点校

吴江市体育志/《吴江市体育志》编纂委员会编

淮扬药膳选粹/戴金樑、李耀谦著

广陵年鉴(2014)/扬州市广陵区档案局编

锡商精英荟萃/王峥主编

顾智宏书体红楼梦诗词曲赋/顾智宏书

红楼梦诗词曲赋评注/蔡义江著

遗山乐府选/〔金〕元好问撰 方慧君选编

无锡市城市建设年鉴(2013)/无锡市城市建设档案馆编

中共苏州市吴江区镇级党史资料:同里镇/中共同里镇委员会编

黔江组织史/中共重庆市黔江区委组织部、重庆市黔江区党史和地方志办公室编 何泽禄整理

寻踪与倾听:姜堰杂记/曹学林著

妙桥镇志/《妙桥镇志》编纂委员会编

当代视野下的李清照/刘勇刚著

扬州画舫录/〔清〕李斗著 陈文和点校

文化扬州/赵昌智等著

扬州市哲学社会科学学术年会优秀论文集/徐向明主编

扬州文化研究论丛(第13辑)/赵昌智主编

扬州文化研究论丛(第14辑)/赵昌智主编

明祖陵600年/胡仁生编著

名人遗迹 吴地寻踪/陆凤良、邹志主编 苏州市吴中区吴地历史文化研究会编

吴江市水利志/《吴江市水利志》编纂委员会编

扬州古代盐诗文赏析/徐顺荣选注

艺海抱缺/龚绍东著

徐州诗徵 徐州续诗徵/〔清〕桂中行辑 张伯英甄选 徐东桥编次 薛以伟点校

南通长篇叙事民歌集/张自强主编

茱萸湾诗萃/唐华、丁家桐、余志群选注

南京卫生年鉴(2014)/《南京卫生年鉴》编辑委员会编

学海遗珍:仪征刘氏家藏书札笺注/杨丽娟整理

# 题录

## 经　济

论高铁开启对扬州城市发展的影响及意义/刘士林/中国名城/2014-1-5

扬州现代服务业发展现状及提升路径探析/游立华、张雨/统计科学与实践/2014-1-25

扬州市江都区水稻机插秧推广特点与发展对策/马如寿/农业装备技术/2014-2-10

浅析变频器在扬州船闸的运用/郑爱华/交通科技/2014-2-15

银行业机构现金全额清分路径及实现方式的研究——以扬州为例/孟建华、沙益群/上海金融/2014-2-15

扬州鹅春季嬉水习性的行为学观察/赵洋、朱晓春/中国家禽/2014-2-20

不同纤维源饲粮对1～4周龄扬州鹅生长性能及胃肠道发育的影响/朱晓春、张得才、孙红暖、蔡中梅、王志跃、杨海明/动物营养学报/2014-2-24

景区门票机制——扬州瘦西湖与杭州西湖的对比研究/蔡伟、孙萍、孙正尧、夏金花/江苏商论/2014-3-4

"重塑经济地理"与扬州跨江融合发展/储东涛/中国名城/2014-3-5

扬州文化创意产业发展现状及对策研究/张妍、王敏洁、赵丹丹/科教文汇(上旬刊)/2014-3-10

扬州家庭农场发展现状与对策/袁秋华、郑伟、苏家富/江苏农村经济/2014-3-10

扬州市住宅价格空间分异的影响因素与驱动机制/王洋、李强、王少剑、秦静/地理科学进展/2014-3-15

扬州市广陵区杭集镇酒店日化用品产业的SCP分析/马桂琴/中小企业管理与科技(中旬刊)/2014-3-15

构建区域物流公共信息平台的探讨研究——以扬州市为例/古贞、高兆亚/物流工程与管理/2014-3-15

高职专业设置与区域经济发展吻合度研究——以扬州市为例/王武林、黄兴海、熊彦普/职业时空/2014-3-31

扬州广陵:"五子登科"抓安全促发展/王正东/中国安全生产/2014-4-15

扬州瘦西湖盾构隧道泥水系统中黏土块的溶崩规律研究/史海岭、朱伟、闵凡路、张亚洲/科学技术与工程/2014-4-18

扬州市江都区环保产业现状调查及发展对策/王敏、施文蔚、陈国云/污染防治技术/2014-4-20

扬州市测土配方施肥效益调查分析/陈欣、李文西、毛伟、张富春、吴政、张月平/现代农业科技/2014-4-23

扬州市近年小麦赤霉病发生特点及防控策略/杨进、刘学儒、秦玉金/中国植保导刊/2014-4-25

《欧盟新玩具安全指令》实施背景下毛绒玩具企业的对策研究——以扬州为例/俞国、俞维苏、俞富坤、唐建/江苏经贸职业技术学院学报/2014-4-28

扬州雕版印刷技艺的调查与研究/赵子君、倪建林/创意与设计/2014-4-30

从业主角度谈京杭运河徐扬段续建二期工程扬州段整治工程中变更管理的几点体会/高新/江西建材/2014-4-30

企业集团内部控制机制的构建和实施——以扬子江集团为例/柏广才、陈图松、孙浩、李晶/商业会计/2014-5-20

扬州包子蒸制工艺研究/朱在勤、崔慧/扬州大学烹饪学报/2014-6-15

扬州至绩溪高速公路宁绩段紧邻既有铁路线高边坡路堑爆破施工及控制技术/董磊、汤道义/隧道建设/2014-6-16

扬州市未来耕地供需状况研究/赵胜男、陈永生/辽宁农业科学/2014-6-21

扬州推广水稻钵苗机插高产栽培技术/宇寰/中国农机化导报/2014-6-23

扬州市江都区园林植物冻害及防治技术/陈世梅、赵玲、景德珍、赵忠/农业与技术/2014-6-30

高产优质小麦品种对比研究——以江苏省扬州市邗江区为例/周宝红、张福生、郭静/安徽农业科学/2014-7-1

扬州市农民专业合作社发展现状及对策/陈红娟、吴加权/经济研究导刊/2014-7-5

基于生态-经济比较优势视角的建设用地空间优化配置研究——以扬州市为例/肖长江、欧名豪、李鑫/生态学报/2014-7-7

扬州市银发市场开发现状及策略研究/徐小兰/财经界(学术版)/2014-7-10

扬州市花木产业现状及发展对策/林生鸾、孙羊林、黄健、吴翠红/现代农业科技/2014-7-14

扬州文昌阁中环疏解工程的研究/岳光/城市道桥与防洪/2014-7-15

扬州市乌塔沟分洪道工程自动化系统设计概述/许媛、陈丹、唐亮/治淮/2014-7-15

浅议城市旅游核心竞争力的提升——以扬州市为例/徐培培、陈肖静/江苏商论/2014-7-20

盐邵线(扬州段)航道现存问题及对策分析/殷志权/水运工程/2014-7-25

扬州打造汽车文化与商贸集聚区/蒋微波/新华日报/2014-7-29

扬州市化学品生产环境情况现状调查/黄正芳、张蕾/环境与发展/2014-8-15

扬州市金湾路(启扬高速—沪陕高速)工程总体设计方案/闫昆仑/城市道桥与防洪/2014-8-15

农村地类分布格局及形成机理研究——以扬州市区为例/王丹、葛扬/水土保持研究/2014-8-15

扬州市直播稻田除草技术探析/吉春明、刘建凤、陆玉荣/农业灾害研究/2014-8-15

基于SWOT分析的物流企业选址规划——以扬州市为例/沈王仙子/市场周刊(理论研究)/2014-8-15

扬州市土地利用系统协调性评价/郑俊鹏、王婷、欧名豪、刘震宇/水土保持通报/2014-8-15

扬州市中小金融机构发展策略研究/顾玉芹/北方经贸/2014-8-15

扬州盐水鹅感官指标描述词的筛选研究/陈正荣、颜云荞/食品研究与开发/2014-8-20

家庭农场发展现状调查及对策建议——以江苏省扬州市为例/中国人民银行扬州市中心支行课题组、叶小玲、唐琦/金融纵横/2014-8-20

扬州市水产养殖病害预防措施/扬州市水生动物疫病预防控制中心/中国渔业报/2014-9-8

扬州市广陵区液压产业基地发展对策研究/王文杰/中小企业管理与科技(中旬刊)/2014-9-15

扬州莲花桥桥亭修缮侧记/杨萍、许玉萍/古建园林技术/2014-9-15

扬州市"区港产园一体化"建设战略对策研究——基于产业集群视角/李帷/市场周刊(理论研究)/2014-9-15

基于城市竞争力系统的扬州滨水区旅游开发与城市规划/王倩倩/黑河学刊/2014-9-20

分析扬州市低碳旅游发展现状及策略/彭莉莉/旅游纵览(下半月)/2014-9-23

扬州市邗江区小麦田杂草调查与日本看麦娘的化学防除/康晓霞、袁林泽、周奋启、陈银凤、耿跃、徐蕾/杂草科学/2014-9-25

扬州主导产业选择及发展对策/陈伟/扬州职业大学学报/2014-9-30

对当前中小城市房产中介市场经营状况的调查报告——以扬州市房产中介市场为例/卞荣中、汤兰英、王增俊/工商行政管理/2014-10-1

0~10周龄扬州鹅肠道发育规律研究/张芬芬、王志跃、杨海明、朱晓春/中国畜牧兽医/2014-10-20

扬州市低碳旅游开发策略/丁海峰/旅游纵览(下半月)/2014-10-23

扬州休闲旅游消费心理研究/胡晓婷/科技资讯/2014-10-23

钻井专业HSE实训室建设探讨——以扬州工业职业技术学院为例/汪洋、叶贵清/企业技术开发/2014-10-26

浅析王庄煤矿3192工作面火灾发生原因/缪恒友、吴益成/能源技术与管理/2014-10-28

小麦面粉蛋白质含量与扬州发酵包子品质关系的研究/阮雁春/山东工业技术/2014-10-30

扬州市农业综合开发高标准农田建设取得的经验及问题探索/冯龙庆、明道建、赵琦/农业开发与装备/2014-10-31

扬州地区扁豆品种应用现状及潜力品种推荐/王士同、王永莉、陆娴、姜原、周瑞春、陈小军、周云德/长江蔬菜/2014-11-8

浅谈扬州剪纸旅游产品的开发/张晶晶/企业导报/2014-11-15

扬州市耕地质量演变趋势/毛伟、李文西、陈欣、陈明、张富春/江西农业学报/2014-11-15

构筑"从农田到餐桌"的食品安全屏障——以扬州为例/苏爱国/吉林农业/2014-11-23

应用互联网思维创新扬州旅游产业的对策研究/唐建/对外经贸/2014-11-25

加料干丝堆细缕 绵软鲜醇惊高座——浅说扬州"大煮干丝"/刘文/黑龙江科技信息/2014-12-5

循环经济与汽车再制造发展模式协同机制研究——以扬州地区为例/陈俊金/中外企业家/2014-12-5

论盐商园林的旅游创新与传播——以扬州个园为例/金川、沈学峰/中国名城/2014-12-5

提高江苏农村居民收入研究——基于扬州市农民收入情况的调研分析/孙凤娟/经济研究导刊/2014-12-5

扬州市汽车产业发展现状研究/付春丽、黄斌、周瑞海/江苏科技信息/2014-12-15

扬州会展旅游的特色化发展模式研究/赖声伟/中国商贸/2014-12-17

初探"天下香料"为何莫如扬州/郑连平/江苏商论/2014-12-20

扬州漆器技艺的产业化设计研究/白佳鹰、宿子顺/包装工程/2014-12-20

扬州市麦田草相特点及杂草防除对策/杨进、刘学儒、丁涛、秦玉金、焦骏森/杂草科学/2014-12-25

扬州市古运河堤顶道路工程施工扬尘防治对策研究/陆春华、宗姗/江苏水利/2014-12-28

简析扬州市高尔夫俱乐部营销策略与战略/姚忠/商业文化/2014-12-30

## 社　会

扬州媳妇的正月年/麦瑞/饮食科学/2014-1-1

水生态文明润泽美丽扬城——六大体系建设架起扬州水生态文明城市建设桥梁/邓勇、缪宜江/江苏水利/2014-1-15

2007年扬州市0~6岁残疾儿童现况调查/张馨遥、王佩鑫、王永杰/中国妇幼保健/2014-1-20

扬州市广陵区城乡学生形态指标调查分析/朱健华、马小剑、姚静、钱伯明/中国校医/2014-1-20

扬州市污染物总量减排的形势及对策分析/焦剑、汤潜之、黄正芳/黑龙江生态工程职业学院学报/2014-1-20

扬州市服务行业语言使用状况调查研究/刘静文/现代语文(语言研究版)/2014-1-25

扬州市油炸食品中丙烯酰胺的调查和分析/束琴霞、石光辉、卢伟、邹勇平、徐芸、许任力/中国卫生检验杂志/2014-1-25

扬州竹子造景特点探析及竹种研究/陈卫元、赵御龙/江苏农业科学/2014-1-25

大交通格局形成后的扬州社会治安走势及对策思考/尤勇/中小企业管理与科技(中旬刊)/2014-2-15

申遗背景下运河水利工程遗产的真实性探讨——以中国大运河扬州段为例/杨俊、贾亭立/建筑与文化/2014-2-15

扬州市大江风光带建设规划与实践/赵景奎、张淑/江西林业科技/2014-2-15

扬州市区地表水金属元素污染状况调查与评价/袁静、王亚林、易强、张益民/中国环境监测/2014-2-15

扬州市青少年人工流产状况调查分析/张华、王亦雄、徐扬、刘霖/交通医学/2014-2-20

扬州市乡村医生队伍现状调查与分析/郑轶群/中国农村卫生事业管理/2014-2-20

扬州市江都区古树名木现状及保护措施/赵忠、芮瑞勤、洪艳、赵玲/现代农业科技/2014-2-20

扬州市2010—2012年手足口病流行特征分析/李锦成、朱道建、黄瑶/医学动物防制/2014-2-25

交通标志绿色护理扬州在行动/汪毅/中国公路/2014-3-1

2010—2012年扬州市手足口病病原构成及柯萨奇A组16型病毒分离株VP1基因特征分析/黄瑶、周乐、巢国祥、芮明珠、毕佩佩、卜平/现代预防医学/2014-3-10

从冲突到合作:旅游发展与当地居民关系的整合——政府引导型社区参与在扬州彩衣街项目的实践与启示/吕凯、郑路/城市规划/2014-3-15

清净禅宗古道场 绿色生态新寺院 扬州高旻寺积极创建绿色生态寺院/郭宏芳/中国宗教/2014-3-15

扬州市驾驶员培训行业SCP分析/乔士俊/中小企业管理与科技(中旬刊)/2014-3-15

分级诊疗,一个美丽的神话?——江苏扬州社区医院发展现状调查/王克/中国经济周刊/2014-3-24

扬州市琼花资源现状调查及评价/路兆庚、戚飞腾、金飚/江苏农业科学/2014-3-25

扬州市蔬菜质量安全调查/王奎萍、刘苏闽/现代农业科技/2014-3-25

低碳便利行 骑游古扬州/陈林/人民政协报/2014-3-26

扬州环保工作报告公众成制度/钮立文 李苑/中国环境报/2014-4-11

扬州市古树名木资源调查报告/陶若诚、宋婧思、涂海霞、韩水、李颖/绿色科技/2014-4-25

扬州市区水环境质量现状及防治对策/姜晔、束影、徐芳芳、邢志远/中国环境管理/2014-4-25

扬州:科技警务让市民生活更美好/殷长庆、裴雨/人民公安报/2014-5-2

浅析扬州经济技术开发区电子政务建设/尤伟/中小企业管理与科技(下旬刊)/2014-5-25

传承经典,快乐成长——扬州市汶河小学(北柳巷校区)特色教育见闻/咸小晔、余耀/阅读/2014-6-8

扬州农村村民生态环境保护意识的调查与思考/贾荣荣、曹顺仙/安徽农业科学/2014-6-10

现代城市水利规划中的若干问题分析——以扬州市为例/吴兴祥/中国水运(下半月)/2014-6-15

扬州市区育龄妇女生殖健康状况分析/徐仲兰、王亦雄、张宏香/实用临床医学/2014-6-20

扬州市饮用水源水中可吸附有机卤化物(AOX)的污染研究/姜燕、汤洁、夏青/科技致富向导/2014-6-25

扬州市城乡院前急救医疗体系建设的实践与思考/徐捷/江苏卫生事业管理/2014-6-28

"有什么需要,尽管找工会"——扬州市总工会领导"当一天工人"侧记/高云/工会信息/2014-7-1

扬州市产妇高龄化趋势及对策/张蕾、李晶晶/卫生职业教育/2014-7-10

扬州市戊型肝炎病毒基因特征分析/肖越胜、张军、黄瑶、姜辉/中华疾病控制杂志/2014-7-10

"醉驾入刑"前后扬州地区酒驾状况比对分析/何荣、徐琴、王晓铃/中国司法鉴定/2014-7-15

扬州市2008—2012年居民自杀死亡现状分析/解晔、周国榆/江苏预防医学/2014-7-15

扬州市探索创新心理健康教育社会管理模式/钱晓勤/江苏预防医学/2014-7-15

生态文化型的水环境修复与提升——大运河扬州段城市水系的治理/杨萍、许玉萍/绿色科技/2014-7-25

扬州老城区低电压综合治理研究/范朝波/机电信息/2014-7-25

涉讼表达中的人与法——《闲话扬州》案与《川行琐记》事件的对比研究/张冬冬/青年记者/2014-8-10

2013年扬州市居民健康素养水平及影响因素分析/李锦成、金武、曹荣祥/江苏卫生保健/2014-8-15

论扬州方言中数量短语和"头"的三种组合/郜荣玉/求知导刊/2014-8-15

面向高校在华留学生朋辈互助机制构建的研究——以扬州大学在华留学生朋辈交际现状为例/崔卉/江苏科技信息/2014-8-15

全力推进水生态文明建设为建设世界名城提供保障/李春国/江苏水利/2014-8-15

扬州市生物质秸秆综合利用现状与对策分析/李蕊、陈磊、闫志海/科技创新与应用/2014-8-18

让青年人感受到共青团的存在——扬州共青团帮扶青年创业就业巡礼/韩春丽/中国青年/2014-8-23

扬州南河下历史街区特色的保护与发展/周晓敏、王静、厉媛媛/西北大学学报(自然科学版)/2014-8-25

江苏扬州沿江地区将试点"三规合一"/王满松、卞

大亮/中华建筑报/2014-9-5

论历史名城中传统民居的可持续保护利用——兼议扬州老城区整体性保护/潘梦琳/中国名城/2014-9-5

扬州市水资源供需现状分析/李鑫/水利发展研究/2014-9-10

基于功能语境视角下的非物质文化遗产外宣归化异化翻译——以扬州大运河外宣翻译为例/杨永刚、蔡祥、胡胜林/湖南邮电职业技术学院学报/2014-9-15

扬州市巾帼志愿者协会调查报告/陈雅平/中外企业家/2014-9-15

稻花香里说丰年——扬州三间院/刘珺/广西城镇建设/2014-9-25

扬州市语言环境建设研究——扬州城区双语交通指示牌调查分析/柏程伟/江西电力职业技术学院学报/2014-9-28

古城扬州的城河关系演变及滨水空间整治概述/盛长元/山西建筑/2014-10-1

扬州饮用水水源地安全评价与控制对策/吴小伟、刘平/中国水利/2014-10-12

城市片区的自组织演化及其影响因素探究——以扬州东关街区为例/朱鹏程/建筑与文化/2014-10-15

扬州市2013年预防接种门诊现状调查分析/朱道建、杨冬梅、陆新喜、罗德威/江苏卫生保健/2014-10-15

浅谈扬州市水环境状况及应对措施/姜晔、束影、徐芳芳、邢志远/资源节约与环保/2014-10-25

扬州居民淡水鱼消费行为及其风险认知研究/刘瑞新、崔彬/农村经济与科技/2014-10-25

扬州评话书场的模式、运营形态及多重关系/肖淑芬/价值工程/2014-10-28

城市发展中的扬州古城历史文化遗产保护与开发/姜馨/才智/2014-11-5

档案工作应与医院建设同步协调发展——以扬州市第一人民医院为例/徐红培/档案与建设/2014-11-15

多层面的高职环艺专业教学改革探讨——以扬州市职业大学为例/沈朋/美术教育研究/2014-11-15

扬州市2013年适龄儿童免疫接种情况调查/杨冬梅、梁杰、孙琳、罗德威/江苏预防医学/2014-11-15

扬州市江都区水田土壤环境质量评价/刘绍贵、张月平、高晖、吴兵、龚鑫鑫、曾洪玉/中国农学通报/2014-11-15

扬州地区高等职业教育与地方经济互动发展研究/李建荣、钱松/江苏建筑职业技术学院学报/2014-12-15

城镇污水处理厂污泥处置现状及对策探讨——以扬州市为例/黄正芳、汤潜之、张蕾/环境科学导刊/2014-12-25

苏中样本 生态扬州——去扬州找到中国/郑晋鸣/中国绿色画报/2014-12-25

扬州市2006—2013年职业病发病情况分析/李小琴、程金霞、毛一扬/职业卫生与应急救援/2014-12-26

历史街巷的活力更新——以扬州市彩衣街整治规划为例/许世源、沈翔、王静/江苏城市规划/2014-12-28

浅谈地方历史和传统文化对现代城市建设的影响——以扬州市为例/燕淑梅、段培鹤/沧桑/2014-12-28

十年圆夙愿 深藏功与名——扬州之大运河保护/宋菀之/中华建设/2014-12-28

共创成长 幸福在行——扬州田中"青少年正面成长课程"试验效果初探/王继玉、谢俊峰/儿童青少年与家庭社会工作评论/2014-12-31

## 文 化

口传文学与书面文学:从扬州评话到《金瓶梅》——丹麦汉学家易德波教授访谈录/汪花荣/文艺研究/2014-1-10

申遗背景下运河水利工程遗产的真实性探讨——以中国大运河扬州段为例/杨俊、贾亭立/建筑与文化/2014-2-15

扬州漆艺家具中传统纹样的应用研究/刘娟/美与时代(上)/2014-2-15

一枝一叶总关情——扬州竹文化探究/陈卫元、赵御龙/竹子研究汇刊/2014-2-15

场所理论视角下的扬州瘦西湖水空间设计探讨/高魏、李春涛/农业科技与信息(现代园林)/2014-2-25

江苏扬州曹庄隋炀帝墓考古成果专家论证会纪要/束家平、薛炳宏、秦宗林/东南文化/2014-2-28

《黄鹤楼送孟浩然之广陵》中"广陵"与"扬州"/文华珍、周宗旭/文史杂志/2014-3-5

传统文化之扬州雕版 一刀一版刻人生/雷虎/绿色视野/2014-3-15

历史的脚印——扬州美术馆/杨怀江/中国建筑装饰装修/2014-3-15

派中有派的清代扬州画派风格探究——关于当前有关"画派"问题的若干思考/尹文/艺术百家/2014-3-15

应用模糊数学法评价扬州市内城河水质研究/易睿、丁志成/环境科学与管理/2014-3-15

清代扬州民间绘画发展及其艺术特色/祝静思/大舞台/2014-3-20

乾隆年间扬州市河、护城河及东关运河的治理/王笑/黑龙江史志/2014-4-8

《四库全书》与扬州马氏/刘勇/档案与建设/2014-4-15

从笔记小说镜像看明清时期扬州的民间信仰/王椰林、苏保华/人文杂志/2014-4-15

舌尖上的淮扬菜/袁培德/浙江画报/2014-4-15

扬州三修《两淮盐法志》/魏怡勤/档案与建设/2014-4-15

浅析扬州画派文人画家书画作品的题跋艺术/王宓/青年文学家/2014-4-20

古城外围特定区域的改造策划与规划设计研究——以《扬州南门地区修建性详细规划与景观设计》为例/朱

向国、盛长元、匡晓明、陆大卫/江苏城市规划/2014-4-28

简论扬州古典园林楹联的艺术/甄文婷、葛平、陈婷/现代语文(学术综合版)/2014-5-5

民国时期扬州曲艺的唱腔初探/李梓/音乐时空/2014-5-15

清代扬州瘦西湖园林空间构成与社会功能探究/许浩/艺术百家/2014-5-15

扬州天下景,漆器天工物/袁培德/浙江画报/2014-5-15

扬州平山堂历史兴废考述/程宇静/扬州大学学报(人文社会科学版)/2014-5-30

基于"完整性"理念的扬州瘦西湖景观整体特征保护策略/傅晶、李琛、王敏、闫金强/中国名城/2014-6-5

清代小说视野下的扬州城市文化/陈佳/理论界/2014-6-10

三份御膳底档再现乾隆下扬州的饮食/董潇潇/档案与建设/2014-6-15

扬州乔氏东园复原设计初探/陆金霞、傅凡、张勃/古建园林技术/2014-6-15

由《红楼梦》和《美食家》品评苏州、扬州饮食/张宇/扬州大学烹饪学报/2014-6-15

群口评话——扬州评话与小品艺术的交融/谭敏/剧影月报/2014-6-20

扬州南门外滩滨水景观设计分析/刘蕴蕴/北京农业/2014-6-25

清乾嘉时期"扬州二马"及其刻书/吴萍莉、张翔/沧桑/2014-6-28

扬州漆艺发展面临的困境与对策/包旦妮、彭烤、黄婧、高志强/中国生漆/2014-6-30

试论扬州画派——"扬州八怪"/鞠翰霖/画刊(学校艺术教育)/2014-7-15

扬州传统民居建筑构件雀替的装饰性表达/蔡浩特、陈春亚、高晶璐/美与时代(上旬)/2014-7-15

扬州民歌没有山歌体裁吗——兼说中国民歌分类问题/杨殿斛/艺术百家/2014-7-15

南巡、盐商与清代扬州城市景观的变迁/何峰/南京师大学报(社会科学版)/2014-7-25

扬州古筝 蓄势待发——扬州古筝协会部分人员谈扬州古筝/孟建军/乐器/2014-8-5

明清扬州家具探微/王湛/收藏家/2014-8-10

石涛叠山作品的"人间孤本"扬州片石山房——兼与曹汛先生商石涛寓扬期间造园史实/徐亮、李金宇/中国园林/2014-8-10

清代嘉庆、道光年间的扬州剪纸艺术研究/梁雪纯/美术界/2014-8-15

清代四朝帝君与扬州高旻寺/薛晓军/档案与建设/2014-8-15

论宋代扬州城市经济的起伏/丁学姣、宋东霞/合作经济与科技/2014-8-16

中国现存最早的芍药专谱——《扬州芍药谱》评述/郭幼为/古今农业/2014-9-10

从扬州盐商古宅看盐业的发展/汪文忠/现代盐化工/2014-9-15

雍正朝扬州最后一宗命案/李全权/档案与建设/2014-9-15

我辈何能构全局,也须合拢作生涯——扬州八怪画风"谐俗"现象研究/张曼华/中国书画/2014-10-5

浅谈扬派叠石艺术/蒋超、肖瑶/青春岁月/2014-10-8

大运河扬州段遗产/陈跃、李斯尔/江苏地方志/2014-10-10

浅谈扬州职业大学新校区的"城市设计"/宦佑祥/中华民居(下旬刊)/2014-10-15

清中期帝君与扬州佛教界的交往/雍俊/档案与建设/2014-10-15

江苏扬州蜀冈古代城址的考古勘探及初步认识/汪勃、王睿、王小迎、牛莉/东南文化/2014-10-30

乾隆年间扬州挑浚护城河/杨玲/档案与建设/2014-11-15

伊斯兰文化 扬州文化中的一朵奇葩/郑阳/中国宗教/2014-11-20

以扬州玉绣楼为例谈近代中西合璧住宅建筑/宋莉娜、过伟敏/山西建筑/2014-11-20

清代扬州盐商文化特点及其对妇女服饰的影响/冷德彤、梁惠娥、周小溪/装饰/2014-12-1

怎样传承,如何创新?——扬州评话的前世今生/徐德明、季培均/曲艺/2014-12-1

章鸣聂峰驾鹤去 韦人小龙清曲留——有关《扬州清曲》光盘与书籍文献收集杂记/商树利、柯云燕/音乐生活/2014-12-1

扬州二分明月楼设计理法/谢明洋、刘晓明/中国园林/2014-12-10

《清宫扬州御档》成书侧记/董潇潇/档案与建设/2014-12-15

《清宫扬州御档》的多元历史文化价值/魏怡勤/档案与建设/2014-12-15

基于AHP的扬州私家园林价值评价体系构建研究/杨恒、陈宇/湖南农业科学/2014-12-15

扬州蜀冈古代城址北城墙东段发掘简报/汪勃、王睿、束家平、王小迎、刘刚、池军、陈昊、王俊、马大秋、张珠子、邵会珍、常素玲、马秋茄/中国国家博物馆馆刊/2014-12-15

扬州园林写生浅谈/贾修森/剧影月报/2014-12-20

浅谈扬州民歌的地域文化特性/章莉/音乐时空/2014-12-30

南朝时期东扬州沿革考/李国平、吴榕青/历史地理/2014-12-31

扬州梦:先民的城市梦求/余大庆/都市文化研究/2014-12-31

# 统计资料

## 2014年扬州市国民经济占江苏省的比重一览表

表39-1

| 项　　目 | 单　位 | 江苏省 | 扬州市 | 扬州占全省的比重(%) |
|---|---|---|---|---|
| 年末总人口 | 万人 | 7960.06 | 461.34 | 5.80 |
| 地区生产总值(当年价格) | 亿元 | 65088.32 | 3697.91 | 5.68 |
| 第一产业 | 亿元 | 3634.33 | 227.36 | 6.26 |
| 第二产业 | 亿元 | 31057.47 | 1885.75 | 6.07 |
| 第三产业 | 亿元 | 30396.52 | 1584.80 | 5.21 |
| 固定资产投资 | 亿元 | 41938.65 | 2416.66 | 5.76 |
| 社会消费品零售总额 | 亿元 | 23458.07 | 1128.10 | 4.81 |
| 出口总额 | 亿美元 | 3418.69 | 76.82 | 2.25 |
| 注册外资及港澳台资实际到账额 | 亿美元 | 281.74 | 15.02 | 5.33 |
| 公共财政预算收入 | 亿元 | 7233.14 | 295.19 | 4.08 |
| 公共财政预算支出 | 亿元 | 8466.48 | 367.73 | 4.34 |
| 普通高等学校在校学生数 | 万人 | 169.86 | 7.53 | 4.43 |
| 医院、卫生院病床数 | 万张 | 39.23 | 1.98 | 5.05 |
| 卫生技术人员 | 万人 | 45.85 | 2.33 | 5.08 |
| #执业(助理)医师 | 万人 | 17.86 | 0.95 | 5.32 |
| 在岗职工平均工资 | 元 | 61783 | 58510 | |
| 农村居民人均可支配收入 | 元 | 14958 | 15284 | |
| 城镇居民人均可支配收入 | 元 | 34346 | 30322 | |
| 城乡居民人均储蓄存款 | 元 | 46291 | 47279 | |
| 工农业主要产品产量 | | | | |
| 粮食 | 万吨 | 3490.62 | 314.10 | 9.00 |
| 棉花 | 万吨 | 15.95 | 0.25 | 1.57 |
| 油料 | 万吨 | 146.60 | 7.39 | 5.04 |
| 原煤 | 万吨 | 2019.20 | 39.57 | 1.96 |
| 发电量 | 亿千瓦时 | 4347.07 | 215.57 | 4.96 |
| 水泥 | 万吨 | 19360.55 | 1130.15 | 5.84 |
| 化学纤维 | 万吨 | 1312.17 | 118.63 | 9.04 |

## 2014年扬州市分地区地区生产总值一览表

（按当年价格计算）

表39-2

| 项　　目 | 全　市 | 市　区 | #广陵区 | #邗江区 | #江都区 | 宝应县 | 仪征市 | 高邮市 |
|---|---|---|---|---|---|---|---|---|
| 地区生产总值(亿元) | **3697.91** | 2432.28 | 564.64 | 602.74 | 792.61 | 418.30 | 465.06 | 445.20 |
| 第一产业 | **227.36** | 81.33 | 9.27 | 17.10 | 52.80 | 61.60 | 21.13 | 62.72 |
| 第二产业 | **1885.75** | 1251.27 | 277.12 | 256.19 | 397.59 | 189.80 | 255.76 | 201.13 |
| 工业 | **1634.48** | 1106.27 | 254.41 | 206.53 | 335.51 | 154.29 | 226.38 | 166.28 |
| 建筑业 | **251.78** | 140.10 | 22.71 | 49.66 | 62.26 | 35.51 | 29.38 | 34.85 |
| 第三产业 | **1584.80** | 1099.68 | 278.25 | 329.45 | 342.22 | 166.90 | 188.17 | 181.35 |
| 交通运输、仓储和邮政业 | **139.84** | 78.65 | 12.62 | 13.63 | 50.35 | 11.95 | 9.69 | 23.13 |
| 批发和零售业 | **278.49** | 188.26 | 73.91 | 52.91 | 50.27 | 24.81 | 54.45 | 19.62 |
| 住宿和餐饮业 | **60.47** | 43.54 | 10.44 | 14.21 | 15.53 | 8.32 | 7.31 | 10.46 |
| 金融业 | **184.97** | 106.53 | 29.45 | 26.35 | 33.19 | 15.63 | 16.22 | 14.09 |
| 房地产业 | **238.55** | 171.65 | 43.62 | 67.46 | 46.71 | 23.89 | 35.20 | 26.27 |
| 其他服务业 | **669.32** | 462.55 | 107.63 | 153.35 | 144.38 | 79.69 | 63.50 | 83.49 |
| 营利性服务业 | **292.24** | 220.02 | 54.25 | 85.87 | 46.82 | 24.42 | 16.62 | 27.98 |
| 非营利性服务业 | **377.08** | 242.53 | 53.38 | 67.48 | 97.56 | 55.27 | 46.88 | 55.51 |
| 人均地区生产总值(元/人) | **82654** | 100661 | 113382 | 87728 | 78616 | 55525 | 82633 | 60203 |

## 2014年扬州市分地区人口数及构成情况表

表39-3

| 地　区 | 总人口（人） | | | 性别比 |
|---|---|---|---|---|
| | 合　计 | 男 | 女 | |
| **全　市** | **4613367** | **2308034** | **2305333** | **100.12** |
| 市　区 | 2318428 | 1152661 | 1165767 | 98.88 |
| #广陵区 | 497528 | 246121 | 251407 | 97.90 |
| 邗江区 | 582739 | 288448 | 294291 | 98.01 |
| 江都区 | 1068982 | 534532 | 534450 | 100.02 |
| 宝应县 | 911253 | 462437 | 448816 | 103.03 |
| 仪征市 | 565568 | 285198 | 280370 | 101.72 |
| 高邮市 | 818118 | 407738 | 410380 | 99.36 |

## 2014年扬州市分地区户数、平均人口及人口密度情况表

表39-4

| 地　区 | 户数（户） | 平均每户人数（人） | 年平均人口（人） | 人口密度（人/平方千米） |
|---|---|---|---|---|
| **全　市** | **1500773** | **3.07** | **4605908** | **699** |
| 市　区 | 771537 | 3.00 | 2313610 | 1003 |
| #广陵区 | 170637 | 2.92 | 497858 | 1486 |
| 邗江区 | 183312 | 3.18 | 575945 | 1041 |
| 江都区 | 359190 | 2.98 | 1069134 | 804 |
| 宝应县 | 281946 | 3.23 | 909245 | 622 |
| 仪征市 | 188887 | 2.99 | 564904 | 626 |
| 高邮市 | 258403 | 3.17 | 818149 | 426 |

## 2014年扬州市固定资产投资情况表

表39-5

| 项　　目 | 总　计 | 项目投资 | 房地产开发投资 |
|---|---|---|---|
| 一、投资总额(万元) | 24166627 | 20562230 | 3604397 |
| #住宅 | 3291533 | 421658 | 2869875 |
| 1.按经济类型分 | | | |
| 国有经济 | 4636071 | 4417017 | 219054 |
| 集体经济 | 1085786 | 1085786 | |
| 有限责任公司 | 718084 | 718084 | |
| 其他限责任公司 | 1191810 | | 1191810 |
| 联营企业 | 70900 | 70900 | |
| 股份合作 | 11082 | 4500 | 6582 |
| 股份有限公司 | 351723 | 315720 | 36003 |
| 私营个体 | 13148648 | 11838112 | 1310536 |
| 港澳台商投资 | 1190500 | 467077 | 723423 |
| 外商投资 | 874218 | 757229 | 116989 |
| 其他经济 | 887805 | 887805 | |
| 2.按构成分 | | | |
| 建筑工程 | 14695089 | 12381288 | 2313801 |
| 安装工程 | 1137558 | 906462 | 231096 |
| 设备工器具购置 | 5284692 | 5222801 | 61891 |
| #用于更新的设备 | 2535278 | 2535278 | |
| 其他费用 | 3049288 | 2051679 | 997609 |
| 3.按产业分 | | | |
| 第一产业 | 151546 | 151546 | |
| 第二产业 | 13306826 | 13306826 | |
| 第三产业 | 10708255 | 7103858 | 3604397 |
| 二、本年资金来源(万元) | 27291525 | 22126282 | 5165243 |
| 国家预算内资金 | 334369 | 334369 | |
| 国内贷款 | 1175676 | 293412 | 882264 |
| 利用外资 | 288547 | 278146 | 10401 |
| 自筹投资 | 22647568 | 20683733 | 1963835 |
| 其他投资 | 2845365 | 536622 | 2308743 |
| 三、房屋建筑面积(万平方米) | | | |
| 施工面积 | 4983 | 2357 | 2625 |
| 竣工面积 | 2440 | 1834 | 606 |
| #住宅 | 554 | 73 | 481 |

## 2014年扬州市农林牧渔业分项产值一览表

表39-6 单位:万元

| 项　目 | 2014年产值(当年价格) | 2013年产值(当年价格) |
|---|---|---|
| **农林牧渔业总产值** | **4319837** | **4039275** |
| 一、农业产值 | 2018056 | 1884315 |
| 1. 谷物及其他作物 | 992391 | 953756 |
| #谷物 | 882050 | 840475 |
| 棉花 | 6951 | 12824 |
| 油料 | 42996 | 42575 |
| 2. 蔬菜园艺作物 | 939907 | 861626 |
| #蔬菜(含菜用瓜) | 701469 | 628831 |
| 花卉 | 11471 | 10965 |
| 3. 水果、坚果、饮料和香料作物 | 80192 | 64993 |
| #水果坚果(含果用瓜) | 62857 | 48172 |
| 茶及其他饮料 | 17335 | 15861 |
| 4. 中药材 | 5566 | 3940 |
| 二、林业产值 | 101251 | 93824 |
| 1. 林木的培养种植 | 43447 | 38755 |
| 2. 竹木采运 | 52962 | 51142 |
| 3. 林产品 | 4842 | 3927 |
| 三、牧业产值 | 734242 | 704559 |
| 1. 牲畜饲养 | 17504 | 16335 |
| #牛的饲养 | 3937 | 4436 |
| 羊的饲养 | 9686 | 8279 |
| 奶产品 | 3881 | 3620 |
| #牛奶 | 3881 | 2877 |
| 2. 猪的饲养 | 230835 | 232306 |
| 3. 家禽 | 465002 | 435414 |
| 4. 狩猎和捕捉动物 | 0 | 0 |
| 5. 其他畜牧业 | 20901 | 20504 |
| 四、渔业产值 | 1251006 | 1159214 |
| 1. 海水产品 | 0 | 0 |
| 2. 淡水产品 | 1251006 | 1159214 |
| 鱼类 | 449200 | 436928 |
| 甲壳类 | 673000 | 604769 |
| 贝类 | 9565 | 8204 |
| 其他 | 119241 | 109313 |
| 五、农林牧渔服务业 | 215282 | 197363 |

## 2014年扬州市主要农作物播种面积和产量一览表

表39-7

| 项　　目 | 播种面积(千公顷) | 单　产(千克/公顷) | 总产量(吨) |
|---|---|---|---|
| **农作物总播种面积** | **510.93** | | |
| 一、粮食作物总计 | 422.36 | 7437 | 3140987 |
| 1. 夏粮 | 192.79 | 5946 | 1146406 |
| 小麦 | 187.40 | 6008 | 1125872 |
| 大麦 | 2.3 | 4723 | 10864 |
| 蚕豌豆 | 3.09 | 3129 | 9670 |
| 2. 秋粮 | 229.57 | 8688 | 1994581 |
| 稻谷 | 208.72 | 9163 | 1912533 |
| 中稻 | 208.72 | 9163 | 1912533 |
| 单季晚稻 | | | |
| 双季后作稻 | | | |
| 玉米 | 2.03 | 5444 | 11051 |
| 其他谷物 | 0.03 | 3800 | 114 |
| 豆类 | 16.73 | 3377 | 56499 |
| 薯类 | 2.06 | 6983 | 14384 |
| 二、经济作物 | 82.08 | | |
| 1. 棉花 | 1.68 | 1477 | 2482 |
| 2. 油料 | 27.09 | 2726 | 73855 |
| #花生 | 1.07 | 2865 | 3066 |
| 油菜籽 | 24.97 | 2762 | 68966 |
| 芝麻 | 1.05 | 1736 | 1823 |
| 3. 麻类 | | | |
| #黄麻 | | | |
| 红麻 | | | |
| 苎麻 | | | |
| 4. 糖类 | 0.02 | 46700 | 934 |
| #甘蔗 | 0.02 | 46700 | 934 |
| 甜菜 | | | |
| 5. 药材 | 2.34 | | |
| 6. 蔬菜瓜类 | 50.95 | 38747 | 1974177 |
| 蔬菜 | 48.62 | 38887 | 1890666 |
| 瓜类 | 2.33 | 35842 | 83511 |
| 三、其他农作物 | 6.49 | | |
| #青饲料 | 2.76 | | |
| 绿肥 | 1.1 | | |

## 2014年扬州市分地区工业总产值一览表

(规模以上工业企业)

表39-8 单位:万元

| 地　区 | 工业总产值(现行价) | 工业销售产值(现行价) | 工业增加值(现行价) |
|---|---|---|---|
| **全　市** | **94571727** | **92466477** | **21456849** |
| 市　区 | 61543553 | 60202897 | 13575842 |
| 扬州经济技术开发区 | 13623157 | 13266750 | 2978391 |
| 广陵区 | 12442625 | 12311168 | 2831492 |
| 邗江区 | 12659894 | 12118857 | 3056646 |
| 江都区 | 22817877 | 22506122 | 4709314 |
| 宝应县 | 8863323 | 8623221 | 2072086 |
| 仪征市 | 13961121 | 13657919 | 3096950 |
| 高邮市 | 10203730 | 9982440 | 2500723 |

## 2014年扬州市主要工业产品产量一览表

(规模以上工业企业)

表39-9

| 产品名称 | 计量单位 | 2014年 | 2013年 |
|---|---|---|---|
| 原煤 | 万吨 | 39.57 | 39.07 |
| 天然原油 | 万吨 | 171 | 171.2 |
| 天然气 | 万立方米 | 5238 | 5123 |
| 发电量 | 亿千瓦小时 | 215.57 | 239.89 |
| 塑料制品 | 万吨 | 12.83 | 8.49 |
| 化学纤维 | 万吨 | 118.63 | 93.24 |
| 纱 | 万吨 | 16.27 | 14.74 |
| 布 | 万米 | 62317.6 | 59090.59 |
| 呢绒 | 万米 | 289.82 | 159.02 |
| 服装 | 万件 | 24676.53 | 23422.35 |
| 皮革鞋靴 | 万双 | 3861.47 | 3899.53 |
| 机制纸及纸板 | 万吨 | 6.83 | 8.03 |
| 原油加工量 | 万吨 | 90.71 | 76.74 |
| 烧碱(折100%) | 万吨 | 28.33 | 27.52 |
| 农用氮、磷、钾化学肥料总计(折纯) | 万吨 | 0.44 | 0.39 |
| 化学农药原药 | 吨 | 62086.59 | 54576.91 |
| 合成纤维聚合物 | 万吨 | 192.21 | 195.03 |
| 化学药品原药 | 吨 | 4231.09 | 3031.22 |
| 水泥 | 万吨 | 1130.15 | 990.79 |
| 钢材 | 万吨 | 349.42 | 298.28 |
| 附:用外购国产钢材再加工生产的钢材 | 万吨 | 158.94 | 193.86 |
| 金属切削机床 | 台 | 33145 | 27186 |
| 金属成形机床 | 台 | 44342 | 43622 |
| 汽车 | 辆 | 4345 | 4095 |
| 金属集装箱 | 万立方米 | 430.23 | 381.8 |
| 电力电缆 | 万千米 | 119.43 | 99.93 |
| 通信及电子网络用电缆 | 对千米 | 3674707 | 2765065 |
| 铅酸蓄电池 | 千伏安时 | 1766731 | 1862575 |
| 交流电动机 | 万千瓦 | 1088.6 | 1047.04 |
| 电动手提式工具 | 万台 | 128.99 | 197.06 |
| 民用钢质船舶 | 载重吨 | 3392967 | 2766917 |

## 2014年扬州市分地区建筑业生产经营情况表

表39-10

| 指　标 | 全　市 | 市　区 | 扬州经济技术开发区 | 广陵区 | 邗江区 | 江都区 | 宝应县 | 仪征市 | 高邮市 |
|---|---|---|---|---|---|---|---|---|---|
| 单位个数(个) | **734** | 484 | 39 | 125 | 169 | 151 | 77 | 78 | 95 |
| 一、建筑业合同情况(万元) | | | | | | | | | |
| 签订的建筑合同额 | **41312051** | 25474923 | 315768 | 7595199 | 5247092 | 12316865 | 5320284 | 2846135 | 7670709 |
| 上年结转建筑合同额 | **15205184** | 10319978 | 76784 | 3063580 | 1464905 | 5714710 | 1445811 | 971987 | 2467408 |
| 本年新签建筑合同额 | **26106866** | 15154945 | 238984 | 4531619 | 3782187 | 6602155 | 3874472 | 1874148 | 5203301 |
| 二、承包工程完成情况(万元) | | | | | | | | | |
| 直接从建设单位承揽工程完成的产值 | **26690180** | 16313052 | 215491 | 4359241 | 3790282 | 7948038 | 3193824 | 1914034 | 5269271 |
| 自行完成施工产值 | **26681217** | 16308835 | 214994 | 4355577 | 3790237 | 7948026 | 3193824 | 1910708 | 5267851 |
| 分包出去工程的产值 | **8963** | 4217 | 496 | 3664 | 45 | 12 | | 3326 | 1420 |
| 从建设单位以外承揽工程完成的产值 | **2762277** | 1458429 | 7396 | 116155 | 263286 | 1071592 | 760207 | 198714 | 344928 |
| 三、建筑业总产值(万元) | **29443494** | 17767263 | 222390 | 4471732 | 4053523 | 9019618 | 3954031 | 2109421 | 5612779 |
| #装饰装修产值 | **982669** | 699644 | 13574 | 172488 | 402844 | 110738 | 69601 | 64141 | 149284 |
| 在外省完成的产值 | **15630627** | 10317249 | 13539 | 2833775 | 1545572 | 5924363 | 2483753 | 1022425 | 1807200 |
| 建筑工程产值 | **27516983** | 15945821 | 181953 | 4332140 | 3477373 | 7954355 | 3925283 | 2045044 | 5600836 |
| 安装工程产值 | **1821346** | 1755993 | 40435 | 134756 | 574470 | 1006332 | 22839 | 36540 | 5974 |
| 其他建筑业产值 | **105165** | 65450 | 2 | 4836 | 1680 | 58932 | 5909 | 27837 | 5969 |
| 四、竣工产值(万元) | **23821299** | 13984359 | 201078 | 3223585 | 3400328 | 7159368 | 3356886 | 1622134 | 4857921 |
| 五、房屋施工面积(万平方米) | **24685** | 12588 | 85 | 3673 | 2080 | 6750 | 5419 | 1624 | 5054 |
| #房屋新开工面积 | **11855** | 5689 | 51 | 1484 | 1227 | 2928 | 2805 | 840 | 2520 |

## 2014年扬州市全社会客货运输量一览表

表39-11

| 项　目 | 单　位 | 公　路 | 水　路 |
|---|---|---|---|
| 客运量 | 万人 | 4792 | 12.3 |
| 旅客周转量 | 万人千米 | 363891 | 72.2 |
| 货运量 | 万吨 | 6504 | 5092 |
| 货物周转量 | 万吨千米 | 1133440 | 1929213 |

## 2014年扬州市邮政通信基本情况表

表39-12

| 项 目 | 单位 | 全 市 | 市 区 | | | | 宝应县 | 仪征市 | 高邮市 |
|---|---|---|---|---|---|---|---|---|---|
| | | | | #广陵区 | #邗江区 | #江都区 | | | |
| 邮政局(所)数 | 处 | **187** | 93 | | | 48 | 32 | 27 | 35 |
| 邮电业务总量 | 万元 | **506402** | 321522 | 85748 | 87700 | 100334 | 61313 | 56794 | 66772 |
| 电信业务收入 | 万元 | **448833** | 288265 | 85748 | 87700 | 87335 | 53302 | 49590 | 57675 |
| 固定电话用户 | 户 | **1258091** | 780792 | 180141 | 280202 | 289439 | 153534 | 147468 | 176297 |
| #农村电话用户 | 户 | **654637** | 384637 | 66855 | 117782 | 200000 | 90000 | 70000 | 110000 |
| 移动电话年末用户 | 户 | **4776672** | 2925341 | 760979 | 748364 | 961857 | 585831 | 583741 | 681759 |
| #3G移动电话用户 | 户 | **1661764** | 1052360 | 235121 | 268606 | 330091 | 194121 | 196053 | 219230 |
| 互联网宽带接入用户 | 户 | **1021485** | 642870 | 160602 | 235824 | 225506 | 115848 | 118649 | 144118 |

## 2014年扬州市分行业社会消费品零售总额一览表

表39-13　　单位:万元

| 地 区 | 总 计 | 批发业 | 零售业 | 住宿业 | 餐饮业 |
|---|---|---|---|---|---|
| **全 市** | **11280986** | **1495952** | **8670552** | **130459** | **984023** |
| 市 区 | **7745609** | 905881 | 6094129 | 102112 | 643488 |
| 扬州经济技术开发区 | **836131** | 245487 | 533393 | 14150 | 43101 |
| 广陵区 | **2404114** | 101308 | 2002277 | 19180 | 281349 |
| 邗江区 | **2382842** | 304383 | 1860441 | 47557 | 170461 |
| 江都区 | **2122522** | 254703 | 1698018 | 21225 | 148577 |
| 宝应县 | **1229366** | 308229 | 815266 | 14970 | 90901 |
| 仪征市 | **919477** | 116599 | 705717 | 6413 | 90748 |
| 高邮市 | **1386534** | 165243 | 1055440 | 6964 | 158886 |

## 2014年扬州市对外国及港澳台地区贸易进出口总额一览表

表39-14　　单位:万美元

| 项 目 | 进出口总额 | 出 口 | 进 口 |
|---|---|---|---|
| **总 计** | **1001235** | **768186** | **233049** |
| 一、按地区分组 | | | |
| 市 区 | 778966 | 602464 | 176501 |
| 扬州经济技术开发区 | 263262 | 179626 | 83636 |
| 广陵区 | 172350 | 147016 | 25334 |
| 邗江区 | 196150 | 164312 | 31838 |
| 江都区 | 147204 | 111510 | 35693 |
| 宝应县 | 77913 | 61042 | 16871 |
| 仪征市 | 102506 | 66037 | 36469 |
| 高邮市 | 41878 | 38643 | 3235 |
| 二、按贸易方式分组 | | | |
| 一般贸易 | 678878 | 554379 | 124499 |
| 进料加工 | 255190 | 185724 | 69466 |
| 来料加工 | 29405 | 10344 | 19061 |
| 外商投资设备 | 4039 | 0 | 4039 |
| 其他 | 34629 | 17918 | 16711 |

## 2014年扬州市外商及港澳台商直接投资情况表

表39-15　　单位:万美元

| 地　　区 | 注册外资及港澳台资实际到账额 | | 协议注册外资及港澳台资 |
|---|---|---|---|
| | 总　额 | 比上年增长(%) | 总　额 |
| **全　市** | **150208** | **-17.82** | **198581** |
| #扬州经济技术开发区 | 52153 | 20.88 | 49427 |
| 广陵区 | 23961 | -36.50 | 45515 |
| 邗江区 | 28952 | -25.84 | 41194 |
| 江都区 | 20740 | -8.15 | 22450 |
| 宝应县 | 3164 | -61.21 | 7646 |
| 仪征市 | 17607 | 14.14 | 9507 |
| 高邮市 | 2851 | -61.07 | 2030 |

## 2014年扬州市财政收入与支出一览表

表39-16　　单位:万元

| 项　　目 | 全　市 | 市　区 | #广陵区 | #邗江区 | #江都区 | 宝应县 | 仪征市 | 高邮市 |
|---|---|---|---|---|---|---|---|---|
| **财政总收入** | **4684615** | **3073737** | **605166** | **828595** | **743700** | **392531** | **760641** | **457706** |
| #上划中央收入 | **1732697** | 1034366 | 220831 | 268297 | 263890 | 119761 | 414022 | 164548 |
| 增值税(75%) | **1017772** | 609368 | 146954 | 168966 | 166857 | 80186 | 209114 | 119104 |
| 消费税 | **181754** | 52716 | 4876 | 226 | 24401 | 973 | 127763 | 302 |
| 企业所得税(60%) | **379497** | 245394 | 52519 | 76076 | 52327 | 30979 | 66418 | 36706 |
| 个人所得税(60%) | **153674** | 126888 | 16482 | 23029 | 20305 | 7623 | 10727 | 8436 |
| 公共财政预算收入 | **2951918** | 2039371 | 384335 | 560298 | 479810 | 272770 | 346619 | 293158 |
| #税收收入 | **2422247** | 1661827 | 336850 | 453557 | 393924 | 223741 | 296281 | 240398 |
| #增值税(25%) | **398210** | 241833 | 57813 | 67265 | 63173 | 33002 | 79487 | 43888 |
| 营业税 | **846971** | 647042 | 140327 | 180620 | 173219 | 69695 | 64417 | 65817 |
| 企业所得税(40%) | **252997** | 163596 | 35012 | 50717 | 34885 | 20653 | 44278 | 24470 |
| 个人所得税(40%) | **102448** | 84591 | 10988 | 15352 | 13537 | 5082 | 7151 | 5624 |
| **公共财政预算支出** | **3677273** | **2333276** | **310414** | **493457** | **574740** | **462474** | **415095** | **466428** |
| #一般公共服务 | **480228** | 309173 | 44068 | 79176 | 70640 | 65495 | 52068 | 53492 |
| 科学技术 | **113031** | 72883 | 9617 | 7438 | 17538 | 15144 | 13105 | 11899 |
| 教育 | **653748** | 368187 | 56511 | 73629 | 139153 | 116518 | 68059 | 100984 |
| 文化体育与传媒 | **65906** | 53637 | 1300 | 4416 | 3329 | 4580 | 3332 | 4357 |
| 医疗卫生 | **284110** | 141989 | 22657 | 27430 | 48349 | 56261 | 39775 | 46085 |
| 节能保护 | **260906** | 138364 | 17230 | 23351 | 51280 | 39395 | 42056 | 41091 |
| 城乡社区事务 | **84605** | 47083 | 5593 | 4776 | 12379 | 10032 | 16291 | 11199 |
| 交通运输 | **512120** | 416913 | 104259 | 120121 | 101075 | 14186 | 31488 | 49533 |
| 社会保障和就业 | **389982** | 162435 | 22610 | 25432 | 64798 | 71364 | 83498 | 72685 |
| 住房保障 | **113560** | 70632 | 997 | 4081 | 8790 | 14864 | 13113 | 14951 |
| 农林水事务 | **124306** | 101676 | 0 | 64447 | 11768 | 4538 | 10395 | 7697 |

注:财政总收入、公共财政预算支出数据与《财政 税务》统计口径不同

## 2014年扬州市金融机构存贷款收支情况表

表39-17　　单位:亿元

| 项　目 | 全　市 | 市　区 | #江都区 | 宝应县 | 仪征市 | 高邮市 |
|---|---|---|---|---|---|---|
| **年末金融机构各项存款余额** | **4269.75** | **3071.67** | **859.20** | **342.32** | **461.08** | **394.68** |
| #单位存款 | **2033.58** | 1599.82 | 324.56 | 109.54 | 202.76 | 121.46 |
| 个人存款 | **2165.61** | 1411.48 | 524.76 | 229.92 | 252.33 | 271.88 |
| #储蓄存款 | **2117.09** | 1371.30 | 514.50 | 228.51 | 248.13 | 269.15 |
| **年末金融机构各项贷款余额** | **2732.42** | **2003.26** | **485.75** | **229.71** | **257.85** | **241.60** |
| #短期贷款 | **1314.22** | 949.87 | 255.28 | 107.90 | 135.47 | 120.97 |
| 中长期贷款 | **1288.44** | 955.95 | 193.64 | 107.98 | 112.73 | 111.79 |
| 票据融资 | **127.29** | 95.04 | 36.78 | 13.78 | 9.65 | 8.82 |

## 2014年扬州市教育事业情况表

表39-18

| 项　目 | 学校数(所) | 毕业生数(人) | 招生数(人) | 在校学生数(人) | 专任教师(人) |
|---|---|---|---|---|---|
| **合　计** | **417** | **145026** | **137658** | **548209** | **38959** |
| 普通高等学校 | 7 | 22939 | 22560 | 75289 | 4883 |
| 普通中等专业学校 | 10 | 15036 | 13965 | 47175 | 1629 |
| 普通中学 | 168 | 63775 | 58778 | 184175 | 16626 |
| 高中 | 35 | 26555 | 21920 | 70500 | 6147 |
| 初中 | 133 | 37220 | 36858 | 113675 | 10479 |
| 职业高中 | 4 | 79 | 0 | 117 | 614 |
| 技工学校 | 13 | 5792 | 7792 | 21719 | 1485 |
| 小学 | 208 | 37303 | 34455 | 218829 | 13536 |
| 特殊教育学校 | 7 | 102 | 108 | 905 | 186 |

## 2014年扬州市中小学情况表

表39-19

| 项　目 | 全　市 | 市　区 | #广陵区 | #邗江区 | #江都区 | 宝应县 | 仪征市 | 高邮市 |
|---|---|---|---|---|---|---|---|---|
| 学校总数(所) | **417** | 218 | 29 | 36 | 94 | 66 | 60 | 73 |
| #普通中学 | **168** | 85 | 10 | 18 | 36 | 27 | 24 | 32 |
| #高中 | **35** | 19 | 2 | 5 | 6 | 5 | 5 | 6 |
| 小学 | **208** | 99 | 18 | 16 | 54 | 38 | 32 | 39 |
| 在校学生数(人) | **548209** | 353462 | 37972 | 54716 | 92297 | 76605 | 52403 | 65739 |
| #普通中学 | **184175** | 99383 | 6056 | 20050 | 39509 | 34207 | 20105 | 30480 |
| #高中 | **70500** | 36759 | 2228 | 7769 | 14518 | 13136 | 7976 | 12629 |
| 小学 | **218829** | 126496 | 31817 | 31504 | 45331 | 39550 | 24226 | 28557 |
| 专任教师数(人) | **38959** | 23628 | 2719 | 3766 | 7022 | 5904 | 4295 | 5132 |
| #普通中学 | **16626** | 8677 | 726 | 1823 | 3682 | 3155 | 1886 | 2908 |
| #高中 | **6147** | 3078 | 229 | 699 | 1238 | 1260 | 631 | 1178 |
| 小学 | **13536** | 7538 | 1978 | 1753 | 2876 | 2443 | 1645 | 1910 |

## 2014年扬州市卫生事业情况表

表39-20

| 项　目 | 全　市 | 市　区 | | | | 宝应县 | 仪征市 | 高邮市 |
|---|---|---|---|---|---|---|---|---|
| | | | #广陵区 | #邗江区 | #江都区 | | | |
| 卫生机构数(个) | **1782** | 1034 | 227 | 387 | 420 | 339 | 163 | 246 |
| #医院 | **63** | 41 | 14 | 16 | 11 | 14 | 5 | 3 |
| 卫生院 | **73** | 22 | 5 | 5 | 12 | 14 | 11 | 26 |
| 卫生机构床位数(张) | **19765** | 12946 | 6054 | 2586 | 4306 | 2203 | 2080 | 2536 |
| #医院 | **14381** | 9954 | 5160 | 1906 | 2888 | 1326 | 1626 | 1475 |
| 卫生院 | **3094** | 1364 | 137 | 162 | 1065 | 609 | 426 | 695 |
| 卫生技术人员(人) | **23338** | 15051 | 6723 | 3765 | 4563 | 2668 | 2651 | 2968 |
| #执业(助理)医师 | **9491** | 5846 | 2371 | 1592 | 1883 | 1230 | 1039 | 1376 |
| 注册护士 | **9382** | 6418 | 3206 | 1449 | 1763 | 877 | 1018 | 1069 |
| #卫生防疫人员 | **2139** | 1442 | 969 | 188 | 285 | 290 | 133 | 274 |
| 医院、卫生院技术人员(人) | **16652** | 10322 | 4736 | 1859 | 3727 | 1944 | 2249 | 2137 |
| #执业(助理)医师 | **6123** | 3690 | 1576 | 665 | 1449 | 797 | 785 | 851 |
| 注册护士 | **7483** | 4893 | 2479 | 855 | 1559 | 725 | 962 | 903 |

## 2014年扬州市文化事业情况表

表39-21

| 项　目 | 单位 | 全　市 | 市　区 | | 宝应县 | 仪征市 | 高邮市 |
|---|---|---|---|---|---|---|---|
| | | | | #江都区 | | | |
| 文化馆数 | 个 | **7** | 4 | 1 | 1 | 1 | 1 |
| 艺术表演团体数 | 个 | **9** | 6 | 1 | 1 | 1 | 1 |
| #扬剧团数 | 个 | **4** | 3 | 1 | 0 | 1 | 0 |
| 演职员工数 | 人 | **503** | 412 | 47 | 38 | 42 | 11 |
| 创作首演剧目数 | 个 | **3** | 3 | 1 | 0 | 0 | 0 |
| 演出场次 | 场次 | **3145** | 2615 | 186 | 65 | 186 | 279 |
| 艺术教育机构数 | 个 | **1** | 1 | 0 | 0 | 0 | 0 |
| 广播电视台数 | 座 | **6** | 3 | 1 | 1 | 1 | 1 |
| 有线电视用户数 | 万户 | **124** | 67 | 29 | 20 | 15 | 21 |
| 公共图书馆数 | 个 | **7** | 4 | 1 | 1 | 1 | 1 |
| 藏书册数 | 册(件) | **2936683** | 2254440 | 322361 | 137760 | 337952 | 206531 |
| #古籍 | 册(件) | **179107** | 145465 | 13363 | 18000 | 3642 | 12000 |
| 图书 | 册(件) | **2472478** | 1910516 | 284046 | 103070 | 298956 | 159936 |
| 图书流通量 | 千人次 | **1947** | 1314 | 198 | 145 | 330 | 158 |
| 博物馆数 | 个 | **16** | 10 | 1 | 2 | 1 | 3 |
| 文物藏品数 | 件(套) | **144565** | 136416 | 3917 | 3232 | 3482 | 1435 |
| #一级文物数 | 件(套) | **64** | 54 | | 3 | 7 | |

## 2014年扬州市环境保护基本情况表

表39-22

| 项　　目 | 单　位 | 全　市 | 广陵区 | 邗江区 | 江都区 | 宝应县 | 仪征市 | 高邮市 |
|---|---|---|---|---|---|---|---|---|
| 废水排放总量 | 万吨 | **28384** | 4820 | 6863 | 5124 | 3703 | 3831 | 4043 |
| #工业源 | 万吨 | **8790** | 1528 | 1300 | 1369 | 1201 | 1832 | 1559 |
| 城镇生活源 | 万吨 | **19573** | 3293 | 5553 | 3748 | 2500 | 1998 | 2482 |
| 集中式治理设施 | 万吨 | **20.66** | 0.00 | 9.27 | 6.78 | 1.85 | 0.05 | 2.70 |
| 化学需氧量(COD)排放量 | 吨 | **54832** | 6042 | 7838 | 13538 | 10513 | 5760 | 11141 |
| #工业源 | 吨 | **12568** | 2916 | 2407 | 1930 | 1586 | 1955 | 1773 |
| 城镇生活源 | 吨 | **30261** | 3041 | 2646 | 9722 | 5351 | 3599 | 5902 |
| 农业源 | 吨 | **11123** | 85 | 2206 | 1811 | 3350 | 206 | 3466 |
| 集中式治理设施 | 吨 | **879.39** | 0.00 | 579.30 | 74.16 | 225.82 | 0.11 | 0.00 |
| 氨氮排放量 | 吨 | **7312** | 868 | 1058 | 1580 | 1659 | 781 | 1367 |
| #工业源 | 吨 | **976** | 223 | 124 | 135 | 250 | 113 | 131 |
| 城镇生活源 | 吨 | **4447** | 630 | 568 | 1079 | 875 | 441 | 853 |
| 农业源 | 吨 | **1761** | 15 | 269 | 356 | 513 | 226 | 382 |
| 集中式治理设施 | 吨 | **128** | 0 | 97 | 10 | 21 | 0 | 0 |
| 废水治理设施数 | 套 | **299** | 23 | 69 | 89 | 19 | 50 | 49 |
| 废水治理设施处理能力 | 万吨/日 | **88.04** | 1.69 | 11.3 | 4.61 | 0.54 | 22.05 | 47.85 |
| 废水治理设施运行费用 | 万元 | **30484** | 2548 | 6333 | 4150 | 297 | 15954 | 1202 |
| 二氧化硫($SO_2$)排放量 | 吨 | **47446** | 6391 | 21325 | 4334 | 1304 | 12631 | 1462 |
| #工业源 | 吨 | **44357** | 5969 | 20318 | 3669 | 990 | 12266 | 1146 |
| 城镇生活源 | 吨 | **3089** | 422 | 1007 | 665 | 314 | 364 | 316 |
| 集中式治理设施 | 吨 | **0.40** | 0 | 0 | 0 | 0 | 0.4 | 0 |
| 氮氧化物排放量 | 吨 | **70563** | 2309 | 34859 | 1758 | 802 | 12324 | 417 |
| #工业源 | 吨 | **51882** | 2292 | 34662 | 1610 | 732 | 12239 | 347 |
| 城镇生活源 | 吨 | **582** | 16 | 197 | 148 | 70 | 81 | 70 |
| 机动车 | 吨 | **18094** | 0 | 0 | 0 | 0 | 0 | 0 |
| 集中式治理设施 | 吨 | **4.1** | 0 | 0 | 0 | 0 | 4.1 | 0 |
| 烟(粉)尘排放量 | 吨 | **18831** | 609 | 9000 | 4445 | 260 | 1520 | 1536 |
| #工业源 | 吨 | **16004** | 439 | 8584 | 4133 | 113 | 1347 | 1388 |
| 生活源 | 吨 | **1365** | 170.21 | 416.49 | 311.92 | 147.25 | 170.68 | 148.45 |
| 机动车 | 吨 | **1460** | 0 | 0 | 0 | 0 | 0 | 0 |
| 集中式治理设施 | 吨 | **2.5** | 0 | 0 | 0 | 0 | 2.5 | 0 |
| 废气治理设施数 | 套 | **606** | 17 | 205 | 206 | 22 | 118 | 38 |
| #脱硫设施数 | 套 | **45** | 5 | 20 | 2 | 0 | 15 | 3 |
| 废气治理设施运行费用 | 万元 | **64702** | 391 | 50496 | 1979 | 185 | 11218 | 433 |
| 一般工业固体废物产生量 | 万吨 | **315.61** | 19.04 | 201.86 | 18.74 | 9.16 | 64.63 | 2.17 |
| 一般工业固体废物综合利用量 | 万吨 | **292.64** | 18.37 | 179.94 | 18.63 | 9.16 | 64.37 | 2.16 |
| #综合利用往年贮存量 | 万吨 | **1.35** | 0.00 | 0.00 | 0.00 | 0.00 | 1.35 | 0.00 |
| 一般工业固体废物综合利用率 | % | **97.70** | 96.40 | 99.40 | 99.40 | 100.00 | 92.60 | 99.40 |

续表39-22

| 项　　目 | 单　位 | 全　市 | 广陵区 | 邗江区 | 江都区 | 宝应县 | 仪征市 | 高邮市 |
|---|---|---|---|---|---|---|---|---|
| 当年完成环保验收项目环保投资 | 万元 | **91914** | 15300 | 0 | 7772 | 18083 | 24281 | 4200 |
| 工业污染防治施工项目本年完成投资 | 万元 | **46487** | 126 | 34795 | 2345 | 265 | 8956 | 0 |
| 废水治理项目 | 万元 | **1530** | 0 | 280 | 565 | 265 | 420 | 0 |
| 废气治理项目 | 万元 | **43957** | 126 | 34515 | 1780 | 0 | 7536 | 0 |
| 工业固体废物治理项目 | 万元 | **0** | 0 | 0 | 0 | 0 | 0 | 0 |
| 噪声治理项目 | 万元 | **0** | 0 | 0 | 0 | 0 | 0 | 0 |
| 其他治理项目 | 万元 | **1000** | 0 | 0 | 0 | 0 | 1000 | 0 |
| 空气质量情况 | | | | | | | | |
| 可吸入颗粒物($PM_{10}$) | 毫克/立方米 | **0.106** | 0.106 | 0.106 | 0.127 | 0.082 | 0.113 | 0.108 |
| 二氧化硫 | 毫克/立方米 | **0.034** | 0.034 | 0.034 | 0.036 | 0.020 | 0.021 | 0.030 |
| 二氧化氮 | 毫克/立方米 | **0.037** | 0.037 | 0.037 | 0.030 | 0.027 | 0.029 | 0.028 |
| 空气质量达到及好于二级的天数比重 | % | **65.5** | 65.5 | 57.6 | 65.2 | 63 | 68.7 | 60.1 |
| 道路交通噪声等效声级 | dB(A) | **66.2** | 66.6 | 66.2 | 63.5 | 65.2 | 65 | 67 |

## 2014年扬州市市区居民家庭基本情况表

表39-23

| 项　　目 | 单　位 | 全体居民 | 城镇居民 | 农村居民 |
|---|---|---|---|---|
| 一、调查户数 | 户 | 1089.00 | 590.00 | 499.00 |
| 二、平均每户家庭人口 | 人 | 3.18 | 3.10 | 3.28 |
| 三、平均每户就业人口 | 人 | 2.00 | 1.80 | 2.22 |
| 四、平均每一就业人口负担人数 | 人 | 1.59 | 1.72 | 1.48 |
| 五、平均每户就业面 | % | 62.70 | 58.18 | 67.75 |
| 六、平均每人现住房建筑面积 | 平方米 | 47.59 | 42.08 | 53.74 |
| 七、人均可支配收入 | 元 | 24156.52 | 30322.30 | 15283.80 |
| 八、人均非收入所得 | 元 | 893.47 | 981.28 | 795.31 |
| #非经常性转移所得 | 元 | 806.58 | 863.67 | 743.39 |
| 九、人均借贷性所得 | 元 | 1348.76 | 1614.43 | 1051.78 |
| #提取储蓄存款 | 元 | 1177.75 | 1398.09 | 931.44 |
| 十、人均总支出 | 元 | 24532.71 | 27421.44 | 20410.37 |
| #消费支出 | 元 | 15484.71 | 18416.61 | 11265.70 |
| 转移性支出 | 元 | 1129.33 | 1579.29 | 481.83 |
| 生产经营费用支出 | 元 | 1418.18 | 817.83 | 2282.11 |
| 借贷性支出 | 元 | 3505.32 | 3190.04 | 3857.75 |
| 十一、人均通过互联网购买的商品和服务 | 元 | 217.98 | 333.07 | 89.33 |
| 十二、恩格尔系数 | % | 31.1 | 30.9 | 31.5 |
| 十三、百户接入有线电视的彩色电视机 | 台 | 146 | 155 | 134 |
| 十四、百户接入互联网的移动电话 | 部 | 132 | 138 | 126 |
| 十五、百户接入互联网的计算机 | 台 | 59 | 80 | 35 |

## 2014年长江三角洲城市主要经济指标一览表

表39-24

| 地区 | 地区生产总值(亿元) | 规模以上工业总产值(亿元) | 固定资产投资(亿元) | 社会消费品零售总额(亿元) | 进出口总额(亿美元) | 出口总额(亿美元) | 公共财政预算收入(亿元) | 城镇常住居民人均可支配收入(元) | 农村常住居民人均可支配收入(元) |
|---|---|---|---|---|---|---|---|---|---|
| 上海 | 23560.94 | 32237.19 | 6016.43 | 8718.65 | 4666.22 | 2102.77 | 4585.55 | 47710 | 21192 |
| 南京 | 8820.75 | 13199.67 | 5430.77 | 4167.19 | 572.21 | 326.28 | 903.49 | 42568 | 17661 |
| 无锡 | 8205.31 | 14425.66 | 4610.77 | 2607.90 | 741.70 | 442.31 | 768.01 | 41731 | 22266 |
| 常州 | 4901.87 | 11037.46 | 3310.05 | 1805.40 | 288.10 | 213.64 | 433.88 | 39483 | 20133 |
| 苏州 | 13760.89 | 30322.17 | 6054.00 | 4095.09 | 3113.06 | 1811.78 | 1443.82 | 46677 | 23560 |
| 南通 | 5652.69 | 12499.70 | 3896.39 | 2166.10 | 316.47 | 224.80 | 550.00 | 33374 | 15821 |
| **扬州** | **3697.91** | **9457.17** | **2416.66** | **1128.10** | **100.12** | **76.82** | **295.19** | **30322** | **15284** |
| 镇江 | 3252.44 | 8084.47 | 2142.34 | 1003.80 | 103.07 | 66.02 | 277.76 | 35752 | 17617 |
| 泰州 | 3370.89 | 9456.36 | 2197.34 | 903.60 | 108.93 | 61.78 | 277.95 | 31346 | 15076 |
| 杭州 | 9201.16 | 12945.28 | 4952.70 | 3838.73 | 679.98 | 491.66 | 1027.32 | 44632 | 23555 |
| 宁波 | 7602.51 | 13789.32 | 3989.46 | 2992.03 | 1047.04 | 731.09 | 860.61 | 44155 | 24283 |
| 嘉兴 | 3352.8 | 7364.87 | 2221.21 | 1347.02 | 337.34 | 236.51 | 307.07 | 37673 | 23689 |
| 湖州 | 1955.96 | 4144.78 | 1242.92 | 871.20 | 99.89 | 88.06 | 167.84 | 38959 | 22404 |
| 绍兴 | 4265.83 | 9606.19 | 2304.68 | 1487.14 | 346.84 | 297.51 | 317.27 | 43167 | 23539 |
| 舟山 | 1021.66 | 1524.29 | 961.00 | 376.58 | 123.30 | 57.80 | 101.02 | 41466 | 23783 |
| 台州 | 3387.51 | 4153.38 | 1765.93 | 1646.32 | 220.79 | 193.51 | 265.21 | 39763 | 19362 |

## 2014年扬州的一天

表39-25

| 项目 | 单位 | 1985年 | 1990年 | 1995年 | 2000年 | 2005年 | 2010年 | 2013年 | 2014年 |
|---|---|---|---|---|---|---|---|---|---|
| 地区生产总值 | 万元 | 1125 | 2440 | 8197 | 12935 | 26909 | 61082 | 90959 | 101313 |
| 第一产业 | 万元 | 353 | 596 | 1266 | 1751 | 2596 | 4421 | 5830 | 6229 |
| 第二产业 | 万元 | 568 | 1301 | 4681 | 6855 | 14892 | 33681 | 47049 | 51664 |
| 第三产业 | 万元 | 204 | 543 | 2250 | 4329 | 9420 | 22980 | 38080 | 43419 |
| 粮食产量 | 吨 | 6808 | 6538 | 6084 | 6169 | 6204 | 7865 | 8553 | 8605 |
| 棉花产量 | 吨 | 46 | 50 | 73 | 28 | 19 | 15 | 13 | 7 |
| 油料产量 | 吨 | 145 | 132 | 201 | 341 | 336 | 220 | 207 | 202 |
| 水产品产量 | 吨 | 88 | 158 | 338 | 621 | 977 | 1042 | 1079 | 1074 |
| 社会消费品零售额 | 万元 | 596 | 1128 | 2772 | 4165 | 8408 | 19894 | 30325 | 30907 |
| 出口总额 | 万美元 | | | | 166 | 522 | 1659 | 2069 | 2105 |
| 固定资产投资完成额 | 万元 | 320 | 552 | 2723 | 3514 | 11235 | 36489 | 55484 | 66210 |
| 财政收入 | 万元 | 98 | 182 | 515 | 931 | 3206 | 10983 | 11436 | 12835 |
| 公共财政预算收入 | 万元 | 98 | 182 | 243 | 447 | 1357 | 4597 | 7103 | 8087 |
| 客运量 | 万人 | 19.53 | 15.8 | 13.59 | 17.01 | 22.31 | 19.93 | 13.07 | 13.16 |
| 货运量 | 万吨 | 5.85 | 5.44 | 15.67 | 12.84 | 16.04 | 25.57 | 28.84 | 31.77 |
| 城乡居民储蓄 | 万元 | 159 | 764 | 3071 | 7563 | 16566 | 34312 | 52905 | 58003 |

# 索　引

## 说　明

一、本索引采取主题分析法，索引词条按汉语拼音音序排列。
二、类目、栏目、分目标题用黑体字标示。
三、索引词条后的数字表示页码，数字后的字母(a、b、c)表示该页版面从左至右的栏别。
四、空一字起排的款目为上一主题的“附见”。

## D

## E



## F

## G

## M

## P



## Q

## T

## X

## Y